Macht und Ohnmacht einer Zentralregierung

ITALIEN
IN GESCHICHTE UND GEGENWART

Herausgegeben von
Luigi Vittorio Ferraris, Günther Heydemann, Christian Jansen,
Erik Jayme, Günter Trautmann (†), Hartmut Ullrich

BAND 36

Zu Qualitätssicherung und Peer Review der vorliegenden Publikation

Die Qualität der in dieser Reihe erscheinenden Arbeiten wird vor der Publikation durch alle Herausgeber der Reihe geprüft.

Notes on the quality assurance and peer review of this publication

Prior to publication, the quality of the works published in this series is reviewed by all editors of the series.

Ronald Richter

Macht und Ohnmacht einer Zentralregierung

Die Bourbonen und das Problem des Banditenwesens im Königreich Neapel des 18. Jahrhunderts

PETER LANG
EDITION

Bibliografische Information der Deutschen Nationalbibliothek
Die Deutsche Nationalbibliothek verzeichnet diese Publikation in der Deutschen Nationalbibliografie; detaillierte bibliografische Daten sind im Internet über http://dnb.d-nb.de abrufbar.

Zugl.: Leipzig, Univ., Diss., 2014

Gedruckt mit Unterstützung des Förderungs- und Beihilfefonds Wissenschaft der VG WORT.

Umschlagabbildung:
© The British Library Board (G.2666)
Bartolomeo Pinelli: La cattura del capo brigante Alessandro Massaroni a Monticelli ad opera di truppe congiunte napoletane, pontificie e austriache (20 giugno 1821)

15
ISSN 0945-1846
ISBN 978-3-631-66374-5 (Print)
E-ISBN 978-3-653-05829-1 (E-Book)
DOI 10.3726/978-3-653-05829-1

Peter Lang Edition ist ein Imprint der Peter Lang GmbH.

Peter Lang – Frankfurt am Main · Bern · Bruxelles · New York · Oxford · Warszawa · Wien

Diese Publikation wurde begutachtet.

www.peterlang.com

Vorwort

Die vorliegende Untersuchung zum Banditenwesen im Königreich Neapel der frühen Bourbonenzeit entstand zwischen 2010 und 2013 als binationales Promotionsvorhaben an den Universitäten Leipzig und Roma Tre.

Zu besonderem Dank verpflichtet bin ich Herrn Professor Dr. Günther Heydemann, meinem Betreuer an der Universität Leipzig, für seine stete wissenschaftliche und persönliche Förderung und mancherlei Hilfe, mit der ich jederzeit rechnen durfte. Von ihm kam nicht nur die Anregung zum Eindringen in ein bisher fast brachliegendes Forschungsfeld, sondern er ermöglichte zugleich die Anbahnung vieler wichtiger Kontakte, vor allem zum Deutschen Historischen Institut in Rom (DHIR) und zur Università degli Studi di Roma Tre.

Mein großer Dank gilt ebenso meinem Co-Betreuer an der Università degli Studi di Roma Tre, Herrn Professor Dr. Gaetano Sabatini, für seine kontinuierliche wissenschaftliche Begleitung und Unterstützung während meiner fast zweijährigen Arbeitsphase in Italien und für die Vielzahl wertvoller Anregungen und Ratschläge.

Herrn Professor Dr. Wolfgang Huschner von der Universität Leipzig danke ich für seine freundlichen Hinweise und für die Begutachtung der Arbeit.

Erheblich erleichtert wurden mir in finanzieller Hinsicht diese umfangreichen Forschungstätigkeiten von Seiten des Deutschen Akademischen Austauschdienstes (DAAD), bei dem ich mich für die 2011 und 2012 für meinen Italienaufenthalt gewährte großzügige Förderung durch ein Doktorandenstipendium sehr herzlich bedanken möchte.

Bedanken möchte ich mich ebenso beim Deutschen Historischen Institut in Rom und bei seinem damaligen Direktor, Herrn Professor Dr. Michael Matheus, für das Stipendium ganz zu Beginn des Vorhabens im Jahr 2010, für die überaus freundliche Aufnahme und die ausgezeichneten Arbeitsmöglichkeiten, darunter die vorzüglich geleitete Institutsbibliothek, wodurch mir ein erster Einblick in die vorhandene Forschungsliteratur und die verfügbaren Quellenbestände im Staatsarchiv von Neapel sowie, darauf aufbauend, der Entwurf einer grundlegenden Konzeption erst ermöglicht wurde.

Einschließen in meine Danksagungen möchte ich für die Zeit meiner Forschungsaufenthalte in Rom in den Jahren 2010 und 2011 auch die Mitarbeiter der Biblioteca di Studi Meridionali „Giustino Fortunato“ und der Bibliothek der Escuela Española de Historia y Arqueología, die mir durch ihre stete Hilfsbereitschaft die Suche nach der für die Geschichte des frühneuzeitlichen Königreiches

Neapel relevanten und kaum noch zu überblickenden Forschungsliteratur erheblich erleichterten, mittels deren ich mir zusammen mit derjenigen in der Bibliothek des Deutschen Historischen Instituts ein tragfähiges und weiter ausbaubares Wissensfundament erarbeiten konnte.

In allen Archiven in Italien, die ich schließlich nach dem Abschluss meiner umfangreichen Bibliotheksarbeiten in Rom ab Ende Juni 2011 aufsuchte, stieß ich immer wieder auf große Aufgeschlossenheit und sachkompetente Unterstützung. Daher gebührt mein Dank den Mitarbeitern des Staatsarchivs von Neapel, meinem Hauptarbeitsplatz, sowie denjenigen der Staatsarchive von L'Aquila, Avellino, Campobasso, Chieti, Foggia, Potenza, Salerno, Teramo, der Außenstelle des Staatsarchivs von Foggia in Lucera und der Außenstelle des Staatsarchivs von Bari in Trani. Hierin einschließen möchte ich für die Zeit meines fast anderthalbjährigen Aufenthaltes in Neapel des Weiteren auch die Mitarbeiter der sowohl über einen großen Bestand an Forschungsliteratur als auch über eine umfangreiche Sammlung wertvoller Handschriften verfügenden Bibliothek der Società Napoletana di Storia Patria und der Handschriftenabteilung der Nationalbibliothek von Neapel. Ohne die vielen bereitwilligen Helfer all dieser genannten Einrichtungen, die mir nach einer zuweilen sehr aufwendigen Recherche die benötigten historischen Dokumente zur Verfügung stellten, hätte ich diese Untersuchung nicht vorlegen können.

In meine Danksagungen einschließen möchte ich auch Frau Elisa Novara, Doktorandin (Musikwissenschaft) an der Università degli Studi di Roma „La Sapienza" und der Universität Leipzig, und Frau Anna Lombardi, Doktorandin (Sprachwissenschaft) an der Università degli Studi di Urbino „Carlo Bo", für die abschließende kritische Durchsicht der italienischsprachigen Zusammenfassung.

Zu guter Letzt gilt mein besonderer Dank auch meinen Eltern, die mir über den gesamten Zeitraum der Arbeit an dieser Untersuchung stets eine verlässliche Stütze gewesen sind.

Ronald Richter

Inhaltsverzeichnis

Einleitung

1. Untersuchungsgegenstand, Fragestellung und Erkenntnisziel

Bei dem Gegenstand dieser Untersuchung, dem Banditenwesen im Königreich Neapel der frühen Bourbonenzeit, handelt es sich um ein soziales und kriminologisches Phänomen, welches schon in den Jahrhunderten vor der in den Jahren 1734 und 1735 erfolgten erneuten Übernahme der Herrschaft in den beiden Königreichen Neapel und Sizilien von Seiten des Königreiches Spanien, verkörpert durch den noch jugendlichen Infanten Karl von Bourbon (König Beider Sizilien 1735–1759, als Karl III. König von Spanien 1759–1788), das alltägliche Leben der Bewohner der ländlichen Provinzen des festländischen Königreiches in außerordentlicher Weise geprägt hatte. Ein stets eindrucksvolles Zeugnis von der Virulenz dieser Plage, die bereits im vorbourbonischen Süditalien besonders in Zeiten politischer, sozialer und ökonomischer Krisen immer wieder geradezu epidemische Ausmaße hatte annehmen können, vermitteln sowohl das im Laufe von Jahrhunderten entstandene und hinsichtlich seines Umfangs nur schwer zu durchschauende bürokratisch-administrative Schriftgut als auch schriftliche Zeugnisse von Seiten der Bewohner des Königreiches Neapel, wie beispielsweise Chroniken[1], in welchen Bezug auf das Wüten von Räuberbanden in den einzelnen Provinzen genommen wurde. Diese epidemischen Ausmaße, welche die Aktionen von Räuberbanden gerade in den Zeiten der langen Herrschaft der französischstämmigen Anjou-Dynastie oder derjenigen der spanischen Monarchie über den festländischen Teil des Mezzogiorno oftmals annahmen, fanden jedoch nicht nur in dem bürokratisch-administrativen Schriftgut jener Zeiten und in den schriftlichen Zeugnissen seiner Bewohner einen deutlichen Ausdruck, sondern auch in denjenigen von außerhalb kommender Personen, die das Königreich Neapel bereist und von den dortigen Zuständen einen gewissen Eindruck hatten gewinnen können.

Zu diesem Personenkreis, welcher sich in seinen Schriften u. a. auch auf die Zustände in den Provinzen des unteritalienischen Königreiches im Laufe der

1 Zwei Beispiele solcher Chroniken wären die aus dem spätangevinischen bzw. früharagonesischen Königreich Neapel des 15. Jahrhunderts stammenden und von einem anonymen Autor verfassten „Diurnali detti del Duca di Monteleone“ sowie die aus dem spanischen Vizekönigreich Neapel der zweiten Hälfte des 17. Jahrhunderts kommende und von dem abruzzesischen Kleriker Giuseppe Iezzi verfasste „Cronaca teramana dei banditi 1661–1683“.

Jahrhunderte bezog, gehörte beispielsweise der aus Arezzo in der Toskana stammende Dichter Francesco Petrarca (1304–1374), der das spätmittelalterliche Königreich Neapel nicht nur bereist, sondern sich in den 1340er Jahren sogar am Hofe des für sein Mäzenatentum so gerühmten Königs Robert von Anjou (König von 1309–1343) sowie dem seiner Enkelin und Nachfolgerin, Johanna I. (Königin 1343–1381), aufgehalten hatte. Wenngleich in der Herrschaftszeit Roberts von Anjou Dichtung und Kunst am neapolitanischen Königshof eine außerordentliche Blüte und einen vorher nie gekannten Glanz erreichten, welcher neben Petrarca auch andere Intellektuelle und Künstler der damaligen Zeit, wie den Dichter Giovanni Boccaccio (1313–1375) oder auch den Maler Giotto di Bondone (1266–1337), nach Neapel lockte[2], so vermittelten jedoch die Zustände in den Provinzen bereits in den ersten Herrschaftsjahren Roberts von Anjou ein vollkommen anderes und vor allem düsteres Bild, welches im deutlichen Gegensatz zur kulturellen Pracht des angevinischen Königshofes stand und welches sich gerade in den Jahren der von schweren inneren Turbulenzen und bürgerkriegsartigen Auseinandersetzungen geprägten Herrschaftszeit seiner Enkelin Johanna I. als Königin von Neapel noch weiter verfinstern sollte. Hatte es schon seit dem Beginn der Herrschaft Roberts von Anjou in den Provinzen seines Königreiches gravierende Probleme mit zahllosen Räuberbanden gegeben, die sich selbst in den Bergen am Golf von Neapel eingenistet hatten und von dort aus auch immer wieder in die nähere Umgebung der Hauptstadt Neapel, des eigentlichen Machtzentrums der unteritalienischen Anjou-Dynastie, vorgedrungen waren[3], so hatten es diese damals jedoch noch nicht vermocht, einen nachwirkenden Schatten auf die der Nachwelt noch Jahrhunderte später so glanzvoll erscheinende Epoche Roberts von Anjou zu werfen. Erst in der von schweren inneren Krisen gekennzeichneten Herrschaft von Roberts Enkelin und Nachfolgerin Johanna I. sollte sich der vormalige Glanz des angevinischen Königshofes in Anbetracht der immerwährenden Hofintrigen und katastrophalen Zustände in den Provinzen, die in den vielen Jahrzehnten der Herrschaft dieser Königin nicht nur zuhauf von gemeinen Räuberbanden, sondern auch von plündernden und mordenden Söldnerhaufen durchzogen wurden, schließlich gänzlich verflüchtigen.

Diese Zustände, die im Königreich Neapel nach dem Tode Roberts von Anjou und dem Ende seiner auf den ersten Blick so ruhmreichen Regentschaft herrschten, fanden ihren unmittelbaren Widerhall auch in einem von tiefer Resignation

2 Brice: Histoire de l'Italie, S. 185.

3 De Frede: Da Carlo I d'Angiò a Giovanna I 1263–1382, S. 196.

geprägten Brief des Dichters Francesco Petrarca aus dem Jahre 1352[4] an den Propst von Saint Omer, Stefano Colonna, in welchem er in einem klagenden Tonfall unter Bezugnahme auf die Region Kampanien, die vormalige wie ein Paradies auf Erden erscheinende *Campania felix* der Römer, die mittlerweile jedoch wie die anderen Regionen des angevinischen Königreiches tagaus, tagein von Räuberbanden heimgesucht wurde, die den Glanz vergangener Epochen, und so auch der römischen, vollkommen in den Hintergrund treten ließen, Folgendes schrieb:

> „Pulcerrima illa Campania, in qua olim Plotinus ille vir maximus sedem preclaro otio delegit, qua Hernicos atque Algidum videt, non iam philosophicis apta secessibus sed vix viatoribus tuta est, vagis semper obsessa latrunculis (Hervorhebung d. V.); qua vero Capuam Neapolimque complectitur et omine nimium presago Terra Laboris dici cepit, comunem modo cum Apulis Brutiisque et Calabris totoque regno Sicilie sortem habet; intus enim atque extra concutitur ac laborat."[5]

---

4 Petrarca: Familiarum rerum libri (XI–XV)/ Le familiari (Libri XI–XV), Buch XV, Brief Nr. 7, Francesco Petrarca an Stefano Colonna, o. O. 1352, S. 2095–2111. Laut Ugo Dotti, dem Herausgeber der kommentierten zweisprachigen Ausgabe der „Familiarum rerum libri", müsste der Brief Petrarcas, der mit keinem Datum versehen wurde, im April des Jahres 1352 bzw. vor dem 24. April 1352, von welchem der darauffolgende Brief datiert, von diesem verfasst worden sein. Bei Stefano Colonna handelte es sich um den Sohn Pietro Colonnas, der das Amt des Senators von Rom bekleidete. Er war im Laufe seines Lebens nicht nur Probst von Saint Omer in der französischen Diözese Morins, sondern auch apostolischer Protonotar, Rektor, also Statthalter, der Mark Ancona und päpstlicher Nuntius beim Dogen von Genua im Hinblick auf den Krieg um Zypern. Im Jahr 1378, welches zugleich sein Todesjahr war, wurde er darüber hinaus auch noch in den Rang eines Kardinals erhoben. Siehe hierzu die Anmerkungen Dottis in ebd., S. 2095.

5 Ebd., S. 2101. Die Übersetzung dieses Petrarca-Zitates ins Deutsche lautet wie folgt: „Jenes so schöne Kampanien, in welchem sich einst jener erhabene Mann, der Philosoph Plotinus, einen Ort zur vortrefflichen Muße erwählte, von dem er sowohl auf die Herniker als auch auf den Algidus blickte, erweist sich schon längst nicht mehr für das abgeschiedene Leben eines Philosophen als angemessen und für Reisende als frei von Gefahr, sondern wird beständig von umherziehenden Räubern beherrscht. Jenem so schönen Kampanien, welches sowohl Neapel als auch Capua umschließt und welches man in weiser Vorausahnung als Land der Pein zu bezeichnen begonnen hat, ist das gleiche Schicksal zuteil geworden wie Apulien (entspricht dem heutigen Nord- und Mittelapulien – d. V.), dem Bruttium (entspricht dem heutigen Kalabrien – d. V.) und Kalabrien (entspricht dem heutigen Südapulien bzw. der heutigen Terra di Salento – d. V.) sowie dem gesamten Königreich Sizilien, welches fürwahr sowohl von innen als auch von außen erschüttert und gepeinigt wird." Bei Plotinus (204–270) handelte es sich um einen römischen Philosophen, der sich auf das in Kampanien liegende Anwesen eines Freundes zurückzog und schließlich dort verstarb. Siehe hierzu die Anmerkungen Dottis in ebd., S. 2101.

Dieses aus der zweiten Hälfte des 14. Jahrhunderts stammende Zitat vermittelt jedoch allenfalls einen höchst bescheidenen und episodenhaften Einblick in die Virulenz des sozialen und kriminologischen Phänomens des Banditenwesens im Süden der Apenninenhalbinsel im Laufe seines Bestehens, denn im Endeffekt handelte es sich bei der Bandenkriminalität in den ländlichen Regionen des italienischen Mezzogiorno um ein innen- und sicherheitspolitisches Problem, welches schon von der Antike bis in das erste Jahrzehnt des Bestehens des im März des Jahres 1861 begründeten italienischen Nationalstaates hineinreichend, den Süden der Apenninenhalbinsel im Verlauf etlicher Jahrhunderte in einer heutzutage nur noch schwer vorstellbaren Intensität immer wieder fest in seinem Griff hatte und die jeweiligen Herrschaftsträger bei deren Bekämpfung wiederholt deutlich an ihre Grenzen stoßen ließ. Während es sich *de facto* als unmöglich erweist, einen genauen zeitlichen Fixpunkt für die Entstehung dieser Form der Bandenkriminalität in den südlichen Gefilden der Apenninenhalbinsel zu benennen, kann man deren weitestgehenden Schlusspunkt in dem postunitären Brigantenkrieg der 1860er Jahre verorten, in denen die Piemontesen, die in Zusammenarbeit mit Garibaldis Freischärlern das bourbonische Königreich Beider Sizilien im Jahre 1860 zerschlagen hatten, sich in den Provinzen einer breiten Insurrektion ausgesetzt sahen, in welcher auch zahlreiche, schon im mittlerweile untergegangenen Königreich der Bourbonen in schwere Auseinandersetzungen mit den Behörden verwickelte Banditen mitmischten.

Wenngleich auch die anderen europäischen Länder im Verlauf ihrer Geschichte immer wieder gerade in Zeiten politischer, sozialer und ökonomischer Krisen und Umbrüche in massiver Weise unter den Aktivitäten von Räuberbanden zu leiden hatten[6], so fällt doch im Hinblick auf das Königreich Neapel bzw. Königreich Beider Sizilien, wie es dann ab 1816 zusammen mit dem ehemaligen Königreich

6 Im deutschsprachigen Raum kam es beispielsweise insbesondere während und nach dem Dreißigjährigen Krieg (1618–1648) und im Zeitraum von 1794 bis 1815 in den von Frankreich annektierten ehemaligen linksrheinischen Gebieten des Heiligen Römischen Reiches deutscher Nation zu umfassenden Aktivitäten von Räuberbanden. Fleck: Diebe-Räuber-Mörder, S. 5. Im Spanien des 17. Jahrhunderts, dessen Bevölkerung sich in diesem langen Zeitraum wiederholt Missernten, Karestien, Pestepidemien und einer stetig wachsenden Verarmung ausgesetzt sah, kam es nicht nur zu einem erheblichen Anstieg von sozial motivierten Aufständen, sondern auch zu einer massiven Zunahme der Aktivitäten von Räuberbanden in denjenigen Gebieten Kastiliens, Andalusiens, Valencias und Kataloniens, in denen sich gerade die gravierenden Probleme im Agrarsektor als besonders manifest erwiesen. Edelmayer: Die spanische Monarchie der Katholischen Könige und der Habsburger 1474–1700, S. 187f.

Sizilien genannt wurde, deutlich ins Auge, mit welcher Hartnäckigkeit und in welchem Ausmaße diese bewaffneten Gruppierungen, mit deren wirksamer und wirklich nachhaltiger Bekämpfung die dortigen Behörden über Jahrhunderte hinweg schwerste Probleme hatten, selbst in Zeiten des Friedens die ländlichen Gebiete des italienischen Mezzogiorno bis in die zweite Hälfte des 19. Jahrhunderts hinein fest in ihrem Griff hielten und den jeweiligen Herrschaftsträgern immer wieder die Mobilisierung erheblicher personeller, finanzieller und militärischer Ressourcen abverlangten. Gerade in dieser jahrhundertelangen Permanenz und Hydrahaftigkeit des süditalienischen Banditenwesens ist vielleicht einer der inhärentesten Charakterzüge dieses Phänomens zu sehen.

Und auch in der ersten Phase der Herrschaft der Bourbonen über das Königreich Neapel vom Jahre 1734 bis zu den politischen, sozialen und militärischen Ereignissen der Jahre 1798 und 1799, der eigentliche Zeitraum, auf welchen diese Untersuchung zentriert ist, sollte dieser hydrahafte Charakter des süditalienischen Banditenwesens mehr als deutlich zu Tage treten. Selbst wenn es im frühbourbonischen Königreich Neapel beispielsweise gerade im Hinblick auf die Größe der Banden oder die Rolle des Adels als deren Beschützer und Förderer beachtliche Unterschiede zu den Zeiten der angevinischen und der direkten spanischen Herrschaft über den Mezzogiorno geben sollte, so sollte sich dennoch die erste Phase der bourbonischen Herrschaft im festländischen Süditalien hinsichtlich der Art und Weise, in welcher man von Seiten der Zentralregierung und der ihr in den Provinzen unterstehenden Herrschaftsinstanzen mit dem Phänomen der Bandendelinquenz umging, im Großen und Ganzen als ein Kontinuum darstellen.

Wenngleich es sich bei der Bandendelinquenz im festländischen Teil Süditaliens stets um ein Thema gehandelt hat, welches schon immer von Seiten der italienischen Geschichtswissenschaft auf ein großes Interesse gestoßen ist, fällt jedoch hinsichtlich des Banditenwesens im Königreich Neapel der frühen Bourbonenzeit deutlich auf, dass es trotz einer sehr umfassenden, wenn auch über weite Strecken sehr problematischen Überlieferung bisher zu diesem Themenfeld an einer wirklich grundlegenden Untersuchung fehlt. In deutlichem Gegensatz dazu ist besonders der von 1860/61 bis ungefähr 1865 tobende Brigantenkrieg, auch „il gran brigantaggio“ genannt, der die Konsolidierung der italienisch-piemontesischen Herrschaft im Süden der Apenninenhalbinsel nach der Eroberung des Königreiches Beider Sizilien durch Giuseppe Garibaldis Freischaren und das piemontesische Heer in der Zeit von 1860 bis 1861 erheblich erschwerte, im Wesentlichen schon in all seinen Facetten besonders von Seiten der italienischsprachigen Geschichtswissenschaft erforscht worden, woraus resultiert, dass mittlerweile die Anzahl der diesbezüglichen Publikationen scheinbar endlos geworden ist. Auch die beiden Jahrhunderte der spanischen und, mit deutlichen Abstrichen im Vergleich zum spanischen Vizekönigreich Neapel, auch die Zeit der angevinischen Herrschaft über den festländischen Mezzogiorno sind auf ein größeres Interesse gestoßen. In Anbetracht der an und für sich umfangreichen Menge an wissenschaftlichen Publikationen zum Banditenwesen im spanischen Vizekönigreich Neapel findet allerdings die Erforschung dieses Phänomens mit dem Tode des spanischen Vizekönigs Gaspar de Haro y Guzmán (Vizekönig 1683–1687), Marquis del Carpio, im Jahre 1687, der die in der Zeit der direkten spanischen Herrschaft über Neapel umfassendste militärische Kampagne gegen das Banditenwesen in die Gänge leiten ließ, ein abruptes Ende und setzt erst wieder mit den politischen, sozialen und militärischen Ereignissen der beiden Jahre 1798 und 1799 ein.

Das heißt, dass sich in der Erforschung des süditalienischen Banditenwesens faktisch eine etwas mehr als hundert Jahre umfassende Lücke auftut, welche sowohl die letzten zwanzig Jahre der spanischen Herrschaft und der darauffolgenden 27 Jahre währenden österreichischen Herrschaft über Neapel als auch die erste Phase der bourbonischen Herrschaft über das mittlerweile wieder eigenständig gewordene Königreich Neapel umschließt. Für all diese drei wichtigen Zeitabschnitte in der Geschichte des Königreiches Neapel fehlt es an wirklich grundlegenden Untersuchungen. Überhaupt keine Studien, nicht einmal Kleinststudien in der Form wissenschaftlicher Aufsätze, wurden bisher allem Anschein nach zur Bandendelinquenz im österreichischen Vizekönigreich Neapel durchgeführt.

Daher besteht das grundlegende Anliegen dieser Untersuchung zum Banditenwesen im Königreich Neapel der frühen Bourbonenzeit darin, diese Forschungslücke zumindest für die letzten zwei Drittel des 18. Jahrhunderts weitestgehend zu schließen und vielleicht weitere Forschungsprojekte auf diesem Feld anzustoßen. Wenngleich es im Hinblick auf die ersten Jahre der Herrschaft Karls von Bourbon über Neapel unerlässlich erscheint, einen Blick auf die möglichen Tendenzen auf dem Gebiet der Bandendelinquenz in den Provinzen des Königreiches auch in den letzten zwanzig Jahren der spanischen und der sich an diese anschließenden österreichischen Herrschaft zu werfen, konnten diese beiden Epochen besonders in Anbetracht der Gefahr, dass der zeitliche Rahmen dieser Untersuchung überdehnt werden würde, nur punktuell angerissen werden. Die zu diesen beiden Zeiträumen gemachten Aussagen haben daher aufgrund der geringen Menge des konsultierten Materials dann auch einen eher hypothetischeren Charakter und können erst durch weitergehende Studien zu den letzten zwei Dekaden der spanischen Herrschaft über Neapel und die etwas mehr als zwei Dekaden der österreichischen Herrschaft entweder wissenschaftlich bestätigt oder verworfen werden. Aber gerade hinsichtlich der Tendenzen auf dem Gebiet der Bandendelinquenz im ersten Jahrzehnt der Herrschaft Karls von Bourbon scheint eine kurze Bezugnahme auf diese beiden vorangegangenen Epochen unerlässlich.

Der engere zeitliche Rahmen dieser Untersuchung erstreckt sich im Großen und Ganzen von der erneuten Machtübernahme der spanischen Bourbonen in Gestalt des Infanten Karl von Bourbon bis hinein in die ersten Monate nach dem Fall der Parthenopäischen Republik, deren Geschicke und letztendlicher Fall jedoch aufgrund des Umstandes, dass es sich hier um einen bereits sehr gut erforschten Abschnitt der italienischen Geschichte handelt, nicht weiter vertieft behandelt werden. Dies trifft in gleichem Maße auf die Manifestationen des von den probourbonischen Insurrektionen in den Provinzen in den Jahren 1798 und 1799 nur schwer zu trennenden Banditenwesens zu, auf welches im analytischen Teil dieser Untersuchung nur anhand des Beispiels des Schnellverfahrens gegen den kalabrischen Bandenführer Angelo Paonessa Ende 1799 etwas genauer eingegangen wird. Eine kurze abermalige Bezugnahme auf das Banditenwesen in den turbulenten Monaten der Existenz der Parthenopäischen Republik erfolgt im abschließenden Kapitel dieser Arbeit. Dass der zeitliche Rahmen dieser Untersuchung für das bourbonische Königreich Neapel des 18. Jahrhunderts, welcher immerhin einen sehr lang bemessenen Zeitraum von sechzig Jahren umfasst, nicht noch weiter eingeschränkt wurde, ist zum einen der problematischen Quellenlage, besonders für die Zeit Karls von Bourbon von 1734 bis 1759, geschuldet und zum anderen der Ansicht, dass bei einer ausschließlichen Beschränkung auf die Herrschaftszeit eines dieser beiden bourbonischen Regenten die Untersuchung aufgrund der dadurch verbleibenden Lücke eher unbefriedigend erschienen würde. Gerade in Anbetracht der sich im Großen und Ganzen als außerordentlich fragmentarisch darstellenden Quellenlage zum Banditenwesen in der Herrschaftszeit Karls von Bourbon ist zudem stark anzuzweifeln, dass das aus dieser Zeit stammende bürokratisch-administrative Schriftgut für eine wirklich tiefgründige Behandlung im Rahmen einer Dissertation ausreichen würde. Aber auch eine alleinige Fokussierung auf die erste Phase der Herrschaft Ferdinands IV. von 1759 bis 1798 wäre trotz der weitaus besseren Quellenlage nicht zweckdienlich gewesen, da sich in dieser Zeit auf dem Gebiet der Bandendelinquenz und deren Bekämpfung Tendenzen fortsetzten und dazu noch verstärkten, die bereits in der Regierungszeit Karls von Bourbon ihren Anfang genommen hatten. Darüber hinaus soll am Anfang und am Ende dieser Arbeit auf Grundlage der diesbezüglichen Forschungsliteratur innerhalb eines von seiner Behandlung her knapper bemessenen und den thematischen Kern dieser Untersuchung umschließenden äußeren zeitlichen Rahmens zusätzlich noch ein Einblick vermittelt werden, wie sich das Problem des Banditenwesens in Süditalien vor der erneuten Machtübernahme der spanischen Bourbonen im Jahre 1734 und schließlich von der Zeit der Anfang

1799 begründeten Parthenopäischen Republik an bis hinein in die Zeit des in den 1860er Jahren tobenden Brigantenkrieges darstellte.

Die primäre Zielsetzung dieser Untersuchung besteht, wie schon anhand ihres Titels „Macht und Ohnmacht einer Zentralregierung: Die Bourbonen und das Problem des Banditenwesens im Königreich Neapel des 18. Jahrhunderts" angedeutet wird, in der tiefgründigen Beschäftigung mit der Frage, wie im Königreich Neapel der frühen Bourbonenzeit die Zentralregierung in Neapel und die ihr in den Provinzen des Königreiches unterstehenden Herrschaftsinstanzen, d.h. die *Regie Udienze* und das *Tribunale di Campagna* in der Terra di Lavoro, mit den ihnen zur Verfügung stehenden Machtmitteln versuchten, ihren Herrschaftsraum unter Kontrolle zu halten und des endemischen Banditenwesens Herr zu werden, und warum sie an dieser Aufgabe wiederholt und somit auch langfristig scheiterten und sich stattdessen der Zustand der öffentlichen Ordnung und Sicherheit in den Provinzen bis zum erstmaligen Zusammenbruch des Bourbonenregimes im Dezember 1798 schließlich sogar *peu à peu* soweit verschlechtern sollte, dass in diesen in herrschaftlicher Hinsicht nur schwach oder auch gar nicht durchdrungenen Gebieten bereits vor dem Ausbruch des Bürgerkrieges der Jahre 1798 und 1799, besonders bedingt durch die in den letzten beiden Jahrzehnten des 18. Jahrhunderts erheblich zugenommenen sozialen Auseinandersetzungen, mehr oder weniger anarchische Zustände vorherrschten.

Diese bewaffneten kriminellen Gruppierungen bedeuteten zwar unabhängig davon, ob sie nur eine kurze oder lange Bestandszeit besaßen, nie eine direkte Gefahr für die in der Metropole Neapel oder in den Palästen von Caserta und Portici residierenden Bourbonenkönige, jedoch stellten sie mit ihren Aktionen gerade in den ländlichen und schwer zugänglichen Gebirgsgegenden, wie in Kalabrien und den Abruzzen, das Gewaltmonopol des Staates sowie das Vertrauen in die Handlungsfähigkeit und Verlässlichkeit der Zentralregierung und der ihr in den Provinzen unterstehenden Herrschaftsinstanzen offen in Frage. Ähnlich wie bei dem eingangs erwähnten Beispiel des evidenten Gegensatzes zwischen dem glanzvollen und kulturell aufblühenden Hofe König Roberts von Anjou auf der einen und dem katastrophalen Zustand der öffentlichen Ordnung und Sicherheit in den schon damals von zahllosen Banden durchzogenen und sich fast selbst überlassen erscheinenden Provinzen seines *regnum* auf der anderen Seite, so findet sich dieser beeindruckende Gegensatz zwischen einer glanzvollen Hofhaltung und der weitgehenden Vernachlässigung sowie Verwahrlosung eines überwiegenden Teils der Provinzen und seiner vornehmlich bäuerlichen Bevölkerung, die tagaus, tagein in Sorge vor den Aktivitäten von Räuberbanden an den Straßen außerhalb der bewohnten Ortschaften leben musste, auch für das frühbourbonische Königreich Neapel des 18. Jahrhunderts. Besonders die

Zeit der Parthenopäischen Republik, die auf das Heftigste von aufständischen Bauern, ehemaligen Angehörigen der zerfallenen neapolitanischen Armee, aber auch einer großen Anzahl von Banditen bekämpft und schließlich unter maßgeblicher Federführung des Kardinals Fabrizio Ruffo zu Fall gebracht wurde, ist ein gutes Beispiel dafür, dass sich die Aktionen dieser bewaffneten Gruppierungen nicht nur in aller Ausschließlichkeit darauf beschränkten, den unmittelbaren materiellen Bedürfnissen ihrer Mitglieder Genüge zu tun, sondern dass sie in Zeiten von Krisen auch eine politische Dimension annehmen konnten.

Um die Frage nach der Art und Weise des Vorgehens der neapolitanischen Zentralregierung und der ihr in den Provinzen unterstehenden Herrschaftsinstanzen gegen die immer weiter anwachsende Bandenkriminalität und nach den Gründen für deren langfristiges Scheitern in umfassender Weise beantworten zu können, werden in den verschiedenen Kapiteln des analytischen Teils dieser Untersuchung insbesondere sieben Gesichtspunkte berücksichtigt, aus denen sich im abschließenden Kapitel „Zusammenfassung und Ausblick" ein abgerundetes und wissenschaftlich tragbares Gesamtbild zum Problem der Banditenwesens in den Provinzen des frühbourbonischen Königreiches Neapel des 18. Jahrhunderts zusammensetzen soll. Zu diesen Gesichtspunkten, die in dieser Arbeit jedoch nicht in einer stringenten Reihenfolge behandelt werden, gehören *erstens* die Entwicklungen im Bereich der ländlichen Bandenkriminalität vom Herrschaftsantritt Karls von Bourbon im Jahre 1734 bis kurz vor den Ereignissen der Jahre 1798 und 1799, *zweitens* die strukturellen Voraussetzungen für die Entstehung und den Fortbestand des Banditenwesens im Königreich Neapel der frühen Bourbonenzeit sowie die Ursachen für dessen deutliche Verschärfung in der ersten Phase der Herrschaft Ferdinands IV., *drittens* die sowohl von der Zentralregierung als auch von den Provinzbehörden gewählten Vorgehensweisen bei der Verfolgung von Räuberbanden und die dabei auftretenden Schwierigkeiten, *viertens* die Art und Weise, in der die Bekämpfung der Bandendelinquenz zwischen dem Territorium des Königreiches Neapel und demjenigen des Kirchenstaates durchgeführt wurde, *fünftens* ein Einblick in die Art und Weise, wie gegen Mitglieder von Räuberbanden juristische Verfahren durchgeführt werden konnten, *sechstens* die Auswirkungen des Problems der lokalen Immunität, auf die sich Personen berufen konnten, die vor der Verfolgung durch die Behörden an Orte geflüchtet waren, die der Jurisdiktion der Kirche unterstanden, und *siebentens* die Beziehungen zwischen den Banden und den verschiedenen Vertretern der ländlichen Gesellschaft des Königreiches Neapel, zu welcher die überwiegend unter schlechten sozioökonomischen Verhältnissen lebende bäuerliche Bevölkerung, der Landadel, der Klerus und die sogenannten „galantuomini" als neue und im Wachsen begriffene gesellschaftliche Gruppierung in den Provinzen zählten, sowie die damit verbundenen Auswirkungen auf die Bekämpfung des Banditenwesens.

Seit der britische Historiker Eric J. Hobsbawm mit seiner 1959 zum ersten Mal erschienenen Untersuchung „Primitive Rebels. Studies in Archaic Forms of Social Movement in the 19th and 20th Centuries“ seine schon damals wissenschaftlich sehr umstrittene These vom sogenannten Sozialbanditentum (*social banditry*) in die Gesellschaftswissenschaften einführte, wird in Untersuchungen zur Bandendelinquenz in der Frühen Neuzeit und Neuzeit zudem auch immer wieder Bezug auf die damit einhergehende Frage nach der spezifischen Anwendbarkeit von Hobsbawms Konzept im Hinblick auf die dort analysierten Fälle genommen.[7]

---

7 Beispiele für solche Untersuchungen wären Gerdes: Mexikanisches Banditentum (1821–1876) als sozialgeschichtliches Phänomen und Küther: Räuber und Gauner in Deutschland. Seine These vom Sozialbanditentum griff Hobsbawm noch einmal in seinem 1969 veröffentlichten Werk „Bandits“ auf, in welchem er sich im Gegensatz zum ersteren Werk ganz dem modernen Banditenwesen widmete und seinen Ansatz globalisierte, indem er in seinem zweiten diesbezüglichen Buch seinen Idealtypus des Sozialbanditen nicht nur aus einer innereuropäischen Perspektive heraus behandelte, sondern auch auf Manifestationen des Banditenwesens in außereuropäischen Kulturkreisen wie Asien oder Südamerika schaute und untersuchte, inwieweit diese mit seinem Modell des Sozialbanditentums in Einklang zu bringen wären. Gemäß der von Hobsbawm in der laut der Einführung zu “Primitive Rebels. Studies in Archaic Forms of Social Movement in the 19th and 20th Centuries” gebotenen Definition handelt es sich bei dem Sozialbanditentum von seinem grundlegenden Wesen her um ein „universal and virtually unchanging phenomenon [which – d. V.] is little more than endemic peasant protest against oppression and poverty: a cry for vengeance on the rich and the oppressors, a vague dream of some curb upon them, a righting of individual wrongs.“ Hobsbawm: Primitive Rebels, S. 5. Hobsbawm unterschied drei Varianten des sogenannten Sozialbanditen: Der erste von Hobsbawms Untertypen des Sozialbanditen ist der „Robin-Hood-Typ“, bei dem es sich um einen aus ehrenwerten Motiven heraus auftretenden Banditen handelte, der sich laut Hobsbawm in der Realität aber eher selten vorfinden ließ. Dieser Typus, der vorrangig die Interessen des einfachen Volkes vertrat, versuchte wie Robin Hood dadurch Gerechtigkeit zu schaffen, dass er nur die Vermögenden bestahl und seine Beute solidarisch unter den Armen und Unterdrückten verteilte. Gewalt war außerdem für ihn kein Selbstzweck. Er griff vielmehr nur dann auf sie zurück, wenn ihn die Umstände dazu zwangen, wie beispielsweise zum Zwecke der Selbstverteidigung. Der zweite von Hobsbawms Untertypen sind die sogenannten *cangaçeiros*, bei denen es sich um einen besonders in Brasilien auftretenden Banditentyp handelte, der im Gegensatz zum Robin-Hood-Typen bewusst auf Gewalt zur Durchsetzung seiner Ziele zurückgriff. Der *cangaçeiro* trat bei seinen Aktionen gegenüber den Herrschenden und Reichen offen als Rächer der Armen und Entrechteten auf, von denen er trotz der Grausamkeit bei der

Obschon es sich auch im Hinblick auf den Charakter des endemischen Banditenwesens im Königreich Neapel der frühen Bourbonenzeit zunächst durchaus anböte, darüber zu diskutieren, ob es nicht doch in dieser Zeit einige Manifestationen gab, auf welche sich das von Hobsbawm entworfene Modell des Sozialbanditentums als eine Art von Aufbegehren von Teilen der weitestgehend unter katastrophalen Bedingungen lebenden Landbevölkerung gegen den in den Provinzen lebenden grundbesitzenden Adel anwenden ließe, wird ungeachtet dessen auf eine tiefgründige Behandlung dieser Frage allein schon deshalb verzichtet, weil Hobsbawms These, obwohl sie eine durchaus fruchtbringende wissenschaftliche Diskussion um die Gründe für die Entstehung von Bandendelinquenz angestoßen hat, mittlerweile als widerlegt gilt und demzufolge auch deren mögliche Anwendbarkeit als Beschreibungskriterium für die weltweiten Manifestationen des Banditenwesens nicht mehr ernsthaft diskutiert wird. Eine besondere Problematik

---

Verübung seiner Taten als Held angesehen wurde. Der dritte und letzte Typus sind schließlich die Heiducken, deren Bezeichnung sich von dem ungarischen Wort *haidú* ableitet, das in etwa „Söldner" oder „Büttel" bedeutet. Bei den Heiducken handelte es sich um Gruppen bewaffneter Gesetzloser, die zumeist der Bauernschaft entstammten und vor allem in Ungarn und den nördlich von Griechenland gelegenen Balkanregionen ihr Operationsgebiet besaßen. Dort führten sie besonders in der Zeit der türkischen Herrschaft als Träger des Widerstandes der einheimischen Bevölkerung einen Guerillakrieg gegen die Vertreter des in Konstantinopel residierenden osmanischen Sultans. Generell handelte es sich hierbei, wie aus den Ausführungen Hobsbawms deutlich wird, um eine Gemeinschaft freier Individuen, die sich bewusst dem Griff von Seiten der Obrigkeit zu entziehen versuchten und auch bereit waren, ihre Freiheit bzw. Unabhängigkeit mit Waffengewalt zu verteidigen. Ausführlich zu diesen drei Typen des Sozialbanditen Hobsbawm: Bandits, S. 41–82. Trotz der evidenten Unterschiede zwischen diesen drei Untertypen des Sozialbanditen, auch was die bewusste Anwendung von Gewalt zur Erreichung ihrer Ziele betrifft, wird aus Hobsbawms diesbezüglichen Ausführungen dennoch deutlich, dass er im Endeffekt in allen drei Formen einen unmittelbaren Ausdruck der breiten Unzufriedenheit der ländlichen Bevölkerung mit ihrer sozioökonomischen Lage sieht, für die diese in erster Linie die ihr übergeordneten Eliten verantwortlich machte. Kurioserweise führt Hobsbawm selbst schon zu Beginn des Kapitels zum Sozialbanditentum seines ersteren Werkes "Primitive Rebels. Studies in Archaic Forms of Social Movement in the 19th and 20th Centuries" die Validität und Relevanz seines Modells allein schon dadurch partiell *ad absurdum*, dass er einräumte, dass sich in der Geschichte nur wenige Banditen finden ließen, welche dem von ihm entworfenen Bild entsprechen könnten: „However, something like an ideal type of social banditry exists, and this is what I propose to discuss, even though few bandits of recorded history, as distinct from legend, correspond completely to it." Hobsbawm: Primitive Rebels, S. 13.

an Hobsbawms Modell erwächst gerade aus dem Umstand, dass sich der britische Historiker bei dessen Konzipierung fast ausschließlich auf Sekundärquellen stützte, zu denen u. a. auch Volksballaden zählten, deren wissenschaftlichen Verwertbarkeit allerdings stets stark zu hinterfragen ist.[8] In Anbetracht dessen, dass Hobsbawms These mittlerweile als weitestgehend widerlegt gilt, wird sich diese Untersuchung höchstens im abschließenden Kapitel im Hinblick auf die Gründe, warum sich Menschen in solchen Banden zum Zwecke des gemeinschaftlichen Begehens von Delikten zusammenfanden, mit einer sehr kurzen Bezugnahme auf Hobsbawms These vom Sozialbanditentum als mögliches Beschreibungsinstrumentarium für einige Manifestationen des Banditenwesens im frühbourbonischen Königreich Neapel begnügen.

Wie bereits angedeutet, besteht das grundlegende Ziel dieser Untersuchung darin, einen signifikanten Beitrag zu dem von der Forschung bisher weitestgehend vernachlässigten Themenfeld der Bandendelinquenz im frühbourbonischen Königreich Neapel des 18. Jahrhunderts zu leisten, welcher vielleicht ungeachtet der sehr problematischen Quellenlage, auf die im nächsten Kapitel eingegangen wird, nicht nur weitere Untersuchungen auf diesem Gebiet anregen könnte, sondern auch auf den Gebieten der Geschichte der Bandenkriminalität im Königreich Neapel in den letzten beiden Jahrzehnten der spanischen und der darauffolgenden bis 1734 andauernden österreichischen Herrschaft, bei welchen es sich ebenfalls um Bereiche handelt, die bisher faktisch gar nicht in das Zentrum diesbezüglicher Forschungsprojekte gerückt worden sind. Gerade solche auf diesen beiden Forschungsfeldern durchgeführte Studien würden erheblich die Beantwortung der Frage erleichtern, inwiefern zwischen den letzten beiden Jahrzehnten der spanischen und der darauffolgenden österreichischen Herrschaft über das Königreich Neapel auf der einen und den ersten Jahren der Herrschaft Karls von Bourbon auf der anderen Seite im Hinblick auf die

---

8 Substanzielle Kritik an der gesamten Konzeption des hobsbawmschen Ansatzes findet sich beispielsweise bei Blok: The Peasant and the Brigand, Scirocco: Banditismo e repressione in Europa in età moderna und Seidenspinner: Der Mythos vom Sozialrebellen. Scirocco beispielsweise kritisierte in seinem Beitrag Hobsbawms idealisierende Konzeption des Sozialbanditen als ein Produkt von Volksmythen und der von diesen natürlich auch erheblich beeinflussten Literatur, welches letzten Endes mit der Realität wenig gemein habe: „È apparso evidente sia il ‚bandito gentiluomo' o ‚bandito sociale', quello che, come il Robin Hood della leggenda, toglie ai ricchi per dare ai poveri e difende i deboli contro i prepotenti, nella realtà storica si incontra molto raramente, forse mai, ed è il frutto della fantasia popolare e dell'elaborazione letteraria". Scirocco: Banditismo e repressione in Europa in età moderna, S. 415.

Ausmaße und den Charakter der Bandenkriminalität in den Provinzen Kontinuitäten oder deutliche Diskontinuitäten bestanden.

Wenngleich auch das insulare Königreich Sizilien zum herrschaftlichen Gefüge der neapolitanischen Bourbonen gehörte und es auch dort im Verlauf des 18. Jahrhunderts wiederholt Probleme mit Räuberbanden gab, erinnert sei hierbei beispielsweise an die Banden der beiden aus den im Zentrum der Insel gelegenen Orten Pietraperzia und Barrafranca stammenden Räuber Antonino di Blasi alias „Testalonga" und Rocco Interlandi, die den Behörden in den Jahren 1767 und 1779 in die Hände gerieten und kurz darauf hingerichtet wurden[9], so kann dieses aufgrund einer äußerst problematischen Überdehnung des geografischen Rahmens dieser allein schon für das frühbourbonische Königreich Neapel sehr ins Detail gehenden Untersuchung nicht weiter berücksichtigt werden. Ungeachtet dessen wäre es auf längere Sicht durchaus interessant, in Erfahrung zu bringen, inwieweit Unterschiede oder auch deutliche Gemeinsamkeiten zwischen den Ausmaßen des Banditenwesens in den Königreichen Neapel und Sizilien und in der Art und Weise seiner Bekämpfung durch die neapolitanisch-sizilianischen Behörden bestanden.

Ein letzter Punkt, der im Rahmen dieser Einführung einer kurzen Klärung bedarf, betrifft ein Phänomen, welches ebenfalls in den Bereich der mehr oder weniger stark organisierten Bandenkriminalität fällt und in den Provinzen des frühbourbonischen Königreiches Neapel genauso wie das Banditenwesen eine große Verbreitung besaß. Es handelt sich hierbei um das bandenmäßig organisierte Schmugglerwesen.[10] Ungeachtet der Tatsache, dass die Übergänge zwischen den Aktivitäten von Räuberbanden auf der einen und den Banden von Schmugglern auf der anderen Seite oftmals fließend sein konnten und diese Banden ebenfalls engste Kontakte zu den Bewohnern der Provinzen des Königreiches Neapel in der frühen Bourbonenzeit besaßen und zum Zwecke der Durchsetzung ihrer jeweiligen Interessen bei ihren Aktivitäten natürlich auch auf die Anwendung von Gewalt zurückgreifen konnten, wird im Rahmen dieser Untersuchung auf eine vertiefte Behandlung dieser speziellen Form der organisierten Kriminalität gerade aufgrund der im Hinblick darauf zu wählenden anderen methodischen Herangehensweise verzichtet. Allein schon aufgrund solcher Fragen, wie diese Gruppierungen in ihrem Inneren organisiert waren, auf welchen Routen sowohl

9 Zu den Geschicken dieser beiden im Zentrum Siziliens aktiven Bandenführer und ihrer Gefolgsleute siehe beispielsweise Vaiana: Una storia siciliana fra Ottocento e Novecento, S. 24–27.

10 Einen sehr knappen Einblick in dieses kriminologische Phänomen im Europa der Frühen Neuzeit bietet Weisser: Crime and Punishment in Early Modern Europe, S. 119ff.

zu Lande als auch zur See Schmuggel betrieben wurde oder auch welche Güter womöglich in welcher Weise und welchem Umfang geschmuggelt wurden, sollte dieses Phänomen daher im Rahmen einer eigenständigen Untersuchung behandelt werden. Sofern in den im Rahmen dieser Untersuchungen vorgenommenen Ausführungen nicht *expressis verbis* von Schmugglerbanden die Rede ist, sind die oftmals benutzten und von ihrer Bedeutung eher allgemeiner gefassten Termini „Bandenkriminalität“ und „Bandendelinquenz“ in erster Linie in Bezug auf die Aktivitäten von Räuberbanden in den Provinzen des Königreiches Neapel zu sehen.

2. Quellengrundlage und Überlieferung

Im Rahmen dieser Untersuchung wurde auf eine Vielzahl von Archivbeständen zurückgegriffen, die sich ausschließlich im festländischen Süditalien befinden. Der überwiegende und wichtigste Teil der für diese Untersuchung benutzten Quellen zum Banditenwesen im Königreich Neapel der frühen Bourbonenzeit befindet sich in den umfassenden Beständen des Staatsarchivs von Neapel. Bei diesen im Staatsarchiv aufbewahrten und unterschiedlich gut erhaltenen Beständen handelte es sich um diejenigen der "Real Camera di Santa Chiara", der „Segreteria di Stato di Grazia e Giustizia“, der „Segreteria di Stato di Casa Reale“, des „Ministero degli Affari Esteri“, des „Tribunale Misto“ sowie demjenigen der „Processi Antichi/Da Riordinare/Processi Criminali“. Darüber hinaus wurde für die Zeit der letzten zwanzig Jahre der spanischen Herrschaft über das Königreich Neapel und für die darauffolgende 27 Jahre währende Herrschaft der Österreicher stichprobenartig auf den äußerst umfangreichen Bestand der „Segreterie dei Viceré“ zurückgegriffen. Neben dem umfangreichen Quellenmaterial aus den Beständen des Staatsarchivs von Neapel wurde im Rahmen der Arbeiten an dieser Untersuchung auch auf eine sehr große Anzahl von Dokumenten aus den Staatsarchiven von L'Aquila, Chieti, Teramo, Campobasso, Salerno, Potenza sowie aus der in der Stadt Lucera gelegenen Außenstelle des Staatsarchivs von Foggia und der in der Stadt Trani gelegenen Außenstelle des Staatsarchivs von Bari zurückgegriffen. Weiteres verwertbares Quellenmaterial, welches in Neapel gesichtet wurde, befindet sich in Handschriftenbeständen der Nationalbibliothek von Neapel und der Bibliothek der Società Napoletana di Storia Patria.

Ein großer Nachteil für Untersuchungen zum Banditenwesen des Königreiches Neapel der frühen Bourbonenzeit, welche sich eventuell auf bestimmte Provinzen konzentrieren sollen und für welche gerade deshalb die Bestände der ehemaligen *Regie Udienze* als höchste bürokratisch-administrative Instanzen der neapolitanischen Zentralregierung in den Provinzen von außerordentlicher

Wichtigkeit wären, ergibt sich aus dem Umstand, dass die Bestände dieser königlichen Gerichtshöfe in der ersten Hälfte des 19. Jahrhunderts verheerende und durch nichts wieder auszugleichende Verluste erlitten haben, so dass diese Quellengrundlage für intendierte stärker lokal- oder regionalspezifische ausgerichtete Untersuchungen, die vielleicht auch in einen kürzeren Zeitkontext eingebettet werden sollen, *de facto* fast vollständig wegfällt. Neben der schlechten Lagerung der Aktenbestände der *Regie Udienze* ging ein Großteil der Verluste auf mutwillige und systematische Zerstörungen zurück, die von den beiden bourbonischen Herrschern Franz I. (König 1825–1830) und Ferdinand II. (König 1830–1859) in der ersten Hälfte des 19. Jahrhunderts angeordnet worden waren. So befahl zunächst Franz I. in einem Erlass vom 1. November des Jahres 1829, dass sämtliches Aktenmaterial zu den vor dem Jahre 1789 an den *Regie Udienze* in den Provinzen durchgeführten Strafprozessen, die nicht mit einer Verurteilung zu lebenslanger Haft geendet hatten, restlos zu vernichten sei. In zwei weiteren Erlassen vom 7. Dezember 1831 und vom 8. November 1856 wurden dann von Seiten des Nachfolgers Franz I., Ferdinand II., zum einen die weiteren Modalitäten der Vernichtung festgelegt und zum anderen die systematische Vernichtung auf das Aktenmaterial zu den Strafprozessen ausgedehnt, die bis zum Jahre 1809 an den *Regie Udienze* durchgeführt worden waren. Auf Grundlage dieser Befehle ging schließlich bis auf wenige bescheidene Reste fast das gesamte Aktenmaterial zu den Strafverfahren verloren, die von der Mitte des 17. Jahrhunderts bis in das erste Jahrzehnt des 19. Jahrhunderts an den *Regie Udienze* durchgeführt worden waren.[11] Auch von dem bürokratisch-administrativen Schriftgut dieser Institutionen, wie königlichen *dispacci* oder einzelnen Berichten über die Verfolgung von Banden, sind, wenn überhaupt vorhanden, zumeist nur noch bescheidene Reste übriggeblieben. Ungeachtet dieses auf den ersten Blick desaströsen Verlustes konnte jedoch in dem Bestand der „Processi Penali“ der *Regia Udienza* von Lucera, demjenigen der *Regia Udienza* von Matera, demjenigen der „Carte Amministrative“ der *Sacra Regia Udienza* von Trani, demjenigen der „Processi Penali“ der *Regia Udienza* von Salerno, in den drei Beständen „Fondo del Preside I“, „Fondo del Preside II“ und „Processi Penali“ der *Regia Udienza* von Aquila, in den insgesamt dreizehn Bände umfassenden „Registri dei Dispacci Reali“ und dem Bestand der „Processi Criminali“ der *Regia Udienza* von Teramo sowie in den nicht weiter aufgegliederten Beständen der *Regia Udienza* von Chieti eine in ihrer

11 Verrastro: Archivio di Stato di Potenza, S. 29f.

Gesamtheit größere Menge an verwertbarem Quellenmaterial gefunden werden, das in diese Untersuchung eingearbeitet wurde und diese erheblich bereichert hat. Bei dem noch sehr umfangreichen und mittlerweile auch sorgsam restaurierten Bestand der „Processi Penali" der *Regia Udienza* von Lucera, der von den systematischen Zerstörungen ab 1829 weniger stark betroffen wurde, handelt es sich zweifellos um den am besten erhaltenen derartigen Bestand. In diesem Bestand ließen sich, und das ist eine einzigartige Ausnahme, zusätzlich noch zahlreiche Beispiele für Prozesse gegen Banditen aus dem spanischen Vizekönigreich Neapel des 17. Jahrhunderts vorfinden, auf welche bisher offensichtlich noch nicht für diesbezügliche wissenschaftliche Untersuchungen zurückgegriffen worden ist. Auch die Bestände der „Processi Penali" der *Sacra Regia Udienza* von Trani in der in Trani gelegenen Außenstelle des Staatsarchivs von Bari, diejenigen der „Processi Criminali" der *Regia Dogana della Mena delle Pecore* im Staatsarchiv von Foggia und der Bestand der „Miscellanea di Atti sul Brigantaggio e Processi Politici" im Staatsarchiv von Campobasso, in dem bürokratisch-administratives Schriftgut der *Regia Udienza* von Lucera aufbewahrt ist, enthielten noch durchaus verwertbares Quellenmaterial, das allerdings in dieser Untersuchung nicht weiter berücksichtigt worden ist. Keinerlei brauchbares Quellenmaterial enthielten hingegen die im Staatsarchiv von Avellino aufbewahrten Bestände der *Regia Udienza* von Montefusco, von denen lediglich die Akten zu den an diesem Provinzgerichtshof durchgeführten Zivilprozessen übriggeblieben sind. Im Rahmen dieser in Süditalien durchgeführten Forschungsarbeiten wurde aufgrund der Menge des in den anderen bereits genannten Beständen vorhandenen Quellenmaterials auf eine persönliche Konsultation der erheblich reduzierten Bestände der *Regia Udienza* von Cosenza, der *Regia Udienza* von Catanzaro und der *Sacra Regia Udienza* von Lecce bewusst verzichtet.

Was die in diesen Dokumenten gebrauchte Sprache bzw. die darin gebrauchten Sprachen betrifft, so waren diese sowohl auf Italienisch als auch auf Spanisch und Latein abgefasst worden. Die durchgehend am häufigsten in den konsultierten Quellenbeständen benutzte Sprache war ein zwar zuweilen von einigen Meridionalismen und Archaismen sowie Doppeldeutigkeiten geprägtes, jedoch insgesamt gut lesbares und verständliches Italienisch. Während Latein in dem gesichteten bürokratisch-administrativen Schriftgut der verschiedenen Institutionen, aus denen sich der bourbonische Herrschaftsapparat sowohl in der Hauptstadt als auch in den Provinzen des Königreiches Neapel zusammensetzte, nur eine sehr geringe Rolle spielte, wurde hingegen Spanisch noch sehr häufig in Dokumenten aus der Herrschaftszeit Karls von Bourbon verwendet, was besonders stark auf diejenigen aus den ersten Jahren des neuen Regimes zutraf. Dabei handelte es sich, nach heutigen Maßstäben zu urteilen, um ein in orthografischer

Hinsicht gewöhnungsbedürftiges Spanisch.[12] Die zunächst bedeutende Rolle des Spanischen als Sprache in dem bürokratisch-administrativen Schriftgut aus der Ära Karls von Bourbon liegt zum einen darin begründet, dass sich das Königreich Neapel fast zweihundert Jahre unter direkter spanischer Herrschaft befunden hatte, die darauffolgenden ungefähr drei Dezennien der österreichischen Herrschaft hatten hier in sprachlicher Hinsicht keine Veränderungen gebracht, und zum anderen auch darin, dass es sich bei den Bourbonen, die im Jahre 1734 die Macht in Neapel übernommen hatten, zunächst noch um eine stark spanisch geprägte Dynastie handelte, die sich sozusagen erst einmal italianisieren musste und zu Beginn bei der Besetzung der hohen Ämter im Staate auch noch stark auf Gefolgsleute mit spanischem Hintergrund setzte. In der Tendenz nahm aber der Gebrauch des Spanischen in den im Rahmen der Arbeiten an dieser Untersuchung konsultierten Schriftstücken bis in die späten 1770er Jahre hinein immer stärker ab, so dass man davon ausgehen kann, dass es schließlich in den 1780er und 1790er Jahren weitestgehend außer Gebrauch geraten sein wird.

Die Quellenbasis dieser Untersuchung beschränkt sich aber nicht nur ausschließlich auf die noch erhaltenen Dokumente der zahlreichen Institutionen, aus denen sich der Herrschaftsapparat der Bourbonen in der Hauptstadt Neapel und in den Provinzen zusammensetzte, sondern stützte sich zu einem kleinen Teil auch auf die schriftlichen Zeugnisse zahlreicher Zeitzeugen aus dem Königreich Neapel des 18. Jahrhunderts, in deren Schriften auch Bezug auf das Banditenwesen genommen wurde. Zu diesen zeitgenössischen schriftlichen Zeugnissen gehören beispielsweise die „Memoria per la riforma del Regno. 'Stanfone' 1735–1737"[13] des neapolitanischen Juristen und ehemaligen Gouverneurs der in der Provinz Calabria Citra gelegenen Ortschaft Taverna, Giovanni Pallante (1705-?), die Briefe des neapolitanischen Juristen und Philosophen Niccolò Fraggianni (1686–1763) an den damaligen Vizekönig von Sizilien, Bartolomeo Corsini (1683–1752)[14], die an den ersten Staatssekretär John Acton (1736–1811) in der ersten Hälfte der 1790er Jahre gerichteten „Riflessioni economico-politiche di un cittadino relative alle due provincie di Calabria con un breve prospetto dello stato economico della città di

12 Da in den zitierten Originaldokumenten sehr oft erhebliche Abweichungen zur heutigen Schreibweise zu finden sind, wurde auf eine möglicherweise zu inflationär und optisch äußerst unangenehm wirkende Setzung der sonst üblichen Anmerkung *sic!* durchgängig verzichtet.

13 Pallante, Giovanni: Memoria per la riforma del Regno. "Stanfone" 1735–1737 (= Fridericiana Historica S. R., Bd. 3, hg. v. Imma Ascione, Neapel 1996.

14 Fraggianni, Niccolò: Lettere a B. Corsini (1739–1746) (= Storia e Diritto. Testi, Bd. 7), hg. v. Elia del Curatolo, Neapel 1991.

Messina"[15] des aus Cosenza stammenden Marquis Giuseppe Spiriti (1754–1822) sowie ein aus dem Jahre 1750 stammender Brief des neapolitanischen Staatsmannes Bernardo Tanucci (1698–1783)[16].

3. Forschungslage

Grundsätzlich lässt sich zu dem sehr breit gefächerten Forschungsgebiet des süditalienischen Banditenwesens zunächst erst einmal festhalten, dass es innerhalb desselben sowohl Zeiträume gibt, die gut bis sehr gut erforscht sind, als auch Zeiträume, zu denen von Seiten der Forschung *de facto* nur sehr wenige bis gar keine Beiträge existieren. Als der am besten erforschte Zeitraum gilt nach wie vor derjenige des von 1860/61 bis ungefähr 1865/1870 tobenden Brigantenkrieges, in der italienischsprachigen Fachliteratur als „gran brigantaggio" bezeichnet, welcher die Konsolidierung der italienisch-piemontesischen Herrschaft im Süden der Apenninenhalbinsel nach der Eroberung des Königreiches Beider Sizilien durch Garibaldis Freischaren und das sardo-piemontesische Heer im Jahre 1860/61 erheblich erschwerte und dort zu einem regelrechten Ausnahmezustand führte, der seinen deutlichsten Ausdruck in den von beiden Seiten tagtäglich begangenen Gräueltaten fand. Dieser Zeitraum ist bereits in fast all seinen Facetten von Seiten italienischer Historiker gründlich erforscht worden. Dieses starke Interesse am süditalienischen Brigantenkrieg spiegelt sich deshalb auch in einer mittlerweile endlos erscheinenden Anzahl von Publikationen, auch lokal- und regionalspezifischen sowie populärwissenschaftlichen Charakters, wider, so dass davon auszugehen ist, dass es auf diesem Teilgebiet kaum noch Freiräume für eigenständige und auf Primärquellen fokussierte Untersuchungen geben wird, die vielleicht mit neuen Erkenntnissen aufwarten könnten.[17]

---

15 Spiriti, Giuseppe: Riflessioni economico-politiche di un cittadino relative alle due provincie di Calabria con un breve prospetto dello stato economico della città di Messina, Neapel 1793.

16 Tanucci, Bernardo: Epistolario 1746–1752, Bd. 2, hg. v. Romano Paolo Coppini und Rolando Nieri, Rom 1990.

17 Neben der schon etwas älteren, aber nach wie vor noch als Standardwerk zum "gran brigantaggio" der Jahre 1860 bis 1865/1870 zu betrachtenden und 1964 zum ersten Mal erschienenen "Storia del Brigantaggio dopo l'Unità" von Franco Molfese lassen sich zum postunitären Brigantenwesen in Auswahl folgende Publikationen anführen. Zum Zwecke der besseren Lesbarkeit sind in den Fußnoten dieses Abschnitts die Nachnamen der Verfasser in Großbuchstaben angeführt: BONANNI, Ercole: La guerra civile nell'Abruzzo teramano 1860–1861, Teramo 1974; CALZONE, Nicolino: Briganti o Partigiani ? La rivolta contro l'unità d'Italia nel Sannio ed altre province del

Auch für den langen Zeitraum von der Gründung der ephemeren Parthenopäischen Republik zu Beginn des Jahres 1799, über die Zeit der ersten bourbonischen Restauration (1799–1806), über diejenige der beiden napoleonischen Herrscher Joseph Bonaparte (1806–1808) und Joachim Murat (1808–1815) bis hin zu derjenigen des 1816 geschaffenen und bis 1860 Bestand habenden Königreiches Beider Sizilien existiert zwar eine sehr große Anzahl von Publikationen, allerdings gibt es hier, abgesehen von der Zeit der Parthenopäischen Republik, sicherlich noch genügend Freiräume für eigenständige und auf der Arbeit mit Primärquellen basierende Forschungsvorhaben.[18]

Sud (1860–1880), Benevent 2001; CARELLA, Vincenzo: Il brigantaggio politico nel brindisino dopo l'unità, Fasano 1974; CINGARI, Gaetano: Brigantaggio, proprietari e contadini nel sud (1799–1900) (= Collana Mondo Moderno, Bd. 2), Reggio di Calabria 1976; DANTE, Umberto: Abruzzo, in: Storia del Mezzogiorno. Regioni e Province nell'Unità d'Italia, Bd. 15, Tbd. 1, hg. v. Giuseppe Galasso und Rosario Romeo, Neapel 1990, S. 17–96; DE LEO, Antonio: Carmine Crocco Donatelli. Un brigante guerrigliero, Cosenza 1983; DE MATTEO, Giovanni: Brigantaggio e Risorgimento. Legittimisti e Briganti tra i Borbone e i Savoia, Neapel 2000; DICKIE, John: A World at War. The Italian Army and Brigandage, in: History Workshop Journal 33 (1992), S. 1–24; DI FIORE, Gigi: Controstoria dell'unità d'Italia. Fatti e misfatti del risorgimento, 2. Aufl., Mailand 2008; FIORILLO, Lucio: Il brigantaggio meridionale. Legittimisti, contadini, borghesia nella crisi dell'unificazione. Il caso del Matese (1860–1868) (= Il Pensiero della Città, Bd. 4), Lungro di Cosenza 1993; GAUDIOSO, Francesco: Calabria ribelle. Brigantaggio e sistemi repressivi nel cosentino (1860–1870) (= Storia, Bd. 83), Mailand 1996; GIURA LONGO, Raffaele: La Basilicata, in: Storia del Mezzogiorno. Regioni e Province nell'Unità d'Italia, Bd. 15, Tbd. 2, hg. v. Giuseppe Galasso und Rosario Romeo, Neapel 1990, S. 427–548; LUCARELLI, Antonio: Il brigantaggio politico delle Puglie dopo il 1860. Il sergente Romano (= Biblioteca di Cultura Moderna, Bd. 406), 2. Aufl., Bari 1946; LUMBROSO, Enrico: Il brigantaggio politico e i Borboni di Napoli, in: Rassegna Storica del Risorgimento 24 (1937), S. 645–672; MOLFESE, Franco: Il brigantaggio nel Mezzogiorno dopo l'unità d'Italia, in: Archivio Storico per la Calabria e la Lucania 42 (1975) (= Sammlung von Beiträgen zum Vierten "Convegno Nazionale di Storiografia Lucana" zu "Il fenomeno del brigantaggio nella storia del Mezzogiorno" in Pietragalla vom 26. bis zum 29. September 1974), S. 99–136.

18 Zum Banditenwesen im Königreich Neapel des 19. Jahrhunderts unter Einschluss des Jahres 1799 und im festländischen Teil des Königreiches Beider Sizilien bis zu dessen Eroberung durch die Freischärler Garibaldis und das piemontesische Heer existieren folgende Monografien und Aufsätze: AGNOLI, Francesco Mario: 1799 La grande insorgenza. Lazzari e Sanfedisti contro l'oppressione giacobina, Neapel 1999; ALBANESE, Angela: Crimini e criminalità in Terra di Bari nell'età della Restaurazione (1818–1835). Le comitive armate, in: Il Mezzogiorno preunitario. Economia, società e istituzioni, hg. v. Angelo Massafra, Bari 1988, S. 1055–1068; AUTUORI, Margherita:

Storia sociale della banda Capozzoli (1817–1827). Lotte municipali e brigantaggio, in: Il Mezzogiorno preunitario. Economia, società e istituzioni, hg. v. Angelo Massafra, Bari 1988, S. 1127–1141; BARRA, Francesco: Il brigantaggio abruzzese del decennio in una cronaca francese, in: Aprutium 1 (1993), S. 83–101; BARRA, Francesco: Il brigantaggio del decennio francese (1806–1815). Studi e ricerche (= Mezzogiorno tra Passato e Presente, Bd. 10), Salerno 2003; CINGARI, Gaetano: Giacobini e sanfedisti in Calabria nel 1799 (= Pubblicazioni della Facoltà di Magistero, Bd. 1), Messina, Florenz 1957; CINGARI, Gaetano: Brigantaggio. Proprietari e contadini nel sud (1799–1900), Reggio di Calabria 1976; DANTE, Umberto: Insorgenza e anarchia. Il Regno di Napoli e l'invasione francese, Salerno 1980; DAVIS, John A.: Conflict and Control. Law and Order in Nineteenth Century Italy, Houndsmill, London 1988; DAVIS, John A.: The "Santafede" and the Crisis of the "Ancient Regime" in Southern Italy, in: Society and Politics in the Age of Risorgimento. Essays in Honour of Denis Mack Smith, hg. v. John A. Davis und Paul Ginsborg, Cambridge 1991, S. 1–25; FRANCO, Francesco: Il furto del procaccio. Borghesia rurale e delinquenza organizzata, in: Il Mezzogiorno preunitario. Economia, società e istituzioni, hg.v. Angelo Massafra, Bari 1988, S. 1103–1125; GAUDIOSO, Francesco: Brigantaggio, repressione e pentitismo nel Mezzogiorno preunitario (= Dipartimento di Studi Storici dal Medioevo all'Età Contemporanea, Bd, 48, 55), Galatina (Lecce) 2002; LUCARELLI, Antonio: Il brigantaggio politico del mezzogiorno d'Italia dopo la seconda restaurazione borbonica (1815–1818): Gaetano Vardarelli e Ciro Annicchiarico (= Storia, Bd. 7), Bari 1942; MARINO, Roberto: Nuova borghesia e amministrazione locale nelle cronache giuridiche del principato di Citra, in: Il Mezzogiorno preunitario. Economia, società e istituzioni, hg.v. Angelo Massafra, Bari 1988, S. 1087–1101; NAPOLI, Lucia: La trasgressione sociale nel Principato Citeriore in un sondaggio quantitativo (1818–1830), in: Il Mezzogiorno preunitario. Economia, società e istituzioni, hg. v. Angelo Massafra, Bari 1988, S. 1159–1169; PEDIO, Tommaso: Brigantaggio meridionale (1806–1863) (= Borbonici e Liberali, Bd. 2), Bari 1987; PIERI, Piero: Il Regno di Napoli dal luglio 1799 al marzo 1806, in: Archivio Storico per le Province Napoletane 52 (1927), S. 136–286; PILATI, Renata: Delitti e ordine pubblico durante il decennio francese. Gli atti della Gran Corte Criminale di Napoli, in: Archivio Storico per le Province Napoletane 102 (1984), S. 389–419; PLATANIA, Margherita: Le classi pericolose nel Principato Citeriore in età borbonica. Comitive armate e scorridori di campagna (1815–1830), in: Rassegna Storica Salernitana 1–2 (1984), S. 61–78; PLATANIA, Margherita: Instabilità sociale e delinquenza, in: Il Mezzogiorno preunitario. Economia, società e istituzioni, hg.v. Angelo Massafra, Bari 1988, S. 1069–1085; RAO, Anna Maria: La prima restaurazione borbonica, in: Storia del Mezzogiorno. Il regno dagli Angioni ai Borboni, hg. v. Giuseppe Galasso und Rosario Romeo, Bd. 4, Tbd. 2, Rom 1986, S. 543–574; SCIROCCO, Alfonso: Briganti e società nell' Ottocento. Il caso Calabria, Capone 1991; SCIROCCO, Alfonso: Ribellismo, brigantaggio, protesta sociale nell'Italia dell'Ottocento. Note in margine ad un convegno, in: Clio 18 (1992), S. 128–133; SCIROCCO, Alfonso: Brigantaggio e politica in Calabria dopo il moto cosentino del 15 marzo 1844. Talarico re della Sila,

Auf großes Interesse von Seiten der Forschung ist auch die sehr lange Zeit der direkten spanischen Herrschaft (ca. 1504–1707) über das Königreich Neapel gestoßen, in welcher das Banditenwesen bis in die erste Hälfte der 1680er Jahre hinein eine kontinuierliche Gefahr für die Ordnung und Sicherheit in den Provinzen darstellte und dessen Bekämpfung den verschiedenen Vizekönigen die Mobilisierung erheblicher finanzieller und militärischer Ressourcen abverlangte.[19]

---

in: Rassegna Storica del Risorgimento 82 (1995), S. 5–18; SPEDICATO, Mario: L'ordre du roi. Brigantaggio e banditismo in Puglia durante il decennio francese (= Cultura e Storia, Bd. 7), Galatina (Lecce) 2004; THEMELLY, Mario: Trasgressione, criminalità, comportamenti collettivi nelle province meridionali, in: Il Mezzogiorno preunitario. Economia, società e istituzioni, hg.v. Angelo Massafra, Bari 1988, S. 1039–1054; VOZZI, Maria Pia: La comitiva armata dei fratelli Capozzoli e la rivoluzione cilentana del 1828. Lotta politica e brigantaggio, in: Il Mezzogiorno preunitario. Economia, società e istituzioni, hg. v. Angelo Massafra, Bari 1988, S. 1143–1157.

19 AMBRON, Daniela: Il banditismo nel Regno di Napoli alla fine del XVII secolo tra istituzioni regie e protezioni baronali, in: Banditismi Mediterranei. Secoli XVI–XVII (= Studi Storici Carocci, Bd. 46), hg. v. Francesco Manconi, Urbino 2003, S. 379–400; BENADUSI, Paola: Un bandito del'500: Marco Sciarra. Per uno studio del banditismo al tempo di Sisto V, in: Studi Romani 27 (1979), S. 176–188; BRAUDEL, Fernand: Misère et banditisme, in: Annales-Économies-Sociétés-Civilisations 2 (1947), S. 129–142 ; COLAPIETRA, Raffaele: L'ercole glorioso. Realtà socio-ambientale e costruzione letteraria nel grande banditismo abruzzese del secolo Seicento, in: Bullettino della Deputazione Abruzzese di Storia Patria 107 (1995), S. 235–279; COLUSSI, Roberto: Diritto, instituzioni, amministrazione della giustizia nel Mezzogiorno vicereale, in: Storia del Mezzogiorno. Aspetti e problemi del Medioevo e dell'età moderna, hg. v. Giuseppe Galasso und Rosario Romeo, Bd. 11, Neapel 1991, S. 17–98; CORCIONE, Marco: Modelli processuali nell'antico regime. La giustizia penale nel tribunale di Campagna di Nevano (Collana di Studi Storico-Giuridici, Bd. 2), Frattamaggiore 2002; GAUDIOSO, Francesco: Il banditismo nel Mezzogiorno moderno tra punizione e perdono (= Dipartimento di Studi Storici dal Medioevo all'Età Contemporanea, Bd. 46, 53), Galantina (Lecce) 2003; GAUDIOSO, Francesco: Lotta al banditismo e responsabilità comunitaria nell'Italia moderna, in: Mediterranea Ricerche Storiche 5 (2005), S. 419–438; GAUDIOSO, Francesco: Il potere di punire e perdonare. Banditismo e politiche criminali nel Regno di Napoli in età moderna (= Mezzogiorno Ribelle, Bd. 1), Galatina (Lecce) 2006; GHELLI, Maria Elena: Il Vicerè Marchese del Carpio (1683–1687), in: Archivio Storico per le Province Napoletane 58 (1933), S. 280–318 und 59 (1934), S. 257–282; HERNANDO SÁNCHEZ, Carlos José: Castilla y Nápoles en el siglo XVI. El virrey Pedro de Toledo: Linaje, estado y cultura (1532–1553), Valladolid 1994; MARINO, Adelmo: Il banditismo teramano e abruzzese nelle carte spagnole, in: Aprutium 1–3 (1994), S. 5–10; MORELLI, Giorgio: Contributi a una storia del brigantaggio abruzzese durante il vicereame spagnolo. Marco Sciarra (1584–1593),

Für die Zeit der Herrscher aus der französischstämmigen Anjou-Dynastie (1266–1282 Königreich Sizilien/1282–1442 nur noch festländischer Teil des Königreiches Sizilien) existiert nach derzeitigem Stand nur eine äußerst geringe Anzahl von auf Primärquellen fußenden Studien, die zudem alle vor dem Zweiten Weltkrieg entstanden sind. Dass schließlich nach dem Kriege keine weiteren und wirklich neuartigen Studien zum Banditenwesen in der langen Zeit der Anjou-Herrschaft entstanden sind, liegt ausschließlich darin begründet, dass die einst umfangreichen Akten der königlich-angevinischen Kanzlei fast völlig einem von deutschen Soldaten im Jahre 1943 gelegten Brand zum Opfer gefallen sind. Ungeachtet dessen vermitteln die wenigen vor 1943 entstandenen Untersuchungen einen guten Eindruck davon, wie fest das Banditenunwesen den nach der Sizilianischen Vesper von 1282 unter der Herrschaft der Anjou verbliebenen festländischen Teil des Königreiches Sizilien besonders in Zeiten schwerer politischer und ökonomischer Krisen, von denen gerade des 14. Jahrhundert außerordentlich stark geprägt war, im Griff hatte und wie scheinbar machtlos die neapolitanische Zentralregierung diesen geradezu epidemischen Auswüchsen der Bandenkriminalität gegenüberstand.[20]

---

in: Archivio Storico per le Province Napoletane 7–8 (1970), S. 293–328; MORELLI, Giorgio: Contributi a una storia del brigantaggio durante il vicereame spagnolo. Curzietto, Pietro Mancino, l'abate Cesare Riccardi, in: Archivio Storico per le Province Napoletane 10 (1972), S. 289–306; DI NICOLA, Andrea: Comunità, aristocratici e banditi sulla montagna d'Abruzzo fra Cinque e Seicento, in: Bullettino della Deputazione Abruzzese di Storia Patria 107 (1995), S. 159–234; PAPAGNA, Elena: Ordine pubblico e repressione del banditismo nel Mezzogiorno d'Italia (XVI–XIX), in: Corpi armati e ordine pubblico in Italia (XVI–XIX) (= Stato, Esercito e Controllo del Territorio, Bd. 2), hg. v. Livio Antonielli und Claudio Donati, S. 49–72; SABATINI, Gaetano: Il controllo fiscale sul territorio nel Mezzogiorno spagnolo e il caso delle province abruzzesi, Neapel 1997; VILLARI, Rosario: Il banditismo meridionale alla fine del Cinquecento, in: Archivio Storico per la Calabria e la Lucania 42 (1975) (= Sammlung von Beiträgen zum Vierten "Convegno Nazionale di Storia Lucana" zu "Il fenomeno del brigantaggio nella storia del Mezzogiorno" in Pietragalla vom 26. bis zum 29. September 1974), S. 31–42; VILLARI, Rosario: La rivolta antispagnola a Napoli. Le origini: 1585–1647 (= Universale Laterza, Bd. 337), zweite Aufl., Bari 1976.

20 In den folgenden drei vor dem Zweiten Weltkrieg entstandenen Untersuchungen wird u. a. auch ein eingehender Bezug auf das Banditenwesen in den Provinzen des unter der angevinischen Herrschaft verbliebenen festländischen Teils des Königreiches Sizilien genommen: CAGGESE, Romolo: Roberto d'Angiò e i suoi tempi, Bd. 1, Florenz 1922; EPIFANIO, Vincenzo: Gli Angioini di Napoli e di Sicilia. Dall'inizio del Regno di Giovanna I alla pace di Catania, Neapel 1936; TRIFONE, Romualdo: La legislazione angioina. Edizione critica (= Documenti per la Storia dell'Italia Meridionale, Bd. 1),

Keinerlei Studien zum süditalienischen Banditenwesen existieren hingegen allem Anschein nach für die Epoche der aragonesischen (1442–1501) und österreichischen Herrschaft (1707–1734). Während im Hinblick auf das Banditenwesen in der Zeit der österreichischen Herrschaft einstweilen offen gelassen werden muss, warum bisher hierzu keine einzige Untersuchung erschienen ist, liegt der diesbezügliche Mangel für die Zeit der aragonesischen Herrschaft maßgeblich darin begründet, dass die ursprünglich im Staatsarchiv von Neapel aufbewahrten Akten der Kanzlei der Aragonesenherrscher genauso wie diejenigen der Kanzlei der Anjou-Herrscher im letzten Krieg durch den bereits erwähnten Brand des Jahres 1943 fast völlig zerstört worden sind. Vor dem Zweiten Weltkrieg scheinen zudem im Gegensatz zur Zeit der angevinischen Herrschaft für diejenige des aragonesischen Königshauses keine Studien entstanden zu sein, in denen Bezug auf Räuberbanden in den Provinzen des süditalienischen Königreiches genommen wird. Für die aragonesische Zeit haben sich bisher lediglich in zwei wirtschaftsgeschichtlichen Untersuchungen Paola Gasparinettis und Alberto Grohmanns sehr vage Andeutungen dafür finden lassen, dass es auch in der Zeit der Potentaten aus dem Hause Aragón im Hinblick auf die Sicherheit des Handelsverkehrs und der Handelswege zwischen den Territorien des Kirchenstaates und des Königreiches Neapel Probleme mit den Aktionen von Räuberbanden gegeben haben muss.[21]

Wenngleich es sich ebenso bei dem Banditenwesen im bourbonischen Königreich Neapel des 18. Jahrhunderts, dem eigentlichen Gegenstand dieser Untersuchung, um ein Forschungsgebiet von größerem Allgemeininteresse handeln

---

Neapel 1921. Die weit nach dem Ende des Zweiten Weltkriegs entstandenen Beiträge von DE FREDE, Carlo: Da Carlo I d'Angiò a Giovanna I 1263–1382, in: Storia di Napoli, Bd. 3, hg. v. Giuseppe Galasso, Neapel 1972, S. 5–333; RAIA, Ciro: Giovanna I d'Angiò. Regina di Napoli, 2. Aufl., Neapel 2001 und VITOLO, Giovanni: Il Regno angioino, in: Storia del Mezzogiorno. Il Regno dagli Angioini ai Borboni, Bd. 4, Tbd. 1, hg. v. Giuseppe Galasso und Rosario Romeo, Rom 1986, S. 11–86, in denen Bezug auf das Banditenwesen in der Anjou-Zeit genommen wird, bauen u. a. auch auf den Erkenntnissen der vor dem Krieg entstandenen Studien auf. Zahlreiche, allerdings sehr kurz gehaltene Hinweise auf die Aktivitäten von Banditen im festländischen Königreich Sizilien bzw. im Königreich Neapel der Anjou-Zeit finden sich in Abschriften aus den ursprünglich im Staatsarchiv von Neapel aufbewahrten Registern der angevinischen Kanzlei in RICCIO-MINIERI: Notizie storiche tratte da 62 registri angioini dell'Archivio di Stato di Napoli che fanno seguito agli studi storici fatti sopra 84 registri angioini, Neapel 1877.

21 GASPARINETTI, Paola: La „Via degli Abruzzi" e l'attività commerciale di L'Aquila e Sulmona nei secoli XIII–XV, in: Bullettino della Deputazione Abruzzese di Storia Patria 85–87 (1964–1966), S. 5–103 und GROHMANN, Alberto: Le fiere del Regno di Napoli in età aragonese (= Istituto Italiano per gli Studi Storici, Bd. 23), Neapel 1969.

dürfte, mangelt es hierfür bisher sowohl an einer wirklich umfassenden und detaillierten Untersuchung als auch an einzelnen Studien. Dies dürfte wahrscheinlich in erster Linie an der zum Teil sehr problematischen und bereits in dem vorhergehenden Kapitel erörterten Quellenlage liegen, welche die Durchführung einer umfassenderen Untersuchung bisher als ein sehr risikobehaftetes Unterfangen hat erscheinen lassen. Die grundlegenden Entwicklungslinien auf dem Gebiet des süditalienischen Banditenwesens in der ersten Phase der bourbonischen Herrschaft wurden bereits zum Teil in einem von Maria Grazia Maiorini im Jahre 1997 veröffentlichten Aufsatz „Presidi e brigantaggio tra prassi giuridica e azione militare. La dialettica dei metodi di repressione nel Regno di Napoli durante il primo periodo borbonico"[22] in der Art eines Überblickes bis in die frühen 1780er Jahre hinein dargestellt. Die Ergebnisse dieses wissenschaftlichen Aufsatzes wurden dann noch einmal verkürzt in ihrer 1999 erschienenen Untersuchung „I presidi nel primo periodo borbonico. Dall'amministrazione della giustizia al governo delle provincie"[23] angerissen. Dadurch bedingt, dass es sich bei dem Beitrag Maiorinis von seiner Form her um einen Aufsatz handelt, in dessen Zentrum vor allem die Politik der an Spitze der *Regie Udienze* stehenden *presidi* als höchste Vertreter der Zentralregierung in den Provinzen gegenüber dem Banditenwesen steht sowie allgemein die grundlegenden Entwicklungen auf dem Gebiet der öffentlichen Ordnung und Sicherheit in den Provinzen des Königreiches Neapel, wurden wichtige Aspekte, wie beispielsweise die strukturellen Ursachen für die Entstehung, den Fortbestand und die Eskalation der Bandenkriminalität im letzten Drittel der ersten Phase der Herrschaft Ferdinands IV., die Einbettung des Banditenwesens im Königreich Neapel der frühen Bourbonenzeit in den Gesamtkontext der Geschichte der Bandendelinquenz im festländischen Süditalien, die Beziehungen zwischen den Banditen und den verschiedenen Vertretern der ländlichen Gesellschaft, das Problem des Kirchenasyls oder die grenzüberschreitende Bekämpfung des Banditenwesens zwischen dem Königreich Neapel und dem Kirchenstaat, nicht eingehender behandelt oder auch gar nicht weiter berücksichtigt. Letzten Endes wäre schließlich noch Maiorinis These zu den Gründen des mutmaßlich geringen Interesses der neapolitanischen Zentralregierung an der Bekämpfung des Banditenwesens in den Provinzen in den ersten Jahren der Herrschaft Karls

22 MAIORINI, Maria Grazia: Presidi e brigantaggio tra prassi giuridica e azione militare. La dialettica dei metodi di repressione nel Regno di Napoli durante il primo periodo borbonico, in: Frontiera d'Europa 2 (1997), S. 137–231.

23 MAIORINI, Maria Grazia: I presidi nel primo periodo borbonico. Dall'amministrazione della giustizia al governo delle province (= Quaderni della Facoltà di Scienze Politiche, Bd. 45), Neapel 1999.

von Bourbon zu hinterfragen. Ein weiterer wichtiger Beitrag Maiorinis mit dem Titel "L'Udienza di Principato Ultra nel secolo XVIII. Evoluzione delle funzioni e rapporti con la società", befasst sich u. a. auch kurz mit dem Banditenwesen in der Provinz Principato Ultra und dessen Bekämpfung in den auf die große Karestie 1764 folgenden Jahren.[24]

Vier weitere wichtige, aber schon sehr spezifische Beiträge in der Form von wissenschaftlichen Aufsätzen stammen von Benedetto Croce, Luigi Coppa-Zuccari, Daniela Nardecchia und Pasquale Sposato. Der Gegenstand von Croces berühmten und oftmals zitierten Aufsatz ist die Figur des aus der in der Provinz Principato Citra gelegenen Ortschaft San Gregorio Magno stammenden Angelo Duca, der es, dank der Reiseliteratur der damaligen Zeit, nach seiner Hinrichtung in Salerno im Jahre 1784 auch über die Grenzen des Königreiches Neapel hinaus zu einer größeren Bekanntheit brachte. Diesen Aufsatz mit dem Titel „Angiolillo Duca (Angelo Duca). Capo di banditi“[25] veröffentlichte Benedetto Croce zum ersten Mal im Jahre 1891 und brachte ihn fünf Jahre später auf der Basis neuerer Quellen und Literatur noch einmal in einer überarbeiteten und weitaus narrativer angelegten Fassung als "Il brigante Angelillo Duca"[26] heraus. Das zentrale Problem sowohl bei der ersten als auch bei zweiten Version dieses Aufsatzes besteht aber darin, dass Croce sich bei deren Abfassung zum Teil auf recht problematisches Quellenmaterial stützte, ohne wirklich ausreichend dessen Wahrheitsgehalt zu hinterfragen. Denn bei den Recherchen für seinen Aufsatz sowie schließlich auch dessen überarbeitete und erweiterte Version hatte Croce, und dies erklärt gerade seinen Rückgriff auf zum Teil sehr problematisches Quellenmaterial, nicht mehr die Möglichkeit, auf umfangreiches offizielles Schriftgut der Justizbehörden des Königreiches Neapel zum Fall Angelo Ducas zurückzugreifen, da dieses im Jahre 1859 auf Befehl des damaligen Superintendenten des Großen Archivs von Neapel, des Fürsten von Belmonte, zum Großteil vernichtet worden war.[27]

Mit den Geschicken der einzelnen Mitglieder der aus der abruzzesischen Ortschaft Introdacqua stammenden Familie Pronio, aus deren Reihe in den letzten

---

24 MAIORINI, Maria Grazia: L'Udienza di Principato Ultra nel secolo XVIII. Evoluzioni delle funzioni e rapporti con la società, in: Archivio Storico del Sannio 1–2 (1991), S. 139–191.

25 CROCE, Benedetto: Angiolillo (Angelo Duca). Capo di banditi, in: La rivoluzione napoletana del 1799. Biografie, racconti, ricerche (= Scritti di Storia Letteraria e Politica, Bd. 2), 4. Aufl., Bari 1926, S. 427–457.

26 CROCE, Benedetto: Il brigante Angiolillo (= Ricciardiana, Bd. 15), Venosa 1986.

27 Siehe hierzu die Ausführungen in Croce: Angiolillo (Angelo Duca). Capo di banditi, S. 430.

beiden Jahrzehnten des 18. Jahrhunderts auch einige Banditen kamen, beschäftigen sich zwei Beiträge von Luigi Coppa-Zuccari und Daniela Nardecchia. Bei dem ersten und älteren Beitrag handelt es sich um den im Jahre 1928 erschienenen ersten Band von Luigi Coppa-Zuccaris Werk „L'invasione francese negli Abruzzi (1798–1810)“[28], in dem der Verfasser sehr detailliert auf die Geschichte der Pronio-Familie, und hierbei besonders auch auf die Person Giuseppe Pronios, von der ersten Hälfte des 18. Jahrhunderts bis ins frühe 19. Jahrhundert hinein eingeht. Der zweite Beitrag, diesmal aber weitaus jüngeren Datums, ist Claudia Nardecchias im Jahre 2002 verfasster Aufsatz mit dem Titel „Crisi e trasformazione del vecchio brigantaggio: I di Pronio“[29], in dessen Zentrum die Person des Bandenmitgliedes Michelangiolo Pronio und die Briefe stehen, die er im Zeitraum von 1785 bis 1790 aus dem Gefängnis der *Regia Udienza* von Aquila verschiedenen Personen hatte zukommen lassen und die von der Autorin in transkribierter Form an ihren Aufsatz angehängt wurden.

Einen weiteren wichtigen Beitrag bietet ein im Jahre 1967 in der Zeitschrift „Archivio Storico per la Calabria e la Lucania“ veröffentlichter Aufsatz von Pasquale Sposato mit dem Titel „Per la storia del brigantaggio nella Calabria del Settecento. Episodi di malvivenza a Nocera feudo ecclesiastico del baliaggio gerosolimitano di Sant'Eufemia“[30], in welchem es besonders um die Probleme mit der Bandenkriminalität sowie die Missstände in der Verwaltung und Rechtssprechung auf dem Gebiet der zur Ballei von Sant'Eufemia, einem Lehnsgebiet des Malteserordens, gehörenden und in der Provinz Calabria Citra gelegenen Stadt Nocera im Jahre 1780 geht. Für die Erstellung seines Beitrags griff Sposato u. a. auch auf eine Anzahl von Dokumenten aus dem Bestand der *Segreteria di Stato di Grazia e Giustizia* zurück, darunter auch ein sehr detaillierter Bericht des an der *Gran Corte della Vicaria* tätigen und von Neapel zum Sonderbeauftragten ernannten Richters Pasquale Perrelli, welche er an seine Untersuchung in transkribierter Form angehängt hat. Dadurch bedingt, dass Sposato neben den Dokumenten aus dem Bestand der *Segreteria di Stato di Grazia e Giustizia* aber auch noch eine größere Anzahl anderer Dokumente in seinen Aufsatz einarbeitete, bleibt die Analyse dieser für den

28 COPPA-ZUCCARI, Luigi: L'invasione francese negli Abruzzi (1798–1810), Bd. 1, L'Aquila 1928.

29 NARDECCHIA, Daniela: Crisi e trasformazione del vecchio brigantaggio. I di Pronio, in: Bullettino della Deputazione Abruzzese di Storia Patria 114 (2002), S. 121–187.

30 SPOSATO, Pasquale: Per la storia del brigantaggio nella Calabria del Settecento. Episodi di malvivenza a Nocera feudo ecclesiastico del baliaggio gerosolimitano di Sant'Eufemia, in: Archivio Storico per la Calabria e la Lucania 35 (1967), S. 157–211.

Gegenstand dieser Untersuchung außerordentlich interessanten Dokumente eher überblicksartig und erlaubt somit deren noch vertieftere Behandlung.

Neben diesen Untersuchungen existiert schließlich noch eine Reihe von wissenschaftlichen Beiträgen, in denen, in einen größeren thematischen Kontext eingebettet, auf einzelne Aspekte aus dem Bereich des Banditenwesens im Königreich Neapel der frühbourbonischen Zeit eingegangen wird. Dabei handelt es sich zum einen um die Erdbebenkatastrophe des Jahres 1783, bei der die Provinz Calabria Ultra und der Raum Messina schwer in Mitleidenschaft gezogen wurden, und zum anderen um die Amnestiepolitik der beiden ersten bourbonischen Herrscher.

In dem im Jahre 1863 veröffentlichen Werk „La Cassa Sacra, ovvero la soppressione delle manimorte in Calabria nel secolo 18"[31], in welchem sich dessen Verfasser, Achille Grimaldi, mit dem Wirken der infolge des desaströsen Erdbebens vom Februar 1783 geschaffenen *Cassa Sacra* befasste, die den enteigneten Besitz der Kirche in den betroffenen Gebieten treuhänderisch verwaltete, welcher, um den Wiederaufbau zu finanzieren, versteigert werden sollte, wird auch auf die Bekämpfung der Banden in der Provinz Calabria Ultra durch den von der Zentralregierung in Neapel zum Generalvikar ernannten Marschall Francesco Pignatelli eingegangen, deren Aktionen sich nach dem Beben in einem erheblichen Maße verstärkt hatten. Zwei wichtige Beiträge jüngeren Datums zu der Erdbebenkatastrophe von 1783 und deren Folgen, in welchen unter besonderem Rückgriff auf das Werk Achille Grimaldis und Quellenmaterial aus dem Staatsarchiv von Neapel u. a. auch das Problem der Bandenkriminalität in der Provinz Calabria Ultra und dessen Bekämpfung durch die Behörden der Provinz behandelt wird, stammen von Francesco Gaudioso. Bei diesen beiden Beiträgen Gaudiosos handelt es sich um die 2005 erschienene Monografie „Una tragedia sismica nella Calabria del Settecento"[32] von 2005 und den im Jahre 2008 in der Zeitschrift „Mediterranea" veröffentlichten Aufsatz „Emergenza macrosismica. Controllo del territorio e tutela dell'ordine pubblico nella Calabria del Settecento"[33].

Von geringerem Interesse und Erkenntniswert im Hinblick auf den Gegenstand dieser Untersuchung sind die Ausführungen Francesco Gaudiosos zum

31 GRIMALDI, Achille: La Cassa Sacra, ovvero la soppressione delle manimorte in Calabria nel secolo 18, Neapel 1863.

32 GAUDIOSO, Francesco: Una tragedia sismica nella Calabria del Settecento (= Dipartimento di Studi Storici dal Medioevo all'Età Contemporanea, Bd. 64, 71), Galatina (Lecce) 2005.

33 GAUDIOSO, Francesco: Emergenza macrosismica. Controllo del territorio e tutela dell'ordine pubblico nella Calabria del Settecento, in: Mediterranea. Richerche Storiche 14 (2008), S. 567–590.

Banditenwesen in der frühen Bourbonenzeit in seinen beiden Publikationen mit den Titeln „Il banditismo nel Mezzogiorno moderno tra punizione e perdono“[34] und „Il potere di punire e perdonare. Banditismo e politiche criminali nel Regno di Napoli in età moderna”[35], in welchen er u. a. kurz auf die Amnestiepolitik der beiden ersten bourbonischen Herrscher, Karl und Ferdinand IV., eingeht und sich dabei in erster Linie auf die Pragmatiken des Königreiches Neapel stützt.

4. Gliederung der Arbeit

Die vorliegende Untersuchung gliedert sich in insgesamt drei Hauptkapitel: *erstens* einen einführenden Teil, *zweitens* einen analytischen Teil und *drittens* einen Teil mit der Zusammenfassung und einem Ausblick, in welchem die zentralen Ergebnisse aus dem bewusst ins Detail gehenden analytischen Teil der Untersuchung in Form einer Synthese vorgestellt werden sollen. Das erste Hauptkapitel, das den Charakter einer Einführung hat, besteht aus insgesamt vier Kapiteln. Im ersten Kapitel „Einführung zum süditalienischen Banditenwesen“ geht es in zwei Unterkapiteln zum einen um eine kurze begriffs- und rechtsgeschichtliche Einführung zum süditalienischen Banditenwesen und zum anderen um einen Überblick zu den Entwicklungen im Bereich der Bandendelinquenz im festländischen Süditalien vor dem erneuten Machtantritt der spanischen Bourbonen im Jahre 1734. In diesem Überblick soll u. a. auch aufgezeigt werden, dass es sich bei dem Banditenwesen nicht nur um ein spezifisches soziales und kriminologisches Phänomen des frühneuzeitlichen Königreiches Neapel handelte, sondern dass es bereits in der römischen Antike und dann besonders in der Zeit der Anjou-Herrschaft (1266–1442) über das festländische Süditalien immer wieder massive Probleme mit den Aktivitäten von Räuberbanden in den ländlichen Gebieten gegeben hatte. Im besonderen Fokus der Betrachtung steht dabei neben der bereits genannten Zeit der Herrschaft der französischstämmigen Anjou-Dynastie auch sehr kurz die Zeit der römischen Herrschaft und weitaus ausführlicher die Zeit der gut zweihundertjährigen Herrschaft der spanischen Monarchie (1504–1707) über das festländische Süditalien, für welche sich die diesbezügliche Forschungslage als besonders gut darstellt. Grundlegend für das weitergehende Verständnis der im analytischen

34 GAUDIOSO, Francesco: Il banditismo nel Mezzogiorno moderno tra punizione e perdono (= Dipartimento di Studi Storici dal Medioevo all'Età Contemporanea, Bd. 46, 53), Galatina (Lecce) 2003.

35 GAUDIOSO, Francesco: Il potere di punire e perdonare. Banditismo e politiche criminali nel Regno di Napoli in età moderna (= Mezzogiorno Ribelle, Bd. 1), Galatina (Lecce) 2006.

Teil der Untersuchung vorgenommenen Auswertung zahlreicher Dokumente aus dem Königreich Neapel des 18. Jahrhunderts sind die Ausführungen in den beiden Kapiteln zum einen zum verwaltungsmäßigen und sozioökonomischen Gefüge des Königreiches Neapel der frühen Bourbonenzeit und zum anderen zu den Herrschaftsmitteln, über die das Bourbonenregime sowohl in der Hauptstadt Neapel als auch in den Provinzen verfügte. Im letzten Kapitel des ersten Hauptkapitels geht es schließlich um die Grundlagen der Politik und Gesetzgebung bei der Bekämpfung der Bandenkriminalität in den Provinzen des Königreiches Neapel der frühen Bourbonenzeit, welche gleichfalls für das weitergehende Verständnis der von der Zentralregierung gegenüber diesem gerade in der ersten Phase der Herrschaft Ferdinands IV. immer gravierendere Dimensionen annehmenden innenpolitischen Problem betriebenen Politik von essenzieller Bedeutung sind.

Das Anliegen des das zweite Hauptkapitel dieser Untersuchung einleitenden Kapitels „Zu den grundlegenden Tendenzen, Entwicklungen und Problemen im Bereich der Bekämpfung der Bandenkriminalität sowie des Zustandes der öffentlichen Ordnung und Sicherheit in den Provinzen des Königreiches Neapel der frühen Bourbonenzeit" besteht darin, die grundlegenden Tendenzen, Entwicklungen und Probleme im Bereich der Bekämpfung der Bandenkriminalität sowie des Zustandes der öffentlichen Ordnung und Sicherheit in den Provinzen des Königreiches Neapel der frühen Bourbonenzeit bis kurz vor der erstmaligen Flucht der königlichen Familie im Dezember 1798 darzulegen. Damit einhergehend sollen diese aufgezeigten Entwicklungslinien und Probleme sowie die in diesem Zeitraum zusätzlich noch aufgetretenen besonderen Ereignisse, d. h. die kriegerischen Auseinandersetzungen des Jahres 1744, die große Karestie des Jahres 1764 und die Erdbebenkatastrophe des Jahres 1783, und die mit ihnen verbundenen Auswirkungen auf die Entwicklung der Bandenkriminalität in den Provinzen unter besonderer Berücksichtigung von zeitgenössischen Dokumenten aus den Herrschaftsinstanzen, über welche die Bourbonen in der Hauptstadt Neapel selbst und den Provinzen verfügten, sowie weiterem zeitgenössischen Schriftgut, zu welchem Briefe, aber auch Werke der neapolitanischen Reformpublizistik des 18. Jahrhunderts zählen, etwas eingehender behandelt werden. Die aus diesen Ausführungen gewonnenen Erkenntnisse sollen aber nicht nur einen in einzelnen Punkten etwas vertiefteren Überblick geben, sondern darüber hinaus auch eine Grundlage bilden für die richtige Einordnung der in den beiden darauffolgenden Kapiteln eingehender analysierten Beispiele von Verfolgungs- und Repressionsmaßnahmen sowie einzelnen Verfahren gegen Mitglieder von Räuberbanden in den Gesamtkontext der von der neapolitanischen Regierung und deren Vertretern in den Provinzen praktizierten Politik gegenüber dem Banditenwesen.

In diesen beiden besagten Kapiteln des analytischen Teils dieser Untersuchung mit den Titeln „Die Ebene der Verfolgung und der Repression: Die Bekämpfung der Bandenkriminalität durch die Zentralregierung und die Provinzbehörden anhand ausgewählter Beispiele" und „Die Ebene der Rechtssprechung: Juristische Verfahren gegen Mitglieder von Räuberbanden in der Hauptstadt Neapel und in den Provinzen anhand ausgewählter Beispiele" sollen einzelne ausgewählte und aus verschiedenen Quellenbeständen stammende Beispiele sowohl für die Verfolgung von Räuberbanden, der Unterdrückung des Banditenwesens in den Provinzen des Königreiches Neapel und die damit verbundenen Schwierigkeiten als auch für die Art und Weise, in welcher juristische Verfahren gegen festgenommene Mitglieder von Räuberbanden durchgeführt werden konnten, eingehend erörtert und analysiert sowie deren genaue Spezifika, u. a. auch unter besonderer Berücksichtung der regionalen Gegebenheiten in den drei im ersteren Kapitel behandelten Fällen, herausgearbeitet werden. Darüber hinaus ermöglichen die in beiden Kapiteln behandelten Beispiele auch einen gewissen Einblick in die inneren Strukturen der Räuberbanden, deren Aktionsräume, deren Wechselbeziehungen zur Bewohnerschaft der Provinzen sowie insgesamt in die Probleme der Provinzbehörden bei der Verfolgung der Räuber und die Charakteristika der gegen sie angestrengten Verfahren. Zusammen mit den im Kapitel „Zu den grundlegenden Tendenzen, Entwicklungen und Problemen im Bereich der Bekämpfung der Bandenkriminalität sowie des Zustandes der öffentlichen Ordnung und Sicherheit in den Provinzen des Königreiches Neapel in der frühen Bourbonenzeit" vorgenommenen Ausführungen sollen diese analysierten einzelnen Fälle maßgeblich dazu beitragen, im dritten Hauptkapitel dieser Untersuchung ein wissenschaftlich tragbares Gesamtbild zum Problem der Bandenkriminalität in den Provinzen des frühbourbonischen Königreiches Neapel des 18. Jahrhunderts entstehen zu lassen.

Dieses Hauptkapitel „Zusammenfassung und Ausblick", dessen Umfang als Zusammenfassung maßgeblich der Komplexität des Gegenstandes dieser Untersuchung und des überaus langen Untersuchungszeitraumes geschuldet ist, gliedert sich in insgesamt drei größere voneinander abgrenzbare thematische Abschnitte. Im ersten thematischen Abschnitt „Die Politik der neapolitanischen Zentralregierung gegenüber dem Banditenwesen unter besonderer Berücksichtung der Beziehungen zum Kirchenstaat bei der grenzüberschreitenden Verbrechensbekämpfung und des Problems des Kirchenasyls" geht es in synthetischer Form gemäß dem primären Ziel der Untersuchung um die Entwicklung der Bandenkriminalität in den Provinzen des Königreiches Neapel der frühen Bourbonenzeit, die Art und Weise, in welcher die neapolitanische Zentralregierung und die ihr in den Provinzen unterstehenden Herrschaftsinstanzen versuchten, diese zu bekämpfen bzw. einzudämmen, und die damit verbundenen Probleme, die dazu führten, dass man von

Seiten Neapels letzten Endes selbst nach einer jahrzehntelangen Konfrontation mit diesem Problem keinerlei Ansatz für eine langfristige Lösung gefunden hatte und zum Ausgang des 18. Jahrhunderts schließlich nach wie vor den zahlreichen Räuberbanden, welche zuhauf die Provinzen durchzogen, mit den bescheidenen Mitteln, über welche man dort verfügte, weitestgehend machtlos gegenüberstand. Da das Banditenwesen im Königreich Neapel der frühen Bourbonenzeit sowohl durch den Übertritt einzelner Banditen oder auch ganzer Banden auf das Territorium des Kirchenstaates und umgekehrt, wie schon in den Jahrhunderten davor, als auch durch das Recht der Kirche, in denjenigen Orten, die ihrer Jurisdiktion unterstanden, Asyl gewähren zu dürfen, im Hinblick auf die Beziehungen zwischen dem Staat und der Kirche, die das Königreich Neapel stets als ein ihr untergeordnetes Lehnsgebiet betrachtete, auch zwischenstaatliche Dimensionen annehmen konnte, sollen in diesem ersten Abschnitt in komprimierter Form auch die zwei Aspekte der grenzüberschreitenden Bekämpfung der Bandenkriminalität sowie das Problem des Kirchenasyls und dessen Folgen, die in einzelnen Kapiteln dieser Arbeit wiederholt zur Sprache gebracht werden, in der Form eines kurzen Exkurses berücksichtigt werden.

Da diese Untersuchung und damit einhergehend auch diese Zusammenfassung in einer fast ausschließlichen Fokussierung auf die langwierigen Auseinandersetzungen zwischen dem Bourbonenstaat und dessen Repräsentanten in der Hauptstadt Neapel und den Provinzen auf der einen und den Räuberbanden auf der anderen Seite allerdings letzten Endes zu einseitig erscheinen würde, wird in dem zweiten thematischen Abschnitt „Die strukturellen Ursachen für die Entstehung, den Fortbestand und die erhebliche Zunahme der Bandenkriminalität im frühbourbonischen Königreich Neapel" auf die in den vorangegangenen Kapiteln immer wieder angerissenen strukturellen Voraussetzungen für das Umsichgreifen des Banditenwesens in der Herrschaftszeit Karls von Bourbon und derjenigen seines Sohnes und Nachfolgers, Ferdinands IV., noch einmal in der Form einer ausführlicheren Synthese eingegangen.

Im dritten und letzten thematischen Abschnitt dieses Hauptkapitels mit dem Titel „Ein Ausblick auf die Entwicklungen auf dem Gebiet der Bandenkriminalität im festländischen Süditalien des 19. Jahrhunderts", welcher zugleich den Charakter eines Epilogs haben soll, wird schließlich zum einen ein kurzer Blick auf die revolutionären Ereignisse der Jahre 1798 und 1799, in welchen die in der Herrschaftszeit Karls von Bourbon ihren Ausgangspunkt habenden Entwicklungen auf dem Gebiet der Bandenkriminalität für das Königreich Neapel des 18. Jahrhunderts zweifellos ihren Kulminationspunkt fanden, geworfen und zum anderen darauf, wie sich die weitere Entwicklung in groben Zügen im Königreich Neapel bzw., wie der Bourbonenstaat ab dem Jahre 1816 hieß, des Königreiches Beider

Sizilien sowie schließlich im ersten Jahrzehnt der piemontesisch-italienischen Herrschaft über den festländischen Mezzogiorno darstellte, wodurch es erleichtert werden soll, die Erkenntnisse zu den diesbezüglichen Entwicklungen im bourbonischen Königreich Neapel des 18. Jahrhunderts richtig in den Gesamtkontext der Entwicklungen im Zeitalter der bis 1860/1861 andauernden Herrschaft der Bourbonendynastie über den festländischen Mezzogiorno und die auf sie folgenden Piemontesen einzuordnen, die sich nach dem Sturz Franz' II. (1859–1861) als letztem bourbonischen Herrscher einer breiten Insurrektionsbewegung gegenübersahen, in der auch schon vorher als Banditen aufgetretene Personen eine maßgebliche Rolle spielten. Mit diesem dritten Abschnitt soll zudem der äußere, diese Untersuchung zum Banditenwesen im frühbourbonischen Königreich Neapel des 18. Jahrhunderts umgebende, zeitliche Rahmen geschlossen werden, welcher mit dem Unterkapitel „Ein Abriss zum Phänomen des Banditenwesens in der Geschichte des italienischen Mezzogiorno bis zum Machtantritt der Bourbonen im Jahr 1734" begonnen wurde und aufzeigen sollte, wie sich das Problem der ländlichen Bandenkriminalität im festländischen Süditalien vor der Machtübernahme durch die spanischen Bourbonen in Gestalt des Infanten Karl im Jahre 1734 und schließlich im Zeitraum von dem erstmaligen, aber nur vorübergehenden Ende der Bourbonenherrschaft im Dezember des Jahres 1798 bis zu deren endgültigem Ende im Jahre 1860/61 darstellte, um somit die möglichen Kontinuitäten und Diskontinuitäten in der Bekämpfung der Räuberbanden und die Entwicklungen auf dem Gebiet der Bandendelinquenz in der Geschichte des Mezzogiorno deutlich vor Augen zu führen.

Diese Arbeit schließt mit einem in italienischer Sprache verfassten Teil, in welchem in Analogie zum Hauptkapitel „Zusammenfassung und Ausblick" noch einmal die zentralen Ergebnisse dieser Untersuchung zum Banditenwesen im Königreich Neapel der frühen Bourbonenzeit in komprimierter Form vorgestellt werden sowie ein allerdings kürzerer Ausblick darauf geboten wird, wie sich schließlich das Problem der Bandendelinquenz im festländischen Süditalien bis zum Ende des von den Bourbonen im Jahre 1816 begründeten Königreiches Beider Sizilien und den ersten Jahren der Existenz des italienischen Nationalstaates darstellte.[36]

36 Im Hinblick auf die in dieser Untersuchung angewendete Zitierweise ist anzumerken, dass ein grundlegendes Problem bei der Art und Weise der Zitierung der benutzten und unterschiedlich gut archivierten Dokumente sich aus dem Umstand ergibt, dass bei vielen entweder nachträglich eine Nummerierung in zumeist arabischen und manchmal auch in römischen Ziffern auf der jeweiligen Vorderseite vorgenommen wurde oder dass solch eine Nummerierung sehr häufig fehlt. Dieses Problem betrifft

zum Teil auch Dokumente aus ein und demselben Bestand. Auch die Nummerierung von einzelnen Dokumenten innerhalb ein und desselben Aktenbündels kann in eher selteneren Fällen falsch sein oder gar völlig fehlen. In Anbetracht dessen wurde bei den Quellenverweisen in den Fußnoten wie folgt verfahren: Bei der Bezugnahme auf spezifische Informationen, die nur auf einer bestimmten Seite oder einer bestimmten Anzahl von Seiten in einem nachträglich durchnummerierten Dokument vorzufinden sind, werden diese am Ende des diesbezüglichen Fußnotenbelegs üblicherweise mitangegeben. Der bei diesen genauen Folioangaben auf eine arabische oder eine römische Ziffer folgende Buchstabe r (recto) bezieht sich dabei immer auf die Vorderseite des Blattes und der Buchstabe v (verso) auf dessen Rückseite. Wenn diese Nummerierung völlig fehlt, der Inhalt eines mehrseitigen und durchnummierten Dokumentes in der Form eines Überblickes wiedergegeben oder zumindest kurz darauf Bezug genommen wird, folgt am Ende des Verweises keine spezifische Nennung des Blattes und der entsprechenden Vorder- bzw. Rückseite. Die für diese Untersuchung benutzten Dokumente werden in einem vollständigen Fußnoteneintrag wie folgt zitiert: An erster Stelle des jeweiligen Quellenverweises erscheint abgekürzt in Großbuchstaben der Hinweis auf das Archiv, z. B. ASN = Archivio di Stato di Napoli, an zweiter Stelle in Kursivschrift derjenige auf den Bestand, z. B. *Tribunale Misto*, an dritter Stelle, falls vorhanden, wiederum in Kursivschrift derjenige auf den Teilbestand, z. B. *Volumi di Conti ed Immunità Locali*, an vierter Stelle die Nummer des Aktenbündels, an fünfter Stelle die Nummer der Einzelakte bzw. bei deren Fehlen die Zahl 0, danach bei einzelnen Schreiben Verfasser, Empfänger, Ort und Ausstellungsdatum, und, falls Bezug auf eine bestimmte Stelle eines nachträglich durchnummerierten Dokumentes genommen wird, folgt an letzter Stelle die genaue Blattangabe, abgekürzt „fol." oder, wenngleich sehr selten, bei genauer Seitenzählung „pag.", z. B. fol. 306r-306v oder pag. 32. Ist solch eine nachträgliche Durchnummerierung der Blätter, wie bereits oben angeführt, nicht erfolgt, so erscheint keine diesbezügliche Angabe. Auf die hierfür möglichen, jedoch nicht zwingenden Angaben „unfol." oder „nicht paginiert" wurde bewusst verzichtet, um Missverständnissen bei der Anführung von Dokumenten, auf deren Inhalte ein allgemeiner Bezug genommen wird, vorzubeugen. Diesem Schema folgen auch die Angaben in der italienischsprachigen Zusammenfassung. Ein vollständiger Quellenbeleg sähe bei einer genauen Bezugnahme demnach wie folgt aus: ASN, *Tribunale Misto, Volume di Conti ed Immunità Locali*, 322/106, fol. 306r-306v.

I. Einführung

1. Einführung zum süditalienischen Banditenwesen

1.1 Eine kurze begriffs- und rechtsgeschichtliche Einführung

Dem ersten Unterkapitel des einleitenden Teils dieser Untersuchung zum Banditenwesen im Königreich Neapel der frühen Bourbonenzeit liegen drei zentrale Zielsetzungen zugrunde: Die erste Zielsetzung besteht darin, zu definieren, was im modernen juristischen Sinne unter einer Bande als krimineller Vereingung an sich zu verstehen ist. Die zweite Zielsetzung besteht darin, einen Eindruck davon zu vermitteln, welcher Begrifflichkeiten sich sowohl die heutige italienische Geschichts- und Sozialwissenschaft als auch die verschiedenen italienischen Staaten der Frühen Neuzeit zur Bezeichnung von Räuberbanden und deren Mitgliedern zu bedienen pflegten. Und die dritte und letzte mit diesem ersten Unterkapitel verbundene Zielsetzung besteht schließlich darin, die Frage zu klären, auf welche Kriterien bzw. Kategorisierungen von Seiten der Justiz der frühneuzeitlichen italienischen Staaten bei der strafrechtlichen Belangung der Mitglieder ebendieser Banden nach deren erfolgter Festnahme bis hin zum Erlass des französischen „Code Pénal" im Jahre 1810 zurückgegriffen wurde, welcher schließlich die strafrechtliche Verfolgung von Mitgliedern bewaffneter Banden auf eine völlig neue gesetzliche Grundlage stellen und schließlich einen zentralen Einfluss auf die unter Ferdinand I., König Beider Sizilien, im Jahre 1819 erlassenen und sehr stark an den „Code Pénal" angelehnten „Leggi Penali" haben sollte.

Eine erste begriffsmäßige Annäherung an dieses komplexe Phänomen, für welches üblicherweise im Italienischen sowohl die Begrifflichkeit des „banditismo" als auch diejenige des „brigantaggio" verwendet werden, ermöglicht die sehr allgemein gehaltene Definition, welche Raffaele Ciasca in seinem Beitrag über die Entwicklung des „brigantaggio" von der Antike bis zur Moderne in der „Enciclopedia Italiana" vorangestellt hat. Er definiert den Begriff des „brigantaggio" wie folgt:

> „È un fenomeno, caratteristico di tutti i paesi in determinate fasi di sviluppo sociale e politico, per il quale bande di malfattori riunite e disciplinate sotto l'autorità di un capo, attentano a mano armata alle persone e alla proprietà."[37]

Wie anhand dieser von Raffaele Ciasca stammenden Definition, welche sich in dieser Form ohne Weiteres auch in Bezug auf die Jetztzeit verwenden ließe,

37 Ciasca: Brigantaggio, S. 849.

ersichtlich wird, handelt es sich also bei dem Banditenwesen um ein soziales und kriminologisches Phänomen, welches sich im Endeffekt in fast allen Staaten der Erde zu bestimmten Zeitpunkten ihrer sozialen und ökonomischen, dies sollte an dieser Stelle darüber hinaus nicht vergessen werden, sowie ihrer politischen Entwicklung in unterschiedlich starker Ausprägung im Endeffekt bis in die heutige Zeit hinein vorfinden lässt.

Auf das Engste mit diesem Phänomen verbunden, stellt sich zuvorderst die grundlegende Frage, was man eigentlich unter einer „Bande" im Sinne einer kriminellen Vereinigung versteht. Im ersten Band des „Deutschen Rechtslexikons" bietet Werner Beulke hierfür folgende moderne juristische Definition: Bei einer „Bande" handelt es sich demnach, wobei sich Beulke auch kurz auf den Streitpunkt bezieht, ob man erst ab einer Verbindung von drei Personen oder schon ab einer Verbindung von zwei Personen von einer „Bande" im engeren Sinne sprechen kann, um

> „eine auf ausdrücklicher oder stillschweigender Vereinbarung beruhende und für eine gewisse Dauer vorgesehene Verbindung einer Mehrzahl von Personen zur Begehung mehrerer selbständiger, im einzelnen noch ungewisser Taten. Nach der Rspr sind zwei Mitglieder ausreichend (BGH St 23, 239 = NJW 70, 1279; seit 2000 auch innerhalb der Rspr str), in der Lit werden zT mindestens drei Mitglieder verlangt."[38]

Dieses zentrale Kriterium der Absicht der Mitglieder einer ebensolchen Vereinigung, über einen bestimmten Zeitraum wiederholt Aktivitäten nachzugehen, die von Seiten des Gesetzgebers womöglich als illegal betrachtet werden, impliziert jedoch nicht automatisch, dass an diesen illegalen Aktivitäten, d.h. deren Planung und Durchführung, fortlaufend alle Mitglieder dieser Vereinigung beteiligt sein müssen. Wie noch besonders anhand der zahlreichen im Rahmen dieser Untersuchung behandelten Banden aus dem Königreich Neapel der frühen Bourbonenzeit ersichtlich werden wird, mussten solche Gruppierungen mit einer oder auch mehreren Führungspersonen an ihrer Spitze in ihrem Inneren zudem nicht zwangsläufig über festgefügte hierarchische Strukturen verfügen, sondern konnten stattdessen auch ein eher lockeres und für von außen kommende Neuzugänge relativ offenes Gefüge aufweisen.

Eine besondere Problematik bei den mehrheitlich italienischsprachigen Untersuchungen, welche sich mit dem Forschungsfeld der Bandendelinquenz in den Staaten auf der Apenninenhalbinsel in der Frühen Neuzeit und der Neuzeit befassen, ergibt sich aus der oftmals allzu unreflektiert gehandhabten Verwendung der in Bezugnahme auf dieses soziale und kriminologische Phänomen von Seiten der

---

38 Beulke: Bande, S. 509.

italienischen Geschichts- und Sozialwissenschaft benutzten Begriffspaare „brigante“ und „brigantaggio“ bzw. „bandito“ und „banditismo“. Wenngleich auf der einen Seite in den diesbezüglichen Publikationen bzw. wissenschaftlichen Diskursen beide Begriffe oftmals fast völlig synonym verwendet werden und das Begriffspaar „brigante“ und „brigantaggio“ selbst epochenübergreifend am häufigsten benutzt zu werden scheint, so lässt sich auf der anderen Seite feststellen, dass deren Verwendung in der Fachliteratur teilweise auch einer deutlichen zeitlichen Kategorisierung unterliegt. Während dabei der Begriff des „banditismo“ als allgemeine Bezeichnung für das Phänomen der ländlichen Bandenkriminalität auf der Apenninenhalbinsel bis zum Ende des 18. Jahrhunderts in seiner Benutzung gegenüber „brigantaggio“ eindeutig eine Vorrangstellung einzunehmen scheint, so erfährt dann der letztere Begriff für das 19. Jahrhundert gegenüber dem ersteren eine deutliche Aufwertung, nicht nur als Bezeichnung für die endemische Bandenkriminalität, sondern auch allgemein als Oberbegriff für alle Arten von insurrektionellen Elementen, die sich mit ihren Aktionen insbesondere den Versuchen nach herrschaftlicher Durchdringung des Mezzogiorno, sei es von Seiten der Franzosen ab 1806, dann wieder der Bourbonen ab 1816 und schließlich der Piemontesen ab 1860/61 zu entziehen versuchten.[39]

Besonders in der Zeit des als „Brigantenkrieg“ bzw. auf Italienisch als „gran brigantaggio“ bezeichneten Bürgerkrieges im festländischen Teil des ehemaligen Königreiches Beider Sizilien in den 1860er Jahren diente der Begriff des „brigante“ dazu, die breite Masse an Aufständischen zu diffamieren, die sich dem Versuch der Piemontesen widersetzten, das ehemalige Königreich der Bourbonen administrativ und bürokratisch dem neu gegründeten italienischen Nationalstaat anzugliedern. In Anbetracht dieser fast oftmals unreflektiert erscheinenden und somit zu hinterfragenden Handhabung beider Begriffspaare und der sich daraus ergebenden Notwendigkeit für die Forschung, in Bezug auf das süditalienische Banditenwesen eindeutige terminologische Nuancierungen und zeitliche Kategorisierungen vorzunehmen, wies auch Rosario Villari in einem Vortrag anlässlich des Vierten „Convegno Nazionale di Storiografia Lucana“ des Jahres 1974 zum Themenkomplex „Il fenomeno del brigantaggio nella storia del Mezzogiorno“ dezidiert darauf hin, dass

> „[è] vero, tuttavia, che in certi casi l'uso del termine banditismo o brigantaggio si mantiene soltanto per forma d'inerzia, come eredità di un giudizio immediatamente politico o per una sorta di compiacimento subalterno. La tendenza a definire banditi e delinquenti comuni tutti quelli che operano violentemente contro la legge, senza andare per

39 Gaudioso: Il banditismo nel Mezzogiorno moderno tra punizione e perdono, S. 22.

il sottile, è frequente e perfino naturale sul terreno politico: la storia si incarica poi di rendere giustizia, di distinguere, di ricuperare. Esistono certo difficoltà reali per questa operazione di giustizia storica, che tende sempre ad essere più generosa e magnanima del giudizio immediato e politico, perché l'analisi storica vuole penetrare più a fondo, tenere conto di tutte le circostanze, sollevarci al di sopra delle parti. Ma, in generale, le vecchie etichette devono essere sottoposte a verifica, quando sono troppo generiche o possono dar luogo ad equivoci o ostacolano una ricerca spassionata; e credo che l'esigenza di una verifica terminologia si ponga anche per vari casi di brigantaggio o forse anche per quello post-unitario (guerriglia legittimistica, rivolta contadina…) per i quali appunto il giudizio storico è più condizionato dalla forza di inerzia, dal compiacimento subalterno, dal gusto del folclore… […] Per gli studiosi di storia dell'Italia meridionale, la tentazione di cercare formule generali deriva anche dal fatto che il brigantaggio appare nel Mezzogiorno come un fenomeno endemico e permanente. Ma anche la costatazione del carattere endemico e permanente del brigantaggio e l'indicazione del suo rapporto con un determinato tipo di società possono, secondo me, creare confusione e indurci a mettere sullo stesso piano cose diverse, che hanno in comune soltanto certi aspetti formali. Fenomeno endemico e permanente, senza dubbio; ma certamente non sempre uguale. La prima osservazione che si deve fare, considerando un ampio e secolare panorama storico, è che ci sono dei momenti in cui il brigantaggio assume proporzioni straordinarie e di massa, significati e rilievo particolari. In questi momenti il brigantaggio si distingue dall'endemico e costante pullulare di casi che cadono sotto l'ordinaria amministrazione."[40]

Angesichts der nach wie vor noch nicht abgeschlossenen Diskussionen in der italienischen Geschichts- und Sozialwissenschaft bezüglich der richtigen Verwendung der beiden Begrifflichkeiten „brigante"/"brigantaggio" und „bandito"/"banditismo" erweist es sich unumgänglich, sich auch mit deren unterschiedlicher geschichtlicher Genese zu befassen. Im Mittelalter bezog sich, sehr allgemein gefasst, der Begriff „bannitus", aus welchem sich derjenige des „bandito" entwickelte, zunächst ausschließlich auf diejenigen, die aufgrund der Verübung eines bestimmten Vergehens von den Vertretern einer Gemeinde bzw. von einem Feudalherrn ausgestoßen, also verbannt worden waren, und damit einhergehend ihren Anspruch auf Schutz durch das Gesetz und auf ihr Besitztum verwirkt hatten.[41]

In den spätmittelalterlichen bzw. frühneuzeitlichen Königreichen Neapel und Sizilien beispielsweise bediente man sich hierbei einer zweistufigen juristischen Vorgehensweise: Der Verbannung (*bannum*) und der darauf aufbauenden Ächtung (*foriudicatio*) der jeweiligen Person, die sich eines bestimmten Deliktes schuldig gemacht hatte. Diese Verfahrensweise in den beiden Königreichen Neapel und

40 Villari: Il banditismo meridionale alla fine del Cinquecento, S. 32f.

41 Davis: Conflict and Control, S. 73ff.

Sizilien hatte ihren Ursprung in den Konstitutionen Kaiser Friedrichs II. und konnte im schlimmsten Fall, also der Verhängung der Acht (*foriudicatio*), dazu führen, dass der Beschuldigte in diesem zweiten Schritt der angewendeten juristischen Vorgehensweise faktisch für vogelfrei erklärt wurde. In der Rechtssprechung der beiden Königreiche resultierte eine Verurteilung auf Verbannung, der ersten Stufe vor der eigentlichen Ächtung, darin, dass über diejenigen, die sich eines bestimmten Vergehens schuldig gemacht hatten, deswegen angeklagt worden waren und nicht vor dem diesbezüglichen Gerichtshof erschienen waren, um in dieser Angelegenheit Rechenschaft abzulegen, formal ein Bann verhängt wurde und die Verbannten nicht mehr wie auch immer geartete öffentliche Funktionen wahrnehmen oder an Versammlungen teilnehmen durften. Generell war es ihnen darüber hinaus auch untersagt, weiterhin in der Stadt oder der Gemeinde zu verbleiben, in der sie vorher ansässig gewesen waren. Wenn der Verbannte nach einem Jahr immer noch nicht vor dem verantwortlichen Gerichtshof erschienen war, drohte ihm schließlich die Verhängung der Acht, die noch gravierendere Konsequenzen für den Status des Beschuldigten hatte als der Bann selbst. Mit der Verhängung der Acht wurde der Beschuldigte nunmehr zu einem öffentlichen Feind erklärt und sein Besitz von Seiten der Behörden eingezogen. Des Weiteren wurde auf den nunmehr Geächteten ein Kopfgeld ausgesetzt, welches sowohl für die Tötung des Verurteilten als auch für dessen Auslieferung als Lebenden an die diesbezüglichen Behörden gezahlt wurde. Mit anderen Worten: der vormals Verbannte wurde im Rahmen dieser zweiten Stufe seiner juristischen Verfolgung mehr oder weniger für vogelfrei erklärt. Ab der Zeit der Herrschaft Ferdinands II. von Aragón (König von Aragón 1479–1516, als Ferdinand III. König von Neapel 1504–1516) drohte schließlich dann noch denjenigen eine harte Bestrafung, die verbannten bzw. geächteten Personen Asyl gewährten. Diese Bestimmung muss auch im Hinblick darauf gesehen werden, dass sich der Asyl Gewährende diese Abhängigkeit für seine eigenen Ziele gegebenenfalls zunutze machen konnte. Sollten die Vertreter der Zentralmacht solch einer Person auf die Spur kommen, so konnte dies in letzter Konsequenz dazu führen, dass derjenige, der einem Verbannten Asyl gewährte, selbst dieser Strafe anheimfiel. Beamte, die im Sold des Vizekönigs bzw. seines Herrschaftsapparates standen und sich dieses Vergehens schuldig gemacht hatten, mussten neben den Verlust ihres Postens schlimmstenfalls sogar mit der Todesstrafe rechnen.[42]

42 Zeno: Il procedimento di „bando“ e „fuorgiudica“ nel Regno di Napoli e Sicilia, S. 19f. Die Verurteilung zu Verbannung wurde üblicherweise im Saal der *Gran Corte della Vicaria* auf einem eigens dafür bestimmten Anschlag veröffentlicht. Einmal aller sechs Monate verlas man schließlich auf einem großen Platz in Neapel die Namen der

Wenngleich der später für die einzelnen Mitglieder solcher Räuberbanden gebrauchte Begriff des „bandito“ sich von „bannitus“ ableitete, so ist ungeachtet dessen in diesem Zusammenhang deutlich hervorzuheben, dass der Status des Ausgestoßenseins nicht immer zwangsläufig auch mit dem Begehen weiterer krimineller Handlungen einhergehen musste. Im Bewusstsein dieses Unterschiedes gab es daher auch in der Gesetzgebung der italienischen Staaten des Spätmittelalters bzw. der Frühen Neuzeit gewisse Nuancierungen. Ein gutes Beispiel hierfür ist die Republik Venedig ab dem 15. Jahrhundert. Die *rettori* der venezianischen Terraferma unterschieden bei der strafrechtlichen Verfolgung der sogenannten „banniti“ ganz bewusst zwischen denjenigen, die lediglich verbannt worden waren, und denjenigen, die aus dem Status eines Verbannten heraus auch wirklich Verbrechen verübten, und in den jeweiligen Gesetzesquellen als „latrones“ bezeichnet wurden. Anders sah es hingegen bei der Strafverfolgung in der Republik Genua aus. Im Statut „De premio occidentis rebellem“, welches die zentrale gesetzliche Grundlage für die Verfolgung und Liquidierung von Banditen auf dem Territorium der Seehandelsrepublik darstellte, benutzte man den Begriff des „bannitus“ unter Verlust seiner ursprünglichen Bedeutung ausschließlich zur Kennzeichnung aller kriminellen Elemente, die durch ihre Aktionen die Straßen und Wege der Republik unsicher machten.[43]

Der in diesem Kontext heute gleichfalls von Seiten der italienischen Geschichts- und Sozialwissenschaft häufig benutzte Terminus des „brigantaggio“, wenngleich er schon vorher als Bezeichnung für die kriminellen Handlungen der Banden benutzt wurde, nahm seine endgültige Bedeutung allerdings erst in der Zeit der napoleonischen Herrschaft auf der Apenninenhalbinsel an und fand dann schließlich auch seinen Eingang in die zeitgenössischen Quellen, in welchen es beispielsweise um die Verfolgung der Mitglieder von Räuberbanden ging, denn nach der Rückkehr der Franzosen auf die Apenninenhalbinsel sahen sich die beiden von Napoleon in

---

Verbannten, so dass sie auch im öffentlichen Bewusstsein präsent waren, wodurch deren Leben im Verborgenen noch zusätzlich erschwert werden sollte und sie letztendlich dazu bewegt werden sollten, sich den Behörden zu stellen. Ebd., S. 14.

43 Gaudioso: Il banditismo nel Mezzogiorno moderno tra punizione e perdono, S. 18. Zum Banditenwesen der Frühen Neuzeit auf dem Territorium der Republik Venedig Basaglia: Il banditismo nei rapporti di Venezia con gli stati confinanti, S. 423–440; Davidson: An Armed Band and the Local Community on the Venetian Terraferma in the Sixthteenth Century, S. 401–422 und Grubb: Catalysts for Organized Violence in the Early Venetian Territorial State, S. 383–400. Zu der diesbezüglichen Politik und Gesetzgebung der Seehandelsrepublik Genua Floris: La repressione della criminalità organizzata nella Repubblica di Genova tra Cinque e Seicento, S. 87–106.

ihr Amt berufenen Könige von Neapel, Joseph Bonaparte (König 1806–1808) und Joachim Murat (König 1808–1815), angesichts der zahlreichen Aufstände in ihrem Herrschaftsbereich dazu gezwungen, sowohl gegen die Aufständischen als auch gegen die mit ihnen kooperierenden Banditen mit außerordentlicher Härte vorzugehen. Erst im Rahmen dieses regelrechten Bürgerkrieges gegen die Franzosen wurden aus „brigantaggio“ und „brigante“ schließlich diejenigen Bezeichnungen, die all jene einschlossen, seien es aufständische Bauern, seien es Räuberbanden, die mit ihren Aktionen die Autorität der philofranzösisch-republikanischen, der napoleonischen, bourbonischen und schließlich der darauffolgenden piemontesischen Machthaber herausforderten, die sich in gleicher Weise dieses Begriffes bedienten, als sie sich nach der Zerschlagung des Königreiches Beider Sizilien beim Ausbau ihrer Herrschaft im Süden mit einer breiten Insurrektionsbewegung aus den Reihen der ländlichen Bevölkerung des ehemaligen bourbonischen Königreiches konfrontiert sahen.[44]

Giuseppe Galasso als ausgewiesener Kenner der Geschichte des italienischen Mezzogiorno ging schließlich so weit, in dem postunitären „brigantaggio“ in deutlichem Gegensatz zu den dem Fall des Königreiches Beider Sizilien im Jahre 1860 vorausgegangenen Manifestationen des „banditismo endemico“ bzw. des „brigantaggio“ etwas völlig Neues und Eigenes zu sehen. Dieser aus seiner Sicht eminente charakteristische Gegensatz zwischen dem postunitären „brigantaggio“ auf der einen Seite und dem schon Jahrhunderte vorher existenten „banditismo“ bzw. den Manifestationen des „brigantaggio“ innerhalb der sanfedistischen Bewegung des Kardinals Fabrizio Ruffo im Jahre 1799 und ab 1806 nach dem zweiten Sturz der Bourbonendynastie auf der anderen Seite stellte sich nach Galassos Meinung wie folgt dar:

> „[I]l brigantaggio meridionale post-unitario si presenta e va visto come qualcosa di essenzialmente nuovo e diverso rispetto all'endemico banditismo, che per secoli fu caratteristico dello stesso Mezzogiorno, così come di tanta parte del Mediterraneo e dell'Europa nell'età moderna; e rispetto anche al movimento sanfedista napoletano del 1799 e al brigantaggio presente nel Mezzogiorno dopo l'espulsione dei Borboni e l'avvento a Napoli della dinastia napoleonica nel 1806. Il brigantaggio post-unitario ebbe contorni più vasti e più profondi; l'elemento sanfedistico, pur assai vivo in esso, vi ebbe parte minore, tutto sommato, che nel 1799; la motivazione dinastica vi fu già più forte, ma fu anch'essa meno determinante e caratterizzante delle ragioni che si possono definire come sociali e

---

44 Davis: Conflict and Control, S. 75 und Papagna: Ordine pubblico e repressione del banditismo, S. 52.

> nazionali: sia di antica sedimentazione, […], sia di più recente e immediata genesi per le condizioni determinatesi nel 1860".[45]

In Anbetracht dessen, dass also die Begriffspaare „brigante“ und „brigantaggio“ bzw., wie die deutschen Entsprechungen hießen, „Brigant“ und „Brigantenwesen“ von Seiten der italienischen Geschichts- und Sozialwissenschaft mehrheitlich eher im 19. Jahrundert verankert werden, wird in dieser Untersuchung zum Banditenwesen im Königreich Neapel der frühen Bourbonenzeit bewusst auf ihre Verwendung verzichtet. Stattdessen werden ausschließlich die Begriffe „Bandit“ und „Banditenwesen“ oder, wie es in diesbezüglichen Untersuchungen für den deutschsprachigen Raum üblich ist, alternativ auch die Begrifflichkeiten „Räuber“, „Räuberbanden“ und „Räuberwesen“ benutzt. Generell wäre im Hinblick auf die Begrifflichkeiten „brigante“ und „brigantaggio“ zu überlegen, ob man in wissenschaftlichen Diskursen, in denen es um die Bandendelinquenz in den Staaten auf der Apenninenhalbinsel in der Frühen Neuzeit und der Neuzeit geht, nicht völlig auf deren Verwendung verzichten sollte, da diese stets den Beigeschmack einer wie auch immer gearteten Insurrektion von Teilen der sozial und ökonomisch benachteiligten Landbevölkerung haben, was auf das Banditenwesen im Königreich Neapel der frühen Bourbonenzeit, dies sei an dieser Stelle vorausgreifend gesagt, definitiv nicht zutrifft. Auch im Hinblick auf die Bezeichnung derjenigen Teile der süditalienischen Bevölkerung, die sich ab 1860/1861 gegen die Herrschaft des Königreiches Sardinien-Piemont über den ehemaligen festländischen Teil des Königreiches Beider Sizilien erhoben, erscheint die Verwendung dieser Begrifflichkeiten nicht nur einseitig, sondern auch grundlegend falsch, weil es sich bei den Aufständischen nicht ausschließlich um Banditen handelte, die nunmehr massiv die Stabilität der sardo-piemontesischen Herrschaft über den italienischen Mezzogiorno bedrohten. Historisch korrekter und terminologisch exakter erschiene es daher, sich in Bezug auf die bewaffneten Auseinandersetzungen zwischen Teilen der Bevölkerung des ehemaligen festländischen Teils des bourbonischen Königreiches Beider Sizilien eher des Begriffes des „Bürgerkrieges“ als sich desjenigen des „Brigantenkrieges“ zu bedienen, weil diese breite Insurrektion gegen die neuen sardo-piemontischen Machthaber, wie bereits von Galasso betont wurde, als singuläres historisches Ereignis in der Epoche der nationalstaatlichen Einigung Italiens an und für sich relativ wenig mit dem Banditenwesen in den Jahrhunderten der angevinischen, aragonesischen, spanischen, österreichischen und bourbonischen Herrschaft über den Süden der Apenninenhalbinsel zu tun hatte.

45 Galasso: Premessa, S. 13.

Eine besondere Schwierigkeit für Untersuchungen, die sich mit dem Banditenwesen in der Frühen Neuzeit beschäftigen, ergibt sich daraus, dass man sich in den diesbezüglichen Quellen einer Vielzahl von nicht immer deutlich voneinander trennbaren Bezeichnungen bediente, deren unmittelbare Verwendung nicht ausschließlich auf Banditen bzw. deren Handlungen beschränkt war, so dass man gezwungen ist, aus dem Kontext heraus zu verstehen, ob es sich bei den jeweiligen Verbrechen, bei denen gerade auch der Wiederholungscharakter ein entscheidendes Merkmal war, um Taten von Banditen handelte oder nicht. Diese Eigenart des frühneuzeitlichen Strafrechts resultiert daraus, dass damals noch nicht die Bildung solcher Gruppierungen an sich unter Strafe stand, sondern im Endeffekt erst deren konkret verübte Verbrechen, die je nach Art und Weise ein breites Spektrum an Taten umfassen konnten, die nicht nur ausschließlich von Banditen begangen wurden. Die Banditen wurden daraus resultierend dann auch gemäß den für ihr Verbrechen vorgesehenen Bestimmungen abgeurteilt.[46]

So bediente man sich beispielsweise auch in den sogenannten Pragmatiken des Königreiches Neapel, die ab der Hälfte des 16. Jahrhunderts bis zum Ende des 17. Jahrhunderts erlassen wurden, einer sehr breit gefächerten Terminologie zur Bezeichnung der in Räuberbanden auftretenden und handelnden Personen. Hierfür benutzte Begrifflichkeiten in italienischer Sprache waren „delinquenti", „malfattori", „ribelli", „contumaci", „diffidati", „forgiudicati", „fuorusciti", „ladroni", „scorritori di campagna" oder „inquisiti", wobei hier die Begriffe „forgiudicati" und „fuorusciti" eindeutig in der Verwendung dominierten.[47] Aber auch in den lateinischsprachigen Gesetzestexten, Chroniken und allgemein in der zeitgenössischen Literatur der europäischen Staaten der Frühen Neuzeit griff man auf ein breites Spektrum an Begrifflichkeiten zurück, um sich auf die Mitglieder solcher Banden und deren Vergehen zu beziehen. Die länderübergreifend am häufigsten benutzte lateinischsprachige Bezeichnung für das einzelne Mitglied solch einer Bande war in der Frühen Neuzeit schlicht und einfach „latro" bzw. im Plural „latrones".[48] Neben dem Begriff „latro", der sich aber nicht immer automatisch auf einen Banditen beziehen musste, sondern von seiner Semantik her in den diesbezüglichen lateinischsprachigen Quellen aus dem 16. bis 18. Jahrhundert ein breites Spektrum umfassen konnte, benutzte man, verbunden mit verschiedenen Nuancierungen, auch Begriffe wie „praedatores" bzw. „depraedatores", „praedones", „piratae", „crassatores", „raptores" oder „assassini". Die entsprechenden

46 Sbriccoli: Brigantaggio e ribellismo nella criminalistica dei secoli XVI–XVIII, S. 479f.

47 Gaudioso: Il banditismo nel Mezzogiorno moderno tra punizione e perdono, S. 19. Hierzu auch Papagna: Ordine pubblico e repressione del banditismo, S. 53.

48 Gaudioso: Il banditismo nel Mezzogiorno moderno tra punizione e perdono, S. 21.

Bezeichnungen, die sich auch auf die von Banditen begangene Delikte beziehen konnten, umfassten in den jeweiligen Quellen Begriffe wie „latrocinium“, „depraedatio“, „crassatio viarum“, „robbaria“, „obsessio viarum“, „diffidatio“, „assassinium“, „depopulatio agrorum“, „invasio“, „irruptio“, „incendium“ oder „recaptus“.[49]

Mario Sbriccoli bietet in seinem Aufsatz „Brigantaggio e ribellismi nella criminalistica dei secoli XVI–XVIII“ zum Thema „Bande armate, banditi, banditismo e repressione di giustizia negli stati europei di antico regime“ die folgenden Definitionen zu den wichtigsten einzelnen Straftatbeständen, unter denen Handlungen von Banditen in lateinischsprachigen Rechtsquellen vom 16. bis zum 18. Jahrhundert rubriziert werden konnten und die im Einzelnen auch deutlich die diesbezügliche Unsicherheit in der Rechtssprechung der europäischen Staaten des *Ancien Régime* erahnen lassen: (1) *latrocinium* (*latrones*): „[I]l latrocinio è un omicidio a fine di lucro, esso è certamente crimine tipico (anche) dei latrones/banditi, ma è certo altrettanto diffuso in ogni ambiente; anzi, è probabilmente una delle forme più frequenti di omicidio, specie se il fine di lucro viene dottrinalmente decolorato fino ad apparire semplicemente come 'fine di conseguire profitto o vantaggio'"[50]; (2) *depraedatio* (*(de)praedatores, praedones, piratae*): "[S]poliazione, con aggressione violenta e armata, alla quale può eventualmente seguire l'uccisione di coloro che fanno resistenza." und im Unterschied zum *latrocinium*: "[L]a depraedatio viene qualificata dall'omicidio come ingrediente potenziale, successivo (e quindi eventuale) rispetto alla spoliazione".[51]; (3) *crassatio viarum* (*crassatores*) und *robbaria* (*raptores*): "È il crimine di coloro che, 'improbissimi fures', stanno in azione, sulle strade o in altri luoghi di passaggio, 'praedae causa', ma senza uccidere, e senza che l'uccidere rientri nella loro previsione criminosa."[52]; (4) *obsessio viarum*: "È il crimine di coloro che stanno in attesa, in attitudine di agguato, avendo predisposto mezzi ed artifici, con armi proprie o improprie, pronti ad aggredire i passanti che poi feriscono, colpiscono o bastonano, e magari derubano. Sembra crimine cittadino piuttosto che rurale, da banda urbana, o di paese; crimine da violenti rissosi [...] o da milizie private".[53]; (5) *diffidatio*: "Si tratta di una forma di violazione della tranquillità pubblica e privata, fatta per intimidazioni o

49 Sbriccoli: Brigantaggio e ribellismi nella criminalistica dei secoli XVI–XVIII, S. 479–500. Vertiefend zu der gesamten Bandbreite der in den lateinischsprachigen Rechtsquellen benutzten Bezeichnungen insbesondere auch Lacchè: Latrocinium, S. 98–169.

50 Sbriccoli: Brigantaggio e ribellismo nella criminalistica dei secoli XVI–XVIII, S. 481.

51 Ebd., S. 482.

52 Ebd., S. 483.

53 Ebd., S. 484.

per minacce gravi (per esempio di incendio, o di saccheggio), o con pratiche particolari quali lo *scopelismo* (pratica minatoria che consiste-tra l'altro- nel gettare pietre sul fondo del minacciato, l'*admenatio* (minacciare levando mani armate) o la *concussio* ('terror iniectus, pecuniae vel alicuius rei extorquendae causa'). [...] Il modello della diffidatio sembra particolarmente prestarsi alla qualificazione di quelle forme del banditismo che si attuano attraverso società segrete provviste di potere 'pubblico' [...], o che si strutturano secondo un modello, [...], di tipo mafioso. L'estorsione sembra la loro attività più probabile, ma non si escludono altre forme di violenza variamente interessata a qualche fine di trarre profitto."[54]; (6) *assassinium*: "L'assassinio è l'omicidio su commissione", und weiter "fattospecie presente nel repertorio del banditismo di ogni tempo"[55]. Zu den Formen, die laut Sbriccoli auch zum Deliktrepertoire von Banditen zählen konnten, aber in diesem Zusammenhang von geringerer Bedeutung sind, gehörten weiterhin (7) die *depopulatio agrorum* (Verwüstung von Äckern), (8) die *invasio* (Vergewaltigung), (9) die *irruptio* (Einbruch), (10) das *incendium* (Brandstiftung) und (11) der *recaptus* (erpresserische Entführung von Personen).[56]

Während, wie bereits erwähnt, in der Rechtssprechung der europäischen Staaten des *Ancien Régime* die Bildung solcher Banden an und für sich noch keinen eigenen Straftatbestand darstellte und deren Angehörige erst nach dem Begehen einer Straftat und den dafür vorgesehenen Bestimmungen abgeurteilt wurden, so wurde mit dem Artikel 265 des im Jahre 1810 erlassenen „Code Pénal" Kaiser Napoleons I. (Kaiser der Franzosen 1804–1814/1815, König von Italien (Oberitalien) 1805–1814), welcher schließlich auch im ab 1806 französisch kontrollierten Königreich Neapel eingeführt wurde, dann zum ersten Mal auch die Bildung solcher Gruppierungen *ex lege* als ein Vergehen gegen die öffentliche Ordnung unter Strafe gestellt, ohne dass deren Angehörige notwendigerweise erst ein Verbrechen hätten begehen müssen, damit der französische Justizapparat aktiv wurde.[57] So heißt es hierzu im ersten Artikel der «Section V-Association de malfaiteurs, vagabondage et mendicité» des «Code Pénal» erst einmal ganz lapidar und sehr allgemein gehalten, dass «[t]oute association de malfaiteurs envers les personnes ou les propriétés, est un crime contre la paix publique.»[58] Die Absicht, dic hinter der Einführung dieses neuen Straftatbestandes steckte, bestand vor allem darin, endlich eine rechtliche Handhabe zu haben, um gegen solche Gruppierungen,

54 Ebd., S. 486.
55 Ebd.
56 Ebd.
57 Lacchè: Latrocinium, S. 283–289.
58 Code Pénal: livre III, tit. I, ch. III, sect. V, § 1, art. 265, S. 59.

noch bevor sie sich überhaupt eines Vergehens schuldig machen konnten, vorzugehen und sie prophylaktisch zu zerschlagen. Der hierfür benutzte und in seiner konkreten Bedeutung durchaus dehnbare Terminus der „association de malfaiteurs“ musste sich aber nicht nur ausschließlich auf Vereinigungen von Verbrechern, wie Räuberbanden, beziehen, sondern konnte von seiner Semantik her durchaus auch solche Gruppen von Personen miteinschließen, die dem Regime Napoleons vielleicht unliebsam waren bzw. zu diesem, wie auch immer geartet, in Opposition standen. Im darauffolgenden Artikel 266 wird schließlich genauer definiert, was sich der Gesetzgeber unter dem Straftatbestand der Bildung solch einer „association des malfaiteurs“ als ein „crime contre la paix publique“ vorstellte. So heißt es hierzu: „Ce crime existe par le seul fait d'organisation de bande ou de correspondance entre elles et leurs chefs ou commandants, ou de conventions tendant à rendre compte ou à faire distribution ou partage du produit des méfaits.“[59] Die für dieses Vergehen vorgesehene Bestrafung bestand dann gemäß Artikel 267 in einer zeitlich begrenzten Verurteilung zu Zwangsarbeit („travaux forcés à temps“), welche aber wiederum an die Voraussetzung gebunden war, dass sich die Mitglieder solcher Gruppierungen nicht zusätzlich noch weiterer Vergehen schuldig gemacht hatten.[60] Im letzten diesbezüglichen Artikel mit der Nummer 268 wird dann deutlich hervorgehoben, dass nicht nur alle Mitglieder solcher Gruppierungen, unabhängig davon, worin ihre konkreten Aufgaben bestanden haben mögen, sich einer Straftat schuldig machen und mit Freiheitsentzug („réclusion“) bestraft werden würden, sondern auch diejenigen, die diese in verschiedener Weise wissentlich und freiwillig unterstützen. So heißt es daher in diesem Artikel hierzu: „Seront punis de la réclusion tous autres individus chargés d'un service quelconque dans les bandes, et ceux qui auront sciemment et volontairement fourni aux bandes ou à leurs divisions, des armes, munitions, instruments de crime, logement, retraite ou lieu de réunion.“[61]

In dem im Jahre 1819 von Ferdinand I., vormals Ferdinand IV. von Neapel bzw. Ferdinand III. von Sizilien, im Königreich Beider Sizilien eingeführten „Codice per lo Regno delle Due Sicilie“, bestehend aus den Bänden der „Leggi Civili“, „Leggi Penali“, „Leggi della Procedura ne' Giudizj Civili“, „Leggi della Procedura ne' Giudizj Penali“ sowie den „Leggi di Eccezione per gli Affari di Commercio“, erfuhr dann nach der Einführung der „Cinq Codes“ Napoleons („Code Civil“, „Code Pénal“, „Code de Procédure Civile“, Code de Commerce“,

59 Ebd., art. 266, S. 59.
60 Ebd., art. 267, S. 59.
61 Ebd., art. 268, S. 59.

„Code d'Instrucion Criminelle") in der Zeit der französischen Herrschaft über das damalige Königreich Neapel zum zweiten Mal in der Geschichte des süditalienischen Königreiches das Banditenwesen eine allgemein gefasste Behandlung von Seiten des Gesetzgebers. Mit der Herausgabe dieses „Codice per lo Regno delle Due Sicilie" wurden die bis dahin vorübergehend noch Gültigkeit besitzenden fünf Gesetzesbücher aus der Zeit der französischen Herrschaft zwar in formaler Hinsicht abgelöst, jedoch lehnte sich dieses neue Gesetzeskorpus in seiner Essenz stark an diese an. Die im Band der „Leggi Penali" des „Codice per lo Regno delle Due Sicilie" für solche bewaffneten Gruppierungen verwendeten Begrifflichkeiten waren „comitiva armata" und „banda" sowie für deren Mitglieder die neutrale Bezeichnung „individui". Sowohl die nunmehr moderneren Begriffe wie „briganti" oder „brigantaggio", die im Königreich Beider Sizilien des 19. Jahrhunderts schließlich bedingt durch den französischen Einfluss zur Bezeichnung solcher Banden eine weite Verbreitung gefunden hatten, als auch die in der Zeit des *Ancien Régime* in den im Rahmen dieser Untersuchung konsultierten Dokumenten noch häufig benutzten Bezeichnungen „scorridori di campagna" oder „malviventi" tauchen in den diesbezüglichen Artikeln des Gesetzeswerkes nicht auf.

Im Gegensatz zu der Gesetzgebung aus der Zeit des *Ancien Régime* wurde in dem diesbezüglichen Artikel 154 aus dem zweiten Band des Gesetzeswerkes, denjenigen der „Leggi Penali", der die Strafgesetzgebung betraf, in Anlehnung an die diesbezüglichen im „Code Pénal" Napoleons enthaltenen Bestimmungen, ebenfalls allein schon die Bildung solch einer „comitiva armata", ohne dass von dieser schon irgendein Delikt hätte begangen werden müssen, unter Strafe gestellt und darüber hinaus auch genauer definiert, was unter einer solchen zu verstehen war:

> „È *comitiva armata* quella che in numero non minore di tre individui, de' quali due sieno portatori di armi proprie, vada scorrendo le pubbliche strade o le campagne con animo di andare commettendo misfatti o delitti. Gl'individui della comitiva per lo solo fatto che la costituisce, saran puniti colla reclusione I capi e comandanti di essa saran puniti col primo grado de' ferri".[62]

Laut dem in diesem Kapitel gleichfalls enthaltenen Artikel 156 konnte den Mitgliedern solch einer „comitiva armata", wenngleich schon deren Bildung an und für sich einen Straftatbestand darstellte, ein Straferlass zugestanden werden, wenn sie sich freiwillig oder auch auf Anordnung den Behörden stellten. So heißt es in besagtem Artikel hierzu:

62 Codice per lo Regno delle Due Sicilie: Leggi Penali: lib. II, tit. III, cap. I, art. 154, S. 37.

„Non sarà pronunziata alcuna pena pel solo fatto costitutivo della comitiva armata, contro coloro che o spontaneamente, o in seguito dell'avvertimento delle autorità civili o militari se ne sieno ritirati con presentarsi alle medesime. Possono però venir sottoposti alla malleveria".[63]

Gesetzt den Fall, dass die Mitglieder solch einer bewaffneten Gruppierung aber den Anweisungen der Behörden, sich zu stellen, nicht Folge leisteten, wurde im Artikel 158 der "Leggi Penali" verfügt, dass

"[q]uante volte sia pubblicato un editto che ordini lo scioglimento o la presentazione di una comitiva, benchè questa non abbia ancora commesso alcun misfatto o delitto, chiunque ne faceva parte, e non ubbidisca nel termine prefisso, sarà, per lo solo fatto dell'associazione armata, punito colla reclusione non applicata nel minimo del tempo."[64]

Weniger nachsichtig erwies sich der Gesetzgeber im Hinblick auf einen möglichen Straferlass für die mutmaßlichen Führungsfiguren innerhalb der Banden, denn, wie in dem diesbezüglichen Artikel 157 in Bezugnahme auf den Artikel 156 geschrieben steht,

„[s]e la comitiva fosse organizzata con capi e comandanti, costoro non possono godere il beneficio accordato nell'articolo precedente, che nel solo caso in cui prima di ogni misfatto o delitto facciano effettivamente seguire lo scioglimento della comitiva organizzata."[65]

Wie in dem diesbezüglichen Artikel 268 des französischen „Code Pénal", so wurde auch mit dem Artikel 159 dieses Gesetzeswerkes die wissentliche und freiwillige Unterstützung dieser Banden, selbst wenn sich diese noch keines Deliktes schuldig gemacht hatten, unter Strafe gestellt:

„Coloro che scientemente e volontariamente somministrino armi, munizioni, strumenti di reato, alloggio, ricovero o luogo di riunione alla comitive armate, o alle loro divisioni o individui, benchè non abbian ancora commesso misfatti o delitti, saran puniti colla reclusione: salve sempre le disposizioni che li soggettassero a pene maggiori per la loro complicità."[66]

Gemäß den Bestimmungen des Artikels 160, der sich inhaltlich auf den vorangegangenen Artikel 157 bezieht und auf den an dieser Stelle auch verwiesen wird, konnte den Unterstützern dieser Banden genauso wie deren Mitgliedern ein Straferlass zugestanden werden, wenn sie entweder noch vor oder nach einem

63 Ebd., art. 156, S. 38.
64 Ebd., art. 158, S. 38.
65 Ebd., art. 156, S. 38.
66 Ebd., art. 159, S. 38.

diesbezüglichen Aufruf der Behörden einen Beitrag dazu leisteten, die Banden aufzulösen oder deren Führungsfiguren festzunehmen, also Verrat begingen, bzw. wie es im Original heißt:

> „Non verrà pronunziata alcuna pena per lo solo fatto di associazione in bande, o per lo solo fatto di sedizione, contro colui che, o facendo parte di esse, o essendone complice o ricettatore al primo avvertimento delle autorità civili o militari, o anche prima, ne faccia seguire l'effettivo scoglimento, o ne arresti il capo o comandante."[67]

1.2 Ein Abriss zum Phänomen des Banditenwesens in der Geschichte des italienischen Mezzogiorno bis zum Machtantritt der Bourbonen im Jahr 1734

Wie aus den vorangegangenen Ausführungen deutlich geworden ist, waren die Aktivitäten von Räuberbanden schon vor dem Machtantritt der spanischen Bourbonen im Königreich Neapel ein seit Jahrhunderten bestehendes innen- und vor allem auch sicherheitspolitisches Problem, welches die Vorgängerregierungen den neuen Herrschaftsträgern als ein schweres Erbe hinterließen und welches auch die Bourbonen in der Zeit ihrer fast 130jährigen Herrschaft im Süden nicht zu lösen vermochten, bevor sie schließlich 1860/61 von den Freischärlern Giuseppe Garibaldis und den Truppen des sardo-piemontesischen Königs Viktor Emanuel II. (König von Sardinien 1849–1861, König von Italien 1861–1878) entmachtet wurden. Diesem zweiten einführenden Unterkapitel liegt daher besonders die Zielsetzung zugrunde, einen weitestgehend episodenhaft gehaltenen Einblick in die in Wirklichkeit zahllosen und somit gar nicht zu überblickenden Manifestationen dieses sozialen und kriminologischen Phänomens in Süditalien ausgehend von der römischen Antike bis hin zu der im Jahre 1734 erfolgten erneuten Übernahme der Macht von Seiten der spanischen Bourbonendynastie in Gestalt des Sohnes Philipps V. (König von Spanien 1700–1724/1724–1746) und Infanten, Karl von Bourbon, zu bieten. Dieses Unterkapitel bildet dabei einen ersten Teil des äußeren zeitlichen Rahmens, in welchen diese Untersuchung zum Banditenwesen im Königreich Neapel der frühen Bourbonenzeit eingebettet ist und welcher schließlich am Ende dieser Arbeit durch die Ausführungen in dem dritten thematischen Abschnitt des abschließenden Hauptkapitels „Zusammenfassung und Ausblick" mit dem Titel „Ein Ausblick auf die Entwicklungen auf dem Gebiet der Bandenkriminalität im festländischen Süditalien des 19. Jahrhunderts" geschlossen werden wird. Dadurch soll ein gewisser Eindruck davon vermittelt werden, inwieweit sich

67 Ebd., lib. II, tit. II, cap. II, sez. II, art. 137, S. 33.

über die Jahrhunderte hinweg Kontinuitäten oder auch deutliche Diskontinuitäten bei dem Umgang der verschiedenen Herrschaftsträger mit dem Problem des Banditenwesens auftaten. Die zeitlichen Schwerpunkte dieses Überblicks liegen, in erster Linie bedingt durch die diesbezügliche Forschungslage, auf der Zeit der römischen, angevinischen und spanischen Herrschaft über den Süden der Apenninenhalbinsel.

Wenngleich sich dieser Überblick nicht grundlegend mit den zahllosen Manifestationen des Banditenwesens im Süditalien der römischen Antike bis zum Ende des Weströmischen Reiches im Jahre 476 beschäftigen kann, so soll wenigstens an einer kleinen Zahl von Beispielen aus jener Zeit vor Augen geführt werden, dass die Aktionen von Räuberbanden schon damals ein bekanntes und immer wieder hervorbrechendes soziales und kriminologisches Phänomen darstellten, welches sich in der gleichen periodisch unterschiedlichen Intensität auch in anderen Gebieten des Imperium Romanum und anderen Reichen der Antike vorfinden ließ und somit nicht fälschlicherweise als ein schon immer vorhandenes spezifisches Problem des italienischen Südens aufgefasst werden darf. Genausowenig darf von diesen Manifestationen des Banditenwesens im Mezzogiorno der römischen Antike eine direkte und stringente Entwicklungslinie zu dessen unterschiedlich starken Manifestationen während des Mittelalters, der Frühen Neuzeit oder gar der Neuzeit gezogen werden. Wie in anderen Regionen der Welt, so handelte es sich auch bei dem Banditenwesen im Süden der Apenninenhalbinsel stets um eine Plage, welche trotz unterschiedlicher historischer Kontexte und Voraussetzungen über Jahrhunderte hinweg aus Not und Armut heraus geboren, gerade in Zeiten politischer, sozialer und ökonomischer Krisen, wie kriegerischen Auseinandersetzungen oder Hungerkatastrophen, und damit einhergehender Phasen der erhöhten Instabilität und Unsicherheit immer wieder eine besondere Virulenz gewinnen konnte.

Ein erstes und recht bekanntes Beispiel eines Räubers aus dem unteritalienischen Raum der römischen Zeit, auf welches der griechische Geograf und Historiker Strabon (64/63 v. Chr.-23 n. Chr.) im 6. Buch seines Werkes „Geographika" (griechisch „Γεωγραφικά") Bezug nimmt, bietet die Person des Selouros, des Sohns des Ätna (griechisch „Σέλουρός τις Αἴτνης υἱός λεγόμενος"), der in der Zeit des im Oktober des Jahres 43 v. Chr. gebildeten Zweiten Triumvirats zwischen dem Adoptivsohn Gaius Julius Caesars (100–44 v. Chr.) und späteren Kaiser Augustus, Octavian (63 v. Chr.-14 n. Chr.), Marcus Antonius (82–30 v. Chr.) und Marcus Aemilius Lepidus (87–13/12 v. Chr.) in Ostsizilien zu Füßen des Ätna auftrat und sich wahrscheinlich vorher als Hirte betätigt hatte. Das Gebiet des Vulkans soll ihm dabei immer wieder als Rückzugsort vor seinen Häschern gedient haben. Bei seinen Raubzügen mit der von ihm angeführten großen Bande im Bereich des Ätna zog Selouros besonders aus den in diesen Zeiten im Römischen Reich tobenden Machtkämpfen nach der Ermordung Caesars im Jahre 44 v. Chr. seinen Nutzen, in denen die Insel Sizilien der Partei des Sextus Pompeius (68–35 v. Chr.) und der von ihm befehligten Flotte als Hauptstützpunkt diente und einstweilen aus dem Zugriffsbereich des Zweiten Triumvirats herausfiel. Als die römischen Behörden nach dem entscheidenden Sieg Octavians über Sextus Pompeius im Jahre 36 v. Chr. dann seiner Person habhaft geworden waren, wurde Selouros, wobei Strabon davon als Augenzeuge zu berichten vermochte, im Rahmen von Gladiatorenspielen in Rom den wilden Tieren zum Fraße vorgeworfen.[68]

Ein weiteres Beispiel für einen Räuber aus der römischen Antike findet sich im 10. Kapitel des 77. Buches der auf Griechisch verfassten „Römischen Geschichte" (griechisch „Ρωμαϊκή ἱστορία") des Politikers und Schriftstellers Cassius Dio (163–229). Es handelt sich dabei um die Figur des Räubers Bulla, auch „Felix" genannt, der zwischen 205 und 207 in der Regierungszeit des Kaisers Septimius Severus (Kaiser 193–211) mit einer Bande von rund 600 Mann die Straße zwischen Rom und Brindisi unsicher gemacht haben soll. Nachdem mehrere Versuche der römischen Behörden, des Räubers habhaft zu werden, fehlgeschlagen waren, sandte Kaiser Septimius Severus schließlich einen Tribun aus seiner eigenen Leibgarde zusammen mit berittenen Männern aus, mit deren Unterstützung er Bulla das Handwerk legen sollte. Zudem drohte der Kaiser diesem Tribun mit ernsthaften Konsequenzen, falls er Bulla nicht lebend in die Hände bekommen sollte. Als der Tribun davon erfuhr, dass Bulla ein Verhältnis mit einer verheirateten Frau hatte, überredete er diese über Vermittlung durch ihren Ehemann dazu, Bulla in eine Falle zu locken. Im Gegenzug wurde ihr für den von ihr begangenen Ehebruch Straffreiheit zugestanden. Dem von Septimius Severus beauftragten Tribun gelang es schließlich, Bulla in einer Höhle festnehmen zu lassen, in welcher dieser schlief. Im Anschluss an seine Festnahme wurde Bulla zur Strafe für seine Taten den wilden Tieren zum Fraß vorgeworfen. Nach dem Tode Bullas löste sich dessen Bande von angeblich 600 Männern, die, nach Dios Angaben zu urteilen, ganz auf diesen als Führungsperson ausgerichtet waren, relativ schnell auf.[69]

68 Grünewald: Räuber, Rebellen, Rivalen, Rächer, S. 100ff. Im Hinblick auf den griechischsprachigen Originaltext zu den Geschicken des Selouros im 6. Buch von Strabons „Geographika" und dessen Übersetzung ins Deutsche siehe Strabons Geographika, Buch VI, Kap. 2 (6), S. 186f.

69 Dio: Römische Geschichte, Buch 77, Kap. 10, S. 372ff. Im Hinblick auf Bulla stellt Grünewald allerdings die These auf, dass dieser Straßenräuber, so wie ihn die Überlieferung schildert, keine historische Persönlichkeit gewesen sei, sondern vielmehr

Ein interessantes Beispiel dafür, dass man bereits im Italien der römischen Antike auf umfassende Maßnahmen zur Eindämmung der Bandenkriminalität in den ländlichen Gebieten zurückgriff, bietet schließlich die diesbezügliche Politik des römischen Kaisers Valentinian I. (Kaiser 364–375) gegenüber dem damals besonders im Apulien des Jahres 364 florierenden Banditenwesen. Die zentrale Maßnahme, deren sich der Kaiser zur Eindämmung des Banditenwesens bediente, bestand darin, in den betroffenen Gebieten Süditaliens den zulässigen Besitz von Pferden massiv einzuschränken und somit deren individuelle Verfügbarkeit zu vermindern. Einige bestimmte Personenkreise, wie Senatoren und Angehörige des Militärs, waren hiervon jedoch ausgenommen.[70] Diejenigen Personen, die nicht zu den von dem Verbot Ausgeschlossenen gehörten und sich trotzdem nicht daran hielten, sollten dem Willen des Kaisers nach wie gewöhnliche Viehdiebe bestraft werden. In dem diesbezüglichen im „Codex Theodosianus“ des oströmischen Kaisers Theodosius II. (Kaiser 408–450) unter der Rubrik „Quibus equorum usus concessus est aut denegatus“ an erster Stelle aufgeführten Erlass Kaiser Valentinians I. vom 30. September 364, der diesen auch im Namen seines im römischen Osten herrschenden Bruders und Mitkaisers Valens (Kaiser 364–378) an den u. a. auch für Italien zuständigen Prätorianerpräfekten Claudius Mamertinus richtete, steht zu diesen Punkten Folgendes geschrieben:

> „Exceptis senatoribus atque honoratis, sed et his, qui provincias administrant, veteranis etiam, qui sub armis militia functi sunt, et decurionibus, ceteris omnibus per Picenum atque Flaminiam, nec non etiam Apuliam et Calabriam, Brittios et Lucaniam, atque Samnium habendi equi vel equae copiam praeclusam esse sancimus. Hi vero, qui minime animos ab huius modi usurpatione deflectunt, abactorum supplicio teneantur.“[71]

Dieser Maßnahme, die einen vorrangig präventiven Charakter hatte und sich allem Anschein nach als ein langfristigerer Erfolg erwies, lagen insbesondere drei Zielsetzungen zugrunde: *erstens* sollte den Banditen eines ihrer wichtigsten Hilfsmittel genommen werden, mittels deren sie ihre Überfälle durchführten und sich im Anschluss an diese vor der Verfolgung durch die Behörden schnellstmöglich in Sicherheit zu bringen pflegten, *zweitens* sollten dadurch leichter Personen als mögliche Banditen identifiziert werden können, die ebendieses Verbot entweder

---

das „Ergebnis einer literarischen Formung“ eines nicht weiter bekannten historischen Vorbildes durch Cassius Dio. Auch der Name des Räubers soll eine reine Erfindung Dios gewesen sein. Siehe hierzu Grünewalds Ausführungen in ebd., S. 157–160.

70 De Robertis: Prosperità e banditismo nella Puglia e nell'Italia meridionale durante il basso impero, S. 204.

71 Codices Gregorianus Hermogenianus Theodosianus: liber IX, tit. XXX, art. 1, S. 907.

wissentlich oder unwissentlich umgingen, und *drittens* sollte den Sicherheitskräften in den Provinzen, die über Pferde verfügen durften, bei der Verfolgung der Räuber ein klarer Vorteil verschafft werden.[72]

Ungeachtet der zahlreichen Zeugnisse für die Präsenz von Räuberbanden im italienischen Süden der römischen Antike und der damit verbundenen Unmöglichkeit, einen Anfangspunkt für dieses soziale und kriminologische Phänomen zu bestimmen, wurde von Seiten der italienischen Geschichtswissenschaft dennoch der Versuch unternommen, eine mögliche These zu den Ursprüngen des Banditenwesens in seiner angeblich spezifisch süditalienischen Ausprägung aufzustellen. Einen solchen Versuch unternahm der Mediävist Nicola Cilento. Er verortete die Ursprünge des Banditenwesens in seiner von ihm angedachten spezifisch süditalienischen Ausprägung in der Zeit der normannisch-staufischen Herrschaft, also im Zeitraum vom Beginn der normannischen Eroberung des Mezzogiorno in der ersten Hälfte des 11. Jahrhunderts bis zum Tode des staufischen Königs Manfred in der Schlacht von Benevent im Jahr 1266.[73]

Damit verbunden erscheint es unerlässlich, zunächst kurz einen Blick auf das sozioökonomische Gefüge des italienischen Mezzogiorno am Vorabend der normannischen Eroberung in der ersten Hälfte des 11. Jahrhunderts zu werfen, welches laut den diesbezüglichen Angaben in Cilentos Aufsatz *grosso modo* folgende Grundzüge aufwies, die nach der Machtübernahme durch die Normannen einen tiefgreifenden Wandlungsprozess durchlaufen sollten: Ein grundlegendes Merkmal des vornormannischen Mezzogiorno zwischen dem 9. und 11. Jahrhundert war der geringe Grad an feudalistisch-lehnsrechtlicher Durchdringung, was zweifellos dem politischen, kulturellen und wirtschaftlichen Einfluss des griechisch geprägten Oströmischen (Byzantinischen) Kaiserreiches geschuldet war, sowie das überwiegende Vorhandensein einer freien Bauernschaft, die ohne vasallitäre Verbindungen ihren jeweiligen Grund und Boden bewirtschaftete. Es ergab sich hierbei eine Art von Gleichgewicht zwischen frei bewirtschaftbarem Boden auf der einen und adeligem Grundbesitz auf der anderen Seite. Neben der überwiegenden Zahl der frei wirtschaftenden Bauern gab es aber auch einige freie bzw. halbfreie Bauern, die auf Grundlage einer gemeinschaftlichen Pachtung adeligen Grundbesitz bewirtschafteten. Abgesehen davon ließen sich aber auch Bauern vorfinden, die zur Bewirtschaftung ihres Grund und Bodens in ein vasallitäres

72 De Robertis: Prosperità e banditismo nella Puglia e nell'Italia meridionale durante il basso impero, S. 226.

73 Siehe hierzu Cilento: Le origini storiche e sociali del banditismo meridionale, S. 19–30.

Verhältnis gegenüber einem adeligen Grundbesitzer eingetreten waren. Ungeachtet dessen dominierte im Süden der Apenninenhalbinsel eine frei wirtschaftende und lehnsrechtlich ungebundene Bauernschaft. Dieses in sich relativ locker gefügte sozioökonomische System sollte sich dann aber in der Zeit der normannischen Herrschaft sehr stark zugunsten eines verstärkten Ausbaus feudaler Herrschaftsstrukturen und der Beschneidung der Autonomie der süditalienischen Städte verschieben. Aufgrund der damals stark zunehmenden Feudalisierung des sozioökonomischen Gefüges Süditaliens kam es laut Cilento schon im Laufe des 11. Jahrhunderts zu ersten gegen die neuen normannischen Herrschaftsträger gerichteten Bauernrevolten und Ausprägungen des später so endemischen Banditenwesens. Die neuen herrschaftlichen und sozioökonomischen Strukturen, die die Normannen in ihrem Machtbereich angelegt hatten, wurden schließlich unter der Herrschaft des Hauses Hohenstaufen von 1194 bis 1266 weiter ausgebaut. Ihren ersten Höhepunkt erreichte dann die Vergabe von Lehen und die daran gekoppelte Konzession von besonderen Privilegien unter der Dynastie der Anjou (1266–1442), deren Herrschaft des Öfteren von längeren Phasen politischer Instabilität geprägt war, welche im Endeffekt auch in erheblicher Weise zum weiteren Erstarken der zentrifugalen Kräfte in Gestalt der grundbesitzenden Barone sowie dem Anwachsen von Armut und damit verbunden der Kriminalität beitrug[74], durch welche dann der angevinische Herrschaftsbereich in Süditalien gerade in Zeiten schwerer politischer Krisen geradezu in Anarchie zu versinken drohte.

Ob Cilentos Ansatz jedoch eine wirklich befriedigende Antwort auf die Frage nach der Entstehung des Banditenwesens in seiner angeblich typisch süditalienischen Ausprägung bietet, kann natürlich im Rahmen dieser kurzen Ausführungen nicht ausführlich diskutiert werden. Einerseits lässt sich nicht negieren, dass gerade durch die tiefgründige Feudalisierung, die der Mezzogiorno schließlich in der Normannenzeit erfuhr, und all die sich daraus ergebenden sozialen und ökonomischen Probleme die Basis dafür geschaffen wurde, dass sich Menschen aufgrund ihrer schlechten sozioökonomischen Situation in Gruppen zusammenfanden, um durch Raub ihr tagtägliches Überleben abzusichern, aber andererseits ist gegen Cilentos Ansatz einzuwenden, dass es auch schon in den Jahrhunderten davor, d. h. nicht nur im Mittelalter selbst, sondern auch in der Antike, zur Genüge Menschen in Süditalien gegeben hatte, die sich ihren Lebensunterhalt dadurch verdienten, dass sie mit Gleichgesinnten andere Menschen wiederholt überfielen

74 Ebd., S. 22–30. Sehr ausführlich zur Entstehung und weiteren Entwicklung des Feudalismus im Mezzogiorno Vallone: Evoluzione giuridica e istituzionale della feudalità, S. 69–119. Zum Feudalismus in der Anjou-Zeit Vitolo: Il Regno angioino, S. 24f. und 26f.

und ausraubten. Die drei eingangs behandelten Beispiele aus dem italienischen Mezzogiorno der römischen Antike bieten dafür einen deutlichen Gegenbeweis.

Ungeachtet dieser letztlich nicht klärbaren Frage herrscht aber nach Giovanni Vitolo in der italienischen Geschichtswissenschaft mittlerweile weitestgehende Übereinstimmung darin, dass gerade die fast zweihundertjährige Herrschaft der französischstämmigen Anjou-Dynastie über den italienischen Mezzogiorno, mit welcher Cilento seine Ausführungen abschließt, für die weitere soziale und wirtschaftliche Entwicklung des süditalienischen Königreiches Neapel bis in die darauffolgenden Jahrhunderte hinein besonders prägend gewesen war. Zu den Charakteristika und den damit einhergehenden Problemen, welche der Gesellschaft und Wirtschaft des Königreiches Neapel in dieser Zeit so eigen wurden und mit denen sich dann auch im 18. Jahrhundert die neapolitanischen Bourbonen in Gestalt Karls von Bourbon und Ferdinands IV. konfrontiert sehen sollten, gehörten, laut den diesbezüglichen Ausführungen Giovanni Vitolos, *erstens* die erdrückende soziale und ökonomische Dominanz des grundbesitzenden Adels in den Provinzen des Königreiches, welcher den Herrschaftsansprüchen der Zentralregierung in Neapel einen deutlichen Riegel vorschob und das Leben sowie das weitere Schicksal der ihm größtenteils untertanen Bauern bestimmte, *zweitens* das Fehlen einer Schicht von Kaufleuten und Händlern, die nicht nur der Wirtschaft des Königreiches eine größere Dynamik hätten verleihen können, sondern gleichzeitig auch die Einkünfte der Krone maßgeblich hätten erhöhen können und damit verbunden auch deren Einflussmöglichkeiten, *drittens* die dadurch bedingte sehr starke Abhängigkeit von ausländischen Händlern und Kaufleuten im Hinblick auf den Export der im Königreich erzeugten Agrarprodukte und die Einfuhr von außerhalb des Königreiches hergestellten Produkten, wozu insbesondere auch Luxusgüter zählten, und *viertens* der erdrückende Einfluss der römisch-katholischen Kirche, der sich nicht nur in einer übermäßigen Zahl an Klerikern jeglicher Couleur äußerte, sondern auch in einer übermäßigen Zahl an Grundbesitztümern, über welche die mit umfangreichen Privilegien ausgestattete Kirche die oberste Jurisdiktion ausübte und diese somit der königlichen Rechtssprechung entzog.[75]

75 Vitolo: Il Regno angioino, S. 11. Hierzu auch Nicola Cilento in Cilento: Aristocrazia cittadina e ceti popolari nel tardo Medioevo in Italia e Germania, S. 220. Allerdings misst er der Rolle der ausländischen Kaufleute und Bankiers für die ab der Anjou-Zeit als scheinbar unumkehrbar gewordene wirtschaftliche Rückständigkeit des Südens eine geringere Bedeutung bei als der Kirche und dem Feudaladel: „[L]a regressione economica del Sud diventa irreversibile con l'avvento della dinastia angioina e non tanto perché Carlo I d'Angiò consegnò l'economia del regno a mercanti e banchieri fiorentini,

Für das angevinische Königreich Neapel bzw. den festländischen Teil des seit 1282 dynastisch gespaltenen Königreiches Sizilien, mit dem Cilento seinen Beitrag abschloss und in dessen zeitgenössischen Rechtsquellen, wie beispielsweise den zahlreichen diesbezüglichen königlichen Verfügungen, Banditen als „predones", „disrobatores stratarum", „disrobatores viarum", „malandrini", „latrunculi", „latrones", „latrones viarum" oder auch „malefactores" bezeichnet wurden[76], finden sich zahlreiche Beispiele für die weit um sich greifenden und allgegenwärtigen Aktionen solcher Räuberbanden, von denen im Folgenden einige aus dem 14. Jahrhundert erwähnt werden sollen: Im September des Jahres 1307 berichtete beispielsweise der Herzog von Kalabrien und spätere König von Neapel, Robert

ma perché più pesanti si fecero le conseguenze dell'avvasallamento alla Chiesa con cui dalle origini era nato il Regno e per la virulenza di una feudalità che si era stratificata inglobando quasi tutte le Università demaniali". Ebd.

76 Zu den angeführten lateinischensprachigen Bezeichnungen in den Rechtsquellen der Anjou-Zeit siehe die zahlreichen in Trifone: La legislazione angioina, S. 5–350 aufgeführten königlichen Verordnungen zur Bekämpfung bzw. Eindämmung des Banditenwesens bzw. der ländlichen Kriminalität allgemein, welche die Zeit vom Beginn der Herrschaft Karls I. im Jahr 1266 bis kurz vor dem Ende der neapolitanischen Anjou-Dynastie im Jahre 1442 umfassen. Auch in den Konstitutionen Friedrichs II. für das Königreich Sizilien wurde auf solche Straßenräuber bzw. „publicorum itinerum aggressores", so die lateinische Bezeichnung, verwiesen. So heißt u. a. hierzu im ersten Teil der wahrscheinlich aus dem April des Jahres 1240 stammenden Konstitution „Qualiter iustitiarii se gerere debeant in provincia sibi decreta" (I. 52 (1)), in der die Obliegenheiten der *iustitiarii*, der Provinzgouverneure, in ihren jeweiligen Zuständigkeitsbereichen umrissen werden, wie folgt: „Idem augustus. Iustitiarii non per kalendas, ut assolent hactenus, sed continuo per se vel per iudices suos, quibus nichil aliud quam audientia questionum debebit committi, curias regere debeant, causas audiant et decidant. Civitates et loca iurisdictionum suarum continua discursione perquirant provincialium dispendiis ipsos ad remota loca propter iustitiam non vocando, quanto salubriter poterunt, parcituri. Fragrantia maleficia non ulterius protrahant, sed ipsa in locis, in quibus perpetrata repererint, punientes maleficos, utpote famosos latrones et fures, qui maleficia sua nulla possunt tergiversatione celare, <u>publicorum itinerum aggressores</u> (Hervorhebung d. V.) seu quoslibet recentes et publicos homicidas per nemora forsitan fugitivos vel aliter latitantes ob conscientiam criminum patratorum per se interdum, interdum per alios, expensa etiam, si viderit expedire, de curie nostre pecunia diligentissime perquisitos nullis delationum seu accusationum sollempnitatibus expectatis, si deferentes vel accusatores defuerint, de provincia pena legitime severitatis extirpent. Nec presumptioni temerarie per nos nostrorum officialium credatur attribui id, quod officii sui debito de plenitudine sue fragilitatis adiungent." Die Konstitutionen Friedrichs II. für das Königreich Sizilien, Konstitution Nr. I. 52 (1), S. 211f.

von Anjou, über die Basilikata, dass es dort regelrechte Scharen von bewaffneten Männern gäbe, die Reisende ausrauben, verletzen und auch töten würden. Im Jahr 1317 setzte der Graf von Squillace den königlichen Hof in Neapel davon in Kenntnis, dass seine Besitzungen in den Provinzen Principato Citra und Principato Ultra beständig von Banden heimgesucht würden, die seine Untertanen töten und seine Güter verwüsten würden. Das Gleiche widerfuhr im Jahr 1318 auch der Ilaria di Lauria (1285–1342/43), einer Hofdame der neapolitanischen Königin Sancha von Mallorca (Königin 1309–1344), die über Besitzungen in Corneto in der Capitanata verfügte. Im Jahr 1321 unterrichtete schließlich die *universitas* bzw. Gemeinde von San Severino in der Provinz Principato Citra König Robert von Anjou davon, dass sich auf ihrem Gebiet eine Räuberbande unter der Führung eines gewissen Ispamà eingenistet hätte und die ganze Gegend mit ihren Untaten überziehen würde. Ein besonders spektakulärer Überfall ereignete sich im September 1328 in Bovino in Apulien, wo inmitten des Stadtzentrums eine Bande von ungefähr 200 Räubern über einen Hochzeitszug herfiel, diesen ausraubte und den Bruder der Braut tötete. Die Braut selbst konnte sich mit Mühe in die nahegelegene Ortschaft Acquaviva retten. Zu Beginn der Regierungszeit Johannas I., also in den Jahren ab 1343, die besonders von geradezu anarchischen Zuständen in den Provinzen des angevinischen Königreiches geprägt waren, trauten sich die Mönche des an der Amalfiküste gelegenen Klosters Santa Maria di Vietro im Bereich der Diözese Salerno nicht, dieses aus Furcht vor Räubern zu verlassen, und im Jahre 1358 operierte in der Terra di Lavoro von der Burg von Palma aus eine Bande, die nicht nur die Umgebung der Stadt Nola unsicher machte, sondern einige Male sogar bis unter die Stadtmauern Neapels, also des eigentlichen Machtzentrums der Anjou-Dynastie, vordrang.[77]

77 Caggese: Roberto d'Angiò e i suoi tempi, S. 339–344 und Vitolo: Il Regno angioino, S. 70f. Bei dem Fall der Mönche, die sich nicht trauten, ihr Kloster zu verlassen, geben sowohl Caggese als auch Vitolo keine Jahreszahl an. Aber nach den Ausführungen Vincenzo Epifanios zu urteilen, der gleichfalls diesen Fall erwähnt, und den Angaben in der Abschriften Camillo Riccio-Minieris aus den Registern der angevinischen Kanzlei handelt es sich um ein Beispiel aus dem Anbeginn der fortwährend von schweren inneren Turbulenzen gekennzeichneten Herrschaftszeit Johannas I. von Anjou (1343–1382). Epifanio: Gli Angioini di Napoli e la Sicilia, S. 19 und Riccio-Minieri: Notizie storiche tratte da 62 registri angioini, S. 16. In den insgesamt zwei Abschriften aus den verloren gegangenen Registern der Anjou-Kanzlei, in welchen auf dieses von Räubern gepeinigte Kloster Bezug genommen wird, steht Folgendes geschrieben: „Monasterio S. Marie de Vetro Salernitane Diocesis provisio pro solutione an. unc. quinque quia mendicare non possunt propter timorem Malendrenorum proh dolor in regione ipsa frementium."(Reg. 1343. 1344 C. n. 338 fol. 292) und „Monasterio

In Anbetracht der Allgegenwärtigkeit des Banditenunwesens in den Provinzen des Königreiches Neapel der Anjou-Zeit war die Zentralregierung schon in der Zeit Roberts von Anjou bestrebt, aber letzten Endes unfähig, dieses nachhaltig unter Kontrolle zu bekommen. Ein deutliches Zeugnis dafür sind die zahlreichen von den Herrschern der Anjou-Dynastie erlassenen Verordnungen, mit denen diese versuchten, die gezielte Verfolgung und Beseitigung der zahllosen Banden von Straßenräubern auf dem Territorium des Königreiches zu regeln. Ein gutes Beispiel hierfür bieten zwei Verordnungen, die in der Zeit der Herrschaft König Roberts von Anjou erlassen wurden. Denn bedingt zum einen durch die Ausmaße, die das Banditenwesen um das Jahr 1330 herum erreicht hatte, und zum anderen auch bedingt durch das als völlig unzureichend empfundene Vorgehen gegen die zahlreichen Banden von Straßenräubern von Seiten der örtlichen Sicherheitskräfte, verfügte König Robert von Anjou in der ersten hier erwähnten Verordnung vom 31. Mai 1330, dass diejenigen *universitates*, auf deren Territorium sich Überfälle ereigneten und welche die verantwortlichen Täter nicht ergriffen und an die Justiz auslieferten, für die entstandenen Schäden aufzukommen hätten.[78] Der Sinn und Zweck dieser Anordnung König Roberts

S. Marie de Vetro Salernitane Diocesis concessio an. redditus unc. 5 in hoc maxime tempore propter Latronum et malandrinorum incursus proh dolor in regione ipsa frumentium (Schreibfehler, wahrscheinlich „frementium" gemeint - d. V.) quos formidant Monaci dicti Monasteri."(Reg. 1343. 1344 F. n. 341 fol. 92) Zitiert nach ebd.

78 Caggese: Roberto d'Angiò e i suoi tempi, S. 344. In dieser bei Trifone aufgeführten Verordnung CLX (b) vom 31. Mai 1330 heißt es hierzu: "Robertus, etc. Universis presentis edicti seriem inspecturis tam presentibus quam futuris. Presidentis incumbit officio viam delictis precludere, sicque illam coercere provise, ut per aptum remedium refrenetur iniuria et damna passis emendentur illata. Sane contingit interdum maleficia plurima in terris et locis regni nostri Sicilie seu ipsorum territoriis perpetrari, nec tamen apparent maleficiorum huiusmodi patratores. Ne igitur crimina impunita pertranseant, ob que penas persolvi magna ratio persuadet, huius nostre ordinationis edicto usque ad nostrum beneplacitum valituro prescribimus, ut, – si quando committi civitatibus, castri terris, casalibus et locis aliis dicti regni, sive sint de nostro demanio sive Sancie Jerusalem et Sicilie regine, consortis nostre, nec non spectabilium Tarenti et Achaie principum fratrum nostrorum, sive etiam prelatorum comitum et cuiuscumque dignitatis status et conditionis existant, seu earundem terrarum territoriis, disrobationes aliquas, depredationes aut damnificationes per quospiam quoquo modo contigerit, nec universitates dictarum civitatum, terrarum, castrorum, casalium aliorumque locorum, seu domini eorum ex illis, qui de dilecto nostro demanio non existunt, aut officiales eorum malefactores tales capere et ad provinciarum presides recepturos pro meritis captivos destinare non curaverint, – universitates eedem, ad satisfaciendum integre damna passis, de disrobationibus, de

predationibus aut damnificationibus predistinctis per presides ipsos, prout iustum fuerit, summarie tamen exinde suis vicibus fide presumpta districtius compescantur. Quod, si forsitan committantur in illis, circa puniendos patratores eorum, constitutiones et capitula regni iam dicta super his edita volumus tenaciter et inviolabiliter observari. De maleficis autem capiendis eisdem prefatis universitatibus singulis, sive per eas statuendis ad id, nec non dominis aliorum ex eis, ipsorumque officialibus memoratis ex nunc opportunam et liberam auctoritatem presentis edicti concedimus potestatem. Ut autem presens edictum in communem deveniat notitiam, chartas sive membranas seriem continentes illius sub pendenti maiestatis nostre sigillo portis maioris Ecclesie Neapolitane et Castri nostri Novi Neapolis affigi fecimus; que tenorem edicti prefati suo sonoro preconio et patulo iudicio publicabunt. Et nihilominus, in plenioris cautele suffragium, justitiariis et aliis magistratibus nostris iniungimus, ut edictum ipsum per decretas eis provincias divulgent publice ac divulgari de more faciant, illudque studeant tenaciter observari." Trifone: La legislazione angioina, Verordnung Nr. CLX (b), S. 238f. Die Gesetzgebung der Anjou-Zeit orientierte sich hierbei an diesbezüglichen Bestimmungen in den „Constitutiones Regni Siciliae", bekannter als Konstitutionen von Melfi, Kaiser Friedrichs II., und zwar an den beiden Konstitutionen „De homicidiis et dampnis, quorum auctores inveniri non possunt" und „De homicidiis clam commissis et qualiter investigentur". Trifone: La legislazione angioina, S. 116. Der Text der erstgenannten Konstitution „De homicidiis et dampnis, quorum actores inveniri non possunt" (I. 27) vom September des Jahres 1231 lautet wie folgt: „Idem augustus. Super incisionibus arborum et combustionibus domorum et ceteris maleficiis, que clam nocturnis temporibus committuntur, generalem constitutionem nostris fidelibus promulgamus, ut, si commissores inveniri non possunt aut, sicut multotiens accidit, per locorum incolas occultantur, homines locorum ipsorum, in quibus maleficia committuntur, ad dampnorum restitutionem integre arceantur. Qua restitutione tam illos, quibus pro nostris servitiis talia acciderunt, quam reliquos, quibus hec ex inimicitia seu aliquo odio evenerunt, frui volumus gaudere nec minus Iudeos et etiam Saracenos, quos, quia Christianis secte diversitas reddit infestos, omni alio auxilio destitutos protectionis nostre potentia pati non possumus defraudari. Predicti autem clandestini et nocturni malefactores, si in ipso facinore deprehensi vel aliter legitime convicti fuerint, capite puniantur." Die Konstitutionen Friedrichs II. für das Königreich Sizilien, Konstitution Nr. I. 27, S. 181f. Der Text der letztgenannten Konstitution „De homicidiis clam commissis et qualiter investigentur" (I. 28) vom September des Jahres 1231 lautet: „Idem augustus. Si dampna clandestina patientibus, quorum actores per probationes dilucidas inveniri non possunt, imperialis provisionis remedio merito subvenimus, ut universaliter per possessores locorum, in quorum territoriis huiusmodi scelera sunt commissa, eorum indempnitatibus consulatur, multo fortius illos expertes providentia nostra relinquere credimus indignum, quorum patres aut filii, cognati denique vel affines in locis aliquibus per homicidia perimuntur occulta cum tam horribilis sceleris patratores investigatione qualibet, quamvis exactissima, nequeunt

ist deutlich zu erkennen: Zum einen sollten die *universitates* stärker dazu angespornt werden, konsequenter gegen Banditen auf ihrem Territorium vorzugehen. Zum anderen sollte aber auch verhindert werden, dass die *universitates* bzw. die an ihrer Spitze stehenden Lehnsherren womöglich Räuber deckten, die aus ihrem Gebiet kamen. Ein gutes Beispiel für diese Verfahrensweise von Seiten der Zentralregierung in Neapel bietet der im Jahr 1336 auf dem Gebiet der *universitas* von Vacrano erfolgte Überfall auf einen gewissen Banicio, bei dem es sich um einen Repräsentanten der Republik Florenz handelte, der auf dem Territorium der *universitas* von einer Räuberbande angegriffen, verprügelt und schließlich ausgeraubt wurde. Da man der Täter nicht habhaft wurde, mussten der örtliche Lehnsherr und die ihm unterstehende *universitas* für die Verluste aufkommen.[79]

Die andere im Rahmen dieser Ausführungen behandelte Verordnung König Roberts aus dem Jahre 1330 betrifft schließlich das auch in den Jahrhunderten danach immer wieder auftauchende Problem, dass Banden von Straßenräubern

---

reperiri. Presenti igitur saluberrima constitutione sancimus, ut, si quando huiusmodi maleficia in quorumcumque locorum territoriis, quod abhominamur, contigerit in posterum perpetrari nec ipsorum commissor appareat, ita quod nullus de tali facinore ab hiis, qui defuncto attinuerunt, vel a quodlibet de populo arguatur, quo casu dive constitutionis nostre super furtivis et absconsis homicidiis edite statuta servamus, tunc inquisitionem de predicto facinore fieri volumus diligentem, per quam si aliquid certum probabitur, iuxta probata inquisitionis eiusdem procedendum esse censemus. Quod si ex inquisitione ipsa leves persone alique de homicidio ipso notentur, licet per eam contra ipsos non probetur ad plenum, ad tormenta personarum ipsarum levium et vilium postremo decernimus descendendum. Per que omnia si de delicto constare non poterit, quod confiteri per nimiam forsan et solitam potentiam tormentorum intrepidi, quibus ingeruntur tormenta, non velint, vel si ob ipsorum impotentiam, prout accidere novimus in plerisque, ultra modum timidi fateantur nec in confessione perdurent soluti tormentis, que tamen non timeant iterari, tunc illius loci, in quo maleficium huiusmodi commissum esse dignoscitur, possessores, si quidem Christianus fuerit, qui reperitur occisus, centum augustalium multa feriendos esse censemus. Si vero Iudeus aut Saracenus sit, in quibus, prout certo perpendimus, Christianorum persecutio nimis abundant ad presens, quinquaginta augustalibus predictorum locorum incolas nostro erario applicandis dampnandos esse censemus. Quem post inquisitionis et probationis ordinem et tormenta etiam ultimo facienda in aliis dampnis clandestinis et nocturnis servari mandamus. Quod si constet universitatem eandem occultare velle forsitan huiusmodi scelerum commissores nec ipsos velle officialibus nostris querentibus exhibere, penam universitati ipsi pro qualitate locorum et commissi sceleris imponendam nostro iudicio reservamus." Ebd., Konstitution Nr. I. 28, S. 181ff.

79 Caggese: Roberto d'Angiò e i suoi tempi, S. 341f.

bei der Flucht vor den höchsten Repräsentanten der königlichen Justiz in den Provinzen, den sogenannten „iustitiarii“ bzw. Justitiaren, und den ihnen unterstehenden Kräften sich häufig den Umstand zunutze machten, dass diese über relativ festgefügte Jurisdiktionsbereiche verfügten und ohne Weiteres nicht einfach so in den Jurisdiktionsbereich ihrer jeweiligen Amtskollegen vordringen konnten, sondern sich vielmehr vorher mit diesen abzustimmen hatten. In gleicher Weise verfuhren übrigens auch Banditen, die aus dem Bereich des Kirchenstaates auf das Territorium des Königreiches Neapel oder *vice versa* flüchteten. Dadurch, dass die Banden einfach in den Jurisdiktionsbereich eines anderen *iustitiarius* auswichen, konnte die Arbeit der sie verfolgenden Sicherheitskräfte erheblich erschwert werden. Daher erlaubte es die königliche Regierung mittels einer im Jahr 1330 erlassenen Verordnung ihren höchsten Repräsentanten in den Provinzen, bei der Verfolgung der „latrunculi, qui nonnumquam per cohotes et turmas insidiantes in stratis itinerantes disrobant et occidunt“[80], wie es dort auf Lateinisch

80 Trifone: La legislazione angioina, Verordnung Nr. CLXIII, S. 242. Diese bei Trifone aufgeführte Verordnung ist im Gegensatz zu der ersten Verordnung CLX (b) vom 31. Mai 1330 mit keinem genauen Datum versehen worden. Sie stammt aber aus der zweiten Hälfte des Jahres 1330. Zu dem oben besprochenen Problem aus dem Bereich der jurisdiktionsübergreifenden Bekämpfung der Räuberbanden steht in dem bei Trifone aufgeführten lateinischsprachigen Original dieser Verordnung König Roberts, welcher in dieser Form zuerst für den Justitiar der Terra di Bari, Jakob Sanseverino, Graf von Tricarico und Chiaramonte, ausgestellt worden war, Folgendes geschrieben: „Robertus, etc. Viro nobili Jacobo de Sancto Severino, Tricarici et Clarimontis comiti, iustitiario terre Bari, dilecto consiliario familiari et fideli nostro gratiam etc. Diu iam et pluries ad audientiam nostram insinuatio clamosa perduxit, quod in ipsa decreta tibi provincia, que a quodam antiquo et solito per opportunitates accomodas silvarum et nemorum consuevit esse latibulum et mansio reproborum, non cessant delicere latrunculi, qui nonnumquam per cohotes et turmas insidiantes in stratis itinerantes disrobant et occidunt; suntque alii homicide publice diffamati, qui propter pretactum silvarum accomodum, quo declinant, penam eludunt et fugiunt, quam merentur, et hii tales alterutri, dum persecutionem presidis ex conscientia criminis reformidant, in alterius iustitiariatus transfugiunt, ut evadant. Ex hiis autem, ut dicitur, securitatis et pacis fidelium status eliditur; et dum ipsi fideles tute seu libere nequeunt per loca discurrere, graviter ingemiscunt; ad quod, pro huiusmodi singularitatis eludio cernentes accomodum singulari remedio providere, tibi presentium tenore commictimus usque ad nostre beneplacitum voluntatis, ut contra tales famosos disrobatores stratarum et homicidas publice diffamatos cum tui consilio ac iudicis ad inquisitionis indaginem generaliter aut specialiter, prout expedire videris, captionem quoque, tormenta et penalem meritam ultionem, Deum et iustitiam habendo pre oculis, ex officio, in casibus scilicet nostre nuper limitationis restrictis et per alias nostras tibi

heißt, im Notfall bis zu einer bestimmten Anzahl von Meilen auch in den Jurisdiktionsbereich ihrer jeweiligen Amtskollegen einzudringen. Es handelte sich hierbei um eine Vorgehensweise, auf die man nicht nur ausschließlich in der Anjou-Zeit, sondern auch in den Jahrhunderten danach zurückgreifen sollte, um zu vermeiden, dass eventuelle jurisdiktionelle Streitigkeiten zwischen den höchsten Repräsentanten der königlichen Justiz in den Provinzen womöglich die erfolgreiche Verfolgung und Liquidierung von Banditen empfindlich stören könnten.[81]

Für die Zeit der Anjou-Herrschaft lassen sich auch zahlreiche Zeugnisse für Adelige finden, die im Endeffekt von den Erträgen ihres Besitzes, sofern sie über einen solchen überhaupt verfügten, nicht leben konnten und daher entweder über die direkte Teilnahme an Raubzügen oder aber als Schutzherren und somit Profiteure von den Aktionen solcher Banden versuchten, ihre Einkünfte zu erhöhen bzw. ihr tagtägliches Auskommen abzusichern. Dieses Problem der zum Teil sehr engen Wechselbeziehungen zwischen dem Adel des Königreiches Neapel und den zahlreichen Banden war dann insbesondere auch für die Zeit der spanischen Herrschaft charakteristisch. Als Beispiele für die Aktionen von Banden, die unter der maßgeblichen Führung von Adeligen standen, sollen die folgenden vier aus der Herrschaftszeit Roberts von Anjou genügen: Im Jahr 1318 drang Riccardo Acquaviva mit seinen Gefolgsleuten in den bischöflichen Palast von Teramo ein und raubte dort Gegenstände und Tiere im Wert von 300 Unzen. Eine andere Gruppe neapolitanischer Adeliger überfiel im Oktober 1321 das Kloster von Subiaco auf dem Gebiet des Kirchenstaates und raubte tausend Schafe. Im Jahre 1339 überfielen etwa 20 Männer unter der Führung eines lokalen Adeligen die Stadt Francavilla in Apulien, wobei sie auch vor der Anwendung von Gewalt gegenüber der Bewohnerschaft der Stadt nicht zurückschreckten. Im Jahr darauf versetzte eine Bande von etwa tausend Banditen unter der Führung einiger Adeliger die Region Kalabrien in Angst und Schrecken. Der wichtigste unter diesen war ein gewisser Corrado Ruffo, der aus einer der bekanntesten Familien der Region kam.[82]

---

licteras declaratis, presentium auctoritate precedas. Tibi amplius in hac parte permisso, ut pro querendis et capiendis huiusmodi forasfugis in alterius iustitiariatus provinciam proximam spatio miliarum quindecim per te aut insidiatores tuos irrepere vel introire valeas, per terminos eiusdem iustitiariatus alterius et ad iurisdictionem tuam reducere pro meritis puniendos." Ebd., Verordnung Nr. CLXIII, S. 242f.

81 Colussi: Diritto, istituzioni, amministrazione della giustizia nel Mezzogiorno vicereale, S. 63.

82 Vitolo: Il Regno angioino., S. 71.

Dieses im gesamten europäischen Raum des späten Mittelalters noch sehr häufig anzutreffende Phänomen, dass Vertreter des niederen Adels, die nicht über dieselben Ressourcen wie die höheren Vertreter ihres Standes verfügten, sich in Banden organisierten und als sogenannte „Raubritter" versuchten, ihre schlechte sozioökonomische Lage über das Begehen von Raubüberfällen und Diebstählen abzumildern, sollte schließlich in den europäischen Staaten der Frühen Neuzeit allmählich völlig verschwinden. Die Banden dieser Zeit bestanden stattdessen in erster Linie aus Vertretern der in äußerster Armut lebenden nichtadeligen ländlichen Bevölkerung und Gewohnheitsverbrechern, die aufgrund ihrer sozioökonomischen Lage und zur Sicherstellung ihres tagtäglichen Überlebens keine andere Möglichkeit sahen, als auf das Mittel der bandenmäßig organisierten Kriminalität zurückzugreifen.[83] Auch wenn, wie man noch sehen wird, die Vertreter des in den Provinzen ansässigen Adels des Königreiches Neapel der Frühen Neuzeit sich im Gegensatz zum Mittelalter nicht mehr durch persönliche Teilnahme an den Aktionen der Räuberbanden unmittelbar selbst die Hände schmutzig machten, so sollten diese gerade in der Zeit der direkten spanischen Herrschaft über das festländische Königreich zumindest massiv als Unterstützer solcher Banden auftreten, deren sie sich u. a. auch bedienten, um andere mit ihnen konkurrierende Adelsgeschlechter zu bekämpfen.

Auch wenn die im Rahmen der bisherigen Ausführungen zum Banditenwesen im Königreich Neapel der Anjou-Dynastie aufgezeigten Beispiele in erster Linie aus der bis 1343 dauernden Herrschaftszeit König Roberts von Anjou stammen, so muss an dieser Stelle hervorgehoben werden, dass dieses Problem nicht nur Robert von Anjou und den ihm unterstehenden Herrschaftsapparat beschäftigte, sondern auch dessen beide Vorgänger, Karl I. und Karl II., sowie die ihm nachfolgenden Herrscher, wie die bereits erwähnte Johanna I. oder Karl III. von Durazzo (König 1381–1386). Besonders in der langen und von schweren politischen Turbulenzen gekennzeichneten Herrschaftszeit Johannas I. schien der neapolitanische Herrschaftsapparat dieses Problem überhaupt nicht mehr in den Griff bekommen zu haben.[84] Gerade unter der außerordentlich instabilen Herrschaft Johannas I. sollten die erheblichen Ausmaße, welche die Bandenkriminalität schon in den ersten Jahren der Herrschaft ihres Großvaters, Robert von Anjou, besessen hatte, ihren eindeutigen Kulminationspunkt erreichen.[85] Die Schwerpunkte der Aktivitäten dieser zahllosen Banden lagen dabei insbesondere in den

83 Weisser: Crime and Punishment in Early Modern Europe, S. 83f.

84 Raia: Giovanna I d'Angiò. Regina di Napoli, S. 42–46.

85 De Frede: Da Carlo I d'Angiò a Giovanna I 1263–1382, S. 196.

gebirgigen Abruzzen, in Apulien und in der Provinz Principato Citra. Aber auch die Terra di Lavoro, die das Territorium der Hauptstadt Neapel umschloss, war vor Einfällen von Räuberbanden aus den am Golf von Neapel gelegenen Bergen nicht sicher.[86] Bereits in den ersten Herrschaftsjahren der Königin Johanna I. von Anjou erwies sich das ländliche Banditenwesen als ein kaum zu beherrschendes Problem, welches, wie gleich noch an einem konkreten Beispiel aufgezeigt werden soll, selbst in den späteren Jahren der Herrschaft dieser Königin weiterhin einer Lösung harrte.[87]

Dass solche Räuberbanden bei ihren Aktionen dann auch immer wieder selbst vor bewohnten Ortschaften keinen Halt machten und dort allerlei Unheil anrichten konnten, ohne dass der angevinische Herrschaftsapparat dagegen wirkungsvoll einzuschreiten vermochte, und dies im Endeffekt sogar dazu führen konnte, dass besonders häufig attackierte Ortschaften einfach aufgegeben wurden, zeigt in besonders drastischer Weise der Fall der abruzzesischen Ortschaft Castro Montorio aus der Frühphase der Herrschaft Johannas I. Obwohl sich deren Bewohner in der Hoffnung auf ein entschiedenes Eingreifen direkt beim königlichen Hof in Neapel über die häufigen Überfälle von Banditen auf das Gebiet ihrer Ortschaft und die damit einhergehenden Verwüstungen beklagt hatten, schaltete sich die Regierung jedoch erst relativ spät in den Fall ein und erwies sich letzten Endes als unfähig, für die Ortschaft Castro Montorio eine befriedigende und vor allem auch dauerhafte Lösung herbeizuführen. Daher entschlossen sich schließlich im Jahr 1346 deren Bewohner, ihre Ortschaft aufzugeben und an anderer Stelle, wo sie sich mehr Sicherheit erhofften, neu zu gründen.[88]

---

86 Ebd., S. 288.

87 Einige interessante Beispiele für die ersten Jahre der Herrschaft Johannas I., die deutlich die diesbezügliche Machtlosigkeit der neapolitanischen Zentralregierung und deren mangelhafte Durchsetzungsfähigkeit gegenüber dem Landadel zeigen, der oftmals als Beschützer von Räuberbanden auftrat, gibt Epifanio: Gli Angioini di Napoli e la Sicilia, S. 15–19.

88 Ebd., S. 16. In der entsprechenden in einer Abschrift erhaltenen Notiz aus den Registern der Anjou-Kanzlei heißt es zu der der Bewohnerschaft gegebenen Erlaubnis, ihren Wohnort aufzugeben und sich an anderer Stelle niederzulassen, wie folgt: „Nobili Carolo Artus Comiti S. Agathes Magno Camerario etc. domino Castri Montorii in Aprutio Ultra privilegium quod possint homines dicti Castri transferre incolatum in loco dicto *lo Mercato* cum Carcaretto S. Ioannis quia dictum Castrum Montorii situatum est in Confinibus Regni et continue devastatur ab incursionibus malendrinorum et locus electus predictus est inter flumina situatus." (Reg. 1345 1346 A. fol. 34) Zitiert nach Riccio-Minieri: Notizie storiche tratte da 62 registri angioini, S. 16.

Aber auch in den späteren Herrschaftsjahren Johannas I. von Anjou blieben die zahllosen Banditen auf dem Territorium des Königreiches Neapel eine besondere Plage. Ein interessantes Beispiel für solch einen Banditen und das Auftreten eines neapolitanischen Adeligen, des Grafen von Sant'Angelo, als dessen Schutzherr findet sich in den sogenannten „Diurnali detti del Duca di Monteleone", einer italienischsprachigen Chronik aus dem angevinischen bzw. früharagonesischen Königreich Neapel des 15. Jahrhunderts, welche die Jahre von 1371 bis 1457 umfasst und bei der es sich wiederum um eine Kompilation aus diversen Chroniken des 14. und 15. Jahrhunderts handelt. Der Text stammt allerdings nicht aus der Feder des Herzogs von Monteleone, wie man aufgrund des Titels vielleicht vermuten könnte, sondern lediglich aus dessen persönlichem Besitz. Im Hinblick auf die wahre Autorenschaft des Textes ist nichts bekannt. Auch gab es Zweifel an der Authentizität dieser Chronik, welche aber wissenschaftlich nicht nachgewiesen werden konnten.[89] In den „Diurnali detti del Duca del Monteleone" wird nun Folgendes im Bezug auf diesen ehemaligen Soldaten und Banditen namens Mariotta oder Mariotto, den Anführer der sogenannten „Bande der Roten Rose", die mehrere Provinzen des Königreiches mit ihren Untaten überzog, dessen adeligen Beschützer, den Grafen von Sant'Angelo, auf dessen Besitz sich Mariotta und die Seinigen immer wieder zurückzogen, sowie allgemein zu den geradezu epidemischen Ausmaßen des Banditenunwesens im Königreich der Anjou des Jahres 1371 berichtet:

> „Anno Domini 1371. XJ. Indittione incomenzo ad rompere tutto lo Reame ad malandrini. tanto che nullo buon homo potea andare che non fosse preso da malandrini, et Jnter l'altri si era uno Caporale Mariotta, lo quale fu uno potente, et valente malandrino, et sempre gia con la rosa rossa, et questo correa tutta puglia, et Capitinata, et lo contado di Molise, Valla beneventana et terra de lavore tanta havea possanza de compagnuni, et sempre si reducea allo terreno dello conte di Sant'Angelo perche nde era favorito."[90]

Aber auch zwei Jahre später hatte man das Problem immer noch nicht in den Griff bekommen, so dass Königin Johanna I. schließlich allen Baronen des Königreiches befahl, wo auch immer sie auf Banditen stießen, diese festnehmen zu lassen und nach Neapel zu schicken, wo sie dann meistens der Tod durch den Strang erwartete. Auch der Graf von Sant'Angelo, auf dessen besondere Protektion Mariotta und seine Männer in der Vergangenheit immer wieder hatten

89 Siehe hierzu die einführenden Bemerkungen von Nunzio Federico Faraglia, der den Text der „Diurnali detti del Duca di Monteleone" im Jahre 1895 in einer quellenkritischen Edition veröffentlichte, in Diurnali detti del Duca di Monteleone, S. V–XV.

90 Ebd., S. 9.

zählen können, ließ auf Druck Königin Johannas I. seinen Schützling fallen. Für das Jahr 1373 berichten die „Diurnali" hierzu und zum weiteren Schicksal des „mariotto malendrino che tenea la bocca de tutto lo Reame"[91] dann Folgendes:

> „Et in questo tempo la Regina tenne modo colo conte de Sant'Angelo che hebbe Mariotto Malandrino, et fe l'impiccare et cosi fece comandamento ad tutti li baroni de lo Reame che dovonca sentissero Malandrini per lo paese lloro fossero presi et mandati à Napoli et cosi fo fatto, et cosi la Regina quante nde veneano tutti li facea impiccare, tanto che de moltitudine non faccia mentione piu."[92]

Im Hinblick auf die Bekämpfung des Banditenwesens fällt bei der diesbezüglichen Gesetzgebung für die Zeit der Herrschaft der Anjou-Dynastie letztlich besonders deutlich ins Auge, dass dieses dort nie eine wirklich konkrete und konsistente Behandlung erfuhr und somit auch keine spezifische Vorgehensweise gegen die Banden von Straßenräubern vorgeschrieben war, welche die Provinzen des angevinischen Königreiches durchzogen. Vielmehr griff man je nach Lage der Dinge zum Erlass einzelner Verordnungen, welche die höchsten Repräsentanten der Zentralregierung in den Provinzen, die *iustitiarii*, im Hinblick auf die weitverbreiteten *disrobationes* in ihren Jurisdiktionsbereichen in die Tat umzusetzen hatten. Der Begriff „disrobatio", der in den Rechtsquellen der Anjou-Zeit üblicherweise für die Taten von Banditen benutzt wurde, bezog sich dabei auf eine ganze Reihe möglicher Vergehen wie einfacher Diebstahl, Raubüberfälle, Beifügen von Verletzungen, Totschlag oder auch Brandstiftung. Wenn man dieser Straßenräuber schließlich habhaft wurde, so wurden diese dann gemäß den für ihr konkret verübtes Verbrechen vorgesehenen Bestimmungen abgeurteilt. Die Bildung solcher Banden selbst stand noch nicht unter Strafe.[93]

Am Ende dieser Ausführungen zum süditalienischen Banditenwesen in der Anjou-Zeit muss jedoch betont werden, dass die epidemischen Ausmaße, die dieses besonders im 14. Jahrhundert erreichte, natürlich nicht nur ausschließlich auf die schweren politischen Turbulenzen zurückzuführen waren, die besonders der Herrschaft Johannas I. von Anjou und derjenigen ihrer Nachfolger so deutlich ihren Stempel aufdrückten, sondern dass diese allgemein in den Gesamtkontext der vielfältigen politischen, sozialen und wirtschaftlichen Krisen eingeordnet werden müssen, die im 14. Jahrhundert nicht nur die Staaten der Apenninenhalbinsel, sondern auch diejenigen des gesamten europäischen Raumes erfassten. Das auslösende Moment für die sozialen Konflikte, die einen

---

91 Ebd.

92 Ebd., S. 10.

93 Trifone: La legislazione angioina, S. CXVf.

wichtigen Teilaspekt dieser Krisenzeit darstellten und die im Königreich Neapel nicht nur in zahlreichen Bauernrevolten, sondern auch in dem scheinbar völlig außer Kontrolle geratenen Bandendelinquenz ihren Ausdruck fanden, lag, sehr vereinfacht gesagt, darin, dass die Produktion von Nahrungsmitteln mit dem enormen demografischen Anstieg, der in den Ländern des europäischen Kontinents zwischen dem Ende des 13. Jahrhunderts und dem Beginn des 14. Jahrhunderts seinen Höhepunkt erreichen sollte, nicht mehr Schritt zu halten vermochte und somit die diesbezüglichen Bedürfnisse der Bevölkerung nicht mehr in ausreichender Weise abgedeckt werden konnten. Diese Situation führte dann zwangsläufig in den ersten Jahrzehnten des 14. Jahrhunderts zu zahlreichen Hungerkatastrophen, besonders gravierend im Königreich Neapel waren diejenigen der Jahre von 1328 bis 1330 und diejenige des Jahres 1339, und damit einhergehenen Hungerrevolten, zu denen sich ungefähr in der Mitte des 14. Jahrhunderts schließlich auch noch der Ausbruch der Pest in Europa gesellte, welche schließlich im Jahre 1348 auch das Königreich Neapel erfasste und welcher ungefähr ein Drittel der Bevölkerung der Apenninenhalbinsel zum Opfer fallen sollte. Von diesen Krisen wurde aber in der Zeit der Herrschaft der Anjou-Dynastie nicht nur ausschließlich die ärmere Bevölkerung des Königreiches Neapel erfasst, sondern gleichfalls auch der Adel in den Provinzen, dessen Vertreter ebenso um ihr tagtägliches Überleben Sorge zu tragen hatten und somit, wie bereits an anderer Stelle exemplarisch ausgeführt, auch dem Begehen krimineller Handlungen anheimfallen konnten. Verschlimmert wurde diese allgemeine soziale und ökonomische Misere im Königreich Neapel ferner durch die scheinbar unaufhörlichen Machtkämpfe innerhalb der herrschenden Anjou-Dynastie seit dem Tode König Roberts von Anjou, die in den Zeiten besonderer Intensität dazu führen konnten, dass es *de facto* keine nach innen durchsetzungsfähige Zentralregierung mehr gab und somit der Anarchie in den Provinzen des angevinischen Königreiches Türen und Tore offen standen.[94]

Auch in der Zeit der langen spanischen Herrschaft über das Königreich Neapel, die kurze Zeit der aragonesischen Herrschaft kann an dieser Stelle aufgrund fehlender Studien nicht weiter berücksichtigt werden[95], sah sich die neapolitanische

94 Procacci: Storia degli Italiani, S. 67–74 und S. 100f. sowie Vitolo: Il Regno angioino, S. 68ff.

95 Der Mangel an diesbezüglichen Studien erklärt sich, wie im Kapitel zur Forschungslage bereits erwähnt wurde, insbesondere daraus, dass im Zweiten Weltkrieg sowohl die Akten der angevinischen als auch der aragonesischen Kanzlei einem von den sich zurückziehenden deutschen Truppen im Jahre 1943 gelegten Brand zum Opfer fielen. Die Bestände der aragonesischen Kanzlei hatten aber schon vorher erhebliche

Zentralregierung fortlaufend der Plage des Banditenwesens ausgesetzt und mobilisierte erhebliche militärische und somit auch finanzielle Ressourcen, um dieses niederzuhalten. Besonders als sich die dem spanischen Vizekönig in den Provinzen zur Verfügung stehenden Herrschaftsinstanzen zur Erreichung dieses Zieles als zu schwach erwiesen, griff man schließlich bei der Bekämpfung der Bandenkriminalität verstärkt auf eine Vorgehensweise zurück, deren sich in der zweiten Hälfte des 18. Jahrhunderts auch die Bourbonen bedienten sollten: Man ging nunmehr dazu

---

Zerstörungen erlitten. Bereits 1647 wurden im Rahmen des Masaniello-Aufstandes sehr viele Dokumente zerstört, als der wütende Mob den Palast des Sekretärs des spanischen Vizekönigs, des Herzogs von Caivano, plünderte und verwüstete. Weitere Dokumente gingen schließlich im Jahre 1701 im Zuge der Auseinandersetzungen verloren, welche durch eine Verschwörung des Fürsten von Macchia ausgelöst worden waren. Vollständig zerstört wurden die übriggebliebenen Bestände der aragonesischen Kanzlei dann aber erst im Zweiten Weltkrieg. Donsì Gentile, Gentile: Archivio di Stato di Napoli, S. 20 und 23. Wenngleich allem Anschein nach keinerlei Studien darüber existieren, wie sich das Problem des ländlichen Banditenwesens im aragonesischen Königreich Neapel darstellte, so lassen sich dennoch in Alberto Grohmanns Untersuchung "Le fiere del Regno di Napoli" u. a. anhand einiger direkt zitierter Quellen aus den Beständen des zum Staatsarchiv von L'Aquila gehörenden Archivio Civico Aquilano Belege dafür finden, dass es insbesondere in den Grenzzonen Kampaniens und in den Abruzzen Probleme mit Banditen gegeben haben muss, die Händler, die diese Gegenden durchzogen, überfielen. So wurde für den Dezember des Jahres 1482 berichtet, dass "in valle cornu sunt facta aliqua latrocinia" (ASA, *Archivio Civico Aquilano, Liber Reformationum*, 1482–1485, T-3, fol. 40r). Im Februar des Jahres 1497 erwischte es einen Händler aus Montereale, dem auf der "strada magestra tra li navelli [et] collepetri fo arrobato [et] to[l]toli dicte tre som[me] de panni, denari [et] muli" (ASA, *Archivio Civico Aquilano, Registrum*, 1496–1499, S-79, fol. 21r.). Und im November des Jahres 1498 wendete sich die "Camera Aquilana" als Vertreterin der Interessen der Bürger Aquilas an die Herren von Civitaducale, weil auf der Strecke zwischen Cantalice und Civitaducale den beiden aus Aquila stammenden Kaufleuten Ludovico Antonelli und Gaspare de Simone "som[me] VIII di zafferano sonno state intercepte [per] cammino insemi c[on] li mulattieri [et] c[on] li muli" (ASA, *Archivio Civico Aquilano, Registrum*, 1496–1499, S-79, fol. 133r), welche die Händler wiedererstattet haben wollten. Des Weiteren mieden die Händler in dieser Zeit bewusst zwei Straßen, die im Ruf standen, häufig Schauplätze von Raubüberfällen gewesen zu sein. Das waren zum einen die Straße, die durch Terracina, Fondi, Traetto (Formia), Minturno und Sessa führte, und zum anderen diejenige Straße, die Rom und Neapel miteinander verband und durch Anagni, Frosinone und Cassino verlief. Grohmann: Le fiere del Regno di Napoli in età aragonese, S. 48f. Hierzu auch Gasparinetti: La „Via degli Abruzzi" e l'attività commerciale di Aquila e Sulmona nei secoli XIII–XV, S. 14f.

über, auf Basis von durch den Vizekönig erlassenen Pragmatiken mit jurisdiktionellen und militärischen Sondervollmachten ausgestattete Beamte in Regionen zu schicken, die besonders unter der Plage des Banditenwesens litten, wenngleich sich auf längere Sicht die langfristigen Erfolge dieser neuen Vorgehensweise als eher bescheiden erweisen sollten. Mit dieser Aufgabe wurden insbesondere solche Personen beauftragt, die besonders auch aufgrund ihrer erwiesenen militärischen Fähigkeiten das besondere Vertrauen des Vizekönigs genossen. Schon in den 1570er Jahren stattete man diese Sonderbevollmächtigten mit Vollmachten aus, die es ihnen ermöglichten, provinzübergreifend gegen Banditen vorzugehen. Sie durften bei der Festnahme von mutmaßlichen oder erwiesenen Banditen innerhalb weniger Stunden bzw. maximal im Zeitraum eines Tages ihr Urteil über deren weiteres Schicksal fällen. Wenn sie die Banditen *in flagranti* ertappten, wurde den Sonderbevollmächtigten sogar zugestanden, diese an Ort und Stelle abzuurteilen und exekutieren zu lassen. Diese rigorose Vorgehensweise gegen Banditen wurde als „ad modum belli" bezeichnet. Alternativ konnten die Sonderbevollmächtigten die Verurteilten aber auch an den zuständigen königlichen Gerichtshof weiterreichen lassen. Im Jahre 1616 gestattete der damalige spanische Vizekönig Pedro Fernández de Castro y Andrade (Vizekönig 1610–1616), Herzog von Lemos, auch den *presidi*, die den *Regie Udienze* vorstanden, *ad modum belli* gegen Banditen vorzugehen. Da es sich gerade bei den mit Sondervollmachten ausgestatteten *presidi* oftmals um Personen ohne juristische Ausbildung handelte, wurden sie in ihrer Arbeit zusätzlich noch von einem *consultore*, einem juristischen Berater, unterstützt, der dann auf die juristisch richtige Anwendung der Sondervollmachten und der durch sie gestatteten Maßnahmen achtete.[96]

Neben der Entsendung von Sonderbevollmächtigten in der zweiten Hälfte des 16. Jahrhunderts bediente man sich bei der Bekämpfung der Banden noch weiterer Maßnahmen, die zum Teil gleichfalls symptomatisch für die Schwäche der der vizeköniglichen Regierung in den Provinzen zur Verfügung stehenden Herrschaftsinstanzen und deren insgesamt eher inkonsistent erscheinenden Politik gegenüber dem Banditenwesen sind: So setzte man bei der Bekämpfung der Banden letzten Endes nicht nur darauf, mit eigenen militärischen Kräften gegen diese vorzugehen, sondern man versuchte auch, die Bevölkerung der betroffenen Gemeinden bzw. *università* in die Jagd auf Banditen miteinzubinden, indem man dieser Geldprämien versprach, wenn sie einen Banditen fing und tot oder lebend an die Behörden auslieferte. Gemeinden, die entweder verdächtigt wurden, heimlich mit

96 Colussi: Diritto, istituzioni, amministrazione della giustizia nel Mezzogiorno vicereale, S. 67f.

Banditen zu kooperieren, oder nach Ansicht der Zentralregierung nicht entschlossen genug gegen diese vorgingen, waren gehalten, die Kosten für die militärischen Aktionen zu tragen und für die Schäden, die die Banditen, die auf ihrem Territorium lebten, an Mensch und Eigentum angerichtet hatten, aufzukommen. Auch die Barone des Vizekönigreiches, die in dieser Zeit ebenso oftmals als Komplizen bzw. Förderer solcher Banden auftraten, wurden dazu aufgerufen, sich mit bewaffneten Einheiten an der Bekämpfung zu beteiligen. Um den Zusammenhalt innerhalb der verfolgten Räuberbanden aufzusprengen, räumte man schließlich denjenigen Banditen, die ihre Mitkämpfer verrieten, die Möglichkeit eines Straferlasses ein[97], wobei es sich um eine Vorgehensweise handelte, die bei der Bevölkerung der betroffenen Gebiete, sofern sie nicht mit den Banditen kooperierte, durchaus zu einer erheblichen Missstimmung führen konnte.[98]

Verbreitet in der Zeit der spanischen Herrschaft war es auch, Banditen das Angebot zu machen, dem regulären spanischen Heer beizutreten. Dadurch konnten diese ehemaligen Banditen zum einen auf einen Straferlass hoffen und zum anderen auch darauf, nach der Ableistung des Militärdienstes wieder in die Gesellschaft integriert zu werden. Auch wenn diese Vorgehensweise zum ersten Mal in einer Pragmatik des Jahres 1643 formal vorgeschlagen wurde, so war man in dieser Weise schon in der zweiten Hälfte des 16. Jahrhunderts verfahren, indem man ehemalige Banditen im Rahmen der in Flandern wogenden militärischen Auseinandersetzungen in den Reihen des spanischen Heeres kämpfen ließ.[99] Zu guter Letzt ging man von Seiten der vizeköniglichen Behörden aber auch entschieden

---

97 Ein Beispiel für diese Vorgehensweise bietet der Fall der beiden aus der abruzzesischen Ortschaft Cantalice stammenden Banditen Antonio Berardo und Mercurio Tavano, die sich in der ersten Hälfte der 1630er Jahre in Zusammenarbeit mit der *Regia Udienza* von Chieti an der Ausschaltung einiger Banditen und der Festsetzung von Deserteuren beteiligt hatten und nun im Jahre 1635 über die Vermittlung von Seiten der *Gran Corte della Vicaria* als Zwischeninstanz darauf hofften, dass ihnen der *Consiglio Collaterale* einen Straferlass für ihre eigenen Vergehen gewähren würde, zu denen zahlreiche Raubüberfälle und Morde zählten. ASN, *Processi Antichi/Da Riordinare/Processi Criminali*, 4/149.

98 Papagna: Ordine pubblico e repressione del banditismo, S. 55ff.

99 Gaudioso: Il banditismo nel Mezzogiorno moderno tra punizione e perdono, S. 99f. Der Text der diesbezüglichen "De exulibus"-Pragmatik XXII, die am 13. Mai 1643 von dem damaligen spanischen Vizekönig Ramiro Núñez de Guzmán (Vizekönig 1637–1644), Herzog von Medina de las Torres, erlassen wurde und sich besonders auf die Zustände in der Provinz Terra di Lavoro bezog, die in jener Zeit am schlimmsten von Räuberbanden heimgesucht wurde, befindet sich in Giustiniani: Nuova collezione delle prammatiche del Regno di Napoli, Bd. 4, S. 252–255.

gegen die Angehörigen von Banditen vor, indem man deren persönliche Freiheit einzuschränken versuchte, sie aus den Orten bzw. den Provinzen entfernte, in welchen sie lebten, und darüber hinaus auch noch versuchte, sie für die Schäden aufkommen lassen, die deren Familienmitglieder mit ihren Aktionen angerichtet hatten.[100]

Der eingangs erwähnte verstärkte Rückgriff der Zentralregierung in Neapel auf Sonderbevollmächtigte, die *ad modum belli* oder wie auf dem gleichfalls spanisch beherrschten Sizilien *ex abrupto* gegen Banditen vorgehen sollten, stellte allerdings keine nur ausschließlich in den beiden spanischen Vizekönigreichen Neapel und Sizilien praktizierte Maßnahme dar, sondern ließ sich in ähnlicher Weise auch in anderen Staaten auf der Apenninenhalbinsel vorfinden. Im Herzogtum Mailand bezeichnete man diese Praxis als „brachio regio", im Kirchenstaat erfolgte die Übertragung von Sondervollmachten zur Bekämpfung von Banditen in der Form des *ad modum belli* in den diesbezüglichen *rescritti* und *brevi* mit der Formel „procedas forti manu" und in der Republik Venedig verwendete man hierfür den Ausdruck „manu regia et arbitrio suo". In der toskanischen Republik Lucca zeigte sich im Zeitraum zwischen 1529 und 1585 ein sogenannter „Commissario Generale delle Montagne e delle Vicarie" für die Bekämpfung von Banditen verantwortlich und ab dem Jahre 1580 ließ sich solch ein Sonderbevollmächtigter dann auch auf dem Territorium der Seehandelsrepublik Genua vorfinden, deren Straßen gleichfalls von einer Vielzahl von Banden heimgesucht wurden, deren Operationen die Schaffung solch eines Amtes hatten notwendig erscheinen lassen.[101]

Im Folgenden soll nun anhand von drei spezifischen Beispielen aus der Zeit der spanischen Herrschaft als *partes pro toto* etwas ausführlicher aufgezeigt werden, dass man schon vor dem Machtantritt des spanischen Bourbonenhauses im Königreich Neapel beständig versucht hatte, die schlimmsten Auswüchse der Bandenkriminalität, wenngleich sie nie völlig zu beseitigen waren, so doch zumindest zu begrenzen. In dem ersten näher erläuterten Beispiel geht es zum einen um eine von dem Vizekönig Pedro Álvarez de Toledo y Zuñiga (Vizekönig 1532–1553) in die Gänge gebrachte militärische Kampagne des Jahres 1533 gegen eine relativ große Bande in den Abruzzen, die unter dem Schutz Ascanio Colonnas stand, einem der damals herausragenden Vertreter des Adels im Königreich Neapel, und zum anderen um weitere Maßnahmen dieses Vizekönigs gegen Banditen in seinem Zuständigkeitsbereich, die deutlich zeigen, mit welcher Vehemenz de Toledo

100 Papagna: Ordine pubblico e repressione del banditismo, S. 57.

101 Corcione: Modelli processuali nell'antico regime, S. 15–21.

versuchte, das Königreich von dieser Plage zu befreien. Im zweiten Beispiel geht es um einen der berüchtigsten Vertreter des süditalienischen Banditenwesens vor dem Anbruch der Bourbonenherrschaft, Marco Sciarra, zu dessen Operationsgebiet nicht nur das spanische Vizekönigreich zählte, sondern auch der Kirchenstaat, wodurch schließlich eine engere Zusammenarbeit zwischen Papst und Vizekönig unabdingbar gemacht wurde. Der Gegenstand des dritten und zugleich letzten im Rahmen dieser Ausführungen behandelten Beispiels ist zum einen die umfangreiche militärische Kampagne des spanischen Vizekönigs Gaspar de Haro y Guzmán (Vizekönig 1683–1687), Marquis del Carpio, in den Jahren 1683 und 1684 in der Region der Abruzzen, welche deutlich zeigt, dass das Banditenwesen auch ein Jahrhundert nach dem Tode Sciarras immer noch ein gravierendes innenpolitisches Problem darstellte, zu dessen Eindämmung man nach wie vor auf massive militärische Gewalt zurückgreifen musste, und zum anderen die rigorose Politik dieses Vizekönigs gegenüber Vertretern des neapolitanischen Adels, von denen man wusste, dass sie aktiv Banditen unterstützten oder sich zumindest diesem Verdacht ausgesetzt hatten.

Das erste Beispiel aus den 1530er Jahren wurde besonders auch aus dem Grunde ausgewählt, weil es deutlich zeigt, dass Angehörige des Adels nicht nur Opfer der auf dem Territorium des Königreiches Neapel operierenden Banden sein konnten, sondern dass es auch häufig vorkam, dass Vertreter des Adels selbst, hier in der Person Ascanio Colonnas, als Schutzherren solcher Banden auftraten und sich deren Aktionen zur eigenen Bereicherung oder in Machtkämpfen mit rivalisierenden Adelsgeschlechtern, im Falle der Colonna dasjenige der Orsini-Familie, zunutze machten. Bei dem Geschlecht der Colonna handelte es sich um eine mächtige und einflussreiche Adelsfamilie, deren Wurzeln ursprünglich auf dem Gebiet des Kirchenstaates lag und der es schließlich gelang, sich sowohl auf dem Territorium des Kirchenstaates als auch auf demjenigen des Vizekönigreiches Neapel im Gebiet der Marsica um das Herzogtum von Tagliacozzo herum einen größeren Komplex an Gütern anzueignen. Den vorläufigen Höhepunkt ihres politischen Einflusses im Vizekönigreich Neapel erreichte die Familie, als der aus ihren Reihen kommende Kardinal Pompeo Colonna im Jahr 1529 vom spanischen Vizekönig zum Generalstatthalter ernannt wurde. Aber bereits im Jahr 1515 war es einem der Colonna, Fabrizio Colonna, gelungen, durch seine Ernennung zum *gran connestabile*, einem der sieben höchsten Ämter des Vizekönigreiches, zu höheren Ehren zu kommen. Das Verhalten von dessen Sohn, Ascanio Colonna, rief nun im Jahre 1533 den Vizekönig Pedro de Toledo auf den Plan, welcher im Dezember 1532 einen detaillierten Bericht über Ascanio Colonna und dessen Aktivitäten an Kaiser Karl V. (römisch-deutscher Kaiser 1519–1556, als Karl I. König von Spanien 1516–1556) schickte. Ascanio Colonna selbst war im Jahre 1520 seinem Vater, Fabrizio Colonna, im Amt des *gran connestabile* nachgefolgt und schließlich 1529 darüber hinaus noch zum vizeköniglichen Statthalter in den abruzzesischen Provinzen ernannt worden, welche *de facto* fast völlig losgelöst von der Zentralregierung in Neapel seiner Kontrolle unterlagen und in denen es wiederholt zu massiven Problemen bei der Aufrechterhaltung der öffentlichen Ordnung und Sicherheit gekommen war. Zum einen spielten hierbei die Auseinandersetzungen mit der mit den Colonna konkurrierenden Adelsfamilie der Orsini eine Rolle und zum anderen führte Ascanio Colonna, der bei dem berühmten *Sacco di Roma* des Jahres 1527 eine aktive Rolle gespielt hatte, einen schon seit Jahren währenden Privatkrieg mit Papst Clemens VII. (Pontifikat 1523–1534), der eines der unmittelbaren Opfer der Plünderung Roms durch die führerlosen Söldnertruppen Karls V. gewesen war. In einem anderen Bericht an Karl V., datiert vom März des Jahres 1533, brachte Pedro de Toledo schließlich noch das Problem zur Sprache, dass sich Ascanio Colonna bei den Auseinandersetzungen mit der Orsini-Familie, die sich ebenso verhielt, auch der zahlreichen Banden bediente, die in diesen Jahren die Abruzzen unsicher machten, statt diese, wie es sein Amt eigentlich erfordert hätte, wirksam zu bekämpfen. Aus diesem Verhalten Ascanio Colonnas zog Pedro de Toledo schließlich den Schluss, dass dieser in seiner Funktion als Statthalter nicht mehr länger tragbar war.[102] Hinzu kam, dass Pedro de Toledo auf Grundlage eines im Jahr 1529 abgeschlossenen Konkordates sehr daran gelegen war, gute Beziehungen mit der römischen Kurie zu unterhalten, und es daher für die neapolitanische Zentralregierung nicht länger hinnehmbar war, dass ein einzelner Adeliger in der so wichtigen Grenzregion der Abruzzen im Hinblick auf die Wahrung der öffentlichen Ordnung und Sicherheit die Zügel derart locker ließ, in den Auseinandersetzungen mit den Orsini gleichzeitig das grenzübergreifende Banditenunwesen massiv förderte und darüber hinaus auch aufgrund seiner Privatfehde mit Papst Clemens VII. die Beständigkeit des Einvernehmens zwischen dem Vizekönig von Neapel und dem Pontifex maximus aufs Spiel setzte.[103]

---

102 Sabatini: Il controllo fiscale sul territorio nel Mezzogiorno spagnolo, S. 104ff.

103 Hernando Sánchez: El virrey Pedro de Toledo, S. 284. Ausreichende Hinweise darauf, dass das Phänomen der engen Bande zwischen dem einheimischen Adel und Banditen auch in anderen Staaten der Apenninenhalbinsel im auslaufenden Spätmittelalter und der Frühen Neuzeit sehr verbreitet war, bieten für das gleichfalls spanisch beherrschte Königreich Sizilien Finley, Mack Smith, Duggan: Geschichte Siziliens und der Sizilianer, S. S. 152–156 und Sciuti Russi: Banditismo e baronaggio nella Sicilia di Carlo V, S. 319–327; für die Republik Venedig Bianco: Banditismo nobiliare e ribellismo contadino ai confini della Repubblica di Venezia tra Cinque e Seicento, S. 53–65;

Als Pedro de Toledo im Herbst 1533 von dem Auftauchen einer Bande von etwas mehr als dreihundert Gesetzlosen in den Abruzzen unterrichtet wurde, entschloss er sich schließlich zum Durchgreifen gegen diese und den Statthalter Ascanio Colonna, der sich zu dieser Zeit außerhalb der Abruzzenregion aufhielt. Er schickte einen Verband von 150 Soldaten unter dem mit zeitlich begrenzten Sondervollmachten ausgestatteten Hauptmann Domingo in die Abruzzenregion. An die Stelle Ascanio Colonnas setzte Pedro de Toledo García Manrique zum Statthalter der Abruzzenregion ein und ordnete an, dass dieser zusätzlich noch hundert Reiter für die Kampagne in den Abruzzen aufstellen sollte. Obwohl es sich bei García Manrique eigentlich um einen Gefolgsmann Ascanio Colonnas handelte, arbeitete er loyal mit den vizeköniglichen Behörden zusammen. Daher trat der Vizekönig für diesen auch dezidiert ein, als der in die Abruzzen zurückgekehrte Ascanio Colonna dessen Absetzung einforderte. Den Truppen des Hauptmanns Domingo gelang es schließlich, die Banden, die sich der Protektion Colonnas erfreuten, zu zerstreuen. Um diese militärischen Erfolge abzusichern, begann man mit der Errichtung der Festung von Aquila, welche die so wichtige Grenzregion der Abruzzen nicht nur vor Attacken aus der Richtung des Kirchenstaates schützen, sondern auch der Aufrechthaltung der öffentlichen Ordnung und Sicherheit in der Region um Aquila herum dienen sollte. Überraschenderweise wurde aber Ascanio Colonna für sein Handeln von Seiten der vizeköniglichen Behörden nicht in die rechtliche Verantwortung genommen. Vielmehr kam es in der darauffolgenden Zeit zu einer Wiederannäherung mit dem Vizekönig, als dessen Sohn, García, Vittoria, die Tochter Colonnas ehelichte.[104]

Davidson: An Armed Band and the Local Community on the Venetian Terraferma in the Sixteenth Century, S. 401–422; Grubb: Catalysts for Organized Violence in the Early Venetian Territorial State, S. 383–400 und Povolo: Cronologia, intensità e diffusione del banditismo nella Terraferma veneta (1550–1610), S. 21–51; für die Republik Genua Bitossi: Magnifici malfattori. Note sulla criminalità patrizia a Genova fra Cinque e Seicento, S. 67–86 und Raggio: Parentele, fazioni e banditi: La Val Fontanabuona tra Cinque e Seicento, S. 233–275 und sowie für den Kirchenstaat Fosi: Banditismo, nobiltà e comunità rurali nello Stato Ecclesiastico fra Cinque e Seicento, S. 23–34 und Polverini Fosi: Il banditismo nello Stato Pontificio nella seconda metà del Cinquecento, S. 53–65.

104 Sabatini: Il controllo fiscale sul territorio nel Mezzogiorno spagnolo, S. 106f. Siehe hierzu auch den Anmerkungsapparat auf den beiden Seiten 106 und 107 der Arbeit Sabatinis. Zum Banditenwesen in den an den Kirchenstaat grenzenden Gebieten der Abruzzen vom 16. bis ans Ende der ersten Hälfte des 17. Jahrhunderts, dessen Beziehungen zur dortigen Bevölkerung und dessen Rolle bei den Auseinandersetzungen zwischen diversen Adelsfamilien dieser Region Di Nicola: Comunità, aristocratici e

Das Vorgehen gegen die Banden, die unter der besonderen Protektion Ascanio Colonnas standen, stellt aber im Endeffekt nur einen Ausschnitt aus dem jahrelangen Kampf des Vizekönigs Pedro de Toledo gegen das Banditenwesen in den Provinzen dar. Seine wirkliche Hochphase erreicht das Problem des Banditenwesens allerdings am Ende der Regierung Pedro de Toledos und ging dabei gleichzeitig einher mit einem erheblichen Anstieg sozialer und politischer Auseinandersetzungen auf dem Territorium des Vizekönigreiches Neapel, wodurch deutlich wird, dass die Ausschaltung der unter dem Schutz Ascanio Colonnas stehenden Banden in der ersten Hälfte der 1530er Jahre allenfalls ein Tropfen auf den heißen Stein gewesen war und keine wirklich langfristige Besserung gebracht hatte. Ein deutlicher Ausdruck des erneuten und verstärkten Umsichgreifens der Bandenkriminalität war in den Jahren ab 1545 ein Übermaß an Verordnungen, die der Bekämpfung der zahlreichen Banden dienen sollten, welche die Provinzen des Vizekönigreiches mit ihren Untaten überzogen. Zu den getroffenen Maßnahmen gehörte u. a., dass man den Provinzadel dazu aufrief, die vizeköniglichen Behörden in ihrem Kampf zu unterstützen, und dazu überging, Wälder in Gebieten wie der Terra di Lavoro abzuholzen, damit diese Banditen nicht mehr als Versteck dienen konnten. In seinen Bemühungen um eine wirksame und nachhaltige Bekämpfung des Banditenwesens ging Pedro de Toledo schließlich sogar so weit, Kaiser Karl V. im Oktober des Jahres 1545 den Kauf der päpstlichen Enklave Benevent vorzuschlagen, da diese als Gebiet, welches nicht der vizeköniglichen Jurisdiktion unterstand, zahlreichen Banditen als willkommener Zufluchtsort diente. Dieses Ansinnen wurde aber brüsk von Papst Paul III. (Pontifikat 1534–1549) zurückgewiesen.[105]

Der Fall des Banditen Marco Sciarra, das zweite Beispiel aus der Zeit der direkten spanischen Herrschaft über den festländischen Mezzogiorno, ist besonders auch deshalb von Interesse, weil er gerade in eine Zeit fiel, also die letzten zwei Jahrzehnte des 16. Jahrhunderts, in welcher das Banditenwesen nicht nur im spanischen Vizekönigreich Neapel trotz des kompromisslosen Vorgehens der dortigen Behörden weiterhin den Charakter einer nur noch schwer einzudämmenden Plage annahm, sondern auch in anderen Gebieten des Mittelmeerraumes.[106] Diese epidemischen Ausmaße, die das Banditenwesen in den letzten

banditi sulla montagna fra Cinque e Seicento, S. 159–234. Zum abruzzesischen Banditenwesen in der zweiten Hälfte des 17. Jahrhunderts Colapietra: Realtà socio-ambientale e costruzione letteraria nel grande banditismo abruzzese del secondo Seicento, S. 235–279.

105 Hernando Sánchez: El virrey Pedro de Toledo, S. 382f.

106 Villari: Il banditismo meridionale alla fine del Cinquecento, S. 33.

zwei Jahrzehnten des 16. Jahrhunderts sowohl in den christlich als auch eher islamisch geprägten Ländern des Mittelmeerraumes erreichte, hob der bekannte französische Sozialhistoriker Fernand Braudel in seinem 1947 in den „Annales-Économies-Sociétés-Civilisations" erschienenen Aufsatz „Misère et banditisme" einprägsam hervor, indem er schrieb, dass

> „aucune région de Méditerranée n'est exempte du mal. Ni la Catalogne, ni la Calabre, ni l'Albanie, pour ne citer que des régions fort célèbres à ce titre, n'ont le monopole du brigandage. En fait il est partout, et avec de multiples visages, politique, social, économique, terroriste... Il est aussi bien aux portes d'Alexandrie, d'Égypte, qu'à celles de Damas ou d'Alep, dans la campagne de Naples, où l'on élève des tours de guet contre les brigands, comme dans la *Campagna* romaine dont il faut parfois décider à brûler les maquis pour débusquer ces bandes trop bien abritées, ou dans un état apparemment aussi policé que Venise."[107]

Die beiden in dieser Zeit am schwersten von dieser Plage heimgesuchten Staaten auf der Apenninenhalbinsel waren das Königreich Neapel und der Kirchenstaat. Als besonders kritisch erwies sich die Lage auf dem Territorium des Patrimonium Petri in den Jahren 1589 und 1590. Schon im Winter des Jahres 1589 kam es in den unter besonderer Armut leidenden kirchenstaatlichen Provinzen, den Marken und der Romagna, zu einer regelrechten Explosion des Banditenwesens. Noch stärker unter dieser Plage litt dann aber die römische Campagna, in die auch zahlreiche nicht mehr in offiziellen Diensten stehende spanische Soldaten eingesickert waren[108], woraus deutlich ersichtlich wurde, dass die Lage im Kirchenstaat besonders im Hinblick auf die Beziehungen zur römischen Kurie auch den spanischen Vizekönig nicht unberührt lassen konnte. Die wesentliche Ursache dafür, dass das Banditenwesen im spanischen Vizekönigreich in den letzten beiden Dekaden des 16. Jahrhunderts einen derartigen Auftrieb erhielt, ist vor allem in einer schweren Agrarkrise zu sehen, die Mitte der 1580er Jahre

---

107 Braudel: Misère et banditisme, S. 133.

108 Benadusi: Marco Sciarra, S. 176. Bereits 1585 hatten Papst Sixtus V. (Pontifikat 1585–1590) und der Vizekönig von Neapel Pedro Téllez-Girón y de la Cueva Velasco y Toledo (Vizekönig 1582–1586), Herzog von Osuna, eine Übereinkunft erzielt, gemäß welcher der Kirchenstaat und das Vizekönigreich Neapel nicht nur allgemein enger bei der grenzüberschreitenden Bekämpfung des Banditenwesens zusammenarbeiten wollten, sondern es war auch vorgesehen, dass beide Staaten zur gleichen Zeit militärisch gegen Banditen auf ihrem Territorium vorgehen würden. Papagna: Ordine pubblico e repressione del banditismo, S. 54f. Zum Banditenwesen im Kirchenstaat in der zweiten Hälfte des 16. Jahrhunderts und der diesbezüglichen Politik Polverini Fosi: Il banditismo nello Stato pontificio nella seconda metà del Cinquecento, S. 67–85.

ihren Anfang genommen hatte und deren deutlichster Ausdruck in dieser Zeit der Ausbruch von katastrophalen Hungersnöten war.[109] Diese Jahre ungünstiger bis sehr schlechter Ernten ab Mitte der 1580er Jahre, welche die Preise für landwirtschaftliche Produkte in erheblichem Maße in die Höhe schießen und sie somit für die normale ländliche Bevölkerung kaum erschwinglich werden ließen, erstreckten sich etwa bis zum Jahre 1598. Von da an begannen schließlich die Ernten wieder derart üppig auszufallen, dass man sogar beschloss, diejenigen Erträge, die sich nunmehr kaum noch auf dem Gebiet des Vizekönigreiches verkaufen ließen, ins Ausland zu verschiffen.[110]

Der wohl bekannteste Vertreter des süditalienischen Banditenwesens in dieser Krisenzeit zwischen 1585 und 1598 war zweifellos der entweder aus der Ortschaft Castiglione oder der Ortschaft Lanciano in den Abruzzen stammende Marco Sciarra[111], dessen Operationsgebiet nicht nur innerhalb der Grenzen des Königreiches Neapel lag, sondern gleichfalls das Territorium des Kirchenstaates miteinschloss. Die große Bande mit Marco Sciarra an der Spitze war in der Zeit zwischen 1585 und 1586 entstanden, als sich verschiedene kleinere Banden, die die Abruzzen schon seit geraumer Zeit mit ihren Aktionen in erhöhte Unruhe versetzt hatten, zu einer großen Formation zusammenschlossen, um bei ihren Unternehmungen, auch gegenüber den vizeköniglichen Behörden, ein leichteres Spiel zu haben. Besonders aufgrund ihres Umfangs von etwa tausend Mann und den Bemühungen Sciarras, seine Mitkämpfer durch eine eiserne Disziplin zusammenzuhalten, wurde somit aus Sciarras Bande ein durchaus ernstzunehmender Gegner für die Truppen des Papstes und diejenigen des spanischen Vizekönigs. Denn aufgrund der Größe von Sciarras Bande beschränkten sich deren Raubzüge nicht nur auf von Gebirgen durchzogene Wege oder die Straßen, welche die Ortschaften verbanden, sondern sie zielten auch auf größere Städte ab, ein Umstand, der natürlich die Gefährlichkeit dieser Bande zusätzlich

109 Corcione: Modelli processuali nell'antico regime, S. 29f.

110 Galasso: Storia del Regno di Napoli. Il Mezzogiorno spagnolo, S. 840–843.

111 Üblicherweise wird die Ortschaft Castiglione in der Nähe von Teramo als Heimatort Sciarras angegeben. Giorgio Morelli hingegen stellt in seinem Aufsatz „Contributi a una storia del brigantaggio durante il vicereame spagnolo I: Marco Sciarra (1584–1593)“ die Vermutung auf, dass dieser in Wirklichkeit aus der Ortschaft Lanciano stammte. Er bezieht sich dabei auf das Tagebuch des von 1588 bis 1607 amtierenden Erzbischofs von Lanciano, Paolo Tasso, der dieses Amt genau in derjenigen Zeit bekleidete, als sowohl die Aktionen Sciarras als auch die Aktionen der neapolitanischen und päpstlichen Behörden gegen diesen ihren Höhepunkt erreichten. Morelli: Marco Sciarra, S. 294f.

erhöhte und es für die Behörden unausweichlich erscheinen ließ, massiv gegen diese vorzugehen. Im Vergleich zu anderen Banden dieser Zeit wies diejenige Sciarras auch ein hohes Maß an Kohäsion und Konsistenz auf, da Sciarra stets darum bemüht war, die ihm unterstehenden Männer in der Form eines militärischen Verbandes zu organisieren und zu disziplinieren, was schließlich dazu führte, dass sich seine Bande mit Erfolg gegen die ihnen entgegengesandten, aus regulären Soldaten bestehenden Truppen zur Wehr setzen konnten. Die Maßnahmen der Behörden des Vizekönigreiches Neapel gegen Sciarra beschränkten sich aber nicht nur auf rein militärische Aktionen, auf die noch eingegangen wird, sondern auch auf Maßnahmen, durch die ihm die Unterstützung durch die verarmte Landbevölkerung entzogen werden sollte. Dazu gehörte, dass man die Gemeinden des Vizekönigreiches dazu verpflichtete, Hilfstruppen für den Kampf gegen Sciarra aufzustellen und die Truppen zu versorgen, die von den *presidi* der *Regie Udienze* und dem *commissario di campagna* geleitet wurden, der an der Spitze des sogenannten „Tribunale di Campagna“ stand, das die Jurisdiktion über die Terra di Lavoro und einen Teil des Principato Citra ausübte. Um Sciarras Bande zusätzlich noch die für sie aufgrund ihrer Größe notwendigen Versorgungsbasen zu entziehen, verfügte man schließlich noch, dass die Bewohner von Dörfern und kleineren Weilern diese zu räumen hatten, was dann langfristig auch zur Entstehung von zahlreichen Wüstungen auf dem Gebiet des Vizekönigreiches Neapel führte, wenn die Bewohnerschaft entweder später nicht mehr zurückkehrte oder die vizeköniglichen Behörden die verlassenen Ortschaften prophylaktisch unbewohnbar gemacht hatten.[112]

Nachdem diese Maßnahmen und all die vorhergegangenen militärischen Aktionen sich als nutzlos erwiesen hatten, um die Bande Marco Sciarras zu liquidieren, entschlossen sich die spanischen Behörden zu einer großen militärischen Aktion unter der Führung des mit umfangreichen Sondervollmachten ausgestatteten Carlo Spinelli, für welche man rund viertausend Mann aufbot, bei denen es sich zum Großteil um spanische Soldaten handelte. Ein erster großer militärischer Zusammenstoß mit Sciarras Bande am 8. Juli 1590 führte allerdings

112 Villari: La rivolta antispagnola, S. 84–87. Weiterhin zum Fall des Banditen Marco Sciarra Gaudioso: Il potere di punire e perdonare, S. 63–67; Morelli: Marco Sciarra, S. 273–328, der in seinem Aufsatz zugleich die umfassendste wissenschaftliche Untersuchung zu den Geschicken dieses Banditen und des Kampfes der neapolitanischen und päpstlichen Behörden gegen diesen bietet, sowie Sabatini: Il controllo fiscale sul territorio nel Mezzogiorno spagnolo, S. 107f. Paola Benadusi beschränkt sich in ihrem Beitrag zu Marco Sciarra auf die Zeit des Pontifikats Sixtus' V. Benadusi: Marco Sciarra, S. 176–188.

lediglich dazu, dass sich dieser mit seinen Männern auf das Gebiet des Kirchenstaates zurückzog, wodurch auch die päpstlichen Behörden in die Auseinandersetzungen weiter hineingezogen wurden, und er von dort aus nach wie vor in das Territorium des Vizekönigreiches einfiel, ohne dass es Spinelli gelang, der Bande in irgendeiner Weise habhaft zu werden. Daher wurde er auch gegen Ende des Jahres 1590 von seiner Funktion entbunden und eine neue, noch größere Operation in die Wege geleitet, an der auf dem Territorium des Kirchenstaates auch die Truppen Clemens VIII. (Pontifikat 1592–1605) teilnahmen, indem sie verstärkt die Grenzen zum Vizekönigreich Neapel überwachten. Auf der neapolitanischen Seite operierten die vizeköniglichen Truppen unter der Führung des Grafen von Conversano, Adriano Acquaviva. In den Abruzzen, der Capitanata und dem kleineren Contado di Molise und der Terra di Lavoro, als Grenzregion zum Kirchenstaat, standen die Verbände unter der Führung des Marquis von Celenza, Carlo Gambacorta. Aufgrund dieser massiven Konzentration von Truppenverbänden sah schließlich Marco Sciarra die Aussichtslosigkeit seiner Lage ein und entschied sich auf ein schon vorher gemachtes Angebot Venedigs hin, in dessen Dienste einzutreten, was zu erheblichen Protesten von Seiten Papst Clemens VIII. führte, der auf einer Auslieferung Marco Sciarras beharrte. Trotz all dieser umfangreichen Bemühungen des Papstes und des Vizekönigs, der Person Sciarras habhaft zu werden, war es aber schließlich der Verrat durch einen seiner Mitkämpfer und gleichzeitigen Stellvertreter namens Battistella, der sich ebenso wie Sciarra, nachdem sich die Seehandelsrepublik dem päpstlichen Druck gebeugt und die Zusammenarbeit beendet hatte, auf dem Gebiet der zum Kirchenstaat gehörenden Marken erneut auf der Flucht befand, und durch welchen der berühmt-berüchtigte Bandit schließlich endgültig zur Strecke gebracht wurde. Zum Dank dafür wurde Battistella von der römischen Kurie zusammen mit dreizehn seiner Kameraden begnadigt.[113]

Ein gutes Beispiel für die Virulenz des Problems des Banditenwesens selbst in der letzten Phase der Existenz des spanischen Vizekönigreiches Neapel zeigt schließlich die konzertierte und umfangreiche militärische Kampagne des damaligen Vizekönigs del Carpio in den Jahren 1683 und 1684 in den Abruzzen, deren zentrale Ziele neben der direkten Ausschaltung der dort für ein hohes Maß ein Unsicherheit sorgenden Banden letzten Endes auch darin bestanden, die Region der Abruzzen einmal mehr stärker der Kontrolle der vizeköniglichen Autoritäten zu unterwerfen, sie damit verbunden auch für die Erhebung von Steuern wieder greifbarer zu machen und schließlich auch die Verbindungen zwischen

113 Villari: La rivolta antispagnola, S. 89ff.

der Landaristokratie und den Banden zu zerschneiden, weil die lokalen Eliten in Gestalt der Barone oftmals diese Banden auch für ihre eigenen Ziele im Kampf um politische und ökonomische Macht einsetzten und daher ihre Hände schützend über diese Banden legten, wie bereits am Beispiel der Person Ascanio Colonnas deutlich geworden ist. Die Kosten dieser massiven Militäraktion wurden im Wesentlichen denjenigen *università* auferlegt, die besonders unter der Plage des Banditenunwesens litten und in Ermangelung eigener Kräfte auf den militärischen Beistand der vizeköniglichen Zentralregierung in Neapel angewiesen waren.[114]

Die Hauptgegner der von dem Vizekönig del Carpio ausgeschickten Truppen waren in den Abruzzen, einem der Hauptschauplätze des militärischen Vorgehens gegen Banditen im Rahmen der diesbezüglichen Politik del Carpios, insbesondere die beiden Bandenführer Titta Colranieri und Santuccio di Froscia, die insgesamt über zirka 1.200 Mann verfügten und deren Hauptoperationsgebiet in der Umgebung der Stadt Teramo lag. Ein deutliches Zeichen dafür, dass man zudem gesonnen war, die Verbindungen zwischen den Banditen und den lokalen Eliten in Gestalt der grundbesitzenden Barone zu kappen, war die Verpflichtung der Barone für die Teilnahme an den militärischen Aktionen gegen die Banden und die Androhung von Strafen, falls diese der Aufforderung der

---

114 Sabatini: Il controllo fiscale sul territorio nel Mezzogiorno spagnolo, S. 100ff. Eine sehr große Anzahl von im *Archivo General de Simancas* aufbewahrten spanischsprachigen Dokumenten, in denen es um die umfangreiche Kampagne des spanischen Vizekönigs del Carpio in der Abruzzenregion in den Jahren 1683 und 1684 geht, befindet sich in transkribierter Form in Marino: Il banditismo teramano e abruzzese nelle carte spagnole, S. 11–128. Einen guten Eindruck von den gravierenden Zuständen auf dem Gebiet der späteren Provinz Abruzzo Ultra I mit dem Hauptort Teramo im Zeitraum von 1661 bis 1678, also vor der massiven militärischen Kampagne des Vizekönigs del Carpio in der Abruzzenregion, und der Alltäglichkeit der von den Banden begangenen Delikte vermittelt der bis ins Jahr 1678 reichende und in der Bibliothek der Società Napoletana di Storia Patria aufbewahrte erste Teil von Giuseppe Iezzis, eines aus Castelnuovo di Campli stammenden Klerikers, chronologisch angelegtem Werk „Cronaca teramana dei banditi 1661–1683". Die Koordinaten dieses Teilbandes sind BSNSP, *Manoscritti, Diario dei Fatti Avvenuti Specialmente nell'Abruzzo Teramano dal Maggio 1661 al Giugno 1678. Cronaca dei Banditi*, XX. D.9. Im Jahre 1983 wurde unter der Federführung Giorgio Morellis von der Deputazione Abruzzese di Storia Patria eine um fehlende Teile erweiterte quellenkritische Ausgabe der Chronik Giuseppe Iezzis herausgebracht, die bis ins Jahr 1683 reicht. Einführend zu diesem Werk Iezzis und der Überlieferung siehe die Ausführungen Morellis in Morelli: Introduzione, S. VII–XXIX.

Zentralregierung nicht nachkämen. Zwar gelang es den Truppen des Vizekönigs nicht, der beiden Anführer, Titta Colranieri und Santuccio di Froscia, habhaft zu werden, weil es beiden gelingen sollte, nach Venedig zu fliehen, aber immerhin konnte man aufgrund des militärischen Druckes dafür sorgen, dass die Banden in kleinere Gruppen zerfielen und somit für die spanischen Truppen eine geringere Gefahr darstellten. Neben dem kontinuierlichen militärischen Druck kam schließlich noch ein zweites Moment hinzu, welches entscheidend dazu beitragen sollte, die Kohäsion innerhalb dieser Banden aufzubrechen: Denn mit der Verkündung der „De exulibus"-Pragmatik Nr. XXX, die ein Bündel von Maßnahmen vorsah, welche die Militäraktionen in den Abruzzen begleiteten, erklärte sich der Vizekönig bereit, denjenigen Banditen, die ihre Kameraden verrieten, einen Straferlass in Aussicht zu stellen, so dass die beiden Anführer, Titta Colranieri und Santuccio di Froscia, stets darum fürchten mussten, von ihren Mitkämpfern hintergangen zu werden, die in Anbetracht des massiven Drucks von Seiten der vizeköniglichen Truppen und einer damit zunehmenden Alternativlosigkeit gehofft haben mochten, dadurch ihren Kopf aus der Schlinge ziehen zu können. Damit die Nachhaltigkeit des militärischen Erfolges in den Abruzzen sicher gestellt werden konnte, sorgte der Vizekönig zudem noch für eine Verstärkung der in dieser sehr gebirgigen Region stehenden Truppen und die weitere Befestigung der Stützpunkte der Truppen. Als ein deutlicher Ausdruck dieser Bemühungen um eine stärkere herrschaftliche Durchdringung der Abruzzenregion auch auf der juristisch-administrativen Ebene ist die noch im Jahr 1684 beschlossene Einrichtung einer *Regia Udienza* in Teramo neben der seit 1641 existierenden *Regia Udienza* in Aquila sowie der *Regia Udienza* von Chieti zu sehen.[115] Allerdings unterstand diese neue *Regia Udienza* der Kontrolle der *Regia Udienza* von Chieti, die schon vorher die Jurisdiktion über den östlichen Teil der Provinz Abruzzo Ultra innegehabt hatte. Der *preside* von Chieti war somit gleichzeitig auch *preside* von Teramo. Erst ab dem Jahr 1744 sollte die *Regia Udienza* von Teramo mit dem spanischstämmigen Oberst Emanuele De Leon über einen eigenen *preside* verfügen.[116]

Dass sich das Banditenwesen Ende des Jahres 1684 durch das kompromisslose Vorgehen des Vizekönigs del Carpio nicht nur in den beiden abruzzesischen Provinzen, der Provinz Abruzzo Ultra und der Provinz Abruzzo Citra, die von dieser Plage am schwersten betroffen gewesen waren, sondern auch in

115 Sabatini: Il controllo fiscale sul territorio nel Mezzogiorno spagnolo, S. 110–115. Am ausführlichsten zur Politik dieses Vizekönigs Ghelli: Il Vicerè Marchese del Carpio (1683–1687), S. 280–318 und S. 257–282.

116 Castracane: Archivio di Stato di Teramo, S. 26.

den anderen Provinzen des Vizekönigreiches Neapel mittlerweile erheblich reduziert hatte, wird besonders durch ein auf den 6. November 1684[117] datiertes Schreiben des in Madrid ansässigen *Consejo de Italia* an König Karl II. (König von Spanien 1665–1700) deutlich vor Augen geführt. In diesem Schreiben heißt es unter Bezugnahme auf das Banditenwesen wie folgt zur damaligen Lage in den Provinzen des Vizekönigreiches:

> „El Marques del Carpio en carta para Vuestra Magestad de 6 de Ottubre proximo passado, dice que en lo tocante ala persecucion de Bandidos solo puede ahora dar cuenta a Vuestra Magestad que se va continuando con incessable applicacion y con buenos efectos, siendo muy corto el numero que ha quedado y deviendo esperarse que en muy poco tiempo se acavara con esta gente. Al mismo tiempo se vio en el Consejo una certificacion, que trajo ael, èl Duque de Alba, de que en las provincias de tierra de Labor Otranto, Trani, Calabria Citra, Abruzo ultra capitanata y Condado de Molisse; no ay Bandidos de ninguna calidad. Que en la de Abruzo citra ay hasta 42 ? que se mantienen enel Estado Ecclesiastico, para cuya extirpacion se hacen muchas diligencias; enla de Principato Citra, no ay mas que un Cabo de Bandidos aquien incessantemente, se va persiguiendo; en la de Basilicata, un Cabo con tres compañeros lo mismo; En la de Principato ultra solo tre Bandidos con quienes se hacen las mismas diligencias. Y ultimamente que en la Calabria ultra hay dos Cabos de Bandidos con siete compañeros, todos sicilianos y esta dispuestas diligencias para haverlos a las manos. El Consejo dice que en esta materia parece hallarse reducida a muy buenos terminos y que no se le ofrece que añadir alo que tiene consultado y V.M. resuelto en razon de ella."[118]

Wie aus diesen Ausführungen bisher deutlich geworden ist, verfuhr der Vizekönig del Carpio bei der Bekämpfung des Banditenwesens im Königreich Neapel also letzten Endes zweigleisig, wobei zu seinem Aktionsfeld nicht nur ausschließlich die Abruzzen, sondern auch die anderen Provinzen des Vizekönigreiches zählten. Zum einen setzte er, wie es schon seine zahlreichen Vorgänger praktiziert hatten, gegenüber den Banden auf die Anwendung massiver militärischer Gewalt und versprach denjenigen Banditen eine Strafmilderung, die ihre Gefährten an die Behörden verrieten, zum anderen ging er, und dies war neu, in einer nie vorher gekannten Rigorosität gegen die zahlreichen adeligen Beschützer dieser Banden vor, die vorher entweder mit noch recht großzügigen Geldstrafen davongekommen waren oder, was sie allerdings weniger in ökonomischer als vielmehr in persönlicher Hinsicht treffen konnte, ihrer jurisdiktionellen Sonderrechte verlustig gegangen waren. Im Hinblick auf die Person Ascanio Colonnas

117 Dieses im *Archivo General de Simancas* aufbewahrte Schreiben vom 6. November 1684 wird in Transkription wiedergegeben in Marino: Il banditismo teramano e abruzzese nelle carte spagnole, S. 65.

118 Zitiert nach ebd.

hatte sich, um ein bereits erwähntes konkretes Beispiel nochmals aufzugreifen, der Vizekönig Pedro de Toledo lediglich dazu entschlossen, diesen seines Amtes als Gouverneur der Abruzzenregion zu entheben, aber letzten Endes darauf verzichtet, ihn womöglich noch juristisch für sein Verhalten zur Rechenschaft zu ziehen. Del Carpio hingegen ließ nunmehr in der zweiten Hälfte des Jahres 1684 in massiver Weise zahlreiche Adelige, wie den Herzog von Termoli, den Herzog von Acerenza, den Fürsten von Scanno, den Marquis von Salaito, den Herzog von Casacalenda, den Herzog von Sant'Elia und andere, festnehmen, die der Unterstützung von Räuberbanden verdächtigt wurden, und diese im Castelnuovo, der Festung Sant'Elmo und dem Castel dell'Ovo in Neapel für einige Jahre einkerkern. Im Fall des Herzogs von Ardore schreckte der Vizekönig sogar vor der Anwendung der Folter nicht zurück, um von diesem ein umfassendes Geständnis herauszupressen.[119]

---

119 Galasso: Storia del Regno di Napoli. Il Mezzogiorno spagnolo e austriaco, S. 684 und Papagna: Ordine pubblico e repressione del banditismo, S. 62. Ein interessantes Zeugnis der engen Bande zwischen Banditen und dem Provinzadel jener Zeit sowie der Nervosität, die das Vorgehen des Vizekönigs gegen die mutmaßlichen Unterstützer der Banditen ausgelöst hatte, bietet ein aus dem Staatsarchiv von Neapel stammendes Schreiben des Herzogs von Lauriano vom 1. April 1684 mit der von Ghelli benutzten Kennzeichnung „Arch. di Stato, *Cancelleria, Bigl. vic. ai Regg. del Coll.*, Reg.n. 146; *Lettere Reali*, Reg. 41" an den bereits genannten Santuccio di Froscia, welches in Maria Elena Ghellis 1933 in der Zeitschrift „Archivio Storico per le Province Napoletane" erschienenem Aufsatz zur Politik des Vizekönigs del Carpio zitiert wird. Dieses Schreiben sollte allerdings nie bei Santuccio ankommen, sondern wurde von einem anderen Banditen namens Pompeo de Vita einem Kleriker abgenommen, der dieses Santuccio überbringen sollte, und schließlich an den Vizekönig übergeben. In diesem Brief an Santuccio di Froscia schrieb der Herzog nun Folgendes: „Santucho mio. No he podido responder antes á la suya porque al presente Fr. Jacobo nuestro confidente no ha podido volver por algunas ocupaciones suyas; pero abiendolas concluido va ahora y digo que he tenido mucho gusto de la escaramuza que se tuvo con la gente de corte, conforme me significa y estan bien advertidos de fortificarse porque el Virrey yà està endiablado contra vosotros y ha enviado y envia continuamente gente y municiones y ordenes de guerra para vatir los muros de vuestros fuertes y os aconsejo que, quando no podais resistir, hagais entender al virrey en vuestro beneficio respeto de que todos los bandidos del Chelento, Zicardo y Schiarrillo, los cuales eran protegidos de mí en el Chelento, procurè yo hacerles ajustar, mas por vosotros no puedo hablar porque entre en sospecho S. E. y me haga poner en algun castillo que con este hoy no hay burlas, aunque á mí me tiene en bonìsimo concepto, pero es duro de cerviz y no puedo comprometerme, y asì como llevo dicho, cuando no podais resistir mas, harcis hablar por el ajustamento que entonces os servirè en buena forma. Tambien

Diese militärische Kampagne del Carpios und die weiteren damit einhergehenden Maßnahmen bildeten zweifellos den massivsten und konzertiertesten Versuch von Seiten der Behörden des spanischen Vizekönigreiches Neapel, das Banditenwesen endlich in den Griff zu bekommen und dessen zum Teil enge Verbindungen zum neapolitanischen Landadel ein für alle Mal zu kappen.[120]

Dass sich die gegen die Banditen und deren Beschützer gerichteten Maßnahmen del Carpios als ein wirklich durchgängiger und längerfristiger Erfolg erwiesen hätten, wie es in vielen wissenschaftlichen Darstellungen noch angeführt wird, ist allerdings in Zweifel zu ziehen. Schlussfolgerungen, wie in dem 1933 erschienenen ersten Teil von Maria Elena Ghellis Aufsatz zur Politik del Carpios als Vizekönig, gemäß welcher in Anspielung auf die Ereignisse des Jahres 1799 behauptet wurde, dass „il grande brigantaggio che aveva devastato il Regno per tutto il periodo del

---

me aviseis si os puedo proveer de 30 á 40 escopetas, y lo que os digo de buena gana lo podrè hacer, porque tengo en mi castillo de Agropoli una cantidad de armas, las cuales me las tenía guardadas aquel cabo de bandidos Zicardo con sus compañeros, y habiendo muerto la mayor parte, me han quedado dichas armas, pero estan en el castillo de Agropoli la mayor parte y algunas otras en el palacio de Lauriano, donde, si tuvieredes comodidad segura, con secreto de noche, podreis enviar por ellas que yo daré à mi factor que las entregue luego, portando os en esto con toda cautela y sino lo haceis así, no os pongais en esto, respecto que yo podrìa perder la vida, juntamente con mis hijos los cuales se hallaron en mi tierra de Agropoli y Lauriano, cuando eran vivos dichos bandidos que le dejaron dichas armas, que de mi orden les protegian, y haya como he dicho mucha cautela, que son cosas de peso y porque no sepa ninguno lo que pasa entre mi y vosotros escribo de propia mano sin valerme de mi secretario, y porque estoy algo ocupado no os puedo escribir todo aquello que deseais pero presto serè consolado, y estois advertido de que luego se rompan las cartas, como yo lo hago de las vuestras [...] atiendase à regirse bien, serè siempre vuestro y afectuosamente me le recomiendo. – Napoles, 1 abril 1684. Su aficionadisimo el duque de Lauriano." Zitiert nach Ghelli: Il Vicerè Marchese del Carpio, S. 302f. Auf Basis dieses höchst kompromittierenden Schreibens wurde der Herzog von Lauriano dann auch mitsamt seinen Söhnen festgenommen, im Castelnuovo zu Neapel eingesperrt und der Prozess gemacht. Allerdings scheint die Bestrafung relativ milde ausgefallen zu sein. Während des im Jahre 1684 begonnenen Prozesses hatte der Herzog noch versucht, sich dadurch herauszureden, dass er den Banditen Pompeo de Vita, der den Brief dem Vizekönig hatte zukommen lassen, der Fälschung bezichtigte, deren Ziel es war, seine eigene Haut über eine Kooperation mit den spanischen Behörden zu retten. Ambron: Il banditismo di Napoli alla fine del XVII secolo tra istituzioni regie e protezioni baronali, S. 388ff. Die nur noch in Fragmenten erhaltenen Unterlagen zu diesem Prozess, in denen der Urteilsspruch der *Gran Corte della Vicaria* fehlt, befinden sich in ASN, *Processi Antichi/Da Riordinare/Processi Criminali*, 8/225.

120 Papagna: Ordine pubblico e repressione del banditismo, S. 62f.

Governo spagnuolo, totalmente sradicato dal vicerè del Carpio, non rimcomparve se non dopo oltre un secolo per effetto di commovimenti politici e sociali"[121] oder die Bemerkung Elena Papagnas in ihren im Jahre 2003 publizierten Beitrag "Ordine pubblico e repressione del banditismo nel Mezzogiorno d'Italia (secoli XVI–XIX)", die darin im Hinblick auf die Ausmaße der Bandendelinquenz im Königreich Neapel des 18. Jahrhunderts schrieb, dass "[n]el Settecento il banditismo sarebbe diventato meno grave e non avrebbe postulato l'impiego di mezzi straordinari di prevenzione e repressione; solo i fatti del 1799 avrebbero nuovamente imposto all'attenzione il fenomeno che, legandosi ai moti legittimisti, avrebbe assunto una dimensione nuova, destinata a permanere negli anni della dominazione napoleonica"[122], erweisen sich, wie sich anhand dieser Untersuchung beweisen lässt, sowohl für die darauffolgenden Jahrzehnte als auch für das bourbonische Königreich Neapel des 18. Jahrhunderts aus heutiger Sicht als fragwürdig. Auch wenn es noch nach wie vor an einer tiefgründigen Untersuchung zum Banditenwesen, dessen Ausmaßen und dessen Kooperation mit dem Adel im spanischen und darauffolgend im österreichischen Vizekönigreich Neapel nach dem Tode del Carpios im Jahre 1687 mangelt, so kam zumindest Daniela Ambron in ihrem kurzen im Jahre 2003 veröffentlichten Beitrag „Il banditismo nel Regno di Napoli alla fine del XVII secolo tra istituzioni regie e protezioni baronali" anhand von fragmentarischem Material zu Prozessen gegen einzelne Barone und im Staatsarchiv von Neapel aufbewahrten Korrespondenzen der *Regie Udienze* und der lokalen Gerichtshöfe aus der Zeit nach dem Ende der umfangreichen Kampagne des Vizekönigs del Carpio zu einem teilweise gegenteiligen Ergebnis. Auch in der zweiten Hälfte der 1680er Jahre gab es demnach noch zahlreiche Anklagen gegen Barone, die sich der Kooperation mit Banden schuldig gemacht hatten. Als Beispiel führt Ambron die Person des Herzogs von Acerenza an, welcher im Jahre 1684 von del Carpio wegen seiner Zusammenarbeit mit Banditen arrestiert worden war und sich schließlich zehn Jahre später wieder den gleichen Vorwürfen stellen musste, denen zufolge er sich einiger Banditen bedient hatte, um die Bewohner seines Lehens, der *università* von Galatone, in Schach zu halten.[123] Da die eigenen Herrschaftsstrukuren in den Provinzen nicht stark genug waren, um diese ausreichend

121 Ghelli: Il Vicerè Marchese del Carpio, S. 318.

122 Papagna: Ordine pubblico e repressione del banditismo, S. 63.

123 Ambron: Il banditismo nel Regno di Napoli alla fine del XVII secolo tra istituzioni regie e protezioni baronali, S. 385. Siehe hierzu auch die umfassenden Ausführungen in einer Fußnote zu Beginn des Unterkapitels "Das Banditenwesen in der Zeit Karls von Bourbon (1734–1759): Von dessen anfänglicher Nachrangigkeit bis zu dessen verstärktem Reflex in der neapolitanischen Innenpolitik".

unter Kontrolle zu halten, und die neapolitanische Zentralregierung daher in hohem Maße auf die Kooperationswilligkeit des Landadels angewiesen war, gingen die Nachfolger del Carpios bei Anklagen gegen Barone, die der Protegierung von Banditen bezichtigt worden waren oder sich diesem Verdacht ausgesetzt hatten, nicht mit derselben Härte vor, welche noch del Carpio in der Zeit seines Vizekönigtums an den Tag gelegt hatte, sondern schlugen hier offensichtlich einen moderateren Kurs ein.[124]

Im Hinblick auf das Problem des Banditenwesens in der auf den Spanischen Erbfolgekrieg folgenden österreichischen Herrschaft (1707–1734) erweist es sich an dieser Stelle aufgrund fehlender Untersuchungen als unmöglich, genaue und wissenschaftlich valide Aussagen zu dessen Intensität und der diesbezüglichen Politik der österreichischen Vizekönige zu machen, was besonders hinsichtlich der damit verbundenen Fragen interessant wäre, inwieweit es in dieser Zeit Linien der Kontinuität zur Zeit der vormalig spanischen Herrschaft und dann zum Beginn der Herrschaft Karls von Bourbon im Jahre 1734 gab. Wie anhand einiger zu Beginn des Unterkapitels „Das Banditenwesen in der Zeit Karls von Bourbon (1734–1759): Von dessen anfänglicher Nachrangigkeit bis zu dessen verstärktem Reflex in der neapolitanischen Innenpolitik“ genannter Beispiele noch aufgezeigt werden wird, dürfte davon auszugehen sein, dass das Problem der Bandenkriminalität nicht nur die Behörden des spanischen Vizekönigreiches Neapel nach dem Tode del Carpios im Jahre 1687, sondern auch die Behörden des darauffolgend unter österreichischer Herrschaft stehenden süditalienischen Königreiches weiterhin in besonderer Weise beschäftigt haben wird, auch wenn dieses für einen gewissen Zeitraum nicht mehr dieselbe Virulenz aufgewiesen haben mag wie in der Zeit vor dem massiven Vorgehen del Carpios gegen die Räuberbanden sowie deren Beschützer aus den Reihen des Provinzadels.

Wenngleich es nicht möglich ist, einen wirklich umfassenden Überblick zur Geschichte des Banditenwesens in Unteritalien zu bieten, sondern allenfalls einen weitgehend episodenhaften Einblick, so bleibt dennoch am Schluss dieser Ausführungen über dessen Entstehung und weitere Entwicklung festzuhalten, dass die Bandenkriminalität im Königreich Neapel auch schon vor der Machtergreifung der Bourbonen im Jahr 1734 ein seit Jahrhunderten bestehendes innenpolitisches Problem darstellte, das besonders auch in Zeiten höchster politischer Instabilität und sozioökonomischer Krisen wie im angevinischen Königreich Neapel des 14. Jahrhunderts geradezu epidemische Ausmaße annehmen konnte. Gerade in den von Gebirgen durchzogenen und daher für die Sicherheitskräfte

124 Ebd., S. 393.

des Königreiches Neapel nur schwer zugänglichen Gebieten, wie den Abruzzen oder Kalabrien, erwies es sich, wie die angeführten und genauer behandelten Beispiele aus der Zeit der spanischen Herrschaft über das Königreich Neapel gut zeigen, trotz der erheblichen Mobilisierung militärischer Kräfte als nahezu unmöglich, wirklich langfristig etwas an der Problematik des Banditenwesens in diesen Gebieten ändern zu können. Besonders bei den Abruzzen kam schließlich noch das Faktum hinzu, dass es sich bei ihnen um eine Grenzregion zum Territorium des Kirchenstaates handelte, so dass die Banditen für die neapolitanischen Sicherheitskräfte noch schwieriger zu fassen waren, wenn sie einfach das staatliche Territorium und somit automatisch auch den Jurisdiktionsbereich wechselten.[125] Ähnlich verhielten sich auch Banditen aus dem Kirchenstaat, die wiederum vor den päpstlichen Behörden in die Abruzzen, also das Territorium des Vizekönigreiches Neapel, auswichen.[126] Ein zusätzliches und

125 Sabatini: Il controllo fiscale sul territorio nel Mezzogiorno spagnolo, S. 103f.

126 Morelli: Marco Sciarra, S. 296. Zu dieser von Räuberbanden praktizierten Vorgehensweise zwischen dem Territorium der Republik Venedig und demjenigen der angrenzenden Staaten (Herzogtum Ferrara, Herzogtum Mailand, Herzogtum Mantua, Kirchenstaat) im 16. und 17. Jahrhundert und den damit verbundenen Bemühungen um bilaterale Übereinkünfte Basaglia: Il banditismo nei rapporti di Venezia con gli stati confinanti. Ein interessantes Beispiel für die Existenz dieser Praxis im deutschen Raum des frühen 19. Jahrhunderts bietet Wolfgang Seidenspinner in seinem Aufsatz „Wirtschaftliche Krisensituation und Bandenkriminalität. Das Beispiel der Spessart-Odenwald-Bande (1802–1811)". Besonders im bis 1806 bestehenden und arg von Kleinstaaterei geprägten Heiligen Römischen Reich deutscher Nation erwies sich die Vielzahl an Territorien, deren Herrscher stets besonderen Wert auf ihre landesherrschaftlichen Rechte legten, bei der grenzübergreifenden Verfolgung von Räuberbanden als ein besonders schwer wiegendes Problem, von dem die Banden dahingehend profitierten, dass sie sich nach dem Begehen eines Überfalls auf ein anderes Territorium zurückzogen und somit für die Behörden des Territoriums, auf dem sie ihr Verbrechen begangen hatten, nicht mehr ohne Weiteres greifbar waren. Dieses Problem bestand aber auch nach dem Reichsdeputationshauptschluss von 1803 fort, durch den die geistlichen Fürstentümer sowie kleinere weltliche Herrschaftseinheiten aufgelöst und größeren Territorialstaaten zugeschlagen worden waren. Bis zum Reichsdeputationshauptschluss umfasste zum Beispiel das Operationsgebiet der Spessart-Odenwald-Bande neben zahlreichen Klein- und Kleinstterritorien auch die größeren Gebiete der Kurpfalz, der Grafschaft Erbach, der Landgrafschaft Hessen-Darmstadt, des Kurfürstentums Mainz sowie des Hochstiftes Würzburg. Aber auch nach dem Reichsdeputationshauptschluss erwies sich die grenzübergreifende Verfolgung der Bande und die damit notwendigerweise verbundene Zusammenarbeit mit den anderen

damit unmittelbar einhergehendes Problem ergab sich aus der Tatsache, dass es sich für den Vizekönig dann bei der grenzübergreifenden Verfolgung von Banditen trotz der gemeinsamen Interessenlage nicht immer als leicht erwies, sich sinnvoll mit dem Papst und den päpstlichen Behörden abzustimmen, um die Bekämpfung der Bandenkriminalität wirklich wirksam durchführen zu können. Selbst wenn man den neapolitanischen Behörden zugestand, bei ihren Aktionen gegen Banditen im Notfall auch auf das Territorium des Patrimonium Petri vorzudringen[127], und dies wiederum auch den päpstlichen Kräften im Hinblick auf die Verfolgung von Banditen auf dem Territorium des Königreiches gestattet war[128], so wird man dies in Rom doch eher mit starkem Misstrauen und Ungemach betrachtet haben.

2. Das verwaltungsmäßige und sozioökonomische Gefüge des Königreiches Neapel in der frühen Bourbonenzeit (1734–1799)

2.1 Zur Entstehung der Königreiche Neapel und Sizilien und ihrem beiderseitigen Verhältnis in der frühen Bourbonenzeit

Das Reich, über das die spanischen Bourbonen mit dem Infanten Karl an der Spitze ab 1734 erneut die Herrschaft übernahmen, bestand in Wirklichkeit aus zwei durch die Wechselfälle der Geschichte eigenständig gewordenen Königreichen, dem Königreich Neapel und dem Königreich Sizilien, die aber auch unter dieser neuen Herrscherdynastie in Personalunion von ein und demselben Monarchen regiert wurden. Beide Königreiche hatten ihren Ursprung in dem vom normannischen Herzog Roger II. (König 1130–1154) aus der Dynastie der Hauteville mit

Territorialstaaten zunächst weiterhin als schwierig und ließ sich erst nach einigen Jahren in wirklich effizienter Weise durchführen. Seidenspinner: Wirtschaftliche Krisensituation und Bandenkriminalität, S. 287f.

127 Sabatini: Il controllo fiscale sul territorio nel Mezzogiorno spagnolo, S. 103f.

128 Siehe beispielsweise hierzu den Inhalt der zweiten auf den 28. Februar 1566 datierten Pragmatik „De persequendis malefactoribus seu delinquentibus etiam extra Regnum“, in welcher hierzu geschreiben steht: „Concediamo alla Corte, ed a' Ministri dello Stato della Santa Sede Apostolica, che possano ogni volta, che simili scelerati fuggiranno, o si ritireranno da' luoghi del detto Stato Ecclesiastico in quelli di questo predetto Regno, dare loro la caccia, e seguitargli anche dentro nella giurisdizione di questo predetto Regno, fin tanto che li facciano prigioni.“ Giustiniani: Nuova collezione delle prammatiche del Regno di Napoli, „De persequendis malefactoribus seu delinquentibus etiam extra Regnum“-Pragmatik Nr. II, Bd. 12, S. 190.

der Unterstützung des Papstes Anaklet II. (Pontifikat 1130–1138) im Jahre 1130 begründeten Königreich Sizilien. Der Erhebung Herzog Rogers II. in den Rang eines „Königs von Sizilien, Apulien und Kalabrien“ (*rex Sicilie, Apulie et Calabrie*) war ein Papstschisma zwischen ebendiesem Anaklet II. und Innozenz II. (Pontifikat 1130–1143) vorausgegangen, bei welchem der Normannenherrscher dem Ersteren, auch aufgrund von dessen stärkerer Stellung auf der Apenninenhalbinsel, seine Unterstützung anbot und aus Dankbarkeit dafür in den Rang eines Königs erhoben wurde.[129] Während Roger II. unmittelbar nach seiner Krönung noch die lateinische Titulatur „Dei gratia Sicilie, Apulie et Calabrie rex, adiutor Christianorum et clipeus, Rogerii magni comitis heres et filius“ verwendete, so wandelte sie sich schließlich ab dem Jahre 1135 endgültig zu „Rogerius divina favente clementia rex Sicilie, ducatus Apulie et principatus Capue“.[130]

Das Territorium dieses neu entstandenen Königreiches umfasste, wie anhand dieser beiden offiziellen lateinischen Titulaturen deutlich wird, sowohl die Insel

129 Deér: Papsttum und Normannen, S. 203–207. Detailliert zu den näheren Umständen der Königserhebung Rogers II. und deren Verlauf Houben: Roger II. von Sizilien, S. 52–59. Die Normannen waren an der Wende vom 10. auf das 11. Jahrhundert in den politisch und territorial zersplitterten Süden der Apenninenhalbinsel gekommen, wo sie sowohl als Pilger auftraten als auch als Söldner in Diensten apulischer Aufständischer, des Herzogs von Neapel, des oströmischen Kaisers oder auch der unteritalienischen Langobardenfürsten versuchten, sich ein Auskommen zu verschaffen. Nachdem die Normannen als Söldner zunächst noch an einem 1038 begonnenen und letztendlich gescheiterten Versuch des oströmischen Feldherrn Georgios Maniakes teilgenommen hatten, für den Kaiser in Konstantinopel die damals noch muslimisch beherrschte Insel Sizilien zurückzuerobern, machten sie sich in der darauffolgenden Zeit zunehmend selbstständig und vermochten, im Verlauf von etwas weniger als vier Jahrzehnten fast den gesamten festländischen Mezzogiorno unter ihre Kontrolle zu bringen. Während der gesamte oströmische Besitz und die drei langobardischen Fürstentümer Benevent, Capua und Salerno bis zum Ende der 1070er Jahre vollständig in die Hände der Normannen gefallen waren, vermochten sie, das unabhängige Herzogtum Neapel erst im Jahre 1139 unter ihre Kontrolle zu bringen. Die Eroberung der damals noch von Muslimen beherrschten Insel Sizilien wurde 1061 von Messina aus in Angriff genommen und schließlich im Jahre 1091 mit der Einnahme Notos abgeschlossen. Die zentrale Rolle bei diesen Eroberungen spielten die beiden aus der nordfranzösischen Hauteville-Familie stammenden Brüder Robert Guiskard († 1085) und Roger († 1101), wobei es sich bei Letzterem um den Vater des späteren ersten Königs von Sizilien, Roger II., handelte. Einen Überblick zur normannischen Eroberung Unteritaliens bieten Brown: Die Normannen, S. 102–128 und Hollberg: Normannen, Papsttum und Reich, S. 249–254.

130 Houben: Roger II. von Sizilien, S. 132f.

Sizilien, auf welcher zunächst dessen eindeutiger Schwerpunkt lag, als auch das festländische Süditalien. Die Bedeutung der Insel Sizilien innerhalb des Herrschaftsgefüges Rogers II. von Hauteville fand gerade dadurch ihren unmittelbaren Ausdruck, dass alle wichtigen Institutionen des Königreiches unter diesem ersten König und seinen normannischen sowie staufischen Nachfolgern zunächst ihren Sitz in der sizilianischen Stadt Palermo als zentraler Schaltstelle der Macht hatten, während der festländische Teil des Königreiches noch eher den Charakter eines Annex besaß, dessen Beherrschung sich aufgrund der starken Stellung der normannischen Barone wiederholt als äußerst problematisch gestalten konnte.[131] Aufgrund der exponierten Stellung dieser Barone auf dem Festland und ihren damit einhergehenden Bemühungen, die ihnen unterstehenden Gebiete gegen eine zu große Einflussnahme von Seiten der in Palermo ansässigen Zentralregierung abzuschirmen, kam es immer wieder zu Konflikten, die zuweilen solche Ausmaße annehmen konnten, dass sie zu einer ernsthaften Bedrohung der Stabilität der königlichen Herrschaft auf dem Festland erwuchsen. So trat beispielsweise zu Beginn der Regierungszeit des Nachfolgers Rogers II. als König von Sizilien, Wilhelm I. (König 1154–1166), für die königliche Regierung in Palermo eine besonders gefährliche Lage ein, als einige aufständische Barone im Jahre 1155 ein Bündnis mit dem im Süden der Apenninenhalbinsel offen restaurative Pläne verfolgenden oströmischen Kaiser Manuel I. Komnenos (Kaiser 1143–1180) eingingen und es ihnen zusammen mit einer um einheimische Söldner erheblich verstärkten oströmischen Expeditionsstreitmacht für kurze Zeit sogar gelang, der Zentrale in Palermo *de facto* ganz Apulien unter Einschluss der bedeutenden Hafenstadt Bari abspenstig zu machen. Allerdings gingen all diese Eroberungen bereits im Jahre 1156 infolge einer schweren Niederlage der Oströmer gegen die Truppen des normannischen Königs bei der Belagerung der südapulischen Hafenstadt Brindisi wieder verloren.[132]

---

131 Ein Überblick zur Organisation der normannischen Herrschaft auf der Insel Sizilien und dem süditalienischen Festland findet sich in Houben: Roger II. von Sizilien, S. 149–162. Einen vertieften und detaillierten Einblick in die Verwaltungsstrukturen und -ämter vermittelt Takayama: The Administration of the Norman Kingdom of Sicily.

132 Zu diesem gescheiterten Versuch Manuels I. Komnenos, den italienischen Mezzogiorno wieder in den direkten oströmischen Herrschaftsbereich einzufügen, siehe Norwich: I Normanni nel Sud 1130–1194, S. 213–229 und Ostrogorsky: Byzantinische Geschichte 324–1453, S. 326ff. Schon der Begründer des unteritalienischen Königreiches, Roger II., hatte sowohl ab 1127 als Herzog von Apulien, Kalabrien und Sizilien als auch ab 1130 als König erhebliche Probleme, sich mit seinen

Obschon der Schwerpunkt des Königreiches sowohl unter Roger II. und den auf ihn folgenden normannischen Königen als auch schließlich unter dem ersten staufischen König von Sizilien, dem Sohn Kaiser Friedrichs I. Barbarossa (Kaiser 1155–1190), Heinrich VI. (Kaiser 1191–1197, König von Sizilien 1194–1197), zunächst fortwährend auf der Insel gelegen hatte, so deutete sich schon unter Friedrich II. (Kaiser 1220–1254, König von Sizilien 1198–1254) in Nachfolge seines Vaters Heinrich VI. als römisch-deutschem Kaiser und König von Sizilien an dieser Stelle ein deutlicher Paradigmenwechsel an. Zwar blieb Palermo auch unter diesem zweiten staufischen Herrscher das politisch-administrative Zentrum des süditalienischen Königreiches, jedoch residierte Friedrich II. bevorzugt in der in Nordapulien gelegenen Stadt Foggia, deren Bedeutung sich in erster Linie aus der strategisch günstigen Lage zum oberitalienischen Raum ergab, welcher im besonderen Fokus der Italienpolitik dieses römisch-deutschen Kaisers und Königs von Sizilien stand.[133]

Einen wirklichen Einschnitt im Hinblick auf die unmittelbare politische Bedeutung der Insel Sizilien und ihrer Metropole Palermo bedeutete schließlich der Herrschaftsantritt des französischstämmigen Herzogs Karl von Anjou (König von Sizilien 1265–1285), dem es im Jahre 1266 in der Schlacht von Benevent gelungen war, das Heer des letzten staufischen Regenten Manfred (König 1232–1266) vernichtend zu schlagen und sich somit die Herrschaft über das vormalige normannisch-staufische Königreich zu sichern, welche nach Karls zwei Jahre später erfolgten Schlachtensieg von Tagliacozzo über den schwäbischen Herzog Konrad (1252–1268), besser bekannt als Konradin, Enkel Friedrichs II., und hingerichtet auf der Piazza del Mercato in Neapel, fürs Erste fester den je zementiert gewesen zu sein schien. Unter Karl von Anjou als neuem Potentaten begann sich

---

Herrschaftsansprüchen gegenüber den festländischen Baronen durchzusetzen. Ein Überblick zu diesen harten und langwierigen Auseinandersetzungen zwischen Roger II. und dem festländischen Adel findet sich in Houben: Roger II. von Sizilien, S. 43–80. Auch der Enkel Rogers II., der römisch-deutsche Kaiser und König von Sizilien, Friedrich II., sah sich in seinem Verhältnis zum Adel des Festlandes mit demselben Problem konfrontiert. Ein frühes Beispiel solcher Auseinandersetzungen zwischen diesem König von Sizilien und den zentrifugalen Kräften auf dem Festland bietet der Konflikt mit dem im Norden des Königreiches über einen größeren Territorialbesitz verfügenden Grafen von Molise, Thomas von Celano (1212–1254), in der ersten Hälfte der 1220er Jahre, der schließlich mit dessen Entmachtung, der fast völligen Zerstörung seiner in den Abruzzen gelegenen Heimatstadt Celano und der einstweiligen Deportation ihrer Einwohner nach Sizilien seinen Ausklang fand. Görich: Die Staufer, S. 95f.

133 Ebd., S. 95.

der Schwerpunkt des von den Normannen begründeten süditalienischen Königreiches, endgültig in Richtung des Festlandes zu verlagern. Die neue Schaltzentrale königlicher Macht wurde schließlich anstelle der sizilianischen Metropole Palermo die in der Terra di Lavoro gelegene Stadt Neapel[134] und sollte dies bis zum September 1860 bleiben, als der letzte Herrscher des von Roger II. begründeten Königreiches, Franz II., diese in Anbetracht des unaufhaltsam erscheinenden Vorrückens Giuseppe Garibaldis und seiner Freischaren sich selbst überließ.

In der Herrschaftszeit Karls von Anjou kam es nicht nur zu einer dauerhaften Verlagerung des politisch-administrativen Zentrums des süditalienischen Königreiches in die kampanische Metropole Neapel, sondern darüber hinaus auch zu einem politischen Ereignis, welches eine entscheidende Zäsur in der Geschichte des von den Normannen begründeten Staates darstellen und noch in den darauffolgenden Jahrhunderten seinen Schatten auf dessen weitere Geschicke werfen sollte. Die Rede ist hier von dem berühmten, als „Sizilianische Vesper" bezeichneten Aufstand der Bewohner Palermos und schließlich aller Sizilianer gegen die Herrschaft Karls von Anjou, welche schließlich im Jahre 1282 auf der Insel binnen kürzester Zeit zusammenbrach. Dieser Aufstand, dessen Entfesselung maßgeblich auf die Unterstützung von Seiten des oströmischen Kaisers Michael VIII. Palaiologos (Kaiser 1259–1282), des aragonesischen Königs Peter III. (König 1276–1285) und von Stauferanhängern zurückging, führte zum Auseinanderbrechen des Königreiches Sizilien, welches in einen insularen Teil zerfiel, den sich kurz nach dem Ende der Erhebung die Aragonesen unter Peter III. aneigneten, und in einen festländischen Teil, der unter der Herrschaft der angevinischen Könige verblieb, die sich ungeachtet der tatsächlichen politisch-territorialen Realitäten weiterhin als Könige von Sizilien bezeichneten und wiederholt Versuche unternahmen, den ehemaligen insularen Teil ihres süditalienischen Herrschaftsgebietes wieder unter Kontrolle zu bringen.[135]

134 Frenz: Italien im Mittelalter 950–1454, S. 80ff.

135 Ebd., S. 86f. und S. 94. Zur Geschichte der Sizilianischen Vesper siehe ferner die diesbezügliche Gesamtdarstellung in Runciman: The Sicilian Vespers. Einer der maßgeblichen Gründe dafür, dass sich am Abend des Ostermontags des Jahres 1282, dem 30. März, die Bevölkerung Palermos gegen die Herrschaft Karls von Anjou erhob, lag in der deutlich nachrangigen Behandlung Siziliens und seiner Bewohner durch diesen neuen Herrschaftsträger, der in der Insel wohl in erster Linie eine einträgliche Quelle der Steuererhebung sah und dessen überwiegend französischstämmige Bevollmächtigte bedingt durch ihr schlechtes und als willkürlich erscheinendes Auftreten für ein hohes Maß an Verdruss gesorgt hatten. Der unmittelbare Anlass für den Ausbruch des Aufstandes, der schließlich in ein Massaker an

Diese Zweiteilung des ehemaligen normannisch-staufischen Gesamtstaates in ein insulares und in ein festländisches Königreich fand aber auch dann ihre Fortsetzung, als beide Königreiche mit der offiziellen Machtübernahme Alfons V. von Aragón (König 1416–1458) in Neapel am 26. Februar 1443 erstmals seit der Sizilianischen Vesper des Jahres 1282 wieder unter ein und demselben Herrschaftsträger vereint waren.[136] Dieser Zustand der Zweiteilung dauerte auch unter den auf den Aragonesen folgenden Herrschaftsträgern fort und sollte schließlich erst im Jahre 1816 sein endgültiges Ende finden, als das insulare und das kontinentale Königreich innerhalb des politisch-territorialen Gebildes des Königreiches Beider Sizilien zusammengefasst wurden, welches in dieser Form bis 1860/1861 Bestand haben sollte und dessen offizielle staatsrechtliche Bezeichnung noch eindeutig dieser vormaligen Zweiteilung geschuldet war. Aber gerade die wiederholten und auf Sezession abzielenden Aufstände der Sizilianer im 19. Jahrhundert gegen die vom Festland ausgehende und als bedrückend empfundene Oberherrschaft sollten deutlich vor Augen führen, dass in diesem Königreich Beider Sizilien zwei ehemalige Königreiche staatsrechtlich miteinander vereint worden waren, die sich ungeachtet ihres gemeinsamen Ursprunges im Laufe der Jahrhunderte schon längst einander entfremdet hatten.

Diese mit der Sizilianischen Vesper im Jahre 1282 begonnene Zweiteilung des vormaligen normannisch-staufischen Gesamtstaates fand in den darauffolgenden Jahrhunderten in den für beide politischen Gebilde verwendeten offiziellen und inoffiziellen Bezeichnungen wie „Regnum Neapolis“, „Regnum Neapolitanum“, „Regnum Apuliae“ oder einfach „Regnum“ ohne jeglichen Zusatz für den festländischen Teil des Königreiches Sizilien oder „Regnum Trinacriae“ als zeitweilige Bezeichnung für dessen insularen Teil im 14. Jahrhundert ihren unmittelbaren Ausdruck.[137] Nach dem Frieden von Caltabellotta des Jahres 1302, der zu einem sehr kurzzeitigen Ende der seit 1282 wogenden Auseinandersetzungen zwischen den Aragonesen und den Anjou um den Besitz der Insel Sizilien geführt hatte, führte der damalige aragonesische Herrscher Siziliens, Friedrich III. (König 1296–1337) auf Basis der Bestimmungen dieses Vertrages und in Abgrenzung

den sich in Palermo befindenden Franzosen mündete, war jedoch die Belästigung einiger palermitanischer Frauen durch französische Soldaten bei der Kirche Santo Spirito. Frenz: Italien im Mittelalter 950–1454, S. 86f.

136 Schuhmann: Geschichte Italiens, S. 111.

137 Grundlegend zu der Entstehung und Verbreitung der für die beiden Königreiche nach 1282 verwendeten Begrifflichkeiten sind Epifanio: Le origini del Regno di Napoli, S. 51–107 und Romano: L'origine della denominazione delle "Due Sicilie", S. 371–403.

zu den Herrschern des festländischen Königreiches Sizilien einstweilen den Titel eines Königs von Trinakria.[138] Bei „Trinacria“ selbst handelte es sich um eine aus der Antike stammende Bezeichnung für die Insel Sizilien, deren Aufkommen sich aus dem Umstand erklärt, dass man diese von ihrer geografischen Form her als ein Dreieck wahrnahm.

Allerdings sollte Friedrich III. den Titel eines Königs von Trinakria nicht allzu lange führen, denn bereits im Jahre 1314 unternahmen die Truppen Roberts von Anjou, des Nachfolgers Karls II., mit dem sich die aragonesische Seite im Jahre 1302 zunächst noch geeinigt hatte, einen erfolglosen Versuch, Sizilien wieder unter die Kontrolle des Anjou-Hauses zu bringen. Die Folge dieses Überfalls war die Annullierung des Vertrages von Caltabellotta und der darin enthaltenen Bestimmungen. Friedrich III. übernahm wieder den Titel eines Königs von Sizilien und ernannte demonstrativ seinen Sohn Peter (als Peter II. König von Sizilien 1337–1342) zum Mitregenten und Thronfolger, obwohl gemäß dem Vertrag Sizilien nach dem Tode Friedrichs III. an die neapolitanischen Anjou hätte fallen müssen. Die Folge dieser rechtmäßigen Annullierung der Bestimmungen des Friedens von Caltabellotta durch Friedrich III. war eine Reihe von zahllosen erfolglosen Versuchen der neapolitanischen Anjou-Herrscher, sich erneut Siziliens zu bemächtigten. Diese fortgesetzten angevinischen Rekuperationsversuche fügten nicht nur der Insel Sizilien und deren Bewohnern erhebliche personelle und wirtschaftliche Schäden zu, sondern belasteten auch ungemein die Staatskasse des festländischen Anjou-Staates. In Anbetracht des wiederholten Scheiterns aller gegen die Aragonesen eingeleiteten Rückeroberungsversuche fand sich schließlich im Jahre 1372, und zwar im Vertrag von Aversa, die damalige angevinische Königin Johanna I. dazu bereit, den seit der Sizilianischen Vesper des Jahres 1282 in Süditalien vorherrschenden politisch-territorialen Status quo endgültig anzuerkennen.[139]

Die Entstehung und weitere Ausbreitung des Begriffes „König von Neapel“ und der später hinzugekommenen Bezeichnung „Königreich Neapel“ für den unter der Kontrolle der Anjou-Könige verbliebenen Teil des ehemals normannisch-staufischen Gesamtstaates ging maßgeblich auf Einfluss der aragonesischen Herrscher Siziliens ab der zweiten Hälfte des 14. Jahrhunderts zurück, die sich über die Verwendung dieser beiden Begrifflichkeiten im offiziellen Schriftgut ihrer Kanzlei von den angevinischen Herrschern des festländischen Teils des Königreiches Sizilien und deren Rekuperationsansprüchen abzugrenzen versuchten. Obwohl beide

138 Goez: Geschichte Italiens in Mittelalter und der Renaissance, S. 183f.

139 Ebd. S. 184.

Begriffe im ausgehenden Mittelalter auch auf dem Festland unter ausländischen Kaufleuten und Chronisten sowie selbst unter den Bewohnern des festländischen Teils des Königreiches Sizilien eine immer größere Verbreitung fanden, kamen sie erst in der ersten Hälfte des 16. Jahrhunderts dann auch auf offiziell-diplomatischer Ebene in Gebrauch.[140] Unter der Herrschaft Alfons V. von Aragón, unter welcher beide Königreiche erstmals seit dem Aufstand des Jahres 1282 wieder unter einem Herrscher vereint wurden, benutzte man schließlich in offiziellem Schriftgut für das gesamte Gefüge seines süditalienischen Herrschaftskomplexes einen Terminus, der bereits im 14. Jahrhundert verwendet worden, aber dann weitestgehend außer Gebrauch geraten war. Bei diesem Begriff handelte es sich um denjenigen des „Regnum Siciliae citra et ultra Pharum", wobei sich „citra Pharum" auf den festländischen Teil bezog und „ultra Pharum" auf den insularen Teil.[141]

Diese aus geografischem Blickwinkel völlig abstrus erscheinende Tendenz und sich schließlich daraus entwickelnde Gewohnheit, auch den festländischen Teil unter der Bezeichnung „Regnum Siciliae" einzuordnen, hatte ihre Ursprünge bereits in der Zeit der normannischen Herrschaft, denn obwohl die erste offizielle Bezeichnung für das im Jahre 1130 von Roger II. begründete Königreich unter Einschluss des festländischen Teils zunächst „Regnum Siciliae, Calabriae et Apuliae" hieß und Papst Anaklet II. die Insel Sizilien zum „caput regni", also zum Haupt des Königreiches, erklärt hatte, kam es schon vereinzelt in der Zeit der normannischen und dann besonders in der Zeit der darauffolgenden staufischen Herrschaft zu einer Ausweitung des Terminus „Regnum Siciliae" auch auf den festländischen Teil.[142] Auch wenn Karl von Anjou in der dementsprechenden Investiturbulle Papst Clemens IV. (Pontifikat 1265–1268) zum Herrscher des „Regnum Siciliae et tota terra quae est citra Pharum" bestimmt wurde[143], und man somit noch einen deutlichen Unterschied zwischen dem Königreich Sizilien im engeren Sinne und dessen festländischem Annex machte, änderte sich diese Auffassung ab den Ereignissen des Jahres 1282 schließlich dahingehend, dass auch in den Augen der Kurie der Begriff „Regnum Siciliae" ebenfalls das Festland miteinschloss, womit der offen philoangevinische Papst Martin IV. (Pontifikat 1281–1285) den Wünschen Karls von Anjou entgegenkam, als er noch im Jahre 1282 den aragonesischen König Peter III. für sein Verhalten im Rahmen des Aufstandes der Sizilianer gegen die angevinische Herrschaft exkommunizierte.[144] Diese Auffassung fand

140 Galasso: Storia del Regno di Napoli. Il Mezzogiorno angoino e aragonese, S. 1–4.

141 Romano: L'origine della denominazione delle "Due Sicilie", S. 389.

142 Ebd., S. 372.

143 Ebd.

144 Ebd., S. 374.

dann ihren unmittelbaren Ausdruck sowohl in der Bezeichnung „Regnum Siciliae citra et ultra Pharum“ als auch in der Bezeichnung für dessen Herrscher als „rex utriusque Siciliae“, d. h. also diejenigen Herrscher, die über die beiden Territorien diesseits und jenseits des auf Sizilien gelegenen Leuchtturmes an der Meerenge von Messina verfügten. Die Bezeichnung „utriusque Siciliae“ wurde erstmals in den Diplomen Alfons V. von Aragón benutzt, als er sich schließlich auch des festländischen Königreiches der Anjou bemächigt hatte. Eine zum Titel des „rex utriusque Siciliae“ korrespondierende Bezeichnung „Regnum utriusque Siciliae“ existierte allerdings noch nicht.[145] Mit dem offiziellen Titel „rex utriusque Siciliae“ bezeichnete sich, wie schon seine spanischen und österreichischen Vorgänger, schließlich auch Karl von Bourbon, nachdem er die Herrschaft der letzteren über beide Königreiche beendet hatte.

Wenngleich Karl als nunmehr zumindest formal unabhängiger „rex utriusque Siciliae“ nach der Vertreibung der Österreicher durchaus die Möglichkeit gehabt hätte, beide Königreiche erneut unter dem Dach eines Gesamtstaates zu vereinen, ließ er beide als eigenständige staatliche Gebilde, die aber von ihm in Personalunion regiert wurden, bestehen. Daher besaß die Insel Sizilien innerhalb des Herrschaftsgefüges der neapolitanischen Bourbonen eine Sonderstellung, deren unmittelbarer Ausdruck zum einen darin bestand, dass die Interessen der sizilianischen Eliten in der Hauptstadt Neapel von der paritätisch mit Sizilianern und Neapolitanern besetzten *Giunta di Sicilia* vertreten werden durften, und zum anderen darin, dass das insulare Königreich über ein eigenes Parlament verfügte, das sich aus insgesamt drei *braccio* oder *ramo* genannten Fraktionen zusammensetzte: dem *braccio militare* bzw. *braccio feudale* als Fraktion des grundbesitzenden Adels, dem *braccio ecclesiastico* für den Klerus und schließlich dem *braccio demaniale* für diejenigen Gemeinden Siziliens, die direkt der Krone unterstanden und somit aus dem Bereich der baronalen Rechtssprechung herausfielen. Den ausführenden Arm des Parlamentes stellte die sogenannte „Deputazione del Regno“ dar, die u. a. für die Regelung der Finanzangelegenheiten des Königreiches und die Wahrung der zahlreichen Sonderrechte der Insel verantwortlich zeichnete. In der Mitte des 18. Jahrhunderts gehörten allein 228 Barone per Erbrecht der Adelsfraktion des sizilianischen Parlamentes an. Jeder dieser Barone hatte eine bestimmte Anzahl von Stimmen zur Verfügung, die in direkter Relation zu der Anzahl der Gemeinden auf dessen jeweiligem Grundbesitz stand. Daraus ergaben sich eine überragende Stimmmacht und Einflussmöglichkeiten für diejenigen Barone, die über einen besonders großen Grundbesitz verfügten. Die Fraktion des Klerus bestand aus etwa

145 Ebd., S. 389.

70 Mitgliedern, wozu Erzbischöfe, Bischöfe und Äbte zählten. Die dritte und letzte Fraktion umfasste etwa 43 Mitglieder, welche die Interessen der Bevölkerung der Krondomänen vertraten. Es ergab sich somit ein deutliches Übergewicht der Adelsfraktion, die ihren Einfluss im Parlament auch dementsprechend geltend machte, wenn es um die Bewahrung ihrer feudalen Sonderrechte ging.[146]

Das besondere Verhältnis zu Sizilien und das Bemühen Karls von Bourbon um einen Ausgleich zwischen den beiden Königreichen spiegelte sich schließlich besonders auch in der Besetzung der politisch-administrativen Ämter wider. Zwar räumte die Zentralregierung in Neapel den Sizilianern nicht die Möglichkeit ein, in zwei der wichtigen Herrschaftsorgane des Königreiches Neapel, der *Real Camera di Santa Chiara* und der *Regia Camera della Sommaria*, mitzuwirken, dafür stand ihnen aber beispielsweise der Zugang zu zahlreichen Funktionen in den *Segreterie di Stato*, im Heer oder auch im diplomatischen Apparat offen. Auch hinsichtlich der Besetzung des Postens des Vizekönigs verfuhr man zweischneidig. Einerseits besetzte man diesen zwar nicht mit Sizilianern, weil man eine Art Gegengewicht gegenüber dem sizilianischen Parlament brauchte, welches den Herrschaftsanspruch der Zentralregierung in Neapel auf der Insel vertreten sollte, aber andererseits achtete man wiederum genauestens darauf, den Posten nicht mit einem Neapolitaner zu besetzen, um bei den Sizilianern nicht das Gefühl aufkommen zu lassen, dass ihr Königreich lediglich ein Anhängsel des Königreiches Neapel wäre. Diesen Balanceakt versuchte man dadurch zu meistern, dass man für den Posten des Vizekönigs auf Italiener zurückgriff, die weder dem Königreich Neapel noch dem Königreich Sizilien entstammten. Unterstützt wurde der Vizekönig bei der Wahrnehmung seiner Aufgaben von einem *consultore* und einem *real segretario*, die gleich dem Vizekönig ebenfalls keine Sizilianer waren, womit garantiert werden sollte, dass sie die Interessen Neapels wirkungsvoll vertraten.[147] Der *real segretario* zeichnete sich für die Erledigung der umfangreichen schriftlichen Korrespondenz des Vizekönigs verantwortlich.[148] Der *consultore*, mehr oder weniger als zusätzlicher verlängerter Arm der Zentralregierung in Neapel, hatte nicht nur die Aufgabe, den Vizekönig zu beraten, sondern auch dessen Arbeit zu überprüfen. Besonders auf dem Gebiet der Justiz hatte er eine einflussreiche Stellung inne, die dadurch manifest wurde, dass er Zugang zu den wichtigsten gerichtlichen Instanzen der Insel besaß

146 Valsecchi: Il riformismo borbonico in Italia, S. 56f.

147 Barreca: El reino de Sicilia en los años 1734–1759, S. 457f. Zur Entwicklung dieses Amtes ab 1415, den Aufgabenfeldern des Vizekönigs und generell zur Verwaltung Siziliens siehe Giardina: L'istituto del vicerè di Sicilia.

148 Baviera Albanese: Diritto pubblico e istituzioni amministrative in Sicilia, S. 503f.

und darüber hinaus dort auch noch über ein Mitspracherecht verfügte, was bei denjenigen Sizilianern, die auf der jurisdiktionellen Autonomie ihrer Richter beharrten, Unmut hervorrief.[149]

Auch wenn Sizilien, das frühere Zentrum des von den Normannen begründeten Königreiches, und das Festland gerade im bourbonischen Königreich Beider Sizilien des 19. Jahrhunderts oftmals in einem geradezu dualistisch-antagonistischen Verhältnis zueinander stehen sollten, welches immer wieder in Aufständen der Inselbewohner gegen die Zentralregierung in Neapel seinen Ausdruck fand, so ergaben sich unter der Herrschaft Karls von Bourbon als auch während eines überwiegenden Teiles der Zeit, in der Bernardo Tanucci der dominierende Minister am neapolitanischen Königshof war, keine besonderen Misshelligkeiten zwischen beiden Teilreichen.[150] Zu wirklich ernsthaften Dissonanzen auf Sizilien kam es schließlich zum einen in der ersten Hälfte der 1770er Jahre unter dem Vizekönigtum von Giovanni Sforza Fogliani d'Aragona (Vizekönig 1755–1773), Marquis von Pellegrino, und zum anderen, als der in den Diensten der neapolitanischen Zentralregierung stehende Vizekönig Domenico Caracciolo (Vizekönig 1781–1786), Marquis von Villamaina, die unter der maßgeblichen Federführung von Bernardo Tanucci auf dem Festland begonnene Reformpolitik gegenüber den Eliten der Insel durchzusetzen versuchte und diese sich gegen eine zu große Einflussnahme dieses unmittelbaren Vertreters Neapels in ihre Belange sperrten. Allerdings unterschied sich der Fall des Vizekönigs Fogliani von demjenigen des bei der Durchsetzung seiner beabsichtigten Reformmaßnahmen gegenüber dem Adel, der Kirche und den Privilegien der Stadt Palermo sehr energisch auftretenden Caracciolo gerade durch den Umstand, dass es gegen die Politik Foglianis im Jahre 1773 in Palermo zu einem regelrechten Volksaufstand kam, aufgrund dessen sich der Vizekönig, auch um eine weitere Eskalation zu vermeiden, gezwungen sah, sich nach Messina ausschiffen zu lassen. Im Vorfeld dieser Erhebung, die maßgeblich aus der schleppenden Versorgung der Bevölkerung mit Lebensmitteln nach einer Missernte im Jahre 1773 resultierte, hatte sich Fogliani zusätzlich schon dadurch erheblich unbeliebt gemacht, dass er gegen einige Steuerbefreiungen der Stadt Palermo vorgegangen war und neue Steuern auf verschiedene Luxusgüter eingeführt hatte, die zu einer Entfremdung des Adels führten, welcher sich nicht dazu bereit fand, diese Sondersteuern zu bezahlen.[151] Im Gegensatz zu

149 Ebd., S. 508f.

150 Spagnoletti: Storia del Regno delle Due Sicilie, S. 29 und Renda: Bernardo Tanucci e la Sicilia, S. 273.

151 Finley, Mack Smith, Duggan; Geschichte Siziliens und der Sizilianer, S. 219–222. Zur Reformpolitik des Vizekönigs Caracciolo und seines Nachfolgers Caramanico,

den wiederholten Aufständen des 19. Jahrhunderts richtete sich jedoch derjenige des Jahres 1773 nicht unmittelbar gegen die Zentralregierung in Neapel und zielte somit auch nicht auf eine Loslösung der Insel aus dem Herrschaftsbereich der Bourbonen ab, sondern betraf allein die Politik und Person des Vizekönigs Fogliani, der nach seiner Ausschiffung nach Messina nicht mehr in dieses Amt zurückkehren sollte. Anstelle des von den Palermitanern vertriebenen Marquis Fogliani wurde noch im selben Jahr der Erzbischof von Palermo, Serafino Filangieri, neuer Vizekönig Siziliens und sollte diese Funktion bis 1775 bekleiden.[152]

Wenngleich also schon Karl von Bourbon, wie anhand der vorangegangenen Ausführungen deutlich geworden sein dürfte, darum bemüht war, Sizilien und seine Institutionen mit besonderer Umsicht zu behandeln, und auch Sizilianer in den bourbonischen Herrschaftsapparat miteinband, so konnte dies trotzdem nicht die nüchterne Tatsache überdecken, dass zwischen dem Königreich Sizilien und dem Königreich Neapel sowohl in der Herrschaftszeit Karls als auch seines Nachfolgers, Ferdinand IV., ein asymmetrisches Verhältnis zugunsten des letzteren bestand. Der Schwerpunkt der Bourbonenherrschaft lag nun einmal auf dem Festland und die Entsendung eines Vizekönigs nach Sizilien zeigte deutlich, dass das insulare Königreich gegenüber dem territorial weitaus größeren Königreich Neapel eine nachrangige Stellung einnahm.

2.2 Die Rolle Neapels als Kristallisationspunkt königlicher Macht

Trotz der formalen Eigenständigkeit beider Königreiche standen Neapel und Sizilien hinsichtlich ihrer tatsächlichen Position innerhalb des süditalienischen Herrschaftsgefüges der Bourbonendynastie zuungunsten des insularen Königreiches und seiner Hauptstadt Palermo in einem deutlich asymmetrischen Verhältnis zueinander, denn die Metropole Neapel selbst bildete das unangefochtene politisch-administrative Zentrum der bourbonischen Ländereien. Neapel war nicht nur Sitz der Zentralregierung, sondern auch Sitz der wichtigsten Gerichtshöfe und der einzigen Universität des festländischen Königreiches. Daraus resultierte u. a. auch, dass es in der Stadt von Anwälten und staatlichen Funktionsträgern nur so wimmelte, die zum Teil auch aus dem aus den Provinzen des Reiches herkommenden Bürgertum stammten.[153]

der aber bei deren konkreter Realisierung jedoch weitaus bedächtiger vorging als sein Vorgänger, und deren Resultaten siehe ebd., S. 222–232 und Valsecchi: L'Italia nel Settecento dal 1714 al 1788, S. 769–788.

152 Coniglio: I Borboni di Napoli, S. 200.

153 Demarco: Momenti della politica economica di Carlo e Ferdinando di Borbone, S. 23.

In Neapel fand somit letztendlich auch das gesamte kulturelle und gesellschaftliche Leben seinen Kristallisationspunkt und strahlte in alle Provinzen des süditalienischen Bourbonenreiches aus. Daher mag es auch nicht weiter überraschen, dass die Kapitale geradezu *en masse* sowohl Adelige, die hier von den Einkünften aus ihrem Grund und Boden lebten, als auch zahlreiche Arme bzw. Besitzlose anzog, die sich in Neapel ein womöglich besseres Leben erhofften als in den ländlichen und unterentwickelten Provinzen des Reiches. Vielleicht mit Ausnahme der sizilianischen Hauptstadt Palermo gab es keine ähnlich dimensionierten Städte in den Königreichen Neapel und Sizilien.[154] Neapel blieb das ganze 18. Jahrhundert hindurch die bevölkerungsreichste Stadt auf der Apenninenhalbinsel und war von der Einwohnerzahl her auch eine der größten Städte des europäischen Kontinents in dieser Zeit.[155] Obgleich es auch, bedingt beispielsweise durch die Hungersnot von 1764 oder politische Krisen wie 1799 und 1806, zu Rückgängen bei der Gesamtbevölkerungszahl kommen konnte, so lässt sich dessen ungeachtet von einem kontinuierlichen Anstieg der Einwohnerschaft in der ersten Phase der bourbonischen Herrschaft bis 1806 sprechen. 1742 umfasste die Einwohnerschaft 294.241 Personen, 1759 etwa 350.000, 1765/66 322.786, 1770/71 340.630, 1780/81 371.423, 1790–91 396.663, 1801 424.480 und 1806, vor der erneuten Vertreibung der Bourbonen aus Neapel, ungefähr 450.000 Personen.[156]

Die in Neapel ansässige Aristokratie stellte keineswegs einen in sich geschlossenen, uniformen Block dar, sondern erwies sich in ihrem Inneren allein schon aufgrund der Herkunft als ein durchaus heterogener Stand. Zum einen gab es die alteingesessenen adeligen Familien, die spanischer Herkunft waren, und sich am Anfang des 15. Jahrhunderts im Königreich niedergelassen hatten. Sie sicherten sich traditionell insbesondere die Schlüsselpositionen innerhalb der städtischen Magistraturen. Zum anderen gab es aber auch viele adelige Zuzügler aus den verschiedenen Provinzen des Bourbonenreiches, die sich im Laufe der Zeit mehr oder weniger in der städtischen Verwaltung eingenistet hatten und von dort Einfluss ausübten. Daneben gab es aber auch diejenigen Zuzügler, die in keinem der Organe der städtischen Administration repräsentiert waren.[157]

Eine weitere Schicht innerhalb der Gesellschaft Neapels waren die bürgerlichen Kräfte, die über den Handel mit Kleidung, Wein, Holz, Waffen und Getreide oder als Ärzte, Chirurgen, Anwälte sowie Architekten sich zu einem beachtlichen

154 Spagnoletti: Storia del Regno delle Due Sicilie, S. 19f.
155 Demarco: Momenti della politica economica di Carlo e Ferdinando di Borbone, S. 23.
156 Aliberti: Economia e società da Carlo III ai Napoleonidi, S. 78f.
157 Carpanetto, Ricuperati: L'Italia del Settecento, S. 81f.

Wohlstand hochgearbeitet hatten und auch auf beruflicher Ebene Kontakte zur städtischen Aristokratie besaßen.[158]

Eine Besonderheit Neapels, die auch in Reisebeschreibungen dieser Zeit immer mit der Hauptstadt in Verbindung gebracht wird, waren die sogenannten „lazzari" oder „lazzaroni", womit man üblicherweise die unteren Schichten der Stadt bezeichnete, die je nach Lage der Dinge auch ein politischer Machtfaktor werden konnten, wie bei dem erbitterten Widerstand gegen die Eroberung Neapels durch Napoleons Truppen im Jahr 1799, so dass es von Seiten der Regierung immer wieder Bemühungen gab, diese Massen zufrieden zu stellen und somit möglichst ruhig zu halten.[159] Von seiner Etymologie lässt sich der Begriff „lazzaro" zum einen von den in Lazaretten, so bezeichnet nach dem Lazarus des Neuen Testamentes, untergebrachten Leprakranken herleiten, zum anderen aber auch von dem spanischen Wort „lázaro", das sich von seiner Semantik her auf ähnlich wie Leprakranke in Lumpen gehüllte Bettler bezog.[160] Zum ersten Mal verwendet wurde diese Bezeichnung für die unteren Schichten der Stadt zur Kennzeichnung der Anhängerschaft des Fischers Tommaso Aniello (1620–1647), genannt „Masaniello", der sich im Juli 1647 an die Spitze eines Aufstandes gegen den spanischen Vizekönig Rodrigo Ponce de León (Vizekönig 1646–1648), Herzog von Arcos, gestellt hatte. Hierbei bezogen sich die Bezeichnungen „lazzaroni" bzw. „lazzari" auf die Bewohner der Armenviertel Mercato, Lavinaio und deren Nachbarschaft, welche die wesentlichen Träger dieses Aufstandes waren. Einer Legende zufolge bestimmten diese Unterschichten jedes Jahr auf der Piazza del Mercato einen der ihrigen zum „capolazzaro", der als Interessenvertreter der *lazzari* mit dem König verhandeln sollte.[161] Hinsichtlich ihrer sozialen Zusammensetzung bestanden die

---

158 Ebd., S. 84.

159 Kufeke: Himmel und Hölle in Neapel, S. 106f.

160 Ebd., S. 58.

161 Siebenmorgen: Lazzaroni, S. 304. Dieser berühmte Aufstand gegen den spanischen Vizekönig, den Herzog von Arcos, brach am 7. Juli 1647 auf der Piazza del Mercato im Zentrum Neapels aus. Der Grund der Erhebung war die als ungerecht und äußerst belastend empfundene Steuerpolitik des Vizekönigs, der erst vor kurzem zusätzlich noch eine Steuer auf Früchte eingeführt hatte. Der Mob, an dessen Spitze sich relativ schnell Masaniello stellte, plünderte und zerstörte Gebäude der spanischen Steuerbehörden. Der Aufstand nahm schließlich solche Ausmaße an, dass der Vizekönig, als die Menge auf seinen Palast zumarschierte, sich in letzter Konsequenz gezwungen sah, die Flucht zu ergreifen. Zusätzlich verschlechtert wurde die Lage des Vizekönigs dadurch, dass sich schließlich noch die Stadtmiliz dem Aufstand anschloss. Aufgrund des Zusammenbruchs der Autorität des Vizekönigs geriet Neapel zeitweilig völlig unter die Kontrolle Masaniellos und seiner Anhängerschaft.

lazzaroni nicht nur aus Bettlern oder Tagelöhnern, die als Hafenarbeiter und Lastenträger sich ihren täglichen Unterhalt verdienten, sondern auch aus Vertretern als niedrig stehend betrachteter Gewerbe und Handwerke wie Seiler, Schmiede, Messingarbeiter, Schlosser, Gerber, Schneider, Schuhmacher und allgemein Kleinhändler aller Couleur, von denen sich die anderen Berufsgruppen Neapels abzugrenzen versuchten, die über ein höheres soziales und ökonomisches Prestige verfügten bzw. danach strebten. Dazu gehörten Woll- und Seidenarbeiter bzw. -händler, Zimmerleute, Gold- und Silberschmiede sowie Angestellte in besser begüterten Haushalten. Obwohl es auch in den anderen großen Metropolen Europas der Frühen Neuzeit diese Art von Unterschicht gab, unterschieden sich gerade die *lazzaroni* von diesen durch einen größeren inneren Zusammenhalt.[162]

So wie es sich auch in anderen vergleichbaren Metropolen Italiens in der Zeit des *Ancien Régime*, wie Rom oder Palermo, vorfinden lässt, die schon seit Jahrhunderten herrschaftliche Residenzen waren und nie über einen längeren Zeitraum die politisch-gesellschaftliche Organisationsform einer Republik wie Venedig oder Genua besessen hatten, so lebte auch in Neapel die städtische Unterschicht der *lazzaroni* in einem geradezu parasitären Verhältnis zum königlichen Hof der Bourbonendynastie, an den die gesamten steuerlichen Einnahmen aus den Provinzen gingen und der in gleicher Weise wie die sozioökonomisch schlechter gestellten Bevölkerungsteile auch den einheimischen Adel anzog, der sich ebenfalls dasjenige zu Eigen machte, was vom Bourbonenhof für ihn abfiel.[163]

Weitaus häufiger als die nunmehr nur noch als historisches Phänomen anzusehenden *lazzaroni* bringt man jedoch die sich gleichfalls aus Teilen der städtischen Unterschicht zusammensetzende Camorra mit Neapel in Verbindung,

---

Der Aufstand und die damit einhergehenden Unruhen verloren zunächst ihren anfänglichen Schwung, als Masaniello am 16. Juli von Michelangelo Ardizzone, dem Aufseher über die städtischen Kornlager, Salvatore Cataneo, einem Bäckermeister, und anderen ermordet wurde. Unklar ist, ob und inwieweit der Vizekönig hinter der Ermordung Masaniellos steckte. Obwohl der Aufstand mit der Ermordung Masaniellos zunächst seinen Zenit überschritten hatte, kam es im August desselben Jahres zu einer zweiten massiven Aufstandswelle, die im Vergleich zur ersten eindeutig antispanisch war, und im Oktober zur Gründung einer sehr kurzlebigen Neapolitanischen Republik führte, die schließlich in der ersten Hälfte des folgenden Jahres von spanischen Regierungstruppen niedergekämpft wurde. Burke: The Virgin of the Carmine and the Revolt of Masaniello, S. 3–21 und Colapietra: Il governo spagnolo nell'Italia meridionale, S. 229–251.

162 Hobsbawm: Primitive Rebels, S. 113f.

163 Ebd., S. 114ff.

wo sie, wenn auch unter erheblichen Veränderungen ihres Charakters und ihrer Aktionsfelder im Verlauf der letzten zwei Jahrhunderte, nach wie vor den dominanten Machtfaktor innerhalb der dortigen kriminellen Szene darstellt. Der Begriff Camorra an sich bezieht sich nicht auf eine einzige zentralistisch geführte delinquente Organisation, sondern ist vielmehr als ein Oberbegriff für einzelne klanmäßig organisierte Verbrechergruppen in der Stadt Neapel und deren Hinterland zu verstehen, die in ihren kriminellen Tätigkeiten (Drogenhandel, Schutzgelderpressung etc.) miteinander kooperieren, einander tolerieren oder sich auch auf das Erbitterste bekämpfen. Hinsichtlich ihrer Entstehung und ihres Aufstieges als ein Verbrechernetzwerk, dessen Aktionsfeld sich zunächst primär auf Neapel und dessen Hinterland beschränkte, herrscht allgemein Übereinstimmung darin, dass diese zu Beginn des 19. Jahrhunderts erfolgte, also außerhalb des zeitlichen Rahmens, in welchen diese Untersuchung zum süditalienischen Banditenwesen eingebettet ist. Für eine mutmaßliche Existenz der Camorra als ein kriminelles Netzwerk vor dem Anbruch des 19. Jahrhunderts gibt es weder in den Werken zeitgenössischer Historiker noch in den Archiven irgendwelche Hinweise.[164] Erste gesicherte Nachrichten bzw. Beweise von der Existenz eines Bundes von Kriminellen in der Hauptstadt des Königreiches Beider Sizilien namens Camorra tauchten erst um das Jahr 1820 herum in den Polizeiakten auf.[165]

2.3 Die administrative Struktur des Königreiches Neapel

Mit der Ausnahme Siziliens, welches von einem von Neapel ausgesandten Vizekönig regiert wurde, bestand der festländische Teil des unteritalienischen Herrschaftsgefüges der Bourbonen aus den folgenden dreizehn Provinzen mit ihren jeweiligen Hauptorten, die zugleich auch der Sitz des höchsten Gerichtshofes der Provinz waren:

1. Abruzzo Ultra I mit dem Hauptort Teramo
2. Abruzzo Ultra II mit dem Hauptort Aquila (seit 1939 offiziell als L'Aquila bezeichnet)
3. Abruzzo Citra mit dem Hauptort Chieti
4. Basilikata mit dem Hauptort Matera
5. Calabria Citra mit dem Hauptort Cosenza
6. Calabria Ultra mit dem Hauptort Catanzaro
7. Capitanata mit dem Hauptort Lucera

164 Sales: La camorra le camorre, S. 28.
165 Ebd., S. 88.

8. Contado di Molise mit dem Hauptort Campobasso (zum Jurisdiktionsbereich der *Regia Udienza* von Lucera gehörend)
9. Principato Ultra mit dem Hauptort Montefusco
10. Principato Citra mit dem Hauptort Salerno
11. Terra di Bari mit dem Hauptort Trani
12. Terra di Lavoro mit dem Hauptort Nevano
13. Terra d'Otranto mit dem Hauptort Lecce

Während die Terra di Lavoro, also die Provinz, die der Hauptstadt Neapel am nächsten lag, sowie ein Teil der Provinz Principato Citra von einem sogenannten *commissario di campagna* beherrscht wurde, vertrat in den anderen zwölf Provinzen ein *preside*, der sowohl zivile als auch militärische Kompetenzen in sich vereinte, die Interessen der Zentralregierung. Dieser Provinzstatthalter wurde bei der Wahrnehmung seiner Aufgaben von einem kleinen Kreis an Personen unterstützt, die sich um Verwaltungs- und Justizangelegenheiten kümmerten.[166]

Zum bourbonischen Königreich Neapel des 18. Jahrhunderts gehörte als exterritoriales Gebiet zusätzlich noch der im Süden des Großherzogtums Toskana gelegene und im Jahre 1557 von König Philipp II. von Spanien (König 1556–1598) begründete Stato dei Presidi mit den Festungs- und Hafenstädten Talamone, Orbetello, Portoferraio, Porto Ercole, Ansedonia, Porto Santo Stefano sowie der im Jahre 1603 hinzugekommene und auf der Insel Elba gelegene Hafen Porto Longone. Diese sich ursprünglich im Besitz der Republik Siena befindenden Festungs- und Hafenstädte dienten in der Zeit der direkten spanischen Herrschaft der Flotte des Königreiches als militärischer Stützpunkt und sollten darüber hinaus den toskanischen Küstenraum vor den Angriffen der osmanischen Flotte und nordafrikanischer Seeräuber, den sogenannten Barbaresken, schützen. 1801 wurde dann dieser Stato dei Presidi dem von Napoleon begründeten italienischen Königreich Etrurien einverleibt und auf dem Kongress von Wien in den Jahren 1814/1815 nicht wieder hergestellt, sondern bildete bis zu dessen Erlöschen im Jahre 1860 einen Teil des Großherzogtums Toskana.[167]

Die kleinsten territorialen Einheiten im Verwaltungssystem des Königreiches, sozusagen deren Nuklei, auch hinsichtlich der Steuererhebung, stellten die sogenannten *università* dar. Diese hatten, unabhängig davon, ob sie nun zum Besitz

166 Passerin d'Entrèves: L'Italia nell'età delle riforme, S. 204f.

167 Gernert, Groblewski: Die italienischen Staaten zwischen 1559 und 1814, S. 183f. Zu dieser Exklave des Königreiches Neapel in der südlichen Toskana und ihrer Geschichte siehe ferner Russo: La difesa costiera dello Stato dei Presidi di Toscana dal XVI al XIX secolo.

des Königs, des grundbesitzenden weltlichen Adels oder der römisch-katholischen Kirche gehörten, einen bestimmten Betrag an Steuern an die Staatskasse zu entrichten, die sich aus Zollgebühren und den *gabelle*, also Steuern auf Verbrauchsgüter, zusammensetzte.[168] Als Karl von Bourbon 1734 die Herrschaft im Königreich Neapel übernahm, gab es ungefähr 2.000 dieser *università*, von denen aber der Großteil unter die Rechtssprechung der Barone fiel und nur ein kleiner Teil unter diejenige des königlichen Hofes.[169] Ein Umstand, der zu einer erheblichen Schmälerung der Staatseinnahmen führte, bestand in den mit dem Grundbesitz des Adels einhergehenden umfangreichen Steuerbefreiungen für die örtlichen Eliten, hier insbesondere auch für die Repräsentanten der Kirche. Erschwert wurde die Arbeit des Fiskus auch durch das Fehlen eines Katasters, der eine am unmittelbaren Besitz ausgerichtete Steuererhebung ermöglichte hätte. Auch als man dann Ende der 1750er Jahre dazu überging, in zahlreichen *università* ein Kataster einzuführen, in dem der vorhandene Besitz in Unzen aufgewogen wurde, weswegen man ihn als „onciario“ bezeichnete, so ergaben sich auch hier genug Möglichkeiten, die Steuereinziehung zu erschweren, da man die örtlichen Behörden damit beauftragt hatte, die für die Aufstellung eines Katasters notwendigen Daten zu sammeln, wodurch es den lokalen Eliten ein Leichtes war, dahingehend einzuwirken, dass falsche Angaben zum wahren Besitzstand gemacht wurden und es zu zeitlichen Verzögerungen bei der Organisation des Katasters kam. Die Leidtragenden des Systems der Steuererhebung in den Königreichen Neapel und Sizilien war die große Masse der normalen Bevölkerung, die nicht die Vorrechte und Einflussmöglichkeiten des Adels und der Kirche besaß.[170] Trotz der Bemühungen der königlichen Zentralregierung, sich durch allerlei Maßnahmen gegen die Vormacht der Barone in den Provinzen durchzusetzen, wird deren begrenzte Wirksamkeit allein schon durch die Tatsache deutlich, dass sich noch im Jahr 1786 lediglich 384 *università* von ca. 2.000 unter der

---

168 Passerin d'Entrèves: L'Italia nell'età delle riforme, S. 204f.

169 Candeloro: Le origini del Risorgimento, S. 138. Ein interessantes Beispiele für zwei *università* in der heutigen Region Apulien im 18. Jahrhundert, die nicht der königlichen Jurisdiktion unterstanden, und die dortigen Friktionen auf lokaler Ebene bietet Spagnoletti: Ufficiali, feudatari e notabili, S. 231–261. Als Beispiele wählte Spagnoletti die *università* von Putignano, die dem Orden der Ritter des Heiligen Johannes, d. h. dem Malteserorden, unterstand, und die *università* von Noci, die ein Lehen der adeligen Familie Acquaviva d'Aragona darstellte.

170 Spagnoletti, Storia del Regno delle Due Sicilie, S. 18–22.

direkten Kontrolle der Regierung befanden, also Staatsland waren, und ungefähr 65 % der Bevölkerung noch in direkter Abhängigkeit zu den Baronen standen.[171]

2.4 Die Rolle der gesellschaftlichen Eliten: Adel, Klerus und Bürgertum

Wie bereits deutlich geworden ist, war das gesellschaftliche und ökonomische Leben der Königreiche Neapel und Sizilien im 18. Jahrhundert noch stark von den Prinzipien des Feudalismus geprägt. Trotz der damit einhergehenden umfangreichen Sonderrechte und Einflussmöglichkeiten der Aristokratie und, wenngleich im Vergleich zum Adelsstand weniger ausgeprägt, des Klerus, begann in Gestalt des Bürgertums ein neuer Stand verstärkt auf sich aufmerksam zu machen und in höhere gesellschaftliche Sphären vorzudringen. Da sich die Reformpolitik der königlichen Regierung in Neapel besonders auch gegen die Vorrechte und Einflussmöglichkeiten dieser zwei etablierten Stände richtete, musste es geradezu zwangsläufig zu erheblichen Friktionen kommen. Die Probleme, die sich folglich einer entschlossener auftretenden Zentralregierung bzw. ihren Repräsentanten vor Ort bei der Durchsetzung von Reformvorhaben gegenüber den lokalen bzw. regionalen Eliten, d. h. insbesondere gegenüber den grundbesitzenden Baronen, auftaten, stellten keineswegs ein Novum dar, sondern waren den Beziehungen zwischen Neapel und der Peripherie schon seit langer Zeit inhärent.[172]

Die umfangreichen jurisdiktionellen Privilegien, deren sich der Adel in den Provinzen erfreute, gingen maßgeblich auf die Zeit Alfons V. von Aragón zurück. Denn im Jahre 1443 hatte dieser allen Lehnsträgern des Königreiches das Recht gewährt, in erster Instanz die Rechtssprechung sowohl für zivile als auch strafrechtliche Angelegenheiten auszuüben. Im Jahre 1456 wurde dieses Privileg noch dahingehend erweitert, dass der grundbesitzende Adel nunmehr zusätzlich noch mutmaßliche Verbrecher einkerkern, körperliche Bestrafungen vollziehen und schließlich das für die ordnungsgemäße Ausübung der Gerichtsbarkeit notwendige Personal auswählen durfte. Die nächsten höchsten Stufen der Gerichtsbarkeit bzw. Rechtssprechung blieben aber den Organen der Zentralregierung in

171 Allocati: Il comune meridionale nel periodo borbonico, S. 167. Zu der Institution der *università* zu Beginn der Regierung Karls von Bourbon und zur Organisation der lokalen Verwaltung Bulgarelli Lukacs: Le „universitates“ meridionali all'inizio del regno di Carlo di Borbone, S. 5–25. Zu den Versuchen der Regierung, die *università* stärker unter ihre Kontrolle zu bekommen, und den damit verbundenen Friktionen mit den lokalen Eliten siehe Spagnoletti: Le istituzioni statali e il potere locale nel Regno di Napoli (1730–1780), S. 7–28.

172 Galasso: Storia del Regno di Napoli. Il Mezzogiorno borbonico e napoleonico, S. 330.

den Provinzen, den *Regie Udienze* bzw. dem *Tribunale di Campagna* für die Terra di Lavoro, und denjenigen in der Hauptstadt Neapel vorbehalten.[173]

In der Zeit, als das Königreich noch ein Anhängsel des Weltreiches der spanischen Habsburger war, herrschte eine mehr oder weniger konsensuale Herrschaftsteilung zwischen den lokalen Kräften und den Spaniern. Für die Anerkennung der spanischen Oberherrschaft zeigte sich die Regierung in Madrid bereit, den lokalen Eliten zahlreiche Privilegien, Autorität und Autonomie in den jeweiligen Gebieten zu gewähren. Somit konnte sich eine solide Basis für diejenigen sozialen und institutionellen Strukturen herausbilden, die für eine auf eine stärkere Zentralisierung von Herrschaft ausgerichtete Politik der Regierung in Neapel automatisch ein äußerst schwer zu überwindendes Hindernis darstellen mussten, da sich die lokalen bzw. regionalen Machtträger natürlich jegliche Einmischung und Beschneidung ihrer Macht in ihren Zuständigkeitsbereichen verbaten.[174]

Im Hinblick auf die Rechtssprechung in den Gebieten, die der baronalen Jurisdiktion unterstanden, mag es nicht sonderlich überraschen, dass die dortigen Funktionsträger eher auf die unmittelbaren Interessen des jeweiligen Barons achteten, als wirklich Gerechtigkeit walten zu lassen. Aus den jurisdiktionellen Sonderrechten der Barone erwuchs der königlichen Rechtssprechung zudem ein erhebliches Hindernis bei der gezielten Bekämpfung der in den Provinzen des Reiches weitverbreiteten Kriminalität und der damit einhergehenden Unsicherheit.[175] Obschon die Zentralregierung ihre Absicht kundtat, etwas an den bestehenden Missständen ändern zu wollen, wurde am Ende der Regierungszeit Karls von Bourbon klar, dass es sich hierbei im Endeffekt nur um Lippenbekenntnisse gehandelt hatte. Unter Karl von Bourbon und seinem Nachfolger Ferdinand IV. schaffte man es nicht, das Durcheinander von baronaler und königlicher Rechtssprechung aufzulösen. Letzten Endes konnte im ausgehenden 18. Jahrhundert der Adel in den Provinzen des Reiches seine Machtposition und seine Vorrechte halten. Der Baron blieb in seinem Bereich Hüter der Rechtssprechung, der öffentlichen Ordnung und der Verteilung der finanziellen Erträge mit all den damit verbundenen Möglichkeiten des Missbrauchs, womit dem Versuch Neapels, die Provinzen stärker an die Zentrale zu binden, ein Riegel vorgeschoben war.[176]

Gleich dem Adel verfügte auch der Klerus über zahlreiche finanzielle und jurisdiktionelle Sonderrechte, die im Lauf von Jahrhunderten erheblich angewachsen

173 Dandolo, Sabatini: Lo Stato feudale dei Carafa di Maddaloni, S. 118.

174 Spagnoletti: Storia del Regno delle Due Sicilie, S. 18f. Generell zu dieser Problematik siehe Woolf: La storia politica e sociale, S. 23–38.

175 Carpanetto, Ricuperati: L'Italia del Settecento, S. 229.

176 Valsecchi: Il riformismo borbonico in Italia dal 1714 al 1788, S. 98f.

waren.[177] Die zahlreichen Privilegien des Klerus ergaben sich auch daraus, dass der in Rom residierende Papst in formaler Hinsicht seit der Normannenzeit der oberste Lehnsherr des unteritalienischen Königreiches war, ein rechtlicher Umstand, über den die Zentralregierung alles andere als beglückt war. Ein Zeichen dieser Unterordnung war jedes Jahr die am 28. Mai vorgenommene feierliche Überreichung der sogenannten „chinea", einer weißen Stute, sowie die Zahlung eines Betrages von 7.000 Dukaten an den Papst.[178] Auch bedingt durch den sehr umfangreichen Grundbesitz der Kirche in Verbund mit den finanziellen Sonderrechten ging letzten Endes ein beträchtlicher Teil der Einkünfte an der Staatskasse vorbei und gelangte direkt in die Hände der päpstlichen Kurie in Rom. Daher sah man hier schon in der Regierungszeit Karls von Bourbon dringenden Handlungsbedarf.[179] Die von Karls Regierung getroffenen Maßnahmen zielten besonders darauf ab, den Einfluss des Klerus auf das öffentliche Leben und damit verbunden dessen Anzahl sowie dessen im Verlauf von Jahrhunderten angehäufte Privilegien einzuschränken. Beide Stände, sowohl Klerus als auch Adel, hatten nach den Vorstellungen des Königs zudem noch mit den zu besteuernden Gewinnen aus ihren jeweiligen wirtschaftlichen Aktivitäten einen Beitrag zur Sanierung der klammen Staatsfinanzen zu leisten.[180]

Als Karl von Bourbon im Jahr 1734 die Herrschaft im Süden übernahm, kamen auf eine Gesamteinwohnerzahl von etwas mehr als 3 Millionen Personen sehr

177 Zu den jurisdiktionellen Sonderrechten der Kirche und den daraus erwachsenden Problemen in der ersten Hälfte des 18. Jahrhunderts siehe Ajello: Il problema della riforma giudiziaria e legislativa, S. 22–72.

178 Rao: Il riformismo borbonico a Napoli, S. 221. Zu dieser sich aus dem Lehnsrecht ergebenden Unterordnung zählte auch, dass der Papst sich das Recht herausnahm, den jeweils neuen König von Neapel in sein Amt zu investieren. Hierbei handelte es sich aber bloß um einen formalen Akt, der stets mit einer Investiturs- und Glückwunschbulle besiegelt wurde. Vinciguerra: La reggenza borbonica nella minorità di Ferdinando IV, S. 112f. Ein gutes Beispiel für das Unbehagen, sich gegenüber dem Papst in der Rolle eines Lehnsträgers zu befinden, ist die Weigerung Karls von Bourbon im Jahr 1735, dem Papst die *chinea* zu überreichen. Ein deutlicher diplomatischer Affront gegen den Herrschaftsanspruch Karls über Neapel war die Umstand, dass der Papst die *chinea* am 29. Juni desselben Jahres aus den Händen Kaiser Karls VI. aus der Habsburgerdynastie erhielt, deren Herrschaft über Neapel und Sizilien die Spanier beendet hatten. Barreca: El reino de Sicilia en los años 1734–1759, S. 454.

179 Demarco: Momenti della politica economica di Carlo e Ferdinando di Borbone, S. 23.

180 Pietschmann: Karl III. (1759–1788), S. 162f.

grob geschätzt insgesamt 75.000 Personen als kirchliche Würdenträger.[181] Bei einem Gesamtumfang des Königreiches von annähernd 7.700.000 Hektar besaß die Kirche einen beachtlichen Grundbesitz von etwas weniger als einer Million Hektar.[182] Neben den an der Staatskasse vorbeifließenden Einkünften aus diesem sehr umfangreichen Grundbesitz entstand für die Regierung in Neapel ein zusätzliches Ärgernis aus den jurisdiktionellen Freiheiten, auf die sich die Kirche dort berufen konnte, ein Umstand, der auch die Strafverfolgung durch die königlichen Behörden erheblich behinderte. Hierzu gehörte beispielsweise das Recht auf Asyl in Klöstern, Kirchen und sonstigen Orten (Friedhöfe, Hospitäler, bischöfliche Paläste etc.), die dem Klerus unterstanden. Dies führte dazu, dass sich straffällig gewordene und auch des Mordes bezichtigte Personen der königlichen Gerichtsbarkeit entziehen konnten, solange sie sich an jenen Orten aufhielten.[183] Welche Ausmaße dieses Sonderrecht der Kirche annehmen konnte, zeigt in deutlicher Weise die Zahl von angeblich 20.000 solcher Einzelfälle von sogenannten „confugiati" für das Jahr 1740, wie sie in Dino Carpanettos und Giuseppe Ricuperatis 1990 erschienener Monografie „L'Italia del Settecento. Crisi – Trasformazioni – Lumi" angegeben wird.[184] Ein schon länger bestehendes Problem ergab sich auch aus der mehr oder weniger offenen Zusammenarbeit zwischen Vertretern des ländlichen Klerus und einzelnen Räuberbanden. So existiert beispielsweise ein längeres Verzeichnis für Kleriker der Pfarrei von Sant'Egidio, denen zwischen dem Ende des 16. Jahrhunderts und der Mitte des 17. Jahrhunderts am in der Provinz Principato Citra gelegenen bischöflichen Gerichtshof von Capaccio wegen der Zusammenarbeit mit einzelnen Räuberbanden der Prozess gemacht wurde. Die gegen diese Kleriker erhobenen Vorwürfe bezogen sich dabei häufig auf „pro conversatione habita cum bannitis et foriiudicatis et armatione in campanea" und „pro receptatione bannitorum, foriudicatorum et excommunicatorum".[185] Eine für die königliche Justiz besonders ärgerliche Begleiterscheinung war, dass Räuberbanden aus geweihten Orten sogar Stützpunkte für ihre Unternehmungen in der Umgebung machen konnten. Sollte ein Vertreter der staatlichen Justiz es dann trotzdem versuchen, an diesen Orten die staatliche Jurisdiktion durchzusetzen, ohne sich bei diesem

181 Candeloro: Le origini del Risorgimento, S. 147.

182 Rao: Il riformismo borbonico a Napoli, S. 222.

183 Alisio: Sviluppo e struttura della città, S. 323. Zum Recht der Kirche auf die Gewährung von Asyl und den damit verbundenen Problemen siehe Lacchè: Latrocinium, S. 221–242 und Ajello: Il problema della riforma giudiziaria e legislativa, S. 24ff. und S. 32–42.

184 Carpanetto, Ricuperati: L'Italia del Settecento, S. 228.

185 Corcione: Modelli processuali nell'antico regime, S. 36.

Vorgehen vorher mit den örtlichen Vertretern der Kirche abgestimmt zu haben, so drohte ihm unweigerlich die Exkommunikation, die sich besonders negativ auf das Ansehen und daran anschließend auf die weitere Karriere im staatlichen Justizapparat auswirken konnte.[186] Dieses Recht auf Asyl, das erheblich die Autorität der königlichen Rechtssprechung untergrub, sollte allerdings erst 1787 ganz abgeschafft werden. Ein weiteres Ärgernis war die Tatsache, dass sich der Klerus nur vor den Institutionen der kirchlichen Rechtssprechung zu verantworten hatte, und deshalb in dieser Angelegenheit die jurisdiktionellen Ansprüche Neapels einfach ignorieren konnte.[187]

Beispiele für Maßnahmen gegen die ausufernden Rechte der Kirche sind im Jahr 1738 das Verbot, dass Geistliche über den Besitz derjenigen verfügen dürfen, die ohne Hinterlassung eines Testamentes gestorben waren. 1740 fror man den in Gang befindlichen Bau von Klöstern und Kirchen ein und verbot 16 Jahre später die bauliche Erweiterung von bereits vorhandenen Klöstern und Kirchen ohne die Zustimmung der Regierung.[188]

Alle von der Regierung ergriffenen Maßnahmen gegen die finanziellen und jurisdiktionellen Sonderrechte der Kirche führten erwartungsgemäß zu Spannungen mit der römischen Kurie, welche man schließlich 1741 im Rahmen des Konkordates „Trattato di accomodamento tra la Santa Sede e la Corte di Napoli" zu lösen bestrebt war. In diesem Konkordat erklärte sich die Kirche schließlich dazu bereit, auf einen Teil ihrer angestammten Privilegien zu verzichten. Die Güter der Kirche wurden der normalen Besteuerung unterworfen, mit Ausnahme derjenigen Besitzungen, die man vor der Unterzeichnung der Übereinkunft erworben hatte. Hierfür hatte die Kirche nur die Hälfte an Abgaben an den Staat zu leisten. Das Recht auf die Gewährung von Asyl wurde auf geweihte Kirchen und Pfarreien eingeschränkt und galt auch nur für bestimmte Vergehen. Was die persönliche Unantastbarkeit betraf, so galt diese jetzt nur noch für Geistliche, die des Mordes bezichtigt wurden.[189] Um der Zweckentfremdung von Gütern, welche die römisch-katholische Kirche erworben hatte, einen Riegel vorzuschieben, untersagte man ihre Übertragung auf Personen, die nicht dem Herrschaftsgebiet des Bourbonen

---

186 Carpanetto, Ricuperati: L'Italia del Settecento, S. 228.

187 Alisio: Sviluppo urbano e struttura della città, S. 323. Detaillierter zur Position der römisch-katholischen Kirche im Königreich Neapel des 18. Jahrhunderts und den Maßnahmen der Regierung, die darauf abzielten, deren Einfluss einzuschränken, Placanica: Chiesa e società nel Settecento meridionale, S. 121–189.

188 Demarco: Momenti della politica economica di Carlo e Ferdinando di Borbone, S. 23.

189 Alisio: Sviluppo urbano e struttura della città, S. 324f.

entstammten.[190] Des Weiteren legte man fest, dass der Anteil der Geistlichen an der Gesamtbevölkerung nur noch 1% Prozent betragen sollte, was der Zielsetzung entgegenkam, den Einfluss des Klerus in der Öffentlichkeit einzuschränken.[191]

Den Höhepunkt der gegen den sozialen und politischen Einfluss des Klerus gerichteten Maßnahmen stellte im Jahr 1767 das maßgeblich von Bernardo Tanucci betriebene Verbot des Jesuitenordens und die Beschlagnahmung seiner Güter dar. Mit dieser Maßnahme bewegte sich die Regierung in Neapel auf der gleichen Linie wie andere europäische Regierungen: 1759 vertrieb man die Jesuiten aus Portugal, 1762 aus Frankreich und schließlich 1767 aus dem Königreich Spanien unter dem Vorwand, gegen die jeweilige Regierung konspiriert zu haben.[192] Die Exkommunikation, die Papst Clemens XIII. (Pontifikat 1758–1769) über die Verantwortlichen für die Vertreibung der Jesuiten aus den Königreichen Neapel und Sizilien verhängte, veranlassten die Regierung in Neapel, es auf eine Machtdemonstration gegenüber dem Pontifex maximus ankommen zu lassen. Auf Weisung Tanuccis marschierte die neapolitanische Armee in die zum Kirchenstaat gehörenden Enklaven Benevent und Pontecorvo ein und hob deren Besetzung erst 1773 auf, als sich der Nachfolger Papst Clemens' XIII., Clemens XIV. (Pontifikat 1769–1774), dazu bereit fand, den Jesuitenorden auch im Kirchenstaat zu verbieten.[193] Eher von symbolischer Bedeutung war im Vergleich zu den anderen antikirchlichen Maßnahmen der neapolitanischen Regierung schließlich 1788 die endgültige Abschaffung der jährlichen Überreichung der *chinea*.[194]

Wenngleich sich die Resultate der 1792 im Windschatten der Französischen Revolution abgebrochenen Reformpolitik in den Königreichen Neapel und Sizilien in der Rückschau gerade im Vergleich zu anderen Staaten des *Ancien Régime* als eher bescheiden darstellten, so vermochte die Regierung in Neapel wenigstens auf dem Gebiet der Zurückdrängung des Einflusses der römisch-katholischen Kirche Erfolge zu verbuchen, weil man es schaffte, die Zahl der Geistlichen, den Grundbesitz und die zahlreichen Sonderrechte deutlich einzuschränken.[195]

Neben diesen beiden alteingesessenen Ständen des Königreiches Neapel begann sich, wenngleich noch eher in geringem Umfang, so etwas wie ein bürgerlicher Stand herauszubilden. Auf dem Land waren dies Gruppen von Menschen,

190 Demarco: Momenti della politica economica di Carlo e Ferdinando di Borbone, S. 23.

191 Alisio: Sviluppo urbano e struttura della città, S. 325.

192 Galasso: Storia del Regno di Napoli. Il Mezzogiorno borbonico e napoleonico, S. 393. Vertiefend hierzu ebd., S 393–405.

193 Acton: I Borboni di Napoli, S. 133.

194 Candeloro: Le origini del Risorgimento, S. 148.

195 Placanica: Chiesa e società nel Settecento meridionale. S. 183–187.

die sich von unten zu Grundbesitzern hochgearbeitet hatten. Eine weitere Keimzelle für eine bürgerliche Mittelschicht befand sich in der Hauptstadt Neapel, wo diese Menschen ihren Lebensunterhalt als Händler, Anwälte oder Mitglieder des dortigen administrativen Korpus verdienten. Diese Schicht setzte sich u.a. auch aus bürgerlichen Kräften zusammen, die vom Land in die Hauptstadt gezogen waren, um dort Arbeit und Wohlstand zu finden. Besonders die Zahl der Juristen war in der Machtzentrale des unteritalienischen Bourbonenreiches sehr hoch, ein Umstand, der sich zum einen aus der Komplexität der gültigen Rechtsordnung ergab, den Überschneidungen zwischen der königlichen Rechtssprechung mit derjenigen des einheimischen Adels und der Kirche sowie der massiven Förderung der Juristenausbildung durch die spanischen Vizekönige, um im Sinne der Vertretung der Interessen der Zentralregierung ein Gegengewicht zu den Baronen und deren rechtlichen Prärogativen zu schaffen.[196]

2.5 Ein Überblick zur sozialen und ökonomischen Lage in den Provinzen im 18. Jahrhundert

Wie andere Staaten auf der Apenninenhalbinsel im 18. Jahrhundert, so war auch das Königreich Neapel außerhalb seiner wenigen städtischen Zentren ein primär agrarisch geprägter Staat, in welchem sowohl der Adel als auch der Klerus über einen ausgedehnten Grundbesitz und zahlreiche Sonderrechte verfügten und damit einhergehend einen entscheidenden Einfluss auf das alltägliche und sich unter den einfachsten Bedingungen abspielenden Lebens eines überwiegenden Teils der Bewohner der Provinzen ausübten.[197] Auch wenn sich die

---

196 Candeloro: Le origini del Risorgimento, S. 145f.

197 Grundlegend zu den wirtschaftlichen Gegebenheiten und Entwicklungen in den verschiedenen Provinzen des Königreiches Neapel des 18. Jahrhunderts Macry: Mercato e società nel Regno di Napoli. Aufschlussreich für die Zustände in den Provinzen zu Beginn der Herrschaft Karls von Bourbon Pallante: Memoria per la riforma del Regno. Grundlegend für die Zustände in den Provinzen in den letzten beiden Jahrzehnten des 18. Jahrhunderts ist das zeitgenössische Werk des neapolitanischen Reformpublizisten Giuseppe Maria Galanti, der diese im Auftrag König Ferdinands IV. bereiste und die dort gesammelten Eindrücke in zahlreiche Werke einfließen ließ. Zu den schriftlichen Darlegungen Galantis gehören "Descrizione dello stato antico ed attuale del Contado di Molise", "Relazioni sull'Italia Meridionale", "Della descrizione geografica e politica delle Due Sicilie", "La Terra di Bari nella seconda metà del secolo XVIII", "Giornale di viaggio in Calabria", "Testamento Forense". Die Berichte Galantis aus den apulischen Provinzen gegen Ende des 18. Jahrhunderts werden von Tommaso Pedio in kritischer Edition wiedergegeben in „Le Province pugliesi alla fine del XVIII secolo nelle relazioni del Galanti" und diejenigen zu den beiden kalabrischen

Lebensbedingungen eines Großteils der in den Provinzen des Königreiches lebenden und der klein- bzw. unterbäuerlichen Schicht angehörenden Menschen sowohl im 18. Jahrhundert als auch in den Jahrhunderten davor als äußerst schlecht darstellten, so muss hierbei trotzdem eine gewisse Nuancierung vorgenommen werden. Auf der einen Seite überwog zwar auch im frühbourbonischen Königreich Neapel des 18. Jahrhunderts die große Masse der armen Landbewohner, die beispielsweise als einfache Bauern, als schlecht bezahlte Tagelöhner oder auch als Bettler tagaus, tagein ihr unmittelbares Überleben abzusichern versuchten, auf der anderen Seite gab es jedoch auch eine relativ kleine Gruppe wohlhabender Bauern bzw. finanziell relativ gut dastehender Dorfbewohner, welche die Keimzelle des später noch weiter anwachsenden grundbesitzenden Bürgertums in den ländlichen Regionen des Bourbonenstaates bildete. Zum einen bedienten sich genauso wie der alteingesessene Adel diese wohlhabenden Landbewohner der Arbeitskraft Tausender von Tagelöhnern zur Bewirtschaftung ihres Grund und Bodens. Zum anderen begannen sie aber auch, mit den Baronen um den sozioökonomischen und politischen Einfluss in den ländlichen Gebieten des bourbonischen Königreiches zu konkurrieren, wobei es ihnen im Königreich Neapel des 18. Jahrhunderts einstweilen noch verwehrt bleiben sollte, die dominante Stellung des grundbesitzenden Adels innerhalb der ländlichen Gesellschaft wirklich ernsthaft ins Wanken zu bringen.[198]

Ein wichtiges Charakteristikum, welches die Bevölkerung in den ländlich geprägten Regionen des Königreiches von derjenigen in der Hauptstadt und Metropole Neapel unterschied, bestand in dem äußerst geringen Grad der Alphabetisierung. Während von der gesamten Bevölkerung des Königreiches Neapel, deren Zahl sich überwiegend auf die Provinzen konzentrierte, nur ein Anteil von zwischen 5 und 10 % lesen und schreiben konnte, waren dies in der Hauptstadt immerhin 40 %, die diese Fähigkeiten besaßen. Ein noch größerer Gegensatz im Hinblick auf den Grad an Alphabetisierung ergab sich jedoch zwischen der

Provinzen in den von Augusto Placanica herausgegebenen „Scritti sulla Calabria". Zur Person Galantis siehe Demarco: Introduzione, S. 7–31. Von besonderer Relevanz für die Zustände in den beiden kalabrischen Provinzen in der ersten Hälfte der 1790er Jahre sind die „Riflessioni economico-politiche di un cittadino relative alle due provincie di Calabria con un breve prospetto dello stato economico della città di Messina" des aus Cosenza stammenden Marquis Giuseppe Spiriti. Eine große Auswahl an Auszügen aus den Schriften der verschiedenen neapolitanischen Reformpublizisten zu den Zuständen in den Provinzen findet sich in der von Francesco di Battista herausgegebenen Sammlung „Il Mezzogiorno alla fine del'700".

198 Candeloro: Le origini del Risorgimento, S. 141f.

einfachen Bevölkerung und den Eliten in den Provinzen. Während von diesen Begüterten zwischen 95 und 100 % lesen und schreiben konnten, waren die Vertreter der ländlichen Unterschichten fast durchgängig des Schreibens und des Lesens unkundig. Wenngleich es gerade in den 1770er Jahren von Seiten der Regierung Versuche gab, diesen Missstand durch die Einrichtung von Grundschulen, welche zumindest elementares Wissen hätten vermitteln können, zu verringern, so scheiterten solche Projekte zumeist am Mangel an geeigneten Lehrkräften, an finanziellen Möglichkeiten der Kommunen sowie am Misstrauen der Bevölkerung vor Ort und der Kirche.[199]

Wenngleich sich das alltägliche Leben eines überwiegenden Teils der Provinzbevölkerung unter den einfachsten Bedingungen abspielte und auf das Engste an die Landwirtschaft als der zentralen wirtschaftlichen Ertragsform und den sich in diesem Sektor ergebenden Beschäftigungsmöglichkeiten gebunden war, so ergaben sich auch innerhalb der ländlichen Unterschicht noch weitere beachtenswerte Schichtungen im Hinblick auf die unmittelbare Lebens- und Arbeitsweise. Denn unter diesen überwiegend in der Landwirtschaft tätigen Menschen gab es sowohl solche, die die Möglichkeit besaßen, ihr Auskommen und dasjenige ihre Familien auf dem Gebiet ihres Heimatortes oder dessen näheren Umgebung zu erwirtschaften, als auch solche, die sich aufgrund ihrer ungünstigen sozialen und wirtschaftlichen Lage dazu veranlasst sahen, ihre Herkunftsgebiete zu verlassen und zu versuchen, in den anderen Gebieten des Königreiches als sogenannte „bracciali", also als Tagelöhner bzw. Lohnarbeiter, auf denjenigen Gütern, die dem Adel, der Kirche oder auch Privatpersonen ohne jeglichen adeligen und kirchlichen Hintergrund, den sogenannten „galantuomini", unterstehen konnten, zu einem kargen Verdienst zu gelangen.[200] Zu diesen Personen, die ihre Heimatorte

199 Rao: Il riformismo borbonico a Napoli, S. 265.

200 Candeloro: Le origini del Risorgimento, S. 139f. Zwischen diesen Gütern ergaben sich im Hinblick auf den rechtlichen Status, die Verfügungsgewalt und die Nutzungsmöglichkeiten beträchtliche Unterschiede. So gab es die reinen Lehnsgüter, die sogenannten „beni feudali", deren adelige Besitzer lediglich einen geringen jährlichen Tribut, die sogenannte „adoa", zu entrichten hatten und die von Seiten des Staates dann eingezogen wurden, wenn sich bis zum sechsten Verwandschaftsgrad keine Erben mehr finden ließen. Diese „beni feudali" ließen sich wiederum in zwei Untergruppen aufgliedern, die sich hinsichtlich der Nutzungsbedingungen voneinander unterschieden. Bei diesen handelte es sich um die sogenannten „demani feudali", die einer wirtschaftlichen Nutzung durch die Gemeinschaft offenstanden, und die sogenannten „difese", für die dies wiederum nicht zutraf. Der nächste Typ an Gütern waren die sogenannten „beni universali", die rechtlich den *università* unterstanden und die einer gemeinschaftlichen Nutzung offenstanden. Die sogenannten „beni

verließen, um sich in bestimmten Zeiträumen woanders ihren Lebensunterhalt zu verdienen, zählten aber nicht nur ausschließlich bäuerliche Lohnarbeiter, sondern natürlich auch im intra- und interprovinzialen Warenaustausch tätige Händler oder auch einfache Handwerker, für die gerade die verschiedenerorts stattfindenden Messen eine der zentralen Erwerbsmöglichkeiten darstellten. Neben dieser Masse an Personen gab es im Königreich Neapel des 18. Jahrhunderts so wie in den anderen europäischen Staaten dieser Zeit, wobei sich die Übergänge als sehr fließend darstellten, aber auch eine große Anzahl von entweder nur zeitweilig

---

di piena e libera proprietà", die sich im Hinblick auf ihren rechtlichen Status von den „beni feudali" und „beni universali" dadurch unterschieden, dass für sie keine Abgaben an die Staatskasse abzuführen waren, untergliederten sich in drei Untergruppen: *erstens* die „beni burgensatici", die sie sich in den Händen des Adels befanden, *zweitens* die „beni allodiali", die sich in den Händen von nichtadeligen und nichtkirchlichen Privatpersonen, wie Bauern oder Vertretern des Landbürgertums, befanden, und schließlich *drittens* die „beni patrimoniali", die sich in den Händen der *università* befanden. Der letzte Typus an Gütern waren die „beni ecclesiastici", über welche die Kirche frei verfügte und für die sie keinerlei Abgaben an den neapolitanischen Staat zu entrichten hatte. Gerade im Hinblick auf den rechtlichen Status dieser Güter und den damit verbundenen Nutzungsbedingungen entzündeten sich immer wiederholt Streitigkeiten zwischen den verschiedenen Vertretern der ländlichen Gesellschaft. Besonders die Barone neigten dazu, die ihnen gehörenden „demani feudali" in „difese" umzuwandeln, wodurch eine Nutzung durch die Gemeinschaft nicht mehr möglich war. Eine besondere Verbreitung fand auch das Verhalten von Seiten der Barone und der hervorragenden Vertreter der Kommunen, zu denen der stetig zunehmende Stand der *galantuomini* gehörte, die sogenannten „demani universali" widerrechtlich in „beni burgensatici" und „beni allodiali" umzuwandeln, über welche die Besitzer frei verfügen konnten und für die keinerlei Abgaben mehr an die Staatskasse entrichtet werden mussten. Durch diese widerrechtliche Aneigung der vormaligen „demani universali" konnten deren Besitzer deren gemeinschaftliche Nutzung untersagen, weswegen es zu einem beträchtlichen Anstieg von sozial motivierten Auseinandersetzungen vor Ort und juristischen Streitereien vor den zuständigen Gerichtshöfen kam. Candeloro: Le origini del Risorgimento, S. 137ff. Eine besondere Dimension erreichten diese Konflikte, in deren Kern es in Anbetracht der seit den 1770er Jahren erheblich zugenommenen Bevölkerung oftmals um den unmittelbaren Zugang zu solchen für die Nahrungsmittelproduktion notwendigen Ressourcen, wie kultivierbaren Böden, Weiden oder auch Wasser, ging, gerade in den beiden letzten Dezennien des 18. Jahrhunderts. Maßgeblich für die diesbezüglichen Auseinandersetzungen zwischen den verschiedenen Vertretern der ländlichen Gesellschaft des Königreiches Neapel in den letzten beiden Dezennien des 18. Jahrhunderts ist Corona: Demani e individualismo agrario nel Regno di Napoli (1780–1806).

oder auch dauerhaft nicht sesshaften und keiner wirklich festen Betätigung nachgehenden Personen[201], die auf der Suche nach Möglichkeiten der Subsistenz die

---

201 Diese Ausführungen orientieren sich im Groben an den im einleitenden Kapitel von Carsten Küthers im Jahre 1983 erstmals veröffentlichter Studie „Menschen auf der Straße. Vagierende Unterschichten in Bayern, Franken und Schwaben in der zweiten Hälfte des 18. Jahrhunderts" verwendeten allgemeinen Beschreibungskategorien für die sesshaften und nicht sesshaften Teile der ländlichen Unterschichten, die sich in dieser Form auch auf die ländlichen Unterschichten des Königreiches Neapel des 18. Jahrhunderts übertragen lassen. So unterteilt Küther die Angehörigen der ländlichen Unterschichten im Hinblick auf ihre Sesshaftigkeit in drei Untergruppen: *erstens* „die *Seßhaften*, zweitens die *Wandernden*, die sich zwar gelegentlich oder regelmäßig in Ausübung eines Berufs oder auf der Suche nach Arbeit von ihrem Wohnsitz entfernten, sich dabei jedoch nach Auffassung der Behörden, auf jeden Fall aber nach eigenen und allgemeinen gesellschaftlichen Maßstäben immer noch wie die Seßhaften im Rahmen anerkannter Normen bewegten" und schließlich *drittens* „die *Vagierenden*, die außerhalb des sozialen Gefüges standen." Küther: Menschen auf der Straße, S. 8. Im Hinblick auf diese drei Untergruppen gibt Küther allerdings zu bedenken, dass „[d]ie Übergänge zwischen diesen drei Stufen, insbesondere zwischen dem Wandern und dem Vagieren, nur selten eindeutig zu bestimmen" seien. Ebd. Diese Vagierenden, bei denen es sich nach Küther um „keine klar umrissene, geschlossene soziale Gruppe" handelte, unterteilte er in zwei weitere Untergruppen: die permanent Vagierenden und die zeitweilig Vagierenden. Diese beiden Untergruppen der vagierenden Angehörigen der ländlichen Unterschichten definierte Küther wie folgt: „Zum einen gab es die *permanent Vagierenden*, die auf Dauer abgesunken, zum Teil schon als Kinder von Vagierenden auf die Welt gekommen waren. Neben dem Umstand, daß sie nur sehr spärliche persönliche oder sachliche Bindungen an einen Heimat- oder Geburtsort und seine seßhaften Bewohner hatten, ist bei ihnen entscheidend, daß sie meist keine Berufsausbildung hatten und sich überdies in den langen Jahren des Vagierens wohl auch bewußtseinsmäßig weit von der Möglichkeit einer Eingliederung in ein seßhaftes Leben entfernten. [...] Die zweite Gruppe der *zeitweilig Vagierenden* stellt den unklaren Grenzbereich zu den *seßhaften Unterschichten* dar. Sie kann wiederum in sich aufgeteilt werden. Da waren zum einen die Menschen, die über längere Zeiträume ihres Lebens, zum Teil über Jahre, vagierten, sich jedoch persönliche und soziale Verbindungen oder auch berufliche Fähigkeiten und die Bereitschaft, sie anzuwenden, bewahrt hatten, so daß vielen von ihnen noch nach längerer Zeit die Reintegration glücken konnte. Zum anderen gab es die große Gruppe Angehöriger meist bäuerlicher, aber auch gewerblicher Unterschichten. Sie arbeiteten etwa als Erntehelfer, Hüter oder Produzenten von Kleinwaren, waren jedoch gezwungen, außerhalb der Saison und auf der Suche nach Arbeit bzw. Absatzmärkten durchs Land zu ziehen. Natürlich war nicht jeder dieser Gelegenheits- und Saisonarbeiter ein Vagierender. Dennoch ist naheliegend, daß dieser Status häufig den Beginn des Absinkens bedeutete. Schon eine leichte Krankheit, ein

Provinzen durchzogen und von Seiten des neapolitanischen Staates und seiner Repräsentanten in den Provinzen, die in diesen immer ein unerschöpflich erscheinendes Rekrutierungsreservoir für Räuberbanden sahen, abschätzig als „vagabondi“, „oziosi“ oder auch „dissutili“[202] bezeichnet wurden. Diese große Anzahl von vagierenden Menschen, die sich nicht nur im Königreich Neapel der frühen Neuzeit, sondern auch in den anderen europäischen Ländern vorfinden ließ, erfuhr gerade in Zeiten schwerer politischer, sozialer und ökonomischer Krisen eine erhebliche Zunahme. Bei diesen Neuzugängen handelte es sich gerade auch um einstmals sesshafte Menschen, die in Anbetracht der Not und drohenden Verarmung ihre Wohnsitze aufgegeben hatten und sich anderswo nach Möglichkeiten der Subsistenzsicherung umsahen.[203]

Wie bereits eingangs erwähnt, handelte es sich auch im Königreich Neapel der frühen Bourbonenzeit bei der Landwirtschaft um die zentrale wirtschaftliche Ertragsform. Sie stellte somit automatisch auch den zentralen Erwerbssektor für einen überwiegenden Teil der Bewohner der Provinzen dar. Hinsichtlich der gewählten Anbauformen und der landwirtschaftlichen Erträge ergab sich aber zwischen den Provinzen und sogar innerhalb ein und derselben Provinz ein zum Teil außerordentliches Gefälle. Auch in Anbetracht dessen, dass ein großer Teil des Territoriums des Königreiches von Gebirgen durchzogen wurde, lässt sich

---

geringfügiges Vergehen und seine Bestrafung oder Pech bei der Arbeitssuche (die eben häufig vagierend bewerkstelligt werden mußte) konnten das völlige Ende des Erwerbs durch Arbeit bedeuten. Innerhalb dieser Gruppe der *zeitweilig Vagierenden* fand also eine durch (zeitweiliges) Absinken und (wiederholte) Reintegration bedingte Fluktuation statt, die noch durch wirtschaftliche, politische, klimatische Gegebenheiten beeinflußt wurde.“ Ebd., S. 9f. Neben diesen beiden Gruppen führt Küther schließlich noch die allerdings ziemlich diffus erscheinende Gruppe der *vagierenden Gauner* an, „bei denen das Moment des kriminellen Broterwerbs zentral war. Sie rekrutierten sich meist aus den permanent Vagierenden. Die Gauner waren zugleich Umfeld und insbesondere personelles Reservoir der zahlreichen Räuberbanden, die im 18. Jahrhundert ihr Unwesen trieben (gemeint sind hier die Regionen Bayern, Franken und Schwaben – d.V.).“ Ebd., S. 10.

202 Dieser drei Begrifflichkeiten in Bezug auf die nicht sesshaften, vagierenden Teile der ländlichen Bevölkerung bediente sich beispielsweise der *Segretario di Stato di Grazia e Giustizia*, Carlo Demarco, in einem Schreiben vom 11. Juni 1774 an die Adresse des für die Provinz Calabria Citra zuständigen *preside* von Cosenza. BNN, *Sezione dei Manoscritti, Dispacci Generali e Lettere Pervenute a Varie Udienze del Regno del 1742 al 1776*, Ms. XI. A 79, Schreiben des *Segretario di Stato di Grazia e Giustizia*, Carlo Demarco, an den *preside* von Cosenza, Neapel 11. Juni 1774, fol. 179r.

203 Rheinheimer: Arme, Bettler und Vaganten, S. 16.

vorausgreifend sagen, dass sich die Bedingungen für die Landwirtschaft in den flacheren und näher am Meer gelegenen Gebieten weitaus günstiger darstellten als in den weiter im Inneren des Königreiches liegenden und stärker von Gebirgszügen geprägten Territorien.

Die landwirtschaftliche Produktion in den Provinzen des Königreiches orientierte sich nicht nur an den Bedürfnissen des nationalen, sondern auch an denen des internationalen Marktes. Zu den im Königreich Neapel erzeugten landwirtschaftlichen Gütern, die auch auf den Märkten außerhalb der Grenzen Abnehmer fanden, zählten insbesondere das in faktisch allen Provinzen, wenngleich mit unterschiedlicher Extensität angebaute Getreide und das aus Oliven gewonnene Öl[204], dessen Herstellung gerade innerhalb der landwirtschaftlichen Anbauformen der beiden apulischen Provinzen Terra di Bari und Terra d'Otranto sowie der südkalabrischen Provinz Calabria Ultra eine außerordentlich bedeutsame Stellung einnahm.[205] Der Hauptabnehmer dieser außerhalb der Grenzen des Königreiches verschifften landwirtschaftlichen Erzeugnisse war insbesondere das gleichfalls von den Bourbonen beherrschte Königreich Frankreich. Im Königreich Neapel des 18. Jahrhunderts ergab sich aber ein deutliches Ungleichgewicht zwischen exportierten und importierten Gebrauchsgütern, denn die Zahl der Importe überstieg bei weitem diejenige der Exporte. Ungeachtet der weitaus höheren Zahl an importierten Waren blieb der diesbezügliche Abnehmermarkt innerhalb des Königreiches jedoch relativ übersichtlich. Neben den eben besprochenen landwirtschaftlichen Ertragzweigen existierte im Königreich Neapel zudem noch eine sich von ihren Ausmaßen her jedoch eher bescheiden ausnehmende Seidenindustrie, um deren Förderung sich besonders König Ferdinand IV. verdient gemacht hatte.[206]

Obgleich es sich bei der Landwirtschaft im Königreich Neapel um die zentrale wirtschaftliche Ertragsform handelte und sich die Entwicklungen in einigen wenigen Provinzen, wie der Terra di Lavoro und dem Principato Citra, trotz der zyklisch immer wieder vorkommenden Missernten in ihrer Gesamtheit für das 18. Jahrhundert als durchaus positiv darstellten, erwiesen sich jedoch die auf diesem Gebiet üblicherweise zur Anwendung gebrachten Produktionsformen in den Provinzen im Großen und Ganzen als rückständig und somit ineffizient.[207]

---

204 Ebd., S. 142.

205 Chorley: Oil, Silk and Enlightenment, S. 19f.

206 Rao: Il riformismo borbonico a Napoli, S. 142 und Coniglio: I Borboni di Napoli, S. 219. Sehr ausführlich zu den Entwicklungen auf dem Sektor der Seidenproduktion im Königreich Neapel des 18. Jahrhunderts Chorley: Oil, Silk and Enlightenment.

207 Carpanetto, Ricuperati: L'Italia del Settecento, S. 34.

Ein starkes Hindernis für den wirtschaftlichen Fortschritt in den ländlichen Gebieten des Königreiches Neapel bestand zudem sowohl in den bereits erwähnten jeweiligen topografischen und klimatischen Gegebenheiten als auch in der äußerst schlechten Infrastruktur sowie zahlreichen inneren Zollschranken und Weggebühren.[208]

Wenngleich im Süden der Apenninenhalbinsel vor allem der Weizenanbau dominierte, so ergaben sich zwischen den verschiedenen ländlichen Regionen des Königreiches Neapel ungeachtet dessen auch beachtliche Unterschiede hinsichtlich der Bewirtschaftbarkeit des Bodens und der Produktionsformen, die unmittelbar durch die topografischen und klimatischen Gegebenheiten der jeweiligen Region determiniert wurden. Die Böden der tyrrhenischen Ebene zwischen Neapel und Salerno sowie diejenigen, die von Nola und Avellino bis ins Landesinnere hineinreichten, konnten in umfangreichem Maße bewässert werden, was sich wiederum sehr positiv auf deren Bewirtschaftbarkeit und damit einhergehend den Ertrag auswirkte. Auf der an der Adria gelegenen Ebene, die sich vom Tavoliere delle Puglie bis hin zu den Murge und Materano erstreckt, herrschten im Vergleich zu der tyrrhenischen Ebene trockenere Bedingungen, so dass man hier besonders auf den Anbau von Weizen, Oliven, Mandelbäumen und Trauben setzte, die im Handel dann hohe Verkaufserlöse erzielen konnten. Im Gegensatz dazu waren gebirgige Regionen wie Kalabrien, die Basilikata, die Abruzzen und die teils von versumpften sowie malariaverseuchten Gebieten geprägte Terra di Salento in der apulischen Provinz Terra d'Otranto wirtschaftlich stark rückständige Gebiete, in denen sich das tägliche Überleben der Bevölkerung weitaus schwieriger gestaltete. Dadurch bedingt waren der Anbau im Vergleich zu den Tiefebenen räumlich eingegrenzter und die Produktionsformen weitaus archaischer. In diesen schwieriger zu bewirtschaftenden Gebieten setzte man vor allem auf Getreide- und Olivenanbau sowie auf Weidewirtschaft, während in den flacheren Zonen dieser rückständigen Regionen, wie zum Beispiel in den küstennahen Gebieten der Abruzzenregion, ein intensiverer Anbau möglich war.[209] Auch wenn in den ländlichen Gebieten des Königreiches Neapel letztlich zweifellos eine mehr als ausreichende Zahl fruchtbarer Böden vorhanden war, die die notwendige Grundlage für eine gewisse wirtschaftliche Prosperität hätten bieten können, blieb dessen ungeachtet die Landwirtschaft gerade wegen der bereits erwähnten weit verbreiteten archaisch anmutenden und ineffizienten

208 Candeloro: Le origini del Risorgimento, S. 141.

209 Carpanetto, Ricuperati: L'Italia del Settecento, S. 34.

Bewirtschaftungsformen sowie der geringen Bereitschaft der grundbesitzenden ländlichen Eliten, hier auf innovativere Anbaumethoden zurückzugreifen, weit hinter ihrem möglichen maximalen Ertragspotential zurück.[210]

Im Folgenden soll noch einmal ein besonderes Augenmerk auf die ökonomischen Gegebenheiten in den einzelnen Provinzen bzw. Provinzräumen gelegt werden, die nach geografischen Gesichtspunkten in diesem Unterkapitel wie folgt untergliedert sind: *erstens* die drei abruzzesischen Provinzen, Abruzzo Ultra I, Abruzzo Ultra II und Abruzzo Citra mit den Hauptorten Teramo, Aquila und Chieti, *zweitens* der Contado di Molise mit dem Hauptort Campobasso, welcher aber in jurisdiktioneller und administrativer Hinsicht zum Zuständigkeitsbereich der *Regia Udienza* von Lucera gehörte, *drittens* die Terra di Lavoro mit dem Hauptort Nevano, in welchem das für diese Provinz zuständige *Tribunale di Campagna* seinen Sitz hatte, *viertens* die beiden Provinzen Principato Ultra und Principato Citra mit den Hauptorten Montefusco und Salerno, *fünftens* die drei apulischen Provinzen Capitanata, Terra di Bari und Terra d'Otranto mit den Hauptorten Lucera, Trani und Lecce, *sechstens* die zwei kalabrischen Provinzen Calabria Citra und Calabria Ultra mit den Hauptorten Cosenza und Catanzaro sowie *siebentens* die Provinz Basilikata mit dem Hauptort Matera.

Was an den drei abruzzesischen Provinzen aufgrund ihrer topografischen Charakteristika als einem von Hochgebirgsmassiven geprägten Raum und ihrer schlechten infrastrukturellen Erschließung an erster Stelle besonders ins Auge fällt, ist deren auch in ökonomischer Hinsicht äußerst isolierte Lage nicht nur gegenüber der Hauptstadt Neapel, sondern insgesamt gegenüber den wirtschaftlich produktiveren Provinzen. Aufgrund dieser isolierten Lage und der schweren Passierbarkeit der Abruzzenregion erwies sich diese auch für den von außen kommenden Handelsverkehr als relativ uninteressant. Diese Isolation der Abruzzenregion wurde periodisch höchstens durch das in der Capitanata zentrierte System der Fernweidewirtschaft unterbrochen, welches es mit sich brachte, dass

210 Zu diesem Problem siehe die in Il Mezzogiorno alla fine del Settecento, S. 91–104 wiedergegebenen diesbezüglichen Auszüge aus Nicolò Onoratis erstmals 1791 in Neapel erschienenen Werk "Delle cose rustiche, ovvero dell'Agricoltura trattata secondo i principi della chimica moderna". Niccolò Onorati wurde im Jahre 1754 in dem in der Basilikata gelegenen Ort Craco geboren und verstarb am 10. Januar 1822 in Neapel. Zu seinen weiteren Werken zählen „Dell'agricoltura pratica della Pastorizia", „Memoria sul miglioramento de' vini napoletani", „Dell'educazione die bachi di seta", „De' vinacciuoli e del modo di estrarne l'olio" sowie "Memorie sull'economia campestre e domestica, che possono servire di supplemento all'opera delle cose rustiche". Ebd., S. 379.

die aus der Capitanata kommenden Schafherden in umfangreichen Maße über die Provinz Contado di Molise in die ebeneren Gebiete der Abruzzen, wie sie sich besonders in der Provinz Abruzzo Citra vorfinden ließen, getrieben wurden. Sonst produzierten die in den drei abruzzesischen Provinzen lebenden Bewohner, besonders diejenigen in hochgelegenen und schwer zu erreichenden Gebirgsdörfern oder in abgelegenen Tälern, wie sie besonders für die beiden Provinzen Abruzzo Ultra I und Abruzzo Ultra II so charakteristisch waren, überwiegend für den Eigenbedarf und begaben sich zu bestimmten Zeiten des Jahres als Wanderarbeiter in andere Gebiete, wie die von der Schafwirtschaft geprägte Capitanata mit den für diesen Raum so typischen Masserien, die tyrrhenischen Ebene mit ihren fruchbaren Böden oder eben auch in den Kirchenstaat, in denen sich zumindest auf dem Gebiet der Landwirtschaft bescheidene Verdienstmöglichkeiten boten. Eine gewisse Ausnahme zu den übrigen Gebieten in der Abruzzenregion bildete höchstens ein von Teramo bis Chieti und Atessa reichender und nahe der Küste gelegener Abschnitt, in welchem sich beispielsweise in bescheidenem Maße Weizen, Hirse und in den dort vorhandenen stehenden küstennahen Gewässern auch Reis anbauen ließen. Auf den Territorien einiger zwischen Chieti und Lanciano gelegener Gemeinden und in den nahe der Küste liegenden Gebieten zwischen den Flüssen Sangro und Trigno wurden zudem noch Gemüse, Oliven und Wein angebaut.[211]

Im Contado di Molise, der kleinen südlich der Abruzzen liegenden Provinz, die genauso wie die Abruzzenregion unter dem Mangel an einer funktionalen Infrastruktur litt, dominierte als wirtschaftliche Ertragsform vor allem der Getreideanbau (Weizen, Mais), welcher es jedoch den molisanischen Bauern kaum ermöglichte, über etwas mehr als eine äußerst bescheidene Existenzsicherung hinauszugelangen. Zudem bildete die Provinz eine Art Zwischenstation für die zahllosen Schafherden, die aus der besonders von der Weidewirtschaft geprägten Capitanata in die flacheren Gebiete der Abruzzenregion getrieben wurden.[212]

Die Provinz Terra di Lavoro, welche die Hauptstadt Neapel umschloss, bildete diejenige Provinz mit der größten Bevölkerungsdichte und der höchsten landwirtschaftlichen Produktivität. Dank der weiten ebenen Flächen und der fruchtbaren Böden sowie eines Netzes an künstlichen Wasserläufen ließ sich in der Terra di Lavoro in großem Umfang Weizen- und Maisanbau betreiben. Daher mag es nicht überraschen, dass die landwirtschaftlichen Erträge in dieser Provinz die höchsten auf dem Territorium des Königreiches Neapel darstellten. Gerade aufgrund

211 Macry: Mercato e società nel Regno di Napoli, S. 168–171.
212 Ebd., S. 157f.

des Umstandes, dass die Terra di Lavoro die Hauptstadt Neapel umschloss und mit dieser infrastrukturell gut verbunden war, besaß für ihre wirtschaftliche Entwicklung zudem auch noch der sie durchziehende Handelsverkehr eine wichtige Rolle.[213]

Von den beiden Provinzen Principato Ultra und Principato Citra war die erstere die zweifellos wirtschaftlich stärkere Provinz und zählte neben der Terra di Lavoro zu den am dichtesten bevölkerten Provinzen des Königreiches Neapel. Besondere Vorteile erwuchsen ihr gerade aus ihrer Nähe zur Hauptstadt Neapel und der großen Anzahl an fruchtbaren Böden, über die sie verfügte und auf denen sich in umfangreichem Maße Getreideanbau betreiben ließ. In den peripheren Zonen der Provinz Principato Ultra ließ sich zudem Weidewirtschaft vorfinden. Darüber hinaus kamen auch die bessere infrastrukturelle Erschließung sowie eine einigermaßen gleichmäßige Verteilung von bewohnten Ortschaften der wirtschaftlichen Entwicklung des Principato Ultra besonders zugute. Zu den wichtigsten in dieser Provinz gelegenen Handelsplätzen zählten Avellino, Atripalda, Montesarchio und schließlich die Stadt Benevent, bei welcher es sich allerdings um eine kleine Enklave des Kirchenstaates handelte. Von außerordentlicher Bedeutung für die wirtschaftliche Entwicklung des Principato Ultra war letzten Endes auch noch der Umstand, dass die wichtigste Transportroute für landwirtschaftliche Produkte im Königreich Neapel, die sogenannte „via delle Puglie", über ihr Territorium verlief.[214] Erhebliche interne Unterschiede hinsichtlich der topografischen Gegebenheiten und damit verbunden der landwirtschaftlichen Produktionsformen ergaben sich hingegen in der Nachbarprovinz Principato Citra. Diese Unterschiede innerhalb ein und derselben Provinz werden besonders deutlich an dem Gegensatz zwischen den nahe Neapel gelegenen nordwestlichen Gebieten des Principato Citra und dem abgelegenen Cilento-Gebirge im Südosten, welches im Hinblick auf seine isolierte Lage gewisse Analogien zu der Abruzzenregion aufwies. In der zwischen Salerno und Agropoli gelegenen Ebene von Eboli, die *de facto* kaum über größere bewohnte Ortschaften verfügte, wurde sowohl Getreideanbau als auch Weidewirtschaft betrieben, welche mit den sich dort bietenden bescheidenen Verdienstmöglichkeiten Wanderarbeiter aus der Basilikata, den beiden kalabrischen Provinzen und der Abruzzenregion anzog. Weiter im Süden der Provinz Principato Citra hinter den Ortschaften Capaccio und Agropoli lagen die Berge des Cilento-Gebirges mit zahlreichen, aber mit der Außenwelt schlecht verbundenen bewohnten kleinen Ortschaften. In diesem

213 Ebd., S. 257–261.
214 Ebd., S. 242–246.

Gebiet wurde vor allem Obst-, Oliven- und Weinanbau betrieben. Im Osten der Provinz Principato Citra und an der Grenze zu der Nachbarprovinz Basilikata erstreckte sich die von dem Fluss Tanagro durchflossene fruchtbare Hochebene des Vallo di Diano, in welchem als landwirtschaftliche Ertragsform vor allem der Weizenanbau dominierte[215]

Ergaben sich schon zwischen den beiden Provinzen Principato Ultra und Principato Citra besondere Unterschiede in Bezug auf deren jeweilige topografische Gegebenheiten und die gewählten landwirtschaftlichen Ertragsformen, so lässt sich das Gleiche, und hier in noch erheblicherem Maße, auch in Bezug auf die drei apulischen Provinzen Capitanata, Terra di Bari und Terra d'Otranto sagen. In der Capitanata, derjenigen Provinz des Königreiches Neapel mit der geringsten Bevölkerungsdichte, welche besonders durch die weiten ebenen bis hügeligen Gebiete des Tavoliere di Puglia und die weit verbreiteten Masserien geprägt war, dominierte in erster Linie die großflächig betriebene Weidewirtschaft, welche Jahr auf Jahr Tausende von Wanderarbeitern aus den anderen Provinzen (Terra di Bari, Principato Citra, Principato Ultra, Basilikata, Abruzzo Citra, Abruzzo Ultra I, Abruzzo Ultra II) hierher strömen ließ, die durch die sich aus dieser Wirtschaftsform ergebenden Verdienstmöglichkeiten ihren ohnehin schon äußerst kargen Lebensunterhalt sicherzustellen versuchten. Eine im Vergleich dazu deutlich geringere Rolle spielte hingegen der Getreideanbau. Aufgrund der geringen Bevölkerungsdichte hielt sich auch die Zahl der lokalen Märkte in diesem Raum in Grenzen. Den wichtigsten bildete zweifellos die inmitten der Provinz gelegene Stadt Foggia, in welcher die *Regia Dogana della Mena delle Pecore*, die mit einem Gouverneur an der Spitze das zentrale bürokratisch-institutionelle Regulativ auf dem Gebiet der Weidewirtschaft im Königreich Neapel darstellte, ihren Sitz hatte. Da sich aufgrund der schlechten Infrastruktur auch in der Capitanata der Gütertransport auf dem Landweg als schwierig gestaltete, kam auf dem Gebiet der Warenein- und Warenausfuhr besonders der Hafenstadt Manfredonia eine gewichtige Rolle zu.[216]

In deutlichem Gegensatz zu der schwach bevölkerten nordapulischen Provinz Capitanata gehörte die zentralapulische Provinz Terra di Bari zu den am dichtesten besiedelten Provinzen des Königreiches Neapel, wobei sich der größte Teil der Bevölkerung besonders auf den Raum Bari und die an der adriatischen Küste gelegenen Gebiete mit Städten wie Barletta, Trani, Bisceglie, Monopoli und Molfetta konzentrierte. In dieser wirtschaftlich dynamischeren Provinz

215 Ebd., S. 225f.
216 Ebd., S. 93 106.

wurden sowohl Landwirtschaft in der Form des Weizen-, Oliven-, Wein- und Mandelanbaus als auch, wie in der im Norden angrenzenden Capitanata, in Form der Weidewirtschaft betrieben, die gleichfalls mit den sich daraus ergebenden bescheidenen Verdienstmöglichkeiten Jahr auf Jahr Tausende von Wanderarbeitern aus den anderen Provinzen des bourbonischen Königreiches anlockten. Von besonderer Bedeutung für die Wirtschaft in dieser Provinz war zudem noch das Vorhandensein zahlreicher Hafenstädte an der adriatischen Küste, die eine zentrale Rolle bei der Ausfuhr der in der Provinz erzeugten Güter, wie beispielsweise des sowohl in dieser Provinz als auch in der angrenzenden Terra d'Otranto in größerem Umfang produzierten Olivenöls, innehatten.[217]

Die südlichste der insgesamt drei apulischen Provinzen, die Terra d'Otranto, stellte im deutlichen Gegensatz zur Capitanata und der Terra di Bari die wirtschaftlich schwächste und rückständigste dieser drei an der Adria gelegenen Provinzen dar. Höchstens in den am nördlichsten gelegenen Abschnitten der Terra d'Otranto ergaben sich auf wirtschaftlichem Gebiet einige Gemeinsamkeiten mit der zentralapulischen Provinz Terra di Bari. Sonst war die Terra d'Otranto nur von wenigen wirklich fruchtbaren Böden, wie im Raum Tarent, Massafra, Ceglie, Francavilla oder Otranto geprägt, auf welchen sich landwirtschaftliche Güter, wie beispielsweise Weizen oder aus Oliven extrahiertes Öl, erzeugen ließen. Ein besonders Problem für die wirtschaftliche Entwicklung in dieser Provinz bestand in den zahlreichen versumpften und malariaverseuchten Gebieten, wie sie sich besonders in der Terra di Salento vorfinden ließen, und der besonders auch in den natürlich-klimatischen Gegebenheiten ihre Ursache habenden schlechten Infrastruktur. Gerade das Fehlen von größeren städtischen Zentren mit Ausnahme der Provinzhauptstadt Lecce machte die Terra d'Otranto für den internen Handelsverkehr weitgehend uninteressant, was sich wiederum auch in der geringen Zahl der abgehaltenen Messen widerspiegelte. Auch das Vorhandensein der beiden ökonomisch bedeutenderen Häfen von Brindisi und Tarent sowie der beiden kleineren, jedoch über völlig ineffiziente Strukturen verfügenden Häfen von Otranto und Gallipoli vermochte der wirtschaftlichen Entwicklung der Terra d'Otranto keinen wirklichen Impuls zu geben.[218] Ungeachtet dessen nahm gerade der kleine Hafen von Gallipoli bei der Verschiffung des in der Provinz Terra d'Otranto erzeugten Olivenöls eine zentrale Stellung ein, die er selbst noch dann beizubehalten vermochte, als im letzten Drittel des 18. Jahrhunderts die Menge des von ihm aus verschifften Öls einen beträchtlichen Rückgang erlebte. In deutlich bescheidenerem

217 Ebd., S. 125–129.
218 Ebd., S. 140–143.

Maße wurde Olivenöl auch von den Häfen von Brindisi, San Cataldo in der Nähe der Provinzhauptstadt Lecce, Otranto und Tarent aus verschifft.[219]

Wie die eben kurz behandelte Terra d'Otranto, so gehörten auch die beiden kalabrischen Provinzen Calabria Citra und Calabria Ultra zu den rückständigeren Provinzen des bourbonischen Königreiches. Ungeachtet dieser negativen Gemengelage ergaben sich innerhalb dieser beiden Provinzen auf dem Gebiet der Bewirtschaftbarkeit der Böden sowohl lokal als auch regional einige Unterschiede. Obwohl beide Provinzen eher von Gebirgen und Bergland als von kultivierbaren Ebenen geprägt waren, konnte man beispielsweise in den an der ionischen Küste gelegenen Abschnitten und deren Hinterland, die von der Grenze zur Basilikata bis in den Raum von Crotone hinein reichten, in umfangreicherem Maße Weizen anbauen. Dabei waren insbesondere die Böden im Raum von Crotone und auf der Ebene von Sibari für den Getreideanbau in Kalabrien von außerordentlicher Bedeutung. Die aus diesem Raum kommenden Erträge wurden u. a. auch in die Hauptstadt Neapel verschifft. Weniger günstig für die landwirtschaftliche Produktion stellten sich hingegen die Bedingungen in den am Tyrrhenischen Meer gelegenen Gebieten Nord- und Zentralkalabriens dar. Die in diesem Bereich betriebene Landwirtschaft (Weizen-, Gerste-, Hirse-, Oliven- und Gemüseanbau) und die daraus entspringenden Erträge reichten nicht einmal aus, um den diesbezüglichen Bedarf der eingesessenen Bevölkerung in zufriedenstellender Weise abzudecken. Abgesehen davon betrieb man in der Provinz Calabria Citra zudem noch Schafzucht, welche ihren regionalen Schwerpunkt in den Bergen von Morano und in den Wäldern des Sila-Gebirges hatte. Erhebliche Nachteile für die wirtschaftliche Entwicklung in diesem Teil Kalabriens und damit einhergehend für die Lebensbedingungen der ortsansässigen Bevölkerung erwuchsen zudem aus dem mehr als deutlichen Mangel an funktionierenden Straßen und Häfen, die für den externen Handelsverkehr, wie beispielsweise mit der Hauptstadt Neapel, von außerordentlicher Bedeutung gewesen wären. Besonders schlecht erwiesen sich die Bedingungen für die Landwirtschaft und die Bedingungen, unter welchen die Bevölkerung lebte, gerade in den küstenfernen und von Gebirgen geprägten Gebieten der beiden kalabrischen Provinzen, in welchen die Erträge, die den Ernten entsprangen, in erster Linie zum Zwecke der Eigenversorgung verwendet oder auf den Märkten der nächstliegenden Ortschaften verkauft wurden.[220]

---

219 Chorley: Oil, Silk and Enlightenment, S. 26f.

220 Macry: Mercato e società nel Regno di Napoli, S. 215–224 und hinsichtlich der Schafzucht in der Provinz Calabria Citra Delille: Agricoltura e demografia nel Regno di Napoli nei secoli XVIII e XIX, S. 107.

Die letzte im Rahmen dieses Unterkapitels behandelte Provinz, die Basilikata, gehörte zusammen mit den beiden kalabrischen und den drei abruzzesischen Provinzen, welche sich geografisch gegenüber der Hauptstadt Neapel gleichfalls in einer äußerst isolierten Position befanden, zu den wirtschaftlich rückständigsten und am wenigsten dicht besiedelten Provinzen des Königreiches Neapel. Auf den bewirtschaftbaren Böden dieser Provinz setzte man fast ausschließlich auf den Anbau von Weizen, wobei aber aufgrund der veralteten und somit rückständigen Anbauformen sich die Erträge stets in deutlichen Grenzen hielten. Aufgrund der fast auschließlichen Fokussierung auf den Weizenanbau und dem Mangel an anderen landwirtschaftlichen Anbauformen hing das Wohl der lukanischen Wirtschaft und somit auch der Bevölkerung in hohem Maße von ausreichend ertragreichen Ernten ab. Am besten lief der landwirtschaftliche Anbau im Gebiet um die Stadt Matera und in den am Ionischen Meer gelegenen Teilen der Provinz, so weit es die dort von sumpfigen Gebieten geprägte Landschaft zuließ. Wichtige Absatzmärkte für den auf dem Territorium der Provinz erzeugten Weizen befanden sich in den an die Basilikata grenzenden Teilen der beiden apulischen Provinzen Terra di Bari und Terra d'Otranto.[221]

Zu guter Letzt muss noch auf eine Entwicklung eingegangen werden, die nicht nur das bourbonische Königreich erfasste, sondern in teilweise unterschiedlicher Intensität alle damaligen Staaten der ausgehenden Frühen Neuzeit und gerade in der zweiten Hälfte des 18. Jahrhunderts auch besondere Auswirkungen auf die Zustände in den ländlichen Regionen des Bourbonenstaates haben sollte. Die Rede ist hier von einem erheblichen Bevölkerungswachstum im Europa des 18. Jahrhunderts, das auch das bourbonische Königreich Neapel miteinschloss und sich in besonders intensiver Weise gerade in der zweiten Hälfte des 18. Jahrhunderts sowohl im positiven als auch im negativen Sinne bemerkbar machte[222], denn schon die Vergangenheit hatte immer wieder gezeigt, dass ein auf einem Geburtenüberschuss aufbauendes massives Bevölkerungswachstum auf der einen Seite und ein zu diesem Wachstum proportional nicht äquivalenter Nahrungsmittelspielraum auf der anderen Seite auch stets die Gefahr eines erheblichen Anwachsens von Armut und damit unmittelbar einhergehend auch von sozialen Konflikten in sich barg, die gerade bei durch wiederholte Missernten ausgebrochenen Hungerkrisen binnen kürzester Zeit geradezu eruptionsartig zunehmen

221 Macry: Mercato e società nel Regno di Napoli, S. 203f.

222 Siehe hierzu die Ausführungen George Rudés im Kapitel „Paesi e popolazione" in Rudé: L'Europa del Settecento, S. 9–26.

und ihren unmittelbaren Ausdruck in Aufständen und Tumulten der betroffenen Bevölkerung sowie in einer ausufernden Kriminalität finden konnten. Da auch im Europa der Frühen Neuzeit nach wie vor ein überwiegender Teil der Bevölkerung auf dem Lande lebte, ist in der dortigen klein- und unterbäuerlichen Bevölkerung, der größten Gruppierung innerhalb der ländlichen Gesellschaft, der eigentliche Träger dieses durch einen Geburtenüberschuss verursachten demografischen Wachstums zu sehen.[223]

Gemäß den Angaben in Athos Bellettinis 1979 erschienenem Aufsatz „Aspetti e problemi della ripresa demografica nell'Italia del Settecento" stellten sich diese Wachstumsraten im Königreich Neapel und im gesamteuropäischen Raum des 18. Jahrhunderts wie folgt dar: Die Bevölkerung des Königreiches Neapel wuchs im Zeitraum zwischen 1650 und 1700 um 15,8 %, im Zeitraum zwischen 1700 und 1750 um 18,2 %, im Zeitraum zwischen 1750 und 1800 um 24,3 % und insgesamt im Zeitraum zwischen 1700 und 1800 um 46,9 %. In absoluten Zahlen für das Königreich Neapel ausgedrückt, heißt dies, dass hier im Jahre 1650 etwa 2.850.000 Menschen lebten, im Jahre 1700 3.300.000, im Jahre 1750 3.900.000 und schließlich im Jahre 1800 4.847.000 Menschen. Im gesamten europäischen Raum stieg die Bevölkerungszahl von etwa 100 Millionen Menschen in der Mitte des 17. Jahrhunderts auf 115 Millionen im Jahre 1700, im Jahre 1750 auf 140 Millionen und erreichte schließlich um 1800 herum die Zahl von 188 Millionen Menschen.[224] An diesen Zahlen ist sowohl für das Königreich Neapel als auch für den gesamteuropäischen Raum gemäß den Angaben Bellettinis besonders auffällig, dass der größte demografische Wachstumsschub in der Zeit zwischen 1750 und 1800 erfolgte.[225] Einschränkend muss an dieser Stelle aber gesagt werden, dass das Bevölkerungswachstum in den italienischen Staaten im Vergleich zu demjenigen Resteuropas bescheidenere Ausmaße besaß. Während die Bevölkerung in den italienischen Staaten zwischen 1700 und 1750 um 15,9 % und im Zeitraum zwischen 1750 und 1800 um 16,4 % zunahm, betrugen die prozentualen Wachstumszahlen in den beiden Zeiträumen im restlichen europäischen Raum 22,5 % und 36,5 %.[226]

Wenngleich die bei Bellettini angeführten Zahlen eine im Großen und Ganzen gewisse Gleichmäßigkeit dieses demografischen Wachstumsprozesses im

---

223 Zu diesem Wechselverhältnis und den sich daraus ergebenden Problemen siehe Rheinheimer: Arme, Bettler und Vaganten, S. 18ff.

224 Bellettini: Aspetti e problemi nella ripresa demografica nell'Italia del settecento, S. 822.

225 Ebd., S. 818.

226 Ebd., S. 820.

Königreich Neapel der frühen Bourbonenzeit suggerieren könnten, so vermittelt dessen Betrachtung innerhalb kürzer bemessener Zeiträume und die diesbezüglichen Entwicklungen in den verschiedenen Provinzen einen deutlich anderen Eindruck. Besonders stark war der Anstieg zwischen den Jahren 1730 und 1760, welcher dann aber spürbar durch die große Karestie des Jahres 1764 und zahlreiche Epidemien abgebremst wurde. Ein besonders massiver Wiederanstieg des Bevölkerungswachstums erfolgte schließlich in den Jahren 1770 und 1780. Auch zwischen den verschiedenen Provinzen des Königreiches gab es im Hinblick auf das Bevölkerungswachstum Unterschiede. Während es in der Terra di Lavoro, der Basilikata, der Terra di Bari, dem Contado di Molise und der Capitanata, derjenigen Provinz des Königreiches mit der geringsten Bevölkerungsdichte, zu einer spürbaren Zunahme der Bevölkerung kam, ließ sich dieselbe Tendenz für die beiden kalabrischen und die drei abruzzesischen Provinzen nicht verzeichnen, in welchen die Zuwächse allenfalls höchstens minimal ausfielen.[227]

3. Die Herrschaftsmittel der Zentralregierung in Neapel

3.1 Das Heer und die Marine

Nach der Machtübernahme des Infanten Karl von Bourbon im festländischen und insularen Mezzogiorno waren die beiden unteritalienischen Königreiche in militärischer Hinsicht noch stark vom Königreich Spanien, dem Mutterland der nunmehr im Süden der Apenninenhalbinsel herrschenden Dynastie der Bourbonen, abhängig. Zu Beginn der Herrschaft sah sich der neue Souverän zunächst der Aufgabe gegenüber, aus seinem Eroberungs- bzw. Okkupationsheer ein neapolitanisches Heer zu formen, welches seine Herrschaft nach außen und nach innen absichern sollte. Ein Großteil des Heeres, über das Karl verfügte, bestand zudem aus Soldaten nicht neapolitanischer Herkunft und war, auch aufgrund der Herkunft des Monarchen, noch stark spanisch geprägt. Fürs Erste besaß Karl in Hinblick auf die Besetzung wichtiger Ämter im Militärapparat beider Königreiche ohnehin weitaus mehr Vertrauen in Männer spanischer Provenienz.[228] Nach dem Ende des Österreichischen Erbfolgekrieges, der zum ersten

---

227 Ebd., S. 831 und Carpanetto, Ricuperati: L'Italia del Settecento, S. 8. Die Provinz Terra di Bari wird von Pasquale Villani als ein weiteres demografisches Wachstumsgebiet aufgeführt. Siehe hierzu Villani: Mezzogiorno tra riforme e rivoluzione, S. 11.

228 Zilli: Carlo di Borbone e la rinascita del Regno di Napoli, S. 181ff. Zur Politik Karls von Bourbon im Einzelnen auf dem Gebiet der militärischen Organisation und der damit verbundenen Ausgabenpolitik in dessen ersten Herrschaftsjahren siehe das gesamte diesbezügliche Kapitel „La spesa militare" in ebd., S. 181–214.

und letzten Mal die Herrschaft Karls von Bourbon über Neapel und Sizilien gefährden sollte, verzichtete der Monarch aufgrund des stark abgenommenen Bedrohungspotenzials von außen aber letzten Endes auf wirklich umfassende Reformen, welche die Schlagkraft seiner Truppenverbände signifikant hätten erhöhen können. Diese Aufgabe überließ er vielmehr seinem Nachfolger Ferdinand IV. und dessen Gefolgsleuten, die schließlich versuchten, die notwendigen Militärreformen in Angriff zu nehmen. Aber im Endeffekt begann man in Neapel erst nach dem Rücktritt des ersten Staatssekretärs Bernardo Tanucci im Jahr 1776, dem wichtigsten Kontaktmann zum königlichen Hofe Karls III. in Madrid, mit der Loslösung vom Einfluss des Madrider Hofes und versuchte, damit verbunden auch mittels der Aufstellung einer eigenen wirklich schlagkräftigen Armee, als Königreich innerhalb des Konzertes der europäischen Mächte auf eigenen Beinen zu stehen.

Ein besonderer Schwachpunkt für das Königreich war schon in den ersten Jahren der Herrschaft Karls von Bourbon zudem das fast gänzliche Fehlen einer Marine, was besonders deshalb problematisch war, weil das politisch-administrative Zentrum des Königreiches, die Hauptstadt Neapel, direkt am Meer lag und somit ein leichtes Ziel für Angriffe ausländischer Mächte bot, die über eine starke Marine verfügten.[229] Was die Aufstellung solch einer schlagkräftigen Marine damals noch erheblich behinderte, waren nicht nur die mangelnden natürlichen Ressourcen des Königreiches, sondern auch die Reibereien zwischen den verschiedenen Verwaltungsapparaten sowie den Organen der Regierung in Neapel und den Trägern des militärischen Oberkommandos.[230] Besonders aufgrund der erheblichen Kosten, die mit der Aufstellung einer völlig neuen Marine verbunden gewesen wären, entschied man sich schließlich dafür, sich auf den Bau einer leicht bewaffneten und schnell einzusetzenden Flottille zu beschränken, welche die Küsten der Königreiche Neapel und Sizilien vor Angriffen nordafrikanischer Seeräuber schützen sollte.[231]

Um 1765 herum, nach der Durchführung einer ersten partiellen Militärreform, bestanden die Streitkräfte der Königreiche Neapel und Sizilien aus ca. 35.000

---

229 Im Jahr 1742, also während des Österreichischen Erbfolgekrieges (1740–1748), zwang beispielsweise ein vor Neapel erschienenes britisches Geschwader König Karl dazu, auf ein Zusammengehen mit den französischen Streitkräften zu verzichten. Spagnoletti: Storia del Regno delle Due Sicilie, S. 15. Einen sehr allgemeinen Überblick zur Geschichte der neapolitanischen Marine im Zeitraum zwischen 1734 bis 1860/61 bietet Argiolas: Storia dell'esercito borbonico, S. 129–135.

230 Rao: Esercito e società a Napoli nel secondo Settecento, S. 634.

231 Zilli: Carlo di Borbone e la rinascita del Regno di Napoli, S. 198.

Mann, deren Zahl sich wie folgt auf die verschiedenen militärischen Einheiten verteilte: zwei Garderegimenter bestehend aus Schweizern und Italienern mit insgesamt 2.581 Mann, 23 Infanterieregimenter (sieben Veteranenregimenter, das Regiment „Real Macedone", acht Regimenter mit einheimischen Kräften, drei Schweizerregimenter, vier wallonische Regimenter) bestehend aus insgesamt 26.250 Mann, vier Kavallerie- und vier Dragonerregimenter bestehend aus 5.140 Mann und ein leichtes Kavallerieregiment, die sogenannten „Micheletti", bestehend aus 300 Mann sowie ein Artilleriekorps, welches sich aus insgesamt 744 Mann zusammensetzte.[232]

Nachdem das neapolitanische Heer und die Marine in der letzten Phase der Regierung Karls von Bourbon weitgehend vernachlässigt worden waren, war es gerade die österreichische Gattin Ferdinands IV., Maria Karolina, die ein besonderes Interesse an der weiteren Erhöhung des militärischen Schlagkraft der Truppen der Königreiche Neapel und Sizilien zeigte und schließlich mit der Berufung des Irländers John Acton hierfür den richtigen Mann gefunden zu haben schien. Eines der wichtigsten Ziele des Staatssekretärs John Acton in den 1780er und 1790er Jahren war sodann u. a. auch die Vergrößerung des militärischen Potentials des Königreiches, wofür man schließlich erhebliche finanzielle Ressourcen mobilisierte. Obschon sich diese Kräfte natürlich auch im Inneren zur Deutlichmachung des Herrschaftsanspruches der neapolitanischen Zentralregierung verwenden ließen, so zielten die Militärreformen aber auch darauf ab, den Königreichen Neapel und Sizilien ein größeres Gewicht auf der politischen Bühne Europas zu geben. Ende der 1780er Jahre beliefen sich die Ausgaben für das Militär auf annähernd 4.200.000 Dukaten, wovon 3.180.000 für das Heer und 1.023.000 für die Seestreitkräfte anfielen. Bei den Gesamtausgaben der Regierung von ungefähr 11.500.000 Dukaten hatte der Militärhaushalt einen Anteil von ca. 37 %. Die Ausgaben für das Militär im Königreich Sizilien beliefen sich auf 900.000 Dukaten für das Heer und 120.000 für die Marine.[233] Nach den Reformplänen der Regierung von 1788 sollten die Streitkräfte des Königreiches wie folgt verstärkt werden: Die Infanterie des Königreiches sollte insgesamt zwanzig Regimenter mit insgesamt 24.400 Mann umfassen. Sechzehn dieser Regimenter sollten aus einheimischen Kräften bestehen und vier mit Kräften aus dem Ausland aufgefüllt werden. Bei den ausländischen Regimentern beabsichtigte man in Friedenszeiten eine Mannschaftsstärke von jeweils 1.700 und bei den einheimischen von jeweils 1.100. Im Kriegsfall sollten nach den Plänen der Regierung Acton die einheimischen Regimenter um jeweils

232 Galasso: Storia del Regno di Napoli. Il Mezzogiorno borbonico e napoleonico, S. 374.
233 Ebd., S. 661 und Argiolas: Storia dell'esercito borbonico, S. 17–25.

600 Mann aufgestockt werden, so dass man schließlich auf eine Gesamtzahl von 34.000 Mann in den zwanzig Regimentern kam. Hinzu kamen noch 120 Kompanien an Provinztruppen und einige weitere Einheiten mit einem Gesamtbestand von 46.259 Mann. Bei der Kavallerie sah man die Einrichtung von insgesamt 36 Kompanien mit 5.388 Mann und einer Leibgarde mit 172 Mann vor. Aus diesen Zahlen ergab sich für den Bereich der Landstreitkräfte ein Bestand von 51.819 Mann. Ferner beabsichtigte man die Einrichtung eines *corpo reale*, bestehend aus zwei Regimentern mit einer *compagnia di artefici* und einer *compagnia di artiglieri invalidi* und eines Bataillons aus Kriegsversehrten mit neun Kompanien, davon sieben im Königreich Neapel, einer auf Sizilien und einer weiteren in dem in der südlichen Toskana gelegenen Stato dei Presidi. Zu guter Letzt sollte es noch eine Pioniereinheit geben. Auch die bis dahin eher schwach bestückten Seestreitkräfte sollten erheblich verstärkt werden. Vorgesehen waren hier vier *vascelli* (größere Kriegsschiffe), vier Brigantinen, acht Fregatten, sechs Korvetten, sechs *sciabecchi*, zehn *galeotte* und weitere kleinere Einheiten. Hinsichtlich des Personenbestandes sollte die Marine letzten Endes aus 258 *marinai di piazza fissa*, 470 Kanonieren und der höhere Offiziersstand aus insgesamt 18 Mann bestehen. Hinzu kamen noch vier aus jeweils vier Kompanien zusammengesetzte Divisionen an Marineinfanteristen mit einer Gesamtzahl von 2.128 Mann.[234]

Um diese Reformen wirklich fruchtbringend umzusetzen, auch weil man das hierfür notwendige eigene intellektuelle Potential als zu gering erachtete, bediente man sich von Seiten der neapolitanischen Regierung zudem ausländischer Berater und schickte die eigenen Leute nach Frankreich, Spanien, Großbritannien und in die Schweiz, damit sie sich dort fortbilden konnten. Ein Beispiel für solch einen Militärberater aus dem Ausland wäre der Schweizer Graf Ulysses Anton von Salis-Marchlins (1732–1807), der auf französischer Seite am Siebenjährigen Krieg (1756–63) teilgenommen hatte, 1772 zum Generalinspekteur der Armee ernannt worden war und schließlich 1782 zum Feldmarschall.[235]

Ungeachtet der Militärreformen John Actons, die allerdings nicht in letzter Konsequenz zu Ende geführt wurden[236] und auf deren Stärken sowie Schwachpunkte an dieser Stelle aber nicht weiter eingegangen werden soll, erwies sich diese neue neapolitanische Armee bei ihrer Feuertaufe im Jahre 1798 den auf der Apenninenhalbinsel operierenden französischen Revolutionstruppen nicht im Geringsten gewachsen.

234 Galasso: Storia del Regno di Napoli. Il Mezzogiorno borbonico e napoleonico, S. 662f.

235 Ebd., S. 666. Zu den Aktivitäten dieser Militärberater, insbesondere der Rolle Salis-Marschlins', siehe auch Simioni: L'esercito napoletano, S. 97–109.

236 Galasso: Storia del Regno di Napoli. Il Mezzogiorno borbonico e napoleonico, S. 668.

3.2 Die Provinztruppen und Provinzmilizen

Für die Aufrechterhaltung der öffentlichen Ordnung und Sicherheit in den Provinzen standen während eines größeren Teils der ersten Phase der erneuten bourbonischen Herrschaft über das Königreich Neapel insgesamt zwölf Provinzregimenter[237] sowie zwei unterschiedliche halbreguläre Truppeneinheiten zur Verfügung, die üblicherweise bei der Verfolgung und Ausschaltung von Räuber- und Schmugglerbanden eingesetzt wurden. Bei der einen Einheit, die allerdings erst wie die bereits genannten zwölf Regimenter an Provinztruppen ab 1743 aufgestellt worden war, handelte es sich um die sogenannten „fucilieri di montagna", die direkt den *Regie Udienze* unterstanden, und bei der anderen um die sogenannten „squadre di campagna", die aber im Gegensatz zu den ersteren dem in der Hauptstadt ansässigen *Soprintendente delle Compagnie di Campagna* unterstanden, der über deren Aufstellung und Verfügbarkeit entschied. Aufgrund dessen, dass beide Einheiten an unterschiedliche Weisungsbefugte gebunden waren, konnte es natürlich bei koordinierten Aktionen gegen bewaffnete Banden automatisch auch zu Kompetenzrangeleien zwischen dem Truppenführer dieser Einheit und dem jeweiligen *preside* kommen, der an der Spitze einer jeden *Regia Udienza* stand.[238] Zumindest in den ersten zehn Jahren der Herrschaft Karls von Bourbon griff man zur Aufrechterhaltung der öffentlichen Ordnung und Sicherheit in den Provinzen mit der *milizia del battaglione* noch auf ein Relikt aus der Zeit der direkten spanischen Herrschaft über Neapel zurück. Diese *milizia del battaglione*, die zunächst aus 74 Kompanien mit jeweils 300 Mann und später insgesamt 124 Kompanien bestand, war von dem damaligen spanischen Vizekönig Per Enríquez-Afán de Ribera (Vizekönig 1559–1571), Herzog von Alcalá, auf die Beine gestellt worden und erwies sich schon sowohl in der Zeit der direkten spanischen Herrschaft über Neapel als auch in den ersten zehn Jahren der Herrschaft Karls von Bourbon den ihr obliegenden Aufgaben keineswegs gewachsen, so dass sie schließlich als bewaffneter Verband im Jahre 1743 formal aufgelöst und als *milizia provinciale* reorganisiert wurde.[239]

---

237 Argiolas: Storia dell'esercito borbonico, S. 12.

238 Galasso: Storia del Regno di Napoli. Società e cultura del Mezzogiorno moderno, S. 680.

239 Boeri, Crociani: L'esercito borbonico dal 1789 al 1815, S. 103. Im 16. Jahrhundert und der darauffolgenden Zeit, als sowohl das Königreich Neapel als auch das Königreich Sizilien unter spanischer Herrschaft standen, versuchte die jeweilige vizekönigliche Regierung, neben den schon vorhandenen Milizverbänden der größeren Städte und derjenigen der Barone weitere Milizverbände, zu welchen auch die 1563 gebildete *milizia del battaglione* zählen sollte, auf die Beine zu stellen,

welche für die öffentliche Ordnung und Sicherheit auf dem Lande sorgen und sich aus der Bewohnerschaft beider Vizekönigreiche rekrutieren sollten. Zwei zentrale Ziele, die man mit dieser Maßnahme verfolgte, bestanden darin, das reguläre spanische Heer von dieser Aufgabe zu entlasten und damit verbunden auch Kosten auf dem Gebiet der Ausgaben für das Heer einzusparen, indem man die Aufstellung dieser Verbände besonders den Kommunen auferlegte. Favarò, Sabatini: La nuova milizia y la milizia del battaglione, S. 240. Die Vorläufer und auch in gewisser Hinsicht Vorbilder dieser neuen Milizen stellten in beiden Königreichen sowohl die bewaffneten Verbände der Barone als auch die Milizen der größeren Städte dar. Solche irregulären Verbände konnten aber nicht nur im Inneren eingesetzt werden, sondern sie sollten im Notfall auch die Küstenregionen vor Angriffen der Osmanen oder nordafrikanischer Seeräuber schützen. Ebd., S. 224. Die beiden Verbände, welche die Spanier schließlich in der zweiten Hälfte des 16. Jahrhunderts aufstellten, waren im Vizekönigreich Sizilien die *nuova milizia* und im Vizekönigreich Neapel die *milizia del battaglione*. Letzten Endes erwiesen sich beide Milizverbände aufgrund ihrer mangelhaften Bewaffnung und der fehlenden Disziplin als militärisch relativ nutzlos. Entgegen den Absichten der vizeköniglichen Regierungen spielten sie daher auf dem Gebiet der inneren Verteidigung eine stark untergeordnete Rolle und traten dort nie wirklich an die Stelle des regulären spanischen Heeres. Ebd., S. 240. Neben der *milizia del battaglione* gab es im Königreich Neapel in der Zeit der spanischen Herrschaft schließlich noch zwei berittene Milizeinheiten. Bei der ersten Einheit handelte es sich um eine Formation der leichten Kavallerie, die als „sacchetta" bezeichnet wurde. Diese leichte Kavallerie war zunächst nur in der Terra di Bari und der Terra d'Otranto stationiert, jedoch wurden im Jahr 1577 auf Befehl des damaligen Vizekönigs Íñigo López de Mendoza y Mendoza (Vizekönig 1575–1579), Marquis von Mondéjar, schließlich in allen Provinzen des Vizekönigreiches Neapel Formationen der *sacchetta* aufgestellt. An der Spitze einer jeder dieser Kavallerieeinheiten stand ein Hauptmann, der jedes Jahr seine Soldaten dreimal zu Militärübungen einberief. Die dieser Formation angehörenden Soldaten mussten außerdem in der Lage sein, selbst für ihr Pferd zu sorgen, und wurden stets von den Hauptmännern für den Dienst ausgewählt. Die zweite Einheit waren die sogenannten „uomini d'arme", bei denen es sich schon um eine etwas ältere und recht prestigeträchtige Formation der schweren Kavallerie des Königreiches handelte. Diese Einheit bestand aus Männern adeliger Herkunft, die sich ihr besonders auch aufgrund der zahlreichen Privilegien auf freiwilliger Basis angeschlossen hatten. Sie standen dabei unter dem Befehl besonders hochstehender Vertreter des neapolitanischen Adels. Je nach Notwendigkeit konnte diese Einheit auch außerhalb der Grenzen des Königreiches eingesetzt werden. Sowohl von Seiten der *università* als auch von Seiten der Barone wurde diese berittene Einheit stets sehr kritisch gesehen. Die *università* sperrten sich dagegen, für die Stationierung dieser Einheit auf ihrem jeweiligen Territorium in finanzieller Hinsicht aufkommen zu müssen, und die Barone wiederum sahen in den Einheiten der *uomini d'arme* eher einen

Die *fucilieri di montagna* selbst, die, wie bereits erwähnt, direkt den *Regie Udienze* unterstanden, besaßen eher den Charakter einer leicht bewaffneten Landgendarmerie als wirklich denjenigen eines schlagkräftigen operativen Verbandes der neapolitanischen Armee.[240] Die Notwendigkeit, neben einer ersten im Jahre 1743 gebildeten Kompanie dieser *fucilieri di montagna* noch weitere Einheiten auf die Beine zu stellen, wurde letztendlich insbesondere im Zuge der kriegerischen Auseinandersetzungen des Jahres 1744 deutlich, in welchen zum letzten Mal die Stabilität des Regimes Karls von Bourbon ernsthaft von außen her bedroht wurde und in welchen die den *Regie Udienze* zur Verfügung stehenden Kräfte bei Weitem nicht ausreichten, um die innere Ordnung und Sicherheit in den Provinzen des Königreiches aufrecht zu erhalten. Besonders deutlich wurde dieses Unvermögen der königlichen Regierung in den Abruzzen und in Kalabrien, wo es in dieser Zeit höchster innerer Unordnung zu der wahrscheinlich manifestesten Zunahme der Bandendelinquenz, zu der auch das Schmugglerwesen gehörte, gekommen sein dürfte. Daher zielte die Aufstellung der *fucilieri di montagna* letzten Endes nicht nur darauf ab, den Aktivitäten von Räuberbanden einen Riegel vorzuschieben, sondern auch denjenigen der allgegenwärtigen Schmugglerbanden.[241] Eine Besonderheit dieser neu aufgestellten Einheit bestand darin, dass sie sich personell vollständig aus der Bewohnerschaft

---

Zufluchtsort, durch den sich wohlhabende Männer ihrem Bereich der Rechtssprechung der baronalen Gerichtshöfe entziehen und sich stattdessen der Rechtssprechung von Militärgerichten unterstellen konnten, die bei Streitfällen tendenziell eher zu ihren Gunsten urteilten als zugunsten der Barone. Astarita: Istituzioni e tradizioni militari, S. 139f. Eine zusätzliche Erschwernis bei der Aufstellung der *milizia del battaglione* und der *nuova milizia* lag, wie gerade eben am Beispiel der *uomini d'arme* deutlich geworden ist, schließlich gleichfalls in dem Widerstand von Seiten der lokalen Kräfte in beiden Vizekönigreichen. Obwohl man in Neapel im Gegensatz zu Sizilien versuchte, den Adel bei der Aufstellung dieser Einheiten miteinzubinden, so sah dieser dessen ungeachtet gleichfalls wie derjenige Siziliens in der von Seiten der vizeköniglichen Regierung geforderten Rekrutierung dieser Einheiten aus der Landbevölkerung, verbunden mit deren Bewaffnung, einen Eingriff in seine privilegierte Stellung auf dem Lande. Die Kommunen bzw. *università* wiederum sperrten sich in dieser Angelegenheit gegen die für sie anfallenden zusätzlichen Kosten neben den gewohnten Aufwendungen für die militärische Verteidigung und die damit auf das Engste verbundenen personellen Ausfälle in der landwirtschaftlichen Produktion, welche besonders in Zeiten der Ernte zu einem Problem werden konnten. Favarò, Sabatini: La nuova milizia y la milizia del battaglione, S. 236f.

240 Argiolas: Storia dell'esercito borbonico, S. 12.

241 Maiorini: Presidi e brigantaggio tra prassi giuridica e azione militare, S. 178.

des Königreiches rekrutierte, was dahingehend einen Unterschied zu den übrigen Streitkräften Karls von Bourbon darstellte, zumal dieser bei den von ihm geleiteten militärischen Operationen bevorzugt auf Verbände zurückgriff, die sich zum Großteil aus Schweizern, Wallonen und Spaniern zusammensetzten.[242]

Ungeachtet der Tatsache, dass sich die Milizverbände, auf welche man sowohl in der Zeit der spanischen und österreichischen Herrschaft als auch in den ersten zehn Jahren der Herrschaft Karls von Bourbon zur Aufrechterhaltung der öffentlichen Ordnung und Sicherheit in den Provinzen zurückgegriffen hatte, als relativ nutzlos und äußerst unzuverlässig erwiesen hatten, versuchte man schließlich in der Zeit Ferdinands IV. unter der maßgeblichen Federführung John Actons in Anbetracht der chaotischen Verhältnisse in den Provinzen erneut, eine größere Anzahl von Einwohnern der Provinzen in den Verbänden der sogenannten „miliziotti" für einen derartigen Militärdienst zu rekrutieren. Hinsichtlich der Vorgehensweise bei der Aufstellung dieser Miliziottiverbände ergaben sich wiederum deutliche Analogien zu den Maßnahmen, die schon vorher auf diesem Gebiet getroffen worden waren, und den damit einhergehenden Problemen. Das Ziel, das hinter der Aufstellung dieser neuen Milizkräfte steckte, bestand zum einen darin, die bereits in den Provinzen stehenden bewaffneten Kräfte bei der Bekämpfung der in der ersten Phase der Herrschaft Ferdinands IV. immer zahlreicher auftretenden Räuberbanden zu entlasten, und zum anderen darin, über diese Rekrutierungsform erhebliche Summen in dem ohnehin schon sehr hohen Militärhaushalt des Königreiches einzusparen.[243]

Mit dieser von John Acton angestoßenen Reform traten an die Stelle der vormals 12 Regimenter an Provinztruppen, so wie sie unter Karl von Bourbon aufgestellt worden waren, nunmehr 120 Kompanien mit jeweils 125 Soldaten, die einem Hauptmann unterstanden. Jede Provinz des Königreiches wurde schließlich dazu verpflichtet, eine Anzahl von bewaffneten Kompanien aufzustellen, die in einem direkten proportionalen Verhältnis zur der territorialen Größe der jeweiligen Provinz und der Zahl ihrer Einwohnerschaft stand. Die Männer, die dazu verpflichtet wurden, in den Kompanien der Provinztruppen zu dienen, wurden gemeinhin als „soldati miliziotti" bezeichnet. Es handelte sich bei diesen Männern um Personen, die sowohl auf freiwilliger Basis diesen Milizen beitraten als auch um Männer, die von den *università*, in welchen sie lebten, oder von königlichen Beamten gezielt ausgesucht wurden. Dieser Militärdienst dauerte zehn

242 Argiolas: Storia dell'esercito borbonico, S. 12.

243 Galasso: Storia del Regno di Napoli. Il Mezzogiorno borbonico e napoleonico, S. 662f.

Jahre. Das Alter der *miliziotti* lag üblicherweise zwischen 18 bis 36 Jahren. Es gab aber Personengruppen, die eindeutig von dem Dienst in dieser Miliz ausgeschlossen waren. Dazu gehörten Kleriker, Notare, Doktoren des Rechts und der Medizin sowie Goldschmiede, Buchdrucker, Grundbesitzer, die sich für einen Wert von mindestens 400 Dukaten vom Milizdienst freikaufen konnten, Studenten, Seidenweber und schließlich auch Männer, die in der königlichen Waffenherstellung tätig waren. Um bei den Männern, die auf nichtfreiwilliger Basis eingezogen wurden, eine eventuelle Aversion gegen den Militärdienst, der stets aus kurzen Zeiträumen für die kampf- und waffentechnische Schulung bestand, abzubauen, gewährte man den Eingezogenen und ihren Familien zahlreiche Begünstigungen sowohl juristischer als auch fiskalischer Art. Hierzu gehörte beispielsweise, dass sie in erster Linie der Militärgerichtsbarkeit unterlagen, die ihnen gegenüber weitaus entgegenkommender war als die gewöhnlichen Gerichte. Die Offiziere, die an der Spitze dieser neuen Milizverbände standen und diese schulten, kamen zumeist aus dem regulären Heer, waren aber bereits aus dem aktiven Militärdienst ausgeschieden.[244]

Die mit der Aufstellung dieser neuen Miliz verbundene Rekrutierungsform, die an und für sich kein Novum darstellte, erwies sich aber im Folgenden besonders in zweierlei Hinsicht als sehr problematisch: Auf der einen Seite standen viele Bewohner der ländlichen Regionen trotz der angebotenen Vergünstigungen für den Eintritt in die Verbände der *miliziotti* einer Rekrutierung ablehnend gegenüber, da sie durch die militärische Schulung von wichtigen tagtäglichen Tätigkeiten abgehalten wurden, denen sie nachgehen mussten, um ihr eigenes und das Auskommen ihrer Familien zu sichern. Dies konnte insbesondere in Zeiten der Ernte zu einem Problem werden. Auf der anderen Seite zogen die angebotenen Vergünstigungen, besonders auch das Recht auf Immunität, im erheblichen Maße zwielichtige Gestalten an, die diese schamlos auszunutzen gedachten, um unter deren Deckmantel Vergehen zur persönlichen Bereicherung begehen zu können und für die Justiz schwerer greifbar zu sein. Daher war es schließlich gar nicht so unüblich, dass sich diese Milizionäre in Komplizenschaft zu den Räuberbanden befanden[245], welche die Provinzen des Königreiches Neapel in den letzten beiden Jahrzehnten des 18. Jahrhunderts so zahlreich durchzogen.

Der Zusammenbruch der neapolitanischen Armee im Dezember 1798 führte dann dazu, dass diese Milizionäre zunächst in keine festen militärischen

---

244 Astarita: Istituzioni e tradizioni militari, S. 146; Argiolas: Storia dell'esercito borbonico, S. 23ff. und Boeri, Crociani: L'esercito borbonico dal 1789 al 1815, S. 103. Zu den Milizverbänden im Königreich Sizilien siehe ebd., S. 107–111.

245 Maiorini: I presidi nel primo periodo borbonico, S. 294.

Weisungsstrukturen mehr eingebunden waren und daher mehr oder weniger autonom in den Provinzen des kollabierten Königreiches Neapel agieren konnten. Im Rahmen der anarchischen Zustände des Jahres 1799 lieferten sie sich dabei sowohl blutige Auseinandersetzungen mit der Revolutionsregierung in Neapel als auch mit den Franzosen und hatten schließlich im Volksheer des Kardinals Fabrizio Ruffo, der sogenannten „Armata Cristiana della Santa Fede in Nostro Signore Gesù Cristo", welche die Parthenopäische Republik noch im gleichen Jahr binnen kürzester Zeit wieder zu Fall brachte, eine zentrale Rolle inne.[246]

3.3 Das Justizwesen

3.3.1 Der Justiz- und Verwaltungsapparat der Hauptstadt Neapel: die Segreterie di Stato, *die* Real Camera di Santa Chiara, *der* Sacro Regio Consiglio, *die* Gran Corte della Vicaria *und das* Tribunale Misto

Hinsichtlich der institutionellen Durchdringung bzw. Zentrierung von bürokratisch-administrativen Instanzen, welche neben den bewaffneten Verbänden die zentralen Bausteine des bourbonisch-neapolitanischen Herrschaftsapparates darstellten, gab es einen scharfen Gegensatz zwischen der Hauptstadt Neapel und den Provinzen. Wie bereits an anderer Stelle erwähnt und ausführlicher dargelegt, bildete die Metropole Neapel selbst das unangefochtene politisch-administrative Zentrum des gesamten Herrschaftsgefüges der neapolitanischen Bourbonendynastie. Daraus resultierte auch, dass die wichtigsten bürokratisch-administrativen Institutionen des Königreiches Neapel hier ihren Sitz hatten. Da es sich hierbei allerdings um ein nur sehr schwer zu durchschauendes Dickicht verschiedenster Institutionen handelte, soll in den nun folgenden Ausführungen ein besonderes Augenmerk gerade auf jene Institutionen gelegt werden, die hinsichtlich ihres Zuständigkeitsbereiches oder ihrer Größe von besonderer Relevanz für den Gegenstand dieser Untersuchung sind oder besondere Eigenheiten des bourbonischen Herrschaftsapparates darstellten.

Als die spanischen Bourbonen mit dem Infanten Karl an der Spitze in beiden Jahren 1734 und 1735 die österreichische Herrschaft in beiden Königreichen beendeten und daran gingen, ihr neues Regime auch auf bürokratisch-administrativen Gebiet abzusichern, konnten sie auf eine Vielzahl von Institutionen zurückgreifen, die von ihrem Ursprung her bis weit in die Zeit der angevinischen oder aragonesischen Herrschaft, aber auch zum Teil normannischen

246 Davis: The Santa Fede and the Crisis of the Ancient Régime in Southern Italy, S. 7.

Zeit, zurückreichten. Nicht nur in den Provinzen des Königreiches, sondern auch in der Hauptstadt selbst verzichtete man trotz aller propagandistischen Rhetorik von einem völligen Neuanfang darauf, einen Herrschaftsapparat *ex novo* auf die Beine zu stellen, sondern übernahm einen Großteil des bürokratisch-administrativen Apparates der Vorgängerregierungen, innerhalb dessen natürlich im Einzelnen Modifizierungen hinsichtlich des Zuständigkeitsbereiches und der Zusammensetzung bestimmter Organe vorgenommen wurden. Die zwei stärksten und zugleich wichtigsten Veränderungen innerhalb dieses Herrschaftsapparates stellten auf der einen Seite die Einrichtung der *Segreterie di Stato* dar und auf der anderen Seite die Auflösung des vizeköniglichen *Consiglio Collaterale*, welcher durch die neue Institution der *Real Camera di Santa Chiara* ersetzt wurde.[247]

Weitere Institutionen, die in der Zeit Karls von Bourbon und Ferdinands IV. geschaffen wurden, deren Funktionen aber im Rahmen dieser Ausführungen nicht näher erläutert werden sollen, waren zudem noch der *Supremo Magistrato di Commercio*, das *Tribunale dell'Ammiragliato*, das *Consolato del Mare* sowie die *Udienza di Guerra e Casa Reale*.[248]

---

247 Zilli: Carlo di Borbone e la rinascita del Regno di Napoli, S. 27. Dieser *Consiglio Collaterale* war von dem spanischen König Karl I. als ein institutionelles Gegengewicht zu dem mit umfangreichen Machtmitteln und Kompetenzen ausgestatteten Vizekönig eingerichtet worden. Schon sein Vorgänger Ferdinand II. von Aragón hatte im Jahr 1507 die Gründung solch einer Institution angeordnet und an die Seite des Vizekönigs einige Berater gestellt, deren Berufung nicht nur das Ziel zugrunde lag, den Vizekönig in seiner Arbeit zu unterstützen, sondern ihn auch an einer allzu freien Machtausübung zu hindern. Der *Consiglio Collaterale* besaß in seiner letztendlichen Form nicht nur die Funktion einer Kanzlei, sondern verfügte auch über juristische und konsultative Kompetenzen, die im Laufe seiner Existenz erweitert und präzisiert wurden, so dass er schließlich zu einem Kontrollinstrument wurde, welches einem möglichen Amts- bzw. Machtmissbrauch von Seiten des Vizekönigs wirksam einen Riegel vorschob. Colussi: Diritto, istituzioni, amministrazione della giustizia nel Mezzogiorno vicereale, S. 25f. Daher mag es auch nicht überraschen, dass Karl von Bourbon in seiner Funktion als formal unabhängig regierender Souverän ihn schließlich auflöste und durch die *Real Camera di Santa Chiara* ersetzte, welche vollständig seiner Kontrolle unterlag und dementsprechend auch nicht mehr die Interventionsmöglichkeiten des *Consiglio Collaterale* besaß. Detailliert zum Amt des Vizekönigs sowie der Entstehung des *Consiglio Collaterale* und seiner weiteren Entwicklung in der Zeit der spanischen und darauffolgenden kurzen österreichischen Herrschaft ebd., S. 24–32.

248 Buffardi, Mola: Questioni di storia e istituzioni, S. 162. Zu den Funktionen dieser Organe im Einzelnen siehe die diesbezüglichen Ausführungen in ebd., S. 162–167.

Die *Segreterie di Stato* traten an die Stelle der ursprünglich zwei vizeköniglichen *Segreterie* und sollten bis zu ihrer Auflösung in der Zeit der napoleonischen Herrschaft, zum Teil auch in recht kurzen Zeitabständen, immer wieder Modifikationen hinsichtlich ihrer personalen Bestückung, Anzahl und Zuständigkeitsbereiche erfahren, die an manchen Stellen deutlich die Unsicherheiten der regierenden Dynastie im Hinblick auf den einzuschlagenden politischen Kurs erahnen lassen. Diese Unsicherheit fand dann gleichfalls ihren Ausdruck im Bereich der Organisation des bürokratisch-administrativen Herrschaftsapparates.[249]

Den Nukleus aller Staatssekretariate der frühen Bourbonenzeit bildete das allerdings nur bis zum 29. April 1734 bestehende provisorische Staatssekretariat unter Führung Emanuel de Benavides y Aragóns, Graf und später Herzog von Santisteban (Santostefano), und seines Mitarbeiters José Joaquín Guzmán de Montealegre, Marquis bzw. ab 1740 Herzog von Salas, die beide in dieser Zeit alle Regierungsangelegenheiten in ihren Händen bündelten und dem damals noch achtzehnjährigen und in Regierungsangelegenheiten unerfahrenen Infanten Karl von Bourbon von Seiten des Madrider Hofes an die Seite gestellt worden waren. Auch wenn die beiden Königreiche Neapel und Sizilien in formaler Hinsicht keine direkten Dépendancen der spanischen Monarchie darstellten, dafür jedoch bis in die 1770er Jahre hinein noch eindeutig den Charakter zweier spanischer Sekundogeniturherrschaften aufwiesen, so sollte dennoch durch beide Männer ein gebührender Einfluss des Madrider Hofes abgesichert werden, in dessen Zentrum unangefochten die Königin Elisabetta Farnese, die Mutter Karls von Bourbon, stand, die zugleich auch der zentrale *spiritus rector* der spanischen Italienpolitik jener Jahre war.[250]

Am 29. April 1734 untergliederte man schließlich dieses erste Staatssekretariat in zwei eigenständige Staatssekretariate: *erstens* dasjenige für die Ressorts des Auswärtigen, des Kriegswesens, des Marinewesens, des Königlichen Hauses, der Wirtschaft, der Finanzen und des Kirchlichen (esteri, guerra, marina, casa reale, economia, finanza e affari ecclesiastici) unter der Leitung Montealegres und *zweitens* schließlich dasjenige für das Ressort der Justiz unter der Leitung des aus der Toskana stammenden Juristen Bernardo Tanucci.[251] Den eigentlichen Ausgangspunkt für die Existenz derjenigen Staatssekretariate, die dem Herrschaftsapparat

249 Allocati: L'Archivio della Segreteria di Stato della Casa Reale dei Borboni di Napoli, S. 438. Zu diesen zahlreichen Veränderungen siehe Salvati: L'Azienda e le altre Segreterie di Stato durante il primo periodo borbonico, S. 67–73.

250 Zilli: Carlo di Borbone e la rinascita del Regno di Napoli, S. 22f.

251 Salvati: L'Azienda e le altre Segreterie di Stato durante il primo periodo borbonico, S. 9 und S. 67.

der neapolitanischen Bourbonendynastie so eigen sein sollten, bildete die Reform vom 30. Juli 1737, in deren Rahmen man nunmehr vier eigenständige Staatssekretariate schuf: *erstens* dasjenige unter der Leitung Montealegres für die Ressorts „esteri, guerra, marina, casa reale, siti reali, corriere maggiore, montiero maggiore, giunta di guerra, auditori generali di guerra e marina, grande ammiraglio, auditore generale dell'esercito e soprintendente dei corrieri", *zweitens* dasjenige für den Bereich der Justiz unter Leitung Bernardo Tanuccis, *drittens* dasjenige unter Leitung Giovanni Brancaccios für die Ressorts "azienda e commercio, camera della sommaria, dogana di Foggia, giunta del commercio, annona, soprintendenza della salute, delegazione dei cambi, amministrazione del prodotto dei corrieri e dei feudi di casa reale, tribunale del patrimonio di Sicilia, consolato di Messina, amministrazione e riscossione della 'Crociata'" und schließlich *viertens* dasjenige unter der Leitung Gaetano Maria Brancones für die Ressorts "ecclesiastico, cappellania maggiore, università e studi reali, licenze per la stampa di libri".[252]

Hinsichtlich ihrer Aufgaben stellten diese Staatssekretariate Vermittlungsinstanzen zwischen der Person des Königs und den jeweiligen Empfängern dar, welche die Entscheidungen des Herrschers an die betreffenden subalternen Personen bzw. Institutionen weiterleiteten. Die Staatssekretäre und die ihnen unterstehenden Staatssekretariate bereiteten hierbei die Gesetzesvorlagen vor, die, nachdem sie zunächst noch einmal von der *Real Camera di Santa Chiara* überprüft worden waren, in der endgültigen Fassung vom König oder einem seiner Untergebenen unterzeichnet wurden. Die Staatssekretariate zeichneten dann auch für die Publikation der betreffenden Gesetze verantwortlich, so dass sie auch in der Praxis ihre Anwendung finden konnten.[253]

Die Anzahl dieser Staatssekretariate konnte bis zur Zeit ihrer Abschaffung von minimal drei bis zu maximal fünf reichen. Meistens handelte es sich aber um vier im Hinblick auf ihre Kompetenzen relativ festgefügte Staatssekretariate[254], deren konkrete Aufgabenfelder an dieser Stelle noch einmal etwas genauer dargelegt werden sollen, ohne dass hierbei aber der Anspruch auf Vollständigkeit erhoben wird: Das erste Staatssekretariat für Auswärtiges, Krieg, Marine und das Königshaus ernannte die Vertreter des Königreiches an den ausländischen Höfen, kümmerte sich um Verträge mit auswärtigen Staaten und deren diplomatisches Personal am neapolitanischen Königshof. Im Hinblick auf die Angelegenheiten

252 Ebd., S. 9f. und 67f.

253 Buffardi, Mola: Questioni di storia e istituzioni, S. 147.

254 Salvati: L'Azienda e le altre Segreterie di Stato durante il primo periodo borbonico, S. 67–73.

des Königshauses hatte man die Oberaufsicht über alle Institutionen und Personen, die sich um den privaten Besitz der Bourbonendynastie kümmerten. Auf Befehl Ferdinands IV. gliederte man im Jahr 1789 diesen Bereich aus dem ersten Staatssekretariat aus und formte hierfür eine eigenständige bürokratisch-administrative Entität: die *Segreteria di Stato di Casa Reale*. Der König versprach sich von dieser Maßnahme eine bessere und kompetentere Leitung der Angelegenheiten, die seinen Privatbesitz betrafen. Für die Gebiete der Kriegsführung und der Marine betrafen die Aufgaben des ersten Staatssekretariats die Organisation des königlichen Heeres, die Auszahlung von Pensionen sowie die Instandhaltung und Leitung der befestigten Stützpunkte auf dem Territorium des Königreiches. Das zweite Staatssekretariat, dasjenige der Justiz, kümmerte sich um Petitionen und Vorschläge gesetzlicher Natur, die an die Person des Monarchen gerichtet waren. Damit verbunden leitete es dann die Entscheidungen bzw. Verfügungen des Monarchen in der Form der *dispacci* an die betreffenden Institutionen bzw. Personen, die diesen vorstanden, weiter. Darüber hinaus besaß das Staatssekreteriat der Justiz eine vermittelnde Rolle bei Konflikten zwischen den verschiedenen bürokratisch-administrativen Institutionen, aus denen sich der neapolitanische Herrschaftsapparat in der Hauptstadt und in den Provinzen zusammensetzte. Dazu gehörte auch die Vermittlung bei Konflikten zwischen dem Justizapparat der Hauptstadt Neapel und den jeweiligen Institutionen des formal eigenständigen Königreiches Sizilien. Des Weiteren zeichnete das Staatssekretariat der Justiz für die Ernennung von Notaren, deren Versetzung und schließlich die Notariatskassen verantwortlich. Das dritte Staatssekretariat für den Handel und die *Azienda Reale*, welches allerdings nur bis 1782 Bestand haben sollte und durch den *Supremo Consiglio delle Finanze* ersetzt wurde, kümmerte sich in erster Linie um Angelegenheiten, welche die Finanzen betrafen, auf die aber an dieser Stelle nicht weiter eingegangen wird. Das vierte und letzte Staatssekretariat, welches sich um Angelegenheiten kümmerte, die die Kirche und die königliche Jurisdiktion betrafen, leitete die von der *Real Camera di Santa Chiara* überreichten *exequatur* an die jeweiligen *università* und die Hauptstadt weiter und gewährte als Zensurinstanz die Druckerlaubnis für Bücher und andere Schriftstücke. Dieses Staatssekretariat kümmerte sich des Weiteren um kirchliche und königliche Güter, verhandelte mit dem päpstlichen Nuntius zum einen über Angelegenheiten, die das Königreich Neapel betrafen, welches ja nach päpstlicher Auffassung ein kirchliches Lehnsgebiet war, und zum anderen über die Institution der Inquisition, das sogenannte „Sant'Uffizio", im Königreich Sizilien.[255]

255 Buffardi, Mola: Questioni di storia e instituzioni, S. 147ff.

Sein endgültiges Ende fand dieses System der Staatssekretariate schließlich, wie bereits eingangs erwähnt, in der Zeit nach der abermaligen Vertreibung des Bourbonenregimes vom neapolitanischen Festland durch die Truppen Napoleons. Ab dem 22. Februar 1806 schafften die Franzosen sukzessive die Staatssekretariate ab und ersetzten diese durch das neue System der Ministerien, welches die Bourbonen nach ihrer Rückkehr, die auf den Sturz Joachim Murats folgte, beibehielten, und somit auf die Wiedereinführung des vorherigen Systems verzichteten.[256]

Ein weiteres institutionelles Novum innerhalb des Herrschaftsapparates der neapolitanischen Bourbonendynastie war die *Real Camera di Santa Chiara*, die den am 8. Juni 1735 aufgelösten und noch aus der Zeit des Vizekönigreiches stammenden *Consiglio Collaterale* ersetzte und bald darauf eine herausragende Stellung unter den königlichen Institutionen in der Hauptstadt Neapel einnehmen sollte. Die *Real Camera di Santa Chiara* stellte eine autonom agierende Instanz innerhalb des *Sacro Regio Consiglio* dar, der wiederum die höchste juristische Berufungsinstanz auf dem Gebiet der Zivilgerichtsbarkeit verkörperte. Im Hinblick auf die personale Besetzung bestand die oberste Ebene der *Real Camera di Santa Chiara* aus dem Präsidenten des *Sacro Regio Consiglio*, vier sogenannten *caporuota*, die demselben Organ wie der Präsident entstammten, und schließlich einem sogenannten „segretario togato", welcher normalerweise aus der Richterschaft der *Gran Corte della Vicaria* ausgewählt wurde. Der Bereich unter dieser obersten Ebene setzte sich aus zahlreichen Verantwortlichen für den Schriftverkehr bzw. das Schriftgut der königlichen Kammer zusammen, auf die aber an dieser Stelle nicht näher eingegangen werden muss. Als bürokratisch-administrative Institution besaß die *Real Camera di Santa Chiara* sowohl konsultative als auch jurisdiktionelle Kompetenzen.[257]

Das sehr weit gestreute und aufgrund dessen auch recht schwer zu überblickende Aufgabenfeld der *Real Camera di Santa Chiara* sah im Einzelnen wie folgt aus: Als mit jurisdiktionellen und konsultativen Kompetenzen ausgestattete Institution konnte die *Real Camera di Santa Chiara* bei Fällen von besonderer Wichtigkeit, die eine relativ schnelle Entscheidungsfindung erforderten, *ad hoc* die hierfür notwendigen Maßnahmen festlegen. Wie bereits erwähnt, verfügte die Kammer über das Recht, Gesetzesentwürfe, die von den Staatssekretariaten ausgeschickt werden

---

256 Salvati: L'Azienda e le altre Segreterie di Stato durante il primo periodo borbonico, S. 45. Zur diesbezüglichen Lage im Königreich Neapel bzw. dem Königreich Beider Sizilien nach dem Ende der Herrschaft Joachim Murats siehe insbesondere auch Heydemann: Konstitution gegen Revolution, S. 69–80.

257 Buffardi, Mola: Questioni di storia e istituzioni, S. 157f.

sollten, vor ihrer Abzeichnung durch den Souverän oder einem seiner Vertreter noch einmal einer letzten Prüfung zu unterziehen. Sie leitete vom König gewährte Lehnsprivilegien sowie Adelstitel und Erhebungen in den Adelsstand formal an die jeweiligen Empfänger weiter, durfte einen Vormund für noch minderjährige Erben eines Lehens bestimmen und bemühte sich um die Vereinheitlichung von Vorschriften, von Statuten und den Gründungsakten verschiedener Institutionen, zu denen auch Schulen und Universitäten zählten. Sie leitete anlässlich von Messen und Markttagen Gnadenerlässe an diejenigen *università* weiter, in denen diese stattfanden. Sie gewährte die Erlaubnis für die Veräußerung von Gütern, vergab Lizenzen für den Druck von Büchern, gewährte Begnadigungen für Inhaftierte und durfte für die Vermittlung eines kostenlosen Rechtsbeistandes sorgen. Sie besaß des Weiteren eine beratende Funktion im Hinblick auf die Aufstellung von Vorschriften für die Amortisierung, bei Änderungen im Hinblick auf den Willen von Erblassern sowie im Hinblick auf die Ausarbeitung von neuen und allgemeinen Regelungen auf dem Gebiet der öffentlichen Verwaltung. Als Gericht der ersten Instanz entschied sie über den weltlichen oder kirchlichen Status von Lehen und in Fragen, die in den Bereich der königlichen Einrichtungen der Armen- und Krankenfürsorge fielen. Sie entschied in Streitfällen, die den Vorrang zwischen verschiedenen Kongregationen betrafen. Sie fungierte als Berufungsgericht und prüfte Widersprüche, die gegen Verordnungen des Präsidenten des *Sacro Regio Consiglio*, des *Delegato della Reale Giurisdizione*, der *Sopraintendenza di Salute* und der *Sopraintendenza della Portolania* eingelegt worden waren. Die *Real Camera di Santa Chiara* besaß letztendlich auch noch ein besonderes Prüfungsrecht bei Todesurteilen, die von der *Gran Corte della Vicaria* und den *Regie Udienze* verhängt worden waren. Ihre Stellungnahmen bzw. Empfehlungen im Hinblick auf rechtliche Angelegenheiten, die ihr zur Überprüfung zugetragen worden waren, gab sie über die sogenannten „consulte" kund, die der König als höchster Entscheidungsträger sowohl approbieren als auch ablehnen konnte.[258]

Bei dem bereits erwähnten *Sacro Regio Consiglio* selbst mit einem Präsidenten an der Spitze handelte es sich um eine Institution aus der Zeit der aragonesischen Herrschaft, die, das genaue Gründungsjahr ist nicht bekannt, in der ersten Hälfte des 15. Jahrhunderts eingerichtet worden war. Er stellte die höchste und auch letzte juristische Instanz im Königreich Neapel dar, bei der Berufung gegen Urteile der ihm untergeordneten juristischen Instanzen eingelegt werden konnte. Zu seinem Zuständigkeitsbereich zählten alle Streitfälle zwischen Privatpersonen, die in den Bereich der Zivilgerichtsbarkeit fielen. Als juristische Instanz ersten

258 Ebd., S. 158f.

Grades urteilte der *Sacro Regio Consiglio* besonders bei Fällen, welche das Lehnsrecht betrafen oder bei denen es sich generell um Auseinandersetzungen auf der Ebene der Zivilgerichtsbarkeit handelte, in welche der Adel des Königreiches verwickelt war. Auch bei Fällen, deren Streitwert mehr als 25 Goldunzen betrug, urteilte der *Sacro Regio Consiglio* in erster Instanz. In allen anderen Streitfällen urteilten erst einmal die untergeordneten juristischen Instanzen, von denen man sich schließlich an die *Gran Corte della Vicaria* wenden musste. Erst von dieser zuletzt genannten Institution aus konnten Urteile an den *Sacro Regio Consiglio* zu einer nochmaligen Überprüfung weitergeleitet werden. Ausgeschlossen von der Entscheidungsbefugnis des *Sacro Regio Consiglio* waren hingegen Streitfälle, welche die Regierung selbst betrafen und dem Vizekönig und dem *Consiglio Collaterale* oblagen oder die finanzieller bzw. fiskalischer Natur waren. Für diese Fälle zeigte sich die *Regia Camera della Sommaria* verantwortlich, deren konkretes Aufgabenfeld an dieser Stelle aber nicht weiter erläutert werden soll.[259]

Bei der *Gran Corte della Vicaria* handelte es sich im Vergleich zum *Sacro Regio Consiglio* und der *Real Camera di Santa Chiara* um eine noch weitaus ältere gerichtliche Institution des Königreiches Neapel, deren Urprünge in der Zeit der Anjou-Dynastie zu verorten sind.[260] Die *Gran Corte della Vicaria* in ihrer letztendlichen Form entstand allerdings erst in der Zeit der Herrschaft Alfons V. von Aragón durch die Zusammenlegung zweier Gerichtshöfe, der *Magna Curia* und *Curia Vicaria*, die in zwei verschiedenen Epochen entstanden waren und sich schließlich hinsichtlich ihres Aufgabenfeldes so stark ähnelten, dass letzten Endes dieser Schritt nur konsequent erscheinen musste.[261] Die genauen Ursprünge der *Magna Curia* sind allerdings nicht wirklich bekannt. Sie entwickelte sich womöglich langsam aus Vorgängerinstitutionen, die bis in die Zeit des Herzogs von Apulien, Robert Guiskard, und des Großgrafen von Sizilien, Roger I., zurückreichten.[262] Wirklich feste Formen nahm diese Institution dann aber erst in der Zeit der Herrschaft Rogers II. und Wilhelms I. an, in welcher der König

---

259 Colussi: Diritto, istituzioni, amministrazione della giustizia nel Mezzogiorno vicereale, S. 33–36. Zu den Ursprüngen des *Sacro Regio Consiglio* siehe Cassandro: Sulle origini del Sacro Regio Consiglio napoletano. S. 1–17. Zu der *Regia Camera della Sommaria* ebd., S. 41–49.

260 Buffardi, Mola: Questioni di storia e instituzioni, S. 39. Zur Entstehung der späteren *Gran Corte della Vicaria* in der Anjou-Zeit siehe Galasso: Storia del Regno di Napoli. Il Mezzogiorno angioino e aragonese, S. 325ff.

261 Colussi: Diritto, istituzioni, amministrazione della giustizia nel Mezzogiorno vicereale, S. 52 und Vitolo: Il Regno angioino, S. 53f.

262 Pescione: Corti di giustizia nell'Italia meridionale, S. 82–86.

einem *magister iustitiarius* alle Angelegenheiten, die das Rechtswesen und Begnadigungen betrafen und mit denen er sich nicht persönlich befassen konnte bzw. wollte, überantwortete. Darüber hinaus ernannte dieser *magister iustitiarius* im Namen des Königs alle *iustitiarii* in den Provinzen des normannischen Königreiches und kontrollierte regelmäßig deren Arbeit, indem er in bestimmten Zeitabständen Inspektionsreisen durch die verschiedenen Provinzen unternahm und sich die Beschwerden der Bevölkerung in Hinblick auf Unregelmäßigkeiten in der Rechtssprechung vor Ort anhörte. Friedrich II. stellte dem *magister iustitiarius* schließlich noch ein Gremium aus vier Richtern an die Seite, mit denen zusammen er die notwendigen Entscheidungen traf. Der zweite Gerichtshof, die *Curia Vicaria*, entstand in der Zeit der Herrschaft Karls II. von Anjou, der sich aufgrund von Friedensverhandlungen mit den Aragonesen nach Frankreich begeben musste und für die Zeit seiner Absenz seinen Sohn Karl Martell (1271–1295), den Fürsten von Salerno, zu seinem Stellvertreter im Königreich ernannte. Er setzte ihn dabei an die Spitze eines Rates, der Karl Martell bei der Wahrnehmung seiner Regierungsaufgaben unterstützen sollte. Als die Statthalterschaft bzw. das Vikariat Karl Martells im Jahre 1305 endete, wurde dieser Rat aber nicht aufgelöst, sondern bestand fort und entwickelte sich zu einem festen Organ innerhalb des angevinischen Herrschaftsapparates und begann, sich schließlich mit Angelegenheiten zu befassen, die auch die Strafgerichtsbarkeit betrafen. Karl II. von Anjou beschränkte in seiner Regierungszeit schließlich die Möglichkeiten der *Magna Curia*, in die Angelegenheiten der Rechtssprechung in den Provinzen des Königreiches einzugreifen, und stärkte damit automatisch die Stellung der dortigen Gerichtshöfe. Auch wenn beide Gerichtshöfe formal zwei eigenständige Institutionen darstellten, kam es zeitweise in der Regierungszeit Johannas II. vor, dass ein und dieselbe Person an deren Spitze stand. Alfons V. von Aragón vereinte schließlich in seinem Bemühen um eine stärkere Zentralisierung der Rechtssprechung die *Magna Curia* und die *Curia Vicaria* zur *Magna Curia Vicaria*, der späteren *Gran Corte della Vicaria*, wie schließlich die italienische Bezeichnung lauten sollte.[263]

Die *Gran Corte della Vicaria* stellte auf der bürokratisch-administrativen Ebene in ihrer letztendlichen Form die wichtigste juristische Instanz unterhalb des *Sacro Regio Consiglio* dar, in welchem schließlich gegen Urteile der *Gran Corte della Vicaria*, welche die Zivilgerichtsbarkeit betrafen, Berufung eingelegt

---

263 Colussi: Diritto, istituzioni, amministrazione della giustizia nel Mezzogiorno vicereale, S. 52 und Vitolo: Il Regno angioino, S. 53f. Zu diesen beiden Gerichtshöfen siehe auch Trifone: La legislazione angioina, S. XXXV–XLV.

werden konnte.[264] Die *Gran Corte della Vicaria* setzte sich aus zwei verschiedenen Sektionen bzw. Teilgerichten zusammen. Die eine Sektion beschäftigte sich mit Fällen, die unter die Zivilgerichtsbarkeit fielen, und die andere mit Fällen, welche die Strafgerichtsbarkeit betrafen.[265] Als großer Gerichtshof besaß sie zudem für die Hauptstadt Neapel und deren nächste Umgebung die exklusive und höchste Entscheidungsbefugnis in zivil- und strafrechtlichen Angelegenheiten. Richter, die aus den der *Gran Corte della Vicaria* untergeordneten Instanzen stammten, hatten sich bei Vergehen, die in Zusammenhang mit ihrer jeweiligen Amtsführung standen, vor diesem Gerichtshof zu verantworten. Darüber hinaus war sie schließlich noch vor dem *Sacro Regio Consiglio* die nächsthöhere Instanz bei Berufungen gegen Urteile der *Regie Udienze* und der lokalen Gerichtshöfe. Dieser Rückgriff auf die *Gran Corte della Vicaria* als Appellationsgericht war aber stets an eine bestimmte Streitsumme gebunden: So musste es sich bei Berufungen gegen Entscheidungen von Richtern und Gouverneuren aus der Terra di Lavoro, dem Contado di Molise, der Capitanata, dem Principato Citra und dem Principato Ultra um Fälle handeln, die oberhalb einer realen oder symbolischen Streitsumme von 100 Dukaten lagen. Für die restlichen Provinzen musste die Streitsumme schließlich bei mehr als 200 Dukaten liegen.[266]

Bei dem *Tribunale Misto* handelte es sich um eine weitere Neuschöpfung der frühen Bourbonenzeit. Es wurde kurz nach der Unterzeichnung des Konkordats von 1741 eingerichtet, welches die Beziehungen zwischen Neapel und der Kirche auf eine neue rechtliche Grundlage gestellt hatte, um die Befolgung der darin enthaltenen Bestimmungen sicherzustellen. Von seiner personellen Zusammensetzung her bestand dieses Gericht sowohl aus Vertretern der Kirche als auch aus Vertretern des bourbonischen Herrschaftsapparates. An der Spitze des *Tribunale Misto* stand ein Präsident, für dessen Posten vom König drei kirchliche Vertreter vorgeschlagen wurden und schließlich einer von diesen drei Kandidaten dann von Seiten des Papstes auszuwählen war. Diesem Präsidenten waren als Ratgeber insgesamt vier Männer untergeordnet: jeweils zwei Vertreter der Kirche, die vom Papst zu ernennen waren, und zwei weltliche Vertreter, die der König ernannte. Durch diese Zusammensetzung und den Modus der Auswahl der Mitglieder des *Tribunale Misto* sollte die Parität beider Seiten in diesem Gremium gewährleistet sein. Das grundlegende Anliegen, welches mit der Schaffung des *Tribunale Misto*

264 Galasso: Storia del Regno di Napoli. Società e cultura del Mezzogiorno moderno, S. 661 und 664.

265 Colussi: Diritto, istituzioni, amministrazione della giustizia nel Mezzogiorno viceреale, S. 56.

266 Buffardi, Mola: Questioni di storia e instituzioni, S. 159f.

im Jahre 1741 verbunden wurde, bestand darin, eine Instanz zu schaffen, die moderierend in Angelegenheiten wirken sollte, die in den Reibungsbereich zwischen staatlichen und kirchlichen Interessen fielen. Dadurch versuchten beide Seiten, sowohl der König von Neapel als auch der Papst, zukünftigen Dissonanzen und offenen Konflikten, die sich um ihre unmittelbaren Interessen in diesem Reibungsbereich drehen konnten, einen Riegel vorzuschieben. Das *Tribunale Misto* besaß die Aufsicht über all diejenigen Plätze auf dem Territorium des Königreiches Neapel wie Kirchen, Klöster usw., die der Kirche gehörten und die somit deren unmittelbarer Jurisdiktion unterlagen, und griff moderierend in Streitfragen ein, welche die Einkünfte, das Personal oder allgemein die Verwaltung dieser Plätze betrafen.[267]

Ein weiteres Aufgabenfeld des *Tribunale Misto*, welches für den eigentlichen Gegenstand dieser Untersuchung von besonderem Interesse ist, betraf Personen, die sich eines Vergehens schuldig gemacht und vor der Verfolgung durch die neapolitanischen Behörden an Orte geflüchtet waren, die der Jurisdiktion der Kirche unterstanden und an denen sie sich einstweilen dem staatlichen Zugriff entziehen konnten, indem sie sich auf das Recht der Kirche beriefen, Personen, die sich an diese Orte geflüchtet hatten, lokale Immunität und somit Asyl zu gewähren. Die Vertreter des Staates, sei es in der Hauptstadt, sei es in den Provinzen, konnten allerdings nicht ohne Abstimmung mit einem örtlichen Vertreter der Kirche diese Personen einfach so aus den Orten entfernen, an welche sie sich geflüchtet hatten, denn sonst drohte ihnen die Exkommunikation. Auch wenn die örtlichen Vertreter der Kirche schließlich fürs Erste ihre Zustimmung zu der Entfernung dieser Personen durch die Vertreter der Staatsgemacht gegeben haben mochten, konnte es passieren, dass diesen aber dadurch noch nicht automatisch die lokale Immunität entzogen worden war, sondern dass solche, auch wenn sich diese Personen nun in den Händen der Behörden befanden, zumindest formal fortbestand und somit auch noch nicht juristische Verfahren eingeleitet werden konnten, bis sich die abstimmungsberechtigten Mitglieder des *Tribunale Misto* für deren Aufhebung ausgesprochen hatten. Üblicherweise wurden solche Fälle an das *Tribunale Misto* weitergeleitet, wenn die Frist von vier Monaten, innerhalb deren die Ermittlungsakten an den jeweiligen Bischof geschickt werden mussten, dort noch nicht eingetroffen waren oder der Bischof, z. B. aufgrund einer Krankheit oder

267 Ebd., S. 164 und Galanti: Della descrizione politica e geografica delle Sicilie, Bd. 1, S. 322f. Zu der Zusammensetzung und den Aufgaben dieses *Tribunale Misto* im Einzelnen siehe ferner die diesbezüglichen Artikel im "Trattato di accomodamento tra la Santa Sede e la Corte di Napoli, S. 28–32.

mehrmonatigen Vakanz keine Entscheidung hatte fällen können.[268] Erst mit der endgültigen Aufhebung der lokalen Immunität durch die abstimmungsberechtigten Mitglieder des *Tribunale Misto* wurde dann der Weg für die Einleitung eines Verfahrens und die abschließende Verkündung des Urteils von Seiten eines weltlichen Gerichtes freigemacht.

3.3.2 Die Rechtssprechung in den Provinzen: die Regie Udienze, *das* Tribunale di Campagna, *die* Regia Dogana della Mena delle Pecore *und die lokalen Gerichtshöfe*

Die höchsten juristischen Institutionen der Zentralregierung in den Provinzen des Königreiches Neapel bildeten die sogenannten „Regie Udienze" mit einem *preside* an der Spitze und für die Terra di Lavoro und einen Teil der Nachbarprovinz Principato Citra das sogenannte „Tribunale di Campagna", welche im Hinblick auf die ihnen zufallenden Aufgaben sowohl Organe der Justiz als auch Organe der Verwaltung waren[269] und eine Art Mittelinstanz zwischen den Justiz- und Verwaltungsorganen der Hauptstadt Neapel und den kleineren juristisch-administrativen Instanzen in den Provinzen, d.h. den lokalen Gerichtshöfen, darstellten, an deren Spitze entweder ein königlicher Gouverneur oder ein von einem Baron ernannter Gouverneur stand.[270]

Die Ursprünge dieser Institution sind in der Normannenzeit zu verorten. Die Vorläufer der späteren *presidi* waren die sogenannten „iustitiarii", bei denen es sich um den lokalen Autoritäten übergeordnete königliche Beamte zumeist adeliger Herkunft handelte, die die Aufgabe hatten, die Anweisungen des höchsten königlichen Gerichtshofes, der *Magna Curia*, vor Ort in die Tat umzusetzen.[271] Nachdem Roger II., der Begründer der *monarchia sicula*, Ende der 1130er Jahre den letzten Widerstand gegen seine Herrschaft auf dem festländischen Teil seines Königreiches gebrochen hatte, konnte er sich von da an verstärkt dem inneren, bürokratisch-administrativen Ausbau des Königreiches Sizilien widmen, wozu

268 Zum gesamten Problem der lokalen Immunität siehe die diesbezüglichen Bestimmungen in ebd., S. 11–17.

269 Spagnoletti: Reclutamento e carriere dei magistrati provinciali nel secolo XVIII, S. 11. Sehr kurz zur Entstehung dieser königlichen Gerichtshöfe und deren weiterer Entwicklung in der vorbourbonischen Zeit Palmarini: I presidi della provincia di Primo Abruzzo Ultra, S. 247f.

270 Maiorini: L'Udienza di Principato Ultra nel secolo XVIII, S. 140.

271 Colussi: Diritto, istituzioni, amministrazione della giustizia nel Mezzogiorno vicereale, S. 59. Vertiefend zum Amt des *iustitiarius* siehe Chalandon: Histoire de la domination normande en Italie et en Sicile, Bd. 2, S. 676–684.

insbesondere auch das Rechts- und Justizwesen zählten. Mit Ausnahme der Insel Sizilien, die unter der direkten Kontrolle des normannischen Königshofes stand, erschien schließlich ab dem Jahre 1140 im gesamten festländischen Teil des Königreiches Rogers II. der königliche Beamtentypus des *iustitiarius*. Allerdings verfügten diese *iustitiarii* noch über keinen territorial fest umrissenen Zuständigkeitsbereich. Erst in der Herrschaftszeit Wilhelms II. (König 1166–1189) nahmen die Zuständigkeitsbereiche der Justitiare den Charakter wahrer Provinzen an, in welchen sie für Recht und Ordnung zu sorgen hatten. Lediglich in Kalabrien gab es bereits in der Herrschaftszeit Rogers II. einen Großjustitiar, der sich für die gesamte Rechtssprechung in dieser Region verantwortlich zeigte und dem weitere lokale Justitiare untergeordnet waren.[272] Obwohl diese *iustitiarii* in den wichtigsten Städten des ihnen zugewiesenen Zuständigkeitsbereiches über einen festen Amtssitz verfügten, so zogen sie trotzdem bei der Wahrnehmung ihrer Aufgaben und Pflichten auf dem Gebiet der Strafgerichtsbarkeit, der öffentlichen

---

272 Houben: Roger II. von Sizilien, S. 150f. Hiroshi Takayama wendet in seiner Studie „The Administration of the Norman Kingdom of Sicily" dagegen ein, dass es bereits vor 1140 Justitiare im normannischen Herrschaftsbereich gegeben hätte, und sieht auch die Möglichkeit, dass dieses Amt aus der byzantinischen Verwaltungstradition herstammte, indem er in dem diesbezüglichen Kapitel schreibt: „That of justiciar was not new at this time […]. If the term *justiciarius* in Latin corresponded to *μέγας κριτής* in Greek, this office had also existed in Calabria from Roger I's reign and the *κριτής* had its origin in the Byzantine period", und führt hierzu unter Nennung zweier Beispiele weiter aus: „It is certain that before 1140 Roger II dispatched or instituted royal justiciars in the land north of Calabria. […] In May 1136 a certain Hugo Blancus *regalis justiciarius* appeared among the barons summoned to a court held by Urso Trabalia, lord of Trani, in order to settle the complaint of Robert of Vassoneville, count of Conversano, against foresters of Bitetto. In November 1136 a royal court was held in Taranto by the three royal justiciars, Roger of Bisignano, Roger of Barolo and Roger of Brahala." Takayama: The Administration of the Norman Kingdom of Sicily, S. 77f. Zu den lateinischsprachigen Quellenbelegen siehe Takayamas Anmerkungsapparat in ebd., S. 77f. Trotz dieser Belege für die Existenz des Amtes vor dem Jahre 1140 räumt Takayama aber ein, dass „[i]t is difficult to know whether these justiciars were temporarily dispatched from the central gouvernment or were instituted as local in that region, but it is certain that royal justiciars' activities became noticeable in this region already in this period." Ebd., S. 78. Nach den diesbezüglichen Ausführungen Takayamas zu urteilen, ist es daher als wahrscheinlich anzusehen, dass es dieses Amt bzw. diese Funktion bereits vor 1140 gab. Aber letzten Endes wurden die *iustitiarii* wohl erst in der Zeit ab 1140 zu einer wirklich festeren Institution innerhalb des normannischen Herrschaftsapparates des Königreiches Sizilien.

Ordnung und Sicherheit sowie der Rechtssprechung bei Streitigkeiten, die lehnsrechtlicher oder fiskalischer Natur waren, von Ort zu Ort, um die notwendigen Untersuchungen bzw. Maßnahmen zu leiten und im königlichen Namen Recht zu sprechen. In der Zeit der Herrschaft Friedrichs II. von Hohenstaufen stellte man schließlich sogenannte „auditores" an die Seite der *iustitiarii*, bei denen es sich um Rechtsgelehrte handelte, welche die *iustitiarii* in ihrer Arbeit unterstützten, was insbesondere dann unerlässlich sein konnte, wenn diese über keinerlei juristische Ausbildung verfügten.[273]

Als eigentlicher Anbeginn der Existenz der *Regie Udienze* gilt schließlich aber die Zeit der aragonesischen Herrschaft über das Königreich Neapel ab 1442, also dem Jahr, in welchem Alfons V. von Aragón der Herrschaft der Anjou-Dynastie ein Ende setzte und die beiden süditalienischen Königreiche Neapel und Sizilien erstmals seit der Sizilianischen Vesper von 1282 wieder unter einem Herrschaftsträger vereint waren. An die Stelle der früheren *iustitiaratus* traten nunmehr die sogenannten „audientiae", die im Gegensatz zu ihren Vorgängerinstitutionen an ein fester umrissenes Territorium gebunden waren. Zunächst wurde aber die Praxis beibehalten, dass auch dieser neue Gerichtshof von Ort zu Ort zog, um seine Aufgaben wahrzunehmen. Als ein besonderes Hindernis für die Arbeit dieser königlichen Gerichtshöfe sollte sich dann bis in die Bourbonenzeit hinein die Entscheidung Alfons V. von Aragón erweisen, die Barone seines Herrschaftsbereiches mit umfassenden jurisdiktionellen Kompetenzen in ihrem jeweiligen Lehnsbereich auszustatten.[274]

Diese *Regie Udienze* sollten in ihrer letztendlichen Form und im Hinblick auf die ihnen zustehenden Kompetenzen nicht nur für die Aufrechthaltung der öffentlichen Ordnung und Sicherheit in den Provinzen sorgen, sondern besonders auch gegenüber denjenigen *università*, die unter der Kontrolle des Adels standen, den Herrschaftsanspruch der königlichen Regierung in der zum Teil so fernen Hauptstadt Neapel deutlich machen. Im Königreich Neapel der frühen Bourbonenzeit gab es insgesamt 12 dieser königlichen Gerichtshöfe. Der *preside*, der zumeist adeliger Herkunft war, hatte qua Amt zugleich auch den militärischen Oberbefehl in der jeweiligen Provinz inne.[275] Trotz seines an und für sich fest umrissenen Zuständigkeitsbereiches war es ihm aber erlaubt, bei der Verfolgung

273 Colussi: Diritto, istituzioni, amministrazione della giustizia nel Mezzogiorno vicereale, S. 59.

274 Ebd., S. 60.

275 Spagnoletti: Reclutamento e carriere dei magistrati provinciali nel secolo XVIII, S. 12.

von Kriminellen bis zu zehn Meilen in den territorialen Zuständigkeitsbereich einer anderen *Regia Udienza* einzudringen.[276]

Zu dem festen Mitarbeiterstab eines jeden *preside* gehörten drei sogenannte „uditori", von denen einer, und zwar der älteste, gleichzeitig auch als *caporuota*, also als Vorsitzender des Richterkollegiums der *Regia Udienza*, fungierte, und ein sogenannter „avvocato fiscale", der als öffentlicher Ankläger die Interessen des neapolitanischen Staates vertrat.[277] Um die öffentliche Ordnung in der ihm unterstehenden Provinz sicherzustellen, konnte der *preside* sowohl auf Fußsoldaten als auch auf berittene Einheiten zurückgreifen, die stets einem sogenannten „capitano di campagna" unterstanden. Diese Kräfte reichten aber meistens nicht aus, um den Herrschaftsanspruch der Zentralregierung in Neapel durchzusetzen sowie die öffentliche Ordnung und Sicherheit in den jeweiligen Provinzen wirksam und dauerhaft aufrechtzuerhalten. Daher mussten diese Kräfte je nach Notwendigkeit oftmals mit lokalen Milizkräften oder auch regulären Soldaten aufgestockt werden.[278]

Um einer möglichen Klüngelei der *uditori* mit den lokalen Eliten einen Riegel vorzuschieben, bediente man sich eines Rotationsprinzips, welches dazu führte, dass die *uditori* zunächst nach zwei und später nach drei Jahren an einen anderen Gerichtshof wechselten. Dieser Rotation lag, von Ausnahmen abgesehen, kein wirklich logisch nachvollziehbares System zugrunde. Vielmehr konnte es passieren, dass die *uditori* bei ihren zahlreichen Versetzungen einen wahren Zick-Zack-Kurs durch die Provinzen des Königreiches Neapel über sich ergehen lassen mussten, was natürlich auch zu Friktionen mit dem Justizapparat in der Hauptstadt Neapel führen konnte, wenn sich einzelne *uditori* gegen ihre Versetzung stemmten.[279]

Eine Besonderheit in der Rechtssprechung in den Provinzen war schließlich noch das Ehrenamt des sogenannten „avvocato dei poveri", bei dem es sich

276 Colussi: Diritto, istituzioni, amministrazione della giustizia nel Mezzogiorno vicereale, S. 63.

277 Spagnoletti: Reclutamento e carriere dei magistrati provinciali nel secolo XVIII, S. 12.

278 Papagna: Ordine pubblico e repressione del banditismo, S. 58. Sehr detailliert zum Amt des *preside*, seinen Aufgabenfeldern und der weiteren Entwicklung des Amtes in der Frühphase der bourbonischen Herrschaft im Königreich Neapel Maiorini: I presidi nel primo periodo borbonico. Hierzu auch der den Charakter eines Überblicks habende Aufsatz derselben Autorin Maiorini: Nobiltà napoletana e cariche amministrative, S. 309–325.

279 Spagnoletti: Reclutamento e carriere dei magistrati provinciali nel secolo XVIII, S. 25.

üblicherweise um einen Anwalt handelte, welcher der Gegend entstammte, über welche die jeweilige *Regia Udienza* die oberste Jurisdiktion ausübte. Er trat formal als Verteidiger für diejenigen Armen bzw. Mittellosen auf, die aufgrund ihrer Verurteilung oder in Erwartung ihres Prozesses in den Verliesen des Königlichen Gerichtshofes schmachteten. Daneben verfügte er als Anwalt aber auch noch über seinen privaten Kundenstamm. Der *avvocato dei poveri* setzte sich im Endeffekt qua Amt gegenüber der jeweiligen *Regia Udienza* aber auch besonders für die Wahrung der Interessen der lokalen Bevölkerung und natürlich auch der lokalen Eliten ein, welche die Tätigkeiten der *Regie Udienze* als Dépendancen des Verwaltungs- und Justizapparates der Hauptstadt in den Provinzen des Königreiches Neapel stets mit Argwohn betrachteten.[280]

Eine Ausnahme zu den übrigen Provinzen des Königreiches Neapel bildeten die Terra di Lavoro und ein Teil der benachbarten Provinz Principato Citra. Die höchste juristische Instanz war hier nicht etwa, wie in den anderen Provinzen des Königreiches Neapel, eine *Regia Udienza*, sondern das sogenannte „Tribunale di Campagna" mit einem *commissario di campagna* an der Spitze, dessen Aufgaben- und Kompetenzbereich demjenigen der *presidi* der *Regie Udienze* ähnelte. Dieses *Tribunale di Campagna* unterstand direkt der in der Hauptstadt Neapel ansässigen *Gran Corte della Vicaria*.[281] Ausgenommen von der Jurisdiktion des *Tribunale di Campagna* blieben die Hauptstadt Neapel und deren nächste Umgebung, die wiederum direkt der *Gran Corte della Vicaria* unterstanden.[282] Das *Tribunale di Campagna* war im Jahre 1630 von dem spanischen Vizekönig Fernando Enríquez-Afán de Ribera y Téllez Girón (Vizekönig 1629–1631), Herzog von Alcalá, eingerichtet worden und verfügte auch über eine bewaffnete Truppe, die üblicherweise aus einem Hauptmann mit 55 Soldaten bestand, deren Zahl je nach Notwendigkeit weiter aufgestockt werden konnte.[283] Wie schon im Fall der *Regie Udienze* muss auch in der Errichtung dieses Gerichtshofes durch die vizeköniglichen Behörden der Versuch gesehen werden, hier ein Gegengewicht zu den lokalen Gerichtshöfen zu schaffen, welche unter der Kontrolle der grundbesitzenden Barone standen und natürlich nicht ausschließlich im Sinne der Zentralregierung in Neapel ihre Arbeit durchführten.[284] Eine Besonderheit dieses neuen Gerichtshofes bestand darin,

---

280 Muzi: La Regia Udienza di Aquila e il suo archivio, S. 22.

281 Papagna: Ordine pubblico e repressione del banditismo, S. 59. Zu den Aufgaben und Kompetenzen des *commissario di campagna* siehe Maiorini: L'amministrazione periferica nel Regno di Napoli durante la reggenza borbonica, S. 467–477.

282 Feola: Il Tribunale di Campagna, S. 40.

283 Papagna: Ordine pubblico e repressione del banditismo, S. 59.

284 Feola: Il Tribunale di Campagna, S. 49.

dass es sich bei ihm zunächst um einen sogenannten „wandernden Gerichtshof" (*tribunale itinerante*) ohne festen Amtssitz auf dem Territorium der Provinz Terra di Lavoro und eines Teils der Provinz Principato Citra handelte. Der Grund dafür lag darin, dass zwischen dem Ende des 16. Jahrhunderts und der ersten Hälfte des 17. Jahrhunderts die *università* des Königreiches Neapel oftmals die Angewohnheit hatten, Banditen dahingehend zu unterstützen, um von deren Aktionen zu profitieren und von sich selbst möglichst Schaden abzuhalten, indem sie sie auf ihrem Territorium aufnahmen und auch für ihre Verpflegung Sorge trugen. Daher sollte durch die Praxis des wandernden Gerichtshofes den *università* und ihren Bewohnern gegenüber der Wille des Vizekönigs deutlich vor Augen geführt werden, solch eine Schmälerung seines Anspruches auf Wahrung der öffentlichen Ordnung und Sicherheit in den Provinzen nicht hinzunehmen, indem man unmittelbar „Präsenz" zeigte, und dann auch vor Ort diese *do-ut-des*-Verbindung zwischen den Bewohnern einzelner *università*, d.h. insbesondere den dortigen Eliten in Gestalt der Barone, die diese kontrollierten und danach trachteten, sich diese Gruppierungen für ihre eigenen Ziele zu Nutzen zu machen, und den Banditen aufzubrechen.[285] Im Jahr 1756 verlor schließlich das *Tribunale di Campagna* dieses so typische Charakteristikum eines wandernden Gerichtshofes und fand seinen festen Sitz im Gebiet der Ortschaft Nevano in der Nähe der Stadt Aversa. Die unmittelbaren Konsequenzen dieser Entscheidung waren *erstens*, dass das Gericht nicht mehr wie früher direkt am Ort die für die schnelle Urteilsfindung, d.h. üblicherweise innerhalb weniger Tage, notwendigen Beweise zusammentragen konnte, und *zweitens*, dass sich dadurch die Prozesse nun deutlicher in die Länge zogen und die Beschuldigten dementsprechend länger in den Kerkern des *Tribunale di Campagna* auf ihr Urteil warten mussten.[286] Nach der Zerschlagung der Parthenopäischen Republik im Jahr 1799 und in der darauffolgenden ersten bourbonischen Restauration, einer Phase der unerbittlichen Verfolgung von Gegnern König Ferdinands IV., spielte dieser Gerichtshof eine unrühmliche Rolle bei der Jagd auf ehemalige Parteigänger der Republik und deren Aburteilung, die deutlich werden lässt, dass dieser Gerichtshof nicht nur ein juristisches Instrumentarium zur Bekämpfung der Kriminalität in den Gebieten war, die seiner Jurisdiktion unterstanden, sondern dass er nach der Rückkehr des Bourbonenregimes auf das Festland eben auch ein Mittel der politischen Repression geworden war, welche der ersten bourbonischen Restauration so deutlich ihren Stempel aufdrückte.[287]

285 Ebd., S. 40.
286 Ebd., S. 64f.
287 Ebd., S. 66f.

Wie alle anderen juristischen Institutionen des Königreiches Neapel aus der Zeit des frühneuzeitlichen *Ancien Régime*, so wurde schließlich per Gesetz am 20. Mai 1808 auch das *Tribunale di Campagna* im Rahmen der umfassenden institutionellen Reformen der das Königreich Neapel besetzt haltenden Franzosen abgeschafft und in Anbetracht ihrer Effizienz nach der abermaligen Rückkehr des Bourbonenregimes auf das Festland auch nicht wieder zum Leben erweckt.[288]

Eine Besonderheit unter den Instanzen der königlichen Justiz und Verwaltung in den Provinzen stellte schließlich noch die 1447 von König Alfons V. von Aragón ins Leben gerufene sogenannte „Regia Dogana della Mena delle Pecore" dar, welche sich in erster Linie mit finanziellen und administrativen Angelegenheiten in dem für die Wirtschaft des Königreiches Neapel so wichtigen Bereich der Weidewirtschaft beschäftigte und in der, besonders auch im Hinblick auf ihre jurisdiktionellen Kompetenzen, gleichfalls wie im Fall der *Regie Udienze* und des *Tribunale di Campagna* der Versuch gesehen werden muss, ein institutionelles Gegengewicht zu den Möglichkeiten der Einflussnahme von Seiten der Barone in diesem Bereich zu bilden. Denn diejenigen in der Weidewirtschaft tätigen Personen, die an der *Dogana* eingetragen waren, konnten sich in Streitfällen nicht nur direkt an diese wenden, sondern wurden dadurch gleichzeitig auch der Rechtssprechung der Barone und der von ihnen kontrollierten lokalen Gerichtshöfe entzogen. Der jurisdiktionelle und administrative Zuständigkeitsbereich der in der Stadt Foggia angesiedelten *Regia Dogana della Mena delle Pecore* mit einem sogenannten „doganiere" an der Spitze erstreckte sich über alle Provinzen des Königreiches Neapel.[289]

Auf der juristisch-administrativen Ebene unterhalb der *Regie Udienze*, des *Tribunale di Campagna* und der *Regia Dogana della Mena delle Pecore* in Foggia gab es schließlich eine Vielzahl von lokalen Gerichtshöfen, die sowohl mit strafrechtlichen als auch zivilrechtlichen Kompetenzen ausgestattet waren und entweder unter der Kontrolle eines weltlichen Lehnsherrn oder eines Vertreters des Königs standen. Die Kirche wiederum verfügte im Königreich Neapel über ihre eigenen juristischen Instanzen bzw. Institutionen, an denen Kleriker abgeurteilt wurden,

288 Ebd., S. 70.

289 Ajello: Il problema della riforma giudiziaria e legislativa, S. 141 und Galasso: Storia del Regno di Napoli. Società e cultura del Mezzogiorno moderno, S. 684–690. Einen sehr guten Gesamtüberblick zur Entstehung und weiteren Entwicklung dieser Institution bietet Musto: La Regia Dogana della Mena delle Pecore di Puglia. Sehr detailliert zum Sektor der Weidewirtschaft im Königreich Neapel der Frühen Neuzeit und der *Regia Dogana della Mena delle Pecore* in Foggia Marino: Pastoral Economics in the Kingdom of Naples bzw. in der italienischen Übersetzung Marino: L'economia pastorale nel Regno di Napoli.

die sich etwas zu Schulden hatten kommen lassen. In Anbetracht der Vielzahl an lokalen Lehnsträgern, die einen Großteil der *università* des Königreiches Neapel unter ihrer direkten Kontrolle hatten, stellte sich diese juristisch-administrative Ebene als ein jurisdiktioneller Flickenteppich dar, der es der königlichen Justiz sehr schwer machte, sich hier wirklich durchzusetzen, auch wenn die *presidi* als oberste Vertreter der königlichen Justiz auf der Ebene der Provinz die Möglichkeit besaßen, in die Rechtssprechung der baronalen Gerichtshöfe einzugreifen, was natürlich von den lokalen Herrschaftsträgern immer mit Argwohn gesehen wurde. Eine deutliche Folge dieses Zustandes waren nicht nur Kompetenzrangeleien bzw. Friktionen zwischen den baronalen Gerichtshöfen und den Vertretern der königlichen Justiz auf der einen Seite, sondern auf der anderen Seite auch zwischen den baronalen Gerichtshöfen, besonders wenn sich Probleme bei der genauen Grenzziehung zwischen den Lehen und somit den jeweiligen Jurisdiktionen ergaben. Diese Friktionen zwischen den Vertretern der königlichen Justiz auf der Ebene der Provinz und den baronalen Gerichtshöfen konnten schließlich darin gipfeln, dass man von Seiten der baronalen Gerichtshöfe Anordnungen, z.B. hinsichtlich der Art und Weise der Durchführung von Prozessen, von Seiten der ihnen übergeordneten *Regie Udienze* einfach weitestgehend ignorierte oder schließlich nur recht halbherzig umsetzte.[290]

Innerhalb des ihm unterstehenden Lehnsgebietes konnte der Baron in seiner Rolle als oberster Wahrer des Rechtes mit Hilfe des von ihm kontrollierten Gerichtshofs sowohl eine eher positive als auch eine eher negative Rolle spielen. Im positiven Sinne konnte solch ein Gerichtshof wirksam die lokalspezifischen Interessen des Barons und der Bewohner seines Lehens gegenüber der königlichen Rechtssprechung vertreten, die nicht immer automatisch mit den lokalen Gegebenheiten vertraut sein musste, ein Umstand, der sich negativ auf die diesbezügliche juristische Entscheidungsfindung auswirken konnte. Im negativen Sinne konnte solch ein Gerichtshof allerdings auch dazu dienen, in erster Linie die Interessen des Barons gegenüber seinen Untertanen durchzusetzen, ohne dass diese den diesbezüglichen Entscheidungen wirksam Widerstand entgegensetzen konnten.[291]

An der Spitze solch eines baronalen Gerichtshofes stand üblicherweise ein Gouverneur, der von dem jeweiligen Feudalherrn ernannt worden war und in seiner Funktion von einem juristischen Berater, einem Gerichtsschreiber und

290 Ajello: Il problema della riforma giudiziaria e legislativa, S. 82.

291 Astarita: Village Justice, S. 54 und Colussi : Diritto, istituzioni, amministrazione della giustizia nel Mezzogiorno vicereale, S. 66.

einem Gerichtsboten unterstützt wurde. Die meisten Dokumente wurden von diesen ersten drei Personen unterzeichnet.[292] Dieser gleichfalls vom Baron ernannte juristische Berater erwies sich besonders dann als unentbehrlich, wenn es sich bei dem Gouverneur um keinen ausgebildeten Juristen handelte. Denn ein diesbezügliches Rechtsstudium war nicht unbedingt eine der grundlegenden Voraussetzungen, um Gouverneur an einem lokalen Gerichtshof werden zu können. Anders sah es schließlich aber mit der Herkunft der sich bewerbenden Kandidaten aus. Bei diesen wurde besonders darauf geachtet, dass sich nur Personen bewarben, die nicht dem Lehnsgebiet des Barons entstammten. Der Grund für diese Einschränkung lag darin, dass der Gouverneur, zumindest in der Theorie, die Realität gestaltete sich wie häufig ganz anders, eine neutrale und vermittelnde Rolle bei Konflikten zwischen dem jeweiligen Feudalherrn und seinen Untertanen einnehmen sollte. Dieser Gouverneur übte schließlich qua Amt unmittelbar die jurisdiktionellen Rechte des Barons aus. Zumindest in der Theorie war es dem Baron zudem noch untersagt, in die Arbeit des Gouverneurs einzugreifen. Dazu gehörten beispielsweise auch für notwendig erachtete Ermittlungsmaßnahmen, wie z. B. Zeugenbefragungen oder die Anwendung von Folter, um weitere Informationen und Geständnisse zu erzwingen. Obwohl er eigentlich eher die Position eines unparteiischen Vermittlers zwischen dem jeweiligen Feudalherrn und seinen Untertanen einnehmen sollte, ergriff dieser Gouverneur in Wirklichkeit aber besonders bei solchen Fällen Partei für die Sache des Barons, wenn es um dessen unmittelbare persönliche Interessen ging oder wenn er sich aus bestimmten Fällen einen wie auch immer gearteten Gewinn versprach. Bei Fällen aber, die nicht in der unmittelbaren Interessenssphäre des Barons lagen, konnte der Gouverneur zuweilen wahrhaftig als ein unparteiischer Richter auftreten.[293]

Wie bereits eingangs erwähnt, besaßen diese lokalen Gerichtshöfe das Recht, Straf- und Zivilprozesse durchzuführen. Dazu gehörten des Weiteren sowohl das Recht, die Todesstrafe zu verhängen und schließlich auch zu vollstrecken[294], als auch das Recht, Gefängnisse auf dem Territorium des Lehens zu unterhalten. Die mit der Einrichtung solcher Gefängnisse einhergehenden Kosten, wozu auch die Verpflegung der Gefangenen gehörte, hatte üblicherweise der Baron zu tragen. Streitigkeiten in Bezug auf diese Gefängnisse drehten sich zumeist um die Art und Weise der Unterbringung, Fragen der Finanzierung und die gegebenenfalls als zu lang empfundene Inhaftierung einzelner Personen.[295]

---

292 Astarita: Village Justice, S. 21.
293 Ebd., S. 54–57.
294 Ebd., S. 50.
295 Ebd., S. 53.

Ungeachtet der umfangreichen Kompetenzen, mit denen die lokalen Gerichtshöfe ausgestattet waren, gab es aber auch Vergehen, die eindeutig aus dem Bereich der baronalen Rechtssprechung herausfielen und auf deren Behandlung der Staat für sich selbst ein Primat beanspruchte. Dazu zählten besonders Vergehen gegen den Staat, z. B. Majestätsbeleidigung, Finanz- und Steuerdelikte, wie Münzfälschungen, sowie Verstöße gegen die öffentliche Ordnung.[296]

Auch wenn immer wieder Probleme zwischen königlicher und baronaler Rechtsprechung in den Provinzen auftraten und es insbesondere dann auch zu Friktionen kam, als man in der frühen Bourbonenzeit versuchte, die Provinzen des Königreiches stärker an die Zentrale in Neapel zu binden[297], sollte man ungeachtet dessen im Urteil hierzu davon Abstand nehmen, darin einen reinen Antagonismus zwischen Zentrum und Peripherie zu sehen. Einerseits gab es auf dem Gebiet der Rechtssprechung zweifellos einen Dualismus, andererseits impliziert dieser nicht automatisch, dass die Instanzen der baronalen Rechtssprechung kontinuierlich dem König und seinen Vertretern in den Provinzen auf das Erbittertste entgegenarbeiteten. Hinsichtlich der Interessenlage konnte sich natürlich auch eine große Schnittmenge ergeben, wenn es beispielsweise um größere Probleme bei der Aufrechterhaltung der öffentlichen Ordnung und Sicherheit vor Ort ging.

4. Die Grundlagen der Politik und Gesetzgebung bei der Bekämpfung des Banditenwesens

4.1 Der generelle Charakter der Quellen der Rechtssprechung im Königreich Neapel der frühen Bourbonenzeit

Die gesetzlichen Grundlagen für die Rechtssprechung im Königreich Neapel der frühen Bourbonenzeit speisten sich aus einer Vielzahl von Rechtstraditionen und

---

296 Muzi: La Regia Udienza di Aquila e il suo archivio, S. 21 und Astarita: Village Justice, S. 50.

297 Zu den dahingehenden Reformbemühungen der Regierung Karls von Bourbon siehe Ajello: Il problema della riforma giudiziaria e legislativa, S. 97–117. Zu den im Jahre 1738 getroffenen Maßnahmen gehörte beispielsweise, dass die lokalen Gerichtshöfe im Hinblick auf ihre Arbeit gegenüber den *Regie Udienze* dadurch für mehr Transparenz sorgen sollten, dass sie gehalten waren, diesen einen Bericht über die in ihrem Jurisdiktionsbereich begangenen Tötungsdelikte zukommen zu lassen und einmal im Monat in einem Bericht Auskunft über ihre Arbeit zu geben hatten. Hinter diesen für mehr Transparenz sorgenden Maßnahmen steckte insbesondere auch das Ziel, notwendige Interventionen von Seiten der königlichen Behörden leichter und schneller durchführen zu können. Ebd., S. 101.

stellten aufgrund der fehlenden Vereinheitlichung einen schwer zu durchschauenden Wirrwarr dar. Zu diesen zahlreichen Rechtstraditionen zählten das römische, kanonische, langobardische Recht, das Gewohnheitsrecht, lokale Statuten und königliche Gesetze, welche in ihrer Gesamtheit und besonders im Hinblick auf ihre Verständlichkeit und Anwendbarkeit ein in sich sehr widersprüchliches Gemisch darstellten, welches ausreichend Raum für sehr individuelle und spitzfindige Interpretationen von Seiten der neapolitanischen Juristen bot und somit eine wirklich eindeutige Rechtssprechung und vor allem Rechtsfindung ungemein behinderte. Zweifellos gab es auch immer wieder Versuche, die Rechtssprechung des Königreiches zu vereinheitlichen, jedoch führten diese Versuche zu keiner wirklich bemerkbaren Verbesserung auf diesem Gebiet. Ein gutes Beispiel hierfür aus der Zeit der spanischen Herrschaft ist in dem Versuch Carlo Tapias (1565–1644) im frühen 17. Jahrhundert zu sehen, mit dem *Codex Philippinus* ein einheitliches Gesetzeswerk für das Königreich zu schaffen. Dieses Werk sollte sämtliche Gesetze des Königreiches enthalten, die zudem noch mit den Kommentaren der führenden Juristen des Königreiches versehen und um die Entscheidungen der größeren Gerichthöfe ergänzt werden sollten, um über diese Aufstellung von Beispielen die Urteilsfindung zu erleichtern. Dieses notwendige, aber im Nachhinein zu ambitiös erscheinende Projekt scheiterte an dem Übermaß an gesetzlichem Material, welches bei der Erstellung dieser umfangreichen Kompilation hätte berücksichtigt werden müssen. Auch im Königreich Neapel der frühen Bourbonenzeit harrte dieses Problem einer befriedigenden Lösung. Der einzige Versuch der königlichen Regierung, hier eine Lösung herbeizuführen, ging auf das Jahr 1740 zurück, in welchem man den neapolitanischen Juristen und Gelehrten Giuseppe Pasquale Cirillo (1709–1776) beauftragte, solch ein einheitliches Werk nach dem Vorbild des *Corpus Iuris Civilis* des oströmischen Kaisers Justinian und der piemontesischen Konstitutionen Viktor Amadeus' II. (Herzog von Savoyen 1675–1730, König von Sizilien 1713–1720, König von Sardinien 1720–1730) zu verfassen. Schließlich vermochte man bis zum Jahre 1752, ein zwölfbändiges Werk auf die Beine zu stellen, in welches die Vielfalt an Rechtstraditionen und Rechtsquellen, die der Rechtssprechung des Königreiches Neapel so inhärent waren, miteinflossen und bis in das Jahr 1750 hinein auch aktualisiert vorlagen. Jedoch hatten sich die Bearbeiter dieser Gesetzessammlung bei ihrer Arbeit an damals als antiquiert geltenden Methoden orientiert, so dass dieses Werk letztendlich nicht wirklich mit innovativen Lösungsansätzen im Hinblick auf die Heterogenität innerhalb der Rechtssprechung aufwarten konnte, sondern vielmehr das bis dahin geltende System eher bestätigte, statt an dessen Stelle ein neues und besser funktionierendes zu setzen. Diese Vereinheitlichung, die auch in der frühen Bourbonenzeit nicht erreicht werden konnte, sollte erst in der Zeit der französischen Herrschaft mit der Einführung der „Cinq Codes" („Code Civil", „Code Pénal", „Code de Procédure Civile", „Code de Commerce", „Code d'Instruction Criminelle") gelingen[298], auf welchen dann auch maßgeblich der im Jahre 1819 von Ferdinand I., König Beider Sizilien, erlassene „Codice per lo Regno delle Due Sicilie" mit seinen fünf Teilbänden („Leggi Civili", „Leggi Penali", „Leggi della Procedura ne' Giudizj Civili", „Leggi della Procedura ne' Giudizj Penali", „Leggi di Eccezione per gli Affari di Commercio") aufbaute.

4.2 Zu den Grundlagen der Politik gegenüber dem Banditenwesen in der frühen Bourbonenzeit: die königlichen *dispacci* und *circolari*, die Pragmatiken des Königreiches Neapel sowie das Konkordat des Jahres 1741

Wie schon bei der diesbezüglichen Gesetzgebung der Vorgängerregierungen, so fällt auch bei der Gesetzgebung aus der frühen Bourbonenzeit deutlich ins Auge, dass das Banditenwesen dort nie eine wirklich in sich konsistente und allgemein gefasste Behandlung erfuhr und auch keine spezifische Vorgehensweise auf den Gebieten der Bekämpfung und Aburteilung in Gewahrsam genommener Banditen vorgeschrieben war. Wie es schon ihre Vorgänger seit der Anjou-Zeit praktiziert hatten, griffen auch die neapolitanischen Bourbonen je nach Lage der Dinge auf den Erlass einzelner Verordnungen zurück, deren Bestimmungen die höchsten Repräsentanten der Zentralregierung vor Ort, d.h. die den *Regie Udienze* vorstehenden *presidi* und der *commissario di campagna* für die Terra di Lavoro, schließlich in die Tat umzusetzen und, wenn dahingehend angewiesen, an die ihnen untergeordneten Herrschaftsinstanzen weiterzuleiten hatten. Hinzuzufügen ist noch, dass in der Zeit des *Ancien Régime* die Bildung solcher bewaffneter Gruppierungen an sich nicht unter Strafe stand, sondern erst deren verübte Verbrechen, die allerdings ein breites Spektrum an möglichen Taten umfassen konnten, die nicht nur ausschließlich von Banditen begangen wurden. Daher wurden die festgenommenen Banditen dann auch gemäß den für ihr Verbrechen vorgesehenen Strafen abgeurteilt. Erst in der französischen Gesetzgebung in der Herrschaftszeit Napoleons wurde schließlich die Bildung solcher bewaffneten Gruppierungen als ein Straftatbestand an sich angesehen.[299]

Die rechtlichen Grundlagen für das Vorgehen gegen Banditen im Königreich Neapel der frühen Bourbonenzeit setzten sich aus insgesamt drei Komponenten

298 Di Simone: Istituzioni e fonti normative in Italia, S. 98 und Valsecchi: L'Italia nel Settecento dal 1714–1788, S. 733f.

299 Sbriccoli: Brigantaggio e ribellismo nella criminalistica dei secoli XVI–XVIII, S. 479f.

zusammen. Die erste und zugleich wichtigste Komponente bildeten die Verordnungen, die der König üblicherweise über die ihm untergeordnete *Segreteria di Stato di Grazia e Giustizia* in der Form von königlichen *dispacci* oder *circolari* an die *Regie Udienze* oder das *Tribunale di Campagna* weiterleiten ließ. Die zweite Komponente bildeten die Pragmatiken des Königreiches Neapel, auf welche immer wieder in den königlichen *dispacci* und *circolari* Bezug genommen wurde, wenn es um die Art und Weise der Bandenbekämpfung ging. Die dritte Komponente war schließlich das im Jahre 1741 zwischen Neapel und Rom abgeschlossene Konkordat, welches konkrete Bestimmungen zu dem Problem des Rechtes der Kirche enthielt, solchen Personen die lokale Immunität zu gewähren, die sich an Orte begeben hatten, deren unmittelbarer Jurisdiktion unterstanden.

Sowohl die *dispacci* wie auch die im Rahmen dieser Untersuchungen herangezogenen *circolari* gehörten zum bürokratisch-administrativen Schriftgut, welches von den Staatssekretariaten an die betreffenden subalternen Instanzen bzw. die ihnen vorstehenden Personen weitergereicht wurde. Bei den *dispacci* und den im Gegensatz zu den *dispacci* an mehrere Empfänger ausgeschickten *circolari* handelte es sich um direkte Verfügungen des Königs bzw. seiner Staatssekretäre, die diese im Namen des Monarchen unterzeichneten und weiterleiten ließen und welche auf einen ganz konkreten Sachverhalt bezogen waren. Dieses Charakteristikum unterschied sie dann deutlich von den Pragmatiken, die in ihrer letztendlichen Bedeutung und Gültigkeit üblicherweise ein größeres Sachspektrum erfassten.[300] Nachdem diese immer direkt an den *preside* bzw. dem *commissario di campagna* für die Terra di Lavoro geschickten *dispacci* in dem jeweiligen Gerichtshof eingetroffen waren, wurden von ihnen als Leiter des Gerichtshofes vor den versammelten Mitarbeitern deren Inhalte laut vorgelesen und somit bekannt gemacht. Falls der *preside* oder der *commissario di campagna* nicht zugegen sein sollten, wurden die Inhalte der *dispacci* von dem jeweils ältesten *uditore* vor der versammelten Mitarbeiterschaft vorgelesen und schließlich den darin enthaltenen Verordnungen der Zentralregierung Folge geleistet.[301]

Bei den Pragmatiken, deren überwiegender Teil in der Zeit der fast zweihundertjährigen Herrschaft der spanischen Monarchie über den festländischen Teil Süditaliens entstanden war, handelte es sich zunächst um Verordnungen, die von Seiten des Vizekönigs in Zusammenarbeit mit dem *Consiglio Collaterale* erlassen worden waren. Nachdem das Königreich Neapel mit der Herrschaftsübernahme des spanischen Infanten Karl von Bourbon sich nunmehr nach Jahrhunderten der

300 Buffardi, Mola: Questioni di storia e istituzioni, S. 149f.
301 Spadoni: Archivio di Stato di Teramo, S. 31.

Fremdherrschaft wieder als eigenständiges Herrschaftsgebilde konstituiert hatte, bedurfte es nicht mehr einer Institution wie des *Consiglio Collaterale*, der als Gremium an der Seite des neapolitanischen Vizekönigs von Madrids Gnaden bzw. in den Jahren 1707 bis 1734 von Wiens Gnaden einer zu großen Anhäufung von Macht in dessen Person entgegenwirken sollte. Daher wurde diese Institution am 7. Juli 1735 aufgelöst und durch die *Real Camera di Santa Chiara* ersetzt, die im Gegensatz zum *Consiglio Collaterale* nicht mehr diese Kontrollfunktion besaß, über welche ihre Vorgängerinstitution noch verfügt hatte. Der feierliche Erlass der Pragmatiken ging nunmehr ausschließlich und direkt von der Person des Königs aus.[302]

Die Pragmatiken, die für die Bekämpfung des Banditenwesens im Königreich Neapel der frühen Bourbonenzeit von Relevanz sind, lassen sich zum einen in solche unterteilen, die sich direkt mit diesem Problem befassten, und schließlich in solche, die in den in ihnen enthaltenen Bestimmungen, wie beispielsweise die Pragmatiken „De vagabundis seu erroneis" oder „De absolutionibus criminum", auch das Problem des Banditenwesens miteinschließen konnten, die aber im Rahmen dieser Ausführungen nicht weiter behandelt werden. Die „De vagabundis seu erroneis "-Pragmatiken enthielten, wie sich schon in deren Titel andeutet, Maßnahmen gegen die vagierenden Teile der Bevölkerung und von auswärts kommende Personen, die auf der Suche nach Möglichkeiten der Subsistenz die Provinzen des Königreiches Neapel durchzogen und in denen man stets von Seiten der Zentralregierung und der Provinzbehörden ein Reservoir sah, aus welchen die Räuberbanden neue Mitglieder zu rekrutieren versuchten.[303] Bei den „De absolutionibus criminum"-Pragmatiken handelte es sich hingegen um Amnestien, die in besonders großer Zahl auch in der Zeit der beiden ersten Bourbonenherrscher, Karl und Ferdinand IV., erlassen worden waren und den Untertanen immer die Bereitschaft zur Milde und zum Verzeihen von Seiten ihres Souveräns vor Augen führen sollten.[304] In solche Amnestien konnten Banditen sowohl eingeschlossen als auch ausdrücklich von diesen ausgeschlossen sein.[305] Gerade im Falle des jungen und sich noch nicht völlig als neuer Herrschaftsträger etablierten Karl von Bourbon sollten sie darüber hinaus auch der

302 Trifone: Alcuni caratteri dell'antica legislazione del Regno delle Due Sicilie, S. 30ff.

303 Diese von ihrer Gesamtzahl her 11 Pragmatiken werden wiedergegeben in Giustiniani: Nuova collezione delle prammatiche del Regno di Napoli, Bd. 15, S. 16–33.

304 Gaudioso: Il potere di punire e perdonare, S. 121. Diese von ihrer Gesamtzahl her 87 Pragmatiken werden wiedergegeben in Giustiniani: Nuova collezione delle prammatiche del Regno di Napoli, Bd. 1, S. 1–149.

305 Gaudioso: Il potere di punire e perdonare, S. 121 und S. 127.

weiteren Legitimierung seines Regimes und der inneren Pazifizierung seines neu gewonnenen Herrschaftsgebietes dienen.[306]

Die beiden Pragmatiken, in denen aber *expressis verbis* Bezug auf das Banditenwesen genommen wurde und welche die direkte rechtliche Grundlage für dessen Bekämpfung im Königreich Neapel der Frühen Neuzeit bildeten, waren die Pragmatiken „De exulibus" und „De persequendis malefactoribus seu delinquentibus etiam extra Regnum", die von den aufeinanderfolgenden Vizekönigen je nach Lage der Dinge um neue Pragmatiken ergänzt wurden. Von diesen beiden Pragmatiken stellte zweifellos die Pragmatik „De exulibus" die bei Weitem wichtigere dar, was auch aus dem Umfang ihrer diesbezüglichen Ergänzungen ablesbar ist. Während die Pragmatik „De persequendis malefactoribus seu delinquentibus etiam extra Regnum" in ihrer Gesamtheit lediglich aus fünf einzelnen Pragmatiken bestand, setzte sich die Pragmatik „De exulibus" aus insgesamt 33 Einzelpragmatiken zusammen, die zwischen den Jahren 1561 und 1707 erlassen wurden.[307] Mit der Ausnahme einer von Ferdinand IV. im Jahre 1777 erlassenen Einzelpragmatik stammen die anderen vier Pragmatiken „De persequendis malefactoribus seu delinquentibus etiam extra Regnum" alle aus dem 16. Jahrhundert und wurden zwischen den Jahren 1560 und 1588 erlassen. Wenngleich die Anzahl der „De exulibus"-Pragmatiken weitaus größer ausfällt, wurden sie von der ersten diesbezüglichen Pragmatik des Jahres 1561 bis zu der letzten diesbezüglichen Pragmatik, die aus dem Jahre 1707 stammt, keineswegs in regelmäßiger Reihenfolge erlassen. Denn hinsichtlich ihres Erlasses gab es sowohl Zeiträume, in denen sie in erheblicher Weise durch weitere Bestimmungen ergänzt wurden, als auch solche, in denen auf diesem Feld faktisch nichts geschah, was aber nicht automatisch impliziert, dass die Aktionen von Banden in diesen Zeiten massiv zurückgegangen wären. Im Zeitraum zwischen 1561 bis 1563 erließ man insgesamt vier verschiedene Pragmatiken (Pragmatiken Nr. I–IV).[308] Im Jahre 1572 wurde eine Pragmatik (Pragmatik Nr. V) erlassen.[309] Darauffolgend wurden in einem Zeitraum von zwanzig Jahren keine weiteren Pragmatiken erlassen. Zwischen 1583 und 1597 kam es schließlich zu einer besonders intensiven Phase des Erlasses von Pragmatiken. Es handelte sich bei diesen beiden letzten Jahrzehnten des 16. Jahrhunderts um einen Zeitraum, in welchem die Länder des Mittelmeerraums besonders

---

306 Ebd., S. 121.

307 Zu diesen Pragmatiken siehe Giustiniani: Nuova collezione delle prammatiche del Regno di Napoli, Bd. 4, S. 215–286. Die in diesem Unterkapitel vorgenommene Zählung bezieht sich ausschließlich auf diejenige in Giustinianis Sammlung.

308 Zu diesen Pragmatiken siehe ebd., S. 215–221.

309 Zu dieser Pragmatik siehe ebd., S. 221f.

stark von den Aktionen zahlloser Banden erfasst wurden. In diese Zeit fielen u. a. auch die Operationen Marco Sciarras und seiner großen Bande, die schließlich sogar eine internationale Dimension annehmen sollten. In diesem Zeitraum von vierzehn Jahren erließ man von Seiten Neapels insgesamt neun Pragmatiken (Pragmatik Nr. VI im Jahre 1583, Pragmatik Nr. VII im Jahre 1583, Pragmatik Nr. VIII im Jahre 1585, Pragmatik Nr. IX im Jahre 1586, Pragmatik Nr. X im Jahre 1589, Pragmatik Nr. XI im Jahre 1592, Pragmatik Nr. XII im Jahre 1596, Pragmatik Nr. XIII im Jahre 1597, Pragmatik Nr. XIV im Jahre 1597).[310] Abgesehen von dem Zeitraum zwischen 1627 und 1636, in denen insgesamt fünf Pragmatiken (Pragmatik Nr. XV im Jahre 1627, Pragmatik Nr. XVI im Jahre 1629, Pragmatik Nr. XVII im Jahre 1630, Pragmatik Nr. XVIII im Jahre 1630, Pragmatik Nr. XIX im Jahre 1636) erlassen wurden, erfolgte danach bis zum Jahre 1642 kein Erlass weiterer Pragmatiken.[311] Zwischen 1642 und 1651 erließ man dann in relativ kurz bemessener Zeit insgesamt zehn Pragmatiken (Pragmatik Nr. XX im Jahre 1642, Pragmatik Nr. XXI im Jahre 1643, Pragmatik Nr. XXII im Jahre 1643, Pragmatik Nr. XXIII im Jahre 1643, Pragmatik Nr. XXIV im Jahre 1644, Pragmatik Nr. XXV im Jahre 1644, Pragmatik Nr. XXVI im Jahre 1645, Pragmatik Nr. XXVII im Jahre 1647, Pragmatik Nr. XXVIII im Jahre 1647, Pragmatik Nr. XXIX im Jahre 1651), die gegen Banditen gerichtet waren.[312] Im Jahre 1679, also 28 Jahre nach dem Erlass der letzten Pragmatik, erließ man die Pragmatik Nr. XXX.[313] In den Jahren 1683 und 1684, in welchen der spanische Vizekönig del Carpio so massiv gegen Banditen und deren Unterstützer aus den Reihen des Provinzadels vorging, erließ man 24. Dezember 1683 die relativ knapp gehaltene Pragmatik Nr. XXXI und am 12. Juni 1684 die mit 18 Einzelverordnungen sehr umfassende und in anderen Sammlungen als Pragmatik Nr. XXX rubrizierte Pragmatik Nr. XXXII, die unter dem Vizekönig Gaspar de Haro y Guzmán, Marquis del Carpio, das Vorgehen der spanisch-neapolitanischen Behörden in den beiden abruzzesischen Provinzen Abruzzo Ultra und Abruzzo Citra gegen die zahllosen Banden begleiteten.[314] Im Jahre 1707, also kurz vor dem Ende der spanischen Herrschaft über das Vizekönigreich Neapel, wurde schließlich die Pragmatik Nr. XXXIII erlassen, die von ihrem Inhalt her aber nicht spezifisch gegen Banditen gerichtet war.[315] In der Zeit der auf die spanische Herrschaft folgenden österreichischen Herrschaft wurden

310 Zu diesen Pragmatiken siehe ebd., S. 222–240.
311 Zu diesen Pragmatiken siehe ebd., S. 240–247.
312 Zu diesen Pragmatiken siehe ebd., S. 247–276.
313 Zu dieser Pragmatik siehe ebd., S. 276f.
314 Zu diesen beiden Pragmatiken siehe ebd., S. 277–286.
315 Zu dieser Pragmatik siehe ebd., S. 286.

bei diesen Pragmatiken schließlich keine weiteren Ergänzungen vorgenommen. Dasselbe trifft dann auch auf die Zeit der erneuten bourbonischen Herrschaft über Neapel ab dem Jahre 1734 zu. Dass die Pragmatik „De exulibus" in der frühen Bourbonenzeit keine weiteren Ergänzungen und die Pragmatik „De persequendis malefactoribus seu delinquentibus etiam extra Regnum" lediglich eine erfuhr, impliziert jedoch nicht, dass sie in dieser Zeit eventuell außer Gebrauch geraten waren, sondern dass man die darin enthaltenen Bestimmungen zum Vorgehen gegen die Banden einstweilig als ausreichend und weitere Aktualisierungen bzw. Spezifizierungen der darin enthaltenen Bestimmungen als nicht notwendig ansah. Ein deutlicher Beleg für diese Haltung der Zentralregierung ist in der Praxis zu sehen, dass man in den von der *Segreteria di Stato di Grazia e Giustizia* im königlichen Namen ausgestellten *dispacci*, welche die Art und Weise der gegen Banden bzw. einzelne Banditen einzuschlagenden Maßnahmen betrafen, häufig auf die Bestimmungen derjenigen Pragmatiken verwies, die bereits in der Zeit der spanischen Herrschaft über das Königreich Neapel erlassen worden waren.

Weitaus geringer und somit auch überschaubarer in ihrer Gesamtzahl ist die vor dem erneuten Machtantritt der Bourbonen im Jahre 1734 sich ausschließlich auf das 16. Jahrhundert beschränkende Pragmatik „De persequendis malefactoribus seu delinquentibus etiam extra Regnum", die sich aus insgesamt vier sowohl in italienischer als auch in lateinischer Sprache verfassten Einzelpragmatiken zusammensetzt, die vom 19. August 1560, vom 28. Februar 1566, abermals vom 28. Februar 1566 sowie vom 24. Februar 1588 datieren.[316] Die einzige bereits erwähnte Pragmatik, mittels deren in der frühen Bourbonenzeit die bereits vier existenten und aus dem 16. Jahrhundert stammenden Pragmatiken „De persequendis malefactoribus seu delinquentibus etiam extra Regnum" am 10. Juli 1777[317] ergänzt wurden und die mitsamt den darin enthaltenen Bestimmungen im Rahmen dieses Unterkapitels vollständig wiedergegeben wird, wurde in einer Zeit erlassen, in welcher die Provinzen des Königreiches erneut, und dies in äußerst massiver Art und Weise, unter der Plage des Banditenwesens litten, welches nach dem umfassenden Durchgreifen des spanischen Vizekönigs del Carpio in den 1680er Jahren für den Zeitraum von einigen Jahrzehnten geringere Ausmaße besessen hatte, aber dann in der Herrschaftszeit Karls von Bourbon wieder spürbar und schließlich in derjenigen Ferdinands IV. so massiv zugenommen hatte, dass, wie im sich anschließenden Kapitel deutlich werden wird, man von einer wahrhaftigen Eskalation sprechen kann. Diese neue Pragmatik, die in

316 Zu diesen Pragmatiken siehe ebd., Bd. 12, S. 189–196.
317 Zu dieser Pragmatik siehe ebd., Bd. 12, S. 197ff.

Anbetracht der nur noch schwer unter Kontrolle zu haltenden Zustände in den Provinzen am 10. Juli des Jahres 1777 in Neapel erlassen worden war, enthielt ein Bündel von Verordnungen, die sowohl den Zuständigkeitsbereich der Herrschaftsinstanzen auf provinzialer Ebene als auch denjenigen der Herrschaftsinstanzen auf lokaler Ebene betrafen. Sämtliche *Regie Udienze* auf dem Territorium des Königreiches Neapel und das *Tribunale di Campagna* in der Terra di Lavoro als Zwischeninstanzen zwischen der Zentralregierung und den lokalen Gerichthöfen, die von dem Inhalt dieser in der Edition der Pragmatiken von Lorenzo Giustiniani aufgeführten fünften „De persequendis malefactoribus seu delinquentibus etiam extra Regnum"-Pragmatik mittels einer sogenannten „circolare" bzw. eines Zirkularschreibens in Kenntnis gesetzt wurden, hatten diese von der Zentralregierung beschlossenen Maßnahmen vor Ort umzusetzen und die ihnen untergeordneten Herrschaftsinstanzen nicht nur davon in Kenntnis zu setzen, sondern zusätzlich noch darüber zu wachen, dass diese Anordnungen von diesen Instanzen auch auf lokaler Ebene in die Tat umgesetzt wurden.[318]

---

318 Der genaue Text dieser umfangreichen in der Edition von Lorenzo Giustiniani wiedergegebenen Pragmatik lautet wie folgt: „Rilevando S.M. negli anni scorsi da' rapporti delle Udienze del Regno i continui furti di strada, ed in campagna, i ricatti, rapine, e le sceleratezze, che si commettevano dalle comitive de' malviventi sparse per il Regno, onde si vedevano perduta la sicurezza de' viaggi, del traffico, e del commercio, ed i suoi fedeli vasalli, ed amati impediti di andare ne' loro poderi, e fare le loro raccolte, ordinò sotto il dì 15. Luglio dell'anno 1775. a' Presidi delle Provincie, che ricordandosi del loro principal dovere di tenere le Provincie del di loro rispettivo carico espurgate da' ladri, e scorridori di campagna, avessero seriamente atteso alla diloro persecuzione, ed incaricò ad essi, ed alle rispettive Udienze di far uso di tutti quei mezzi, che le leggi, e specialmente le prammatiche *de persequendis malefactoribus* prescrivono, e di praticare gli espedienti ordinati nelle Prammatiche *29.* e *30.* sotto il titolo *de Exulibus*, con averli prevenuti, che dal suo Ministro della Guerra si erano dati li corrispondenti ordini al Comandante Selayos di tenere alla di loro disposizione fucilieri in ciascuna Provincia, di armar gente in persecuzione di detti ladri, e di loro comitive, per così dissiparli, ed esterminarli. Con rincrescimento però del suo Real animo ha veduto di non essersi conseguito il bramato fine con danno de' suoi fedeli, ed amati vasalli; avendo preso in seria considerazione un tal affare, ha risoluto, che fermi restando gli ordini circolari de' 15. Luglio 1775. si debbano eseguire le seguenti sue Sovrane risoluzioni. Primieramente comanda S. M., che ciascun Barone del Regno oltre la squadra, o soliti armiggeri debba in questa occasione, e durante la presente urgenza unire a medesimi gente abile, e di spirito, e non inquisita, in numero sufficiente a custodire il proprio territorio, senza cagionare menoma spesa alle rispettive Università, con la facoltà di armarli con arme permesse a gente di Corte, ma coll'obbligo bensì agli Agenti, ed Erarj de'

rispettivi feudi di mandare alle Udienze le loro filiazioni da essi sottoscritte, per darsi in nota a' Caporali delle Udienze medesime, e non essere per tale asportazione d'arme molestati, acciochè con tali precauzioni non solamente rimanga il territorio netto e purgato da malviventi, ma in caso di bisogno si possa accorrere, e procurare al di loro arresto, e la di loro dissipazione, ed esterminio. E convenendo a tale lodevole impresa ci contribuiscano dal canto loro le Università del Regno, sieno demaniali, sieno baronali, comanda S. M., che dagli Amministratori, e Sindaci delle dette Città, Terre, Castelli, e Casali si scelga gente di spirito, e non inquisita, la quale sotto di un capo ad elezione de' medesimi Sindaci, ed armata, come di sopra, tenga guardato il proprio paese, e le loro campagne, e così possano le rispettive popolazioni vivere in pace, e godere il frutto delle di loro fatiche, con doverne mandare le filiazioni alle Udienze da essi sottoscritte per lo disopra espressato motivo; ben inteso, che in caso di bisogno debba unirsi colla gente del Barone in persecuzione de' scorridori di campagna, che entrassero nel di loro distretto. Vuole inoltre la M. S., e comanda, che i Governadori locali immediatamente senza perdita di tempo esigano da Sindaci nota di tutti coloro, che mancano dalla loro propria padria, e la rimettano all'Udienza, individuando nella medesima il costume, l'indole, la professione, e la cagione di loro assenza, e così debbano praticare mese per mese in avvenire, e rilevando esse Udienze esservi fra i notati gente di mal affare, ne debbano subito dare avviso a' Fiscali della G. C., e delle Regie Udienze, ed al Commessario, acciocchè capitando nelle Provincie del di loro rispettivo carico ne possano procurare l'arresto, con darne la nota alle squadre del Tribunale, e considerando S. M. esser troppo vero, che non vi sarebbero tali malviventi, se non vi fossero li loro protettori, ausiliatori, e ricettatori, ordina, che le Udienze del Regno, e Commessario di Campagna procedano contro de' medesimi col rigor delle leggi, invigilando bensì alla condotta de' Subalterni, che saranno incaricati di tali informazioni, acciocchè riescano legali, ed esatte, non possa il potente gloriarsi di avere elusa la giustizia, né il povero dolersi di essere rimasto oppresso: e comechè la più sicura ricettazione la ricevono li malviventi nelle taverne, ed osterie situate nell'abitato e nelle campagne, comanda S. M., che da rispettativi Governadori si ordini agli osti, e tavernari sotto pena di ducati 50. da pagarsi metà al Fisco dell'Udienza, e l'altra metà al Governadore esecutivamente, di non tenere gente sospetta, e laddove non abbiano potuto resistere alla forza, debbano immediatamente darne avviso a rispettivi Governadori del di loro numero, e se erano armati, e se erano a piedi, o a cavallo, per dove si fussero incaminati, e che a tale avviso immediatamente debbano di accordo con i Sindaci, ed Agenti, con Erarj de' Baroni spedire la gente, come sopra, preparata in persecuzione de' medesimi, e darne parte a Governadori de' luoghi, verso dove hanno preso il dilor camino, per accorrere a tempo, e moltiplicar le forze, procurare il diloro arresto, o la di lor dissipazione, ed esterminio. Comanda ben anche S. M., che i detti tavernari, passando per le loro osterie i vaticali, passaggieri, o altre persone, debbano interrogarli, se nel loro cammino abbiano avuto notizia di malviventi, o si fussero con i medesimi, o con gente sospetta incontrati, e di tutto ne debbano

Die dritte wichtige Grundlage für das Vorgehen gegen Banditen auf dem Territorium des Königreiches Neapel, wenngleich es hier nur um einen Teilaspekt dieses Problems geht, bildete schließlich das zwischen Neapel und Rom im Jahre 1741 abgeschlossene Konkordat „Trattato di accomodamento tra la Santa Sede e la Corte di Napoli", welches von König Karl am 8. Juni 1741 und von Papst Benedikt XIV. (Pontifikat 1740–1758) am 13. Juni desselben Jahres unterzeichnet wurde und somit in Kraft treten konnte.[319] Dieses Konkordat ist für den Gegenstand dieser Untersuchung gerade deshalb von besonderem Interesse, da man in einem Teil davon in insgesamt 35 Einzelartikeln[320] ein einigermaßen festes gesetzliches Regelwerk aufzustellen versucht hatte für das schon seit Jahrhunderten bestehende Vorrecht der Kirche, an denjenigen Orten, die ihrer Jurisdiktion unterstanden, solchen Personen Asyl gewähren zu können, welche sich dorthin auf der Flucht vor der königlichen Justiz begeben hatten. Eine für die königliche Justiz besonders ärgerliche Begleiterscheinung dieses Privilegs der Kirche bestand nicht nur darin, dass einzelne Delinquenten durch eine Flucht an diese geweihten Orte erst einmal für sie nicht mehr unmittelbar greifbar waren, sondern auch darin, dass Räuberbanden dieses Recht auf Gewährung der lokalen Immunität schließlich sogar derart missbrauchen konnten, dass sie aus Kirchen, Klöstern oder auch Friedhöfen sogar Stützpunkte für ihre Unternehmungen in der näheren Umgebung machten.[321] Daher sollten die im Konkordat enthaltenen Bestimmungen zum Problem des Kirchenasyls zur endgültigen „estirpazion degli abusi

dar subito parte a' respettivi Governadori sotto la riferita pena, per poterne i medesimi far l'uso, che convenga alla pubblica quiete. Finalmente comanda per ora alle Udienze, e Commessario di Campagna, di prevenire i Governadori di que' luoghi, specialmente, ove sono molti vaticali, e mercanti, che girano per i mercati, e per le fiere, che dovendo andare da luogo a luogo, procurino, per quanto sia possibile, di unirsi fra di loro, e camminare ad uso di caravana, per essere maggiore sicurtà per potere esitare le loro merci, accordando a medesimi la facoltà di poter far uso delle armi non vietate dalle leggi." Ebd., „De persequendis malefactoribus seu delinquentibus etiam extra Regnum"-Pragmatik Nr. V, Bd. 12, S. 197ff. Der Text dieser Pragmatik, von deren umfangreichen Bestimmungen hinsichtlich der Bekämpfung des in allen Provinzen des Königreiches wuchernden Banditenwesen in der Form von Zirkularschreiben alle *Regie Udienze* und das *Tribunale di Campagna* in Kenntnis gesetzt wurden, befindet sich in Abschrift auch in ASN, *Ministero degli Affari Esteri, Volume delle Circolari*, 6911, fol. 55r-57v.

319 Trattato di accomodamento tra la Santa Sede e la Corte di Napoli, S. 1.

320 Zu diesen 35 Artikeln siehe ebd., S. 11–17.

321 Carpanetto, Ricuperati: L'Italia del Settecento, S. 228.

del confugio"[322] beitragen, wie es in einem diesbezüglichen Edikt König Karls vom 29. Juli 1741 an seine Untertanen heißt, in welchem der König befahl, den Text der Bestimmungen des mit Papst Benedikt XIV. abgeschlossenen Vertrages im gesamten Königreich an den üblichen hierfür vorgesehenen Orten sowohl auf dem Gebiet der Hauptstadt Neapel als auch in denjenigen außerhalb dieser zu veröffentlichen.

Neben diesen 35 Artikeln zum Problem der lokalen Immunität ist eine weitere wichtige und damit in Zusammenhang stehende Bestimmung des Konkordats noch in der Einrichtung des *Tribunale Misto* zu sehen. Dieses wurde als nächsthöhere juristische Instanz aktiv, wenn die örtlichen Vertreter der Kirche sich nicht in der Lage sahen oder auch sich weigerten, über die Aufhebung der lokalen Immunität zu befinden, weil zum Beispiel von Vertretern des neapolitanischen Staates oder den entscheidungsbefugten Bischöfen vorgegebene Fristen nicht eingehalten worden waren oder juristische Verfahrensfehler vorlagen. Nach Überprüfung der von der königlichen Justiz überstellten Ermittlungsakten oblag die diesbezügliche Entscheidung dann dem *Tribunale Misto*. Ab dem Jahre 1787 sollte allerdings das Problem der lokalen Immunität in den Beziehungen zwischen dem neapolitanischen Staat und der Kirche überhaupt keine Rolle mehr spielen, da in diesem Jahr das durch die im Konkordat des Jahres 1741 enthaltenen Bestimmungen ohnehin schon stark beschnittene Privileg des Kirchenasyls schließlich vollständig aufgehoben wurde.[323]

Im Folgenden sollen die in den insgesamt 35 Artikeln enthaltenen Bestimmungen zu dem Problem der lokalen Immunität nicht in aller Ausführlichkeit, sondern eher in der Form eines Überblickes behandelt werden. Diese 35 Artikel enthalten im Groben Bestimmungen zu den folgenden sieben Problemkomplexen: *erstens* der Art und Weise der Entfernung der Flüchtigen aus geweihten Orten, *zweitens* dem Verfahren der Aufhebung oder weiteren Gewährung der lokalen Immunität, *drittens* der hierfür entscheidungsbefugten Vertreter der Kirche, *viertens* den Vergehen, für welche die weitere Gewährung der lokalen Immunität von vornherein ausgeschlossen war, *fünftens* der Entwaffnung von Personen, die sich an diese geweihten Orte geflüchtet hatten, *sechstens* dem Vorgehen bei der Durchsuchung von Kirchen, Klöstern usw. nach Raubgut, Schmuggelgut, Schriftgut, Geld oder vor dem königlichen Fiskus versteckten Sachen und *siebentens* den Orten, an denen die lokale Immunität grundsätzlich nicht gewährt werden durfte.

---

322 Dieses Zitat findet sich auf der zweiten, nichtnummerierten Seite des vor dem eigentlichen Vertragstext wiedergegebenen Textes des königlichen Ediktes vom 29. Juli 1741.

323 Alisio: Sviluppo urbano e struttura della città, S. 323.

Wenn gemäß dem Artikel I des Kapitels „Immunità Locale" sich eine von der königlichen Justiz eines Vergehens beschuldigte Person an einen Ort geflüchtet hatte, welcher der kirchlichen Jurisdiktion unterlag und sie sich somit auf das Recht der Kirche berufen konnte, ihr Asyl zu gewähren, konnte sie von den Behörden dennoch in Abstimmung mit dem Bischof, seinem Vertreter oder im Falle von deren Absenz in Abstimmung mit einem nächsthöchsten Vertreter der Kirche provisorisch und im Beisein eines Vertreters der Kirche aus diesem entfernt und unter formalen Fortbestand der lokalen Immunität vorläufig in Gewahrsam genommen werden. Sollte sich der Bischof jedoch zugunsten des Fortbestehens der dem Beschuldigten zugestandenen lokalen Immunität entscheiden, so war dieser unverzüglich wieder an die Kirche zu überstellen, sonst drohte dem Vertreter der staatlichen Justiz eine Bestrafung nach kanonischem Recht[324], womit in erster Linie wohl die Exkommunikation gemeint sein dürfte. Aber auch, wie es im Artikel II steht, wenn den Behörden trotz der Berücksichtigung aller Formalien diese Erlaubnis verweigert worden war, durfte der jeweilige verantwortliche weltliche Richter den Beschuldigten an dem Ort in Haft nehmen lassen, an welchen dieser geflüchtet war. Über diesen Schritt hatte er jedoch in schriftlicher Form den Bischof in Kenntnis zu setzen.[325] Nachdem der Beschuldigte mit Einwilligung des Bischofs oder eines seiner Stellvertreter aus solch einem Ort entfernt worden war, welcher der Jurisdiktion der Kirche unterstand, hatte gemäß Artikel III der weltliche Richter vier Monate Zeit, um die diesbezüglichen Ermittlungsakten zusammenzustellen und diese dem Bischof zu überantworten,

---

324 In dem diesbezüglichen Artikel I des Kapitels "Immunità Locale" heißt es hierzu: „Rifugiandosi nel luogo immune qualunque de' delinquenti laici, supposto reo di eccettuato delitto, ad ogn'istanza e richiesta del laico Magistrato, con gl'indizj *ad capturam*, concedasi da' Vescovi, e loro Vicarj Generali in Città, e negli altri luoghi da' Vicarj foranei, ed in mancanza di questi dalla persona ecclesiastica più degna, che fa figura di superiore nel luogo, la licenza di trarlo dal sagro asilo, con l'intervento di persona ecclesiastica, da destinarsi da' medesimi, e si consegni alla Curia secolare con l'obbligo giurato in *scriptis* di ritenere il reo *nomine Ecclesiae*, e di restituirlo alla Chiesa, in caso si decida, che debba goderla; e non restituendosi, rimanga al Vescovo la facoltà di procedere contro del Magistrato secolare con le pene canoniche di violata immunità." Trattato di accomodamento tra la Santa Sede e la Corte di Napoli, S. 11.

325 In dem diesbezüglichen Artikel II heißt es hierzu: "Nel caso che rispetto agli accennati delinquenti la detta licenza fosse negata, dopo ricercata nel modo detto di sopra, sia lecito al Giudice laico, senza timore d'incorrere nelle censure, estrarre il delinquente con tutta modestia, e senza scandalo, con l'obbligo però in iscritto, come sopra, da trasmettersi alla Curia ecclesiastica del Vescovo." Ebd., S. 11.

der dann innerhalb eines Monates zu entscheiden hatte, ob der Beschuldigte sich weiter der lokalen Immunität erfreuen durfte oder nicht.[326] Sollte sich laut dem Artikel IV der verantwortliche Richter nicht an die Frist von vier Monaten halten, so war der Beschuldigte nach deren Ablauf unmittelbar wieder an die Kirche zu überstellen. Gesetzt den Fall, dass der Bischof innerhalb eines Monates keine Entscheidung zu der lokalen Immunität des Beschuldigten getroffen hatte, ging der ganze Fall an die nächsthöhere entscheidungsbefugte juristische Instanz, das *Tribunale Misto*.[327] In den Artikeln X bis XX des diesbezüglichen Kapitels wird dann eine Reihe von Vergehen mit weiteren Spezifizierungen aufgeführt, für welche die Gewährung des Kirchenasyls *de facto* völlig ausgeschlossen war. Zu diesen gehörten u. a. Brandstiftung[328], räuberische Erpressung[329], Giftmischerei und Handel mit Gift[330], Auftragsmord bzw. dessen Anstiftung und Unterstützung[331],

---

326 In dem diesbezüglichen Artikel III heißt es hierzu: "Costituito il reo nelle carceri laicali, si formi dal Giudice secolare il processo informativo sopra il delitto, e nel termine di quattro mesi si esibisca alla Curia del Vescovo; e questi dentro il termine di un mese debba dichiarare, se il reo goda, o no." Ebd.

327 In dem diesbezüglichen Artikel IV heißt es hierzu: "Quando poi il Giudice laico fra lo spazio di quattro mesi non esibisca il processo, dovrà il Vescovo richiederlo per la restituzione del reo alla Chiesa; la qual restituzione non potrà dal Giudice laico ritardarsi a forma dell'obbligo fatto nell'atto della consegna. E quando il Vescovo nello spazio prefisso di un mese non avrà dichiarato, s'intenda *eo ipso* devoluto il giudizio al Tribunal misto." Ebd., S. 11f.

328 Art. X: „Gl'incendiarj, cioè coloro, che *dolo malo*, & *data opera* metteranno, o faranno metter fuoco, o che *scienter* daranno ajuto, o consiglio a chi mettesse fuoco a qualunque Chiesa, luogo sagro, o religioso, o a qualunque casa abitabile, sita tanto in Città, e luoghi abitati, quanto fuori di essi: come altresì a' tugurj costrutti *ad instar domorum*, soliti abitarsi da contadini, o pastori, o sopra gli armenti, e le greggi, alle vigne, seminati, oliveti, selve, o qualunque altro podere alberato, coltivato, e fruttifero." Ebd., S. 12.

329 Art. XI: „I ricattatori, cioè a dire coloro, i quali conducono, o trasportano violentemente, o dolosamente *de loco ad locum* uomini, e donne, ivi ritendendosi per obbligargli a riscattarsi: Come altresì coloro, che per via di ambasciate, o lettere chieggono denaro, o altra cosa, con minaccia di ammazzare le persone, o d'incendiare i beni di quegli, a' quali son dirette, in caso, che non faccian quello, che chieggono." Ebd., S. 12f.

330 Art. XII: „Coloro, che *scienter, dolo malo*, & *animo nocendi* compongono, vendono, o propinano il veleno, quantunque non sia seguita la morte della persona, che volea avvelenarsi, e nè tampoco abbia la medesima in effetto per qualche fortunato accidente preso veleno." Ebd., S. 13.

331 Art. XIII: „Coloro, che fanno assassinare, o per commessione data loro assassinano, o che a' suddetti scellerati danno ajuto, o consiglio, quantunque non vi sia seguita

Einbruch[332], Amtsanmaßung zum Zwecke des Raubes und der Vergewaltigung von Frauen in bewohnten Häusern[333], Beleidigung des Königs und seiner Vertreter[334], Unterschlagung von Geldern durch Beamte[335] und schließlich, und dies ist für den Gegenstand dieser Untersuchung von besonderem Interesse, bestimmte man in dem diesbezüglichen Artikel XIV im Hinblick auf den Straftatbestand des Straßenraubes den Ausschluss von „[i] grassatori, e ladri di strade pubbliche, e vicinali, anche per la prima volta, che commettessero un tal delitto, quantunque senz'alcuna offesa della persona del dirubato."[336]

In den Artikeln XXVII bis XXXIII des Kapitels „Immunità Locale" wurde schließlich eine große Anzahl von Orten angeführt, an denen die Kirche grundsätzlich nicht Personen, die von der königlichen Justiz verfolgt wurden, Asyl gewähren durfte. Zu diesen Orten gehörten generell „Chiese rurali esistenti, fuori

---

la morte, purchè però *deventum fuerit ad actum proximum, hoc est ad insultum, ita intervenerit vulnus*." Ebd.

332 Art. XV: „Coloro, che di notte tempo aprono con chiavi false, o adulterine, con grimaldelli, ed altri istrumenti le porte delle case, botteghe, fondachi, e magazzini, o pure, che rompono, e bruciano le suddette porte, o che entrano in tali suddetti luoghi per li tetti, o finestre, o per aperture fatte nelle muraglie, e rubano tanta quantità, per la qual cosa meritano, secondo le leggi comuni, o municipali la morte." Ebd.

333 Art. XVI: „Così parimenti coloro, che in tempo di notte, sotto nome di Corte, o con falsi pretesti di esser Ministri della Giustizia, si fanno aprire dagli abitatori le porte delle case; ed ivi entrati rubano, o fanno violenza all'onestà delle donne di detta casa." Ebd.

334 Art. XX: „Tutti i delinquenti, o rei di delitto di lesa Maestà nel primo, e secondo capo. E nel secondo capo, per quello che appartiene ad offese personali, fatte a' Ministri, ed Officiali per ragione del loro officio, debbano intendersi compresi coloro solamente, i quali facessero offesa personale, e non verbale a quei Ministri, ed a quegli Ufficiali, che amministrano giustizia, ed esercitano giurisdizione, comunicata loro immediatamente dal Sovrano, e non già dagli utili Padroni, e Baroni de' luoghi." Ebd., S. 14.

335 Art. XIX: „I Regj Tesorieri della Città di Napoli, ed i Percettatori generali delle Provincie, i quali, ritenendo, o ricevendo danaro regio dagli officiali inferiori, o da altri debitori della Regia Camera, per trasmetterlo alla cassa generale, commettono furto, o falsità in somma, che abbia luogo la pena ordinaria. Così pure il Cassiere maggiore, o gli altri officiali, e ministri de' pubblici banchi, che rubano da quegli il danaro in tanta quantità, che perciò debbano soggiacere alla stessa pena ordinaria. I Conservatori de' pegni, e gli altri ufficiali, e ministri de' pubblici Monti, che rubassero i pegni in tanta quantità da dover soggiacere alla medesima pena. E per ultimo coloro, i quali, essendo pubblici cassieri delle Università del Regno, rubano il danaro della cassa pubblica nella stessa notabile, e punibile quantità." Ebd., S. 13f.

336 Art. XIV, S. 13.

delle Città, e luoghi abitati"[337], „Cappelle, e gli Oratorj esistenti nelle case de' particolari, e Magnati"[338], "Cappelle delle Fortezze, e Castelli chiusi"[339], "Campanili separati dalle Chiese, e dalle muraglie di esse"[340], "Chiese dirute, ed abbandonate con la precedente profanazione"[341], "orti, e giardini, ed altri luoghi di Chiese, o di qualsiasi altra casa religiosa, i quali non sono circondati da muraglie, e non sono compresi nella clausura"[342], "botteghe, e le case attaccate alle muraglie delle Chiese, o de' Monasterj, o di qualsiasi altra casa religiosa, quantunque abbiano interna comunicazione con le medesime"[343] und schließlich "case, in cui abitano i Sacerdoti, o altri Ecclesiastici, ancorchè abbiano ingresso nella Chiesa, eccettuatene però le case, ove abitano Parrochi, ed altri Ecclesiastici destinati alla cura, e custodia della Chiesa, purchè bensì tali case si abitino da essi stessi, e non da altri: le quali avendo l'immediata comunicazione interiore con la stessa Chiesa, goderanno del sagro asilo, non ostante, che abbiano la porta con l'uscita in istrada pubblica"[344].

---

337 Art. XXVII, S. 15.
338 Art. XXVIII, S. 15f.
339 Ebd.
340 Art. XXIX, S. 16.
341 Art. XXX, S, 16.
342 Art. XXXI, S. 16.
343 Art. XXXII, S. 16.
344 Art. XXXIII, S. 16.

II. Das Banditenwesen im Königreich Neapel der frühen Bourbonenzeit (1734–1799)

1. Zu den grundlegenden Tendenzen, Entwicklungen und Problemen im Bereich der Bekämpfung der Bandenkriminalität sowie des Zustandes der öffentlichen Ordnung und Sicherheit in den Provinzen des Königreiches Neapel in der frühen Bourbonenzeit

1.1 Allgemeine Anmerkungen

Dargelegt werden im Folgenden die grundlegenden Tendenzen, Entwicklungen und Probleme bei der Bekämpfung der Bandenkriminalität sowie des Zustandes der öffentlichen Ordnung und Sicherheit in den Provinzen des Königreiches Neapel der frühen Bourbonenzeit bis kurz vor der Flucht der königlichen Familie im Dezember 1798. Darüber hinaus werden die Auswirkungen der aufgezeigten Entwicklungslinien und Probleme sowie der in diesem Zeitraum zusätzlich aufgetretenen besonderen Ereignisse, d. h. der kriegerischen Auseinandersetzungen des Jahres 1744, der großen Karestie des Jahres 1764 und der Erdbebenkatastrophe des Jahres 1783, auf die Entwicklung der Bandenkriminalität in den Provinzen vertiefter behandelt. Besonders berücksichtigt wird dabei Quellenmaterial, das sowohl aus den umfangreichen Beständen der *Real Camera di Santa Chiara*, der *Segreteria di Stato di Grazia e Giustizia*, des *Ministero degli Affari Esteri*, der *Segreteria di Stato di Casa Reale* im Staatsarchiv von Neapel als auch aus den nunmehr nur noch sehr lückenhaften Beständen einiger *Regie Udienze* als wichtigste bürokratisch-administrative Institutionen des Bourbonenregimes in den Provinzen stammt, sowie weiteres zeitgenössisches Schriftgut, zu welchem Briefe, aber auch Werke der neapolitanischen Reformpublizistik des 18. Jahrhunderts zählen. Die in den beiden Unterkapiteln zu den diesbezüglichen Entwicklungen in der Zeit Karls von Bourbon und in der ersten Phase der Herrschaft Ferdinands IV. vorgenommenen Ausführungen sollen aber nicht nur einen in einzelnen Punkten vertieften Überblick bieten, sondern darüber hinaus auch dazu dienen, die in den beiden darauffolgenden Kapiteln eingehender analysierten Beispiele von Verfolgungsmaßnahmen und einzelnen Verfahren gegen Banditen richtig in den Gesamtkontext der von der neapolitanischen Bourbonendynastie praktizierten Politik gegenüber dem ländlichen Banditenwesen einzuordnen.

Diese grundlegenden Entwicklungslinien wurden bereits zum Teil, wie im Kapitel zur Forschungslage erwähnt, in einem von Maria Grazia Maiorini im

Jahre 1997 in der Zeitschrift „Frontiera d'Europa" veröffentlichten Aufsatz „Presidi e brigantaggio tra prassi giuridica e azione militare. La dialettica dei metodi di repressione nel Regno di Napoli durante il primo periodo borbonico" in der Art eines Überblickes bis in die frühen 1780er Jahre hinein dargestellt. Hinterfragt werden sollte jedoch Maiorinis grundlegende These zu den Ursachen für das mutmaßlich geringe Interesse der Zentralregierung an der Bekämpfung der Bandenkriminalität in den ersten zehn Jahren der Herrschaft Karls von Bourbon, für deren Aufstellung sie vor allem auf die umfangreiche Sammlung von Berichten aus den Provinzen im Bestand der *Segreteria di Stato di Grazia e Giustizia* zurückgegriffen hatte. Denn die in den Beständen der *Segreteria di Stato di Grazia e Giustizia*, der *Segreteria di Stato di Casa Reale* und des *Ministero degli Affari Esteri* aufbewahrten Dokumente aus dem ersten Jahrzehnt der Herrschaft Karls von Bourbon über das Königreich Neapel lassen nämlich auch eine abweichende Erklärung für den Kurs zu, welchen das neue Regime gegenüber der Bandenkriminalität in den Provinzen in den ersten zehn Jahren seines Bestehens steuerte.

Im Hinblick auf die massive Zunahme, welche die Bandenkriminalität gerade in den letzten drei Jahrzehnten der ersten Herrschaftsphase König Ferdinands IV. erfuhr, findet sich bei Maiorini noch kein in sich konsistentes und somit wirklich überzeugendes Erklärungsmodell zu den grundlegenden Ursachen für die von ihr skizzierten Entwicklungen auf dem Gebiet der Bandendelinquenz in den Provinzen des Königreiches Neapel der frühen Bourbonenzeit. Solch ein Modell, mittels dessen sich zumindest diese Entwicklungen in der ersten Phase der Herrschaft Ferdinands IV. besser erklären ließen, soll am Anfang des Unterkapitels „Das Banditenwesen in der ersten Phase der Herrschaft Ferdinands IV. (1759–1799) im Zeichen einer Eskalation sowie steigenden Machtlosigkeit der Zentralregierung und der Provinzbehörden" vorgestellt werden.

1.2 Das Banditenwesen in der Zeit Karls von Bourbon (1734–1759): Von dessen anfänglicher Nachrangigkeit bis zu dessen verstärktem Reflex in der neapolitanischen Innenpolitik

Trotz des Fehlens diesbezüglicher Untersuchungen gerade auch für die Zeit der österreichischen Herrschaft über das Königreich Neapel[345], ist davon auszugehen,

345 Aus dem wenigen im Rahmen dieser Untersuchung konsultierten Quellenmaterial aus der Zeit der österreichischen Herrschaft geht zweifellos hervor, dass es zwar auch im Zeitraum von 1707 bis 1734 immer wieder Probleme mit den Aktivitäten von Räuberbanden gab, sich jedoch diese in allem Anschein nach weitaus bescheideneren

Dimensionen abspielten und daher nie zu solchen Ausnahmesituationen geführt zu haben scheinen, wie dies im spanischen Vizekönigreich Neapel bis zum Ende der massiven Kampagne des Marquis del Carpio in den 1680er Jahren wiederholt sehr häufig der Fall gewesen war. Grundlegend für Forschungsvorhaben zum Banditenwesen im Königreich Neapel während der letzten zwei Jahrzehnte der spanischen und der darauffolgenden österreichischen Herrschaft sind die im Bestand der „Segreterie dei Viceré" aufbewahrten Teilbestände der „Registri dei Viglietti" und der „Viglietti Originali". Allerdings sind die Registerbände derjenigen *viglietti* (*dispacci*), die von Neapel aus an die Provinzbehörden geschickt worden waren, im Zweiten Weltkrieg fast völlig verloren gegangen, so dass von diesen Bänden aus der Zeit der spanischen und österreichischen Herrschaft nur noch solche für die drei Provinzen Abruzzo Ultra, Abruzzo Citra und die Basilikata übriggeblieben sind. Von den Registerbänden derjenigen *viglietti*, die in die Provinz Abruzzo Ultra geschickt wurden, hat allerdings nur noch einer, und zwar für die Zeit des von 1683 bis 1687 währenden Vizekönigtums des Marquis del Carpio, den Zweiten Weltkrieg überstanden. Für die Provinz Abruzzo Citra ist hingegen noch eine große Anzahl von Registerbänden erhalten, welche aus dem Zeitraum 1631–1734 stammen. Die Registerbände der vizeköniglichen *viglietti* für die Basilikata, die während des Krieges ebenfalls erhebliche Verluste erlitten haben, umfassen den Zeitraum zwischen 1620 und 1718. In deutlichem Gegensatz zum Bestand der „Registri dei Viglietti" ist jedoch derjenige der „Viglietti Originali", der von 1555 bis 1734 reicht und in welchem auch die Berichte der Provinzbehörden an die vizekönigliche Regierung enthalten sind, sehr umfangreich und würde somit die beste Quellengrundlage für Untersuchungen zum Banditenwesen in den letzten zwanzig Jahren der spanischen Herrschaft und den darauffolgenden fast drei Jahrzehnten der österreichischen Herrschaft bilden. Von besonderem Interesse für den Zustand der öffentlichen Ordnung und Sicherheit in der Provinz Terra di Bari in diesen beiden Zeiträumen ist zudem der in der apulischen Hafenstadt Trani gelegenen Außenstelle des Staatsarchivs von Bari aufbewahrte Bestand der „Carte Amministrative" der *Sacra Regia Udienza* von Trani. Einen Überblick zu diesem umfangreichen Bestand bietet Iannone: Sacra Regia Udienza di Terra di Bari. Um schließlich noch anhand ausgewählter und unmittelbar greifbarer Fälle aufzuzeigen, dass es auch im österreichisch beherrschten Vizekönigreich Neapel Probleme mit den Aktivitäten von Banditen gab, sollen die folgenden drei Beispiele aus dem Zeitraum 1714–1729 genügen. Bei dem ersten Beispiel handelt es sich um einen auf den 7. Februar 1714 datierten Bericht des *preside* von Cosenza, des Marquis von Montereale, an die Adresse des Vizekönigs Wirich Philipp Lorenz Graf von und zu Daun (Vizekönig 1707–1708, 1713–1719), Fürst von Teano. In seinem auf Spanisch verfassten Bericht bezog sich der Marquis von Montereale auf eine Gruppe von „ochos Vandidos de Catanzaro", die sich im Grenzgebiet zwischen den beiden Provinzen Calabria Ultra und Calabria Citra bewegten und von denen man fürchtete, dass sie auf das Jurisdiktionsgebiet der *Regia Udienza* von Cosenza vordringen könnten. Allerdings besaß man bis dahin noch keinerlei Nachricht, ob diese acht Banditen auch wirklich in die Provinz Calabria Citra eingedrungen waren und dort Delikte verübt hatten. In der dem Marquis von Montereale unterstehenden Provinz herrschte gemäß dessen eigener Aussage vielmehr völlige Ruhe. ASN, *Segreterie dei Viceré, Viglietti Originali*, 1367/0, Bericht des Marquis von Montereale an den Vizekönig von und zu Daun, Cosenza 7. Februar 1714. Ein zweites Beispiel für die Aktivitäten von Banditen im österreichisch beherrschten Königreich Neapel bietet ein *dispaccio* des damaligen österreichischen Vizekönigs von Neapel und Sizilien, Kardinal Michael Friedrich Graf von Althann (Vizekönig 1722–1728), vom 7. September 1724 an den *preside* der *Regia Udienza* von Aquila, Francesco Santoro, in welchem es u. a. auch darum ging, ob die von dem damaligen spanischen Vizekönig del Carpio am 12. Juni 1684 erlassene „De exulibus" Pragmatik Nr. XXX hinsichtlich ihrer Gültigkeit nur in den abruzzesischen Provinzen, für welche sie eigentlich ausschließlich bestimmt war, angewendet werden dürfe oder in allen Provinzen des Königreiches. So heißt es zu dieser Frage in dem *dispaccio* von Althanns vom 7. September 1724, in welchem, und das ist an dieser Stelle von besonderem Interesse, auch Bezug auf einen Bericht der *Regia Udienza* von Matera vom 20. Januar 1714 genommen wird, dessen Gegenstand zahlreiche Banden waren, welche die Basilikata in der Zeit des Vizekönigtums des Grafen von und zu Daun durchzogen: „Essendosi a noi proposto nel Regio Collaterale Consiglio, dallo Spettabile Reggente D. Tommaso Mazzaccara, del Consiglio Collaterale di Sua Maestà, e Sopraintendente Generale della Campagna: Se la prammatica trigesima *De Exulibus* fosse locale per le Provincie de gli Apruzzi, o generale per tutto il Regno. E avendo esaminato pienamente la materia, dopo avere intesi li Magnifici Avocati Fiscali, e Avocati de' Poveri, della Gran Corte della Vicaria, abbiamo stimato, col voto e parere di detto Regio Collaterale Consiglio; determinare che detta prammatica trigesima *De Exulibus* sia generale; ma che debba praticarsi con le infrascritte dichiarazioni, per lo di cui effetto se ne dovessero spedire gli ordini circolari. Che però, confermando gli ordini spediti dallo Illustre Conte di Daun nostro predecessore, a' 3. di Marzo, 1714, diretti alla Udienza di Matera, in risposta della relazione fattale a' 20. di Gennaro, di detto anno, con la quale si espressava la moltitudine de' latri, che andavano per la Provincia, rubando a' viandanti; e che conseguitasi la carcerazione di tre latri, che aveano rubato nella Fiera di Potenza a' poveri negozianti, che dalle Provincie vicine erano ivi andati, gli necessitava di praticare contro di essi il capitolo vigesimo della prammatica 30. *De Exulibus*; si gl'incaricò che procedesse con tutto rigore, e attenzione di giustizia, in conformità della prammatica, che si cita nella sudetta carta de' 20. di Gennaro. E confermando similmente gli altri ordini dati dallo stesso Illustre Conte di Daun alla Udienza di Salerno, sotto il dì 14. di Luglio, del 1714, nella causa di A. B., continenti che, se bene si fosse inteso che per vari motivi si ripugnava di procedere nella causa de' delitti commessi da A. B. con la delegazione e potestà *ad modum belli*; ad ogni modo avea deliberato di ordinare, come in effetto ordinò, alla sudetta Udienza di Salerno che procedesse in detta causa di A. B. con la potestà *ad modum belli*, osservando la forma della prammatica 30. *De Exulibus*, con praticare la medesima ne gli altri casi simili, procedendo però il Preside

dass das Banditenwesen auch nach der massiven militärischen Kampagne des spanischen Vizekönigs del Carpio in den Jahren 1683 und 1684 weiterhin als ein spezifisches Problem der ländlichen Regionen des Königreiches Neapel fortbestand. Da es aber, zum Teil bedingt durch den Furor und die Entschlossenheit, mit welcher del Carpio sowohl gegen die Banden als auch deren Unterstützer vorgegangen war, für einen Zeitraum von einigen Jahrzehnten nicht mehr dieselbe Virulenz aufwies wie in den Jahrhunderten davor, sah sich schließlich auch das neue Regime der Bourbonen, welches im Jahre 1734 zwar formal die Herrschaft über das Königreich Neapel übernommen, sich jedoch noch nicht ausreichend

---

col voto di tutta la Udienza ne' furti commessi in campagna, e che sono espressati nel §. 18. della menzionata prammatica. Con la presente vi dicemo, e ordinamo, che dobbiate eseguire e osservare la prammatica sudetta giusta la sua forma, continenza e tenore. Con dichiarazione però che, ne' casi compresi in detta prammatica, che occorreranno, debba il Preside col voto di tutta la Udienza procedere. E quando abbia a praticarsi il privilegio della pruova compreso nel § *vigesimo* di detta prammatica, per la sentenza di morte, ne dobbiate dar conto a noi, e al Regio Collaterale Consiglio, de' meriti delle cause, e delle circostanze, che concorrono. E prima di eseguire la sentenza sudetta ne dobbiate fare relazione *in scriptis* a noi in detto Regio Collaterale Consiglio, con trasmettere li notamenti *in forma valida*, senza impedirsi di procedere contro gli assenti alle sentenze di fuorgiudica, per le quali ne dobbiate fare le relazioni, allora quando ne' casi particolari vi verrà ordinato da noi, e questo Regio Collaterale Consiglio. E così eseguirete, atteso tal'è la nostra volontà." Gatta: Regali dispacci, Bd. 3, Tbd. 2, S. 471ff. Bei dem dritten und letzten Beispiel, das an dieser Stelle angeführt werden soll, handelt es sich um einen in Abschrift erhaltenen *viglietto* des österreichischen Vizekönigs, des Grafen Aloys Thomas Raimund von Harrach (Vizekönig 1728–1733), vom 26. Februar 1729, welcher sich an die *Regia Udienza* von Teramo richtete. In diesem *viglietto* bezog sich von Harrach auf ein Bittschreiben des aus der abruzzesischen Ortschaft Villa Piano stammenden Gregorio di Antonio, der darin berichtet hatte, dass die Umgebung seines Heimatortes von der Bande des aus dem Kirchenstaat stammenden Andrea Cesarini heimgesucht werden würde und dass diese bereits zahlreiche Raubüberfälle begangen hätte. Daher forderte der Vizekönig die *Regia Udienza* von Teramo auf, ohne Verzug ihr Möglichstes für die Ausschaltung der Bande zu tun, falls die im Gesuch Gregorio di Antonios enthaltenen Fakten zu deren Missetaten Substanz besäßen. ASN, *Segreterie dei Viceré*, *Registri dei Viglietti*, 27, *viglietto* des Vizekönigs von Harrach an die *Regia Udienza* von Teramo, Neapel 26. Februar 1729, fol. 36r-36v. Ein besonderes Problem in den Zeiten der österreichischen Herrschaft über das Königreich Neapel scheint, auch in Analogie zu den ersten Herrschaftsjahren Karls von Bourbon, in dem weitverbreiteten Schmugglerunwesen bestanden zu haben. Besonders betroffen von den umfassenden Aktivitäten der Schmugglerbanden waren die Regionen Kalabrien und Apulien sowie die Abruzzen. Villari: La Calabria nel Viceregno austriaco, S. 183.

gefestigt hatte und welchem die Lösung anderer Probleme, wie der Sicherstellung von stabilen finanziellen Einkünften für die Krone, einstweilen weitaus wichtiger erschienen, zunächst nicht genötigt, gegenüber den im Vergleich zu früher deutlich bescheidener gewordenen Manifestationen der ländlichen Bandenkriminalität entschiedener durchzugreifen.

In der Zeit der Herrschaft Karls von Bourbon trat schließlich noch der Umstand hinzu, dass sich in Analogie zu den letzten Jahren der österreichischen Herrschaft die wirtschaftliche Entwicklung des Königreiches in ihrer Gesamtheit als überaus positiv darstellte und auch auf dem Gebiet der landwirtschaftlichen Gütererzeugung zu spüren war[346], die jedoch aufgrund des Fortbestehens veralteter Anbauformen weit hinter ihrem wirklichen Ertragspotential zurückblieb.[347] Wenngleich die Herrschaftszeit Karls von Bourbon von einem günstig verlaufenden wirtschaftlichen Wachstum geprägt war, ist hierzu aber einschränkend zu sagen, dass sich dadurch nicht automatisch auch die schlechten sozioökonomischen Bedingungen, unter denen ein überwiegender Teil der ländlichen Bevölkerung lebte, zum Besseren wendeten, denn gerade in der zweiten Phase der Herrschaft Karls von Bourbon, von der Mitte der 1740er Jahre bis zum Ende der 1750er Jahre, kam es schließlich wieder zu einer spürbaren Zunahme der Aktivitäten von Räuberbanden, welche die Zentralregierung in Neapel schon in der Zeit dieses ersten bourbonischen Regenten zu einem konsequenteren Vorgehen zwang. Allerdings besaßen, wohl auch in Analogie zu den letzten 20 Jahren der spanischen Herrschaft und den 27 Jahren der österreichischen Herrschaft, die Aktivitäten der Banden im Königreich Neapel Karls von Bourbon noch nicht das Ausmaß und die Allgegenwärtigkeit, die sie schließlich in der Herrschaftszeit seines Sohnes und Nachfolgers als König Beider Sizilien, Ferdinand IV., annehmen sollten.

Einen Wendepunkt im Umgang mit dem Problem der Bandenkriminalität stellten schließlich, wenn man hier Maiorini folgt, die kriegerischen Ereignisse des Jahres 1744 dar, die zum ersten und letzten Mal die Herrschaft Karls von Bourbon über die Königreiche Neapel und Sizilien ernsthaft von außen her bedrohten und es aufgrund der zu treffenden militärischen Maßnahmen der königlichen Regierung einstweilen nicht möglich machten, sich in ausreichenden Maßen auf den Zustand der öffentlichen Ordnung und Sicherheit in den Provinzen zu konzentrieren.[348] Denn während die Regierung Karls von Bourbon vor dem Krieg

346 Villani: Mezzogiorno tra riforme e rivoluzione, S. 5.

347 Carpanetto, Ricuperati: L'Italia del Settecento, S. 34.

348 Maiorini: Presidi e brigantaggio tra prassi giuridica e azione militare, S. 151.

den Räuberbanden eine relativ geringe Aufmerksamkeit hatte zukommen lassen, so rückten deren deutlich zunehmende Aktivitäten in der zweiten Phase seiner Herrschaft, die im Jahre 1759 ihren Abschluss fand, als Karl von Bourbon als Karl III. König von Spanien wurde und ein Regentschaftsrat unter dem Vorsitz von Bernardo Tanucci zunächst die Amtsgeschäftige für den noch minderjährigen Ferdinand IV. wahrnahm, stärker in den Fokus der Innenpolitik der neapolitanischen Zentralregierung.[349] Gerade in der zweiten Phase der Herrschaft Karls von Bourbon nahmen auf diesem Feld bereits bestimmte Tendenzen, wie beispielsweise die Einsetzung von hochrangigen Militärs als Provinzgouverneure (*presidi*)[350] oder die Ernennung von höheren Justizbeamten zu mit außerordentlichen Kompetenzen ausgestatteten Sonderbevollmächtigten für die provinzübergreifende Bekämpfung von Banden, ihren Anfang, die schließlich unter König Ferdinand IV. eine Fortführung und im letzteren Fall sogar noch eine beträchtliche Zunahme erfahren sollten.

Nachdem die spanischen Bourbonen im Rahmen des Polnischen Thronfolgekrieges erneut die Macht in den beiden Königreichen Neapel und Sizilien übernommen hatten, welche ihnen schon gemäß dem Testament des letzten spanischen Habsburgers, Karls II., zugestanden hatten, waren sie zum Zwecke der weiteren inneren Stabilisierung ihres Regimes bestrebt, sich deutlich von den Vorgängerregimen abzugrenzen, und bemühten sich daher, ihre Machtübernahme im Lichte eines völligen Neuanfangs erscheinen zu lassen, in dessen Konzipierung, so Maiorinis diesbezügliche These, das schon seit Jahrhunderten währende und nach wie vor vorhandene Problem des Banditenwesens nicht so recht passen wollte, weil dieses bei den Bewohnern des Königreiches negative Erinnerungen an die schwerwiegenden Probleme wieder hätte aufkommen lassen können, welche die Behörden des früheren spanischen Vizekönigreiches Neapel bei der Bekämpfung der Räuberbanden im 16. und 17. Jahrhundert wiederholt gehabt hatten.[351] Besonders emblematisch für die Ausmaße, welche das

349 Ebd., S. 152.

350 Ebd., S. 178.

351 Ebd., S. 145, S. 147 und S. 150. Dieses Bemühen des neuen Königs Beider Sizilien, Karl von Bourbon, und seines Hofes, die erneute spanische Herrschaftsübernahme im Mezzogiorno im Lichte eines völligen Neuanfangs erscheinen zu lassen, spiegelte sich auch in der von Carlos José Gutiérrez de los Ríos y Rohan-Chabot (1742–1795), Graf von Fernán Núñez, verfassten offiziellen Biografie Karls III., wie Karl sich später als König von Spanien bezeichnen sollte, in deutlicher Weise wider. Darin feierte der Graf von Fernán Núñez den spanischen Sieg über die Österreicher und die Machtübernahme des Infanten Karl im Königreich Neapel als Befreiung

Banditenwesen in der Zeit der direkten spanischen Herrschaft über Neapel besaß, war ja gerade die sehr große Anzahl der zwischen den Jahren 1561 und 1707 erlassenen „De exulibus"-Pragmatiken und *pars pro toto* der Fall Marco Sciarras mitsamt seiner überaus großen Bande in den 1580er und 1590er Jahren gewesen, bei welcher es sich nicht in erster Linie um ein internes Problem des spanischen Vizekönigreiches Neapel handelte, sondern zugleich auch um eines, das schließlich sogar grenzüberschreitende Dimensionen annahm, als auch andere Staaten der Apenninenhalbinsel in die Verfolgung dieses Banditen und seiner Gefolgsleute mithineingezogen wurden.

Daher soll laut Maiorinis diesbezüglichen Ausführungen dem neuen Regime mit Karl von Bourbon an der Spitze im Hinblick auf das Banditenwesen zunächst besonders daran gelegen gewesen sein, offiziell den Eindruck zu erwecken, dass dieses seit den umfassenden militärischen Aktionen des spanischen Vizekönigs Del Carpio in den 1680er Jahren auf dem Territorium des Königreiches *de facto* aufgehört hatte, zu existieren, und maß daher dessen Manifestationen in den Provinzen zunächst noch keine besondere Bedeutung zu.[352] Bei dem von Maiorini hierfür als Beleg angegebenen, aber in ihrer Untersuchung nicht wörtlich zitierten und zeitlich nicht genau eingeordneten Dokument handelt es sich um eine undatierte, aber höchstwahrscheinlich aus dem Jahr 1733 stammende Beschreibung

---

des Südens von jahrhundertelanger Fremdherrschaft und sah darin zugleich auch ein Werk der göttlichen Vorhersehung. Daher schrieb der Graf in seiner Biografie in einem enthusiastischen Tonfall im Rückblick auf den propagandistisch als völligen Neuanfang gefeierten Herrschaftsantritt Karls von Bourbon Folgendes: „[L]o cual (d. h. die Übernahme der Herrschaft durch Karl von Bourbon – d. V.) llenó de gozo á un pueblo de los más hermosos y bien situados del mundo, que, teniendo las mejores proporciones para prosperar por sí, hacía doscientos y treinta años se veía reducido á la suerte, no de una provincia unida á los Estados del Soberano, pero de una colonia remota, de que, por lo común, sólo piensan en sacar el jugo mientras duran los Soberanos y sus Virreyes y dependientes. Tuvo, pues, el Rey Carlos la gloria de volver á dar el ser al reino más hermoso de Europa […]. La Providencia quiso dar este consuelo (Karl stand nicht an erster Stelle der spanischen Thronfolge und erhielt daher sowohl das Königreich Neapel, auf welches sich der Graf von Fernán Núñez eigentlich bezieht, als auch das kleinere insulare Königreich Sizilien von seinen Eltern, Philipp V. und Elisabetta Farnese, als Apanage – d. V.) al hombre más digno de él, y cuyo corazón era el más capaz de sentirle y de hacer feliz al género humano." Gutiérrez de los Ríos y Rohan-Chabot: Vida de Carlos III, S. 32. Über den Autor der Biografie und seinen Werdegang siehe dessen Selbstbeschreibung in ebd., S. 1–10.

352 Maiorini: Presidi e brigantaggio tra prassi giuridica e azione militare, S. 145 und S. 147f.

des damals unter österreichischer und noch nicht unter bourbonischer Herrschaft stehenden Königreiches Neapel, seiner bürokratisch-administrativen Institutionen und seiner Bewohnerschaft für den neuen und zugleich auch letzten österreichischen Vizekönig von Neapel und Sizilien, Giulio Visconti Borromeo Arese (Vizekönig 1733–1734), mittels deren er sich besser auf sein neues Amt und die von ihm anzupackenden Probleme vorbereiten konnte. In dieser undatierten und durch einen anonymen Autor verfassten Beschreibung wird neben vielem anderen auch kurz auf das Problem des Banditenunwesens eingegangen, bezüglich dessen, wie man im Weiteren noch sehen wird, der allerdings offensichtlich falsche Eindruck erweckt wird, dass dieses nach dem entschiedenen Durchgreifen des Vizekönigs del Carpio gegen die Banden und ihre adeligen Beschützer faktisch aufgehört hätte zu existieren und dass nunmehr im gesamten Königreich mehr oder weniger Ruhe und Friede herrsche:

> „Estirpati li Banditi in tempo del Marchese del Carpio, e castigati li Baroni, che li proteggevano, e fatti frà loro più sociabili p[er] l'introduzione delle veglie, e compagnie, e tolta a Vassalli l'occasione di portar l'armi sono minorati li disordini e può affermarsi, che p[er] lo più li S[uoi] S[uddit]i e Baroni vivono con sentimenti onorati, e pacifici [...]. Non è però, che S[ua] E[ccellenza] possa intieram[en]te riposarsi p[er] la retta amministrazione del suo Carico."[353]

353 BSNSP, *Manoscritti, Viceré Visconti, Documenti e Cifrarii, Notizie per il Governo del Regno di Napoli*, XXI. A. 7., undatierter anonymer Bericht an den designierten Vizekönig Giulio Visconti Borromeo Arese, fol. 29r. Neben den drei bereits am Anfang dieses Unterkapitels angeführten Beispielen aus der Zeit der österreichischen Herrschaft lassen sich auch für die letzten 20 Jahre der spanischen Herrschaft über das (Vize-)Königreich Neapel einige Beispiele finden, wenngleich sich mittels dieser nicht dementsprechende Untersuchungen ersetzen lassen, die zeigen, dass das Problem des Banditenwesens trotz seines massiven Abebbens nach dem rigorosen Kurs, welchen der Vizekönig del Carpio gegenüber diesem eingeschlagen hatte, keineswegs völlig gelöst worden war, wie es in dieser vermutlich aus dem Jahre 1733 stammenden Beschreibung des Königreiches Neapel gegenüber dem letzten österreichischen Vizekönig suggeriert wird. Dass selbst die Abruzzen, auf welche sich die militärischen Maßnahmen des Vizekönigs del Carpio in den Jahren 1683 und 1684 besonders konzentriert hatten, kurz nach deren Abschluss noch nicht vollkommen befriedet waren, lässt sich anhand des Beispiels der durch die *Regia Udienza* von Teramo am 11. und 12. September des Jahres 1686 durchgeführten Befragungen von Zeugen zum Fall des Banditen Giuseppe alias "Barbarossa" aus dem Gebiet von Lama belegen. Dieser Räuber, der ein Mitglied der Bande von Antonio Pompetta gewesen war und bei seinen Aktionen häufig zwischen den Jurisdiktionsgebieten des Kirchenstaates und des Königreiches Neapel gewechselt hatte, war in der ersten Septemberhälfte desselben Jahres auf dem Jurisdiktionsgebiet der *Regia Udienza*

von Teramo von Soldaten erschossen worden, welche die Grenze zum Kirchenstaat überwacht hatten. Die Zeugen hatten bei diesen in Teramo durchgeführten Befragungen u.a. auch den Kopf des Banditen zu identifizieren, welcher Barbarossa kurz nach seiner Tötung abgetrennt worden war und nun vor dem Sitz der *Regia Udienza* ausgestellt wurde. AST, *Regia Udienza di Teramo, Processi Criminali*, 1/1. Ein weiteres Beispiel dafür, dass es auch nach dem Ende der Kampagnen des Vizekönigs del Carpio nicht nur weiterhin Probleme mit einzelnen Banditen, sondern auch mit einzelnen Adeligen gab, die diese deckten, bietet der Fall der beiden Banditen Oronzio Gabellone und Noé Marino aus der Terra d'Otranto der 1690er Jahre, über welche die *Sacra Regia Udienza* von Lecce die oberste Jurisdiktion innehatte. Bei diesem mutmaßlichen Beschützer beider Männer handelte es sich um Oronzio Pinelli, Herzog von Acerenza, der Gabellone und Marino laut Gerüchten, welche die Runde machten, auf dem Gebiet der ihm untertanen *università* von Galatone aufgenommen hatte. Aufgrund dieser Gerüchte schickte der Vizekönig an die *Sacra Regia Udienza* von Lecce am 21. März 1693 einen *dispaccio*, in welchem er dieser befahl, Erkundigungen hinsichtlich des Wahrheitsgehaltes dieser Gerüchte einzuziehen. Nach dem Abschluss der daraufhin eingeleiteten Ermittlungen bestätigte man von Seiten des Gerichtshofes deren Wahrheitsgehalt. Beide Männer hatten demnach auf offener Straße einen achtzigjährigen Händler, der dabei war, vom Markt der Stadt Lecce in seinen Heimatort Nardò zurückzukehren, überfallen und ermordet. Da das Gebiet der *università* von Galatone damals von Seiten des Herzogs von Acerenza an den Herzog della Castellina verpachtet worden war und dieser die beiden Banditen verfolgen ließ, tauchten diese in einer Kirche unter, in welcher sie sich einstweilen des Privilegs der lokalen Immunität erfreuen konnten. Als dann im Oktober des Jahres 1692 der Herzog von Acerenza wieder das Gebiet der *università* von Galatone übernahm, gaben Gaballon und Marino ihr kirchliches Asyl auf und konnten sich unbescholten auf dem Lehnsgebiet des Herzogs bewegen. Während es im Fall des Banditen Oronzio Gaballone der *Sacra Regia Udienza* von Lecce gelang, diesen in die Hände zu bekommen, schafften es hingegen Noé Marino und ein weiterer Gefährte Gaballones namens Domenico di Salvatore, mit der Hilfe des Herzogs von Acerenza auf eines seiner Lehen in Kalabrien zu entkommen. Obwohl der Vizekönig in dieser Angelegenheit den *presidi* von Catanzaro und Cosenza befahl, für die Festnahme beider Männer zu sorgen, konnten Marino und di Salvatore dieser aller Wahrscheinlichkeit nach entgehen. Der Herzog von Acerenza, Oronzio Pinelli, der die Banditen vor der strafrechtlichen Verfolgung beschützt hatte, wurde allem Anschein nach nie für seine Taten zur Rechenschaft gezogen. Ambron: Il banditismo nel Regno di Napoli alla fine del XVII secolo tra istituzioni regie e protezioni baronali, S. 390ff. In den Anmerkungen zu Ambrons diesbezüglichen Beitrag wird des Weiteren ein auf den 8. Juni des Jahres 1693 datiertes Dokument aus den im Staatsarchiv von Neapel aufbewahrten Beständen der "Segreterie dei Viceré" (ASN, *Segreterie dei Viceré, Viglietti Originali*, 866/0) zitiert, in welchem Folgendes zur Verfolgung von Banditen durch den Korporal der *squadre di*

Aus diesem einen Manuskript, zu dessen konkreter Provenienz in ihrem diesbezüglichen Aufsatz aber keinerlei Angaben gemacht werden, zieht schließlich Maiorini in ihrem Beitrag die generalisierende Schlussfolgerung, dass "[n]egli anni Trenta del Settecento, 'ufficialmente' il banditismo nel Regno non esisteva piú, essendo stato definitivamente debellato dal marchese del Carpio."[354]

Erheblich vermindert wird die diesbezügliche Aussagekraft des Dokumentes jedoch besonders durch den Umstand, dass die Identität des Verfassers völlig im Dunkeln bleibt und somit auch nicht die wichtigen Fragen beantwortet werden können, ob dieser gegebenenfalls eine Funktion im neapolitanischen Herrschaftsapparat innehatte, was aber anhand der umfassenden Kenntnisse des Verfassers als sehr sicher anzusehen ist, und auf welchen Quellen bzw. persönlichen Erfahrungen die in der Beschreibung aufgeführten Informationen konkret fußten. Dieses Dokument aus der Schlussphase der österreichischen Herrschaft über Neapel bleibt dann aber auch das einzige offizielle Schriftstück aus den

---

campagna der *Regia Udienza* von Teramo, Domenico Antonio d'Angelis, geschrieben steht: "Domenico Antonio d'Angelis Caporale di Campagna nella Regia Audienza di Teramo supplicando espone[va] a VE come andando in persecuzione de' pubblici banditi effettuò il servigio del bandito Alessandro de Simone Carota compagno del Capo dei Banditi Cicconetti che presentò in detta Regia Audienza, e perché in vista della reg. pramm. emanata in tempo della felice memoria dell'Ecc.mo marchese del Carpio, tiene il supplicante la facoltà di nominare due persone inquisite, perciò d'una d'esse nomina Francesco Arnesano". Zitiert nach ebd., S. 395. Das letzte Beispiel, welches in diesem Zusammenhang angeführt werden soll, stammt bereits aus dem erstmals unter spanisch-bourbonischer Herrschaft stehenden Vizekönigreich Neapel, welches Philipp V. als erster spanischer Monarch aus dem Bourbonenhause schließlich im Jahre 1707 an die Österreicher verlieren sollte. Bei diesem Beispiel handelt es sich um den Fall der drei aus Francavilla stammenden Räuber Marco Antonio Marraffa, Pietro Velonna und Donato Antonio Ribezzo, die im Januar des Jahres 1705 auf der von Francavilla nach Martina führenden Straße in der Provinz Terra d'Otranto den aus der Stadt Mola in der Provinz Terra di Bari stammenden Händler Domenico Nicolò del Rè überfallen hatten und dafür vom baronalen Gerichtshof von Francavilla zu Galeerenhaft verurteilt wurden. Vorher hatte es noch jurisdiktionelle Streitigkeiten zwischen der *Sacra Regia Udienza* von Lecce und dem baronalen Gerichtshof von Francavilla gegeben, in welchen es darum ging, ob die von den bewaffneten Kräften des lokalen Gerichtshofes arrestierten Räuber nur von diesem oder der *Sacra Regia Udienza* von Lecce abgeurteilt werden durften. Der Streit wurde schließlich dahingehend entschieden, dass der Prozess am baronalen Gerichtshof von Francavilla durchgeführt werden durfte. ASN, *Processi Antichi/Da Riordinare/Processi Criminali*, 10/0.

354 Maiorini: Presidi e brigantaggio tra prassi giuridica e azione militare, S. 145.

1730er Jahren, auf welches Maiorini zur Stützung ihrer These Bezug nimmt. Für die ersten Jahre der Herrschaft Karls von Bourbon hingegen bleibt sie aber die Nennung solch eines konkreten und vor allem auch wortwörtlichen und somit wirklich handfesten Beleges schuldig.

Im Widerspruch zu einer möglichen These von einer bewussten Verdrängung des Problems des Banditenwesens bereits in der Zeit des österreichischen Vizekönigreiches Neapel stehen, wenngleich sie nicht eine diesbezügliche eingehende Untersuchung ersetzen können, auch die beiden in einer Fußnote am Anfang dieses Unterkapitels angeführten Beispiele aus den Jahren 1714, 1716 und 1729, in welchen ausdrücklich Bezug auf das Vorhandensein von Banditen in den Provinzen des Königreiches genommen wird. Dass die vizekönigliche Regierung, und so würde es gerade durch Maiorinis diesbezügliche und auf diesem Dokument fußende Behauptung impliziert werden, in ihrer Haltung zu der ländlichen Bandenkriminalität im Königreich Neapel in den 1730er Jahren eine plötzliche Kehrtwende eingelegt hätte und schließlich mutmaßlich dazu übergegangen wäre, die Existenz von Räuberbanden auf dem Territorium des Königreiches Neapel bewusst in Abrede zu stellen, erscheint eher als unwahrscheinlich. Nicht auszuschließen ist aber, dass es gerade in derjenigen Zeit, in der Giulio Visconti Borromeo Arese zum neuen österreichischen Vizekönig von Neapel und Sizilien ernannt wurde bzw. in den Jahren davor in den Provinzen des Königreiches keine wirklich gravierenden Probleme mit dem im Hinblick auf ihre Auswüchse immer auch periodischen Schwankungen unterliegenden Banditenwesen gab bzw. gegeben hatte. In diesem Zusammenhang sollte zudem nicht vergessen werden, worauf womöglich dann auch eine der maßgeblichen Ursachen für die mutmaßlich geringe Ausprägung des Räuberunwesens in letzten Jahren des österreichischen Vizekönigreiches Neapel und, wie man noch sehen wird, in den ersten Jahren der Herrschaft Karls von Bourbon zurückzuführen sein dürfte, dass nämlich etwa ab dem Jahre 1727 im damals noch österreichisch beherrschten Königreich Neapel eine Phase eines erhöhten wirtschaftlichen Wachstums ihren Anfang nahm, welches auch im Agrarsektor in deutlicher Weise zu spüren war, in dem es zu einer Überproduktion kam, die sich wiederum für die stabile Versorgung der Bewohnerschaft der Provinzen mit wichtigen Grundnahrungsmitteln, wie Weizen, dem wichtigsten Agrarprodukt, als äußerst nützlich erwies.[355]

Obgleich das besagte Zitat aus den Anweisungen an den letzten österreichischen Vizekönig von Neapel und Sizilien, Giulio Visconti Borromeo Arese, nun zwar einerseits den Eindruck erwecken könnte, dass das Banditenwesen im Jahre

---

355 Villani: Mezzogiorno tra riforme e rivoluzione, S. 5.

1733 *de facto* fast völlig verschwunden wäre, so hatte es jedoch schon kurz nach der endgültigen bourbonischen Machtübernahme Mitte des Jahres 1734 für Regionen wie beispielsweise Kalabrien, die Abruzzen[356] und die Basilikata[357] vereinzelte Hinweise auf das Vorhandensein von Räuberbanden gegeben, deren Aktionen durch die von den kriegerischen Ereignissen verursachte Unordnung begünstigt worden war und die selbst nach dem entscheidenden Sieg der Spanier über die Österreicher in der Schlacht von Bitonto am 25. Mai 1734 noch längst kein allmähliches Ende gefunden hatten.[358]

So berichtete beispielsweise der für die Provinz Calabria Ultra zuständige Generalvikar, der Fürst von Roccella, der sich im Auftrag des Madrider Hofes ein Bild von den dortigen Zuständen machen sollte, in einem in Catanzaro verfassten Schreiben vom 13. August 1734 gegenüber dem ersten Staatssekretär José Joaquín Guzmán de Montealegre von einer Reihe bewaffneter Banden, welche die ihm zugewiesene Provinz heimsuchten und deren Aktivitäten und die auftretenden Unruhen seiner Meinung nach in der Widerspenstigkeit der zur Entrichtung von Steuern unwilligen Bevölkerung ihre maßgebliche Ursache hatten. Diese Widerspenstigkeit gegenüber der Steuereintreibung war wiederum, wie aus dem Schreiben des Generalvikars ersichtlich wird, auf die irrige Annahme der Bevölkerung zurückzuführen, dass ihr der spanische König Philipp V., der

---

356 Maiorini: Presidi e brigantaggio tra prassi giuridica e azione militare, S. 148.

357 Hinweise auf die Aktivitäten von Räuberbanden in der Basilikata finden sich in zwei auf den 21. September und den 21. Oktober 1734 datierten *dispacci* des ersten Staatssekretärs José Joaquín Guzmán de Montealegre an die Adresse des Gouverneurs der *Regia Dogana della Mena delle Pecore* in Foggia, Ignazio Ram, und des *preside* von Matera, Nicola Russo, auf deren konkrete Inhalte jedoch an einer anderen Stelle dieses Unterkapitels eingegangen wird. Diese beiden *dispacci* befinden sich in Abschrift in ASN, *Segreteria di Stato di Casa Reale, Registri dei Dispacci della Prima Segreteria di Stato*, 1075.

358 Nach dem Sieg der Spanier in der Schlacht von Bitonto am 25. Mai sahen sich die zahlenmäßig deutlich unterlegenen Österreicher auf dem Territorium des Königreiches Neapel im Wesentlichen auf die Festungen von Gaeta und Capua beschränkt, die schließlich am 31. Juli und am 24. November 1734 endgültig in die Hände der Soldaten Karls von Bourbon fielen. Neben den beiden festen Plätzen von Gaeta und Capua befand sich nach der Schlacht von Bitonto auch noch das Königreich Sizilien in den Händen der Österreicher und wurde von den Spaniern bis Anfang 1735 vollständig eingenommen, ohne dass es zu wirklich schweren bewaffneten Auseinandersetzungen gekommen war. Zuletzt leisteten die auch hier zahlenmäßig unterlegenen Österreicher lediglich in der Zitadelle von Messina und den festen Plätzen von Syrakus und Trapani hinhaltenden Widerstand gegen die erneute bourbonische Machtübernahme. Coniglio: I Borboni di Napoli, S. 26f.

Vater des Infanten Karl von Bourbon, mit dem Einrücken seiner Truppen in das österreichische Vizekönigreich aus Freigiebigkeit heraus die Zahlung von Steuern erlassen hätte. In dem diesbezüglichen Schreiben des Fürsten von Roccella heißt es dann zu den Aktivitäten dieser Banden und den Problemen bei der Steuereintreibung in der Provinz Calabria Ultra wie folgt:

„Considero mio dovere di riferire a V[ostra] E[ccellenza], che da più giorni in qua, in diversi luoghi di q[u]esta Provincia, son comparse in campagna alcune comitive di vagabondi armati, commettendo chi de' ricatti, e chi de' furti, omicidij, ed altri eccessi, come con distinzione se ne da conto a S[ua] M[aestà] per la Seg[rete]ria di Giustizia; E perche tali, ed altri movim[enti], la maggior parte vengono suscitati dalla renitenza, che quasi normalm[en]te si dimostra nella sodisfazione de' pesi fiscali alla Regia Corte, per l'Universale idea, che dalla Real munificenza del Rè nostro signore si fusse concessa alcuna grazia di Franchiggie nel glorioso ingresso in q[u]esto suo Regno per le gran miserie, che palbabili in tutta q[u]esta Prov[inci]a si patiscono, con pericolo di potersi suscitare più appresso maggiori sconcerti, supplico V[ostra] E[ccellenza] di passarlo alla Real notizia di S[ua] M[aestà], acció possa degnarsi farne q[u]ell'uso, che stima, mentr'io non tralasciarò di continuare, secondo il mio debito di dare tutti li possibili ripari, che possono conferire alla publica quiete".[359]

In einem weiteren Schreiben aus Catanzaro vom 20. August 1734 vermochte der Generalvikar den ersten Staatssekretär bereits über einen ersten Erfolg bei der Bekämpfung der zu Beginn seines Schreibens vom 13. August erwähnten Banditen zu unterrichten:

„Ancorche da questo Regio Tribunale si dia conto a S[ua] M[aestà] di quel che occorre intorno alli vagabondi, che in più luoghi di questa Prov[inci]a continuano a sentirsi, pure porgo alla notizia di V[ostra] Ecc[ellenza], che no[n] ho io lasciato, ne cesso di promuovere tutti quei magiori espedienti che conferiscono all'opportuno riparo contro dell'accennati delinq[uen]ti, acció in niun conto si disturbi la publica quiete, tanto che nella persecuz[io]ne fattaseli dare, uno di essi p[er] nome Gio[vanni] Batt[ist]a Brundo venne

359 ASN, *Ministero degli Affari Esteri, Elezione e Spedizione di Vicarj in Queste Provincie all'Arrivo delle Armi Spagnole in Regno*, 4817/0, Bericht des Fürsten von Roccella an den ersten Staatssekretär Montealegre, Catanzaro 13. August 1734. In diesem Aktenbündel aus dem Bestand des *Ministero degli Affari Esteri* befindet sich nicht nur die Korrespondenz des für die Provinz Calabria Ultra zuständigen Generalvikars, des Fürsten von Roccella, sondern auch diejenige der anderen Generalvikare, die sich ebenfalls im Auftrage Madrids in den verschiedenen Provinzen des festländischen Königreiches ein Bild von den jeweiligen Zuständen machen sollten und über diese Bericht abzulegen hatten.

alla scoppette con una squadra, e ne restó morto, conforme con magior distinz[io]ne si rappresenta dal Sud[detto] Reg[i]o Tribunale".[360]

Aus der in der Provinz Abruzzo Ultra II gelegenen Stadt Aquila berichtete schließlich ein gewisser Giuseppe de Leoni, ein Angehöriger des Militärs, dessen genaue Identität sich jedoch nicht klären ließ, in zwei auf den 11. September 1734 datierten Schreiben, das zweite in Kopie, dem ersten Staatssekretär Montealegre von Banden, die im Windschatten der militärischen Auseinandersetzungen zwischen Österreichern und Spaniern im gleichen Jahr begonnen hatten, die besagte Provinz mit ihren Raubzügen heimzusuchen und die auch nach dem Ende der Kämpfe noch nicht abgeklungen waren. Bei ihren Aktionen beschränkten sich diese Banden aber nicht nur ausschließlich auf das Umland bewohnter Ortschaften, wie es sonst eher üblich war, sondern drangen sogar in diese ein. So wird beispielsweise in dem zweiten Schreiben vom 11. September 1734 bezüglich der Ortschaft Cività Ducale davon berichtet, dass „[i]eri sera al'un'ora di notte con tutta fretta á questo Preside giunse un messo spedito dalli Priori di Cività Ducale, dimandando aiuto contro quantità di Banditi armati, entrati in quella Città"[361]. Wie aus dem ersten Schreiben hervorgeht, schienen die Aktivitäten der Räuberbanden in der Provinz Abruzzo Ultra II jedoch nicht nur ausschließlich ihre Ursache in den kriegerischen Auseinandersetzungen zwischen Spaniern und Österreichern um den Besitz des Königreiches Neapel gehabt zu haben, wenngleich diese sie erheblich erleichterten, sondern hatten dort höchstwahrscheinlich schon seit längerer Zeit Bestand, denn, wie de Leoni an Montealegre im Bezug auf die Zustände im Gebiet von Introdacqua in der Nähe von Sulmona schreibt, „[s]enza dubbio sarà noto a V[ostra] Ill[ustrissi]ma le sceleragini continue, che da mezzo secolo in qua si commettono nella terra di Entrodaqua"[362].

Diese Anmerkung de Leonis über die lange Beständigkeit dieser Plage im Raum von Introdacqua widerspräche noch einmal deutlich der These, der zufolge das Banditenwesen mit dem massiven Vorgehen des Marquis del Carpio für längere Zeit als Problem auf dem Gebiet der öffentlichen Ordnung und Sicherheit

360 Ebd., Bericht des Fürsten von Roccella an den ersten Staatssekretär Montealegre, Catanzaro 20. August 1734.

361 ASN, *Segreteria di Stato di Casa Reale*, *Diversorum*, 730/200, Kopie eines Berichtes Giuseppe de Leonis an den ersten Staatssekretär Montealegre, Aquila 11. September 1734.

362 Ebd., Bericht Giuseppe de Leonis an den ersten Staatssekretär Montealegre, Aquila 11. September 1734.

mehr oder weniger verschwunden wäre[363], und würde zudem die bereits direkt zitierte Behauptung in dem aus dem Vorjahr stammenden Schreiben an den letzten österreichischen Vizekönig Giulio Visconti Borromeo Arese noch einmal in deutlicher Weise *ad absurdum* führen. Auf der anderen Seite ergibt sich aus den Berichten der in den verschiedenen Provinzen des Königreiches ernannten Generalvikare, welche die Herrschaftsübernahme Karls von Bourbon vorbereiten sollten, jedoch nicht der Eindruck, dass es im Windschatten der militärischen Auseinandersetzungen zwischen den Spaniern und Österreichern zu einer wirklich übermäßigen Zunahme der Aktivitäten von Räuberbanden gekommen wäre. Gegenstand der diesbezüglichen Berichte der Generalvikare sind hingegen weitaus häufiger Desertionen aus dem spanischen Heer und eine größere Anzahl von

363 Diese These wird beispielsweise vertreten bei Ghelli: Il Vicerè Marchese del Carpio, S. 318; Morelli: Introduzione, S. XIX und Papagna: Ordine pubblico e repressione del banditismo, S. 63. Dieses Missverständnis bezüglich der wahren Ausmaße des Banditenwesens im Königreich Neapel des 18. Jahrhunderts dürfte neben dem Mangel an diesbezüglichen Untersuchungen gerade auch daher rühren, dass, wenn man sich hier an der Ausgabe der Pragmatiken des Königreiches Neapel von Lorenzo Giustiniani orientiert, die für die Bekämpfung des Banditenwesens zentralen Pragmatiken "De exulibus" und "De persequendis malefactoribus seu delinquentibus etiam extra Regnum" im Zeitraum zwischen dem Abschluss der militärischen Kampagne des Vizekönigs del Carpio im Jahre 1684 und dem Ende des 18. Jahrhunderts lediglich zwei Ergänzungen erfuhren und somit unter der damit verbundenen Nichtberücksichtigung des bürokratisch-administrativen Schriftgutes dieser Zeit der Eindruck entstehen könnte, dass es im bourbonischen Königreich Neapel des 18. Jahrhunderts bis zu den nur allzu gut bekannten und erforschten politischen, sozialen und militärischen Ereignissen der beiden Jahre 1798 und 1799 keine wirklich gravierenden Probleme mit dem Banditenwesen gegeben haben müsste. Während die "De exulibus"-Pragmatiken lediglich im Jahre 1707, und zwar kurz vor dem vorläufigen Ende der spanischen Herrschaft über das Königreich Neapel, einen neuen Zusatz bekamen, erfolgte dies bei den "De persequendis malefactoribus seu delinquentibus etiam extra Regnum"-Pragmatiken, die zum letzten Mal 1588 ergänzt worden waren, erst im Jahre 1777. Im Gegensatz zu der "De persequendis malefactoribus seu delinquentibus etiam extra Regnum"-Pragmatik V aus dem Jahre 1777, richtete sich die "De exulibus"-Pragmatik XXXIII außerdem nicht spezifisch auf die Verfolgung von Banditen. Aus alldem wird deutlich, dass die Ausstellungsdaten dieser beiden Pragmatiken keineswegs als ein durchgängig zuverlässiger Indikator für die besondere Virulenz des Banditenunwesens im Königreich Neapel der Frühen Neuzeit herangezogen werden können. Zur "De exulibus"-Pragmatik Nr. XXXIII siehe Giustiniani: Nuova collezione delle prammatiche del Regno di Napoli, Bd. 4, S. 286 und zur "De persequendis malefactoribus seu delinquentibus etiam extra Regnum"-Pragmatik V ebd., Bd. 12, S. 197ff.

örtlichen Tumulten, welche die erneute Machtübernahme der Spanier begleiteten, die u. a. sofort damit begannen, bei den Bewohnern der Provinzen diejenigen Steuern einzutreiben[364], von denen diese aufgrund diesbezüglicher Versprechungen der in den einzelnen Provinzen aktiven Parteigänger und Agenten König Philipps V. zunächst noch gedacht hatten, dass sie durch die neuen Machthaber von der Iberischen Halbinsel aufgehoben worden wären.[365]

Ungeachtet der frühen Hinweise auf die Existenz von Räuberbanden auf dem Territorium des nunmehr erneut von den spanischen Bourbonen kontrollierten Königreiches Neapel zeigten jedoch allem Anschein nach die neuen Machthaber zunächst ein als zu gering empfundenes Engagement bei deren Bekämpfung. Dass man sich aber schon damals, also kurz nach der Machtübernahme durch die Bourbonen, besonders im Hinblick auf die Probleme in den Herrschaftsinstanzen auf provinzialer Ebene und die Bekämpfung der Bandenkriminalität eine konsistentere Politik von Seiten der Regierung erwartete, findet beispielsweise im ersten Teil des von Giovanni Pallante, eines sehr frühen neapolitanischen Reformpublizisten, in den Jahren von 1735 bis 1737 ausgearbeiteten Werkes „Memoria per la riforma del Regno. ‚Stanfone' 1735–1737" über das Justizwesen des Königreiches Neapel seinen Ausdruck.[366] Denn darin kritisierte Giovanni Pallante unter anderem auch auf das Heftigste das inkompetente Vorgehen der Behörden gegen die Kriminalität in den Provinzen. Pallante selbst wusste

---

364 Siehe hierzu die Berichte der Generalvikare in ASN, *Ministero degli Affari Esteri, Elezione e Spedizione di Vicarj in Queste Provincie all'Arrivo delle Armi Spagnole in Regno*, 4817/0.

365 Maiorini: Presidi e brigantaggio tra prassi giuridica e azione militare, S. 147.

366 Giovanni Pallante wurde am 24. Juni 1705 in Bagnoli Irpino geboren. Giovanni Pallante, der zeit seines Lebens auch immer wieder schriftstellerischen Interessen nachging, hatte in den Jahren zwischen 1719 und 1728 in Neapel Rechtswissenschaft studiert und war danach an verschiedenen Gerichtshöfen tätig. So wirkte er beispielsweise 1730 in Nola bei Neapel, 1732 in Amantea, 1733 in Catanzaro und von 1734 bis Anfang 1735 in Taverna. Von den Zwischenstationen, die Pallante im Verlauf seiner Karriere als Jurist in den Provinzen des Königreiches Neapel einlegte, muss für ihn gerade der kurze Aufenthalt in Taverna als Gouverneur und Richter besonders prägend gewesen sein, u.a. auch weil er in dieser Zeit aufgrund der Art und Weise seiner Amtsführung durchaus nicht ohne Gefahr für sein eigenes Wohlergehen mit einflussreichen Vertretern der Bewohnerschaft Tavernas in Konflikt geriet. Siehe hierzu die diesbezüglichen Ausführungen Imma Asciones, der Herausgeberin der kritischen Edition, zur Person und zum Werk Giovanni Pallantes im einleitenden Kapitel zu Pallante: Memoria per la riforma del Regno, S. 11–14 und 17f. Zum genauen Todesjahr Pallantes ließen sich keinerlei Angaben finden.

darüber aus eigener Anschauung heraus zu berichten, da er nach beruflichen Stationen in Nola bei Neapel, in Amantea und Catanzaro, der Hauptstadt der Provinz Calabria Ultra, schließlich von 1734 bis 1735 auch als Gouverneur und Richter in Taverna, einer Ortschaft in dem als besonders rückständig geltenden Zentrum der schon immer in erheblichem Maße unter dem Problem des Banditenunwesens leidenden Region Kalabrien, tätig gewesen war und gerade dieser Aufenthalt einen bleibenden Eindruck bei ihm hinterlassen haben musste.[367]

Obwohl Pallantes Amtszeit als Gouverneur und Richter in Taverna sowie seine vorherigen Arbeitsstationen in den beiden kalabrischen Städten Amantea und Catanzaro nur kurz bemessen gewesen waren, schienen die in dieser Zeit gemachten Erfahrungen für ihn ausgereicht zu haben, um in seinem Werk offen die Missstände in der Provinzialverwaltung und auf dem Gebiet der Verbrechensbekämpfung auf dem Lande anzuprangern und dort deutliche Verbesserungen einzufordern. Ein besonderes Augenmerk Giovanni Pallantes lag dabei gerade auf den bewaffneten Einheiten, den sogenannten „compagnie di campagna", die den königlichen Behörden in den Provinzen zur Verfügung standen. Seines Erachtens hatten sich diese Einheiten mittlerweile eher auf den Status von Attrappen reduziert, die höchstens noch als Wachmannschaften taugen würden denn als ausführender Arm der königlichen Justiz vor Ort. Damit unmittelbar verbunden kritisierte Pallante zusätzlich noch, dass man zur gezielten Bekämpfung der Kriminalität auf dem Lande viel zu sehr auf die bewaffneten Gruppierungen der Barone setzen würde als auf die den *Regie Udienze* und dem *Tribunale di Campagna* unterstehenden bewaffneten Einheiten, denen diese Aufgabe eigentlich obliegen sollte. Somit heißt es bei ihm im Bezug auf diese eben besprochenen Punkte:

> "Ciascuna delle regie Udienze ed il Commissario di Campagna hanno le loro compagnie ben numerose per aver in mano i rei, e massimamente per i delitti di campagna. Ciascuna ha il capitano di campagna, il tenente, i caporali ed anche de' venturieri. Oggi però sono ridotte ad una pura formalità, e si vede che non servono per niente, se non per guardare le carceri ed accompagnar la catena. Ma, quando si ha da fare qualche azione, non si trovano e si chiamano le squadre baronali-cosa per verità ingiusta – e si chiamano fin anche per accompagnare le catene."[368]

Daher sollten, wie aus den diesbezüglichen Ausführungen Pallantes hervorgeht, die Zentralregierung in Neapel und ihre Vertreter in den Provinzen hier weitaus mehr Engagement zeigen und die ihnen obliegenden Pflichten nicht länger auf

367 Ebd., S. 17f.
368 Ebd., S. 165.

die Barone und deren bewaffnete Einheiten abwälzen. Denn, wie Pallante weiter ausführte, gehörte es nicht nur zu den Obliegenheiten des Königs, womit implizit der neue Machthaber Karl von Bourbon gemeint war, gegen seine äußeren und unmittelbaren Feinde vorzugehen, sondern gerade auch gegen solche inneren Feinde, zu denen für ihn auch Banditen und andere Delinquenten zählten, die mit ihren Taten die Sicherheit seiner Untertanen gefährdeten:

> „Siccome la giustizia del Principe dà la sicurezza a' privati come privati, così la di lui protezione dà la sicurezza a' privati come universi, cioè al pubblico. Ed è il Principe obbligato di darla per dentro e per fuori del suo Regno, e non solamente far la guerra a' nemici dello Stato ed a' privati, ma anche a' scorridori di campagna e malviventi, e provvedere per i vagabondi e disutili".[369]

Um schließlich die zahlreichen Missstände bei den den königlichen Behörden zur Verfügung stehenden bewaffneten Einheiten zu überwinden, welche die Erfüllung dieser Obliegenheit bis dahin so stark behindert hatten, forderte Pallante auf der einen Seite eine bessere personale Bestückung dieser Kräfte, deren momentaner Zustand natürlich dem Vertrauen in die Kompetenz der Zentralregierung bei der Bekämpfung der Kriminalität auf dem Lande nicht sonderlich dienlich war, und auf der anderen Seite auch ein deutlich schnelleres und entschlosseneres Durchgreifen von Seiten der königlichen Behörden gegen das Banditenunwesen sowie die Abschaffung gerade solcher Praktiken, die bis dahin zu zahlreichen Missständen bei den bewaffneten Einheiten in den Provinzen geführt hatten:

> „Bisogna dunque provvedere in primo luogo che le compagnie di campagna siano complete di gente atta al mestiere e sempre pronta alla guerra secondo il loro stato per cui sono pagati, cioè di andare per la carcerazione e la persecuzione de' malviventi. Per i quali, ad ogni notizia che ce ne sia nella provincia, il preside o il tribunale si chiami il capitano e gli ordini che subito vada colla sua compagnia quanto basti a perseguitarli. E non tornare in residenza senza portarne o le persone o le teste, restando a loro conto le diligenze e la maniera come riuscire all'esecuzione. E, quando tornino senz'effetto, scartarli e pigliar altri in vece loro: che vadano a zappare la terra ! Toglier via queste gratificazioni, di ammetter gli eredi a tenere uno scambio colla mezza piazza, e queste giubilazioni che corrompono interamente le compagnie. E quando il Re voglia gratificare o un vecchio reso inabile o che valorosamente ha servito, o gli eredi di uno che sia ucciso nella zuffa da' malviventi, senza toccare la compagnia può ordinare al percettore che gli dia qualche cosa – o all'Udienza – sopra i proventi."[370]

369 Ebd., S. 171.
370 Ebd., S. 167.

Besonders betroffen von den Aktionen bewaffneter Banden waren gerade in diesen ersten Jahren der Herrschaft Karls von Bourbon die Abruzzen und Kalabrien, zwei Regionen, die allein aufgrund ihrer topografischen Beschaffenheit schon immer herrschaftlich schwer zu durchdringen und unter Kontrolle zu halten waren, sowie in geringerem Maße auch die Basilikata und die Terra di Lavoro[371]. Ähnlich wie die Abruzzen bot sich letztere als Grenzregion besonders gut als Ausweichzone für Banditen und andere Delinquenten aus dem Kirchenstaat an, die sich der Verfolgung durch die päpstlichen Behörden entziehen wollten. In gleicher Weise verfuhren, wie bereits anhand der überblicksartigen Ausführungen zur Zeit der spanischen Herrschaft am Anfang dieser Untersuchung deutlich geworden ist, aber auch Delinquenten, die sich der Verfolgung durch die neapolitanischen Behörden zu entziehen versuchten, indem sie entweder auf das Territorium des Kirchenstaates oder dasjenige der beiden päpstlichen Enklaven Benevent und Pontecorvo flohen. Dasselbe Problem existierte, wenngleich wohl eher in deutlich geringeren Ausmaßen, aber auch zwischen dem Territorium des

371 Dieser Eindruck ergibt sich insbesondere aus den in Abschrift erhaltenen kurzen *dispacci*, die der erste Staatssekretär Montealegre im Zeitraum von 1734 bis 1742 an die Provinzbehörden schicken ließ (ASN, *Segreteria di Stato di Casa Reale, Registri dei Dispacci della Prima Segreteria di Stato*, 1067–1089), sowie denjenigen, ebenfalls nur in Abschrift erhaltenen *dispacci*, welche er im Zeitraum von 1737 bis 1742 dem ihm untergeordneten *Segretario di Stato di Grazia e Giustizia*, Bernardo Tanucci, zukommen ließ (ASN, *Segreteria di Stato di Casa Reale, Registri dei Dispacci della Prima Segreteria di Stato*, 1096–1097). Diese *dispacci* besitzen gerade aufgrund ihrer umfangreichen Zahl für das erste Dezennium der Herrschaft Karls von Bourbon über Neapel einen weitaus höheren Quellenwert als die von ihrer Anzahl her deutlich geringer ausfallenden und vor allem auch offensichtlich nicht mehr vollständig erhaltenen Berichte, welche die Provinzbehörden im Zeitraum von 1735 bis 1742 an die *Segreteria di Stato di Grazia e Giustizia* schickten (ASN, *Segreteria di Stato di Grazia e Giustizia, Dispacci e Fascicoli*, 22–30). Dieser Umstand ist nicht nur auf die im Laufe der Zeit erfolgten offensichtlichen Verluste an Korrespondenzmaterial im Bestand der *Segreteria di Stato di Grazia e Giustizia* zurückzuführen, sondern, wie aus einer diesbezüglichen Anmerkung Maiorinis hervorgeht, allem Anschein nach maßgeblich auch darauf, dass der erste Staatssekretär Montealegre gegenüber dem Staatssekretär für das Justizwesen, Bernardo Tanucci, die Korrespondenz mit den Provinzbehörden weitestgehend an sich gerissen hatte, und somit Tanucci auf diesem Feld erst einmal eine untergeordnete Rolle spielte, aus welcher er erst nach der Entlassung Montealegres herauszutreten vermochte. Maiorini: Presidi e brigantaggio tra prassi giuridica e azione militare, S. 152.

zum Königreich Neapel gehörenden Stato dei Presidi und demjenigen des angrenzenden Großherzogtums Toskana.[372]

Auf dieses Problem der grenzüberschreitenden Aktivitäten von Banden zwischen dem Kirchenstaat und den nördlichen Regionen des Königreiches Neapel sowie die damit häufig einhergehenden Unsicherheiten der Behörden bei deren richtiger Identifizierung nahm beispielsweise auch der neapolitanische Jurist und Philosoph Niccolò Fraggianni (1686–1763) in einem Brief vom 30. April 1740 an Bartolomeo Corsini (1683–1752), den damaligen Vizekönig Siziliens, Bezug, in dem er über eine größere Anzahl von Banditen berichtete, die nach ihrem Übertritt aus dem Territorium der Provinz Abruzzo Citra wiederholt Unheil angerichtet hatten und bei denen nicht ganz klar war, ob es sich um Bewohner des Kirchenstaates oder des Königreiches Neapel handelte. Darüber hinaus sprach Fraggianni in diesem Brief auch das Problem des Missbrauchs des der Kirche konzedierten Rechts auf Asylgewährung für Personen an, die sich auf deren Grund und Boden aufhielten, was schon unter den Vorgängerregierungen häufig von Banden dahingehend ausgenutzt wurde, als dass diese gerade die unter der Jurisdiktion der Kirche stehenden Orte häufig als Sammlungsplatz und Ausgangspunkt für ihre Beutezüge in die nähere Umgebung wählten. So heißt es hierzu in dem besagten Brief Fraggiannis, dass „[a]bbiamo de' Banditi della Provincia di Chieti, che si son buttati in Campagna, e commettono delle ruberie e delle altre insolenze. Dicono che finora sono 18. Ma come si trovano infiniti confugiati per le Chiese del Regno; si teme che questi o molti di loro non possano andare ad unirsici, e render più grande il numero. Dicono che siano dello stato papale; ma altri crede che sian nostrali."[373]

---

372 Hinweise darauf, dass Personen, die sich auf der Flucht vor den Behörden des Großherzogtums Toskana befanden, auf das Territorium des neapolitanischen Stato dei Presidi auswichen, finden sich beispielsweise in zwei *dispacci* des ersten Staatssekretärs Montealegre vom 28. Juni und 1. Juli 1736, die an die Adresse des *uditore generale* des Stato dei Presidi, Antonio Belli, und des Kommandanten der Festung Orbetello, des Brigadiers Carlos Blom, geschickt wurden und in denen es um die Frage ging, wie die örtlichen Behörden mit diesen Justizflüchtlingen umgehen sollten. Die in Abschrift überlieferten Texte dieser beiden von Neapel nach Orbetello geschickten *dispacci* befinden sich in ASN, *Segreteria di Stato di Casa Reale, Registri dei Dispacci della Prima Segreteria di Stato*, 1089.

373 Fraggianni: Lettere a B. Corsini (1739–1746), Brief Nr. XLVIII, Niccolò Fraggianni an Bartolomeo Corsini, o. O. 30. April 1740, S. 100. Zu den Personen Niccolò Fraggiannis und Bartolomeo Corsinis und deren Wirken siehe ebd., S. XXI–XXXIX und S. XLIII–LVI.

Einen gewissen Eindruck davon, welche noch eher bescheidenen Ausmaße des Banditenwesens in den ersten Jahren des Regimes Karls von Bourbon ungeachtet der Kritik Giovanni Pallantes besaß und welche dementsprechend geringe Bedeutung dieser daher zunächst noch von Seiten der Zentralregierung beigemessen wurde, vermitteln sowohl die sich im Bestand der *Segreteria di Stato di Grazia e Giustizia* befindenden Berichte der Provinzbehörden aus dem Zeitraum zwischen 1735 bis 1742 als auch die sehr große Anzahl von in Abschrift überlieferten *dispacci*, die der erste Staatssekretär Montealegre, im Zeitraum von 1734 bis 1742 an die Vertreter der Behörden in den Provinzen und im Zeitraum von 1737 bis 1742 an den *Segretario di Stato di Grazia e Giustizia*, Bernardo Tanucci, schickte und in denen die Aktionen bewaffneter Räuberbanden gleichfalls eine deutlich untergeordnete Rolle spielen.[374]

Falls, wie aus den wenigen diesbezüglichen Anordnungen des ersten Staatssekretärs Montealegre hervorgeht, sich solche Banden verstärkt blicken ließen und mit ihren Aktionen für Unruhe sorgten, schien sich die Zentralregierung in Neapel lediglich auf die Verordnung der üblicherweise in solchen Fällen notwendigen Maßnahmen beschränkt zu haben, die von den Provinzbehörden mit den ihnen zur Verfügung stehenden bewaffneten Einheiten schließlich in die Tat umzusetzen waren. Eine weitaus gewichtigere Rolle als die Aktivitäten von Räuberbanden spielen in den in Abschrift erhaltenen *dispacci* des ersten Staatssekretärs Montealegre u. a. das damals in allen Provinzen des Königreiches weit um sich greifende Schmugglerwesen, das auch in anderen europäischen Staaten des 18. Jahrhunderts, wie Frankreich oder England, weit um sich griff[375], die

374 Die Berichte, welche die Provinzbehörden im Zeitraum von 1735 bis 1742 an die *Segreteria di Stato di Grazia e Giustizia* schickten, befinden sich in ASN, *Segreteria di Stato di Grazia e Giustizia, Dispacci e Fascicoli*, 22–30. Die Abschriften dieser *dispacci* befinden sich, wie bereits erwähnt wurde, in ASN, *Segreteria di Stato di Casa Reale, Registri dei Dispacci della Prima Segreteria di Stato*, 1067–1089. Für die Belange der Provinzen in dieser Zeit relevant sind auch diejenigen *dispacci*, die der erste Staatssekretär Montealegre im Zeitraum von 1737 bis 1742 an den ihm untergeordneten *Segretario di Stato di Grazia e Giustizia*, Bernardo Tanucci, schickte. Siehe zu diesen ebd., 1096–1097.

375 Zu dieser gesamteuropäischen Entwicklung siehe Weisser: Crime and Punishment in Early Modern Europe, S. 119ff. Aufgrund der Profite, die das Schmuggelgeschäft versprach, ließen sich diesbezügliche Aktivitäten in den Staaten Europas des 18. Jahrhunderts im Endeffekt in allen Gesellschaftsschichten vorfinden. Selbst Kleriker konnten in die Aktivitäten von Schmugglern verwickelt sein. Ungeachtet der Tatsache, dass Schmuggel schichtenübergreifend betrieben wurde, handelte es sich bei diesem um eine kriminelle Aktivität, die sich überwiegend in den unteren

anfänglichen Unruhen, welche die Machtergreifung der Bourbonen im Jahre 1734 begleiteten, die immer wieder geschehenden Desertionen von Soldaten und deren Ausschreitungen gegenüber der Bevölkerung sowie eine schwere

---

Gesellschaftsschichten abspielte. Ein deutliches Zeichen dafür, welche Ausmaße der organisierte Schmuggel in den Ländern Europas im 18. Jahrhundert erreicht hatte, bietet der Umstand, dass oftmals die Bewohner ganzer Dörfer oder Landstriche darin verwickelt sein konnten, ohne dass sich die Behörden in der Lage sahen, deren Aktivitäten Einhalt zu gebieten. Denn in diesem Zusammenhang darf nicht vergessen werden, dass die Repräsentanten des Staates selbst direkt oder indirekt in Schmuggelgeschäfte involviert sein und sich Schmugglerbanden gegen Nachstellungen durch die Behörden auch bewaffnet zur Wehr setzen konnten. Gerade auf dem Lande, wo die Menschen zur Sicherstellung ihres Überlebens auf eine gut funktionierende landwirtschaftliche Nahrungsmittelproduktion angewiesen waren, konnte der Schmuggel für diese eine außerordentlich bedeutsame zusätzliche Einnahmequelle bilden, mit der sich die negativen Folgen wenig ertragreicher Ernten abfedern ließen. Die Lukrativität des Schmuggelgeschäftes in den Ländern Europas im 18. Jahrhundert wurde gerade durch die erheblich gestiegene Besteuerung von Genuss- und Lebensmitteln, wie Tee, Tabak oder auch Salz, in deutlicher Weise erhöht. Ebd. Im Einklang mit dieser gesamteuropäischen Entwicklung wurde auch im Königreich Neapel des 18. Jahrhunderts in umfassender Weise Schmuggel betrieben, in den selbst Vertreter der Kirche verstrickt sein konnten. Ein besonders interessantes Beispiel für derartige Aktivitäten von einzelnen Repräsentanten der Kirche in den ersten Jahren der Herrschaft Karls von Bourbon befindet sich in einer in Abschrift erhaltenen *consulta* der *Real Camera di Santa Chiara* vom 8. Juni 1740. Darin geht es konkret um das Verhalten von Nonnen auf dem Territorium der Provinz Terra di Bari, die es Salzschmugglern erlaubt hatten, ihr Gut in den von ihnen bewohnten Klöstern unterzubringen, in die wiederum die Bevollmächtigten der *Sacra Regia Udienza* von Trani aufgrund der jurisdiktionellen Sonderrechte der Kirche nicht ohne Weiteres eindringen konnten. Auch der Verkauf des geschmuggelten Salzes wurde in Abstimmung mit den Nonnen von den Schmugglern in ebendiesen Klöstern abgewickelt. Aus diesem Grund wendete sich der *preside* von Trani an die *Real Camera di Santa Chiara* mit dem Vorschlag, dass die Bischöfe der Terra di Bari dazu aufgefordert werden sollten, in Zukunft darauf zu achten, dass die Nonnen in den ihnen unterstehenden Klöstern nicht mehr mit den Salzschmugglern zusammenarbeiteten. Dem Vorschlag des *preside* von Trani stimmte auch die *Real Camera di Santa Chiara* in ihrer *consulta* an die Adresse König Karls grundsätzlich zu und empfahl darüber hinaus, dass neben den einfachen Bischöfen der Provinz Terra di Bari aber auch zusätzlich noch der Erzbischof von Trani in diese Angelegenheit miteingeschaltet werden sollte, weil dessen Wort natürlich ein weitaus größeres Gewicht besaß. ASN, *Real Camera di Santa Chiara, Consulte Italiane*, 3, *consulta* der *Real Camera di Santa Chiara*, Neapel 8. Juni 1740, fol. 47r-48r.

Viehseuche, die damals die Provinzen des Königreiches heimsuchte. Dessen ungeachtet gibt es in einigen wenigen *dispacci* aus der Zeit zwischen 1734 und 1742 neben den zahllosen Hinweisen auf die Aktivitäten und die Bekämpfung der allgegenwärtigen Schmugglerbanden immer wieder auch Hinweise auf die Aktivitäten einzelner Räuberbanden in den für das Banditenunwesen als besonders anfällig geltenden Regionen Abruzzen und Kalabrien sowie in der Terra di Lavoro und der Basilikata.

Im Folgenden sollen einige der wenigen und in ihrem Wortlaut zumeist sehr kurz gehaltenen Verfügungen aus dieser Zeit der Vollständigkeit halber angeführt werden, wenngleich sich aus diesen nur wenige verwertbare Informationen zum Banditenwesen und dessen Ausmaßen in den ersten Jahren der Herrschaft Karls von Bourbon ziehen lassen: In einem im königlichen Palast von Neapel ausgestellten *dispaccio* vom 20. März 1741 unterrichtete der erste Staatssekretär Montealegre den *Segretario di Stato di Grazia e Giustizia*, Bernardo Tanucci, darüber, dass der Gouverneur von Rom den spanischen Botschafter an der päpstlichen Kurie, den Kardinal Troiano Acquaviva, darum gebeten hatte, dahingehend einzuwirken, dass die *Regia Udienza* von Aquila den päpstlichen Behörden die Ermittlungsakten zu den Taten einiger Banditen zukommen lassen möge, die im Jahr zuvor aus dem Gebiet des Kirchenstaates in die Abruzzen vorgestoßen waren und dort für erhebliche Unruhe gesorgt hatten.[376] In einem an Bernardo

376 ASN, *Segreteria di Stato di Casa Reale, Registri dei Dispacci della Prima Segreteria di Stato*, 1097, *dispaccio* des ersten Staatssekretärs Montealegre an den *Segretario di Stato di Grazia e Giustizia*, Bernardo Tanucci, Neapel 20. März 1741. Weitere Hinweise auf die Aktivitäten von Banditen, die vom Kirchenstaat in die angrenzenden Abruzzen eingedrungen waren, finden sich in zwei in ASN, *Segreteria di Stato di Casa Reale, Registri dei Dispacci della Prima Segreteria di Stato*, 1067 transkribierten Schreiben Montealegres an den *preside* von Aquila vom 20. November und vom 15. Dezember 1734. Auch in zwei Briefen Niccolò Fraggiannis an Bartolomeo Corsini aus dem Jahre 1740 wird Bezug auf die Aktivitäten von Banditen genommen, die sowohl im Kirchenstaat als auch in den Abruzzen und der Terra di Lavoro operierten. Im ersten Brief vom 30. April 1740, aus dem bereits an einer anderen Stelle dieser Untersuchung zitiert wurde, steht zu den Aktivitäten von Banditen, die aus der Provinz Abruzzo Citra eingefallen waren und über deren genaue Herkunft Unsicherheit bestand, Folgendes geschrieben: „Abbiamo de' Banditi della Provincia di Chieti, che si son buttati in Campagna, e commettono delle ruberie e delle altre insolenze. Dicono che finora sono 18. Ma come si trovano infiniti confugiati per le Chiese del Regno; si teme che questi o molti di loro non possano andare ad unircisi, e render più grande il numero. Dicono che siano dello stato papale; ma altri crede che sian nostrali." Fraggianni: Lettere a B. Corsini (1739–1746), Brief Nr. XLVIII, Niccolò Fraggianni an Bartolomeo

Tanucci aus Portici weitergeleiteten Schreiben vom 20. September 1738 bezog sich der erste Staatssekretär auf einen Bericht des Gouverneurs von Seminara, in welchem dieser darauf hingewiesen hatte, dass sich in der Provinz Calabria Ultra eine große Anzahl von Banditen aufhalte, bei denen es sich augenscheinlich zum größten Teil um Deserteure handelte, die, wie es dort heißt, „obligavan á muchos de estar nó solo con cautela, però encerrados con guardias en sus casas por el gran miedo q[ue] se les ha causado con el motivo tambien de q[ue] hayan cometido latrocinios con los pobres pasageros"[377]. Um diesen Zuständen ein Ende zu bereiten, gab Montealegre die Anweisung des Königs an Tanucci weiter, dass dieser den *presidi* von Catanzaro und Matera befehlen solle, gegen diese mutmaßlichen Banditen „con el m[ayor] vigor y vigilancia"[378] vorzugehen, und dabei, falls die ihnen unterstehenden Truppen nicht ausreichen sollten, auch auf diejenigen des Gouverneurs von Risoles zurückzugreifen, in dessen Jurisdiktionsbereich man viele dieser Banditen zuletzt gesehen hatte. In zwei weiteren, diesmal aber aus dem Jahre 1740 stammenden und abermals in Portici ausgestellten Verordnungen nahm Montealegre gegenüber Bernardo Tanucci Bezug auf die umfassenden Aktivitäten des Banditen Giovanni Battista Mastroianni und seiner Gefolgsleute in der Umgebung der in der Provinz Calabria Citra gelegenen Stadt Nocera, gegen die gleichfalls die üblichen Maßnahmen ergriffen werden sollten.[379] In einem

Corsini, o. O. 30. April 1740, S. 100. In einem zweiten und ungefähr eine Woche später geschriebenen Brief vom 8. Mai 1740 unterrichtete Fraggianni Corsini schließlich erneut über Aktivitäten derselben Banditen, gegen die man den *commissario di campagna* mit Truppen in die Provinz Abruzzo Ultra II entsenden wollte, um sie auszuschalten. Allerdings sah Fraggianni die Entsendung dieser Soldaten eher kritisch, weil es vielleicht in der Vergangenheit bei ähnlichen Aktionen immer wieder zu irgendwelchen Misshelligkeiten mit der einheimischen Bevölkerung gekommen war. Im Brief Fraggiannis heißt es dann hierzu wie folgt: „I Banditi di Apruzzo dopo aver saccheggiato nove case con morte di due persone, e commesse molte ruberie; alcuni vogliono che siansi ritirati nello stato papale, onde eran venuti. Ma vi è chi crede che siano ancora e con qualche aumento di numero nella Provincia dell'Aquila. Si pensava di mandarci le truppe del Commissario di Campagna; ma questo era un rimedio peggior del male per le povere Università." Ebd., Brief Nr. XLIX, Niccolò Fraggianni an Bartolomeo Corsini, o. O. 8. Mai 1740, S. 103.

377 ASN, *Segreteria di Stato di Casa Reale, Registri dei Dispacci della Prima Segreteria di Stato*, 1096, *dispaccio* des ersten Staatssekretärs Montealegre an den *Segretario di Stato di Grazia e Giustizia*, Bernardo Tanucci, Portici 20. September 1738, fol. 86r–86v.

378 Ebd., fol. 87r.

379 Diese beiden die Stadt Nocera betreffenden und auf den 28. Mai sowie den 3. Juni des Jahres 1740 datierten *dispacci* des ersten Staatssekretärs Montealegre befinden sich in Abschrift in ebd., fol. 179r und fol. 179v-180r.

in Neapel verfassten Schreiben vom 16. Juli 1735 an die Adresse des für die Terra di Lavoro zuständigen *commissario di campagna*, Francesco Mastellone, bezog sich Montealegre darauf, dass „en el Estado Ecc[lesiástico] que confina con esa Provincia se hallan muchos malvivientes que van cometiendo diversos robos, y otros excesos"[380], derentwegen der König befohlen hatte, die an der Grenze zum Kirchenstaat stationierten Truppen weiter aufstocken zu lassen. Um dem Treiben dieser Banditen ein Ende zu bereiten, so führte Montealegre weiter aus, hatte man bereits den spanischen Botschafter an der römischen Kurie, den bereits erwähnten Kardinal Acquaviva, angewiesen, dahingehend bei der Kurie einzuwirken, dass „el tribunal de Frosinone entendiendosela con las dichas guardias"[381], d.h. den Grenztruppen König Karls, „disponga la persecución, y arresto de los referidos malvivientes"[382]. Einen Hinweis auf die unmittelbaren Aktivitäten von Banditen in der Terra di Lavoro bietet schließlich ein im königlichen Palast von Neapel ausgestelltes Schreiben Montealegres vom 3. September 1740, in welchem er auf eine Petition des Marquis von Chiarafonte und zwei weitere eingeht, die von zwei Mitarbeitern des Marquis aus der in der Provinz Terra di Lavoro gelegenen *università* von Mondragone verfasst worden waren, deren Gebiet in jener Zeit von einer Bande heimgesucht wurde. In dieser Petition hatte der Marquis im Hinblick darauf die „nuevos excesos, que en el mismo", d.h. dem „Estado de Mondragon" bzw. der *università* von Mondragone, "ha cometido una comitiva de malvivientes"[383], beklagt, für deren Bekämpfung wahrscheinlich die eigenen ihm zur Verfügung stehenden Kräfte nicht ausreichten, und die Zentralregierung darum gebeten, gegen diese Delinquenten die „mas prontas y eficaces

380 Ebd., 1080, *dispaccio* des ersten Staatssekretärs Montealegre an den *commissario di campagna* Francesco Mastellone, Neapel 16. Juli 1735.

381 Ebd.

382 Ebd. Weitere Hinweise auf die Aktivitäten von Banditen in der Terra di Lavoro während der ersten beiden Jahre der Herrschaft Karls von Bourbon finden sich im selben Registerband Nr. 1080 in zwei auf den 19. März und 18. August des Jahres 1736 datierten und ebenfalls in Neapel ausgestellten *dispacci* des ersten Staatssekretärs Montealegre an die Adresse des *commissario di campagna*, Francesco Vulturale. Im ersten *dispaccio* geht es um insgesamt acht Banditen, die der Gouverneur von Castelforte hatte festnehmen lassen und die daraufhin an die Festung von Gaeta überstellt worden waren, und im zweiten *dispaccio* um eine Bande, welche die Bewohner des Raumes Acerra mit ihren kriminellen Aktivitäten heimsuchte und gegen die nun die notwendigen Maßnahmen auf den Weg gebracht werden sollten. Ebd.

383 Ebd., 1097, *dispaccio* des ersten Staatssekretärs Montealegre an den *Segretario di Stato di Grazia e Giustizia*, Bernardo Tanucci, Neapel 3. September 1740.

providencias"[384] einleiten zu lassen, was dann auch die von Bernardo Tanucci hierfür beauftragten Männer in die Tat umzusetzen hatten. Im Hinblick auf die Lage in der Provinz Basilikata bezog sich Montealegre in einem ersten in Neapel ausgestellten *dispaccio* vom 21. September 1734 an die Adresse des Gouverneurs der *Regia Dogana della Mena delle Pecore* von Foggia, Ignazio Ram, auf „[e]l gran numero de ladrones que hay en Provincia de Basilicata"[385] und ordnete an, dass man gegen diese, wie es im üblichen Tenor solcher Verordnungen hieß, „con todo rigor"[386] vorgehen solle. In einem zweiten in Neapel verfassten *dispaccio* vom 21. Oktober desselben Jahres an Nicola Russo, den damaligen *preside* von Matera, und dies soll dann auch das letzte in diesem Zusammenhang erwähnte Beispiel sein, bezog sich der erste Staatssekretär abermals auf das Vorhandensein dieser Plage in der Basilikata, indem er unter Rückgriff auf ihm zugetragene Informationen darin erwähnte, dass „en las cercanias de Senisi y Tursi se mantienen muchos ladrones que han robado á diferentes personas"[387]. In Anbetracht der Allgegenwärtigkeit der Aktionen dieser Banden im Gebiet um die lukanischen Ortschaften Senese und Tursi sowie des Umstandes, dass durch diese Gegend jede Woche die königliche Postkutsche fuhr, hegte man die Befürchtung, dass möglicherweise auch diese früher oder später zu einem Ziel der Räuber werden könnte. Daher gab Montealegre dem *preside* von Matera, Nicola Russo, den Befehl, in der ihm unterstehenden Provinz die notwendigen Maßnahmen für die Sicherheit der königlichen Postkutsche zu treffen und darüber hinaus dafür Sorge zu tragen, dass „esa Provincia esté limpia de ladrones"[388].

Hatte die Regierung in den ersten Jahren der Herrschaft Karls von Bourbon, wie sich aus dem umfassenden Einblick in zahlreiche Dokumente aus den Beständen der *Segreteria di Stato di Casa Reale* und der *Segreteria di Stato di Grazia e Giustizia* ergeben hat, der Bandenkriminalität in den Provinzen zunächst noch eine im Großen und Ganzen eher geringe Aufmerksamkeit zuteil werden lassen, so soll sich diese Haltung der Zentralregierung gemäß den diesbezüglichen Ausführungen Maiorinis allmählich geändert haben, nachdem das Königreich Neapel in der ersten Hälfte der 1740er Jahre in die militärischen Auseinandersetzungen des Österreichischen Erbfolgekrieges mithineingezogen worden war

384 Ebd.

385 Ebd., 1075, *dispaccio* des ersten Staatssekretärs Montealegre an den Gouverneur der *Regia Dogana della Mena delle Pecore*, Ignazio Ram, Neapel 21. September 1734.

386 Ebd.

387 Ebd., *dispaccio* des ersten Staatssekretärs Montealegre an den *preside* von Matera, Nicola Russo, Neapel 21. Oktober 1734.

388 Ebd.

und im Jahre 1744 durch eine drohende österreichische Invasion zum ersten und zugleich letzten Mal die Herrschaft Karls von Bourbon über die Königreiche Neapel und Sizilien ernsthaft auf dem Spiel gestanden hatte.[389]

Denn bedingt durch den drohenden Einfall eines österreichischen Invasionsheeres und der sich daraus ergebenden Notwendigkeit für das Regime Karls von Bourbon, dieses unter Aufbietung aller verfügbaren militärischen Kräfte eventuell wieder vertreiben zu müssen, sowie der damit unmittelbar verbundenen Gefahr von proösterreichischen Aufständen[390], mag es nicht sonderlich überraschen, dass die Behörden in den Provinzen der Aufgabe der Wahrung der öffentlichen Ordnung und Sicherheit einstweilen kaum noch nachzukommen vermochten und es daher auch zu einem nicht unbeträchtlichen Anstieg der Bandenkriminalität gekommen sein dürfte, auch wenn sich aufgrund der

389 Maiorini: Presidi e brigantaggio tra prassi giuridica e azione militare, S. 151f.

390 Eine nicht zu unterschätzende Bedrohung für die Stabilität des neuen Regimes stellten diese schichtenübergreifenden philoösterreichischen Strömungen unter den Bewohnern des Königreiches besonders noch im ersten Dezennium der Herrschaft Karls von Bourbon dar. Während beim einfachen Volk vor allem die harte Fiskalpolitik des neuen Regimes den Wunsch nach einer möglichen Restauration der österreichischen Herrschaft verstärkte, bestand die Ursache für ein derartiges Verhalten in den höheren Gesellschaftsschichten maßgeblich in der Furcht, Privilegien, die man in der Zeit der österreichischen Herrschaft erworben hatte, eventuell zu verlieren oder auch hinter den von den neuen hispano-bourbonischen Machthabern ernannten staatlichen Funktionsträgern zurückstehen zu müssen. Dass man von Seiten der Regierung die von diesen philoösterreichischen Kräften ausgehende Gefahr sehr ernst nahm, zeigte besonders deutlich die noch im Jahre 1734 erfolgte Einrichtung einer *Giunta di Stato*, auch *Giunta di Inconfidenza* genannt, die sowohl gegen echte als auch vermeintliche Gegner des Bourbonenregimes rigoros vorging und dabei selbst vor dem einheimischen Adel nicht Halt machte. Einen starken Auftrieb erhielten diese proösterreichischen Kräfte, deren Einflüsse selbst bis ins neapolitanische Heer hinein gereicht zu haben schienen, in Anbetracht der Ereignisse des Österreichischen Erbfolgekrieges auf der Apenninenhalbinsel, die einen schnellen Sturz der Bourbonendynastie in den Bereich des Möglichen rücken ließen. Valsecchi: L'Italia nel Settecento dal 1714 al 1788, S. 720f. Zwei prominente Vertreter des einheimischen Adels, die von der *Giunta di Inconfidenza* proösterreichischer Machenschaften bezichtigt und schließlich am 17. Februar 1744 festgenommen wurden, waren Costantino Grimaldi (1667–1750) und dessen Sohn Gregorio (1694–1767). Während Costantino Grimaldi später wieder freigelassen wurde, verurteilte man dessen Sohn unter dem Vorwurf der Teilnahme an der Abfassung einer Manifestes der österreichischen Erzherzogin Maria Theresia am 6. Juli 1744 zu lebenslangem Exil auf der Insel Pantelleria. Coniglio: I Borboni di Napoli, S. 89 und Anmerkungen in Tanucci: Epistolario 1723–1746, S. 724.

sehr dünnen Quellenlage keine sicheren Aussagen zu deren wahren Ausmaßen machen lassen.[391] Besonders prekär stellte sich laut Maiorini der Zustand der öffentlichen Ordnung und Sicherheit gerade in den allein schon aufgrund ihrer Topografie ohnehin nur schwer unter Kontrolle zu haltenden Regionen Kalabrien und Abruzzen dar.[392]

Während Kalabrien in dieser Zeit nicht unmittelbar selbst von den kriegerischen Auseinandersetzungen betroffen war, sondern vielmehr von einer Pestepidemie, die 1743 in Messina ausgebrochen war und nun nicht nur die kalabrischen, sondern auch die anderen Provinzen des unteritalienischen Königreiches gefährdete, sowie im März des Jahres 1744 zudem noch von einem schweren Erdbeben erfasst wurde, war es hingegen zu Beginn des Juni 1744 in den Abruzzen vor dem entscheidenden Sieg Karls von Bourbon in der Schlacht von Velletri am 11. August zu einem Einfall österreichischer Husaren unter der Führung des Grafen von Soro gekommen, denen es gelang, bis Teramo, Aquila und Chieti vorzustoßen.[393] Auch wenn dieser überraschende Vorstoß der Österreicher im Monat Juni allenfalls eine Episode im Rahmen der Ereignisse des Jahres 1744 bilden sollte, so gelang es deren Truppen, die in ihrem Kern aus etwa 500 Husaren bestanden und denen sich zusätzlich nicht nur eine überaus große Anzahl von Deserteuren aus dem überaus schlecht ausgerüsteten spanisch-neapolitanischen Heer, sondern allem Anschein nach auch allerlei Banditen aus dem Kirchenstaat und dem Königreich angeschlossen hatten, dennoch, in Teilen der Abruzzenregion die Herrschaft Karls von Bourbon zeitweilig ernsthaft ins Wanken zu bringen. Insbesondere zwei Umstände ließen den Zusammenbruch der neapolitanischen Herrschaft in den drei abruzzesischen Provinzen zunächst durchaus in den Bereich des Möglichen rücken. Zum einen befanden sich in den befestigten Plätzen von Civitella del Tronto, Pescara, Chieti und Aquila nur

391 Von außerordentlicher Bedeutung für die Klärung dieser Frage wären wiederum gerade diejenigen Berichte gewesen, die von den *Regie Udienze* und dem *Tribunale di Campagna* an die *Segreteria di Stato di Grazia e Giustizia* geschickt wurden. Allerdings sind im Bestand der „Dispacci e Fascicoli" der *Segreteria di Stato di Grazia e Giustizia* keinerlei Berichte für das Jahr 1744 mehr vorhanden. Nicht auszuschließen wäre, dass sich Dokumente zur kritischen Lage in den Abruzzen in den im Rahmen der Arbeiten an dieser Untersuchung nicht konsultierten und äußerst umfangreichen Beständen des „Ministero di Guerra" in der im Stadtteil Pizzofalcone gelegenen Außenstelle des Staatsarchivs von Neapel vorfinden ließen, in welchen u. a. auch die Korrespondenz des ersten Staatssekretariats, die das Kriegswesen betraf, aufbewahrt ist.

392 Maiorini: Presidi e brigantaggio tra prassi giuridica e azione militare, S. 151.

393 Ajello: La vita politica napoletana sotto Carlo di Borbone, S. 680 und S. 685.

schwache militärische Kräfte und zum anderen gab es sowohl unter den Eliten als auch unter der einfachen Bevölkerung der Abruzzen Sympathien für die Sache der Österreicher. Daher hegten die Österreicher, die bei ihrem Einmarsch auch eine Proklamation der österreichischen Erzherzogin und Königin von Ungarn und Böhmen, Maria Theresia von Habsburg (Erzherzogin von Österreich und Königin von Ungarn und Böhmen 1740–1780), mit sich führten und deren Inhalt den Bewohnern der Abruzzen verkünden ließen, die Hoffnung, dass allein schon ihre unmittelbare Präsenz in dieser Region ausreichen würde, um die abruzzesische Bevölkerung zu einem Aufstand gegen das Regime Karls von Bourbon zu bewegen.[394] Besonders emblematisch für diese in der Abruzzenregion verbreiteten proösterreichischen Sympathien erwies sich gerade das Verhalten der Bewohnerschaft Teramos, der Hauptstadt der Provinz Abruzzo Ultra I, die dem Grafen von Soro und seinen Soldaten aus freien Stücken heraus die Tore

394 Carignani: Il partito austriaco nel Regno di Napoli al 1744, S. 57f. Dass sich den eingefallenen österreichischen Truppen auch zahlreiche sowohl aus dem Kirchenstaat als auch dem Königreich stammende mutmaßliche Banditen angeschlossen haben müssen, geht aus einem Brief des *Segreterio di Stato di Grazia e Giustizia*, Bernardo Tanucci, an den Vizekönig von Sizilien, Bartolomeo Corsini, vom 27. Juni 1744 hervor, in welchem der Staatssekretär über das Vorhandensein von „fuorusciti papalini e regnicoli" sprach, die für die Sache Maria Theresias kämpfen würden und die nach ihrer Ergreifung durch die ihnen nachsetzenden spanisch-neapolitanischen Truppen unverzüglich aufgehängt werden sollten. Tanucci: Epistolario 1723–1746, Brief Nr. 508, Bernardo Tanucci an Bartolomeo Corsini, Neapel 27. Juni 1744, S. 738. Im 12. Band seiner "Annali d'Italia" berichtete der in den Diensten des Herzogs von Modena stehende Priester und Gelehrte Ludovico Antonio Muratori (1672–1750), dass es bereits Ende April über den Grenzfluss Tronto hinweg zu einem begrenzten Vorstoß österreichischer Kräfte in die Abruzzen gekommen war, bei welchem die Österreicher von Bewohnern der Abruzzenregion „di buon cuore" empfangen worden wären. Muratori: Annali d'Italia, S. 309. Zu Muratori und seinem Wirken siehe Valsecchi: L'Italia nel Settecento dal 1714 al 1788, S. 559ff. Bevor der Oberbefehlshaber der österreichischen Truppen, der Fürst von Lobkowitz, nach Velletri aufbrach, hatte er im März 1744 vorübergehend nördlich des Flusses Tronto, der das Territorium des Kirchenstaates von demjenigen der neapolitanischen Provinz Abruzzo Ultra I trennte, Quartier bezogen. Carignani: Il partito austriaco nel Regno di Napoli al 1744, S. 38. Gerade die bei diesem ersten Vorstoß Ende April unter der Bevölkerung der Abruzzen angetroffenen Sympathien für die Sache der Erzherzogin Maria Theresia könnten die Österreicher in maßgeblicher Weise dazu bewogen haben, im Juni desselben Jahres einen erneuten Vorstoß in die Abruzzen zu wagen, der schließlich für einen kurzen Moment die Herrschaft Karls von Bourbon in dieser Region ernsthaft ins Wanken zu bringen schien.

ihrer Heimatstadt öffneten. Nachdem die Männer des Grafen von Soro Teramo in die Hände bekommen hatten, versuchten sie, dasselbe auch mit Chieti und Aquila, den Hauptstädten der beiden anderen abruzzesischen Provinzen, zu erreichen. Während die Österreicher wenigstens für kurze Zeit Aquila, die Hauptstadt der Provinz Abruzzo Ultra II, zu besetzen vermochten, scheiterte eine mögliche Einnahme Chietis letzten Endes am Eingreifen eines aus der nahegelegenen Festung von Pescara herbeigeeilten Entsatzheeres, dem es gelang, die Truppen des Grafen von Soro zu vertreiben, die bereits in das Innere der Hauptstadt der Provinz Abruzzo Citra vorgedrungen waren und sich dort Gefechte mit den Männern des *preside* von Chieti geliefert hatten.[395]

Insbesondere drei Faktoren trugen schließlich maßgeblich zum Scheitern des österreichischen Versuches bei, die drei abruzzesischen Provinzen zu erobern: *erstens* war das eingefallene Heer viel zu klein und unzureichend ausgerüstet, um die eingenommenen Städte dauerhaft zu halten und Festungen, wie diejenige von Pescara, überhaupt ernsthaft bedrohen zu können, *zweitens* kam es in den

395 Zur Einnahme Teramos und den Geschehnissen in den Hauptstädten der beiden anderen abruzzesischen Provinzen, Chieti und Aquila, siehe die diesbezüglichen und in Abschrift erhaltenen Berichte aus dem im Zweiten Weltkrieg fast restlos zerstörten Bestand der *Giunta di Stato*, auch *Giunta di Inconfidenza* genannt, in Carignani: Il partito austriaco nel Regno di Napoli al 1744, S. 58–68. Von den Aktivitäten der eingefallenen österreichischen Husaren und der philoösterreichischen Kräfte in der Abruzzenregion hatte Bernardo Tanucci bereits in einem auf den 13. Juni 1744 datierten Schreiben an den Vizekönig Siziliens, Bartolomeo Corsini, berichtet. In diesem Schreiben war von Bernardo Tanucci u.a. zur Sprache gebracht worden, dass die Bewohnerschaft Teramos, dieses „antico nido di ladroni sceleratissimi", wie er den Hauptort der Provinz Abruzzo Ultra I verächtlich bezeichnete, den Eindringlingen bereitwillig die Tore geöffnet hatte und dass diese die Gefängnisse von Tagliacozzo, Avezzano und Capistrano aufgebrochen hatten. Neben diesen Ortschaften hatten laut dem Schreiben Tanuccis die Truppen unter der Führung des Grafen von Soro zudem noch vermocht, Faraone, Sant'Eusanio, Atri, Giulianova und Penne sowie weitere kleinere in den Abruzzen gelegene Orte unter ihre Kontrolle zu bringen. Um die in den Diensten der österreichischen Erzherzogin Maria Theresia stehenden Husaren mehr oder weniger im leeren Raum operieren zu lassen und einen direkten Zustammenstoß dieser mit den in den Abruzzen stehenden schwachen Kräften des spanisch-neapolitanischen Heeres zu vermeiden, hatte Bernardo Tanucci den *Regie Udienze* von Aquila und Chieti die Anweisung gegeben, dafür Sorge zu tragen, dass sich die Bewohner in den befestigten Ortschaften der ihnen unterstehenden Provinzen in diesen einschließen sollten. Tanucci: Epistolario 1723–1746, Brief Nr. 506, Bernardo Tanucci an Bartolomeo Corsini, Neapel 13. Juni 1744, S. 730f.

Abruzzen trotz der Aktivitäten philoösterreichischer Kräfte nicht zu dem erhofften Volksaufstand gegen die Herrschaft Karls von Bourbon und *drittens* gelang es den Neapolitanern ungeachtet der beträchtlichen Anfangserfolge der Österreicher und der anfänglichen Schwäche ihrer eigenen in den Abruzzen stehenden Truppen relativ schnell, militärische Gegenmaßnahmen einzuleiten, die bewaffneten Kräfte von Soros zu zerstreuen und aus der Abruzzenregion hinauszutreiben. Der Anführer der österreichischen Truppen, der Graf von Soro, konnte jedoch in der zweiten Junihälfte einer möglichen Festnahme entgehen und über Canzano und Ascoli in die zum Territorium des Kirchenstaates gehörenden Gebiete nördlich des Grenzflusses Tronto entkommen. Mit der großen Anzahl an Deserteuren, die sich den Österreichern angeschlossen hatten, machte man kurzen Prozess, indem man diese sofort nach ihrer Festnahme erhängen ließ.[396] Zu diesen verfolgten Personen dürften zweifellos auch jene von Bernardo Tanucci in einem auf den 27. Juni 1744 datierten Schreiben an den Vizekönig von Sizilien, Bartolomeo Corsini, erwähnten „fuorusciti papalini e regnicoli“[397], also aus dem Gebiet des Kirchenstaates und des Königreiches kommende mutmaßliche Banditen, gehört haben, welche die Bevölkerung der Abruzzen in dieser für die Herrschaft Karls von Bourbon besonders kritischen Phase mit ihren Aktivitäten zusätzlich noch in Unruhe versetzten und die nach ihrer Festnahme durch die ihnen nachsetzenden spanisch-neapolitanischen Truppen sofort hingerichtet werden sollten.[398] Da bei den Geschehnissen um die Stadt Teramo die Bevollmächtigten der dortigen *Regia Udienza* zudem dadurch eine äußerst unrühmliche Rolle gespielt hatten, dass sie sich auf die Seite der Österreicher geschlagen und somit ihren Souverän verraten hatten, beschnitt Karl von Bourbon infolgedessen noch im Jahre 1744 in erheblicher Weise die juristischen Kompetenzen dieses Provinzgerichtshofes, die dieser schließlich erst im Jahre 1787 wiederzuerlangen vermochte.[399]

---

396 Carignani: Il partito austriaco nel Regno di Napoli al 1744, S. 68f. Ein beredtes Zeugnis von der Erbarmungslosigkeit, mit der man schließlich gegen abtrünnige Soldaten vorging, die sich den Verbänden des Grafen von Soro angeschlossen hatten, vermittelt ein bei Carignani zitierter Augenzeugenbericht eines gewissen Daniele Buccini aus den Beständen der *Giunta di Inconfidenza*, in dem es hierzu heißt: “Sabato della passata settimana (4 luglio) furono appiccati per le strade di Pescara e di Chieti 9 Micheletti disertori. Lunedì altrettanti sopra il territorio poco sopra Pescara, e martedì 7 luglio da Pescara a Francavilla si videro molti impiccati agli alberi con ordine che niuno ardisca toglierli.” Zitiert nach ebd., S. 69.

397 Tanucci: Epistolario 1723–1746, Brief Nr. 508, Bernardo Tanucci an Bartolomeo Corsini, Neapel 27. Juni 1744, S. 738.

398 Ebd.

399 Castracane: Archivio di Stato di Teramo, S. 26f.

In Kalabrien, der anderen unter einer besonderen Ausnahmesituation leidenden Region des festländischen Königreiches, war es hingegen zum Ausbruch der Pest gekommen, durch den sich die Zentralregierung genötigt sah, mit dem Grafen Giacomo Giuseppe von Mahony, einen Sonderbevollmächtigten zu entsenden, der die weitere Ausbreitung der Seuche verhindern sollte. Durch die von Mahony zur Eindämmung der Seuche verordneten strengen Quarantänemaßnahmen jedoch wurde in dieser in wirtschaftlicher Hinsicht ohnehin schon sehr rückständigen Region besonders der Handel mit Agrarprodukten, wie beispielsweise mit dem für die Ernährung der Bevölkerung so wichtigen Weizen, erheblich behindert[400], was wiederum in dieser Region zwangsläufig zu Versorgungsengpässen, Hunger und einem Anstieg der Kriminalität führen musste. Hinzu kam, dass im Zeitraum 1742–1743 die Ernten insgesamt eher schlecht ausgefallen waren und natürlich einen negativen Schatten auf die Ernährungslage der Bevölkerung des Königreiches warfen[401] und somit die Lage in den beiden von der Pest bedrohten kalabrischen Provinzen weiter verschlechtert haben dürften. In Reggio kam es in dieser insgesamt äußerst angespannten Atmosphäre am 8. August 1744 sogar zu einer Erhebung gegen den Gouverneur der Stadt, Diego Ferri, welche entweder durch die Angst der Bewohner vor der Pest oder, wie die für die Verfolgung der inneren Gegner des Bourbonenregimes zuständige *Giunta di Inconfidenza* vermutete, durch die Aktivitäten proösterreichischer Kräfte ausgelöst worden war, die gerade im Krisenjahr 1744 besonders bestrebt waren, Aufstände gegen die Herrschaft Karls von Bourbon zu entfachen und somit einer möglichen Rückkehr der Österreicher in den Mezzogiorno den Weg zu ebnen.[402]

In den Kontext dieser in Kalabrien herrschenden Ausnahmesituation, die zusätzlich durch die auf die Entfesselung eines Aufstands abzielenden Aktivitäten einiger philoösterreichisch gesinnter kalabrischer Barone, wie der Fürsten von Scilla, Cariati und Bisignano sowie der Herzöge von Monteleone und Verzino erheblich verstärkt wurde[403], lassen sich auch die in einer am 12. Juni 1744 in

400 Macry: Mercato e società nel Regno di Napoli, S. 371.

401 Ebd., S. 394 und Cario, Orlando: La Calabria del Settecento, S. 66.

402 Carignani: Il partito austriaco nel Regno di Napoli al 1744, S. 69f.

403 Ebd., S. 54. Nach den ursprünglichen Plänen dieser philoösterreichischen Barone sollten sich die Bewohner der beiden kalabrischen Provinzen nach der Anlandung einer englischen Flotte unter dem Oberbefehl des Admirals Thomas Mathews gegen die Herrschaft Karls von Bourbon erheben. In Anbetracht dieser außerordentlichen Gefahr eines Aufstandes in den kalabrischen Provinzen regte der Generalvikar für Kalabrien, der Graf von Mahony, die Regierung in Neapel dazu an, die mutmaßlichen

Catanzaro verfassten und an den für den kriegsbedingt abwesenden König als Statthalter in Neapel fungierenden Michele Reggio gerichteten Korrespondenz des für die Eindämmung der Seuche ernannten Generalvikars, des Grafen von Mahony, erwähnten kriminellen Aktivitäten von zwei Räuberbanden einordnen, welche die Gegend um die heutige westkalabrische Ortschaft Belvedere Marittimo unsicher machten. Allerdings bestanden bei von Mahony in Anbetracht der in Kalabrien herrschenden Ausnahmesituation und der vermuteten konspirativen Aktivitäten proösterreichischer Kräfte noch Zweifel, wie man genau im Fall dieser bewaffneten Männern vorgehen sollte:

> „Ahier hé rezivido la noticia que assì al mar de Poniente, y en las Vecindades de Belvedere hán parecido en dos partes dos quadrillas de Paisanos armados en el numero de 12 â 15, los quales han echo ya algunos robos. Ya se sabe que se les há de seguir, y prender, pero no deviendose oy en dia ninguna union de Gente armada considerarse como delito ordinario; pues pueden tener otras consequencias, y quisà otras miras, se dessea saver si se ha de proceder contra ellos con toda la lentitud de las formalidades ordinarias".[404]

Verschwörer verhaften und auf verschiedene Gefängnisse verteilt einsperren zu lassen. Zusätzlich empfahl er, dass man zwei Dragonerkompanien in die Provinzhauptstadt Cosenza schicken sollte, da deren Bewohner als nicht ausreichend königstreu erachtet wurden, dass man die Stadt Cotrone auf eine mögliche Verteidigung vorbereiten sollte und schließlich dass die neapolitanische Flotte für die Aufrechterhaltung der Verbindung zwischen Kalabrien und dem Königreich Sizilien Sorge tragen sollte, was wiederum in der Furcht vor einer möglichen Intervention der englischen Flotte in diesem Raum begründet war. Durch den Schlachtensieg Karls von Bourbon in Velletri Anfang August 1744 und den darauffolgenden österreichischen Rückzug nach Norden wurden allerdings die Pläne dieser philoösterreichischen Kräfte für eine allgemeine Erhebung in Kalabrien mit Unterstützung der englischen Flotte zunichte gemacht. Ebd., S. 54f. und 71.

404 ASN, *Ministero degli Affari Esteri, Carteggio col Conte di Mahony e col Duca di Montemar*, 4876/0, Bericht des Grafen von Mahony an Michele Reggio, Catanzaro 12. Juni 1744. Ein weiteres Beispiel für die Aktivitäten von Banditen im Kalabrien des Jahres 1744, diesmal in unmittelbarem Zusammenhang mit der mutmaßlich subversiven Tätigkeit eines Vertreters des philoösterreichisch ausgerichteten Provinzadels, bietet Romualdo Trifone auf der Basis von Quellenmaterial aus den im Zweiten Weltkrieg fast völlig verloren gegangenen Beständen der *Giunta di Stato*, auch *Giunta di Inconfidenza* genannt. Bei dem von Trifone nur kurz erwähnten Beispiel handelte es sich um eine nicht weiter spezifizierte Anzahl von Banditen, die der Fürst von Bisignano in der Provinz Calabria Citra in der Zeit der drohenden österreichischen Invasion als Milizionäre und Wächter für seine Besitzungen angeworben haben sollte. Trifone: Le Giunte di Stato a Napoli nel secolo XVIII, S. 125f. Ein diesbezügliches aus den Beständen der *Giunta di Inconfidenza* stammendes und

All diese während des Krieges in den Provinzen gemachten Erfahrungen auf dem Gebiet der öffentlichen Ordnung und Sicherheit, die im Falle eines österreichischen Sieges in Velletri durchaus in eine erhebliche Destabilisation der Herrschaft Karls von Bourbon hätten münden können, führten laut den diesbezüglichen Ausführungen Maiorinis konsequenterweise u. a. auch zu einem allmählichen Umschwung im Umgang mit dem Problem des Banditenwesens, dessen fortwährende Existenz man vorher noch bewusst kleinzureden versucht

auf den 12. Juli 1744 datiertes Schreiben Bernardo Tanuccis, Baldassare Citos, Carlo Mauris und Erasmo de Ulloa Severinis an den ersten Staatssekretär Montealegre, in welchem ausdrücklich u. a. auf diese dem Fürsten von Bisignano unterstellten möglichen konspirativen Tätigkeiten gegen das Regime Karls von Bourbon eingegangen wird, wird in Abschrift wiedergegeben in Carignani: Il partito austriaco nel Regno di Napoli al 1744, S. 55ff. In diesem Schreiben steht zu den Vorwürfen gegenüber dem Fürsten von Bisignano, eine große Anzahl bewaffneter Banditen als Wachmannschaften angeworben zu haben, u. a. Folgendes geschrieben: „Non meno il Vicario Generale delle Calabrie il Conte di Mahone, che il Preside di Cosenza D. Ettore Capecelatro rappresentavano prima a V. E. (gemeint ist der erste Staatssekretär Montealegre-d. V.) ed indi a questo Eccellentissimo signor Luogotenente Capitan Generale che il Principe di Bisignano tenea ne' suoi Stati gente armata; la quale, per le notizie da essoloro ritratte credeasi, che ascender potesse al numero di cento persone circa in varj luoghi di quei suoi feudi ripartita. E come tal novità dava all'occhio principalmente per la circostanza de' tempi correnti, si andò da noi a riflettere, eziandio in esecuzione degl'ordini di S. M., che dandosi per indubitato dal suddetto Vicario Generale, comporsi lo stuolo degli armati in buona parte di fuorgiudicati, o sian banditi, non potea quindi in dubbio rivocarsi, che per tal recettazione o sovvenenza, il Principe avea a credersi reo, giusta il disposto delle leggi del Regno, per cui i Baroni, i quali ne' loro feudi l'ammettono e di sì fatti rei si avvalgono, son punibili con la pena pecuniaria della somma di ducati seimila, di arresto formale, e di sospensione della lor giurisdizione." Ebd., S. 55. Auch wenn, wie aus diesem Schreiben im Weiteren hervorgeht, sich letzten Endes die mit der Aufstellung dieser bewaffneten Gefolgschaften verbundenen und gegen den Fürsten von Bisignano erhobenen Vorwürfe einer möglichen konspirativen Betätigung gegen die Regierung Karls von Bourbon nicht beweisen ließen, so ergaben die gegen ihn eingeleiteten Ermittlungen dennoch, dass in seinem Sold zahlreiche gesuchte Verbrecher, darunter auch Banditen, gestanden hatten, die zudem noch Waffen bei sich getragen hatten, deren Besitz laut den diesbezüglichen Bestimmungen der Pragmatiken ausdrücklich verboten war. Deshalb sollte dem Fürsten von Bisignano auf Empfehlung Bernardo Tanuccis, Baldassare Citos, Carlo Mauris und Erasmo de Ulloa Severinis schließlich unter dem Vorwurf „recettazione e sovvenimento dato a' fuorgiudicati" vor der *Gran Corte della Vicaria* der Prozess gemacht werden. Ebd., S. 56f.

hatte[405] bzw. welchem, und dies ist als wahrscheinlichere Erklärung anzusehen, aufgrund seiner im Gegensatz zur Vergangenheit einstweilen noch deutlich geringeren Auswüchse von Seiten des neuen Regimes, das andere Probleme als prioritär ansah, zunächst kein besonderes Interesse entgegengebracht worden war. Denn nach dem Ende der im Jahre 1744 herrschenden Ausnahmesituation und der damit einhergehenden endgültigen Stabilisierung der Herrschaft Karls von Bourbon ging die Bandenkriminalität in den Provinzen nicht, wie man hätte erwarten können, spürbar zurück, wobei hierin allerdings keine Langzeitfolge der Ereignisse des Krisenjahres 1744 gesehen werden sollte, sondern verstärkte sich in der zweiten Hälfte der 1740er Jahre graduell in einem solchen Maße, dass sich, wie man noch sehen wird, die Zentralregierung schließlich zu Beginn der 1750er Jahre sogar dazu genötigt sah, zu provinzübergreifenden Sondermaßnahmen zu greifen.[406]

---

405 Maiorini: Presidi e brigantaggio tra prassi giuridica e azione militare, S. 153.

406 Ein Hinweis auf weitere Aktivitäten von Banditen in einer der beiden kalabrischen Provinzen auch nach dem Scheitern der beabsichtigten österreichischen Invasion im vorherigen Jahr und dem mutmaßlichen Ende des damit einhergehenden Ausnahmezustandes für das neue Regime findet sich in einem in Catanzaro verfassten Schreiben des Grafen von Mahony vom 5. Februar 1745 an den ersten Staatssekretär Montealegre, in welchem er Folgendes zu einem von den vorinformierten Behörden vereitelten Überfall einer Bande von zwischen 25 und 30 Männern unter der Führung Giovanni Battista Mastroiannis auf die nur mit wenigen Soldaten besetzte Burg von Amantea berichtet: „Muy señor mío en la ciudad de Martorano Provincia de Cosenza se suscitaron algunas enemistades entre dos familias de Datilo, y Barbieri y haviendose ultimamente unido al partido de los primeros el forjudicado Juan Baup[tis]ta Mastrojanni Alias el Greco con un ermano suyo, y otra Gente de su comitiva, me representó un mastrodati de la Audiencia de Cosenza, a quien hize passar alla para observar los andamientos de una y otra faccion, que hallandose carzerado en el castillo de la Amantea un Carmine Frunso que era de la parte de los Datiles, el dicho forjudicado con otros compañeros suios hasta el numero de veinte, y cinco, ô treinta se havian encaminado assi al dicho castillo para ver si con la fuerza podian conseguir el poner en libertad al expresado Carmine Frunso, lo que fué avisado por el mastrodati al castellano para que estubiese prevenido. Referiome despues con carta de 13 del passado que el dicho forjudicado Juntamente con la expresada Gente, y el scorritor de campaña Matheo Mendicino fueron á un camino poco distante de la Amantea desde el qual embiaron uno de sus compañeros en la ciudad, y castillo, naturalmente para tomar las medidas de como devian emprender el intento, el qual haviendo sido descubierto del castellano lo hizo arrestar y hizo acudir al castillo muchos Paisanos Armados, lo que savido por el Greco se retiró sin hacer otra demostración. De todo esto y de lo demas que ha

Hinzu kam, dass nach dem Abgang Montealegres im Jahre 1746 mit Bernardo Tanucci als *Segretario di Stato di Grazia e Giustizia* ein Mann innerhalb des neapolitanischen Herrschaftsapparates seinen Einfluss *peu à peu* auszubauen vermochte, der ein beständigeres Interesse an den vielfältigen Problemen in den Provinzen des bourbonischen Königreiches zeigte.[407] Gerade in dieser Verschiebung der Machtkonstellationen innerhalb des neapolitanischen Herrschaftsapparates dürfte auf lange Sicht einer der maßgeblicheren Gründe für den neuen Umgang mit dem Problem der in den folgenden Jahren immer weiter zunehmenden Bandenkriminalität zu verorten sein und weitaus weniger, wie es von Maiorini vermutet wird, in den Ereignissen, die sich im Windschatten

ocurrido en la desunion de las dos familias de Martorano como de las ordenes que he embiado para que se bea de prender al tito Greco y demas complices, hé dado parte al señor Marques de Tanuchi, pero no dejo de avisarlo al mismo tiempo á V[uestra] S[eñoría] para que quede enterado del temerario, y ridiculo proyecto de estos bandidos de querer sorprender un castillo en el qual aunque poca no deja de haver tropa." ASN, *Ministero degli Affari Esteri, Carteggio col Conte di Mahony e col Duca di Montemar*, 4876/0, Schreiben des Grafen von Mahony an den ersten Staatssekretär Montealegre, Catanzaro 5. Februar 1745. Auch in anderen Provinzen des Königreiches gab es in den Jahren nach dem Scheitern des geplanten österreichischen Invasionsversuchs weiterhin Probleme mit Räuberbanden. So berichtete Niccolò Fraggianni in einem an Bartolomeo Corsini gerichteten Brief vom 28. August 1745 zu diesbezüglichen Problemen in der Provinz Contado di Molise, dass "[u]na Truppa di Malandrini che hanno alla testa un Galantuomo, e che è composta per la maggior parte di Disertori Provinciali scorre la campagna insulta e ricatta la intiera Provincia del Contado di Molise." Fraggianni: Lettere a B. Corsini (1739–1746), Brief Nr. CCLXXXII, Niccolò Fraggianni an Bartolomeo Corsini, o. O. 28. August 1745, S. 557. Bei der Bekämpfung dieser Bande waren allerdings die Behörden nicht untätig geblieben, sondern, wie Fraggianni angibt, "[s]e gli sono spedite truppe di Cavalleria e di Fanteria per estinguerli." Ebd. Für die Basilikata wäre beispielsweise die überaus große Bande des Deserteurs Michele Basso anzuführen, die aus mehr als 20 Personen bestand und von September 1746 bis Juli 1747 mit ihren umfassenden Aktivitäten im Raum Melfi für Angst und Schrecken sorgte. Zu den Geschicken dieser Bande siehe ASN, *Tribunale Misto, Volumi di Conti ed Immunità Locali*, 322/106. In der Region der Abruzzen gab es beispielsweise Probleme mit einer personell und numerisch nicht weiter spezifizierten Gruppe von Banditen, die Mitte 1746 vom Territorium des Kirchenstaates bis in den Raum von Introdacqua vorgestoßen waren und in ihren Bestreben, sich der behördlichen Verfolgung zu entziehen, auch auf die Unterstützung von Seiten einiger wohlhabender Familien Introdacquas und eines Kleriker zählen konnten. Das bezügliche Material befindet sich in ASN, *Real Camera di Santa Chiara, Bozze di Consulta*, 117/72.

407 Maiorini: Presidi e brigantaggio tra prassi giuridica e azione militare, S. 152.

des Österreichischen Erbfolgekrieges in den Provinzen des Königreiches abgespielt hatten. In Zusammenhang mit diesem Kurswechsel sollte zudem nicht der Umstand außer Acht gelassen werden, dass sich kurz nach der Eroberung des Königreiches Neapel die Herrschaft Karls von Bourbon noch in einem denkbar prekären Zustand befunden hatte, weil sich das neue Regime sowohl nach innen als auch nach außen erst einmal festigen musste. Denn obwohl die Österreicher der Herrschaft über die Königreiche Neapel und Sizilien im Jahre 1734 verlustig gegangen waren, hatten sie diese noch längst nicht als völlig verloren angesehen und warteten auf die nächste sich bietende Gelegenheit, um eine mögliche Restauration ihrer Herrschaft in die Wege zu leiten, was insbesondere auch deswegen nicht als aussichtslos angesehen werden musste, als dass es in Neapel nach wie vor auch eine starke philoösterreichische Partei gab. Auch die Herrschertitulatur des römisch-deutschen Kaisers und vormaligen Königs Beider Sizilien, Karl VI. (Kaiser 1711–1740, König von Spanien als Karl (III.) 1703–1711), zeigte deutlich, dass er seine Ansprüche auf beide Königreiche noch längst nicht aufgegeben hatte.[408] Ein erster wichtiger Markstein auf dem Weg zu einer langfristigen äußeren und inneren Stabilisierung des neuen Regimes bestand zweifellos in dem 1741 geschlossenen Konkordat mit der römischen Kurie, durch welches das Verhältnis zwischen dem neapolitanischen Staat und der Kirche auf eine neue Basis gestellt wurde. Neben der politisch-diplomatischen Absicherung seiner Herrschaft gegenüber dem Ausland bestand schließlich eines der dringlichsten Probleme des Regimes Karls von Bourbon im Inneren fast fortwährend in der Sicherstellung von stabilen finanziellen Einkünften für die Krone, welche auch dafür verwendet wurden, um beispielsweise die von ihr in umfangreichem Maße betriebene und erhebliche Summen verschlingende Hofhaltung zu finanzieren.[409] Gerade die damit unmittelbar verbundene und als besonders bedrückend empfundene harte Fiskalpolitik kostete den neuen hispano-bourbonischen Machthabern viele anfänglich noch von Seiten der Bevölkerung entgegengebrachte Sympathien[410], worin beispielweise auch einer der maßgeblichen Gründe für das stete Vorhandensein von deutlich philoösterreichischen Strömungen im Königreich Neapel während des ersten Jahrzehnts der Herrschaft Karls von Bourbon zu sehen ist. Nachdem es im Jahre 1744 doch

408 Coniglio: I Borboni di Napoli, S. 31f.

409 Ebd., S. 33f.

410 Ebd., S. 141. So kam es beispielsweise im Jahre 1738 in der in der Provinz Principato Ultra gelegenen Stadt Ariano aufgrund der als ungerecht empfundenen Steuereintreibung zu einem Aufstand, bei welchem der Bürgermeister ebendieser Stadt getötet wurde. Ebd., S. 32.

nicht zu der erwarteten umfassenden österreichischen Invasion und den befürchteten proösterreichischen Aufständen im Königreich gekommen war, konnte sich schließlich das Regime in der zweiten Hälfte der 1740er Jahre als weitestgehend gefestigt betrachten und sich somit auch verstärkt solchen innenpolitischen Problemen zuwenden, die in den ersten Jahren der Herrschaft Karls von Bourbon zunächst noch eine eher untergeordnete Rolle gespielt hatten. Dass die ansteigenden Aktivitäten der Räuberbanden, die nach dem Scheitern der beabsichtigten österreichischen Invasion und dem Abgang des vormaligen ersten Staatssekretärs Montealegre im Jahre 1746 die Provinzen des Königreiches durchzogen, in der zweiten Hälfte der 1740er Jahre stärker in den Fokus der von der Zentralregierung betriebenen Innenpolitik rückten, spiegelte sich besonders deutlich in den Korrespondenzen wider, welche die *Regie Udienze* und das *Tribunale di Campagna* an die unter der unmittelbaren Leitung Bernardo Tanuccis stehende *Segreteria di Stato di Grazia e Giustizia* schickten und in denen im Gegensatz zu dem ersten Jahrzehnt der Herrschaft Karls von Bourbon weitaus häufiger als vorher Bezug auf die Aktivitäten von Räuberbanden genommen wurde.[411]

Einen guten Eindruck von der Bedeutung, die schließlich die Zentralregierung in den Jahren nach dem Scheitern der drohenden österreichischen Wiedereroberung dann auch dem Problem der Banditenunwesens in den Provinzen des Königreiches Neapel zunehmend beimaß und den besorgniserregenden Dimensionen, die dieses schließlich in der zweiten Phase der Herrschaft Karls von Bourbon erreicht hatte, vermittelt ein undatiertes Schreiben des *Segretario di Stato di Grazia e Giustizia*, Bernardo Tanucci, aus dem Jahre 1750[412] an den

411 Maiorini: Presidi e brigantaggio tra prassi giuridica e azione militare, S. 152. Diese Berichte der Provinzbehörden aus den Jahren zwischen 1748 bis 1759 befinden sich in ASN, *Segreteria di Stato di Grazia e Giustizia, Dispacci e Fascicoli*, 32–55. Für den Zeitraum zwischen 1744 und 1748 existieren allerdings keinerlei an die *Segreteria di Stato di Grazia e Giustizia* gerichtete Berichte der Provinzbehörden.

412 Tanucci: Epistolario 1746–1752, Brief Nr. 454, Bernardo Tanucci an Carlo Onofrio Scassa, o. O. 1750, S. 553f. Laut einem auf den 3. Juli des Jahres 1792 datierten Schreiben des *Segretario di Stato degli Affari Esteri, di Guerra e di Marina*, John Acton, an die *Sacra Regia Udienza* von Trani, in dem die Kompetenzen von fünf am 28. Juni zu solchen Sonderbevollmächtigen ernannten Männern genauer definiert wurden, wurde im Jahre 1750 neben Carlo Onofrio Scassa mit einem gewissen Marquis Dullario zudem noch ein zweiter Sonderbevollmächtigter für die hier mutmaßlich provinzübergreifende Verfolgung von Räuberbanden ernannt. Auf welche Provinzen sich die Mission des Marquis bezog, wird allerdings in diesem Dokument nicht erwähnt. Zwei Jahre später wurden dann Scassa und Dullario erneut von der

königlichen Rat Carlo Onofrio Scassa (1690–1762), der sich bereits zu anderen Zeiten und an anderer Stelle in besonderem Maße um das Wohl des Königreiches und seiner Bewohner verdient gemacht hatte und nun mit Vollmachten ausgestattet werden sollte, die es ihm ermöglichen sollten, die von zahllosen Räuberbanden heimgesuchten Provinzen Principato Ultra und Principato Citra sowie die Terra di Lavoro schnell und effizient von dieser Plage zu säubern. Wie aus dem Schreiben Tanuccis an Carlo Onofrio Scassa ersichtlich wird, handelte es sich schon zu Beginn der 1750er Jahre bei dem Banditenwesen längst nicht mehr um ein Problem, welches in erster Linie die fernab der Hauptstadt Neapel gelegenen, von weitläufigen Gebirgszügen geprägten und daher auch schwerer unter Kontrolle zu haltenden Gebiete, wie die Abruzzen oder das nur schwach bevölkerte Kalabrien, betraf, in welchen es in den ersten Jahren der Herrschaft Karls von Bourbon allem Anschein nach die beträchtlichsten Probleme gegeben hatte. Vielmehr berührten die umfassenden Aktivitäten der Räuberbanden in dieser Zeit mit den Provinzen Principato Ultra und Principato Citra sowie der Terra di Lavoro in weitaus stärkerem Maße nunmehr auch gerade solche Gebiete, die näher an der Hauptstadt Neapel, dem eigentlichen Machtzentrum der Bourbonendynastie, lagen und über deren Straßen nicht nur Tausende von Händlern in Richtung der Metropole strömten, sondern auch die ärmeren und ärmsten Teile der ländlichen Bevölkerung, die sich von dem, was in der pulsierenden Kapitale des Königreiches für sie abfiel, ein leichteres Überleben erhofften als in ihren eigentlichen Herkunftsgebieten, an denen die positiven wirtschaftlichen Entwicklungen unter dem ersten Bourbonenherrscher vorbeigingen und in denen sich daher ihr tagtägliches Leben weiterhin eher unter einem weitverbreiteten Gefühl des Stillstandes und der Aussichtslosigkeit abgespielt haben dürfte.[413] In diesem Brief des Staatssekretärs Bernardo Tanucci an

Zentralregierung beauftragt, provinzübergreifend gegen die ausufernde Bandendelinquenz vorzugehen. ASB/ST, *Sacra Regia Udienza di Trani*, *Carte Amministrative*, *Affari Diversi*, 6/43, Schreiben John Actons an den *preside* von Trani, Raimondo Blanch, Neapel 3. Juli 1792, fol. 1r. Weitere Einzelheiten zu den Missionen der beiden Sonderbevollmächtigten in der ersten Hälfte der 1750er Jahre werden in diesem Schriftstück aber nicht angegeben.

413 Die außerordentliche Bedeutung Neapels als florierendes ökonomisches Zentrum des bourbonischen Königreiches fand einen ihrer deutlichsten Ausdrücke in einem beachtlichen Anstieg der städtischen Bevölkerung von 294.241 Personen im Jahre 1742 auf ungefähr 350.000 Personen im Jahre 1759. Zu diesen Zahlen und dem weiteren Anwachsen der Einwohnerschaft Neapels bis ins frühe 19. Jahrhundert hinein siehe Aliberti: Economia e società da Carlo III ai Napoleonidi, S. 78f. Dieses augenscheinliche Prosperieren der Hauptstadt Neapel und die dortige Konzentration von

Reichtum auf Kosten der Provinzen, in denen sich das alltägliche Leben der meisten Bewohner nach wie vor unter einem weitverbreiteten Gefühl der Stagnation abspielte und letztendlich dazu führte, dass abertausende der unter schlechten sozioökonomischen Verhältnissen lebenden Bewohner ihre angestammten Gebiete verließen, um in der einzigen Metropole des festländischen Bourbonenstaates ihr Glück zu versuchen, stieß auch bei der neapolitanischen Reformpublizistik des 18. Jahrhunderts auf heftige Kritik. Ein besonderer Dorn im Auge dieser Kritiker war der Umstand, dass gerade die finanziellen Erträge, die der Adel aus dem ihm gehörenden Grund und Boden zog, nicht etwa in den Provinzen blieben und dort für eine Verbesserung der landwirtschaftlichen Anbauformen verwendet wurden, welche wiederum die dortige wirtschaftliche Entwicklung hätten vorantreiben und die Lebensumstände der dortigen Bevölkerung verbessern können, sondern gleich von dort in die Kapitale des festländischen Bourbonenstaates flossen. So schrieb beispielsweise der neapolitanische Jurist und Rechtsphilosoph Gaetano Filangieri (1752–1788) in seinem 1780–1783 zum ersten Mal aufgelegten mehrbändigen Hauptwerk „La scienza della legislazione“ im allgemeinen Sinne Folgendes zu diesem Missverhältnis zwischen der übermäßigen, gleichsam parasitären Prosperität einer Hauptstadt, die sich so auch in den anderen europäischen Staaten des *Ancien Régime*, wie dem Kirchenstaat oder dem Frankreich Ludwigs XV. (König 1715–1774) und Ludwigs XVI. (König 1774–1792), vorfinden ließ, und den sich weitestgehend selbst überlassenen strukturschwachen ländlichen Regionen, aus denen im großen Stil Menschen und Kapital in Richtung des herrschaftlichen Zentrums abflossen, welches sich dadurch zuungunsten des restlichen Staatsgebietes und der dort möglichen positiven Entwicklungen noch weiter aufblähte: „Il volgo, al quale tutto quello ch'è grande impone, ammira le grandi città e le capitali immense. Il filosofo non vi vede altro che tanti sepolcri sontuosi che una moribonda nazione innalza ed ingrandisce, per riporvi con decenza e con fasto le sue ceneri istesse. Io non dico che non ci dovrebbe esser una capitale in una nazione ben regolata. L'etimologia istessa della voce ci fa vedere che questa è così necessaria ad uno Stato, come la testa è necessaria al corpo: dico solo che se la testa s'ingrandisce troppo, se tutto il sangue vi corre e vi si arresta, il corpo diviene apopletico, e tutta la macchina si discioglie e perisce. Ora in questo stato di apoplessia sono infelicemente la maggior parte delle nazioni dell'Europa. La loro testa si è ingrandita a dismisura. La capitale, che dovrebbe essere una porzione dello Stato, è divenuta il tutto, e lo Stato non è più niente. Il numerario, questo sangue delle nazioni, vi si è funestamente arrestato, e le vene che dovrebbero trasportarlo nell'interno dello Stato, si son rotte o oppilate. Gli uomini, che seguono il corso del metallo come i pesci seguono la corrente delle acque, hanno abbandonate le campagne per fissare la loro sede nel solo paese ricco della nazione. Uomini e ricchezze, tutto si è concentrato nell'istesso punto; essi si sono ammucchiati gli uni su degli altri, lasciando dietro di loro spazi infiniti e ciascheduna di queste gran capitali è divenuta una seconda Roma che conteneva tutti i suoi cittadini fra le sue mura. Questo è lo stato presente nella maggior parte delle nazioni dell'Europa, stato incompatibile co'

Carlo Onofrio Scassa hieß es nun wie folgt zu den Problemen, denen man sich in den besagten drei Provinzen durch die umfassenden Aktivitäten von Räuberbanden ausgesetzt sah, und den besonderen Vollmachten, mit denen Tanucci diesen auszustatten gedachte:

> "La provincia di Montefusco è invasa straordinariamente da uomini facinorosi discorrenti per le campagne e inquietatori delli innocenti sudditi del Re, che non possono liberamente attendere ai loro giusti commerci. L'indifferenza di chi ha ultimamente governata quella montuosa regione, ha reso necessaria una providenza straordinaria. Vostra Signoria in Calabria, in Sicilia, in Napoli, ha dato segni gloriosi della sua costanza, del suo zelo, della sua integrità e d'una singolare attività pel governo de' popoli e per sollievo delle afflitte popolazioni. Ha stimato il Re che sia molto da sperarsi qualora le concedesse un'amplissima potestà di preside, di commissario di campagna e di special delegato a perseguitare ed a punire li scorritori delle campagne della provincia di Montefusco e di quella di Terra di Lavoro e di Salerno che confina con quella provincia, e attualmente gliela concede pienissima sulle squadre dei soldati di campagna delle tre province, su' governatori, su' ministri e su tutte le persone, eccettuati gli ecclesiastici e militari, sicché possa Vostra Signoria prendere, giudicare, punire senza appello qualunque reo. Ordina a tal effetto la M. S. al commissario di campagna, al preside di Salerno, all'udienza di Montefusco, di assisterla. Ordina al commandante de' fucilieri di montagna lo stesso; e lo stesso ai commandanti militari che si troveranno colle lor truppe nelle terre, la cui purgazione se le commette e confida."[414]

Der Umstand, dass gemäß diesem Schreiben Bernardo Tanuccis gerade die Provinz Principato Ultra, über welche die *Regia Udienza* von Montefusco die oberste Jurisdiktion ausübte und sie daher im bürokratisch-administrativen Schriftgut der damaligen Zeit nach ihrem Hauptort Montefusco oftmals einfach nur als Provinz Montefusco bezeichnet wurde, am massivsten von den Aktionen der Räuberbanden betroffen war, hatte seine maßgebliche Ursache darin, dass über deren Gebiet eine aus Apulien kommende Handelsroute (Barletta-Foggia-Neapel) in Richtung der Hauptstadt Neapel verlief, welche sowohl die längste als auch hinsichtlich des tagtäglichen Warenverkehrs die wichtigste befahrbare

---

progressi dell'agricoltura e colla prosperità dei popoli. [...] Or la popolazione languirà sempre, quando languisce l'agricoltura, e l'agricoltura sarà sempre in decadenza, finché la capitale sarà ricca e popolata a spese della desolazione e della miseria delle campagne [...]." Zitiert nach Il Sud nella storia d'Italia, S. 13f. und S. 22. Zur Person Gaetano Filangieris und seinem Wirken siehe Carpanetto, Ricuperato: L'Italia del Settecento, S. 361–371 und Valsecchi: L'Italia nel Settecento dal 1714 al 1788, S. 741ff.

414 Tanucci: Epistolario 1746–1752, Brief Nr. 454, Bernardo Tanucci an Carlo Onofrio Scassa, o. O. 1750, S. 553f.

Handelsstraße innerhalb des das ganze 18. Jahrhundert hindurch unter einer äußerst schlechten infrastrukturellen Erschließung leidenden Königreiches darstellte[415] und sich demzufolge als ein besonders lohnenswertes Ziel anbot. Auch von ihrer Topografie her bot die Provinz Principato Ultra den Räuberbanden einen weitaus günstigeren und weitaus weniger gefährlichen Operationsraum als die großräumig flache und sehr fruchtbare Terra di Lavoro, welche als Provinz die Hauptstadt des festländischen Bourbonenreiches umschloss und in der sich für die dortigen Behörden, d.h. das *Tribunale di Campagna*, allein schon aufgrund der topografischen Gegebenheiten die Verfolgung von Räuberbanden weitaus leichter gestaltet haben dürfte als für diejengen der Nachbarprovinz Principato Ultra. Nicht vergessen werden sollte in diesem Zusammenhang zudem, dass sich gerade das innerhalb des Gebietes der Provinz Principato Ultra gelegene Territorium der päpstlichen Enklave von Benevent schon immer als ein besonderer Flucht- und Sammelpunkt für die Mitglieder von Räuber- und Schmugglerbanden angeboten hatte und dass durch diesen Umstand die Verfolgung dieser Gruppierungen durch die der *Regia Udienza* von Montefusco unterstehenden Kräfte, die sich mit dem päpstlichen Gouverneuren abzustimmen hatten, zusätzlich noch in erheblicher Weise erschwert werden konnte.

Dass allerdings der provinzübergreifenden Mission des Sonderbevollmächtigten Carlo Onofrio Scassa zumindest in der in besonderem Maße von den Aktionen von Räuberbanden heimgesuchten Provinz Principato Ultra offensichtlich kein allzu langfristiger Erfolg beschieden war, zeigen *partes pro toto* schließlich zwei im Jahre 1753 und im Jahr 1754 verfasste Berichte, die von der *Regia Udienza* von Montefusco an Bernardo Tanucci geschickt worden waren und in denen es um die Frage ging, ob festgenommene und eingekerkerte Straßenräuber grundsätzlich zum Tode verurteilt werden sollten oder nicht. In beiden Berichten, und das ist in diesem Zusammenhang von eigentlichem Interesse, beklagte man sich gegenüber dem Staatssekretär zudem über die tagtäglich in der Provinz begangenen Delikte. Im ersten Bericht vom 24. September 1753 beklagte man sich von Seiten der *Regia Udienza* von Montefusco über die „infiniti furti di strada publica, che sfacciatamente commettonsi di notte, e giorno senza verun freno, o timore, anche con omicidj per causa degli stessi furti accaduti"[416], und im zweiten Bericht

415 Macry: Mercato e società nel Regno di Napoli, S. 54.

416 BSNSP, *Manoscritti, Dispacci Reali dal 1732 al 1772*, XXI. D. 12, Nr. CCCCLXXXXIV, Bericht der *Regia Udienza* von Montefusco an die *Segreteria di Stato di Grazia e Giustizia*, Montefusco 24. September 1753, pag. 602.

vom 9. April 1754 über die „tanti altri malviventi, che vi sono in questa Provincia, dove ogni giorno si sentono simili scelerati delitti“[417].

Bei der Ernennung von Sonderbevollmächtigten handelte es sich nicht um die einzige Sondermaßnahme, auf welche man bereits zur Zeit Karls von Bourbon zur Bekämpfung der bereits zahlreicher auftretenden Räuberbanden zurückgriff. Eine weitere und ebenfalls schon im spanischen Vizekönigreich Neapel zur Anwendung gekommene Sondermaßnahme, deren man sich gerade zur Bekämpfung einzelner Banden schon in der Zeit Karls von Bourbon bediente und auf welche man dann auch unter Ferdinand IV. immer wieder zurückgreifen sollte, bestand darin, dass man bereits verhaftete und einsitzende Verbrecher, zu denen auch Banditen zählen konnten, mit dem Versprechen, ihnen einen Straferlass zu gewähren, als ortskundige Führer und Informanten anheuerte. Diese mit den Provinzbehörden zusammenarbeitenden Personen wurden in den diesbezüglichen Dokumenten aus dem Königreich Neapel der frühen Bourbonenzeit üblicherweise als „guidati“ bezeichnet. Damit diese *guidati* für die Zeit ihrer Zusammenarbeit mit den Provinzbehörden vor einer möglichen Strafverfolgung sicher sein konnten, die ihre Tätigkeit hätte behindern können, wurde ihnen ein spezieller Geleitbrief, das sogenannte „guidatico“, ausgestellt, durch welchen ihnen eine einstweilige Immunität zugestanden wurde.[418]

---

417 Ebd., Nr. CCCCLXXXXII, Bericht der *Regia Udienza* von Montefusco an die *Segreteria di Stato di Grazia e Giustizia*, Montefusco 9. April 1754, pag. 599.

418 Das Wörterbuch „Nuovo Vocabolario Dialettale Napoletano“ bietet folgende Definition zum Begriff des „guidato“: „[B]andito munito di *guidàteco*, cioè di uno speciale lasciapassare che gli garantiva l'incolumnità perché potesse 'guidare' la polizia alla cattura della banda dalla quale egli si era dissociato." D'Ascoli: Nuovo Vocabolario Dialettale Napoletano, S. 333. Entgegen dieser Defintion muss jedoch betont werden, dass es sich bei diesen *guidati* keineswegs ausschließlich um Banditen handeln musste, die über die Zusammenarbeit mit den Behörden Verrat an ihren eigenen Banden begingen. Ein Hinweis auf die Anwendung dieser Maßnahme in der Herrschaftszeit Karls von Bourbon findet sich beispielsweise in einem auf den 12. November 1751 datierten und an den *Segretario di Stato di Grazia e Giustizia*, Bernardo Tanucci, gerichteten Schreiben des *preside* von Catanzaro, Niccolò Brancia, in welchem es um die Gewährung der offiziellen Erlaubnis des Königs für den Rückgriff auf die Dienste einiger Delinquenten als *guidati* geht, welche bereits mit vorläufiger Zustimmung dieses *preside* die bewaffneten Kräfte der *Regia Udienza* von Catanzaro bei der Verfolgung einer Bande unterstützten, die sowohl diesseits als auch jenseits der Grenze zwischen den beiden Provinzen Calabria Ultra und Calabria Citra operierte. Wie aus einer auf den 15. Januar 1752 datierten und wahrscheinlich aus der Feder Bernardo Tanuccis stammenden Randbemerkung hervorgeht, stimmte der König diesem Vorgehen zwar zu, beschränkte aber dessen konkrete Laufzeit

Der Rückgriff auf solche *guidati* bot sich den Provinzbehörden gerade deshalb an, weil diese Delinquenten zumeist aufgrund ihrer Herkunft aus derselben Provinz, in der die Verfolgungsmaßnahmen abliefen, die örtlichen Gegebenheiten weitaus besser kannten und idealerweise auch noch über nützliche Kontakte vor Ort verfügten, die ihre eigene Arbeit und die anschließende Ausschaltung der Banden durch die Sicherheitskräfte der *Regie Udienze*, des *Tribunale di Campagna* oder auch der lokalen Gerichtshöfe erheblich erleichtern konnten. Ein besonderes Problem bei diesen *guidati* bestand jedoch gerade darin, dass sie, ausgestattet mit diesem besonderen Geleitschreiben, dem *guidatico,* durchaus auch ein doppeltes Spiel mit den Behörden treiben konnten. Damit die Provinzbehörden bei der Verfolgung der Banden möglichst nicht auf solch ein doppeltes Spiel hereinfallen konnten, bestand die Zentralregierung vor der Gewährung ihrer Zustimmung zum Einsatz dieser Delinquenten als *guidati* darauf, zunächst erst einmal von diesen in ausreichendem Maße über die Person dieser potentiellen Kooperationspartner und deren konkrete Delikte informiert zu werden, woraus man sich ein einigermaßen sicheres Urteil über deren Vertrauenswürdigkeit fällen zu können erhoffte.[419]

Ein besonderes Problem, welches die Behörden schließlich auch in der Zeit Karls von Bourbon beschäftigte, bestand neben der steten Kooperationsbereitschaft von Teilen der Landbevölkerung gegenüber den Banden auch in deren

---

auf zunächst zwei Monate, nach deren Ablauf man dann weitersehen wollte. ASN, *Segreteria di Stato di Grazia e Giustizia*, *Dispacci e Fascicoli*, 38/235, Schreiben des *preside* von Catanzaro, Niccolò Brancia, an die *Segreteria di Stato di Grazia e Giustizia*, Catanzaro 12. November 1751. Zum Mittel des "guidatico" und den Konditionen, an die dessen Vergabe gebunden waren, siehe Feola: Il Tribunale di Campagna, S. 40ff.

419 Auf das Problem des Missbrauchs dieser Sonderstellung von Seiten der *guidati* bezieht sich beispielsweise die *Segreteria di Stato di Grazia e Giustizia* in einer im „Volume delle Circolari" in Abschrift erhaltenen *circolare* vom 22. Januar 1785 an den *preside* von Cosenza und die ihm unterstehende *Regia Udienza*, in welcher es hierzu heißt: „Informato il Re, che delli Presidi, ed Udienze del Regno, senza facoltà, ed in pregiudizio della Giustizia e senza positiva necessità si accordano all'inquisiti i Guidati, de' q[ua]li questi poi ne fanno abuso; Ha risoluto S[ua] M[aestà] che da qui in avanti non si dia alcun Guidato. Ma quando il caso occorra, si debbano riferire le persone, il delitto, e la urgenza, che vi sia, ed indi attenderne il R[ea]l Oracolo; di R[ea]l Ord[in]e partecipo a V[ostra] S[ignoria] I[llustrissima] ed all'Ud[ienz] a questa Sovrana Risoluzione, acciòcche la sappiano, l'eseguano." ASN, *Ministero degli Affari Esteri*, *Volume delle Circolari*, 6911, *circolare* der *Segreteria di Stato di Grazia e Giustizia* an den *preside* von Cosenza, Neapel 22. Januar 1785, fol. 97v–98r.

unmittelbarem Verhältnis zu einzelnen Vertretern des ländlichen Adels und der örtlichen Geistlichkeit, die bekanntermaßen schon in den Jahrhunderten vor der Machtergreifung der spanischen Bourbonen in Süditalien oftmals entweder als Beschützer von Banditen aufgetreten waren oder sich sogar aktiv an deren Aktionen beteiligt hatten[420]. Durch diese aktive Unterstützung einzelner Banden hatte der Adel nicht nur versucht, einen unmittelbaren Nutzen aus deren Raubzügen zu ziehen, sondern er hatte in der Vergangenheit diese Banden auch oftmals in lokalen Machtkämpfen, z.B. gegen rivalisierende Adelsgeschlechter, eingesetzt. Hierbei sei insbesondere noch einmal an den bereits besprochenen Fall des Adeligen Ascanio Colonna aus der Regierungszeit des spanischen Vizekönigs Pedro de Toledo in der ersten Hälfte des 16. Jahrhunderts erinnert.

Allerdings lässt sich die Frage, inwiefern auf diesem Gebiet unter der Herrschaft Karls von Bourbon eindeutige Differenzen oder Kontinuitäten zur Zeit

420 Ein Beispiel für solch einen Geistlichen aus der Zeit der direkten spanischen Herrschaft über das Königreich Neapel findet sich einem auf den 31. Juli des Jahres 1587 datierten und in Rom ausgestellten Schreiben aus dem Privatarchiv der Familie Delfico (AST, *Archivio Privato Delfico*, Pergament Nr. 148), dessen Bestände heutzutage im Staatsarchiv von Teramo aufbewahrt werden. In diesem Schreiben informierte der apostolische Protonotar Augustino Lusano die Bischöfe von Teramo und Ascoli sowie deren Vikare über eine an Papst Sixtus V. gerichtete Bittschrift, in welcher es um die unlauteren Aktivitäten des aus der Familie Delfico stammenden Priesters Fedele Delfico ging, über den darin Folgendes berichtet wurde: „Beatissimo padre nella città di Teramo diocesi aprutina si ritrova un Don Fedele Delfico quale canonico aprutino e se bene è prete da messa et habbi molti beneficii curati esen la cura et incompatibili da molti e molti anni in qua non ha detto mai messa, godendosi l'entrate d'esso canonico e beneficii indebitamente con le quali entrate ha fatto e fa varie, e diverse mercantie et usure pubbliche e manifeste et con esse ha fatto in poco tempo la faculta di venticinque in trentamila scudi et per essere egli ad esso si potente ne l'ordinario suo, ne altri gli ordisse dire niente per il che tuttavia persecueva in detta usura e mercantie con tenere anco la concubina chiamata Chiara qual tiene da venticinque anni in qua dalla quale ne ha havuti due figlioli uno chiamato Sagatia e l'altro Giovan Bernardino qual Giovan Bernardino ha praticato spesso con Banditi quali Banditi detto Don Fedele l'ha ricattati più volte, et esso Don Fedele con esso suo figliolo hanno armato più volte portando pubblicamente la Dagna et Archibugio facendo loro capo di parte et facendo insulti a questo et a quello come del tutto appare per diversi processi contra essi fatti quali non si sono tirati avanti per la grande potenza di detto Don Fedel del quale ognuno ne teme, e facendo bisogno tutti delitti si proveranno di nuovo. Però si ricorre da V. B. humilmente supplicandola accio detti delitti non restino impuniti." Zitiert nach Castracane: Per una storia del brigantaggio in Abruzzo, S. 50.

der vergangenen Herrschaftsträger bestanden haben mögen, aufgrund der für die Zeit dieses ersten Bourbonenherrschers sehr fragmentarischen Quellenlage und des Fehlens von wissenschaftlichen Untersuchungen zu den letzten Jahren der spanischen Herrschaft und der darauffolgenden österreichischen Herrschaft, nicht mit letzter Bestimmtheit beantworten. Im Hinblick auf den Grad an Verwicklung des Provinzadels in die Aktionen von Banditen dürfte jedoch auch auf Basis der sich als erheblich besser darstellenden Quellenlage für die Zeit Ferdinands IV. davon auszugehen sein, dass dessen Unterstützung in der frühen Bourbonenzeit bei Weitem nicht mehr dieselben Dimensionen aufwies wie in den beiden Jahrhunderten der direkten spanischen Herrschaft über das Königreich Neapel oder in der langen Zeit der Herrschaft der Könige und Königinnen aus dem französischstämmigen Haus Anjou, in der Vertreter des Provinzadels sehr häufig auch noch unmittelbar selbst, also im Sinne einer direkten Teilnahme, in die Operationen von Räuberbanden verwickelt gewesen waren oder sogar an deren Spitze gestanden hatten.[421]

Wenngleich sich die Quellenlage zum Problem der Bandendelinquenz im Königreich Karls von Bourbon, im besonderen Maße gerade auch bedingt durch die desaströsen Verluste, die die Bestände der *Regie Udienze* im Laufe des 19. Jahrhunderts erlitten haben, insgesamt sehr dürftig darstellt, so vermitteln zumindest zwei aus dem Bestand der „Bozze di Consulta" der *Real Camera di Santa Chiara* stammende Beispiele aus der Provinz Abruzzo Ultra II des Jahres 1746 und

421 Für das angevinische Königreich Neapel des 14. Jahrhunderts siehe beispielsweise die aufgeführten Fälle in in Vitolo: Il Regno angioino, S. 71. Das *de facto* einzige Beispiel dafür, dass es im Königreich Neapel der frühen Bourbonenzeit auch Vertreter des Provinzadels gab, die sich nicht nur mit der Rolle des Beschützers begnügten, sondern sich unmittelbar selbst, also im Sinne einer physischen Präsenz, an den kriminellen Aktivitäten von Banden beteiligten, bietet Maiorini in ihrem Beitrag „Presidi e brigantaggio tra prassi giuridica e azione militare. La dialettica dei metodi di repressione nel Regno di Napoli del primo periodo borbonico", in welchem sie Folgendes zu den Personen schrieb, aus denen sich zahlreiche kalabrische Räuber- und Schmugglerbanden zusammensetzten, die in den 1770er Jahren nicht nur die beiden kalabrischen Provinzen Calabria Citra und Calabria Ultra heimsuchten, sondern darüber hinaus auch die Provinzen Principato Ultra, Basilikata, Capitanata, Terra di Bari und Terra d'Otranto: „Esse (d. h. die Banden-d. V.) risultavano composte di intere famiglie, spesso nobili, e inoltre ecclesiastici, e civili, oltre che di molti evasi [...]." Maiorini: Presidi e brigantaggio tra prassi giuridica e azione militare, S. 168. Allerdings finden sich keinerlei Anhaltspunkte zu den Motiven, die diese Adeligen dazu verleiteten, unmittelbar selbst an den Aktionen der Banden teilzunehmen.

aus der Provinz Calabria Ultra des Jahres 1755 einen allerdings stark lokal und zeitlich begrenzten Einblick in das Problem der Unterstützung von Räuberbanden von Seiten des niederen ländlichen Klerus und des grundbesitzenden Adels, der auf lokaler Ebene über erhebliche jurisdiktionelle Sonderrechte verfügte. In einem dieser beiden Beispiele, und zwar dem ersteren aus der Provinz Abruzzo Ultra II, findet sich zudem ein Hinweis auf die diesbezüglichen Aktivitäten einer weiteren Gruppe innerhalb der ländlichen Gesellschaft des frühbourbonischen Königreiches Neapel, deren Herausbildung im 18. Jahrhundert begonnen hatte und welche die Keimzelle des später noch weiter anwachsenden grundbesitzenden Bürgertums in den ländlichen Regionen des Bourbonenstaates bildete. Die Rede ist hier von einer in den Quellen üblicherweise als „galantuomini" oder „persone prepotenti" bezeichneten Gruppe wohlhabender Landbewohner, die bereits im Königreich Neapel der frühen Bourbonenzeit auf lokaler Ebene bewusst in Konkurrenz zum alteingesessenen Landadel auftrat und sich besonders in der Zeit Ferdinands IV., für die sich die Quellenlage weitaus besser darstellt, fast durchgehend dem Vorwurf ausgesetzt sah, über engere Kontakte zu Räuberbanden zu verfügen und deren Aktivitäten maßgeblich zu fördern.

Bei dem ersten Beispiel, in welchem sowohl die Aktivitäten eines Vertreters des niederen Landklerus als auch diejenigen einiger dieser „galantuomini" eine Erwähnung finden, handelt es sich um fünf im Zeitraum zwischen dem 23. Mai und 8. Juni 1746 verfasste und von Seiten der *Regia Udienza* von Aquila an die *Segreteria di Stato di Grazia e Giustizia* Bernardo Tanuccis in Neapel zugesandte Korrespondenzen[422], in denen es im Kern um die fortlaufenden Schwierigkeiten geht, welche die Behörden der Provinz Abruzzo Ultra II mit einer Gruppe von Banditen hatten, die aus dem Kirchenstaat in die Abruzzenregion eingedrungen war und nunmehr die Gegend um die Ortschaft Introdacqua in Unruhe versetzte.

422 ASN, *Real Camera di Santa Chiara, Bozze di Consulta*, 117/72. Diese Berichte datieren vom 23. Mai, zweimal vom 28. Mai, vom 4. Juni und schließlich vom 8. Juni 1746. Außer dem am 23. Mai 1746 in Introdacqua verfassten Bericht Antonio Mequinels bzw. Mechinels, wie sein Nachname auf Italienisch geschrieben wird, des Befehlshabers der im Raum Introdacqua operierenden bewaffneten Kräfte der *Regia Udienza* von Aquila, stammen fast alle übrigen Berichte von Joseph de Litala, dem *preside* von Aquila, und seinen drei Mitarbeitern, dem *uditore* Gaspare Campanile, dem *uditore* Giovanni Tommaso del Tufo und dem *avvocato fiscale* Giovanni d'Alessandro. Was an zweien der Berichte, und zwar einem derjenigen de Litalas vom 28. Mai 1746, der als einziger nicht die Unterschriften seiner drei Mitarbeiter trägt, und demjenigen Antonio Mequinels, zudem noch ins Auge fällt, ist, dass diese auf Spanisch verfasst wurden.

Dabei erfuhren diese Banditen sowohl von Seiten der dortigen lokalen Eliten als auch von Seiten eines einzelnen Klerikers eine besondere Unterstützung, derentwegen die Verfolgung dieser mutmaßlichen Delinquenten durch die von der *Regia Udienza* von Aquila in diese Gegend entsandten Einheiten erheblich behindert wurde. Daher sahen sich der *preside* von Aquila, Joseph de Litala, und seine Mitarbeiter auf Anregung Antonio Mequinels, des Oberbefehlshabers der im Raum Introdacqua operierenden Soldaten, dazu veranlasst, in ihrem Schreiben vom 4. Juni der Regierung in Neapel den Vorschlag zu unterbreiten, die Bewohner von Introdacqua und deren Umgebung zu entwaffnen[423], um dadurch die Verfolgung der Banditen zu erleichtern, worüber wiederum die *Real Camera di Santa Chiara* zu befinden hatte. Ob sie dies schließlich auch tun sollte oder nicht, muss aber aufgrund des Fehlens des Ratschlusses der Kammer offen bleiben. Fest steht zumindest, dass die *Real Camera di Santa Chiara* von Seiten des *Segretario di Stato di Grazia e Giustizia* Bernardo Tanucci in einem *dispaccio* vom 12. Juni, welches sich am Ende der besagten fünf Berichte befindet, über den Vorschlag der *Regia Udienza* von Aquila informiert worden war und nun über diesen zu befinden hatte.[424]

Bei den Vertretern der lokalen Eliten, die die Bande unterstützten, soll es sich laut dem Bericht des Befehlshabers der *squadre di campagne* der *Regia Udienza* im Raum Introdacqua, Antonio Mequinels, vom 23. Mai 1746 um „20 familias de los bien estantes“[425] aus der Stadt Introdacqua gehandelt haben. Obgleich keine weiteren Angaben zu diesen Familien gemacht werden, ist davon auszugehen, dass es sich bei ihnen weniger um adelige Familien gehandelt haben dürfte, als vielmehr um wohlhabende Bewohner der Stadt Introdacqua, die diesen Banditen ihre Unterstützung zuteil werden ließen. Genauer ist man dagegen bei der Nennung des Klerikers, der den aus dem Kirchenstaat eingesickerten Banditen Unterstützung zukommen ließ und es ihnen ermöglicht hatte, in die Berge um Introdacqua zu entkommen und sich dort zu verstecken. Bei diesem Geistlichen handelte es sich gemäß dem auf Spanisch verfassten Bericht des *preside* Joseph de Litala vom 28. Mai 1746 um den als „mal sacerdote“[426] bezeichneten Eustachio Ferri. Laut dem Bericht de Litalas und seiner Mitarbeiter vom 8. Juni 1746

423 Ebd.

424 Ebd., *dispaccio* des *Segretario di Stato di Grazia e Giustizia*, Bernardo Tanucci, an die *Real Camera di Santa Chiara*, Neapel 12. Juni 1746.

425 Ebd., Bericht Antonio Mequinels an den *preside* von Aquila, Joseph de Litala, Introdacqua 23. Mai 1746.

426 Ebd., Bericht des *preside* von Aquila, Joseph de Litala, an die *Segreteria di Stato di Grazia e Giustizia*, Aquila 28. Mai 1746.

sollen sich die besagten Banditen des Öfteren im Hause dieses Priesters aufgehalten haben, mit diesem durch das Gebiet Introdacquas gezogen sein und ihm schließlich auch bei irgendwelchen Streitigkeiten mit Bewohnern Introdacquas zur Seite gestanden haben.[427]

Da der Klerus im Königreich Neapel nicht der Rechtssprechung des Staates, sondern derjenigen der Kirche selbst unterstand, und die königlichen Behörden in Aquila diesen Kleriker daher nicht ohne Weiteres festnehmen konnten, ohne sich vorher mit der Kirche abgestimmt zu haben, richtete sich schließlich der *preside* von Aquila in einem Schreiben an den Bischof von Sulmona, wie er in seinem Bericht vom 28. Mai angab, und bat diesen darum, in dieser Sache als Vermittler zu wirken.[428] Diesem Ansinnen kam laut dem Bericht Joseph de Litalas und seiner drei Mitarbeiter vom 4. Juni 1746 der Bischof von Sulmona auch nach, so dass Eustachio Ferri die Gegend um Introdacqua in Richtung Sulmona verließ, um sich in die Hände der königlichen Behörden in der Provinzhauptstadt Aquila zu begeben.[429] Auch die weltlichen Beschützer der Banditen, jene „20 familias de los bien estantes“[430], wie sie Antonio Mequinel in seinem Bericht vom 23. Mai 1746 bezeichnet hatte, sollten laut dem Bericht de Litalas und seiner Mitarbeiter vom 4. Juni 1746 für ihr Verhalten juristisch zur Rechenschaft gezogen werden.[431]

Bei dem zweiten Beispiel, dessen Gegenstand u. a. auch das unmittelbare Verhältnis zwischen den kalabrischen Baronen und den Räuberbanden in den letzten Jahren der Regierung Karls von Bourbon ist, geht es im Konkreten um eine

427 Ebd., Bericht des *preside* von Aquila, Joseph de Litala, und seiner Mitarbeiter an die *Segreteria di Stato di Grazia e Giustizia*, Aquila 8. Juni 1746.

428 Ebd., Bericht des *preside* von Aquila an die *Segreteria di Stato di Grazia e Giustizia*, Aquila 28. Mai 1746.

429 Ebd., Bericht des *preside* von Aquila, Joseph de Litala, und seiner Mitarbeiter an die *Segreteria di Stato di Grazia e Giustizia*, Aquila 4. Juni 1746.

430 Ebd., Bericht Antonio Mequinels an den *preside* von Aquila, Joseph de Litala, Introdacqua 23. Mai 1746.

431 Ebd., Bericht des *preside* von Aquila, Joseph de Litala, und seiner Mitarbeiter an die *Segreteria di Stato di Grazia e Giustizia*, Aquila 4. Mai 1746. Einen Einblick in den Zustand der öffentlichen Ordnung und Sicherheit in einer weiteren der insgesamt drei abruzzesischen Provinzen, der Provinz Abruzzo Ultra I, in der zweiten Hälfte der Herrschaftszeit Karls von Bourbon (1744–1759) sowie den auf diesem Gebiet existenten Problemen vermitteln die zwischen 1744 und 1759 ausgestellten und in Abschrift erhaltenen königlichen *dispacci* in AST, *Regia Udienza di Teramo*, *Registri dei Dispacci Reali*, 17/74–75.

am 16. Juni 1755[432] über die *Segreteria di Stato di Grazia e Giustizia* bei der *Real Camera di Santa Chiara* eingegangene Anfrage des *preside* von Catanzaro, der sich in einem seiner Berichte, die an die *Segreteria di Stato di Grazia e Giustizia* geschickt worden waren, im Hinblick auf die öffentliche Ordnung und Sicherheit in seinem Jurisdiktionsbereich wie so viele andere Vertreter des neapolitanischen Herrschaftsapparates in den Provinzen darüber beklagt hatte, dass "non ostante le sovrane reali Providenze date per l'estirpazione de malviventi, erano più che mai frequenti gli assassinj, ed omicidj, che si commettono"[433].

Im Kern dieser an die *Real Camera di Santa Chiara* weitergereichten Anfrage des *preside* von Catanzaro ging es zum einen um das konkrete Vorgehen der Behörden vor Ort gegen nicht ortsansässige Personen, zu denen sowohl Händler als auch vagierende Menschen zählen konnten, die man nunmehr verstärkter kontrollieren und gegebenenfalls leichter inhaftieren wollte, und zum anderen, und dies ist an dieser Stelle von eigentlichem Interesse, ging es auch um das konkrete Vorgehen gegen Barone und die ihnen unterstehenden Ordnungskräfte, die es entweder an Engagement bei der Bekämpfung der Kriminalität im Jurisdiktionsbereich der *Regia Udienza* von Catanzaro fehlen ließen oder Banditen, die sich in ihrem Jurisdiktionsbereich aufhielten, womöglich deckten oder zumindest tolerierten.

Ein besonderes Problem hierbei waren gerade korrumpierbare Ordnungskräfte, die an den baronalen Gerichtshöfen arbeiteten und gegebenenfalls von den Aktionen solcher Banden profitierten, wenn nicht sogar diesen heimlich angehörten. Die Barone sollten daher, so lautete der Vorschlag des *preside*, für die Missetaten, die auf dem Territorium ihrer *università* begangen worden und denen sie nach Meinung des *preside* nicht, wie es ihnen eigentlich hätte obliegen sollen, zur Genüge nachgegangen waren, in die juristische Verantwortung genommen werden. Zum Zwecke der besseren Aufrechterhaltung der öffentlichen Ordnung und Sicherheit wollte daher der *preside* von Catanzaro das Plazet Neapels, um diese beiden Maßnahmen in die Wege leiten zu können.[434]

Über diese Vorschläge sollten nunmehr die Mitglieder der *Real Camera di Santa Chiara* beraten und ihren Ratschluss über die *Segreteria di Stato di Grazia*

432 ASN, *Real Camera di Santa Chiara, Bozze di Consulta*, 199/14, *bozza di consulta* der *Real Camera di Santa Chiara*, Neapel Juni 1755.

433 Ebd. Der Originalbericht des *preside* von Catanzaro, dessen Abfassungsdatum zudem ungenannt bleibt, befindet sich allerdings nicht unter den diesbezüglichen Schriftstücken. Es handelt sich hier vielmehr um eine Zusammenfassung von dessen Inhalt, die dem Ratschluss der *Real Camera di Santa Chiara* vorangestellt ist.

434 Ebd.

e Giustizia dem *preside* von Catanzaro zukommen lassen. Laut dem noch im gleichen Monat gefällten und in einer *bozza di consulta* enthaltenen Ratschluss[435] der *Real Camera di Santa Chiara* erteilte man aber dem Ansinnen des *preside* eine deutliche Absage. Die Ablehnung des ersten Vorschlages begründete die *Real Camera di Santa Chiara* damit, dass diese Maßnahme nur noch für weitere Unruhe sorgen könnte, den Handelsverkehr beeinträchtigen würde und zudem noch die Gefahr des Missbrauchs durch Vertreter der lokalen Justiz bestünde, was sich darin hätte äußern können, dass man beispielsweise von Händlern und Kaufleuten unter der Drohung, sie gegebenenfalls einzusperren, Geld hätte abpressen können. Im Hinblick auf das Vorgehen gegen nicht ortsansässige Personen, die auch unter jenen „forestieri" rubriziert werden konnten, empfahl die *Real Camera di Santa Chiara* dem *preside*, sich an den Bestimmungen der unter dem Titel aufgeführten Pragmatiken „De vagabundis seu erroneis" zu orientieren. Den zweiten Vorschlag des *preside* lehnte man mit der Begründung ab, dass dieser „portarebbe degli sconcerti assai peggiori del primo; perciocche si vedrebbero esposti i Baroni, ad aggravj, ed inquietudini continue senza colpa alcuna."[436]

Diese letztere Entscheidung der *Real Camera di Santa Chiara* lässt sich aber auch durchaus dahingehend deuten, dass man in Neapel nicht unbedingt daran interessiert war, es auf Friktionen mit den Baronen ankommen zu lassen und diese mit solch einer Maßnahme gegebenenfalls gegen sich aufzubringen, da man oftmals, auch in Ermangelung eigener Kräfte in den Provinzen, auf diese und die ihnen unterstehenden Kräfte bei der Aufrechterhaltung der öffentlichen Ordnung und Sicherheit angewiesen war. Für die zum Großteil von Gebirgen durchzogene und daher besonders schwierig unter Kontrolle zu haltende Provinz Calabria Ultra kam schließlich noch hinzu, dass es für die gesamte Region nur eine einzige *Regia Udienza* mit Sitz in der Stadt Catanzaro gab. Somit wäre solch eine Maßnahme gegen die kalabrischen Barone wohl im Interesse Neapels eher kontraproduktiv gewesen. Sollte der *preside* allerdings sichere Kenntnis davon bekommen, so die *Real Camera di Santa Chiara* am Ende ihres Ratschlusses, dass bestimmte für einen baronalen Gerichtshof arbeitende Ordnungskräfte mit Banditen kooperierten, wozu auch schon Mitwisserschaft zählte, so sollte er mit der vollen Härte des Gesetzes gegen diese vorgehen.[437]

Im Hinblick auf die den Baronen unterstehenden Sicherheitskräfte existierte nicht nur das Problem, dass sie oftmals im Verdacht standen, mit Räuberbanden

---

435 Ebd.
436 Ebd.
437 Ebd.

gemeinsame Sache zu machen, sondern dass sie in Analogie zu den den *Regie Udienze* unterstehenden Kräften auf der höheren bürokratisch-administrativen Ebene oftmals von ihrer Zahl her bei Weitem nicht ausreichten, um die Ordnung und Sicherheit in ihrem jeweiligen Zuweisungsraum effektiv unter Kontrolle zu halten. Darauf, dass durch diesen Mangel auch den Aktionen von Räuberbanden erheblich Vorschub geleistet wurde, wird *expressis verbis* in einem *dispaccio* Bernardo Tanuccis vom 1. Januar des Jahres 1755 an den *preside* von Catanzaro hingewiesen, in welchem Tanucci diesen anwies, den in der Provinz Calabria Ultra über eine besonders starke Stellung verfügenden Baronen mitzuteilen, dass sie auf ihren Lehnsgebieten eine ausreichende Zahl bewaffneter Männer unterhalten sollen, denn „uno de los p[rincipa]les motivos de las frequentes uniones de malvivientes sea el no tenerse por los Barones numero sufficiente de soldatos segun la estencion de sus Respe[cti]vos Feudos“[438].

Wie hinlänglich bekannt sein dürfte, zeigte letzten Endes das Regime Karls von Bourbon trotz aller propagandistischen Rhetorik von einem völligen Neuanfang jedoch kein wirkliches beständiges Interesse daran, die schwerwiegenden sozialen und ökonomischen Probleme in den ländlichen Regionen des Königreiches Neapel in substanzieller Weise zu lösen, und scheiterte insgesamt u.a. auch aufgrund des Widerstandes der lokalen Eliten in seinen Bemühungen, die Position der königlichen Regierung in den Provinzen durch einen möglichen Ausbau der dort vorhandenen, aber insgesamt schwach ausgeprägten Herrschaftsstrukturen zu stärken. Es blieb hier vielmehr alles beim Alten. Dem aufgeblähten Justiz- und Verwaltungsapparat in der Hauptstadt Neapel stand in den Provinzen ein auch im Hinblick auf die personelle Besetzung nur schwaches Pendant gegenüber, welches immer wieder Probleme dabei hatte, die ihm obliegenden Aufgaben zu bewältigen. Diese Problematik fand dann auch immer wieder in den Korrespondenzen ihren Ausdruck, die man aus den Provinzen in die Hauptstadt Neapel schickte. Daher mag es nicht überraschen, dass auch das Banditenwesen als ein wesentlicher Ausdruck der zahlreichen sozialen, wirtschaftlichen und insgesamt strukturellen Unzulänglichkeiten in den ländlichen Regionen des Königreiches Neapel der frühen Bourbonenzeit nicht einfach verschwand, sondern weiter existieren konnte und in den auf die Herrschaft Karls von Bourbon folgenden Jahrzehnten sich sogar noch erheblich verstärken sollte.

---

438 BSNSP, *Manoscritti, Dispacci Reali dal 1732 al 1772*, XXI. D. 12, Nr. CCCXCIX, *dispaccio* Bernardo Tanuccis an den *preside* von Catanzaro, Neapel 1. Januar 1755, pag. 450.

Allerdings ließ sich in den verschiedenen für diese Untersuchung zugänglichen Quellenbeständen kein überzeugender und vor allem auch wortwörtlicher und somit handfester Beleg dafür finden, dass, wie Maiorini in ihrem Aufsatz ausführte, das neue Regime unter Karl von Bourbon in den ersten Jahren seines Bestehens wirklich bewusst versucht hätte, die Existenz von Banden auf dem Territorium des Königreiches ostentativ in Abrede zu stellen und darüber mehr oder weniger einen Schleier des Schweigens zu legen, weil diese schon seit Jahrhunderten bestehende Plage nicht so recht zu dem von den neuen Herrschaftsträgern propagierten völligen politischen Neuanfang gepasst hätte. Wenn das neue Regime Karls von Bourbon in den ersten Jahren seines Bestehens allem Anschein nach noch kein größeres Engagement bei der Bekämpfung des ländlichen Banditenwesens zeigte, so kann dies insbesondere darin begründet gewesen sein, dass es sich erst einmal nach innen und nach außen festigen musste und das schon seit Jahrhunderten bestehende Problem des Banditenwesens, welches auch bedingt durch das harte Durchgreifen des spanischen Vizekönigs del Carpio in den Jahren 1683 und 1684, dafür sprechen die Angaben in einigen aus dem Zeitraum zwischen 1684 und 1734 stammenden Dokumenten, sowie zusätzlich noch bedingt durch die sich insgesamt positiv darstellende wirtschaftliche Entwicklung, die auch die Produktion von Agrargütern miteinschloss und bereits in den letzten Jahren der österreichischen Herrschaft ihren Anfang genommen hatte, vorübergehend nicht diejenigen besorgniserregenden Ausmaße aufwies, die es noch vor dem entschlossenen Einschreiten del Carpios besessen hatte. Daher mag es wenig überraschen, dass die Aktivitäten von Räuberbanden von Seiten der neapolitanischen Zentralregierung als ein zunächst noch eher zweitrangiges innenpolitisches Problem abgetan wurden, gegen welches man mit den gewohnten Mitteln der Repression vorging und sich zunächst noch nicht dazu genötigt sah, zu umfassenderen Maßnahmen zu greifen.

Wirkliche Klarheit und Eindeutigkeit in Bezug auf diese These würden allerdings erst Untersuchungen zum Banditenwesen in den letzten beiden Jahrzehnten der spanischen Herrschaft über das Königreich Neapel (1687–1707) und der Zeit der von 1707 bis 1734 dauernden österreichischen Herrschaft bringen, welche jedoch bisher ein Desiderat der Forschung geblieben sind. Zudem ließ sich in Anbetracht der positiven ökonomischen Entwicklungen im Königreich Neapel Karls von Bourbon keine wirklich stichhaltige Erklärung für die erneute erhebliche Zunahme des Banditenwesens in den Provinzen finden, dessen Ausmaße schließlich in den 1750er Jahren bereits ein massives und provinzübergreifendes Eingreifen von Seiten der Zentralregierung unumgänglich erscheinen ließen. Letzten Endes kann hierzu nur soviel gesagt werden, als dass sich das Gleichgewicht zwischen dem mit dem ökonomischen Wachstum einhergehenden demografischen Wachstum auf der einen und der Produktion von Nahrungsmitteln im Agrarsektor auf der anderen Seite trotz des Ausbleibens wirklich schwerwiegender Disproportionalitäten zwischen beiden Faktoren eher als ein im Großen und Ganzen noch relatives und in manchen Jahren ungünstig ausfallender Ernten, wie 1742–1743, auch spürbaren Schwankungen unterliegendes Gleichgewicht erwies[439] und dass trotz der positiven gesamtwirtschaftlichen Entwicklung in der Zeit Karls von Bourbon sich an den schlechten Lebensbedingungen des überwiegenden Teils der ländlich-bäuerlichen Bevölkerung der Provinzen kaum etwas zum Besseren hin änderte.

1.3 Das Banditenwesen in der ersten Phase der Herrschaft Ferdinands IV. (1759–1799) im Zeichen einer Eskalation sowie steigenden Machtlosigkeit der Zentralregierung und der Provinzbehörden

Während das Regime Karls von Bourbon in den ersten Jahren vor dem Ausbruch des Österreichischen Erfolgekrieges und dessen Auswirkungen auf den Zustand der öffentlichen Ordnung und Sicherheit in den Provinzen des Königreiches Neapel zunächst ohne größeres Engagement dem Problem der Banditenwesens gegenüberstand und sich schließlich erst allmählich in den Jahren nach dem Ende des Krieges und der Entlassung des ersten Staatssekretärs José Joaquín Guzmán de Montealegre zur Aufnahme einer konsequenteren Politik aufzuraffen vermochte, so stand schließlich die erste Phase der Herrschaft Ferdinands IV. bis 1799 deutlich im Zeichen einer weiteren Verschärfung dieses Problems und einer immer weiter ansteigenden Machtlosigkeit der Zentralregierung in Neapel und deren Repräsentanten in den Provinzen im Hinblick auf die gegen die zahllosen Banden zu treffenden Maßnahmen. Den Höhepunkt der sich immer weiter verschlechternden Lage der öffentlichen Ordnung und Sicherheit in den Provinzen des Königreiches Neapel im 18. Jahrhundert bildeten die politischen, sozialen und militärischen Ereignisse des Jahres 1799, in welchem es bedingt durch die bürgerkriegsartigen Auseinandersetzungen zu einem völligen Zusammenbruch der öffentlichen Ordnung und Sicherheit in den Provinzen kam und dort mehr oder weniger offene anarchische Zustände herrschten, die in zahllosen Gewaltexzessen ihren Ausdruck fanden. In der ersten Phase der Herrschaft Ferdinands IV. wurde das Königreich Neapel von insgesamt drei schweren Krisen erfasst, die, wenngleich sich die zweite auf die Provinz Calabria Ultra beschränkte, zu einer deutlichen Verschärfung des Problems des Banditenwesens in den Provinzen des Königreiches führten. Bei diesen schweren Krisen handelte es

439 Macry: Mercato e società nel Regno di Napoli, S. 394.

sich um die große Hungerskatastrophe des Jahres 1764, in dem eine Agrarkrise, die bereits 1759 begonnen hatte, ihren Kulminationspunkt erreichte[440], das schwere Erdbeben des Jahres 1783, das die Provinz Calabria Ultra und den Raum Messina erfasste und dort schwerste Schäden anrichtete, sowie die eben angesprochenen revolutionären Ereignisse der Jahre 1798 und 1799.

Wenngleich die Zentralregierung in Neapel und die Behörden in den Provinzen beständig versuchten, gegen die scheinbar immer besorgniserregenderen Auswüchse der ländlichen Bandenkriminalität vorzugehen, führten alle in die Wege geleiteten Maßnahmen in einem Zeitraum von vier Jahrzehnten zu keiner wirklich nachweisbaren Verbesserung der Lage. Vielmehr lässt sich aus der Einsicht in das aus dem letzten Drittel des 18. Jahrhunderts stammende bürokratisch-administrative Schriftgut der Eindruck gewinnen, dass in Anbetracht der fortwährend desaströsen Lage der öffentlichen Ordnung und Sicherheit in den Provinzen und der allzu offensichtlichen Hilflosigkeit der Zentralregierung und der Provinzbehörden in ihren Versuchen, daran etwas nachhaltig zu ändern, hier bereits für die Zeit vor dem erstmaligen Zusammenbruch des Bourbonenregimes im Dezember des Jahres 1798 von einer seit Längerem bestehenden Ausnahmesituation gesprochen werden kann.

Auch aufgrund des Fehlens diesbezüglicher Untersuchungen für das Königreich Neapel des 18. Jahrhunderts lässt sich die Frage nach den grundlegenden Ursachen für die erhebliche Zunahme des Problems der Bandenkriminalität in den Provinzen in der zweiten Phase der Herrschaft Karls von Bourbon und schließlich dessen allzu offensichtlicher Eskalation in der ersten Phase der Herrschaft Ferdinands IV. nicht mit wirklich letzter Bestimmtheit beantworten. Eine Basis für eine Erklärung der Entwicklungen im Bereich der Bandendelinquenz zumindest für die erste Phase der Herrschaft Ferdinands IV. bietet der Umstand, dass es in den europäischen Ländern besonders der zweiten Hälfte der 18. Jahrhunderts und gleichfalls im Königreich Neapel zu einem erheblichen Bevölkerungswachstum kam[441], mit dem die Nahrungsmittelproduktion in den Provinzen des

440 Hierzu ebd., S. 313–319.

441 Siehe hierzu die Ausführungen George Rudés im Kapitel „Paesi e popolazione" in Rudé: L'Europa del Settecento, S. 9–26. Zum Einfluss der beiden Faktoren der demografischen und ökonomischen Entwicklung auf die Entstehung von Kriminalität in den frühneuzeitlichen Staaten Europas siehe zudem Weisser: Crime and Punishment in Early Modern Europe, S. 107–113. Von besonderem Interesse für eine Erklärung der unterschiedlichen Intensität, welche die Bandenkriminalität in der Herrschaftszeit Karls von Bourbon im Gegensatz zu derjenigen seines Sohnes und Nachfolgers, Ferdinand IV., noch besessen hatte, sind die Ausführungen Weissers zu dem

bourbonischen Königreiches und der damit auf das engste verbundene Umfang der sich im Sektor der Landwirtschaft ergebenden Verdienstmöglichkeiten wiederholt nicht mitzuhalten vermochten. Diese in der ersten Phase der Herrschaft Ferdinands IV. und im Gegensatz zu derjenigen seines Vaters Karl von Bourbon wiederholt in aller Deutlichkeit auftretende Disproportionalität zwischen demografischem Wachstum und landwirtschaftlicher Gütererzeugung sowie den sich auf diesem Feld bietenden Verdienstmöglichkeiten dürfte neben kurzfristig auftretenden natürlichen Faktoren, wie Überschwemmungen und Dürren, zum einen darin eine ihrer maßgeblichen Ursachen gehabt haben, dass sich die landwirtschaftlichen Produktionsformen in den Provinzen trotz gewisser diesbezüglicher Nuancierungen im Großen und Ganzen als erheblich rückständig und somit ineffizient darstellten. Zum anderen dürfte sie eine weitere Ursache darin gehabt haben, dass es im festländischen Süditalien ganze Regionen gab, in denen sich nicht nur aufgrund der topografischen und klimatischen Gegebenheiten eingeschränkt Ackerbau und Viehzucht betreiben ließen, sondern in denen sich auch zum erheblichen Nachteil der dortigen wirtschaftlichen Entwicklung aufgrund der schlechten Infrastrukur der Handels- und Personenverkehr zwischen den

unmittelbaren Verhältnis zwischen einem erhöhten demografischen Wachstum, mit dem gerade in der zweiten Hälfte des 18. Jahrhunderts auch in anderen europäischen Ländern die wirtschaftliche Entwicklung nicht mehr mitzuhalten vermochte, und es somit zu einem beträchtlichen Anstieg von Verarmung und Kriminalität kam. So schrieb Weisser u. a. auch in besonderer Bezugnahme auf die Lage in Großbritannien zu diesen Entwicklungen im Europa des 18. Jahrhunderts, dass „[t]he ‚first cause' of crime in both the early and later period was population growth. In the earlier period we saw that population movements – numerical and geographical – were crucial elements in the shaping of early modern European crime. If anything this factor would become even more important as the period wore on. For not only did population levels change even more dramatically than ever before but the geographical mobility of the European population would continually increase in numbers and scope. […] The result of that development had been both the appearance of many more persons and an enormous increase in the size of the poor population. To a certain degree economic growth had alleviated some of the more immediate problems caused by overpopulation. But during the course of the eighteenth century, the positive effects of economic development were diminished by inexorable population pressure. During the first half of the eighteenth century population rose slowly in England and on the continent, resulting in a stabilisation of the condition of the lower classes. However from 1750 to the end of the century this situation began to change. Although the situation in England was less extreme, in Europe the living standards of the lower classes declined during this period and the poor appeared, both absolutely and relatively, more numerous than ever before." Ebd., S. 108f.

verschiedenen Ortschaften äußerst schwierig gestaltete und sich demzufolge die Bewohnerschaft dieser Regionen in erheblichem Maße auch nach anderen Möglichkeiten der Existenzsicherung umsehen musste.[442] Eine besondere Virulenz besaß dieses Problem gerade in solchen isoliert liegenden und ökonomisch schwächeren Regionen, wie den Abruzzen, Kalabrien und der Basilikata, in welchen sich die Verdienstmöglichkeiten in der aufgrund des Mangels an kultivierbaren Böden deutlich kleinflächiger betriebenen Landwirtschaft nur als sehr begrenzt erwiesen, so dass sich deren Bewohnerschaft Jahr auf Jahr immer wieder genötigt sah, als Tagelöhner auf der Suche nach Arbeit in wirtschaftlich produktivere und dynamischere Provinzen, wie die Capitanata, die Terra di Bari, die Terra di Lavoro oder das Principato Ultra, auszuweichen, welche aber besonders in Zeiten mittelmäßiger und schlechter Ernten, bei denen gerade die sich allgemein als ungünstig darstellenden klimatischen Bedingungen mit kühlen Sommern und sehr kalten Wintern, wie in Europa zwischen den Jahren 1765 und 1820[443], eine entscheidende Rolle spielten, kaum die bestehende Nachfrage nach Arbeit in befriedigender Weise abzudecken vermochten.

An dieser extremen Rückständigkeit der Landwirtschaft im Königreich Neapel des 18. Jahrhunderts vermochte selbst der Umstand nichts zu ändern, dass der Grundbesitz der sich in einem steten Wachstum befindenden neuen sozialen Schicht des Landbürgertums nach und nach zunahm. Wie schon der grundbesitzende Adel, so griffen auch diese *galantuomini* zur Bewirtschaftung ihres Grund und Bodens gleichfalls auf die dort lebenden Bauern und auf die Tausende von Tagelöhnern zurück, welche die Provinzen auf der Suche nach Subsistenzmöglichkeiten durchzogen, und zeigten darüber hinaus kein gesondertes Interesse an einer Modernisierung der in der Landwirtschaft angewendeten Produktionsmethoden. Gerade in Anbetracht dieser erheblichen Bevölkerungszunahme in der zweiten Hälfte des 18. Jahrhunderts, der auf der anderen Seite ein nicht ausreichender Spielraum für die Nahrungsmittelproduktion und Arbeitsmöglichkeiten in diesem Bereich entgegenstanden, mag es nicht sonderlich überraschend erscheinen, dass es in dieser Zeit nicht nur zu einem außerordentlichen Anwachsen der Kriminalität in den Provinzen kam, sondern auch zu einer beträchtlichen Zunahme

---

442 Zu diesen Problemen siehe Candeloro: Le origini del Risorgimento, S. 141f., welcher auf Seite 141 in Bezugnahme auf das Königreich Neapel zu dieser Disproportionalität zwischen Bevölkerungswachstum und Nahrungsmittelproduktion, wie sie gerade in der ersten Phase der Herrschaft Ferdinands IV. gehäuft auftrat, schrieb: “Relativamente scarso sembra che sia stato l’aumento complessivo della produzione, soprattutto se si tiene conto dell’aumento costante e notevole della popolazione”.

443 Rheinheimer: Arme, Bettler und Vaganten, S. 20.

von Auseinandersetzungen, die sich um die Benutzung und Erschließung von kultivierbaren Böden drehten. Diese Auseinandersetzungen, die schon im Verlauf der 1770er Jahre eingesetzt hatten und eine besondere Dimension gerade in den letzten zwei Dezennien des 18. Jahrhunderts erreichen sollten, entzündeten sich zwischen den Baronen und der ländlichen Bevölkerung, zwischen den Baronen und dem neuen Stand der *galantuomini* oder auch zwischen den Baronen und den *galantuomini* auf der einen und der bäuerlichen Bevölkerung auf der anderen Seite, die sich in der Benutzung des vorhandenen Grund und Bodens durch die Vertreter beider Gruppierungen behindert sah.[444] Und in diesen Auseinandersetzungen, die nicht nur auf der juristischen Ebene zwischen den einzelnen Kontrahenten ausgefochten wurden, sondern auch unmittelbar vor Ort, und zwar unter Rückgriff auf Gewalt oder Androhung von Gewalt, konnten Banditen oder andere Delinquenten gerade in den bewaffneten Aufgeboten der Barone und der *galantuomini* eine gewichtige Rolle spielen.

Nachdem also das Banditenwesen bereits in der Zeit Karls von Bourbon schon derart besorgniserregende Ausmaße angenommen hatte, dass sich die Zentralregierung dazu gezwungen sah, energischer dagegen vorzugehen, so erhielt dieses dann zu Beginn der damals allerdings noch nicht eigenständigen Herrschaft Ferdinands IV. einen weiteren Schub durch die bereits erwähnte große Hungersnot des Jahres 1764, die dazu führte, dass vielerorts hungerbedingte Tumulte ausbrachen, Getreidemagazine auf der Suche nach Essbarem gestürmt wurden und regelrechte Horden von vagabundierenden Menschen auf der Suche nach Möglichkeiten des Überlebens die Provinzen des Königreiches Neapel durchzogen, die dortigen Straßen unsicher machten, bei den schon vorher existierenden Räuberbanden für neuen Zulauf sorgten oder auch neue Banden bildeten, weil sie sich auf diese Weise eine Erleichterung ihres Kampfes um das tagtägliche Überleben erhofften.[445]

---

444 Candeloro: Le origini del Risorgimento, S. 141. Maßgeblich für die diesbezüglichen Auseinandersetzungen zwischen den verschiedenen Vertretern der ländlichen Gesellschaft des Königreiches Neapel in den letzten beiden Dezennien des 18. Jahrhunderts ist Corona: Demani e individualismo agrario nel Regno di Napoli (1780–1806). Zu der ausufernden Kriminalität, den Angriffen auf Vertreter der lokalen Behörden und den beträchtlich angestiegenen Auseinandersetzungen innerhalb der Bevölkerung der Provinzen ab den 1770er Jahren, welche sowohl innerhalb ein und derselben Familie ablaufen konnten als auch zwischen den Bewohnern einander angrenzender Ortschaften, siehe Maiorini: Presidi e brigantaggio tra prassi giuridica e azione militare, S. 164f.

445 Ebd., S. 156. Zahlreiche Dokumente von Seiten der staatlichen Stellen aus der damaligen Zeit, wie beispielsweise diesbezügliche Pragmatiken oder Korrespondenzen der *Deputazione Generale di Salute*, werden in Abschrift aufgeführt in De Renzi:

So wurde beispielsweise Kalabrien, eine der ökonomisch rückständigsten Regionen des Königreiches, in dieser Zeit besonders von den Banden der aus Malito und Conflenti stammenden Räuber Pietro Capello und Trincheo heimgesucht.[446] Die Auswirkungen der Karestie beschränkten sich aber nicht nur auf die Provinzen des Königreiches, sondern erfassten mit voller Härte auch die Hauptstadt Neapel, deren Behörden sich genauso wie diejenigen in den Provinzen als unfähig erwiesen, die weit mehr als 300.000 Bewohner der Stadt mit Nahrungsmitteln zu versorgen. Nachdem die Hungersnot und eine auf sie folgende Epidemie ein Ende gefunden hatten, waren im gesamten Königreich zirka 200.000 Menschen zu Tode gekommen. Die Verluste an Menschenleben in der Kapitale des festländischen Bourbonenstaates, in deren Elendsvierteln die Hungernot am schlimmsten gewütet hatte, beliefen sich auf ungefähr 40.000 Personen.[447] Allerdings handelte es sich bei dieser katastrophalen Hungersnot nicht um die einzige Karestie in der zweiten Hälfte der 18. Jahrhunderts, in dessen Verlauf es, wie bereits erwähnt, wiederholt zu einem offenen Missverhältnis zwischen demografischem Wachstum und landwirtschaftlicher Gütererzeugung kam. So war es beispielsweise bereits vor der großen Karestie des Jahres 1764 im Jahre 1759 in der südapulischen Provinz Terra d'Otranto zu einer Hungersnot gekommen, zu deren Behebung aber von Seiten der Zentralregierung keine wie auch immer gearteten Maßnahmen ergriffen wurden.

Napoli nell'anno 1764. Wie sich während des Höhepunktes der Hungerkrise in der ersten Hälfte des Jahres 1764 und in den darauffolgenden Monaten der Zustand der öffentlichen Ordnung und Sicherheit sowie die Ausmaße der Bandenkriminalität in den Provinzen darstellten, darüber geben zahlreiche Berichte der Behörden an die *Segreteria di Stato di Grazia e Giustizia* Auskunft, welche aufbewahrt sind in ASN, *Segreteria di Stato di Grazia e Giustizia, Dispacci e Fascicoli*, 62–66. Ein besonderes Augenmerk ist dabei gerade auf die sogenannten „Avvisi di Malviventi" der *Regie Udienze* und des *Tribunale di Campagna* zu legen, in denen es konkret um die von Räuberbanden in den einzelnen Provinzen begangenen Delikte geht. Einen Eindruck von den Auswirkungen der Hungerkatastrophe des Jahres 1764 in der Provinz Abruzzo Ultra I und den Aktivitäten von Räuberbanden in diesem und den darauffolgenden Jahren am Beispiel der Provinz Abruzzo Ultra I vermitteln die zahlreichen in Abschrift erhaltenen und an die *Regia Udienza* von Teramo gerichteten königlichen *dispacci* in AST, *Regia Udienza di Teramo, Registri dei Dispacci Reali*, 18/77–78. Zu den sozialen Spannungen, die durch die Hungerkrise in der gesamten Abruzzenregion verursacht wurden, siehe Felice: Carestie, speculazione mercantile e sommosse popolari nell'Abruzzo del secondo Settecento, S. 221–241.

446 Cario, Orlando: La Calabria del Settecento, S. 87.

447 Carpanetto, Ricuperati: L'Italia del Settecento, S. 261f.

Vielmehr ergibt sich der Eindruck, dass diese von ihren Ausmaßen regional begrenzte Karestie in der Hauptstadt Neapel selbst relativ unbeachtet blieb.[448]

Aber auch nach dem Abklingen der großen Hungerkrise des Jahres 1764 liefen vielerorts die Aktivitäten der Banden weiter, und das selbst in Gegenden, die als weniger arm galten und in denen es allem Anschein nach noch genügend Möglichkeiten der Subsistenz für die Bevölkerung gab.[449] So berichtet beispielsweise der Staatssekretär Carlo Demarco in einer auf den 21. November datierten Anmerkung Folgendes zu der Verblüffung, welche bei König Ferdinand IV. durch Berichte der Behörden ausgelöst worden war, nach denen auch nach dem Ende der Hungerkrise des Jahres 1764 selbst in den ökonomisch besser gestellten Provinzen, wie beispielsweise der Terra di Bari, das Banditenunwesen weiterhin für erhebliche Unruhe sorgte:

> „[…] Il Re resta inteso, e mi ha comandato di rescrivere alle rispettive Udienze e specie a quella di Trani che non sa capire come la gente si dia in campagna in una provincia ove vi è la sussistenza e l'occasione del travaglio; che riferisca con maggior distinzione sulle tante comitive che van sorgendo, e che badino seriamente e con tutti li legittimi mezzi alla di loro persecuzione ed estirpazione; e tengano in moto le squadre e le facciano agire, e vadano dando conto di quel che andrà succedendo".[450]

Dieser Umstand, dass die Aktionen der Banden in den auf die große Karestie folgenden Jahren nicht spürbar zurückgingen, sondern weiterliefen, und dies selbst in an und für sich ökonomisch besser gestellten Provinzen, wie beispielsweise der Terra di Bari, ist maßgeblich auf das auch in anderen Ländern des frühneuzeitlichen Europa anzutreffende Phänomen zurückzuführen, dass die schon vorher unter einfachen oder einfachsten Bedingungen lebenden Menschen und deren Familien, die solch eine Hungerkrise unter Aufbietung und weitestgehender Erschöpfung der ihnen zur Verfügung stehenden Mittel überwunden hatten, diese materiellen Verluste nicht wieder auszugleichen vermochten und demzufolge noch tiefer in soziales Elend abrutschen konnten[451], welches in letzter Konsequenz zum einen zu einer erheblichen Zunahme der vagierenden Bevölkerung führte und zum anderen ein Abdriften dieser Personen in

---

448 Macry: Mercato e società nel Regno di Napoli, S. 310.

449 Maiorini: Presidi e brigantaggio tra prassi giuridica e azione militare, S. 157.

450 Zitiert nach ebd., S. 157f. Die diesbezügliche Anmerkung Demarcos befindet sich auf einer mit „Avvisi di Prov[inci)e p[er] Malviventi" gekennzeichneten Sammlung von Berichten der Provinzbehörden aus dem Zeitraum Oktober/November 1764, die aufbewahrt sind in ASN, *Segreteria di Stato di Grazia e Giustizia, Dispacci e Fascicoli*, 64/1.

451 Rheinheimer: Arme, Bettler und Vaganten, S. 22f.

die Kriminalität wahrscheinlicher werden ließ. Die gleiche Tendenz ließ sich schließlich, wie man noch sehen wird, auch in den beiden kalabrischen Provinzen nach der Erdbebenkatastrophe des Jahres 1783 feststellen. Denn diejenigen Teile der größtenteils vorher schon unter einfachsten Bedingungen lebenden kalabrischen Bevölkerung, die durch das Erdbeben fast ihr gesamtes Hab und Gut verloren oder zumindest einen beträchtlichen materiellen Schaden erlitten hatten, vermochten trotz der sofortigen, aber in ihrer langfristigen positiven Wirksamkeit stark beschränkten Hilfen aus Neapel nicht, diese enormen Verluste wieder auszugleichen, und blieben infolgedessen in ihrer sozialen Not hängen. Ein Ausdruck dessen war dann in den auf das Beben folgenden Jahren auch die beständig anhaltende Bandenkriminalität in den beiden kalabrischen Provinzen. Zudem ist in diesem Zusammenhang in Anbetracht der katastrophalen Schäden, die das Erdbeben angerichtet hatte, davon auszugehen, dass das wirtschaftliche Leben gerade in dem von den Verwüstungen am schwersten betroffenen Teil der Region Kalabrien, der Provinz Calabria Ultra, noch über Jahre hinaus schwer beeinträchtigt blieb und den Bewohnern somit kaum die Möglichkeit bot, ihre äußerst schlechten Lebensbedingungen einer deutlichen Verbesserung entgegenzuführen.

Die geradezu eruptive Zunahme des Banditenwesens sowie allgemein der Kriminalität in den Monaten der Hungerkrise und der darauffolgenden Zeit spiegelte sich dann auch unmittelbar in den Korrespondenzen zwischen den *Regie Udienze* in den Provinzen und der *Segreteria di Stato di Grazia e Giustizia* in der Hauptstadt Neapel wider, in denen sich die Provinzbehörden nicht nur fortlaufend über die tagtäglich begangenen Verbrechen, wie Diebstahl, Raub und Mord, beklagten, sondern auch über die kontinuierlichen und weitverbreiteten Aktionen der „comitive di malviventi“, die bedingt durch die Hungerkatastrophe und deren längerfristigen negativen Folgen für das alltägliche Leben der ärmeren Teile der Bevölkerung einen noch stärkeren Zulauf erhalten hatten und sich beständig den Bemühungen der Behörden zu entziehen vermochten, sie unschädlich zu machen. Am schwersten betroffen von den Aktivitäten der zahlreichen Banden waren selbst noch Monate nach dem Abklingen der Karestie die Abruzzen, das Principato Ultra, welches zu den landwirtschaftlich produktiveren Provinzen des Königreiches zählte, die Basilikata sowie die Capitanata, also die nördlichste der drei apulischen Provinzen.[452]

452 Maiorini: Presidi e brigantaggio tra prassi giuridica e azione militare, S. 156. Auf die erheblich zugenommenen Aktivitäten von Räuberbanden in den Provinzen noch Jahre nach dem Ende der Karestie bezog sich beispielsweise Bernardo Tanucci in einem auf den 7. April 1767 datierten und in Caserta verfassten Brief

Auch wenn auf der einen Seite in der ersten Phase der Herrschaft Ferdinands IV. das Banditenunwesen in einem Zeitraum von vier Jahrzehnten in der Tendenz immer weiter um sich griff, sollte ungeachtet dessen auf der anderen Seite berücksichtigt werden, dass die Intensität der Aktionen solcher Banden in der frühen Bourbonenzeit von Provinz zu Provinz und innerhalb relativ kurzer Zeiträume aber auch erheblichen saisonalen Schwankungen unterliegen konnte. Denn abgesehen von immer wiederkehrenden Zeiten schlechter Ernten oder den vier bereits erwähnten großen Krisen der Jahre 1743/1744, 1764, 1783 und 1798/1799, welche den teils schon vorher existierenden Banden erheblichen Zulauf brachten, nahmen die Aktionen von Räuberbanden üblicherweise auch beträchtlich zu, wenn in den verschiedenen Provinzen alljährlich Messen abgehalten wurden und die Landstraßen daher besonders stark von Händlern frequentiert wurden, die sich für die nunmehr noch zahlreicher auftretenden Räuberbanden als außerordentlich lohnende Ziele anboten. Es dürfte daher als sehr wahrscheinlich angesehen werden, dass sich neben denjenigen Räuberbanden, die schon seit Jahren ihrem Metier nachgingen, viele kriminelle Gruppierungen auch erst in Anbetracht solcher bevorstehender größerer Ereignisse relativ kurzfristig bildeten und dass deren Mitglieder, sobald der Handelsverkehr zwischen den Ortschaften nach dem Ende der Messen spürbar abgenommen

an den spanischen König und Vater Ferdinands IV., Karl III., welcher auszugsweise wiedergegeben wird in Lettere di Bernardo Tanucci a Carlo III. di Borbone (1759–1776), S. 371f. Ein weiteres Beispiel für den Fortbestand der Banditenwesens nach dem Abklingen der Hungerkatastrophe bietet die bis Juli 1766 dauernde Mission des Sonderbevollmächtigten Gennaro Pallante in den beiden Provinzen Principato Ultra und Capitanata, in denen es zusammen mit der Provinz Basilikata die gravierendsten Probleme mit der Bandenkriminalität und den tagtäglich begangenen Delikten gab, die sich aber in der letztgenannten Provinz von ihren Ausmaßen her als geringfügiger darstellten als in den beiden erstgenannten. Dem Sonderbevollmächtigten Gennaro Pallante wurde dabei von der Zentralregierung nicht nur zugestanden, *ad modum belli* gegen die Banden vorzugehen, sondern bei seiner Mission zudem uneingeschränkt auf die den *Regie Udienze* von Montefusco und Lucera zur Verfügung stehenden bewaffneten Kräfte zurückgreifen zu dürfen, deren *presidi* wiederum sich den Anweisungen Pallantes völlig unterzuordnen hatten. Die Mission des Sonderbevollmächtigten endete schließlich im Juli 1766 nach einer Reihe von Festnahmen und der Verhängung von Todesurteilen, die zudem noch vor Ort vollstreckt worden waren, um die Bewohner einzuschüchtern und somit in Zukunft von möglichen kriminellen Tätigkeiten abzuhalten. Allerdings kam es nach einigen Monaten der Ruhe bald wieder zu massiven Problemen, welche die kurzfristigen Erfolge der Mission Pallantes schnell wieder verpuffen ließen. Maiorini: L'Udienza di Principato Ultra nel secolo XVIII, S. 158f.

hatte und Überfälle bzw. Diebstähle nunmehr weniger lohnenswert erschienen, wieder getrennte Wege gingen, sich dann aber bei den nächsten bevorstehenden Messen wieder zusammenfanden.

Einen guten Eindruck von der Langwierigkeit des Problems des erheblichen Anstiegs der Aktivitäten von Räuberbanden vor und während der Abhaltung von Messen in der Terra di Bari und der Nachbarprovinz Capitanata vermitteln beispielsweise *pars pro toto* die zahlreichen sich im Bestand der „Carte Amministrative" der *Sacra Regia Udienza* von Trani befindenden Verordnungen, die stets anlässlich der alljährlichen Messen in Gravina und Foggia im Zeitraum zwischen 1765 und 1804 erlassen wurden und welche die Grundlage dafür schaffen sollten, dass der nach Gravina und Foggia laufende Handelsverkehr nicht allzu sehr von den Aktionen der Räuberbanden gestört werden würde. Um die Händler, die sich auf dem Weg in diese beiden Ortschaften befanden, zu schützen, griff man von Seiten der Provinzbehörden sowohl auf die *compagnie di campagna* als auch auf die als zuverlässiger und professioneller geltenden *fucilieri di montagna* zurück, die dann besonders an solchen Plätzen positioniert wurden, an denen es in der Vergangenheit wiederholt zu Überfällen auf durchreisende Händler gekommen war. Anhand all dieser zwischen 1765 und 1804 anlässlich der alljährlichen Messen in Gravina und Foggia erlassenen immer gleichen Verordnungen und den zahlreichen diesbezüglichen Stellungnahmen sowohl von Seiten der einzelnen Vertreter der *università* und der Befehlshaber der bewaffneten Kräfte, die für den einigermaßen reibungslosen Handelsverkehr sorgen sollten, wird deutlich, dass die Behörden der beiden apulischen Provinzen Terra di Bari und Capitanata selbst über einen Zeitraum von mehreren Jahrzehnten nicht in der Lage waren, dieser immer wieder saisonal ausbrechenden Plage ein dauerhaftes Ende zu bereiten.[453]

Wie schon in der Zeit Karls von Bourbon, so zeigte sich, wie bereits an dem angeführten Beispiel aus der Terra di Bari und der Capitanata deutlich geworden

453 ASB/ST, *Sacra Regia Udienza di Trani, Carte Amministrative, Affari Diversi*, 6/41. Zu den diesbezüglichen Maßnahmen der Behörden anlässlich der Messen in Gravina und Foggia im Jahre 1796 siehe auch ebd., 6/46. Über das Fortbestehen dieses Problems in den beiden Provinzen Terra di Bari und Capitanata lassen sich aufgrund des Umstandes, dass das in der Teilakte 41 enthaltende Material nur bis 1804 reicht, an dieser Stelle keine weiteren quellenmäßig nachprüfbaren Aussagen vornehmen. Es ist aber mit Sicherheit davon auszugehen, dass das Problem der Zunahme der Aktivitäten der zahlreichen Räuberbanden anlässlich dieser beiden Messen auch in den folgenden Jahren die Behörden der beiden Provinzen weiterhin im besonderen Maße beschäftigt haben wird.

ist, dann auch in der Regierungszeit Ferdinands IV. in allerdings noch größerer Klarheit, dass die königlichen Behörden in den Provinzen dem Problem der Bandenkriminalität alles andere als gewachsen waren und dass dieses in den Jahren bzw. Jahrzehnten vor dem erstmaligen Zusammenbruch des Bourbonenregimes immer stärker ausuferte. Daher sah sich die Zentralregierung nunmehr weitaus öfter dazu genötigt, besonders für diejenigen Gebiete, in denen die Kräfte vor Ort nicht mehr zurechtkamen, wie schon in der Zeit der spanischen Herrschaft, mit speziellen Vollmachten ausgestattete Sonderbevollmächtigte zu ernennen, die gegen die Räuberbanden *ad modum belli* und *per horas*, also nach Kriegsrecht und unter Umgehung der üblichen prozessualen Normen, vorgehen sollten und deren Aktivitäten auch darauf ausgerichtet sein konnten, die Arbeit der regionalen bzw. lokalen Sicherheitskräfte bei der Bekämpfung der Räuberbanden besser zu koordinieren, Missstände in der örtlichen Verwaltung und Rechtssprechung zu beseitigen und schwebende Ermittlungen sowie gerichtliche Verfahren zu einem erfolgreichen Abschluss zu bringen.[454]

---

454 Zwei interessante Beispiele für solche *delegazioni straordinarie* zum Zwecke der gezielten Bekämpfung des Banditenunwesens aus der Zeit Ferdinands IV. finden sich im Bestand der „Carte Amministrative" der *Sacra Regia Udienza* von Trani. Bei dem einen Beispiel handelt es sich um die in den Jahren 1792 bis 1793 erfolgte Mission des an und für sich in Foggia tätigen *uditore* Francesco de Cicco in der Terra di Bari und bei dem zweiten um die Mission des *preside* von Lecce namens Francesco Marulli, der von der Zentralregierung in Neapel im Jahre 1797 zum Sonderbevollmächtigten für die vier Provinzen Terra di Bari, die Capitanata, die Basilikata und das Principato Ultra ernannt worden war. Bei Francesco de Cicco handelte es sich gemäß einem Schreiben des ersten Staatssekretärs John Acton vom 3. Juli 1792 an die Adresse des *preside* von Trani Raimondo Blanch um einen von insgesamt fünf Sonderbevollmächtigten, die ab dem 28. Juni 1792 von der Zentralregierung in Neapel in die Provinzen entsandt worden waren, um dort gegen das in den 1790er Jahren immer stärker um sich greifende Banditenwesen vorzugehen. Zu dem Zuständigkeitsbereich de Ciccos zählten die drei apulischen Provinzen Capitanata, Terra di Bari und die Terra d'Otranto. Bei den anderen vier von der Zentralregierung in Neapel entsandten Sonderbevollmächtigten handelte es sich um folgende Personen: *erstens* den als Richter an der *Gran Corte della Vicaria* tätigen Tommaso Oliva mit der Zuständigkeit für die beiden Provinzen Calabria Citra und Calabria Ultra, *zweitens* den *caporuota* der *Regia Udienza* von Salerno, Lelio Parisi, mit der Zuständigkeit für die Provinz Principato Citra und die angrenzende Basilikata, *drittens* den *commissario di campagna* Andrea de Leone mit der Zuständigkeit sowohl für die ihm unterstehende Terra di Lavoro als auch die beiden Provinzen Principato Ultra und Contado di Molise und *viertens* den an der *Gran Corte della Vicaria* tätigen *avvocato fiscale* Giovanni Battista Salomone mit der Zuständigkeit

für die drei abruzzesischen Provinzen Abruzzo Citra, Abruzzo Ultra I und Abruzzo Ultra II. ASB/ST, *Sacra Regia Udienza di Trani, Carte Amministrative, Affari Diversi*, 6/43, Schreiben des ersten Staatssekretärs John Acton an den *preside* von Trani, Raimondo Blanch, Neapel 3. Juli 1792, fol. 1v. Im Hinblick auf den erhofften erfolgreichen Ausgang der Mission des *uditore* Francesco de Cicco in der Terra di Bari ermahnte der *Segretario di Stato di Grazia e di Giustizia*, Saverio Simonetti, den damaligen *preside* von Trani, Raimondo Blanch, in einem Schreiben vom 30. Juni 1792 noch einmal *expressis verbis* dahingehend, dass „Ella (d. h. Raimondo Blanch – d. V.) vi concorra con tutto lo zelo, ed efficacia in cotesta Provincia" und dass „a tale Straordinario Delegato devono obbidire li Magistrati Provinciali, li Subalterni, la Compagnia di Campagna, li Baroni, e le corti locali in quel che li sarà richiesto, ingiunto, e prescritto". Ebd., Schreiben des *Segretario di Stato di Grazia e Giustizia*, Saverio Simonetti an den *preside* von Trani, Raimondo Blanch, Neapel 30. Juni 1792, fol. 5r. Der als *preside* von Lecce tätige Francesco Marulli wurde zusammen mit einigen ihm direkt unterstellten Männern von der Zentralregierung in Neapel im Jahre 1797 dazu auserkoren, als *delegato straordinario* die vier Provinzen Terra di Bari, Capitanata, Basilikata und das Principato Ultra von zahlreichen umherschweifenden Banden zu säubern, da es ihm in seiner Funktion als *preside* und somit Gouverneur der Provinz Terra d'Otranto gelungen war, deren Aktionen in seinem eigenen Zuständigkeitsbereich erfolgreich einen Riegel vorzuschieben und die Provinz Terra d'Otranto einigermaßen zu pazifizieren. Daher erhoffte man sich den gleichen Effekt auch in diesen anderen vier genannten Provinzen, die in dieser Zeit, wie König Ferdinand IV. durch die zahllosen Klagen von deren Einwohnerschaft zugetragen worden war, besonders massiv von Räuberbanden heimgesucht wurden. Wie aus dem diesbezüglichen Schreiben des *Segretario di Stato di Grazia e Giustizia*, Saverio Simonetti, vom 1. Juli 1797 hervorgeht, wurden diese Probleme, die man mit den Banden in den besagten Provinzen hatte, zusätzlich dadurch verstärkt, dass es die dortigen Behörden bis dahin an dem zu deren erfolgreicher Bekämpfung notwendigen Engagement hatten fehlen lassen, auch was die Ermittlungen gegen Banditen und deren Aburteilung im Rahmen eines gerichtlichen Verfahrens betraf, und dass es in vielerlei Fällen auch zu einer Zusammenarbeit zwischen den den *Regie Udienze* unterstehenden bewaffneten Männern und den Banden gekommen war. Diese Art der Zusammenarbeit zwischen den Soldaten der *compagnie di campagna* und den Banden konnte darin ihren Ausdruck finden, dass diese Soldaten entweder Mitglieder dieser Banden, wenn nicht sogar auch deren Anführer, waren oder zumindest von den Aktionen der zahlreichen Räuber Kenntnis besaßen, aber nicht aktiv gegen diese vorgingen, sondern sie und deren Aktionen vielmehr, wohl besonders auch zum eigenen Vorteil, tolerierten. Der *preside* von Lecce, Francesco Marulli, und die ihm unterstehenden Männer sollten bei ihrer Arbeit in den vier Provinzen Terra di Bari, Capitanata, Basilikata und Principato Ultra nicht nur direkt gegen die Banden und deren mutmaßliche Unterstützer vorgehen, sondern auch dafür sorgen, dass noch nicht abgeschlossene Ermittlungen und Verfahren erledigt

Bei diesen *delegati straordinari*, die für einen bestimmten Zeitraum mit besonderen Vollmachten ausgestattet wurden, um provinz- und somit jurisdiktionsübergreifend gegen Banditen vorzugehen, und die zur erfolgreichen Durchführung ihrer Missionen natürlich auch auf das Engste auf die Kooperationswilligkeit der Behörden auf regionaler und lokaler Ebene, wozu auch die Repräsentanten der baronalen *università* zählten, angewiesen waren, konnte es sich sowohl um Richter, die an dem für die Strafgerichtsbarkeit zuständigen Bereich der *Gran Corte della Vicaria* tätig waren, handeln als auch um einzelne *presidi* der *Regie Udienze*, einzelne *commissari di campagna*, die üblicherweise der Richterschaft der *Gran Corte della Vicaria* entstammten und die Jurisdiktion über die Terra di Lavoro innehatten, oder an den *Regie Udienze* tätige *uditori* und *capiruota*.[455]

Wie man aber noch sehen wird, brachte die Arbeit dieser Sonderbevollmächtigten zwar eine oftmals kurzfristige Besserung der Lage, jedoch vermochte die Zentralregierung in Neapel mit dieser Maßnahme nicht, das Problem des im letzten Drittel des 18. Jahrhunderts in den einzelnen Provinzen immer weiter ausufernden Banditenwesens und des damit einhergehenden immer stärker prekären Zustandes der öffentlichen Ordnung und Sicherheit dauerhaft in den Griff zu bekommen. Ein deutliches Zeichen für die Schwäche der in den Provinzen zur Verfügung stehenden Herrschaftsinstrumentarien spiegelte sich auch in der häufigen Praxis wider, sowohl die Barone als auch die Bewohner der zahlreichen *università* dazu aufzurufen, sich durch die Aufstellung eigener bewaffneter Verbände an den Verfolgungsmaßnahmen gegen die Banden zu beteiligen. In Anbetracht der völlig inadäquaten militärischen Mittel der Provinzbehörden griff man in der ersten Phase der Herrschaft Ferdinands IV. zur schnelleren und wirksameren Bekämpfung der immer zahlreicher auftretenden Räuberbanden auch gezielt auf die Verbände des regulären neapolitanischen Heeres zurück, zu denen auch solche gehörten, die aus ausländischen Söldnern bestanden.[456] Selbst wenn man in die Verfolgung der zahllosen Räuberbanden zusätzlich noch die Barone, die Bewohnerschaft der betroffenen Provinzen oder auch das reguläre neapolitanische Heer miteinspannte, verschlechterte sich ungeachtet dessen

werden würden, wofür es unerlässlich war, dass man ihnen einen ungehinderten Zugang zu den diesbezüglichen Akten ermöglichte. Ebd., 6/49, Rundschreiben des *Segretario di Stato di Grazia e Giustizia*, Saverio Simonetti, an die *Regie Udienze* von Trani, Lucera, Matera und Montefusco, Neapel 1. Juli 1797, fol. 3r–4v.

455 Siehe hierzu beispielsweise ebd., 6/43, Schreiben des ersten Staatssekretärs John Acton an den *preside* von Trani, Raimondo Blanch, Neapel 3. Juli 1792, fol. 1r–1v.

456 Maiorini: Presidi e brigantaggio tra prassi giuridica e azione militare, S. 205f.

nach einigen Monaten der Ruhe die Sicherheitslage in den Provinzen wieder relativ schnell, so dass sich die Zentralregierung erneut zu einem entschiedenen Durchgreifen gezwungen sah.

Die eine Ursache für das kontinuierliche Wiederaufflammen der Bandenkriminalität in den Provinzen nach einigen Monaten der Ruhe lag in der weitverbreiteten Misswirtschaft und Korruption in den Herrschaftsinstanzen auf regionaler und lokaler Ebene, die deren Funktionsfähigkeit lähmten und sie davon abhielten, diese kurzfristigen Erfolge im Kampf gegen das Banditenwesen in einen langfristigen Erfolg umzuwandeln. Die andere Ursache lag schließlich in den mangelnden finanziellen und personellen Ressourcen der *Regie Udienze* sowie der königlichen und baronalen Gerichtshöfe, die oftmals nicht über eine ausreichende Zahl an waffenfähigen Männern verfügten, die sowohl den Banden als auch im Allgemeinen der ausufernden Kriminalität auf dem Lande hätten Einhalt gebieten können. Eine besondere Problematik in Bezug auf die bewaffneten Einheiten der *Regie Udienze* sowie der königlichen und baronalen Gerichtshöfe auf der lokalen Ebene ist auch in dem Umstand zu sehen, dass in diesen oftmals auch überaus zwielichtige Gestalten dienen konnten, die gar nicht so selten sogar mit den Banden kooperierten, indem sie diesen privilegierte Informationen über geplante Razzien der Behörden auf regionaler und lokaler Ebene zukommen ließen. In Anbetracht dieser gravierenden Probleme auf dem Gebiet der personellen Bestückung der zur Verfügung stehenden bewaffneten Einheiten mag es daher nicht weiter überraschen, dass diese ohne auswärtige Hilfe bzw. Verstärkungen kaum in effizienter Weise gegen die zahlreichen Banden vorzugehen vermochten und dass es den Banden trotz periodisch durchgeführter Säuberungsaktionen immer wieder innerhalb kurzer Zeit gelang, sich neu zu formieren und dadurch die Schwächen und die Machtlosigkeit sowohl der neapolitanischen als auch baronalen Herrschaftsinstanzen in den Provinzen offensichtlich werden zu lassen.

Ein gutes Beispiel dafür, dass die oben angesprochenen Missstände in der lokalen Verwaltung und Justiz nicht nur ausschließlich in den von den Baronen kontrollierten *università* auftraten, sondern auch in solchen, die der königlichen Jurisdiktion unterstanden, bietet der in einer *bozza di consulta* der *Real Camera di Santa Chiara* vom 20. Oktober 1767[457] behandelte Fall der in der Provinz Principato Ultra gelegenen königlichen *università* von Ariano, welcher nun im Folgenden einer genaueren Betrachtung unterzogen werden soll. Anhand der

457 ASN, *Real Camera di Santa Chiara, Bozze di Consulta*, 306/27, *bozza di consulta* der *Real Camera di Santa Chiara*, Neapel 20. Oktober 1767.

gravierenden Zustände im Bereich der öffentlichen Ordnung und Sicherheit auf dem Territorium Arianos lässt sich exemplarisch zudem gut vor Augen führen, dass das Problem der Bandendelinquenz in den Provinzen des Königreiches Neapel selbst nach dem Ende der Hungerkatastrophe des Jahres 1764 nicht etwa beträchtlich zurückging, wie man vielleicht anfangs in Neapel noch gehofft haben mag, sondern dass dieses die Zentralregierung und die ihr in den Provinzen unterstehenden Herrschschaftsinstanzen weiterhin in umfassender Weise beschäftigte und zur Durchführung besonderer Maßnahmen der Repression und Prävention nötigte, zu denen beispielsweise auch das zielgerichtete Vorgehen der Bevollmächtigten der Behörden gegen die vagierenden nicht sesshaften Teile der Bevölkerung der Provinzen oder die Ausweisung von einzelnen Personen und deren Familien zählen konnten, welche mit den Mitgliedern von Räuberbanden erwiesenermaßen bzw. mutmaßlich in engerer Verbindung standen oder gestanden hatten. Auf diese beiden Maßnahmen der Repression und Prävention griff schließlich auch die *Regia Udienza* von Montefusco im Fall der gravierenden Zustände in Ariano zurück, die nicht nur den Bereich der örtlichen Verwaltung und Justiz umfassten, sondern eben auch denjenigen der öffentlichen Ordnung und Sicherheit.

Die massiven Probleme auf dem Gebiet der öffentlichen Ordnung und Sicherheit in der formal unter königlicher Jurisdiktion stehenden *università* von Ariano ergaben sich daraus, dass durch deren Gebiet eine wichtige Handelsstraße nach Apulien (Neapel-Foggia-Barletta) verlief, die in dieser Zeit besonders massiv von Räuberbanden heimgesucht wurde, die bei ihren Aktionen darüber hinaus noch auf die umfassende Unterstützung der Einwohnerschaft Arianos zählen konnten. In Anbetracht der kontinuierlichen Probleme mit der organisierten Kriminalität auf dieser für den Handelsverkehr zwischen den Provinzen und der Hauptstadt Neapel wichtigsten Handelsroute hatte laut der in dieser *bozza di consulta* der *Real Camera di Santa Chiara* präsentierten Sachlage die *Segreteria di Stato di Grazia e Giustizia* dem *preside* von Montefusco bereits am 24. Januar 1767 befohlen, alle Nichtsesshaften sowie generell Personen auf dem Territorium der *università*, die nachweislich keiner festen Tätigkeit nachgingen und daher als „oziosi“[458] bezeichnet wurden, festnehmen zu lassen und einer eingehenden Überprüfung zu unterziehen. Die Festgenommenen sollten daraufhin vor die Wahl gestellt werden, sich entweder innerhalb von zwei Wochen eine wie auch immer geartete Tätigkeit zu suchen, oder sonst Gefahr zu laufen, zu zwei Jahren Gefängnis verurteilt und im Anschluss daran aus der Provinz

458 Ebd.

ausgewiesen zu werden.[459] Solche rigorosen Maßnahmen gerade auch gegen die auf der Suche nach Subsistenzmöglichkeiten die Provinzen durchziehenden Teile der ländlichen Bevölkerung hatten ihre maßgebliche Ursache darin, dass sowohl die Zentralregierung als auch die Vertreter der ihr in den Provinzen unterstehenden Herrschaftsinstanzen in diesen nur stark eingeschränkt zu kontrollierenden Strömen nicht ortsansässiger und keiner festen Tätigkeit nachgehender Personen ein beständiges Sicherheitsrisiko und ein quasi unerschöpfliches Reservoir für die Räuberbanden sahen.[460]

---

459 Ebd.

460 Dass man von Seiten der Zentralregierung und deren Vertretern in den Provinzen gerade zwischen dem Vorhandensein einer großen Zahl vagierender nicht sesshafter Personen und einem erheblichen Anstieg der Kriminalität in den von ihnen durchzogenen Gebieten eine direkte Korrelation sah, spiegelt sich beispielsweise sehr gut in einem auf den 11. Juni 1774 datierten *dispaccio* des *Segretario di Stato di Grazia e Giustizia* Carlo Demarco wieder, in welchem er gegenüber dem *preside* von Cosenza bemerkte, dass König Ferdinand IV. überzeugt sei, dass „la frequenza di ogni sorte di delitti fù sempre e ragionevolm[en]te attribuita al cresciuto num[er]o di vagabondi, oziosi, e dissutili, considerati in tutto il Corpo della Leggislazione del Regno, come un aggregam[en]to di Malfattori". BNN, *Sezione dei Manoscritti, Dispacci Generali e Lettere Pervenute a Varie Udienze del Regno del 1742 al 1776*, Ms. XI. A 79, *dispaccio* des *Segretario di Stato di Grazia e Giustizia*, Carlo Demarco, an den *preside* von Cosenza, Neapel 11. Juni 1774, fol. 179r. In diesem *dispaccio* vom 11. Juni 1774 an den *preside* von Cosenza, welcher in dieser Form als *circolare* bzw. Zirkularschreiben auch an die anderen *presidi* des Königreiches und den *commissario di campagna* geschickt wurde, verordnete die *Segreteria di Stato di Grazia e Giustizia* im königlichen Namen zur teilweisen Eindämmung der Gefahr, welche nach Meinung der Obrigkeit von vagierenden nichtsesshaften Menschen in den Provinzen für die öffentliche Ordnung und Sicherheit ausging, dass sowohl die königlichen als auch baronalen Gouverneure die *Regie Udienze* bzw. das *Tribunale di Campagna* darüber zu informieren hatten, welche ehemaligen Delinquenten diese aus ihren Gefängnissen wieder in die Freiheit, also wieder in ihre Heimatorte, entlassen würden. Dabei waren die Behörden vor Ort dazu angehalten, besonders auf deren korrekte Lebensweise zu achten, womit verhindert werden sollte, dass diese ehemaligen Insassen, wenn sie mittellos waren, sich vielleicht dem Vagierendendasein hingaben und sich auf der Suche nach Möglichkeiten der Existenzsicherung in Banden organisierten oder sich bereits bestehenden Banden anschlossen. Die *Regie Udienze* und das *Tribunale di Campagna* sollten dann spätestens einen Monat vor der geplanten Entlassung der *Segreteria di Stato di Grazia e Giustizia* eine Liste der betreffenden Personen zur Überprüfung zukommen lassen. Dasselbe sollte schließlich auch der *Intendente di Marina* hinsichtlich derjenigen Personen tun, die zu Galeerenhaft verurteilt worden waren und kurz vor der Entlassung aus diesem Strafdienst standen. Ebd., fol. 179v.

In Anbetracht der fortwährenden Probleme mit der erheblich angestiegenen Bandenkriminalität auf dem Gebiet der königlichen *università* von Ariano, gegen die offensichtlich die gegen die zahlreichen Vagabunden gerichteten Maßnahmen nicht dauerhaft Abhilfe schaffen konnten, wendete sich gemäß der diesbezüglichen Darstellung in der *bozza di consulta* schließlich der an der *Regia Udienza* von Montefusco tätige *avvocato fiscale* Biagio Sanseverino mit einem Bericht zu den Zuständen in Ariano über die *Segreteria di Stato di Grazia e Giustizia* direkt an die *Real Camera di Santa Chiara*, die zugleich auch die von Sanseverino lancierten Vorschläge begutachten sollte, die eine langfristige Lösung der Probleme sowohl auf dem Gebiet der öffentlichen Ordnung und Sicherheit als auch auf demjenigen der Justiz und Verwaltung, auf welchem es besonders gravierende Missstände gab, bringen sollten. Der Ratschluss der *Real Camera di Santa Chiara* vom 20. Oktober des Jahres 1767 stützte sich dann insbesondere auf diesen Bericht Sanseverinos, welcher am 6. Juli desselben Jahres zusammen mit weiteren Dokumenten von der *Segreteria di Stato di Grazia e Giustizia* an die *Real Camera di Santa Chiara* weitergeleitet worden war und auf dessen genauen Inhalt sowie auf denjenigen der von der *Segreteria di Stato di Grazia e Giustizia* zusätzlich noch beigelegten Dokumente sich die Kammer in ihrer diesbezüglichen *bozza di consulta* vor der eigentlichen Bekanntgabe ihrer Entscheidung in aller Ausführlichkeit bezieht.[461]

Als eine Besonderheit an dem zitierten Bericht des *avvocato fiscale* der *Regia Udienza* von Montefusco, Biagio Sanseverino, erscheint, dass dieser darin nicht nur ausführlich über die Missstände in der Rechtssprechung und Verwaltung in Ariano Auskunft gab, sondern dass er auch versuchte, gegenüber Neapel zumindest im Ansatz die sozioökonomischen Ursachen für die ausufernde Bandenkriminalität auf dem Territorium der *università* von Ariano zu umreißen. Er bezog sich dabei *expressis verbis* auf den Umstand, dass die Böden auf dem Gebiet der *università* von Ariano als nicht sonderlich fruchtbar galten und somit nicht genügend Erträge abwarfen, um auch den ärmeren Teilen der Bevölkerung ein einigermaßen sicheres tagtägliches Überleben zu ermöglichen bzw., wie es hierzu in dem diesbezüglichen zitierten Bericht hieß: „[S]ituandosi q[u]ella Città in Territorio infertile, e non capace a sostenere la sua Popolaz[io]ne, debba p[er] indispensabbile il ceto povero trasportarsi al Ladroneccio, stimulato e dal bisogno, e dalla pronta occasione che se gli presenta dal continuo traffico sul Reg[i]o Camino"[462].

---

461 ASN, *Real Camera di Santa Chiara*, *Bozze di Consulta*, 306/27, *bozza di consulta* der *Real Camera di Santa Chiara*, Neapel 20. Oktober 1767.

462 Ebd.

Dieses Verhalten war jedoch laut Sanseverino keineswegs nur eines, welches man ausschließlich bei den ärmeren Teilen der Bevölkerung dieser *università* von Ariano vorfinden konnte. Auch finanziell besser gestellte Bürger, womit Sanseverino gerade die *galantuomini* Arianos meinte, sollten sich bereits in der Vergangenheit in der Hoffnung auf einen schnellen Gewinn immer wieder dazu haben verleiten lassen, die Räuberbanden, welche entlang dieser Handelsroute operierten, zu unterstützen und damit verbunden von deren Aktionen zu profitieren.[463] Mit seinen detaillierten Ausführungen zu den Ursachen der ausufernden Kriminalität auf dem Gebiet Arianos widersprach Sanseverino auch eindeutig der Auffassung der Zentralregierung, dass deren Auswüchse im Wesentlichen auf die Anwesenheit von vagabundierenden und keiner festen Tätigkeit nachgehenden Personen zurückzuführen seien, welche man im Wesentlichen nur gezielt aussieben musste, um der Probleme auf der nach Apulien führenden Handelsroute Herr zu werden.

Wie bereits erwähnt wurde, zog die mit dem Vorhandensein dieser Straße verbundene Hoffnung auf einen schnellen Gewinn durch Diebstahl und Raub natürlich nicht nur mittellose und nicht sesshafte Personen an, in denen die Vertreter der Zentralregierung in der Provinz Principato Ultra ein immanentes Sicherheitsrisiko sahen und gegen die sie schon im Januar des Jahres 1767 massiv vorgegangen waren, sondern auch die Einwohner der *università* von Ariano. Da Sanseverino die Ursache für die ausufernde Kriminalität auf dem Gebiet Arianos nicht ausschließlich nur in dem Vorhandensein mittelloser und nicht sesshafter Personen sah, sondern auch generell in dem Verhalten weiter Teile der Bewohnerschaft und den Missständen in der lokalen Justiz und Verwaltung, erschienen ihm noch tiefgreifendere Maßnahmen von Nöten. Zu diesen von Sanseverino vorgeschlagenen weiteren Maßnahmen gehörten *erstens* das zielgerichtete Vorgehen gegen die mutmaßlichen Unterstützer dieser Banden aus den Reihen der lokalen Bevölkerung, *zweitens* die Beseitung der Missstände in der lokalen Justiz und Verwaltung, *drittens* die Disziplinierung des Ortsklerus, der augenscheinlich wiederholt in die Aktivitäten der Banden verwickelt war, und *viertens* die Ausweisung von Familien aus dem Gebiet von Ariano, aus deren Reihen nicht nur in der Vergangenheit, sondern auch in der Gegenwart erwiesenermaßen Mitglieder von Räuberbanden gekommen waren bzw. kamen.[464]

Zu den Problemen auf dem Gebiet der lokalen Justiz und Verwaltung zählten, wie aus dem in der *bozza di consulta* zitierten Bericht Sanseverinos hervorgeht,

463 Ebd.
464 Ebd.

nicht nur die mutmaßliche Zusammenarbeit einiger lokaler Funktionsträger mit den Räuberbanden, sondern auch die Verpachtung von Ämtern an Personen, denen hierfür jegliche Qualifikation fehlte und die diese eher zu ihrer persönlichen Bereicherung missbrauchten. Sanseverino kritisierte in seinem Bericht aber auch heftig den lokalen Klerus, der sich selbst durch zahlreiche Vergehen immer wieder die Hände schmutzig gemacht haben soll, und daher, wie bereits erwähnt, nach dem Dafürhalten des *avvocato fiscale* zu disziplinieren war. Als Beispiele hierfür führte Sanseverino nicht nur den amtierenden Bischof von Ariano an, den er als inkompetent und geldgierig erachtete und der seiner Meinung nach durch einen allgemein Respekt gebietenden Kleriker ersetzt werden sollte, sondern er berichtete auch von fünf örtlichen Klerikern, die mittlerweile im Gefängnis der *Regia Udienza* von Montefusco einsaßen und denen man sowohl Raubüberfälle und Diebstähle als auch Morde entlang der durch das Gebiet Arianos verlaufenden Handelsroute zur Last legte.[465]

In Anbetracht der gravierenden Probleme auf dem Gebiet der örtlichen Verwaltung und Justiz im Gebiet Arianos hatte Sanseverino in Abstimmung mit dem *preside* von Montefusco in der Zwischenzeit selbst mit harter Hand durchgreifen lassen und vier Personen namens Domenico de Nunzio, Pasquale Fasano, Innocenzio Pirelli und Niccolò Corozzi aus dem Gebiet Arianos ausweisen lassen, die im Verdacht standen, über ihre Positionen in der lokalen Justiz und Verwaltung den Räuberbanden privilegierte Informationen haben zukommen lassen.[466] Gerade aufgrund des Umstandes, dass alle vier Männer öffentliche Ämter in einer Stadt bekleidet hatten, die laut den zitierten Angaben Sanseverinos immerhin über 1. 200 Einwohner verfügte, kann davon ausgegangen werden, dass Domenico de Nunzio, Pasquale Fasano, der von Beruf her Arzt war, sowie Innocenzio Pirelli und Niccolò Corozzi zu den herausragenderen Vertretern der Einwohnerschaft Arianos gehörten und somit auch eindeutig der im frühbourbonischen Königreich Neapel immer größer werdenden neuen sozialen Gruppe der sogenannten „galantuomini" zuzurechnen sind, die sich sehr häufig dem Vorwurf ausgesetzt sahen, mutmaßliche Unterstützer von Räuberbanden zu sein. Neben diesen vier Männern, die im örtlichen Justiz- und Verwaltungswesen Funktionen, wie diejenigen eines Schreibers, Kämmerers, *avvocato dei poveri* oder eines *mastrodatti* bekleidet hatten, sollten zusätzlich noch vier Familien des Territoriums der *università* verwiesen werden, denen gleichfalls zur Last gelegt wurde, für das Ausufern der Bandenkriminalität in Ariano maßgeblich mitverantwortlich

465 Ebd.
466 Ebd.

zu sein. Bei diesen Familien handelte es sich um die Contes, Goccias, Antuonos und die Gammarotas. Wie aus den diesbezüglichen Ausführungen Sanseverinos hervorging, waren bereits in der Vergangenheit zahlreiche Banditen aus den Reihen dieser miteinander verwandten Familien gekommen. Neben diesen vier Familien sollte schließlich auch noch die gesamte engere Verwandtschaft des gerade durch seine kriminellen Aktivitäten bekannt gewordenen Banditen Andrea Corsano aus dem Gebiet Arianos entfernt werden. Von den Oberhäuptern dieser Familien hatte sich aber letztendlich nur Donato Conte, wahrscheinlich in Abstimmung mit den Goccias, Antuonos und Gammarotas, an die Behörden in Neapel gewendet und versucht, die drohende Ausweisung durch die Bevollmächtigten der *Regia Udienza* von Montefusco zu verhindern.[467]

Da die im Gegensatz zu diesen vier Familien bereits ausgewiesenen Domenico de Nunzio, Pasquale Fasano und Innocenzio Pirelli gleichfalls ihren festen Wohnsitz und ihre jeweiligen Familien auf dem Territorium der *università* hatten, waren sie darum bemüht, diese einstweilige Anordnung Sanseverinos über einen Gegenentscheid der *Real Camera di Santa Chiara* wieder rückgängig zu machen. Deshalb wurden mit Ausnahme der Person Niccolò Corozzis neben dem Bericht Sanseverinos zu den Zuständen im Raum Ariano auch die Stellungnahmen de Nunzios, Fasanos und Pirellis von der *Segreteria di Stato di Grazia e Giustizia* an die *Real Camera di Santa Chiara* weitergeleitet, damit deren Mitglieder besser das Für und Wider abwägen konnten und es somit nicht zu einem womöglich als zu einseitig empfundenen Ratschluss der Kammer kommen konnte. In der *bozza di consulta* ging man allerdings nur auf die Inhalte der Rechtfertigungsschreiben von Domenico de Nunzio und Pasquale Fasano ein, was mit dem Umstand in Zusammenhang zu setzen ist, dass Innocenzio Pirelli bereits laut einem von der *Gran Corte della Vicaria* an den *avvocato fiscale* Sanseverino weitergeleiteten königlichen *dispaccio* erlaubt worden war, nach Ariano zurückzukehren.[468] Ob schließlich Niccolò Corozzi jemals gegen seine Ausweisung Widerspruch eingelegt hatte, lässt sich anhand des Fehlens von diesbezüglichen Hinweisen in der *bozza di consulta* allerdings nicht klären.

Der *Real Camera di Santa Chiara* sollte es aber nicht nur obliegen, über das weitere Schicksal dieser Männer und vier Familien aus Ariano zu befinden, sondern sie sollte auch über die von Sanseverino lancierten Vorschläge abstimmen, die nicht nur den Aktionen dieser entlang der Handelsroute operierenden Banden, sondern auch den gravierenden Missständen im örtlichen Justiz- und

467 Ebd.
468 Ebd.

Verwaltungswesen ein Ende setzen sollten. In seinem Bericht, auf den die *Real Camera di Santa Chiara* in ihrer *bozza di consulta* vom 20. Oktober 1767 Bezug nimmt, hatte dieser nämlich u. a. vorgeschlagen, in Ariano sowohl einen neuen Sitz für den Gouverneur als auch neue Kerker einrichten zu lassen, den Gouverneur von Ariano in Zukunft aus den Reihen der nach Meinung Sanseverinos weitaus disziplinierteren *uditori* der *Regie Udienze* auswählen zu lassen, das Amt des *mastrodatti* des lokalen Gerichtshofes durch den *avvocato fiscale* der *Regia Udienza* von Montefusco verpachten zu lassen, der sich davor zunächst erst einmal ein Bild von der Eignung der in Frage kommenden Kandidaten machen sollte, sowie eine bewaffnete und von einem Korporal angeführte Truppe von acht Soldaten für den lokalen Gerichtshof aufzustellen, die dann im Endeffekt auch auf demjenigen Abschnitt der nach Apulien führenden Handelsstraße patrouillieren sollte, der über das Gebiet der *università* von Ariano verlief.[469]

In den darauffolgenden Ausführungen geht es dann *en détail* um die Anschuldigungen gegen Domenico de Nunzio und Pasquale Fasano, die zusammen mit Innocenzio Pirelli und Niccolò Corozzi verschiedene Funktionen am örtlichen Gerichtshof ausgeübt hatten und die, so der Vorwurf Sanseverinos, diese Funktionen dazu missbraucht hatten, um die Räuberbanden über die Weitergabe privilegierter Informationen zum Beispiel vor geplanten Maßnahmen der Behörden zu warnen. Domenico de Nunzio wurde von Seiten des *avvocato fiscale* sogar der Vorwurf gemacht, mit den von ihm unterstützten Delinquenten unter einem Dach gelebt zu haben. In den an die *Real Camera di Santa Chiara* weitergeleiteten Rechtfertigungen stritten sowohl Domenico de Nunzio als auch Pasquale Fasano alle gegen sie erhobenen Vorwürfe auf das Heftigste ab und hoben damit einhergehend ihr besonderes Engagement für die Belange der *università* von Ariano hervor. Fasano selbst betonte in seinem Rechtfertigungsschreiben besonders sein eigenes Engagement im Kampf gegen die Räuberbanden in der Zeit der Mission des Sonderbevollmächtigten Gennaro Pallante in der Provinz Principato Ultra und behauptete, dass dank seiner Obacht auch viele von deren Mitgliedern hätten festgenommen werden können. Sowohl Domenico de Nunzio als auch Pasquale Fasano machten zudem in ihren Stellungnahmen deutlich, dass die Vorwürfe des *avvocato fiscale* Biagio Sanseverino eindeutig auf Fehlinformationen begründet wären.[470]

In ihrem diesbezüglichen Ratschluss vom 20. Oktober 1767 hielt dann auch die *Real Camera di Santa Chiara* die von Sanseverino vorgebrachten Beweise

469 Ebd.
470 Ebd.

gegen Domenico de Nunzio und Pasquale Fasano mit der Begründung als nicht ausreichend, dass diese ihres Erachtens offensichtlich auf „maldicenze“[471], also übler Nachrede, fußen würden, und empfahl, die Beschuldigten nach Ariano zurückkehren zu lassen. Auch die gegen Giuseppe Pirelli erhobenen Vorwürfe schienen sich in den Augen der Kammer als nicht haltbar erwiesen zu haben. In der *bozza di consulta* wird bezüglich der Person Pirellis eine königliche Verordnung erwähnt, die von der *Gran Corte della Vicaria* an den *avvocato fiscale* Sanseverino geschickt worden war und in der man es Pirelli erlaubte, nach Ariano zurückzukehren. Offen bleibt hingegen das weitere Schicksal Niccolo Carozzis, über dessen mögliche Rückkehr keine weitere Auskunft gegeben wird. Auch die von Sanseverino vorgeschlagene Ausweisung der Familien Conte, Goccia, Antuono und Gammarota wurde von Seiten der *Real Camera di Santa Chiara* abgelehnt.[472]

Damit der in der Stadt Ariano verbreiteten „generale vergognosa scostumatezza“[473] sowie den von Sanseverino in seinem Bericht beschriebenen Problemen auf dem Gebiet der lokalen Justiz und Verwaltung sowie auf demjenigen der öffentlichen Ordnung und Sicherheit in Zukunft Einhalt geboten werden konnte, befürwortete die *Real Camera di Santa Chiara* u.a. die Errichtung festerer und sicherer Kerker, die Verpachtung des Amtes des *mastrodatti* des lokalen Gerichtshofes an hierfür geeignete Personen, deren Ernennung von dem *avvocato fiscale* zu billigen war, und empfahl in Bezug auf die für den lokalen Gerichtshof von Sanseverino angeforderten bewaffneten Kräfte fürs Erste, dass die *Regia Udienza* von Montefusco in den Monaten April, Mai und November, in welchen besonders viele Händler auf der nach Apulien führenden Straße unterwegs waren, zur Unterbindung von Überfällen eine Einheit Soldaten mit einem Korporal an der Spitze in den Raum Ariano entsenden sollte, die sich ganz in die Dienste des königlichen Gouverneurs von Ariano zu stellen hatte. Der Vorschlag Sanseverinos, in Ariano einen neuen Gouverneurssitz einrichten und das Amt des lokalen Gouverneurs in Zukunft von *uditori* der *Regie Udienze* bekleiden zu lassen, wurde von der *Real Camera di Santa Chiara* in Anbetracht der hierfür anfallenden Kosten abgelehnt. Der Bischof von Ariano sollte im Namen des Königs zunächst lediglich dazu aufgefordert werden, stärker auf das Verhalten der ihm untergeordneten Kleriker zu achten. Damit die Kriminalität auf dem Gebiet der *università* von Ariano auch langfristig zurückgehen konnte, empfahl die *Real Camera di Santa Chiara*

471 Ebd.
472 Ebd.
473 Ebd.

am Ende ihrer Stellungnahme, dass der königliche Gouverneur für ein generelles Verbot des Tragens und des Besitzes von Waffen sorgen sollte, in welches selbst solche Waffen einzuschließen waren, deren Besitz laut den Pragmatiken nicht von vornherein verboten war. Bei Zuwiderhandeln sollten die einfachen Bewohner Arianos mit sieben Jahren Galeerenhaft bestraft werden und die *galantuomini* mit einer siebenjährigen Verbannung auf eine Insel.[474]

Einen allgemeineren Eindruck von den fortwährenden Problemen, denen sich die Behörden bei der Wahrung der öffentlichen Ordnung und Sicherheit in den Provinzen des Königreiches schließlich in den darauffolgenden 1770er Jahren ausgesetzt sahen und die vor allem dann in den beiden letzten Dekaden des 18. Jahrhunderts eine spezielle Dynamik entwickeln sollten, vermitteln die sogenannten „ordini circolari", kurz als „circolari" bezeichnet, die zwischen 1764 und 1792 erlassen wurden und zusammen mit den *dispacci* zu demjenigen bürokratisch-administrativen Schriftgut gehörten, welches der *Segretario di Stato di Grazia e Giustizia* im Namen des Königs an die *Regie Udienze* und das *Tribunale di Campagna* für die Terra di Lavoro weiterleiten ließ und dessen Bestimmungen von den dortigen Repräsentanten der Zentralregierung vor Ort in die Tat umzusetzen waren. Aufgrund der überschaubaren Gesamtzahl dieser im „Volume delle Circolari"[475] der *Segreteria di Stato di Grazia e Giustizia* in Abschrift erhaltenen 159 *circolari* lassen sich gut Rückschlüsse auf den Zustand der öffentlichen Ordnung und Sicherheit in den Provinzen des Königreiches Neapel in der zweiten Hälfte des 18. Jahrhunderts sowie die bei deren Wahrung auftretenden Probleme ziehen, welche sich beispielsweise darin äußern konnten, dass die den Repräsentanten der Zentralregierung zur Verfügung stehenden Kräfte zur Bekämpfung des Banditenwesens nicht ausreichten oder dass die örtlichen Behörden und die ihnen unterstehenden Sicherheitskräfte in den Augen Neapels nicht entschlossen genug agierten und es auch an Zusammenarbeit vermissen ließen, wenn sich die Aktionen bestimmter Banden über mehrere Provinzen erstreckten. Ein recht häufiger Gegenstand dieser *circolari* sind zudem die Missetaten der Mitglieder der von dem Staatssekretär John Acton in den 1780er Jahren neu aufgestellten Provinzmiliz der sogenannten „miliziotti", die nach den ursprünglichen Intentionen der

474 Ebd.

475 ASN, *Ministero degli Affari Esteri*, *Volume delle Circolari*, 6911. Der Band mit den in Abschrift erhaltenen *circolari* der *Segreteria di Stato di Grazia e Giustizia* befindet sich allerdings nicht in den Beständen dieses Staatssekretariats, zu denen er eigentlich gehören müsste, sondern in denjenigen des „Ministero degli Affari Esteri", welches allerdings erst in der Zeit des „Decennio francese" eingerichtet worden war, in welchem man die vormaligen Staatssekretariate durch Ministerien ersetzte.

Regierung in Neapel die in den Provinzen stehenden Sicherheitskräfte verstärken und unterstützen sollten, sich aber stattdessen oftmals selber die Hände schmutzig machten. Denn, wie bereits an anderer Stelle erwähnt wurde, zogen die angebotenen Vergünstigungen, mit denen man die Bewohner der ländlichen Regionen für eine Mitarbeit in den Reihen der *miliziotti* zu gewinnen versuchte, besonders auch das Recht auf Immunität, im erheblichen Maße zwielichtige Gestalten an, die diese schamlos ausnutzen konnten, um unter deren Deckmantel Vergehen zur persönlichen Bereicherung zu begehen und für die Justiz schwerer greifbar zu sein. Daher war es schließlich gar nicht so unüblich, dass sich diese Milizionäre darüber hinaus oftmals auch in Komplizenschaft zu den Räuberbanden befanden[476], welche die Provinzen des Königreiches Neapel in den letzten beiden Jahrzehnten des 18. Jahrhunderts so zahlreich durchzogen.

Das Problem der Bandenkriminalität in den Provinzen spielt besonders in den *circolari* ab der zweiten Hälfte der 1770er Jahre eine größere Rolle. Anhand dieser in Abschrift erhaltenen *circolari* aus der zweiten Hälfte der 1770er Jahre lässt sich zudem gut aufzeigen, dass die periodisch gegen die Räuberbanden ablaufenden Verfolgungsmaßnahmen, in die sowohl die bewaffneten Verbände der Barone als auch die Bewohnerschaft der betroffenen Gebiete miteinbezogen wurden, stets nur eine vorübergehende Verbesserung der Lage brachten und man nach einigen Monaten wieder massiv gegen die erneut aufgetauchten und entstandenen Banden vorgehen musste. Dass dieses umfassende Vorgehen gegen die zahlreichen Räuberbanden in den Provinzen allenfalls nur eine kurzfristige Besserung brachte, geht beispielsweise *pars pro toto* aus einer *circolare* der *Segreteria di Stato di Grazia e Giustizia* vom 4. April 1778[477] an den *preside* von Salerno hervor, in welcher man sich im Namen des Königs gezwungen sah, zu verkünden, dass „in alcune Province del Regno, sono nuovam[ent]e insorti de' malviventi, che turbano la pace de' suoi amati vassalli"[478], und den Befehl ausgab, dass die Behörden neben den ihnen direkt zur Verfügung stehenden bewaffneten Kräften bei der Bekämpfung der Banden wiederum auf die aus den Reihen der Bevölkerung der betroffenen Provinzen kommenden „gente abile, di spirito, e atta alle armi"[479] zurückgreifen sollte.

---

476 Maiorini: I presidi nel primo periodo borbonico, S. 294.

477 ASN, *Ministero degli Affari Esteri*, *Volume delle Circolari*, 6911, *circolare* der *Segreteria di Stato di Grazia e Giustizia* an den *preside* von Salerno, Neapel 4. April 1778, fol. 62r-62v.

478 Ebd., fol. 62r.

479 Ebd.

Eine Besonderheit unter diesen zahllosen Banden, die in den 1770er Jahren die Provinzen heimsuchten und deren Aktivitäten in der Korrespondenz zwischen der *Segreteria di Stato di Grazia e Giustizia* und den Provinzbehörden in diesem Zeitraum ein im Vergleich zu vorher noch größerer Platz eingeräumt wurde[480], stellten einige von Maiorini in ihrem Beitrag „Presidi e brigantaggio tra prassi giuridica e azione militare. La dialettica dei metodi di repressione nel Regno di Napoli durante il primo periodo borbonico" erwähnte kalabrische Banden dar, zu deren kriminellen Tätigkeiten nicht nur Raub und Diebstahl zählten, sondern in besonderem Maße auch der Schmuggel, woraus ersichtlich wird, dass die Übergänge zwischen Räuberbanden auf der einen und Schmugglerbanden auf der anderen Seite sehr fließend sein konnten. Allein schon durch ihre schiere Größe erwuchsen diese Banden zudem für die bewaffneten Kräfte der Provinzbehörden zu einem ernstzunehmenden Gegner. Der Umstand, dass diese Banden beständig neuen Zulauf erhielten und sich somit auch beträchtlich vergrößerten, ermöglichte es ihnen u.a. auch, wiederholt Gefängnisse zu stürmen, in denen man ihre verhafteten Gefährten bis auf Weiteres gefangen hielt. Die Aktionen dieser ursprünglich aus Kalabrien stammenden Banden umfassten dabei nicht nur die Territorien der beiden kalabrischen Provinzen Calabria Citra und Calabria Ultra, sondern erstreckten sich bis hinein in die Provinzen Principato Ultra, Basilikata, Capitanata, Terra di Bari und Terra d'Otranto. Die Aktivitäten dieser überregional agierenden kalabrischen Banden nahmen schließlich solche Ausmaße an, dass in den betroffenen Provinzen der normale Handelsverkehr in erheblichem Maße behindert wurde und sich das alltägliche Leben der dortigen Bewohner in einer beständigen Atmosphäre der Unsicherheit und Angst abspielte. Zu den aktiven Mitgliedern dieser Banden gehörten, wie Maiorini angibt, oftmals auch ganze Familien sowie Kleriker und sogar Adelige, was bei letzteren in dem Sinne eine deutliche Ausnahme darstellte, da in den im Rahmen der Arbeiten an dieser Untersuchung konsultierten Dokumenten Vertreter des Provinzadels zwar als Beschützer von einzelnen Banden oder Banditen genannt werden, jedoch nicht als aktive Mitglieder, die sich unmittelbar an deren Beutezügen beteiligten. Auch die Bewohner ganzer kalabrischer Ortschaften waren in die kriminellen Aktivitäten der Banden verstrickt.[481] Als Beispiel hierfür werden die kalabrischen

480 Maiorini: Presidi e brigantaggio tra prassi giuridica e azione militare, S. 162.

481 Ebd., S. 168f. Zum Vorgehen der Behörden gegen die aus den beiden kalabrischen Raub- und Schmuggelnestern Fuscaldo und Sanfili stammenden Banden in den späten 1770er und frühen 1780er Jahren und die dabei auftretenden Schwierigkeiten siehe die detaillierte Analyse Maiorinis in ebd., S. 197–228. Das gesamte von Maiorini in ihrem Beitrag analysierte Material zur Verfolgung dieser kalabrischen

Raub- und Schmuggelnester Fuscaldo und Sanfili genannt, die schließlich am Ende der 1770er Jahre und in den frühen 1780er Jahren im Mittelpunkt einer umfassenden, aber auch länger andauernden Säuberungsaktion der Behörden zunächst noch unter Führung des hierfür zum Sonderbevollmächtigten ernannten *preside* von Cosenza, des Feldmarschalls Tommaso Ruffo, und schließlich des *uditore* Onofrio Colaci stehen sollten. Wie aus den von Maiorini analysierten Unterlagen aus dem Bestand der *Segreteria di Stato di Grazia e Giustizia* zur Bekämpfung der aus Fuscaldo und Sanfili stammenden Banden hervorgeht, wurden schließlich zur weiteren Unterstützung der geplanten Säuberungsaktion auch Einheiten des regulären neapolitanischen Heeres in die Provinz Calabria Citra geschickt, weil man die in der Provinz zur Verfügung stehenden bewaffneten Kräfte zur Durchführung dieses Vorhabens als nicht ausreichend erachtete. Zu diesen von der Zentralregierung in die Provinz Calabria Citra entsandten Einheiten des regulären neapolitanischen Heeres gehörte beispielsweise auch das aus Schweizer Soldaten bestehende Grenadierregiment „Wirtz“.[482]

Auch in den 1780er Jahren sollte sich die Lage in den Provinzen des Königreiches Neapel im Vergleich zu derjenigen in dem Jahrzehnt davor nicht viel anders darstellen. Es gab auch in dieser Zeit ein ständiges Wechselspiel zwischen harten Maßnahmen der Repression von Seiten der Behörden und einer relativ schnellen Neuformierung der Banden innerhalb einiger Monate nach dem Abschluss der Maßnahmen, von denen man sich immer eine langfristigere Besserung erhofft hatte. Im Folgenden sollen aber nicht diese zahlreichen und immer wieder auf dasselbe hinauslaufenden Maßnahmen im Zentrum der Betrachtung stehen, sondern stattdessen im Rahmen eines Exkurses vielmehr ein wahres Jahrhundertereignis, welches sich durch seine Ausmaße und Folgen besonders tief in das kollektive Gedächtnis der Bewohner Südkalabriens und des nordöstlichsten Teils der Insel Sizilien eingrub und gleichzeitig auch gravierende Auswirkungen auf die öffentliche Ordnung und Sicherheit haben sollte. Die Rede ist von dem katastrophalen Erdbeben vom 5. Februar 1783 und den zahlreichen Nachbeben bis Ende März, welche in ihrer Summe zu schwersten Zerstörungen sowohl im Süden der Provinz Calabria Ultra als auch in und um die Stadt Messina herum führten, tausende Menschen entwurzelten und durch die darauffolgenden

---

Räuber- und Schmugglerbanden befindet sich in ASN, *Segreteria di Stato di Grazia e Giustizia, Dispacci e Fascicoli*, 124.

482 Zu der umfassenden Verfolgung dieser Räuber- und Schmugglerbanden siehe die diesbezüglichen Ausführungen in Maiorini: Presidi e brigantaggio tra prassi giuridica e azione militare, S. 197–223.

schweren sozialen Erschütterungen offen die Schwächen des neapolitanischen Herrschaftsstrukturen in der Provinz Calabria Ultra zu Tage treten ließen.[483]

Laut den Zahlenangaben im "Catalogo dei forti terremoti in Italia dal 461 a. C. al 1980" war eine der unmittelbaren Auswirkungen der schweren Erschütterungen die fast völlige Zerstörung von 182 Dörfern, wovon 33 an anderer Stelle wieder aufgebaut werden mussten. Der finanzielle Schaden für Kalabrien betrug 31.250.000 Dukaten, für Messina und seine Umgebung 949.225 Dukaten. Die Opferzahlen beliefen sich in Kalabrien laut einer ersten Zählung auf 29.451 Personen, was einer Verlustrate von ungefähr 6,7 % der dortigen Bevölkerung entsprach. In den folgenden fünf Jahren starben schließlich noch 5.709 Personen an den Folgen des Bebens. Dadurch erhöhte sich die letztendliche Opferzahl für Kalabrien auf 35.170 Personen, was bei der damaligen offiziellen Gesamtbevölkerung von 439.776 einem Verlust von ca. 8 % entsprach. Weitaus geringer fielen hingegen die Verlustzahlen für den Raum Messina aus, wo 617 Menschen ihr Leben verloren, was bei einer damaligen Gesamtbevölkerung von ca. 45.000 Personen einen Verlust von 1,4 % ausmachte.[484] Bei dem schweren Erdbeben vom 5. Februar und seinen Nachbeben zwischen den Monaten Februar und März des Jahres 1783 wurde letzten Endes fast die Hälfte der bewohnten Zentren der Provinz Calabria Ultra durch die Wucht der Erschütterungen buchstäblich dem Erdboden gleichgemacht.[485]

Viele der Probleme, die in der Provinz Calabria Ultra im Anschluss an das Erdbeben auftraten, waren zwar durch die Naturkatastrophe verursacht worden,

---

483 Zum Punkt der öffentlichen Wahrnehmung der Katastrophe siehe die im Jahre 1985 veröffentlichte Untersuchung „Il filosofo e la catastrofe. Un terremoto del Settecento" von Augusto Placanica, in welcher sich der Autor intensiv damit auseinandersetzt, wie sich das Erdbeben vom 5. Februar des Jahres 1783 und dessen Folgen in das kollektive Gedächtnis der Einwohner der beiden betroffenen Gebiete, der Provinz Calabria Ultra und des Raumes Messina in Nordostsizilien, sowie zahlreicher von außerhalb stammender Zeugen bzw. Beobachter eingrub. Eine aktuellere Untersuchung aus dem Jahr 2005 mit dem Titel „Una tragedia sismica nella Calabria del Settecento" bietet Francesco Gaudioso, in welcher sich der Verfasser mit dem Erdbeben und dessen Folgen, wozu u. a. auch dessen Auswirkungen auf die öffentliche Ordnung und Sicherheit in den betroffenen Gebieten zählen, befasst und dabei im umfassenden Maße auch auf bürokratisch-administratives Schriftgut der damaligen Zeit zurückgegriffen hat.

484 Zahlen zitiert aus Galasso: Storia del Regno di Napoli. Il Mezzogiorno borbonico e napoleonico, S. 616. Siehe hierzu auch die Angaben in Boschi: Catalogo dei forti terremoti in Italia dal 461 a. C. al 1980, S. 335f.

485 Placanica: Il filosofo e la catastrofe, S. 19f.

jedoch sollten sich diese zusätzlich durch die zahlreichen Schwächen, unter denen die Behörden dieser Provinz litten, noch deutlich verstärken. Dazu gehörte beispielsweise der Mangel an polizeilichen und militärischen Kräften vor Ort, die der Welle an Gewalt, die kurz nach dem Erdbeben ins Rollen kam und die Provinz Calabria Ultra auf das Schwerste erschütterte, zunächst kaum Einhalt zu gebieten vermochten.[486] Diese auf das Erdbeben folgende Welle der Gewalt hatte ihre maßgebliche Ursache in dem absoluten Mangel an Unterkünften, der Kälte, dem Hunger, der raschen Ausbreitung von Krankheiten und Auseinandersetzungen zwischen den Überlebenden um das Wenige, das für das tagtägliche Durchkommen zur Verfügung stand.[487]

In Anbetracht dessen, dass die Behörden mit der Lage in der ihnen unterstehenden Provinz völlig überfordert waren, ernannte König Ferdinand IV. am 15. Februar des Jahres 1783, also kurz nach dem verheerenden ersten Beben vom 5. Februar, mit dem Marschall Francesco Pignatelli als „Vicario Generale delle Calabrie" einen Sonderbeauftragten für das Katastrophengebiet, der dort nicht nur für die Linderung der Not der betroffenen Bevölkerung sowie, wenngleich dies kurz nach dem Beben zunächst noch eine eher nachrangige Rolle spielte, die Wiederherstellung der öffentlichen Ordnung und Sicherheit Sorge tragen, sondern auch die unerlässlichen Maßnahmen für den schrittweisen Wiederaufbau in der völlig verwüsteten Provinz in die Wege leiten und überwachen sollte. Als

486 Rao: Galanti, Simonetti e la riforma della giustizia, S. 291f.

487 Galasso: Storia del Regno di Napoli. Il Mezzogiorno borbonico e napoleonico, S. 619. Dass Ausschreitungen und vermehrte Diebstähle in der Provinz Calabria Ultra kurz nach einem Erdbeben auch schon in der Vergangenheit vorgekommen waren, davon zeugt ein auf den 23. März 1744 datiertes Schreiben des Generalvikars für Kalabrien, des Grafen von Mahony, mit dem Gegenstand "Da quenta de un terremoto que hà repetido muchas veces", welches dieser aus Catanzaro an den ersten Staatssekretär Montealegre geschickt hatte und in welchem er u. a. Folgendes zu den von ihm relativ schnell eingeleiteten Maßnahmen gegen Personen berichtete, die sich die nach einem Erdbeben in den ersten Morgenstunden des 21. März 1744 herrschende Verwirrung zunutze gemacht hatten, um zahlreiche Diebstähle zu begehen: "Me hè servido de la Tropa, y de Patrullas para impedir los robos que en la primera noche eran facilissimos de cometerse, porque pocos fueron los dueños de las casas que se dieron el tiempo de cerrar sus puertas al tiempo de escapar, y además de esto hè prevenido que nadie passada una hora de noche pudiesse andar por las callas sin luz, pues ya intentaron â noche los Ladrones desarejar algunas puertas." ASN, *Ministero degli Affari Esteri*, *Carteggio col Conte di Mahony e col Duca di Montemar*, 4876/0, Schreiben des Grafen von Mahony an den ersten Staatssekretär Montealegre, Catanzaro 23. März 1744.

Sonderbeauftragter Neapels für diese Gebiete wurde er ausgestattet „con autorità e facoltà *ut alter ego* sopra tutti li présidi, tribunali, baroni, corti regie e baronali e qualsisiano altri uffiziali politici di qualunque ramo qualità e carattere, come altresì sopra tutta la truppa tanto regolare quanto di milizie"[488].

Damit Pignatelli die ihm übertragene Aufgabe bewerkstelligen konnte, stattete ihn die Zentralregierung mit einer umfangreichen Menge an Geld für die Durchführung erster Hilfsmaßnahmen aus und stellte ihm eine größere Gruppe von Männern, darunter zwei Ingenieure und zahlreiche Militärs, zur Seite, die ihn in seiner Arbeit unterstützen sollten.[489] Eine der wichtigsten Maßnahmen, die in der nun folgenden Zeit den Wiederaufbau in der zerstörten Region im Hinblick auf dessen Finanzierung vorantreiben sollten, war die in Abstimmung mit dem Papst am 4. Juni 1784 ins Leben gerufene und 1796 wieder aufgelöste „Cassa Sacra", welche in der folgenden Zeit die kirchlichen Besitztümer in der Provinz Calabria Ultra übernahm und durch deren Verkauf versuchte, Geld für die Finanzierung des Wiederaufbaus zu akquirieren.[490]

Im Rahmen des beträchtlichen Chaos, welches auf das Erdbeben folgte, erhielten auch die Banden, die schon in den Jahren zuvor die Provinz Calabria Ultra durchzogen hatten, weiteren Zulauf und somit im Hinblick auf ihre Aktionen noch stärkeren Auftrieb. Diesen Banden schlossen sich auch zahlreiche Soldaten an, die in dem ganzen Durcheinander widerrechtlich ihre Einheiten verlassen hatten[491] und aufgrund ihrer militärischen Erfahrungen eine besondere Gefahr für die den Behörden der Provinz zur Verfügung stehenden Sicherheitskräfte darstellten, die diesen Banden das Handwerk legen und nach und nach die zusammengebrochene öffentliche Ordnung und Sicherheit wiederherstellen sollten. Einen guten Eindruck von diesem massiven Anwachsen der Bandenkriminalität

488 Zitiert nach Placanica: Il filosofo e la catastrofe, S. 23. Eine sehr große Anzahl von Korrespondenzen, welche die Mission des Marschalls Francesco Pignatelli, die katastrophalen Zustände in den von dem Erdbeben verwüsteten Gebieten und die dagegen von der Zentralregierung und ihren Vertretern vor Ort getroffenen Maßnahmen betreffen, befindet sich in ASN, *Ministero degli Affari Esteri, Terremoto della Calabria Ultra*, 4888–4890 und in deutlich geringerem Umfang in ASN, *Segreteria di Stato di Grazia e Giustizia, Dispacci e Fascicoli*, 125. Ein weitere Anzahl von Korrespondenzen, die sich mit den Folgen des Erdbebens befassen und aus den Monaten April, Mai und Juni des Jahres 1783 stammen, befindet sich zudem in Abschrift in BNN, *Sezione dei Manoscritti, Lettere intorno al Terremoto di Calabria del 1783*, Ms. Branc. II. A 21.

489 Placanica: Il filosofo e la catastrofe, S. 23f.

490 Ebd., S. 28.

491 Gaudioso: Una tragedia sismica nella Calabria del Settecento, S. 35.

in der auf die Erdbebenkatastrophe folgenden Zeit vermittelt ein Bericht des venezianischen Botschafters Andrea Alberti vom 11. März 1783, in welchem er Folgendes über diese schwere Plage und die laufenden Maßnahmen gegen mögliche Überfälle nordafrikanischer Seeräuber in den Küstengegenden der verwüsteten Provinz Calabria Ultra schrieb:

„Cresce nel mentre a dismisura il numero dei malandrini, talmente che non stimandosi bastante a frenarli la nuova milizia provinciale colà raccolta in tale emergenza, si tengono pronti a marciare due altri distaccamenti di cavalleria, e con grande sollecitudine si sta affrettando l'uscita dei soliti sciabecchi e galeotte, che uniti ad una fregata anticipar devono in quest'anno il loro corso incaricati in così critica circostanza di guardare specialmente le coste di detta provincia."[492]

---

492 Zitiert nach ebd. Einen weiteren Eindruck von den Problemen mit der erheblich angestiegenen Bandenkriminalität in der Provinz Calabria Ultra vermittelt ein auf den 4. März des Jahres 1783 datiertes Schreiben des Administrators (Interimsverwalters) der Apostolischen Nuntiatur in Neapel, des Abtes Severino Servanzi, an den Staatssekretär Papst Pius' VI (Pontifikat 1775–1799), den Kardinal Lazzaro Opizio Pallavicini, in welchem zu diesen Problemen geschrieben steht: „Per non intermettere il filo delle notizie relative al terremuoto, che lo scorso mese danneggiò la Sicilia, e la Calabria, partecipo a V. E., che tutte le lettere, che giungono da quelle parti sono piene di racconti degni della più alta commiserazione, maggiormente perché al gastigo di Dio si è aggiunta la perversità degli uomini malvaggi, che per lo meno dicono essere nelle presenti circostanze ogni cosa commune, e al pari della Sicilia si sono uniti nella Calabria de' ladri, che fanno delle scorrerie rubando i miseri avanzi di quella infelicissima gente." Zitiert nach ebd., S. 34f. Im selben Schreiben an den Kardinal Pallavicini berichtete der Abt zudem von der großen Zahl von Soldaten des neapolitanischen Heeres, die von dem allgemeinen Chaos nach dem Beben dahingehend profitiert hatten, dass sie desertiert waren und nun mit den zahlreichen Banden, welche die Provinz Calabria Ultra durchzogen, gemeinsame Sache machten, weswegen sich der Sonderbeauftragte Neapels, der Marschall Francesco Pignatelli, genötigt sah, mit harter Hand durchzugreifen: „Peggio poi sarebbe se sussistesse la diserzione di più Compagnie di soldati, che si trovavano in dette parti acquartierate, e questi siansi dati a far causa commune con i malviventi; e perciò si crede che il signor Maresciallo Pignatelli abbia domandato a questa Corte della Truppa di Cavalleria. Quello che è certo, si sono già dati ordini alli Colonelli di Cavalleria, che sono in questa Capitale di tener pronti quattro Squadroni per farli marciare alla volta di Calabria, e reprimere dette scorrerie de' malviventi. Si dice ancora che si è ordinato l'armamento di alcuni Sciabecchi per mandarli alla volta medesima." Zitiert ebd., S. 35. In deutlichem Widerspruch zu den Zeugnissen des venezianischen Botschafters Andrea Alberti und des päpstlichen Gesandten Severino Servanzi steht ein auf den 19. April 1783 datiertes Schreiben des zum Stabe des Sonderbeauftragten Francesco Pignatelli gehörenden

Oberstleutnants Elia M. Tomasi an den damaligen ersten Staatssekretär, Giuseppe Beccadelli (1726–1813), Marquis della Sambuca. Tomasi versuchte in diesem in einem überaus elegischen Tonfall verfassten Schreiben gegenüber dem ersten Staatssekretär den Eindruck zu erwecken, dass die Maßnahmen seines Vorgesetzten, des "[q]uesto mio Maresciallo Pignatelli", wie er ihn an einer Stelle bezeichnete, dazu geführt hätten, dass in die Provinz Calabria Ultra nach dem Chaos, welches auf das Erdbeben folgte, mittlerweile wieder völlig Ruhe und Frieden eingekehrt sei und es *de facto* nichts mehr zu Diebstählen oder Aktionen bewaffneter Banden zu berichten gäbe. So schreibt er hierzu in seinem in einem enthusiastischen Tonfall gehaltenen Bericht, dass "[t]utte le provvidenze date hanno incontrato l'applauso di questi Provinciali, i quali conoscon la diversa maniera, che si è da noi tenuta di quella, che sogliono praticare i subalterni della Provincia, che assassinano a man salva. Non si sente più verun furto, ne si incontra un malvivente, o scorridore di campagna. Ogniuno trema di andare a Monteleone, e al nome del Vicario Gen[era]le. False dunque sono tutte le voci sparse di malviventi, e ladri, che girano per la Provincia." ASN, *Ministero degli Affari Esteri, Terremoto della Calabria Ultra*, 4888/72, Schreiben des Oberstleutnants Elia M. Tomasi an den Marquis della Sambuca, Monteleone 19. April 1783. Allerdings stellt sich in Anbetracht der Verheerungen, die das Erdbeben in der Provinz Calabria Ultra angerichtet hatte, und der nach wie vor alles andere als gelösten Notlage der Bewohnerschaft Südkalabriens sowie der situationsbedingten Mangelhaftigkeit der von Neapel eingeleiteten Hilfsmaßnahmen die Frage, ob es sich bei den Behauptungen Tomasis nicht doch eher um eine bewusste Schönfärberei der wirklichen Lage der öffentlichen Ordnung und Sicherheit gegenüber dem ersten Staatssekretär della Sambuca handelte, deren Ziel durchaus darin bestanden haben mag, der erheblichen Kritik entgegenzuwirken, die hinsichtlich der Arbeit seines Vorgesetzten, des Marschalls Francesco Pignatelli, aufgekommen war. Zu den kritisierten Punkten an der Arbeit des Sonderbeauftragten gehörte beispielsweise, dass Pignatelli sein Hauptquartier in der Stadt Monteleone aufgeschlagen hatte, von dort alle Befehle ausgab und alle Korrespondenzen entgegennahm, ohne großartig außerhalb seines Hauptquartiers aktiv zu werden, oder dass die in seinen Diensten stehenden Ingenieure und Militärs beschädigte Häuser eher endgültig zerstören würden, als diese wieder aufzubauen, wie man sich von Seiten der von der Erdbebenkatastrophe heimgesuchten Bewohnerschaft der Provinz Calabria Ultra zunächst noch erhofft hatte. Placanica: Il filosofo e la catastrofe, S. 24ff. Letzten Endes ist es jedoch als unwahrscheinlich anzusehen, dass Alberti und Servanzi ihre Berichte womöglich auf der Basis von Fehlinformationen abgefasst hatten und dass die nach der Erdbebenkatastrophe erheblich zugenommene Bandendelinquenz in der südkalabrischen Provinz innerhalb kürzester Zeit wieder massiv abgeebbt war, denn dies werden die in der Region herrschende Ausnahmesituation und, trotz der Mobilisierung erheblicher Ressourcen von Seiten Neapels, die Begrenztheit der dem Generalvikar und den kalabrischen Behörden zur Verfügung stehenden Mittel nicht zugelassen haben.

Auch in den auf die Erdbebenkatastrophe folgenden Jahren wurde die Region weiterhin von zahlreichen Banden heimgesucht, mit deren wirksamer Bekämpfung die Behörden der Provinz Calabria Ultra und der benachbarten Provinz Calabria Citra schon vor dem schweren Erdbeben des Jahres 1783 immer wieder erhebliche Probleme gehabt hatten.[493] Zu den Banden, die in den folgenden

493 Siehe beispielsweise hierzu die Ausführungen in dem Unterkapitel „Grenzen herrschaftlicher Durchdringung: Das Vorgehen der *Regie Udienze* von Cosenza und Catanzaro gegen die Gualtieri-Bande und die Cacozza-Bande in den Provinzen Calabria Citra und Calabria Ultra zwischen 1774 und 1776". Eine größere Anzahl von aus dem Jahre 1782 stammenden und mit „Avvisi di Malviventi delle Provincie" titulierten Berichten der *Regie Udienze* von Cosenza und Catanzaro zu den Aktivitäten von Banden, welche wiederum maßgeblich auf den Berichten lokaler Gouverneure fußen, befinden sich in verstreuter Form in ASN, *Segreteria di Stato di Grazia e Giustizia*, *Dispacci e Fascicoli*, 123. Ein weiteres Beispiel für die weit um sich greifenden Aktivitäten von Banden aus der Region Kalabrien vor dem Erdbeben des Jahres 1783 und deren provinzübergreifende Verfolgung durch die Behörden wird anhand von umfangreichem Material aus dem Bestand der *Segreteria di Stato di Grazia e Giustizia*, auf welches bereits in Bezug auf das Banditenwesen in den 1770er Jahren eingegangen worden ist, sehr ausführlich analysiert in Maiorini: Presidi e brigantaggio tra prassi giuridica e azione militare, S. 197–216. Es handelte sich bei den Mitgliedern dieser bewaffneten Gruppierungen um Personen, die aus den beiden in den Bergen der Provinz Calabria Citra gelegenen Raub- und Schmugglernestern Fuscaldo und Sanfili stammten. Der Operationsraum dieser Banden, deren Mitglieder nach ihren beiden hauptsächlichen Herkunftsorten in den Berichten der Provinzbehörden als „Fuscaldesi" und „Sanfilesi" bezeichnet wurden und bei denen es sich sowohl um Räuber als auch um Schmuggler handelte, umfasste in der zweiten Hälfte der 1770er Jahre nicht nur die Region Kalabrien, sondern auch die Gebiete der Provinzen Principato Ultra, Basilikata, Capitanata, Terra di Bari sowie Terra d'Otranto. Ebd., S. 200f. Zur Bekämpfung dieser Banden griff man von Seiten der Behörden nicht nur auf die in den betroffenen Provinzen zur Verfügung stehenden bewaffneten Kräfte zurück, sondern mobilisierte gegen diese auch das reguläre Heer, welches dieser Aufgabe eher gewachsen zu sein schien als die bewaffneten Verbände, deren sich üblicherweise die *Regie Udienze* bedienten. Ebd., S. 205. Einen episodenhaften Einblick in die Umtriebe einer Bande mehr als ein Jahr nachdem die Provinz Calabria Ultra durch das Erdbeben verheert worden war, findet sich *pars pro toto* in einem auf den 7. Mai 1784 datierten Bericht, welchen der Generalvikar Francesco Pignatelli dem Marquis della Sambuca zukommen ließ und in welchem Folgendes berichtet wird: „Il Sot[totenent]e D[on] Ignazio Marzano con carta del p[ri]mo corr[en]te Mag[g]io fa pre[se]nte, come il giorno 30 gli fù riferito, che un tale D[on] Michele Valenzisi di Anoja Sup[erio]re fu assalito da una rea comitiva di otto Persone armate di Pistole, Bajonette, Stili, ed altre armi, condotte da uno,

Jahren die Provinz Calabria Ultra und deren Bevölkerung in erhebliche Unruhe versetzten, gehörten beispielsweise diejenige der d'Agostino-Familie aus Grotteria, auf die im Rahmen dieser Ausführungen noch etwas näher eingegangen wird, diejenige eines gewissen Tancredi alias „Lo Zingaro", welche die Bevölkerung erpresst und mehrmals versucht haben soll, die Stadt Crotone zu überfallen und zu plündern, sowie die Bande Antonio Crucicchis aus Valanidi, der mit seinen Gefolgsleuten die Gegend um Reggio unsicher machte und nach einigen Jahren der Verfolgung bei einer Schießerei in einem Waldstück bei Castelvetere, bei der viele seiner Gefolgsleute getötet wurden, den Behörden lebend in die Hände fiel.[494]

---

che fra loro faceva da Capo vestito di Velluto a colori blò con rivolte negre, e facendo cammino p[er] Maropati s'incontrarono con una Donna, e domandarono, se il d[ett]o Uff[icia]le Marzano si trovava in Cinquefrondi, ed entrati nella baracca del Valenzisi li domandarono dell'Orzo [p]er ristorare una loro Mula, e ritiratolo a parte in altra Stanza gli chiesero la somma di Duc[a]ti 200 [p]er Compagno [p]er dover fare un viaggio, Ad una tal domanda gli rispose il Valenzisi non averla pelle mani, ma glie l'avrebbe proccurata, potendosi però contentare [p]er allora di Duc[a]ti 200, ma i Ladri gli risposero ch'era troppo poco, e che volevano denari, ò Sangue; A qual domanda il dirubato Valenzisi offrì la propria vita, e ciò vedutosi dal Capo della Comitiva sguainò una Bajonetta voltandola verso il med[esi]mo; e perche i Compagni fremevano, volendo con effetto il danaro richiesto gli furono dal Valenzisi consegnate le Chiavi delle Casse, Bauli, e Sgrigni, ed impatronitesi di q[ue]ste aprirono il Buffettino ove ritrovarono Settecento Duc[at]i di Moneta d'Oro, ed altri 25 duc[a]ti di moneta d'Argento, ed avendogli domandato de' commestibili si provviddero anche q[ue]sti, e s'incamminarono verso Giffone Casale di Cinquefrondi. In vista di una tal notizia si spedì dal d[et]to Uff[icia]le ordini circolari in quei convicini Paesi pell'arresto di costoro con aver disposto ancora altre provvidenze. Riferisce parim[en]ti, essergli stato fatto pr[ese]nte dal luogoten[en]te della Corte di Cinquefrondi, che la Milizia Urbana andò inseguendo detta Comitiva, e gli riuscì guadagnarli la sola Mula, e che avendo spedito il suo Cap[ora]le con altri Armiggeri al tempo che furono al luogo chiamato la Trava territorio di Galatio, intesero sparare Sei colpi di Fucile, e vedendosi nel pericolo d'essere uccisi, risposero con altre Schiopettate, che si avanzarono al num[er]o di 40; e che verso l'Alba della mattina seguente viddero fuggire quattro de' sud[det]ti Ladri, che lasciarono la Mula, una bisaccia di Vino, e due Zaini di Pelle. Tutto ciò dal detto Uff[icia]le Marzano si è riferito al rispettivo Preside di Catanzaro, come ancora agli altri Uff[icia]li della Provincia, affinché si cooperassero all'inseguim[en]to, ed arresto di tal comitiva, con aver anche dato l'arresto al Gov[ernado]re di Anoja inferiore pell'indolenza pratticata in tal fatto." ASN, *Ministero degli Affari Esteri, Terremoto della Calabria Ultra*, 4890/0, Bericht des Generalvikars Francesco Pignatelli an den Marquis della Sambuca, Neapel 7. Mai 1784.

494 Grimaldi: La Cassa Sacra, S. 97ff. Einen Eindruck davon, dass es in der auf die Erdbebenkatastrophe in der Provinz Calabria Ultra folgenden Zeit auch in anderen

Provinzen des Königreiches zur Genüge Probleme mit Banden gab und nicht nur ausschließlich in den beiden kalabrischen Provinzen, die dessen ungeachtet davon wohl am heftigsten betroffen gewesen sein dürften, vermittelt eine sehr große Anzahl von aus den Monaten September, Oktober und November des Jahres 1785 stammenden und in der Außenstelle des Staatsarchivs von Foggia in Lucera aufbewahrten Korrespondenzen, die zwischen der *Regia Udienza* von Lucera, lokalen Gouverneuren, der *Segreteria di Stato di Grazia e Giustizia*, der *Regia Udienza* von Montefusco sowie dem *Tribunale di Campagna* zirkulierten und die Aktivitäten von Banden betreffen, von denen das Jurisdiktionsgebiet der *Regia Udienza* von Lucera, also die Provinzen Capitanata und Contado di Molise, heimgesucht wurde. Im Zentrum dieser Korrespondenzen stand besonders die Person des Bandenführers Giovanni Silvestro aus der Ortschaft Casandrino in der Terra di Lavoro, bei dem es sich um einen fahnenflüchtigen *fuciliere di montagna* handelte. Da Giovanni Silvestro bei seinem Eintritt in die Reihen der *fucilieri di montagna* angegeben hatte, Cesare Gesualdi zu heißen und aus der in der Terra di Lavoro gelegenen Ortschaft Ceccino zu kommen, und die Behörden lange nichts von seiner wahren Identität wussten, wurde er in den betreffenden Dokumenten dann auch in erster Linie unter seinem falschen Namen aufgeführt. Erst in einem auf den 5. Oktober 1785 datierten Schreiben aus Nevano, dem Sitz des *Tribunale di Campagna*, welches an den *preside* von Lucera, Raimondo Blanch, gerichtet war, wurde die wahre Identität Gesualdis enthüllt. Dessen Bande wurde dann laut diesem Dokument bei einem Schusswechsel auf dem Gebiet der päpstlichen Enklave von Benevent zerschlagen. Allerdings gelang es dem ehemaligen *fuciliere di montagna*, der bei dem Zusammenstoß am Bein verletzt wurde, zusammen mit einem seiner Mitstreiter zu Pferde zu fliehen und sich nach Neapel abzusetzen, in dessen Großstadtgetümmel er vor weiteren Nachstellungen untertauchen konnte. ASF/SL, *Regia Udienza di Lucera*, *Processi Penali*, 39/436, Schreiben des *commissario di campagna*, Natale Maria Cimaglia, an den *preside* von Lucera, Raimondo Blanch, Nevano 5. Oktober 1785, fol. 241r-242v. Im Hinblick auf eine möglicherweise spätere Festnahme Giovanni Silvestros in Neapel lassen sich in den Dokumenten keinerlei Angaben finden. Auch für die Abruzzen lassen sich zahlreiche Hinweise auf die Aktivitäten von Banden in den Jahren zwischen 1783 und 1787 finden. Einige Beispiele für das Jurisdiktionsgebiet der *Regia Udienza* von Teramo finden sich in den Bänden 81 und 82 der "Registri dei Dispacci Reali", die im Zeitraum von 1744 bis 1808 von Neapel aus nach Teramo geschickt worden waren. AST, *Regia Udienza di Teramo*, *Registri dei Dispacci Reali*, 21/81 und 22/82. In einem im Staatsarchiv von Chieti aufbewahrten Faszikel aus den Beständen der *Regia Udienza* von Chieti befindet sich eine große Anzahl von Korrespondenzen zu umfassenderen Verfolgungsmaßnahmen in den Abruzzen im Zeitraum von August 1784 bis Juni 1785. An der Verfolgung dieser zwischen August 1784 und Juni 1785 in den Abruzzen operierenden Banden beteiligten sich nicht nur ausschließlich die den neapolitanischen Behörden unterstehenden bewaffneten Einheiten der *fucilieri di montagna* und der *compagnie di campagna*,

In Anbetracht dieser Zustände mag es daher nicht überraschen, dass man zur Bekämpfung der sich durch das Erdbeben erheblich verschlimmerten Plage des Banditenwesens früher oder später auf außerordentliche militärische Maßnahmen zurückgreifen musste, von welchen man sich eine signifikante Verbesserung

sondern auch die bewaffneten Verbände der Barone und eine Anzahl Waffen tragender Bewohner diverser Ortschaften, die von den Behörden dazu aufgefordert worden waren, ihren Beitrag bei der Ausschaltung der Banden zu leisten. Ein in dieser Zeit besonders heimgesuchtes Gebiet bildete die Gegend um die Ortschaft Introdacqua. ASC, *Regia Udienza di Chieti*, 217/6417. Zu guter Letzt sei in diesem Zusammenhang auch noch auf den aus der in der Provinz Principato Citra gelegenen Ortschaft San Gregorio Magno stammenden und am 28. August 1784 in Salerno hingerichteten Banditen Angelo Duca verwiesen, zu dessen Aktionsgebiet neben der Provinz Principato Citra auch die Provinzen Principato Ultra, Capitanata, Calabria Citra und insbesondere die nördliche Basilikata gehörten. Die wiederholten Misserfolge der Provinzbehörden bei der langwierigen Verfolgung Ducas führten schließlich im Jahre 1783 dazu, dass die Zentralregierung den an der *Gran Corte della Vicaria* tätigen Richter Vincenzo Paternò zum Sonderbevollmächtigten für die Beseitigung des Räubers und seiner Bande ernannte. In die Fänge der Behörden geriet Duca allerdings erst durch den Verrat eines seiner eigenen Männer, der sich dadurch eine Begnadigung von Seiten König Ferdinands IV. erhoffte. Maßgeblich für die Geschichte der Geschicke dieses Banditen sind Benedetto Croces Beiträge "Angiolillo (Angelo Duca). Capo di banditi" und "Il brigante Angiolillo", auf die sich auch diese kurzen Angaben zur Person Angelo Ducas und seinem Schicksal im Groben beziehen. Vor einigen der Bandenführer des Krisenjahres 1799 war Angelo Duca der einzige Bandit aus dem Königreich Neapel des 18. Jahrhunderts, der es über die Grenzen des festländischen Bourbonenstaates hinaus, und zwar über die Berichte einzelner ausländischer Reisender, zu einer größeren Bekanntheit brachte. Zu diesen Reisenden gehörten der deutsche Gelehrte und spätere Bürgermeister Hamburgs, Johann Heinrich Bartels (1761–1850), mit seinen "Briefen über Kalabrien und Sizilien", der deutsch-dänische Theologe Friedrich Münter (1761–1830) mit seinen "Nachrichten über Neapel und Sicilien auf einer Reise in den Jahren 1785 und 1786" und der Italofranzose Joseph Gorani (1740–1819) mit seinen "Mémoires sécrets et critiques des cours, des gouvernements et des mœurs des principaux états de l'Italie". Die Legenden um die Figur des süditalienischen Räubers Angelo Duca dienten dem Schwager Johann Wolfgang von Goethes (1749–1832), Christian August Vulpius (1762–1827), als Quelle der Inspiration bei der Abfassung seines zum ersten Mal 1799 erschienenen und wiederholt aufgelegten Räuberromans "Rinaldo Rinaldini der Räuberhauptmann". Die Informationen zur Person Angelo Ducas zog Vulpius nachweislich aus den "Mémoires sécrets et critiques des cours, des gouvernements et des mœurs des principaux états de l'Italie" von Joseph Gorani. Zu den historischen Quellen für Vulpius' damals überaus populären Räuberroman siehe Riha: Nachwort, S. 541–552.

der Lage erhoffte. Ein beredtes Zeugnis für das Bemühen der Behörden, diesen tagtäglichen Überfällen und Gewaltexzessen ein Ende zu setzen, gibt ein Erlass des von der Zentralregierung für die Koordinierung der Wiederaufbaumaßnahmen zuständigen Marschalls Francesco Pignatelli, vom 16. September 1786[495] an den *preside* der *Regia Udienza* von Catanzaro, in welchem er diesen über die umfangreichen Maßnahmen in Kenntnis setzte, die er zu treffen gewillt war, um dem Übel des immer stärker ausufernden Banditenwesens einen Riegel vorzuschieben. Die konkrete Umsetzung dieser Maßnahmen vor Ort fiel aber nicht nur ausschließlich in den Aufgabenbereich der Männer, die Pignatelli unterstanden, sowie denjenigen der königlichen Behörden in der Provinz Calabria Ultra, sondern auch in den Aufgabenbereich der Barone, die ebenfalls aufgefordert waren, sich mit den ihnen zur Verfügung stehenden Kräften an den Verfolgungsmaßnahmen zu beteiligen. So heißt es hierzu in der Verfügung des Marschalls Francesco Pignatelli:

> „Dalle relazioni pervenutemi in questa settimana dagli uffiziali commissionati, ho rilevato con mio grave rammarico che venga insidiata la sicurezza dei cittadini di cotesta provincia, e turbata la pubblica tranquillità dai scorridori di campagna e malviventi; quindi a fine di dar riparo ad un così grave inconveniente, ed acciò una provincia afflitta da tante disgrazie goda la pace e la sicurezza, sono venuto a determinare che venga la medesima divisa in molti ripartimenti, per ciascuno dei quali rimanga incaricata una persona con forza sufficiente per la semplice esecuzione da farsi contro gli *omicidiarii*, coloro che *armano* e *scorrono* le campagne, *more esulum*, i *grassatori* e *ladri* di strada pubblica, gl'*incendiarii*; ed ho disposto a tal effetto che nel ripartimento di Reggio rimanga destinata la persona del tenente del Reggimento Amberes D. Cristofaro Perron, con somministrarglisi da quella piazza 12 granatieri, ed un sergente, ai quali, in caso di necessità, dovranno anche unirsi 12 de' più scelti miliziotti con un foriere. Per tutt' i paesi di Marzano, Salvo, Grimaldi e De Chiara, dandosegli a tale effetto una partita di 12 dei più bravi miliziotti con un foriere, col permesso di prendere maggior numero di gente, qualora l'occorrerà; per i ripartimenti di Monteleone, Tropea, e Pizzo, rimanga incaricato per la direzione il Caporota De Leone, sino a che si tratterrà in quei luoghi, e rimangono incaricati per l'esecuzione il capitano Coccia in Monteleone, Pizzo, e stato di Mileto, Francica, e luoghi convicini, avendo sotto i suoi ordini dodici miliziotti ed un foriere, e l'uffiziale D. Antonio Salomone, con le stesse forze per Tropea e luoghi convivini. Pel ripartimento di Cotrone, il Comandante del Castello destini un ufficiale proprio a tale incombenza, il quale debba avere sotto i suoi ordini dodici granatieri, e dodici miliziotti, con aggiungersi per forieri D. Gennaro e D. Domenico Remano, e D. Bernardo Ursini. Pel ripartimento di Squillace, rimanga incaricato l'ufficiale Trigona, cui si diano parimenti dodici miliziotti. In Gerace e suo ripartimento resti incaricato l'uffiziale Sebastiano, per Roccella

495 Der Text dieses Erlasses wird vollständig wiedergegeben im Anhang zu Grimaldi: La Cassa Sacra, S. 162–165.

l'ufficiale Avitabile, ciascuno con dodici miliziotti; beninteso che la Commissione per questi due uffiziali debbe intendersi nei soli casi di bisogno, giacchè sinora non si sentono in quei luoghi notizie di malviventi. Finalmente per Ripartimento del Preside, e per gli altri paesi, faccia procedere il tribunale dalle sue squadre, e dai fucilieri di Montagna. Ho disposto inoltre che *si dia dai baroni aiuto di gente*, a quale effetto somministri la Duchessa di Bagnara al tenente Perron sei armigeri, e pel ripartimento di De Chiara la principessa di Gerace quattro armigeri, ed altrettanti il principe di Scilla, ed il principe di Cariati; uno il marchese di Carvizzano. Per i ripartimenti di Monteleone, Pizzo e Tropea si somministrino dal duca di Monteleone sei armigeri, ed altrettanti dal duca dell'Infantado. Pel ripartimento di Squillace, somministri quel marchese sei armigeri, ed altrettanti il principe di Roccella per quel ripartimento, e due altri la principessa di Gerace per i feudi che ha nel ripartimento di Sebastiani, con la riserba però che deva ciò farsi per questi due ultimi qualora occorra. E finalmente pel ripartimento di Catanzaro rimanga ad arbitrio del tribunale di far somministrare dai baroni il numero degli armigeri, che sarà necessario, con doversi dai medesimi destinare persone atte e proprie a tale uopo, e con mantenere a loro spese, e ciò per ora e sino a nuova mia disposizione. Tutte queste forze, sotto gli ordini dei rispettivi capi, dovranno impiegarsi nella persecuzione e distruzione dei rei sopradetti, previo però notamento da darsi dalla Regia Udienza, non venendo mai permesso di perseguitare persone non contenute in detto notamento. Intanto, acciò non si perda tempo prima che pervengano i notamenti del tribunale, permetto che si proceda alla persecuzione di detti malviventi ed omicidarii, o in forza degli ordini di carcerazione legittimamente già spediti dalle Corte regie e locali pei rei principali d'omicidio, e con le notizie che i medesimi daranno dei rei, pei quali siansi dal tribunale ad esse Corti comunicate disposizioni di carcerazione o persecuzione; e ciò sino a che non perverrà il detto notamento al quale poi unicamente si dovrà stare. Dando poi i sudetti ufficiali minuto conto di tutto a me ed al tribunale, e sentendosela insieme i rispettivi incaricati per la miglior riuscita dello affare, nel modo ch'è stato da me minutamente spiegato. Lo prevengo a V.S. Illustrissima per sua intelligenza, e per adempimento della parte che le spetta; a quale effetto la incarico di dar subito i corrispondenti ordini agli Erari-*loco-feudi* dei baroni di sopra mentovati, per quanto riguarda il suo ripartimento, acciò diano subito gli armigeri sopranotati, sotto le pene ed arbitrio di S. M. rimettendo poi documenti di tali notifiche al tribunale. La incarico in oltre di disporre, che i miliziotti, che saranno a tal opera destinati ed adoperati, siano soddisfatti secondo che fu praticato in tempo del cordone, sentendosela su di ciò coi rispettivi uffiziali incaricati, e somministrandogli il danaro necessario, con prenderlo dai depositarii locali della Sacra Cassa ed in mancanza dal Tesoriere Provinciale, cui ho diretti gli ordini corrispondenti. Finalmente faccia sentire a tutti gli uffiziali dei ripartimenti di sua ispezione, che diano tutti gli aiuti e lumi che potranno riuscirli, alle persone incaricate di una tale esecuzione, acciò sia purgata la provincia dai malviventi che la infestano, e che le Corti regie e baronali, pendente il notamento da rimettersi dalla Regia Udienza, diano le notizie sopra esposte."[496]

496 Original aus dem damaligen Provinzarchiv von Catanzaro zitiert nach dem Anhang zu ebd.

Einen guten Eindruck von der Härte der Auseinandersetzungen zwischen den in der Provinz Calabria Ultra operierenden Sicherheitskräften und den zahlreichen Banden nach der Einleitung der besonderen militärischen Maßnahmen, die der von der Zentralregierung ernannte *Vicario Generale delle Calabrie* in seinem Schreiben vom 16. September 1786 gegenüber dem *preside* von Catanzaro angekündigt hatte, vermittelt ein Schreiben John Actons vom 9. Februar 1787[497] an Francesco Pignatelli, in welchem er ausdrücklich Bezug auf die Zerschlagung der Bande Nicodemo d'Agostinos und seiner Söhne Domenicantonio, Ferdinando sowie Vincenzo aus der Ortschaft Grotteria nimmt, die sich mit den Sicherheitskräften, die zu ihrer Verhaftung ausgeschickt worden waren und deren Engagement Acton *expressis verbis* lobt und auch nicht mit Belohnungen spart, ein mehrtätiges Feuergefecht geliefert hatten, bevor sie schließlich überwältigt werden konnten. Diese Bande hatte allerdings nicht erst im Windschatten des großen Erdbebens vom Februar des Jahres 1783 mit ihren Aktionen begonnen, sondern nachweislich bereits im Jahre 1778. Nachdem die d'Agostinos aufgrund ihrer Vergehen, zu denen Raubüberfälle, Brandstiftung, Vergewaltigungen, Morde sowie das Aufbrechen des Gefängnisses von Mammola zählten, einer massiven Verfolgung von Seiten der Behörden ausgesetzt gewesen waren, sich aber auf das Gebiet des Kirchenstaates hatten flüchten können und sich dort eine Zeitlang als Bauern betätigt hatten, kehrten sie im Jahr 1782 in das Gebiet ihres Heimatortes Grotteria zurück und ließen sich in der darauffolgenden Zeit zunächst nichts zu Schulden kommen. Die beiden Brüder Ferdinando und Vincenzo d'Agostino traten vielmehr im nahegelegenen Gioiosa als *bargelli*, also als lokale Ordnungskräfte, in die Dienste des Marquis von Arena, zu dessen Besitz diese Ortschaft gehörte und der in der folgenden Zeit schützend seine Hand über die Brüder legte, die jedoch aufgrund ihrer Vergangenheit und der Tatsache, dass sie bei einer oder mehreren ihrer Aktionen Häuser in diesem Ort angezündet hatten, bei den misstrauischen Bewohnern Gioiosas keineswegs sonderlich willkommen waren. Als der Generalvikar Francesco Pignatelli in seinem Bestreben nach einer Verbesserung der desaströsen Lage der öffentlichen Ordnung und Sicherheit in der Provinz Calabria Ultra schließlich auch den Marquis von Arena um die Bereitstellung bewaffneter Hilfskräfte bat, lehnte er jegliche Zusammenarbeit mit den beiden d'Agostino-Brüdern ab und verlangte stattdessen deren Auslieferung an die Behörden, was dazu führte, dass sie die Reihen der bewaffneten Gefolgschaft des Marquis verlassen mussten und in der

497 Der Text dieses Schreibens wird vollständig wiedergegeben im Anhang zu ebd., S. S. 165ff.

darauffolgenden Zeit dazu übergingen, ihre Aktivitäten als Banditen von Neuem aufzunehmen. Der letztendlichen Ausschaltung der Bande am 22. Januar 1787 war eine ungefähr dreitägige Belagerung ihres Heimatortes Grotteria durch etwa 200 Mann vorausgegangen. Als besonders bemerkenswert an dieser Belagerung erweist sich der Umstand, dass die d'Agostinos bei dem schweren Widerstand, den sie während dieser drei Tage ihrer drohenden Verhaftung entgegensetzten, auch von den Bewohnern ihres Heimatortes unterstützt wurden. Kurz nach dem Ende der Belagerung und der erfolgreichen Ausschaltung der Bande schickte Francesco Pignatelli schließlich am 6. Februar 1787 an den Staatssekretär John Acton einen Bericht, auf welchen Acton schließlich auch noch einmal in seinem bereits eingangs erwähnten Schreiben vom 9. Februar an den *Vicario Generale delle Calabrie* einging[498], welches in Transkription im Anhang zu Achille Grimaldis 1863 erschienenem Werk „La Cassa Sacra, ovvero La soppressione delle manimorte in Calabria nel secolo 18." in seinem genauen Wortlaut wiedergegeben wird. In diesem Antwortschreiben Actons, welches wie schon das Verfügungsschreiben Francesco Pignatellis auch an dieser Stelle in seinem gesamten Wortlaut wiedergegeben wird, steht u. a. Folgendes zu den Umständen der Festnahme der Mitglieder der d'Agostino-Bande und dem Modus des gegen sie einzuleitenden Verfahrens geschrieben, welches, die Behörden der Provinz Calabria Ultra machten hier kurzen Prozess, noch im März desselben Jahres mit der Verhängung der kurz darauf in Catanzaro vollzogenen Todesstrafe gegen die d'Agostinos und ihre Komplizen endete[499]:

> "Eccellentissimo Signore – Ha veduto il Re dalla relazione di V. E. del 6 stante, che in seguito delle disposizioni da Lei date per l'esterminio dei malviventi i quali infestano la Calabria Ulteriore, ed in seguito delle premure fatte dal tribunale di Catanzaro per l'arresto di alcuni gravi inquisiti di Grotteria e dei luoghi adiacenti, il caporuota Leone spedì colà una squadra di uffiziali, forieri, miliziotti, e bargelli, la quale il giorno 22 del caduto gennaio venuta alle mani con la famiglia d'Agostino, facinorosa e malvaggia, e con altri rei, *dopo un fiero e lungo attacco,* uccise Domenicantonio d'Agostino e Domenico Scali, ed arrestò Nicodemo d'Agostino, Ferdinando d'Agostino, Benedetto Ancilletta, Domenico Scarfò, Filippo Mercuri, Vincenzo d'Agostino, e le donne Caterina Scarfò, Anna Ancilletta e Caterina d'Agostino, le quali proferivano parole oltraggianti contro la squadra, ed animavano i loro mariti a far fuoco sopra la medesima; ed ha rilevato ancora che dalla parte di questa rimasero morti l'Alfiere di cavalleria Napoli D. Michele Geofilo per essersi coraggiosamente esposto al pericolo ed il bargello Gregorio Cozzella di Palermiti, e che fra gli altri si distinse per lo suo valore ed avvedimento l'alfiere di milizia

498 Gaudioso: Una tragedia sismica nella Calabria del Settecento, S. 80f. und Grimaldi: La Cassa Sacra, S. 99–101.

499 Gaudioso: Una tragedia sismica nella Calabria del Settecento, S. 83.

D. Gaspare Dechiara. Quindi S. M. approvando quanto si è sinora disposto da V.E., in proposito di far purgare dei malviventi la provincia per mezzo delle indicate forze, ha risoluto e comanda, giusta il parere dell'E. V., che si manifesti il sovrano gradimento a tutti coloro, i quali sono lodevolmente impiegati nel detto attacco contro dei mentovati rei, specialmente agli ufficiali Coccia ed Avitabile, il primo rimasto per istrada a cagione di sua malattia, ed il secondo giunto in Grotteria dopo finita l'azione, dove cooperò all'arresto dell'inquisito Mercuri. Che si lodi la prudente e valorosa condotta dell'alfiere Dechiara, a cui S. M. concede in segno di real compiacimento il grado di tenente di fanteria, col soldo mensile di ducati 16, in luogo di due. 7. 17, da lui sinora goduti; che si lodi anche l'opera prestata in tal rincontro dall'alfiere ritirato D. Antonio Salomone, al quale la M. S. concede il grado di tenente di fanteria col soldo mensuale di ducati 18, invece di quello ch'egli avea di alfiere d'antica pianta: che si somministri il sussidio di cinque ducati al mese dalla Cassa Sacra alla sorella ed alla vecchia madre del defunto bargello Cozzella; e che si faccia noto il pieno real gradimento pel valore mostrato dal disgraziato uffiziale Geofilo, la cui degna memoria, e gl'individui della cui famiglia saranno particolarmente tenuti presenti da S. M., e con preferenza negl'impieghi, che da loro si domanderanno. Riguardo poi al procedimento contro i sudetti arrestati, affinchè la provincia vegga con quale severità si devenga alla punizione dei malvagi, inimici dello stato e della sovranità, ordina S. M., uniformandosi al sentimento di V. E., che restando fermi gli arresti fatti, e trasmettendosi i carcerati al tribunale di Catanzaro, l'uditore D. Domenico Cioraldi, passi subito a compilare l'informazione dei delitti commessi dagli enunciati presi, comprendendovi tutto l'accaduto nell'azione seguita in Grotteria; che il detto tribunale in tal causa proceda *ad horas* per delegazione, et *ad modum belli*, tolto di mezzo ogni gravame, l'appellazione ed anco la revisione nella Real Camera di Santa Chiara, e che l'informo fiscale e la causa si terminino inalterabilmente fra 40 giorni intervenendo nella decisione il caporuota Leone, il quale debba per tal motivo ritirarsi in residenza, e poi uscire di nuovo ad eseguire l'incombenza addossatagli. Finalemente dichiara S. M. che dopo terminata la causa, saranno gratificati i miliziotti e bargelli onoratamente impiegati nel sudetto attacco, e verranno anche tenuti presenti i forieri D. Nicola Adami, e D. Gregorio Trentacapillo, intervenuti all'azione; ed anco l'altro foriero D. Filippo de Filippis, il quale vi giunse tardi. Nel real nome rescrivo tutto ciò a V. E., affinchè ne disponga essa l'adempimento, essendone dato l'avviso alla real Segreteria di Giustizia."[500]

Allerdings sollten diesen von dem Generalvikar Francesco Pignatelli in die Wege geleiteten Maßnahmen gegen die Banden, welche die Region Kalabrien und deren Bewohner nach der Erdbebenkatastrophe des Jahres 1783 noch schlimmer als vorher in Angst und Schrecken versetzt hatten, kein dauerhafter Erfolg beschieden sein. Im besonderen Maße symptomatisch für dieses allzu offensichtliche langfristige Scheitern der Bemühungen der Zentralregierung und der ihr in der Provinz Calabria Ultra zur Verfügung stehenden Kräfte sind gerade

500 Original aus dem damaligen Provinzarchiv von Catanzaro zitiert nach dem Anhang zu Grimaldi: La Cassa Sacra, S. 165ff.

die umfassenden Aktionen der großen Bande unter der Führung des Räubers Angelo Paonessa alias „Panzanera", welche die Bewohnerschaft Kalabriens ab dem Jahre 1797 mit ihren von außerordentlichen Gewaltexzessen und Morden begleiteten Überfällen terrorisierte und deren Treiben die Behörden zunächst weitestgehend hilflos gegenüberstanden. Vor allem nach dem erstmaligen Sturz des Bourbonenregimes im festländischen Königreich Neapel und der Zeit der ephemeren Existenz der schwachen und von französischen Waffen abhängigen Revolutionsregierung in Neapel, welche die Provinzen des vormalig bourbonischen Königreiches nie wirklich unter ihre Kontrolle zu bringen vermochte, hatte die Bande bei ihren Aktionen ein besonders leichtes Spiel. Ihre Stunde sollte erst schlagen, als das Bourbonenregime die Kontrolle über den kontinentalen Teil seines unteritalienischen Herrschaftsgefüges zurückgewonnen hatte und in der nun folgenden Zeit daranging, seine Herrschaft dort zu rekonstituieren. Unter großen Mühen und nach mehreren Fehlschlägen gelang es schließlich im August des Jahres 1799 den bewaffneten Einheiten der *Regia Udienza* von Catanzaro mit einem Aufgebot von angeblich fünfhundert Mann, welche sich unter der Führung des *uditore* und Sonderbevollmächtigten Giovanni Battista de Micheli befanden, die Bande zu zerschlagen und viele ihrer Mitglieder, darunter auch Angelo Paonessa, gefangen zu setzen.[501]

Dieses Problem der langfristigen Erfolglosigkeit aller gegen das Banditenunwesen gerichteten Repressionsmaßnahmen und der relativ schnellen Rekonstituierung der Banden betraf aber nicht nur allein die von dem Erdbeben von 1783 so schwer in Mitleidenschaft gezogene Provinz Calabria Ultra, sondern auch die übrigen Provinzen des Königreiches Neapel, in welche die Zentralregierung in den letzten drei Jahrzehnten des 18. Jahrhunderts verstärkt die bereits erwähnten Sonderbevollmächtigten, die sogenannten „delegati straordinari", schickte, die sich aber, im Gegensatz zu der Mission des *Vicario Generale delle Calabrie*, Francesco Pignatelli, ausschließlich um die Bekämpfung des Banditenunwesens in denjenigen Provinzen kümmern sollten, in denen die königlichen und baronalen Behörden offensichtlich in eine Sackgasse geraten waren, aus welcher sie ohne die Hilfe eines von Neapel ernannten Koordinators scheinbar nicht mehr herauskamen.

Auch wenn man in den Verordnungen, die von Neapel aus in die Provinzen geschickt wurden, wiederholt die Beseitigung der Schwachpunkte bei dem

501 Die Dokumente zu den kriminellen Aktivitäten der Bande Angelo Paonessas und deren letztendlicher Zerschlagung im August 1799 befinden sich in ASN, *Processi Antichi/Da Riordinare/Processi Criminali*, 28/1.

bewaffneten Personal der *Regie Udienze* und der lokalen Gerichtshöfe einforderte, änderte sich hier *de facto* rein gar nichts. Dieses Problem der schlechten personellen Bestückung der Truppen, d.h. der *compagnie di campagna*, die den *Regie Udienze* zur Aufrechterhaltung der öffentlichen Ordnung und Sicherheit in den Provinzen zur Verfügung standen, war bereits zu Beginn der Herrschaft Karls von Bourbon über das Königreich Neapel in dem eingangs behandelten und zwischen 1735 und 1737 verfassten Werk Giovanni Pallantes „Memoria per la riforma del Regno. ‚Stanfone' 1735–1737" auf das Heftigste kritisiert worden, in welchem dieser von Seiten der Zentralregierung auf dem Gebiet der Provinztruppen dringende Reformen eingefordert hatte. Ein beredtes Zeugnis dafür, dass sich auf diesem Gebiet auch 57 Jahre nach dem Machtantritt der spanischen Bourbonen im Jahre 1734 nicht viel geändert hatte und dass diese erheblichen Mängel unter dem bewaffneten Personal der Herrschaftsinstanzen auf regionaler und lokaler Ebene vielmehr weiter fortbestanden, bietet eine an den *preside* von Salerno gerichtete *circolare* vom 24. September 1791[502], in welcher im Hinblick auf die bewaffneten Einheiten der *Regie Udienze* die gleichen Verbesserungsvorschläge lanciert werden, die bereits Pallante in seinem zwischen 1735 und 1737 verfassten Werk „Memoria per la riforma del Regno. ‚Stanfone' 1735–1737" gemacht hatte und die maßgeblich auf seinen eigenen Erfahrungen als Richter und Gouverneur der kalabrischen Ortschaft Taverna in den Jahren von 1734 bis 1735 fußten. In dieser *circolare* vom 24. September 1791 heißt es im Hinblick auf dieses nunmehr schon seit Langem bestehende Problem des Mangels an befähigtem Personal bei den bewaffneten Kräften, die den Herrschaftsinstanzen auf regionaler und lokaler Ebene zur Verfügung standen, und im Hinblick auf die damit verbundenen Anordnungen, die hier eine Verbesserung dieses Mangelzustandes bringen sollen und die in ihrer Essenz den Verbesserungsvorschlägen Giovanni Pallantes aus der zweiten Hälfte der 1730er Jahre ähneln:

> „Non deve il Re tolerare, che per la inoperosità delle Compagnie di Campagna i ladri e malviventi crassino a danno de suoi amati sudditi. Che le Corti Regie non abbiano la forza necessaria a far valere la giustizia contra i Facinorosi e che le Corti Baronali non abbiano la corrispondente Famiglia armata, o in alcuni Feudi sia tutta addetta a' servigj, ed interessi de' Baroni, e loro Uffiziali; o che sia composta d'individui perniciosi in contravenzione delle Leggi del Regno. Vuole dunque S[ua] M[aestà] e sovranamente comanda che V[ostra] S[ignoria] I[llustrissima] col Fiscale passi la revista della Compagnia di Campagna esattamente, e personalmente anche degl'Individui giubilati

502 ASN, *Ministero degli Affari Esteri, Volume delle Circolari*, 6911, *circolare* der *Segreteria di Stato di Grazia e Giustizia* an den *preside* von Salerno, Neapel 24. September 1791, fol. 141v-142r.

> e riferisca con precisione lo stato degl'Individui atti al Servizio per età salute e condotta tenuta; di quelli che possono unicamente servire per la custodia delle carceri e degli altri in tutto inoperosi ed inutili, con descriverne l'età, e se abbiano ben servito. E proponga li Ripartimenti delle Squadre da farsi nella Provincia, che devono essere responsabili dell'arresto de' Malviventi, e degli altri rei, che darà in nota il Trib[una]le nel respettivo ripartimento. Proponga, dopo intesi li Regi Governatori, e le Università Regie, la forza che occorra a ciascuna Regia Corte. Ed intesi li Baroni o Erarj de' Feudi formi il Rollo della Famiglia armata che ciascuno Barone deve tenere per servizio della giustizia relativamente all'estensione de' Feudi e loro popolazioni, con registrarsi nel Trib[una]le a tenore delle Leggi del Regno."[503]

Nicht vergessen sollte man in diesem Zusammenhang auch die sich in den 1790er Jahren durch die Kriege des revolutionären Frankreich immer weiter verschlechternde internationale Lage, die es dem Regime Ferdinands IV., welches in ständiger Furcht vor einem Übergreifen der Französischen Revolution auf die Königreiche Neapel und Sizilien lebte, eindeutig schwerer machte und es stark davon ablenkte, sich mit größerem Engagement der Bekämpfung der Kriminalität in den ländlichen Regionen des Königreiches Neapel und, trotz der umfassenden Inspektionsreisen Giuseppe Maria Galantis und der von ihm lancierten Reformvorschläge, der Bereinigung der allgegenwärtigen Missstände in der dortigen Verwaltung und Justiz zu widmen.

Besonders emblematisch für das letztendliche Scheitern der Politik der neapolitanischen Regierung gegenüber der ausufernden Kriminalität und frappierenden Unsicherheit in den Provinzen in den Jahren kurz vor dem erstmaligen Sturz der bourbonischen Dynastie sind *pars pro toto* die Inhalte dreier im Namen König Ferdinands IV. von der *Segreteria di Stato di Grazia e Giustizia* ausgestellter *dispacci* vom 20. Februar 1793, vom 30. August 1796 und vom 1. Juli 1797[504], mit deren Analyse zugleich dieser Überblick zur Entwicklung des Banditenwesens und des Zustandes der öffentlichen Ordnung und Sicherheit in den Provinzen des Königreiches Neapel in der ersten Phase der Bourbonenherrschaft bis zum erstmaligen Sturz der Dynastie Ende des Jahres 1798 seinen Abschluss findet. Schon in dem ersten *dispaccio* vom 20. Februar 1793 gestand die Regierung mehr

---

503 Ebd.

504 Die Inhalte der ersten beiden *dispacci* werden aufgeführt in Zazo: Brigantaggio nel Principato Ultra e nel Molise nel XVIII secolo, S. 195f. und derjenige des dritten in Zazo: Le "comitive di malviventi" nel Principato Ultra e un real dispaccio di Ferdinando IV di Borbone (1797), S. 219f. Während sich für die ersten beiden *dispacci* keinerlei Angaben zur Herkunft finden lassen, bezog Alfredo Zazo den Text des dritten königlichen *dispaccio* aus dem ersten Umschlag des Bestandes der "Fogli Volanti" im Staatsarchiv von Benevent.

als deutlich ihre fortlaufende Machtlosigkeit in Anbetracht der desaströsen Zustände in den Provinzen ein, an denen selbst die zur Bekämpfung des Räuberunwesens ausgesandten Sonderbevollmächtigten scheinbar nichts ändern konnten:

> „Il Re sente con orrore che le carceri dei tribunali provinciali e delle corti regie e baronali, non siano sufficienti e capienti per i tanti ladroni e scorritori presi e che la spedizione dei delegati straordinari non ha impedito che altri ne sorgano da ogni parte, giacchè quasi ogni giorno fuggono i condannati dalle galere e immediatamente divengono scorritori di campagna e capi di ladroni."[505]

Obschon man sich in Neapel dessen bewusst war, dass man sich mit diesen immer gleichen Maßnahmen der Repression angesichts der sich weiter verschlechternden inneren Sicherheitslage mehr oder weniger im Kreise bewegte, so sah man auch in der folgenden Zeit keinen anderen Ausweg, als sich weiterhin derselben repressiven Maßnahmen zu bedienen, die stets erwiesenermaßen nur sehr kurzfristige Erfolge gebracht hatten. Bei der Durchschau der umfangreichen Korrespondenz zwischen der *Segreteria di Stato di Grazia e Giustizia* und den Behörden in den Provinzen drängt sich ohnehin immer stärker der Eindruck auf, dass die Zentralregierung in Neapel und ihre bürokratisch-administrativen Dépendancen in den Provinzen im Bereich der Aufrechterhaltung der öffentlichen Ordnung und Sicherheit in zunehmender Weise die Handlungsfähigkeit verloren hatten und von den Zuständen in den Provinzen mehr oder weniger vor sich hergetrieben wurden, wo sie von einem Brandherd zum nächsten eilten, während überall immer neue Feuer zu lodern begannen.[506]

---

505 Zitiert nach Zazo: Brigantaggio nel Principato Ultra e nel Molise nel XVIII secolo, S. 195.

506 Zentral für den Zustand der öffentlichen Ordnung und Sicherheit in den Provinzen des Königreiches Neapel in den 1790er Jahren sind die in den Aktenbündeln 160 bis 191 des Bestandes der „Dispacci e Fascicoli" der *Segreteria di Stato di Grazia e Giustizia* enthaltenen Berichte der Provinzbehörden. Einen Eindruck davon, wie trostlos sich die Lage in den Provinzen Abruzzo Ultra I, Abruzzo Ultra II, Terra di Bari, Contado di Molise und Basilikata in demjenigen Jahrzehnt darstellte, welches schließlich mit den politischen, sozialen und militärischen Ereignissen der Jahre 1798 und 1799 einen von Chaos und außerordentlichen Gewaltexzessen geprägten Abschluss finden sollte, vermitteln zudem die zahlreichen in Abschrift erhaltenen *dispacci* der *Segreteria di Stato di Grazia e Giustizia* im Bestand der „Registri dei Dispacci Reali" der *Regia Udienza* von Teramo, zahlreiche Korrespondenzen aus dem Bestand „Fondo del Preside I" der *Regia Udienza* von Aquila und demjenigen der „Carte Amministrative" der *Sacra Regia Udienza* von Trani, die zahlreichen, sich im Bestand „Miscellanea di Atti sul Brigantaggio e Processi Politici" des Staatsarchivs von Campobasso befindenden Ermittlungsakten der *Regia Udienza*

Vom gleichen Ton geprägt wie der erste *dispaccio* war dann auch der zweite vom 30. August 1796, der Bezug auf zahlreiche Berichte nahm, die von einem Sonderbevollmächtigten in der Provinz Principato Ultra, dem Präsidenten der *Regia Dogana della Mena delle Pecore* in Foggia sowie den *Regie Udienze* von Salerno, Catanzaro, Trani und Lucera nach Neapel geschickt wurden. Auch hier gestand man angesichts der momentanen Zustände offen das Scheitern der Maßnahmen der sogenannten „delegati straordinari" ein. Auffällig an diesem *dispaccio* ist darüber hinaus auch die Nennung der enorm angestiegenen Zahl von Deserteuren, die zusätzlich die Provinzen in Unruhe und Unsicherheit versetzen, indem sie sich auf der Flucht vor den Behörden den bereits bestehenden Räuberbanden anschlossen oder auch neue Gruppierungen bildeten und sich gewaltsam das aneigneten, was sie für ihr tagtägliches Überleben brauchten.[507] Bei diesen Fahnenflüchtigen handelte es sich oftmals um Männer, bei denen keine sonderliche Bereitschaft vorhanden war, im neapolitanischen Heer ihr Leben für die drohenden militärischen Auseinandersetzungen Ferdinands IV. mit den Truppen des revolutionären Frankreichs zu riskieren. So heißt es dann auch in besagtem *dispaccio* zu den eben besprochenen Punkten wie folgt:

> „Le relazioni venute in questo mese di agosto dal Delegato straordinario nella provincia di Montefusco, fiscale Corabi, dalli presidi di Salerno e di Catanzaro; dalle udienze di Trani e di Lucera, ed anche dal presidente di Foggia, che descrivono le numerose comitive di

---

von Lucera (ASCB, *Miscellanea di Atti sul Brigantaggio e Processi Politici*, 1–10) sowie das „Registro dei Processi Criminali della Regia Udienza Provinciale" aus den im Staatsarchiv von Potenza aufbewahrten Restbeständen der *Regia Udienza* von Matera (ASP, *Regia Udienza di Matera*, *Registro dei Processi Criminali della Regia Udienza Provinciale*, 10).

507 Ein Beispiel für eine Gruppe von Deserteuren, die in der zweiten Hälfte der 1790er Jahre im äußersten Norden der Provinz Principato Citra zunächst weitestgehend ungestört ihr Unwesen trieben, findet sich in einigen Schriftstücken aus dem Bestand der „Processi Penali" der *Regia Udienza* von Salerno, in denen es um die kriminellen Aktivitäten der ehemaligen Soldaten Giovanni Battista Pacifico aus Lancusi, Pasquale Erra aus Villa, Giuseppe Moscatiello aus Acquarola, Francesco und Gaetano Sica aus Gaiano sowie weiterer Männer geht, die durch wiederholte Eigentumsdelikte, Brandstiftung und versuchte Vergewaltigungen die Bewohner der nördlich von Salerno gelegenen *università* von San Severino in den Jahren 1796 und 1797 in erhöhte Unruhe versetzten und deren Treiben selbst der lokale Gerichtshof von San Severino aufgrund des eklatanten Mangels an eigenem bewaffneten Personal derart hilflos gegenüberstand, dass es sich schließlich für die Vorsteher dieser *università* als unumgänglich erwies, von auswärts Unterstützung anzufordern. ASS, *Regia Udienza di Salerno*, *Processi Penali*, 16/20.

malviventi le quali scorrendo da paese a paese e da provincia a provincia, portano il terrore e lo spavento da per tutto, commettendo omicidi, furti e ricatti, con aumentarsi sempre più dalli disertori e dai fuggitivi dalle pene di galera, ha fatto con dolore conoscere al Re che l'invio dispendioso di delegati straordinari, benchè avesse riparato all'urgenza, non fu sufficiente a togliere dalla radice il male, quantunque molte centinaia di tali scellerati si fussero sterminati o mandati alle forche ed altre asprissime pene."[508]

Im Hinblick auf das unmittelbare Vorgehen gegen diese Banden setzte man wiederum auf die schon oftmals benutzten Möglichkeiten der Bekämpfung und der Repression, indem man wie so oft alle zur Verfügung stehenden Kräfte in den Provinzen zu einer allgemeinen Mobilmachung aufrief. Zu diesen Kräften gehörten abermals auch die den Baronen unterstehenden Einheiten:

„E non permettendo le attuali circostanze spiccare partite di truppa, S. M. trova necessario che li baroni aumentando il numero delle loro famiglie armate, tengano purgato il territorio dei loro feudi, con perseguitare i ladroni e malviventi e le comitive dei disertori e fuggitivi di galea che scorrono uniti oltre il numero di tre che lo stesso facciano con tutto zelo, le Corti Regie dei paesi demaniali, allodiali, farnesiani, medicei o dei Siti reali, unendo cacciatori coraggiosi alle rispettive Famiglie armate, con procurare ciascuno nel proprio territorio la persecuzione ed arresto dei ladroni, malviventi, disertori e condannati fuggitivi".[509]

Um die Durchführbarkeit dieser Maßnahmen nicht von vornherein durch die Missstände, die in den den *Regie Udienze* zur Verfügung stehenden Truppen vorherrschten, zu torpedieren, forderte die Zentralregierung die königlichen Gerichtshöfe zusätzlich noch dazu auf, diese Einheiten bezüglich ihrer Kampf- und Einsatzfähigkeit einer genauen Überprüfung zu unterziehen und besonders solche Personen aus ihnen zu entfernen, die den anstehenden Aufgaben entweder körperlich oder charakterlich nicht gewachsen waren, wobei man bei dem letzteren Punkt sich gerade auf solche Personen bezog, die es im Rahmen der ihnen obliegenden Aufgaben in der Vergangenheit an dem notwendigen Engagement hatten missen lassen. Diese sollten dann durch fähige Männer, verbunden mit einer entsprechenden Bezahlung, ersetzt werden. So heißt es dann auch hierzu in demselben königlichen *dispaccio*:

„Vuole inoltre S. M. e comanda che le Regie Udienze passino subito la rivista delle rispettive compagnie di campagna e facciano ed eseguano lo scarto degli individui inoperosi, viziosi ed inabili e da non potersi neppure addire alla custodia delle carceri, accordando la giubilazione col mezzo soldo a quegli inabili che abbiano ben servito oltre il decennio;

508 Zitiert nach Zazo: Brigantaggio nel Principato Ultra e nel Molise nel XVIII secolo, S. 195.

509 Zitiert nach ebd., S. 196.

> e rimpiazzino con altrettanti cacciatori coraggiosi e robusti non solo il numero degli individui mancanti della Compagnia di campagna, che il numero dei fucilieri di montagna prima destinati in ogni provincia, col soldo di ducati sei al mese".[510]

Dass auch diese umfassenden Mobilisierungsmaßnahmen und die Überprüfung der den königlichen Behörden zur Verfügung stehenden Einheiten nicht gefruchtet hatten, sondern sich die Lage in den Provinzen vielmehr verschlechtert hatte, zeigt in aller Deutlichkeit der Inhalt eines am 1. Juli des Jahres 1797[511] im Namen König Ferdinands IV. an die *Real Camera di Santa Chiara* ausgestellten *dispaccio*, den der König vor der Rückkehr aus Foggia von der Hochzeit seines Thronfolgers Franz, des späteren König Franz I. Beider Sizilien, mit der Erzherzogin von Österreich, Maria Klementina, am 25. Juni hatte verfassen und nach Neapel schicken lassen.[512]

Der Anlass für die Ausstellung dieses *dispaccio* war, dass der König während seiner Reise in Erfahrung hatte bringen müssen, dass die Stabilität der öffentlichen Ordnung und Sicherheit in zahlreichen Provinzen und unter diesen auch wieder in der Provinz Principato Ultra, deren diesbezügliche Probleme bereits fünf Jahre zuvor in jenem *dispaccio* vom 20. Februar des Jahres 1793 im Zentrum gestanden hatten, wieder und wahrscheinlich, wie aus dem Wortlaut des *dispaccio* vom 1. Juli 1797 hervorgeht, zudem noch weitaus schlimmer als vorher aus allen Fugen geraten war und die Menschen nunmehr selbst innerhalb der von ihnen bewohnten Ortschaften in Angst und Schrecken leben mussten, ohne dass ihnen die für die Aufrechthaltung der öffentlichen Ordnung und Sicherheit vor Ort zur Verfügung stehenden Kräfte, seien sie nun königlicher oder baronaler Zuständigkeit, hätten helfen können. Denn, wie es in diesem *dipaccio* heißt, der König „[h]a osservato con rincrescimento che intere popolazioni sono infestate nel seno delle loro abitazioni, da ladri ed assassini della stessa cittadinanza, senza che quegli infelici abitanti ottengano ai ripetuti ricorsi, né difesa dai danni di ogni genere ai quali sono esposti e nei propri domicilii e nelle aperte campagne."[513]

Wie anhand der vorhergegangenen Ausführungen schon mehrmals deutlich geworden ist, handelte es sich bei diesen zahlreichen kriminellen Banden in den Provinzen des Königreiches Neapel keineswegs um ein Phänomen, welches völlig

---

510 Zitiert nach ebd.

511 Zazo: Le "comitive di malviventi" nel Principato Ultra e un real dispaccio di Ferdinando IV di Borbone (1797), S. 219f.

512 Ebd., S. 219.

513 Zitiert nach ebd.

losgelöst von der ländlichen Gesellschaft auftrat, sondern von dieser zum eigenen Vorteil auch unterstützt und alimentiert werden konnte. Dieses Verhalten ließ sich aber nicht nur bei den Armen und Ärmsten in der ländlichen Gesellschaft des Königreiches Neapel vorfinden, sondern auch in besser situierten Kreisen und besonders auch bei Personen, die für die örtliche Verwaltung und Justiz tätig waren, wie zum Beispiel Schreiber, Soldaten oder auch die berüchtigten *miliziotti*, und die entweder selbst diesen Banden angehörten oder ihnen zumindest aus ihrer Position heraus privilegierte Informationen zukommen ließen, wie der in einer *bozza di consulta* der *Real Camera di Santa Chiara* vom 20. Oktober 1767 besprochene Fall aus der königlichen *università* von Ariano deutlich vor Augen geführt hat.[514]

Dass neben Personen aus dem Bereich der örtlichen Verwaltung und Justiz aber auch in erheblichem Maße die Vertreter der lokalen Eliten in die Unterstützung solcher Banden verwickelt waren, darauf ging beispielsweise der aus Cosenza stammende Marquis Giuseppe Spiriti in seinem 1793 erstmals erschienenen und an den ersten Staatssekretär John Acton, adressierten Werk „Riflessioni economico-politiche di un cittadino relative alle due provincie di Calabria con un breve prospetto dello stato economico della città di Messina" ein, in welchem er ein düsteres Bild von den Zuständen in den beiden kalabrischen Provinzen Calabria Citra und Calabria Ultra zeichnete. In dieser Bestandsaufnahme sprach Giuseppe Spiriti nicht nur von dem „immenso numero di malfattori, che infestano le nostre contrade"[515], welche aufgrund des Fehlens leichterer Möglichkeiten der Existenzsicherung, wie im Folgenden implizit angedeutet wird, „eliggono di fare i fuorusciti e gli scorridori di campagna, non perchè vi fossero obbligati da qualche delitto preventivamente commesso, ma allettati soltanto da' vantaggi, che questo mestiere produce"[516], sondern berichtete zudem im Hinblick auf deren Unterstützung sowohl von Seiten der Vertreter der Justiz als auch von Seiten der ländlichen Eliten davon, dass „[e]ssi godendo la protezion de' subalterni delle squadre de' magistrati medesimi i dispotici assoluti divengono delle campagne. Essi son sostenuti e garantiti da più ricchi e prepotenti, a quali fan da sicarj nelle lor private vendette."[517] Obwohl allgemein

514 ASN, *Real Camera di Santa Chiara, Bozze di Consulta*, 306/27, *bozza di consulta* der *Real Camera di Santa Chiara*, Neapel 20. Oktober 1767.

515 Spiriti: Riflessioni economico-politiche, S. 31.

516 Ebd., S. 18.

517 Ebd., S. 15.

bekannt war, dass die Räuberbanden, dieser „flagello […] per le nostre misere popolazioni“[518], wie Spiriti sie nannte, von Teilen der ländlichen Eliten protegiert und bei Machtkämpfen auf lokaler Ebene eingesetzt wurden, musste Spiriti im Hinblick auf die mögliche juristische Belangung dieser Förderer einräumen, dass „[i] veri protettori di questi scellerati non son mai l'oggetto delle ricerche fiscali.“[519]

Dass sich an den Missständen in der Verwaltung und Justiz über die Jahrzehnte hinweg nicht viel geändert hatte und dass dadurch die Aktionen der Banden erheblich begünstigt und deren Bekämpfung wiederum erheblich erschwert wurde, spiegelt sich, wenngleich sich hier kein Wort zur Rolle der ländlichen Eliten findet lässt, auch in dem besagten *dispaccio* vom 1. Juli 1797 wieder, in welchem es hierzu heißt, dass „[h]a benanche osservato S. Maestà una particolare indolenza ed ha inteso che vari subalterni e soldati o sono alla testa di tali comitive o convivendo con esse contribuiscono allo spoglio dei pacifici abitanti delle campagne con intelligenza e sostegno di tanti scellerati."[520] Auch in diesem *dispaccio* ließ der König einmal mehr seinen festen Entschluss verkünden, über dessen letztendlich langfristig erfolgreiche Umsetzung braucht man angesichts der politischen, sozialen und militärischen Ereignisse des Jahres 1799 und der sich daran unmittelbar anschließenden Zeit der ersten bourbonischen Restauration an dieser Stelle kein Wort zu verlieren, unter dem Einsatz aller zur Verfügung stehenden Kräfte, auch derjenigen der Barone, gegen die zahlreichen Banden, die die Stabilität der öffentlichen Ordnung und die Sicherheit der Bewohner gefährdeten, vorzugehen, um dem Übel ein Ende zu setzen, bzw. wie es in diesem Schriftstück hierzu heißt:

> „Volendo, pertanto, Sua Maestà accorrere con pronti ed efficaci mezzi a togliere dalle radici le cause produttrici di tanti mali, dei quali ha da qualche tempo ordinato l'esame ai suoi ministri di Stato, e gli efficaci ripari, è venuto per ora in prendere una provvisoria e sollecita risoluzione, per purgare nel modo più pronto le […] provincie dalle partite dei malviventi che le infestano e procurare l'arresto subitaneo dei rei e sentenziare ad modum belli e ad horas i malviventi trovati con armi alla mano. […] Le truppe di cavalleria ed altri corpi vivi, diano mano forte in questa importante commessione e che lo stesso facciano i rispettivi Presidi, Governatori regi e baronali e tutte le forze dei Tribunali".[521]

518 Ebd., S. 16.

519 Ebd.

520 Zitiert nach Zazo: Le "comitive di malviventi" nel Principato Ultra e un real dispaccio di Ferdinando IV di Borbone (1797), S. 219.

521 Zitiert nach ebd., S. 219f.

2. Die Ebene der Verfolgung und Repression: Die Bekämpfung der Bandenkriminalität durch die Zentralregierung und die Provinzbehörden anhand ausgewählter Beispiele

2.1 Grenzen herrschaftlicher Durchdringung: Das Vorgehen der *Regie Udienze* von Cosenza und Catanzaro gegen die Gualtieri-Bande und die Cacozza-Bande in den Provinzen Calabria Citra und Calabria Ultra zwischen 1774 und 1776

2.1.1 Anmerkungen zur Quellen- und Sachlage

Im Zentrum der im Rahmen dieses Unterkapitels analysierten Dokumente[522] aus dem Bestand der „Processi Irresoluti" der *Real Camera di Santa Chiara* steht die Verfolgung der Banden der Familien Gualtieri und Cacozza in den beiden kalabrischen Provinzen Calabria Citra und Calabria Ultra im Zeitraum zwischen 1774 und 1776, welche zu den ökonomisch rückständigsten und zu den immer wieder am schwersten von der Bandenkriminalität heimgesuchten Provinzen des Königreiches Neapel zählten. Dieser Trend sollte dann auch im bourbonischen Königreich Beider Sizilien des 19. Jahrhunderts seine Fortsetzung finden.[523] Von außerordentlicher Bedeutung für die Verstärkung dieses Trends im Kalabrien der zweiten Hälfte des 18. Jahrhunderts waren zweifellos die große Karestie des Jahres 1764 und die Erdbebenkatastrophe des Jahres 1783 mit ihren langfristigen negativen Auswirkungen auf das Leben der kalabrischen Bevölkerung. Wenngleich die vielfältigen Probleme, wie die überall grassierende Armut, die rückständige und geringe Erträge abwerfende Landwirtschaft, das Fehlen einer funktionierenden Infrastruktur, die starke Stellung des grundbesitzenden Adels sowie die weitverbreiteten Missstände in der Verwaltung und Justiz, unter denen die beiden kalabrischen Provinzen zu leiden hatten, der Zentralregierung

---

522 ASN, *Real Camera di Santa Chiara*, *Processi Irresoluti*, 6/0.

523 Zu erinnern wäre in diesem Zusammenhang beispielsweise daran, dass die Region Kalabrien selbst noch Ende 1859, also kurz vor dem Zusammenbruch der bourbonischen Herrschaft, im Zentrum einer größeren Operation unter Führung des von König Franz II. hierfür ernannten Sonderbeauftragten Emanuele Caracciolo, Herzog von San Vito, stand, bei welcher man allerdings nicht ausschließlich auf die militärische Karte setzte, sondern vor allem darauf, dass sich die gesuchten Banditen unter dem Versprechen einer Begnadigung oder zumindest einer Minderung bzw. Umwandlung der Strafe innerhalb eines Monats freiwillig den Behörden stellen würden. Siehe hierzu Gaudioso: Brigantaggio, repressione e pentitismo nel Mezzogiorno preunitario, S. 202–205 und Scirocco: Briganti e società nell'Ottocento. Il caso Calabria, S. 80f.

durch die Berichte der *Regie Udienze* von Cosenza und Catanzaro sowie durch die zeitgenössische Reformpublizistik sehr wohl bekannt waren, erwies sie sich als unfähig, diesen einschneidend und dauerhaft entgegenzuwirken, so dass es nicht weiter überraschend erscheinen mag, dass, wie es die in diesem Unterkapitel behandelten Beispiele der Gualtieri-Bande, der Cacozza-Bande und anderer Räuberbanden deutlich vor Augen führen, gerade in dieser Region das Banditenunwesen in besonderer Weise florieren konnte und den Behörden auf provinzialer und lokaler Ebene kontinuierlich schwere Probleme bereitete.[524]

---

524 Einen interessanten Eindruck von den oben genannten vielfältigen Problemen Kalabriens nach der Erdbebenkatastrophe im Frühjahr 1783 vermittelt ein aus ebendiesem Jahre stammender undatierter Brief des Mediziners, Literaten und Sekretärs der Königlichen Akademie der Wissenschaften, Michele Sarcone (1731–1797), an die Adresse des ersten Staatssekretärs, des Marquis della Sambuca, in dessen Zentrum die in allen Bereichen anzutreffende Rückständigkeit der Region steht. Von Sarcone werden gegenüber dem Marquis della Sambuca diese zahlreichen in beiden kalabrischen Provinzen vorhandenen Missstände wie folgt beschrieben: „V. E. (d. h. der Marquis della Sambuca-d. V.) non si lusinghi di vederle risorte per ora, Calabria Citra è oggetto di miseria inesprimibile; Calabria Ultra è la scena della più tragica desolazione della natura. La prima è vittima dell'avidità feudale; ed è vergognoso l'abbandonamento, in cui fra tutti gli ordini giace la pubblica educazione. Arti, e mestieri di culta umanità, o vi sono nomi ignoti, o vi rivengono appena, e sempre intimamente misti alla infanzia di una natura male educata; o ancor selvaggia. La forza, il malinteso coraggio tien luogo diritto di natura. L'interesse, il mal talento, e la frode somministrano i canoni del diritto pubblico, e delle genti. La ignoranza, il pettegolezzo, il materialismo sostengono la maschera di una religiosità, che lungi dall'onorare l'uomo e la divinità, fa torto alla ragione umana, e turba la dignità dell'ente supremo. La forza delle leggi è precaria, e la giustizia si elude, o si calpesta; non si teme dai ricchi, e dagli stessi poveri, o vanamente si sospira, o si paventa con rabbia, e non si venera per sentimento di onestà. Dottrina uniforme non vi ha, e non vi sarà mai fino a che il Governo non metta in un solo livello la pubblica educazion, l'economia pubblica, il diritto sociale. È indicibile la confusione, che nasce dalla mostruosa concorrenza del diritto municipale, del diritto comune, dei rescritti del Principe, delle pretensioni canoniche, e del diritto feudale, che è una delle più lunghe lacerazioni che siansi fatte al corpo della sovranità. [...] Fa orrore la ingiusta e viziosa distribuzione, con cui trovansi assegnati inegualmente i beni. Fra cento persone, novanta sono i miserabili non possidenti, e dieci sono i proprietari. A ciò si unisce il ruinoso inconveniente che i possidenti sono con versuzia, meno afflitti dei poveri tributari, e i non possidenti sono costantemente gli oppressi. [...] Non vi è terra o città, in cui si vegga nella pubblica piazza sospeso in trionfo *il giogo baronale*, appeso a una catena [...]. Vi sono dei luoghi, nei quali i generi, che nascono, nascono schiavi; e debbonsi dai vassalli rivelare al Barone, che se li compra

Bei den Verfolgungsmaßnahmen, welche die *Regie Udienze* von Cosenza und Catanzaro gegen die Gualtieri-Bande und die Bande Giovanni Cacozzas im Sommer 1774 in die Wege leiteten bzw. leiten wollten, handelte es sich allerdings nicht um die ersten Maßnahmen. Denn bereits zuvor war der damalige *avvocato fiscale* der *Regia Udienza* von Catanzaro, Niccola Piccioli, von König Ferdinand IV. damit beauftragt worden, mit umfangreichen militärischen Kräften gegen die beiden Räuberbanden vorzugehen, deren Herkunftsorte Nicastro und Gizzeria auf dem Territorium der Provinz Calabria Ultra lagen. Zu dem großen militärischen Aufgebot, das Piccioli zur Bewältigung seiner Aufgabe zur Verfügung gestanden hatte, gehörten Soldaten der *compagnie di campagna* der beiden kalabrischen *Regie Udienze*, dreißig *fucilieri di montagna*, vierzig Soldaten des wallonischen Grenadierregimentes „Namur“ und eine nicht spezifizierte Anzahl von lokalen Milizkräften. Aber in Anbetracht dessen, dass diese umfassende Verfolgungsmaßnahme zu keinem befriedigenden Ergebnis geführt hatte, versuchten nunmehr die Bevollmächtigten der *Regie Udienze* von Cosenza und Catanzaro, dem Treiben dieser beiden kriminellen Gruppierungen und anderer Räuberbanden mit anderen Mitteln ein Ende zu bereiten. Da die *Regie Udienze* von Cosenza und Catanzaro nach den negativen Erfahrungen, die sie mit ihren eigenen bewaffneten Kräften bei der bisherigen Verfolgung der Gualtieri-Bande und der Cacozza-Bande gemacht hatten, kein sonderliches Vertrauen in deren Zuverlässigkeit mehr besaßen, entsannen sie sich schließlich eines Mittels, auf welches man bereits bei der Bekämpfung des Banditenwesens in der Zeit der direkten spanischen Herrschaft über das Königreich Neapel und unter der

al prezzo che vuole; e gli vende al prezzo che più gli giova. [...] Se si mette occhio sugli individui delli Governatori, non si può non inorridire. Nulla fanno, e nulla fanno se non per saziare la loro fame, e i bisogni della loro macchina, e per cumular danaro, onde comprare la nuova patente. Le università sono avvilite e senza fondo alcuno, e se ve ne ha rimane esposto o all'avidità o all'ignoranza di pochi prepotenti cittadini, che con estremo giro ne dispongono come proprio bene. Quindi le liti, e gli odi civili, e in conseguenza il guadagno, prima della Corte Baronale, indi della Udienza e poi della Regia Camera. L'Agricoltura e la Pastorizia è sommamente avvilita, o totalmente negletta, o in modo troppo rozzo e senza intelligenza praticata. Accade spessissimo di errare per lungo cammino, e di non veder terreno educato dalla mano dell'uomo. [...] Che dirò delle vie pubbliche? Sono orribili, ruinose e tenute in così vile abbandonamento, che non basta qualunque imaginosa eloquenza per individuarne l'inconvenienza. [...] Le strade per la direzione propostale sono ineseguibili, e non potranno eseguirsi durabilmente senza una spesa immensa, e senza un lunghissimo corso di anni." Zitiert nach Montuori: Due lettere inedite di Michele Sarconi, S. 146ff. Zu Sarcone siehe ebd., S. 139ff.

Herrschaft des Vaters und Vorgängers Ferdinands IV. als König Beider Sizilien, Karl von Bourbon, zurückgegriffen hatte, und zwar demjenigen der sogenannten „guidati“[525], bei denen es sich um erwiesene Verbrecher handelte, die sich in der Hoffnung auf einen Straferlass von den Behörden für die Verfolgung von Räuberbanden als ortskundige Spitzel anwerben ließen.

Das zentrale Charakteristikum der Art und Weise, in der von den Behörden der beiden Provinzen Calabria Citra und Calabria Ultra die Verfolgung der Gualtieri-Bande und der Cacozza-Bande im Zeitraum zwischen 1774 und 1776 durchgeführt wurde, bestand zweifellos in deren außerordentlicher Langwierigkeit. Auf dieselbe Langwierigkeit traf man aber auch bei den Entscheidungen der *Real Camera di Santa Chiara* zu den Einsätzen dieser *guidati*, was wiederum deutlich vor Augen führt, dass diese institutionelle Neubildung aus der Zeit Karls von Bourbon entgegen den Intentionen, die mit ihrer Einrichtung verbunden gewesen waren, stets erhebliche Probleme besaß, die Masse der an sie zur Begutachtung herangetragenen Angelegenheiten einer möglichst zeitnahen Bearbeitung zu unterziehen. Die maßgeblichen Ursachen für die erheblichen Probleme bei der Ausschaltung der Gualtieri-Bande und der Cacozza-Bande ergaben sich, wie man in den beiden folgenden Abschnitten noch sehen wird, zuvorderst aus der völlig unzureichenden Zahl der den Behörden zur Verfügung stehenden bewaffneten Einheiten, der Korrumpierbarkeit der Sicherheitskräfte auf provinzialer und lokaler Ebene, der Größe der von beiden *Regie Udienze* unter Kontrolle zu haltenden Provinzen, was besonders auf die langgestreckte gebirgige Provinz Calabria Ultra zutraf[526], den dortigen topografischen Gegebenheiten und der

525 ASN, *Real Camera di Santa Chiara*, *Processi Irresoluti*, 6/0, *consulta* der *Real Camera di Santa Chiara*, Neapel 6. März 1775.

526 In Anbetracht der beachtlichen Ausdehnung der Provinz Calabria Ultra und der äußerst peripheren Lage ihrer Hauptstadt Catanzaro, derentwegen es immer wieder massive Probleme für die zuständige *Regia Udienza* gab, diesen zudem von einer äußerst ungünstigen Topografie geprägten Raum effektiv unter Kontrolle zu halten, ein Umstand der natürlich auch die wirksame Bekämpfung des dortigen Banditenwesens ungemein erschwerte, regte beispielsweise der neapolitanische Reformpublizist und Nationalökonom Ferdinando Galiani (1728–1787) in einer nach der Erdbebenkatastrophe zu Beginn des Jahres 1783 verfassten Denkschrift eine Teilung dieser südkalabrischen Provinz an, welche allerdings erst im darauffolgenden Jahrhundert in die Tat umgesetzt wurde. Als unmittelbares Vorbild hierfür führte Galiani die unter dem spanischen Vizekönig del Carpio in den 1680er Jahren erfolgte Teilung der Provinz Abruzzo Ultra in die Provinz Abruzzo Ultra I mit dem Hauptort Teramo und die Provinz Abruzzo Ultra II mit dem Hauptort Aquila an, dank welcher nach seinem Dafürhalten die Verwaltung der Abruzzenregion weitaus

Bereitschaft von Teilen der kalabrischen Bevölkerung, diese Banden zu unterstützen, welche darin ihren Ausdruck finden konnte, dass man die Räuber vor drohenden Razzien der bewaffneten Kräfte der *Regie Udienze* von Cosenza und Catanzaro warnte oder ihnen sogar vorübergehend Unterschlupf anbot. Eine besonders unrühmliche Rolle spielten hierbei die Vertreter des Provinzadels und der in einem steten Wachstum begriffenen neuen sozialen Gruppe der *galantuomini*, denen in den Berichten, die aus den Provinzen an die Adresse der *Segreteria di Stato di Grazia e Giustizia* geschickt wurden, immer wieder der Vorwurf gemacht wurde, den Räuberbanden eine erhebliche Unterstützung zuteil werden zu lassen. Während es darüber hinaus im Königreich Neapel der frühen Bourbonenzeit zusätzlich sehr häufig vorkam, dass die Räuberbanden auch von dem niederen Landklerus unterstützt wurden, der sich zuweilen auch unmittelbar selbst die Hände bei deren kriminellen Aktivitäten schmutzig machte, findet sich im Hinblick auf die Schwierigkeiten der bewaffneten Kräfte der *Regia Udienza* von Cosenza bei der provinzübergreifenden Verfolgung der Cacozza-Bande der durchaus singuläre Fall, sofern die diesbezüglichen Anschuldigungen wahr sein sollten, dass den Räubern sogar von einem Vertreter der höheren Geistlichkeit, und zwar von Seiten des damaligen amtierenden Bischofs von Tropea, Felice Pau, Hilfe angeboten wurde. Der letztendliche Eindruck, der sich aus den massiven Schwierigkeiten der *Regie Udienze* von Cosenza und Catanzaro nicht nur

---

besser funktionierte als vorher. In solch einer administrativen Reform sah Galiani zugleich ein nützliches Mittel, um den Einfluss des Provinzadels zurückzudrängen, welcher als das größte Hindernis für die weitere herrschaftliche Durchdringung der Provinz Calabria Ultra erachtet wurde. So heißt es demzufolge in Galianis Denkschrift: „[L]a capitale della provincia Catanzaro è mal situata rispetto al buon governo di quella provincia, la quale dippiù è soverchio grande per potersi governare da una udienza sola. 465 mila anime si contano in quella provincia, laddove la maggior parte delle altre udienze del Regno non giungono ad aver sotto di loro neppur trecentomila anime. Catanzaro non è in mezzo di questa bislunga provincia, ma in una estremità, sicché un subalterno di quella provincia ha talvolta bisogno di far quattro o cinque giornate di cammino per andare ad eseguire un ordine di essa. [...] Tutto dunque dice ed annunzia che la prima operazione del nuovo piano abbia ad essere il divider quella provincia in due udienze; e come i nostri maggiori divisero Teramo dall'Aquila nell'estremità settentrionale del Regno, e se ne provò gran bene, così bisogna dividere Reggio da Catanzaro nell'estremità meridionale. [...] La vicinanza di una udienza sarebbe un grandissimo freno per i baroni, ed un sommo sollievo per que' popoli." Zitiert nach Il Sud nella storia d'Italia, S. 27f. Zur Person Ferdinando Galianis und seinem Wirken siehe Carpanetto, Ricuperati: L'Italia del Settecento, S. 311–315 und Valsecchi: L'Italia nel Settecento dal 1714 al 1788, S. 743f.

bei der Verfolgung der Gualtieri-Bande und der Cacozza-Bande, sondern auch anderer Räuberbanden ergibt, besteht darin, dass sich die völlig überforderten bewaffneten Kräfte beider Gerichtshöfe maßgeblich aufgrund der *de facto* kaum vorhandenen herrschaftlichen Durchdringung der beiden kalabrischen Provinzen, von denen die Provinz Calabria Ultra die längste Ausdehnung besaß, mehr oder weniger in einem scheinbar leeren Raum bewegten und sich von Seiten der Gualtieri-Bande und der Bande Giovanni Cacozzas einem beständigen Katz-und-Maus-Spiel ausgesetzt sahen.

In den beiden nun folgenden Abschnitten liegt der Schwerpunkt auf der Analyse derjenigen Dokumente, welche die Verfolgung der Gualtieri-Bande auf dem Gebiet der Provinz Calabria Ultra betreffen, und daran anschließend die Analyse der im Hinblick auf die Darstellung der konkreten Fakten noch weitaus stärker ins Detail gehenden Dokumente, welche die Bekämpfung der Cacozza-Bande in den beiden Provinzen Calabria Ultra und Calabria Citra betreffen. Was die Analyse dieser Dokumente darüber hinaus noch besonders interessant macht, auch wenn in der Darstellung der Fakten immer wieder Informationslücken auftreten, ist in dem Umstand zu sehen, dass sie in ihrer Gesamtheit einen sehr guten Einblick in den desolaten Zustand der öffentlichen Ordnung und Sicherheit in den beiden kalabrischen Provinzen in der zweiten Hälfte der 1770er Jahre und die zahlreichen Schwierigkeiten bieten, denen sich die dortigen Behörden nicht nur bei der Bekämpfung der Gualtieri-Bande und der Cacozza-Bande ausgesetzt sahen, sondern auch bei derjenigen der zahlreichen anderen Banden, die in diesen Jahren mit ihren Raubzügen die Provinzen Calabria Ultra und Calabria Citra in erhöhte Unruhe versetzten. Dabei trat auch wieder das häufige Problem auf, dass sich diese Banden bei ihren Aktionen nicht nur auf eine der beiden Provinzen beschränkten, sondern auch in die jeweilige Nachbarprovinz eindrangen, und somit auch in einen anderen Jurisdiktionsbereich, woraus sich sowohl für die *Regia Udienza* von Catanzaro als auch die *Regia Udienza* von Cosenza die Notwendigkeit ergab, provinzübergreifend miteinander zu kooperieren, was sich besonders auch bedingt durch die begrenzten militärischen Mittel beider Gerichtshöfe nicht immer als ein leicht zu handhabende Angelegenheit erweisen sollte. Aufgrund von fehlenden Informationen in den im Rahmen dieses Unterkapitels herangezogenen Dokumenten aus dem Bestand der „Processi Irresoluti" der *Real Camera di Santa Chiara* lässt sich allerdings nicht klären, wann genau die Gualtieri-Bande und die Cacozza-Bande gegebenenfalls endgültig von den Provinzbehörden zerschlagen wurden. Es ist aber als wahrscheinlich anzusehen, dass sich diesbezügliche Hinweise in dem umfangreichen Bestand der „Dispacci e Fascicoli" der *Segreteria di Stato di Grazia e Giustizia* finden ließen.

2.1.2 *Die Probleme auf dem Gebiet der öffentlichen Ordnung und Sicherheit in der Provinz Calabria Ultra sowie die Verfolgung der Gualtieri-Bande durch die* Regia Udienza *von Catanzaro im Zeitraum 1774 bis 1776*

Die Ausführungen zur Verfolgung der Gualtieri-Bande durch die *Regia Udienza* von Catanzaro und allgemein zu den Problemen auf dem Gebiet der öffentlichen Ordnung und Sicherheit in der ihr unterstehenden Provinz Calabria Ultra stützen sich neben einigen kurzen *dispacci* der *Segreteria di Stato di Grazia e Giustizia* an die Adresse der *Real Camera di Santa Chiara* maßgeblich auf einen Bericht des an diesem Gerichtshof tätigen *avvocato fiscale* Saverio del Vecchio vom 22. Juli 1774[527], eine *consulta* der *Real Camera di Santa Chiara* vom 11. August 1774[528], einen weiteren Bericht del Vecchios vom 16. September 1774[529], ein Schreiben des *preside* von Catanzaro, Manuele Coronado, sowie der beiden *uditori* Giuseppe Ovilia und Niccola Venusio, vom 28. Oktober desselben Jahres[530], in dem Bezug auf die beiden Berichte des *avvocato fiscale* zu den Zuständen in der Provinz Calabria Ultra genommen wurde, und schließlich auf einen Bericht des *avvocato fiscale* Saverio del Vecchio vom 29. Juli 1776[531], in dem gegenüber der *Segreteria di Stato di Grazia e Giustizia* nicht nur abermals das offenkundige Scheitern aller gegen die Gualtieri-Bande getroffenen Maßnahmen eingeräumt wurde, sondern auch, dass sich das Problem des Banditenunwesens in der Provinz Calabria Ultra bis Mitte 1776 sogar noch weiter verschlimmert hatte.

In seinem ersten an die Adresse der *Segreteria di Stato di Grazia e Giustizia* gerichteten Bericht vom 22. Juli 1774 ging der *avvocato fiscale* der *Regia Udienza* von Catanzaro, Saverio del Vecchio, nicht nur auf die Banden, welche die Provinz Calabria Ultra zu jenem Zeitpunkt durchzogen, und die wiederholten Probleme bei deren Bekämpfung ein, sondern er benannte zu Beginn seines Berichtes auch einige der Gründe, die dazu geführt hatten, dass das Banditenwesen bzw. allgemein die Kriminalität in der Provinz Calabria Ultra derart um sich greifen

---

527 ASN, *Real Camera di Santa Chiara*, *Processi Irresoluti*, 6/0, Bericht des *avvocato fiscale* Saverio del Vecchio an die *Segreteria di Stato di Grazia e Giustizia*, Catanzaro 22. Juli 1774.

528 Ebd, *consulta* der *Real Camera di Santa Chiara*, Neapel 11. August 1774.

529 Ebd., Bericht des *avvocato fiscale* Saverio del Vecchio an die *Segreteria di Stato di Grazia e Giustizia*, Catanzaro 16. September 1774.

530 Ebd., Stellungnahme des *preside* und der *uditori* der *Regia Udienza* von Catanzaro gegenüber der *Segreteria di Stato di Grazia e Giustizia*, Catanzaro 28. Oktober 1774.

531 Ebd., Bericht des *avvocato fiscale* Saverio del Vecchio an die *Segreteria di Stato di Grazia e Giustizia*, Catanzaro 29. Juli 1776.

konnte. Wie aus den Ausführungen Saverio del Vecchios hervorgeht, wurden die Entstehung dieser Banden und deren Aktionen nicht nur durch die weit um sich greifende Armut begünstigt, sondern zusätzlich noch in erheblicher Weise durch die lokalen Eliten in Gestalt der grundbesitzenden Barone und der *galantuomini* sowie durch einzelne Vertreter der Interessen der Zentralregierung vor Ort, wie beispielsweise die Soldaten der *Regia Udienza* von Catanzaro, die, so die Vermutung del Vecchios, die Banditen gegen Bezahlung mit nützlichen Informationen versorgten und es ihnen somit ermöglichten, sich leichter ihrer drohenden Verhaftung zu entziehen. So schrieb del Vecchio in seinem Bericht vom 22. Juli 1774 zu diesen genannten Punkten:

> „Questa Prov[inci]a, in cui la gente è povrata a commettere per leggierissime cagioni li più enormi delitti trovasi sommam[en]te angustiata per le scorrerie de malviventi, che in non picciol[o] num[er]o, ed in molti luoghi si fan sentire con furti, prepotenze ed omicidj; e per quanto fervido sia stato sinora l'impegno di questo Trib[una]le per estirparli, pur vano è riuscito ogni disegno per le spie salariate, che qui tengono, e forse tra la stessa Compagnia di Campagna, e per la soverchia protez[io]ne, che godono di persone potenti de rispettivi luoghi, ne quali ritirano ordinariam[ent]e la dimora."[532]

Wenngleich im Zentrum des ersten diesbezüglichen Berichtes Saverio del Vecchios vom 22. Juli 1774 die Verfolgung der Gualtieri-Bande steht, so handelte es sich aber bei dieser nicht um die einzige Räuberbande, auf deren Spur man sich begeben hatte, denn der *avvocato fiscale* der *Regia Udienza* von Catanzaro führte in seinem Bericht noch vier weitere derartige kriminelle Gruppierungen an, von denen zwei sogar von Seiten des einheimischen Adels Unterstützung erfuhren. Die erste dieser von Saverio del Vecchio in seinem Bericht vom 22. Juli 1774 genannten Gruppierungen, die neben der Gualtieri-Bande die Bewohner der Provinz Calabria Ultra in Unruhe versetzten und bei ihren Versuchen, sich der behördlichen Verfolgung zu entziehen, auf die Unterstützung des Provinzadels zählen konnten, war die Bande Antonio Ciurleos alias „il Tonninaro" und Giuseppe Tedescos, die sich des besonderen Schutzes der aus dem genuesischen Adelsgeschlecht der Paravagna stammenden Marquise von Anoia und der Bediensteten des ihr unterstehenden lokalen Gerichtshofes erfreuen konnten. Denn statt, dass die Marquise von Anoia ihre Bevollmächtigten vor Ort gegen die von der *Regia Udienza* von Catanzaro gesuchten Männer vorgehen ließ, hielten sich Antonio Ciurleo alias „il Tonninaro" und Giuseppe Tedesco sowie deren Gefährten vielmehr in aller Ruhe in dem Ort Maropati auf, der zum Gebiet der

532 Ebd., Bericht des *avvocato fiscale* Saverio del Vecchio an die *Segreteria di Stato di Grazia e Giustizia*, Catanzaro 22. Juli 1774.

università von Anoia gehörte. Diese offene Unterstützung oder vielleicht auch betonte Nachlässigkeit bei der Verfolgung der Bande äußerte sich auch darin, dass es die Marquise von Anoia und die für sie arbeitenden lokalen Verwalter wiederholt daran hatten missen lassen, mit der *Regia Udienza* von Catanzaro zusammenzuarbeiten, und Anweisungen, die ihnen zugeschickt worden waren, mehr oder weniger ignorierten. Der *avvocato fiscale* Saverio del Vecchio selbst erwähnte in diesem Zusammenhang ein Schreiben, welches er erst vor wenigen Tagen dem Gouverneur von Anoia zugeschickt hatte und auf welches von dessen Seite bis dahin keinerlei Antwort eingegangen war bzw., wie del Vecchio in seinem Bericht in Bezug auf das sonderbare Verhalten dieses Gouverneur schrieb, dass dieser „ha stimato di non dovermi rispondere neppure."[533]

Bei der zweiten von del Vecchio in seinem Bericht vom 22. Juli 1774 erwähnten Räuberbande, die damals die Provinz Calabria Ultra heimsuchte und bei ihren Aktivitäten, wie diejenige Antonio Ciurleos und Giuseppe Tedescos, ebenfalls auf das Entgegenkommen des einheimischen Adels zählen konnte, handelte es sich um die eines gewissen Giovanni Battista di Cristoforo aus Casalnuovo und Bruno Bizzaros aus Cinquefrondi, die besonders auf dem Gebiet der Ortschaft Casalnuovo, aus der ebendieser di Cristoforo stammte und die dem Fürsten von Gerace unterstand, und auf demjenigen der *università* von Mammola, die wiederum der Jurisdiktion des Marquis von Squillace unterlag, auch am hellichten Tag ihr Unwesen trieb, ohne dass die baronalen Behörden etwas dagegen unternahmen. Während der *avvocato fiscale* Saverio del Vecchio für den Fall der Marquise von Anoia von einer bewussten Unterstützung für die beiden Banditen Antonio Ciurleo und Giuseppe Tedesco sprach, tat er dies in Bezug auf den Fürsten von Gerace und den Marquis von Squillace nicht[534], weswegen auch unklar bleibt, in welchem Verhältnis diese beiden Vertreter des Provinzadels zu den Banditen standen, die ihre Lehnsgebiete durchzogen.

Neben diesen zwei Räuberbanden, deren Mitglieder sich der Protektion des Adels erfreuen konnten, erwähnte del Vecchio in seinem Bericht vom 22. Juli 1774 noch zwei weitere Gruppierungen, deren man bis dahin zwar ebenfalls noch nicht habhaft geworden war, die jedoch allem Anschein nach nicht auf den besonderen Schutz von einzelnen Vertretern des einheimischen Adels zu zählen vermochten. Bei der ersteren dieser beiden Banden handelte es sich um diejenige eines gewissen Pietro Pizzo, der aus dem Gebiet der Ortschaft Bova im Umland der an der Meerenge von Messina gelegenen Stadt Reggio stammte und

533 Ebd.
534 Ebd.

mit seinen insgesamt zwölf oder mehr Gefolgsleuten das Aspromonte-Gebirge und die Umgebung Reggios unsicher machte.[535] Zu den gegen die Bande Pietro Pizzos von der *Regia Udienza* von Catanzaro auf die Wege gebrachten Maßnahmen werden allerdings in diesem Bericht Saverio del Vecchios keine weiteren Angaben gemacht. Die andere Gruppierung von Banditen, die der *avvocato fiscale* erwähnte, bevor er sich dann ausschließlich mit den Geschicken der Gualtieri-Bande befasste, und die wahrscheinlich wie schon die Räuberbande Pietro Pizzos allem Anschein nach ebenfalls über keine adeligen Beschützer verfügte, war schließlich diejenige von Domenico, Vincenzo und Giuseppe Lacquariti aus dem Gebiet von Mottafilocastro, die zusammen mit weiteren acht Banditen die Bewohner der beiden *università* von Briatico und Mesiano in Unruhe versetzten und bei ihren Streifzügen bereits zahlreiche Überfälle und Morde begangen hatten. Daher hatte die *Regia Udienza* von Catanzaro, wie del Vecchio berichtete, erst vor wenigen Tagen eine Einheit der ihr direkt unterstehenden *compagnia di campagna* ausgeschickt, zu welcher zusätzlich die bewaffneten Kräfte des Herzogs von Monteleone und weitere von del Vecchio hierfür beauftragte Männer gestoßen waren.[536]

Das eigentliche zentrale Anliegen der beiden Berichte des *avvocato fiscale* vom 22. Juli und 16. September 1774, der diesbezüglichen Stellungnahme des *preside* von Catanzaro, Manuele Coronado, sowie der beiden *uditori* Giuseppe Ovilia und Niccola Venusio vom 28. Oktober desselben Jahres sowie des letzten Berichtes Saverio del Vecchios vom 29. Juli 1776 sind allerdings die von den Behörden der Provinz Calabria Ultra bereits getroffenen bzw. noch zu treffenden Maßnahmen gegen die Gualtieri-Bande aus dem Gebiet der Ortschaft Nicastro. Die genaue Größe und die Zusammensetzung dieser Bande wird allerdings in keinem dieser vier Berichte angegeben. Laut dem zweiten Bericht Saverio del Vecchios vom 16. September 1774 könnte jedoch die Führungsfigur dieser Räuberbande Vincenzo Gualtieri gewesen sein, der von dem *avvocato fiscale expressis verbis* als „il più facinoroso e temuto fra d[ett]i malviventi"[537] bezeichnet wurde. In den beiden Berichten del Vecchios vom 22. Juli und 16. September 1774 sowie der Stellungnahme seiner Kollegen vom 28. Oktober 1774 wurde u. a. auch sehr eingehend auf die Ursachen dafür eingegangen, dass die Mitglieder der Bande der *Regia Udienza* von Catanzaro trotz aller darauf ausgerichteten Maßnahmen immer noch nicht in die Hände gefallen waren. Wie aus dem Bericht

535 Ebd.

536 Ebd.

537 Ebd., Bericht des *avvocato fiscale* Saverio del Vecchio an die *Segreteria di Stato di Grazia e Giustizia*, Catanzaro 16. September 1774.

del Vecchios vom 16. September 1774 hervorgeht, hatte sein Vorgänger im Amt des *avvocato fiscale* an der *Regia Udienza* von Catanzaro, Niccola Piccioli, bei der Verfolgung der Gualtieri-Bande neben einigen bewaffneten Bewohnern Nicastros, dem Herkunftsort der Gualtieri-Familie, den *fucilieri di montagna*, Soldaten der *compagnie di campagna* der *Regia Udienza* von Catanzaro und der *Regia Udienza* von Cosenza mit einer Einheit des wallonischen Grenadierregimentes „Namur" sogar auf Soldaten des regulären neapolitanischen Heeres zurückgreifen können, die auf Befehl König Ferdinands IV. in diesen Raum geschickt worden waren. Allerdings hatte diese massive Konzentration von bewaffneten Kräften auf dem Territorium der Provinz Calabria Ultra nicht zu der erhofften Ausschaltung dieser Räuberbande geführt.[538] Da aber die *Regia Udienza* von Catanzaro für die Bewältigung dieser Aufgabe in diesem Augenblick lediglich die ihr unterstehenden Soldaten der *compagnia di campagna* zur Verfügung hatte, äußerte del Vecchio in seinen beiden Berichten aus dem Jahre 1774 erhebliche Zweifel daran, dass diese in seinen Augen völlig unzureichenden und darüber hinaus nur begrenzt loyalen Kräfte die Ausschaltung der Räuber alleine hätten zu Stande bringen können.[539] Gemäß den Ausführungen del Vecchios in diesen beiden Berichten hatten die bisherigen Fehlschläge ihre maßgebliche Ursache in insgesamt vier verschiedenen Faktoren: Erstens verfügte die *Regia Udienza* von Catanzaro, wie bereits angeführt, nicht über die notwendigen militärischen Kapazitäten, um die Bande erfolgreich ausschalten zu können. Zweitens soll laut del Vecchio die Gualtieri-Bande über bezahlte Spione unter den Soldaten der *Regia Udienza* verfügt haben, die deren Mitglieder rechtzeitig vor den Razzien des Gerichtshofes warnten, so dass sich diese immer in Sicherheit bringen konnten und somit für die bewaffneten Kräfte der *Regia Udienza* schon wiederholt nicht greifbar gewesen waren. Drittens wich die Bande, die über keinen wirklich festen Aufenthaltsort verfügte, bei ihren Aktivitäten immer wieder in die benachbarte Provinz Calabria Citra und somit in ein anderes Jurisdiktionsgebiet aus, ein Umstand, der gerade bei einem tiefen Vorstoß der Bande stets eine Abstimmung mit

---

538 Ebd., Berichte des *avvocato fiscale* Saverio del Vecchio an die *Segreteria di Stato di Grazia e Giustizia*, Catanzaro 22. Juli und 16. September 1774. Gemäß den in einer *consulta* der *Real Camera di Santa Chiara* vom 6. März 1775 enthaltenen Informationen wurde dieser Niccola Piccioli nach seiner Zeit als *avvocato fiscale* an der *Regia Udienza* von Catanzaro königlicher Gouverneur von Reggio und schließlich *uditore* in der im Süden des Großherzogtums Toskana gelegenen neapolitanischen Exklave Stato dei Presidi. Ebd.

539 Ebd., Berichte des *avvocato fiscale* Saverio del Vecchio an die *Segreteria di Stato di Grazia e Giustizia*, Catanzaro 22. Juli und 16. September 1774.

der *Regia Udienza* von Cosenza notwendig werden ließ. Im Hinblick darauf hatte man zwar versucht, die Verbindungsstraßen zu der benachbarten Provinz Calabria Citra stärker zu kontrollieren, jedoch letztendlich damit nichts erreicht, da die Räuberbande gerade diese Straßen allem Anschein nach bewusst mied. Und viertens und letztens verfügte Vincenzo Gualtieri in seinem Heimatort Nicastro über Angehörige und Freunde, die ihm und seinen Gefolgsleuten genügend Unterstützung zuteil werden ließen und ihnen dabei halfen, sich dem Griff der Behörden zu entziehen.[540]

In Bezug auf diesen letzteren Punkt erwähnte Saverio del Vecchio zu Beginn seines Berichtes vom 16. September 1774, dass er in einem königlichen *dispaccio* vom 27. August 1774 darüber informiert worden war, dass sich die Bewohner Nicastros über einen Anwalt in einem Schreiben an die *Segreteria di Stato di Grazia e Giustizia* gewandt und darin von einer „segreta intelligenza“[541] zwischen der Gualtieri-Bande und einem Teil der Bewohner Nicastros gesprochen hatten. Gerade diese in einem *dispaccio* der *Segreteria di Stato di Grazia e Giustizia* vom 1. Juli 1775 erwähnten Bittschreiben einiger Bewohner Nicastros, welche sich allerdings nicht unter den Dokumenten zum Fall der Gualtieri-Bande befinden, zeigten deutlich, dass die Banditen mit ihren Aktivitäten nicht auf das Wohlwollen und die ungeteilte Unterstützung aller dort ansässigen Menschen stießen. Vielmehr ging durch die Bewohnerschaft ein Riss, der darin seinen Ausdruck fand, dass sich ein Teil der Bewohner der Präsenz der Räuber auf dem Gebiet ihrer Stadt entledigt sehen wollte.[542] Um die engen Verbindungen zwischen der Räuberbande und einigen ihr nahestehenden Bewohnern Nicastros zu durchschneiden, hatte die *Regia Udienza* von Catanzaro laut den Ausführungen del Vecchios in seinem Bericht vom 16. September 1774 bereits einige der Bewohner Nicastros, darunter die beiden Brüder Vincenzo Gualtieris, Pietro und Saverio, welche die Räuberbande unterstützt oder sich zumindest diesem Verdacht

540 Ebd.

541 Ebd., Bericht des *avvocato fiscale* Saverio del Vecchio an die *Segreteria di Stato di Grazia e Giustizia*, Catanzaro 16. September 1774.

542 Ebd., *dispaccio* der *Segreteria di Stato di Grazia e Giustizia* an die *Real Camera di Santa Chiara*, Neapel 1. Juli 1775. Aus diesem *dispaccio* an die *Real Camera di Santa Chiara* geht hervor, dass sich die Bewohner Nicastros über einen Anwalt schon wiederholt an die *Segreteria di Stato di Grazia e Giustizia* gewandt hatten und dass die Kammer nach Meinung des Königs im Hinblick auf ihre Entscheidung zu den gegen die Gualtieri-Bande zu treffenden Maßnahmen deutlich in Verzug geraten war.

ausgesetzt hatten, verhaften und in der Hauptstadt der Provinz Calabria Ultra einsperren lassen.[543]

Aufgrund der ausbleibenden Erfolge bei der Bekämpfung der Gualtieri-Bande unterbreitete Saverio del Vecchio der Zentralregierung in Neapel in seinen Berichten vom 22. Juli und 16. September 1774 den Vorschlag, auf sogenannte „guidati", also Spitzel, zurückzugreifen[544], bei denen es sich um Verbrecher handelte, die üblicherweise derselben Gegend wie die verfolgten Banditen entstammten, als mit den Örtlichkeiten vertraute Personen bei der angestrebten Zerschlagung dieser Räuberbanden mithelfen sollten und sich für ihre Kooperation, wenn sie denn erfolgreich verlaufen sollte, einen Straferlass erhoffen konnten. Damit man sich von Seiten der *Regia Udienza* von Catanzaro relativ schnell dieses Mittels im Kampf gegen die Gualtieri-Bande bedienen konnte, hatte der *avvocato fiscale* Saverio del Vecchio schon zwei potentielle Kandidaten ins Auge gefasst, die sich über einen aus Nicastro stammenden, aber namentlich nicht genannten Verbindungsmann der *Regia Udienza* von Catanzaro als Spitzel für die Verfolgung der Gualtieri-Bande angeboten hatten. Bei diesen Männern handelte es sich laut dem Bericht del Vecchios vom 22. Juli 1774 um Gennaro d'Agostino aus Maurovano und Francesco Palmieri aus Nicastro, der genauso wie dieser geheime Verbindungsmann somit aus derselben Ortschaft entstammte wie die Gualtieri-Bande. Während für die Person Francesco Palmieris nicht angegeben wird, wofür er eigentlich von der *Regia Udienza* von Cosenza gesucht wurde, war Gennaro d'Agostino von der *Regia Udienza* von Catanzaro wegen einer Vergewaltigung zu einer zwölfjährigen Haftstrafe verurteilt worden, welcher er zu entgehen versucht hatte, indem er zwischenzeitlich aus dem Zuchthaus, in dem man ihn inhaftiert hatte, geflohen war, wodurch er seine persönliche Situation noch weiter verschlimmert hatte. Beide Männer hatten dem *avvocato fiscale* der *Regia Udienza* von Catanzaro, gesetzt den Fall, dass sie in deren Dienste gestellt werden und die gegen sie laufenden Ermittlungen einstweilen ruhen würden, versprochen, ihm die wichtigsten Mitglieder der Gualtieri-Bande tot oder

543 Ebd., Bericht des *avvocato fiscale* Saverio del Vecchio an die *Segreteria di Stato di Grazia e Giustizia*, Catanzaro 16. September 1774.

544 Ebd., Berichte des *avvocato fiscale* Saverio del Vecchio an die *Segreteria di Stato di Grazia e Giustizia*, Catanzaro 22. Juli und 16. September 1774. Laut seinem Bericht vom 16. September 1774 hatte sich del Vecchio auch in zwei anderen Berichten, und zwar vom 7. Juli und 2. September 1774, gegenüber der *Segreteria di Stato di Grazia e Giustizia* für dieses Mittel ausgesprochen, allerdings befinden sich diese Schreiben nicht unter den Unterlagen zur Verfolgung der Gualtieri-Bande und der Bande Giovanni Cacozzas. Ebd.

lebendig auszuliefern. Da sich jedoch del Vecchio im Hinblick auf diese Vorgehensweise bewusst war, dass er im Grunde genommen ohne die ausdrückliche Zustimmung der *Real Camera di Santa Chiara* und des Königs als letzter diesbezüglicher Entscheidungsinstanz solche Delinquenten unter dem Versprechen eines Straferlasses nicht als Spitzel anwerben durfte, wandte er sich schließlich mit seinem Bericht vom 22. Juli über die *Segreteria di Stato di Grazia e Giustizia* an die *Real Camera di Santa Chiara* und erhoffte sich einen positiven Bescheid für sein beabsichtigtes Vorhaben.[545]

Die *Segreteria di Stato di Grazia e Giustizia* leitete schließlich am 3. August 1774 das Ansinnen des *avvocato fiscale* der *Regia Udienza* von Catanzaro an die *Real Camera di Santa Chiara* weiter, die unverzüglich in dieser Sache eine Entscheidung treffen sollte.[546] Allerdings bestand das grundlegende Problem an diesem Anliegen del Vecchios darin, dass er sich hinsichtlich seines Planes nicht mit dem *preside* von Catanzaro und den *uditori* der *Regia Udienza* abgestimmt hatte. Daher mag es auch nicht weiter überraschen, dass die *Real Camera di Santa Chiara* in ihrer *consulta* vom 11. August 1774 als Reaktion auf diese Vorgehensweise des *avvocato fiscale* dessen Anliegen in aller Deutlichkeit ablehnte. In ihrer Ablehnung kritisierte die *Real Camera di Santa Chiara* nicht nur das in ihren Augen allzu eigenmächtige Vorgehen Saverio del Vecchios, sondern auch das Fehlen weiterer Informationen zur Person Francesco Palmieris und dessen Straftaten. Daher mahnte sie in ihrer *consulta* an, dass der *avvocato fiscale* sich bei seinem Vorgehen stets mit dem *preside* von Catanzaro und den *uditori* der *Regia Udienza* abstimmen möge.[547] In der weiteren Korrespondenz zwischen der *Regia Udienza* von Catanzaro und der *Segreteria di Stato di Grazia e Giustizia* ist allerdings von einer möglichen Mission der beiden von del Vecchio als *guidati* vorgeschlagenen Delinquenten Gennaro d'Agostino und Francesco Palmieri an keiner Stelle mehr die Rede.

Da die Zentralregierung in der Sache der Bekämpfung der Gualtieri-Bande und der anderen Räuberbanden auf dem Territorium der Provinz Calabria Ultra auch an der Haltung der Kollegen Saverio del Vecchios interessiert war, schickte sie seine zwei Berichte vom 22. Juli und 16. September 1774 wieder an die Adresse der *Regia Udienza* von Catanzaro, verbunden mit dem deutlichen Befehl, dass diese, vertreten durch den *preside* Manuele Coronado und die Mitglieder des Richterkollegiums, auf Basis dieser beiden Berichte eine eigene Stellungnahme zu den darin

545 Ebd., Bericht des *avvocato fiscale* Saverio del Vecchio an die *Segreteria di Stato di Grazia e Giustizia*, Catanzaro 22. Juli 1774.

546 Ebd., *dispaccio* der *Segreteria di Stato di Grazia e Giustizia* an die *Real Camera di Santa Chiara*, Neapel 3. August 1774.

547 Ebd., *consulta* der *Real Camera di Santa Chiara*, Neapel 11. August 1774.

von Saverio del Vecchio getroffenen Aussagen und der von ihm vorgeschlagenen Maßnahme der *guidati* anfertigen und nach Neapel schicken sollten. Darüber hinaus ließ die *Segreteria di Stato di Grazia e Giustizia* der *Regia Udienza* von Catanzaro ein zunächst nach Neapel gesandtes Bittschreiben der Bewohner Nicastros zukommen, welche die Aktivitäten der Räuberbande auf dem Gebiet ihres Heimatortes nicht länger hinnehmen wollten.[548] In ihrer eigenen Stellungnahme vom 28. Oktober 1774 stimmten der *preside* Manuele Coronado sowie die beiden *uditori* Giuseppe Ovilia und Niccola Venusio gegenüber der *Segreteria di Stato di Grazia e Giustizia* den Ausführungen des *avvocato fiscale* in seinen beiden Berichten im Großen und Ganzen zu. Lediglich dessen Vermutung, dass die Gualtieri-Bande über bezahlte Informanten in den Reihen der Soldaten der *Regia Udienza* verfügen könnte, widersprachen sie. Aber ungeachtet dessen beklagten auch sie die „poca fedeltà"[549] der Soldaten, die der *Regia Udienza* von Catanzaro zur Erfüllung ihrer Aufgaben zur Verfügung standen und welche durch ihr ungenügendes Engagement bis dahin ebenfalls maßgeblich zum Scheitern der Maßnahmen gegen die Gualtieri-Bande beigetragen hatte. In ihrem Schreiben erwähnten Manuele Coronado, Giuseppe Ovilia und Niccola Venusio darüber hinaus, dass sich diejenigen Bewohner Nicastros, die sich der Gualtieri-Bande entledigt sehen wollten, sich in einem Bittschreiben bei der *Segreteria di Stato di Grazia e Giustizia* über die angebliche Trägheit der *Regia Udienza* beschwert hatten, wovon diese wiederum von der *Segreteria di Stato di Grazia e Giustizia* in Kenntnis gesetzt worden war, und dass der König in einem Schreiben vom 15. Oktober 1774 als Reaktion auf einen Bericht der *Regia Udienza*, in dem es um die Ermordung und Beraubung des Priesters Giuseppe Presta durch eine fünfzehnköpfige Bande gegangen war, den Bevollmächtigten des Gerichtshofes in Anbetracht der wachsenden Bandenkriminalität in der Provinz Calabria Ultra offen vorgeworfen hatte, den ihnen obliegenden Pflichten in nur ungenügender Weise nachzukommen. Damit verbunden hatte der König die *Regia Udienza* von Catanzaro zugleich *expressis verbis* noch einmal daran erinnert, dass die Bevollmächtigten der anderen *Regie Udienze* bei vergleichbaren Problemen mit dem Banditenunwesen in ihren jeweiligen Zuständigkeitsgebieten auch persönlich mit den ihnen zur Verfügung stehenden bewaffneten Kräften ins Felde rücken würden.[550]

---

548 Diese Vorgehensweise der Zentralregierung erwähnten der *preside* und die beiden *uditori* der *Regia Udienza* von Catanzaro in ihrer Stellungnahme vom 28. Oktober 1774. Ebd.

549 Ebd., Stellungnahme des *preside* und der *uditori* der *Regia Udienza* von Catanzaro gegenüber der *Segreteria di Stato di Grazia e Giustizia*, Catanzaro 28. Oktober 1774.

550 Ebd.

Aufgrund der kontinuierlichen Erfolglosigkeit der bisherigen Maßnahmen der *Regia Udienza* von Catanzaro stimmten der *preside* und die *uditori* in ihrer Stellungnahme dem von dem *avvocato fiscale* Saverio del Vecchio vorgeschlagenen Einsatz von als *guidati* angeheuerten Delinquenten zu. Allerdings koppelten sie ihre Zustimmung an einige Bedingungen: Erstens durfte es sich bei diesen Spitzeln grundsätzlich nicht um erwiesene „scorritori di campagna“[551] oder „latri di strada publica“[552] handeln, da man natürlich befürchtete, dass diese mit den Bevollmächtigten der *Regia Udienza* von Catanzaro ein doppeltes Spiel hätten treiben können. Zweitens sollten die *guidati* nur mit großer Sorgfalt ausgewählt werden. Drittens sollte deren Mandat auf jeweils einen Monat beschränkt bleiben. Viertens sollte eine mögliche Verlängerung des Mandats, die stets von der *Real Camera di Santa Chiara* zu billigen war, daran gebunden sein, dass diese *guidati* der *Regia Udienza* von Catanzaro glaubhaft darzulegen vermochten, warum sie ihre Aufgabe nicht innerhalb eines Monats hatten erfüllen können, und dass die *guidati* den ihnen verliehenen Passierschein, das sogenannte „guidatico“, nicht für eigennützige Zwecke missbraucht hatten. Und fünftens sollte die Erlaubnis, die Banditen auch tot an die Bevollmächtigten der *Regia Udienza* ausliefern zu dürfen, den *guidati* nur für solche Banditen gewährt werden, die sich bei ihren kriminellen Aktivitäten eines Tötungsdeliktes verantwortlich gemacht hatten[553], womit man offensichtlich u. a. vermeiden wollte, dass die *guidati* die ihnen zugestandenen Vollmachten dazu missbrauchten, eventuelle persönliche Rechnungen mit den gesuchten Banditen zu begleichen. Zudem sollte in diesem Zusammenhang auch nicht vergessen werden, dass lebend festgenommene Banditen den Behörden natürlich von weitaus größerem Nutzen sein konnten als getötete Banditen, da sich von ihnen weitere Informationen zu ihren sich noch auf freiem Fuß befindenden Gefährten und möglichen Unterstützern aus den Reihen der Provinzbevölkerung gewinnen ließen, welche sehr oft einen maßgeblichen Anteil an den Schwierigkeiten hatten, auf welche die Behörden bei der Bekämpfung des Banditenunwesens trafen. In Anbetracht der Kürze dieses Mandats, der langen Kommunikationswege zwischen der abgelegenen Provinz Calabria Ultra und der Hauptstadt Neapel sowie des Umstandes, dass sich die *Real Camera di Santa Chiara* aufgrund ihres sehr weit gefassten Kompetenzfeldes stets mit einer schier unüberblickbaren Menge an zu bewältigenden rechtlichen Angelegenheiten zu befassen hatte, deren konkrete Begutachtung und

551 Ebd.

552 Ebd.

553 Ebd.

Bearbeitung sehr viel Zeit beanspruchen konnte, wurde, wie man im Weiteren noch sehen wird, letzten Endes die wirksame Anwendung dieser Maßnahme des Einsatzes der sogenannten „guidati“ unnötig verkompliziert.

Aufgrund dessen, dass die Soldaten des Grenadierregiments „Namur“, die man in Nicastro, dem Heimatort der Gualtieri-Bande stationiert hatte und dort auch hatte einquartieren lassen, sich in den Augen der drei Kollegen Saverio del Vecchios von der *Regia Udienza* von Catanzaro dort zu sehr eingelebt hatten und wahrscheinlich den ihnen obliegenden Aufgaben nicht in zufriedenstellender Weise nachgekommen waren, empfahlen sie in ihrer Stellungnahme vom 28. Oktober zudem, dass diese wallonischen Grenadiere durch eine gleiche Anzahl anderer Soldaten ersetzt werden sollten, die teils in Nicastro, teils in Scigliano, einem anderen Rückzugsort der Räuberbande um Vincenzo Gualtieri, zu stationieren waren. Damit die Festnahme von auftauchenden Mitgliedern der Gualtieri-Bande nicht durch die Trägheit dieser Soldaten oder eine mögliche Klüngelei mit denjenigen Bewohnern Nicastros, die auf der Seite der Gualtieris standen, torpediert werden würde, sollte es ihnen nach dem Dafürhalten Manuele Coronados, Giuseppe Ovilias und Niccola Venusios *expressis verbis* untersagt bleiben, sich im Heimatort der Gualtieri-Familie fest einzuquartieren.[554]

In Anbetracht dessen, dass es bereits Ende Oktober war und sich somit auch der Winter anzukündigen begann, gaben alle drei Männer in ihrer Stellungnahme gegenüber der *Segreteria di Stato di Grazia e Giustizia* zu guter Letzt noch zu bedenken, dass sich aufgrund der jahreszeitlich bedingten klimatischen Verhältnisse mit den der *Regia Udienza* von Catanzaro zur Verfügung stehenden bescheidenen Kräfte die Verfolgung der Gualtieri-Bande in der von hohen Gebirgszügen geprägten Provinz Calabria Ultra nur sehr schwer bewerkstelligen ließe,[555] woraus folgt, dass man eine möglicherweise erfolgreiche Ausschaltung dieser Räuberbande erst für das folgende Jahr für machbar hielt.

Diese Stellungnahme Manuele Coronados, Giuseppe Ovilias und Niccola Venusios vom 28. Oktober 1774 wurde schließlich nach ihrem Eintreffen in Neapel von der *Segreteria di Stato di Grazia e Giustizia* am 19. November 1774 an die *Real Camera di Santa Chiara* zur weiteren Begutachtung weitergeleitet.[556] Die beiden Berichte Saverio del Vecchios vom 22. Juli und 16. September 1774 wurden von der *Regia Udienza* von Catanzaro am 25. November 1774 an die *Segreteria di*

554 Ebd.

555 Ebd.

556 Ebd., *dispaccio* der *Segreteria di Stato di Grazia e Giustizia* an die *Real Camera di Santa Chiara*, Neapel 19. November 1774.

Stato di Grazia e Giustizia geschickt[557], welche diese wiederum am 10. Dezember 1774 zur weiteren Begutachtung an die *Real Camera di Santa Chiara* weiterleitete.[558] Wenngleich die diesbezüglichen Schreiben der Bevollmächtigten der *Regia Udienza* von Catanzaro von der *Segreteria di Stato di Grazia e Giustizia* bis zum 10. Dezember 1774 an die *Real Camera di Santa Chiara* weitergereicht worden waren und diese dazu aufgefordert wurde, in dieser Angelegenheit zu befinden, sollte die Kammer allerdings nie eine entsprechende Stellungnahme abgeben.[559]

Wie schließlich aus dem letzten Bericht des *avvocato fiscale* Saverio del Vecchio vom 29. Juli 1776 hervorgeht, der sich unter den zahlreichen im Rahmen dieses Abschnitts analysierten Dokumenten aus dem Bestand der „Processi Irresoluti" der *Real Camera di Santa Chiara* befindet und an dessen Ende der *avvocato fiscale* im Hinblick auf die Anwendung des Mittels der *guidati* noch einmal *expressis verbis* auf seine eigenen zwei Berichte vom 22. Juli und 16. September 1774 sowie auf die Stellungnahme Manuele Coronados, Giuseppe Ovilias und Niccola Venusios vom 28. Oktober 1774 verwies, hatte die *Regia Udienza* von Catanzaro nicht nur weiterhin erhebliche Probleme bei der Bekämpfung der

557 Ebd., Begleitschreiben der *Regia Udienza* von Catanzaro an die *Segreteria di Stato di Grazia e Giustizia*, Catanzaro 25. November 1774.

558 Ebd., *dispaccio* der *Segreteria di Stato di Grazia e Giustizia* an die *Real Camera di Santa Chiara*, Neapel 10. Dezember 1774.

559 Die *Segreteria di Stato di Grazia e Giustizia* hatte in einem *dispaccio* vom 4. März 1775 die *Real Camera di Santa Chiara* über die Verärgerung des König Ferdinands IV. informiert, da diese noch keine Entscheidung in Bezug auf den Einsatz von *guidati* durch die *Regia Udienza* von Catanzaro und den Ersatz für die in Nicastro stationierte Einheit des Grenadierregiments „Namur" getroffen hatte. In einem Schreiben vom 1. Juli 1775 forderte *die Segreteria di Stato di Grazia e Giustizia* die *Real Camera di Santa Chiara* dann abermals dazu auf, im Hinblick auf die gegen die Gualtieri-Bande zu treffenden Maßnahmen eine Entscheidung zu fällen. In einer Stellungnahme vom 11. September 1775 gegenüber König Ferdinand IV. behauptete die *Real Camera di Santa Chiara* zwar, dass sie in einer *consulta* vom 6. März desselben Jahres 1775 sowohl in der Sache der Bekämpfung der Cacozza-Bande als auch der Gualtieri-Bande eine Entscheidung getroffen hätte, allerdings bezieht sich diese besagte *consulta*, die sich unter den in diesem Abschnitt berücksichtigten Schriftstücken aus dem Bestand der „Processi Irresoluti" der *Real Camera di Santa Chiara* befindet, lediglich auf den Fall der Bande Giovanni Cacozzas, so dass es nicht verwundern mag, dass sich der *avvocato fiscale* der *Regia Udienza* von Catanzaro, Saverio del Vecchio, in Anbetracht dieser noch nicht erfolgten Stellungnahme in seinem Bericht vom 29. Juli 1776 gegenüber der *Segreteria di Stato di Grazia e Giustizia* noch einmal dezidiert für den Einsatz von *guidati* zur Ausschaltung der Gualtieri-Bande aussprach. Ebd.

Gualtieri-Bande, sondern auch bei der angestrebten Ausschaltung anderer Räuberbanden, unter denen sich wiederum auch solche befanden, auf die Saverio del Vecchio bereits am Anfang seines Berichtes vom 22. Juli 1774 eingegangen war. Warum es der *Regia Udienza* von Catanzaro bis zur Mitte des Jahres 1776 immer noch nicht gelungen war, die Gualtieri-Bande zu zerschlagen oder sie zumindest nachhaltig zu schwächen, wird allerdings in diesem letzten im Rahmen dieses Abschnitts berücksichtigten Bericht del Vecchios nicht erwähnt. Zu den Räuberbanden, die neben derjenigen der Gualtieri-Familie, die sich erst seit Kurzem wieder auf dem Jurisdiktionsgebiet der *Regia Udienza* von Catanzaro befand, um die Mitte des Jahres 1776 herum in der Provinz Calabria Ultra ihr Unwesen trieben, gehörten die bereits in dem Bericht del Vecchios vom 22. Juli 1774 erwähnte Bande von Pietro Pizzo aus Bova in der Nähe von Reggio, diejenige von Giovanni Battista di Cristofaro aus Casalnuovo und diejenige der Lacquariti-Brüder aus dem Gebiet von Mottafilocastro. Eine in den letzten beiden Jahren allem Anschein nach noch neu hinzugekommene kriminelle Gruppierung war die Räuberbande unter der Führung Bruno Cassavias aus Longobucco in der Provinz Calabria Citra, die gemäß Saverio del Vecchio in der südkalabrischen Provinz binnen kurzer Zeit zahlreiche „clamorosi, e gravi delitti“[560] begangen hatte und auf deren Ausschaltung ein Teil seiner Bemühungen besonders ausgerichtet war.

Wie aus den Ausführungen des *avvocato fiscale* der *Regia Udienza* von Catanzaro und dem resignativen Tonfall, in dem er diesen Bericht abgefasst hatte, letzten Endes ersichtlich wird, hatte sich der Zustand der öffentlichen Ordnung und Sicherheit in der Provinz Calabria Ultra im Vergleich zu den Jahren davor noch einmal deutlich verschlechtert, so dass die dortigen Vertreter der Zentralregierung bei all ihren auf eine Säuberung der südkalabrischen Provinz von den Räuberbanden abzielenden Bemühungen weiterhin auf verlorenem Posten dastanden und bei der Bekämpfung der Bandendelinquenz immer noch an den gleichen Problemen zu laborieren hatten, auf die sich del Vecchio bereits in seinen beiden Berichten vom 22. Juli und 16. September ausführlich bezogen hatte. Somit hieß es dann in Saverio del Vecchios diesbezüglichem Bericht wie folgt zu diesen Punkten:

> „[M]a non posso in questo incontro dissimulare, che quanto più considero, fra gli altri obblighi miei, essere importantissimo quello di mantenere netta la Provincia di sì malnata gente; altretanto mi riesce grave, e mi affliggo nello spirito, di non potere venire al capo del disegno, si perche per L'efferata indole della nazione, priache resti estinto un

560 Ebd., Bericht des *avvocato fiscale* Saverio del Vecchio an die *Segreteria di Stato di Grazia e Giustizia*, Catanzaro 29. Juli 1776.

drappello, si vede insorgerne altro di peggior talento, e più pernicioso; si perche Le forze non sono bastanti, e accorrere, e dar il riparo convenevole, attesa La vastità della Provincia, e La quantità delle boscaglie, che vi esistono; talche nel doversi dividere Le forze med[esi]me in distinti Ripartimenti, L'uno dall'altro assai Lontani, ne i quali annidano i malviventi, si rendono inutili, ed inoperose; e perche sì è conosciuto che Le squadre dell'Udienza, e molto meno i Bargelli de' Baroni, o niente, o poco agiscono, e forse spezialm[en]te per essersi ora più che mai avvezzi i Malviventi a far fronte col fuoco agli Esecutori della Giustizia, onde nulla può sperarsi dalle Squadre med[esi]me, ed io molto bene son venuto a sperimentarlo; talche ove finora mi è riuscito di conseguire un qualche servigio, mi son guardato dal farci prendere influenza alle Squadre; La di cui reprensibile inazione può somministrare infra gli altri, non dubbj argomenti di far credere, che La Provincia in oggi, sia maggiormente infestata da più comitive di Malviventi".[561]

Wie schon in seinen beiden anderen an die *Segreteria di Stato di Grazia e Giustizia* zugesandten Berichten, so legte Saverio del Vecchio auch in seinem Bericht vom 29. Juli 1776 der Zentralregierung in Neapel noch einmal *expressis verbis* nahe, der *Regia Udienza* von Catanzaro zur wirkungsvollen Bekämpfung dieser Räuberbanden die Erlaubnis zu geben, sich des Mittels der *guidati* bedienen zu dürfen.[562] Wenngleich, wie aus einem *dispaccio* des *Segretario di Stato di Grazia e Giustizia* Carlo Demarco vom 5. August 1776 hervorgeht, die Anfrage del Vecchios auf Befehl des Königs an die *Real Camera di Santa Chiara* weitergereicht wurde[563], fehlt in den umfangreichen Unterlagen zu den Belangen der Gualtieri-Bande und der Cacozza-Bande eine diesbezügliche Stellungnahme aus Neapel, so dass am Ende dieses Abschnittes zur Verfolgung der Gualtieri-Bande offen bleiben muss, ob dieser Bitte des *avvocato fiscale* der *Regia Udienza* von Catanzaro jemals entsprochen wurde.

2.1.3 Die Bekämpfung der Bande Giovanni Cacozzas durch die Regia Udienza *von Cosenza in den Jahren 1774 und 1775*

Im Mittelpunkt dieses Abschnitts steht die bereits mehrmals erwähnte Cacozza-Bande, deren Operationsgebiet sowohl in der Provinz Calabria Citra als auch in der Provinz Calabria Ultra lag, und hier besonders auch im Bereich der sogenannten Ballei von Sant'Eufemia, die, wie man im nächsten Unterkapitel zu den Problemen mit der Bandenkriminalität auf dem Gebiet der kalabrischen Stadt Nocera noch sehen wird, mehr schlecht als recht von der Parisio-Familie im

561 Ebd.

562 Ebd.

563 Ebd., *dispaccio* der *Segreteria di Stato di Grazia e Giustizia* an die *Real Camera di Santa Chiara*, Neapel 5. August 1776.

Namen des Malteserordens verwaltet wurde.[564] Während man es, wie aus dem letzten Bericht des *avvocato fiscale* Saverio del Vecchio vom 29. Juli 1776 hervorging, in der Provinz Calabria Ultra im Jahre 1776 immer noch nicht geschafft hatte, der Gualtieri-Bande habhaft zu werden, konnten hingegen die von der *Regia Udienza* von Cosenza ausgesandten bewaffneten Kräfte und diejenigen, die der Bailli Francesco Parisio hierfür hatte aufstellen lassen, bei der Bekämpfung der Cacozza-Bande durchaus beträchtliche Erfolge vorweisen, da es ihnen u. a. mit der Hilfe der *guidati* Donato Ciaramella und Bruno Moraca gelang, eine größere Anzahl von Personen festzunehmen, die entweder der Bande angehörten oder ihr zumindest nahestanden. Trotz der beachtlichen Erfolge der *Regia Udienza* von Cosenza gab es jedoch auch einen eindeutigen Wermutstropfen, der darin bestand, dass es den unter ihrem Oberbefehl stehenden bewaffneten Kräften einstweilen noch verwehrt blieb, das zentrale Ziel aller ihrer diesbezüglichen Bemühungen zu erreichen, nämlich der Person des Anführers der Räuberbande, Giovanni Cacozza, habhaft zu werden, denn wie aus einem an die Adresse der *Real Camera di Santa Chiara* gerichteten Schreiben der *Regia Udienza* von Cosenza vom 7. Oktober 1775[565] hervorgeht, zog Giovanni Cacozza

---

564 Der eigentliche Besitzer dieses Lehens auf dem Gebiet der Provinz Calabria Ultra war seit 1748 ein gewisser Francesco Pappalettere, der aber wohl auch aufgrund seines fortgeschrittenen Alters nie das Territorium der Ballei von Sant'Eufemia betrat. Er verblieb stattdessen auf Malta. In einem am 19. Oktober 1750 abgeschlossenen Vertrag verpachtete Pappalettere dieses Lehen an die Parisio-Familie. Sposato: Per la storia del brigantaggio nella Calabria del Settecento, S. 157. Die vormals benediktinische Abtei von Sant'Eufemia, eine Gründung des normannischen Herzogs Robert Guiskard (†1085), war im Jahre 1282 in den Besitz des Ordens vom Hospital des Heiligen Johannes von Jerusalem, kurz Johanniterorden genannt, gelangt, welcher sich dann später zum Malteserorden weiterentwickelte. Ebd., S. 160. Eine neuere Untersuchung aus dem Jahre 2005 zu den Besitzungen des Malteserordens im Kalabrien des 17. Jahrhunderts mit einigen Hinweisen zu deren Entstehung bietet Massara: I possedimenti dei cavalieri di Malta nella piana lametina in una platea del'600. Zu den Besitzungen des Ordens im Raum Nocera Valente: Nocera 1624. Dal cabreo del baliaggio di Sant'Eufemia del Sovrano Ordine di Malta, S. 589–634. Ausführlich zu den wiederholten Problemen bei der Aufrechterhaltung der öffentlichen Ordnung und Sicherheit auf dem Gebiet der zur Ballei von Sant'Eufemia gehörenden Stadt Nocera in der zweiten Hälte des 18. Jahrhunderts und der weiteren Entwicklung bis zur endgültigen Auflösung dieser Ballei des Malteserordens im Jahre 1806 Sposato: Per la storia del brigantaggio nella Calabria del Settecento, S. 157–188.

565 ASN, *Real Camera di Santa Chiara*, *Processi Irresoluti*, 6/0, Schreiben der *Regia Udienza* von Cosenza an die *Real Camera di Santa Chiara*, Cosenza 7. Oktober 1775.

auch noch mehr als ein Jahr nach dem Anlaufen der weiteren gegen ihn gerichteten Verfolgungsmaßnahmen in der ihm als Rückzugsort dienenden Ortschaft Castiglione Marittimo mit seinen Gefährten durch Kalabrien und sorgte dort weiterhin für Unheil. Wie schon im Fall der Gualtieri-Bande, so lässt sich aufgrund fehlender Informationen in den in diesem Abschnitt berücksichtigten Dokumenten aus dem Bestand der „Processi Irresoluti" der *Real Camera di Santa Chiara* nicht klären, wann Giovanni Cacozza den neapolitanischen Behörden gegebenenfalls endgültig in die Hände fiel. Es ist aber als wahrscheinlich anzusehen, dass sich diesbezügliche Hinweise in den in dem sehr umfangreichen Bestand der „Dispacci e Fascicoli" der *Segreteria di Stato di Grazia e Giustizia* aufbewahrten Berichten der Provinzbehörden finden ließen.

Bei den nun im Rahmen dieses Abschnitts berücksichtigten Dokumenten zum Fall der Bande Giovanni Cacozzas handelt es sich neben einer Anzahl kurzer *dispacci* der *Segreteria di Stato di Grazia e Giustizia* an die Adresse der *Real Camera di Santa Chiara* um die folgenden sieben Schriftstücke: *erstens* einen Bericht des *preside* von Cosenza, Giuseppe Bausan, und des *avvocato fiscale* Potito Miugi vom 20. August 1774[566], *zweitens* eine *consulta* der *Real Camera di Santa Chiara* vom 6. März 1775[567], *drittens* eine *consulta* der *Real Camera di Santa Chiara* vom 26. Juni 1775[568], *viertens* ein Schreiben der *Real Camera di Santa Chiara* vom 11. September 1775[569], in dem diese gegenüber der *Segreteria di Stato di Grazia e Giustizia* Stellung zum Vorwurf des Königs bezog, gemäß welchem sie sich mit ihren *consulte* zu den gegen die Gualtieri-Bande und die Cacozza-Bande zu treffenden Maßnahmen im Verzug befände, *fünftens* ein Begleitschreiben der *Regia Udienza* von Cosenza und eine beigefügte Liste vom 23. September 1775[570], in denen diejenigen Delinquenten inklusive ihrer Vergehen aufgeführt wurden, die sich zwar bereits in den Diensten der *Regia Udienza* von Cosenza befanden, über deren Einsatz jedoch die *Real Camera di Santa Chiara* in einer *consulta* noch nachträglich zu befinden hatte, *sechstens* ein auf den

566 Ebd., Schreiben des *preside* und des *avvocato fiscale* der *Regia Udienza* von Cosenza an die *Segreteria di Stato di Grazia e Giustizia*, Cosenza 20. August 1774.

567 Ebd., *consulta* der *Real Camera di Santa Chiara*, Neapel 6. März 1775.

568 Ebd., *consulta* der *Real Camera di Santa Chiara*, Neapel 26. Juni 1775.

569 Ebd., Stellungnahme der *Real Camera di Santa Chiara*, Neapel 11. September 1775.

570 Ebd., Schreiben des *mastrodatti* der *Regia Udienza* von Cosenza, Gennaro Petrosino, Cosenza 23. September 1775. Dieses Schreiben wurde mitsamt eines kurzen und vom selben Tag datierten Begleitschreibens von Seiten der *Regia Udienza* an die Adresse der *Segreteria di Stato di Grazia e Giustizia* in Neapel geschickt.

7. Oktober 1775[571] datiertes und an die *Real Camera di Santa Chiara* gerichtetes Schreiben der *Regia Udienza* von Cosenza und *siebentens* ein nicht datiertes Schreiben der *Real Camera di Santa Chiara*[572], in dem auf die Bitte einiger festgenommener Mitglieder und Unterstützer der Bande Giovanni Cacozzas um Begnadigung und eine beigefügte diesbezügliche *consulta* der Kammer Bezug genommen wurde, welche sich allerdings nicht unter den Dokumenten aus dem Bestand der „Processi Irresoluti" der *Real Camera di Santa Chiara* befindet.

Die Verfolgung der Bande Giovanni Cacozzas durch die Bevollmächtigten der *Regia Udienza* von Cosenza, die bei ihrer Arbeit von den beiden *guidati* Donato Ciaramella und Bruno Moraca unterstützt wurden, stellte sich im Einzelnen wie folgt dar: Nachdem, wie bereits in dem Kapitel zur Quellen- und Sachlage erwähnt worden ist, eine umfangreiche Verfolgungsaktion unter der Führung des damaligen *avvocato fiscale* der *Regia Udienza* von Catanzaro, Niccola Piccioli, welche sowohl gegen die Gualtieri-Bande aus Nicastro als auch gegen die Cacozza-Bande aus dem in der Provinz Calabria Ultra gelegenen Ort Gizzeria gerichtet war, zu keinem befriedigenden Ergebnis geführt hatte, suchten die Behörden der beiden kalabrischen Provinzen nach anderen Mitteln, um dem Treiben dieser beiden kriminellen Gruppierungen und anderer Räuberbanden in den ihnen unterstehenden Territorien ein Ende zu setzen. Da die *Regie Udienze* von Cosenza und Catanzaro nach den negativen Erfahrungen, die sie mit ihren eigenen bewaffneten Kräften bei der bisherigen Verfolgung der Gualtieri-Bande und der Cacozza-Bande gemacht hatten, kein sonderliches Vertrauen in deren Zuverlässigkeit mehr besaßen, entsannen sie sich schließlich des Mittels der *guidati.* Aufgrund des Fehlschlages der Mission des *avvocato fiscale* der *Regia Udienza* von Catanzaro, Niccola Piccioli, hatte schließlich König Ferdinand IV. über die *Segreteria di Stato di Grazia e Giustizia* die *Regia Udienza* von Cosenza beauftragt, für die Auswahl einiger Delinquenten zu sorgen, die man unter dem Versprechen, ihnen einen Straferlass einzuräumen, als Informanten und örtliche Führer auf die Bande Giovanni Cacozzas und andere Räuberbanden ansetzen konnte.[573]

---

571 Ebd., Schreiben der *Regia Udienza* von Cosenza an die *Real Camera di Santa Chiara*, Cosenza 7. Oktober 1775. Für die Abfassung dieses direkt an die *Real Camera di Santa Chiara* gerichteten Schreibens waren der *preside* von Cosenza, Giuseppe Bausan, der *avvocato fiscale* Potito Miugi und ein gewisser Saverio Griffi verantwortlich, bei dem es sich um den *caporuota* der *Regia Udienza*, also den Vorsitzenden des Richterkollegiums dieses Gerichtshofes, gehandelt haben dürfte.

572 Ebd., Schreiben der *Real Camera di Santa Chiara*, Neapel undatiert.

573 Dass König Ferdinand IV. der *Regia Udienza* von Cosenza befohlen hatte, eine Anzahl von Delinquenten als mögliche *guidati* für die Verfolgung der Bande Giovanni

Auf das Anlaufen dieser weiteren gegen die Bande Giovanni Cacozzas gerichteten Maßnahmen der *Regia Udienza* von Cosenza im Sommer 1774 wird in einem Bericht des *preside* von Cosenza, Giuseppe Bausan, und des *avvocato fiscale*, Potito Miugi, vom 20. August 1774 ausführlich eingegangen. Dass sich diese Maßnahmen gerade auf Castiglione Marittimo, ein in der Provinz Calabria Citra gelegenes Lehen der D'Aquino-Familie, konzentrierten, lag maßgeblich daran, dass sich Giovanni Cacozza und zwölf seiner Gefährten das Gebiet dieses nahe der Küste gelegenen Ortes als Refugium gewählt hatten. Obwohl Castiglione Marittimo nicht zur Ballei von Sant'Eufemia gehörte, wurden die Behörden dieses Lehens des Malteserordens, zu dem aber die nahegelegene Heimatstadt Giovanni Cacozzas, Gizzeria, gehörte, von Seiten der *Regia Udienza* von Cosenza dazu angehalten, sich an der Bereinigung dieses Problems zu beteiligen. Die Unterstützung von Seiten des Bailli Francesco Parisio und seines Neffen Giacinto, der ihm später in diesem Amt nachfolgen sollte, bestand maßgeblich darin, dass sie sich über Spione regelmäßig über die möglichen Aufenthaltsorte Giovanni Cacozzas und seiner Gefährten auf dem Gebiet von Castiglione Marittimo informieren ließen und dass sie den aus dieser Ortschaft stammenden Anwalt Alessandro Marino damit beaufragt hatten, die der Ballei von Sant'Eufemia zur Verfügung stehenden bewaffneten Kräfte mit ungefähr 40 Männern aufzustocken sowie eine bestimmte Anzahl von Delinquenten als mögliche *guidati* auszuwählen, die man gegen die Bande Giovanni Cacozzas einsetzen konnte. Dieser Anwalt Alessandro Marino war zudem der zentrale Mittelsmann zwischen den Informanten, welche die möglichen Aufenthaltsorte Giovanni Cacozzas und seiner Gefährten im Gebiet von Castiglione Marittimo ausspionierten, und dem Verwalter des Ballei von Sant'Eufemia, Francesco Parisio, der die ihm von Marino zugetragenen Informationen zu den Aktivitäten der Cacozza-Bande unverzüglich an die *Regia Udienza* von Cosenza weiterleiten ließ. Allerdings erwies sich dem Anwalt die vollständige Bewerkstelligung der ihm zugetragenen Aufgaben als nicht möglich. Da er es nicht vermochte, die angeforderten 40 Mann zu finden, mit denen die bewaffneten Kräfte des Bailli Francesco Parisio aufgestockt werden sollten, wurde schließlich die *Regia Udienza* von Cosenza um die Zusendung einiger Soldaten gebeten, die anstelle dieser fehlenden Männer zusammen mit dem bewaffneten Aufgebot der Ballei von Sant'Eufemia die Verhaftung Giovanni Cacozzas und seiner Gefährten durchführen sollten.

Cacozzas und anderer Räuberbanden auf dem Territorium der Provinz Calabria Citra vorzuschlagen, geht aus den einleitenden Ausführungen in der *consulta* der *Real Camera di Santa Chiara* vom 6. März 1775 hervor. Ebd.

Allerdings äußerten der *preside* von Cosenza, Giuseppe Bausan, und der *avvocato fiscale* Potito Miugi in ihrem Bericht vom 20. August 1774 erhebliche Zweifel daran, dass der Einsatz von Soldaten ihrer *Regia Udienza* aufgrund der in der Vergangenheit gemachten schlechten Erfahrungen mit deren Zuverlässigkeit zu einer erfolgreichen Festnahme Giovanni Cacozzas und seiner Gefährten hätte führen können. Als Beispiel eines solchen treulosen Verhaltens führten beide Männer gegenüber der *Segreteria di Stato di Grazia e Giustizia* den Fall eines namentlich nicht genannten Hauptmanns der *squadre di campagna* der *Regia Udienza* von Cosenza an, der ursprünglich von dem damaligen *avvocato fiscale* der *Regia Udienza* von Catanzaro, Niccola Piccioli, beauftragt worden war, Giovanni Cacozza festnehmen zu lassen, und der den Bandenführer stattdessen vor der bevorstehenden Aktion gewarnt hatte, so dass sich schließlich dieser noch rechtzeitig hatte absetzen können. Auch wenn dieser Hauptmann aufgrund seines manifesten Verrates hätte gehängt werden können, wurde ihm ungeachtet dessen von Seiten der *Regia Udienza* von Cosenza mit dem Hinweis, dies nicht noch einmal zu machen, einstweilen eine zweite und letzte Chance bei der Verfolgung der Cacozza-Bande eingeräumt.[574]

In Anbetracht dessen, dass der *preside* Giuseppe Bausan und der *avvocato fiscale* Potito Miugi ein erneutes alleiniges Vorgehen der bewaffneten Kräfte der *Regie Udienze* von Cosenza und Catanzaro gegen die Bande Giovanni Cacozzas aufgrund der Informanten, die dieser ihrer Meinung nach angeblich an beiden Gerichtshöfen besaß, als wenig Erfolg versprechend ansahen, sprachen sie sich in ihrem Bericht gegenüber der *Segreteria di Stato di Grazia e Giustizia* dezidiert für den Rückgriff auf das Mittel der *guidati* aus. Damit man den Einsatz solcher *guidati* schließlich auf den Weg bringen konnte, hatte, wie bereits erwähnt worden ist, der Bailli Francesco Parisio den aus Castiglione Marittimo stammenden Anwalt Alessandro Marino damit beauftragt, eine Liste von gesuchten Verbrechern aufzustellen, die für die Verfolgung der Bande Giovanni Cacozzas in Frage hätten kommen können. Bei einem dieser potentiellen *guidati* handelte es sich um einen gewissen Donato Ciaramella, der aus der Ortschaft Lago kam und dem von Seiten der *Regia Udienza* von Cosenza zur Last gelegt wurde, zusammen mit anderen Männern einen Korporal des Regimentes „Real Borbone“ namens Niccola di Felice ermordet zu haben und in die Befreiung des aus dem Gebiet von Grimaldi stammenden mutmaßlichen Mörders Bruno Anselmo aus den Händen der *fratigiurati* von Lago involviert gewesen zu sein. Dieser Donato Ciaramella

574 Ebd., Bericht des *preside* und des *avvocato fiscale* der *Regia Udienza* von Cosenza an die *Segreteria di Stato di Grazia e Giustizia*, Cosenza 20. August 1774.

hatte sich nun über den Anwalt Alessandro Marino der *Regia Udienza* von Cosenza unter der Bedingung als Informant und örtlicher Führer angeboten, dass ihm der entsprechende Freibrief, der sogenannte „guidatico", für die Dauer eines Monats ausgestellt werden würde und dass während dieser Zeit alle gegen ihn laufenden Ermittlungen ruhen sollten, wozu auch gehörte, dass er in dieser Zeit auf keinen Fall verhaftet werden durfte.[575] Da aber die endgültige Entscheidung zu dem Vorschlag Donato Ciaramellas und der rechtlichen Wirksamkeit seines vorläufigen Engagements für die *Regia Udienza* von Cosenza letztendlich der *Real Camera di Santa Chiara* und darauffolgend König Ferdinand IV. als höchster hierfür befugter Instanz oblag, ließen der *preside* von Cosenza und der *avvocato fiscale* Potito Miugi ihren Bericht über die *Segreteria di Stato di Grazia e Giustizia* als Vermittlungsinstanz an die *Real Camera di Santa Chiara* weiterreichen.

Obwohl diese Anfrage der *Regia Udienza* von Cosenza am 3. September 1774 von der *Segreteria di Stato di Grazia e Giustizia* an die *Real Camera di Santa Chiara* übermittelt worden war[576] und der vorläufig mit einem *guidatico* ausgestattete Donato Ciaramella zusammen mit den trotz der diesbezüglichen Zweifel Giuseppe Bausans und Potito Miugis hierfür bereitgestellten Soldaten der *Regia Udienza* von Cosenza und einer nicht weiter spezifizierten Zahl von Männern des Bailli von Sant'Eufemia, Francesco Parisio, gegenüber der Bande Giovanni Cacozzas beachtliche Erfolge vorzuweisen hatte, sollte die *Real Camera di Santa Chiara* erst im darauffolgenden Jahr in einer *consulta* vom 6. März 1775 zum ersten Mal gegenüber König Ferdinand IV. zu den Vorschlägen der *Regie Udienza* konkret Stellung beziehen, welche sich aber nicht auf das Schreiben der *Regia Udienza* von Cosenza vom 20. August 1774 bezog, sondern auf einen anderen Bericht dieser vom 24. Dezember 1774, der am 18. Februar 1775 von der *Segreteria di Stato di Grazia e Giustizia* weitergeleitet worden war, und einen am 4. März 1775 zugesandten wesentlich älteren Bericht des Vorgängers von Saverio del Vecchio im Amt des *avvocato fiscale* der *Regia Udienza* von Catanzaro, Niccola Piccioli, der eine zwar umfassende, aber letztendlich gescheiterte Säuberungsaktion gegen die Gualtieri-Bande und die Bande Giovanni Cacozzas in den beiden kalabrischen Provinzen durchgeführt hatte.[577] Überraschenderweise nahm die *Real Camera di Santa Chiara* schließlich erst in einer *consulta* vom 26. Juni 1775 auf den Bericht der *Regia Udienza* von Cosenza vom 20. August

575 Ebd.

576 Ebd., *dispaccio* der *Segreteria di Stato di Grazia e Giustizia* an die *Real Camera di Santa Chiara*, Neapel 3. September 1774.

577 Siehe hierzu die diesbezüglichen Angaben in der *consulta* vom 6. März 1775 in ebd.

1774 Bezug.[578] Allerdings stand, wie man noch sehen wird, ihr diesbezüglicher Ratschluss zum Einsatz des von dem Anwalt Alessandro Marino im August 1774 vorgeschlagenen und einstweilen schon in den Diensten der *Regia Udienza* von Cosenza befindenden *guidato* Donato Ciaramella und zu den Einsätzen weiterer *guidati* völlig konträr zu demjenigen in der *consulta* vom 6. März 1775 und trug in keiner Weise mehr den aktuellen Entwicklungen bei der Bekämpfung der Räuberbande Rechnung.

Genauere Informationen zu der in der zweiten Hälfte des Jahres 1774 in den beiden kalabrischen Provinzen gegen die Bande Giovanni Cacozzas laufenden Operation und den hierfür angeheuerten *guidati*, denen es gelingen sollte, zahlreiche Gefährten und Verwandte Giovanni Cacozzas festzunehmen, finden sich in einem zusammenfassenden Bericht der *Regia Udienza* von Cosenza vom 24. Dezember 1774, der ausführlich in einem auf den 7. Oktober 1775 datierten und an die *Real Camera di Santa Chiara* adressierten Schreiben des *preside* Giuseppe Bausan, des *avvocato fiscale* Potito Miugi und Saverio Griffis, bei dem es sich wahrscheinlich um einen der *uditori* des Gerichtshofes handelte, wiedergegeben wird und dessen Anlass in der Bitte einiger festgenommener Gefolgsleute Giovanni Cacozzas um Begnadigung durch König Ferdinand IV. bestand. Dieser Bericht vom 24. Dezember 1774 war sowohl im Original an die *Segreteria di Stato di Grazia e Giustizia* geschickt worden als auch nochmalig in einem auf den 1. April 1775 datierten Bericht der *Regia Udienza* von Cosenza ausführlich zitiert worden, in dem es schon einmal um die Gnadengesuche einiger festgenommener Gefährten und Freunde Giovanni Cacozzas gegangen war. Da diese Gefährten in ihrem an die Person Ferdinands IV. gerichteten Bittschreiben auf ebendiesen Bericht der *Regia Udienza* von Cosenza vom 1. April 1775 Bezug genommen hatten, dieser jedoch in Neapel nicht mehr aufzufinden war, forderte man von der *Regia Udienza* von Cosenza ein Duplikat an, welches Giuseppe Bausan, Potito Miugi und Saverio Griffi am 7. Oktober 1775 der *Real Camera di Santa Chiara*, zu deren Zuständigkeitsbereich auch die Entscheidung über die an den König herangetragenen Gnadengesuche zählten, zukommen ließen.[579]

Zu den bis dahin festgenommenen Gefährten Giovanni Cacozzas bzw. Personen, die seiner Räuberbande zumindest nahestanden, gehörten, wie aus diesem Schreiben der *Regia Udienza* von Cosenza vom 7. Oktober 1775 hervorgeht, Gaetano Cacozza, Rosario Cacozza, Carmine Perri, Domenico Perri, Francesco

578 Siehe hierzu die diesbezüglichen Angaben in der *consulta* vom 26. Juni 1775 in ebd.

579 Siehe hierzu die diesbezüglichen Angaben im Schreiben der *Regia Udienza von Cosenza* vom 7. Oktober 1775 an die Adresse der *Real Camera di Santa Chiara*. Ebd.

Perri, Bruno, Pasquale Perri, Nicola Miani, Gregorio Bartolo, Berardino Lettiere, Francesco Antonio Cimino, Innocenzio Berardinelli, Antonio Berardinelli, Rosa Nicolazza, Giacomo Buffone, Gennaro Arcidiacono, Giuseppe Aloise, Domenico Nunziato, Carmina Ziana und Santa Forsa.[580]

Der in diesem Schreiben der *Regia Udienza* von Cosenza vom 7. Oktober 1775 ausführlich wiedergegebene Bericht vom 24. Dezember 1774 gibt nicht nur Auskunft zu den einzelnen Gefolgsleuten und Unterstützern Giovanni Cacozzas aus den Reihen der einfachen Provinzbevölkerung, sondern auch zu den Unterstützern des Bandenführers, die aus den Reihen der Provinzeliten in der Gestalt des Adels und der Kirche, die eine beträchtliche Mitverantwortung daran gehabt haben werden, dass die Festnahme Cacozzas bis in die erste Hälfte des Oktobers 1775 hinein immer noch nicht erfolgt war. Gerade das Verhalten des damaligen Bischofs von Tropea, Felice Pau, der sich zwischen Giovanni Cacozza und dem Fürsten von Palazzolo als Vermittler eingeschaltet hatte, sollte deutlich vor Augen führen, dass es nicht nur Kontakte zwischen Räuberbanden und dem niederen Landklerus geben konnte, sondern dass diesbezügliche Verbindungen auch zu höheren Würdenträgern der Kirche, wie einflussreichen Bischöfen, bestehen konnten.

Der bereits genannte *guidato* Bruno Moraca, der sich neben Donato Ciaramella an den Verfolgungsmaßnahmen der Behörden der Provinz Calabria Citra beteiligte, war übrigens laut dem Bericht vom 24. Dezember 1774 auf Vorschlag des Anwalts Alessandro Marino von der *Regia Udienza* von Cosenza noch zusätzlich engagiert worden, da, wie Marino gegenüber dem Gerichtshof behauptete, Giovanni Cacozza Wind von dem Engagement Donato Ciaramellas bekommen hatte[581], woraus folgt, dass man diesen nicht mehr völlig *incognito* in Castiglione Marittimo, dem präferierten Rückzugsort Giovanni Cacozzas und seiner Gefährten, einsetzen konnte.

Auch wenn in diesem Bericht *de facto* kaum Angaben zur Beteiligung des bewaffneten Aufgebotes der Ballei von Sant'Eufemia gemacht werden, ist es als ziemlich sicher anzusehen, dass sich neben Soldaten der *Regia Udienza* von Cosenza einer oder mehrere in den Diensten des Bailli Francesco Parisio und seines Neffen Giacinto Parisio stehende Männer an den Maßnahmen beteiligten, denn gemäß den Angaben in dem ausführlich wiedergegebenen Bericht der *Regia Udienza* von Cosenza vom 24. Dezember 1774 wurde beispielsweise bei einem

580 Ebd., Schreiben der *Regia Udienza* von Cosenza an die *Real Camera di Santa Chiara*, Cosenza 7. Oktober 1775.

581 Ebd.

späteren Schusswechsel mit der Cacozza-Bande ein *bargello* des Gerichtshofes von Sant'Eufemia angeschossen.[582]

Mit der Durchführung der gegen die Bande Giovanni Cacozzas gerichteten Operation wurde auf Vorschlag des Anwaltes Alessandro Marino der Korporal Matteo Figliola von der *Regia Udienza* von Cosenza beauftragt, dem sodann auch die beiden besagten *guidati*, Donato Ciaramella und Bruno Moraca, zugeordnet wurden. Vorher hatte man aufgrund der schlechten Erfahrungen in der Vergangenheit dem Korporal und den ihm unterstehenden Männern, die ebenfalls für diese Mission extra ausgesucht worden waren, mit ernsthaften Konsequenzen gedroht, falls sie absichtlich nicht ihren Pflichten nachkommen sollten. Zunächst erwiesen sich allerdings die angelaufenen Verfolgungsmaßnahmen, wie aus einem Bericht des *guidato* Donato Ciaramella an die *Regia Udienza* von Cosenza ersichtlich wurde, welcher in dem zusammenfassenden Bericht vom 24. Dezember 1774 erwähnt wird, als nicht erfolgreich. Weder im Hause Giovanni Cacozzas und seines Bruders Gaetano in Castiglione Marittimo noch in Giovanni Cacozzas Heimatort Gizzeria in der unmittelbar benachbarten Provinz Calabria Ultra fand man am 14. Oktober 1774 irgendeine Spur des Bandenführers und seiner Männer.[583]

Ungeachtet dieser ersten Misserfolge bei der Fahndung nach Giovanni Cacozza und seinen Gefährten ließ die *Regia Udienza* von Cosenza auf Anraten des Anwalts Alessandro Marino jedoch noch im Oktober das Mandat der *guidati* um einen weiteren Monat verlängern. In einem in der Abschrift des Berichtes vom 24. Dezember 1774 erwähnten Bericht vom 29. Oktober 1774 konnte schließlich Donato Ciaramella gegenüber der *Regia Udienza* von Cosenza nach den anfänglichen Fehlschlägen aber auch erste Erfolge gegenüber der Räuberbande verkünden, denn es war gelungen, den Bruder Giovanni Cacozzas, Gaetano, und Giovanni Cacozzas Sohn Rosario sowie Carmine Perri, den Schwager Giovanni Cacozzas, in der Kirche Sant'Anna in Castiglione Marittimo festzunehmen. Alle drei Männer, die sich in der Hoffnung auf kirchliches Asyl in diesem Gotteshaus aufgehalten hatten, hatte man dort zusammen mit einem gewissen Antonio Maselli aufgegriffen, bei dem es sich allerdings nicht um einen Gefährten Giovanni Cacozzas handelte, sondern der sich aufgrund von noch nicht beglichenen Schulden, die er u. a. auch bei dem Neffen des Bailli von Sant'Eufemia,

582 Ebd.
583 Ebd.

Francesco Parisio, Giacinto, hatte, einstweilen in diese Kirche geflüchtet hatte. Nach der Festnahme dieser drei Gefolgsmänner Giovanni Cacozzas begab man sich schließlich zum Haus Gaetano Cacozzas und arrestierte dort die drei Brüder Domenico, Francesco und Bruno Perri, die ab und zu an den Raubzügen Giovanni Cacozzas beteiligt gewesen waren und die Aktivitäten des nunmehr bekanntermaßen für die *Regia Udienza* von Cosenza arbeitenden Donato Ciaramella ausspioniert hatten. Der erstere der drei Brüder, Domenico, war der Schwager Gaetano Cacozzas. Aufgrund eines auf den 17. Oktober datierten Briefes, den man bei Gaetano Cacozza gefunden hatte, hielt es Donato Ciaramella zudem noch für notwendig, Innocenzio und Antonio Berardinelli aus der Ortschaft Santo Mango verhaften zu lassen, da es sich bei ihnen gleichfalls um Gefährten Giovanni Cacozzas handelte und einer der beiden, und zwar Innocenzio Berardinelli, in dem besagten Brief, den Ciaramella der *Regia Udienza* von Cosenza zukommen ließ, Gaetano Cacozza dazu ermahnt hatte, möglichst wachsam zu bleiben, da aus Santo Mango, dem Heimatort der beiden Berardinellis, Soldaten ausgerückt waren, deren Ziel in dessen Festnahme bestand. Gemäß den Angaben in diesem Brief war die Verbindung Giovanni Cacozzas mit Innocenzio und Antonio Berardinelli dadurch zu Stande gekommen, dass Cacozza und seine Gefährten beide Männer drei Jahre zuvor aus den Händen der Soldaten der *Regia Udienza* von Catanzaro befreit hatten, von denen sie in Nicastro festgenommen worden waren. Aus Dankbarkeit für diese Befreiung unterstützten Innocenzio und Antonio Berardinelli von da an Giovanni Cacozza. Der *guidato* Donato Ciaramella übermittelte der *Regia Udienza* schließlich noch einen zweiten Brief, diesmal vom 12. Oktober 1774, der im Namen des bereits im Gefängnis der *Regia Udienza* einsitzenden Baldassare Maruca an Rosario Cacozza, den Sohn Giovanni Cacozzas, gerichtet gewesen war. In diesem Brief unterrichtete Maruca Rosario Cacozza davon, dass Donato Ciaramella und die ihm zur Seite stehenden Soldaten der *Regia Udienza* aus Cosenza aufgebrochen waren und dass er daher seinen Vater und dessen Gefährten warnen sollte, damit sie während der unmittelbar bevorstehenden Razzia dem Ort fernblieben. Aufgrund dieses Briefes Baldassare Marucas war, wie Ciaramella der *Regia Udienza* von Cosenza berichtete, wahrscheinlich der erste Versuch der Festnahme Giovanni Cacozzas und seiner Gefährten am 14. Oktober 1774 gescheitert. Dieser Maruca hatte sich zudem zweier weiterer Vergehen schuldig gemacht. Er hatte einen Soldaten der *fucilieri di montagna* namens Giovanni Maurno verletzt und versucht, den Cavaliere Giacinto Parisio zu ermorden, indem er zwei Schüsse auf diesen abgab, die aber ihr Ziel verfehlten. In seinem Bericht schlug Ciaramella in Bezug auf die weitere Bekämpfung der Cacozza-Bande vor, dass es vielleicht von Nutzen wäre, einstweilen auch die Geliebte Giovanni Cacozzas, Rosa Nicolazza, festnehmen zu lassen, welche ihm zum einen Informationen hatte zukommen lassen und ihn zum anderen auch mit Nahrung versorgen konnte.[584]

Im Anschluss daran, auch als man die bereits verhafteten Personen der *Regia Udienza* von Cosenza überstellt hatte, begaben sich Donato Ciaramella und seine Begleiter auf das Territorium der Provinz Calabria Ultra, um dort die Verfolgung Giovanni Cacozzas und seiner Gefährten fortzusetzen. Daher hatte die *Regia Udienza* von Cosenza auch den *preside* von Catanzaro darüber informiert und darum gebeten, diese Männer bei den Razzien, wenn es nötig sein sollte, mit den ihm zur Verfügung stehenden Kräften zu unterstützen. Aus zwei Berichten des Korporals Matteo Figliola und Donato Ciaramellas vom 21. November 1774 erfuhr dann die *Regia Udienza* von Cosenza, dass diese in der Stadt Nicastro mit Gregorio Bartolo und Nicola Miano zwei weitere Gefolgsleute Giovanni Cacozzas sowie mit Francesco Antonio Cimino in Sambiase einem örtlichen Führer der Bande hatten festnehmen können. Als der Korporal und seine Männer in die Gegend von Borgia kamen, wo sich die Bande einige Tage zuvor aufgehalten hatte, drangen sie in das Haus von Giovanni Falcone ein, in der Hoffnung, dort den gesuchten Giovanni Cacozza und seine Gefährten zu finden, was sich aber als ein Trugschluss erweisen sollte. Als sie daraufhin auf dem Rückweg aus Borgia waren, trafen sie auf einen aus Tropea kommenden Boten, der ihnen auf Nachfrage einige Briefe, darunter einen auf den 17. November 1774 datierten Brief des Bischofs von Tropea, Felice Pau, aushändigte, deren Gegenstand Giovanni Cacozza und seine Gefährten waren und die der Bote einer bestimmten Person in Magolà überbringen sollte. Neben dem Brief des Bischofs von Tropea, der sich direkt an Giovanni Cacozza richtete, händigte der Bote Matteo Figliola und seinen Männern zusätzlich noch eine Kopie des Teils eines Briefes aus, welchen der Fürst von Palazzolo an Pietro Pisano aus Nicotera, einen Kontaktmann des mit ihm verwandten Fürsten von Scilla, geschrieben hatte, einen Brief ohne Datum und Ortsangabe, welcher von einem gewissen Francesco Miani an Giovanni Cacozza gerichtet war, und ein Schreiben des bischöflichen Hofes von Tropea an den bischöflichen Vikar von Amantea, Foraneo.[585]

Da der Brief des Bischofs von Tropea sich an einen gewissen Giovanni richtete und man daher vermutete, dass diejenige Person in Magolà, welcher der besagte Bote diese Briefe aushändigen sollte, der gesuchte Bandenführer sein könnte, begab sich die Einheit des Korporals Matteo Figliola unverzüglich in diese Ortschaft, in der sie aber weder Giovanni Cacozza noch irgendeinen anderen seiner

584 Ebd.
585 Ebd.

flüchtigen Gefährten vorzufinden vermochten. An seiner statt nahm man aber in Magolà einen gewissen Berardino Lettieri fest, der eigentlich aus Rossano kam, aber in jener Ortschaft lebte.[586] Es wird allerdings nicht angegeben, in welcher Verbindung der festgenommene Lettieri möglicherweise zur Bande Giovanni Cacozzas stand. In Anbetracht dessen, dass man sich jedoch im Jurisdiktionsgebiet der *Regia Udienza* von Catanzaro befand und Giovanni Cacozza durch seine Unterstützer vor Ort sich immer rechtzeitig in Sicherheit hatte bringen können, entschied sich man, nicht weiter das Territorium der Provinz Calabria Ultra zu durchziehen, sondern in die Provinz Calabria Citra zurückzukehren, um die Razzien in denjenigen Orten weiter fortzuführen, aus denen die Mitglieder der Cacozza-Bande und deren Familienangehörige stammten.[587]

Die Inhalte der besagten Briefe, welche der Bote dem Korporal Matteo Figliola ausgehändigt hatte, wurden in dem besagten Schreiben der *Regia Udienza* von Cosenza vom 24. Dezember 1774 noch einmal ausführlich wiedergegeben und zeigen deutlich den Grad an Verstrickung von Vertretern der Provinzeliten in die Unterstützung der Cacozza-Bande. Im Schreiben des Bischofs von Tropea vom 17. November 1774 an jene Person in Magolà, bezüglich deren Identität der Korporal Matteo Figliola vermutete, dass es sich um den gesuchten Banditen Giovanni Cacozza hätte handeln können, auch wenn nur dessen Vorname, aber nicht dessen Nachname aufgeführt war, ging es um die mutmaßliche Bitte des Bandenführers an den Bischof von Tropea, dass sich dieser bei dem Fürsten von Palazzolo dafür einsetzen möge, dass dieser ihn für eine gewisse Zeit auf seinem Lehnsgebiet aufnehme. Der Bischof von Tropea, Felice Pau, konnte zwar Giovanni Cacozza in seinem Brief vom 17. November 1774 mitteilen, dass sich der Fürst von Palazzolo grundsätzlich dazu bereit gefunden hatte, ihn auf seinem Besitz aufzunehmen, jedoch war dies von Seiten des Fürsten an die Bedingung geknüpft worden, dass Giovanni Cacozza sich dort nichts zu Schulden kommen lassen sollte, da der Fürst dann nicht mehr dazu bereit gewesen wäre, ihm weiterhin seine Protektion zuteil werden zu lassen. Hinsichtlich der weiteren Vorgehensweise schlug der Bischof von Tropea Giovanni Cacozza in seinem Brief vor, dass er sich entweder unmittelbar selbst zu dem Fürsten begeben oder alternativ erst einmal zu ihm nach Tropea kommen könne, von wo aus er ihn nach Nicotera zu dem besagten Kontaktmann des Fürsten von Scilla namens Pietro Pisano geschickt hätte, welcher ihn wiederum mit einem Geleitschreiben

586 Ebd.
587 Ebd.

ausgestattet hätte, mit dem er sich daraufhin zu dem Fürsten von Palazzolo hätte begeben können.[588]

Wenngleich der Fürst von Palazzolo gegenüber dem Bischof von Tropea zugestimmt hatte, allein Giovanni Cacozza auf seinem Grund und Boden aufzunehmen, wollte der Bandenführer über die Vermittlung durch den Bischof von Tropea schließlich zusätzlich noch erreichen, dass der Fürst neben ihm auch noch seinen Bruder, seine beiden Neffen und zwei weitere Gefolgsleute aufnehme. Allerdings hielt der Bischof diese zusätzliche Bitte in Anbetracht dessen, dass er sich mit dem Fürsten von Palazzolo bereits geeinigt hatte, für unangemessen und gab Giovanni Cacozza zu verstehen, dass er fürs Erste höchstens noch einen seiner Verwandten zu dem Fürsten von Palazzolo hätte mitbringen können. Im Hinblick auf die anderen Mitglieder der Räuberbande, für die Giovanni Cacozza noch ein sicheres Versteck suchte, riet der Bischof dem Bandenführer, nach seiner Ankunft mit dieser Bitte persönlich an den Fürsten heranzutreten oder den bereits genannten Kontaktmann des Fürsten von Scilla in Nicotera, Pietro Pisano, als Vermittler in diese Angelegenheit einzuschalten. Diese Gefolgsleute Giovanni Cacozzas hätten dann nach Ansicht des Bischofs unter weiterer Vermittlung des Fürsten von Palazzolo bei einem seiner Verwandten, dem Cavaliere Ruffo, oder eventuell auch bei dem Cavaliere Giacinto Parisio, also dem Neffen des Bailli von Sant'Eufemia, Francesco Parisio, untergebracht werden können.[589] Im Hinblick auf die mögliche Bereitschaft ebendieses Cavaliere Giacinto Parisio, die Gefährten Giovanni Cacozzas vorübergehend auf dem Territorium der Ballei von Sant'Eufemia aufzunehmen und sie dort vor der behördlichen Verfolgung zu decken, lässt sich aufgrund des Fehlens weiterer Informationen allerdings nicht klären, ob er vielleicht mit den Bevollmächtigten der *Regia Udienza* von Cosenza ein doppeltes Spiel trieb, was gerade in Anbetracht dessen von größtem Interesse gewesen wäre, dass der Neffe des Bailli von Sant'Eufemia eine der maßgeblichen Figuren bei der Verfolgung der Bande Giovanni Cacozzas in der zweiten Hälfte des Jahres 1774 darstellte.

Seinem Brief an Giovanni Cacozza vom 17. November 1774 hatte der Bischof von Tropea, Felice Pau, wie bereits erwähnt, drei weitere Schreiben beigelegt, deren Inhalte in der Abschrift des Berichtes der *Regia Udienza* von Cosenza vom 24. Dezember 1774 im Gegensatz zum Schreiben des Bischofs allerdings nur sinngemäß wiedergegeben werden. In dem zweiten zitierten, aber nicht mit einem Datum versehenen Schreiben, das der Fürst von Palazzolo unter Bezugnahme auf

588 Ebd.
589 Ebd.

ein von Pietro Pisano an ihn weitergeleitetes Schreiben des Bischofs von Tropea zur Frage der vorübergehenden Unterbringung Giovanni Cacozzas an die Adresse ebendieses Kontaktmanns des Fürsten von Scilla geschickt hatte, welcher dieses wiederum an den Bischof von Tropea weitergeleitet hatte, erklärte sich der Fürst von Palazzolo bereit, den hier nur als „soggetto"[590] bezeichneten Giovanni Cacozza auf seinem eigenen Grund und Boden aufzunehmen. Allerdings, wie der Bischof in seinem Brief vom 17. November 1774 noch einmal gegenüber Giovanni Cacozza darlegte, koppelte der Fürst von Palazzolo diese Aufnahme an die Bedingung, dass sich der Bandenführer in der Zeit seines Aufenthaltes nichts zu Schulden kommen lassen sollte, da er sich dann nicht mehr dazu angehalten gefühlt hätte, weiterhin dessen Anwesenheit auf seinem Besitz zu dulden.[591]

In dem dritten und kontextuell nicht richtig einzuordnenden Schreiben, demjenigen Francesco Mianis an Giovanni Cacozza, bei welchem es sich in Anbetracht der affirmativen Antwort des Fürsten von Palazzolo auf das Gesuch des flüchtigen Bandenführers um das zeitlich am weitesten zurückliegende gehandelt haben dürfte, informierte dieser Giovanni Cacozza davon, dass er erfahren hatte, dass der Fürst von Palazzolo auf seinem Grund und Boden grundsätzlich nicht Menschen aufnehmen wolle, die andere Menschen töten würden. Zudem unterrichtete Francesco Miani Giovanni Cacozza davon, dass der Fürst von Palazzolo einen königlichen *dispaccio* erhalten hatte, aufgrund dessen dieser nunmehr Vorbehalte hätte, ihn persönlich zu empfangen.[592] Wenngleich es im in Abschrift wiedergegebenen Bericht der *Regia Udienza* von Cosenza vom 24. Dezember 1774, in dem dieses Schreiben Mianis zitiert wird, keinen Hinweis auf den genauen Inhalt des besagten *dispaccio* Ferdinands IV. gibt, erschiene es als durchaus möglich, dass der Fürst von Palazzolo darin unter Androhung ernsthafter Konsequenzen ausdrücklich davor gewarnt worden war, den Bandenführer auf seinem Besitz aufzunehmen. Aufgrund dieser Gemengelage legte Francesco Miani Giovanni Cacozza nahe, Kalabrien einstweilen zu verlassen und auf dem Territorium des Kirchenstaates unterzutauchen[593], wie es schon in der Vergangenheit so viele andere flüchtige Banditen von den Abruzzen und der Terra di Lavoro aus immer wieder getan hatten, um sich dem Griff der neapolitanischen Behörden zu entziehen.

Bei dem vierten Brief, den der für die *Regia Udienza* von Cosenza arbeitende Korporal Matteo Figliola dem Boten abgenommen hatte und dessen Inhalt in

590 Ebd.
591 Ebd.
592 Ebd.
593 Ebd.

dem Bericht vom 24. Dezember 1774 ebenfalls nur sinngemäß wiedergegeben wird, handelte es sich schließlich um ein an die Adresse des bischöflichen Vikars von Amantea namens Foraneo gerichtetes Schreiben, in welchem dieser von dem Bischof von Tropea darum gebeten wurde, von Amantea aus die notwendigen Erkundigungen zum Fall der lokalen Immunität Rosario Cacozzas, Gaetano Cacozzas, Carmine Perris und Antonio Masellis einzuziehen, die von den dem Korporal Matteo Figliola unterstehenden Männern mit Unterstützung der *guidati* aus der in Castiglione Marittimo gelegenen Kirche Sant'Anna gezerrt worden waren, in welche sie sich in der Hoffnung auf die Gewährung des kirchlichen Asyls geflüchtet hatten. Denn unmittelbar auf ihre Festnahme folgend hatten alle vier Männer den Bischof von Tropea nicht nur darum gebeten, dass dieser ihnen weiterhin die Gunst des Kirchenasyls gewähren möge, sondern dass er darüber hinaus die verantwortlichen Bevollmächtigten der *Regia Udienza* von Cosenza bestrafen solle, die sie in der besagten Kirche verhaftet hatten[594], womit die Exkommunikation des Korporals Matteo Figliola und der ihm unterstehenden Männer gemeint war.

In einem weiteren Bericht, auf den, auf diese vier Briefe folgend, in der Abschrift des Berichtes vom 24. Dezember 1774 Bezug genommen wird und welcher auf den 25. November 1774 datiert war, informierte der *guidato* Donato Ciaramella die *Regia Udienza* von Cosenza über die Festnahme von drei weiteren Personen, die mit Giovanni Cacozza in Verbindung standen. Es handelte sich bei ihnen um die Geliebte Giovanni Cacozzas, Rosa Nicolazza aus Castiglione Marittimo, deren Arrestierung Ciaramella schon in einem seiner vorhergegangenen Berichte angeregt hatte, sowie Giacomo Buffone alias „Milordo" und Gennaro Arcidiacono alias „Ulivella", die ebenfalls aus Castiglione Marittimo kamen. Giacomo Buffone, der für zwei Morde verantwortlich gemacht wurde, war ein Freund von Gaetano Cacozza, dem Bruder Giovanni Cacozzas, und hütete dessen Rinder. Der andere festgenommene Mann, Gennaro Arcidiacono, hatte sich der Cacozza-Bande als Informant und örtlicher Führer dienlich gemacht. Alle drei Personen überwies man, wie man es bereits bei den anderen im Verlauf der Razzien festgenommen Personen gemacht hatte, auch um für die weitere Durchführung der Verfolgungsmaßnahmen die Hände frei zu haben, in das Gefängnis der *Regia Udienza* von Cosenza, in welchem sie auf ihre weitere Vernehmung und letztendliche Verurteilung zu warten hatten.[595]

Auf diese detaillierte Darstellung der bisherigen Verfolgungsmaßnahmen folgt in dem in Abschrift wiedergegebenen Bericht vom 24. Dezember 1774 ein

594 Ebd.
595 Ebd.

knapper Überblick zu den Taten der bereits im Gefängnis der *Regia Udienza* von Cosenza einsitzenden Personen, die entweder direkte Mitglieder der Cacozza-Bande gewesen waren oder dieser zumindest nahestanden. Die Grundlage für diesen Überblick waren die Ermittlungsakten, die sich in den Archiven der *Regie Udienze* von Cosenza und Catanzaro sowie in denjenigen der lokalen Gerichtshöfe hatten finden lassen. Die Vergehen dieser Personen nahmen sich wie folgt aus: Gaetano Cacozza wurde von der *Regia Udienza* von Cosenza für zahlreiche Gewaltakte und andere Delikte, die er in den Jahren 1764 und 1767 begangen hatte, verantwortlich gemacht. Des Weiteren hatte die *Regia Udienza* von Catanzaro gegen ihn, seine Brüder und andere ihm nahestehende Personen wegen des Abgebens von Flintenschüssen ermittelt. Die diesbezüglichen Unterlagen waren am 9. Oktober 1774 von dem *avvocato fiscale* der *Regia Udienza* von Catanzaro, dem bereits mehrmals erwähnten Saverio del Vecchio, an den lokalen Gerichtshof von Gizzeria weitergeleitet worden, damit dieser dann das Verfahren gegen Gateano Cacozza und die weiteren Angeklagten auf den Weg bringen konnte, welches laut dem *mastrodatti* des Gerichtshofes von Gizzeria noch nicht stattgefunden hatte.[596]

Im Hinblick auf die Person Bruno Perris aus der Ortschaft Falerna berichtete der zuständige Gouverneur der *Regia Udienza* von Cosenza davon, dass gegen Perri an dem dortigen lokalen Gerichtshof bereits zwei Strafverfahren durchgeführt worden waren. Bei dem ersten Verfahren ging es um eine Schießerei, bei dem zweiten um eine Messerstecherei. An der *Regia Udienza* von Catanzaro war schließlich gegen Bruno Perri u. a. wegen zahlreicher Gewaltakte, des Beibringens von Verletzungen, des unerlaubten Festhaltens und der Bedrohung von Menschen ermittelt worden. Im Hinblick auf Pasquale Perri berichtete der Gouverneur von Falerna davon, dass diesem zur Last gelegt wurde, eine Frau namens Rosaria Ciranni vergewaltigt zu haben. Rosario Cacozza, der Sohn Giovanni Cacozzas, soll sich gemäß den diesbezüglichen Akten aus dem lokalen Gerichtshof von Gizzeria des Betruges und Diebstahls schuldig gemacht haben. Giacomo Buffone hatte sich, wie bereits erwähnt, für zwei Morde vor dem lokalen Gerichtshof von Castiglione Marittimo verantworten müssen, der die diesbezüglichen Ermittlungsakten von der *Regia Udienza* von Cosenza am 12. April 1771 erhalten hatte. Gregorio Bartolo war mit den Behörden wegen unerlaubter Anfertigung eines Kupferkessels bzw. der „indebita esecuz[io]ne di un caccavo di rame“[597], wie es dort auf Italienisch heißt, in Konflikt geraten. Es handelte sich

596 Ebd.
597 Ebd.

aber dabei um keine strafrechtliche, sondern um eine zivilrechtliche Angelegenheit. Da sich zur Person Antonio Masellis, den man in der Kirche Sant'Anna in Castiglione Marittimo mit einigen Mitgliedern der Bande festgenommen hatte, ohne dass dieser jemals der Bande angehört hatte, weder in den Akten der beiden *Regie Udienze* noch in den Akten des lokalen Gerichtshofes von Castiglione Marittimo irgendetwas finden ließ, wurde angeordnet, ihn wieder auf freien Fuß zu setzen.[598]

Bei den weiteren Verfolgungsmaßnahmen, kam es aber, wobei man sich in dem Bericht vom 24. Dezember auf einen Bericht des Korporals Matteo Figliola vom 10. Dezember 1774 bezog, zu einem bewaffneten Zusammenstoß zwischen der von ihm befehligten Einheit und der mittlerweile dezimierten Cacozza-Bande in einem als „Zazullo" und „N'gogne di Bartolo" bezeichneten Waldstück. Bei dieser Schießerei wurde der *guidato* Bruno Moraca getötet und ein *bargello* des Gerichtshofes von Sant'Eufemia namens Nicola Paschuzzo verletzt[599], was wiederum deutlich zeigt, dass sich neben Soldaten der *Regia Udienza* von Cosenza auch Gefolgsleute des Bailli Francesco Parisio und seines Neffen Giacinto an den Razzien gegen Giovanni Cacozza und seine Leute beteiligten. Ob gegebenenfalls auch Donato Ciaramella bei dem Schusswechsel zugegen war, wird nicht angegeben.

Da sich die Banditen daraufhin in einem befestigten Gebäude in diesem Wald eingenistet hatten und es Matteo Figliola für zu gefährlich hielt, diesen weiter nachzustellen, ließ er die Verfolgung der Räuber bis auf Weiteres abbrechen und forderte mehr Soldaten an, die man ihm dann auch in der Zahl von fünf Männern zuschickte. Bei der Schießerei zwischen der von Matteo Figliola befehligten Einheit und den übriggebliebenen Mitgliedern der Cacozza-Bande musste aber einer der Gefährten Giovanni Cacozzas verletzt worden sein, weil man Spuren von Blut fand. Um der Räuberbande um Giovanni Cacozza endlich beikommen zu können, schlug Matteo Figliola in seinem Bericht vom 10. Dezember 1774 der *Regia Udienza* von Cosenza vor, dieser am besten sämtliche Lebensgrundlagen vor Ort zu entziehen und den gesamten Besitz, womit gerade das über räuberische Erpressung, Diebstahl und Schmuggel erworbene Gut gemeint war, über welches der Bandenführer und seine Gefährten in Gizzeria, Falerna und Castiglione Marittimo verfügten, zu beschlagnahmen und anschließend verkaufen zu lassen. Darüber hinaus sollten nach Meinung des Korporals auch alle Personen aus dieser Gegend entfernt werden, die der Bande nahestanden und dieser gegenüber

598 Ebd.
599 Ebd.

den Behörden von Nutzen hätten sein können.[600] Diese von dem Korporal Matteo Figliola vorgeschlagene Maßnahme zielte natürlich besonders darauf ab, die Verbindungen zwischen Teilen der lokalen Bevölkerung und der Bande aufzusprengen, welche nicht nur im Fall der Verfolgung der Mitglieder der Cacozza-Bande, sondern darüber hinaus auch bei der Verfolgung anderer Räuberbanden durch die Provinzbehörden immer wieder ein außerordentliches Hindernis darstellten und Razzien erheblich ins Leere laufen lassen konnten.

Da man im Anschluss an diese Schießerei weiterhin auf die Hilfe der *guidati* angewiesen war, wurde in der zweiten Dezemberhälfte des Jahres 1774 sowohl das Mandat für Donato Ciaramella als auch dasjenige eines anderen *guidato* namens Francesco Antonio Moraca abermals um einen Monat verlängert, bei dem es sich um einen Bruder des bei der Schießerei mit der Cacozza-Bande auf dem Gebiet der benachbarten Provinz Calabria Ultra getöteten *guidato* Bruno Moraca handelte. Auch Francesco Antonio Moraca, der bis dahin noch keine Rolle in dem ausführlichen Bericht der *Regia Udienza* von Cosenza vom 24. Dezember 1774 gespielt hatte, war gemäß den diesbezüglichen Angaben in diese bewaffnete Auseinandersetzung mit der Bande verwickelt gewesen. Im Gegensatz zu seinem Bruder war er dabei aber nur leicht verletzt worden.[601]

Im darauffolgenden Jahr, der genaue Zeitraum und die konkreten Umstände werden nicht angegeben, verhafteten die Behörden eine Reihe weiterer Personen aus dem Umkreis der Bande namens Giuseppe Aloise aus Gizzeria, Pasquale Perri aus Falerna, Domenico Nunziato, Carmina Ziana und Santa Forsa aus Castiglione Marittimo, die allesamt in dem zusammenfassenden Bericht vom 7. Oktober 1775 als „fautori“[602], „spie“[603] und „alimentatori“[604] der Cacozza-Bande bezeichnet wurden. Es könnte sich hierbei vielleicht um die konkrete Umsetzung des Vorschlages des für die *Regia Udienza* von Cosenza tätigen Korporals Matteo Figliola vom vorherigen Jahr gehandelt haben, welcher darin bestanden hatte, sämtliche potentielle Unterstützer der Bande aus denjenigen Gegenden zu entfernen, die das Herkunftsgebiet vieler Mitglieder der Cacozza-Bande darstellten und in denen sie auch ihre Familienangehörigen hatten.

Allerdings war es den neapolitanischen Behörden und ihren Unterstützern, wie dem Cavaliere Giacinto Parisio von der Ballei von Sant'Eufemia, auch bis zum 7. Oktober 1775 immer noch nicht gelungen, ohne dass hierfür die genauen

600 Ebd.
601 Ebd.
602 Ebd.
603 Ebd.
604 Ebd.

Gründe angegeben werden, den Bandenführer Giovanni Cacozza in ihre Hände zu bekommen und somit gerade das zentrale Ziel all dieser umfassenden Maßnahmen zu erreichen. So schrieben Giuseppe Bausan, Potito Miugi und Saverio Griffi in ihrem diesbezüglichen Schreiben zu diesem Manko:

> „Ora dobbiamo aggiungere a Vostra Maestà, che dopo umiliate Le sopracitate Relaz[io]ni (gemeint sind die Berichte vom 24. Dezember 1774 und 1. April 1775, die in dem Schreiben der *Regia Udienza* von Cosenza vom 7. Oktober 1775 ausführlich wiedergegeben werden-d. V.), dalla Squadra, e Guidati destinati alla persecuz[io]ne, e presura del citato Malvivente Gio[vanni] Cacozza, e compagni, che tuttavia continuano a mantenersi in comitiva in campagna, commettendo eccessi non senza positivo pericolo di vita del Cav[aliere] Fra Giacinto Parisio, malgrado Le continue minacce, che gli sono fatte, e persistono."[605]

Wie aus dem Schreiben vom 7. Oktober darüber hinaus hervorgeht, stritten die bei den Razzien im letzten Drittel des Jahres 1774 festgenommenen Gefolgsleute Giovanni Cacozzas alle ihnen zur Last gelegten Vergehen ab und verlangten, wieder in Freiheit gesetzt zu werden. Sie wollten daher König Ferdinand IV. um eine Begnadigung bitten. Dieses Ansinnen von Gaetano Cacozza, Rosario Cacozza, Carmine Perri, Domenico Perri, Francesco Perri, Bruno Perri, Nicola Miani, Gregorio Bartolo, Berardino Lettiere, Francesco Antonio Cimino, Rosa Nicolazza und Gennaro Arcidiacono war bereits am 1. April 1775 zusammen mit einer darin enthaltenenen Abschrift des Berichtes vom 24. Dezember des Vorjahres nach Neapel geschickt worden und wurde schließlich, nachdem man das Schreiben vom 1. April nicht hatte finden können, noch einmal in einem Schreiben vom 7. Oktober 1775 von der *Regia Udienza* von Cosenza in die Hauptstadt des Königreiches gesandt.[606] Zu diesen Gnadengesuchen hätte dann die *Real Camera di Santa Chiara* als hierfür zuständige Institution gegenüber König Ferdinand IV. in einer ihrer *consulte* eine Empfehlung abgeben müssen, welcher der König als letzter Entscheidungsbefugter hätte zustimmen können oder auch nicht. Obwohl in einem sich unter den Unterlagen zur Verfolgung der Gualtieri-Bande und der Bande Giovanni Cacozzas befindenden undatierten Schreiben der *Real Camera di Santa Chiara* angegeben wurde, dass man in einer diesem Schriftstück beigefügten *consulta* zu den Gesuchen der bis dahin verhafteten Gefolgsleute Giovanni Cacozzas Stellung bezogen hätte[607], ist dieses nicht vorhanden.

---

605 Ebd.

606 Ebd. Diese Information wird zu Beginn des Schreibens der *Regia Udienza* von Cosenza vom 7. Oktober 1775 an die Adresse der *Real Camera di Santa Chiara* angegeben.

607 Ebd., undatiertes Schreiben der *Real Camera di Santa Chiara*.

Obwohl sich diese *consulta* nicht unter den Schriftstücken aus dem Bestand der „Processi Irresoluti" der *Real Camera di Santa Chiara* befindet, so existieren immerhin zwei frühere *consulte*, und zwar vom 6. März[608] und 26. Juni 1775[609], in denen sich die Kammer auf die von der *Regia Udienza* von Cosenza im vorausgegangenen Jahr vorgeschlagenen Maßnahmen zu der Bekämpfung der Bande Giovanni Cacozzas bezog. Während die *consulta* vom 6. März auf einem Bericht der *Regia Udienza* von Cosenza vom 24. Dezember 1774 sowie einem nicht datierbaren Bericht des vormaligen *avvocato fiscale* der *Regia Udienza* von Catanzaro, Niccola Piccioli, fußte, der sich zwar nicht unter den Dokumenten zum Fall der Cacozza-Bande befindet, dessen Inhalt jedoch in dieser *consulta* partiell wiedergegeben wird, bezog sich die *consulta* der *Real Camera di Santa Chiara* vom 26. Juni 1775 ausschließlich auf den Bericht des *preside* von Cosenza, Giuseppe Bausan, und des *avvocato fiscale* Potito Miugi vom 20. August 1774. In seinem in der *consulta* vom 6. März 1775 teilweise zitierten Bericht hatte der der damalige *avvocato fiscale* der *Regia Udienza* von Catanzaro, Niccola Piccioli, der *Segreteria di Stato di Grazia e Giustizia* vorgeschlagen, dass man einen verlassenen Küstenwachturm am Capo del Sovero, welcher der Bande um Giovanni Cacozza wiederholt als Rückzugsort gedient hatte, niederreißen sollte. Dieselbe Maßnahme hatte Piccioli zudem hinsichtlich der anderen unbesetzt dastehenden Wachtürme im weiteren Umkreis von Castiglione Marittimo angeregt, da diese nicht nur für Giovanni Cacozza und seine Gefolgsleute, sondern auch für andere zwielichtige Gestalten einen perfekten Unterschlupf und Ausgangspunkt für eventuelle Raubzüge in der näheren Umgebung darstellten.[610]

In ihrer *consulta* vom 6. März 1775 billigte die *Real Camera di Santa Chiara* schließlich den Rückgriff der *Regia Udienza* von Cosenza auf das Mittel der *guidati*, dessen sich die *Real Camera di Santa Chiara* bis zur endgültigen Ausschaltung der Räuberbande bedienen durfte, die Bestrafung von Soldaten, die mit den Banditen kooperierten, den Abriss des besagten Wachturmes am Capo del Sovero in der Nähe Castiglione Marittimos, welcher der Bande Giovanni Cacozzas wiederholt als Unterschlupf gedient hatte, und die Zuschüttung der unterirdischen Gänge, die von diesem Turm zu einem nahegelegenen Wald und zum Meer führten. Die gleiche Vorgehensweise sollte auch auf andere leerstehende Wachtürme und Behausungen in den Wäldern der Region, die der Bande als Unterschlupf bereits gedient hatten oder hätten dienen können, ausgedehnt werden.

608 Ebd., *consulta* der *Real Camera di Santa Chiara*, Neapel 6. März 1775.
609 Ebd., *consulta* der *Real Camera di Santa Chiara*, Neapel 26. Juni 1775.
610 Ebd., *consulta* der *Real Camera di Santa Chiara*, Neapel 6. März 1775.

Im Hinblick auf die vier Briefe, die der Bote den Verfolgern der Cacozza-Bande ausgehändigt hatte, empfahl die *Real Camera di Santa Chiara*, diese erst einmal auf ihre Echtheit hin zu überprüfen, bevor man in dieser Angelegenheit weiter befinden würde. Den Bischof von Tropea, Felice Pau, scheint man aber trotz der für ihn alles andere als günstigen Beweislage von jeglicher Kooperation mit der Bande aus freien Stücken heraus, was ja nicht ausgeschlossen wäre, freigesprochen zu haben, weil die *Real Camera di Santa Chiara* in ihrer Stellungnahme ihr Bedauern darüber zum Ausdruck brachte, dass die Angst und der Schrecken, die die Cacozza-Bande in den beiden kalabrischen Provinzen verbreitete, dazu geführt hätten, dass sich der Bischof aus Furcht vor dieser als Vermittler angeboten hätte.[611] Im Hinblick darauf ist zu hinterfragen, ob Giovanni Cacozza und seine Männer für den in Tropea residierenden Bischof jemals eine wirkliche Gefahr hätten darstellen können, denn solange Felice Pau innerhalb des Hauptortes der ihm unterstehenden Diözese verblieb, wird er wohl von Seiten der Räuberbande relativ wenig zu befürchten gehabt haben.

Wenngleich die *Real Camera di Santa Chiara* in dieser *consulta* vom 6. März 1775 zu den von den Bevollmächtigten der *Regia Udienza* von Cosenza vorgeschlagenen Maßnahmen gegen die Cacozza-Bande Stellung bezogen hatte, war diese, wie aus ihrer Stellungnahme gegenüber dem König vom 11. September 1775 hervorgeht, genauso wie die diesbezügliche *consulta* zu den Maßnahmen gegen die Gualtieri-Bande vom selben Tage König Ferdinand IV. nicht zur endgültigen Zustimmung vorgelegt worden, so dass dieser ursprünglich dachte, dass die *Real Camera di Santa Chiara* zum Fall der Bande Giovanni Cacozzas überhaupt noch keine Entscheidung getroffen hätte und sich bei dieser über die *Segreteria di Stato di Grazia e Giustizia* beschwerte. Aus diesem Grunde rubrizierte die *Real Camera di Santa Chiara* in diesem Schreiben vom 11. September noch einmal kurz alle Maßnahmen, die sie in ihrer *consulta* vom 6. März 1775 gebilligt hatte. Zu diesen gehörten der Abriss des Wachturmes am Capo del Sovero in der Nähe Castiglione Marittimos, welcher der Räuberbande wiederholt als Unterschlupf gedient hatte, die Zuschüttung der unterirdischen Zugänge zu diesem Turm sowie die nachträgliche und somit offiziell gültige Verlängerung der bis dahin allenfalls vorläufigen Mandate der in den Diensten der *Regia Udienza* von Cosenza stehenden *guidati*, wie dasjenige des aus Lago stammenden Informanten Donato Ciaramella.[612]

Bei dieser erheblich verzögerten Zusendung der *consulta* vom 6. März an die Adresse König Ferdinands IV. handelte es sich allerdings nicht um das einzige

611 Ebd.

612 Ebd., Stellungnahme der *Real Camera di Santa Chiara*, Neapel 11. September 1775.

Missverständnis mit der *Real Camera di Santa Chiara* im Hinblick auf die gegen die Bande Giovanni Cacozzas zu treffenden Maßnahmen, denn in einer *consulta* vom 26. Juni 1775, die auf dem Bericht des *preside* von Cosenza, Giuseppe Bausan, und des *avvocato fiscale* Potito Miugi vom 20. August 1774 fußte, sah die *Real Camera di Santa Chiara* plötzlich keinerlei Notwendigkeit mehr darin, auf das Mittel der *guidati* bei der Bekämpfung der Bande Giovanni Cacozzas zurückzugreifen[613], was dahingehend eine Überraschung darstellte, als dass die Kammer in der besagten *consulta* vom 6. März den Einsatz von *guidati* gegen die Räuberbande bis zu deren endgültiger Ausschaltung noch *expressis verbis* genehmigt hatte.[614] Statt auf das Mittel der *guidati* zurückzugreifen, sollte laut dieser *consulta* vom 26. Juni 1775 die *Regia Udienza* von Cosenza die Bekämpfung der Bande Giovanni Cacozzas vielmehr zusammen mit den bewaffneten Kräften der *Regia Udienza* von Catanzaro und Männern des Bailli von Sant'Eufemia, Francesco Parisio, bewerkstelligen.[615] Wie aus einer Randnotiz auf dieser *consulta* hervorgeht, bemerkte man später, dass man in der Sache des Einsatzes der *guidati* von Seiten der *Regia Udienza* von Cosenza gegen Giovanni Cacozzas Räuberbande bereits am 6. März 1775 eine Entscheidung getroffen hatte[616], die zudem noch von derjenigen vom 26. Juni 1775 erheblich divergierte.

Dass diese auf einem Irrtum von Seiten der *Real Camera di Santa Chiara* basierende *consulta* vom 26. Juni 1775 jedoch keinen weiteren Einfluss auf den Einsatz der *guidati* durch die *Regia Udienza* von Cosenza hatte, zeigen zwei Schreiben dieses Gerichtshofes vom 23. September 1775 an die Adresse der *Segreteria di Stato di Grazia e Giustizia*, die diese dann an die *Real Camera di Santa Chiara* als erste entscheidungsbefugte Instanz weiterzureichen hatte. Bei diesen Schreiben der *Regia Udienza* von Cosenza handelte es sich zum einen um einen Begleitbrief, der von dem *preside* Giuseppe Bausan, dem *avvocato fiscale* Potito Miugi und Saverio Griffi, bei dem es sich wahrscheinlich um einen der *uditori* des Gerichshofes handelte, unterschrieben worden war, und zum anderen um eine von dem *mastrodatti* Gennaro Petrosino erstellte und diesem Begleitbrief beigefügte Liste mit den Namen derjenigen Delinquenten und ihrer Vergehen, die sich bereits auf Vorschlag des Cavaliere Giacinto Parisio zur Bekämpfung der Bande Giovanni Cacozzas in den Diensten der *Regia Udienza* von Cosenza befanden und über deren Einsatz die *Real Camera di Santa Chiara* noch einmal nachträglich zu entscheiden hatte. Diese Liste war gemäß dem Begleitbrief der drei Bevollmächtigten

613 Ebd., *consulta* der *Real Camera di Santa Chiara*, Neapel 26. Juni 1775.

614 Ebd.

615 Ebd.

616 Ebd.

der *Regia Udienza* von Cosenza im königlichen Namen von der *Segreteria di Stato di Grazia e Giustizia* am 9. September angefordert worden. In Anbetracht dessen, dass von Seiten Neapels immer Befürchtungen bestanden, dass die *Regie Udienze* in ihren Zuständigkeitsbereichen allzu eigenmächtig auf das Mittel der *guidati* zurückgriffen und dass es sich bei den angeheuerten Delinquenten durchaus um Personen hätte handeln können, die mit den Provinzbehörden ein doppeltes Spiel zu treiben versuchten, sicherte die *Regia Udienza* von Cosenza der *Segreteria di Stato di Grazia e Giustizia* in ihrem Begleitbrief *expressis verbis* zu, bis auf Weiteres keine weiteren Delinquenten unter dem Versprechen eines Straferlasses als örtliche Führer und Informanten zu engagieren.[617]

Für die weitere Verfolgung der Räuberbande Giovanni Cacozzas hatte der Cavaliere Giacinto Parisio der *Regia Udienza* von Cosenza insgesamt sieben Männer vorgeschlagen: Giovanni Barracca, Giovanni Rocca, Francescantonio Bosa, Giuseppe Sirianni, Antonio Pascuzzo, Gaetano Arcuri und Domenico Rende. Diese Männer hatten sich laut dem Schreiben des *mastrodatti* Gennaro Petrosino vom 23. September folgender Vergehen schuldig gemacht: Giovanni Barracca aus dem Gebiet von Spezzano Piccolo hatte einen gewissen Giuseppe d'Ippolito aus Serra Pedace mit seiner Flinte erschossen. Giovanni Rocca und Francescantonio Bosa aus Nocera hatten sich der Tötung des Gouverneurs ihrer Heimatstadt Nocera, Domenico Bonaccia, schuldig gemacht, den Rocca erschossen hatte. Bosa soll ihm bei der Tötung Bonaccias behilflich gewesen sein. Giuseppe Sirianni aus dem Gebiet von Pittarella und Antonio Pascuzzo aus Scigliano hatten sich des Mordes an dem in Scigliano wohnhaften Francesco Mascaro schuldig gemacht. Dabei hatte Sirianni Mascaro durch einen Schuss aus seiner Pistole getötet. Unterstützt wurde er bei der Ausführung seiner Tat von dem gleichfalls bewaffnet aufgetretenen Antonio Pascuzzo. Gaetano Arcuri aus dem Gebiet von Rose hatte Giuseppe Briga erschossen, der aus demselben Gebiet kam wie Arcuri. Und Domenico Rende alias „Marmotto" aus Nocera als letzter aufgelisteter *guidato* für die weitere Verfolgung der Räuberbande Giovanni Cacozzas hatte einen seiner Mitbürger, einen gewissen Antonio Amendola, erdolcht.[618]

---

617 Ebd., Begleitschreiben der *Regia Udienza* von Cosenza an die *Segreteria di Stato di Grazia e Giustizia*, Cosenza 23. September 1775.

618 Ebd. Dem in der Liste des *mastrodatti* Gennaro Petrosino erwähnten Giovanni Rocca aus Nocera wurde gemäß einer im Anhang zu Pasquale Sposatos im Jahre 1967 erschienenen Aufsatz „Per la storia del brigantaggio nella Calabria del Settecento. Episodi di malvivenza a Nocera feudo ecclesiastico del baliaggio gerosolimitano di Sant'Eufemia" vollständig wiedergegebenen und unmittelbar an die Person Roccas gerichteten Verfügung der *Regia Udienza* von Cosenza vom 9. September

Zu denjenigen *guidati*, die man gemäß der Liste Gennaro Petrosinos vom 23. September 1775 auf Vorschlag des Cavaliere Giacinto Parisio auf die anderen Banden in der Provinz Calabria Citra ansetzte, gehörten der bereits genannte und sich bewährt habende Donato Ciaramella aus dem Gebiet von Lago, Domenico und Giovanni Damiano aus Nocera, Vincenzo Provenzano aus Amantea, Antonio Maria Veltri und Benigno Veltri aus Lago sowie Niccola Tancredi aus dem Gebiet von Pietrafitta. Diese *guidati* hatten sich folgender Vergehen schuldig gemacht: Donato Ciaramella hatte, wie bereits an anderer Stelle erwähnt, zusammen mit anderen Beteiligten u. a. Niccola di Felice, einen Korporal des Regimentes „Real

---

1775 für einen Zeitraum von zwei Monaten der Status eines *guidato* verliehen. Wie aus diesem Schreiben ersichtlich wird, wurden dem Informanten für die Zeit seines Dienstes zwar einerseits Freiheiten eingeräumt, wie das Tragen von Waffen, deren Besitz der Normalbevölkerung laut den Pragmatiken des Königreiches Neapel *expressis verbis* verboten war, jedoch andererseits auch allerlei Verbote auferlegt, wie das ausdrückliche Verbot, sich an denjenigen Orten aufzuhalten, an denen er seine Delikte verübt hatte, oder das Verbot, das Territorium der Hauptstadt der Provinz Calabria Citra, Cosenza, zu betreten. So steht in dieser direkt an die Person Giovanni Roccas gerichteten Verfügung der *Regia Udienza* von Cosenza Folgendes zu den Bedingungen geschrieben, an welche die Gewährung des Status eines *guidato* für die Verfolgung des Bandenführers Giovanni Cacozza und seiner Gefährten gebunden war: „Ferdinandus IV Dei gratia Rex. – D. Giuseppe Cavalier Bausan dell'Ordine Costantiniano e S. Giorgio, Maresciallo di Campo negli Eserciti di S. M., D. G., Preside e Governador delle armi in questa provincia di Calabria Citra etc. – Premendo la corcerazione, persecuzione ed estirpazione di Giovanni Cacozza della terra di Gezzeria, e degli altri di sua comitiva, ordinata con più Reali Dispacci di S. M., D. G., ed essendo stata chiesta dal Cavalier Fra Giacinto Parisio interessato nell'affare la persona di voi Giovanni Rocca della Città di Nocera del Castiglione, per poterla effettuire in unione di altri guidati, vi assicuriamo per mesi due per qualunque inquisizione da voi contratta, con potere trattare liberamente per detto tempo pell'effetto suddetto, senza però accostare ne' luoghi, in cui abbiate commessi delitti, ed abitano le parti offese, e molto meno in questa città di Cosenza, ove risiede il Tribunale, permettendovi l'asportazione delle armi proibite per vostra difesa; ordinando ai Governatori locali, ed ad ogni altro che non vi diano impedimento alcuno per la suddetta asportazione dell'armi sotto pena di docati mille in beneficio del Regio Fisco. Cosenza nove settembre mille settecento settantacinque, 1775. -Il Cavalier Bausan-Griffi-Vidit Fiscus Luciano Petrosino Mastrodatti (die aus dem Bestand der "Processi Irresoluti" der *Real Camera di Santa Chiara* stammende Liste des *mastrodatti* der *Regia Udienza* von Cosenza vom 23. September 1775 mit den Namen der *guidati* und ihren einzelnen Vergehen ist hingegen mit „Gennaro Petrosino" unterschrieben worden-d. V.). Adest sigillum." Zitiert nach dem Anhang zu Sposato: Per la storia del brigantaggio nella Calabria del Settecento, S. 204f.

Borbone“, erschossen. Domenico und Giovanni Damiano hatten sich des Mordes an einem gewissen Giovanni Posa schuldig gemacht, welcher von Domenico Damiano erschossen worden war. Giovanni Damiano war schließlich wegen Beihilfe zum Mord verurteilt worden. Vincenzo Provenzano aus Amantea war des zweifachen Mordes für schuldig befunden worden. Antonio Maria Veltri war wegen Beihilfe zum Mord verurteilt worden, und Benigno Veltri, weil er eine gewisse Anna Maria Giordano erschossen hatte. Niccola Tancredi schließlich, der letzte von der *Regia Udienza* von Cosenza angeheuerte Informant, hatte einen gewissen Antonio Barbiero, der gleichfalls aus Pietrafitta kam, erschossen.[619]

2.2 Missstände in der örtlichen Verwaltung und Rechtssprechung als Stimulanz für Kriminalität: Das Banditenwesen und der Zustand der öffentlichen Ordnung in der Umgebung der kalabrischen Stadt Nocera im Spiegel eines Berichtes des Richters Pasquale Perrelli und anderer Korrespondenzen aus dem Jahre 1780

2.2.1 Anmerkungen zur Quellen- und Sachlage

Der in diesem Unterkapitel behandelte Fall der in der Provinz Calabria Citra gelegenen Stadt Nocera, der bereits in einem im Jahre 1967 in der Zeitschrift „Archivio Storico per la Calabria e la Lucania“ veröffentlichten Aufsatz von Pasquale Sposato mit dem Titel „Per la storia del brigantaggio nella Calabria del Settecento. Episodi di malvivenza a Nocera feudo ecclesiastico del baliaggio gerosolimitano di Sant’Eufemia“ eine erste überblicksartige Behandlung erfahren hat[620], bietet ein sehr gutes Beispiel dafür, dass sich die Repressionsmaßnahmen, die von Seiten der Zentralregierung und der Provinzbehörden gegen die im letzten Drittel des 18. Jahrhunderts immer stärker ausufernde Bandenkriminalität auf den Weg gebracht wurden, nicht nur ausschließlich darauf beschränken mussten, einzelne Räuberbanden einer massiven Verfolgung zu unterziehen, sondern dass diese im Weiteren auch darauf abzielen konnten, einige der grundlegenden Ursachen für das Florieren des Banditenunwesens zu beseitigen. Zu diesen zählte für die Zentralregierung zwar nicht die weitverbreitete Armut unter der ländlichen Bevölkerung, jedoch beispielsweise eine schlecht funktionierende Verwaltung und Rechtssprechung auf lokaler Ebene sowie die relativ freie Zirkulation von Waffen,

619 ASN, *Real Camera di Santa Chiara*, *Processi Irresoluti*, 6/0, Liste des *mastrodatti* der *Regia Udienza* von Cosenza, Cosenza 23. September 1775.

620 Sposato: Per la storia del brigantaggio nella Calabria del Settecento, S. 157–211.

die in den Augen Neapels einen wesentlichen Beitrag zum Anwachsen der Kriminalität und der weiteren Eskalation der Auseinandersetzungen zwischen den verschiedenen lokalen Interessengruppen leistete, welche gerade in den letzten beiden Jahrzehnten des 18. Jahrhunderts eine besondere Dynamik gewannen. Darüber hinaus vermitteln die zahlreichen Dokumente zu den Zuständen in Nocera aus dem Bestand der „Dispacci e Fascicoli" der *Segreteria di Stato di Grazia e Giustizia*[621], die Sposato in seinen Aufsatz miteingearbeitet und an diesen in Abschrift angehängt hat, einen sehr guten Einblick in das Wirken eines mit besonderen Mitteln ausgestatteten Vertreters des neapolitanischen Justizapparates, in diesem Fall des sonst an der *Gran Corte della Vicaria* tätigen Richters Pasquale Perrelli, der von der Zentralregierung beauftragt worden war, wenngleich nicht in Funktion eines Sonderbevollmächtigten für die gezielte Banditenbekämpfung, sich ein Bild von den Missständen auf dem Gebiet der *università* von Nocera zu verschaffen, in steter Abstimmung mit der *Regia Udienza* von Cosenza erste notwendige Maßnahmen zur Behebung der massiven Probleme sowohl im Bereich der örtlichen Verwaltung und Rechtssprechung als auch im Bereich der öffentlichen Ordnung und Sicherheit auf den Weg zu bringen und Vorschläge für deren längerfristige Beseitigung zu machen. Über die konkrete Art und Weise der Umsetzung der von Perrelli vorgeschlagenen längerfristigen Maßnahmen hatte wiederum im Namen König Ferdinands IV. als diesbezügliche Instanz die *Real Camera di Santa Chiara* in einer *consulta* zu befinden, welcher der Monarch in letzter Instanz zustimmen musste.

Bei diesen aus dem Bestand der „Dispacci e Fascicoli" der *Segreteria di Stato di Grazia e Giustizia* stammenden und von Sposato in Transkription an seinen Aufsatz angehängten Dokumenten handelt es sich um die folgenden: *erstens* einen sehr umfangreichen auf den 25. Juni des 1780 datierten Bericht[622] des Richters Pasquale Perrelli, *zweitens* ein undatiertes Schreiben an Ferdinand IV.[623] mit der Bitte um die Freilassung Giovanni Roccas, der nach Meinung seines Anwaltes Vincenzo Marotta zu Unrecht im Gefängnis der *Regia Udienza* von Cosenza einsaß,

621 ASN, *Segreteria di Stato di Grazia e Giustizia, Dispacci e Fascicoli*, 111/471. Nicht mit Sicherheit beantworten lässt sich die Frage, warum in Sposatos Aufsatz diese archivalischen Angaben zu den von ihm benutzten Dokumenten aus dem Bestand der *Segreteria di Stato di Grazia e Giustizia* nicht dem aktuellen Stand entsprechen. Durchaus möglich erscheint es, dass das diesbezügliche Aktenbündel erst nach der Publikation seines Aufsatzes im Jahre 1967 in dieser Weise neu beschriftet wurde.

622 Der Bericht Perrellis an die *Segreteria di Stato di Grazia e Giustizia* wird auf den Seiten 189 bis 198 wiedergegeben.

623 Dieses Schreiben wird auf den Seiten 200 und 201 wiedergegeben.

drittens drei nicht datierte Stellungnahmen[624] Gennaro Manzis und Gaetano Francos, der beiden juristischen Vertreter des Cavaliere Giacinto Parisio, bei dem es sich um den Verwalter des zum Besitz des Malteserordens gehörenden Lehens von Sant'Eufemia gehörte und dessen Verhalten im Mittelpunkt der in Perrellis Bericht formulierten Kritik stand; *viertens* ein undatiertes Schreiben[625] des die Interessen der Bewohner Noceras vertretenden *procupratore* Pietro Niccola Giannattasio, in welchem es um einen möglichen Entzug der Jurisdiktion der Parisio-Familie über Nocera und die Einsetzung eines königlichen Gouverneurs ging; *fünftens* einen Erlass des *preside* von Cosenza, Giuseppe Bausan, vom 9. September 1775[626], in dem den seit Anfang Juni 1780 in Cosenza inhaftierten Giovanni Rocca auf Empfehlung des Cavaliere Giacinto Parisio für zwei Monate das *guidatico* gewährt wurde, mit welchem er ungestört als Informant und örtlicher Führer für die Behörden der Provinz bei der Verfolgung der im vorangegangenen Unterkapitel ausführlich behandelten Bande Giovanni Cacozzas arbeiten konnte; *sechstens* einen Auszug aus einer auf den 7. September 1780[627] datierten Stellungnahme der *Real Camera di Santa Chiara* in Bezug auf den Bericht Perrellis, das Bittschreiben der *università* von Nocera und die drei Stellungnahmen der Rechtsvertreter des Cavaliere Giacinto Parisio sowie *siebentens* ein vom 21. März 1781[628] stammendes Schreiben des Staatssekretärs John Acton an die *Segreteria di Stato di Grazia e Giustizia*, in dem es um die beabsichtigte Entsendung von Truppen in das Gebiet der Stadt Nocera geht, welche die Entwaffnung der Einwohnerschaft durchführen sollten.

Dadurch bedingt, dass Sposato neben diesen neun einzelnen Dokumenten aus dem Bestand der *Segreteria di Stato di Grazia e Giustizia* aber auch noch eine größere Anzahl weiterer Dokumente aus anderen Archiven in seinen Aufsatz einarbeitete, bleibt die Analyse dieser für den Gegenstand dieser Untersuchung außerordentlich interessanten Dokumente aus dem Staatsarchiv von Neapel eher überblicksartig und gestattet somit im Rahmen dieses Unterkapitels eine nochmalige und stärker in die Tiefe gehende Analyse. Zum Zwecke der besseren

624 Das erste von Gennaro Manzi stammende Schreiben wird auf den Seiten 201 bis 203 wiedergegeben, das zweite von Gaetano Franco stammende Schreiben auf den Seiten 205 bis 207 und das dritte wiederum von Gennaro Manzi stammende Schreiben auf den Seiten 207 bis 209.

625 Dieses Schreiben wird auf den Seiten 203 und 204 wiedergegeben.

626 Diese Erlass wird auf den Seiten 204 und 205 wiedergegeben.

627 Diese Empfehlung der *Real Camera di Santa Chiara* wird auf den Seiten 209 und 210 wiedergegeben.

628 Der Inhalt des Schreibens John Actons wird auf Seite 211 wiedergegeben.

Überprüfbarkeit und unmittelbaren Greifbarkeit der Zitate fußt die in diesem Unterkapitel vorgenommene Analyse nicht auf den in dem überaus umfangreichen und lange nicht zugänglichen Bestand der „Dispacci e Fascicoli" der *Segreteria di Stato di Grazia e Giustizia* aufbewahrten und zudem für das möglichst zeitnahe Auswerten und Fotografieren zu spät vorgefundenen Originaldokumenten, sondern ausschließlich auf deren an Sposatos Aufsatz angehängten Abschriften, die aber aufgrund ihrer Vollständigkeit und wortwörtlichen Übereinstimmung mit den Originalen den gleichen Quellenwert beanspruchen können.

Wenngleich der Gegenstand dieser Dokumente nicht die Verfolgung einer oder mehrerer spezifischer Banden ist, so ermöglichen sie dennoch nicht nur einen Einblick in die schon seit Jahrzehnten bestehenden gravierenden Probleme auf den Gebieten der öffentlichen Ordnung und Sicherheit unter Einschluss des endemischen Banditenunwesens sowie der lokalen Rechtssprechung und Verwaltung, sondern vermitteln auch eine gewisse Ahnung von den in den letzten zwei Jahrzehnten des 18. Jahrhunderts eine besondere Dynamik gewinnenden Auseinandersetzungen zwischen den verschiedenen Gruppierungen innerhalb der ländlichen Gesellschaft des frühbourbonischen Königreiches Neapel, welche sich um politischen, sozialen und ökonomischen Einfluss auf lokaler Ebene drehten und bei denen gerade auch Räuberbanden als bewaffnetes Instrument in den Diensten der Interessengruppen eine gewichtige Rolle spielen konnten. Von besonderer Brisanz waren bei solchen Auseinandersetzungen, und so auch im Falle Noceras, gerade die Machtkämpfe zwischen dem alteingesessenen Provinzadel auf der einen und den sich in einem steten Wachstum befindenden Stand des Landbürgertums auf der anderen Seite, dessen Vertreter in den Quellen aus dem Königreich Neapel der frühen Bourbonenzeit oftmals als „galantuomini" oder auch „persone prepotenti" bezeichnet wurden und die sich regelmäßig dem Vorwurf ausgesetzt sahen, Beschützer einzelner Banditen oder auch ganzer Räuberbanden zu sein und diese zum Zwecke der Durchsetzung ihrer partikularen Interessen einzusetzen. Allerdings lässt sich in dieser Untersuchung nicht mit Bestimmtheit die Frage beantworten, in welcher Häufigkeit dies geschah.

Dass sich gerade in den letzten beiden Jahrzehnten diese Auseinandersetzungen, die sich oftmals auch um den Zugang zu für die landwirtschaftliche Güterproduktion so wichtigen Ressourcen wie kultivierbare Böden, Wasserstellen, Viehweiden usw. drehten, derart zunahmen, war ein maßgebliches Resultat des geradezu eruptiven Bevölkerungswachstums in dem Jahrzehnt zwischen 1770 und 1780, mit dem die Entwicklungen im Agrarsektor nicht mitzuhalten vermochten, was wiederum darin begründet lag, dass sich die landwirtschaftlichen Anbauformen als veraltet und somit völlig unzureichend darstellten und darüber hinaus die aufgrund des ungenügenden Nahrungsspielraumes notwendige Erweiterung der

Anbauflächen zwischen den verschiedenen Vertretern der ländlichen Gesellschaft gezwungenermaßen zu erheblichen Friktionen führte, welche sich wiederum in den unterschiedlichsten Konstellationen abspielen konnten, wozu Giorgio Candeloro im ersten Band seiner „Storia dell'Italia Moderna" sehr anschaulich schrieb, dass „[i]nfatti in alcuni casi erano di fronte i baroni da un lato e tutto l'insieme della popolazione rurale dall'altro, in altri casi lottavano tra loro i baroni e i nuclei di borghesia terriera, in altri ancora i baroni e i borghesi erano solidali contro i coloni, i proprietari particellari, i braccianti, che rivendicavano gli usi civici."[629]

Allerdings erschließt sich aus keinem der für dieses Unterkapitel herangezogenen Dokumente, worum es bei diesen allem Anschein nach schwerwiegenden Konflikten zwischen den *galantuomini* von Nocera und der adeligen Parisio-Familie, bei denen man zur Durchsetzung der eigenen Interessen selbst vor Mord nicht zurückschreckte und in deren Brennpunkt nun auch der Richter Pasquale Perrelli als Sonderbeauftragter Neapels stand, im Grunde genommen eigentlich ging. Dass solche Auseinandersetzungen auf lokaler Ebene zusätzlich durch die relativ freie Zirkulation von Waffen noch derart angeheizt werden konnten, dass sich die Zentralregierung auf Fürbitten der Bewohnerschaft genötigt sah, vor Ort einzugreifen, und über die massive Einschränkung der Verfügbarkeit von Waffen versuchte, eine längerfristige Beruhigung der Lage zu erreichen, zeigt sehr anschaulich der Fall der Zustände auf dem Gebiet der kalabrischen Stadt Nocera. In Anbetracht dessen, dass die Bewohner solcher Ortschaften auch den Banden unmittelbar selbst angehören oder ihre Häuser den Banden als Waffenverstecke zur Verfügung stellen konnten, hofften natürlich die Behörden, über die umfassende Beschlagnahmung von Waffen nicht nur den gewaltsamen Auseinandersetzungen zwischen den Bewohnern eines bestimmten Gebietes in Zukunft dauerhaft einen Riegel vorzuschieben, sondern auch den kriminellen Aktivitäten der Räuberbanden, die in diesem Raum operierten.[630]

---

629 Candeloro: Le origini del Risorgimento, S. 141. Die maßgebliche Untersuchung zu diesen Auseinandersetzungen in den letzten beiden Jahrzehnten des 18. Jahrhunderts bildet Gabriella Coronas 1994 erschienene Arbeit "Demani e individualismo agrario nel Regno di Napoli (1780–1806)", in der allerdings die wichtige Frage nach der möglichen Rolle von Banditen oder anderen kriminellen Elementen in den Diensten der verschiedenen Parteiungen keine Rolle spielt.

630 Ein dem Fall der Zustände im Raum Nocera sehr ähnelndes Beispiel aus einer anderen Provinz des Königreiches Neapel vom Anbeginn der 1780er Jahre bietet die in der Provinz Abruzzo Ultra II gelegene Ortschaft Introdacqua, deren Umgebung in der Vergangenheit schon seit Langem immer wieder von Räuberbanden heimgesucht worden war und auf deren Territorium es ebenfalls eine relativ freie Zirkulation

Die rechtlich-administrative und ökonomische Lage der Stadt Nocera und ihres Umlandes, deren vielfältige Probleme schließlich im Jahre 1780 im Zentrum der Mission des Richters Pasquale Perrelli standen, stellte sich nun im ausgehenden 18. Jahrhundert wie folgt dar: Sowohl die Stadt als auch ihr Umland gehörten zum Einzugsgebiet der Ballei von Sant'Eufemia, die dem Malteserorden unterstand und sich zu der Zeit, in welcher der Richter Pasquale Perrelli seinen zusammenfassenden Bericht abfasste, in der Obhut eines Barons in der Person des bereits erwähnten Cavaliere Giacinto Parisio befand, der, wie schon seine Vorgänger, seinen Pflichten als oberster Verwalter in unmittelbarer Vertretung des Malteserordens und somit automatisch als Hüter der öffentlichen Ordnung und Sicherheit vor Ort nur in sehr ungenügender Weise nachkam. Ein deutlicher Ausdruck dieser Nachlässigkeit war die hohe Kriminalität vor Ort, derentwegen die Zentralregierung in Neapel auf Bitten des Bürgermeisters und der Bewohner der Stadt Nocera den sonst als Richter an der *Gran Corte della Vicaria* tätigen Pasquale Perrelli zusammen mit unter seinem Kommando stehenden bewaffneten Kräften in diese Gegend entsandte, um die dortigen Missstände aufzuklären, notwendige Maßnahmen auf den Weg zu bringen, welche auch unmittelbar die auf dem Gebiet der *università* präsenten Räuberbanden betrafen, und in einem Bericht auch Vorschläge für die langfristige Beseitigung dieser massiven Probleme zu machen, unter denen Nocera schon seit Jahrzehnten litt. Zum Zeitpunkt, als sich der Sonderbeauftragte der Probleme im Raum Nocera annahm, befand sich die im Gegensatz zu der Ortschaft Nocera in der Provinz Calabria Ultra gelegene Ballei von Sant'Eufemia bereits in einer schon seit Langem andauernden Phase des Niedergangs, dessen Anbeginn mit einem desaströsen Erdbeben am 27. und 28. März 1638 in Verbindung gebracht wurde, das zu schweren Schäden und einer großen Anzahl von Toten geführt hatte. Im Raum Sant'Eufemia waren damals 200 Personen ums Leben gekommen. Überschwemmungen durch das Meer hatten zusätzlich noch die vormals fruchtbare Ebene von Sant'Eufemia in eine mit einfachen Mitteln nur noch schwer kultivierbare und malariaverseuchte Sumpflandschaft verwandelt, so dass den Bewohnern dieser Gegend dadurch ein wichtiges Mittel der Existenzsicherung verloren gegangen war.[631]

von Waffen gab, in welcher man von Seiten der Behörden die wesentliche Ursache für die erhöhte Kriminalität in diesem Raum sah. Aus diesem Grunde sollten auch die Einwohner Introdacquas gemäß einer Anfang Juli 1782 von der *Segreteria di Stato di Grazia e Giustizia* an die *Regia Udienza* von Aquila zugesandten Anordnung nach dem Verstreichen eines gewissen Zeitraums überraschend entwaffnet werden. ASA, *Regia Udienza di Aquila, Processi Penali*, 195/91.

631 Sposato: Per la storia del brigantaggio nella Calabria del Settecento, S. 164f.

Hinzu kam schließlich noch die von dem Richter Pasquale Perrelli in seinem Bericht vom 25. Juni 1780 erwähnte und ihm von diversen Zeugen zugetragene offensichtliche Nachlässigkeit der örtlichen Verwalter in Gestalt der adeligen Parisio-Familie[632], von der nicht nur die in der Provinz Calabria Ultra gelegene Ballei von Sant'Eufemia im engeren Sinne und die bereits im vorangegangenen Unterkapitel erwähnte Ortschaft Gizzeria, die Heimat des berüchtigten Bandenführers Giovanni Cacozza, betroffen war, sondern gleichfalls die weiter nördlich der Ebene von Sant'Eufemia liegende Stadt Nocera, die schließlich im Jahre 1780 im Mittelpunkt der Mission dieses Sonderbeauftragten Neapels in der Provinz Calabria Citra stand.

2.2.2 *Die Mission des Richters Pasquale Perrelli auf dem Gebiet der* università *von Nocera im Jahre 1780*

Im Zentrum der in diesem Abschnitt vorgenommenen Betrachtung steht zunächst der sehr umfangreiche Bericht des Richters der *Gran Corte della Vicaria*, Pasquale Perrelli, zu den Zuständen auf dem Gebiet Noceras. Darauffolgend sind neben zwei weniger relevanten Dokumenten zum Fall des aus Nocera stammenden und einstweilen im Gefängnis der *Regia Udienza* von Cosenza einsitzenden Giovanni Rocca gerade die Stellungnahme der Bewohner der Stadt Nocera zu der von dem Cavaliere Giacinto Parisio maßgeblich verursachten Misswirtschaft in der lokalen Rechtssprechung und Verwaltung sowie die drei Stellungnahmen der juristischen Vertreter des Verwalters der Ballei von Sant'Eufemia von besonderem Interesse, in denen diese natürlich versuchten, die Mitverantwortung ihres Mandanten für die Probleme mit der erhöhten Kriminalität in Nocera in Abrede zu stellen. Am Ende der Ausführungen wird dann kurz auf die Stellungnahme der *Real Camera di Santa Chiara* sowie ein Schreiben des Staatssekretärs John Acton an die *Segreteria di Stato di Grazia e Giustizia* eingegangen.

In dem Bericht des Richters Pasquale Perrelli, der zuerst im Zentrum der Betrachtung stehen soll, wurde aber nicht nur ausschließlich auf die aktuellen Probleme Bezug genommen, sondern auch auf die Langlebigkeit der Schwierigkeiten, die man mit dem Banditenunwesen im Raum Nocera schon seit der Machtergreifung Karls von Bourbon im Jahre 1734 gehabt hatte. Um seinen Auftraggebern in Neapel die Langwierigkeit dieser Plage deutlich vor Augen zu führen und sie zu einem konkreten Handeln zu bewegen, bezog sich Pasquale Perrelli im Rahmen seiner Ausführungen auch auf die Aktivitäten zahlreicher Banditen, die diese Gegend seit den Zeiten Karls von Bourbon immer wieder heimgesucht hatten.

632 Anhang zu ebd., S. 194.

Der früheste Fall, von dem Perrelli zu berichten wusste, stammte aus dem Jahr 1734, in dem der Vater Ferdinands IV., König Karl, sich im Rahmen des Polnischen Thronfolgekrieges in den Besitz des Königreiches Neapel bringen konnte, wodurch die Langwierigkeit deutlich wird, mit welcher dieses Problem im Raum Nocera in der frühen Bourbonenzeit schon existierte. Bei diesem frühen Fall handelte es sich um die Bande der Brüder Giovanni Battista und Gennaro Mastroianni, die sich zahlreicher blutig endender Überfälle, Diebstähle und Erpressungen schuldig gemacht hatten, bevor sie durch das gemeinsame Vorgehen der *squadre di campagna* der *Regie Udienze* von Cosenza und Catanzaro sowie mittels der Unterstützung durch *guidati* zur Strecke gebracht werden konnten. Beide Banditen wurden zur Strafe enthauptet und ihre Köpfe in beiden Provinzen zwecks Abschreckung zur Schau gestellt.[633]

---

633 Anhang zu ebd., S. 192. In den Beständen der *Segreteria di Stato di Casa Reale* und des *Ministero degli Affari Esteri* lassen sich weitere Hinweise zu den Aktivitäten dieser Räuberbande finden. Bei der diesbezüglichen Quelle aus dem Bestand der *Segreteria di Stato di Casa Reale* handelt es sich um den Registerband für diejenigen *dispacci*, die der erste Staatssekretär José Joaquín Guzmán de Montealegre dem ihm untergeordneten *Segretario di Stato di Grazia e Giustizia*, Bernardo Tanucci, im Zeitraum von Ende Juli 1737 bis Ende August 1740 im Namen des Königs hatte zukommen lassen. In den beiden in diesem Registerband enthaltenen Abschriften zweier *dispacci* des ersten Staatssekretärs Montealegre an Bernardo Tanucci wird auf zwei Schreiben des damaligen Gouverneurs der Stadt Nocera, Giovanni Battista Pippini, Bezug genommen, der darin die Zentralregierung um Unterstützung gegen eine Bande ersucht hatte, die im Raum Nocera operierte und die dortige Bewohnerschaft in Angst und Schrecken versetzte. So heißt es in der Abschrift des ersten in der königlichen Residenz in Portici verfassten und an Bernardo Tanucci weitergeleiteten *dispaccio* vom 28. Mai 1740 zu dieser Bande auf dem Gebiet der *università* von Nocera, deren genaue Identität sich allerdings nicht mit letzter Sicherheit bestimmen lässt, obgleich es sich im Hinblick auf den Inhalt des zweiten diesbezüglichen *dispaccio* vom 3. Juni 1740 und der starken zeitlichen Nähe mit großer Wahrscheinlichkeit um die Bande des besagten Räubers Giovanni Battista Mastroianni gehandelt haben dürfte: „Me hà mandado el Rey remita à manos de V[uestra] S[eñoría] la inclusa carta, que me hà dirigido D[on] Ju[an] B[a]t[is]ta Pipini, en que expresando los graves y escandalosos delitos, que comete una comitiva de malvivientes en el Baliaje de S[ant]a Eufemia, suplica de oportuno remedio; para que V[uestra] S[eñoría], como depend[enci]a de la insp[ecció]n de la sec[reta]ría de su cargo, la haga presente al Rey, despues de haver averiguado la subsist[enci]a de lo expuesto." ASN, *Segreteria di Stato di Casa Reale, Registri dei Dipacci della Prima Segreteria di Stato*, 1096, *dispaccio* des ersten Staatssekretärs Montealegre an den *Segretario di Stato di Grazia e Giustizia*, Bernardo Tanucci, Portici 28. Mai 1740, fol. 179r. Im zweiten *dispaccio* vom 3. Juni 1740 wird dann *expressis verbis* Bezug auf die auch in dem Abschlussbericht Pasquale Perrellis

Von ähnlicher Brutalität waren schließlich auch die Aktionen der Brüder Saverio und Annibale di Franco aus der Stadt Amantea geprägt. Über das weitere Schicksal dieser Bande schweigt allerdings der Bericht Perrellis. Dasselbe gilt dann auch für die Bande der Brüder Matteo, Antonio und Fortunato Mendicino. Auskunftsfreudiger wurde Perrelli bei den Taten ihres Bruders Giovanni,

---

aus dem Jahre 1780 erwähnte Person des Banditen Giovanni Battista Mastroianni genommen, gegen den und dessen Kumpane die *Segreteria di Stato di Grazia e Giustizia* die notwendigen Maßnahmen in die Wege leiten lassen sollte. So steht hierzu in der Abschrift des originalen *dispaccio* geschrieben: "Haviendo representado de nuevo al Rey en la inclusa carta D[on] Juan B[a]t[is]ta Pipini Gov[ernado]r de Nochera de Calabria los graves, y escandalosos delitos, que han cometido, y cometen el forjudicado Ju[an] B[a]t[is]ta M[ast]royani (d. h. in italienischer Transkription Giovanni Battista Mastroianni – d. V.), otros de comitiva, suplicando de oportuno remedio; Me hà m[anda]do su M[a]g[esta]d remitirla à V[uestra] S[eñoría], para q[ue] V[uestra] S[eñoría] como depend[enci]a de la sec[reta]ría de su cargo, le dè el curso, que mas convenga." Ebd., *dispaccio* des ersten Staatssekretärs Montealegre an den *Segretario di Stato di Grazia e Giustizia*, Bernardo Tanucci, Portici 2. Juni 1740, fol. 179v-180r. Auf ebendiesen Giovanni Battista Mastroianni wird auch noch einmal in einem sich im Bestand des *Ministero degli Affari Esteri* befindenden Bericht des Generalvikars für die beiden kalabrischen Provinzen, des Grafen von Mahony, vom 5. Februar 1745 Bezug genommen. Laut diesem Bericht versuchte Giovanni Battista Mastroianni fast fünf Jahre später zusammen mit 25 bis 30 Männern die Burg von Amantea zu überfallen, in welche ein Mitglied der Dattilo-Familie aus Martorano eingesperrt worden war, für welche der Bandenführer in einer Auseinandersetzung zwischen dieser und der Barbieri-Familie, die aus dem gleichen Ort kam, Partei ergriffen hatte. Da die Behörden von den Plänen der Bande erfahren hatten, konnten sie aber noch rechtzeitig den Überfall auf das nur schwach besetzte Kastell verhindern, indem sie einen Kundschafter der Bande abfingen, und Giovanni Battista Mastroianni daher von seinen Plänen abließ. ASN, *Ministero degli Affari Esteri*, *Carteggio col Conte di Mahony e col Duca di Montemar*, 4876/0, Bericht des Grafen von Mahony an den ersten Staatssekretär Montealegre, Catanzaro 5. Februar 1745. Im Hinblick auf die Geschicke der Bande Giovanni Battista Mastroiannis sei an dieser Stelle auch noch auf eine Reihe von Dokumenten des Jahres 1741 aus dem im Staatsarchiv von Cosenza aufbewahrten, jedoch im Rahmen der Arbeiten an dieser Untersuchung nicht konsultierten Bestand der *Regia Udienza* von Cosenza verwiesen, in welchen es um das Engagement der beiden aus Motta Santa Lucia stammenden und des Mordes bezichtigten Brüder Bruno und Rosario Perri bei der Verfolgung Mastroiannis und seiner Gefährten geht. ASCO, *Regia Udienza di Cosenza*, 27/223. Der Hinweis auf diese im Staatsarchiv von Cosenza aufbewahrten Dokumente stammt von Herrn Dr. Domenico Cecere von der Università degli Studi di Napoli „Federico II", dem an dieser Stelle noch einmal sehr herzlich hierfür gedankt sei.

der bei seinen Verbrechen noch brutaler vorgegangen sein soll als seine Brüder. Den Provinztruppen gelang es zwar in der folgenden Zeit, Mendicinos Bande zu zerschlagen, ihnen war aber kein Erfolg darin beschieden, seiner Person habhaft zu werden. Giovanni Mendicino konnte vorerst weiteren Nachstellungen von Seiten der königlichen Behörden entgehen, indem er jenseits der Grenzen des Königreiches Neapel für eine bestimmte Zeit untertauchte. Als sich die Lage einigermaßen beruhigt hatte, kehrte er wieder auf das Territorium des Königreiches zurück und gründete zusammen mit Francesco Antonio Brescia, seinem Onkel Giuseppe, Andrea Macchione und Giovanni Maligno eine neue Bande. Zu den Opfern der Bande gehörten beispielsweise der Kleriker Serafino Barbero und sein Halbbruder, der Notar Francesco Saverio Mauro, der für ein breites Aufsehen um dessen Tötung gesorgt hatte und somit die Bande abermals auf den Plan rief. Zudem soll die Bande gemäß dem Bericht Perrellis auch einen Bediensteten des lokalen Gerichtshofes von Castiglione Marittimo grausam umgebracht haben, als dieser entdeckte, dass die Räuber gerade dabei waren, einen Priester in seinem eigenen Haus zu überfallen, und zur Vermeidung von Schlimmerem Alarm schlug. Dieser Bande schloss sich schließlich noch ein gewisser Antonio Chirumbolo an, der, unterstützt von den anderen Banditen, eine Witwe namens Porzia Belsito tötete, die sich seinen Versuchen widersetzte, sie zu vergewaltigen. Als die Bande auch in der folgenden Zeit ihre Aktionen in Kalabrien fortsetzte, so Perrelli, befahl Ferdinand IV. der *Regia Udienza* von Cosenza ausdrücklich, diese unschädlich zu machen, was schließlich deren Einheiten auch gelang. Ein Großteil der Bande wurde von den Behörden eingesperrt und abgeurteilt. Antonio Chirumbolo wurde am Galgen erhängt. Perrelli lässt in seinem Bericht aber das weitere Schicksal des Gründers der Bande, Giovanni Mendicino, unerwähnt.[634] Als weiteres Mitglied der Bande erwähnte Pasquale Perrelli zudem einen gewissen Giovanni Orlando, der noch im Jahre 1780 die Umgebung Noceras mit seinen Aktivitäten unsicher machte. Dieser Orlando, dessen Person Perrelli, als er seinen zusammenfassenden Bericht verfasste, trotz aller darauf abzielender Bemühungen noch nicht habhaft geworden war, hatte sich zusätzlich noch des

634 Anhang zu Sposato: Per la storia del brigantaggio nella Calabria del Settecento, S. 192f. Nach einer diesbezüglichen Angabe zu urteilen, welche in einem undatierten, aber höchstwahrscheinlich im Jahre 1768 verfassten Schriftstück aus dem Bestand der „Volumi di Conti ed Immunità Locali" des *Tribunale Misto* enthalten ist, muss Giovanni Mendicino irgendwann im Zeitraum zwischen dem Dezember des Jahres 1765 und dem März des Jahres 1768 zu Tode gekommen sein. Bezüglich der näheren Umstände seines Todes werden allerdings keinerlei Angaben gemacht. ASN, *Tribunale Misto*, *Volumi di Conti ed Immunità Locali*, 328/390, fol. 96r-96v.

Mordes an dem bereits erwähnten Bandenmitglied Francesco Antonio Brescia schuldig gemacht.[635] Zu den Gründen für diesen Mord werden in dem Bericht

---

635 Anhang zu Sposato: Per la storia del brigantaggio nella Calabria del Settecento, S. 194. Ein Hinweis auf die früheren Aktivitäten des oben erwähnten Mitgliedes der Bande Giovanni Mendicinos, Giovanni Orlando, der laut dem Bericht Pasquale Perrellis seinen Gefährten Francesco Antonio Brescia getötet hatte und noch nicht festgenommen worden war, findet sich in demselben undatierten Schreiben aus dem Bestand der „Volumi di Conti ed Immunità Locali" des *Tribunale Misto*, in welchem beiläufig der Tod des Bandengründers Giovanni Mendicino erwähnt wird. Giovanni Orlando hatte sich gemäß den darin enthaltenen Informationen vor seinen Verfolgern von Seiten der *Regia Udienza* von Cosenza in eine Kirche auf dem Gebiet der Stadt Nocera geflüchtet und war aus dieser im Monat März des Jahres 1766 auf Befehl eines Bevollmächtigten der *Regia Udienza* herausgezogen und daraufhin in deren Gefängnis eingesperrt worden. Dem inhaftierten Giovanni Orlando wurde die Teilnahme an einer Reihe von Eigentumsdelikten zur Last gelegt, die er zusammen mit den anderen Bandenmitgliedern Giovanni Mendicino, Francesco Antonio Brescia und Tomaso Mendicino in den Jahren 1765 und 1766 begangen hatte und bei denen es sich um den wiederholten Raub von Ziegen und Schafen handelte. Die ihm zur Last gelegten Vergehen stritt Orlando jedoch vehement unter dem Hinweis darauf ab, dass diese ihm von einigen aus dem Gebiet von Nocera stammenden *galantuomini* angedichtet worden wären, die zu ihm in Feindschaft stünden. Da sich der Bischof von Tropea, zu dessen Diözesanbereich die Stadt Nocera gehörte, nach der Begutachtung der Akten zum Fall Giovanni Orlandos geweigert hatte, dessen lokale Immunität aufzuheben, und stattdessen vielmehr die Restituierung des Angeklagten an die Kirche einforderte, wandte sich schließlich die *Regia Udienza* von Cosenza an das *Tribunale Misto* als nächsthöhere juristische Entscheidungsinstanz. Als sich schließlich das *Tribunale Misto* des Falles annahm, waren seit der Arrestierung Orlandos allerdings schon mehr als zwei Jahre vergangen. Die erste diesbezügliche Sitzung des *Tribunale Misto* im Dezember des Jahres 1768 musste allerdings wiederholt werden, weil bei dieser nur die abstimmungsberechtigten Vertreter der Kirche zugegen gewesen waren und diejenigen, die den König repräsentieren sollten, ohne dass hierfür die Gründe genannt werden, offensichtlich gefehlt hatten. Aufgrund dessen war in der ersten Sitzung zum Fall Giovanni Orlandos zunächst entschieden worden, dass er weiterhin unter dem Schutz der Kirche stünde und daher an diese wieder auszuliefern sei. Als der König von der Art und Weise, in welcher die Abstimmung erfolgt war, erfuhr, ließ er diesen ersten Beschluss im Januar des darauffolgenden Jahres annullieren und über Bernardo Tanucci anordnen, dass die Sitzung zu wiederholen sei. In der zweiten diesbezüglichen Sitzung des *Tribunale Misto*, die im Februar desselben Jahres 1769 stattfand, hob man schließlich die lokale Immunität Orlandos auf, womit dann theoretisch auch der Weg für dessen Verurteilung an der *Regia Udienza* von Cosenza freigemacht wurde. Zum gesamten Fall des für Orlando gewährten

Perrellis allerdings keine Angaben gemacht. Zu den noch unerledigten Fällen von Kriminellen auf dem Gebiet der *università* von Nocera gehörte schließlich auch noch derjenige Francesco Procidas, der einen seiner Verwandten umgebracht hatte und für diesen Mord von Perrelli unter Umgehung der üblichen Verfahrensregeln bereits in Abwesenheit verurteilt worden war. Dieser sich nach wie vor noch auf freiem Fuß befindende Mörder verfügte laut Perrelli über Verbindungen zu anderen Kriminellen, darunter zweifellos auch mutmaßliche Banditen, und hätte nach seinem Dafürhalten mit großer Wahrscheinlichkeit nach dem Ende seiner Mission im Raum Nocera Rache an denjenigen Personen nehmen können, die er, Pasquale Perrelli, im Laufe seiner diesbezüglichen Ermittlungen vernommen hatte.[636]

Am Ende seiner Ausführungen zu dem schon seit Langem im Raum Nocera wuchernden Banditenunwesen und den dort in der Vergangenheit begangenen Straftaten, führte Pasquale Perrelli schließlich noch das Beispiel des Gouverneurs und somit Vorstehers des lokalen Gerichtshofes der Stadt Nocera, Domenico Bonaccia, an, der vor fünf oder mehr als fünf Jahren mitten in der Nacht in seinem Haus erschossen wurde, während er schlief.[637] Mit diesem Beispiel zeigte der Sonderbeauftragte deutlich, dass nicht nur das Leben der einfachen Leute durch die erhöhte Kriminalität im Raum Nocera in Gefahr geraten konnte, sondern dass selbst die örtlichen Vertreter des Gesetzes einem Verbrechen zum Opfer fallen konnten. Bei einem der beiden mutmaßlichen Mörder des Gouverneurs Domenico Bonaccia handelte es sich um den aus Nocera stammenden Giovanni Rocca, dem am 9. September 1775 von dem damaligen *preside* von Cosenza, Giuseppe Bausan, für zunächst zwei Monate das *guidatico* zum Zwecke der Verfolgung und Ausschaltung der im vorangegangenen Abschnitt eingehend behandelten Bande Giovanni Cacozzas gewährt worden war.[638] Über die Personen, zu denen Giovanni Rocca gehörte und denen gleichfalls das *guidatico* gewährt worden war, hatte der *mastrodatti* der *Regia Udienza* von Cosenza, Gennaro Petrosino, schließlich in einem auf den 23. September 1775[639] datierten und bereits im Unterkapitel zur

Kirchenasyls siehe ASN, *Tribunale Misto, Volumi di Conti ed Immunità Locali*, 328/390, fol. 88r-115v.

636 Anhang zu Sposato: Per la storia del brigantaggio nella Calabria del Settecento, S. 190.

637 Anhang zu ebd., S. 194.

638 Der diesbezügliche Erlass des *preside* von Cosenza wird aufgeführt im Anhang zu ebd., S. 204f.

639 ASN, *Real Camera di Santa Chiara, Processi Irresoluti*, 6/0, Begleitschreiben der *Regia Udienza* von Cosenza an die *Segreteria di Stato di Grazia e Giustizia*, Cosenza 23. September 1775.

Verfolgung der Gualtieri-Bande und der Cacozza-Bande zitierten Schreiben die *Segreteria di Stato di Grazia e Giustizia* in Kenntnis gesetzt, die dieses wiederum an die *Real Camera di Santa Chiara* weiterleiten ließ, damit diese über die Rechtmäßigkeit dieser von der *Regia Udienza* von Cosenza getroffenen Maßnahme befinden konnte. In diesem Schreiben Gennaro Petrosinos waren schon damals Giovanni Rocca und dem ebenfalls aus Nocera stammenden Francesco Antonio Bosa der Mord an dem Gouverneur Domenico Bonaccia zur Last gelegt worden. Die Mordtat selbst soll dabei von Rocca ausgeführt worden sein, während sein Gefährte Bosa lediglich der Beihilfe bezichtigt worden war.[640] Obwohl sich Rocca in der darauffolgenden Zeit als *guidato* in den Diensten der *Regia Udienza* von Cosenza Verdienste bei der Bekämpfung der Cacozza-Bande erworben hatte, denn er hatte maßgeblich zur Tötung des Bruders von Giovanni Cacozza, Paolo Cacozza, und Antonio Chieffas, eines weiteren Mitgliedes der Bande, beigetragen, war er laut dem undatierten Bittschreiben seines Anwaltes Vincenzo Marotta auf Anordnung Pasquale Perrellis in der Nacht des 3. Juni 1780 festgenommen und daraufhin im Gefängnis der *Regia Udienza* von Cosenza inhaftiert worden. Zudem soll gemäß den Ausführungen Marottas dieser Mord gar nicht von Rocca begangen worden sein, sondern vielmehr von zwei *galantuomini*, die diese Tat Rocca danach in die Schuhe geschoben und über so viel Einfluss verfügt haben sollen, dass sie von den Behörden nicht weiter behelligt wurden.[641]

Nachdem Pasquale Perrelli in seinem an die *Segreteria di Stato di Grazia e Giustizia* adressierten Bericht vom 25. Juni 1780 anhand der zahlreichen aufgeführten Banditen und deren Verbrechen deutlich gemacht hatte, wie lange schon die Bewohner Noceras unter der Bandenkriminalität litten, und damit gleichzeitig auch die Notwendigkeit der von ihm getroffenen bzw. noch zu treffenden Maßnahmen untermauert hatte, ging er im Anschluss daran gegenüber seinen Auftraggebern in Neapel eingehend auf die konkreten Ursachen für die ausufernde Kriminalität und die Schwierigkeiten der Behörden vor Ort bei deren Bekämpfung ein. In den diesbezüglichen Ausführungen Perrellis spielten die schlechten Lebensumstände der Landbevölkerung, die eine der maßgeblichen Ursachen für die Entstehung solcher Banden waren, allerdings keine Rolle. Der Sonderbeauftragte Neapels sah die Hauptursache vielmehr, worüber sich gleichfalls der Bürgermeister und einige Bürger Noceras, bei denen es sich zweifellos um die besagten *galantuomini* gehandelt haben dürfte, in ihrer Petition an Ferdinand IV. beklagten, in der ineffizienten Arbeitsweise des lokalen Gerichtshofes

640 Ebd.

641 Anhang zu Sposato: Per la storia del brigantaggio nella Calabria del Settecento, S. 200.

und schließlich in der Person des Verwalters der zum Besitz des Malteserordens gehörenden Ballei von Sant'Eufemia, des Cavaliere Giacinto Parisio, der es an Bemühungen zur Sicherung der öffentlichen Ordnung und Sicherheit hatte mangeln lassen und zudem Personen für den Gerichtshof von Nocera ausgewählt hatte, womit auch viele der früheren Gouverneure gemeint waren, die ihrer Aufgabe allem Anschein nach überhaupt nicht gewachsen waren. So schrieb Perrelli zu diesem Problem, indem er sich darauf berief, was ihm von verschiedenen Zeugen aus Nocera zugetragen worden war, nämlich dass

„la vera causa di tanta stragge e desolazione di famiglie sia originata dall'oscitanza del Barone e debolezza della Corte locale, in cui non mai si è dato essempio di giustizia e di rigore, poiché ci fusse stato riparo sul primo sorgere dell'iniquità di ciascuno malvivente certamente non sarebbeonsi cumulate la comitive, e tante morti non sarebbero accadute, molto di più per non aver curato il medesimo Barone provvedere detta Corte di Bargelli, o provvederla almeno di soggetti capaci di regolarne il Governo, avendo per lo più conferite le cariche a Governatori pedanei, ed ancorché talvolta dottorati, niente istruiti del Foro, della ragion e della prattica criminale".[642]

Als weiterer Beleg für diese offensichtlichen Missstände in der örtlichen Verwaltung und Justiz dienten Perrelli auch die Ermittlungsakten des lokalen Gerichtshofs, aus denen ein sehr laxer Umgang der Behörden mit der Rechtssprechung mehr als ersichtlich geworden war. Neben unzulässig erscheinenden Begnadigungen von Seiten des Barons bei eigentlich zu verurteilenden Straftätern fiel ihm besonders negativ auf, dass man auch in Fällen von Mord völlig inkonsequent mit den Schuldigen umgegangen war, statt an dieser Stelle hart durchzugreifen, wie es eigentlich das Gesetz gefordert hätte. Als Beispiele für solche Entscheidungen, auf die er bei seinen Erkundigungen über die Arbeitweise des lokalen Gerichtshofes gestoßen war und die das Vorgehen der Behörden bei der Rechtssprechung vor Ort als eine reine Farce erscheinen ließen, führte Perrelli die folgenden drei Fälle an:

„[P]articolarmente mi ha sorpreso il vedere che la note delli quattro Decembre del passat'anno 1778, avendo Don Girolamo Silvagni ucciso con un colpo di schioppo Lorenzo Stella ambidue naturali di questo luogo, dalla vedova querelante fu eletta in foro la medesima Corte, ed accapatasi l'informazione, in breve tempo si presentò in carcere il reo, ma elassi appena tredici giorni, con affettate fedi de' medici, i quali asseriscono che detto languiva in carcere con febre e dolori reumatici, lo abilitò essa corte domi coll'assistenza di due uomini; nel qual caso gli fu fatta remissione da detta querelante e due fratelli dell'ucciso, ed in continuazione procedutosi ulteriormente al fidensivo, in esito restò condannato ad un sol'anno di esilio dalla padria con decreto sotto il dì 13 Aprile

642 Zitiert nach dem Anhang zu ebd., S. 194.

1779; ma senza che si fusse eseguita una tal pena, subito a capo di tre giorni, in vigore di rescritto del referito barone, fu ammesso alla transazzione di ducati ottantacinque, per inganno fu passato dall'Udienza. [...] Di vantaggio mi è sembrato orrore l'aver riconosciuto da altre carti, ch'essendo stato ucciso a colpo d'accetta Giovanni Ripolo naturale di questa città il dì 29 Luglio 1772, e ferito ancora Antonio Ripolo, perché dall'Udienza Provinciale fu ordinato che la Corte avesse continuato a procedere a far giustizia, procurando l'arresto de' rei, e facendo uso del Concordato, colla condizione però che non avesse eseguito decreto, senza pria darne riscontro al Tribunale. Dalla prefata Corte fu occultato e seppellito un tal delitto, senza curare, neppure formarne la generica pruova, né procedere a rastro d'esame in specie, ma soltanto colla lettera del Tribunale, in alcuni squarci scomposti e macchiati, conservò la memoria di quei periti, che il ferito avevano riconosciuto, e senza curare di farlo nuovamente riconoscere seguita la morte, che accadde nel transito di poco tempo. E finalmente da altre carte riscontro ch'essendo stato ucciso a colpo di schioppo Pietro Stella Scarpella per le mani di Domenico Vaccaro alias Furgiuele, procedendo la Corte con ordine dell'Udienza, condannò detto reo a sette anni di esilio dalla padria con decreto sotto il dì 31 Agosto 1744; il quale in vigore di remissione che precedentemente avea espiscata da' querelanti, fu assoluto dall'esilio a capo di circa due mesi e mezzo, con speciale grazia accordatagli dal Barone e più non fu molestato".[643]

Wie aus den drei zitierten Fällen zudem noch ersichtlich wird, ergab sich auch hier das schon mehrmals angesprochene Problem von der Überlappung königlicher und baronaler Rechtssprechung in den Provinzen und dadurch zwangsläufig entstehender Friktionen, indem der lokale Gerichtshof im zweiten Fall eine Anordnung der ihm übergeordneten *Regia Udienza* von Cosenza, die Ermittlungen gegen die Schuldigen weiterzuführen, einfach ignorierte und im dritten Fall eine zunächst auf Anordnung von oben erfolgte Verbannung Domenico Vaccaros für sieben Jahre auf besonderes Einwirken des Barons hin annullierte und dem verurteilten Mörder schließlich zugestand, wieder unbeschadet in seiner Heimatgegend leben zu dürfen. Von dem letzteren Fall erfuhr Perrelli übrigens nicht aus den Akten des lokalen Gerichtshofs, sondern von dem begnadigten Mörder selbst, weil man im Bewusstsein dieser erheblichen Unregelmäßigkeit im Fall Domenico Vaccaros die diesbezüglichen Akten vorsichtshalber hatte verschwinden lassen.[644]

Ein deutliches Zeichen für die Unfähigkeit der baronalen Behörden in der Bekämpfung der örtlichen Kriminalität sah Perrelli zudem noch in der relativ freien Zirkulation von Waffen unter den Bewohnern des Raums Nocera, deren Besitz eigentlich durch die Pragmatiken des Königreiches Neapel verboten war.

643 Zitiert nach dem Anhang zu ebd., S. 196f.
644 Anhang zu ebd., S. 197.

Durch diese Nachlässigkeit mag es dann auch nicht weiter überraschen, dass einerseits Streitereien zwischen den Bewohnern der Gegend vermehrt mit ebensolchen Waffen ausgetragen wurden und andererseits dadurch ein hohes Maß an Angst und Unsicherheit entstand, was auch hinsichtlich der alltäglichen Lebensqualität und der Bereitschaft zur Wahrnehmung öffentlicher Ämter dazu führte, dass „li cittadini [sono giunti] a privarsi della libertà e starsene con riserva ritirati nelle proprie abitazioni per più anni per tenere salvo la vita, anziché ripugnare l'esercizio delle cariche che dal pubblico se li volevano conferire, come quelle di Sindaco ed Esattore della tassa catastale, per non inquietarsi a cimentarsi."[645]

Schon zu Beginn seines Berichtes zählte Perrelli drei von ihm angeordnete Maßnahmen auf, die zunächst kurzfristig eine leichte Verbesserung der Zustände vor Ort bringen sollten. Hierzu gehörten *erstens* die Aufstellung eines Postens bestehend aus sechs *fucilieri di montagna*, *zweitens* das ausdrückliche Verbot, Waffen zu tragen, deren Besitz laut den Pragmatiken des Königreiches Neapel verboten war, und die zeitliche Begrenzung des öffentlichen Mitsichführens von Waffen, deren Besitz nicht *expressis verbis* verboten war, sowie schließlich *drittens* die Aufstellung von Patrouillen, die aber im Gegensatz zu früher von Perrelli mit nachweisbar rechtschaffenen Personen besetzt worden waren und u. a. auch auf die Befolgung des Waffenverbots achten sollten. Fälle von Verstößen gegen dieses Verbot und damit verbundene Festnahmen sollten von dem lokalen Gerichtshof unverzüglich der *Regia Udienza* von Cosenza gemeldet werden, damit diese dann für die Verhängung der notwendigen Strafen sorgen konnte.[646]

Da Perrelli bewusst war, dass die von ihm getroffenen Maßnahmen zur Sicherung der öffentlichen Ordnung und Sicherheit im Raum Nocera allenfalls nur eine kurzzeitige Besserung bringen konnten, schlug er am Ende seines Berichtes eine Reihe tiefgreifenderer Maßnahmen vor, die in dieser Gegend langfristig für mehr Rechtssicherheit und weniger Kriminalität sorgen sollten. Diese Maßnahmen betrafen u. a. das Amt des Vorstehers des lokalen Gerichtshofes, also des Gouverneurs, die Rolle des Barons als obersten Verwalter des Lehens und als Hüter der Rechtssprechung, die generelle Beschlagnahmung von Waffen auf dem Gebiet der *università* von Nocera sowie die Arbeit der *Regia Udienza* von Cosenza. Für das Amt des Gouverneurs der Stadt Nocera sollte der Cavaliere Giacinto Parisio im Rahmen eines formalen Aktes, der den Einfluss des Barones beträchtlich beschnitten hätte, eine erwiesenermaßen rechtschaffene und ehrbare Person auswählen, deren Amtszeit stets auf ein Jahr begrenzt bleiben sollte. Dieser

645 Zitiert nach dem Anhang zu ebd., S. 195.
646 Anhang zu ebd., S. 190f.

Gouverneur sollte für das reibungslose Funktionieren der Arbeit des lokalen Gerichtshofes von Nocera sorgen und bei Streitigkeiten zwischen den Bewohnern der Stadt und dem obersten Verwalter des Lehens in Gestalt des Cavaliere Giacinto Parisio wirksam die Interessen der *università* von Nocera gegenüber diesem vertreten, woraus sich schlussfolgern lässt, dass der Gouverneur nicht nur ausschließlich ein Werkzeug des Cavaliere sein sollte. Die erwähnte Beschränkung der Einflussmöglichkeiten des Barons auf die Besetzung des Amtes des lokalen Gouverneurs hätte nämlich darin bestanden, dass dieser stets vier Monate vor dem Ablaufen seines Mandates der Regierung drei potenzielle Nachfolger vorschlagen sollte, über deren Eignung die Zentralregierung in Neapel zu befinden hatte, die dann anweisen sollte, welcher dieser drei Kandidaten von dem Baron zum Gouverneur zu ernennen war. Dieser Gouverneur von Nocera sollte des Weiteren von Giacinto Parisio in aller Regelmäßigkeit einen monatlichen Lohn von sechs Dukaten erhalten. Da die von Perrelli vorübergehend in Nocera stationierten sechs *fucilieri di montagna* dort nicht dauerhaft bleiben konnten, weil sie natürlich nicht nur dort, sondern auch anderswo eingesetzt werden mussten, sollte der Baron für die Aufstellung einer festen Zahl von bewaffneten Männern auf dem Gebiet Nocera sorgen, die als ausführender Arm des lokalen Gerichtshofes dienen und aus den Einkünften des Lehnsgebiets von Nocera bezahlt werden sollten. Um der weit um sich greifenden Kriminalität im Gebiet von Nocera ein Ende zu setzen, legte Pasquale Perrelli der Zentralregierung in Neapel besonders nahe, eine umfassende Entwaffnung der Einwohnerschaft Nocera anzuordnen, so wie es bereits in anderen Gegenden des Königreiches Neapel praktiziert worden war und dort zu einem merkbaren Rückgang der Kriminalität geführt hatte. Diese umfassende Entwaffnung sollte von einem wiederum von Neapel zu ernennenden Bevollmächtigten mit Unterstützung von fünfzig Soldaten aus der Stadt Reggio, da die näher gelegene Garnison von Amantea über solch eine Anzahl von Männern nicht verfügte, dreißig *fucilieri di montagna*, Einheiten der *Regia Udienza* von Cosenza und schließlich noch zusammen mit dem Trupp von Bewohnern der Stadt Nocera, den Pasquale Perrelli bereits aufgestellt hatte, durchgeführt werden.[647]

Im Hinblick auf die Versäumnisse auf den Gebieten der Rechtssprechung und Verwaltung von Seiten der *Regia Udienza* von Cosenza empfahl Pasquale Perrelli, dass die Ermittlungen bezüglich der Ermordung Giovanni Ripolos im Jahre 1772 wieder aufgenommen werden sollten und sowohl die Verantwortlichen für die Verschleppung der diesbezüglichen Ermittlungen als auch die Schuldigen

647 Anhang zu ebd., S. 197ff.

an dem Mord, unter der Voraussetzung, dass man sie fände, ihrer gerechten Bestrafung zugeführt werden sollten. Im Hinblick auf die scheinbar zahllosen Räuberbanden, die das Territorium der Provinz Calabria Citra durchzogen, und die Unmenge an Delikten, die diese begingen, sollte die *Regia Udienza* von Cosenza genauestens Buch führen, damit man die entsprechenden Gegenmaßnahmen effizienter einleiten lassen konnte. In Zukunft sollte der Cavaliere Giacinto Parisio Begnadigungen nur noch bei geringfügigeren Delikten erlassen dürfen. Bei schwereren Delikten, wozu auch Morde gehörten, sollte diese Vorgehensweise grundsätzlich verboten werden, weil dies gemäß dem Bericht Perrellis zu erheblichen Missbräuchen geführt hatte. Zu guter Letzt sollten schließlich alle Urteile des lokalen Gerichtshofes von Nocera, die bei Strafverfahren wegen Mordes verhängt worden waren, im Bezug auf ihre Rechtsmäßigkeit von Seiten der *Regia Udienza* von Cosenza einer letzten Überprüfung unterzogen werden.[648]

Zusammen mit diesem sehr ausführlichen Bericht Pasquale Perrellis wurden am 12. August 1780 von Seiten der *Segreteria di Stato di Grazia e Giustizia* noch weitere Dokumente an die *Real Camera di Santa Chiara* überwiesen, die im Hinblick auf die im Gebiet von Nocera zu treffenden Maßnahmen zu beratschlagen und eine Stellungnahme abzugeben hatte. Zu diesen bereits eingangs erwähnten Dokumenten, die unmittelbar die Zustände in Nocera betrafen, zählten ein undatiertes Bittschreiben der durch den *procupratore* Pietro Niccola Giannattasio vertretenen Bewohner der Stadt Nocera, die eine Entbindung des Cavaliere Giacinto Parisio von der Zuständigkeit für die *università* von Nocera unter gleichzeitiger Einsetzung eines königlichen Gouverneurs einforderten, sowie drei gleichfalls undatierte Stellungnahmen von Seiten der beiden Rechtsvertreter des Cavaliere, den *procuratori* Gennaro Manzi und Gaetano Franco, die darin in der Form einer Gegendarstellung versuchten, die gegen ihren Auftraggeber gemachten Vorwürfe zwar nicht in Abrede zu stellen, sie aber dennoch zumindest abzumildern.

Zuerst soll ein genauerer Blick auf das Bittschreiben der Bewohner Noceras geworfen werden, in welchem sie ihrem Ärger über die Zustände vor Ort Luft machten und damit einhergehend auf das Schärfste den Cavaliere Giacinto Parisio und die Arbeitsweise des lokalen Gerichtshofes kritisierten. Diese angebliche Unzufriedenheit der Bewohner Noceras ging schließlich sogar so weit, dass sie einforderten, dass ihre Stadt der Oberaufsicht durch den Cavaliere Giacinto Parisio entzogen und sie unter direkte königliche Verwaltung gestellt werden sollte, was heißt, dass die Zentralregierung in Neapel einen königlichen Gouverneur

648 Anhang zu ebd., S. 199.

nach Nocera schicken sollte, denn nur so, wie der Verfasser dieses Bittschreibens, der *procupratore* Pietro Niccola Giannattasio, im Namen der Bewohnerschaft Nocera schrieb, „finirebbero le scorrerie, gli omicidii e gli altri enormi delitti e danni di quella misera popolazione, e le sarebbe una volta restituita la pace".[649] Wie schon Pasquale Perrelli in seinem Bericht, so führten auch die Bewohner Noceras die unmittelbare Ursache für die derzeitigen Zustände in erster Linie auf die schlechte Verwaltung von Seiten des Cavaliere Giacinto Parisio zurück, wozu es in dem Schreiben des *procupratore* Pietro Niccola Giannattasio heißt:

> „[E]gli (d.h. Pasquale Perrelli – d.V.) è certo ch'essendo la vera ed unica causa di tanti mali, ed in conseguenza della strage continua e desolazione di tante famiglie l'oscitanza e debolezza della Corte locale, in cui non si è mai dato esempio di giustizia, ch'anzi con orrore si son composti, e tuttavia si transigono rei di gravissimi e pensati omicidii, sarebbe egli (d.h. Pasquale Perrelli – d.V.) più che giusto e decoroso che dalla giurisdizione venisse tosto quel Barone, o sia chi la tiene in affitto insino alla terza generazione della Commenda di Malta."[650]

Diese Forderung der Einwohnerschaft, dass man dem Cavaliere Giacinto Parisio dauerhaft die Jurisdiktion über die Stadt Nocera und ihr Umland entziehen möge, wollte natürlich der oberste Verwalter der Ballei von Sant'Eufemia so nicht auf sich beruhen lassen und einer entsprechenden Maßnahme seitens der Zentralregierung in Neapel entgegenwirken, welche letzten Endes die Auseinandersetzungen um den maßgeblichen Einfluss auf lokaler Ebene wohl endgültig zugunsten der *galantuomini* Noceras entschieden hätte. Daher versuchten zwei seiner Anwälte, der *procuratore* Gaetano Franco und der *procuratore* Gennaro Manzi, gegenüber der *Segreteria di Stato di Grazia e Giustizia*, die Position des Cavaliere deutlich zu machen. Die beiden Rechtsvertreter des Cavaliere verschwiegen zwar in ihren drei Stellungnahmen, zwei stammten von Gennaro Manzi und eine von Gaetano Franco, auf der einen Seite keineswegs die erheblichen Probleme auf dem Lehnsgebiet der Ballei von Sant'Eufemia, hoben aber auf der anderen Seite das besondere Engagement des Cavaliere Giacinto Parisio bei der Bekämpfung der ausufernden Kriminalität hervor, welches trotz aller umfassenden Bemühungen nicht gefruchtet hätte. So schrieb beispielsweise der *procuratore* Gaetano Franco hierzu folgendes und wies dabei auch noch einmal dezidiert auf die Langwierigkeit des Problems des Banditenunwesens im Gebiet um Nocera hin, um die entsprechende Verantwortlichkeit des Cavaliere Giacinto Parisio abzumildern:

649 Zitiert nach dem Anhang zu ebd., S. 204.
650 Zitiert nach dem Anhang zu ebd.

„Il Procuratore dell'Ordine Gerosolimitano umiliato al Trono della M. V. con suppliche l'espone come tra li Feudi appartenenti al Baliaggio di Sant'Eufemia vi è quello di Nocera, la quale terra è stata sempre feracissima di uomini facinorosi, che di tempo in tempo colle loro compagnie, scorrendo le campagne dell'una e dell'altra Calabria, hanno messe sossopre tuttedue le Provincie. Sono risaputissime le compagnie di Titta e Filippo Greco, di Giovanni Mendicino, di Andrea Macchione, e l'attuale di Giovanni Orlando. E malgrado li Cavalieri tenutarii di quel Baliaggio non si è mai potuto mettere un buon ordine a detta terra di Nocera, li quali Cavalieri tenutarii per questa han sofferto moltissimo nelli loro interessi in detta terra. Questa mala sorte sopra tutti è toccata con maggior asprezza al presente Cavaliere tenutario Fra Giacinto Parisio, ch'ha viste le sue applicazioni incessanti per lo buon ordine della terra suddetta andare tutte per aria, non ostantecché com maggior premura degli altri si avea proposto così glorioso oggetto."[651]

Wenngleich der *procuratore* in seinem Schreiben zugab, dass es in der Vergangenheit unter den Vorgängern des Cavaliere Giacinto Parisio immer wieder Mängel in der Verwaltung der Ballei von Sant'Eufemia und der dazu gehörenden *università* von Nocera gegeben hatte, so schob er dennoch einen maßgeblichen Teil der Verantwortung für die momentanen Zustände den *galantuomini* in die Schuhe, die es, wie bereits mehrmals erwähnt, auch in Konkurrenz zum alteingesessenen Landadel, auf lokaler Ebene zu einem gewissen Wohlstand und Einfluss gebracht hatten, und nunmehr versuchten, diesen über die Deckung solcher Banden und deren Instrumentalisierung für die Durchsetzung ihrer eigenen Ziele auf lokaler Ebene geltend zu machen. So schrieb Gaetano Franco zu diesem schädlichen Einfluss der *galantuomini* auf die öffentliche Ordnung und Sicherheit im Raum Nocera durch die Deckung der zahlreichen Banden Folgendes:

„Signore (gemeint ist der durch die *Segreteria di Stato di Grazia e Giustizia* vertretene König Ferdinand IV.- d.V.), cresce all'uno e all'altro l'angustia per ciò che si scorge patentemente, che detti disordini in buona parte regnano in Nocera per la prepotenza de' galantuomini della medesima terra, li quali fanno quasi la gloria di proteggere gli uomini facinorosi ed affatto perduti, nell'atto si dolgono di non vedere nella loro terra regnare la giustizia e posarvi la pace, dando la colpa all'oscitanza del Cavaliere tenutario ed alla debolezza delli suoi Ministri, senza accusarsi che essi sono li principali motori delli sconvolgimenti della loro padria, con fare garanti ciascheduno quelli del proprio partito, e chiedere la giustizia per quelli degli altri."[652]

Eine weitere Ursache für die Zustände in der Gegend um Nocera bestand für den *procuratore* Gaetano Franco zusätzlich noch in der relativ freien Zirkulation von Waffen unter den Einwohnern des Lehens, ein Problem, welches auch Perrelli in

651 Zitiert nach dem Anhang zu ebd., S. 205f.
652 Zitiert nach dem Anhang zu ebd., S. 206.

seinem Bericht bereits angesprochen hatte, weswegen man es von Seiten der Ballei von Sant'Eufemia als sicherer angesehen hatte, die lokalen Ordnungskräfte im Raum Nocera nicht direkt in der Ortschaft zu stationieren, sondern in deren Umland, um Zusammenstöße mit der bewaffneten Bewohnerschaft zu vermeiden, der von Seiten der beiden Rechtsvertreter des Cavaliere ebenso wie von Seiten der bereits genannten *galantuomini* als zentraler lokaler Einfluss- und Interessengruppe innerhalb der Bewohnerschaft Noceras ein hohes Maß an krimineller Energie unterstellt wurde. Daher schlug Gaetano Franco gegenüber der Zentralregierung in Neapel vor, dass man als Grundvoraussetzung für eine Befriedung der Gegend vor allem die Einwohnerschaft der *università* von Nocera entwaffnen lassen sollte. Er verwies dabei auf eine ähnlich praktizierte Vorgehensweise auf dem Gebiet Gizzerias, einem weiteren exterritorialen Lehnsgebiet der Ballei von Sant'Eufemia, in welches nach der Entwaffnung der dortigen Bewohnerschaft wieder Friede und Ordnung eingekehrt war.[653]

Im Gegensatz zu Gaetano Franco formulierte der andere Rechtsvertreter des Cavaliere Giacinto Parisio, Gennaro Manzi, besonders scharfe Kritik am bisherigen Vorgehen Pasquale Perrellis. Die Ausführungen Manzis in seinem zweiten diesbezüglichen Schreiben sollten letztendlich darauf hinausführen, dass man von Seiten der Zentralregierung die vorübergehende Suspendierung der Jurisdiktion des Cavaliere Giacinto Parisio über Nocera rückgängig machte. Im selben Schreiben verlangte der *procuratore* zudem die Auflösung einer von Pasquale Perrelli aufgestellten Einheit von zwischen dreißig und vierzig Männern, welche unter der Einwohnerschaft Noceras ausgewählt worden waren, ohne dass man seines Erachtens auf deren tatsächliche Eignung geachtet hatte. Dieser Trupp, für den nach Meinung des *procuratore* der Richter Perrelli nur die „uomini più rei e più risoluti al male“[654] ausgewählt hatte, nahm vorübergehend diejenigen Aufgaben war, die eigentlich den Sicherheitskräften des lokalen Gerichtshofes oblagen. Diese von Perrelli getroffenen Maßnahmen hatten aber in den Augen des *procuratore* zu keinerlei Verbesserung der gravierenden Zustände in Nocera geführt, denn, wie er in seiner diesbezüglichen Stellungnahme schrieb, „l'istesso Signor Giudice assistito da' suoi servienti, Sbirri e Focilieri, non ha potuto impedire uccisioni ed altri disordini sotto gli occhi suoi stessi mentre colà ha dimorato.“[655] Wie es schon der andere *procuratore* getan hatte, so hob auch Gennaro Manzi in seinen beiden im gleichen Tenor verfassten Stellungnahmen noch einmal die

653 Anhang zu ebd., S. 207.

654 Zitiert nach dem Anhang zu ebd., S. 208.

655 Zitiert nach dem Anhang zu ebd., S. 208f.

Bemühungen des Cavaliere Giacinto Parisio um eine Befriedigung des Gebietes von Nocera hervor und übte heftigste Kritik sowohl an den Maßnahmen Perrellis, die in seinen Augen eine schwere Verletzung der jurisdiktionellen Sonderrechte bedeuteten, als auch an den sogenannten „galantuomini" und normalen Bewohnern Noceras, in deren Verhalten er eine der Hauptursachen für die Destabilisierung der öffentlichen Ordnung und Sicherheit im Raum Nocera sah. Während Gaetano Franco in seiner Stellungnahme nichts zu den Hintermännern der Ermordung des Gouverneurs von Nocera, Domenico Bonaccia, berichtete, machte Gennaro Manzi in seinen beiden Stellungnahmen *expressis verbis* die *galantuomini* Noceras für dessen Tötung verantwortlich. Auch Manzi regte gegenüber Neapel in seinen beiden Stellungnahmen eine allgemeine Entwaffnung der Bewohnerschaft Noceras an und verwies auf die erfolgreiche Durchführung derselben Maßnahme in der Gegend um die Ortschaft Gizzeria.[656] In dieser Hinsicht schloss sich also auch er der Auffassung Pasquale Perrellis an. Aber nicht nur das Verhalten der *galantuomini* auf dem Gebiet der *università* di Nocera sorgte nach Meinung Manzis dafür, dass dort die Kriminalität und das Banditenwesen überbordeten, sondern, wie bereits erwähnt, auch das Verhalten der gesamten Bewohnerschaft, welcher der *procuratore* gleichsam einen Hang zum Verbrechertum unterstellte. Als ein Beleg dafür erschien ihm die Tatsache, dass viele Bandenführer, die in der Vergangenheit die beiden kalabrischen Provinzen mit ihren Missetaten immer wieder in Unruhe versetzt hatten, gerade aus dem Gebiet von Nocera stammten. So schrieb er in seiner ersten Stellungsnahme sowohl zu den Bewohnern als auch zu den *galantuomini* als maßgeblichen Beschützern der Räuberbanden auf dem Gebiet der *università* von Nocera Folgendes:

> „[Q]uelli naturali sono sempre stati proclivi al male, e tutti que' facinorosi capi di scorridori di campagna che di mano in mano hanno messo sossopra le due Provincie di Calabria, tutti sono stati nativi di Nocera: Titta e Filippo Greco, Giovanni Mendicino, Andrea Macchione, Giovanni Orlando, ed altri famosi per tutto il Regno ancora. Alla naturale inclinazione al male della gente più ordinaria, si aggiunge la garantia delli galantuomini della terra, delli quali ciascheduno si fa gloria di proteggere un partito, e quello si reputa più glorioso, che conta più malandrini sotto la sua protezione."[657]

Die *Real Camera di Santa Chiara*, an welche all diese Dokumente von der *Segreteria di Stato di Grazia e Giustizia* am 12. August zur Begutachtung weitergereicht worden waren, schloss sich in ihrer diesbezüglichen Stellungnahme

656 Anhang zu ebd., S. 201ff. und 207ff.
657 Zitiert nach dem Anhang zu ebd., S. 202.

vom 7. September 1780 der Empfehlung des Richters Perrelli an und stimmte einer allgemeinen Entwaffnung der Bewohnerschaft der *università* von Nocera zu, welche auch die beiden Rechtsvertreter des Cavaliere Giacinto Parisio, Gaetano Franco und Gennaro Manzi, trotz ihrer heftigen Kritik an den einzelnen Maßnahmen des Sonderbeauftragten ausdrücklich befürwortet hatten. In der *consulta* der *Real Camera di Santa Chiara* war allerdings von einem dauerhaften Entzug der Jurisdiktion des Cavaliere Giacinto Parisio über Nocera nicht die Rede, durch welche der Machtkampf auf lokaler Ebene wohl endgültig zugunsten der *galantuomini* Noceras entschieden worden wäre. Die *Real Camera di Santa Chiara* machte stattdessen dem Cavaliere vielmehr zur Aufgabe, einen geeigneten und vernünftig bezahlten Gouverneur für Nocera auszuwählen, an dessen Seite zusätzlich sechs bewaffnete Männer gestellt werden sollten, die allerdings nicht dem Gebiet Nocera entstammen durften, womit man einer Einflussnahme von Seiten der Bürger und gerade auch der *galantuomini* von Nocera als lokaler Machtgruppe auf die Art und Weise der Durchsetzung von Recht und Ordnung in Zukunft entgegenwirken wollte. Aber auch die *Regia Udienza* von Cosenza sollte in Zukunft noch stärker dazu angehalten werden, etwas gegen die Zustände im Raum Nocera zu unternehmen und darüber hinaus auch nicht mehr ohne Zustimmung der Zentralregierung Begnadigungen für verurteilte Verbrecher zu dulden.[658] Am 21. März 1781 informierte schließlich John Acton den *Segretario di Stato di Grazia e Giustizia*, Carlo Demarco, davon, dass er im Namen des Königs die Anordnung gegeben hatte, zur Entwaffnung der Bewohnerschaft der *università* von Nocera die beiden Regimenter „Real Macedone" und „Jauch" mit jeweils fünfzig Mann sowie dreißig *fucilieri di montagna* in diese Gegend zu entsenden. Diese Entwaffnung sollte dann unter der Aufsicht eines Bevollmächtigten der *Regia Udienza* von Cosenza durchgeführt werden.[659]

Was einem bei dem ganzen Prozedere um die zu treffenden Maßnahmen im Raum Nocera, die nicht nur zu einem Ende der tagtäglichen bewaffneten Auseinandersetzungen innerhalb der dortigen Bewohnerschaft führen, sondern langfristig auch der Unterdrückung des Banditenunwesens dienen sollten, letzten Endes noch in besonderer Weise deutlich ins Auge fällt, ist die außerordentliche Langsamkeit, mit der diese von Perrelli vorgeschlagenen Maßnahmen zur allgemeinen Befriedung der *università* von Nocera auf den Weg gebracht wurden. Wenngleich, wie aus den Ausführungen zu dem Problem der überbordenden Kriminalität und des Banditenunwesens im Bereich der Stadt Nocera deutlich

658 Zitiert nach dem Anhang zu ebd., S. 209f.

659 Anhang zu ebd., S. 211.

geworden ist, es sich hierbei um einen schon seit Langem bestehenden Missstand auf dem Gebiet der öffentlichen Ordnung und Sicherheit, also mit anderen Worten um keinen wirklich akuten Notfall, handelte, dürfte man sich dennoch von Seiten derjenigen Vertreter der Bewohnerschaft Noceras, die die Zustände in ihrer Stadt und deren Umgebung nicht mehr länger hatten hinnehmen wollen, sicherlich über die ersten Maßnahmen des Richters Pasquale Perrelli hinaus ein schnelleres Eingreifen Neapels erhofft haben. Dass dem nicht so war, lag zum einen an den langen Kommunikationswegen zwischen der abgelegenen und von Gebirgen durchzogenen Provinz Calabria Citra und zum anderen auch an der Größe und Behäbigkeit des Herrschaftsapparates in der Hauptstadt Neapel, welche eine schnelle Entscheidungsfindung erheblich in die Länge ziehen konnten. Nicht vergessen werden sollte an dieser Stelle aber auch, dass es wahrscheinlich noch einer gewissen Zeit bedurfte, bis die beiden Anwälte des Cavaliere Giacinto Parisio ihre Stellungnahmen zu dem Bericht Pasquale Perrellis fertiggestellt hatten. Perrelli hatte seinen Bericht, auf dessen Grundlage man schließlich die weiteren Maßnahmen zur Befriedung der *università* von Nocera in die Wege leiten sollte, am 25. Juni 1780[660] verfasst und danach nach Neapel geschickt. Am 12. August desselben Jahres[661] wurde dann dieser Bericht zusammen mit den anderen diesbezüglichen Dokumenten von der *Segreteria di Stato di Grazia e Giustizia* an die *Real Camera di Santa Chiara* zur weiteren Beratung überstellt. Die *Real Camera di Santa Chiara* fällte dann im Hinblick auf diese Angelegenheit relativ schnell einen Entschluss. Denn sie verkündete ihren Ratschluss bereits am 7. September 1780[662], also in weniger als einem Monat nach dem Eingang der Dokumente. Aber laut dem Schreiben John Actons an die *Segreteria di Stato di Grazia e Giustizia* vom 21. März 1781[663] sollten die für die Entwaffnung der Bewohner der *università* von Nocera aufgestellten Verbände des neapolitanischen Heeres am 24. März aus Neapel in Richtung Nocera ausrücken, was wiederum einer gewissen Zeit bedurfte. Die Frage, warum zwischen der Verkündung des Ratschlusses der *Real Camera di Santa Chiara* und dem geplanten Ausrücken der Truppen, welche die Entwaffnung durchführen und überwachen sollten, noch mehr als ein halbes Jahr vergehen musste, lässt sich allerdings aufgrund des Fehlens von jeglichen Indizien in den diesbezüglichen im Anhang zu Sposatos Aufsatz transkribierten Dokumenten aus dem Bestand der *Segreteria di Stato di Grazia e Giustizia* nicht beantworten.

---

660 Anhang zu ebd., S. 199.
661 Anhang zu ebd., S. 209.
662 Anhang zu ebd., S. 210.
663 Anhang zu ebd., S. 211.

2.3 Das Banditenwesen als grenzüberschreitendes Problem: Die Verfolgung der Pronio-Bande in den Jahren 1791 bis 1793 auf dem Jurisdiktionsgebiet der *Regia Udienza* von Aquila und auf dem Territorium des Kirchenstaates

2.3.1 Anmerkungen zur Quellen- und Sachlage

Neben den beiden kalabrischen Provinzen Calabria Citra und Calabria Ultra gehörten die abruzzesischen Provinzen, wie schon in der Zeit der langen spanischen Herrschaft, so zweifellos auch im bourbonischen Königreich Neapel des 18. Jahrhunderts sowohl aufgrund der äußerst ungünstigen topografischen und ökonomischen Verhältnisse als auch aufgrund des Umstandes, dass es sich bei den Abruzzen zudem um eine nur schwer unter Kontrolle zu haltende Grenzregion zum Kirchenstaat handelte, zu den von der Plage des Banditenwesens am regelmäßigsten betroffenen Gebieten. Schon in den ersten Jahren des Regimes Karls von Bourbon waren die Abruzzen immer wieder Schauplatz der Aktivitäten von Räuberbanden gewesen, von welchen nicht nur die Straßen in Mitleidenschaft gezogen wurden, die durch diese Region führten, sondern darüber hinaus offensichtlich auch einzelne Ortschaften. Ein bereits an anderer Stelle zitiertes Beispiel für die Aktivitäten solcher Banden auch innerhalb von bewohnten Ortschaften findet sich in einem von zwei aus Aquila stammenden und auf den 11. September des Jahres 1734 datierten Schreiben eines gewissen Giuseppe de Leoni an den ersten Staatssekretär Montealegre, in denen de Leoni diesem von Banditen berichtete, die im Windschatten der militärischen Auseinandersetzungen zwischen Österreichern und Spaniern im gleichen Jahr begonnen hatten, die Provinz Abruzzo Ultra II mit ihren Raubzügen heimzusuchen, und bei ihren Aktionen selbst vor bewohnten Ortschaften nicht Halt machten, wie es der Fall der Stadt Cività Ducale zeigte, aus welcher in einem der beiden Schreiben de Leonis berichtet wurde, dass „[i]eri sera al'un'ora di notte con tutta fretta à questo Preside giunse un messo spedito dalli Priori di Cività Ducale, dimandando aiuto contro quantità di Banditi armati, entrati in quella città"[664].

Bei der Stadt Cività Ducale sollte es sich allerdings nicht nur um einen Einzelfall aus den Anfängen der bourbonischen Herrschaft über die Abruzzenregion handeln, in der es auch nach dem Ende der militärischen Auseinandersetzungen mit den Österreichern zunächst noch einige Turbulenzen auf dem Gebiet der öffentlichen Ordnung und Sicherheit gegeben hatte, denn in den im Staatsarchiv

---

664 ASN, *Segreteria di Stato di Casa Reale, Diversorum*, 730/200, Bericht Giuseppe de Leonis an den ersten Staatssekretär Montealegre, Aquila 11. September 1734.

von L'Aquila aufbewahrten Beständen der *Regia Udienza* von Aquila ließ sich ein weiteres Beispiel für eine Stadt auf dem Territorium der Provinz Abruzzo Ultra II finden, deren Bewohnerschaft von einer Verbrecherbande in Angst und Schrecken versetzt wurde. Bei diesem Beispiel aus dem Jahre 1782, also der Regierungszeit Ferdinands IV., handelt es sich um dasjenige der Stadt Accumoli, deren Bewohner selbst innerhalb der Stadt und nicht nur in deren Umland von etwa dreißig Delinquenten, bei denen es sich zum Großteil um erwiesene Banditen handelte, derart terrorisiert wurden, dass sie sich nicht mehr getrauten, vor die Türen ihrer Häuser zu treten und der alltäglichen Feldarbeit nachzugehen. So wurde in einem undatierten Bittschreiben der Bewohnerschaft an die Adresse König Ferdinands IV. zu den Zuständen in Accumoli und dessen Umland berichtet, dass

> „li poveri vostri suditi della Cittá é stato di Acumoli stato Medic[e]o in Provingia del Aguila sono ridotti in caso di disperazione e guasi di disabitare dalle case per non poter piú vivere in esso luogho perché in essa Cittá e suo stato vi sono rifugiati molti é molti disguali inguisiti alli lori paesi e malandrini é persone di mali custumi peró si ricorre alla Benignia Caritá V[ostra] di rimediare alli guai delli vostri poveri suditi si affamerá la Cittá è il Suo stato per non poter seminare vittuaglie per vivere ché da questi tali vi sono rubate qualunque vittuaglie di semenza prepotendemende senza verun timore di giustizia recidono qualungue sorte di arbero da frutti é li patronali afforza li conviene tacere a tal offese per non accimentarsi con essi male gente ed anno ingomingiato a soprevingere per la gran guantità che vi sono rifugiati ed aboriscono la Giustizia".[665]

Auch wenn unzweifelhaft feststeht, dass es in der Herrschaftszeit Karls von Bourbon und schließlich in besonders massiver Weise in der weitaus längeren Herrschaftszeit seines Nachfolgers Ferdinand IV. in allen drei abruzzesischen Provinzen immer wieder erhebliche Probleme mit zahlreichen Banden gab, die diese durchzogen und die *Regie Udienze* in Anbetracht der begrenzten Mittel, die ihnen zur Bekämpfung dieser Plage zur Verfügung standen, wiederholt dazu zwangen, auch provinzübergreifend zusammenzuarbeiten, ließ sich anhand der großen Anzahl der im Rahmen dieser Untersuchung zur Region der Abruzzen konsultierten und aus verschiedenen Beständen, wie denjenigen der

665 ASA, *Regia Udienza di Aquila, Fondo del Preside I*, 16/361, Bittschreiben der Bewohnerschaft Accumolis an Ferdinand IV., wahrscheinlich Accumoli undatiert, fol. 3r. Auf den Blättern 10r bis 11r des diesbezüglichen Faszikels wird nicht nur eine umfangreiche Liste mit den Namen dieser dreißig Männer, welche die Bewohner Accumolis im Jahre 1782 in Angst und Schrecken versetzten, sondern darin zusätzlich auch deren Herkunftsorte und die Vergehen, deren sie sich in der Vergangenheit schuldig gemacht hatten, aufgeführt.

Regie Udienze von Aquila, Chieti und Teramo sowie denjenigen der *Segreteria di Stato di Casa Reale*, der *Segreteria di Stato di Grazia e Giustizia* oder der *Real Camera di Santa Chiara* im Staatsarchiv von Neapel stammenden Dokumenten allerdings nicht ausmachen, welche dieser drei abruzzesischen Provinzen eventuell am schwersten und welche eventuell in geringerem Maße betroffen waren.[666]

---

666 Obgleich die im Rahmen dieser Untersuchung konsultierten Archive der für die drei abruzzesischen Provinzen zuständigen *Regie Udienze* von Aquila, Chieti und Teramo in der ersten Häfte des 19. Jahrhunderts schwere und nicht mehr zu ersetzende Verluste erlitten hatten, so ließ sich trotz dieses Mankos in den übriggebliebenen Beständen aller drei *Regie Udienze* noch genügend Quellenmaterial finden, welches einen guten Einblick darin vermittelt, wie schwer die Abruzzenregion von der Plage des Banditenwesens bereits in der ersten Phase der bourbonischen Herrschaft heimgesucht wurde und welche Mühen dessen kontinuierliche Bekämpfung den Behörden der drei Provinzen bereitete. Eine wichtige Quelle aus den Beständen der *Regia Udienza* von Teramo für das Gebiet der ihr unterstehenden Provinz Abruzzo Ultra I sind die in insgesamt dreizehn Bänden gesammelten Abschriften von im Hinblick auf ihren jeweiligen Inhalt sehr kurz gefassten königlichen *dispacci*, die im Zeitraum von 1745 bis 1808 von der *Segreteria di Stato di Grazia e Giustizia* an diesen Gerichtshof geschickt worden waren und in denen gerade für die Herrschaftszeit Ferdinands IV. sehr häufig Bezug auf die Aktionen von Banden bzw. einzelner Banditen genommen wird. Ein deutlicher Nachteil für Untersuchungen, die sich gerade auf das Banditenwesen in den drei abruzzesischen Provinzen in der frühen Bourbonenzeit konzentrieren wollen, ergibt sich jedoch aus dem Umstand, dass es in den Beständen der *Regia Udienza* von Teramo keinerlei detailliertes Quellenmaterial zur Verfolgung von Banditen auf dem Territorium der ihr unterstehenden Provinz und den beiden abruzzesischen Nachbarprovinzen gibt. Während sich in den schwer in Mitleidenschaft gezogenen Beständen der *Regia Udienza* von Teramo derartiges Quellenmaterial nicht mehr vorfinden lässt, bieten wenigstens die Bestände der *Regia Udienza* von Chieti und diejenigen der *Regia Udienza* von Aquila eine brauchbare Anzahl von Korrespondenzen zum Vorgehen der Behörden gegen Banden auf dem Gebiet der drei abruzzesischen Provinzen in der ersten Phase der Herrschaft Ferdinands IV., die deutlich zeigen, dass es sich bei der im Rahmen dieses Unterkapitels eingehend behandelten Verfolgung der Pronio-Bande in der ersten Hälfte der 1790er Jahre keineswegs um einen völlig singulären Fall aus der frühen Bourbonenzeit handelte, sondern dass dieser vielmehr in Kontinuität zu den bereits in den vorangegangenen Jahrzehnten von Seiten der *Regie Udienze* von Aquila, Chieti und Teramo durchgeführten Maßnahmen gegen Banditen auf dem Territorium der Abruzzen zu sehen ist. Neben dem in diesem Unterkapitel analysierten Beispiel der Verfolgung der Pronio-Bande, dem wichtigsten aus den Beständen der *Regia Udienza* von Aquila, in der ersten Hälfte der 1790er Jahre ließen sich in den gleichfalls sehr lückenhaften Beständen

Gerade aufgrund der Nachbarschaft zum Territorium des Kirchenstaates sahen sich die Behörden des Abruzzengebietes sowohl in der Herrschaftszeit Karls von Bourbon als auch in derjenigen seines Nachfolgers Ferdinand IV. darüber hinaus ständig dem Problem ausgesetzt, dass sich die in diesem Raum operierenden Banden der Verfolgung durch die neapolitanische Justiz dadurch zu entziehen versuchten, dass sie sich nach der Verübung von Delikten auf die andere Seite der Grenze absetzten und somit für eine strafrechtliche Verfolgung von Seiten Neapels schwerer zu greifen waren. Dasselbe Problem existierte, wie bereits erwähnt, ob im stärkeren oder geringeren Maße kann an dieser Stelle nicht gesagt werden, aber auch im Grenzgebiet zwischen der unter der Jurisdiktion des *Tribunale di Campagna* stehenden Terra di Lavoro und dem Kirchenstaat sowie in den inmitten des Territoriums des Königreiches Neapel gelegenen beiden päpstlichen Enklaven Benevent und Pontecorvo.

2.3.2 Die Entstehung und Zusammensetzung der Pronio-Bande

Sämtliche Mitglieder der Pronio-Familie stammten aus der Stadt Introdacqua in der Provinz Abruzzo Ultra II[667], auf deren Gebiet es schon vor den 1790er Jahren

---

der *Regia Udienza* von Chieti insgesamt vier Beispiele aus den 1760er und 1780er Jahren finden, die Zeugnis davon geben, dass es in den Abruzzen schon im Laufe der vorangegangenen Jahrzehnte immer wieder zu systematischen Verfolgungsaktionen gegen Räuberbanden gekommen war. Diese Beispiele, auf die aber an dieser Stelle nicht weiter eingegangen werden kann und die *erstens* aus den Zeitraum von Ende Mai bis Anfang Oktober 1760, *zweitens* aus dem letzten Viertel des Jahres 1763, *drittens* aus dem Zeitraum von August 1784 bis Ende Mai 1785 und *viertens* aus dem ersten Viertel des Jahres 1785 stammen, befinden sich in ASC, *Regia Udienza di Chieti*, 102/3255, 106/3362, 217/6417 und 225/6605.

667 Die große Anzahl an Dokumenten zur zeitgleichen Verfolgung von Mitgliedern der Pronio-Bande und weiterer Gruppen von Banditen in der Provinz Abruzzo Ultra II, die sich im Bestand des „Fondo del Preside I“ der *Regia Udienza* von Aquila befinden, ist auch von Seiten der Forschung auf Interesse gestoßen, denn maßgeblich auf diesen Dokumenten basierend sind zwei wissenschaftliche Publikationen erschienen, in welchen u. a. auch auf die Pronio-Familie und deren Geschicke eingegangen wird. Allerdings spielt in beiden Untersuchungen die massive Verfolgung, welcher sich diese Räuberbande in den Jahren von 1791 bis 1793 sowohl auf dem Territorium der Provinz Abruzzo Ultra II als auch auf demjenigen des Kirchenstaates ausgesetzt sah und auf welche sich gerade die in diesem Unterkapitel vorgenommene Analyse besonders konzentrieren soll, eine eindeutig nachrangige Rolle. Bei der ersten Publikation handelt es sich um den im Jahre 1928 erschienenen ersten Band von Luigi Coppa-Zuccaris Werk „L'invasione francese negli Abruzzi (1798–1810)“,

immer wieder erhebliche Probleme mit mehr oder weniger organisierter Bandenkriminalität und der relativ freien Zirkulation von Waffen, deren Besitz laut den Pragmatiken des Königreiches Neapel verboten war, gegeben hatte.[668]

Eine der frühesten Erwähnungen in den im Rahmen dieser Untersuchung durchgesehenen Korrespondenzen aus dem bourbonischen Königreich Neapel fanden die schon lange im Raum Introdacqua bestehenden Probleme in einem von den bereits erwähnten zwei auf den 11. September 1734 datierten und sich im Bestand der *Segreteria di Stato di Casa Reale* befindenden Schreiben, die ein gewisser Giuseppe de Leoni, wahrscheinlich ein Angehöriger des Militärs, dem ersten Staatssekretär Montealegre aus der Stadt Aquila hatte zukommen lassen und in welchem er in Bezug auf die augenscheinlich sowohl in der Zeit der spanischen als auch in derjenigen der darauffolgenden österreichischen Herrschaft bereits existierenden Probleme im Gebiet von Introdacqua schrieb, dass „[s]enza dubbio sarà noto a V[ostra] Ill[ustrissi]ma le sceleragini continue, che da mezzo secolo

---

in dessen Anhang Nr. 53 unter der Überschrift „Notizie biografiche su Giuseppe Pronio d'Introdacqua (1760–1804) e sulla sua famiglia" der Verfasser auf den Seiten 821 bis 871 sehr detailliert auf die Geschichte der Pronio-Familie, und hierbei besonders auch auf die Person Giuseppe Pronios, von der ersten Hälfte des 18. Jahrhunderts bis ins frühe 19. Jahrhundert hinein eingeht. Von besonderer Relevanz ist schließlich noch ein im Jahre 2002 von Claudia Nardecchia verfasster und in der Zeitschrift „Bullettino della Deputazione Abruzzese di Storia Patria" veröffentlichter Aufsatz mit dem Titel „Crisi e trasformazione del vecchio brigantaggio: I di Pronio", in dessen Zentrum die Person des Bandenmitgliedes Michelangiolo Pronio und die Briefe stehen, die er im Zeitraum von 1785 bis 1790 aus dem Gefängnis der *Regia Udienza* von Aquila verschiedenen Personen hatte zukommen lassen und die von der Autorin in transkribierter Form an ihren Aufsatz angehängt wurden.

668 Bereits im Jahre 1746 hatte der damalige *preside* von Aquila, Joseph de Litala, gegenüber dem *Segretario di Stato di Grazia e Giustizia*, Bernardo Tanucci, die Anregung gemacht, die Einwohnerschaft Introdacquas angesichts der Probleme mit der erhöhten Bandenkriminalität in diesem Raum und der Unterstützung dieser Gruppierungen von Seiten der dortigen lokalen Eliten entwaffnen zu lassen. ASN, *Real Camera di Santa Chiara, Bozze di Consulta*, 117/72. Ein weiteres derartiges Beispiel für dieses Problem, diesmal aus den Beständen der *Regia Udienza* von Aquila, bieten einige Korrespondenzen aus den Jahren 1781 und 1782, in denen es um die freie Zirkulation von Waffen auf dem Territorium Introdacquas und die damit einhergehenden tagtäglich begangenen Delikte geht. Gerade weil man in diesem weitverbreiteten illegalen Besitz von Waffen einen der Hauptgründe für die ausufernde Kriminalität sah, sollten die Bewohner der Stadt auf Anordnung der *Segreteria di Stato di Grazia e Giustizia* bei der nächsten günstigen Gelegenheit entwaffnet werden. ASA, *Regia Udienza di Aquila, Processi Penali*, 195/91.

in qua si commettono nella terra di Entrodaqua“[669]. Aufgrund dieser schon seit Jahrzehnten im Raum von Introdacqua existierenden Probleme auf dem Gebiet der öffentlichen Ordnung und Sicherheit ergibt sich eine interessante Parallele zu dem bereits behandelten Fall der im Zuständigkeitsbereich der *Regia Udienza* von Cosenza gelegenen kalabrischen Stadt Nocera, deren Einwohnerschaft, bevor sich schließlich die Zentralregierung in Neapel im Jahre 1780 genötigt sah, einen Sonderbeauftragten in diesen Raum zu entsenden, ebenfalls seit Jahrzehnten unter der Plage der mehr oder weniger organisierten Bandenkriminalität in ihrem Umland gelitten hatte.[670]

Bei dem Gebiet des in der Nähe von Sulmona gelegenen Introdacqua handelte es sich aber bei Weitem nicht um die einzige Gegend in der Provinz Abruzzo Ultra II, die schon seit Längerem von Räuberbanden heimgesucht wurde. Auch in den Bergen um die Ortschaft Popoli, auf der Straße durch die Forca di Penne, auf der Straße, die von Popoli in die beiden Nachbarprovinzen Abruzzo Ultra I und Abruzzo Citra führte, auf dem Pass von Forca Caruso sowie auf der Straße über die Hochebene der Cinquemiglia war es in der Vergangenheit immer wieder zu Überfällen auf durchziehende Personen gekommen.[671]

Wenngleich die Mitglieder der Pronio-Familie vom Beginn der 1780er Jahre an auf dem Gebiet der Provinz Abruzzo Ultra II eine größere Anzahl von bewaffneten Überfällen verübten und diese eine erhebliche Unruhe bei den Bewohnern der Provinz und den Händlern, die diese durchzogen, ausgelöst hatten, so führten diese Delikte nicht automatisch dazu, dass sich die Familie innerhalb der Gesellschaft Introdacquas isolierte, sondern sie sorgten vielmehr dafür, dass die Familie u. a. auch durch die Furcht, die sie gesät hatte, innerhalb Introdacquas über genügend Ansehen und damit verbunden auch einen gewissen Einfluss verfügte und dadurch zugleich einen Großteil der Bewohner, wenn auch nicht alle, wie man noch sehen wird, davon abhielt, eventuell mit den Behörden bei der strafrechtlichen Verfolgung der Bande zusammenarbeiten.[672]

669 ASN, *Segreteria di Stato di Casa Reale*, *Diversorum*, 730/200, Bericht Giuseppe de Leonis an den ersten Staatssekretär Montealegre, Aquila 11. September 1734.

670 Zu den Problemen im Raum Nocera im Jahre 1780 siehe Sposato: Per la storia del brigantaggio nella Calabria del Settecento, S. 157–211 und die diesbezüglichen Dokumente in ASN, *Segreteria di Stato di Grazia e Giustizia*, *Dispacci e Fascicoli*, 111/471.

671 ASA, *Regia Udienza di Aquila*, *Fondo del Preside I*, 9/211, fol. 73r. Diese Angaben finden sich in einem undatierten, wahrscheinlich in der Mitte des Jahres 1791 von Seiten der *università* von Gagliano, Castel Vecchio, Goriano Sicoli, Molina, Castel di Ieri und Secinaro an König Ferdinand IV. verfassten Bittschreiben.

672 Coppa-Zuccari: L’invasione francese negli Abruzzi (1798–1810), Bd. 1, S. 825.

Die Umstände des Todes von Michelangiolo Pronio sollten aber deutlich vor Augen führen, dass die Familie nicht bei allen Bewohnern Introdacquas über den Ruf, den sie über ihre kriminellen Aktivitäten erworben hatte, aus Furcht vor möglichen Konsequenzen erzwungenermaßen auf Rückhalt zählen konnte.

Bei dem Oberhaupt der Pronio-Familie handelte es sich um Domenico Pronio, der am 17. Juni 1736 in Introdacqua geboren worden war und am 28. Oktober 1756 Angela Catarina Rossetti geehelicht hatte. Aus dieser Verbindung erwuchsen insgesamt sechs Jungen und drei Mädchen.[673] Diese sechs Söhne hießen Michelangiolo, Giuseppe, Gennaro, Gaetano, Vincenzo und Panfilo und die drei Töchter Lucia Barbara, Maria Luisa und Anna Teresa, wobei die beiden ersterwähnten Töchter ungefähr einen Monat nach ihrer Geburt verstarben. Besonders ausschlaggebend für den sozialen Aufstieg, welchen die Familie nach dem Zusammenbruch der Parthenopäischen Republik und der kurzzeitigen Rückkehr der Bourbonen auf den Thron Neapels durchlief, sollte die zentrale Rolle sein, die einer der Söhne Domenico Pronios, Giuseppe, bei der Erhebung der abruzzesischen Bevölkerung in den Jahren 1798 und 1799 gegen die Franzosen sowie die später von ihnen in Neapel installierte republikanische Marionettenregierung spielte.[674]

---

673 Coppa-Zuccari weist in seinem Beitrag anhand der von ihm benutzten Quellen darauf hin, dass der Name der Familie nicht nur „Pronio", sondern vielmehr „di Pronio" war. Laut ihm war das Setzen der Präposition „di" vor dem Familiennamen im Raum Introdacqua sehr verbreitet. Weitere Beispiele von solchen Familiennamen aus Introdacqua, die er hierfür als Beleg anführt, waren d'Andrea, di Berardo, di Benedetto, di Cienzo, di Clemente, d'Eramo, di Francesco, di Pietro, di Rienzo etc. Ebd., S. 825. Da Coppa-Zuccari selbst ungeachtet dessen in seinem Beitrag immer den Familiennamen ohne die Präposition „di" benutzt, wird auch in diesem Unterkapitel zur Verfolgung der Mitglieder der Pronio-Bande im Zeitraum zwischen 1791 und 1793 auf die Verwendung dieser Präposition verzichtet.

674 Ebd., S. 825ff. Die Erhebung der abruzzesischen Bevölkerung gegen die Franzosen, an deren Spitze sich Giuseppe Pronio stellte, begann bereits im Dezember des Jahres 1798, also noch vor der Flucht der königlichen Familie nach Sizilien am Ende dieses Monats und der Proklamation der Republik im Frühjahr 1799. Am 19. Dezember erhoben sich als erstes die Bewohner Teramos, Controguerras, Garranos und Putignanos gegen die französischen Eindringlinge. Von da an griff die Erhebung immer weiter um sich. Wie schon die zahlreichen Banden, die vor dem erstmaligen Sturz der Boubonendynastie die drei abruzzesischen Provinzen durchzogen hatten, konnten die Aufständischen bei ihren Aktionen besonders von den topografischen Gegebenheiten der Region profitieren, welche es auf der anderen Seite den Franzosen unmöglich werden ließen, die Abruzzen ihrer vollständigen Kontrolle zu unterwerfen. Im Endeffekt besaßen sie diese Kontrolle nur über diejenigen Städte, in denen

Während es sich für Luigi Coppa-Zuccari bei der Erstellung seines aus dem Jahre 1928 stammenden Beitrages als unmöglich erwies, anhand der von ihm benutzten Quellen exakte Angaben zum Geburtsjahr Michelangiolo Pronios zu machen, vermochte er dies immerhin bei dessen Brüdern. So wurde laut den diesbezüglichen Angaben Coppa-Zuccaris Giuseppe am 20. Februar 1760[675] geboren, Gennaro am 23. September 1763[676], Gaetano am 4. Juli 1771[677], Vincenzo am 26. Juli 1773[678] und Panfilo als jüngster Sohn Domenico Pronios am 23. Mai 1776[679].

Was in Anbetracht der äußerst niedrigen Alphabetisierungsrate, welche damals unter der einfachen Bevölkerung der Provinzen des Königreiches Neapel der frühen Bourbonenzeit herrschte[680], bei der Pronio-Familie deutlich ins Auge fiel, ist, dass sowohl Michelangiolo als auch sein Vater Domenico sowie höchstwahrscheinlich auch weitere Mitglieder der Familie des Lesens und Schreibens mächtig waren und somit über ein gewisses Bildungsniveau verfügten, welches sie deutlich von demjenigen der durchschnittlichen Provinzbewohner in dieser Zeit abhob. Den Beweis für diese Fähigkeit Michelangiolo Pronios bildet eine außerordentlich große Anzahl von Briefen, welche er im Zeitraum von 1785 bis

---

sie ihre Truppen stationiert hatten. Ungeachtet ihrer vom technischen Standpunkt her militärischen Unterlegenheit gegenüber den französischen Besatzungstruppen gelang es den Aufständischen, diesen sogar ganze Städte, wie Teramo, Ripa, Lanciano, Ortona, Guardiagrele oder auch Aquila, das politisch-administrative Zentrum der Provinz Abruzzo Ultra II, abspenstig zu machen. Agnoli: 1799. La grande insorgenza, S. 29f. Die Abruzzenregion wurde schließlich zwischen Ende April und Anfang Mai 1799 von den französischen Truppen aufgegeben, womit dann auch das Schicksal der Verteidiger der Sache der Parthenopäischen Republik in diesem Raum, die maßgeblich auf die militärische Unterstützung von Seiten der Franzosen angewiesen waren, vorgezeichnet war. Ebd., S. 162. Eine herausragende Rolle spielte Giuseppe Pronio auch bei der Belagerung der von den Republikanern gehaltenen Festung von Pescara, die schließlich am 30. Juni 1799 in Anbetracht der Aussichtslosigkeit jeglichen weiteren Widerstandes gegenüber Giuseppe Pronio und den ihm unterstehenden bewaffneten Kräften kapitulierte. Ebd., S. 235. Zu der entscheidenden Rolle, die Giuseppe Pronio bei der Erhebung in den Abruzzen gegen die Franzosen und die von ihr gestützte republikanische Regierung in Neapel spielte, siehe ferner Coppa-Zuccari: L'invasione francese negli Abruzzi (1798–1810), Bd. 1, S. 861–868.

675 Ebd., S. 829.

676 Ebd., S. 838.

677 Ebd., S. 841.

678 Ebd., S. 843.

679 Ebd., S. 844.

680 Rao: Il riformismo borbonico a Napoli, S. 265.

1791 im Kerker der *Regia Udienza* von Aquila verfasst hatte und welche im Haus seiner Geliebten in Scanno von den Behörden sichergestellt werden konnten und sowohl im Original als auch in Abschrift überliefert sind.[681] Von seinem Vater Domenico ist zumindest ein wahrscheinlich aus der ersten Julihälfte des Jahres 1791 stammender Brief an seinen Sohn überliefert.[682]

Schon bevor die Pronio-Bande in der ersten Häfte der 1790er Jahre sowohl auf dem Gebiet der Provinz Abruzzo Ultra II als auch auf demjenigen des Kirchenstaates sich einer massiven Verfolgung von Seiten der Behörden auf provinzialer und lokaler Ebene ausgesetzt sah, waren einzelne Mitglieder der Familie mit dem Gesetz in Konflikt geraten. Bereits im Jahre 1781 war Michelangiolo Pronio von den Behörden zusammen mit zwei weiteren Bewohnern Introdacquas festgenommen und eingesperrt worden, weil er und seine beiden Begleiter Waffen mit sich geführt hatten, deren Besitz laut den Pragmatiken des Königreiches Neapel verboten war. Nach seiner Entlassung bildete Michelangiolo Pronio mit seinen beiden Brüdern Giuseppe und Gennaro sowie weiteren Personen eine Bande, welche die Bewohner der Provinz Abruzzo Ultra II und die Händler, die diese durchzogen, mit ihren Raubüberfällen in erhebliche Unruhe versetzten. Dabei kam es gerade in den beiden Jahren 1783 und 1784 zu einer großen Zahl an Überfällen.[683] Schon damals diente der Bande als Rückzugsort vor den Nachstellungen der Provinzbehörden das Territorium des Kirchenstaates. Als schließlich der Oberleutnant der *fucilieri di montagna*, Giovanni Claret, der mit seinen Männern in der in der Nachbarprovinz Abruzzo Citra gelegenen Stadt Vasto stationiert war, von Seiten der Zentralregierung beauftragt wurde, sich der Verfolgung der zahlreichen das Jurisdiktionsgebiet der *Regia Udienza* von Aquila in erhebliche Unruhe versetzenden Banden anzunehmen, beschloss dieser, ohne sich vorher mit der *Regia Udienza* dazu abgestimmt zu haben, Michelangiolo Pronio für die Kooperation mit seinen *fucilieri di montagna* eine Begnadigung

681 Diese Briefe Michelangiolo Pronios befinden sich in ASA, *Regia Udienza di Aquila, Fondo del Preside I*, 16/380, fol. 141r-203v und in Abschrift zusammen mit weiteren transkribierten Dokumenten aus den Beständen der *Regia Udienza* von Aquila in Nardecchia: I di Pronio.

682 ASA, *Regia Udienza di Aquila, Fondo del Preside I*, 16/380, fol. 215r-215v und Nardecchia: I di Pronio, S. 184f.

683 Ein grobe Zusammenfassung zu den Taten, die Michelangiolo Pronio und seine Gefolgsleute in diesen zwei Jahren begingen, findet sich in ASA, *Regia Udienza di Aquila, Fondo del Preside I*, 16/380, fol. 134r-136v. Es handelt sich hierbei um ein Dokument, welches man im Juni des Jahres 1791 bei der Durchsuchung des Hauses der Pronio-Familie in Introdacqua hatte sicherstellen können.

in Aussicht zu stellen. Obwohl man zunächst von Seiten Neapels dieser Vorgehensweise zugestimmt hatte, annullierte man relativ schnell die diesbezügliche Erlaubnis, als man erfuhr, welcher Vergehen sich Michelangiolo Pronio schuldig gemacht hatte, und befahl der *Regia Udienza* von Aquila, unverzüglich für dessen Verhaftung zu sorgen. Nachdem Michelangiolo Pronio auf Befehl Neapels im Jahre 1785 von Seiten der *Regia Udienza* in Haft genommen worden war, wurde er schließlich fünf Jahre später, also im Jahre 1790, auf freien Fuß gesetzt. Nach seiner Entlassung ließ sich Michelangiolo Pronio schließlich in der Ortschaft Scanno nieder, in welcher seine Geliebte Maria Pizzacalla lebte[684], in deren Haus man dann auch die besagten Briefe Michelangiolos sicherstellen konnte.

Die Pronio-Familie hatte aber nicht nur in der Gesellschaft Introdacquas eine exponierte Stellung inne, sondern konnte sich darüber hinaus auch des Wohlwollens einiger Vertreter des Provinzadels sicher sein, denn wie aus einem ersten diesbezüglichen Brief Michelangiolo Pronios vom 26. September 1785 hervorgeht, welchen er der Mutter seiner Geliebten zukommen ließ, war er hinsichtlich der mutmaßlichen Dauer seiner Inhaftierung nach den zahlreichen in den Jahren 1783 und 1784 begangenen Delikten relativ optimistisch gestimmt, weil „[c]irca la mia causa non solo vi è in mezzo il Signor Barone Tomasetti, ma ben anche altri cavalieri e buoni Aucati, che mi difendano, per mezzi di quali son certo di mia libertà, ma però vi vuole qualche spesa e qualche poco di tempo."[685] In einem auf den 11. Dezember 1785 datierten Brief an die Mutter seiner Geliebten schrieb er zu den Bemühungen dieses Barons Tomasetti, seines Unterstützers aus den Reihen des Landadels, ihn aus der Haft herauszubekommen, dass "il Signor Tomasetti fà strepito per la mia causa e mi vuole per forza fuore".[686] Wie sich genau dieses Verhältnis zwischen Michelangiolo Pronio, diesem Baron und weiteren Vertretern des Provinzadels gestaltete, was gerade an dieser Stelle von besonderem Interesse gewesen wäre, lässt sich aber aufgrund des Fehlens weiterer diesbezüglicher Informationen nicht klären. Aus einem Brief Michelangiolo Pronios vom 19. Juni 1789 an seine Geliebte Maria Pizzacalla lässt sich zumindest die Information gewinnen, dass jener Baron Tomasetti, der sich auch noch Jahre später für die Belange des Banditen bei der *Regia Udienza* von Aquila einsetzte, aus der abruzzesischen Ortschaft Pescina kam, bei welcher es sich

684 Coppa-Zuccari: L'invasione francese negli Abruzzi (1798–1810), Bd. 1, S. 831–834.

685 Zitiert nach Nardecchia: I di Pronio, S. 140. Original in ASA, *Regia Udienza di Aquila, Fondo del Preside I*, 16/380, fol. 142r.

686 Zitiert nach Nardecchia: I di Pronio, S. 142. Original in ASA, *Regia Udienza di Aquila, Fondo del Preside I*, 16/380, fol. 144r.

zugleich um ein Lehen seiner Familie handelte.[687] Allerdings hatten die fünf Jahre der Haft im Gefängnis der *Regia Udienza* von Aquila Michelangiolo Pronio alles andere als besonnener gemacht, denn in dem Jahr, welches auf das Jahr seiner Entlassung folgte, machte er sich erneut eines Raubüberfalls schuldig, der abermals die Behörden der Provinz Abruzzo Ultra II auf den Plan rief und auf den und dessen konkrete Auswirkungen für das weitere Schicksal der Bande im nächsten Abschnitt eingegangen wird.

Giuseppe Pronio, der sich in den Jahren 1783 und 1784 zusammen mit seinen Brüdern Michelangiolo und Gennaro sowie einigen weiteren aus Introdacqua stammenden Banditen an zahlreichen Überfällen beteiligt hatte, floh, als sich die Bande einer massiven Verfolgung von Seiten der Behörden ausgesetzt sah, auf das Territorium des Kirchenstaates, wo er zwischen dem Ende des Jahres 1784 und den ersten Monaten des Jahres 1785 festgenommen und an die *Regia Udienza* von Aquila ausgeliefert wurde. Nachdem er von dem Gerichtshof zu lebenslanger Galeerenhaft verurteilt worden war, überführte man ihn zunächst in das Gefängnis der *Gran Corte della Vicaria* in Neapel und darauffolgend in dasjenige von Porto Longone auf der Insel Elba, einer Exklave des Königreiches Neapel im Toskanischen Archipel. Ende der 1790er Jahre, das genaue Jahr ist nicht klar, befand sich Giuseppe Pronio wieder auf freiem Fuß.[688] Bei den Verfolgungsmaßnahmen, denen sich die Mitglieder in der ersten Hälfte der 1790er Jahre ausgesetzt sahen, spielte er als der vielleicht berühmteste Vertreter der Pronio-Familie daher keine Rolle.

Wenngleich die Bande zum Großteil aus Mitgliedern der Pronio-Familie bestand, so impliziert dies nicht, dass es sich im Hinblick auf die Planung und Durchführung ihrer Aktionen um ein reines Familienunternehmen handelte. Die Mitwirkung in dieser Bande war auch solchen Personen möglich, die in keinerlei verwandtschaftlichem Verhältnis zur Pronio-Familie standen und auch nicht aus derselben Ortschaft, also Introdacqua, kamen. Ein Beispiel dafür ist die Person des aus der Ortschaft Caporciano stammenden Ferdinando Leone, der neben Gaetano Pronio im Zentrum der sich im Jahre 1792 sowohl auf Seiten des Königreiches Neapel als auch auf Seiten des Kirchenstaates abspielenden Verfolgungsmaßnahmen und den schließlich Anfang 1793 eingeleiteten Verhandlungen zwischen Rom und Neapel um die Modalitäten der Auslieferung beider

687 Zitiert nach Nardecchia: I di Pronio, S. 179. Original in ASA, *Regia Udienza di Aquila, Fondo del Preside I*, 16/380, fol. 197r.

688 Coppa-Zuccari: L'invasione francese negli Abruzzi (1798–1810), Bd. 1, S. 857f.

Männer zunächst an den Gouverneur von Rieti und darauffolgend an die *Regia Udienza* von Aquila stehen sollte.

2.3.3 *Die Verfolgung und weitestgehende Ausschaltung der Pronio-Bande auf den Territorien der Provinz Abruzzo Ultra II und des Kirchenstaates zwischen 1791 und 1793*

Die im Zeitraum von 1791 bis 1793 laufenden Verfolgungsmaßnahmen gegen die Mitglieder der Pronio-Bande lassen sich in drei Etappen unterteilen. Die erste Etappe begann mit dem Überfall der Bande auf die königliche Postkutsche in der Nähe der Ortschaft Popoli am 25. Mai des Jahres 1791 und endete mit dem Tode des damaligen Anführers der Bande, Michelangiolo Pronio, sowie der Festnahme seines Bruders Panfilo in der Nacht vom 16. auf den 17. Juli 1791. Die zweite Etappe begann am 28. Juni 1792, als der für die *Gran Corte della Vicaria* als *avvocato fiscale* arbeitende Giovanni Battista Salomone im Namen König Ferdinands IV. von der *Segreteria di Stato di Grazia e Giustizia* zum Sonderbevollmächtigten für die Verfolgung von Banditen auf den Territorien der drei Provinzen Abruzzo Ultra I, Abruzzo Ultra II und Abruzzo Citra ernannt wurde. Diese zweite Etappe endete im März des Jahres 1793 mit der Übergabe der am 23. Juli 1792 auf dem Territorium des Kirchenstaates verhafteten Bandenmitglieder Gaetano Pronio und Ferdinando Leone an den königlichen Gouverneur von Rieti. Die dritte und letzte Etappe begann schließlich mit der allerdings nur kurzfristig erfolgreichen Flucht Gaetano Pronios aus der Festung von Aquila am 7. August 1793 und endete einige Tag darauf mit seiner Tötung im Gebiet von Fagnano südlich von Aquila.

2.3.3.1 Die erste Etappe: Vom Überfall der Pronio-Bande auf die königliche Postkutsche am 25. Mai 1791 bis zur Tötung des Anführers der Bande, Michelangiolo Pronio, am 16. Juli 1791 in Scanno

Der Überfall der Bande Michelangiolo Pronios auf die königliche Postkutsche am 25. Mai 1791 und die sich daran anschließende Verfolgung der Mitglieder der Bande durch den *mastrodatti onorario* der *Regia Udienza* von Aquila, Pasquale de Nardis, und die ihm unterstehenden Soldaten und Milizkräfte in der Mitte des Jahres 1791 ist im Kontext einer größeren Zahl von Verfolgungs- und Überwachungsmaßnahmen auf dem Gebiet der Provinz Abruzzo Ultra II zu sehen, die im Sommer dieses Jahres massiv von zahlreichen Banden heimgesucht wurde, die es besonders auf Reisende abgesehen hatten, welche die Provinz zum Zwecke des Besuches von Messen durchzogen. Um den Transitverkehr durch die Provinz einigermaßen sicherzustellen, hatten sich die Sicherheitskräfte besonders an solchen Straßen und Pässen positioniert, an denen es schon in der Vergangenheit immer wieder zu Überfällen gekommen war. Da die der *Regia Udienza* von Aquila zur Verfügung stehenden bewaffneten Kräfte aber bei Weitem nicht ausreichten, um diese Maßnahmen in einigermaßen effizienter Weise durchzuführen, griff man bei der Überwachung der gefährdeten Stellen auch auf lokale Milizkräfte, wie die *miliziotti* und die *fratigiurati*, zurück, die allerdings stets über einen sehr zweifelhaften Ruf verfügten. Der erfolgreiche Überfall auf die königliche Postkutsche stellte innerhalb dieses ganzen Durcheinanders, welchem sich die Provinz und deren Bewohner in jenen Monaten abermals ausgesetzt sahen, zweifellos die spektakulärste Einzelaktion dar und scheint dazu geführt zu haben, dass gerade die Pronio-Bande von all denjenigen Banden, welche die Provinz in dieser Zeit unsicher machten, diejenige war, die am systematischsten von den Behörden verfolgt wurde, wenngleich diese sich am Anfang noch nicht recht sicher waren, von wem eigentlich dieser Raub genau durchgeführt worden war.

Ein gutes Zeugnis davon, wie schwer die Provinz Abruzzo Ultra II Mitte des Jahres 1791 nicht nur von den Aktionen der Pronio-Bande, sondern eben auch von denjenigen zahlreicher anderer Banden heimgesucht und dadurch der tagtägliche Handelsverkehr in erheblichem Maße gestört wurde, vermittelt ein von den sechs *università* von Gagliano, Castel Vecchio, Goriano Sicoli, Molina, Castel di Ieri und Secinaro an die Person des Königs adressiertes und wahrscheinlich Mitte Juni verfasstes Bittschreiben, in dem man ihn um ein stärkeres Durchgreifen gegen diese Plage bat und in welchem zu den Zuständen, unter denen die Provinz und deren Einwohner litten, geschrieben stand, dass

> „il commercio di q[ue]sta parte del Regno non è per alcun luogo sicuro, motivo per cui non riceve quelli avanzamenti che desidera la M[aestà] V[ostra], e la cagione ne sono alcune compagnie di gente di rilasciato costume, le quali in vece di attendere all'agricoltura, cercano vivere di rapina con esporsi non solo nei luoghi di traffico più frequente, ma anche in quelli di passaggio più raro. […] Queste rilasciate persone non si contentano solo di esporsi in mezzo alla pubblica strada per rubare, ed assassinare, ma benanche di sorprendere quelle famiglie benestanti, che stanno in certe Ville di picciola populazione. Questi mal nati Uomini sono parte i fugitivi di galera, e parte paesani, che vogliono vivere senza industria alcuna. Se la M[aestà] V[ostra] col suo forte braccio non darà riparo a simili sconcerti, col dare rigoroso castigo a tali persone, resterà la Provincia quasi priva di commercio."[689]

689 ASA, *Regia Udienza di Aquila, Fondo del Preside I*, 9/211, Bittschreiben der *università* von Gagliano, Castel Vecchio, Goriano Sicoli, Molina, Castel di Ieri und Secinaro an

Nachdem Michelangiolo Pronio am Morgen des 25. Mai 1791 zusammen mit weiteren acht oder neun Gefährten in der Nähe des Ortes Popoli die königliche Postkutsche überfallen und kurz darauf zwei weitere Überfälle begangen hatte, wurde eine massive Verfolgung der Bande von Seiten der *Regia Udienza* von Aquila unter der Führung des *mastrodatti onorario* Pasquale de Nardis in die Wege geleitet, die allem Anschein nach die Verfolgung anderer Banden auf dem Territorium der Provinz Abruzzo Ultra II einstweilen in den Hintergrund treten ließ. Bei den beiden weiteren Überfällen, die der Bande zur Last gelegt wurden, handelte es sich um einen Überfall auf insgesamt 17 Personen aus Beffi und Succiano, die sich auf dem Weg zu einer Messe befanden, und denjenigen auf den aus Capua stammenden Giovanni Palo, dem sie zweihundert Dukaten raubte. Aufgrund dieser Überfälle befahl der *preside* von Aquila, Giuseppe Paveri Fontana, dem *mastrodatti onorario* Pasquale de Nardis am 28. Mai 1791, sich mit einer Einheit von Soldaten der *Regia Udienza* zunächst nach Capestrano und die naheliegenden Ortschaften Acciano, Beffi, Succiano, Pratola und Bussi zu begeben und dort für die Verfolgung und Ausschaltung der mutmaßlichen Verantwortlichen für diese Überfälle zu sorgen.[690]

Allerdings bestand, wie bereits erwähnt, zunächst noch Unklarheit darüber, wer eigentlich den Überfall auf die königliche Postkutsche am 25. Mai in der Nähe von Popoli begangen hatte. Dass es sich bei diesem besagten Überfall auf die königliche Postkutsche um ein Werk der Pronio-Familie hätte handeln können, wurde zum ersten Mal in einem auf den 13. Juni datierten Schreiben, wahrscheinlich Pasquale de Nardis', an den *preside* von Aquila gemutmaßt.[691] Fünf Tage später hatte sich dieser Verdacht gegen die Pronios schon längst verfestigt, als Pasquale de Nardis bei der Befragung eines aus dem Orte Bussi stammenden Informanten, der, nach seinen eigenen Angaben zu urteilen, das Gerücht

Ferdinand IV., o. O. Mitte Juni 1791, fol. 73r-73v. Zahlreiche Berichte zu den katastrophalen Zuständen und den gegen die Banden laufenden Aktionen in der Provinz Abruzzo Ultra II, welche von der *Regia Udienza* von Aquila vom Oktober 1791 bis hinein in die Zeit kurz nach der Ernennung des Sonderbevollmächtigten Giovanni Battista Salomone am 28. Juni 1792 an die Adresse der *Segreteria di Stato di Grazia e Giustizia* geschickt worden waren, befinden sich zudem in ASN, *Segreteria di Stato di Grazia e Giustizia, Dispacci e Fascicoli*, 167.

690 ASA, *Regia Udienza di Aquila, Fondo del Preside I*, 16/380, Kopie eines Schreibens des *preside* von Aquila an den *mastrodatti onorario* Pasquale de Nardis, Aquila 28. Mai 1791, fol. 2r-2v.

691 Ebd., wahrscheinlich Schreiben Pasquale de Nardis' an den *preside* von Aquila, Pescocostanzo 13. Juni 1791, fol. 40v.

mitbekommen haben wollte, erfuhr, dass höchstwahrscheinlich Michelangiolo Pronio, Ferdinando Leone aus Caporciano und Giovanni Cellini alias „Il Sagrestanello“ aus Raiano in den Überfall verwickelt waren.[692] Allerdings wird in den weiteren Korrespondenzen zu der Verfolgung der Bande dann keinerlei Bezug mehr auf eine mögliche Mittäterschaft Giovanni Cellinis bei dem Überfall auf die königliche Postkutsche genommen, so dass die Frage unbeantwortet bleiben muss, ob Cellini daran jemals wirklich teilgenommen hatte.

Am Morgen des 19. Juni teilte schließlich der Korporal der *fucilieri di montagna*, Pietro Lamberti, dem *mastrodatti onorario* Pasquale de Nardis bei einem Treffen in Sulmona mit, dass er über einen Informanten aus Introdacqua namens Giuseppe del Monaco in Erfahrung hatte bringen können, dass ein Großteil der Personen, welche die königliche Postkutsche überfallen hatten, aus Introdacqua stammte. Der Anführer der Bande soll Michelangiolo Pronio gewesen sein. Zu den weiteren mutmaßlichen Mitgliedern zählten Angiolo Pietrogiovanni alias „Il Sor Angiolo“ aus der Ortschaft Bussi, Gaetano Pronio, ein Feldwebel der Provinzmilizen, zwei nicht ortsansässige Personen, von denen einer offensichtlich aus Kalabrien stammte, sowie drei andere aus Introdacqua kommende Personen. Der Bruder Michelangiolos und Gaetanos, Panfilo, soll sich gemäß den Informationen del Monacos zu diesem Zeitpunkt außerhalb der Provinz Abruzzo Ultra II aufgehalten haben, und zwar auf dem Territorium des Kirchenstaates, wie Pietro Lamberti dem *mastrodatti onorario* Pasquale de Nardis berichtete. Kurz darauf kam es schließlich auf Bitten de Nardis' zu einem ersten geheimen Treffen mit diesem Informanten Pietro Lambertis, der dem *mastrodatti onorario* noch einmal alles bestätigte, was ihm schon Lamberti erzählt hatte, und er erklärte sich bereit, zusammen mit einem weiteren Bewohner aus Introdacqua, dessen Name del Monaco allerdings nicht preisgab, den Behörden der Provinz Abruzzo Ultra II dabei zu helfen, die Pronios festzunehmen, indem sie ihnen am Tag der vorgesehenen Verhaftung das Haus in Introdacqua zeigten, in welchem die Familie wohnte.[693]

Anfang Juli 1791 war dann Panfilo Pronio schon längst wieder nach Introdacqua zurückgekehrt, denn in einem auf den 2. Juli 1791 datierten Schreiben informierte der *preside* von Aquila, Giuseppe Paveri Fontana, den *mastrodatti onorario* davon, dass sich ein Einwohner Introdacquas namens Vincenzo Ferri bei der *Regia Udienza* darüber beklagt hatte, dass sich Panfilo Pronio, der seinen

692 Ebd., Bericht Pasquale de Nardis', Sulmona 18. Juni 1791, fol. 73r.

693 Ebd., Bericht Pasquale de Nardis', Sulmona 19. Juni 1791, fol. 75r-75v.

Sohn, Giuseppe, getötet hatte, völlig unbehelligt durch Introdacqua bewegte.[694] Wie aus der in Kopie beigelegten Stellungnahme ebendieses Vincenzo Ferri hervorgeht, besaß dieser auch Kenntnis von der mutmaßlichen Verwicklung der Bande in den Überfall vom 25. Mai in der Nähe Popolis.[695]

Bei einem weiteren geheimen Treffen mit Giuseppe del Monaco am 26. Juni 1791 im in der Stadt Sulmona gelegenen Santa Chiara-Kloster, bei dem auch der zweite Informant namens Carlo Tiberi zugegen war, erfuhr dann auch Pasquale de Nardis im Beisein des Korporals Pietro Lamberti aus deren Mund die ganzen Details zu der vermuteten Verwicklung der Pronios in den Überfall, welche beide Männer vorher schon in aller Ausführlichkeit Lamberti mitgeteilt hatten. Wie beide Männer gegenüber de Nardis aussagten, sahen sie am 24. Mai in Introdacqua, also einen Tag vor dem Überfall auf die königliche Postkutsche, wie sich ein junger Mann namens Angelo Pietrogiovanni zusammen mit zwei Fremden, von denen einer Kalabrier gewesen sein sollte, und den beiden aus Introdacqua stammenden Männern, Cintio Colangeli, dem bereits erwähnten Feldwebel der Provinzmilizen, und Giuseppe de Renzo, in das Haus der Pronios begab, in welchem sie mit Michelangiolo Pronio und dessen Vater, Domenico, ein längeres Gespräch führten. Bei Colangeli und de Renzo handelte es sich den Aussagen Giuseppe del Monacos und Carlo Tiberis zufolge um Männer mit einem äußerst schlechten Ruf, die sich bereits in der Vergangenheit zahlreicher Delikte schuldig gemacht hatten. Am darauffolgenden Tag, an welchem der Überfall stattfand, wollten die beiden Zeugen dann keinen der besagten Männer in Introdacqua gesehen haben. Am 26. Mai tauchten allerdings die Männer um Michelangiolo Pronio wieder in Introdacqua auf und begannen, mit größeren Mengen Geldes regelrecht um sich zu werfen. Nachdem Giuseppe de Renzo zum Bruder Cintio Colangelis gesagt hatte, dass auch er einen Teil der geraubten Dukaten hätte haben können, wenn er mit ihnen gekommen wäre, verbreitete sich in Introdacqua wie ein Lauffeuer das Gerücht, dass diese Männer den Überfall auf die königliche Postkutsche durchgeführt hätten und dass Michelangiolo Pronio sowie dessen Vater Domenico die Anführer der Bande wären.[696] Wie man anhand des letztendlichen Verlaufs der Verfolgung der Pronio-Bande im Sommer des Jahres 1791 noch sehen wird, resultierte diese freiwillige Zusammenarbeit der aus Introdacqua stammenden Informanten wohl besonders daraus, dass diese mit Michelangiolo Pronio noch irgendeinen nicht näher spezifizierten persönlichen Konflikt auszutragen hatten.

694 Ebd., Schreiben des *preside* von Aquila an Pasquale de Nardis, Aquila 2. Juli 1791, fol. 121r.

695 Ebd., Kopie der Stellungnahme Vincenzo Ferris, o. O. undatiert, fol. 122r.

696 Ebd., Bericht Pasquale de Nardis', Sulmona 26. Juni 1791, fol. 86r-87r.

Bevor allerdings die Ausschaltung des Bandenführers, Michelangiolo Pronio, in sehr turbulenter und unvorhergesehener Art und Weise, allerdings nicht von Hand der Behörden der Provinz Abruzzo Ultra II, glücken sollte, waren bereits von diesen in enger Zusammenarbeit mit den beiden Spitzeln drei Verhaftungsversuche in die Wege geleitet worden, die allesamt daran scheiterten, dass sich Michelangiolo Pronio entgegen den ursprünglichen Planungen nicht in Introdacqua einfand, wo man ihn eigentlich erwartet hatte und festnehmen wollte. Als die Behörden dann in der Nacht vom 16. auf den 17. Juli darangingen, in Introdacqua einen vierten Verhaftungsversuch vorzunehmen, hatte sich dieses Problem aber Stunden vorher im nahegelegenen Ort Scanno in unvorhergesehener Art und Weise gelöst.

Der erste Verhaftungsversuch wurde unternommen, als Pietro Lamberti von dem Spitzel Giuseppe del Monaco erfahren hatte, dass sich Michelangiolo, der sich bei seiner Geliebten in Scanno aufhielt, in der Nacht vom 22. auf den 23. Juni nach Introdacqua begeben würde, um sich dort mit seinen Gefährten zu beratschlagen. Bei dieser ersten Aktion wollten dann auch Giuseppe del Monaco und Carlo Tiberi den nach Introdacqua gesandten Sicherheitskräften das Haus bzw. die Häuser zeigen, in welchen das geplante Treffen stattfinden sollte.[697] Am Abend ebendieses 22. Juni 1791, für welchen die Aktion geplant war, begab sich, wie mit Giuseppe del Monaco vereinbart worden war, der Feldwebel Giuseppe Liberatore zusammen mit 19 *miliziotti* in die sich außerhalb Introdacquas befindende San Panfilo-Kapelle und wartete dort auf das versprochene Signal del Monacos, das aber nie kam, da sich Michelangiolo Pronio dafür entschieden hatte, zunächst in Scanno zu verbleiben, wo an jenem Abend ein Feuerwerk stattfand, welchem er beiwohnen wollte. Ungeachtet des Scheiterns dieses ersten Versuchs einer Festnahme Michelangiolo Pronios und seiner Gefährten sollten die *miliziotti* auf Anraten Giuseppe del Monacos zunächst in der Kapelle außerhalb Introdacquas verbleiben.[698]

Beim zweiten Versuch einer Festnahme Michelangiolo Pronios und seiner Gefährten in der Nacht vom 25. auf den 26. Juni war auch der *mastrodatti onorario* der *Regia Udienza* von Aquila, Pasquale de Nardis, zugegen, der extra deswegen in Begleitung von Männern der *fucilieri di montagna* und der *miliziotti* seinen einstweiligen operativen Sitz in Sulmona verlassen und sich in den Raum von Introdacqua begeben hatte. Laut den beiden aus Introdacqua stammenden Informanten des Korporals der *fucilieri di montagna*, Pietro Lamberti, sollten Panfilo Pronio, Ferdinando Leone und eine oder auch zwei weitere Personen aus

697 Ebd., Bericht Pasquale de Nardis', Sulmona 19. Juni 1791, fol. 75v-76r.

698 Ebd., Bericht Pasquale de Nardis', Sulmona 23. Juni 1791, fol. 82r.

dem Kirchenstaat nach Introdacqua zurückgekehrt sein. Dort sollte es dann an jenem besagten Tag zu einem Treffen im Hause der Pronio-Familie und in demjenigen einer gewissen Barbuccia kommen, bei der es sich um eine Verwandte der Pronio-Familie handelte, zu deren genauer Identität sich aber keinerlei Angaben finden lassen. Zum Zwecke der Durchführung der Verhaftung sollten sich die bewaffneten Männer unter der Führung des Feldwebels Giuseppe Liberatore in zwei außerhalb Introdacquas liegenden Kirchen namens Santa Madonna degli Angeli und San Tommaso einfinden und dort auf das Signal Giuseppe del Monacos sowie Carlo Tiberis warten, welches allerdings auch an diesem Abend nicht kommen sollte, weil auch diesmal Michelangiolo Pronio nicht in Introdacqua eintraf. Zwar hatte Giuseppe del Monaco darüber noch rechtzeitig den *mastrodatti onorario* Pasquale de Nardis in einem an Pietro Lamberti adressierten Schreiben informieren wollen, jedoch war dieser schon längst aus Sulmona aufgebrochen und konnte nicht mehr über diese Änderung unterrichtet werden. Im Anschluss an diesen zweiten Fehlschlag kam es dann schließlich in dem in Sulmona gelegenen Santa Chiara-Kloster zu dem bereits erwähnten ersten Treffen zwischen de Nardis und den beiden Informanten, Giuseppe del Monaco und Carlo Tiberi, bei welchem er die gesamten Details über die mutmaßliche Verwicklung der Pronios in den Überfall vom 25. Mai nun auch aus erster Hand erfuhr und nicht mehr ausschließlich nur aus zweiter von Seiten des Korporals der *fucilieri di montagna*, Pietro Lamberti.[699]

Bevor schließlich in der Nacht vom 4. auf den 5. Juli zum dritten Mal versucht werden sollte, Michelangiolo Pronio und seine Gefährten in Introdacqua festzunehmen, kam es am 2. Juli zu einem erneuten Treffen zwischen de Nardis und den beiden Informanten aus Introdacqua. Bei diesem Treffen, an welchem auch Pietro Lamberti und Giuseppe Liberatore an der Seite de Nardis' teilnehmen, trat zum ersten Mal ein dritter aus Introdacqua stammender Informant namens Romualdo Crognale persönlich in Erscheinung, der bei der letztendlichen Ausschaltung Michelangiolo Pronios noch eine entscheidende Rolle spielen sollte.[700] Seit wann dieser Romualdo Crognale mit den Behörden der Provinz Abruzzo Ultra II bei der geplanten Verhaftung Michelangiolo Pronios zusammenarbeitete, dazu lassen sich zwar in den konsultierten Korrespondenzen aus den Beständen der *Regia Udienza* von Aquila keinerlei Hinweise finden, allerdings soll dieser Romualdo Crognale laut den Ausführungen Coppa-Zuccaris in seinem diesbezüglichen Beitrag bereits Anfang Juni 1791 von Giuseppe del Monaco und

699 Ebd., Berichte Pasquale de Nardis', Sulmona 25. und 26. Juni 1791, fol. 85r und 86r.
700 Ebd., Bericht Pasquale de Nardis', Sulmona 2. Juli 1791, fol. 112r.

Carlo Tiberi im Namen Pietro Lambertis gefragt worden sein, ob er sich nicht an der Ausschaltung der Pronio-Bande und insbesondere der Person Michelangiolo Pronios beteiligen wolle. Beide Männer konnten somit Romualdo Crognale für eine Kooperation mit den Provinzbehörden gewinnen, kurz nachdem der *mastrodatti onorario* Pasquale de Nardis von dem *preside* von Aquila, Giuseppe Paveri Fontana, den Befehl erhalten hatte, für die Verfolgung und Ausschaltung der Bande zu sorgen, welche die königliche Postkutsche am 25. Mai überfallen hatte.[701] Bei diesem besagten Treffen vom 2. Juli 1791 versicherten die drei Informanten Pasquale de Nardis, Pietro Lamberti und Giuseppe Liberatore, dass sich Michelangiolo Pronio nunmehr mit aller Wahrscheinlichkeit in der Nacht vom 4. auf den 5. Juli in Introdacqua aufhalten würde, um sich dort im Haus seiner Familie und demjenigen der bereits erwähnten Barbuccia mit seinen Gefährten zu beratschlagen. Aufgrund der nunmehr erdrückenden Beweislage gegen die Pronio-Familie befahl de Nardis schließlich, die Ermittlungen in den beiden Ortschaften Popoli und Bussi einzustellen[702], die gerade aufgrund ihrer Nähe zum Ort des Überfalls vom 25. Mai in besonderem Maße im Mittelpunkt des Interesses der Behörden der Provinz Abruzzo Ultra II gestanden hatten.

Nachdem schließlich in der Nacht vom 4. Juli auf den 5. Juli aber dann entgegen den Versicherungen Giuseppe del Monacos, Carlo Tiberis und Romualdo Crognales auch der dritte geplante Versuch der Festnahme daran gescheitert war, dass sich Michelangiolo Pronio nicht in Introdacqua hatte blicken lassen, beschloss Pasquale de Nardis zwar am darauffolgenden Tag, dem 5. Juli, einstweilen von Sulmona nach Aquila, dem Sitz der *Regia Udienza*, zurückzukehren, jedoch weiterhin in Kontakt mit den Verbindungsleuten in Introdacqua zu bleiben.[703]

Nachdem Pasquale de Nardis nach Aquila zurückgekehrt war, hielt er sich dort aber nicht allzu lange auf, denn am frühen Morgen des 13. Juli brach er auf Befehl des *preside* abermals in Begleitung des Feldwebels Giuseppe Liberatore und einer Anzahl *fucilieri di montagna* und *miliziotti* gen Sulmona auf. Nicht zugegen war aber diesmal der Korporal der *fucilieri di montagna*, Pietro Lamberti, dem der *preside*, der ihm allem Anschein nach offen misstraute, untersagt hatte, mit de Nardis und Liberatore erneut in den Raum Sulmona auszurücken. An dessen Stelle begab sich auf Befehl des *preside* der Korporal Niccola Caccavallo mit de Nardis und Liberatore in den Raum Sulmona.[704]

701 Coppa-Zuccari: L'invasione francese negli Abruzzi (1798–1810), Bd. 1, S. 834f.

702 ASA, *Regia Udienza di Aquila, Fondo del Preside I*, 16/380, Bericht Pasquale de Nardis', Sulmona 2. Juli 1791, fol. 112r-112v.

703 Ebd., Bericht Pasquale de Nardis', Sulmona 5. Juli 1791, fol. 124r.

704 Ebd., Berichte Pasquale de Nardis', Sulmona 12. und 14. Juli 1791, fol. 128r und 129r.

Der Ursache für dieses Verhalten des *preside* von Aquila, Giuseppe Paveri Fontana, lag vermutlich maßgeblich in den drei bereits gescheiterten Versuchen der Festnahme Michelangiolo Pronios und seiner Gefährten. Da der Kontakt zwischen den drei aus Introdacqua stammenden Informanten Giuseppe del Monaco, Carlo Tiberi und Romualdo Crognale und den mit den Ermittlungen beauftragten *mastrodatti onorario* der *Regia Udienza*, Pasquale de Nardis, maßgeblich auf Initiative Pietro Lambertis zu Stande gekommen war, mag der *preside* den Verdacht gehegt haben, dass dieser vielleicht ein doppeltes Spiel trieb und versuchte, die erfolgreiche Durchführung der Ermittlungen in Zusammenarbeit mit den drei aus Introdacqua stammenden vermeintlichen Informanten zu torpedieren. Dieser Verdacht des *preside*, auch wenn er sich letzten Endes wahrscheinlich als falsch erwies, scheint gerade deshalb ein gewisses Fundament besessen zu haben, als dass es in den Provinzen des Königreiches Neapel immer das Problem gab, dass Teile der für die Provinzbehörden arbeitenden Sicherheitskräfte heimlich mit den Banden zusammenarbeiteten. Diese verdeckte Zusammenarbeit konnte sich sowohl darin äußern, dass man diesen privilegierte Informationen zukommen ließ, als auch darin, dass man selbst in die Aktivitäten der Banden verwickelt war.

In Sulmona kam es dann am 15. Juli zu einem erneuten Treffen zwischen dem *mastrodatti onorario* der *Regia Udienza* und dem Informanten Carlo Tiberi, der Pasquale de Nardis in Abstimmung mit den beiden anderen Informanten aus Introdacqua diesmal eine konzertierte Verhaftungsaktion sowohl in Introdacqua als auch in Scanno vorschlug, also jenem Ort, in dem sich das Haus der Geliebten Michelangelo Pronios, Maria Pizzacalla, befand und welchen der Bandenführer nach wie vor noch nicht verlassen hatte, woran im Endeffekt die drei vorhergegangenen Verhaftungsversuche allesamt gescheitert waren, die sich ausschließlich auf den Heimatort der Pronios konzentriert hatten. Den Informationen Carlo Tiberis zufolge sollten sich Gaetano Pronio und weitere Mitglieder der Bande am 16. Juli sowohl in dem in Introdacqua gelegenen Haus der Familie als auch in demjenigen der mit ihnen verwandten Barbuccia treffen. Die Verhaftung Michelangiolo Pronios in Scanno wollte Carlo Tiberi zunächst zusammen mit seinem Bruder Domenico und mit Romualdo Crognale in Begleitung von zwei *fucilieri di montagna*, die ihnen de Nardis zur Verfügung stellen sollte, selber durchführen. De Nardis hielt die Zahl von zwei *fucilieri di montagna* aber für die Durchführung der Festnahme Michelangiolo Pronios für zu gering und schlug daher Carlo Tiberi vor, stattdessen drei *fucilieri di montagna* und drei *miliziotti* nach Scanno zu schicken. Die drei Informanten sollten dabei ausspähen, ob Michelangiolo Pronio im Hause seiner Geliebten nächtigen würde oder auch nicht und dann den ihnen beigestellten bewaffneten Männern das Zeichen für den

Zugriff geben. Allerdings kam es auch hier zu einer kurzfristigen Modifikation, die ihre Ursache in der für Pasquale de Nardis und Giuseppe Liberatore zweifelhaften Zuverlässigkeit der drei Informanten hatte, die ihren Ausdruck nicht nur darin gefunden hatte, dass die ersten drei Zugriffe aufgrund im Nachhinein fehlerhafter Informationen gescheitert waren, sondern auch, dass sich die Informanten nicht eindeutig an vereinbarte Termine gehalten hatten, so auch im Fall des Treffens mit Carlo Tiberi, welches bereits am Vortag in der in der Nähe von Sulmona gelegenen Abtei Santo Spirito hätte stattfinden und bei dem eigentlich Giuseppe del Monaco hätte erscheinen sollen. Aber auch am 15. Juli ergaben sich im Hinblick auf die Zuverlässigkeit der drei Informanten wieder Probleme, denn ursprünglich war man darin übereingekommen, dass Carlo Tiberi am Abend desselben Tages seinen Bruder Domenico und Romualdo Crognale noch einmal zu einem Treffen mit de Nardis und Liberatore zum Zwecke der Abstimmung letzter Details nach Sulmona schicken sollte.[705] Allerdings tauchte an jenem Abend keiner der beiden Männer auf, sondern am folgenden Morgen lediglich Giuseppe del Monaco mit der Entschuldigung, dass zwar alle beide aufgrund von dringenden Geschäften von der Wahrnehmung dieses Treffens abgehalten worden waren, dass jedoch alles, was für den geplanten Zugriff am Abend dieses Tages vereinbart worden war, auch so bleiben sollte. Da sich de Nardis und Liberatore durch dieses Verhalten der Informanten erneut vor den Kopf gestoßen fühlten, beschlossen sie daher, sich am Abend dieses Tages mitsamt den ihnen zur Verfügung stehenden bewaffneten Männern nach Introdacqua zu begeben, wo sich das Gros der Pronio-Bande treffen sollte, und je nach Notwendigkeit bewaffnete Männer nach Scanno zu schicken, um Michelangiolo Pronio festnehmen zu lassen.[706]

Aber auch dieser vierte Versuch einer Festnahme am frühen Morgen des 17. Juli schlug auf ganzer Linie fehl, weil sich die Pronios, bevor die bewaffneten Männer de Nardis' und Liberatores in deren in Introdacqua gelegenes Haus und in dasjenige Barbuccias eindringen konnten, bereits in die Berge um Introdacqua abgesetzt hatten. Nachdem ihre Informanten aus Introdacqua einem Gerücht zufolge in jener Nacht sich nie in Scanno hatten blicken lassen, hegten sowohl Pasquale de Nardis als auch Giuseppe Liberatore offen den Verdacht, dass ihre Verbindungsmänner, die sich schon in der Vergangenheit nicht gerade durch Zuverlässigkeit ausgezeichnet hatten, mit ihnen ein doppeltes Spiel trieben. Als sie dann noch vernahmen, dass ihre Informanten entgegen der getroffenen Vereinbarung sich

705 Ebd., Bericht Pasquale de Nardis', Sulmona 15. Juli 1791, fol. 130r-130v.
706 Ebd., Bericht Pasquale de Nardis', Sulmona 16. Juli 1791, fol. 131r.

an jenem Abend auch nicht in Scanno aufgehalten hatten, ließen de Nardis und Liberatore Carlo Tiberi und Giuseppe del Monaco unverzüglich verhaften und führten diese mit sich nach Sulmona. Zwar hatte zusammen mit diesen beiden Männern auch Romualdo Crognale verhaftet werden sollen, jedoch fand man im Hause Crognales nur dessen Vater vor, der behauptete, dass sein Sohn angeblich in die Richtung von Castel del Sangro aufgebrochen wäre, so dass man zunächst unverrichteter Dinge wieder abziehen musste[707]

Allerdings sollte der Gang der Dinge hinsichtlich der geplanten Verhaftung Michelangiolo Pronios plötzlich eine unerwartete Wendung nehmen, als am Morgen des 18. Juli in Sulmona das Gerücht die Runde machte, dass der Bandenführer in Scanno getötet worden wäre. Auf die Nachricht von der mutmaßlichen Tötung Michelangiolo Pronios brachen Pasquale de Nardis und Giuseppe Liberatore sofort in Richtung ebendieser Stadt auf, um nähere Erkundigungen einzuziehen.[708]

Wie dann Pasquale de Nardis und Giuseppe Liberatore nach ihrer Ankunft in Scanno erfuhren, war Michelangiolo Pronio im Hause seiner Geliebten Maria Pizzacalla von Romualdo Crognale getötet worden. Wenngleich die bewaffneten Männer, die ihnen zunächst noch von de Nardis und Liberatore zugesichert worden waren, aufgrund des Misstrauens, welches beide gegenüber ihren Informanten gehegt hatten, in jener Nacht nicht in Scanno eingetroffen waren, so hatte zumindest Romualdo Crognale, wie vereinbart, sich darangemacht, die Vorkommnisse, die sich im Haus der Geliebten Michelangiolo Pronios abspielten, auszukundschaften. Nachdem Michelangiolo Pronio vom Fenster des Hauses seiner Geliebten Maria Pizzacalla aus gesehen hatte, wie Crognale seinen Aufenthaltsort ausspähte, veranlasste er diesen, zu ihm zu kommen. Bei dem nun folgenden Gespräch zwischen beiden Männern, war auch Michelangiolos Bruder Panfilo zugegen und wachte genauestens über die Regungen Crognales. Panfilo zog dann, der Grund ist nicht ganz klar, völlig unerwartet eine Pistole und schoß auf Romualdo Crognale und verletzte diesen in erheblicher Weise. Dieser wiederum zog daraufhin einen Dolch und erstach damit Michelangiolo Pronio. Nach der Bluttat, die gegen 17 Uhr stattgefunden haben soll, wurde dann der verletzte Romualdo Crognale festgenommen und unter Bewachung gestellt. Auch Panfilo Pronio, der auf Crognale geschossen hatte, wurde nach der bewaffneten Auseinandersetzung im Haus der Geliebten seines Bruders auf dem Gebiet Scannos festgesetzt. Bei seinem Verhör im lokalen Gerichtshof von Scanno

707 Ebd., Bericht Pasquale de Nardis', Sulmona 17. Juli 1791, fol. 132r-133r.

708 Ebd., Bericht Pasquale de Nardis', Sulmona 18. Juli 1791, fol 137r.

gab Romualdo Crognale gegenüber dem Gouverneur an, dass die Tötung Michelangiolo Pronios auf Anordnung Pasquale de Nardis' und Giuseppe Liberatores erfolgt wäre und dass diese den diesbezüglichen Befehl zunächst Carlo Tiberi übergeben hätten, welcher dann ihn, Romualdo Crognale, davon in Kenntnis gesetzt hätte. Allerdings hatten de Nardis und Liberatore mit ihren Informanten lediglich vereinbart, dass diese das Haus überwachen und, falls sich Michelangiolo Pronio darin befände, sich unverzüglich mit ihnen in Verbindung setzen sollten, damit bewaffnete Männer nach Scanno zur Festnahme Michelangiolo Pronios und seiner Gefährten geschickt werden konnten. Den Informanten war es allerdings zu keiner Zeit von dem *mastrodatti onorario* der *Regia Udienza* von Aquila gestattet worden, bei der Arrestierung Michelangiolo Pronios und seiner Gefährten selber aktiv zu werden. De Nardis und Liberatore vermuteten daher, dass die Anordnung, welche sie Carlo Tiberi gegeben hatten, von diesem bewusst als falsche Blankovollmacht dazu missbraucht worden war, um in einer nicht weiter bekannten privaten Angelegenheit mit Michelangiolo Pronio abzurechnen. Nachdem de Nardis und Giuseppe Liberatore selbst noch einmal Romualdo Crognale verhört hatten, wiesen sie die sie begleitenden Männer dazu an, das Haus der Geliebten Michelangiolo Pronios, Maria Pizzacalla, gründlich zu durchsuchen. Bei dieser Durchsuchung stießen dann die Männer de Nardis' und Liberatores auf eine große Anzahl von Briefen, die Michelangiolo Pronio aus der Haft vornehmlich an einen gewissen aus Scanno stammenden Pasquale Ciancarelli und die Mutter seiner Geliebten geschrieben hatte.[709]

Wie aus den nach dem Tode Michelangiolo Pronios von de Nardis durchgeführten Ermittlungen zudem hervorging, bestanden zwischen den Pronios und dem Gouverneur von Scanno offenbar hervorragende Beziehungen, die beispielsweise darin ihren Ausdruck fanden, dass es der Gouverneur wider besseren Wissens unterlassen hatte, mit der *Regia Udienza* von Aquila im Hinblick auf den Aufenthalt Michelangiolo Pronios in Scanno, wie ihm eigentlich als Vorsteher des örtlichen Gerichtshofes oblegen hätte, in Kontakt zu treten. Nachdem es schließlich im Haus der Geliebten Michelangiolo Pronios zu der für ihn tödlichen Auseinandersetzung mit Romualdo Crognale gekommen war, hatte der Gouverneur von Scanno offensichtlich nicht nur dafür gesorgt, dass die dabei benutzten Waffen und verschiedene Briefe beiseite geschafft wurden, die Michelangiolo Pronio bei sich getragen hatte, sondern auch dafür, dass der getötete Bandit binnen kürzester Zeit beerdigt wurde, statt auf das Eintreffen de Nardis'

709 Ebd., Bericht Pasquale de Nardis', Scanno 19. Juli 1791, fol. 139r-140r.

und seiner Männer zu warten.[710] Bemerkenswert ist in diesem Zusammenhang auch, dass der Gouverneur nach dem Eintreffen der Bevollmächtigten der *Regia Udienza* von Aquila in Scanno, die sich als erstes zu dessen Haus begaben, zunächst nicht zu erreichen war.[711] Diese besagten Briefe und Waffen ließ sich der *mastrodatti onorario* schließlich von Seiten des lokalen Gerichtshofes von Scanno aushändigen und hielt sie für seine laufenden Ermittlungen strengstens unter Verschluss.[712]

Nicht nur der kurz nach der Tötung Michelangiolo Pronios noch im Haus der Geliebten des Banditen festgesetzte Romualdo Crognale, sondern auch der gleichfalls arrestierte Panfilo Pronio, zu dessen Verhaftung keine weiteren Angaben gemacht werden, sollten schließlich gemäß einem auf den 19. Juli 1791 datierten Schreiben des *preside* von Aquila, Giuseppe Paveri Fontana, an den zum Zwecke der Durchführung von Ermittlungen in Scanno verweilenden *mastrodatti onorario* von diesem an die *Regia Udienza* überstellt werden.[713]

Anfang August schien dann Pasquale de Nardis im Wesentlichen seine Ermittlungen zu dem Überfall der Bande auf die königliche Postkutsche im Mai und die Umstände des Todes von Michelangiolo Pronio im Haus seiner Geliebten in Scanno abgeschlossen zu haben. Die Grundlage für diese Ermittlungen bildeten nicht nur vor Ort abgenommene Zeugenaussagen, sondern auch zahlreiche Schriftstücke, die man sowohl im Haus der Pronio-Familie in Introdacqua und demjenigen der Geliebten in Scanno gefunden hatte als auch sich von Seiten des lokalen Gerichtshofes von Scanno hatte aushändigen lassen. Abgesehen davon, dass für de Nardis keinerlei Zweifel mehr bestanden, dass die drei Pronio-Brüder Michelangiolo, Gaetano und Panfilo in den Überfall verwickelt waren, kam er des Weiteren zu dem Ergebnis, dass auch deren Eltern Domenico und Angela Catarina stets im Hinblick auf die Taten ihrer Söhne auf dem Laufenden gewesen sein mussten, was letztlich auch auf den Überfall auf die königliche Postkutsche im Mai des Jahres 1791 zutreffen musste. Der Vater der Pronio-Brüder war aber für die Behörden nicht ohne Weiteres greifbar, da er sich offensichtlich im Wissen um die Folgen des Überfalls auf die königliche Postkutsche rechtzeitig aus Introdacqua abgesetzt hatte. Im Fall des noch nicht arrestierten Gaetano Pronio konnte de Nardis zudem nachweisen, dass dieser auch im Jahre 1790 in eine

710 Ebd., Bericht Pasquale de Nardis' an den *preside* von Aquila, Scanno 19. Juli 1791, fol 206v. Diese besagten Briefe befinden sich auf den Blättern 212r bis 218r.

711 Ebd., Bericht Pasquale de Nardis', Scanno 19. Juli 1791, fol 139r.

712 Ebd., Bericht Pasquale de Nardis', Scanno 22. Juli 1791, fol. 219r.

713 Ebd., Schreiben des *preside* von Aquila an Pasquale de Nardis, Aquila 19. Juli 1791, fol. 208r.

große Anzahl von Überfällen auf dem Territorium der Provinz Abruzzo Ultra II verwickelt gewesen war.[714]

2.3.3.2 Die zweite Etappe: Die Verfolgung der Pronio-Bande auf den Territorien der Provinz Abruzzo Ultra II und des Kirchenstaates im Jahre 1792 unter dem Oberbefehl des Sonderbevollmächtigten Giovanni Battista Salomone

Für den Zeitraum von der Tötung Michelangiolo Pronios durch Romualdo Crognale Mitte Juli des Jahres 1791 bis zum Beginn einer großen Verfolgungskampagne gegen Banditen in den drei abruzzesischen Provinzen ab Ende Juli 1792 ist unklar, wie sich die Geschicke der noch nicht inhaftierten Mitglieder der Bande gestalteten. Zumindest irgendwann innerhalb dieses Zeitraums muss es Panfilo Pronio, der Mitte Juli des vorangegangenen Jahres auf dem Gebiet Scannos verhaftet worden war, gelungen sein, wieder aus den Fängen der *Regia Udienza* von Aquila zu entkommen, denn bei den im Sommer des Jahres 1792 auf dem Gebiet der Provinz Abruzzo Ultra II und demjenigen des Kirchenstaates durchgeführten Fahndungsmaßnahmen stand gerade er zusammen mit Gaetano Pronio und Ferdinando Leone besonders im Zentrum der diesbezüglichen Bemühungen der Behörden.

Diese massive Verfolgung der Mitglieder der Pronio-Bande und anderer Delinquenten auf dem Gebiet der drei abruzzesischen Provinzen Abruzzo Ultra I, Abruzzo Ultra II und Abruzzo Citra, denen sie sich ab Mitte 1792 ausgesetzt sahen, ist im Kontext einer großen und vor allem auch provinzübergreifend durchgeführten Kampagne gegen das Banditenunwesen in allen Provinzen des Königreiches Neapel im Zeitraum 1792/1793 zu sehen, für welche man wiederum auf das schon häufig angewandte Mittel der sogenannten „delegati straordinari“ für die Banditenbekämpfung zurückgriff. Da mit dieser Maßnahme die Verfolgung der noch nicht arrestierten Mitglieder der Pronio-Bande eine neue und im Vergleich zu vorher noch größere Dimension annahm, scheint es trotz des Fehlens von Informationen zu den Aktivitäten der Bande im Zeitraum zwischen Mitte Juli 1791 und Ende Juli 1792 durchaus gerechtfertigt zu sein, von einer zweiten Etappe der diesbezüglichen Verfolgungsmaßnahmen zu sprechen.

Zur Durchführung dieser umfassenden Verfolgungsmaßnahmen waren, wie aus einem auf den 3. Juli 1792 datierten und sich in den Beständen der *Sacra Regia Udienza* von Trani befindenen Schreiben hervorgeht, welches der *Segretario*

714 Ebd., Abschlussbericht Pasquale de Nardis’ für den *preside* von Aquila, Aquila 2. August 1791, fol. 225v-226r.

di Stato degli Affari Esteri, di Guerra e di Marina, John Acton, dem *preside* von Trani, Raimondo Blanch, hatte zukommen lassen, von der *Segreteria di Stato di Grazia e Giustizia* in königlichem Auftrag ab dem 28. Juni 1792 insgesamt fünf Sonderbevollmächtigte in die Provinzen entsandt worden, um in enger Zusammenarbeit mit den dortigen Behörden auf provinzialer und lokaler Ebene gegen die zahlreichen Räuberbanden vorzugehen und die von diesen heimgesuchten Provinzen zu befrieden.[715] Bei diesen fünf Sonderbevollmächtigten handelte es sich um die folgenden Personen: *erstens* den als Richter an der *Gran Corte della Vicaria* tätigen Tommaso Oliva mit der Zuständigkeit für die beiden Provinzen Calabria Citra und Calabria Ultra, *zweitens* den *caporuota* der *Regia Udienza* von Salerno, Lelio Parisi, mit der Zuständigkeit für die Provinzen Principato Citra und Basilikata, *drittens* den *commissario di campagna* Andrea de Leone mit der Zuständigkeit sowohl für die ihm unterstehende Terra di Lavoro als auch die beiden Provinzen Principato Ultra und Contado di Molise, *viertens* den als *uditore* für die *Regia Dogana della Mena delle Pecore* in Foggia arbeitenden Francesco de Cicco für die drei apulischen Provinzen Capitanata, Terra di Bari und Terra d'Otranto und *fünftens* den an der *Gran Corte della Vicaria* tätigen *avvocato fiscale* Giovanni Battista Salomone mit der Zuständigkeit für die drei abruzzesischen Provinzen Abruzzo Citra, Abruzzo Ultra I und Abruzzo Ultra II.[716]

Da bei solchen massiven und provinzübergreifenden Verfolgungsmaßnahmen immer die Gefahr bestand, dass sich Banditen ihrer Festnahme dadurch zu entziehen versuchten, dass sie auf das Territorium des Kirchenstaates flohen, hatte man sich von Seiten Neapels rechtzeitig mit der päpstlichen Regierung in Rom in Verbindung gesetzt und diese über die anstehende Mission der fünf Sonderbevollmächtigten informiert. Gesetzt den Fall, dass sich flüchtige Banditen auf das Gebiet des Patrimonium Petri absetzen sollten, hatte man im Auftrag König Ferdinands IV. von Seiten der *Segreteria di Stato degli Affari Esteri, di Guerra e di Marina* die päpstliche Regierung darum gebeten, auch ihre jeweiligen Vertreter auf provinzialer und lokaler Ebene von dieser anstehenden Mission in Kenntnis

---

715 ASB/ST, *Sacra Regia Udienza di Trani, Carte Amministrative, Affari Diversi*, 6/43, Schreiben des ersten Staatssekretärs John Acton an den *preside* von Trani, Raimondo Blanch, Neapel 3. Juli 1792, fol. 1r. Die in diesem Faszikel enthaltene umfangreiche Zahl an Korrespondenzen bezieht sich konkret auf denjenigen Teil der Mission des Sonderbevollmächtigten Francesco de Cicco, der sich von Anfang Juli 1792 bis in den Dezember desselben Jahres hinein auf dem Territorium der Provinz Terra di Bari mit dem Hauptort Trani abspielte.

716 Ebd., fol. 1v.

zu setzen und dazu anzuhalten, mit den von Neapel ernannten Sonderbevollmächtigten und deren Untergebenen bei der grenzübergreifenden Verfolgung zusammenzuarbeiten.[717]

Zu den Banditen, die im Zentrum der ab dem 28. Juni 1792 unter der Oberaufsicht des *avvocato fiscale* der *Gran Corte della Vicaria* und Sonderbevollmächtigten für die drei abruzzesischen Provinzen, Giovanni Battista Salomone, durchgeführten Verfolgungsmaßnahmen standen, gehörten nicht nur die flüchtigen Mitglieder der Pronio-Bande, sondern auch eine Reihe anderer Banditen, wie beispielsweise der aus Raiano stammende Giovanni Cellini alias „Il Sagrestanello", der am 28. Februar 1789 den ebenfalls aus Raiano stammenden Priester Celestino de Amicis erschossen hatte und schließlich am 2. September auf dem Gebiet der im Kirchenstaat liegenden Ortschaft Sermoneta in der Nähe der Pontinischen Sümpfe festgenommen wurde und nach seiner sicheren Identifikation durch aus seinem Heimatort stammende Zeugen an die Behörden der Provinz Abruzzo Ultra II ausgeliefert werden konnte.[718] Der operative Sitz des Sonderbevollmächtigten Salomone befand sich während der laufenden Verfolgungsaktionen in den drei Provinzen in dem zentral in der Abruzzenregion und äußerst verkehrsgünstig gelegenen Ort Tocco am Oberlauf des Pescara-Flusses, von wo aus er die an ihn adressierten Korrespondenzen entgegennahm und seine diesbezüglichen Antwortschreiben aussenden ließ.[719]

---

717 Ebd., fol. 4r.

718 ASA, *Regia Udienza di Aquila, Fondo del Preside I*, 27/595, fol. 53r-54r, fol. 55r-55v und fol. 60r-60v. Bei dem ersten Dokument zum Fall Giovanni Cellinis alias "Il Sagrestanello", auf welches an dieser Stelle Bezug genommen wird, handelt es sich um ein auf den 29. August 1792 datiertes Schreiben des Gouverneurs von Frosinone an den Sonderbevollmächtigten Giovanni Battista Salomone, bei dem zweiten um eine Abschrift eines im Archiv des Gerichtshofes von Raiano enthaltenen Schriftstücks vom 1. April 1789 zum Mord an dem Priester Celestino de Amicis und bei dem dritten um ein wahrscheinlich vom 12. September desselben Jahres datiertes Schreiben des Gouverneurs von Frosinone an den *avvocato fiscale* der *Regia Udienza* von Aquila, Giovanni de Gemmis Maddalena.

719 Alle von dem Sonderbevollmächtigten an die betreffenden Befehlsempfänger ausgesandten Schreiben sind am Ende neben dem Datum stets mit dem Namen des Ausstellungsortes Tocco versehen. Eine Reihe von Briefen des für die drei abruzzesischen Provinzen ernannten Sonderbevollmächtigten Giovanni Battista Salomone befindet sich in dem im Staatsarchiv von Teramo aufbewahrten Bestand der „Presidenza di Abruzzo Ultra Primo", die allerdings nichts mit der Verfolgung der flüchtigen Mitglieder der Pronio-Bande zu tun haben. Es geht in diesen Briefen aus dem Jahre 1793 um einen von einer Bande durchgeführten Überfall auf die im Gebiet

Eine zentrale Rolle bei den Verfolgungsmaßnahmen auf dem Gebiet der Provinz Abruzzo Ultra II spielte der *bargello* von Tagliacozzo, Michele Diadei, zu dessen Einheit sowohl sechs Männer des lokalen Gerichtshofes von Tagliacozzo als auch vier Soldaten der *Regia Udienza* von Aquila zählten.[720] Dieser Michele Diadei und die ihm unterstehenden sechs baronalen *armigeri* waren am 6. August 1792 auf Befehl des Sonderbevollmächtigten Giovanni Battista Salomone von dem *avvocato fiscale* der *Regia Udienza* von Aquila, Giovanni de Gemmis Maddalena, beauftragt worden, unter dem Kommando des für die *Regia Udienza* arbeitenden Domenico Antonio Farina gezielt nach den vier flüchtigen Banditen Ferdinando Leone, Gaetano Pronio, Panfilo Pronio und Giovanni Cellini zu fahnden. Sie sollten sich dabei an all diejenigen Orte in der Provinz Abruzzo Ultra II begeben, an denen die besagten vier Männer gesehen worden waren, dort die notwendigen Erkundigungen einziehen und gegebenenfalls für die Festnahme Sorge tragen.[721]

Ein besonderes Problem bei diesen Verfolgungsmaßnahmen ergab sich jedoch aus dem Verhalten ebendieses *bargello* gegenüber dem Bevollmächtigten der *Regia Udienza* von Aquila, Domenico Antonio Farina, mit welchem sich Diadei offen weigerte, in vernünftiger Weise zusammenzuarbeiten und sich bei seinen Aktionen abzustimmen. Wie aus einem Schreiben ebendieses Farina vom 12. August 1792[722] aus der Stadt Celano an den *avvocato fiscale* der *Regia Udienza* von Aquila, Giovanni de Gemmis Maddalena, hervorgeht, und bei welchem er sich auf das Heftigste über das Verhalten Michele Diadeis beschwerte und diesen der Insubordination bezichtigte, wollte der *bargello* von Tagliacozzo mit den ihm unterstehenden Männern offensichtlich bei der Verfolgung der Banditen eher eigenmächtig vorgehen und dann dafür die Lorbeeren ernten.[723]

---

von Spoltore gelegene Masseria von Antonio di Orazio und Maria di Berardinucci, den Mord an demselben di Orazio und die diesbezüglichen Maßnahmen des Sonderbevollmächtigten. AST, *Presidenza di Abruzzo Ultra Primo*, 50/796.

720 ASA, *Regia Udienza di Aquila, Fondo del Preside I*, 16/378, fol. 67r, beglaubigte Liste Michele Diadeis zu den ihm unterstehenden Männern, Avezzano 3. Oktober 1792, fol. 67r.

721 Ebd., Schreiben des *avvocato fiscale* Giovanni de Gemmis Maddalenas an Michele Diadei, Aquila 6. August 1792, fol. 11r-11v.

722 Ebd., Schreiben Domenico Antonio Farinas an Giovanni de Gemmis Maddalena, Celano 12. August 1792, fol. 20r-20v.

723 Einen weiteren Hinweis darauf, dass diese Klagen über den vermeintlichen Ungehorsam des augenscheinlich vor allem aus karrieristischen Motiven in dieser Weise handelnden *bargello* von Tagliacozzo, Michele Diadei, und über dessen als allzu eigenmächtig empfundenes Vorgehen bei der Verfolgung von Banditen auf dem

Zu Beginn dieser Streitereien zwischen dem *bargello* von Tagliacozzo und Farina stand ein in Rocca di Mezzo verfasstes Schreiben Michele Diadeis, welches Farina am 8. August erhielt und in welchem er von Diadei dazu aufgefordert wurde, sich mit den ihm unterstehenden Soldaten der *Regia Udienza* nach Avezzano zu begeben, wo diese sich ihm und seinen sechs *armigeri* anschließen sollten. Dort wollte Diadei ihm auch die diesbezüglichen und an ihn adressierten Anweisungen der *Regia Udienza* aushändigen. Da sich Farina als Mitarbeiter der in der Provinz Abruzzo Ultra II auf der obersten bürokratisch-administrativen Ebene stehenden *Regia Udienza* von Aquila aber weigerte, von einem an einem lokalen und dazu noch baronalen Gerichtshof arbeitenden *bargello* Befehle entgegenzunehmen, und zudem nicht glaubte, dass der *preside* von Aquila jemals solch einen Befehl geben würde, ignorierte er das Ansinnen Michele Diadeis und wandte sich stattdessen vielmehr an den in Avezzano residierenden *sopraintendente* der baronalen *università* von Tagliacozzo, in deren Diensten Diadei stand, und verlangte von diesem die Herausgabe der an ihn gerichteten Schreiben der *Regia Udienza* von Aquila, was der besagte *sopraintendente* namens Baldassaro Lanciano dann auch unverzüglich tat.[724] Zumindest im Hinblick auf die Verfolgung der beiden flüchtigen Banditen Ferdinando Leone und Gaetano

Territorium der Provinz Abruzzo Ultra II durchaus Substanz besaßen, bietet ein im Namen Diadeis über die *Segreteria di Stato di Grazia e Giustizia* an den König gerichtetes und höchstwahrscheinlich aus dem Februar des Jahres 1793 stammendes Bittschreiben, in welchem der *bargello* von Tagliacozzo diesen um die Erhebung in den Rang eines Hauptmanns der *compagnia di compagna* der *Regia Udienza* von Aquila ersuchte. Zu den Verdiensten, die solch eine Erhebung rechtfertigten, zählten in seinen Augen besonders sein Engagement bei der Verfolgung von Mitgliedern der Pronio-Bande im vergangenen Jahr 1792 sowie die erfolgreiche Überführung des von den päpstlichen Behörden gefangen genommenen und an das Königreich Neapel ausgelieferten und aus Raiano stammenden Banditen Giovanni Cellini alias „Il Sagrestanello" von der Grenze zum Kirchenstaat in den Kerker der *Regia Udienza* von Aquila. Des Weiteren erwähnte Michele Diadei, dass er vor dem Antritt des Amtes des *bargello* von Tagliacozzo für die Behörden des Kirchenstaates gearbeitet hatte. Dem damaligen Hauptmann der *compagnia di campagna* der *Regia Udienza* von Aquila, Giovanni Fortunato, der kurz davor war, in Pension zu gehen, schien Michele Diadei nicht sonderlich wohlgesonnen zu sein, denn in dem diesbezüglichen Bittschreiben, welches im Auftrage des *bargello* verfasst worden war, wurde dieser von Diadei abschätzig als „decrepito" und „stupido" bezeichnet. Ebd., 4/93, Bittschreiben Michele Diadeis an König Ferdinand IV., o. O. Februar 1793, fol. 3r-4r.

724 Ebd., 16/378, Bericht Domenico Antonio Farinas an Giovanni de Gemmis Maddalena, Celano 9. August 1792, fol. 15r.

Pronio hatten diese Kompetenzrangeleien zwischen dem Mitarbeiter der *Regia Udienza* von Aquila und dem *bargello* von Tagliacozzo keinerlei Auswirkungen, da beide Delinquenten, als der Streit zwischen beiden Männern ausbrach, wie man noch sehen wird, schon längst auf dem Territorium des Kirchenstaates verhaftet worden waren, ohne dass davon die *Regia Udienza* von Aquila zunächst Kenntnis besaß.

Um sich der strafrechtlichen Verfolgung durch die neapolitanische Justiz zu entziehen, waren Ferdinando Leone und Gaetano Pronio unter den Decknamen Agostino Savelli und Angelo Forti auf dem Territorium des Patrimonium Petri untergetaucht. Allerdings konnten sie sich dort nicht allzu lange in Sicherheit wiegen, da die päpstlichen Behörden von Seiten Neapels über die Flucht der beiden Banditen informiert worden waren und daraufhin die notwendigen Ermittlungen eingeleitet hatten, um diese in die Hände zu bekommen und wieder auf die andere Seite der Grenze bringen zu lassen.[725]

In den zahlreichen Korrespondenzen zur Verfolgung der Mitglieder der Pronio-Bande und anderer Banditen in der Abruzzenregion lässt sich jedoch kein sicherer Anhaltspunkt finden, wann genau Gaetano Pronio, Panfilo Pronio und Ferdinando Leone sowie ihre mutmaßlichen Gefährten vom Territorium der Provinz Abruzzo Ultra II auf dasjenige des Kirchenstaates vordrungen waren. Nicht klären lässt sich zudem, wie oft sie dies vielleicht im Jahre 1792 oder auch in dem Jahre davor auf der Flucht vor den Behörden getan hatten. Auf Basis eines auf den 31. Juli 1792 datierten Schreibens des für die *Regia Udienza* von Aquila arbeitenden Domenico Antonio Farina an deren *avvocato fiscale* Giovanni de Gemmis Maddalena müssen sich die drei Männer bereits am 14. Juli definitiv auf dem Territorium des Kirchenstaates befunden haben. Denn am späten Abend jenes Tages kehrten sie dort in die sogenannte „Osteria della Spiaggia“ ein und schienen aufgrund ihres Aussehens bei einigen Gästen größeres Misstrauen erregt zu haben. Nachdem die Gerüchte um den mutmaßlichen Aufenthalt der drei Männer in der besagten Osteria auch Domenico Antonio Farina zu Ohren gekommen waren, begab er sich am 30. Juli in Begleitung einiger *fucilieri di montagna* in diesen auf dem Gebiet des Kirchenstaates gelegenen Gasthof, um dessen Wirt zu vernehmen. Der Wirt beschrieb dann Farina gegenüber das ungefähre Aussehen der drei verdächtigen Männer, die bei ihm eingekehrt waren, und gab zudem an, dass diese später auf ihren zwei Pferden, die sie mit sich geführt hatten, in Richtung Rom

725 Ebd., 14/326, Kopie eines an die *Regia Udienza* von Aquila gerichteten Schreibens des als *bargello* in den Diensten des Gouverneurs von Rom, Monsignore Rinuccini, stehenden Hauptmanns Giuseppe Menafra, Rom 19. Januar 1793, fol. 2r.

weiter gezogen waren. Auf Grundlage der Beschreibung des Aussehens der drei Männer von Seiten des Wirtes der „Osteria della Spiaggia" war sich Farina in seinem Schreiben vom 31. Juli gegenüber dem *avvocato fiscale* der *Regia Udienza* von Aquila sehr sicher, dass es sich bei diesen um die beiden Pronio-Brüder und Ferdinando Leone handeln musste. Auch wenn es für Farina offensichtlich gewesen sein dürfte, dass Gaetano Pronio, Panfilo Pronio und Ferdinando Leone mit ihrem Weiterzug nach Rom vor ungefähr zwei Wochen das Ziel vor Augen gehabt haben dürften, in dem dortigen Großstadtgetümmel unterzutauchen, vermochte er es einstweilen nicht, noch aktuellere und vor allem auch noch weitaus spezifischere Informationen zu dem weiteren Verbleib der drei Männer einzuholen.[726]

Ungeachtet des Umstandes, dass sich zunächst die Spur der drei Banditen auf dem Territorium des Kirchenstaates nach dem 14. Juli verloren hatte, hatten die päpstlichen Behörden wenigstens im vorangegangenen Monat im Hinblick auf die Verfolgung von anderen Mitgliedern der Pronio-Bande einen ersten Fahndungserfolg erzielen können, denn in einem auf den 20. Juni 1792 datierten und in Rom verfassten Schreiben des als *bargello* in Diensten des Gouverneurs von Rom, Monsignor Rinuccini, stehenden Hauptmanns Giuseppe Menafra konnte dieser gegenüber der *Regia Udienza* von Aquila vermelden, dass es den ihm unterstehenden bewaffneten Männern gelungen war, die mutmaßlich zur Bande der Pronios gehörenden Giuseppe Stella aus Salerno und Luigi Centofanti in Rom in Gewahrsam zu nehmen, und dass man darauffolgend beide Männer auch hinsichtlich des mutmaßlichen Aufenthaltsorts von Panfilo und Gaetano Pronio verhört hatte. Wie aus dem Schreiben Menafras hervorgeht, hatten Stella und Centofanti bei ihrem Verhör zu Protokoll gegeben, dass sich Panfilo Pronio im Gebiet von Torre in Pietra aufhielte und Gaetano Pronio im Wald von Vicarello am Bracciano-See, bei denen es sich um Orte im weiteren Umkreis Roms, der Hauptstadt des Kirchenstaates, handelte. Als Menafra auf diese Nachricht hin bewaffnete Kräfte zu den beiden besagten Orten schickte, mussten diese aber in Erfahrung bringen, dass Panfilo und Gaetano Pronio diese auf die Nachricht hin, dass ihre beiden Gefährten von den päpstlichen Behörden festgenommen worden waren, bereits verlassen hatten. Beide Männer sollten sich laut den den Männern Menafras zugetragenen Informationen mit einem gewissen Antonio N. aus Sulmona sowie den ebenfalls aus Introdacqua stammenden Gaetano del Monaco, Gioachino del Monaco, Giorgio di Vito und dessen Stiefsohn Pasquale Lombardi vereinigt haben und sich, nachdem sie auf dem Territorium des Kirchenstaates zahlreiche Delikte verübt

726 Ebd., 16/378, Schreiben Domenico Antonio Farinas an den *avvocato fiscale* Giovanni Gemmis de Maddalena, Tagliacozzo 31. Juli 1792, fol. 6r-7r.

hatten, angeblich wieder auf dem Weg nach Introdacqua befinden.[727] Allerdings führten die Gerüchte um den möglichen Verbleib der Banditen nicht zu deren erhoffter Festnahme auf dem Gebiet der Provinz Abruzzo Ultra II. Wohl besonders in Anbetracht dieser scheinbar völlig erfolglosen Verfolgung Panfilo und Gaetano Pronios sowie Ferdinando Leones in den Sommermonaten des Jahres 1792 dehnte schließlich die *Regia Udienza* von Aquila Anfang Oktober die Fahndung auf ein weiteres Mitglied der Pronio-Familie aus, welches bis dahin bei den diesbezüglichen Maßnahmen des Jahres 1792 allem Anschein nach noch keine wirklich signifikante Rolle gespielt hatte, nämlich den Vater der Pronio-Brüder, Domenico, dessen Falles sich wiederum auf Befehl des *avvocato fiscale* der *Regia Udienza*, Giovanni de Gemmis Maddalena, der *bargello* von Tagliacozzo, Michele Diadei, und die ihm unterstehenden Männer annehmen sollten.[728]

Wie aus dem weiteren Fortgang der Fahndung nach den Mitgliedern der Pronio-Bande ersichtlich wird, hatte zumindest ein Teil davon offensichtlich versucht, in der Anonymität der Hauptstadt des Kirchenstaates unterzutauchen. Denn zwei der am meisten gesuchten Mitglieder der Pronio-Bande, Ferdinando Leone und Gaetano Pronio, wurden, wie sich aus einem in Rom verfassten Schreiben des Hauptmanns Giuseppe Menafra vom 19. Januar 1793 an die *Regia Udienza* von Aquila entnehmen lässt, schließlich am 23. Juli 1792 auf dem Gebiet der Stadt Rom von den päpstlichen Behörden festgenommen und in die in Rom gelegenen Carceri Nuove eingesperrt. Die Festnahme Leones und Pronios erfolgte dabei zu nächtlicher Stunde in einer Osteria außerhalb der Porta di San Pancrazio. Bereits am Tage zuvor war es in Rom zu einem Schusswechsel zwischen den beiden Banditen und den Sicherheitskräften des Papstes gekommen, bei welchem ein päpstlicher Korporal verletzt worden war. Nach der Festnahme beider Männer informierte man von päpstlicher Seite die *Regia Udienza* von Aquila, um mit dieser schließlich die Modalitäten der Auslieferung regeln zu können. Die Verhandlungen um die mögliche Übergabe beider Männer wurden von der *Regia Udienza* von Aquila stets in Rückkoppelung mit der Zentralregierung in Neapel und dem von ihr in die drei abruzzesischen Provinzen entsandten Sonderbevollmächtigten Giovanni Battista Salomone durchgeführt. Die Auslieferung beider Männer konnte allerdings erst nach deren sicherer Identifizierung durch Zeugen, die von der *Regia Udienza* von Aquila nach Rom zu entsenden waren, in die Wege geleitet werden. Während Ferdinando Leone am 19. Januar 1793 schon von

727 Ebd., 27/595, Schreiben des Hauptmanns Giuseppe Menafra an den *preside* von Aquila, Rom 20. Juni 1792, fol. 12r-12v.

728 Ebd., 16/378, Schreiben Michele Diadeis an den *avvocato fiscale* der *Regia Udienza* von Aquila, Giovanni de Gemmis Maddalena, Tagliacozzo 8. Oktober 1792, fol. 68r.

Zeugen sicher identifiziert worden war, welche die *Regia Udienza* nach Rom geschickt hatte, stand dasselbe hinsichtlich der Person Gaetano Pronios noch aus.[729]

Wenngleich beide Seiten, der Kirchenstaat und das Königreich Neapel, wie schon in der Vergangenheit, ein beständiges Interesse an einer funktionierenden Zusammenarbeit auf dem Gebiet der grenzüberschreitenden Bekämpfung der Bandenkriminalität besessen hatten, so ging der schließlich auf den Weg gebrachten Auslieferung von arrestierten Banditen zunächst immer wieder erst einmal ein aufwendiges Prozedere und, damit verbunden, auch ein aufwendiger Schriftverkehr zwischen Neapel und Rom voraus, der das Auslieferungsverfahren natürlich erheblich in die Länge ziehen konnte. Dieses ganze Prozedere konnte zusätzlich noch besonders dadurch erschwert werden, wenn hinsichtlich der Identität der festgenommenen Verbrecher noch erhebliche Unklarheiten herrschten und erst einmal Zeugen in das eine oder das andere Jurisdiktionsgebiet geschickt werden mussten, um diese eindeutig zu identifizieren.

Die beiden am 23. Juli 1792 in Rom verhafteten Ferdinando Leone und Gateano Pronio sowie der bereits an anderer Stelle erwähnte Bandit und Mörder Giovanni Cellini waren allerdings nicht die einzigen aus dem Zuständigkeitsgebiet der *Regia Udienza* von Aquila stammenden Delinquenten, welche die päpstlichen Behörden im Laufe des Jahres 1792 verhafteten, denn in demselben Schreiben des Hauptmanns Giuseppe Menafra vom 19. Januar 1793 wurden schließlich noch drei weitere aus dem Königreich Neapel stammende Männer erwähnt, die man auf dem Territorium des Kirchenstaates festgenommen hatte und über deren mögliche Auslieferung nun verhandelt wurde. Bei diesen handelte es sich *erstens* um den aus Introdacqua stammenden Gaetano del Girolamo, der allem Anschein nach mit der Tochter Domenico Pronios, Anna Teresa, verheiratet war, *zweitens* um den ebenfalls aus Introdacqua stammenden Gaetano del Monaco, der in Montalto verhaftet worden war, sowie *drittens* um Luigi Venturino aus San Gregorio in der Nähe von Aquila, den die päpstlichen Sicherheitskräfte im Dezember des Jahres 1791 in Gewahrsam genommen hatten.[730]

Während bei Gaetano del Monaco und Luigi Venturino schon feststand, dass es sich bei ihnen um zwei Verbrecher handelte, und zwar bei dem Ersteren um einen Straßenräuber und bei dem Letzteren um einen Mörder, war von möglichen Delikten Gaetano del Girolamos noch nichts bekannt.[731] Daher wurde in dessen

729 Ebd., 14/326, Kopie eines Schreiben des Hauptmanns Giuseppe Menafra an die *Regia Udienza* von Aquila, Rom 19. Januar 1793, fol. 2r-2v.

730 Ebd., fol. 2v-3r.

731 Ebd., Schreiben der *Regia Udienza* von Aquila an den Gouverneur von Rom, Monsignore Rinuccini, Aquila 29. Januar 1793, fol. 7r.

Angelegenheit von Seiten der *Regia Udienza* von Aquila der Gouverneur von Introdacqua darum gebeten, in den Akten des lokalen Gerichtshofes nachzuschauen, ob irgendetwas gegen del Girolamo vorläge.[732] In einem Schreiben vom 1. Februar 1793 informierte der Gouverneur den *preside* von Aquila, Francesco Cosiron, darüber, dass gegen Gaetano del Girolamo nichts vorläge und er bisher vielmehr völlig unbescholten gelebt hätte.[733] Da sich Gaetano del Girolamo laut den Akten des Gerichtshofes nichts zu Schulden hatte kommen lassen und somit auch kein Grund mehr dafür bestand, ihn weiter in Haft zu halten, wurde er von Seiten der päpstlichen Behörden ohne größere Umschweife aus dem Gefängnis von Bracciano entlassen. Die beiden anderen auf dem Gebiet des Kirchenstaates verhafteten Männer, der im Gefängnis von Valentano einsitzende Gateano del Monaco und der in den Carceri Nuove in Rom inhaftierte Luigi Venturino, sollten dagegen an der Grenze zwischen dem Kirchenstaat und dem Königreich Neapel an die *Regia Udienza* von Aquila überstellt werden.[734]

Im Hinblick auf den offensichtlichen Verbleib der anderen Mitglieder der Bande bestand nach der erfolgten Festnahme Ferdinando Leones und Gaetano Pronios sowohl von Seiten Neapels als auch von Seiten Roms weiterhin erhebliche Konfusion. Zuerst machte das Gerücht die Runde, dass sich die beiden Brüder Panfilo Pronio und Gennaro Pronio, der Vater Gaetanos, Domenico Pronio, sowie eine weitere nicht näher bekannte Person in die im Grenzgebiet zum Königreich Neapel liegenden Berge von Filettino zurückgezogen hätten und dort mit ihren Aktivitäten für allerlei Unruhe sorgen würden.[735] Auf Grundlage dieser Gerüchte hatte der *preside* von Aquila, Francesco Cosiron, bewaffnete Einheiten der *Regia Udienza* unter der Führung des Hauptmanns Andrea Festo in dieses Gebiet verlegen lassen, wo sie mit Unterstützung von Seiten des *bargello* von Tagliacozzo, Michele Diadei, und der ihm unterstehenden Männer herausfinden sollten, ob sich die Bande dort wirklich aufhielt und für den Fall der Fälle die notwendige Festnahme der Mitglieder der Bande zu bewerkstelligen. Von diesem Schritt hatte der *preside* von Aquila auch den päpstlichen Gouverneur des auf der anderen Seite der Grenzen gelegenen Frosinone in einem auf den 29. Januar 1793 datierten

732 Ebd., Schreiben der *Regia Udienza* von Aquila an den Sonderbevollmächtigten Giovanni Battista Salomone, Aquila 30. Januar 1793, fol. 10r.

733 Ebd., Schreiben des Gouverneurs von Introdacqua an den *preside* von Aquila, Introdacqua 1. Februar 1793, fol. 23r.

734 Ebd., Schreiben der *Regia Udienza* von Aquila an die *Segreteria di Stato di Grazia e Giustizia*, Aquila 20. April 1793, fol. 56r.

735 Ebd., Kopie eines Schreibens des Hauptmanns Giuseppe Menafra an die *Regia Udienza* von Aquila, Rom 19. Januar 1793, fol 2v.

Schreiben informieren lassen, in welchem der *preside* den Gouverneur zusätzlich noch darum gebeten hatte, dasselbe, auch verbunden in Abstimmung mit den von ihm beauftragten bewaffneten Kräften, auf der anderen Seite der Grenze für seinen eigenen Jurisdiktionsbereich tun zu lassen.[736] Allerdings sollten sich die Gerüchte um einen Verbleib der Bande unter der Führung Panfilo Pronios in den Bergen von Filettino nicht bewahrheiten, denn laut einem auf den 20. Februar datierten und in Tagliacozzo verfassten Schreiben des Hauptmanns der *squadre di campagna* der *Regia Udienza*, Andrea Festo, an den *preside* von Aquila, Francesco Cosiron, ließen sich bei den durchgeführten Ermittlungen keinerlei Hinweise auf einen Verbleib der Bande um Panfilo Pronio in den Bergen von Filettino finden. Wie aus den diesbezüglichen Ausführungen Festos hervorgeht, war ein Aufenthalt der Banditen in den Bergen auch aufgrund dessen als unwahrscheinlich anzusehen, dass dort äußerst ungünstige winterliche Witterungsverhältnisse herrschten und einige der Orte in dieser Gegend allem Anschein nach auch weitestgehend von der Außenwelt abgeschnitten waren.[737]

Nachdem sich die Gerüchte um einen Aufenthalt Panfilo Pronios und seiner Bande in den Bergen von Filettino als Trugschluss erwiesen hatten, glaubte man dann zwischenzeitlich daran, dass es sich bei einer aus dem Gebiet des Königreich Neapels stammenden Person namens Giuseppe Izzo, der sich unter falschem Namen als Giuseppe Fabiani in Rom aufhielt, dort festgenommen und schließlich in das Gefängnis der Stadt Valentano gesteckt worden war, um den gesuchten Banditen handeln könnte. Allerdings verneinten laut einem Schreiben aus Rom vom 8. Juni 1793 zwei extra zum Zwecke der Identifikation des Festgenommenen in den Kirchenstaat entsandte Zeugen, dass es sich bei diesem um Panfilo Pronio hätte handeln können.[738] Da gegen diesen Giuseppe Izzo und einen weiteren aus dem Königreich Neapel stammenden Mitgefangenen namens Vincenzo Conti, bei dem man ebenfalls gemutmaßt hatte, dass er der gesuchte Panfilo Pronio sein könnte, keinerlei Anschuldigungen für die Verübung irgendwelcher Delikte vorlagen, sollten sie schließlich laut einem auf den 30. November desselben Jahres datierten Schreiben des *Segreterio di Stato di Grazia e Giustizia*, Saverio Simonetti, freigelassen werden.[739]

736 Ebd., Schreiben des *preside* von Aquila an den Gouverneur von Frosinone, Aquila 29. Januar 1793, fol. 8r-9r.

737 Ebd., Schreiben des Hauptmanns Andrea Festo an den *preside* von Aquila, Tagliacozzo 20. Februar 1793, fol. 30r.

738 Ebd., Schreiben an den *preside* von Aquila, Rom 8. Juni 1793, 70r.

739 Ebd., Schreiben des *Segretario di Stato di Grazia e Giustizia*, Saverio Simonetti, an die *Regia Udienza* von Aquila, Neapel, 30. November 1793, fol. 88r.

Die letzte Information bzw. das letzte Gerücht über den möglichen Verbleib Panfilo Pronios findet sich in einem weiteren Schreiben aus Rom, diesmal vom 13. Juli, dem zufolge sich Panfilo Pronio vom Territorium des Kirchenstaates auf dasjenige des Großherzogtums Toskana abgesetzt hatte.[740] Auf Grundlage dieses neuen Gerüchtes setzte sich die *Segreteria di Stato degli Affari Esteri, di Guerra e di Marina* entweder noch im Juli oder August des Jahres 1793 über den neapolitanischen Gesandten mit der Regierung des Großherzogtums in Verbindung und bat diese, für die Verfolgung, Festnahme und anschließende Auslieferung Panfilo Pronios die notwendigen Maßnahmen in die Wege leiten zu lassen.[741] Inwieweit dieses letzte Gerücht um den möglichen Verbleib Panfilo Pronios dann auch der Wahrheit entsprach und wie sich dessen Schicksal weiter gestaltete, dazu geben weder die für dieses Unterkapitel herangezogenen Korrespondenzen aus dem Bestand des „Fondo del Preside I" der *Regia Udienza* von Aquila noch der Beitrag Coppa-Zuccaris irgendeine Auskunft.

Auch im Hinblick auf das weitere Schicksal des Vaters von Gaetano, Panfilo und Michelangiolo Pronio, Domenico, bestand anfänglich erhebliche Unklarheit. Nachdem man, wie bereits erwähnt, zunächst noch gemutmaßt hatte, dass sich dieser zusammen mit seinem Sohn Panfilo und anderen in den Bergen von Filettino aufhielt, konnte schließlich in einem auf den 31. März des Jahres 1793 datierten Schreiben des Gouverneurs von Frosinone an den *preside* von Aquila mit Sicherheit bestätigt werden, dass Domenico Pronio vor ungefähr drei Monaten auf dem Gebiet der im Kirchenstaat gelegenen Ortschaft Sezze eines natürlichen Todes gestorben war. Dessen Tod war laut diesem Schreiben auch von der Ehefrau des Verstorbenen, Angela Catarina Rosetti, bestätigt worden, die sich nach wie vor in Sezze aufhielt.[742]

Nachdem schließlich der in Rom festgenommene Gaetano Pronio eindeutig als solcher von zwei Zeugen identifiziert worden war, welche die *Regia Udienza* von Aquila nach Rom geschickt hatte, wurde dadurch auch der Weg für dessen Überstellung an die Behörden der an den Kirchenstaat grenzenden Provinz Abruzzo Ultra II freigemacht. Beide Männer, sowohl Ferdinando Leone als auch der besagte Gaetano Pronio, wurden am 29. März des Jahres 1793 an der Grenze von Seiten der päpstlichen Behörden mitsamt des Gutes, welches sie bei ihrem

740 Ebd., Schreiben des Gouverneurs von Rom, Rinuccini, an den *preside* von Aquila, Rom 13. Juli 1793, fol. 73r.

741 Ebd., Schreiben des *Segretario di Stato di Grazia e Giustizia*, Saverio Simonetti, an die *Regia Udienza* von Aquila, Neapel 31. August 1793, fol. 77r.

742 Ebd., Schreiben des Gouverneurs von Frosinone an den *preside* von Aquila, Frosinone 31. März 1793, fol. 51r.

Aufenthalt in Rom mit sich geführt hatten, zunächst an einen Untergebenen des Gouverneurs von Rieti überstellt, der diese daraufhin an eine von der *Regia Udienza* von Aquila entsandte Einheit von Soldaten weiterreichen ließ, die für die sicheren Überführung beider Männer in die Festung von Aquila Sorge zu tragen hatte.[743]

Bevor schließlich die Überführung Leones und Pronios aus dem Grenzgebiet zum Kirchenstaat von den von der *Regia Udienza* von Aquila hierfür abkommandierten Soldaten in Angriff genommen wurde, sollten gemäß einem Schreiben des *preside* der Provinz Abruzzo Ultra II, Francesco Cosiron, und seiner Mitarbeiter vom 26. März 1792 die Gouverneure der Ortschaften, die sich auf dem Weg nach Aquila befanden, darum gebeten werden, sich für den Fall der Fälle mit eigenen bewaffneten Kräften bereitzuhalten, um einen möglichen erfolgreichen Fluchtversuch beider Banditen oder auch einen Überfall auf den Konvoi zu verhindern.[744] Allem Anschein nach gab es jedoch bei dem Transport Gaetano Pronios und Ferdinando Leones nach Aquila, in dessen Festung sie schließlich eingekerkert wurden, keinerlei Probleme.

2.3.3.3 Die dritte Etappe: Die erfolgreiche Flucht Gaetano Pronios aus der Festung von Aquila und dessen Tötung im August 1793

Allerdings sollte sich mit der Überstellung Gaetano Pronios an die *Regia Udienza* von Aquila der Fall des Banditen noch nicht völlig erledigt haben, denn am frühen Morgen des 7. August 1793 gelang es diesem, aus dem Gefängnis der dortigen Festung auszubrechen. Sein Gefährte Ferdinando Leone, der das Gleiche versuchte, konnte allerdings noch rechtzeitig von einem Häftling namens Giuseppe Campana und herbeigeeilten Soldaten überwältigt werden und wurde in den Kerker zurückgeführt.[745]

---

743 Ebd., fol. 48r-49v. Die diesbezüglichen Informationen befinden sich in zwei am 29. März 1793 in Rieti und Città Ducale verfassten Schreiben an die *Regia Udienza* von Aquila. In einem an diesen Brief aus Città Ducale angehängten Schreiben eines aus derselben Stadt stammenden Notars bestätigte dieser die ordnungsgemäße Übergabe beider Banditen von Seiten des Gouverneurs von Rieti an die bewaffneten Kräfte der *Regia Udienza* von Aquila. Ebd., fol. 50r.

744 Ebd., Schreiben der *Regia Udienza* von Aquila vom 26. März 1792, Aquila 26. März 1792, fol. 46v.

745 Ebd., 26/586, fol. 3r. Es handelt sich um ein im Auftrag Giuseppe Campanas durch einen Notar noch im August 1793 verfasstes und an König Ferdinand IV. gerichtetes Bittschreiben, in welchem er diesen für die Rolle, die er bei der Vereitelung der Flucht Ferdinando Leones gespielt hatte, um eine Belohnung in Form einer lebenslangen Pension bat.

Nach der am 7. August erfolgten Flucht Gaetano Pronios ließ der *preside* von Aquila, Francesco Cosiron, noch am selben Tage eine umfassende und vor allem auch provinzübergreifende Fahndung nach dem flüchtigen Banditen in die Wege leiten. In der Provinz Abruzzo Ultra II wurden nicht nur die der *Regia Udienza* von Aquila unmittelbar unterstehenden Einheiten auf die Spur des Banditen angesetzt, sondern auch die den lokalen Gerichtshöfen zur Verfügung stehenden Einheiten, an deren Gouverneure noch am 7. August die diesbezüglichen Anordnungen übermittelt wurden.[746] Da sich Gaetano Pronio schon einmal oder auch mehrmals auf der Flucht vor den neapolitanischen Behörden auf das Territorium des Kirchenstaates geflüchtet hatte, schickte der *preside* von Aquila sofort nach dessen Ausbruch aus dem Kerker der Festung von Aquila eine bewaffnete Einheit an die Grenze zum Kirchenstaat, die bei ihrer Aufgabe durch die von den lokalen Gerichtshöfen entsandten Hilfskräfte unterstützt werden sollte.[747] Bei diesen lokalen sowohl unter königlicher als auch baronaler Kontrolle stehenden Gerichtshöfen handelte es sich um diejenigen von Tagliacozzo, Carsoli, Pescorocchiano, Sicoli[748], Poggio Picenze, Navelli, Popoli, Sulmona, Bugnara, Introdacqua, Pettorano[749] sowie diejenigen von Androdoco, Città Ducale, Accumoli, Amatrice, Leonessa, Città Reale, Posta und Borbona[750]. Bei der Verfolgung des Flüchtigen sollten sich gerade diese acht letztgenannten und nahe der Grenze liegenden Gerichtshöfe mit den von ihnen herbeigeschickten bewaffneten Kräften neben den Kräften der *Regia Udienza* von Aquila an der Überwachung der Grenze zum Kirchenstaat beteiligen.[751] Die von den lokalen Gerichtshöfen von Poggio Picenze, Navelli, Popoli, Sulmona, Bugnara, Introdacqua und Pettorano zu entsendenden Männer sollten eine Einheit der Provinzmiliz der *miliziotti* unter dem Befehl der beiden Feldwebel Giuseppe Liberatore und Antonio di Amico unterstützen, die auf Befehl der *Regia Udienza* in die Gegend von Introdacqua, dem Herkunftsgebiet der Pronio-Familie, aufgebrochen waren.[752] Die drei Gerichtshöfe von Carsoli, Pescorocchiano und Sicoli sollten die von ihnen

---

746 Ebd., 16/362, fol. 2r-3r, fol. 4r-5r und fol. 6r-7v. Es handelt sich hierbei um drei spezifische Schreiben, die am 7. August 1793 von Aquila aus an verschiedene lokale Gerichtshöfe ausgeschickt wurden, die sich mit den ihnen zur Verfügung stehenden Kräften an der Verfolgung des flüchtigen Gaetano Pronio beteiligen sollten.

747 Ebd., fol. 6r.

748 Ebd., fol. 2v.

749 Ebd., fol. 4v.

750 Ebd., fol. 6v.

751 Ebd., fol. 6r.

752 Ebd., fol. 4r.

entsandten Männer denjenigen des baronalen Gerichtshofes von Tagliacozzo angliedern, die ebenfalls die Grenze zum Kirchenstaat zu überwachen hatten.[753]

Da nicht nur die Möglichkeit bestand, dass Gaetano Pronio in seinen Heimatort zurückzukehren versuchte oder, wie schon im Jahr zuvor, auf das Territorium des Kirchenstaates auszuweichen, sondern gleichfalls hätte versuchen können, sich in die an das Jurisdiktionsgebiet der *Regia Udienza* von Aquila angrenzenden Provinzen Abruzzo Ultra I und Abruzzo Citra und in die Provinz Contado di Molise abzusetzen, informierte man von Seiten Aquilas auch die *Regie Udienze* von Teramo, Chieti und Lucera von der Flucht des Banditen. Die drei diesen *Regie Udienze* vorstehenden *presidi*, der Marquis Ô'Beirne, Giuseppe Paveri Fontana und Domenico de Montemayor, bestätigten schließlich gegenüber der *Regia Udienza* von Aquila in zwei auf den 9. August[754] und im Fall der *Regia Udienza* von Lucera in einem auf den 21. August[755] datierten Antwortschreiben den Eingang der diesbezüglichen Nachricht und unterrichteten den *preside* von Aquila, Francesco Cosiron, davon, dass bereits die ihnen zur Verfügung stehenden bewaffneten Einheiten für die eventuelle Verfolgung und Festnahme Gaetano Pronios auf den Territorium der ihnen unterstehenden Provinzen Abruzzo Ultra I, Abruzzo Citra und Contado di Molise mobilisiert worden waren. Der Flucht Gaetano Pronios aus der Festung von Aquila am 7. August und seiner dadurch erneut gewonnenen Freiheit sollte allerdings keine lange Dauer beschieden sein, denn laut einem auf den 18. August 1793[756] datierten Schreiben des *preside* von Teramo, des Marquis Ô'Beirne, an seinen Amtskollegen in Aquila wurde der flüchtige Bandit auf dem Gebiet der in der Provinz Abruzzo Ultra II liegenden Ortschaft Fagnano gestellt und getötet. Aus diesem Grund hatte der *preside* von Teramo, der Marquis Ô'Beirne, die von ihm gegebenen Befehle für den Fall, dass Gaetano Pronio in seinen unmittelbaren Zuständigkeitsbereich auswiche, aufheben lassen. Die letztendliche Tötung Gaetano Pronios kurz nach seiner erfolgreichen Flucht aus der Festung von Aquila wurde beiläufig auch in einem vom gleichen Tag datierten Schreiben des Gouverneurs von Rieti, Luigi Zinanni, an den *preside* von Aquila erwähnt, in welchem es um die Verfolgung

753 Ebd., fol. 2r.

754 Ebd., Antwortschreiben der *presidi* von Teramo und Chieti an den *preside* von Aquila, Teramo, Chieti 9. August 1793, fol. 9r und fol. 10r.

755 Ebd., Antwortschreiben des *preside* von Lucera an den *preside* von Aquila, Lucera 21. August 1793, fol. 15r.

756 Ebd., Schreiben des *preside* von Teramo an den *preside* von Aquila, Teramo 18. August 1793, fol. 14r.

von mehr als 300 Strafgefangenen ging, die vom Territorium des Kirchenstaates auf dasjenige des Königreiches Neapel geflohen waren.[757]

2.3.4 *Zu den weiteren Schicksalen der überlebenden Mitglieder der Pronio-Familie nach der Tötung Gaetano Pronios*

Die weiteren Geschicke der Brüder Gaetano Pronios, welche zum Teil gut dokumentiert und zum Teil aber auch völlig im Dunkel der Geschichte geblieben sind, sahen nach dem Tode Gaetanos im Einzelnen wie folgt aus: Während der massiven Verfolgungsmaßnahmen der Behörden gegen einige der Mitglieder seiner Familie befand sich Giuseppe Pronio in Haft, aus welcher er schließlich Ende der 1790er Jahre wieder in die Freiheit zurückkehrte.[758] Für seine Verdienste um die Ermöglichung der Rückkehr der Bourbonendynastie in den festländischen Teil ihres Herrschaftsgebietes wurde Giuseppe Pronio als Anführer der abruzzesischen Erhebung gegen die Franzosen und die von ihnen in Neapel gestützte republikanische Marionettenregierung in den Rang eines Oberst erhoben und ihm eine lebenslange Pension von jährlich 2.000 Dukaten zugestanden.[759] Im Jahre 1804 starb er dann in Neapel eines natürlichen Todes.[760] Wie sein Bruder Giuseppe brachte es auch Vincenzo, der sich zahlreicher Überfälle und des illegalen Tragens von Waffen schuldig gemacht hatte und deswegen auch inhaftiert worden war, nach dem Fall der Parthenopäischen Republik zu höheren Ehren. Er wurde, in welchem Jahr dies erfolgte, ist nicht klar, in den Rang eines „Tenente de' Reali Eserciti" erhoben und verstarb als letzter der Pronio-Brüder im Jahre 1818 in Introdacqua eines natürlichen Todes.[761] Zum weiteren Schicksal von Gennaro Pronio und Panfilo Pronio, der, nach dem letzten diesbezüglichen Gerücht zu urteilen, sich im Sommer des Jahres 1792 vom Territorium des Kirchenstaates auf dasjenige des Großherzogtums Toskana geflüchtet haben sollte, ließen sich weder in den konsultierten Dokumenten aus den Beständen der *Regia Udienza* von Aquila noch in dem umfassenden Beitrag Coppa-Zuccaris irgendwelche Bezugspunkte finden.

---

757 Ebd., 15/341, Schreiben des Gouverneurs von Rieti an den *preside* von Aquila, Rieti 18. August 1793, fol. 19r.

758 Coppa-Zuccari: L'invasione francese negli Abruzzi (1798–1810), Bd. 1, S. 858.

759 Ebd., S. 868.

760 Ebd., S. 870.

761 Ebd., S. 843f.

3. Die Ebene der Rechtssprechung: Juristische Verfahren gegen Mitglieder von Räuberbanden in der Hauptstadt Neapel und in den Provinzen anhand ausgewählter Beispiele

3.1 Das Problem des Kirchenasyls: Die Verhandlungen des *Tribunale Misto* zur Aufhebung der lokalen Immunität der beiden der Bande des Deserteurs Michele Basso angehörenden Räuber Giuseppe Ristaino und Felice de Filippo auf Antrag der *Regia Udienza* von Matera im Jahre 1748

3.1.1 Anmerkungen zur Quellen- und Sachlage

Bei dem im Rahmen dieses Unterkapitels behandelten Beispiel für ein juristisches Verfahren gegen zwei Banditen aus der zweiten Hälfte der 1740er Jahre handelt es sich um eines der sehr wenigen noch quellenmäßig greifbaren aus der Herrschaftszeit Karls von Bourbon, für welche sich die Quellenlage noch weitaus schlechter darstellt als für diejenige seines Sohnes und Nachfolgers, Ferdinand IV. Der Gegenstand der Verhandlungen des *Tribunale Misto* war das weitere Schicksal der beiden aus der Stadt Melfi stammenden Banditen Giuseppe Ristaino und Felice de Filippo, die Mitglieder einer aus weit mehr als 20 Personen bestehenden Bande gewesen waren, die besonders die Gegend um Melfi herum unsicher gemacht und aufgrund ihrer Größe sowie umfassenden Aktivitäten die Behörden der Provinz Basilikata schließlich zu einem entschiedenen Durchgreifen gezwungen hatte. Bei der Verfolgung durch die Behörden hatten sich beide Banditen in eine Kirche geflüchtet und hofften nun über das Privileg der Kirche, denjenigen Asyl gewähren zu dürfen, die sich an Orten, die unter ihrer Jurisdiktion standen, befanden, der drohenden Festnahme und Aburteilung an der *Regia Udienza* von Matera entziehen zu können. In Abstimmung mit der Kirche waren beide Männer zunächst von den Behörden am 28. Juli 1747 aus der Kirche entfernt worden. Die übrigen Mitglieder der Bande Michele Bassos waren hingegen an Orten verhaftet worden, die nicht der Jurisdiktion der Kirche unterlagen, womit sich bei diesen schließlich auch nicht dieselben Probleme ergaben wie bei ihren beiden Mitgefährten Giuseppe Ristaino und Felice de Filippo.[762]

---

762 ASN, *Tribunale Misto, Volumi di Conti ed Immunità Locali*, 322/106, fol. 323r-323v und fol. 324r. Bei dem ersteren Dokument handelt es sich um ein auf den 30. März 1748 datiertes Schreiben Francesco Ribas', *uditore* an der *Regia Udienza* von Matera, an den Titularbischof von Antinopolis, Carmine Cioffi, eines der abstimmungsberechtigten Mitglieder des *Tribunale Misto*, und bei dem letzteren um ein allerdings

Der von der *Regia Udienza* von Matera mit der Verfolgung der Mitglieder der Bande beauftragte Mitarbeiter, ein Schreiber, dessen Name ungenannt bleibt, führte im Anschluss an die Festnahme eines großen Teils der Mitglieder der Bande und von deren Anführer Michele Basso auch die Ermittlungen zu deren Taten im Raum Melfi durch. Im Zuge dieser umfassenden Ermittlungen befragte er u. a. zahlreiche Hirten, *massari*, Feldarbeiter und andere Personen, deren belastende Aussagen zu den Aktionen der Bande in drei Bänden zusammengefasst wurden[763], die dann die Grundlage für das zu eröffnende Verfahren nicht nur an der *Regia Udienza* von Matera, sondern auch für die diesbezügliche Entscheidung des Bischofs der Diözese von Melfi und Rapolla sowie darauffolgend, als nächsthöhere Instanz, des Beschlusses der abstimmungsberechtigten Mitglieder des *Tribunale Misto* bildete, denen es letztlich obliegen sollte, darüber zu befinden, ob sich Giuseppe Ristaino und Felice de Filippo weiterhin des Kirchenasyls erfreuen konnten oder nicht. Im Hinblick auf die drei Originalbände zu den Ermittlungen der Behörden der Provinz Basilikata gegen die Mitglieder der Bande Michele Bassos ist es als sehr sicher anzusehen, dass diese gemäß dem Erlass König Franz' I. aus dem Jahre 1829 nicht mehr existieren.[764]

---

nur in Abschrift vorliegendes und auf den 18. Februar 1748 datiertes Schreiben aus Melfi, welches der Vikar der Diözese von Melfi und Rapolla, Giuseppe Antonio Sarno, an die Adresse der *Regia Udienza* von Matera gerichtet hatte und welches wiederum von Seiten des eben genannten *uditore* Francesco Ribas seinem Schreiben vom 30. März desselben Jahres beigelegt wurde.

763 Ebd., fol. 308r. Diese Information ist in der Zusammenfassung zu den Angelegenheiten der Bande um Michele Basso und seiner beiden Gefolgsleute Giuseppe Ristaino und Felice de Filippo enthalten.

764 Bei einem kurzen Arbeitsaufenthalt im Staatsarchiv von Potenza, in welchem die wenigen übriggebliebenen Akten der *Regia Udienza* von Matera aufbewahrt sind, ließ sich keinerlei Hinweis auf das mögliche Vorhandensein dieser drei Bände finden. Zahlreiche Hinweise auf die Aktivitäten der Bande um Michele Basso existieren allerdings in dem noch vor der fast vollständigen Zerstörung aller vor dem Jahre 1789 erstellten Ermittlungsakten angefertigten und sich in den Restbeständen der *Regia Udienza* von Matera befindenden „Registro degli Inquisiti della Regia Udienza Provinciale", welches den Zeitraum von 1663 bis etwa 1780 umfasst. Dort wird auf den Blättern 413v, 483v, 484r-v und 485r-v Bezug auf die Delikte der Bande genommen. Ein deutliches Manko dieses Registers besteht allerdings darin, dass dessen Verfasser vollkommen auf die Angabe der Tagesdaten und Jahreszahlen verzichtet hat, was wiederum die eindeutige zeitliche Einordnung der darin genannten Taten der Bande unmöglich machte und die Schließung von Informationslücken in der aus den Beständen des *Tribunale Misto* stammenden Zusammenfassung der Inhalte der Ermittlungsakten erheblich erschwerte.

Bevor man sich schließlich von Seiten der *Regia Udienza* von Matera dazu entschied, zum Zwecke der Aufhebung der lokalen Immunität der beiden Banditen einen weitaus umständlicheren Weg zu wählen und sich über die sich unter der Leitung des Marquis Gaetano Maria Brancone befindende *Segreteria di Stato dell'Ecclesiastico* an das in der Hauptstadt ansässige *Tribunale Misto* zu wenden, damit dieses eine Entscheidung treffen sollte, hatte man sich zunächst noch an die Adresse des Bischofs von Melfi und Rapolla gewendet und diesen darum gebeten, über die Aufhebung der lokalen Immunität der beiden Banditen zu befinden. Deshalb waren bereits zwei der drei Bände mit den Ermittlungsakten zu den Aktivitäten der Bande um Michele Basso an den bischöflichen Hof in Melfi überstellt worden, welche sich dort seit dem 22. Januar 1748 befanden. Es ergab sich aber hierbei das Problem, dass der Bischofsstuhl der Diözese Melfi und Rapolla seit dem Tode des Bischofs Luca Antonio della Gatta (Amtszeit 1737–1747) am 25. September des Jahres 1747 vakant war und dessen Nachfolger Pasquale Teodoro Basta (Amtszeit 1748–1766) sein Amt erst am 29. Januar des Jahres 1748 antreten sollte, ohne aber gleich ab diesem Datum vor Ort, also in der Stadt Melfi, zu sein. Somit musste der Vikar der Diözese Melfi und Rapolla, Giuseppe Antonio Sarno, der in der Zwischenzeit den Bischof vertrat, der *Regia Udienza* von Matera in einem Schreiben vom 18. Februar 1748[765] mitteilen, dass der neu ernannte Bischof Pasquale Teodoro Basta noch nicht zugegen sei und dass er in seiner eigenen Funktion als Vikar nicht die Befugnis habe, über die Aufhebung der lokalen Immunität dieser zwei Banditen zu befinden. Als der neue Bischof Pasquale Teodoro Basta dann in Melfi angelangt war, lehnte er es ab, die beiden ihm zugeschickten Bände mit den Ermittlungsakten zu begutachten und eine diesbezügliche Entscheidung zu treffen, da die hierfür im Konkordat von 1741 vorgesehene Frist bereits abgelaufen war, womit schließlich ein umständliches und langwieriges juristisches Prozedere vor dem eigentlichen Verfahren an der *Regia Udienza* von Matera seinen Anfang nahm. Um den Fall der beiden unter kirchlichem Schutz stehenden Banditen schließlich doch noch einer befriedigenden Lösung zuzuführen und somit auch das Verfahren gegen diese endlich in Gang bringen zu können, wandte man sich schließlich von Seiten der *Regia Udienza* von Matera in einem auf den 27. April 1748 datierten Schreiben an die Adresse König Karls, der in dieser Angelegenheit durch den *Segretario di Stato dell'Ecclesiastico*, den Marquis Gaetano Maria Brancone, vertreten wurde, und

765 Dieses bereits erwähnte und in den diesbezüglichen Unterlagen in Kopie vorliegende Dokument befindet sich auf dem Blatt 324r des Bandes aus dem Bestand der „Volumi di Conti ed Immunità Locali" des *Tribunale Misto*.

bat diesen, nach dem Eintreffen der ersten beiden Bände der Ermittlungsakten zum Fall der Bande um den Deserteur Michele Basso das in der Hauptstadt Neapel ansässige *Tribunale Misto* unter Vorsitz des Titularerzbischofs von Thessalonike, Celestino Galiano, in diese Angelegenheit einzuschalten.[766]

Für die Verhandlung des Falles dieser beiden *scorridori di campagna* wurden zunächst, wie schon im Fall des Bischofs von Melfi und Rapolla, lediglich zwei der insgesamt drei Bände, in welchen die Ermittlungsakten der *Regia Udienza* von Matera zu den Aktivitäten der Bande zusammengefasst waren, am 5. Mai des Jahres 1748 von Seiten der *Segreteria di Stato dell'Ecclesiastico* dem *Tribunale Misto* überstellt.[767] Die Gründe für die Entscheidung der *Regia Udienza* von Matera, nur zwei Bände an das *Tribunale Misto* überstellen zu lassen, werden aber an keiner Stelle des im Rahmen dieses Unterkapitels analysierten Quellenmaterials aus dem Bestand der „Volumi di Conti ed Immunità Locali" des *Tribunale Misto* angegeben. Es erscheint aber als sehr wahrscheinlich, dass der dritte Band erst später von den Verantwortlichen der *Regia Udienza* von Matera fertiggestellt wurde. Aus diesem Umstand heraus sollte sich schließlich eine ungefähr dreimonatige Verzögerung bis zur endgültigen Beschlussnahme des *Tribunale Misto* zur Aufhebung der lokalen Immunität Felice de Filippos ergeben. Im Hinblick auf das weitere Schicksal des Banditen Giuseppe Ristaino fällte das *Tribunale Misto* bereits am 17. Mai 1748[768] sein Urteil, und im Hinblick auf dasjenige Felice de Filippos aufgrund des zunächst fehlenden dritten Bandes schließlich am 14. August 1748.[769]

3.1.2 Überblick zu den Aktivitäten der Räuberbande um den Deserteur Michele Basso im Raum Melfi in den Jahren 1746 und 1747

Wie aus den inhaltlich transkribierten und stark zusammengefassten Ermittlungsakten hervorgeht, begannen die Operationen der Bande im Raum Melfi

---

766 Ebd., Schreiben der *Regia Udienza* von Matera an die *Segreteria di Stato dell'Ecclesiastico*, Matera 27. April 1748, fol. 304r-304v.

767 Ebd., fol. 305r-305v. Es handelt sich hierbei um ein kurzes und auf Spanisch verfasstes Begleitschreiben ebendieses Marquis Gaetano Maria Brancone an die Adresse des Vorsitzenden des *Tribunale Misto*, des Titularerzbischofs von Thessalonike, Celestino Galiani. Die undatierte Bestätigung des Eingangs der beiden ersten Bände der Ermittlungsakten zum Fall der Bande aus Melfi beim *Tribunale Misto* befindet sich vor der eigentlichen Zusammenfassung von deren Inhalten. Ebd., fol. 306r.

768 Ebd., Schreiben mit der Entscheidung der abstimmungsberechtigten und zugegen gewesenen Mitglieder des *Tribunale Misto*, Neapel 17. Mai 1748, fol. 318r.

769 Ebd., Schreiben mit der Entscheidung der abstimmungsberechtigten und zugegen gewesenen Mitglieder des *Tribunale Misto*, Neapel 14. August 1748, fol. 325r.

zu Beginn des September 1746[770] und endeten wahrscheinlich zum größten Teil Ende Juli 1747, als es den Behörden der Provinz Basilikata gelang, viele Mitglieder der Bande Michele Bassos festzunehmen und einzusperren sowie den Rest der Bande zumindest in die Flucht zu schlagen, so dass von da an im Raum Melfi wieder relative Ruhe herrschte.[771] Das Operationsgebiet der Bande um den Deserteur Michele Basso umfasste die Gegenden zwischen den Städten Melfi, Rapolla, Barile, Rionegro und weiteren angrenzenden Ortschaften[772], deren Namen in den diesbezüglichen Akten aber nicht angegeben werden.

Was an der Zusammensetzung der von Michele Basso angeführten Bande besonders ins Auge fällt, ist der große Anteil von Deserteuren, die sich um Basso scharten. Unter Einschluss des Bandenführers handelte es sich bei ihnen am Anfang um insgesamt 14 Männer. Zu diesen insgesamt 14 Deserteuren kamen schließlich noch sechs aus dem Gebiet von Melfi stammende Personen ohne jeglichen militärischen Hintergrund, zu denen von Anfang an auch Giuseppe Ristaino gehörte. Felice de Filippo, der zweite in der Kirche verhaftete Bandit, schloss sich der Bande erst Mitte 1747 an.[773] In dem im Staatsarchiv von Potenza aufbewahrten und aus den Restbeständen der *Regia Udienza* von Matera stammenden „Registro degli Inquisiti della Regia Udienza Provinciale" wird schließlich noch eine größere Anzahl weiterer Personen als mutmaßliche Bandenmitglieder oder zumindest der Bande nahestehend genannt, die in der aus den Beständen des *Tribunale Misto* stammenden Zusammenfassung der diesbezüglichen Ermittlungsakten überhaupt keine Erwähnung finden.[774] Da dieses Register aber bei den darin enthaltenen rudimentären Angaben zu den weiteren mutmaßlichen Mitgliedern der Bande über keinerlei nähere Datierung verfügt, bleibt unklar, ab wann in etwa die genannten Personen entweder der Bande angehörten oder mit ihr zumindest in Verbindung standen. Aus diesem Umstand ergibt sich auch, dass die Zahlenangaben in der aus den Beständen des *Tribunale Misto* stammenden Zusammenfassung zu der tatsächlichen Größe der Bande Michele Bassos, die beständigen Veränderungen unterlag, mit äußerster Vorsicht zu genießen sind.

Zu den Vergehen der von Michele Basso angeführten Bande und deren zeitweiligen Ausgliederungen zählten Diebstähle, Raubüberfälle, versuchte Erpressungen und damit einhergegangene Gewalttaten, wozu wahrscheinlich auch die

---

770 Ebd., fol. 306v.

771 Ebd., fol. 304r, fol. 323r und fol. 324r.

772 Ebd., fol. 307r.

773 Ebd., fol. 306v und 308r.

774 ASP, *Regia Udienza di Matera, Registro degli Inquisiti della Regia Udienza Provinciale*, 8, fol. 484r-485r.

Vergewaltigung von Frauen zählte, ohne dass aber in der Zusammenfassung zu den Ermittlungsakten ein solcher Fall explizit Erwähnung findet. Die Taten der Bande müssen schließlich solche Ausmaße angenommen haben, dass sie den friedlichen Handels- und Personenverkehr im Raum Melfi ernsthaft behinderten und die *Regia Udienza* von Matera einen ihrer Mitarbeiter, dessen Name allerdings nicht genannt wird, damit beauftragte, mit den dem Gerichtshof unterstehenden bewaffneten Männern gegen die Mitglieder der Bande vorzugehen. Im Verlauf dieser Verfolgungsmaßnahmen scheint die Bande um Michele Basso gegen Ende Juli des Jahres 1747 größtenteils zerschlagen worden zu sein.[775]

Die folgende Übersicht soll einen ungefähren Eindruck von der mutmaßlichen Zusammensetzung der Bande von Michele Basso und den ihr nahestehenden Personen vermitteln. Anzumerken ist hierbei, dass die Zahl der Mitglieder der Bande in der Zeit ihrer kurzen Existenz Schwankungen unterlag und dass die diesbezüglichen Angaben in der aus den Beständen des *Tribunale Misto* stammenden Zusammenfassung des Inhaltes der Ermittlungsakten im Vergleich mit den diesbezüglichen Angaben im „Registro degli Inquisiti della Regia Udienza Provinciale" der *Regia Udienza* von Matera erhebliche Lücken und Unklarheiten aufweisen:

Mutmaßliche Zusammensetzung der Bande um Michele Basso im Zeitraum von Anfang September 1746 bis zur ihrer weitestgehenden Zerschlagung Ende Juli 1747

Person/Status	**Herkunftsort (Provinz)**
Michele Basso alias „Scolalagane" (Anführer der Bande und Deserteur aus dem Regiment der Provinz Basilikata, von den Behörden festgenommen)	Melfi (Basilikata)
Francesco Ruggiero (Deserteur aus dem Regiment der Provinz Basilikata, von den Behörden festgenommen)	Melfi (Basilikata)
Nicola Valvano alias „Pasticco" (Deserteur aus dem Regiment der Provinz Basilikata, von den Behörden festgenommen)	Melfi (Basilikata)
Lonardo Antonio Sportiello (Deserteur aus dem Regiment der Provinz Basilikata, von den Behörden festgenommen)	Melfi (Basilikata)
Francesco Grippo (Deserteur aus dem Regiment der Provinz Basilikata, von den Behörden festgenommen)	Melfi (Basilikata)
Giuseppe Mairro (Deserteur aus dem Regiment der Provinz Basilikata, von den Behörden festgenommen)	Melfi (Basilikata)

775 ASN, *Tribunale Misto, Volumi di Conti ed Immunità Locali*, 322/106, fol. 307r-307v.

Francesco Antonio Mecca (Deserteur aus dem Regiment der Provinz Basilikata, von den Behörden festgenommen)	Melfi (Basilikata)
Lonardo Laina (Deserteur, von den Behörden festgenommen)	Rapolla (Basilikata)
Angelo Antonio Finiguerra (Deserteur, von den Behörden festgenommen)	Lavello (Basilikata)
Teodosio Ferrara (Deserteur, von den Behörden festgenommen)	Spinazzola (Basilikata)
Nicolò Berardi (Deserteur, von den Behörden festgenommen)	Ripacandida (Basilikata)
Biase d'Addante (Deserteur, von den Behörden festgenommen)	Bovino (Capitanata)
Pietro Cotugno (Deserteur, von den Behörden festgenommen)	Neapel (Terra di Lavoro)
Nicola Angelone (Deserteur aus dem Regiment der Provinz Basilikata, wahrscheinlich im März 1747 von den Behörden getötet)	Melfi (Basilikata)
Giuseppe Ristaino alias "Mittiguerra" (ohne militärischen Hintergrund, von den Behörden festgenommen)	Melfi (Basilikata)
Felice de Filippo alias "Il guattaro" (ohne militärischen Hintergrund, von den Behörden festgenommen)	Melfi (Basilikata)
Nicola Serena alias „figlio di Angiolillo" (ohne militärischen Hintergrund, von den Behörden festgenommen)	Melfi (Basilikata)
Lonardo Amarena zusammen mit seinem Bruder Giovanni Angelo Amarena als „Li maledetti" bezeichnet (ohne militärischen Hintergrund, von den Behörden festgenommen)	Melfi (Basilikata)
Giovanni Angelo Amarena zusammen mit seinem Bruder Lonardo Amarena als „Li maledetti" bezeichnet (ohne militärischen Hintergrund, von den Behörden festgenommen)	Melfi (Basilikata)
Michele Miscele alias „Guerreggiante" (ohne militärischen Hintergrund, wahrscheinlich im März 1747 von den Behörden verhaftet)	Melfi (Basilikata)
Nicola Bocchetti alias "Il Cistellaro" (wahrscheinlich ohne militärischen Hintergrund, genauer Status unklar)	Melfi (Basilikata)
Lonarda Cetrena (Prostituierte und Geliebte Michele Bassos, weiterer Status unklar)	Tricarico (Basilikata)

Nicola lo Staglio alias „Cotugno“ (der Aufnahme von Mitgliedern der Bande und der Aufbewahrung von Beutegut bezichtigt, weiterer Status unklar)	Melfi (Basilikata)
Giuseppe lo Staglio alias „Cotugno“ (der Aufnahme von Mitgliedern der Bande und Aufbewahrung von Beutegut bezichtigt, weiterer Status unklar)	Melfi (Basilikata)
"Il Francese“ (genauer Status unklar, noch nicht festgenommen)	keine Angaben
Natale Rondinone (der Mitwisserschaft und Zusammenarbeit mit der Bande bezichtigt, weiterer Status unklar)	Monteverde (Principato Ultra)
Chiara Giacoja (Frau Felice de Filippos, der Mitwisserschaft und Aufbewahrung von Beutegut bezichtigt, wahrscheinlich in Haft)	Melfi (Basilikata)
Alessandro Calabrese (Eremit, der Aufnahme von Mitgliedern der Bande und der Aufbewahrung von Beutegut bezichtigt, wahrscheinlich in Haft)	Melfi (Basilikata)
Nicola Capodanno (zusammen mit Gaetano d'Impreci Deckung der Banditen und Widerstand gegen Soldaten, die sie verhaften sollten, wahrscheinlich in Haft)	Melfi (Basilikata)
Gaetano d'Impreci (zusammen mit Nicola Capodanno Deckung der Banditen und Widerstand gegen Soldaten, die sie verhaften sollten, wahrscheinlich in Haft)	Melfi (Basilikata)
Saverio Zampino alias „Antinoalto" (wahrscheinlich ohne militärischen Hintergrund, Status unklar)	Melfi (Basilikata)
Benedetto Grimaldi (der Aufnahme von Mitgliedern der Bande und Aufbewahrung von Beutegut bezichtigt, weiterer Status unklar)	Solofra (Principato Ultra)
Gaetano Cestara alias „Trincone“ (wahrscheinlich ohne militärischen Hintergrund, Status unklar)	keine Angaben
Giuseppe Fondone (wahrscheinlich ohne militärischen Hintergrund, Status unklar)	Melfi (Basilikata)
Nicola Fondone (wahrscheinlich ohne militärischen Hintergrund, Status unklar)	Melfi (Basilikata)
Giambattista la Salandra alias „Pudicchione“ (wahrscheinlich ohne militärischen Hintergrund, Status unklar)	Rionegro (Basilikata)

Quelle: ASN, *Tribunale Misto, Volumi di Conti ed Immunità Locali*, 322/106, fol. 306v, fol. 307r-307v, fol. 309r-309v, fol. 311r-311v, fol. 312r-312v und fol. 315v sowie ASP, *Regia Udienza di Matera, Registro degli Inquisiti della Regia Udienza Provinciale*, 8, fol. 483v-485r.

Nachdem die acht aus Melfi stammenden Soldaten Michele Basso, Francesco Ruggiero, Nicola Valvano, Lonardo Antonio Sportiello, Francesco Grippo, Giuseppe Mairro, Francesco Antonio Mecca und Nicola Angelone sich unerlaubt aus den Reihen des Regiments der Provinz Basilikata entfernt hatten, die Gründe hierfür werden nicht angegeben, taten sie sich mit den aus Rapolla, Lavello, Spinazzola, Ripacandida, Bovino und Neapel stammenden Deserteuren Lonardo Laina, Angelo Antonio Finiguerra, Teodosio Ferrara, Nicolò Berardi, Biase d'Addante und Pietro Cotugno zusammen sowie mit den sechs ebenfalls aus Melfi stammenden Männern Giuseppe Ristaino, Nicola Serena, Lonardo Amarena, Giovanni Angelo Amarena, Michele Miscele und Nicola Bocchetti, die aber im Gegensatz zu den Fahnenflüchtigen keinen militärischen Hintergrund besaßen. Schon bevor sie zusammen mit den insgesamt 14 Deserteuren eine Bande bildeten, mussten sich aber diese sechs Männer in der Gegend von Melfi, wie aus den diesbezüglichen Ausführungen hervorgeht, durch allerlei Untaten einen schlechten Ruf erworben haben. Die Aktionen dieser Bande begannen schließlich Anfang September 1746.[776]

An den nun folgenden Aktionen der Bande waren aber nicht immer durchgängig alle Mitglieder beteiligt. Vielmehr konnte es vorkommen, dass sich die Bande zeitweise auch aufspaltete, um an verschiedenen Orten ihren kriminellen Tätigkeiten nachzugehen. Allerdings soll die Zahl der in einer Gruppe operierenden Männer niemals unter vier gesunken sein. Wie bereits in den einleitenden Bemerkungen angeführt wurde, beschränkte sich das Operationsgebiet der Bande und ihrer zeitweiligen Abspaltungen im Wesentlichen auf die Basilikata, und zwar die Gegenden um und zwischen den Ortschaften Melfi, Rapolla, Barile und Rionegro, die recht nah beieinander lagen. Zu den bevorzugten Opfern der Mitglieder dieser Bande gehörten insbesondere Händler, Hirten und Besitzer von Masserien, denen sie nicht nur Nutztiere entwendeten, sondern die sie darüber hinaus auch wiederholt dazu zwangen, sie mit frischen Lebensmitteln zu versorgen und unter ihrem eigenen Dach aufzunehmen. Die davon betroffenen Personen, die um ihr Leben fürchteten, leisteten dem Ansinnen der Mitglieder der Bande Michele Bassos dann auch meistens Folge.[777]

776 ASN, *Tribunale Misto, Volumi di Conti ed Immunità Locali*, 322/106, fol. 306v und ASP, *Regia Udienza di Matera, Registro degli Inquisiti della Regia Udienza Provinciale*, 8, fol. 483v. Aufgrund des Fehlens jeglicher Datierung im "Registro degli Inquisiti della Regia Udienza Provinciale" bleibt unklar, ab wann die auf den Blättern 484r-485r als zeitweilige Mitglieder oder zumindest Unterstützer der Bande um Michele Basso aufgelisteten Personen in deren Delikte mitverstrickt waren. Sie müssen deshalb an dieser Stelle außen vor gelassen werden.

777 ASN, *Tribunale Misto, Volumi di Conti ed Immunità Locali*, 322/106, fol. 307r.

Wie aus den Ausführungen in den inhaltlich transkribierten Ermittlungsakten hervorgeht, verfügte die Bande aber auch über Unterstützer unter den Bewohnern ihres Operationsgebietes, denn, wie eher am Rande angemerkt wird, „da quando a quando si portavano nell'abitato, e se n'andavano chi à dormire nelle loro case, e chi in quelle de' particolari (wahrscheinlich Bezugnahme auf einzelne Vertreter des Standes der *galantuomini*-Hervorhebung d. V.), da chi venivano segretame[n]te alloggiati."[778] Unter Einschluss der diesbezüglichen Angaben im „Registro degli Inquisiti della Regia Udienza Provinciale" aus dem Bestand der *Regia Udienza* von Matera gehörten zu diesen mutmaßlichen Unterstützern der Bande aus dem Gebiet der Stadt Melfi und deren Umland Giuseppe lo Staglio, Nicola lo Staglio, Benedetto Grimaldi, der Eremit Alessandro Calabrese, Nicola Capodanno und Gaetano d'Impreci, bei denen die Mitglieder der Bande untertauchen und einen Teil ihres Beutegutes verstecken konnten.[779]

Die Mitglieder der Bande beschränkten sich in ihren Aktionen aber nicht nur ausschließlich auf die Besitzer von Masserien oder einzelne Viehhirten, sondern begingen auch Überfälle, Erpressungen und Vergewaltigungen auf öffentlichen Straßen, welche die Ortschaften, die in ihrem Operationsgebiet lagen, miteinander verbanden. Diese wiederholten Aktionen müssen schließlich solche Ausmaße angenommen haben, dass dadurch die Bewohner der betroffenen Gebiete eingeschüchtert wurden und der Verkehr zwischen den verschiedenen Ortschaften erheblich behindert wurde. Zudem warf man dem Anführer der Bande, Michele Basso, vor, in einer schändlichen Beziehung zu der aus Tricarico stammenden, aber in Melfi lebenden Prostituierten Lonardo Cetrena gelebt zu haben, die sich immer an dessen Seite aufhielt und sich an den Aktionen der Bande beteiligte.[780]

Sieben Monate nachdem die Operationen der Bande begonnen hatten, erschossen Michele Basso und Francesco Ruggiero schließlich im März 1747 in einer in der Stadt Melfi gelegenen Osteria Antonio Francese, der als *armigero* am lokalen Gerichtshof von Melfi arbeitete.[781] Gemäß den Angaben in dem im Staatsarchiv von Potenza aufbewahrten und aus dem Bestand der *Regia Udienza* von Matera stammenden „Registro degli Inquisiti della Regia Udienza Provinciale" sollten Antonio Francese und weitere *armigeri* des Fürsten von Melfi Michele Basso und seine Gefährten auf Befehl König Karls verhaften. Diesem Verhaftungsversuch

778 Ebd.

779 ASP, *Regia Udienza di Matera*, *Registro degli Inquisiti della Regia Udienza Provinciale*, 8, fol. 484v-485r.

780 ASN, *Tribunale Misto*, *Volumi di Conti ed Immunità Locali*, 322/106, fol. 307r.

781 Ebd.

widersetzten sich jedoch Michele Basso, Francesco Ruggiero und Nicola Angelone, der hier ebenfalls zugegen gewesen sein soll. Bei der nun folgenden Auseinandersetzung mit den *armigeri* des Fürsten von Melfi kam dann der besagte Antonio Francese zu Tode.[782]

Um der hierfür drohenden Strafverfolgung zu entgehen, beschloss Michele Basso, einstweilen zum Dienst in das Regiment der Provinz Basilikata unter der Führung des Grafen von Buccino zurückzukehren, ohne dass allem Anschein nach seine erstmalige Desertion einige Monate zuvor für ihn irgendwelche persönliche Konsequenzen hatte. In der darauffolgenden Zeit gelangen den Behörden der Provinz Basilikata zwei erste Erfolge in der Bekämpfung der Bande, denn Michele Miscele wurde festgenommen und Nicola Angelone getötet. Die Festnahme des Bandenmitgliedes Michele Miscele soll dann auch der konkrete Grund dafür gewesen sein, dass sich Giuseppe Ristaino ebenfalls von der Bande löste und schließlich vorübergehend in Neapel untertauchte. Kurz nach dem Fortgang Giuseppe Ristainos fand dann Nicola Angelone noch im März des Jahres 1747 den Tod.[783] Zu den Umständen der Festnahme Misceles und der Tötung Angelones werden in der Zusammenfassung des Inhaltes der Ermittlungsakten der *Regia Udienza* von Matera keine weiteren Angaben gemacht. Ein Teil der Bande, bestehend aus zehn Personen, darunter mutmaßlich Francesco Ruggiero, Nicola Valvano, Lonardo Antonio Sportiello, Francesco Grippo, Giuseppe Mairro, Francesco Antonio Mecca, Nicola Serena, Lonardo Amarena, Giovanni Angelo Amarena und Nicola Bocchetti, setzte seine Aktionen im Raum Melfi weiter fort.[784] Gemäß den Angaben in dem im Staatsarchiv von Potenza aufbewahrten "Registro degli Inquisiti della Regia Udienza Provinciale" aus den Restbeständen der *Regia Udienza* von Matera wurde, ohne dass hierfür die genauen Gründe angegeben werden, Nicola Angelone von Giovanni Battista Calabrese aus der kalabrischen Ortschaft San Fele und dem aus Neapel stammenden Giuseppe Ottajano umgebracht. In Zusammenhang mit dem Mord an Angelone wurden schließlich Girolamo Pagnotta aus Monteverde, Giuseppe Santoro aus Barletta und Natale Marsca aus Neapel der Mittäterschaft sowie Carlo Andrea Ciliento und Crescenzo Memmola aus Melfi der Deckung der Täter bezichtigt.[785]

---

782 ASP, *Regia Udienza di Matera, Registro degli Inquisiti della Regia Udienza Provinciale*, 8, fol. 413v.

783 ASN, *Tribunale Misto, Volumi di Conti ed Immunità Locali, 322/106, fol. 307v.*

784 Ebd.

785 ASP, *Regia Udienza di Matera, Registro degli Inquisiti della Regia Udienza Provinciale*, 8, fol. 413v-414r.

Gegen Ende Mai des Jahres 1747 kehrte Michele Basso nach abermaliger Desertion aus dem Regiment der Provinz Basilikata zusammen mit den sechs Deserteuren Lonardo Laina, Angelo Antonio Finiguerra, Teodosio Ferrara, Nicolò Berardi, Biase d'Addante und Pietro Cotugno in den Raum Melfi zurück, schloss sich erneut dem anderen Teil der Bande an und begann mit seinen Männern in der darauffolgenden Zeit, noch weitaus massiver diese Gegend durch Überfälle und Diebstähle in Unruhe zu versetzen.[786] Warum wahrscheinlich auch die sechs Deserteure, die Michele Basso bei seiner Rückkehr begleiteten, ebenfalls vorübergehend den Raum Melfi verlassen hatten, lässt sich nicht klären. Auch Giuseppe Ristaino, der inzwischen wieder aus Neapel in den Raum Melfi zurückgekehrt war, schloss sich erneut der Bande an.[787]

Wahrscheinlich in der ersten Hälfte des Juni 1747 lösten sich dann fünf der Deserteure aus der Bande. Wer diese fünf Deserteure genau waren, lässt sich aber nicht mit Sicherheit klären und ist an dieser Stelle auch nicht weiter von Belang. In der Zusammenfassung wird jedenfalls angeführt, dass Lonardo Laina und Angelo Antonio Finiguerra auf jeden Fall bei der Bande verblieben. In dieser Zeit schloss sich schließlich auch der aus Melfi stammende Felice de Filippo der Bande Michele Bassos an, dessen weiteres Schicksal dann Gegenstand der diesbezüglichen Beratungen der Entscheidungsbefugten des *Tribunale Misto* sein sollte. Nach dem Beitritt Felice de Filippos soll die Bande schließlich aus insgesamt 14 Männern bestanden haben. In Anbetracht des nach wie vor sehr umfassenden Treibens der Bande im Gebiet um Melfi, bat der Gouverneur der baronalen *università* von Melfi die *Regia Udienza* von Matera, die die oberste Jurisdiktion über die Provinz Basilikata ausübte und die er über zahlreiche Berichte über deren Aktionen auf dem Laufenden hielt, um ein Durchgreifen. Bei der nun folgenden Ergreifung der Mitglieder der Bande Michele Bassos scheint der von der *Regia Udienza* von Matera beauftragte Untergebene keine größeren Schwierigkeiten gehabt zu haben. Wie bereits eingangs erwähnt wurde, flüchteten sich zwei der Mitglieder dieser Bande, Giuseppe Ristaino und Felice de Filippo, in der Hoffnung, sich durch das Recht auf lokale Immunität einer weiteren Strafverfolgung entziehen zu können, in eine Kirche auf dem Gebiet der Diözese von Melfi und Rapolla, deren Name und möglicher Standort allerdings nicht angegeben werden. In Abstimmung mit den örtlichen Vertretern der Kirche wurden beide Banditen aber zunächst von Seiten der Provinzbehörden einstweilen aus ihrem

786 ASN, *Tribunale Misto, Volumi di Conti ed Immunità Locali*, 322/106, fol. 307v.
787 Ebd.

Zufluchtsort entfernt.[788] Da sich aber beide durch ihre Flucht an einen Ort, der der Jurisdiktion der Kirche unterstand, auf das ihr konzedierte Privileg, Asyl zu gewähren, berufen konnten, sollte nunmehr nach dem Bischof von Melfi und Rapolla das in Neapel ansässige *Tribunale Misto*, welches sich mit Rechtsfragen befasste, die in den Grenzbereich zwischen kirchlicher und staatlicher Jurisdiktion fielen, darüber entscheiden, ob die Schwere der von beiden Männern begangenen Delikte dazu ausreichte, ihnen das Recht auf die weitere Wahrnehmung des besonderen Schutzes durch die Kirche zu entziehen, womit dann automatisch auch der Weg für ein strafrechtliches Verfahren gegen beide an der *Regia Udienza* von Matera frei geworden wäre.

3.1.3 Die Zeugenaussagen zu den Aktivitäten der Bande im ersten Band der Ermittlungsakten

Nach dieser eher überblicksartigen Einführung zu den Aktivitäten der Bande, rücken im Folgenden die in der Zusammenfassung zu den im ersten Band der Ermittlungsakten angeführten einzelnen Taten und die diesbezüglichen Zeugenaussagen näher ins Zentrum der Betrachtung, wobei die Namen der Befragten und deren Tätigkeiten nur selten angegeben werden und eine chronologisch korrekte Einordnung der Taten fehlt[789]: Alle befragten Zeugen, deren Aussagen in den ersten Band der Ermittlungsakten aufgenommen wurden und zu denen insbesondere Hirten, *massari* und Feldarbeiter zählten, bestätigten bei ihren Vernehmungen sowohl als Augenzeugen als auch vom Hörensagen, die zahlreichen Delikte, die von den Mitgliedern der Bande begangen worden waren, und dass diese mehrmals dabei gesehen worden waren, wie sie sich bewaffnet durch den Raum Melfi bewegt hatten. Weiterhin ergab sich aus den Befragungen, dass nicht konstant alle Mitglieder der Bande sich an sämtlichen Aktionen beteiligt hatten, sondern dass sich die Bande wiederholt in kleinere Gruppen aufgespaltet hatte, die dann unabhängig voneinander verschiedene Delikte begangen hatten.[790]

Drei Zeugen, bei denen es sich um Hirten handelte, berichteten, dass sie von sechs mit Messern, Pistolen und Bajonetten bewaffneten Mitgliedern der Bande in einer Dezembernacht des Jahres 1746 gegen drei Uhr angegriffen wurden, als sie selbst gerade dabei waren, auf ihre Herden aufzupassen und einer der ihrigen auf seiner Sackpfeife spielte, um sich und den beiden anderen Hirten

---

788 Ebd., fol. 308r.

789 Die Zeugenaussagen aus dem ersten Band der Ermittlungsakten werden in zusammengefasster Form auf den Blättern 308r-312v wiedergegeben.

790 Ebd., fol. 308r.

die Langeweile zu vertreiben. Bei diesem Überfall versuchten die Banditen, den Hirten zu entführen, der auf der Sackpfeife gespielt hatte. Als dieser sich aber weigerte, mit ihnen zu kommen, wurde er von den Banditen mit Gewalt und der Drohung, ihn zu töten, dazu gezwungen. Später ließen sie aber diesen Hirten wieder frei und zogen allein weiter.[791]

Zwei weitere Zeugen, augenscheinlich zwei *massari*, gaben bei ihrer Vernehmung an, dass acht der Banditen Ende Mai 1747 bewaffnet und durch gewaltsames Öffnen der Tür in ihre Masseria eingedrungen waren und ihnen Lebensmittel abgepresst hatten. Allerdings war es diesen beiden Zeugen in der Dunkelheit nicht möglich, die Gesichter der acht Banditen zu erkennen, was natürlich für deren sichere Identifizierung äußerst wichtig gewesen wäre.[792]

Ein anderer Zeuge gab bei seiner Vernehmung an, dass er Anfang des Jahres 1747 auf dem Rückweg von seiner Masseria auf einer in der Zusammenfassung als „Ponticello" genannten, aber im Endeffekt im Raum von Melfi nicht lokalisierbaren Straße von insgesamt acht als Deserteure bezeichneten Mitgliedern der Bande überfallen wurde, die ihn einkreisten und eine Pistole im Wert von vier Dukaten raubten. Ein weiterer Zeuge, wiederum ein *massaro*, berichtete, dass Michele Basso und diese Deserteure wiederholt in den Monaten Juni und Juli des Jahres 1747 in seine Masseria gekommen waren und ihm Lebensmittel abgepresst hatten.[793]

Ein Feldarbeiter gab bei seiner Vernehmung an, dass er von Basso und den ihn begleitenden Deserteuren im Juni 1747 überfallen wurde, als er gerade an einem Ort namens L'Infantina mit der Sense arbeitete, und dass diese ihm Lebensmittel abpressten. An dem Überfall soll nach Angaben dieses Zeugen auch die Geliebte Michele Bassos, die Prostituierte Lonarda Cetrena, beteiligt gewesen sein. Zudem gab er an, dass, nach dem zu urteilen, was er gehört hatte, auch Giuseppe Ristaino der Bande angehört hatte.[794]

Zwei Hirten berichteten bei ihrer Vernehmung, dass sie mehrmals von der Bande überfallen wurden und diese von ihnen immer wieder Lebensmittel erpresste. Sie konnten zudem noch bezeugen, dass Giuseppe Ristaino ein Mitglied der Bande gewesen war, und bestätigten vom Hörensagen, dass sich nach der

791 Ebd., fol. 308v. In der Zusammenfassung wird zwar die Jahreszahl 1747 angegeben, jedoch handelt es sich hier augenscheinlich um einen Fehler des Verfassers, da die Bande Michele Bassos bereits vor dem Dezember des Jahres 1747 zerschlagen worden war. Somit kann dieser Überfall nur im Dezember des Jahres 1746 erfolgt sein.

792 Ebd.

793 Ebd.

794 Ebd., fol. 309r-309v.

Rückkehr Michele Bassos Felice de Filippo der Bande angeschlossen hatte. Als dann im Juni 1747 zwölf Mitglieder der Bande durch den Raum Melfi zogen, lösten sich zwei der Mitglieder, nämlich Michele Basso, der an dieser Stelle von dem Verfasser der Zusammenfassung fälschlicherweise als „Marco Basso“ bezeichnet wird, und Nicola Serena, aus der Gruppe und stahlen diesen beiden Hirten eine junge Ziege. Ein Zeuge, über den keinerlei Angaben gemacht werden, bestätigte vom Hörensagen, dass Giuseppe Ristaino und Felice de Filippo der Bande Michele Bassos angehörten. Zwei Zeugen, bei denen es sich um Mitarbeiter des *massaro* Ilarione Cavuto handelte, gaben zu Protokoll, dass sie im Juni des Jahres 1747, als sie sich in dessen Masseria aufhielten, von Michele Basso, Nicola Bocchetti und Giuseppe Ristaino unter Androhung von Gewalt dazu gezwungen wurden, ihnen Lebensmittel auszuhändigen. Zudem gaben sie an, dass sich, wie sie vernahmen, Felice de Felippo nach der zweiten Desertion Michele Bassos der Bande anschloss und dass sie de Filippo zusammen mit Basso bewaffnet durch die Gegend um Melfi ziehen sahen.[795]

Nachdem der von der *Regia Udienza* von Matera Beauftragte die Aussagen dieser Zeugen entgegengenommen hatte, führte er seine Ermittlungen bei 15 weiteren Zeugen fort. Diese aus Melfi stammenden Zeugen stimmten in ihren Aussagen darin überein, dass die Bande um den Deserteur Michele Basso seit September 1746 im Raum Melfi ihr Unwesen trieb und zahlreiche Überfälle, Erpressungen und Gewalttaten, auch gegenüber Frauen, beging und dass der Bandenführer dabei stets von der Prostituierten Lonarda Cetrena begleitet wurde, die dessen Geliebte war. Bei ihren Streifzügen sollen die Mitglieder der Bande auch immer Waffen, wie Pistolen, Bajonette, Stilette und Säbel, bei sich getragen haben, deren Besitz an und für sich strengstens verboten war. Außerdem berichteten die Zeugen von den Klagen vieler Bewohner der Gegenden um Melfi, Rapolla, Barrile und Rionegro, bei denen es sich, genauso wie bei diesen 15 Zeugen, besonders um *massari*, Schafshirten und Landarbeiter handelte, die von den Mitgliedern der Bande überfallen und ausgeraubt worden waren. Die Zeugen bestätigten auch, dass Felice de Filippo nach der zweiten Desertion Michele Bassos ein Mitglied der Bande geworden war. Die Aussagen dieser 15 Zeugen aus dem Raum Melfi wurden in den wesentlichen Punkten von sieben weiteren Zeugen, über deren Herkunft allerdings keine Angaben gemacht werden, bestätigt.[796]

Drei aus Rapolla stammende Zeugen bestätigten bei ihrer Vernehmung, dass die Bande sowohl aus ehemaligen Soldaten als auch Personen ohne jeglichen

---

795 Ebd., fol. 309v.

796 Ebd., fol. 309v-310v.

militärischen Hintergrund bestand und dass ihr sowohl Giuseppe Ristaino als auch Felice de Filippo angehörten. Darüber hinaus berichteten diese drei Zeugen auch von den Überfällen, denen sie selbst zum Opfer gefallen waren. Der erste aus Rapolla stammende Zeuge wurde im November 1746 von der Bande in seiner Masseria überfallen, wobei ihm Michele Miscele und Nicola Bocchetti, die er als Einzige zu Gesicht bekam und daher sicher identifizieren konnte, eine Pistole im Wert von 35 *carlini* raubten. Die anderen beiden Zeugen aus Rapolla gaben an, dass sie von der Bande am Morgen des 5. Juni 1747 auf einer öffentlichen Straße in der Nähe der Kapelle der Madonna della Macera überfallen wurden, als sie sich auf zwei Eseln reitend auf dem Weg zur Weide von Domenico Celano in der Umgebung von Melfi befanden. Als sie bei dieser Kapelle ankamen, sahen sie dort sechs Mitglieder der Bande, von denen sich die beiden Deserteure Michele Basso, auch hier fälschlicherweise als „Marco Basso" bezeichnet, und Angelo Antonio Finiguerra lösten, sich den beiden Zeugen näherten und sie aufforderten, ihnen etwas Essbares auszuliefen, worauf die beiden Zeugen aus Rapolla entgegneten, dass sie nichts Derartiges bei sich hätten. Als sich die Banditen versichert hatten, dass ihnen beide Männer auch die Wahrheit erzählt hatten, nahmen sie einem der beiden eine Büchse mit Schwarzpulver und Pistolenkugeln ab.[797]

Anschließend an diese drei Zeugen aus Rapolla befragte man drei Überfallopfer aus Rionegro. Diese drei Zeugen, darunter der *massaro* Nicola Balzo, berichteten übereinstimmend darüber, dass sie, schon bevor sie der Bande zum Opfer fallen sollten, von deren Untaten gehört hatten und dass sich die Bande sowohl aus Deserteuren als auch Personen ohne jeglichen militärischen Hintergrund zusammensetzte. Die ersten beiden Zeugen aus Rionegro gaben bei ihrer Befragung an, dass sie am Abend des 7. Juni 1747 gegen 23 Uhr von der aus insgesamt 14 Personen bestehenden Bande überfallen wurden, als sie sich in ihrer Masseria im Gebiet von Foggiano aufhielten, die ungefähr fünf Meilen von Melfi entfernt lag. Nachdem sie die Masseria dieser beiden Männer ausgeplündert hatte, begab sich die Bande zu der nahe gelegenen Masseria des später vernommenen Zeugen Nicola Balzo, der allerdings zu diesem Zeitpunkt dort nicht zugegen war, und entwendeten allerlei Habseligkeiten. Zumindest einen Teil des geraubten Gutes konnte Nicola Balzo im Tausch gegen Bargeld von der Bande zurückkaufen.[798]

797 Ebd., fol. 311r-311v. Laut den diesbezüglichen kurzen Angaben in ASP, *Regia Udienza di Matera, Registro degli Inquisiti della Regia Udienza Provinciale*, 8, fol. 485r hießen die beiden anderen *massari* Donato und Mauro Stasno.

798 ASN, *Tribunale Misto, Volumi di Conti ed Immunità Locali*, 322/106, fol. 311v-312r.

In diesem ersten Band der Ermittlungsakten, auf welchen die diesbezügliche Zusammenfassung rekurriert, wurden aber schließlich noch zwei weitere Delikte angeführt, die von Mitgliedern der Bande um Michele Basso begangen worden waren. Dazu zählen ein Überfall auf den aus der in der Provinz Principato Ultra gelegenen Ortschaft Monteverde stammenden Kanoniker Nicola Ricciardo am 28. Oktober 1746 und am 21. November desselben Jahres ein weiterer auf den Lehrling des aus der apulischen Ortschaft Rutigliano stammenden Händlers Giuseppe di Nicola di Donato namens Felice Colamusso auf einer öffentlichen Straße in der Nähe einer Taverne, dem die Banditen in einer Gesamtzahl von 12 Personen allerlei Sachen raubten, die der Händler auf einer Messe in Barletta erworben hatte und die der besagte Lehrling auf seinem Gespann nach Melfi bringen sollte. Die zuerst genannte Person, der Kanoniker Nicola Ricciardo, befand sich gerade auf dem Weg nach Barletta, als er von der Bande in der Nähe des Flusses Levante angehalten und einer Summe von 25 Dukaten sowie einer Pistole beraubt wurde. Dieser Überfall wurde von Michele Basso, Nicola Bocchetti und Nicola Angelone durchgeführt. Giuseppe Ristaino, der schon damals der Bande im Gegensatz zu Felice de Filippo angehörte, war allerdings laut den diesbezüglichen Zeugenaussagen genauso wenig in diesen wie auch in den Überfall auf den Gesellen des Händlers Giuseppe di Nicola di Donato verwickelt.[799]

3.1.4 Die Zeugenaussagen zu den Aktivitäten der Bande im zweiten Band der Ermittlungsakten

Auch im zweiten Band der Ermittlungsakten zu den Taten der Bande um den Deserteur Michele Basso wurden eine umfangreiche Anzahl von Vergehen und diesbezüglichen Zeugenaussagen aufgenommen, die im Gegensatz zu den Delikten der Bande in der Zusammenfassung zum ersten Teil der Ermittlungsakten jedoch einer gewissen Chronologie folgen.[800]

Es geht darin um insgesamt sechs Delikte, die von der Bande im Zeitraum vom 9. Dezember 1746 bis zum 31. Mai 1747 begangen wurden. Bei fünf davon handelte es sich um Überfälle auf offener Straße und bei einem um den Überfall der Bande auf die Masseria eines gewissen Andrea Nicoletta. Im Hinblick auf

799 ASN, *Tribunale Misto, Volumi di Conti ed Immunità Locali*, 322/106, fol. 312r-312v. Der Name des Lehrlings und sein Herkunftsort werden genannt in ASP, *Regia Udienza di Matera, Registro degli Inquisiti della Regia Udienza Provinciale*, 8, fol. 485v.

800 Die Zeugenaussagen aus dem zweiten Band der Ermittlungsakten werden in zusammengefasster Form auf den Blättern 312v-317r des diesbezüglichen Bandes aus den Beständen des *Tribunale Misto* wiedergegeben.

diese sechs von der Bande begangenen Überfälle ließ sich jedoch nur bei zwei davon die unmittelbare Teilnahme Giuseppe Ristainos nachweisen.[801] Auf diese beiden Delikte wird dann auch in der Abschrift aus dem zweiten Band der Ermittlungsakten weitaus eingehender eingegangen als auf die anderen vier Delikte, an denen Giuseppe Ristaino nachweislich nicht beteiligt war.

Der erste in diesem Band aufgeführte Überfall ereignete sich am Morgen des 9. Dezember des Jahres 1746 auf einer öffentlichen Straße im Gebiet von Melfi an einem Ort namens Vallone di Catapano. Bei dem Opfer der Bande handelte es sich um den Betreiber einer in dieser Gegend gelegenen Taverne namens Pietro de Marco, dem die in diesen Überfall verwickelten Mitglieder der Bande nicht nur eine größere Summe Geldes abnahmen, die de Marco mit sich führte, sondern den sie zudem noch misshandelten.[802]

Der zweite in diesem zweiten Band aufgeführte Überfall der Bande ereignete sich am selben Morgen und wurde von den bereits in den ersten Überfall verwickelten Männern durchgeführt. Dieser Überfall fand ungefähr eine Meile von dem Ort entfernt statt, dem Vallone di Catapano, wo der erste Überfall der Bande erfolgt war. Bei dem zweiten Opfer von Michele Basso, Lonardo Antonio Sportiello, Nicola Valvano und Nicola Angelone handelte es sich um den aus Deliceto stammenden Lehrling des Krämers Michele Passano, Mattia Pizzariello, der sich gerade auf dem Weg von Rocchetta nach Venosa befand, um dort Salz zu kaufen. Die vier Männer raubten ihm 20 Silberdukaten, 10 *carlini* aus Kupfer und eine mit Wein gefüllte Korbflasche.[803]

Der dritte Überfall ereignete sich am 29. Dezember 1746 auf einer öffentlichen Straße an einem Ort namens Il Pisciolo, der ungefähr drei Meilen von der Stadt Melfi entfernt lag. In diesen Überfall waren nicht nur die vier bereits genannten Banditen Michele Basso, Lonardo Antonio Sportiello, Nicola Valvano und Nicola Angelone verwickelt, sondern zudem auch Francesco Ruggiero, Francesco Grippo, Nicola Bocchetti und Lonardo Laina. Bei dem Opfer der acht Räuber handelte es sich um Vito Ricciardo aus dem in der Provinz Principato Ultra gelegenen Ort Monteverde, dem sie 25 *carlini* und ein Stück Käse raubten.[804]

Der vierte und zugleich erste Überfall, für den sich neben der Beteiligung Michele Bassos und Nicola Angelones auch diejenige Giuseppe Ristainos nachweisen ließ, ereignete sich Ende Januar 1747. Bei den beiden davon betroffenen

801 ASN, *Tribunale Misto, Volumi di Conti ed Immunità Locali*, 322/106, fol. 312v.

802 Ebd., fol. 313r.

803 Ebd. Der Herkunftsort des Lehrlings wird angegeben in ASP, *Regia Udienza di Matera, Registro degli Inquisiti della Regia Udienza Provinciale*, 8, fol. 484r.

804 ASN, *Tribunale Misto, Volumi di Conti ed Immunità Locali*, 322/106, fol. 313r-313v.

Opfern der Bande handelte es sich um Giulio Marranzino und Marco Antonio della Tassa, die sich zu Pferde aus dem Gebiet von Carbonara kommend auf dem Weg nach Barletta befanden. Als beide Männer an einem Ort namens Montelappeso gelangten, kamen die drei Mitglieder der Bande, die weder Marranzino noch della Tassa kannten, hinter einem größeren Steinhaufen hervor. Zwei dieser Banditen zwangen Giulio Marranzino, von seinem Pferde abzusteigen, und raubten ihm einen Geldbetrag von 24 *grana* und einen Mantel. Seinem Begleiter della Tassa gelang es, den drei Banditen zu entkommen. Er sah dann aus einer gewissen Distanz, wie zwei der ihrigen Marranzino zwangen, von seinem Pferde abzusteigen und ihn ausraubten. Giulio Marranzino begab sich nach diesem Überfall nach Melfi und beklagte sich dort laut über das, was ihm kurz zuvor geschehen war. Da er über keinerlei Geld mehr verfügte, lieh er sich einstweilen von den beiden Krämern Ilarione Cautela und dessen Neffen Giacinto Cautela eine Summe von 20 *carlini*. Bei seiner Befragung durch den verantwortlichen Schreiber von der *Regia Udienza* von Matera erfuhr Giulio Marranzino, dass es sich bei den drei Personen, die ihn und Marco Antonio della Tassa überfallen hatten, um Giuseppe Ristaino, Nicola Angelone und den Anführer Michele Basso handelte und dass Michele Basso im Hinblick auf diesen Überfall ein umfassendes Geständnis abgelegt hatte. Als weitere Zeugen verhörte der Schreiber von der *Regia Udienza* von Matera Marranzinos Begleiter Marco Antonio della Tassa sowie die beiden aus Melfi stammenden Ladenhändler Ilarione Cautela und dessen Neffen Giacinto Cautela. Die beiden Ladenhändler bestätigten bei ihrer Befragung, dass sie Marranzino eine Summe von 20 *carlini* geliehen hatten und dass es sich bei diesem um eine glaubwürdige Person handelte. Wie sich aus der Befragung Marco Antonio della Tassas ergab, hatte er es nicht vermocht, die drei Banditen aus der Distanz heraus zu erkennen. Aber auch er erfuhr dann, wie schon Giulio Marranzino, von Seiten des Schreibers der *Regia Udienza* von Matera, der die Befragungen durchführte, dass Michele Basso im Hinblick auf diesen Überfall bereits geständig gewesen war. Fünf weitere vernommene, aber namentlich ungenannte Zeugen, die zwar aus dem Raum Melfi kamen, selbst allerdings bei dem Überfall auf die beiden Männer nicht zugegen gewesen waren, bestätigten gegenüber dem Schreiber, dass die drei an dem Überfall beteiligten Banditen aus dem Raum Melfi stammten und dass es sich bei ihnen mit der Ausnahme Giuseppe Ristainos um Deserteure handelte. Diese fünf Zeugen bestätigten auch, dass die Berichte von den immer weiter zugenommenen Überfällen der Bande im Raum Melfi bei dessen Bewohnern im Allgemeinen bekannt waren und bei diesen auch für erhebliche Unruhe gesorgt hatten. Gemäß dem, was ihnen aus den Berichten zu Ohren gekommen war, vermochten sie auch miteinander übereinstimmende Angaben zu der Art der Vergehen der Bande und deren bevorzugten Opfern zu machen. Auch im Hinblick auf den Überfall auf Giulio Marranzino und Marco Antonio della Tassa hatten sie anhand von Gerüchten erfahren, dass daran Michele Basso, Giuseppe Ristaino und Nicola Angelone, der wahrscheinlich bereits im März des Jahres 1747 getötet worden war, beteiligt gewesen waren.[805]

Der fünfte in diesem Band rubrizierte Überfall der Bande ereignete sich im März des Jahres 1747 auf derselben Straße nahe des Ortes Il Pisciolo, auf welcher bereits Ende Dezember des vorherigen Jahres der Überfall auf Vito Ricciardo erfolgt war. Michele Basso, Francesco Ruggiero, Lonardo Antonio Sportiello, Nicola Valvano, Lonardo Laina und Nicola Angelone stahlen bei diesem Überfall ihrem Opfer, dessen Name nicht angegeben wird, eine Summe von 20 Dukaten.[806]

Der sechste und zweite Überfall, für den sich die Teilnahme Giuseppe Ristainos nachweisen ließ, ereignete sich am 31. Mai 1747 im Gebiet von Foggiano in der Masseria von Andrea Nicoletta aus Rionegro. An dem Überfall waren inklusive Giuseppe Ristaino insgesamt 13 Personen beteiligt. Bei diesen handelte es sich neben Ristaino um den Bandenführer Michele Basso, Nicola Serena, Lonardo Amarena, Giovanni Angelo Amarena, Francesco Antonio Mecca, Francesco Ruggiero, Lonardo Antonio Sportiello, Nicola Valvano, Biase d'Addante, Nicola Berardi, Pietro Cotugno und einem nur als „Il Francese" bezeicheten Mann, über dessen genaue Identität keine weiteren Angaben gemacht werden und der sich zum Zeitpunkt der Ermittlungen im Gegensatz zu den anderen an diesem Überfall beteiligten Banditen noch auf freiem Fuß befand. Um vier Uhr morgens gelang es den Banditen nach mehreren Versuchen, in die Masseria Andrea Nicolettas einzudringen, in welcher dieser zusammen mit seinem Schwager Bartolomeo Colella schlief. Um ihre wahren Absichten zu verbergen und die Behörden der Provinz Basilikata in die Irre zu führen, gaben die Banditen gegenüber beiden Männern vor, Vertreter des lokalen Gerichtshofes von Melfi zu sein, die von König Karl beauftragt worden wären, nach dem Deserteur Francesco Cappiello aus Rionegro zu suchen, und dass es Hinweise gäbe, dass Nicoletta und Colella diesen in ihrer Masseria untergebracht hätten. Als beide Männer ihnen daraufhin antworteten, dass sie keinerlei Wissen über diesen Deserteur hätten, ließ Giuseppe Ristaino, der vorgab, der Anführer der angeblich in Diensten des Gerichtshofes von Melfi und des Königs stehenden Soldaten zu sein, den anderen Banditen, die Anweisung, die Masseria zu durchsuchen. Seine Gefährten stahlen daraufhin eine Pistole, eine Axt, ein Büchse mit Munition und zwei Feldflaschen. Um die

805 Ebd., fol. 313v-315v.
806 Ebd., fol. 313v.

eigentlichen Absichten der Bande noch weiter zu verbergen, befahl Giuseppe Ristaino seinen Gefährten, Bartolomeo Colella, der über eine Pistole verfügte, wie sie üblicherweise von den Soldaten der königlichen Kavallerie getragen wurde und deren Besitz gemäß den Pragmatiken verboten war, im Namen des Königs verhaften zu lassen, und gab zudem gegenüber dem von ihnen mittlerweile gefesselten Colella vor, diesen nach Neapel mitnehmen zu wollen, wo er dann im Hinblick auf diese Schusswaffe und die ihm unterstellte Unterstützung des Deserteurs Francesco Cappiello verhört werden sollte. Nachdem sich die Banditen zusammen mit Colella ungefähr hundert Schritte von der von ihnen überfallenen Masseria entfernt hatten, lösten sie dessen Fesseln. Als Colella von den Banditen die Herausgabe seiner Kavalleriepistole verlangte, verpasste Giuseppe Ristaino diesem einen Stich mit dem Bajonnett und ließ ihn so zurück.[807]

Bei ihrer Vernehmung gaben Andrea Nicoletta und Bartolomeo Colella zwar an, die Personen die sie überfallen hatten, nicht gekannt zu haben, dennoch vermochten sie Giuseppe Ristaino als eine der an dem Überfall beteiligten Personen zu identifizieren.[808]

Zwei weitere Zeugen, die sich in jener Nacht in ihrer eigenen Masseria aufhielten, die sich nur wenige Schritte von derjenigen der beiden Opfer des Überfalls befanden, gaben bei ihrer Vernehmung an, dass sie plötzlich Schreie und Lärm aus der Richtung der Masseria ihrer beiden Nachbarn vernommen hatten und daraufhin vor die Tür ihres Hauses traten. Von dort aus sahen sie dann in und vor der Masseria ihrer Nachbarn zahlreiche bewaffnete Personen, deren Aussehen sie aber aufgrund der Dunkelheit nicht weiter ausmachen konnten. Sie vernahmen aber die Stimmen von Andrea Nicoletta und Bartolomeo Colella, die sich laut über das gerade Geschehende beklagten. Da die Banditen gegenüber beiden Männern ihre Absicht kund taten, den schon etwas älteren Colella nach Neapel mitnehmen zu wollen, versuchte nicht nur der unmittelbar davon betroffene Colella, die Banditen von ihrem Vorhaben abzubringen, sondern auch Andrea Nicoletta. Aus Furcht vor den Banditen trauten es sich diese zwei Zeugen aber nicht, sich weiter von der Eingangstür ihrer Masseria wegzubewegen. Ihre Aussagen stimmten dabei in wichtigen Punkten, wie zum Beispiel der Größe der Bande, mit denjenigen überein, die Andrea Nicoletta und Bartolomeo Colella im Hinblick auf den Überfall gemacht hatten. Außerdem bestätigten die beiden Zeugen die zahlreichen Berichte zu den Taten der Bande sowie deren Zusammensetzung sowohl aus Deserteuren als auch aus Personen ohne jeglichen

807 Ebd., fol. 315v-317r.
808 Ebd., fol. 316r.

militärischen Hintergrund und dass sich deren Mitglieder wiederholt, um die Überfallopfer einzuschüchtern und die Behörden einstweilen erst einmal in die Irre zu führen, als Vertreter des lokalen Gerichtshofes von Melfi ausgegeben hatten, die auf der Suche nach Deserteuren wären. Dieser Überfall auf die Masseria der beiden Männer soll dann auch von den gefangengenommenen Mitgliedern der Bande Michele Bassos zugegeben worden sein, die sich dabei gemäß ihren Aussagen als Vertreter des lokalen Gerichtshofes von Melfi ausgegeben hatten.[809]

Sieben weitere namentlich allerdings nicht genannte Zeugen aus Rionegro, über deren einzelne Aussagen keine detaillierteren Angaben gemacht werden, bestätigten gegenüber dem die Ermittlungen durchführenden Schreiber der *Regia Udienza* von Matera, dass die Aktivitäten der Bande allgemein auch im Gebiet von Rionegro bekannt waren. Bei einem Gespräch mit zwei Soldaten der *squadra di campagna* soll laut den Angaben in der Zusammenfassung zum Inhalt des zweiten Bandes der mittlerweile inhaftierte Anführer der Bande, Michele Basso, sich zu dem Überfall auf die Masseria geäußert und bei seinen diesbezüglichen Ausführungen angegeben haben, dass daran u. a. auch Giuseppe Ristaino beteiligt gewesen war.[810]

Die beiden letzten Zeugen, die in diesem Band aufgeführt wurden und bei denen es sich um Kerkerinsassen handelte, bestätigten das Geständnis Michele Bassos, welches dieser im Hinblick auf die von ihm und seinen Männern begangenen Taten gegenüber den beiden Soldaten der *squadra di campagna* gemacht hatte. Bei diesem Gespräch hatte Basso u. a. auch, wie bereits erwähnt, Giuseppe Ristaino als ein Mitglied seiner Bande erwähnt.[811]

Der dritte Band zu den Ermittlungen im Fall der Bande Michele Bassos enthielt dann *en détail* die belastenden Aussagen zur Rolle Felice de Filippos bei einem von der Bande kurz vor ihrer Zerschlagung durchgeführten Überfall. Allerdings hatte es die *Regia Udienza* von Matera, die Gründe hierfür werden nicht angegeben, versäumt, dem *Tribunale Misto* ebendiesen dritten Band zu den Ermittlungen über die *Segreteria di Stato dell'Ecclesiastico* zukommen zu lassen, woraus dann auch die verzögerte Entscheidung des Gerichtes im Hinblick auf das weitere Schicksal Felice de Filippos resultierte.[812] Allerdings enthielt dieser Band, wie man noch von Seiten des *Tribunale Misto* erhofft hatte, keinerlei eingehendere Angaben zu dem Verhör, welchem der Anführer der Bande Michele

809 Ebd., fol. 316r-317r.
810 Ebd., fol. 317r.
811 Ebd.
812 Ebd.

Basso durch den Gouverneur von Melfi im Gerichtshof derselben Stadt unterzogen worden war.[813]

3.1.5 *Die Entscheidung des* Tribunale Misto *zum Fall der beiden Banditen Giuseppe Ristaino und Felice de Filippo am 17. Mai 1748*

Da dem *Tribunale Misto* an dem Tag, als es eine erste Entscheidung im Hinblick auf das weitere Schicksal der beiden Banditen fällte, von der *Regia Udienza* von Matera der dritte Band der Ermittlungsakten zum Fall der Bande des Deserteurs Michele Basso wahrscheinlich immer noch nicht über die *Segreteria di Stato dell'Ecclesiastico* zugeschickt worden war, entzogen dessen anwesende Mitglieder aufgrund der Schwere der gegen Giuseppe Ristaino erhobenen Vorwürfe erst einmal ausschließlich nur diesem die lokale Immunität, wodurch für eine strafrechtliche Verurteilung dieses Banditen an der *Regia Udienza* von Matera der Weg frei gemacht wurde. Sein Gefährte Felice de Filippo verblieb hingegen, wenn auch nur in formaler Hinsicht, solange unter dem besonderen Schutz der Kirche, und konnte somit weiterhin nicht von der *Regia Udienza* verurteilt werden, bis die anwesenden und abstimmungsberechtigten Mitglieder des *Tribunale Misto* auch über die im dritten Band enthaltenen Fakten von ihrem Kollegen, dem Titularbischof von Antinopolis, Carmine Cioffi, informiert worden waren, und schließlich ihren Entschluss im Hinblick auf das Schicksal des zweiten Banditen bekanntgeben konnten. Bei dieser ersten Beschlussnahme des *Tribunale Misto* zum Fall der beiden Banditen waren allerdings dessen Vorsitzender bzw. *presidente*, der Titularerzbischof von Thessaloniki, Celestino Galiano, und der als weltliches Mitglied des *Tribunale Misto* die *Real Camera di Santa Chiara* vertretende Giuseppe Andreassi nicht anwesend.[814] So heißt es dann auch in diesem auf Lateinisch bekanntgegebenen ersten Beschluss des *Tribunale Misto* vom 17. Mai 1748 zu dem weiteren Schicksal der beiden Banditen Giuseppe Ristaino und Felice de Filippo:

> „Visis duobus processibus per Reg[ia]m Aud[ientia]m Materanam compilatis contra Rub[rica]tos Josephum Restaino, et Fęlicem de Philippo Civi[ta]tis Melphictensis, aliosq[ue] complices inquisitos de grassationibus, latrociniis, aliisq[ue] facinoribus, extractosq[ue] de asilo Ecclesię. Visisq[ue] litaris R[everendissi]mi Ep[iscop]i Melphictensis die 23. Aprilis nuper elapsi datis, ex quibus liquet lapsus Mensis post exhibitionem dictorum processuum in Episcopali eius Curia sine ulla declaratione confugii. Referente R[everendissi]mo Ep[iscop]o Antinop[olita]no, Tribunalis Misti cons[ilia]rio,

813 Ebd., fol. 322r.

814 Ebd., Schreiben mit der Entscheidung der abstimmungsberechtigten und zugegen gewesenen Mitglieder des *Tribunale Misto*, Neapel 17. Mai 1748, fol. 318r.

et causę comm[issa]rio. Idem Tribunal Mistum declarat rub[ricatu]m Josephum Restaino non gaudere beneficio confugii quod vero ad rub[ricatu]m Fęlicem de Philippo impinguetur pro coadiuvatione probationum ad finem consulto providendi. Et ita."[815]

3.1.6 *Die endgültige Entscheidung des* Tribunale Misto *zum Fall des Banditen Felice de Filippo am 14. August 1748 und die im dritten Band der Ermittlungsakten aufgeführten Zeugenaussagen*

Nachdem schließlich mit einer gewissen Verspätung von Seiten der *Regia Udienza* von Matera auch noch der dritte Band zu den Ermittlungen gegen die gefangengesetzten Mitglieder der Bande des Deserteurs Michele Basso in Neapel eingegangen war und schließlich den übrigen anwesenden abstimmungsberechtigten Mitgliedern des *Tribunale Misto* wiederum von dem Titularbischof von Antinopolis, Carmine Cioffi, die darin enthaltenen Fakten präsentiert worden waren, wurde schließlich am 14. August 1748 von Seiten des Gerichtes aufgrund der Schwere des von ihm begangenen Deliktes, weshalb gegen ihn ermittelt wurde, auch für Felice de Filippo die lokale Immunität, die er bis dahin zumindest formal noch besessen hatte, aufgehoben und auch im Falle dieses Banditen der Weg für eine rechtmäßige Verurteilung an der *Regia Udienza* von Matera frei gemacht, in deren Händen er sich bereits seit mehr als einem Jahr befand. Bei dieser Sitzung des *Tribunale Misto* fehlten allerdings dessen zwei weltliche Mitglieder in der Person des *avvocato fiscale* der *Regia Camera della Sommaria*, Carlo Mauri, und derjenigen Giuseppe Andreassis als Vertreter der *Real Camera di Santa Chiara*.[816] So heißt es dann in dem diesbezüglichen in lateinischer Sprache veröffentlichten Beschluss des *Tribunale Misto* vom 14. August 1748 zu dem weiteren Status und somit auch weiteren Schicksal Felice de Filippos:

> "Per Tribunal Mistum viso decreto per ipsum Tribunal lato sub die 17. m[ensi]s Maii currentis anni: visoque tertio volumine processuum loco impinguationis servata forma cicati decreti per Reg[ia]m Aud[ientia]m Materanam nuper transmisso, ex quo legictimas probationes, indicia constat, Fęlicem de Philippo esse reum criminis excepti vigore legis concordatorum: Referente autem R[everendissi]mo Ep[iscop]o Antinopolitano eiusdem Tribunalis Misti consiliario et causę commissario; provisum, et decretum est, rubricatum Fęlicem de Philippo non gaudere beneficio sacri confugii; Hoc suum.[817]

---

815 Ebd.

816 Ebd., Schreiben mit der Entscheidung der abstimmungsberechtigten und zugegen gewesenen Mitglieder des *Tribunale Misto*, Neapel 14. August 1748, fol. 325r.

817 Ebd.

Gemäß der inhaltlichen Zusammenfassung der ursprünglich im dritten und nicht mehr existenten Band der Ermittlungsakten aufgeführten Zeugenaussagen konnte Felice de Filippo, der zudem relativ spät zu der Bande Michele Bassos gestoßen war, aber, wie bereits erwähnt, konkret nur die Beteiligung an einem Delikt zu Lasten gelegt werden, welches aber allem Anschein nach für die Mitglieder des *Tribunale Misto* ausreichend war, um dem Banditen die ihm einstweilen gewährte lokale Immunität ein und für alle Mal zu entziehen[818]: Das erste und zugleich auch einzige Vergehen, welches man Felice de Filippo konkret zur Last zu legen vermochte, war ein Überfall, welchen er zusammen mit Michele Basso, Angelo Antonio Finiguerra und Francesco Ruggiero am 22. Juli 1747 auf zwei Händler aus dem Gebiet von Lauro namens Nicola Rega und Rocca Bussone verübt hatte, die gerade auf dem Weg nach Venosa waren, um dort Weizen zu erwerben und in derselben Stadt einem Onkel Regas, einem Korporal in den dem Fürsten della Torella unterstehenden bewaffneten Kräften, einen Kupferkessel zu überreichen. Als beide Männer gegen 13 Uhr im Gebiet von Pisciolo ankamen, welches sich ungefähr drei Meilen von Melfi entfernt befand, wurden sie von den vier Banditen überfallen. Nicola Rega und Rocco Bussone wurde von Francesco Ruggiero und Angelo Antonio Finiguerra mit vorgehaltenen Pistolen befohlen, sich nicht weiter zu bewegen. Michele Basso und Felice de Filippo zwangen sie dann dazu, von ihren Pferden abzusteigen, und raubten sie schließlich aus, während die anderen beiden Banditen mit gezogenen Pistolen die Stellung hielten, um jeden möglichen Widerstand von Seiten der beiden Händler schon von vornherein zu unterbinden. Nicola Rega stahl man bei diesem Überfall 44 *carlini* und Rocco Bussone 15 *carlini*, bei denen es sich aber nicht um das gesamte Geld handelte, welches beide Männer mit sich führten, weil sie dieses vor dem Antritt ihrer Reise nach Venosa in Sorge vor eventuellen Überfällen in ihrer Kleidung versteckt hatten. Darüber hinaus raubten sie Nicola Rega auch den besagten Kupferkessel, den er seinem Onkel in Venosa bringen sollte, und entwendeten schließlich auch einen Sack, der neben Sachen aus Stoff auch einige Lebensmittel enthielt. Nach dem Überfall begaben sich Nicola Rega und Rocco Bussone nach Melfi, der nächstgelegenen größeren Ortschaft. In der Osteria von Crescenzo Memmola erzählten sie von dem kurz zuvor auf sie verübten Überfall, wobei ihnen die Namen der vier Banditen aber völlig unbekannt waren, und taten dasselbe, als sie dann in Venosa, wo sie ursprünglich hingehen wollten, angelangt waren. Von der genauen Identität der Banditen und damit verbunden

818 Die Zeugenaussagen aus dem dritten Band der Ermittlungsakten werden in zusammengefasster Form auf den Blättern 319r-322r wiedergegeben.

deren Namen erfuhren beide Männer erst, nachdem Michele Basso zu diesem Überfall ausgesagt hatte.[819]

Im Anschluss an den erfolgreich durchgeführten Überfall teilten die Banditen das Raubgut untereinander auf. Felice de Filippo und Francesco Ruggiero erhielten bei der Aufteilung der Beute u. a. zwei Kopfkissenbezüge, fünf Hemden, ein Tischtuch, ein Taschentuch und einige Lebensmittel, welche sich in dem ebenfalls geraubten Sack befanden. Michele Basso und Angelo Antonio Finiguerra behielten für sich das erbeutete Geld und einen Kupferkessel, welchen sie zu einem nahegelegenen Weinberg namens Montelappiso brachten und dort vergruben. Felice de Filippo versteckte seinen Teil der Beute in der Kapelle von San Rocco, in welcher der Einsiedler Alessandro Calabrese lebte. Als de Filippo jedoch von den laufenden Ermittlungen im Raum Melfi erfuhr, fürchtete er, dass man das Raubgut vielleicht bei dem Eremiten entdecken könnte, und ließ den Sack von seinem Sohn abholen, der diesen schließlich seiner Mutter übergab. Bei den Ermittlungen konnte dann neben dem im Hause de Filippos gefundenen Raubgut auch der von Michele Basso und Angelo Antonio Finiguerrra in dem besagten Weinberg vergrabene Kupferkessel sichergestellt werden, nachdem sich der mit den Ermittlungen beauftragte Mitarbeiter der *Regia Udienza* von Matera auf das Verhör Michele Bassos folgend von Finiguerra die Stelle in dem Weinberg hatte zeigen lassen, an welcher der Kessel vergraben worden war.[820]

Bezüglich des erfolgten Überfalls wurden zahlreiche Zeugen vernommen. Wie bereits in den inhaltlichen Zusammenfassungen zu den in den beiden anderen Bänden enthaltenen Zeugenaussagen, so fehlen auch in der Zusammenfassung zu den Zeugenaussagen im dritten und ebenfalls nicht mehr existenten Band der Ermittlungsakten zu den Taten der Bande Michele Bassos genaue Angaben zu den einzelnen von den Behörden befragten Zeugen. Neben den beiden überfallenen Händlern, Nicola Rega und Rocco Bussone, verhörten die Behörden in Gestalt des von der *Regia Udienza* von Matera beauftragten Mitarbeiters eine größere Anzahl von Zeugen zu dem Überfall. Dazu gehörten u. a. auch der Korporal des Fürsten della Torella, der ursprünglich den Kupferkessel erhalten sollte, sowie zwei Zeugen aus Melfi, vielleicht der Besitzer der Osteria, Crescenzo Memmola, und eine weitere Person die in der Osteria zugegen war, die das Fehlen der besagten Gegenstände bestätigen konnten.[821] Weitere Anmerkungen zu den Aussagen dieser Zeugen werden aber in der Zusammenfassung zum Inhalt des dritten Bandes der

819 Ebd., fol. 319r-320r.

820 Ebd., fol. 320r-320v.

821 Ebd., fol. 320v-321r.

Ermittlungsakten nicht gemacht. Ein weiterer Zeuge aus Melfi hatte den Überfall mit eigenen Augen gesehen und konnte bestätigen, dass in diesen auch der besagte Felice de Filippo und die anderen drei Banditen verwickelt gewesen waren, welche er nach seinen Aussagen zu urteilen als seine Mitbürger sehr gut kannte. Dieser Zeuge hatte die beiden Händler bei einer Furt des Flusses Ofanto getroffen und begleitete sie dann auf einem Stück ihres Weges. Bei der damit einhergehenden Unterhaltung erzählten beide Männer ihm, dass sie sich auf dem Weg nach Venosa befanden, um dort Weizen zu erwerben und um u. a. dem Onkel Nicola Regas den besagten Kupferkessel zu bringen. Als die drei Männer dann an dem Ort namens Pisciolo angekommen waren, ritt dieser später von den Behörden befragte Augenzeuge voraus und sah beim Zurückschauen, wie die vier Banditen über Nicola Rega und Rocco Bussone herfielen und diese ausraubten. Drei weitere befragte Zeugen, bei denen es sich vielleicht um Mitarbeiter der *Regia Udienza* von Matera handelte, berichteten, dass sie vom Hörensagen von dem Überfall erfahren hatten und dass sowohl Michele Basso als auch Angelo Antonio Finiguerra, die sich zu diesem Zeitpunkt bereits in Haft befanden, erzählt hatten, dass sie den Überfall zusammen mit Felice de Filippo und Francesco Ruggiero begangen hatten. Zuletzt bestätigten sie noch, dass man den von Michele Basso und Angelo Antonio Finiguerra geraubten Kupferkessel in dem besagten Weinberg gefunden hatte.[822]

Bei den Ermittlungen zu dem Überfall verhörte man auch den Eremiten, in dessen Kapelle Felice de Filippo seinen Teil der Beute versteckt hatte. Bei der Befragung gab der Eremit an, dass nicht nur Felice de Filippo, Michele Basso, Francesco Ruggiero und Angelo Antonio Finiguerra, sondern auch Nicola Sirena, Lonardo Amarena und Giovanni Angelo Amarena einige Male zu seiner Kapelle gekommen waren, um dort zu speisen und zu nächtigen. Am Abend des 26. Juli 1747 soll, nach den Ausführungen des Eremiten zu urteilen, Felice de Filippo zu ihm gekommen sein, ihm vier *grana* für den Kauf von Makkaroni gegeben haben, welche sie dann auch später zusammen aßen, und ihn darum gebeten haben, für eine gewisse Zeit auf den Sack aufzupassen. Als Grund hierfür nannte er gegenüber dem Einsiedler eine mögliche Durchsuchung seines Hauses durch Vertreter des baronalen Gerichtshofes von Melfi. Nachdem de Filippo die Nacht vom 26. auf den 27. Juli an ebendiesem Ort, also etwa einen Tag vor seiner Festnahme durch die *Regia Udienza* von Matera, verbracht hatte, brach er nach Anbruch des Morgens auf. Am Abend desselben Tages kam der Sohn de Filippos zu dem Einsiedler, um sich den besagten Sack aushändigen zu lassen. Allerdings schenkte ihm der Eremit keinen

822 Ebd., fol. 321r-321v.

Glauben, so dass er erst einmal unverrichteter Dinge abziehen musste. Nachdem jedoch der Sohn de Filippos ein zweites Mal aufgetaucht war und dem Eremiten erzählt hatte, dass sein Vater ihm, Alessandro Calabrese, Geld zum Kauf von Makkaroni gegeben hatte, zerstreute dies endgültig die Zweifel des Eremiten, der dem Jungen dann unverzüglich den Sack aushändigte. Nach seiner eigenen Aussage zu urteilen, hatte der Einsiedler aber nicht in den zwischenzeitlich bei ihm deponierten Sack hineingeschaut und konnte demzufolge bei der Befragung keinerlei Angaben zu dessen Inhalt machen.[823]

Im Zuge der Ermittlungen zu dem Raubüberfall verhörte man auch den 14-jährigen Sohn de Filippos, der angab, von seiner Mutter, also der Ehefrau de Filippos, beauftragt worden zu sein, den Sack bei dem Eremiten Alessandro Calabrese abzuholen. Nachdem sich aber der Eremit zunächst geweigert hatte, dem Sohn de Filippos, dem er keinen Glauben schenkte, diesen Sack auszuhändigen, kehrte der Junge erst einmal unverrichteter Dinge zu seiner Mutter zurück und erzählte ihr davon. Sie sagte dann ihrem Sohn, dass er dem Eremiten zur Erkennung ausrichten solle, dass ihr Mann ihr erzählt hatte, dass er mit dem Eremiten Makkaroni gegessen hatte. Somit ging der Junge ein zweites Mal zu dem besagten Eremiten und erzählte ihm das, was ihm von Seiten seiner Mutter aufgetragen worden war. Diesmal schenkte ihm Alessandro Calabrese Glauben und lieferte den Sack an den Sohn Felice de Filippos aus. Nachdem der Junge den Sack seiner Mutter ausgehändigt hatte, soll diese ihn im Hause ihrer Schwiegermutter versteckt haben, die, als sie von der Verhaftung Felice de Filippos, ihres Sohnes, und dessen Ehefrau hörte, den Sack samt dem darin enthaltenen Raubgut in eine Zisterne warf, um dadurch dieses wichtige Beweismaterial vor den Behörden zu verstecken und ihren Sohn zu entlasten. Die eigentliche Besitzerin dieser Zisterne, Antonia Cavaliero, ließ die Mutter de Filippos diesen Sack jedoch wieder aus der Zisterne ziehen und ihn zurück in das Haus ihres Sohnes bringen. Im Zusammenhang mit diesem wieder aus der Zisterne gezogenen Sack bestätigten zwei Zeugen, dass man bei der darauffolgenden Durchsuchung die darin enthaltenen und durchnässten Sachen schließlich im Hause Felice de Filippos gefunden hatte. Zwei ebenfalls befragte Frauen gaben an, dass sie von dem Überfall gehört hatten und dass die Mutter de Filippos gestanden hatte, diesen Sack aus Furcht vor den ermittelnden Behörden in jene Zisterne geworfen zu haben.[824]

Die letzten fünf aus Melfi stammenden und von den Behörden befragten Zeugen gaben an, von dem Überfall und der Auffindung des Beutegutes im Hause

823 Ebd., fol. 321v-322r.
824 Ebd., fol. 320r-320v und fol. 322r.

de Filippos gehört zu haben, und bestätigten, dass Felice de Filippo, Michele Basso, Francesco Ruggiero und Angelo Antonio Finiguerra bei den Bewohnern der Gegend aufgrund ihrer Lebensweise einen äußerst schlechten Ruf besaßen und dass man einen Teil des Raubgutes schließlich im Hause desselben hatte sicherstellen können.[825]

Allerdings enthielt dieser dritte Band nicht, wie man sich von Seiten des *Tribunale Misto* noch erhofft hatte, das umfassende Geständnis des Bandenführers Michele Basso.[826]

3.2 Bandenkriminalität im Windschatten des Kampfes gegen die Parthenopäische Republik: Das Schnellverfahren gegen Angelo Paonessa und einige seiner Gefährten an der *Regia Udienza* von Catanzaro im November 1799

3.2.1 Anmerkungen zur Bande Angelo Paonessas und zur Quellenlage

Der Fall der Räuberbande um Angelo Paonessa bietet ein hervorragendes Beispiel dafür, dass das Banditenwesen im bourbonischen Königreich Neapel des 18. Jahrhunderts nicht erst durch die politischen, militärischen und sozialen Ereignisse der beiden Jahre 1798 und 1799 zu einem neuen Ausbruch gekommen war, sondern schon lange vorher. Obwohl die Bande bereits in der Zeit vor dem Jahre 1799 von den Behörden der Provinz Calabria Ultra auf das Erbittertste bekämpft worden war, wurden Paonessa und seine Männer schließlich in den turbulenten Monaten der kurzzeitigen Existenz der Parthenopäischen Republik zeitweilig sogar zu „Verbündeten“ des Bourbonenregimes, indem sie sich in den Reihen der „Armata Cristiana della Santa Fede in Nostro Signore Gesù Cristo“ des Kardinals Fabrizio Ruffo, der auf sein eigenes Fürbitten hin von den Bourbonen beauftragt worden war, die Revolutionsregierung in Neapel wieder zu beseitigen, an der Belagerung der Stadt Cotrone im März des Jahres 1799 beteiligten, welche schließlich in einem Blutbad und der Plünderung der Stadt durch die sanfedistischen Truppen ausartete. Auch wenn solche Gewaltexzesse bei dem Anführer der sanfedistischen Truppen, Kardinal Fabrizio Ruffo, Abscheu erregten, so war er doch besonders aufgrund des Mangels an Männern, Waffen und finanziellen Mitteln auf die Kooperationswilligkeit solcher skrupellosen und zwielichtigen Gestalten wie Michele Pezza alias „Fra Diavolo“, Gaetano Mammone, Giuseppe Pronio, Giuseppe Costantini alias „Sciabalone“, Nicola Gualtieri alias

825 Ebd., fol. 322r.

826 Ebd.

„Panedigrano“ und Gerardo Curcio alias „Sciarpa“ und eben kurzzeitig auch auf den im Rahmen dieses Unterkapitels behandelten Angelo Paonessa alias „Panzanera“ angewiesen, um sein Rückeroberungswerk in die Tat umsetzen zu können.

Dass sich die Bande Angelo Paonessas in den Reihen der Truppen Ruffos an der Rückeroberung des republikanischen Crotone in der zweiten Märzhälfte des Jahres 1799 beteiligte, war aber weniger auf eine mutmaßliche Königstreue Paonessas und seiner Gefährten zurückzuführen als vielmehr auf den Wunsch, durch die Mitwirkung in der „Armata Cristiana della Santa Fede in Nostro Signore Gesù Cristo“ morden und plündern zu können, ohne dafür vorerst von der Justiz belangt zu werden, da in den Provinzen des Königreiches Neapel in jenen turbulenten Monaten eine vollkommene Anarchie herrschte, welche die Durchsetzung von Recht und Ordnung faktisch unmöglich werden ließ. Bei vielen Banditen, die sich Ruffos Scharen angeschlossen hatten, spielte wohl auch die Hoffnung eine maßgebliche Rolle, über diese Mitwirkung und ihre vermeintliche Königstreue in den Genuss eines Gnadenerlasses für all die Untaten der vergangenen Jahre zu kommen. Solch ein Gnadenerlass von Seiten König Ferdinands IV. konnte eine erste Grundlage für eine gesellschaftliche Reintegration dieser Banditen sein, wenn sie denn in der darauffolgenden Zeit im Hinblick auf ihr Handeln mit Bedacht vorgingen. Gerade diese bedächtige Vorgehensweise sollte der Bande Angelo Paonessas allerdings völlig fehlen, da sie sich kurz nach dem Fall Crotones relativ schnell von den Sanfedisten löste und die Provinz Calabria Ultra, die sich nunmehr wieder fest in den Händen des Bourbonenregimes befand, weiter mit ihren Gewaltexzessen durchzog und sich dabei kurz vor ihrer Zerschlagung durch bewaffnete Einheiten der *Regia Udienza* von Catanzaro in massiver Weise an denjenigen Bewohnern ihres Hauptoperationsgebietes, der Gegend um die Stadt Marcellinara, rächte, die es gewagt hatten, mit den Behörden der Provinz bei der Bekämpfung der Bande in wie auch immer gearteter Weise zusammenzuarbeiten. Unter großen Mühen und nach mehreren Fehlschlägen gelang es schließlich am 10. August 1799 den bewaffneten Einheiten der *Regia Udienza* von Catanzaro zusammen mit Soldaten der *Regia Udienza* von Cosenza und Milizionären aus der Nachbarprovinz Calabria Citra, die insgesamt ungefähr fünfhundert Mann umfassten, die Bande zu zerschlagen und einen großen Teil von deren Mitgliedern gefangen zu setzen.[827] Angelo Paonessa selbst konnte zwar am 10. August der Festnahme

827 ASN, *Processi Antichi/Da Riordinare/Processi Criminali*, 28/1, fol. XVIIIv-XIXr. Die diesbezüglichen Ermittlungsakten sind sowohl mit römischen als auch mit arabischen Nummerierungen versehen.

durch Flucht einstweilen noch entgehen, jedoch stellte er sich aufgrund des enormen auf ihm lastenden Druckes der Verfolgung nach mehr als einem Monat, nämlich am 18. September, den Behörden der Provinz Calabria Ultra, und wurde daraufhin im Gefängnis der *Regia Udienza* von Catanzaro festgehalten, in dem er zusammen mit den anderen festgenommenen Mitgliedern seiner Bande seiner Verurteilung entgegensehen musste.[828]

Wie bei so vielen anderen Verfahren gegen Mitglieder von Räuberbanden im bourbonischen Königreich Neapel des 18. Jahrhunderts, so weisen auch die im Rahmen dieses Unterkapitels berücksichtigten Akten erhebliche Lücken auf, die eine vollständige Rekonstruktion der Geschicke der Bande Angelo Paonessas und der gegen sie auf den Weg gebrachten Verfahren unmöglich machen. Das für die Erstellung dieses Unterkapitels herangezogene Quellenmaterial stammt aus den im Staatsarchiv in Neapel aufbewahrten Beständen der „Processi Antichi/Da Rirordinare/Processi Criminali" und der „Dispacci e Fascicoli" der *Segreteria di Stato di Grazia e Giustizia.*[829] Von den ursprünglichen sehr umfangreichen Ermittlungsakten zu den Taten der Bande ist augenscheinlich nur noch der 15. Band übriggeblieben, in dem sich zum einen ein sehr detaillierter Bericht zu den Taten der Bande um Angelo Paonessa im Jahre 1799 befindet und zum anderen eine sehr umfassende, wenn auch unvollständige Wiedergabe von Zeugenaussagen,

---

828 Dass sich Angelo Paonessa schließlich am 18. September freiwillig den Behörden der Provinz Calabria Ultra stellte, geht aus einem auf den 28. September datierten und in Tiriolo ausgestellten Schreiben des Sonderbevollmächtigten und *uditore* der *Regia Udienza* von Catanzaro, Giovanni Battista de Micheli, an die Adresse des Direktors der *Segreteria di Stato di Grazia e Giustizia*, Domenico Parisi, hervor. Angelo Paonessa begab sich mit größter Wahrscheinlichkeit in der Ortschaft Tiriolo in die Hände Giovanni Battista de Michelis und wurde dann von diesem nach Catanzaro überstellt. Das diesbezügliche Schreiben de Michelis befindet sich in ASN, *Segreteria di Stato di Grazia e Giustizia, Dispacci e Fascicoli*, 201/90.

829 Die im Rahmen dieses Unterkapitels berücksichtigten Dokumente befinden sich in ASN, *Processi Antichi/Da Riordinare/Processi Criminali*, 28/1 und ASN, *Segreteria di Stato di Grazia e Giustizia, Dispacci e Fascicoli*, 201. Gerade im Hinblick auf den letzteren Bestand ist davon auszugehen, dass sich in diesem weitere Informationen zu den Verfahren gegen die anderen Mitglieder der Bande und deren Verurteilung im Königreich Neapel in der Phase der ersten bourbonischen Restauration finden lassen. Da aber die Zeit der ersten bourbonischen Restauration nicht mehr der unmittelbare Gegenstand dieser Untersuchung ist, wurde auf eine gezielte Suche nach Dokumenten aus dem Bestand der „Dispacci e Fascicoli" der *Segreteria di Stato di Grazia e Giustizia*, die vielleicht weitere Informationen zu den Schicksalen der restlichen Mitglieder der Bande hätten enthalten können, bewusst verzichtet.

die im Zeitraum vom 12. bis zum 21. Oktober 1799 von dem *uditore* der *Regia Udienza* von Catanzaro und Sonderbevollmächtigten für die Verfolgung der Bande Angelo Paonessas, Giovanni Battista de Micheli, abgenommen worden waren.

Dieser 15. Band der Ermittlungsakten, in dem es, wie es auf dessen Deckblatt heißt, um den Vorwurf „De incessu per campaneam in comitiva et armata manu, etiam cum armis ignis et a Regiis Pragmaticis prohibitis“[830] ging und dessen Gegenstand sämtliche von der Bande im Jahre 1799 begangenen Delikte waren, sollte schließlich im Juni 1806 eine der Grundlagen für die Verurteilung eines ehemaligen Mitgliedes der Bande Angelo Paonessas namens Domenico Donato alias „Lo Turco“ durch ein auf eine Anordnung König Joseph I. Bonapartes vom 12. April 1806 eingerichtetes Sondertribunal unter dem Vorsitz des Präsidenten der *Regia Camera della Sommaria*, Carlo Pedicini, bilden, welches sich für die drei Provinzen Calabria Citra, Calabria Ultra und Basilikata mit der Erledigung all derjenigen Verfahren beschäftigte, die sich seit dem erneuten Einzug der Franzosen in Neapel am 15. Februar desselben Jahres noch in der Schwebe befanden[831] und nach Ansicht der neuen Machthaber einer zeitnahen Klärung bedurften.

Was sich somit insgesamt anhand dieses 15. Bandes der Ermittlungsakten zum Fall Angelo Paonessas und seiner Gefährten aus dem Bestand der „Processi Antichi/Da Riordinare/Processi Criminali“ und einiger Dokumente aus dem Bestand der „Dispacci e Fascicoli“ der *Segreteria di Stato di Grazia e Giustizia* gut rekonstruieren lässt, sind *erstens* die genaue Zusammensetzung der Bande, *zweitens* ihre Taten und Verfolgung durch die Behörden im Zeitraum Dezember 1798 und August 1799, *drittens* der Status ihrer einzelnen Mitglieder nach der weitestgehenden Zerschlagung der Bande in den Monaten August und September 1799, *viertens* die ab dem 12. Oktober 1799 am lokalen Gerichtshof von Tiriolo von Seiten des *uditore* und Sonderbevollmächtigten Giovanni Battista de Micheli abgenommenen Zeugenaussagen, die sich auf die Aktivitäten der Bande im Jahre 1799 bezogen, *fünftens* Einzelheiten zu dem im November 1799 weitestgehend abgeschlossenen Prozess gegen insgesamt sieben Mitglieder der Bande, und zwar deren Anführer Angelo Paonessa, Arcangelo Scozzafava, Vincenzo Paonessa aus Marcello, Vincenzo Paonessa, dem Bruder Angelos, Matteo Oliverio, Nicola Orsano und Cesare Mazza, sowie *sechstens* das Verfahren gegen ein weiteres, allerdings erst später festgenommenes ehemaliges Mitglied der Bande namens

830 ASN, *Processi Antichi/Da Riordinare/Processi Criminali*, 28/1, fol. Ir.

831 Ebd., Schreiben des Sekretärs der Sondertribunals, Giovanni Greco, Catanzaro 22. Juni 1806, fol. 189r.

Domenico Donato alias „Lo Turco" vor einem von dem neuen französischstämmigen König Joseph I. Bonaparte eingerichteten und in Catanzaro tagenden Sondertribunal im Juni 1806. Da es sich bei dem eigentlichen Gegenstand dieser Untersuchung um das Banditenwesen im bourbonischen Königreich Neapel des 18. Jahrhunderts handelt, soll das gegen Domenico Donato alias „Lo Turco" im Juni 1806 in Catanzaro von einem Sondertribunal durchgeführte Schnellverfahren am Ende dieses Unterkapitels daher nur kurz in der Form eines Epilogs behandelt werden.

In der folgenden Tabelle soll zur besseren Nachvollziehbarkeit zunächst ein Überblick zu allen 35 Personen gegeben werden, die laut dem Deckblatt des 15. Bandes der Ermittlungsakten der Bande Angelo Paonessas angehört hatten und die vornehmlich aus den Gegenden von Gimigliano, Tiriolo, Marcellinara und Amato kamen, die allesamt in der Provinz Calabria Ultra, dem zentralen Operationsgebiet der Bande, lagen. In dieser Übersicht wird darüber hinaus auch angegeben, welche Mitglieder der Bande im Augenblick der Durchführung des Schnellverfahrens gegen Domenico Donato im Juni 1806 bereits tot waren. Drei Mitglieder der Bande namens Luigi Donato alias „Maccalana", Pasquale Miceli alias „Russo" und Marcantonio Torchia waren bereits in der ersten Hälfte des Juni 1799 bei einer Schießerei mit den Bewohnern des Gebietes von Miglierina ums Leben gekommen.[832] Zwei weitere Mitglieder der Bande Angelo Paonessas namens Tommaso Rotella alias „Spingipica" und Pasquale d'Agostino verloren ihr Leben bei der bewaffneten Auseinandersetzung mit den Truppen der *Regia Udienza* von Catanzaro vom 10. August 1799, die schließlich zu der endgültigen Zerschlagung der Bande führte.[833] Und ein drittes Mitglied der Bande namens Pasquale Scerbo verstarb im Jahre 1800 in der Haft[834]:

832 Ebd., fol. XVIIr.
833 Ebd., fol. XIXr.
834 Ebd., fol. IIv.

Person/Status	Herkunftsort (Provinz)
Angelo Paonessa alias „Pansinigro“ oder gemäß der diesbezüglichen wissenschaftlichen Literatur als „Panzanera“ (inhaftiert und gehängt)	Gimigliano (Calabria Ultra)
Arcangelo Scozzafava alias „Galano“ (inhaftiert und gehängt)	Gimigliano (Calabria Ultra)
Vincenzo Paonessa (inhaftiert und gehängt)	Marcello (Gimigliano) (Calabria Ultra)
Tommaso Rotella alias “Spingipica” (am 10. August 1799 von den Truppen der *Regia Udienza* von Catanzaro getötet)	Gimigliano (Calabria Ultra)
Giuseppe Trapasso (getötet)	Samuele (Gimigliano) (Calabria Ultra)
Saverio Angotti (inhaftiert)	Gimigliano (Calabria Ultra)
Giuseppe Scozzafava alias “Guarnaccia” (inhaftiert)	Gimigliano (Calabria Ultra)
Vincenzo Paonessa alias “Cireca” (inhaftiert und gehängt)	Gimigliano (Calabria Ultra)
Nicola Grande alias “Galante” (Status unklar, wahrscheinlich noch frei)	Caraffa (Calabria Ultra)
Vincenzo Canonico (inhaftiert)	Cassano Serra (Calabria Citra)
Carlo Lamberti (getötet)	Salerno (Principato Citra)
Angelo Critazzo (getötet)	Mannelli (Calabria Citra)
Angelo Colosimo (inhaftiert)	Mannelli (Calabria Citra)
Pasquale d'Agostino (am 10. August 1799 von den Truppen der *Regia Udienza* von Catanzaro getötet)	Grotteria (Calabria Ultra)
Matteo Oliverio alias “Cicero” (inhaftiert und gehängt)	Tiriolo (Calabria Ultra)
Nicola Orsano alias “Cozzale” (inhaftiert und gehängt)	Tiriolo (Calabria Ultra)
Domenico Galzavano alias “Catina” (inhaftiert und getötet)	Tiriolo (Calabria Ultra)
Domenico Donato alias “Lo Turco” (im Juni 1806 von einem durch König Joseph I. Bonaparte eingesetzten und in Catanzaro tagenden Sondertribunal zu 25 Jahren Galeerenhaft und anschließender Verbannung aus dem Königreich verurteilt)	Tiriolo (Calabria Ultra)
Giovanni Bruno alias “Tinghi” (wahrscheinlich noch frei)	Tiriolo (Calabria Ultra)
Giacinto Ciambrone alias “Cicciannè” (inhaftiert)	Tiriolo (Calabria Ultra)

Tommaso Guzzo alias "Jannone" (inhaftiert)	Tiriolo (Calabria Ultra)
Antonio Pavone alias "Jaccone" (inhaftiert)	Tiriolo (Calabria Ultra)
Giuseppe Pavone alias "Jaccone" (getötet)	Tiriolo (Calabria Ultra)
Cesare Mazza alias "Giulillo" (inhaftiert und gehängt)	San Pietro (Tiriolo)
Luigi Donato alias "Maccalana" (bei einer Schießerei mit den Bewohnern des Gebietes von Miglierina in der ersten Junihälfte des Jahres 1799 getötet)	Marcellinara (Calabria Ultra)
Giuseppe Parise (in Neapel inhaftiert)	Marcellinara (Calabria Ultra)
Gioacchino Leone alias "Amadio" (in Neapel inhaftiert)	Marcellinara (Calabria Ultra)
Pasquale Miceli alias "Russo" (bei einer Schießerei mit den Bewohnern des Gebietes von Miglierina in der ersten Junihälfte des Jahres 1799 getötet)	Marcellinara (Calabria Ultra)
Marcantonio Torchia (bei einer Schießerei mit den Bewohnern des Gebietes von Miglierina in der ersten Junihälfte des Jahres 1799 getötet)	Marcellinara (Calabria Ultra)
Pasquale Scerbo (inhaftiert und im Jahre 1800 in der Haft gestorben)	Marcellinara (Calabria Ultra)
Giuseppe Graziano (inhaftiert)	Amato (Calabria Ultra)
Gennaro Grande alias "Rodi" (wahrscheinlich noch frei)	Amato (Calabria Ultra)
Pasquale lo Schiavo (inhaftiert)	Amato (Calabria Ultra)
Francesco lo Schiavo (inhaftiert)	Amato (Calabria Ultra)
Giuseppe Anania (inhaftiert)	Amato (Calabria Ultra)

Quelle: Beide Deckblätter zum Fall der Bande Angelo Paonessas in ASN, *Processi Antichi/Da Riordinare/Processi Criminali*, 28/1, fol. Ir-IIr.

3.2.2 Zu den Aktionen der Bande und deren Verfolgung durch die Behörden in den Jahren 1795 bis 1799

Anhand des umfangreichen zusammenfassenden Berichtes, der dem Repertorium des 15. Bandes der Ermittlungsakten und den Aufzeichnungen der zwischen dem 12. und 21. Oktober 1799 am lokalen Gerichtshof von Tiriolo von Giovanni Battista de Micheli abgenommenen Zeugenaussagen vorangestellt ist, lassen sich sehr gut die Geschicke des Bandenführers Angelo Paonessa und seiner zahlreichen Gefolgsleute von 1795 bis zum August des Jahres 1799 zurückverfolgen und stellen sich im Einzelnen wie folgt dar: Arcangelo Scozzafava, Pasquale Chiarella und Tommaso Mirante aus dem Gebiet von Gimigliano trafen aufgrund von Ermittlungen, die genauen Gründe werden nicht angegeben, welche die *Regia Udienza* von Catanzaro gegen sie eingeleitet hatte, die Entscheidung, sich mit weiteren Personen, deren Namen in dem diesbezüglichen Bericht nicht genannt werden, zusammenzutun und eine Bande zu bilden. Diese Bande wuchs in der darauffolgenden Zeit auf zehn Mann an und machte durch allerlei Vergehen, wie Raubüberfälle, Morde und Erpressungen, von sich reden. Im Jahre 1796 vergrößerte sich diese Bande, als ihr Angelo Paonessa, ihr späterer Anführer, Giacobbe Chiarella und Angelo Gigliotti aus Gimigliano, Giuseppe Piro aus Rogliano sowie Antonio Perri aus Castagna in der Provinz Calabria Citra beitraten. Durch diese Neuzugänge nahmen die Vergehen dieser Bande noch erheblichere Ausmaße an, so dass bald auch die Behörden der Provinz Calabria Ultra auf den Plan gerufen wurden und Massnahmen einleiten ließen, die bald die gewünschten Früchte trugen. Pasquale Chiarella wurde im August 1797 von den bewaffneten Verbänden der *Regia Udienza* von Catanzaro getötet. Antonio Perri ging den Behörden lebend ins Netz und wurde inhaftiert. Der Großteil der übrigen Bandenmitglieder wurde durch das energische Vorgehen der Behörden der Provinz Calabria Ultra zerstreut, so dass diese erste Formation als *de facto* zerschlagen angesehen werden konnte. Lediglich Angelo Paonessa und Arcangelo Scozzafava hielten der Verfolgung durch die Behörden stand und bildeten kurz darauf eine neue Bande, die noch viel größer und gefährlicher sein sollte als die erste Bande, welche, wie bereits erwähnt, von den neapolitanischen Behörden zum Großteil zerschlagen worden war. Der Anführer dieser neuen Bande wurde Angelo Paonessa.[835]

Obwohl die *Regia Udienza* von Catanzaro alle ihr zur Verfügung stehenden Mittel aufwendete, um auch dieser zweiten Bande und deren immer umfassenderen Vergehen beizukommen, scheiterte sie wiederholt. Im Verlauf der zweiten Hälfte des Jahres 1797 schlossen sich der Bande Angelo Paonessas Nicola Grande, Angelo Critazzo aus Mannelli und Angelo Colosimo aus Caraffa an, ebenso wie Matteo Oliverio aus Tiriolo. Das Operationsgebiet der Bande umfasste in etwa die Gegend zwischen Gimigliano, Tiriolo, Marcellinara und weiteren nahegelegene Ortschaften, die in dem Bericht nicht weiter spezifiziert werden. Auch in der nun folgenden Zeit beging die Bande zahlreiche Vergehen, darunter auch einige Tötungsdelikte, und erhielt weiterhin Zulauf.[836]

Bis zur Flucht der königlichen Familie nach Sizilien Ende Dezember 1798 erwiesen sich alle von der *Regia Udienza* getroffenen bzw. angestrebten Maßnahmen, das sei an dieser Stelle vorausgreifend gesagt, als völlig erfolglos. Durch den Zusammenbruch der Herrschaft Ferdinands IV. auf dem Festland und die

835 ASN, *Processi Antichi/Da Riordinare/Processi Criminali*, 28/1, fol. IIIr.
836 Ebd., fol. IIIv.

Einrichtung einer schwachen und kaum durchsetzungsfähigen profranzösischen Marionettenregierung in Neapel wurde der Bande um Angelo Paonessa zwar erst einmal eine relativ kurze Verschnaufpause von den Nachstellungen seitens der Behörden verschafft, jedoch setzte sie ihre Aktionen innerhalb des durch den Kollaps der Bourbonenherrschaft entstandenen Machtvakuums in den Provinzen des ehemaligen Königreiches weiter fort.

Bis zum Zeitpunkt des erstmaligen Sturzes der Bourbonendynastie Ende Dezember 1798 gestalteten sich die Geschicke der Bande wie folgt: Im Dezember des Jahres 1797 erschossen Angelo Paonessa und Arcangelo Scozzafava an einem Ort namens „Il Torretto" den gleichfalls aus der Ortschaft Gimigliano stammenden Giuseppe Riccella. Dann Anfang Januar 1798 töteten Angelo Paonessa, Arcangelo Scozzafava, Nicola Grande und ein weiteres Bandenmitglied aus Marcellinara einen Mann namens Giuseppe Rotella aus der Gegend von Marcellinara. Am Monatsende erpresste die Bande schließlich die Brüder Felice und Antonio Donato sowie weitere Personen, die aus der Provinzhauptstadt Catanzaro stammten. In Anbetracht der Angst und des Schreckens, den die Bande in der Provinz Calabria Ultra verbreitete, und auch in Anbetracht des wiederholten Scheiterns aller Maßnahmen, die man gegen die Bande in die Wege geleitet hatte, richtete sich die *Regia Udienza* von Catanzaro über die *Segreteria di Stato di Grazia e Giustizia* noch einmal direkt an König Ferdinand IV. Statt dass König Ferdinand IV. jedoch die erhofften Sondermaßnahmen gegen die Bande Paonessas anordnete und Verstärkungen in die Provinz Calabria Ultra schickte, erließ er vielmehr ein *dispaccio*, in welchem lediglich ein Kopfgeld auf die Ergreifung von Angelo Paonessa und diejenige seiner Gefährten ausgesetzt wurde. Für die Person Angelo Paonessas, des Bandenführers, waren dies zweihundert Dukaten und für die anderen Mitglieder der Bande jeweils hundert Dukaten. Allein schon aufgrund der Größe der Bande Paonessas und aufgrund der Angst und des Schreckens, welchen diese verbreitete, ist es nur allzu offensichtlich, dass es von den Bewohnern der von Paonessa und seinen Gefährten heimgesuchten Gegenden kaum jemand wagte, auch nur den Versuch zu unternehmen, irgendeines Mitgliedes der Bande, sei es lebend oder tot, habhaft zu werden. Die Bande, der sich in der ersten Hälfte des Jahres 1798 schließlich als weitere Mitglieder Vincenzo Paonessa aus Marcello bei Gimigliano und Luigi Donato aus dem Gebiet von Marcellinara anschlossen, setzte ihre Raubzüge vielmehr fort, ohne dabei von den Behörden der Provinz Calabria Ultra weiter behelligt zu werden. Ende April des Jahres 1798 tötete die Bande den Arzt Francesco Angello aus Marcellinara, fällte einige Olivenbäume auf einem Gutshof von Valeriano Tavani aus der Ortschaft Gimignano und schnitt einem gewissen Giuseppe Folino aus derselben Gegend die Nase ab. In den darauffolgenden Monaten erpresste die

Bande den aus Positano stammenden Kaufmann Vincenzo Montuoro und schnitt einem gewissen Saverio Paucci aus Gagliano einen Finger ab. In dieser Zeit erhielt die Bande in der Person Vincenzo Canonicos aus Cassano und derjenigen Carlo Lambertis aus Salerno erneut weiteren Zulauf. Im Dezember 1798 kam es dann zu einem heftigen bewaffneten Zusammenstoß mit einer zahlenmäßig überlegenen Einheit der *fucilieri di montagna*, welche von der *Regia Udienza* von Catanzaro gegen die Bande ausgeschickt worden war. Diese Einheit wurde von der Bande bei der nun folgenden Schießerei, wie es in dem Bericht heißt, in eine „precipitosa fuga“[837] geschlagen. Bei ihrer Flucht vor den Banditen ließen die *fucilieri di montagna* zahlreiche Ausrüstungsgegenstände zurück, die von den Mitgliedern der Bande im Triumph durch die Ortschaften getragen wurden, die in ihrem Operationsgebiet lagen, zum einen um den Einwohnern zu zeigen, dass sie eine überlegene Einheit der *fucilieri di montagna* in die Flucht geschlagen hatten, und zum anderen, um diese damit einzuschüchtern.[838] Dieser Sieg der Paonessa-Bande über die an und für sich über einen guten Ruf verfügenden *fucilieri di montagna* war natürlich gleichzeitig auch eine schwere Blamage für die *Regia Udienza* von Catanzaro, besonders in Anbetracht dessen, dass, wie es in dem Bericht an der betreffenden Stelle hierzu heißt, „i Fucilieri di Montagna p[er] una pubblica opinione, han fatto sempre impressione maggiore dell'altre squadre per spirito, e per coraggio presso tutte le Popolazioni.“[839]

In den letzten Dezembertagen des Jahres 1798 beging die Bande dann in dem Gebiet von Miglierina zwei Erpressungen, deren Opfer ein gewisser Francesco Pallone aus Pompeo und ein gewisser Antonio Pallone aus Giuseppe waren. Eine Besonderheit an der Paonessa-Bande bestand darin, dass sich an deren Vergehen nicht nur ausschließlich Männer beteiligten, sondern auch die Ehefrauen zweier Bandenmitglieder. Dazu zählten Domenica Donato, die Frau Arcangelo Scozzafavas, die als Mann verkleidet auftrat, und Giuditta Paonessa, die Frau Luigi Donatos, die sich allerdings weder als Mann verkleidete, noch im Gegensatz zu Domenica Donato Waffen bei sich trug. Auch schreckten die Mitglieder der Bande Angelo Paonessas nicht davor zurück, bei ihren Aktionen Frauen zu vergewaltigen. Zwei solcher Vergewaltigungsopfer der Bande waren Teresa Perri aus Sersale und Gesualda Angotti aus Gimigliano. Anfang Januar 1799, als König Ferdinand IV. vor den herannahenden Truppen der Franzosen schon längst die Flucht nach Sizilien angetreten hatte und es den zahlreichen Banden auf dem

837 Ebd., fol. IVv.
838 Ebd., fol. IIIv-IVv.
839 Ebd.

Territorium des Königreiches Neapel noch erheblich leichter fiel, sich von den Behörden unbehelligt durch die Provinzen zu bewegen und dort allerlei Unheil anzurichten, schlossen sich der Bande Paonessas schließlich Giuseppe Parise und Gioacchino Leone aus der Gegend um Marcellinara an.[840]

Als die Mitglieder der Bande dann von der Errichtung der Republik in Neapel Ende Januar 1799 erfuhren, verkündeten sie öffentlich, auf deren Seite zu stehen, und gaben aus Jubel darüber Freudenschüsse ab. Trotz dieser scheinbaren Parteinahme für die eben erst errichtete Parthenopäische bzw. Neapolitanische Republik, wie sie auch genannt wird, setzte die Bande ihre Vergehen ungestört fort. Im Januar hackten sie Antonio Greco aus der Gegend von Tiriolo einen Arm ab, woran dieser schließlich verstarb, taten dasselbe auch mit Giurlando Rotella, der ebenfalls aus Tiriolo kam, und drangen am helllichten Tage in den Ort Vena ein und überfielen dort das Haus Francesco Micelis, welcher erkrankt in seinem Bett lag. Es interessierte die Bande dabei recht wenig, dass sich zu jener Zeit eine größere Menge von Personen auf dem Gebiet Venas aufhielt. Obwohl dieser Miceli krank in seinem Bett lag, zwangen Paonessa und seine Männer diesen, sich zu erheben, und führten ihn vor allen Augen auf einem Pferd durch die Ortschaft. Nachdem sie ihm eine Reihe wertvoller Möbel geraubt und eine größere Menge Geld abgepresst hatten, ließen sie ihn frei. Während Angelo Paonessa und seine Männer also auch unter den neuen Herrschaftsträgern in Neapel munter ihrem Verbrecherhandwerk weiter nachgingen, trafen sie eines Tages auf das Heer des Kardinals Fabrizio Ruffo, dem König Ferdinand IV., der aber im Hinblick auf einen möglichen Erfolg der Expedition Ruffos nicht sehr optimistisch war, auf dessen eigenes Fürbitten hin befohlen hatte, mit den ihm zur Verfügung stehenden Mitteln die Revolutionsregierung in Neapel zu stürzen. Angelo Paonessa und seine Gefährten wechselten daraufhin relativ schnell die Seite, ihr angebliches Eintreten für die Belange der Republik dürfte ohnehin nie sonderlich ernst gemeint gewesen sein, und schlossen sich dem „Esercito della Santa Fede in Nostro Signore Gesù Cristo“ an, in dessen Reihen auch zahlreiche andere Banditen kämpften, die hier genauso wie die Paonessa-Bande eine günstige Gelegenheit sahen, sich über Plünderungen, die mit den Kämpfen einhergingen, weiter zu bereichern. Aus den darauffolgenden Geschehnissen im Rahmen der blutigen Auseinandersetzungen um die Kontrolle der Ortschaft Crotone in der Provinz Calabria Ultra in der zweiten Märzhälfte wird aber ersichtlich, dass die Bande dabei weniger für die Sache Ferdinands IV. kämpfte, sondern in der Belagerung und Erstürmung Crotones vielmehr eine äußerst günstige Gelegenheit sah, um

840 Ebd., fol. Vr-Vv.

von der Justiz unbehelligt weitere Gewalttaten zu begehen und reiche Beute zu machen, denn der Kardinal Fabrizio Ruffo verabscheute zwar auf der einen Seite das gewalttätige und skrupellose Vorgehen der Banditen, die sich seinem Heer angeschlossen hatten, aber auf der anderen Seite war er gleichzeitig auch auf deren Unterstützung angewiesen, und unterließ es daher, gegen diese immer wieder auftauchenden Gewaltexzesse energisch einzuschreiten. Somit nahm schließlich auch die Paonessa-Bande in den Reihen der sanfedistischen Bewegung des Kardinals Fabrizio Ruffo an der Belagerung und Eroberung der Stadt Crotone ab dem 17. März 1799 teil. Die Bande beteiligte sich dann auch an den Gewaltexzessen und Plünderungen, die mit der Eroberung der Stadt einhergingen. Anfang April, als die Rückeroberung des Königreiches Neapel durch die Gefolgsleute des Kardinals Fabrizio Ruffo weiter vonstatten ging, löste sich die Bande aber schon wieder aus der sanfedistischen Bewegung und begab sich nach Marcellinara, wo sich Angelo Paonessa niederließ, um eine Krankheit, die ihn befallen hatte, auszukurieren.[841]

Aufgrund von Gerüchten, dass eine neue Operation gegen seine Bande unmittelbar bevorstünde, wandte sich Angelo Paonessa an den Hauptmann Francesco Giglio, den damaligen Oberbefehlshaber der Truppen der Provinz Calabria Ultra, der aber Paonessa beruhigte, damit sich dieser in Sicherheit wiegte. Paonessa

841 Ebd., fol. Vv-VIr. Die Belagerung der Stadt Crotone begann am 17. März 1799 unter der Führung des Oberleutnants Perez de Vera, dessen Truppen sich nicht nur die Bande Angelo Paonessas anschloss, sondern auch zahlreiche Aufständische unter der Führung Gianbattistas Rodios. Ein Übergabeangebot de Veras lehnten die die Stadt verteidigenden Republikaner ab. Allerdings kündigte sich schon am darauffolgenden Tag, dem 18. März, die drohende Niederlage der Verteidiger an, als sich ein von ihnen unternommener Ausfallversuch als völliger Fehlschlag erwies. Bei dessen Abwehr sollen es aber Paonessa und seine Männer unterlassen haben, allzu sehr ihr Leben in Gefahr zu bringen. Am 22. März ergab sich schließlich im Bewusstsein der Aussichtslosigkeit jedes weiteren Widerstandes die republikanische Garnison der Stadt Crotone, welche dann einer umfassenden Plünderung zum Opfer fiel, an der Paonessa und die Seinigen im Gegensatz zur Abwehr des Ausfallversuches der Republikaner jedoch aktiv mitwirkten. Nach dem Ende der Plünderung setzte sich nicht nur die Bande Paonessas von den Truppen des Oberleutnants Perez de Vera ab, sondern auch viele andere Männer, die ebenfalls an der Belagerung der Stadt in erster Linie nur teilgenommen hatten, um sich durch die Plünderungen mit einer erheblichen Menge an Beutegut zu versorgen und dieses im Anschluss an die beendete Belagerung in Sicherheit zu bringen. Bereits am 23. März gab Fabrizio Ruffo, der von den in Crotone ablaufenden Ereignissen erfahren hatte, in San Leonardo, wo er sich gerade aufhielt, den Befehl, dass man gegen die Bande Paonessas vorgehen und diese auslöschen solle. Agnoli: 1799. La grande insorgenza, S. 103f.

mag sich besonders auch deshalb vorläufig noch sicher gefühlt haben, weil er ja in den Reihen der Sanfedisten an der Erstürmung Crotones teilgenommen und dadurch in seinen Augen seine Königstreue, mit der es aber in Wirklichkeit nicht sonderlich weit her war, unter Beweis gestellt hatte. Da es sich bei dieser Beschwichtigung um eine bewusste Lüge des Hauptmanns handelte, sollte diese ihm später noch teuer zu stehen kommen. Als Angelo Paonessa aber am 16. April davon erfuhr, dass man von Seiten der Behörden unter der Führung ebendieses Hauptmanns Francesco Giglio in den von den Sanfedisten zurückeroberten Gebieten wirklich plante, gegen ihn mit militärischen Mitteln vorzugehen, beschloss er zusammen mit seinen Gefolgsleuten (Arcangelo Scozzafava, Vincenzo Paonessa, Nicola Orsano, Domenico Galzavano, Domenico Donato, Giovanni Bruno, Matteo Oliverio, Giacinto Ciambrone, Pasquale d'Agostino, Cesare Mazza, Angelo Gritazzo, Luigi Donato, Giuseppe Parise) die kurzzeitige Aktionspause aufzugeben und die Raubzüge wieder aufzunehmen. Damit einhergehend trafen die Mitglieder der Bande auch die Entscheidung, sich an diversen Personen in der näheren Umgebung zu rächen, die es gewagt hatten, mit den Behörden der Provinz Calabria Ultra bei ihrer Verfolgung zusammenzuarbeiten. Dass die Bande bei diesem Rachefeldzug mit großer Skrupellosigkeit und Brutalität vorging, sollte die Bevölkerung ihres hauptsächlichen Aktionsraumes in Zukunft davon abhalten, mit den Behörden zu kooperieren. Noch am selben Tag übernachteten die Mitglieder der Bande in einem ungefähr eine Meile von Marcellinara entfernten Turm, der sich in einer Gegend namens Gangemi befand und den ein gewisser Domenico Scozzafava bewohnte. Ob dieser Domenico Scozzafava mit dem Bandenmitglied Arcangelo Scozzafava verwandt war, dazu werden weder in dem diesbezüglichen Bericht noch in den übrigen Prozessakten Angaben gemacht. Während der Nacht des 17. April 1799 hielten die Bandenmitglieder aus Sorge vor der erneut aufgenommenen Verfolgung seitens der Behörden der Provinz Calabria Ultra ständig im Wechsel Wache, um im Notfall rechtzeitig fliehen zu können bzw. um auf eine bewaffnete Auseinandersetzung besser vorbereitet zu sein. Am Morgen des 17. April verließ die Bande diesen Turm, teilte sich zunächst in zwei Gruppen auf und einigte sich darauf, sich am Abend desselben Tages wieder an einem Ort namens „Le Serre delle Pagliara" zu treffen, was man dann auch, wie abgestimmt, tat. Die Nacht verbrachte man aufgrund des Mangels an einer festen Unterkunft unter freiem Himmel. Am Morgen des 18. April löste sich Arcangelo Scozzafava von der Gruppe und begab sich nach Gimigliano, wo er einen der geplanten Racheakte der Bande vorbereiten sollte. Seine Gefährten verblieben an diesem Tag in einem nahegelegenen Waldstück, in welchem sie auch die sich daran anschließende Nacht verbrachten. Bei den Personen, an denen sich die Bande rächen wollte, handelte es sich zunächst besonders um Gaetano Angello aus Marcellinara, Luigi Greco aus Tiriolo und Giacinto Scerbo sowie die beiden Brüder Antonio und Giuseppe Maria Bisanti aus Gimigliano, welches zugleich auch der Heimatort Paonessas und Scozzafavas war. Bei Gaetano Angello handelte es sich um den Neffen des von der Bande Ende April 1798 ermordeten Arztes Francesco Angello. Die Bande hatte auch die beiden Brüder Gaetano Angellos, Saverio und Costantino, umgebracht. Der Grund für diese Morde bestand laut dem Bericht zu den Taten der Bande darin, dass sich Gaetano Angello im Jahre 1797 mit Einheiten der *Regia Udienza* von Catanzaro an der Verfolgung der Bande beteiligt hatte. Da Gaetano Angello mit der Bande nach diesen Morden nunmehr auch eine persönliche Rechnung zu begleichen hatte, setzte er die Zusammenarbeit mit den Behörden der Provinz Calabria Ultra fort.[842]

Was sowohl Luigi Greco, Giacinto Scerbo sowie die beiden Brüder Antonio und Giuseppe Maria Bisanti, die ja ursprünglich aus demselben Ort wie Angelo Paonessa und Arcangelo Scozzafava kamen, dazu bewogen hatte, mit den Behörden zusammenzuarbeiten, dazu werden keine spezifischen Angaben gemacht. Da in dem Bericht von einer „qualunque vendetta“[843] gesprochen wird, ist davon auszugehen, dass sie über die Kooperation mit den Behörden versucht hatten oder noch versuchten, sich an der Bande für irgendein erlittenes Unrecht zu rächen.

Im Hinblick auf die Vorbereitung der Rache an den Bisanti-Brüdern hatte sich Arcangelo Scozzafava bereits am Morgen des 18. April von der Bande gelöst und war nach Gimigliano aufgebrochen, wo er den Brüdern ein angebliches Versöhnungsangebot von Seiten seiner Bande unterbreiten wollte, um deren Vertrauen zu gewinnen. Am 19. April zur Abendstunde betraten Angelo Paonessa und seine Gefährten schließlich das Territorium der Ortschaft Marcellinara, wo sich bereits deren Verfolger mit Gaetano Angello an der Spitze aufhielten.[844] Warum sich Paonessa und seine Männer wohl mehr oder weniger absichtlich in diese Gefahr begaben, indem sie die Ortschaft Marcellinara betraten, wird in dem Bericht zu den Taten der Bande und ihrer Verfolgung von Seiten der Behörden in der Provinz Calabria Ultra nicht erwähnt. Es ist aber davon auszugehen, dass Paonessa und seine Männer bewusst eine Auseinandersetzung mit ihren Verfolgern suchten, um ihre Rachegelüste in die Tat umsetzen zu können. In Marcellinara kam es dann auf einem öffentlichen Platz zu einem Schusswechsel

842 ASN, *Processi Antichi/Da Riordinare/Processi Criminali*, 28/1, fol. VIr-VIIIv.

843 Ebd., fol. VIIIv.

844 Ebd., fol. VIIIr-VIIIv.

zwischen den Bandenmitgliedern Domenico Galzavano, Luigi Donato, Vincenzo Paonessa sowie Pasquale d'Agostino und ihren Verfolgern unter der Führung des bereits erwähnten und in Diensten der *Regia Udienza* von Catanzaro stehenden Gaetano Angello, der dabei zunächst verletzt und schließlich von Angelo Paonessa mit mehreren Stichen erdolcht wurde. Anschließend tötete die Bande im selben Ort zwei weitere Bewohner, die die Behörden bei der Verfolgung der Bande unterstützten bzw. unterstützt hatten. Zuerst erdolchten sie eine gewisse Teresa Donato, über deren Person aber nichts Weiteres ausgesagt wird, und erschossen auf einer öffentlichen Straße vor aller Augen Giacinto Scerbo. Um der Bewohnerschaft seine Härte zu zeigen und sie somit in Zukunft von einer wie auch immer gearteten Kooperation mit den Behörden abzuschrecken, soll Domenico Galzavano schließlich ein Stück Brot in das Blut des niedergeschossenen Giacinto Scerbo getaucht und dieses dann auch im Beisein vieler Bewohner Marcellinaras gegessen haben. Nach diesen Morden verließ die Bande Marcellinara und begab sich nach Tiriolo, dem Wohnort ihres nächsten Opfers, Luigi Greco. Dieser war gerade dabei, seinen Garten mit einer Mauer zu umbauen, als er von der Bande erblickt wurde. Fünf Mitglieder der Bande Paonessas, Giovanni Bruno, Nicola Orfano, Vincenzo Paonessa, Giacinto Ciambrone und Matteo Oliverio, versuchten daraufhin, Luigi Greco zu erschießen, verletzten ihn aber nur leicht. Als diese fünf Männer sich anschickten, ihre Flinten für den nächsten Schuss neu zu laden, nutzte Greco diese Gelegenheit, um vor der Bande in sein Haus zu flüchten. Nach dem Fehlschlag dieses Unternehmens trafen sich die Mitglieder der Bande mit Arcangelo Scozzafava, der sich, wie bereits erwähnt, am 18. April von der Gruppe gelöst hatte, um den beiden Bisanti-Brüdern ein Aussöhnungsangebot zu machen, welches diese dann auch angenommen hatten. Das damit verbundene persönliche Treffen zwischen der Bande und den Bisantis sollte schließlich bei Giuseppe Scozzafava am 20. April stattfinden, bei welchem die Bande bereits einige Tage zuvor übernachtet hatte. Bei diesem besiegelte man dann auch die vermeintliche Aussöhnung und begab sich daraufhin mit den Bisantis unter dem Vorwand, einen Spaziergang machen zu wollen, an einen öffentlichen Ort, an welchem die geplante Bluttat ausgeführt werden sollte. Dort versuchte Arcangelo Scozzafava als erstes Mitglied der Bande einen der Bisantis, Antonio, zu erschießen. Jedoch versagte seine Flinte. Daraufhin wandte Antonio Bisanti sich an Angelo Paonessa, der ihm zusicherte, ihn vor Scozzafava und den anderen mit seiner eigenen Flinte beschützen zu wollen, und dass er daher ohne Angst gehen könne. Als sich daraufhin Antonio Bisanti von Paonessa entfernte, um nach Hause zu gehen, erhoben er und seine Gefolgsleute ihre Flinten und verletzten vor aller Augen Bisanti schwer, welcher durch die Treffer zu Boden stürzte. Domenico Donato, ein weiteres Mitglied der Bande, verpasste dem auf dem Boden liegenden Antonio Bisanti einen Pistolenschuss und Arcangelo Scozzafava sowie Angelo Paonessa befahlen Luigi Donato, Bisanti ein langes Messer in den Hals zu rammen. Als die Mutter Antonio Bisantis von der Tat erfuhr, eilte sie herbei, kniete vor der Leiche ihres Sohnes und küsste diese. Daraufhin wurde sie von Scozzafava erschossen, so dass sie tot neben die Leiche ihres Sohnes fiel. Kurz nach der Tötung Antonio Bisantis und seiner Mutter brachte die Bande Domenico Scorza um, der gleichfalls bei der Verfolgung Paonessas und seiner Gefolgsleute mit der *Regia Udienza* von Catanzaro zusammengearbeitet hatte. Einige andere Bewohner Gimiglianos, die ebenfalls mit den Behörden kooperiert hatten, konnten sich auf die Nachricht von dem Wüten der Bande hin in ihre Häuser in Sicherheit bringen. Die Bande vervollständigte ihre Rache an den beiden Bisantis dadurch, dass sie in die Behausung Giuseppe Maria Bisantis eindrang, diesen erschoss und seine Unterkunft ausplünderte. Das nächste Opfer ihres Rachefeldzuges sollte schließlich der Vater Gaetano Angellos, Giovanni Battista, sein, der im Gebiet von Marcellinara lebte und dessen Haus die Bande niederbrennen wollte. Diese Absicht taten Paonessa und seine Männer auch öffentlich kund, als sie das Gebiet von Tiriolo passierten, so dass sich einer der Bewohner dieser Gegend, ein gewisser Giuseppe Scerbo, sofort nach Marcellinara begab, um Giovanni Battista Angello vor den Plänen der Bande zu warnen. Dieser flüchtete daraufhin mit seiner gesamten Familie in das Haus des Barons Luigi Sanseverino. Auf Bitten Giovanni Battista Angellos schaltete sich schließlich die Baronin Gaetana Riso als Vermittlerin zwischen diesem und der Bande ein und brachte diese schließlich von ihrem Vorhaben ab.[845]

Danach wird in einer Randbemerkung zum Bericht über die Taten der Bande Angelo Paonessas zusätzlich noch ein Leichenfund am 23. April an einem Ort namens Bardaro im Gebiet von Settingiano erwähnt. Bei dem Toten handelte es sich um einen gewissen Luigi Albi aus Cosenza, welcher gemäß den Gerüchten, die in dieser Gegend die Runde machten, von derselben Bande ermordet und anschließend ausgeraubt worden war.[846]

Die Angst und der Schrecken, welchen die Bande durch ihre Bluttaten in dem Gebiet zwischen Marcellinara, Tiriolo, Gimigliano, Miglierina und weiteren Ortschaften verbreitete, führte dazu, dass sich in den betroffenen Gegenden kaum noch jemand getraute, sich außerhalb des eigenen Hauses und der eigenen Ortschaft zu bewegen. Durch diese von der Bande verbreitete Atmosphäre der Angst kam schließlich auch die Kommunikation zwischen den verschiedenen

845 Ebd., fol. IXr-XIIIr.
846 Ebd., fol. XIIIr.

Ortschaften, die im Operationsgebiet der Bande lagen, zum Erliegen. Die Erfolge der Bande Angelo Paonessas zogen in der darauffolgenden Zeit noch mehr kriminelle Elemente an, die natürlich daran teilhaben wollten. Zu diesen Neuzugängen in der Bande Paonessas zählten Marcantonio Torchia, Pasquale Miceli und Gioacchino Leone, die alle aus dem Gebiet um Marcellinara kamen. Bei ihren Aktionen agierte die Bande sowohl als ein Ganzes als auch in verschiedenen Gruppen. Anfang Mai entführten einige Mitglieder der Bande die beiden Bauern Ottavio Maruso und Giovanni Mazzeo aus der Gegend um Miglierina. Diese waren gerade mit Feldarbeit beschäftigt, als Arcangelo Scozzafava, Vincenzo Paonessa, Giuseppe Parise und Pasquale d'Agostino über sie herfielen, sie als Geiseln nahmen und mit ihnen zunächst von Ort zu Ort zogen. Sie ließen sie erst dann frei, als beide ihnen eine größere Menge Geld und Kleidung auslieferten. Als man schließlich am 23. Mai das Pfingstfest feierte, drangen Arcangelo Scozzafava, Vincenzo Paonessa, Giuseppe Parise, Pasquale d'Agostino zusammen mit Angelo Paonessa und einem weiteren Vincenzo Paonessa, Matteo Oliverio, Nicola Orfano, Giacinto Ciambrone und Angelo Colosimo oder aber Angelo Critazzo am Abend desselben Tages in das Haus von Domenico Le Piane delle Piane, welches sich in Tiriolo befand, ein und entführten diesen vor den Augen zahlreicher anwesender Personen. Um nicht von der Bande getötet zu werden, lieferte Domenico Le Piane delle Piane dieser eine sehr große Menge Geld aus. Am 25. Mai gelangte die Bande schließlich in die Nähe der Provinzhauptstadt Catanzaro, wo sie den Hauptmann Francesco Giglio tötete, der eine Razzia gegen Angelo Paonessa und seine Gefährten im Raum Marcellinara hatte durchführen wollen, von der Paonessa aber Wind bekommen hatte und daraufhin am 16. April seine kurze Rast, die er nach dem Ende der Belagerung und Plünderung Cotrones eingelegt hatte, vorzeitig beenden musste, worauf folgend die Bande erst ihren Rachefeldzug begann, der auf Personen abzielte, die entweder in der Vergangenheit bei der Verfolgung der Bande mit den Behörden der Provinz Calabria Ultra zusammengearbeitet hatten oder dies nach wie vor noch taten. Nachdem die Bande den Hauptmann Francesco Giglio umgebracht und beraubt hatte, zog sie sich am 26. Mai wieder in den Raum von Gimigliano zurück.[847]

Kurz darauf schlossen sich erneut weitere von der *Regia Udienza* von Catanzaro gesuchte Verbrecher der Bande an. Im Hinblick auf die Identität jener Personen ist aber der Bericht nicht eindeutig. Laut ihm handelte es sich bei diesen Neuzugängen um „li rub[ricat]i Vincenzo, Antonio, e Giuseppe Padre, e figli

847 Ebd., fol. XIIIr-XIVr.

di Pavone alias Jaccone"[848], die von den Behörden wegen des Mordes an Antonio Desio am 13. Mai gesucht wurden. Zu diesen drei Männern stieß auch noch ein alter Weggefährte Angelo Paonessas namens Tommaso Rotella alias „Spingipica" aus Gimigliano, mit dem sie am 29. Mai 1799 in das Haus von Tommaso Gravina auf dem Gebiet der Ortschaft Tiriolo eindrangen und diesen töteten.[849] Ob es sich bei der Ermordung Gravinas gleichfalls um einen Racheakt handelte oder um einen der üblichen Raubüberfälle der Bande wird in dem Bericht nicht angegeben.

Aufgrund der Ermordung des Hauptmanns Francesco Giglio, der den Oberbefehl über die Truppen in der Provinz Calabria Ultra innehatte, verstärkte der *preside* von Catanzaro seine Bemühungen, die Bande endlich auszuschalten und die erst kürzlich wieder vollständig zurückeroberte Provinz zu befrieden. Nach den Ausführungen in dem Bericht zu den Taten sollen Angelo Paonessa und die Seinigen angesichts ihrer Erfolge schließlich sogar so übermütig geworden sein, dass sie sich zu Anführern einer Rebellion gegen König Ferdinand IV. machten. Ein untrügerisches Zeichen für eine von der Bande angezettelte Rebellion gegen den König ergab sich nach Meinung der neapolitanischen Behörden daraus, dass die Bande an verschiedenen Orten der Provinz den in dem Bericht zu den Taten der Bande als „il chimerico albero della libertà" bezeichneten Baum der Freiheit pflanzte, bei welchem es sich um ein Symbol des kurz vor dem endgültigen Zusammenbruch stehenden republikanischen Regimes in Neapel handelte.[850]

Auch wenn dieser Akt, sofern er überhaupt in dieser Weise stattgefunden hatte, von den Behörden der Provinz Calabria Ultra als ein Akt der Rebellion gegen König Ferdinand IV. und eine Parteinahme für die Parthenopäische Republik gedeutet wurde, ist eher davon auszugehen, dass es sich hierbei vielmehr um eine bewusste Machtdemonstration und Provokation von Seiten der Bande Angelo Paonessas handelte.

Die Ereignisse der vergangenen Monate des Jahres 1799 hatten mehr als deutlich gezeigt, dass die Mitglieder der Bande weder ernsthaft republikanisch noch royalistisch gesinnt waren, sondern im Rahmen der in Kalabrien herrschenden Anarchie ihre Taten ausschließlich zum Zwecke der persönlichen Bereicherung und, die Gewaltexzesse der Bande legen ein beredtes Zeugnis davon ab, wohl auch aus reiner Mordlust durchführten. Obwohl sich die Bande nach der Proklamation der Republik in Neapel am Anfang des Jahres 1799 öffentlich für diese

848 Ebd., fol. XIVv.

849 Ebd.

850 Ebd., fol. XVr.

ausgesprochen hatte, tat sie eigentlich in der darauffolgenden Zeit nichts zugunsten dieser, sondern überzog die Provinz Calabria Ultra weiterhin mit ihren Bluttaten und schloss sich relativ schnell der sanfedistischen Bewegung des Kardinals Fabrizio Ruffo an, welche Paonessa und seine Bande kurz nach der Belagerung und ausgiebigen Plünderung Cotrones wieder verließen und somit auch nicht weiter an den blutigen Kämpfen zwischen den Republikanern und den Sanfedisten teilnahmen. Da das Regime Ferdinands IV. in den zurückeroberten Provinzen des Königreiches Neapel auch schon vor dem endgültigen Fall der Parthenopäischen Republik eine regelrechte Hexenjagd auf wirkliche und vermutete Unterstützer der Republik veranstaltete, bot das wohl eher als Machtdemonstration und Provokation zu verstehende Pflanzen des Baumes der Freiheit durch Angelo Paonessa und seine Männer den königlichen Behörden einen weiteren Grund, um noch umfassendere Maßnahmen gegen diese in die Wege zu leiten.

Am 9. Juni 1799 pflanzten die Mitglieder der Bande zuerst in der Ortschaft Settingiano einen Baum der Freiheit und ein wenig später auch in Marcellinara. Am 10. Juni hissten sie auf dem Turm der Kirche der Ortschaft Miglierina die republikanische Trikolore. Dasselbe wollten sie auch in den beiden Ortschaften Amato und Gimigliano durchführen. Jedoch trafen sie hier auf bewaffneten Widerstand, welcher sie von ihrem Vorhaben Abstand nehmen ließ. Um dem Treiben der Bande schließlich ein endgültiges Ende zu bereiten, beauftragte der *preside* von Catanzaro den Hauptmann der Provinzmilizen, Rocco Raimondi, gegen diese mit einer großen Truppe von zweihundert Mann vorzugehen.[851]

Am 14. Juni kam es dann an einem Ort namens Zita in der Nähe von Marcellinara zu einem bewaffneten Zusammenstoß zwischen den von Rocco Raimondi befehligten Milizionären und fünf Mitgliedern der Bande Paonessas, nämlich Luigi Donato, Giuseppe Parise, Pasquale d'Agostino, Arcangelo Scozzafava und Domenico Galzavano, die sich bei dem bereits genannten Ort Zita auf einer Anhöhe positioniert hatten. Diesem aus nur fünf Mann bestehenden Trupp gelang bei dem nun folgenden Schusswechsel, die Männer Raimondis trotz deren zahlenmäßiger Überlegenheit mitsamt ihrem Hauptmann an der Spitze, der laut dem Bericht als Erster die Nerven verlor, in die Flucht zu schlagen. Bei ihrer Flucht entledigten sich die Männer Raimondis zahlreicher Ausrüstungsgegenstände, um der Bande schneller entkommen zu können.[852]

Auch wenn diese Art und Weise der Darstellung des bewaffneten Zusammenstoßes zwischen nur fünf Mitgliedern der Bande Paonessas und angeblich etwa

---

851 Ebd., fol. XVr-XVv.

852 Ebd., fol. XVv-XVIIr.

zweihundert bewaffneten Milizionären, die die letzteren mit nur wenigen Schüssen in die Flucht geschlagen haben sollen, bewusst übertrieben worden sein kann, ist es durchaus möglich, dass durch diesen überraschenden Schusswechsel mit der in der ganzen Provinz Calabria Ultra gefürchteten Bande in den Reihen der Milizionäre Panik ausbrach, auch weil man sich nicht der Anzahl der Banditen bewusst war. Diese Panik wurde dann vielleicht zusätzlich noch durch die überstürzte Flucht ihres Anführers Rocco Raimondi verstärkt, welche schließlich zum völligen Auseinanderfallen des Verbandes führten, dessen Mitglieder dann, wie schon ihr Befehlshaber, gleichfalls ihr Heil in einer sofortigen Flucht suchten. Hinzu kommt außerdem noch, dass im Gegensatz zu den weitaus verlässlicheren und professionelleren *fucilieri di montagna* bei diesen irregulären Milizverbänden die Kampfmoral nicht sonderlich hoch gewesen sein dürfte.

Nach dieser bewaffneten Auseinandersetzung mit den Milizionären setzte die Bande ungestört ihr Treiben fort. Am 16. Juni töteten Angelo Paonessa und Nicola Orsano einen gewissen Domenico Talarico aus Tiriolo. In den ersten Julitagen planten schließlich Angelo Paonessa und seine Männer einen Überfall auf die Ortschaft Miglierina. Der Grund für diesen Entschluss lag darin, dass kurz zuvor Luigi Donato, Marcantonio Torchia und Pasquale Miceli einige Überfälle in der Gegend von Miglierina hatten durchführen wollen und dabei bei einer Schießerei mit den Bewohnern dieser Gegend getötet worden waren. Dafür wollten sich nun Paonessa und die Mitglieder seiner Bande an den Einwohnern Miglierinas durch einen Überfall auf deren Ortschaft rächen und taten diese Absicht auch öffentlich kund, so dass die Bewohner Miglierinas gewarnt waren und sich auf den geplanten Überfall vorbereiten konnten. Die ersten beiden Opfer der Bande in diesem geplanten Rachefeldzug waren Domenico Guzzo, genannt „Tredicigrana", und Tommaso Montuoro, die aus Miglierina stammten und sich gerade in einer Mühle des Barons von Marcellinara aufhielten, als sie von der Bande überrascht und auf die Nachricht von ihrer eigentlichen Herkunft hin auf grausame Weise umgebracht wurden. Der eigentlich geplante Überfall der Bande auf Miglierina fand dann aber doch nicht statt, weil die vorgewarnten Einwohner bewaffnete Verbände aufgestellt hatten, die die Ortschaft gegen den erwarteten Angriff der Bande verteidigen sollten, und Angelo Paonessa bei dieser Lage der Dinge wahrscheinlich kein Risiko eingehen wollte. Statt deren Heimatort zu überfallen, rächten sich die Mitglieder der Bande Angelo Paonessas an den Bewohnern Miglierinas dadurch, dass sie in der Umgebung der Ortschaft eine größere Anzahl an Nutzvieh tötete. Diese Tötungsaktion beschränkte sich aber im Folgenden nicht nur auf die Umgebung Miglierinas, sondern wurde von der Bande auch auf das Gebiet von Marcellinara und dasjenige von Tiriolo ausgeweitet. Das Fleisch der getöteten Tiere verkaufte die Bande dann entweder zu einem sehr niedrigen Preis oder überließ es kostenlos denjenigen, die davon einen Teil abhaben wollten. Danach setzte die Bande ihre an und für sich schon sehr lange Serie von Morden weiter fort. Am 16. Juli ermordeten Vincenzo Paonessa aus Marcello und Nicola Orsano in Gimigliano Elia Rotella, nachdem sie diesen misshandelt hatten. Einige Tage später töteten Arcangelo Scozzafava und einige Mitglieder der Bande Ignazio und Antonio Pullano aus Sorbo in der Nähe Gimiglianos. Am 30. Juli schließlich misshandelten und töteten Angelo Paonessa und seine Männer Agostino Trapasso und Vincenzo Rotundo aus Gimigliano. Am 5. August erpressten Arcangelo Scozzafava und einige Mitglieder der Bande im Gebiet von Soveria einen *massaro* namens Biamonte.[853]

In Anbetracht dieser weiteren Exzesse der Bande versuchte die *Regia Udienza* von Catanzaro nach dem Fehlschlag der bewaffneten Aktion mit den zweihundert Milizionären unter der Führung des Hauptmanns Rocco Raimondi abermals, diesmal aber sowohl mit regulären Truppen als auch mit Milizeinheiten in einer Gesamtzahl von fünfhundert Mann, der Bande und ihren Aktionen ein Ende zu setzen. Dabei griff man auch auf Soldaten der *Regia Udienza* von Cosenza und Milizverbände aus der Nachbarprovinz Calabria Citra zurück. Die Leitung dieser umfassenden Operation wurde dem *uditore* Giovanni Battista de Micheli als „delegato straordinario“ anvertraut. Seine Aufgabe bestand nicht nur darin, die Bande unschädlich zu machen, sondern auch allgemeine Ermittlungen zu deren Taten für den sich daran anschließenden Prozess gegen deren überlebende Mitglieder durchzuführen. Angelo Paonessa, Arcangelo Scozzafava, Pasquale d'Agostino, die beiden gleichnamigen Vincenzo Paonessas, Saverio Angotti, Cesare Mazza, Nicola Orsano und Tommaso Rotella begaben sich auf die Nachricht von dieser neuen Aktion der *Regia Udienza* hin auf eine Anhöhe in einem Gebiet namens San Giorgio und warteten dort am 8. und 9. August 1799 auf das Herannahen der Truppen, die unter der Führung des *uditore* Giovanni Battista de Micheli standen.[854] Warum die Bande wahrscheinlich bewusst eine bewaffnete Auseinandersetzung mit den überlegenen Truppen der *Regia Udienza* von Catanzaro und den sie unterstützenden Kräften aus der Nachbarprovinz Calabria Citra suchte und in keiner Weise versuchte, sich von diesen abzusetzen, dazu werden in dem Bericht keine Angaben gemacht.

Am 10. August 1799 stürmten schließlich die bewaffneten Kräfte der *Regia Udienza* von Catanzaro und die sie unterstützenden Kräfte aus der Nachbarprovinz Calabria Citra die Anhöhe bei San Giorgio, auf welcher sich die Bande

853 Ebd., fol. XVIIr-XVIIIr.
854 Ebd., fol. XVIIIv.

verschanzt hatte, und versetzten dieser trotz heftiger Gegenwehr den lange erhofften entscheidenden Schlag. Bei der Erstürmung der Anhöhe wurden Pasquale d'Agostino und Tommaso Rotella getötet, Angelo Scozzafava und Saverio Angotti verletzt. Neben diesen beiden Männern bekamen die Behörden noch Vincenzo Paonessa aus Marcello, Cesare Mazza und Nicola Orsano lebend in die Hände und ließen diese bis zum Beginn des Prozesses einsperren.[855]

In diesem Bericht und den protokollierten Zeugenaussagen werden keine Angaben dazu gemacht, wie es den Behörden gelang, der Person Angelo Paonessas habhaft zu werden. Wie allerdings aus einem im Bestand der „Dispacci e Fascicoli" der *Segreteria di Stato di Grazia e Giustizia* aufbewahrten und auf den 28. September datierten Schreiben des *uditore* der *Regia Udienza* von Catanzaro, Giovanni Battista de Micheli, an die Adresse des Direktors der *Segreteria di Stato di Grazia e Giustizia*, Domenico Parisi, hervorgeht, hatte Paonessa dem Druck, der durch die zähe Verfolgung auf ihm lastete, nicht länger standhalten können und sich schließlich unter der unmittelbaren Anwesenheit de Michelis am 18. September freiwillig den Behörden gestellt.[856] Laut einem an die Adresse des in Palermo residierenden

855 Ebd., fol. XIXr.

856 ASN, *Segreteria di Stato di Grazia e Giustizia, Dispacci e Fascicoli*, 201/90, Schreiben des *uditore* Giovanni Battista de Micheli an die *Segreteria di Stato di Grazia e Giustizia*, Tiriolo 28. September 1799. Dieses Schreiben mit einer beigefügten Liste der mittlerweile verhafteten oder getöteten Banditen, die sowohl der Bande Paonessas angehört hatten als auch derjenigen eines gewissen Domenico Lamanna aus Borgia angehört hatten, wurde gleichfalls an den *Supremo Consiglio di Stato* in Neapel und an die Adresse des nach wie vor noch in Palermo residierenden Königs Ferdinand IV. weitergeleitet. Laut dieser Liste befanden sich Ende September 1799 folgende Banditen in den Händen der Behörden der Provinz Calabria Ultra oder waren bereits getötet worden: Verhaftet worden waren die aus Gimigliano stammenden Angelo Paonessa alias „Panzanera", Arcangelo Scozzafava alias „Galano", Vincenzo Paonessa alias „Cireca", Vincenzo Paonessa (Marcello bei Gimigliano), Giuseppe Scozzafava alias "Guarnaccia", Pietro Scozzafava alias „Il Volante", Saverio Angotti, die aus Tiriolo stammenden Nicola Orsano alias „Il Cozzale", Matteo Oliverio alias „Cicero", Tommaso Guzzo alias „Iannone", Domenico Galzavano alias „Catina", die aus San Pietro bei Tiriolo stammenden Cesare Mazza alias „Giulillo", Domenico Mazza alias „Pitirri", Francesco Maria Pingituro, Giuseppe Mazza alias „Grasso", die aus Casale di Gagliano stammenden Francesco Bevilacqua, Gaetano Brutto, Giuseppe Talarico, der aus San Pietro di Maida stammende Andrea Datti, die aus Gimigliano kommenden Tomaso Rossillo, Gaetano Brutto, Pasquale Rossillo, die aus Marcellinara stammenden Giuseppe Parise, Pasquale Scerbo, Gioacchino Leone alias "Amadio", die aus Amato stammenden Giuseppe Graziano, Pasquale lo Schiavo, Giuseppe Nania, Gennaro Colagiuri, Gaetano Ciamplone,

Königs gerichteten Schreiben de Michelis vom selben Tage hatte man zudem am 26. September den Bruder Angelo Paonessas, Vincenzo Paonessa alias „Cireca", festnehmen können. Nachdem Vincenzo Paonessa zuerst von dem Sonderbevollmächtigten de Micheli einer ersten Befragung unterzogen worden war, überstellte dieser den Bruder Angelo Paonessas bis auf Weiteres an die *Regia Udienza* in Catanzaro, wo er weiter verhört werden sollte.[857]

3.2.3 Die Zeugenaussagen zu den Taten Angelo Paonessas und seiner Gefährten im lokalen Gerichtshof von Tiriolo

Die Zeugenaussagen, auf denen schließlich in Teilen die Ermittlungsakten für das gegen Angelo Paonessa und einige seiner gleichfalls festgenommenen Gefährten an der *Regia Udienza* von Catanzaro angestrengte Schnellverfahren fußten, wurden von dem Sonderbevollmächtigten und *uditore* der *Regia Udienza* von Catanzaro, Giovanni Battista de Micheli, ab dem 12. Oktober 1799 am lokalen Gerichtshof der Ortschaft Tiriolo abgenommen[858], die nahe der Hauptstadt der Provinz Calabria Ultra lag und aus der auch einige Mitglieder der Bande Angelo Paonessas stammten. Nachdem de Micheli die Ermittlungsakten in Tiriolo zusammengestellt hatte, reichte er diese an die *Regia Udienza* von Catanzaro weiter.[859] Am 9. November erfolgte dann nach der Abstimmung zwischen dem

---

Angelo Colosimo aus Mannelli, Giuseppe Colosimo aus Pirillo, einem Ortsteil von Scigliano sowie die aus Sambiase kommenden Francesco und Margarita Cerchiara. Getötet worden waren bei ihrer Verhaftung Pasquale di Agostino aus Grotteria, Tomaso Rotella alias "Spingipica" aus Gimigliano, Saverio Pascuzzi alias "Sciscillo" aus Pedivigliano sowie Domenico Colagiuri alias "Coramaro" aus Amato. Ebd. Den beiden Mitgliedern der Bande Angelo Paonessas, Angelo und Giuseppe Colosimo, gelang allerdings später die Flucht. Cingari: Giacobini e Sanfedisti in Calabria nel 1799, S. 252.

857 ASN, *Segreteria di Stato di Grazia e Giustizia, Dispacci e Fascicoli*, 201/90, Schreiben des *uditore* Giovanni Battista de Micheli an König Ferdinand IV., Tiriolo 28. September 1799.

858 Diese Zeugenaussagen werden in den diesbezüglichen Prozessunterlagen aus dem Bestand der „Processi Antichi/Da Riordinare/Processi Criminali" detailliert auf den Blättern 6r-186v wiedergegeben. Eine Zusammenfassung dieser Zeugenaussagen, in der besonders die Übereinstimmungen zu den einzelnen Delikten der Bande hervorgehoben werden, befindet sich auf den Blättern XXr-XXVIIIv. Auf diese Zusammenfassung beziehen sich die diesbezüglichen Ausführungen im Abschnitt zum Prozess gegen die Mitglieder der Bande Angelo Paonessas.

859 Diese Information findet sich in einem umfassenden an die Adresse der *Segreteria di Stato di Grazia e Giustizia* weitergeleiteten Gutachten einer Sonderkommission

uditore Giovanni Battista de Micheli, dem *prouditore* Carlo Oliva sowie dem *uditore* und *caporuota* der *Regia Udienza* von Catanzaro, also dem an und für sich eigentlichen Vorsitzenden des Richterkollegiums, Pietro Pugliese, die Verkündung der Urteile gegen einen Teil derjenigen Mitglieder der Bande von Angelo Paonessa, deren man im Rahmen der umfassenden Operation des Sonderbevollmächtigten Giovanni Battista de Micheli in den Monaten August und September habhaft geworden war.[860]

Bei den Ermittlungen im Zeitraum zwischen dem 12. und dem 21. Oktober 1799 vernahm man in Tiriolo die folgenden Zeugen: Am 12. Oktober verhörte man als erstes Antonio Donato (35 Jahre) aus Marcellinara, zu dessen konkreter Tätigkeit keine Angaben gemacht werden.[861] Am 14. Oktober befragte man Felice Antonio Scerbo (28 Jahre), einen Priester aus Marcellinara.[862] Am 15. Oktober erfolgte die Befragung von Raimondo Felicetta (69 Jahre) aus Marcellinara, der wahrscheinlich aufgrund seines Alters keiner festen Tätigkeit mehr nachging, und von Giuseppe Ruberto (30 Jahre), bei dem es sich um einen Barbier aus Marcellinara handelte.[863] Die beiden nächsten Kandidaten am Tag darauf, am 16. Oktober des Jahres 1799, waren Francesco Arturi (30 Jahre) aus Marcellinara, der von den Einkünften seines Besitzes lebte, und Domenico Scozzafava (40 Jahre) aus San Pietro im Gebiet von Tiriolo, der sich als Bauer betätigte.[864] Am nächsten Tag, dem

---

unter dem Vorsitz Giuseppe de Guidobaldis vom 28. Dezember 1799. ASN, *Segreteria di Stato di Grazia e Giustizia, Dispacci e Fascicoli*, 201/47, fol. 3r.

860 ASN, *Processi Antichi/Da Riordinare/Processi Criminali*, 28/1, fol. XXVIIIv. Allerdings sind in dem 15. Band der Ermittlungsakten nicht die Stellungnahmen aller von Giovanni Battista de Micheli ab dem 12. Oktober am lokalen Gerichtshof von Tiriolo befragten Zeugen aufgeführt. Denn wie aus dem Repertorium hervorgeht, das unmittelbar auf den zusammenfassenden Bericht zu den Delikten der Bande Angelo Paonessas folgt und in welchen die Zeugenaussagen in vergleichend zusammenfassender Form wiedergegeben werden, wurden noch weitere Personen befragt, deren genaue Aussagen sich aber nicht unter den Stellungnahmen befinden. Zudem wird nicht angegeben, wann genau die Befragungen all jener Personen durchgeführt wurden, deren detaillierte Aussagen in den Unterlagen völlig fehlen. Somit sind lediglich die Aussagen genau aufgeführt, die zwischen dem 12. und 21. Oktober 1799 am lokalen Gerichtshof von Tiriolo gemacht wurden.

861 Die Stellungnahme Antonio Donatos wird auf den Blättern 6r-15r wiedergegeben.

862 Die Stellungnahme Felice Antonio Scerbos wird auf den Blättern 20r-29v wiedergegeben.

863 Die Stellungnahme Raimondo Felicettas wird auf den Blättern 30r-46v wiedergegeben und diejenige Giuseppe Rubertos auf den Blättern 47r-61r.

864 Die Stellungnahme Francesco Arturis wird auf den Blättern 62r-77r wiedergegeben und diejenige Domenico Scozzafavas auf den Blättern 78r-81v.

17. Oktober, vernahm man dann in Tiriolo gleich drei Zeugen. Bei diesen Zeugen handelte es sich um Domenico Massa (70 Jahre), einen Bauern aus Marcellinara, Antonio Gariano (40 Jahre) aus Bruno im Raum Marcellinara, einen *massaro*, und Francesco Massa (25 Jahre) aus Marcellinara, bei welchem es sich ebenfalls um einen *massaro* handelte.[865] Am 18. Oktober wurde die Befragung des ebenfalls aus Marcellinara kommenden Landarbeiters Giuseppe Donato (44 Jahre) durchgeführt.[866] Am 19. Oktober vernahm man Alessandro Giuliano (30 Jahre), einen Arzt aus Tiriolo, und Pasquale Critelli (52 Jahre), einen Schmied, der ebenfalls aus Tiriolo stammte.[867] Am 20. Oktober fanden die Befragungen von zwei Zeugen statt, bei welchen es sich um Antonio Juliano (40 Jahre), einen Chirurgen aus Tiriolo, und Giuseppe Fiorentino (40 Jahre), einen Arzt aus demselben Ort, handelte.[868] Und schließlich am 21. Oktober 1799 erfolgte die Vernehmung der letzten beiden gleichfalls aus dem Gebiet von Tiriolo stammenden Zeugen, der beiden Landarbeiter, Domenico Gravina (24 Jahre) und Giuseppe Bruno (50 Jahre).[869]

Gemäß der im Repertorium des 15. Bandes der Ermittlungsakten enthaltenen vergleichenden Zusammenfassung der Zeugenaussagen, die im Beisein des *uditore* der *Regia Udienza* von Catanzaro und Sonderbevollmächtigten, Giovanni Battista de Micheli, am lokalen Gerichtshof von Tiriolo getätigt worden waren, ergibt sich zusammen mit denjenigen Aussagen, deren detaillierte Wiedergabe in den Ermittlungsakten fehlt, folgendes Gesamtbild: Antonio Donato, der Priester Felice Antonio Scerbo, Raimondo Felicetta, Giuseppe Ruberto, Francesco

865 Die Stellungnahme Domenico Massas wird auf den Blättern 82r-85v wiedergegeben, diejenige Antonio Garianos auf den Blättern 86r-92v und schließlich diejenige Francesco Massas auf den Blättern 93r-99v.

866 Die Stellungnahme Giuseppe Donatos wird auf den Blättern 100r-102v wiedergegeben.

867 Die Stellungnahme Alessandro Giulianos wird auf den Blättern 105r-118v wiedergegeben und diejenige Pasquale Critellis auf den Blättern 119r-134v.

868 Die Stellungnahme Antonio Julianos wird auf den Blättern 135r-151v wiedergegeben und diejenige Giuseppe Fiorentinos auf den Blättern 152r-166v.

869 Die Stellungnahmen der beiden Landarbeiter werden auf den Blättern 167r-181r und 183r-186v wiedergegeben. Wenngleich vor der Durchführung des Schnellverfahrens an der *Regia Udienza* von Catanzaro im November 1799 auch die festgenommenen Mitglieder der Bande Angelo Paonessas verhört worden waren, finden sich im übriggebliebenen 15. Band der Ermittlungsakten keinerlei Aussagen der Banditen zu den von ihnen begangenen Delikten. Somit lassen sich auch bei ihnen keinerlei Vermutungen zu den Motiven anstellen, die sie dazu bewegt hatten, sich in einer Räuberbande zu organisieren und durch Überfälle zu versuchen, sich ein regelmäßiges Auskommen zu verschaffen.

Arturi, Domenico Scozzafava, Domenico Massa, Antonio Gariano, Francesco Massa und Giuseppe Donato, die alle aus Marcellinara stammten, bezeugten in ihren Aussagen die von der Bande Paonessas begangenen Raubzüge und die damit einhergehende massive Störung der öffentlichen Ordnung. Sie berichteten bei ihrer Vernehmung durch die Behörden, wie sie unmittelbar selbst von den Mitgliedern der Bande Paonessas behelligt worden bzw. mit diesen in Kontakt gekommen waren, und gaben in ihren Aussagen zudem an, dass die Bande durch ihre Aktionen im Raum von Marcellinara auch erheblich den Handelsverkehr gestört hatte.[870]

Bei ihrer jeweiligen Vernehmung gaben Antonio Donato, der Priester Felice Antonio Scerbo, Raimondo Felicetta, Giuseppe Ruberto und Francesco Arturi an, dass sich Angelo Paonessa bis zum 16. April 1799 in Marcellinara aufgehalten hatte, um dort eine Erkrankung auszukurieren. Als er dann davon Kenntnis bekam, dass die Behörden seine Festnahme planten, erhob er sich aus seinem Ruhebett und beratschlagte sich mit seinen Kameraden über den einzuschlagenden Weg. Bei diesen Kameraden handelte es sich nach den Aussagen der fünf Zeugen um Arcangelo Scozzafava, Vincenzo Paonessa aus Marcello, Nicola Orsano, Domenico Galzarano, Domenico Donato, Giovanni Bruno, Matteo Oliverio, Giancinto Ciambrone, Pasquale d'Agostino, Cesare Mazza, Angelo Critazzo und Luigi Donato, die daraufhin zu den Waffen griffen und ausriefen, dass sie unter ihren Verfolgern ein Blutbad anrichten wollten, auch um in Zukunft andere Personen davon abzuhalten, mit den Behörden zu kooperieren.[871]

Darauffolgend begann dann der in der Zusammenfassung zu den Taten der Bande ausführlich behandelte Rachefeldzug gegen eine Reihe von Personen, die entweder im Hinblick auf die Verfolgung der Paonessa-Bande mit den Behörden kooperiert hatten oder dies noch nach wie vor taten. Domenico Scozzafava berichtete bei seiner Vernehmung ausführlich darüber, wie es zu seiner Begegnung mit der Bande Paonessas kam, die eine Nacht in dem Turm verbrachte, welchen Domenico Scozzafava bewohnte. Er begegnete der Bande, als er um Mitternacht auf einem Gut namens Gangemi in der Nähe Marcellinaras, auf welchem er arbeitete, den Turm betrat, der ihm als Unterkunft diente. In diesem Turm verbrachte die Bande, aber ohne ihm etwas zuleide zu tun, die Nacht des 17. April. Paonessa und seine Gefährten aßen in dem Turm und hielten abwechselnd Wache, um rechtzeitig reagieren zu können, falls sich ihre Verfolger auf dem Gut blicken lassen sollten. Am Morgen desselben Tages, bei Sonnenaufgang, teilten

870 Ebd., fol. XXr.
871 Ebd., fol. XXr-XXv.

sie sich dann in zwei Gruppen auf, um ihre Verfolgung zu erschweren, und bewegten sich in Richtung der Ortschaft Serramunda. Bevor sie für diesen Tag einstweilen getrennte Wege gingen, hatten sie sich noch darauf geeinigt, sich am Abend jenes Tages an einem Ort namens Serre della Pagliara zu treffen, der einen Teil der Gemeinde von Serramunda bildete.[872]

Domenico Massa, Antonio Gariano und Francesco Massa berichteten bei ihrer Befragung, dass sie am Abend des 17. April, als sie auf einem Feld in der Nähe von Serramunda die Aussaat beendet hatten und dabei waren, sich in einen Turm zurückzuziehen, welcher ihnen als Schlafplatz diente, auf die Mitglieder der Bande Paonessas trafen, die von ihnen den Schlüssel verlangten, um dort nächtigen zu können. Obwohl die Bande den Schlüssel für die Tür des Turmes ausgehändigt bekam, überzeugte Angelo Paonessa die Mitglieder seiner Bande davon, dass es in dieser Nacht besser wäre, unter freiem Himmel zu übernachten. Die beiden Massas und Antonio Gariano gaben gegenüber den neapolitanischen Behörden an, dass sich die Bande, nachdem sie bei ihnen noch gegessen hatte, sich auf einige Anhöhen in der Nähe des Turmes zurückzog und dort die Nacht verbrachte. Am Morgen des 18. April begaben sich dann die Mitglieder der Bande in einen nahegelegenen Wald, wo sie den gesamten Tag verbrachten. Eine Ausnahme bildete hierbei Arcangelo Scozzafava, der sich den Aussagen der drei Männer zufolge, einstweilen von der Bande löste und über die Gebiete von Amato, Miglierina und Tiriolo nach Gimigliano aufbrach. Am Abend des 18. April begaben sich dann die Mitglieder der Bande, die den gesamten Tag in einem nahegelegenen Wald verbracht hatten, wieder in die Nähe des besagten Turmes, welcher den drei Zeugen als zeitweilige Unterkunft diente, und aßen dort zu Abend. Sie verbrachten die Nacht zum 19. April in der Nähe des Waldes und brachen dann am Morgen in Richtung Marcellinara auf.[873]

Giuseppe Donato und Raimondo Felicetta berichteten bei ihrer Vernehmung, dass sie die Bande am Abend des 19. April, mit Ausnahme der Person Arcangelo Scozzafavas, in der Nähe Marcellinaras gesehen hatten, als sie sich selbst an einem Ort namens Cancello aufhielten, der ungefähr eine halbe Meile von Marcellinara entfernt lag. Sie bezeugten, dass sich Paonessa und seine Männer bewaffnet in Richtung der Ortschaft Marcellinara bewegten. An der Spitze der auf Marcellinara zulaufenden Gruppe stand, gemäß den Aussagen Donatos und Felicettas, Angelo Paonessa.[874]

---

872 Ebd., fol. XXv-XXIr.

873 Ebd., fol. XXIr-XXIv.

874 Ebd., fol. XXIv.

Antonio Donato, der Priester Felice Antonio Scerbo, Raimondo Felicetta, Giuseppe Ruberto und Francesco Arturi bezeugten bei ihrer jeweiligen Vernehmung das Vorgehen der Bande in der Ortschaft Marcellinara an jenem Tag, als sie dort insgesamt drei Personen tötete, die mit den neapolitanischen Behörden bei der Verfolgung Paonessas und seiner Gefährten zusammengearbeitet hatten oder dies nach wie vor auch noch taten. Als die Bande Paonessas am Abend des 19. April den öffentlichen Platz vor der Kirche von Marcellinara betrat, hielten sich dort etwa zwanzig Personen auf. Dort kam es dann zu dem Schusswechsel mit Gaetano Angello und seinen Männern, in dessen Verlauf dieser verletzt und im Anschluss daran von Paonessa erdolcht wurde. Daraufhin begaben sich Luigi Donato und Domenico Galzarano in das Haus von Teresa Donato und töteten diese. Danach töteten Matteo Oliverio und Domenico Galzarano Giacinto Scerbo, anschließend, wie die fünf Zeugen angaben, nahm Domenico Galzarano ein Stück Brot, tunkte es in das Blut Giacinto Scerbos und aß dieses vor den Augen all jener Personen, die sich am Ort des Deliktes befanden, um diesen seine Grausamkeit zu zeigen. Danach verließ die Bande Marcellinara und zog in Richtung Tiriolo weiter.[875]

Die sechs aus Tiriolo stammenden Zeugen Alessandro Giuliano, Pasquale Critello, Antonio Juliano, Giuseppe Fiorentino, Domenico Gravina und Giuseppe Bruno bezeugten bei ihrer Vernehmung, dass sie am 19. April nach 23 Uhr gesehen hatten, wie die Mitglieder der Bande das Territorium Tiriolos betraten, wo Giovanni Bruno, Nicola Orsano, Matteo Oliverio, Giacinto Ciambrone und Vincenzo Paonessa auf Luigi Greco schossen, welcher aber den fünf Banditen leicht verletzt entkommen konnte.[876] Pasquale Critelli und Giuseppe Bruno fügten noch hinzu, dass sie nach dem gescheiterten Mordanschlag auf Luigi Greco sahen, wie sich Arcangelo Scozzafava, der aus Gimigliano kam, der Bande anschloss und zusammen mit seinen Gefährten dann nach Gimigliano aufbrach, wo dann bekanntermaßen der Mord an den beiden Bisanti-Brüdern und deren Mutter stattfand.[877]

Tommaso Ricelli, Giuseppe Paonessa und Pietro Giacomo Maisetta aus Gimigliano berichteten bei ihrer Vernehmung, dass sie die Bande am Morgen des 20. April 1799 beim Betreten der Ortschaft Gimigliano gesehen hatten und auch Zeugen der Umstände gewesen waren, die mit der Ermordung der zwei Bisanti-Brüder und deren Mutter einhergegangen waren.[878]

875 Ebd., fol. XXIIr-XIIv.

876 Ebd., fol. XXIIv-XXIIIr.

877 Ebd., fol. XXIIIr.

878 Ebd., fol. XIIIv.

Giuseppe Scerbo, einer der aus Tiriolo stammenden Zeugen, gab an, dass er am 21. April hörte, wie die Bande, die sich nach ihrer Rückkehr aus Gimigliano in Tiriolo aufhielt, öffentlich verkündete, das Haus Giovanni Battista Angellos, des Vaters des in Marcellinara getöteten Gaetano Angello, niederbrennen und dessen Familie zerstören zu wollen. Nachdem ihm diese Absicht von Giuseppe Parise, einem Mitglied der Bande Paonessas noch einmal bestätigt worden war, begab sich Giuseppe Scerbo gemäß seinen diesbezüglichen Ausführungen unverzüglich zu Giovanni Battista Angello nach Marcellinara, um ihn vor dem Vorhaben der Bande zu warnen.[879]

Dieser Entschluss der Mitglieder der Bande, am 22. April 1799 nach Marcellinara zu ziehen, um dort das Haus Giovanni Battista Angellos niederzubrennen, wurde auch von den fünf aus eben derselben Ortschaft stammenden Zeugen bestätigt. Diese fünf Zeugen berichten bezüglich dessen von dem erfolgreichen Vermittlungsversuch von Seiten der Baronin von Riso, der schließlich dazu führte, dass die Bande von ihrem ursprünglichen Vorhaben abließ.[880]

Im Hinblick auf die darauffolgende Ermordung des Hauptmanns Francesco Giglio am 25. Mai 1799, der die Verhaftung der Bande im Raum Marcellinara hatte durchführen sollen, ein Vorhaben, welches er auf Nachfrage von Angelo Paonessa zunächst verneint hatte, bestätigten die aus Gimigliano stammenden Zeugen Tommaso Riccelli, Giuseppe Paonessa und Pietro Giacomo Maisetta, dass sich die Angeklagten mit diesem Mord gebrüstet hatten und dass von Pasquale d'Agostino am Morgen des 21. Mai auf einem öffentlichen Platz in Gimigliano Sachen getragen worden waren, die eindeutig aus dem Besitz des Hauptmanns stammten, wie d'Agostino höchstpersönlich an jenem Tag verkündete.[881] Diese Angeberei der Mitglieder der Bande hinsichtlich des Mordes an Francesco Giglio wurde auch von den aus Marcellinara stammenden Zeugen bestätigt.[882]

Die nun folgenden Zeugenaussagen beziehen sich auf das der Bande unterstellte prorepublikanische Verhalten, wozu die wiederholte Errichtung eines Baumes der Freiheit sowie das Hissen der Trikolore der Revolutionsregierung in Neapel gezählt hatten. Die aus Settingiano stammenden Zeugen Vincenzo Stagliano, Vincenzo Formica, Giuseppe Vergillo, Giuseppe Pasano und Michele Gariano bestätigten, dass die Mitglieder der Paonessa-Bande in ihrem Heimatort am 9. Juni 1799 einen Baum der Freiheit gepflanzt hatten. Dass die Bande dasselbe noch am gleichen Tag auch in Marcellinara getan hatte, wurde auch von den aus demselben

879 Ebd., fol. XXIIIv-XXIVr.
880 Ebd., fol. XXIVr.
881 Ebd., fol. XXIVr-XXIVv.
882 Ebd., fol. XXIVv.

Ort stammenden Zeugen Antonio Donato, dem Priester Felice Antonio Scerbo, Raimondo Felicetta, Giuseppe Ruberto und Francesco Arturi bestätigt.[883] Das Hissen der republikanischen Trikolore auf dem Kirchtturm von Miglierina am 10. Juni bestätigten die Zeugen Benedetto Abiuso, Francesco Magno, Gregorio Granato, Pietro Torchia und Domenico Torchia.[884] Riccelli, Paonessa, Maisetta, Minervino, Fabiano und de Santis berichteten bei ihrer Vernehmung, dass die Bande ursprünglich auch die Absicht gehabt hatte, einen Baum der Freiheit in Gimigliano zu errichten, aber daran von den Bewohnern der Stadt gehindert worden waren.[885]

Die nächsten Zeugenaussagen beziehen sich auf die fehlgeschlagene Operation des Hauptmanns Raimondo Rocco, der mit seinen zweihundert Milizionären von der Bande am 14. Juni 1799 in die Flucht geschlagen worden war, wobei die ihm unterstehenden Männer zahlreiche Ausrüstungsgegenstände zurückgelassen hatten. Insgesamt hatte der unglückliche Ausgang dieser Operation eine schwere Blamage für die *Regia Udienza* von Catanzaro bedeutet. Die aus Tiriolo stammenden Zeugen Giuliano, Critelli, Juliano, Fiorentino und Gravina bestätigten, dass sich fünf Mitglieder der Bande nach dem Erhalt von der Nachricht von der auf den Weg gebrachten Operation unter Führung Roccos an einem Ort namens „il Colle" vom 12. bis zum 14. Juni positioniert hatten, wo es nicht nur später zu dem besagten Schusswechsel und der überstürzten Flucht der Milizionäre kam, sondern von wo aus die Mitglieder der Bande auch versucht hatten, wie diese fünf Zeugen gehört hatten, Rocco über einen Laufburschen zu einem Angriff zu provozieren.[886] Die aus Marcellinara stammenden Zeugen Donato, Scerbo, Felicetta, Ruberto und Arturi berichteten vor der *Regia Udienza* von Catanzaro, dass sie die Ankunft des capitano Rocco Raimond in ihrem Heimatort gesehen hatten. Des Weiteren bestätigten sie den Rückgriff auf einen Laufburschen, mittels dessen die sich an dem Ort namens „il Colle" positionierten Banditen versucht hatten, Raimondi zu einem Angriff zu provozieren, sowie den Aufbruch des *capitano* und seiner bewaffneten Männer aus Marcellinara am Tag des 14. Juni, in dessen Verlauf es schließlich zu dem unglücklich verlaufenden Schusswechsel mit den fünf Banditen kam.[887] Die gleichfalls aus Marcellinara stammenden Zeugen Giuseppe Gariano di Bruno, Giuseppe Donato und Giuseppe Leono, die sich am 14. Juni an einem Ort namens „la Zita" bei der Feldarbeit befunden hatten,

883 Ebd., fol. XXVr.
884 Ebd.
885 Ebd., fol. XXVv.
886 Ebd., fol. XXVv-XXVIr.
887 Ebd., fol. XXVIr.

waren unmittelbare Zeugen des Schusswechsels zwischen den fünf Männern, die sich einstweilen aus der Bande Angelo Paonessas gelöst hatten, und den Männern Roccos. Sie berichteten über die Einzelheiten dieser Auseinandersetzung, die bereits im vorherigen Abschnitt bei den Ausführungen zu diesem bewaffneten Zusammenstoß erwähnt worden sind.[888]

Die fünf aus Miglierina stammenden Zeugen Abiuso, Magno, Granato, Pietro Torchia und Domenico Torchia bezogen sich bei ihren Aussagen gegen die Bande nicht nur auf die Erpressungen an ihren Mitbürgern Ottavio Mancuso und Giovanni Mazzeo, sondern auch auf diejenigen Vorkommnisse von Anfang Juli 1799, die zum Tode dreier Mitglieder der Bande führten, bei denen es sich um Luigi Donato, Pasquale Miceli und Marcantonio Torchia handelte, die letztendlich erfolglos versucht hatten, einige Überfälle in der Gegend von Miglierina durchzuführen. Auf die Nachricht von deren Tod hin hatte Angelo Paonessa den Bewohnern Miglierinas damit gedroht, ihren Heimatort zu überfallen, was dann aber nicht erfolgen sollte, weil man in Miglierina noch rechtzeitig bewaffnete Einheiten zusammengeziehen konnte, so dass es Paonessa letztendlich für klüger hielt, von seinem ursprünglichen Plan abzulassen. Statt Miglierina direkt zu überfallen, so führten die fünf Zeugen aus, ermordete die Bande zwei ihrer Mitbürger namens Domenico Guzzo und Tommaso Montuoro, die sich unglücklicherweise außerhalb Miglierinas aufhielten, und tötete in umfangreichem Maße Weidevieh, welches den Bewohnern der Ortschaft gehörte.[889]

Im Bezug auf die Tötung von drei Mitgliedern der Bande Paonessas berichtete Domenico Scozzafava, in dessen bei Marcellinara gelegenener Unterkunft sich die Bande für eine Nacht einquartiert hatte, in den ersten Julitagen von deren Tod erfahren zu haben. Dabei ist davon auszugehen, dass Domenico Scozzafava von deren Tod von Seiten Paonessas und seiner Bande erfuhr, da er nach dem Anbruch der Dunkelheit von der Bande gezwungen wurde, ihnen als ortskundiger Führer zu dienen. Er und die Mitglieder der Bande gelangten dann noch in jener Nacht zu einer Mühle, die dem Baron von Marcellinara gehörte und in welcher sie auf einen Müller namens Domenico Guzzo und einen Kalkbrenner namens Tommaso Montuoro trafen, die Angelo Paonessa auf die Nachricht hin, dass sie aus Miglierina stammten, von seinen beiden Gefährten Antonio Pavone und Nicola Orsano erschießen ließ. Nach der Tötung der beiden Männer, die Domenico Scozzafava unmittelbar miterlebte, setzte die Bande ihren Weg zu dem Fluss Amato fort, bei dessen Überquerung Scozzafava der Bande noch half.

888 Ebd.

889 Ebd., fol. XXVIv.

Auf der anderen Seite des Flusses trafen dann Paonessa und seine Männer auf ihre beiden Kameraden Pasquale lo Schiavo und Giuseppe Graziano, die beide aus der Ortschaft Amato kamen. Nach der Überquerung des Flusses erhielt Domenico Scozzafava von der Bande die Erlaubnis, in seine Unterkunft bei Marcellinara zurückzukehren. Bei der Vernehmung durch die Behörden gab Scozzafava zudem an, dass er die Bande in den Monaten Mai, Juni und Juli des Jahres 1799 des Öfteren bewaffnet durch die Gegend von Marcellinara ziehen sah, wobei die Zahl der Mitglieder der Bande mehr oder weniger zwischen zehn und fünfzehn Personen schwankte.[890]

Zum Ende der auf den Bericht zu den Taten der Bande folgenden Zusammenfassung der Zeugenaussagen im Prozess gegen die überlebenden Mitglieder der Bande Angelo Paonessas werden diejenigen Personen und deren Aussagen angeführt, die die Mitglieder der Bande entweder auf jener besagten Anhöhe in einem als San Giorgio bezeichneten Ort bloß gesehen oder unmittelbare Zeugen der bewaffneten Auseinandersetzung zwischen den von dem Sonderbevollmächtigten Giovanni Battista de Micheli befehligten Truppen der *Regia Udienza* von Catanzaro und derjenigen der *Regia Udienza* von Cosenza gewesen waren, welche schließlich am 10. August 1799 zur der Zerschlagung der Bande Paonessas geführt hatte. Die drei Zeugen Angelo Minervino, Ignazio Fabiano und Angelo de Santis, die in einem in der Gegend gelegenen Marmorsteinbruch arbeiteten, gaben hierzu in ihrer Vernehmung an, die Mitglieder der Bande auf jener Anhöhe namens Rialto di San Giorgio am 8. und 9. August gesehen zu haben, als sie an jenen Tagen sowohl zu dem Steinbruch, in dem sie arbeiteten, unterwegs waren, als auch von dort zurückkehrten. Bei den sich auf der Anhöhe befindenden Banditen handelte es sich nach den Aussagen dieser drei Zeugen um Angelo Paonessa, Arcangelo Scozzafava, Pasquale d'Agostino, Vincenzo Paonessa aus Marcello, den anderen Vincenzo Paonessa alias „Cireca", Saverio Angotti, Cesare Mazza, Nicola Orsano und Tommaso Rotella, bei welchem es sich um einen alten Kameraden Angelo Paonessas handelte.[891] Tommaso Riccelli, Giuseppe Paonessa und Pietro Giacomo Maisetta, die sich am 10. August auf dem Weg in die Provinzhauptstadt Catanzaro befanden, wurden an jenem Tag zu unmittelbaren Augenzeugen der Erstürmung der Anhöhe durch die Truppen des Sonderbevollmächtigten de Micheli und berichteten dabei auch von dem erbitterten Widerstand, den die Banditen gegen ihre Festnahme leisteten.[892]

---

890 Ebd., fol. XXVIv-XXVIIr.

891 Ebd., fol. XXVIIv.

892 Ebd., fol. XXVIIIr.

3.2.4 *Die Verkündung der Urteile gegen Angelo Paonessa und sechs seiner Gefolgsleute an der* Regia Udienza *von Catanzaro am 9. November 1799*

Wenngleich es dem Bourbonenregime mit der Unterstützung der legitimistischen Freischaren des Kardinals Ruffo innerhalb weniger Monate gelungen war, die schon von ihrer Gründung an auf tönernen Füßen stehende Republik zu Fall zu bringen, kehrte damit nicht automatisch wieder Frieden und Ruhe in das Königreich Neapel ein. Vielmehr spielten sich auch die auf das Ende des republikanischen Experimentes in Neapel folgenden Ereignisse innerhalb einer nach wie vor existenten Ausnahmesituation ab, die besonders von der erbarmungslosen Verfolgung der ehemaligen Parteigänger der niedergeworfenen Parthenopäischen Republik geprägt war. Die wichtigsten Probleme, denen sich das zurückgekehrte Bourbonenregime nunmehr zu stellen hatte, betrafen den Wiederaufbau des zusammengebrochenen Staatsapparates, die innere Pazifizierung der Provinzen nach den Gewaltexzessen, die mit der Bekämpfung der Republik einhergegangen waren, die Aburteilung der ehemaligen Anhänger der Revolutionsregierung und die Sicherstellung finanzieller Einkünfte für die Krone.[893] Der Wiederaufbau des neapolitanischen Staatsapparates gestaltete sich im Groben wie folgt: Nachdem schließlich die republikanischen Verteidiger Neapels am 22. Juni gegenüber dem Kardinal Fabrizio Ruffo kapituliert hatten, richtete dieser eine *Giunta Provvisoria*, bestehend aus drei Mann, und neben dieser eine *Giunta di Stato*, bestehend aus fünf Mann, ein, die die ersten Verfahren gegen die Parteigänger der gefallenen Republik in die Wege leiten sollte. Ferdinand IV. löste schließlich einen Monat später diese erste *Giunta di Stato* auf und schuf am 21. Juli 1799 auf einem Schiff vor Neapel eine neue *Giunta di Stato*, bestehend aus zehn Personen und mit Felice Damiani an ihrer Spitze. Drei Tage später wurde anstelle der von Ruffo geschaffenen *Giunta Provvisoria* eine *Giunta di Governo* eingerichtet und Ableger der bedingt durch die Flucht der königlichen Familie im Dezember des Vorjahres nach Sizilien nunmehr in Palermo zentrierten Staatssekretariate. Diese neapolitanischen Ableger standen unter der Leitung sogenannter „direttori". Ausnahmen bildeten hier die Bereiche des Auswärtigen, der Marine und des Krieges. Während für die zwei erstgenannten Bereiche keine entsprechenden Direktoren in Neapel vorhanden waren, gab es für den letzten Bereich sogar drei Direktoren, davon zwei in Neapel und einer in Palermo. Diese Anomalie ergab sich aus dem Umstand, dass das Königreich Neapel sich auf der einen Seite noch im Kriegszustand befand und auf

---

893 Coniglio: I Borboni di Napoli, S. 251 und 253.

der anderen Seite das im Dezember 1798 zerfallene neapolitanische Heer erst einmal wieder aufgebaut werden musste. Der Direktor für kirchliche Angelegenheiten wurde in seiner Arbeit von einer *Giunta Ecclesiastica* beratend unterstützt, die aus zwei Bischöfen und einem Monsignore bestand. Die Arbeit dieser Direktoren wurde sowohl von der *Giunta di Governo*, in deren Händen die eigentliche Macht in Neapel lag, als auch von der bis 1802 in Palermo ansässigen Zentralregierung kontrolliert. Diese *Giunta di Governo* als eigentlicher institutioneller Machtfaktor in Neapel bestand an ihrer Spitze aus dem sogenannten „luogotenente generale del regno", einem Staatsrat, zwei sogenannten „tenenti generali", den Direktoren für die Bereiche Finanzen, Justiz, Kirchliches und einem der beiden Direktoren für den Bereich des Kriegswesens, einem der beiden der *Giunta Ecclesiastica* angehörenden Bischöfe sowie, als letztes mit einem Stimmrecht versehenes Mitglied, ein Sekretär. Von besonderer Bedeutung für die Belange der Provinzen war am 26. Juli die Ernennung von vier mit besonderen Vollmachten ausgestatteten Generalvisitatoren, die in ihren Zuständigkeitsbereichen die öffentliche Ordnung wiederherstellen und gegen die ehemaligen Parteigänger der beseitigten Parthenopäischen Republik vorgehen sollten. Kontrolliert wurden diese Generalvisitatoren, die mit ihren besonderen Vollmachten sogar über den jeweiligen *presidi*, als an und für sich oberste Vertreter der Zentralregierung in den Provinzen, standen, von der in Neapel ansässigen *Giunta di Governo*.[894] Bei dem für die Provinz Calabria Ultra zuständigen Generalvisitator, der im Hinblick auf die mutmaßlichen politischen Vergehen Angelo Paonessas und seiner Männer, dem Pflanzen des Baumes der Freiheit in Settingiano, Marcellinara und Tiriolo sowie dem Hissen der republikanischen Trikolore in Tiriolo, das alles entscheidende Wort gehabt hätte, handelte es sich um den Marquis Giuseppe Maria della Valva, den die *Regia Udienza* von Catanzaro, vor der das Verfahren gegen die Banditen stattfand, im Hinblick auf diesbezügliche Geständnisse immer auf dem Laufenden zu halten hatte.[895]

Ein grundlegendes Merkmal des allenfalls summarischen Verfahrens gegen Angelo Paonessa und seine Gefolgsleute bestand darin, dass das Richterkollegium der *Regia Udienza* von Catanzaro, bestehend aus dem *uditore* Giovanni Battista

---

894 Pieri: Il Regno di Napoli dal luglio 1806 al marzo 1806, S. 14ff.

895 Diese Vorgehensweise war der *Regia Udienza* von Catanzaro laut dem auf den 28. Dezember 1799 datierten Gutachten der Sonderkommission unter dem Vorsitz Giuseppe de Guidobaldis, die sich mit den Fällen zweier zum Tod verurteilten, aber noch nicht hingerichteten Mitglieder der Bande Angelo Paonessas beschäftigt hatte, in einem königlichen *dispaccio* vom 28. September befohlen worden. ASN, *Segreteria di Stato di Grazia e Giustizia, Dispacci e Fascicoli*, 201/47, Gutachten der Sonderkommission, Neapel 28. Dezember 1799, fol. 2r.

de Micheli, dem *prouditore* Carlo Oliva sowie dem *uditore* und *caporuota* Pietro Pugliese, bei deren Aburteilung nicht aus völlig eigenem Ermessen heraus handeln konnte, sondern dass diesem von oben herab mehr oder weniger vorgeschrieben wurde, wie dieses zu verlaufen und wie das zu verhängende Urteil zu lauten habe. Und dieses konnte nur im Tod durch den Strang bestehen. Da sich das auf das Festland zurückgekehrte Bourbonenregime zum einem relativ schnell der festgenommenen Mitglieder der Bande Angelo Paonessas entledigen und zum anderen an diesen damit unmittelbar einhergehend auch ein allgemein abschreckendes Exempel statuieren wollte, war der *Regia Udienza* von Catanzaro in einem königlichen *dispaccio* vom 28. September 1799 *expressis verbis* befohlen worden, bei dem Verfahren gegen die Banditen auf die üblichen juristischen Formalitäten zu verzichten. Damit keine Zweifel an dieser Vorgehensweise aufkommen konnten, hatte man zusätzlich festgelegt, dass die Verurteilung der Bandenmitglieder einstimmig zu erfolgen habe. Da man bestrebt war, Angelo Paonessa und seine Gefährten als gemeine Banditen der Todesstrafe entgegenzuführen und nicht als Parteigänger der Republik, spielten bei dem Schnellverfahren in der *Regia Udienza* von Catanzaro ausschließlich deren Vergehen gegen die öffentliche Ordnung eine Rolle und nicht diejenigen gegen den Staat, d. h. das Pflanzen des republikanischen Baumes der Freiheit in Settingiano, Marcellinara und Tiriolo sowie das Hissen der republikanischen Trikolore in Tiriolo, welche in den Zuständigkeitsbereich des Generalvisitators für die Provinzen Basilikata, Calabria Citra und Calabria Ultra, des Marquis della Valva, gefallen wären und noch nicht ausreichend untersucht worden waren. Ungeachtet dessen hatte man in dem *dispaccio* vom 28. September 1799 im Namen des Königs angeordnet, dass die *Regia Udienza* von Catanzaro den Generalvisitator della Valva im Hinblick auf die Geständnisse, welche die mutmaßliche Parteinahme der Banditen um Angelo Paonessa für die Republik betrafen, stets auf dem Laufenden halten sollte. Allerdings war für den Fall, dass das Richterkollegium der *Regia Udienza* von Catanzaro nicht einstimmig die Todesstrafe gegen die Banditen verhängen sollte, in demselben *dispaccio* zusätzlich noch angeordnet worden, dass dann der Generalvisitator, der Marquis della Valva, diese als Anhänger der untergegangenen Republik und somit Hochverräter zum Tode hätte verurteilen dürfen.[896] Da aber das Bourbonenregime zum einen kein Interesse daran besaß, die Taten der Bande Angelo Paonessas dadurch aufzuwerten, dass deren Mitglieder letztendlich von dem Marquis della Valva als Anhänger der Republik und somit womöglich noch als Märtyrer der republikanischen Partei

896 Ebd., fol. 1v-2v.

zum Tode verurteilt werden würden, und zum anderen die diesbezüglichen Ermittlungen Anfang November 1799 noch längst nicht abgeschlossen waren, wurde dem Richterkollegium der *Regia Udienza* von Catanzaro nahegelegt, die Banditen ausschließlich aufgrund ihrer Delikte, die sie als gewöhnliche Verbrecher begangen hatten, einstimmig zum Tode zu verurteilen.

Nachdem sich bereits der *uditore* Antonio Greco in Übernahme der Funktion des *avvocato fiscale* am 8. November für die Verhängung der Todestrafe gegen alle sieben Banditen ausgesprochen und auch der *avvocato dei poveri* Raffaele Barba sein Plädoyer abgegeben hatte, verkündeten die drei Mitglieder des Richterkollegiums, bestehend aus dem *uditore* Giovanni Battista de Micheli, dem *prouditore* Carlo Oliva sowie dem *uditore* und *caporuota* Pietro Pugliese, am darauffolgenden Tag ihre eigene diesbezügliche Entscheidung.[897] In ihrem Urteilsspruch vom 9. November 1799 schlossen sich die drei *uditori* de Micheli, Oliva und Pugliese weitestgehend den Forderungen des *avvocato fiscale* vom Vortrag an, gemäß denen Angelo Paonessa, Arcangelo Scozzafava, Vincenzo Paonessa aus Marcello, Vincenzo Paonessa, der Bruder Angelos, Nicola Orsano, Matteo Oliverio und Cesare Mazza zum Tode durch den Strang verurteilt werden und die Vollstreckung dieser Urteile binnen kürzester Zeit erfolgen sollte. Nach der Exekution der Banditen sollten deren Köpfe auf Eisenspieße aufgespießt und zusammen mit anderen abgetrennten Gliedmaßen an denjenigen Orten zur allgemeinen Abschreckung ausgestellt werden, an denen die Bande ihre Verbrechen begangen hatte. Vor der Vollstreckung der Todesurteile sollten die Banditen jedoch noch einmal intensiv der Folter unterzogen werden, damit man von ihnen gegebenenfalls noch einige Geständnisse im Hinblick auf weitere mutmaßliche Komplizen und Unterstützer in Erfahrung bringen könnte, wobei es sich maßgebliche um solche handeln sollte, die die angeblichen prorepublikanischen Aktivitäten der Bande betrafen.[898]

Die drei Mitglieder des Richterkollegiums der *Regia Udienza* von Catanzaro, Giovanni Battista de Micheli, Carlo Oliva und Pietro Pugliese, verurteilten schließlich am Morgen des 9. Novembers fünf der insgesamt sieben angeklagten Banditen, und zwar Angelo Paonessa, Arcangelo Scozzafava, Vincenzo Paonessa aus Marcello, Nicola Orsano und Matteo Oliverio, sofort einstimmig zum Tode durch den Strang. Den beiden zentralen Figuren der Bande, Angelo Paonessa und Arcangelo Scozzafava, sollten nach der Hinrichtung nicht nur die Köpfe abgetrennt und aufgespießt werden, sondern auch die Hände, welche gleichfalls an den

897 Ebd., fol. 3v.

898 ASN, *Processi Antichi/Da Riordinare/Processi Criminali*, 28/1, fol. XXVIIIv.

Orten zur Schau gestellt werden sollten, an denen beide Männer ihre schwersten Delikte begangen hatten. Mit den abgetrennten Köpfen und Gliedmaßen Angelo Paonessas und Arcangelo Scozzafavas sollte nach deren Folterung und Hinrichtung im Einzelnen wie folgt verfahren werden: Angelo Paonessas Kopf sollte auf demjenigen öffentlichen Platz in Marcellinara zur Abschreckung ausgestellt werden, auf dem es zu der bewaffneten Auseinandersetzung zwischen den Banditen und Gaetano Angello gekommen war, die mit der Erdolchung Angellos durch Angelo Paonessa geendet hatte. Die Hände Paonessas sollten an einem Ort namens San Leonardo an einer öffentlichen Straße in der Nähe Marcellinaras ausgestellt werden. Bei der Person Arcangelos Scozzafavas legte man fest, dass dessen abgetrennter Kopf in Tiriolo und von seinen abgetrennten Händen eine in Tiriolo und die andere in Settingiano öffentlich zur Schau gestellt werden sollten. Alle fünf einstimmig zum Tode verurteilten Banditen sollten vor ihrer Hinrichtung noch einmal besonders grausam gefoltert werden, um von ihnen eventuell die Namen noch nicht festgenommener Komplizen und Unterstützer zu erfahren.[899] Ab dem 14. November erfolgte schließlich die Hinrichtung der einstimmig von dem Richterkollegium zum Tode verurteilten Räuber Angelo Paonessa, Arcangelo Scozzafava, Vincenzo Paonessa aus Marcello, Nicola Orsano alias „Il Cozzale" und Matteo Oliverio alias „Cicero".[900]

Obwohl auch Angelo Paonessas Bruder Vincenzo alias „Cireca" und Cesare Mazza alias „Giulillo" ebenfalls vom Richterkollegium der *Regia Udienza* von Catanzaro zum Tode verurteilt worden waren, blieb ihnen das Schicksal ihrer Gefährten einstweilen noch erspart, denn im Hinblick auf die gegen sie zu verhängende Strafe hatte zunächst innerhalb des Richterkollegiums Uneinigkeit bestanden, da einer der abstimmungsberechtigten Richter, der *uditore* und *caporuota*, Pietro Pugliese, im Gegensatz zu seinen Kollegen Giovanni Battista de Micheli und Carlo Oliva, die sich bei der Abstimmung für die Todestrafe ausgesprochen hatten, zunächst für eine Verurteilung dieser beiden Männer zu lebenslangem Galeerendienst gestimmt hatte.[901] Ungeachtet dieser Disparität bei der Abstimmung innerhalb des Richterkollegiums der *Regia Udienza* von Catanzaro wurden beide Männer zwar zum Tode durch den Strang verurteilt, jedoch im

---

899 Ebd., fol. XXVIIIv-XXIXr. Zu den Urteilen des Richterkollegiums der *Regia Udienza* von Catanzaro vom 9. November 1799 siehe ebenfalls die diesbezüglichen Angaben im Gutachten der Sonderkommission unter dem Vorsitz Giuseppe de Guidobaldis vom 28. Dezember 1799 in ASN, *Segreteria di Stato di Grazia e Giustizia, Dispacci e Fascicoli*, 201/47, fol. 3v-4r.

900 Ebd., fol. 4v.

901 Ebd., fol. 4r.

Gegensatz zu ihren fünf Gefährten einstweilen noch nicht hingerichtet.[902] Diese Entscheidung Pietro Puglieses ist in erster Linie als ein Protest gegen die Bestimmungen des königlichen *dispaccio* vom 28. September 1799 zu sehen, in welchem zum einen festgelegt worden war, dass sich das Verfahren ausschließlich auf diejenigen Vergehen Angelo Paonessas und seiner Männer beschränken sollte, die sie „more exulum", also als Banditen und nicht als mutmaßliche Parteigänger der Republik, begangen hatten, und zum anderen auf die Mitglieder des Richterkollegiums der *Regia Udienza* von Catanzaro dahingehend Druck ausgeübt worden war, dass die Banditen auf jeden Fall zum Tode hätten verurteilt werden müssen, da deren Sache sonst automatisch an den Generalvisitator weitergereicht worden wäre, der sie schließlich für ihre angeblichen prorepublikanischen Aktivitäten in Settingiano, Marcellinara und Tiriolo als Hochverräter zum Tode verurteilt hätte.[903] Mit dieser Vorgehensweise wollte man sich, wie bereits erwähnt, möglichst schnell der Banditen entledigen und eine Aufwertung dieser als Parteigänger und somit womöglich noch als Märtyrer der gefallenen Republik verhindern. Nicht vergessen werden sollte zudem in diesem Zusammenhang, dass der *uditore* Pietro Pugliese zwar als *caporuota* automatisch Vorsitzender des Gerichtes der *Regia Udienza* war, jedoch aufgrund der besonderen Vollmachten, mit denen die Regierung seinen Kollegen, den *uditore* Giovanni Battista de Micheli, ausgestattet hatte, gegenüber diesem im Richterkollegium, dessen Vorsitz ebendieser de Micheli an seiner statt innehatte[904], eine einstweilen nachrangige Position einnahm. Dadurch, dass man ungeachtet der durch das Abstimmungsverhalten Pietro Puglieses entstandenen Disparität übereinkam, Vincenzo Paonessa und Cesare Mazza zumindest vorläufig zum Tode zu verurteilen, neutralisierte man den Generalvisitator della Valva als juristische Entscheidungsinstanz für diejenigen Vergehen, die in der Zeit der ephemeren Parthenopäischen Republik gegen den Staat und somit automatisch gegen die Person des Souveräns Ferdinand IV. verübt worden waren, so dass der Fall der beiden Banditen nunmehr an eine in Neapel tagende Sonderkommission, bestehend aus Giuseppe de Guidobaldi, einem der herausragendsten und berüchtigsten Mitglieder der zweiten von Ferdinand IV. eingerichteten *Giunta di Stato*, dem *caporuota* Matteo Lafragola und dem Sekretar Mariano Venerosi, als nächsthöhere juristische Entscheidungsinstanz zu gehen hatte.

Von ihrer vorläufigen Entscheidung in der Causa der beiden Banditen setzte die *Regia Udienza* von Catanzaro sowohl den Generalvisitator, den Marquis della

902 Ebd., fol. 5v.
903 Ebd., fol. 1v-2v.
904 Ebd., fol. 3r.

Valva, als auch die *Segreteria di Stato di Grazia e Giustizia* in Kenntnis[905] und wandte sich in dieser Sache zugleich über dieselbe an die besagte Sonderkommission unter Giuseppe de Guidobaldi, die auf Basis der aus Catanzaro in Kopie nach Neapel geschickten und ihr von der *Segreteria di Stato di Grazia e Giustizia* weitergereichten Verfahrensunterlagen (Verhörprotokolle, Stellungnahmen der drei Mitglieder des Richterkollegiums, Stellungnahme des *avvocato dei poveri*) entscheiden sollte, wie die *Regia Udienza* von Catanzaro mit den beiden Banditen nunmehr verfahren sollte.[906]

Diese Sonderkommission gelangte in ihrem auf den 28. Dezember 1799 datierten und an die *Segreteria di Stato di Grazia e Giustizia* weitergeleiteten Gutachten zu der Einschätzung, dass die *Regia Udienza* von Catanzaro in Anbetracht der Schwere der Vincenzo Paonessa und Cesare Mazza zur Last gelegten Delikte mit der vorläufigen Verhängung des Todesurteils richtig verfahren war und dass die beiden Banditen, wie bereits ihre fünf Gefährten, schnellstmöglich hinzurichten seien. Die deutlichen Vorbehalte des *uditore* und *caporuota* Pietro Pugliese und mit ihm zusammen diejenigen des *avvocato dei poveri* der *Regia Udienza* von Catanzaro, Raffaele Barba, gegenüber der eingeschlagenen prozessualen Vorgehensweise, welche sich maßgeblich aus den in dem besagten *dispaccio* vom 28. September enthaltenen Bestimmungen ergaben, hielt man in Anbetracht der besonderen Lage nach dem Fall der Parthenopäischen Republik für irrelevant und verwies darauf, dass gerade die nach wie vor noch vorliegende Ausnahmesituation und die der Bande zur Last gelegten schweren Delikte solch eine Vorgehensweise bei der Durchführung juristischer Verfahren grundsätzlich rechtfertigen würden. Im Falle Vincenzo Paonessas wies man zudem noch *expressis verbis* darauf hin, dass dieser bereits im Jahre 1790 für die von ihm begangenen Delikte, zu denen u. a. Raubüberfälle und Morde zählten, zu lebenslanger Galeerenhaft verurteilt worden war.[907] In Anbetracht dieser Sachlage schließt das an die Person König Ferdinands IV. gerichtete Gutachten der Sonderkommission vom 28. Dezember 1799 mit den folgenden Worten und dem Hinweis, dass dieses rigorose Vorgehen gegen Vincenzo Paonessa und Cesare Mazza in Zukunft auch anderen Banditen als Abschreckung dienen möge:

905 ASN, *Processi Antichi/Da Riordinare/Processi Criminali*, 28/1, fol. XXIXr.

906 ASN, *Segreteria di Stato di Grazia e Giustizia, Dispacci e Fascicoli*, 201/47, Gutachten der Sonderkommission unter dem Vorsitz Giuseppe de Guidobaldis, Neapel 28. Dezember 1799, fol. 4v.

907 Ebd., fol. 5r, fol. 6r-7r.

„Può dunque M[aestà] V[ostra] degnarsi di rescrivere a detta Udienza di Catanzaro, ch'esegua speditamente la Sentenza di morte già scritta contro li suddetti Vincenzo Paonessa Cireca, e Cesare Mazza alias Guilillo: e faccia prestamente tutto quel che rimane a farsi per dare sfogo alle processure in tutta l'estensione, che comprende gli altri rei: e con quella energia, che corrisponde alle circostanze; in modo che imparino i malvaggi a temere, in faccia agli esempi altrui la giustizia, ed il pronto rigore del Governo."[908]

3.2.5 *Epilog: Das Verfahren gegen das Bandenmitglied Domenico Donato vor einem von König Joseph I. Bonaparte eingerichteten Sondertribunal in Catanzaro Ende Juni 1806*

Auch wenn im November 1799 und der darauffolgenden Zeit mit Angelo Paonessa, seinem Bruder Vincenzo Paonessa, Arcangelo Scozzafava, Vincenzo Paonessa aus Marcello, Nicola Orsano, Matteo Oliverio und Cesare Mazza sieben der berüchtigsten Mitglieder dieser Bande zum Tode verurteilt und daraufhin hingerichtet worden waren, erstreckten sich die juristischen Verfahren gegen einzelne ehemalige Mitglieder der Bande noch bis in die Zeit der kurzen Herrschaft des älteren Bruders Napoleons Bonapartes und Königs von Neapel, Joseph Bonaparte. Bei dem Beispiel eines Mitgliedes der Bande Angelo Paonessas, dessen weiteres Schicksal selbst noch zu Beginn des „Decennio francese" die Justizbehörden des Königreiches Neapel beschäftigte, handelte es sich um dasjenige des bereits eingangs erwähnten Räubers Domenico Donato alias „Lo Turco" aus dem Gebiet von Tiriolo, der den Behörden erst später in die Hände gefallen war und zum Zeitpunkt der erneuten Machtübernahme der Franzosen in Neapel am 15. Februar 1806 im Gefängnis der *Regia Udienza* von Catanzaro schon seit Jahren auf seine Verurteilung wartete.

Über das weitere Schicksal dieses Domenico Donato alias „Lo Turco" und dasjenige anderer inhaftierter Personen hatte schließlich in Catanzaro ein von König Joseph I. Bonaparte am 12. April eingerichtetes Sondertribunal mit der Zuständigkeit für die Provinzen Calabria Citra, Calabria Ultra und Basilikata unter dem Vorsitz des Präsidenten der *Regia Camera della Sommaria*, Carlo Pedicini, zu befinden, welches sich um die Erledigung noch ausstehender Verfahren kümmern sollte, sich schließlich am 23. Juni 1806 des Falles Domenico Donatos annahm und am Tag darauf seine Entscheidung verkündete. Diesem Sondertribunal gehörten neben dem bereits genannten Carlo Pedicini zudem noch die beiden Richter Astorre d'Ippoliti und Guglielmo Palladini, der *avvocato*

908 Ebd., fol. 6v-7r.

regio Francesco Lauria und als Sekretär Giovanni Greco an.[909] Die Sache Domenico Donatos wurde vor dem Richterkollegium von dem *avvocato dei poveri* der *Regia Udienza* von Catanzaro, Raffaele Barba, der, wodurch *pars pro toto* auch personelle Kontinuitäten im napoleonischen Königreich Neapel deutlich werden, bereits bei dem Verfahren gegen Angelo Paonessa und seine Gefährten Anfang November 1799 die Rolle des Verteidigers übernommen hatte, und dem *procuratore dei poveri* Ignazio de Paschale vertreten.[910]

Damit dieses Sondertribunal seine Entscheidung zum weiteren Schicksal Domenico Donatos fällen konnte, wurde am 18. Juni 1799 vom Sekretariat der *Real Camera di Santa Chiara* der 15. Band der Ermittlungsakten zu den Delikten der Bande Angelo Paonessas nach Catanzaro geschickt. Nach der Erledigung des Falles von Domenico Donato sollte dann dieser Band nach Neapel zurückgesandt werden, da in der *Real Camera di Santa Chiara* über das Schicksal einiger weiterer Personen entschieden werden sollte, die in die kriminellen Aktivitäten der Bande Angelo Paonessas verwickelt gewesen und schließlich dafür zum Tode verurteilt worden waren.[911] Die Mitglieder dieses für die drei Provinzen Basilikata, Calabria Citra und Calabria Ultra zuständigen Sondertribunals beschäftigten sich nun am 23. Juni 1806 in Catanzaro eingehend mit dem Fall des ehemaligen

909 ASN, *Processi Antichi/Da Riordinare/Processi Criminali*, 28/1, Schreiben des Sekretärs Giovanni Greco, Catanzaro 22. Juni 1806, fol. 189r. In diesem Schreiben nennt Greco die Namen der übrigen Mitglieder der Sondertribunals unter dem Vorsitz Carlo Pedicinis.

910 Ebd., Schreiben des Sekretärs Giovanni Greco, Catanzaro 23. Juni 1806, fol. 190v. Die Aufgabe dieser auf Befehl Joseph Bonapartes am 12. April eingerichteten vier Sondertribunale bestand darin, in einigen Monaten die Fälle all derjenigen nicht verurteilten Personen, die vor der Ankunft der Franzosen in Neapel am 15. Februar eingesperrt worden waren, zu überprüfen und eine schnelle diesbezügliche Entscheidung zu fällen. Bei der Durchführung ihrer Aufgabe in den ihnen zugewiesenen Provinzen wurden die Mitglieder dieser Sondertribunale von einer Eskorte Soldaten begleitet. Bevor die abstimmungsberechtigten Mitglieder der Sondertribunale eine Entscheidung fällten, studierten sie die bis dahin angefertigten Ermittlungsakten und vernahmen die Zeugen sowie die Beschuldigten, ohne sich aber dabei an irgendwelche strengen Verfahrensregeln zu halten. Die Entscheidungen dieser Sondertribunale, außer denjenigen, die eine Verurteilung zum Tode betrafen, waren sofort in die Tat umzusetzen. Letztendlich kontrollierten die Sondertribunale auch die Arbeit der normalen Gerichtshöfe und meldeten Unregelmäßigkeiten nach Neapel. Rambaud: Naples sous Joseph Bonaparte 1806–1808, S. 390.

911 ASN, *Processi Antichi/Da Riordinare/Processi Criminali*, 28/1, Schreiben des Sekretariats der *Real Camera di Santa Chiara* an das in Catanzaro tagende Sondertribunal, Neapel 18. Juni 1806, fol. 188r.

Mitgliedes der Bande Angelo Paonessas, Domenico Donato alias „Lo Turco", dem verschiedene Delikte zur Last gelegt wurden, an denen er sich in der Zeit seiner Zugehörigkeit zu dieser Bande beteiligt hatte. Dazu gehörten der Raub von verschiedenen Sachen im Wert von 39 *carlini* beim Überfall auf einen gewissen Concetto Talarico aus Cicala, nachdem man diesem mit dem Tod gedroht und ihn misshandelt hatte, die Beteiligung an dem versuchten Mord an Luigi Greco aus Tiriolo, die Beteiligung an der Ermordung des Hauptmanns Francesco Giglio und der anschließenden Beraubung des Getöteten, die Beteiligung am erpresserischen Raub von zwölf Rindern, Beihilfe beim Mord an dem aus Gimigliano stammenden Antonio Bisanti und dessen Mutter Elisabetta Bonacci sowie die beiden Morde an Domenico Scorza aus Gimigliano und Domenico Guzzo aus Miglierina. Zu guter Letzt legte man Domenico Donato zur Last, in einer Bande zum Zwecke der Durchführung von Überfällen durch die Provinz Calabria Ultra gezogen zu sein und dabei auf Waffen zurückgegriffen zu haben, deren Besitz gemäß den diesbezüglichen Bestimmungen der Pragmatiken des Königreiches Neapel verboten war. Bei diesem nur einen Tag umfassenden Verfahren, auf dessen genaueren Verlauf allerdings im Rahmen diesen kurzen Abschnitts nicht im Einzelnen eingegangen werden soll, bot man auch dem Angeklagten Domenico Donato die Möglichkeit, zu den gegen ihn von Seiten des *avvocato regio* Francesco Lauria erhobenen Vorwürfen Stellung zu beziehen, welche dieser ehemalige Gefolgsmann Angelo Paonessas allerdings vehement abstritt.[912]

Nach dem Abschlussplädoyer des *avvocato regio*, der, wie aus einer Notiz des Sekretärs Giovanni Greco hervorgeht, sich für eine Verurteilung zu lebenslanger Galeerenhaft ausgesprochen hatte[913], und der Stellungnahme der Verteidiger Donatos erfolgte am 24. Juni die Verkündung der Entscheidung des Sondertribunals unter dem Vorsitz des Präsidenten der *Regia Camera della Sommaria*, Carlo Pedicini. Man verurteilte Domenico Donato zu einer Galeerenstrafe von 25 Jahren und für die darauffolgende Zeit zu Verbannung vom Territorium des Königreiches.[914] Zu den genauen Gründen, derentwegen Domenico Donato ungeachtet der Schwere der von ihm als ehemaligem Mitglied der Bande Angelo Paonessa begangenen Delikte zu mehrjährigem Galeerendienst sowie Verbannung aus dem Königreich und nicht zum Tode verurteilt wurde, werden in den diesbezüglichen Unterlagen an keiner Stelle irgendwelche Angaben gemacht.

912 Ebd., Bericht des Sekretärs Giovanni Greco, Catanzaro 23. Juni 1806, fol. 190r-190v.

913 Ebd., fol. 196r.

914 Ebd., fol. 197r-197v. Das diesbezügliche in Catanzaro verfasste Dokument datiert von ebendiesem Tag der Entscheidung des Sondertribunals und trägt die Unterschriften Carlo Pedicinis, Astorre d'Ippolitis, Guglielmo Palladinis und Giovanni Grecos.

III. Zusammenfassung und Ausblick

1. Einleitung

Dieses abschließende Hauptkapitel, in dem zum einen eine Synthese und zum anderen schließlich noch ein Ausblick darauf geboten werden soll, wie sich das Problem des Banditenwesens im Weiteren von der Gründung der ephemeren Parthenopäischen Republik im Januar 1799 bis hinein in das erste Jahrzehnt der Existenz des 1861 von den Piemontesen begründeten italienischen Nationalstaates darstellte, gliedert sich in insgesamt drei größere, voneinander abgrenzbare thematische Abschnitte: Im ersten thematischen Abschnitt geht es in synthetischer Form gemäß dem primären Ziel der Untersuchung um die Entwicklung der Banditenwesens in den Provinzen des Königreiches Neapel der frühen Bourbonenzeit, die Art und Weise, in welcher die neapolitanische Zentralregierung und die ihr in den Provinzen unterstehenden Herrschaftsinstanzen versuchten, diese zu bekämpfen bzw. einzudämmen, und die damit verbundenen Probleme, die dazu führten, dass man von Seiten Neapels letzten Endes selbst nach einer jahrzehntelangen Konfrontation mit dieser Plage keinerlei Ansatz für eine langfristige Lösung gefunden hatte und zum Ausgang des 18. Jahrhunderts schließlich nach wie vor den zahlreichen Räuberbanden, welche zuhauf die Provinzen durchzogen, mit den bescheidenen Mitteln, über welche man dort verfügte, weitestgehend machtlos gegenüberstand. Da das Banditenwesen im Königreich Neapel der frühen Bourbonenzeit sowohl durch den Übertritt einzelner Banditen oder auch ganzer Banden auf das Territorium des Kirchenstaates und umgekehrt, wie schon in den Jahrhunderten davor, als auch durch das Recht der Kirche, in denjenigen Orten, die ihrer Jurisdiktion unterstanden, Asyl gewähren zu dürfen, im Hinblick auf die Beziehungen zwischen dem Staat und der Kirche, die das Königreich Neapel stets als ein ihr untergeordnetes Lehnsgebiet betrachtete, auch eine internationale Dimensionen annehmen konnte, sollen in diesem ersten Abschnitt auch die zwei Aspekte der grenzüberschreitenden Bekämpfung der Bandenkriminalität sowie das Problem des Kirchenasyls und dessen Folgen in Form eines angehängten kurzen Exkurses in besonderer Weise noch einmal berücksichtigt werden.

Da diese Untersuchung in einer ausschließlichen Fokussierung auf die langwierigen Auseinandersetzungen zwischen dem Bourbonenstaat und dessen Repräsentanten in der Hauptstadt Neapel und den Provinzen auf der einen und dem Banditenwesen auf der anderen Seite allerdings letzten Endes zu einseitig erscheinen würde, wird in dem zweiten thematischen Abschnitt, gleichfalls in synthetischer Form, noch einmal etwas eingehender auf die grundlegenden strukturellen Ursachen für die Entstehung, den Fortbestand und die erhebliche Zunahme des Banditenwesens im Königreich Neapel der frühen Bourbonenzeit eingegangen.

Im dritten und letzten thematischen Abschnitt wird schließlich zum einen ein kurzer Blick auf die revolutionären Ereignisse der Jahre 1798 und 1799, in welchen die in der Herrschaftszeit Karls von Bourbon begonnenen Entwicklungen auf dem Gebiet der Bandenkriminalität für das Königreich Neapel des 18. Jahrhunderts zweifellos ihren vorläufigen Kulminationspunkt fanden, geworfen und zum anderen darauf, wie sich die weitere Entwicklung in groben Zügen im Königreich Neapel bzw., wie der Bourbonenstaat ab dem Jahre 1816 hieß, des Königreiches Beider Sizilien sowie schließlich im ersten Jahrzehnt der piemontesisch-italienischen Herrschaft über den festländischen Mezzogiorno darstellte, wodurch es erleichtert werden soll, die Erkenntnisse zu den diesbezüglichen Entwicklungen im bourbonischen Königreich Neapel des 18. Jahrhunderts richtig in den Gesamtkontext der Entwicklungen in der Zeit der bis 1860/1861 andauernden Herrschaft der Bourbonendynastie über den festländischen Mezzogiorno und die auf sie folgenden Piemontesen einzuordnen, die sich nach dem Sturz Franz' II. als letztem bourbonischen Herrscher einer breiten Insurrektionsbewegung gegenübersahen, in der auch schon vorher als Banditen aufgetretene Personen, wie der berühmte lukanische Räuber Carmine Crocco als deren bekanntester Vertreter, eine maßgebliche Rolle spielten.

2. Die Politik der neapolitanischen Zentralregierung gegenüber dem Banditenwesen unter besonderer Berücksichtigung der Beziehungen zum Kirchenstaat bei der grenzüberschreitenden Verbrechensbekämpfung und des Problems des Kirchenasyls

Bei der Entwicklung des Banditenwesens in den Provinzen des Königreiches Neapel der frühen Bourbonenzeit handelt es sich letzten Endes, wie in dieser Untersuchung deutlich geworden ist, um einen langen Prozess der steten Verschärfung dieses innen- und zugleich auch sicherheitspolitischen Problems, welches die spanischen Bourbonen, als sie im Jahre 1734 erneut die Herrschaft in Süditalien übernahmen, von den ihnen vorangegangenen Herrschaftsträgern geerbt hatten und welches schließlich gerade in den letzten drei Jahrzehnten des 18. Jahrhunderts wiederum solche Ausmaße annahm, dass man bereits vor den politischen, sozialen und militärischen Ereignissen der Jahre 1798 und 1799 von *de facto* weitgehend anarchischen Zuständen in den Provinzen sprechen kann.

Auffassungen, denen zufolge die weit um sich greifende Bandenkriminalität in den Provinzen des Königreiches Neapel erst durch die revolutionären Ereignisse dieser beiden Jahre erneut zum Ausbruch gekommen wäre, erweisen sich somit, gemessen an den Ergebnissen dieser Untersuchung, als sehr fragwürdig.

Wie anhand der Ausführungen in dem Unterkapitel „Ein Abriss zum Phänomen des Banditenwesens in der Geschichte des italienischen Mezzogiorno bis zum Machtantritt der Bourbonen im Jahr 1734" deutlich geworden ist, handelte es sich bei dem Banditenwesen im Süden der Apenninenhalbinsel um ein innen- und sicherheitspolitisches Problem, mit welchem man sich selbst schon in der römischen Antike konfrontiert sah. Ein frühes Beispiel einer einen ausschließlich präventiven Charakter habenden Maßnahme aus dem süditalischen Raum der römischen Antike, welche sich gezielt gegen die zahlreichen Räuberbanden richtete, bot ein Erlass Kaiser Valentinians I., mittels dessen in Anbetracht von erheblichen Problemen mit der Bandenkriminalität im Apulien der 360er Jahre der Besitz von Pferden in Süditalien massiv eingeschränkt wurde und so die Verfolgung der Banden durch die römischen Behörden erleichtern werden sollte.[915]

Zu einer besonders massiven Plage erwuchsen die Aktionen von Räuberbanden im festländischen Süditalien des Mittelalters und der Frühen Neuzeit gerade in der von schweren inneren Krisen und einer nach innen nur bedingt durchsetzungsfähigen Zentralregierung geprägten Zeit der angevinischen und spanischen Herrschaft über den festländischen Teil des im Jahre 1130 von den Normannen begründeten Königreiches Sizilien, für welchen sich nach der politischen und dynastischen Spaltung des unteritalienischen *regnum Siciliae* im Jahre 1282 später die Bezeichnung Königreich Neapel durchsetzen sollte. Besonders in der langen und von schweren politischen Turbulenzen gekennzeichneten Herrschaftszeit Johannas I. von Anjou schien die neapolitanische Zentralregierung dieses Problem überhaupt nicht mehr in den Griff bekommen zu haben. Einen deutlichen Beweis für den langen Fortbestand dieser Plage und deren erhebliche Ausmaße in der Zeit der direkten spanischen Herrschaft über das Königreich Neapel vermitteln die mehr als 30 „De exulibus"-Pragmatiken, die im Zeitraum zwischen 1561 und 1707 erlassen wurden und die neben den von ihrer Anzahl weitaus geringeren „De persequendis malefactoribus seu delinquentibus etiam extra Regnum"-Pragmatiken, von denen lediglich vier in der zweiten Hälfte des 16. Jahrhunderts erlassen wurden und dann noch einmal eine fünfte in der

915 Zu dieser Politik Kaiser Valentinians I. und deren Resultaten siehe De Robertis: Prosperità e banditismo nella Puglia e nell'Italia meridionale durante il basso impero, S. 197–231.

Herrschaftszeit Ferdinands IV., die wichtigste gesetzliche Grundlage bei der Bekämpfung der Bandenkriminalität in den Provinzen darstellten. Auf die in diesen Pragmatiken enthaltenen Bestimmungen wurde auch immer wieder in der Zeit der frühen Bourbonenherrschaft verwiesen, wenn es um die Art und Weise des Vorgehens gegen die Bandendelinquenz in den Provinzen ging. Von außerordentlicher Bedeutung waren hierbei gerade die umfangreichen Bestimmungen in der am 12. Juni des Jahres 1684 von dem damaligen Vizekönig Gaspar de Haro y Guzmán, Marquis del Carpio, erlassenen Pragmatik Nr. XXX bzw. Nr. XXXII, wie sie numerisch im vierten Band von Lorenzo Giustinianis insgesamt zwölfbändiger, im Jahre 1804 erschienener Sammlung der Pragmatiken des Königreiches Neapel aufgeführt wird.[916]

Trotz des Fehlens diesbezüglicher Untersuchungen für die letzten zwei Jahrzehnte der spanischen Herrschaft und schließlich die Zeit der österreichischen Herrschaft über das Königreich Neapel, ist davon auszugehen, dass das ländliche Banditenwesen auch nach den massiven militärischen Kampagnen des spanischen Vizekönigs del Carpio in der ersten Hälfte der 1680er Jahre nicht völlig von der Bildfläche verschwand, sondern weiterhin als ein spezifisches Problem der ländlichen Regionen des Königreiches Neapel fortbestand, aber für einen Zeitraum von einigen Jahrzehnten, dafür sprechen auch einige der wenigen konsultierten Quellen aus dieser Zeit, einstweilen nicht mehr dieselbe Virulenz aufwies wie in den Jahrhunderten davor, so dass sich schließlich auch das neue Regime der Bourbonen, welches im Jahre 1734 zwar formal die Herrschaft über das Königreich Neapel übernommen, sich jedoch noch nicht ausreichend gefestigt hatte und welchem die Lösung anderer Probleme, wie der Sicherstellung von stabilen finanziellen Einkünften für die Krone, einstweilen weitaus wichtiger erschien, zunächst nicht genötigt sah, gegenüber der ländlichen Bandenkriminalität entschiedener durchzugreifen. Dass die neuen Machthaber, so die These der neapolitanischen Politikwissenschaftlerin Maria Grazia Maiorini in ihrem 1997 erschienenen Aufsatz „Presidi e brigantaggio tra prassi giuridica e azione militare. La dialettica dei metodi di repressione nel Regno di Napoli durante il primo periodo borbonico", in den ersten Jahren ihrer Herrschaft allerdings im Sinne einer wie auch immer gearteten „offiziellen" Politik bewusst versucht hätten, die Existenz von Banden auf dem Territorium des Königreiches Neapel in Abrede zu stellen und darüber einen Schleier des Schweigens zu legen,

916 Zu den umfangreichen Bestimmungen dieser Pragmatik Nr. XXXII (XXX) siehe Giustiniani: Nuova collezione delle prammatiche del Regno di Napoli, Bd. 4, S. 278–286.

weil diese jahrhundertealte Plage nicht so recht zu deren Konzept von einem völligen politischen Neuanfang passen wollte[917], ließ sich allerdings anhand der konsultierten Quellenbestände nicht belegen. Vielmehr erklärt sich das geringe Interesse der neapolitanischen Zentralregierung an der Bekämpfung des Banditenwesens wohl in erster Linie daraus, dass dieses in den ersten Jahren der Herrschaft Karls von Bourbon noch nicht jene besorgniserregenden Ausmaße besaß, die es schließlich dann zu Beginn der 1750er Jahre annehmen sollte, und zum anderen, dass sich dem sich noch nicht ausreichend gefestigten Regime Karls von Bourbon, dessen Lage nach innen wie nach außen alles andere als stabil war, andere Probleme, wie der konstante Fluss an Steuergeldern aus den Provinzen oder das sehr weitverbreitete Schmugglerwesen, weitaus wichtiger erschienen als die sich zunächst allem Anschein nach im Hinblick auf ihre Ausmaße noch eher bescheiden ausnehmenden Aktivitäten von Räuberbanden in den Provinzen des Königreiches.

Die Regionen, die in den ersten Jahren der Herrschaft Karls von Bourbon am stärksten von den Aktionen bewaffneter Banden betroffen waren, waren die allein schon aufgrund ihrer topografischen Beschaffenheit schon immer schwer unter Kontrolle zu haltenden Abruzzen und Kalabrien sowie des Weiteren, wenngleich im Vergleich zu den ersten beiden Regionen in geringerem Maße, auch die Basilikata und die Terra di Lavoro, die sich ähnlich wie die Abruzzen als Grenzregion besonders gut als Ausweichzone für Banditen und andere Delinquenten aus dem Kirchenstaat anbot, die sich der Verfolgung durch die päpstlichen Behörden zu entziehen versuchten. In gleicher Weise dienten auch die an das Königreich Neapel grenzenden Gebiete des Kirchenstaates Banditen, die aus dem neapolitanischen Machtbereich geflüchtet waren, als Ruhe- und Sammlungsort.

Dass man sich wegen der immer wieder auftauchenden Aktivitäten von Räuberbanden von Seiten der Bewohnerschaft schon in den ersten Jahren der erneuten bourbonischen Herrschaft über das Königreich Neapel ein konsequenteres Vorgehen der Zentralregierung und der ihr in den Provinzen zur Verfügung stehenden Herrschaftsinstanzen in Gestalt der *Regie Udienze* und *Tribunale di Campagna* erhoffte, zeigte Giovanni Pallante, ein früher neapolitanischer Reformpublizist, in seinem in den Jahren zwischen 1735 und 1737 ausgearbeiteten Werk „Memoria per la riforma del Regno. ‚Stanfone' 1735–1737", in welchem er auf das Heftigste das inkompetente Vorgehen der Behörden gegenüber der Kriminalität in den ländlichen Regionen des bourbonischen Königreiches kritisierte.

917 Maiorini: Presidi e brigantaggio tra prassi giuridica e azione militare, S. 148.

Zu einem deutlichen oder besser allmählichen Umschwung in der von den neuen Herrschaftsträgern gegenüber dem Räuberunwesen betriebenen Politik führten zum einen, wenn man hier Maiorini folgt, die negativen Erfahrungen des Krisenjahres 1744 und zum anderen die sich an das Ende der kriegerischen Auseinandersetzungen anschließende Entlassung des ersten Staatssekretärs Montealegre und der weitere Aufstieg Bernardo Tanuccis innerhalb des neapolitanischen Regierungsapparates, der als *Segretario di Stato di Grazia e Giustizia* im Gegensatz zu Montealegre ein größeres Interesse an den vielfältigen Problemen in den Provinzen zeigte.[918] Besonders betroffen von Problemen im Bereich der öffentlichen Ordnung und Sicherheit waren gemäß Maiorini im Krisenjahr 1744 die Abruzzen, in denen es durch einen überraschenden österreichischen Vorstoß zu einem teilweisen Zusammenbruch der neapolitanischen Herrschaft gekommen war, und Kalabrien.[919] In dieser Region war von Messina aus kommend im Jahre 1743 die Pest ausgebrochen. Aufgrund der umfassenden, von dem Sonderbeauftragten Neapels, des Grafen von Mahony, getroffenen besonderen Quarantänemaßnahmen herrschte hier ein Ausnahmezustand[920], der den Handelsverkehr, in besonderem Maße den Handel mit Agrarprodukten, wie dem für das Überleben der Bevölkerung so wichtigen Weizen, stark behinderte.[921] Dadurch bedingt dürfte es zu einem erheblichen Anstieg von Nahrungsmittelengpässen und der Beschaffungskriminalität gekommen sein. Zusätzlich verschärft wurde diese in Kalabrien herrschende Ausnahmesituation schließlich noch durch die Aktivitäten proösterreichischer Kräfte, darunter zahlreiche einheimische Barone, die bei dem Bourbonenregime eine erhebliche Furcht vor einem möglichen umfassenden Aufstand der Bevölkerung aufkommen ließen.[922]

Während die Regierung Karls von Bourbon vor dem Krieg dem Banditenwesen eine relativ geringe Aufmerksamkeit zukommen ließ, trafen dann laut Maiorini die fortlaufenden Aktivitäten von Räuberbanden in der zweiten Phase der Herrschaft König Karls nach und nach auf ein größeres Interesse von Seiten der neapolitanischen Zentralregierung.[923] Gerade in der zweiten Phase der Herrschaft Karls von Bourbon nahmen auf diesem Feld bereits bestimmte Tendenzen, wie beispielsweise der Rückgriff auf das Mittel der sogenannten „delegazione straordinaria" bei der Bekämpfung von Banden, ihren Anfang, die

918 Ebd., S. 152.
919 Ebd., S. 151.
920 Ajello: La vita politica sotto Carlo di Borbone, S. 680.
921 Macry: Mercato e società nel Regno di Napoli, S. 371.
922 Carignani: Il partito austriaco nel Regno di Napoli al 1744, S. 54f.
923 Maiorini: Presidi e brigantaggio tra prassi giuridica e azione militare, S. 152.

schließlich unter Ferdinand IV. noch eine deutliche Zunahme erfahren sollten. Einen eindeutigen Beweis dafür, welche besorgniserregenden Ausmaße die Bandenkriminalität in den verschiedenen Provinzen des Königreiches bereits in den 1750er Jahren angenommen hatte, so dass sich die Regierung schließlich dazu gezwungen sah, gegen diese massiv durchzugreifen, bieten die bereits erwähnten provinzübergreifenden Missionen der beiden Sonderbevollmächtigten, Carlo Onofrio Scassa und Marquis Dullario, in den Jahren 1750 und 1752, denen jedoch kein dauerhafter Erfolg beschieden sein sollte.

Im Gegensatz zur Herrschaftszeit Karls von Bourbon zeigte die Zentralregierung in der sich daran anschließenden ersten Phase der Herrschaft Ferdinands IV. ein konstantes Interesse an der in ihren Ausmaßen immer weiter zunehmenden Bandenkriminalität und versuchte in den Jahrzehnten bis zum erstmaligen Sturz der Bourbonendynastie im Jahre 1798 beständig, dieses Problems Herr zu werden, ohne jedoch auf diesem Gebiet zu längerfristigen Erfolgen gelangen zu können und die Bandenkriminalität auf ein noch tolerierbares Maß, wie in den ersten Jahren der Herrschaft Karls von Bourbon zu senken. Denn selbst der Rückgriff auf provinzübergreifende Repressionsmaßnahmen und die Verhängung drakonischer Strafen gegen Banditen, die auf frischer Tat ertappt worden waren oder denen an den *Regie Udienze* oder dem *Tribunale di Campagna* der Prozess gemacht wurde, vermochte viele der zumeist unter überaus schlechten sozioökonomischen Bedingungen lebenden Bewohner der Provinzen nicht davon abzuhalten, sich zur Sicherstellung ihres tagtäglichen Überlebens den bereits existierenden Räuberbanden anzuschließen oder eben auch eigene Banden zu gründen.

Wenngleich fast das gesamte Aktenmaterial zur strafrechtlichen Belangung von Banditen verloren gegangen ist und das im Rahmen dieser Untersuchung näher betrachtete Verfahren gegen die überlebenden Mitglieder der Bande Angelo Paonessas an der *Regia Udienza* von Catanzaro im November 1799 gerade auch in Anbetracht der Ausnahmesituation, in der sich das Königreich Neapel noch Monate nach dem Fall der Parthenopäischen Republik im Juni 1799 befand, nicht als verallgemeinerbares Beispiel herangezogen werden kann, ist ungeachtet dessen davon auszugehen, dass ein überwiegender Teil dieser Verfahren sowohl in der Zeit Karls von Bourbon als auch in derjenigen Ferdinands IV. mit einer Verurteilung der Beschuldigten zum Tode durch den Strang endete. Nachdem die Verurteilten hingerichtet worden waren, wurden ihnen, auch hier hielten sich die Bourbonen an die Praxis ihrer Vorgänger, üblicherweise der Kopf sowie die Gliedmaßen abgetrennt und darauffolgend an denjenigen öffentlich zugänglichen Orten zur Schau gestellt, an denen die getöteten Banditen ihre schlimmsten Delikte begangen hatten. Ein Beispiel für die Anwendung dieser

Praxis im Königreich Neapel des 18. Jahrhunderts bieten gerade die im Schnellverfahren gegen Angelo Paonessa und einige seiner Gefährten an der *Regia Udienza* von Catanzaro im November 1799 verhängten und noch im selben Monat vollstreckten Todesurteile. Falls die für schuldig befundenen Mitglieder von Räuberbanden bei solchen Strafverfahren dennoch mit dem Leben davonkommen sollten, wie es der schon aus der Zeit der kurzen zweijährigen Herrschaft Joseph Bonapartes stammende Fall des Bandenmitgliedes Domenico Donato im Juni 1806 zeigt, so drohte ihnen stattdessen zumeist eine mehrjährige oder auch lebenslange Verurteilung zum Galeerendienst. Gerade der Fall dieses ehemaligen Mitgliedes der Bande Angelo Paonessas, das im Juni 1806 von einem von Joseph Bonaparte eingerichteten und in Catanzaro tagenden Sondertribunal zu 25 Jahren Galeerendienst und anschließender Verbannung aus dem Königreich Neapel verurteilt wurde, bietet ein gutes Beispiel dafür, dass die Verurteilung bereits festgenommener Banditen auch auf sich warten lassen konnte und diese auf Jahre in den Gefängnissen der *Regie Udienze* dahinvegetieren mussten.

Wie bereits erwähnt, führte dieses rigorose Vorgehen der Behörden gegen die Räuberbanden, welches sich sowohl in den Repressionsmaßnahmen als auch in der Härte der in den Strafverfahren gefällten Urteile widerspiegelte, allerdings zu keinem langfristig spürbaren Rückgang der Bandenkriminalität in den Provinzen. Vielmehr verschlechterte sich in der ersten Phase der Herrschaft Ferdinands IV. der Zustand der öffentlichen Ordnung und Sicherheit in den Provinzen immer weiter und erreichte schließlich seinen Kulminationspunkt im Rahmen der politischen, sozialen und militärischen Ereignisse des Jahres 1799, in dem es bedingt durch die bürgerkriegsartigen Auseinandersetzungen zu einem völligen Zusammenbruch jeglicher Ordnung in den Provinzen kam und dort mehr oder weniger offene anarchische Zustände herrschten, die in zahllosen Gewaltexzessen ihren Ausdruck fanden. Aber bereits vor diesen revolutionären Ereignissen der beiden Jahre 1798 und 1799 war in der ersten Phase der Herrschaft Ferdinands IV. das Königreich Neapel von insgesamt zwei weiteren schweren Krisen erfasst worden, die, wenngleich sich die zweite auf die Provinz Calabria Ultra beschränkte, in ihren Langzeitfolgen zu einer deutlichen Verschärfung der sozioökonomischen Lage der klein- und unterbäuerlichen Schichten auf dem Lande und damit unmittelbar einhergehend des Problems der Bandendelinquenz geführt hatten. Bei diesen beiden schweren Krisen handelte es sich um die große Hungerkatastrophe des Jahres 1764, die alle Provinzen des bourbonischen Königreiches erfasste, sowie die Erdbebenkatastrophe des Jahres 1783, welche die Provinz Calabria Ultra und den Raum Messina erfasste und dort schwerste Schäden anrichtete. Die grundlegende Ursache für die massive Zunahme der Bandenkriminalität gerade im letzten Drittel der ersten Phase der Herrschaft

Ferdinands IV. ist jedoch in einem beträchtlichen Anstieg der Bevölkerung zu sehen, der sich in den 1770er Jahren als geradezu eruptiv darstellen sollte und mit dem wiederholt die landwirtschaftliche Nahrungsmittelproduktion sowie die sich in diesem Sektor ergebenden Arbeitsmöglichkeiten nicht mehr mitzuhalten vermochten.

Der wohl deutlichste Beweis dafür, welche Ausmaße die Bandenkriminalität in den Provinzen des Königreiches Neapel schließlich in der ersten Phase der Herrschaft Ferdinands IV. erreicht hatte, ist in dem gehäuften Rückgriff der Zentralregierung auf sogenannte und mit besonderen Vollmachten ausgestattete „delegati straordinari", die auch provinzübergreifend gegen Räuberbanden vorgehen konnten. Bei dieser Maßnahme handelte es sich aber keineswegs um ein Novum aus der ersten Phase der erneuten bourbonischen Herrschaft über den festländischen Mezzogiorno. Denn bereits in der Zeit, in welcher das Königreich Neapel ein direktes Anhängsel der spanischen Monarchie gewesen war, hatten die vom Madrider Hof ernannten Vizekönige oftmals auf solche Sonderbevollmächtigten zurückgegriffen.[924] Für die Zeit Karls von Bourbon ließen sich zwar provinzübergreifende Missionen von Sonderbevollmächtigten allerdings nur für die Jahre 1750 und 1752 nachweisen, jedoch ist nicht von vornherein auszuschließen, dass in der Zeit Karls von Bourbon, für welche die diesbezügliche Quellenlage in ihrer Gesamtheit äußerst dürftig ausfällt, noch weitere solcher Unternehmungen auf den Weg gebracht worden waren.

Obgleich man gerade in der Zeit Ferdinands IV. wiederholt auf solche Sonderbevollmächtigten zur gezielten Bekämpfung des Banditenunwesens zurückgriff, brachte deren Arbeit zwar oftmals eine kurzfristige Besserung der Lage, jedoch vermochte die Zentralregierung mit dieser Maßnahme nicht, das Problem des im letzten Drittel des 18. Jahrhunderts in den einzelnen Provinzen immer stärker um sich greifenden Banditenwesens und des damit einhergehend immer prekäreren Zustandes der öffentlichen Ordnung und Sicherheit dauerhaft in den Griff zu bekommen. Auch die wiederholte Einbindung der an den baronalen Gerichtshöfen dienenden bewaffneten Kräfte, der sogenannten „armigeri" bzw. „bargelli", sowie die Rekrutierung von als „miliziotti" und „fratigiurati" bezeichneten Hilfsmilizionären, deren Zuverlässigkeit aber relativ gering ausgeprägt war, aus den Reihen der Bevölkerung der betroffenen Provinzen konnte hieran nichts ändern. Dasselbe galt auch für das schon in der Zeit der direkten spanischen Herrschaft oftmals angewendete Mittel, die einfache Bevölkerung dazu aufzurufen, sich an

924 Colussi: Diritto, istituzioni, amministrazione della giustizia nel Mezzogiorno vicereale, S. 67f.

der Jagd auf die Banden zu beteiligen. Die wohl wichtigste Ursache dafür, dass sich nach diesen periodisch ablaufenden massiven Verfolgungsmaßnahmen gegenüber den zahllosen Räuberbanden in den Provinzen keine langfristige Beruhigung einstellte, lag sowohl darin begründet, dass die *Regie Udienze* bzw. das *Tribunale di Campagna* nicht über die finanziellen und personellen Ressourcen verfügten, um diese kurzfristigen Erfolge auch langfristig abzusichern, als auch darin, dass es nicht nur in diesen Herrschaftsinstanzen auf provinzialer Ebene, sondern auch in den Herrschaftsinstanzen darunter, d. h. den lokalen Gerichtshöfen, die sowohl unter baronaler als auch königlicher Kontrolle stehen konnten, immer wieder Probleme mit Inkompetenz, Bestechlichkeit und Misswirtschaft gab. Dazu gehörte auch die verdeckte Zusammenarbeit zwischen Soldaten der *Regie Udienze* oder den lokalen Ordnungskräften der Barone mit den Banden, die darin ihren Ausdruck finden konnte, dass man diesen privilegierte Informationen zukommen ließ und, das war gar nicht so selten, selbst in die Aktionen dieser Banden direkt verstrickt war. Auch Männer aus den Reihen der *miliziotti* arbeiteten erwiesenermaßen häufig mit den Räuberbanden zusammen. Ein deutliches Zeichen dafür, dass die Behörden in den Provinzen mit den ihnen zur Verfügung stehenden bewaffneten Kräften bei der Aufrechterhaltung der öffentlichen Ordnung und Sicherheit völlig überfordert sein konnten, ergibt sich letzten Endes aus der besonders in der Zeit Ferdinands IV. verstärkt aufgekommenen Praxis bei der Bekämpfung einzelner Räuberbanden auch gezielt auf die Verbände des regulären neapolitanischen Heeres zurückzugreifen.[925] Zu denken wäre hierbei beispielweise an den Einsatz von Soldaten des wallonischen Grenadierregimentes „Namur“ gegen die aus Nicastro stammende Gualtieri-Bande in der Provinz Calabria Ultra in der ersten Hälfte der 1770er Jahre[926], den Rückgriff auf Soldaten des Schweizer Grenadierregimentes „Wirtz“ bei der Bekämpfung von einigen aus den beiden kalabrischen Ortschaften Fuscaldo und Sanfili stammenden Räuber- und Schmugglerbanden ab dem Jahre 1779[927] oder auch die im Jahre 1781 geplante Entwaffnung der Bewohner der in der Provinz Calabria Citra gelegenen Stadt Nocera, welche in Anbetracht der unzureichenden Zahl der der *Regia Udienza* von Cosenza zur Verfügung stehenden Kräfte zusätzlich noch

925 Maiorini: Presidi e brigantaggio tra prassi giuridica e azione militare, S. 205.

926 Siehe hierzu den Bericht des *avvocato fiscale* der *Regia Udienza* von Catanzaro, Saverio del Vecchio, vom 16. September 1774 in ASN, *Real Camera di Santa Chiara, Processi Irresoluti*, 6/0.

927 Siehe hierzu Maiorini: Presidi e brigantaggio tra prassi giuridica e azione militare, S. 206.

durch Soldaten der beiden Regimenter „Jauch“ und „Real Macedone“ überwacht und durchgeführt werden sollte.[928]

Ein besonderes Augenmerk bei den allgemeinen Entwicklungen auf dem Gebiet der von der neapolitanischen Zentralregierung gegenüber der ländlichen Bandenkriminalität betriebenen Politik ist zudem noch auf zwei Bereiche zu legen, die unmittelbar die Beziehungen zwischen dem Königreich Neapel und der Kirche bzw. dem Kirchenstaat betrafen. Bei diesen beiden Bereichen handelt es sich zum einen um das Problem der grenzüberschreitenden Bekämpfung der Bandenkriminalität zwischen dem Kirchenstaat und dem Königreich Neapel, von dessen Provinzen insgesamt drei, die Terra di Lavoro sowie die beiden abruzzesischen Provinzen Abruzzo Ultra I und Abruzzo Ultra II, direkt an das Territorium des Patrimonium Petri grenzten, und zum anderen um das Problem des Sonderrechtes der Kirche, Personen, die sich vor der Verfolgung durch die königlichen Behörden an Orte geflüchtet hatten, die der Jurisdiktion der Kirche unterstanden, Asyl gewähren zu dürfen, wodurch diese Personen einstweilen für die Justizbehörden des Königreiches nicht mehr greifbar waren.

Wie schon in den Jahrhunderten davor, so gab es auch im Königreich Neapel der frühen Bourbonenzeit immer wieder Banditen oder andere Delinquenten, die, um sich der Verfolgung von Seiten der Justiz zu entziehen, entweder vom Territorium des Kirchenstaates auf das Gebiet des Königreiches Neapel oder von demjenigen des Königreiches auf dasjenige des Kirchenstaates oder die zu diesem gehörenden beiden Enklaven Benevent inmitten der Provinz Principato Ultra und Pontecorvo inmitten der Provinz Terra di Lavoro flohen. Dasselbe Problem existierte im 18. Jahrhundert, wenngleich wohl in eher bescheideneren Maßen, auch zwischen den Territorien des Großherzogtums Toskana und der kleinen neapolitanischen Exklave Stato dei Presidi. Belege dafür, dass man sowohl von Seiten der neapolitanischen als auch von Seiten der päpstlichen Behörden daran interessiert war, bei der grenzüberschreitenden Bekämpfung dieser Plage und der Auslieferung von arrestierten Banditen zusammenzuarbeiten, ließen sich sowohl für die ersten Jahre der Herrschaft Karls von Bourbon als auch für die letzten Jahre des 18. Jahrhunderts finden. Eine sehr große Anzahl von Beispielen für die intensive Zusammenarbeit der neapolitanischen und päpstlichen Behörden bei der Verfolgung und Auslieferung von Banditen und anderer Delinquenten im Zeitraum von 1796 bis 1801, die sich, unter Einschluss der beiden kirchenstaatlichen

928 Siehe hierzu das auf den 21. März 1781 datierte Schreiben John Actons an die Adresse der *Segreteria di Stato di Grazia e Giustizia*, welches aufgeführt wird im Anhang zu Sposato: Per la storia del brigantaggio nella Calabria del Settecento, S. 211.

Enklaven Benevent und Pontecorvo, in den einen oder auch anderen Jurisdiktionsbereich geflüchtet hatten, findet sich in einem mit „Delinquenti“ betitelten Umschlag aus dem Bestand des „Ministero degli Affari Esteri“.[929] Weitere Hinweise auf diese grenzüberschreitende Zusammenarbeit zwischen dem bourbonischen Königreich Neapel und dem Kirchenstaat des 18. Jahrhunderts finden sich in dem Bestand der „Registri dei Dispacci Reali“ der *Regia Udienza* von Teramo.[930] Zu guter Letzt sei in diesem Zusammenhang auch noch auf die Ausführungen in dem umfangreichen Material aus dem Bestand des "Fondo del Preside I“ der *Regia Udienza* von Aquila verwiesen, in welchem es um die Verfolgung von Mitgliedern der Bande der Pronio-Familie in der ersten Hälfte der 1790er Jahre geht, die bei ihrer Flucht vor den neapolitanischen Behörden auf das Territorium des Kirchenstaates ausgewichen waren, so dass sich die päpstlichen Behörden gezwungen sahen, sich ebenfalls an der Verfolgung der Bande zu beteiligen.[931]

Auch wenn letzten Endes das Verhältnis zwischen dem Königreich Neapel und dem Patrimonium Petri im 18. Jahrhundert nicht durchgehend reibungslos verlief, zu denken wäre hier beispielsweise an die bis 1773 dauernde Besetzung der Enklave Benevent durch neapolitanische Truppen, nachdem Papst Clemens XIII. über die Verantwortlichen des Jesuitenverbotes des Jahres 1767 den Kirchenbann verhängt hatte[932], so werden vermutlich ungeachtet dessen beide Seiten besonders allein schon aus sicherheitspolitischen Erwägungen heraus ein durchgehendes Interesse daran gehabt haben, auf dem Gebiet der grenzüberschreitenden Kriminalitätsbekämpfung in fruchtbringender Weise zu kooperieren.[933]

---

929 ASN, *Ministero degli Affari Esteri, Delinquenti*, 1570. Einen umfassenden Einblick in die Zusammenarbeit zwischen den neapolitanischen und päpstlichen Behörden bei der grenzüberschreitenden Verbrechensbekämpfung im Zeitraum von 1801 bis 1860 vermitteln die zahlreichen Dokumente, die in den aus demselben Bestand stammenden und ebenfalls mit "Delinquenti" betitelten Umschlägen 1571 bis 1640 aufbewahrt sind. Ausgeschlossen von der diesbezüglichen Überlieferung sind allerdings die Herrschaftszeiten Joseph Bonapartes und Joachim Murats als Könige von Neapel. Dass die Überlieferung für diese Kooperation zwischen Neapel und Rom schließlich im Jahre 1860 ihr Ende findet, resultiert aus dem im selben Jahre durch Garibaldis berühmten Zug der Tausend und das militärische Eingreifen des Königreiches Sardinien-Piemont herbeigeführten Zusammenbruch des bourbonischen Königreiches Beider Sizilien.

930 AST, *Regia Udienza di Teramo, Registri dei Dispacci Reali*, 17–24.

931 ASA, *Regia Udienza di Aquila, Fondo del Preside I*, 14/326.

932 Acton: I Borboni di Napoli, S. 133.

933 Einen Beleg für dieses Interesse zwischen neapolitanischen und päpstlichen Behörden an der grenzüberschreitenden Zusammenarbeit bei der Verfolgung von

Auch in der ersten Phase der bourbonischen Herrschaft über das Königreich Neapel geschah es in aller Regelmäßigkeit, dass sich Banditen oder andere straffällig gewordene Personen, wie beispielsweise Deserteure, vor der Verfolgung durch die königliche Justiz an Orte flüchteten, die der Jurisdiktion der Kirche unterstanden und aus denen sie nicht ohne Weiteres von den Behörden herausgeholt werden konnten.[934]

Recht häufig kam es darüber hinaus auch vor, dass die Kirchen, Klöster oder auch Friedhöfe diesen Banden nicht nur als Fluchtort vor den Vertretern der königlichen Justiz dienten, sondern auch als Stützpunkte, von denen aus sie ihre Beutezüge in die nähere Umgebung planen und durchführen konnten. Die Kleriker, unter deren Aufsicht diese Orte standen, sofern sie diese überhaupt ernsthaft wahrnahmen, verfügten aber zumeist überhaupt nicht über die Mittel, um

---

Delinquenten in den letzten Jahren der Herrschaft Karls von Bourbon bietet ein in Portici ausgestellter *dispaccio* Bernardo Tanuccis vom 15. Juni 1756 an den *preside* von Montefusco. Hier heißt es im Hinblick auf die Verhaftung und Auslieferung von arrestierten Personen bei einer Anfrage der päpstlichen Behörden: "Vuole il Ré N[ostro] S[igno]re, ch'essendo V[ostra] S[ignoria] Ill[ustrissi]ma ricercato da Ministri Pontificj di qualche carceraz[io]ne la faccia e tenga i carcerati a disposiz[io]ne della M[aestà] S[ua] perche intanto si assicurino li Rei. D'ordine sovrano significo a V[ostra] S[ignoria] Ill[ustrissi]ma questo sovrano comando perche si eseguisca." BSNSP, *Manoscritti, Dispacci Reali dal 1732 al 1772*, XXI. D. 12, Nr. DCCXXII, *dispaccio* Bernardo Tanuccis an den *preside* von Montefusco, Portici 15. Juni 1756, pag. 815. In einem weiteren *dispaccio* Tanuccis, diesmal aus Neapel, vom 26. November 1757 an den *preside* von Montefusco heißt es im Hinblick auf die Zusammenarbeit zwischen den neapolitanischen und päpstlichen Behörden bei der grenzüberschreitenden Kriminalitätsbekämpfung: „Si è concordato il Ré N[ostro] S[igno]re colla Corte di Roma che possonosi i Ministri Papalini scrivere a Ministri di S[ua] M[aestà] per l'arresto de Delinquenti, che si rifugiano in Regno come i Ministri della M[aestà] S[ua] ai Papalini per la Carcerazione de Rei che fuggono in q[ue]llo Stato per poi passarsi dalle Resp[etti]ve Corti la solita is[tanz]a per la di loro consegna. Lo significo a V[ostra] S[ignoria] Ill[ustrissi]ma, e a cod[est]a Ud[ienz]a d'ord[in]e della M[aestà] S[ua] affinche a Richiesta de Ministri Pontificj carcerino i Rei di quello Stato che si rifugiano in cot[est]a Prov[inci]a, e avisino poi Napoli." Ebd., Nr. DCCXXI, *dispaccio* Bernardo Tanuccis an den *preside* von Montefusco, Neapel 26. November 1757, pag. 815. Zahlreiche aus dem Jahre 1784 stammende Beispiele für diese Kooperation zwischen neapolitanischen und päpstlichen Behörden befinden sich zudem in ASN, *Segreteria di Stato di Grazia e Giustizia, Dispacci e Fascicoli*, 126.

934 Zahlreiche vizekönigliche bzw. königliche *dispacci* aus dem Zeitraum zwischen 1675 und 1774, die das Recht der Kirche auf die Gewährung der lokalen Immunität und die damit verbundenen Probleme betreffen, befinden sich in Gatta: Regali dispacci, Bd. 3, Tbd. 1, S. 318–398.

diese Banden aus den in Beschlag genommenen Orten zu entfernen, so dass sie sich gezwungen sahen, in dieser Angelegenheit an die Provinzbehörden heranzutreten, die über die notwendigen bewaffneten Kräfte verfügten, um diese Orte von den Räuberbanden räumen zu lassen.[935]

---

935 Zwei Beispiele für dieses Problem von Kirchen bzw. religiösen Orten, die Räuberbanden als Ausgangspunkt für ihre Aktionen in der näheren Umgebung dienten, finden sich im Bestand des „Fondo del Preside II" der *Regia Udienza* von Aquila im Staatsarchiv von L'Aquila und im Bestand der „Bozze di Consulta" der *Real Camera di Santa Chiara* im Staatsarchiv von Neapel. Bei dem Beispiel aus dem Jurisdiktionsbereich der *Regia Udienza* von Aquila geht es um eine kleine, auf einem Berg namens „Le Piazze" im Grenzgebiet zwischen den drei *università* von Raiano, Goriano Sicoli und Castel di Ieri gelegene Kirche, die in der Vergangenheit immer wieder Räubern als Ausgangspunkt für Überfälle auf Leute gedient hatte, die auf der unterhalb dieses Berges verlaufenden Straße unterwegs gewesen waren. Aus diesem Grunde wurde die kleine Kirche auf Anordnung der *Regia Udienza* von Aquila Ende Mai des Jahres 1788 abgerissen. ASA, *Regia Udienza di Aquila, Fondo del Preside II*, 26/673. Bei dem zweiten Beispiel handelt es sich um ein weitaus gravierenderes aus der Anfangszeit der Herrschaft Karls von Bourbon. Es geht hierbei um eine Anfrage des *preside* von Cosenza vom April 1740, in welcher es um die Probleme bei der Ergreifung einiger Verbrecherbanden geht, die sich als Rückzugsorte sowohl Kirchen in der Umgebung der Stadt Cosenza als auch auf dem Gebiet der *bagliva* von Pedace ausgewählt hatten, welche der Aufsicht des Erzbischofs von Cosenza unterlagen, und von dort aus kontinuierlich Raubzüge unternahmen, ohne dass die königliche Justiz bis dahin ihrer habhaft hatte werden können. Daher bat der *preside* von Cosenza um die Erlaubnis, die Verbrecher auch an jenen Orten festnehmen zu dürfen, die der kirchlichen Jurisdiktion unterlagen. Auch dem Erzbischof von Cosenza, der nicht über die Mittel verfügte, diese Personen zu entfernen, war daran gelegen, dieses Problem einer schnellen Lösung zuzuführen. In diesem Zusammenhang ist hervorzuheben, dass es sich um eine Anfrage handelt, die noch vor dem Abschluss des Konkordates zwischen Rom und Neapel am 8. Juni 1741 getätigt wurde, in welchem man die Jurisdiktion der Kirche, besonders auch im Hinblick auf die Gewährung von Asyl, erheblich einschränkte. Ein besonderes Problem für die den königlichen Behörden zur Verfügung stehenden Einheiten war insbesondere die Größe derjenigen Räuberbande, welche das Gebiet der *bagliva* von Pedace als Rückzugsort gewählt hatte, von dort aus die Einwohner der Gegend einschüchterte und auch Morde beging. Der Ratschluss der *Real Camera di Santa Chiara* vom 18. März 1741, dem die zusammenfassende Schilderung der Fakten aus dem Bericht des *preside* von Cosenza vorangeht, lautete daher, dass der Erzbischof von Cosenza die Arrestierung der Räuberbanden verfügen sollte, die sich die Kirchen in den besagten Orten als Refugien gewählt hatten, und dass zu diesem Zweck in seinem Namen und in Abstimmung mit dem *preside* von Cosenza die Kräfte der *Regia Udienza* dorthin geschickt werden sollten, um die Räuber von diesen Orten zu entfernen. Falls die

Dieses Recht auf Asylgewährung, das die Autorität der königlichen Rechtsprechung in erheblichem Maße untergrub, wurde schließlich durch die im Konkordat des Jahres 1741 „Trattato di accomodamento tra la Santa Sede e la Corte di Napoli" enthaltenen Bestimmungen massiv eingeschränkt. Die beiden wichtigsten Bestimmungen dieses Konkordats im Hinblick auf das Kirchenasyl betrafen zum einen die Vergehen, für welche dieses grundsätzlich nicht mehr gewährt werden durfte, und die Örtlichkeiten, an welchen dieses gleichfalls nicht mehr gewährt werden durfte, und zum anderen die Einrichtung und genaue Definition der Obliegenheiten des paritätisch aus Vertretern der Kirche und des Staates zusammengesetzten *Tribunale Misto*, welches als letzte diesbezügliche juristische Instanz über die Aufhebung des Kirchenasyls zu entscheiden hatte, wenn es im Hinblick auf einzelne Fälle zu Unstimmigkeiten zwischen den Vertretern des neapolitanischen Staates und entscheidungsbefugten Vertretern der Kirche gekommen war.

Auch wenn man mit den im Konkordat von 1741 enthaltenen Bestimmungen versucht hatte, dieses Problem zu verringern, so versuchten nicht nur Banditen im engeren Sinne, sondern auch andere Delinquenten selbst nach 1741 sich weiterhin der Verfolgung von Seiten der Behörden zu entziehen, indem sie an solche Orte flüchteten. Einen Eindruck von der Virulenz dieses Problems auch nach dem Abschluss des Konkordats zwischen Rom und Neapel vermitteln dabei insbesondere die zahlreichen in den diesbezüglichen Akten aus dem Bestand der „Volumi di Conti ed Immunità Locali" des *Tribunale Misto* aufgeführten Fälle aus den Jahren zwischen 1741 und 1779, in welchen die abstimmungsberechtigten Mitglieder des *Tribunale Misto* über die eventuelle Aufhebung der lokalen Immunität zu befinden hatten.[936] Falls das einigermaßen paritätisch sowohl aus Vertretern der Interessen der Kirche als auch Vertretern der Interessen des Königs zusammengesetze *Tribunale Misto* über Fälle von auf das Gebiet von religiösen Orten geflüchteten Banditen zu entscheiden hatte, die ihm zugetragen worden waren, so entschied es sich üblicherweise zugunsten der Interessen des neapolitanischen Staates, dessen Vertreter nach der Aufhebung der lokalen Immunität

---

ihm zur Verfügung stehenden Kräfte nicht ausreichen sollten, sollte der *preside* von Cosenza darüber hinaus noch seine Amtskollegen in Catanzaro und Matera um die Sendung von Verstärkungen bitten. Diejenigen Verbrecher, die gefangengesetzt werden würden, sollten dann auf verschiedene Festungen verteilt werden, damit sie nicht wieder zu einer Gefahr für die öffentliche Ordnung und Sicherheit erwachsen konnten. ASN, *Real Camera di Santa Chiara, Bozze di Consulta*, 49/42, *bozza di consulta* der *Real Camera di Santa Chiara*, Neapel 18. März 1741.

936 ASN, *Tribunale Misto, Volumi di Conti ed Immunità Locali*, 320–335.

schließlich mit der Einleitung des eigentlichen Strafverfahrens beginnen konnten. Selbst wenn die Delinquenten aber vorher noch mit der Erlaubnis der lokalen Vertreter der Kirche aus jenen Orten entfernt worden waren, wie es im Jahre 1747 in dem im Rahmen dieser Untersuchung näher betrachteten Fall der beiden aus der lukanischen Stadt Melfi stammenden Banditen Giuseppe Ristaino und Felice de Filippo von Seiten der *Regia Udienza* von Matera veranlasst worden war[937], bestand die ihnen gewährte lokale Immunität zumindest in formaler Form fort, so dass bis zur diesbezüglichen Beschlussnahme des *Tribunale Misto* die Durchführung des eigentlichen Gerichtsverfahrens faktisch nicht möglich war. Ein wirklich definitiver Schlussstrich unter das Problem des Kirchenasyls, welches über Jahrhunderte in erheblicher Weise die Verfolgung von Räuberbanden durch die Behörden erschwert hatte, wurde allerdings erst im Jahre 1787 gezogen, als man dieses durch die Bestimmungen des Konkordats von 1741 ohnehin schon stark beschnittene Sonderrecht der Kirche vollkommen abschaffte.[938]

3. Die strukturellen Ursachen für die Entstehung, den Fortbestand und die erhebliche Zunahme der Bandenkriminalität im frühbourbonischen Königreich Neapel

Untersuchungen, die sich mit dem Problem der Bandendelinquenz in der frühneuzeitlichen und neuzeitlichen italienischen Staatenwelt beschäftigen, sollten sich jedoch nicht in aller Ausschließlichkeit darauf beschränken, der Beantwortung der Frage nachzugehen, wie man in den einzelnen Staaten von Seiten der Regierung und der ihr auf provinzialer bzw. lokaler Ebene unterstehenden Herrschaftsinstanzen auf dieses Phänomen reagierte, sondern auch in gebührender Weise die Beantwortung der Frage mitberücksichtigen, worin gerade die strukturellen Ursachen für dessen Entstehung und dessen möglicherweise längeren Fortbestand zu verankern sind. Dabei spielten gerade im Königreich Neapel der frühen Bourbonenzeit insgesamt fünf verschiedene Faktoren eine außerordentliche Rolle, die sich so, wenngleich mit im Einzelnen leicht differierenden Akzentsetzungen, auch auf andere europäische Staaten der Frühen Neuzeit übertragen ließen und die nun in diesem zweiten thematischen Abschnitt *en détail* unter ausführlicher Bezugnahme auf die diesbezügliche Lage im Königreich Neapel des 18. Jahrhunderts behandelt werden.

---

937 Siehe hierzu die Ausführungen in dem diesbezüglichen Unterkapitel.
938 Alisio: Sviluppo e struttura della città, S. 323.

Bei diesen fünf Faktoren, die sowohl für die Entstehung von Bandenkriminalität als auch deren Fortbestand im Königreich Neapel der frühen Bourbonenzeit von essenzieller Bedeutung waren und die bereits an verschiedenen Stellen dieser Untersuchung angesprochen worden sind, handelte es sich *erstens* um die außerordentlich große sozioökonomische Misere, in welcher der überwiegende Teil der ländlichen Bevölkerung des Bourbonenstaates lebte, deren Leben noch stark von der Landwirtschaft als zentraler Form der Existenzsicherung und den Strukturen des Feudalismus geprägt war; *zweitens* die permanente Schwäche der Zentralregierung und der ihr in den Provinzen unterstehenden Herrschaftsinstanzen, die beständig Probleme hatten, die ländlich-peripheren Gebiete ihres jeweiligen Zuständigkeitsbereiches personell und institutionell in ausreichender Weise herrschaftlich zu durchdringen; *drittens* topografische Gegebenheiten wie beispielsweise schwer zugängliche Gebirgsgegenden, waldreiche Gebiete oder weite, schwach bevölkerte Ebenen, die solchen Banden sowohl als Operationsgebiet als auch als Rückzugsgebiete dienen konnten; *viertens* eine außerordentlich schlechte Infrastruktur, die den Verkehr und die Kommunikation zwischen den Ortschaften der verschiedenen Territorien und damit einhergehend auch automatisch die Arbeit der Sicherheitskräfte bei der Verfolgung von Kriminellen erheblich erschweren konnte, und schließlich *fünftens* die Bereitschaft sowohl von Teilen der normalen ländlichen Bevölkerung als auch von Teilen der lokalen Eliten in Gestalt des Adels, des Klerus, womit für das Königreich Neapel des 18. Jahrhunderts gerade der niedere Klerus gemeint ist, und des neuen Standes der *galantuomini*, mit diesen Banden entweder offen zusammenzuarbeiten oder sie zumindest vor der Verfolgung durch die Behörden sowohl auf provinzialer als auch lokaler Ebene zu decken.

Im Königreich Neapel der frühen Bourbonenzeit wirkten sich diese genannten fünf Faktoren auf die Entstehung der Bandendelinquenz und deren längerfristigen Fortbestand nun wie folgt aus:

(1) Entgegen der Rhetorik der neuen bourbonischen Machthaber von einem völligen Neuanfang im Vergleich zu den vorangegangenen direkten Herrschaften der spanischen Monarchie und der Österreicher änderte sich an den Bedingungen, unter welchen ein Großteil der ländlichen Bevölkerung in dem noch von den Prinzipien des Feudalismus geprägten Königreich Neapel des 18. Jahrhunderts lebte, und der Rückständigkeit in den wirtschaftlichen Ertragsformen in den Provinzen *de facto* kaum etwas. Eine mögliche wirtschaftliche Prosperität und eine damit einhergehende mögliche Verbesserung der Lebensbedingungen der zu großen Teilen in bitterer Armut lebenden Bevölkerung in den Provinzen wurde durch allerlei Faktoren in

erheblicher Weise behindert. Dazu gehörten eine für die stabile Versorgung der Bevölkerung in den Provinzen ineffizient arbeitende Landwirtschaft, zahllose innere Zollschranken und eine äußerst schlechte Infrastruktur, die den Fluss von Gebrauchsgütern erheblich behinderten, die Tatsache, dass sich ein großer Teil des bewirtschaftbaren Grund und Bodens nicht in den Händen des Staates befand, sondern in denjenigen von Privatpersonen, die zum einen zwar maßgeblich von den Erträgen ihres jeweiligen Besitzes profitieren konnten, aber zum anderen wenig Interesse an einer Verbesserung der landwirtschaftlichen Produktionsmethoden zeigten, und vor allem eine sowohl auf provinzialer als auch lokaler Ebene unter erheblichen finanziellen und personellen Unzulänglichkeiten leidende Administration, die immer wieder massive Probleme dabei hatte, die ihr im Grunde obliegenden Aufgabenfelder in befriedigender Weise auszufüllen.[939]

Auch wenn es gerade in der Zeit Ferdinands IV. faktisch in allen Provinzen des Königreiches massive Probleme mit der Bandenkriminalität gab, so war diese besonders in denjenigen Provinzen bzw. Regionen des Königreiches Neapel am weitesten verbreitet, in denen sich allein schon aufgrund der topografischen Gegebenheiten die Etablierung landwirtschaftlicher oder anderer wirtschaftlicher Produktionsformen als Möglichkeit der stabilen Existenzsicherung der dort lebenden Bevölkerung als schwierig erwies. Diese Problematik traf in besonderem Maße auf die bereits erwähnten und von Gebirgen durchzogenen Regionen der Abruzzen und Kalabrien zu, welche zweifellos die wirtschaftlich rückständigsten Gebiete des Königreiches Neapel darstellten. Aber gerade hinsichtlich dieser beiden rückständigen Regionen muss der Regierung zu Gute gehalten werden, dass es sich für sie mit den damaligen ihr zur Verfügung stehenden Mitteln als faktisch unmöglich erwiesen hätte, dort so etwas wie ein wirkliches ökonomisches Wachstum zu stimulieren. Ein gutes Beispiel hierfür bietet die Provinz Calabria Ultra nach der desaströsen Erdbebenserie in der ersten Hälfte des Jahres 1783, für deren Wiederaufbau zwar von Seiten Neapels zweifellos erhebliche Ressourcen mobilisiert wurden, mittels deren man jedoch trotzdem auf lange Sicht nichts an der extremen Rückständigkeit dieser Region ändern konnte, die, ungeachtet eines im Vergleich zu früher sich mittlerweile völlig anders darstellenden und deutlich höheren Lebensstandards der Bevölkerung, bis heute anhält.[940]

---

939 Fusco: Introduzione, S. XVIII und Monti: Regime fondario e aziende agricole, S. 73.

940 In diesem Zusammenhang ist zudem noch zu berücksichtigen, dass die Region Kalabrien auch nach der Erdbebenkatastrophe des Jahres 1783 bis zum Ende des 18. Jahrhunderts noch von zahlreichen Naturkatastrophen, wie beispielsweise auch

Auch die grundlegende Ursache für die erneute und vor allem in der ersten Phase der Herrschaft Ferdinands IV. erhebliche Zunahme der Bandenkriminalität im Königreich Neapel der frühen Bourbonenzeit muss letzten Endes im Bereich der sozioökonomischen Entwicklungen sowie in den Ungleichgewichten in den Provinzen des festländischen Bourbonenstaates im 18. Jahrhunderts verankert werden. Denn in den europäischen Ländern und gleichfalls im Königreich Neapel kam es im 18. Jahrhundert und dann besonders massiv in dessen zweiter Hälfte, die in die erste Phase der Herrschaft Ferdinands IV. fiel, zu einem erheblichen Bevölkerungswachstum[941], mit dem allem Anschein nach wiederholt die landwirtschaftliche Nahrungsmittelproduktion nicht mithalten konnte. Besonders manifest und geradezu eruptiv erwies sich dieses demografische Wachstum im Dezennium zwischen 1770 und 1780. Es glich somit auch schnell die Bevölkerungsverluste aus, welche durch die große Karestie des Jahres 1764 verursacht worden waren. Während das Zeitalter Karls von Bourbon neben einem gesamtwirtschaftlichen Wachstum, welches bereits in der Zeit der österreichischen Herrschaft seinen Anfang genommen hatte[942], auch von einem demografischen Wachstum gekennzeichnet war, mit welchem die landwirtschaftliche Gütererzeugung und die sich in diesem Bereich ergebenden bescheidenen Arbeits- und Verdienstmöglichkeiten trotz zyklisch auftretender schlechter Ernten, wie im Zeitraum 1742–1743, im Großen und Ganzen bis in die letzten Jahre der Herrschaft König Karls hinein noch einigermaßen mitzuhalten vermocht hatten[943], wobei sich die schlechten Lebensbedingungen eines überwiegenden Teils der klein- und unterbäuerlichen Bevölkerung kaum hin zum Besseren gewendet haben dürften, stellten sich die diesbezüglichen Relationen in der Zeit Ferdinands IV. ganz anders dar, in welcher es auf der einen Seite zu einem im Vergleich zur Zeit Karls von Bourbon noch massiveren Bevölkerungswachstum kam, sich jedoch auf der anderen Seite aufgrund schlechter und mittelmäßiger Ernten wiederholt, wenngleich auch mit unterschiedlichen Ausmaßen zwischen den einzelnen Provinzen immer wieder deutliche Versorgungsengpässe

Überschwemmungen, und Epidemien heimgesucht wurde. Hierzu Cario, Orlando: La Calabria del Settecento, S. 89f.

941 Siehe hierzu die Ausführungen George Rudés im Kapitel „Paesi e popolazione" in Rudé: L'Europa del Settecento. Storia e Cultura, S. 9–26.

942 Cario, Orlando: La Calabria del Settecento, S. 61.

943 Macry: Mercato e società nel Regno di Napoli, S. 38 und S. 394.

ergaben, die schließlich auch in Karestien mündeten.[944] Wenngleich in der Herrschaftszeit Karls von Bourbon im Großen und Ganzen ein relatives Gleichgewicht zwischen demografischem Wachstum und landwirtschaftlicher Gütererzeugung herrschte, sollte dies nicht darüber hinwegtäuschen, dass es auch Jahre gab, in denen die Ernten ungünstig ausfielen und dann auch einen Einfluss auf die Ernährungslage der Bevölkerung des Königreiches hatten. Es handelte sich somit nicht um ein durchweg statisches, sondern vielmehr um ein auch spürbaren Schwankungen unterliegendes Gleichgewicht, die allerdings nie solche Ausmaße erreichen sollten wie in der ersten Phase der Herrschaft Ferdinands IV.[945]

Im Zusammenhang mit diesen oben skizzierten demografischen und ökonomischen Entwicklungen mag es nicht als sonderlich überraschend erscheinen, dass gerade in der ersten Phase der Herrschaft Ferdinands IV. auch die Zahl vagierender, nicht sesshafter Menschen stark anstieg, die auf der Suche nach Nahrung und Möglichkeiten der Absicherung des tagtäglichen Überlebens zuhauf die Provinzen durchzogen und für die Behörden aufgrund der Begrenztheit der eigenen ihnen zur Verfügung stehenden Mittel nur schwer zu kontrollieren waren. Gerade diese Ströme nicht sesshafter mittelloser Personen bildeten für die zahlreichen Räuberbanden ein unerschöpfliches Reservoir, aus welchem sich neue Mitglieder gewinnen ließen. Bei dieser massiven Zunahme der Zahl nicht sesshafter vagierender Menschen handelte es sich aber keineswegs um ein Phänomen, welches sich in der zweiten Hälfte der 18. Jahrhunderts ausschließlich nur im Königreich Neapel vorfinden ließ. Auch im vorrevolutionären Königreich Frankreich litten viele Regionen unter den Strömen vagierender Menschen, die gleichfalls ein beständiges Risiko für die öffentliche Ordnung und Sicherheit in denjenigen Gebieten darstellten, die sie durchzogen.[946]

Von ihren sozialen Ursprüngen her stammten die Mitglieder der Räuberbanden im Königreich Neapel der frühen Bourbonenzeit fast ausschließlich aus der unter massiven sozioökonomischen Problemen leidenden ländlichen Unterschicht. Es konnte sich bei ihnen sowohl um sesshafte als auch um nur zeitweilig nicht sesshafte oder eben auch dauerhaft nicht sesshafte Menschen handeln, die in Massen die Provinzen des Königreiches auf der Suche nach Möglichkeiten der Subsistenz durchzogen. Aber gerade in dem Verhalten

944 Ebd., S. 434f.

945 Ebd. und Spagnoletti: Storia del Regno delle Due Sicilie, S. 25.

946 Weisser: Crime and Punishment in Early Modern Europe, S. 109.

derjenigen Landbewohner, die sich Räuberbanden anschlossen, weil sie von dem, was der von ihnen bewirtschaftete Grund und Boden hergab und die von ihnen betriebene Viehwirtschaft abwarf, nicht leben konnten und es zudem keine guten Aussichten gab, als Tagelöhner auf den Feldern in den anderen Provinzen etwas hinzuzuverdienen, sollte nicht im hobsbawmschen Sinne eine Art von sozialem Aufbegehren gegen die bestehenden Verhältnisse oder gar den grundbesitzenden Landadel gesehen werden, sondern vielmehr ausschließlich als ein Versuch, über das Begehen von Diebstählen und Raubüberfällen das tagtägliche Überleben sicherzustellen. Dieses Ziel ließ sich gerade über die Mitwirkung in Gruppen von Gleichgesinnten, insbesondere bei Überfällen auf stärker frequentierte Handelsrouten oder auch Masserien, viel leichter erreichen. Die Räuberbanden im Königreich Neapel der frühen Bourbonenzeit setzten sich jedoch nicht nur in aller Ausschließlichkeit aus verarmten Bauern, Tagelöhnern oder generell Vaganten zusammen, sondern bestanden sehr häufig auch aus Deserteuren aus den Reihen des regulären neapolitanischen Heeres oder der in den Diensten der Provinzbehörden stehenden Formationen der *compagnie di campagna* oder der *fucilieri di montagna*. Diese ehemaligen Soldaten konnten ihre während des Militärdienstes erworbenen Kenntnisse bei der erfolgreichen Durchführung von Überfällen und bei den bewaffneten Auseinandersetzungen sowohl mit den den *Regie Udienze* bzw. dem *Tribunale di Campagna* unterstehenden Kräften als auch denjenigen der Barone oder den Milizkräften, wie den in den 1780er Jahren gebildeten *miliziotti*, gezielt zur Anwendung bringen.

(2) Der zweite Faktor der sich in erheblicher Weise auf die Entstehung und Permanenz der Bandenkriminalität auswirkte, bestand in der massiven Schwäche der der neapolitanischen Zentralregierung in den Provinzen zur Verfügung stehenden Herrschaftsinstanzen, d.h. auf provinzialer Ebene der *Regie Udienze* und des *Tribunale di Campagna* und auf der lokalen Ebene der Gerichtshöfe der unter königlicher Kontrolle stehenden *università*, die beständig Probleme dabei hatten, in den ländlich-peripheren Gebieten des bourbonischen Königreiches den Herrschaftsanspruch der Dynastie deutlich werden zu lassen und sich als verlässliche Garanten der öffentlichen Ordnung und Sicherheit zu profilieren, wie es ihnen eigentlich trotz der Begrenztheit der ihnen zur Verfügung stehenden Mittel hätte obliegen müssen. Dieses Problem der permanenten Schwäche der der Zentralregierung in den Provinzen zur Verfügung stehenden Herrschaftsinstanzen hatte beispielsweise in der Zeit der langen spanischen Herrschaft über das Königreich Neapel in extremen Fällen sogar dazu geführt, dass sich die von großen Gebirgszügen und gerade deshalb herrschaftlich ohnehin schon

schwer unter Kontrolle zu haltende Abruzzenregion zeitweilig völlig dem Zugriff der vizeköniglichen Regierung in Neapel hatte entziehen können. So war beispielsweise die Abruzzenregion zu Beginn der Vizekönigtümer von Pedro de Toledo und des Marquis del Carpio faktisch vollkommen der Kontrolle der Zentralregierung in Neapel entglitten und konnte erst durch ein massives militärisches Vorgehen, in dessen Zentrum gerade die in dieser Region operierenden Banden standen, wieder unter die direkte Herrschaft der Spanier gebracht werden.[947] Für die erste Phase der bourbonischen Herrschaft über das Königreich Neapel ließ sich hingegen in den konsultierten Dokumenten keinerlei Hinweis darauf finden, dass, abgesehen von dem durch einen österreichischen Vorstoß verursachten vorübergehenden Zusammenbruch der neapolitanischen Herrschaft in einem Teil der Abruzzenregion im Jahre 1744 und den politisch-militärischen Ereignissen Ende 1798, mit denen diese Phase endete, die Zentralregierung in Neapel trotz der Schwäche der auf provinzialer und lokaler Ebene, d. h. in den direkt dem König unterstehenden *università*, zur Verfügung stehenden Herrschaftsinstanzen jemals kurzzeitig vollkommen die Kontrolle über einzelne Provinzen verloren hätte.

Diese massive Schwäche der der Zentralregierung in den Provinzen zur Verfügung stehenden Herrschaftsinstanzen fand dann konsequenterweise einen ihrer deutlichsten Ausdrücke in deren mangelhaften Durchsetzungsfähigkeit gegenüber den sich vor Interferenzen von außen abschottenden lokalen Eliten in den ländlichen geprägten Regionen des Reiches, wo die königliche Rechtssprechung und die sie vertretenden Institutionen aufgrund der zahlreichen Sonderrechte der landbesitzenden Aristokratie und der römisch-katholischen Kirche deutlich an ihre Grenzen stießen und es auch schwer hatten, moderierend in Machtkämpfe zwischen den lokalen Eliten einzugreifen und gegebenenfalls davon zu profitieren. Auch wenn letzten Endes der Adel des Königreiches in der Zeit der rund zweihundertjährigen spanischen Herrschaft sowohl als politischer als auch als militärischer Machtfaktor weitestgehend ausgeschaltet worden war, so blieb aufgrund seines umfangreichen Besitzes und seiner jurisdiktionellen Sonderrechte sein sozialer und ökonomischer Einfluss auf das Leben der Bevölkerung in den Provinzen immanent.[948] Während die Regierung in Neapel mit ihrer im Rahmen des

947 Hierzu Sabatini: Il controllo fiscale sul territorio nel Mezzogiorno spagnolo, S. 104–107.

948 Placanica: Cultura e pensiero politico nel Mezzogiorno settecentesco, S. 178.

bourbonischen Reformismus auf die stärkere Zentralisierung von Verwaltung, Rechtssprechung und Steuererhebung ausgerichteten Politik gegenüber der Kirche deutlich Terrain gewinnen konnte, so hatte sie erhebliche Probleme dabei, das Gleiche gegenüber dem grundbesitzenden Adel in den Provinzen zu erreichen. Daher blieben auch am Ende der ersten Phase der Herrschaft der Bourbonendynastie dem Anspruch der Regierung auf Wahrung und Kontrolle der öffentlichen Ordnung und Sicherheit weiterhin deutliche Grenzen gesetzt.

Diese mangelhafte Durchsetzungsfähigkeit der Zentralregierung in den Provinzen schuf zusammen mit den sozialen und ökonomischen Problemen der ländlichen Gesellschaft des Königreiches Neapel günstigere Vorraussetzungen sowohl für das Entstehen von Kriminalität als auch für die Entwicklung von Korruption in der Rechtssprechung und Verwaltung auf provinzialer und lokaler Ebene. Somit hatten in diesem nicht eindeutig abgrenzbaren und unübersichtlichen Rechts- und Herrschaftsraum natürlich auch kriminelle Vereinigungen, wie Räuber- oder Schmugglerbanden, bei der Durchführung ihrer Unternehmungen ein weitaus leichteres Spiel als in anderen Staaten, wo die Zentralregierung stark war, eine gut funktionierende lokale Verwaltung aufbauen und ihren Anspruch auf Wahrung der öffentlichen Ordnung und Sicherheit durchsetzen konnte. Das stete Anwachsen der Bandenkriminalität in den Provinzen des Königreiches Neapel der frühen Bourbonenzeit erklärt sich somit nicht nur allein aus den sozialen und ökonomischen Problemen eines überwiegenden Teils der ländlichen Bevölkerung, sondern wurde im Besonderen auch durch diese fortwährende eklatante Schwäche der neapolitanischen Herrschaftsinstanzen in den Provinzen in erheblicher Weise begünstigt, deren Arbeit und letztendliches Funktionieren sowohl durch den Mangel an finanziellen und personellen Ressourcen als auch durch die immer wieder auftretende Inkompetenz, Bestechlichkeit und Misswirtschaft seiner Repräsentanten erheblich erschwert wurde.

Solche Probleme wie Inkompetenz, Korruption und allgemein Misswirtschaft prägten aber auch die Arbeit derjenigen Herrschaftinstanzen, in denen die jurisdiktionellen Sonderrechte der Barone ihren unmittelbaren Ausdruck fanden und die gleichfalls an Engpässen im Hinblick auf die zur Verfügung stehenden finanziellen und personellen Ressourcen leiden konnten, die sich dann nachteilig auf deren Arbeit auswirkten. Aufgrund dessen, dass der überwiegende Teil der *università* des Königreiches Neapel unter der Kontrolle verschiedener Adelsfamilien stand, stellte sich demzufolge die Ebene der lokalen Justiz und Verwaltung als ein wahrer Flickenteppich bzw. ein wahres Gestrüpp der verschiedendsten Jurisdiktionen dar. Dabei konnte es in Fragen der Jurisdiktion nicht nur zu Friktionen zwischen den Vertretern des neapolitanischen Herrschaftsapparates und den Baronen kommen, sondern auch zu Friktionen zwischen den Baronen, insbesondere wenn es Unklarheiten im Hinblick auf den Umfang des jeweiligen Jurisdiktions- und somit Herrschaftsgebietes gab, welche schließlich auch zu Machtkämpfen auf lokaler Ebene führen und sich somit auch nachteilig auf die öffentliche Ordnung und Sicherheit in den betroffenen Gebieten auswirken konnten. Ungeachtet des Umstandes, dass sich der bourbonische Staat nach innen als schwach erwies und immer wieder Probleme hatte, sich gegenüber den lokalen Eliten in den Provinzen durchzusetzen, kam es jedoch im Königreich Neapel des 18. Jahrhunderts nicht zur Herausbildung von wie auch immer gearteten lokalen Machtzentren, welche die herrschaftlichen Freiräume, die in den Provinzen zweifellos bestanden, in ausreichender Weise hätten ausfüllen können. Mit anderen Worten, die lokalen Eliten vermochten zwar einerseits die Versuche der Zentralregierung und der ihnen in den Provinzen zur Verfügung stehenden Herrschaftsinstanzen, die lokale Ebene stärker herrschaftlich zu durchdringen, abzublocken, jedoch erwiesen sie sich aufgrund der Begrenztheit der ihnen selbst zur Verfügung stehenden Mittel nicht als stark genug, um dort vollkommen an deren Stelle zu treten. Diese eigene Schwäche konnte beispielsweise auch darin einen Ausdruck finden, dass sich die baronalen Gouverneure bei der Bekämpfung von Räuberbanden auf dem Gebiet der ihnen unterstehenden *università* in Ermangelung einer ausreichenden Zahl eigener bewaffneter Kräfte im Bedarfsfall an die ihnen übergeordneten *Regie Udienze* wenden mussten.[949]

949 Ein solches Beispiel eines Gouverneurs, der sich aufgrund des Mangels einer ausreichenden Zahl eigener bewaffneter Kräfte zur Bekämpfung einer Bande an eine ihm übergeordnete *Regia Udienza* wendete, bietet der in einer *bozza di consulta* der *Real Camera di Santa Chiara* vom 9. Oktober 1761 behandelte Fall des aus dem in der Provinz Abruzzo Citra gelegenen Casalbordino stammenden Banditen Benigno Calderone und seiner Gefährten, die diesen Ort schon seit geraumer Zeit fest in ihrem Griff hatten. Nachdem diese Bande im Dezember des Jahres 1755 ihr erstes Tötungsdelikt begangen und der Anführer der Bande, Benigno Calderone, seine Absicht kund getan hatte, den Gouverneur von Monteodorisio, Filippo di Dio, zu dessen Zuständigkeitsbereich die Ortschaft Casalbordino gehörte, umbringen zu wollen, entschloss sich dieser, der Bande endgültig ihr Handwerk zu legen. Da aber die Männer, die dem Gouverneur von Monteodorisio zur Verfügung standen, für solch ein Unterfangen nicht ausreichten, wandte sich dieser zunächst an die *Regia Udienza* von Chieti, um diese um die Entsendung weiterer bewaffneter Männer zu bitten. Allerdings konnte die *Regia Udienza* dieser Bitte nicht nachkommen, da ihre

(3) Der dritte Faktor, durch welchen die Aktionen von Räuberbanden in erheblicher Weise begünstigt und deren Verfolgung erschwert wurde, ist schließlich in den topografischen Gegebenheiten im Königreich Neapel zu sehen. Obwohl sich gerade für die Zeit Ferdinands IV. faktisch in allen Provinzen seines Königreiches Belege für die umfassenden Aktivitäten von Banden finden ließen, so fällt doch ungeachtet dessen deutlich auf, dass gerade solche Provinzen wie die drei abruzzesischen Provinzen Abruzzo Ultra I, Abruzzo Ultra II und Abruzzo Citra sowie die beiden kalabrischen Provinzen Calabria Citra und Calabria Ultra, deren Topografie in besonderem Maße von fast bis zu 3.000 m hohen Gebirgen geprägt wurde (höchste Erhebung der Abruzzen: Corno Grande 2.912 m, höchste Erhebung Kalabriens: Serra Dolcedorme 2.267 m), allem Anschein nach im Laufe der Jahrhunderte immer wieder am schwersten von dieser Plage heimgesucht wurden.

(4) Der vierte Faktor, der sich zusammen mit den kurz unter dem dritten Punkt besprochenen topografischen Gegebenheiten in hohem Maße beeinträchtigend auf die gezielte Verfolgung von Räuberbanden in den Provinzen auswirkte und somit gleichzeitig auch deren Aktionen maßgeblich begünstigte, bestand in der katastrophal schlechten Infrastruktur, die im Königreich Neapel des 18. Jahrhunderts den Handelsverkehr und die Kommunikation zwischen den Ortschaften der verschiedenen Territorien des unteritalienischen Königreiches erheblich erschwerte.[950]

Obgleich es von Seiten der Regierung immer wieder Versuche gegeben hatte, dieses Problem durch den Bau neuer Straßen in den Provinzen beheben zu lassen, blieb im Königreich Neapel des 18. Jahrhunderts die Passierbarkeit ganzer Regionen äußerst eingeschränkt und isolierte diese in starkem Maße von dem Handelsverkehr, der für deren wirtschaftliche Entwicklung von erheblichen Nutzen hätte sein können. Zu diesen Gebieten zählten insbesondere die Abruzzenregion, der Contado di Molise, die Basilikata und Kalabrien.[951] Ungeachtet diesbezüglicher Initiativen von Seiten der Regierung, die Probleme im Bereich der Infrastruktur zu beheben, gab es selbst im Königreich Beider Sizilien der 1830er Jahre noch genügend ausgedehnte

bewaffneten Kräfte bereits anderweitig beschäftigt waren, so dass der Gouverneur von Monteodorisio die Verhaftung Calderones im Januar des Jahres 1756 schließlich mithilfe einiger Bewohner Casalbordinos durchführen musste. ASN, *Real Camera di Santa Chiara*, *Bozze di Consulta*, 255/17, *bozza di consulta* der *Real Camera di Santa Chiara*, Neapel 9. Oktober 1761.

950 Brancaccio: Trasporti e strade, S. 380.

951 Ebd., S. 375.

Gebiete, die nur sehr schlecht mit den anderen Provinzen des festländischen Teils des unteritalienischen Bourbonenstaates verbunden waren und in denen viele Ortschaften nur unter großen Mühen und dem Rückgriff auf archaisch anmutende Transportmittel, wie Maultiere, erreicht werden konnten. Solche nur sehr schwer zu erreichenden Gebiete fanden sich vor allem in der Basilikata, in Kalabrien[952] und den Abruzzen.

Der Probleme, die in den Provinzen des Königreiches Neapel durch diese deutlichen Missstände dem inneren Handelsverkehr und der Kommunikation zwischen den einzelnen Ortschaften erwuchsen, waren sich auch die neapolitanischen Reformpublizisten des 18. Jahrhunderts bewusst gewesen. So schrieb beispielsweise einer von ihnen, Gian Francesco Nardi (1749–1813), in seinem erstmals im Jahre 1789 in Teramo erschienenen Beitrag „Saggi sull'agricoltura, arti e commercio della provincia di Teramo" unter besonderem Bezug auf die diesbezüglichen Zustände in der Abruzzenregion zu diesem Manko, welches im Endeffekt jeglicher positiven wirtschaftlichen Entwicklung einen Riegel vorschob, dass

> „[l]e nostre pessime vie sono di un principal ritardo al nostro commercio interiore. Le cattive strade, dice un filosofo, rendono tarda, difficile, e dispendiosa la circolazione de' generi. Una provincia non acquisterà mai un grado di popolazione e di ricchezza proporzionata al suo suolo, se non quando renderà praticabili e sicure le sue strade in tutti i mesi dell'anno. Non ve ne ha alcuna, in cui possa farsi uso sicuro della ruota. Egli è vero che furono dati da molti anni degli ordini per l'accomodo delle strade degli Apruzzi. Ma è anco vero che da quel tempo fino ad ora neppure si è lavorata la metà di quella che da Napoli a Chieti conduce. [...] Noi non bisogniamo del solo cammino che da Chieti ci porti a Teramo. Ci sono necessari quelli per andare a tutte le città e luoghi principali della provincia. Sarebbe di un'infinita utilità la strada da Teramo all'Aquila direttamente per la volta della montagna."[953]

---

952 Spagnoletti: Storia del Regno delle Due Sicilie, S. 239. Spagnoletti bezieht sich zwar nur auf die Basilikata und das Kalabrien der 1830er Jahre, allerdings ist es nur schwer vorstellbar, dass es nicht auch in den Abruzzen als von großen Gebirgszügen geprägter Region mit ihren vielen abgelegenen Bergdörfern ähnliche Probleme mit deren Erreichbarkeit gab.

953 Zitiert nach dem von Francesco di Battista herausgegebenen Sammelband Il Mezzogiorno alla fine del Settecento, S. 62f. Gian Francesco Nardi wurde am 3. April 1749 in Cervaro geboren und verstarb am 3. Dezember 1813. Neben dem bereits erwähnten und 1789 in Teramo zum ersten Mal veröffentlichen Beitrag „Saggi sull'agricoltura, arti e commercio della provincia di Teramo" gehören des Weiteren zu seinem Œuvre „Difesa per Giacinto Piccari" und „Elogio di Marcello Pompetti". Ebd., S. 379.

Ein deutlicher Ausdruck dieses erheblichen Mangels an brauchbaren Kommunikations- und Verbindungswegen zwischen den verschiedenen Ortschaften und den verschiedenen Provinzen des Königreiches Neapel im 18. Jahrhundert und den daraus für die Provinzbehörden erwachsenden Hindernissen bei der beständigen und vor allem schnellen Verfolgung von Banden ist auch in dem Umstand zu sehen, dass sich die Verfolgung ein und derselben Bande über mehrere Provinzen erstrecken konnte und immer wieder bei den Verfolgern eine dahingehende Unsicherheit auftauchte, wo sich die von ihnen verfolgten Banditen oder andere sich auf der Flucht befindende Verbrecher genau aufhielten. Ein gutes Beispiel für dieses Problem bietet der in dem Unterkapitel „Das Banditenwesen als ein grenzüberschreitendes Problem: Die Verfolgung der Pronio-Bande in den Jahren 1791 bis 1793 auf dem Jurisdiktionsgebiet der *Regia Udienza* von Aquila und auf dem Territorium des Kirchenstaates" besprochene Fall der im Sommer des Jahres 1792 erfolgten Verfolgung der beiden Mitglieder der Pronio-Bande, Gaetano Pronio und Ferdinando Leone, bei welcher von Seiten der bewaffneten Kräfte, die unter dem Oberkommando des Sonderbevollmächtigten Giovanni Battista Salomone standen, eine erhebliche Unsicherheit im Hinblick darauf herrschte, ob sich beide Männer noch auf dem Territorium der Provinz Abruzzo Ultra II befanden oder bereits auf dasjenige des angrenzenden Kirchenstaates übergetreten waren. Besonders spürbar wurden die Auswirkungen des Mankos der schlechten Infrastruktur bei der Verfolgung von Räuberbanden gerade in solchen Provinzen, wie den drei abruzzesischen oder den beiden kalabrischen Provinzen, die von hohen Gebirgszügen geprägt waren. Gerade in diesen boten sich abgelegene und nur schwer zu erreichende Ortschaften in besonderem Maße als Rückzugs- und Sammlungsort von Mitgliedern nicht nur von Räuber-, sondern auch von Schmugglerbanden an, die sich dort, ohne von den Behörden auf provinzialer und lokaler Ebene in außerordentlicher Weise behelligt zu werden, oftmals in relativer Sicherheit wiegen konnten. Ein typisches Beispiel für solch eine Ortschaft wäre das in der Provinz Calabria Ultra gelegene Grotteria, aus welchem die Mitglieder der Bande Nicodemo d'Agostinos kamen und welches von den Behörden Ende Januar 1787 unter Rückgriff auf rund 200 bewaffnete Männer faktisch drei Tage lang regelrecht belagert werden musste, bevor es diesen gelang, die Bande, die bei ihrem Widerstand zudem noch von Seiten der Einwohnerschaft Grotterias unterstützt wurde, zu zerschlagen.[954]

954 Zu den Geschicken dieser Bande siehe Gaudioso: Una tragedia sismica nella Calabria del Settecento, S. 80f. und Grimaldi: La Cassa Sacra, S. 99ff.

(5) Der fünfte und letzte Faktor, welcher die zeitnahe Verfolgung und Ausschaltung nicht nur der Räuberbanden, sondern natürlich auch der im Rahmen dieser Untersuchung nicht weiter berücksichtigten, aber ungeachtet dessen ebenfalls in den Provinzen des Königreiches omnipräsenten Schmugglerbanden durch die Behörden in massiver Weise behindern sowie deren längerfristigen Fortbestand erheblich begünstigten konnte, muss schließlich in dem umfangreichen Bereich der Wechselbeziehungen zwischen den Banden und den verschiedenen Vertretern der ländlichen Gesellschaft verankert werden, zu welcher nicht nur die überwiegend in ärmlichen Verhältnissen lebende ländliche Bevölkerung zählte, sondern auch der über einen großen Grundbesitz und jurisdiktionelle Sonderrechte verfügende Adel, die römisch-katholische Kirche und schließlich, als eine neue und sich im Wachsen befindende Gruppierung, die sogenannten „galantuomini".

Die erste Gruppe innerhalb der ländlichen Bevölkerung, auf die näher eingegangen werden soll, der grundbesitzende Adel, hatte bereits sowohl im Königreich Neapel der angevinischen Zeit als auch im Königreich der spanischen Zeit eine höchst ambivalente Rolle gespielt, denn in diesem Zusammenhang sollte man sich noch einmal vor Augen halten, dass gerade in den Jahrhunderten vor dem Machtantritt der Bourbonen die von Teilen des Provinzadels protegierten Banden bei Machtkämpfen unter miteinander konkurrierenden Adelsgeschlechtern ein durchaus nützliches Instrument bei der Durchsetzung der jeweils eigenen Interessen gewesen waren. Darüber hinaus konnte der Provinzadel aber auch selbst in die Beutezüge solcher Banden unmittelbar verstrickt sein. So ließen sich beispielsweise für das Königreich Neapel der Anjou-Zeit zahlreiche Fälle von Adeligen nennen, die im Endeffekt von den Erträgen ihres Besitzes, sofern sie überhaupt über solch einen verfügten, nicht leben konnten und daher über die direkte Teilnahme an Raubzügen oder als Schutzherren und somit Profiteure von den Aktionen solcher Banden versuchten, ihre Einkünfte zu erhöhen bzw. ihr tagtägliches Auskommen abzusichern.[955] Ein sehr frühes Beispiel für solche relativ mittellosen Adeligen, die in Banden organisiert Überfälle begingen, bieten gerade die ersten Normannen, die zum Beginn des 11. Jahrhunderts in den politisch zersplitterten Süden der Apenninenhalbinsel kamen und die, wenn sie nicht gerade als Söldner in den Heeren beispielweise des oströmischen Kaisers, der unteritalienischen Langobardenfürsten oder auch der vier unabhängigen Herzogtümer Neapel, Sorrent, Amalfi und Gaeta tätig waren, ihren

955 Zahlreiche solcher aus der Anjou-Zeit stammenden Fälle finden eine Erwähnung in Vitolo: Il Regno angioino, S. 71.

Lebensunterhalt eben vorwiegend als einfache Räuber sicherstellen mussten. In der Frühen Neuzeit verschwand aber dieses ursprünglich weitverbreitete und auch als „Raubrittertum" bekannte Phänomen, dass sich Vertreter des niederen Adels unmittelbar selbst in bewaffneten Gruppen zusammenfanden und durch gemeinsamschaftlich durchgeführte Beutezüge versuchten, ihre prekäre sozioökonomische Lage zu verbessern, weitestgehend. Die Banden setzten sich nach dem Verschwinden dieses im Mittelalter noch sehr verbreiteten Phämomens fast ausschließlich aus in Armut lebenden Landbewohnern zusammen.[956]

Aber auch im Hinblick auf das in der Zeit der direkten spanischen Herrschaft über das Königreich Neapel noch stark verbreitete Phänomen, dass der Provinzadel als Beschützer von Räuberbanden auftrat, ergaben sich in der frühen Bourbonenzeit dahingehend Veränderungen, als dass diese vormals zum Teil sehr enge Kooperation zwischen dem Provinzadel und einzelnen Banden nicht mehr denselben Umfang aufwies wie in den Jahrhunderten davor. Ungeachtet dessen gab es aber auch in der Zeit der Bourbonenherrschaft noch genügend Adelige, die ihre Hand schützend über einzelne Banditen legten, die sich auf dem Territorium der ihnen unterstehenden *università* aufhielten. Allerdings ließ sich im Rahmen der Arbeiten an dieser Untersuchung nur ein Beispiel dafür finden, dass einem Vertreter des Provinzadels für die Protegierung einer gewissen Anzahl von Banditen der Prozess gemacht werden sollte. Bei diesem einzigen Beispiel handelte es sich um das aus dem Jahre 1744 stammende des kalabrischen Fürsten von Bisignano, gegen den auf Empfehlung Bernardo Tanuccis, Baldassare Citos, Carlo Mauris und Erasmo de Ulloa Severinis unter dem Vorwurf der „recettazione e sovvenimento dato a' fuorgiudicati" vor der in Neapel ansässigen *Gran Corte della Vicaria* ein Verfahren auf den Weg gebracht werden sollte.[957]

Weitere Beispiele dafür, dass der einheimische Adel auch im bourbonischen Königreich Neapel des 18. Jahrhunderts einzelnen Banditen und Räuberbanden seine Protektion zuteil werden ließ, sind die drei folgenden, die allesamt aus der Zeit Ferdinands IV. stammen: Bei dem ersten Beispiel handelt es sich um dasjenige der Marquise von Anoia in der Provinz Calabria Ultra, welche laut einem auf den 22. Juli 1774[958] datierten Bericht des *avvocato fiscale* der *Regia Udienza*

956 Weisser: Crime and Punishment in Early Modern Europe, S. 83f.

957 Zum Fall des Fürsten von Bisignano siehe das diesbezügliche aus dem Bestand der *Giunta di Inconfidenza* stammende und auf den 12. Juli 1744 datierte Dokument, das aufgeführt wird bei Carignani: Il partito austriaco nel Regno di Napoli al 1744, S. 55ff.

958 ASN, *Real Camera di Santa Chiara*, *Processi Irresoluti*, 6/0, Bericht des *avvocato fiscale* Saverio del Vecchio an die *Segreteria di Stato di Grazia e Giustizia*, Catanzaro 22. Juli 1774.

von Catanzaro, Saverio del Vecchio, zusammen mit den für sie arbeitenden Beamten immer wieder schützend die Hand über die beiden Banditen Antonio Ciurlo alias „il Tonninaro“ und Giuseppe Tedesco sowie deren Gefährten gelegt und somit wiederholt jegliche Bemühungen der neapolitanischen Behörden, dieser Bande habhaft zu werden, zum Scheitern gebracht haben soll. Diese offene Unterstützung oder vielleicht auch betonte Nachlässigkeit bei der Verfolgung der Bande äußerte sich auch darin, dass es die Marquise von Anoia und die für sie arbeitenden lokalen Verwalter wiederholt daran hatten missen lassen, mit der *Regia Udienza* von Catanzaro zusammenzuarbeiten, und Schreiben, die ihnen zugeschickt worden waren, mehr oder weniger ignorierten.

Das zweite aus der Zeit Ferdinands IV. stammende Beispiel dafür, dass ein Vertreter des Provinzadels zumindest zeitweise schützend seine Hand über Männer legte, bei denen es sich erwiesenermaßen um Banditen handelte, zeigt das Verhalten des Marquis von Arena in der Provinz Calabria Ultra gegenüber den beiden Brüdern Vincenzo und Ferdinando d'Agostino, welche für den Marquis in der zu seinem Besitz gehörenden Ortschaft Gioiosa als *bargelli* arbeiten durften, obwohl sie sich in der Vergangenheit zusammen mit ihren Gefährten solch schwerer Vergehen wie bewaffneter Raub, Brandstiftung, Mord und Vergewaltigung schuldig gemacht hatten und die Bewohnerschaft Gioiosas, der die Taten der Bande bekannt war, dem Auftreten der beiden Brüder als Ordnungskräfte im Dienste des Marquis von Arena mit enormen Unbehagen gegenüberstand. Die Protektion der beiden Brüder durch den Marquis scheint dann aber ein rasches Ende gefunden zu haben, als dieser von dem von der Zentralregierung in Neapel zum Sonderbeauftragten für die von dem Erdbeben vom 5. Februar 1783 verwüsteten Gebiete in Kalabrien ernannte Marschall Francesco Pignatelli in seinem Bestreben nach einer Verbesserung der desaströsen Lage der öffentlichen Ordnung und Sicherheit in der Provinz Calabria Ultra aufgefordert wurde, mit den ihm unterstehenden Hilfskräften einen Beitrag zu leisten. Allerdings lehnte es Pignatelli ab, mit den beiden in den Diensten des Marquis von Arena stehenden d'Agostino-Brüdern zusammenzuarbeiten, und verlangte stattdessen vielmehr deren Auslieferung an die Behörden, was wiederum dazu führte, dass Vincenzo und Ferdinando d'Agostino ihre Arbeit als *bargelli* einstellen mussten und sich gezwungen sahen, ihre Aktivitäten als Banditen erneut aufzunehmen, bis sie schließlich von den Behörden nach einer dreitägigen Belagerung ihres Heimatortes Grotteria Ende Januar 1787 unschädlich gemacht werden konnten.[959]

959 Gaudioso: Una tragedia sismica nella Calabria del Settecento, S. 80f.

Während es sich beim Fall der Marquise von Anoia anhand der in dem Schreiben des *avvocato fiscale* Saverio del Vecchio enthaltenen Informationen nicht klären lässt, warum sie den beiden Banditen Antonio Ciurlo alias „il Tonninaro" und Giuseppe Tedesco sowie deren Gefährten Unterstützung zukommen ließ, welche Ziele sie damit eventuell verfolgte und warum sie allem Anschein nach sich bewusst der Zusammenarbeit mit den Behörden der Provinz Calabria Ultra verweigerte, so scheint der Marquis von Arena mit seiner Unterstützung der beiden für ihn als Ordnungskräfte arbeitenden Brüder Vincenzo und Ferdinando d'Agostino wohl in erster Linie das Ziel verfolgt haben, die Bewohner Gioiosas einzuschüchtern, in deren Ort die Bande bei einer oder mehrerer ihrer Aktionen schon einmal zahlreiche Häuser angesteckt hatte.[960] Bei seiner Entscheidung, beide Männer in seine Dienste aufzunehmen, wird daher insbesondere gerade der Umstand eine Rolle gespielt haben, dass die Bewohner Gioiosas von den noch nicht allzu weit zurückliegenden Taten der Mitglieder der aus der nahegelegenen Ortschaft Grotteria stammenden d'Agostino-Bande, denen sie auch selbst zum Opfer gefallen waren, noch Kenntnis besaßen und im Wissen darum es tunlichst vermieden haben dürften, mit dem Marquis bzw. mit den beiden nunmehr als *bargelli* arbeitenden Brüdern Vincenzo und Ferdinando d'Agostino einen Streit anzufangen. Inwiefern bei der Entscheidung des Marquis, diese beiden Männer für seine Sicherheitskräfte anzuwerben, schon seit geraumer Zeit laufende Auseinandersetzungen mit den Bewohnern Gioiosas eine Rolle gespielt haben mögen, lässt sich aufgrund des völligen Fehlens von diesbezüglichen Indizien aber nicht sagen.

Ein drittes und letztes Beispiel für die Protegierung eines Banditen durch einen Vertreter des Landadels in der ersten Phase der Herrschaft Ferdinands IV., bezüglich dessen es jedoch abermals keinen konkreten Hinweis auf die genauen Hintergründe dieser Beziehung gibt, bietet das mutmaßlich enge Verhältnis zwischen dem Mitte der 1780er Jahre in der Festung von Aquila einsitzenden Michelangiolo Pronio und dem Baron Tomasetti. Wie aus einem ersten Brief dieses Michelangiolo Pronio vom 26. September 1785 hervorgeht, welchen er der Mutter seiner Geliebten Maria Pizzacalla zukommen ließ, war er hinsichtlich der mutmaßlichen Dauer seiner Inhaftierung nach zahlreichen in den Jahren 1783 und 1784 begangenen Delikten relativ optimistisch gestimmt, weil „[c]irca la mia causa non solo vi è in mezzo il Signor Barone Tomasetti, ma ben anche altri cavalieri e buoni Aucati, che mi difendano, per mezzi di quali son certo di

960 Grimaldi: La Cassa Sacra, S. 99.

mia libertà, ma però vi vuole qualche spesa e qualche poco di tempo."[961] In einem auf den 11. Dezember 1785 datierten Brief an die Mutter seiner Geliebten schrieb er schließlich zu den Bemühungen dieses Barons Tomasetti, ihn aus der Haft herauszubekommen, dass "il Signor Tomasetti fà strepito per la mia causa e mi vuole per forza fuore".[962]

Wie schon im spanischen Vizekönigreich Neapel, so gab es auch im bourbonischen Königreich Neapel des 18. Jahrhunderts immer wieder Vertreter des ländlichen Klerus, die entweder Räuberbanden deckten oder unmittelbar in deren Aktivitäten verstrickt waren, was in extremeren Fällen schließlich sogar darin seinen Ausdruck finden konnte, dass sie an der Spitze dieser Banden standen. Ein frühes und aus der Zeit des spanischen Vizekönigreiches Neapel stammendes Zeugnis für die Zusammenarbeit von Vertretern des niederen lokalen Klerus und erwiesenen Banditen bietet ein längeres Verzeichnis von Klerikern der Pfarrei von Sant'Egidio auf dem Gebiet der Provinz Principato Citra, denen zwischen dem Ende des 16. Jahrhunderts und der Mitte des 17. Jahrhunderts am bischöflichen Gerichtshof von Capaccio wegen der Zusammenarbeit mit einzelnen Banden der Prozess gemacht wurde. Die gegen diese Kleriker erhobenen Vorwürfe bezogen sich dabei häufig auf „pro conversatione habita cum bannitis et foriiudicatis et armatione in campanea" und „pro receptatione bannitorum, foriudicatorum et excommunicatorum".[963]

Wenngleich sich bei den im Rahmen dieser Untersuchung durchgeführten Arbeiten auch für das bourbonische Königreich Neapel des 18. Jahrhunderts zahlreiche Beispiele für die Zusammenarbeit zwischen einzelnen Banden und einzelnen Vertretern des niederen Landklerus finden ließen, so traf dies auf Vertreter des höheren Klerus, wie beispielsweise Bischöfe, *de facto* kaum zu. Den einzigen Hinweis auf Kontakte bzw. eine mögliche Zusammenarbeit zwischen einem höheren Vertreter der Kirche und Banditen böte höchstens das Verhalten des Bischofs von Tropea, Felice Pau, im Fall der Verfolgung der Bande Giovanni Cacozzas Ende des Jahres 1774. Denn dieser Bischof hatte sich gemäß dem Inhalt eines abgefangenen Briefes vom 17. November 1774, der in einem an die *Real Camera di Santa Chiara* gerichteten Schreiben der *Regia Udienza* von Cosenza vom 7. Oktober 1775 ausführlich wiedergegeben wird, dazu bereit erklärt, in der Angelegenheit einer möglichen Aufnahme Giovanni Cacozzas und seiner

961 Zitiert nach Nardecchia: I di Pronio, S. 140. Original in ASA, *Regia Udienza di Aquila, Fondo del Preside I*, 16/380, fol. 142r.

962 Zitiert nach Nardecchia: I di Pronio, S. 142. Original in ASA, *Regia Udienza di Aquila, Fondo del Preside I*, 16/380, fol. 144r.

963 Corcione: Modelli processuali nell'antico regime, S. 36.

Gefährten auf dem Lehnsgebiet des Fürsten von Palazzolo bei diesem ein gutes Wort für die flüchtigen Verbrecher einzulegen. Trotz dieses einen Hinweises auf einen Kontakt zwischen einem Vertreter des höheren Klerus und einer Bande bleiben letzten Endes die genaue Rolle und die genauen Beweggründe dieses Bischofs von Tropea völlig im Dunkeln.[964]

Relativ häufig ließen sich hingegen Beispiele für das bourbonische Königreich Neapel des 18. Jahrhunderts finden, dass sich einzelne Vertreter des niederen Ortsklerus dazu bereit fanden, Banditen vor der Verfolgung durch die Behörden zu protegieren, oder eben selbst aktiv als solche auftraten oder dass Banditen sich bewusst an Orten aufhielten und von dort auch ihre Aktionen durchführten, die der Jurisdiktion der Kirche unterstanden und an denen sie für die Behörden nicht ohne Weiteres greifbar waren. Ein bereits im Rahmen dieser Untersuchung behandeltes Beispiel für die Protegierung von Räuberbanden durch einzelne Vertreter der Ortsgeistlichkeit in der Zeit des ersten bourbonischen Herrschers bietet das Verhalten des Klerikers Eustachio Ferri aus Introdacqua, der im Jahre 1746 einige Banditen, die aus dem Kirchenstaat in das Gebiet Introdacquas eingedrungen waren, vor der Verfolgung durch die Provinzbehörden schützte und es ihnen ermöglichte, in die um diesen Ort gelegenen Berge zu entkommen. Um diesen Kleriker in die Hände zu bekommen und ihn vor einem weltlichen Gericht für diese Unterstützung belangen zu können, wandte man sich laut einem Bericht des *Regia Udienza* von Aquila vom 4. Juni 1746[965], in deren Jurisdiktionsgebiet Introdacqua lag, an den Bischof von Sulmona, der daraufhin verfügte, dass Eustachio Ferri das Gebiet Introdacquas zu verlassen und sich zunächst nach Sulmona zu begeben hatte. Von dort aus wollte Ferri dann nach Aquila aufbrechen, um sich den Behörden zu stellen.

Vier weitere Beispiele für das ambivalente Verhältnis zwischen Vertretern des niederen Klerus und einzelnen Banden bzw. Banditen, die allesamt aus der ersten Phase der Herrschaft Ferdinands IV. stammen, finden sich in den Beständen der *Real Camera di Santa Chiara*, der *Regia Udienza* von Teramo, der *Regia Udienza* von Chieti und im Bestand des im Staatsarchiv von Neapel aufbewahrten Bestandes der „Processi Antichi/Da Riordinare/Processi Criminali". Bei dem ersten Beispiel aus dem Teilbestand der „Bozze di Consulta" der *Real Camera di*

964 ASN, *Real Camera di Santa Chiara*, *Processi Irresoluti*, 6/0, Schreiben der *Regia Udienza* von Cosenza an die *Real Camera di Santa Chiara*, Cosenza 7. Oktober 1775.

965 ASN, *Real Camera di Santa Chiara*, *Bozze di Consulta*, 117/l 72, Bericht der *Regia Udienza* von Aquila an die *Segreteria di Stato di Grazia e Giustizia*, Aquila 4. Juni 1746.

Santa Chiara handelte es sich um einen in einer *bozza di consulta* der Kammer vom 20. Oktober 1767 zitierten Bericht des *avvocato fiscale* der *Regia Udienza* von Montefusco namens Biagio Sanseverino aus dem Jahre 1767, in welchem es um die Zustände auf dem Gebiet der formal unter königlicher Jurisdiktion stehenden *università* von Ariano ging, deren Gebiet damals von zahlreichen Banden heimgesucht wurde. In diesem Bericht kritisierte der *avvocato fiscale* u. a. auch auf das Heftigste das Verhalten einiger Vertreter des örtlichen Klerus, die sich selbst durch zahlreiche Vergehen immer wieder die Hände schmutzig gemacht haben sollten. Als Beispiele führte Sanseverino fünf Kleriker an, die mittlerweile von Seiten der *Regia Udienza* von Montefusco eingekerkert worden waren und denen man sowohl Diebstähle als auch Morde entlang der durch das Gebiet Arianos verlaufenden Handelsroute nach Apulien zu Lasten legte, die in der damaligen Zeit besonders häufig Schauplatz von Überfällen war.[966]

Das zweite Beispiel, diesmal aus dem Bestand der „Registri dei Dispacci Reali" der *Regia Udienza* von Teramo, welches in dieser Untersuchung allerdings noch nicht erwähnt wurde, bezieht sich auf einen *dispaccio* der *Segreteria di Stato di Grazia e Giustizia* vom 18. April 1772[967], in welchem der *Regia Udienza* angeordnet wurde, auf Fürbitten eines gewissen Pasquale di Ottavio aus Settecerri für die Verhaftung des Priesters Felice Gaspari zu sorgen, der als Pfarrer in dieser Ortschaft wirkte und wiederholt zusammen mit einer Bande Delikte auf dem Gebiet der Provinz Abruzzo Ultra I und demjenigen des Kirchenstaates begangen hatte. In diesem *dispaccio* heißt es zu diesem Geistlichen und die gegen ihn zu treffenden Maßnahmen:

> „In vista dell'annesso ricorso di Pasquale di Ottavio di Settecerri relativam[en]te all'incorsioni con gente armata, che fà il Sacerdote D[on] Felice Gaspari Parroco di detta villa, ed altri luoghi, siti nello stato Pontificio dove fa residenza nella villa sud[dett]a Il Rè mi ha comandato dire al Trib[una]le, che trovando vero L'esposto, dia le conv[enevo]li provvidenze, perche non succedano dissord[in]i, con passare anco al Vescovo le debite Insinuaz[ion]i."[968]

Das dritte Beispiel, das in dieser Untersuchung ebenso noch nicht erwähnt wurde und deutlich zeigt, dass Vertreter des niederen Klerus auch an der Spitze von Räuberbanden stehen konnten, ließ sich in einigen Korrespondenzen aus den

966 ASN, *Real Camera di Santa Chiara*, *Bozze di Consulta*, 306/27, *bozza di consulta* der *Real Camera di Santa Chiara*, Neapel 20. Oktober 1767.

967 AST, *Regia Udienza di Teramo*, *Registri dei Dispacci Reali*, 19/79, *dispaccio* der *Segreteria di Stato di Grazia e Giustizia* an die *Regia Udienza* von Teramo, Neapel 18. April 1772, fol. 238v-239r.

968 Ebd.

Beständen der *Regia Udienza* von Chieti vorfinden, in denen es um die Verfolgung zweier Banden ging, die in den Monaten Oktober und November des Jahres 1763 mit ihren Taten die Provinz Abruzzo Citra in erhöhte Unruhe versetzten. Bei der einen Bande handelte es sich um diejenige eines gewissen Priesters Eliseo, deren Operationsgebiet nicht nur das Jurisdiktionsgebiet der *Regia Udienza* von Chieti umfasste, sondern auch dasjenige der *Regia Udienza* von Teramo und der *Regia Udienza* von Aquila. Der Priester selbst wurde Mitte November auf dem Territorium der Provinz Abruzzo Ultra II aufgegriffen und in die Festung von Aquila gebracht. Einige weitere Mitglieder seiner Bande konnten hingegen in der Provinz Abruzzo Ultra I, über welche die *Regia Udienza* von Teramo die oberste Jurisdiktion ausübte, verhaftet werden.[969]

Das vierte und letzte Beispiel für das problematische Verhältnis zwischen dem ländlichen Klerus und den Banden in der Zeit Ferdinands IV., welches ebenfalls noch nicht erwähnt wurde, bieten die im Staatsarchiv von Neapel aufbewahrten zahlreichen Unterlagen zum Fall des in dem in Novi gelegenen Kerker des Bischofs von Capaccio festgehaltenen und schon seit Jahren auf seine Verurteilung wartenden Priesters Zaccaria Paolino aus der in der Provinz Principato Citra gelegenen Ortschaft Magliano Vetere. Diesem wurde nicht nur zur Last gelegt, in ebendieser Ortschaft im Dezember 1764 aufgrund der Verletzung der Ehre seiner Familie einen anderen Priester names Giuseppe Caruso, der eine Affäre mit der Frau von Paolinos Bruder eingegangen war, mit einem Dolch tödlich verletzt zu haben, sondern auch, nachdem er sich wegen dieser Tat aus Magliano Vetere abgesetzt hatte, zusammen mit einigen Gefährten u. a. im Wald von Trentinara zahlreiche Überfälle auf durchreisende Personen begangen zu haben, bei denen auch ein Soldat der *Regia Udienza* von Salerno zu Tode gekommen war.[970]

Wie bereits mehrmals erwähnt worden ist, setzte sich die gesellschaftliche Elite in den Provinzen des Königreiches Neapel des 18. Jahrhunderts nicht nur ausschließlich aus Vertretern des Adels und der Kirche zusammen, sondern bestand des Weiteren auch aus einer relativ kleinen Gruppe wohlhabender Bauern bzw. finanziell relativ gut dastehender Dorfbewohner, welche die Keimzelle des später noch weiter anwachsenden grundbesitzenden Bürgertums in den ländlichen Regionen des Bourbonenstaates bildete. Die Rede ist hier von den sogenannten „galantuomini“ bzw. „persone prepotenti“, wie sie auch in den Quellen genannt werden, deren Zahl im Königreich Neapel des 18. Jahrhunderts im deutlichen

969 ASC, *Regia Udienza di Chieti*, 106/3362.

970 Die gesamten Ermittlungsakten zu den kriminellen Umtrieben dieses Priesters befinden sich in ASN, *Processi Antichi/Da Riordinare/Processi Criminali*, 15/1–4.

Gegensatz zum Königreich Beider Sizilien des 19. Jahrhunderts zwar noch überschaubar blieb, die aber ungeachtet dessen schon längst damit begonnen hatten, mit den Baronen um den sozioökonomischen und politischen Einfluss in den ländlichen Gebieten des bourbonischen Königreiches zu konkurrieren. Die Vertreter dieser neuen und stetig wachsenden Gruppierung innerhalb der ländlichen Gesellschaft wurden in den im Rahmen dieser Untersuchung konsultierten Quellen weitaus häufiger als mutmaßliche Unterstützer von Banditen genannt als etwa die Vertreter des alteingesessenen Landadels.

Ein erstes Beispiel für die Aktivitäten dieser neuen Gruppe innerhalb der ländlichen Gesellschaft des frühbourbonischen Königreiches Neapel, welches aus der Herrschaftszeit Karls von Bourbon stammt, bietet der bereits im Bezug auf die Rolle des niederen Provinzklerus erwähnte Fall derjenigen Gruppe von Banditen, die im Jahre 1746 vom Territorium des Kirchenstaates auf dasjenige der Provinz Abruzzo Ultra II vorgedrungen war und nunmehr die Gegend um die Stadt Introdacqua unsicher machte. Die Verfolgung und Ausschaltung der Bande durch die bewaffneten Kräfte der *Regia Udienza* von Aquila wurde dabei nicht nur durch die Unterstützung dieser Banditen von Seiten des aus Introdacqua stammenden Priesters Eustachio Ferri behindert, sondern auch durch die Aktivitäten der, wie es in einem diesbezüglichen auf den 23. Mai 1746 datierten Bericht des Befehlshabers der im Auftrag des *preside* Joseph de Litala im Raum Introdacqua operierenden bewaffneten Einheiten, Antonio Mequinel, hieß, gleichfalls in Introdacqua ansässigen „20 familias de los bien estantes“[971], mit denen ausschließlich eine größere Anzahl von Vertretern des sich im Wachsen befindenden Landbürgertums der Provinz Abruzzo Ultra II gemeint sein dürfte und nicht der alteingesessene Landadel.

Ein zweites, diesmal aus der Zeit Ferdinands IV. stammendes Beispiel dafür, dass sich die *galantuomini* als neue Interessengruppe innerhalb der ländlichen Gesellschaft beständig dem Vorwurf ausgesetzt sehen mussten, kriminelle Banden zu alimentieren und diese für ihre eigenen Machtinteressen auf lokaler Ebene sowohl gegenüber der normalen Bewohnerschaft als auch gegenüber den Vertretern des alteingesessenen Adels zu instrumentalisieren, zeigen die Probleme mit der weitverbreiteten Kriminalität auf dem Gebiet der in der Provinz Calabria Citra gelegenen Stadt Nocera im Jahre 1780, welche zum Zuständigkeitsbereich der Parisio-Familie gehörte, die dieses wiederum von dem Malteserorden, dem eigentlichen Lehnsträger, gepachtet hatte. Diesen *galantuomini*, deren Namen

971 ASN, *Real Camera di Santa Chiara*, *Bozze di Consulta*, 117/72, Bericht Antonio Mequinels an den *preside* von Aquila, Joseph de Litala, Introdacqua 23. Mai 1746.

aber stets ungenannt bleiben, wiesen die beiden juristischen Vertreter des örtlichen Verwalters, des Cavaliere Giacinto Parisio, Gaetano Franco und Gennaro Manzi, in ihren Stellungnahmen gegenüber der *Segreteria di Stato di Grazia e Giustizia* nicht nur die hauptsächliche Schuld für die massiven Probleme auf dem Gebiet der öffentlichen Ordnung und Sicherheit in der Stadt Nocera und deren Umland zu, sondern auch die maßgebliche Verantwortung für die Ermordung des Gouverneurs von Nocera, Domenico Bonaccia, den, wie es hierzu in einer der beiden Stellungnahmen Gennaro Manzis heißt, „que' galantuomini, che sono la sorgiva de' mali di Nocera, [...] per quanto ne riporta la fama, [...] fecero ultimamente ammazzare"[972].

Im Hinblick auf die unmittelbaren Beziehungen zwischen den Räuberbanden auf der einen und der überwiegend unter einfachsten Bedingungen lebenden ländlichen Bevölkerung auf der anderen Seite ergibt sich für das bourbonische Königreich Neapel des 18. Jahrhundert ein durchwachsenes Gesamtbild. Zum einen gab es aufgrund des Umstandes, dass den Aktionen dieser Banden in aller Regelmäßigkeit auch die ärmeren Teile dieser Bevölkerung zum Opfer fielen, die in der Landwirtschaft oder im Provinzhandel tätig waren, einen Teil der Bewohner der ländlichen Gebiete, bei dem diese Aktivitäten auf Ablehnung stießen, und zum anderen gab es auch einen Teil der Bewohner, der selbst in die kriminellen Aktivitäten dieser Banden dadurch verwickelt sein konnte, dass er diese vor der Verfolgung durch die Behörden deckte, diesen Informationen über anstehende Razzien zukommen ließ, Teile des Raubgutes als Hehler wissentlich aufkaufte und weiterverkaufte oder sich offen an den Aktionen der Banditen beteiligte. Ein klassisches Beispiel solch einer Unterstützung von Seiten der Bevölkerung bietet das duldende Verhalten der Besitzer von Tavernen, welche die Banden gerne als Orte der Zerstreuung und der Sammlung für bevorstehende Aktionen nutzten und in denen sich beispielsweise gerade über die Vermittlung ebendieser Inhaber zudem diejenigen Teile des Raubgutes als Hehlerware an den Mann bringen ließen, deren die Räuber für ihren persönlichen Gebrauch nicht unmittelbar bedurften. Dazwischen gab es schließlich die breite Masse der Landbewohner, die den Aktionen der Räuberbanden relativ indifferent und passiv gegenüberstanden. Wenngleich es auch Teile der ländlichen Bevölkerung gab, und dies wäre der andere Pol, die den Aktivitäten dieser Banden ablehnend gegenüberstanden, so musste diese Haltung aber nicht zwangsläufig darauf hinausführen, dass man dann auch automatisch mit den Behörden zusammenarbeitete. Als wahrscheinlicher erscheint es

972 Zitiert nach dem Anhang zu Sposato: Per la storia del brigantaggio nella Calabria del Settecento, S. 202.

vielmehr, dass letzten Endes die Aktivitäten der Banden aus Furcht vor negativen Konsequenzen oftmals *nolens volens* hingenommen wurden. Dadurch, dass sich Teile der ländlichen Bevölkerung des Königreiches Neapel des 18. Jahrhunderts immer wieder dazu bereitfanden, Räuberbanden sowie, dies sollte an dieser Stelle nicht vergessen werden, auch Schmugglerbanden zu decken oder mit diesen offen zusammenzuarbeiten, konnte die Verfolgung dieser kriminellen Gruppierungen von Seiten der Behörden der einzelnen Provinzen massiv erschwert und somit deren Fortbestand erheblich verlängert werden. Dieses Verhalten eines Teils der ländlichen Bevölkerung gegenüber den Mitgliedern von Räuberbanden resultierte jedoch keineswegs daraus, dass man in diesen im hobsbawmschen Sinne Verteidiger der Interessen der Armen auf dem Lande gegenüber dem grundbesitzenden Adel sah, sondern hatte seine Ursache entweder in der Hoffnung, durch diese Unterstützung von den Beutezügen irgendwie profitieren zu können, oder auch in einer bewussten Einschüchterung von Seiten der Banden, aufgrund deren man es bei diesbezüglichen Ermittlungen der Behörden für klüger hielt, sich in Verschwiegenheit zu üben oder diese durch inkorrekte Aussagen absichtlich auf eine falsche Fährte zu führen. Nicht vergessen werden sollte in diesem Zusammenhang zudem, wie an mehreren Stellen dieser Untersuchung bereits erwähnt, dass sowohl die bewaffneten Männer, die an den lokalen Gerichtshöfen als *armigeri* bzw. *bargelli* als auch an den *Regie Udienze* und dem *Tribunale di Campagna* als *soldati di campagna* arbeiteten, oftmals in Verdacht standen, die Aktionen der Banden zu dulden oder sogar mit diesen gemeinsame Sache zu machen, und somit als ein durchweg vertrauenswürdiger Ansprechpartner ausfielen.

Ein Beispiel für die aktive Zusammenarbeit zwischen der Bevölkerung und einzelnen Banden bietet der in einer *bozza di consulta* der *Real Camera di Santa Chiara* vom 20. Oktober 1767[973] erwähnte Fall der an und für sich unter königlicher Jurisdiktion stehenden *università* von Ariano, in welcher von Seiten der Kammer *expressis verbis* Bezug auf einen Bericht des *avvocato fiscale* der *Regia Udienza* von Montefusco, Biagio Sanseverino, genommen wurde. In diesem an die *Segreteria di Stato di Grazia e Giustizia* adressierten Bericht hatte der *avvocato fiscale* diese davon in Kenntnis gesetzt, dass die Bewohnerschaft in Anbetracht der wenig fruchtbaren Böden im Raum Ariano und der geringen aus ihnen entspringenden Erträge zur Sicherstellung ihres tagtäglichen Überlebens sich an den Aktionen der Räuberbanden beteiligte, die in jener Zeit in außerordentlichem Maße eine wichtige, in die Region Apulien führende Handelsstraße heimsuchten,

973 ASN, *Real Camera di Santa Chiara, Bozze di Consulta*, 306/27, *bozza di consulta* der *Real Camera di Santa Chiara*, Neapel 20. Oktober 1767.

die über das Territorium der *università* von Ariano verlief. Laut dem in dieser *bozza di consulta* zitierten Bericht Sanseverinos sollten aber auch besser situierte Bewohner Arianos in die Aktivitäten der Banden immer wieder verstrickt gewesen sein.

Dass diese Unterstützung solch einer Bande sogar soweit gehen konnte, dass die Bewohner eines Ortes dieser bei ihrem Widerstand gegen eine drohende Festnahme aktiv halfen, zeigt exemplarisch der Fall der aus der in der Provinz Calabria Ultra gelegenen Ort Grotteria stammenden Bande Nicodemo d'Agostinos und seiner drei Söhne Domenicoantonio, Ferdinando und Vincenzo, die sich mit Unterstützung einiger Bewohner ihres Heimatortes Ende Januar 1787 ein dreitägiges Feuergefecht mit den unter dem Befehl der *Regia Udienza* von Catanzaro stehenden Sicherheitskräften geliefert hatte, bevor sie schließlich überwältigt werden konnte.[974]

Im Gegensatz dazu ließen sich aber auch Beispiele dafür finden, dass die Bewohner einer bestimmten Ortschaft, deren Gebiet entweder von einer Bande massiv heimgesucht wurde oder einer Bande als Rückzugsort diente, mit den Behörden aktiv bei deren Ausschaltung zusammenarbeiteten. Ein Beispiel für dieses Verhalten bietet der Fall des aus der in der Provinz Capitanata gelegenenen Ortschaft Montelongo stammenden Banditen Riginaldo Staffieri im Jahre 1758, der sich nach seinen Taten immer wieder zusammen mit seinen Gefährten in seinen Heimatort zurückzog und sich dort erholte, bis einige Bewohner des Ortes des Schaltens und Waltens Staffieris überdrüssig waren und diesen an das sich im nahegelegenen San Martino befindende Dragonerregiment „Regina" verrieten, dessen Soldaten es schließlich gelang, den Bandenführer in der Nähe Montelongos zu töten und seine Bande zu zerschlagen.[975]

Darüber hinaus konnte es vorkommen, dass die Bewohner eines Ortes aufgrund des Mangels an hierfür zur Verfügung stehenden bewaffneten Kräften selbst das Zepter des Handelns in die Hand nahmen und die Mitglieder einer Bande festnahmen. In dieser Weise verfuhren beispielsweise Anfang Januar 1756 gemäß dem in einer *bozza di consulta* der *Real Camera di Santa Chiara* vom 9. Oktober 1761 wiedergegebenen Tatsachenbericht einige Bewohner des in der Provinz Abruzzo Citra gelegenen Ortes Casalbordino gegenüber einem ihrer Mitbürger namens Benigno Calderone, der mit seiner Bande diesen Ort und seine Bewohner seit einiger Zeit mit tagtäglich begangenen Erpressungen

974 Zu den Aktivitäten der Bande Nicodemo d'Agostinos und den Umständen ihrer Ausschaltung siehe Gaudioso: Una tragedia sismica nella Calabria del Settecento, S. 80f. und Grimaldi: La Cassa Sacra, S. 99ff.

975 ASF/SL, *Regia Udienza di Lucera*, *Processi Penali*, 23/271.

und Diebstählen fest im Griff hatte. Nachdem die Bande in Casalbordino im Dezember des Jahres 1755 ihr erstes Tötungsdelikt begangen hatte und Calderone damit gedroht hatte, den Gouverneur von Monteodorisio, der die jurisdiktionellen Sonderrechte der spanischstämmigen D'Avalos-Familie wahrnahm, zu deren Lehnsgebiet, der *università* von Monteodorisio, auch die Ortschaft Casalbordino zählte, umzubringen, traf dieser schließlich die Entscheidung, Calderone und seine Gefährten festnehmen zu lassen. In Anbetracht dessen, dass die bewaffneten Kräfte der *Regia Udienza* von Chieti aber vorübergehend nicht zur Verfügung standen und es dem Gouverneur von Monteodorisio an eigenen Männern mangelte, welche die Verhaftung hätten durchführen können, entschloss er sich, mit dessen Festnahme einige Bewohner Casalbordinos zu beauftragen, denen er vertrauen konnte. Diesen Männern, welchen der Gouverneur von Monteodorisio zur Unterstützung zudem noch zwei seiner eigenen Leute an die Seite gestellt hatte, gelang es schließlich, in der örtlichen Pfarreikirche den Bandenführer zu überwältigen, welcher schließlich an die *Regia Udienza* von Chieti ausgeliefert wurde, in deren Kerker er nunmehr auf seinen Prozess zu warten hatte.[976]

Ein mit dem an dieser Stelle eingehend behandelten komplexen Feld der Beziehungen zwischen den Banden und der ländlichen Gesellschaft einhergehender Aspekt, der in den diesbezüglichen Quellen aus dem bourbonischen Königreiches Neapel des 18. Jahrhunderts faktisch keine Rolle spielt und am Ende dieser Ausführungen noch einer genaueren Klärung bedarf, sind die Beweggründe all dieser Repräsentanten der ländlichen Gesellschaft, mit den Banden zusammenzuarbeiten. Der wichtigste Grund für die Bereitschaft von Teilen der normalen ländlichen Bevölkerung, mit den Banden, egal ob es sich nun um Räuber- oder auch Schmugglerbanden handelte, zusammenzuarbeiten, ergab sich zweifellos aus den sehr schlechten sozioökonomischen Bedingungen, unter denen diese ihr tägliches Dasein zu fristen hatten. Dass gerade in der weitverbreiteten Armut unter den einfachen Bewohnern der Provinzen und, damit verbunden, auch in den begrenzten Möglichkeiten des landwirtschaftlichen Anbaus der entscheidende Stimulus dieser Menschen dafür zu sehen ist, sich den schon existenten Räuberbanden anzuschließen oder auch auf eigene Faust mit Überfällen und Diebstählen zu beginnen, spielt in den diesbezüglichen Berichten der Provinzbehörden so gut wie keine Rolle. Diese Haltung der Provinzbehörden dürfte aber weniger darauf zurückzuführen sein, dass man überhaupt kein Verständnis für diese Ursachen besaß, sondern vielmehr darauf, dass man der weitverbreiteten sozioökonomischen

976 ASN, *Real Camera di Santa Chiara*, *Bozze di Consulta*, 255/17, *bozza di consulta* der *Real Camera di Santa Chiara*, Neapel 9. Oktober 1761.

Misere der breiten Masse der bäuerlichen Bevölkerung im Grunde genommen vollkommen hilflos gegenüberstand und daran auf lange Sicht ohnehin nichts zu ändern hätte vermögen können. Eines der wenigen Beispiele dafür, dass dieses Bewusstsein bezüglich der grundlegenden sozioökonomischen Ursachen für die Entstehung von Bandenkriminalität bei den Repräsentanten der Zentralregierung in den Provinzen durchaus vorhanden war, bietet wiederum der bereits an anderer Stelle erwähnte und in einer *bozza di consulta* der *Real Camera di Santa Chiara* vom 20. Oktober 1767 zitierte Bericht des *avvocato fiscale* der *Regia Udienza* von Montefusco, Biagio Sanseverino, in welchem dieser zu den Beweggründen der Bewohner der königlichen *università* von Ariano, sich an den Überfällen auf Händler zu beteiligen, die auf einer über das Territorium der *università* verlaufenden Handelsstraße unterwegs waren, gegenüber der *Segreteria di Stato di Grazia e Giustizia* bemerkt hatte, dass „situandosi q[u]ella Città (d. h. die Stadt Ariano-d. V.) in Territorio infertile, e non capace a sostenere la sua Popolaz[io]ne, debba p[er] indispensabbile il ceto povero trasportarsi al Ladroneccio, stimulato e dal bisogno, e dalla pronta occasione che se gli presenta dal continuo traffico sul Reg[i]o Camino"[977].

Ein weiterer Beleg dafür, dass sich die Vertreter der neapolitanischen Zentralregierung in den Provinzen der sozioökonomischen Ursachen der ausufernden Kriminalität durchaus bewusst waren, findet sich in einem auf den 22. Juli 1774 datierten Bericht des *avvocato fiscale* der *Regia Udienza* von Catanzaro, Saverio del Vecchio, an die Adresse der *Segreteria di Stato di Grazia e Giustizia*, in welchem del Vecchio neben umfassenden Aktivitäten von Räuberbanden, welche die Provinz Calabria Ultra heimsuchten und deren Bewohner in Angst und Schrecken versetzten, auch auf die weitverbreitete Armut als dem wesentlichen Grund für die Entstehung von Kriminalität hinwies, indem er schrieb, dass „[q]uesta Prov[inci]a, in cui la gente è povrata a commettere per leggierissime cagioni li più enormi delitti trovasi sommam[en]te angustiata per le scorrerie de malviventi, che in non picciol[o] num[er]o, ed in molti luoghi si fan sentire con furti, prepotenze ed omicidj".[978]

In Analogie zu den Jahrhunderten vor der erneuten Übernahme der Macht durch die spanischen Bourbonen in den beiden Königreichen Neapel und Sizilien ließen sich, wie bereits erwähnt, auch für den Adel in den Provinzen des frühbourbonischen Königreiches Neapel Beispiele für die Protegierung von Banden

977 ASN, *Real Camera di Santa Chiara, Bozze di Consulta*, 306/27, *bozza di consulta* der *Real Camera di Santa Chiara*, Neapel 20. Oktober 1767.

978 ASN, *Real Camera di Santa Chiara, Processi Irresoluti*, 6/0, Bericht des *avvocato fiscale* Saverio del Vecchio an die *Segreteria di Stato di Grazia e Giustizia*, Catanzaro 22. Juli 1774.

oder auch einzelner Banditen finden. Gerade in der Zeit der fast zweihundertjährigen spanischen Herrschaft über das Königreich Neapel hatte der in den Provinzen lebende Adel auf solche Banden immer wieder auch zur Bekämpfung konkurrierender Adelsfamilien zurückgegriffen. Wie sich insgesamt aus den im Rahmen dieser Untersuchung konsultierten Quellen aus dem Königreich Neapel der frühen Bourbonenzeit ergeben hat, handelte es sich dabei aber weniger um Auseinandersetzungen zwischen einzelnen adeligen Familien um politischen, sozialen und wirtschaftlichen Einfluss auf lokaler Ebene als vielmehr um Auseinandersetzungen mit den Bewohnern der mehrheitlich ihnen unterstehenden *università*, zu denen auch der im Wachstum begriffene neue Stand des Landbürgertums zählte. Diese Auseinandersetzungen zwischen den Baronen und den Bewohnern der ihnen lehnsrechtlich unterstehenden *università* entwickelten gerade in den letzten beiden Jahrzehnten des 18. Jahrhunderts eine besondere Dynamik.[979]

Im Zentrum dieser Auseinandersetzungen, die auch zwischen den Bewohnern aneinander angrenzender *università* ausgetragen wurden, standen oftmals die Zugriffsmöglichkeiten auf für die Betreibung von Land- und Viehwirtschaft wichtige Ressourcen, wie kultivierbare Böden, Weideland oder Wasser zur Bewässerung der Felder und der Tränkung des Viehs.[980] Diese Konflikte wurden sowohl auf juristischer Ebene als auch unter dem unmittelbaren Rückgriff auf Gewalt direkt vor Ort zwischen den einzelnen Interessengruppen ausgefochten. Hierbei erwiesen sich gerade für die Barone die ihnen unterstehenden Sicherheitskräfte in Gestalt der *bargelli* bzw. *armigeri* als ein außerordentlich nützliches Instrument, um die eigenen Interessen gegenüber ihren Konkurrenten durchzusetzen und diese einzuschüchtern.[981] Wie am Beispiel Vincenzo und Ferdinando d'Agostinos, zweier berühmt-berüchtigter kalabrischer Banditen, bereits deutlich geworden ist, fanden sich in den Reihen dieser baronalen Sicherheitskräfte auch immer wieder Personen mit höchst zweifelhaftem sozialen Hintergrund. In welchem Umfang und in welcher Häufigkeit nun von Seiten des Adels auf die Mitglieder von Räuberbanden zur Durchsetzung ihrer Interessen gegenüber den Bewohnern der ihnen unterstehenden *università* zurückgegriffen wurde, lässt sich allerdings aufgrund der sehr lückenhaften Quellenlage nicht sagen.

Bei solchen Machtkämpfen auf lokaler Ebene griff zur Durchsetzung seiner Interessen aber nicht nur der Adel auf die Hilfe von Banden oder einzelnen

979 Corona: Demani e individualismo agrario nel Regno di Napoli (1780–1806), S. 72.
980 Ebd., S. 16.
981 Ebd., S. 71.

Banditen zurück, sondern gleichfalls die neue soziale Gruppierung der *galantuomini*. Diese Auseinandersetzungen konnten sich sowohl zwischen diesen und anderen *galantuomini* als auch zwischen diesen und der normalen bäuerlichen Bevölkerung sowie dem alteingesessenen Adel abspielen. Ein Beispiel für diese Machtkämpfe zwischen dem alteingesessenen Adel und dem Landbürgertum auf lokaler Ebene bietet der bereits besprochene Fall der Auseinandersetzungen zwischen den *galantuomini* aus dem Gebiet der in der Provinz Calabria Citra gelegenen Stadt Nocera in den 1780er Jahren und der adeligen Parisio-Familie, welche, soweit die diesbezüglichen Anschuldigungen der beiden juristischen Repräsentanten des örtlichen Verwalters, Giacinto Parisio, gerechtfertigt waren, ihren vorläufigen Höhepunkt in der Ermordung des Gouverneurs von Nocera, Domenico Bonaccia, gefunden hatten.[982]

Relativ diffus erscheint auf den ersten Blick die Bereitschaft von Teilen des niederen Klerus, mit Räuberbanden zusammenzuarbeiten. Die Motivation dieser Kleriker, deren bedeutsame soziale Stellung vor Ort sich jedoch nicht automatisch im positiven Sinne auch in deren finanzieller Lage widerspiegeln musste, kann sowohl in deren Wunsch nach persönlicher Bereicherung verankert werden als auch in dem Bedürfnis, mit der Hilfe einzelner Banden den eigenen Einfluss innerhalb des lokalen gesellschaftlichen Gefüges zu erweitern. Gerade hinsichtlich des letzteren Punktes wäre noch einmal an das Beispiel des aus der abruzzesischen Ortschaft Introdacqua stammenden Klerikers Eustachio Ferri zu denken, der im Jahre 1746 die von ihm unterstützten Banditen, die aus dem Kirchenstaat auf das Territorium der Provinz Abruzzo Ultra II vorgedrungen waren, auch zur Einschüchterung einiger Bewohner Introdacquas benutzte, die ihm weniger wohlgesinnt waren bzw. mit denen er noch wie auch immer geartete offene Rechnungen zu begleichen hatte.[983]

982 Hinsichtlich dieser Anschuldigungen der beiden Rechtsvertreter des Cavaliere Giacinto Parisio, Gennaro Manzi und Gaetano Franco, siehe deren Schreiben im Anhang zu Sposato: Per la storia del brigantaggio nella Calabria del Settecento, S. 201–203 und S. 205–207.

983 ASN, *Real Camera di Santa Chiara, Bozze di Consulta*, 117/72. Die Unterstützung des Priesters durch die Banditen, die sich zudem mehrmals in dessen Haus aufgehalten hatten, bei irgendwelchen Streitigkeiten mit einzelnen Bewohnern Introdacquas wird in einem an die Adresse der *Segreteria di Stato di Grazia e Giustizia* gesandten Bericht der *Regia Udienza* von Aquila vom 8. Juni 1746 erwähnt.

4. Ein Ausblick auf die Entwicklungen auf dem Gebiet der Bandenkriminalität im festländischen Süditalien des 19. Jahrhunderts

Die zweifellos schwerste und folgenreichste Krise, die neben denjenigen der Jahre 1744, 1764 und 1783 das bourbonische Königreich Neapel im 18. Jahrhundert erfasste und zugleich den vorläufigen Kulminationspunkt aller bereits in der Zeit Karls von Bourbon begonnenen negativen Entwicklungen auf dem Gebiet der öffentlichen Ordnung und Sicherheit in den Provinzen darstellte und auf die angesichts der ohnehin überaus reichen Forschungslage lediglich anhand des Beispiels des Schnellverfahrens gegen Angelo Paonessa und einige seiner Gefährten an der *Regia Udienza* von Catanzaro Ende 1799 überblicksartig Bezug genommen worden ist, waren die politischen, militärischen und sozialen Ereignisse der Jahre 1798 und 1799, mit denen die erste Phase der bourbonischen Herrschaft über den Süden ihren Abschluss fand und einen tiefen Einschnitt erlebte, der zu einem grundlegenden Wandel des Charakters des Bourbonenregimes führten sollte, welches in der Zeit vor seinem erstmaligen Sturz im Großen und Ganzen noch relativ moderat aufgetreten war. In den Monaten, die auf die Flucht der königlichen Familie nach Sizilien Ende Dezember des Jahres 1798 folgten, durchlebten die Bewohner des von den Franzosen eroberten ehemaligen Königreiches eine in der ersten Phase der bourbonischen Herrschaft noch nie gekannte und von außerordentlichen Gewaltexzessen begleitete Anarchie, innerhalb deren auch zahllose schon vorher als Banditen aufgetretene Kriminelle eine maßgebliche Rolle spielten. Erheblicher Vorschub wurde den Aktivitäten der zahllosen Räuberbanden in den Provinzen gerade durch den Umstand geleistet, dass sich die im Januar 1799 gebildete republikanische Marionettenregierung, deren Schicksal unmittelbar an die Präsenz der französischen Armee in der Hauptstadt Neapel gebunden war, schon von Anfang an als unfähig erwies, das Gebiet des gesamten ehemaligen Königreiches Neapel unter ihre Kontrolle zu bringen. Stattdessen begann die sich ohnehin schon von Anfang an als relativ schwach erweisende territoriale Machtbasis der mit französischer Hilfe errichteten Parthenopäischen Republik, durch eine umfassende Welle von probourbonischen Erhebungen in den Provinzen immer schneller zusammenzuschrumpfen.[984]

In der Abruzzenregion hatten diese Erhebungen bereits im Dezember des Jahres 1798 begonnen, also noch vor der Gründung der Parthenopäischen Republik im Januar 1799.[985] Bei dem Anführer des Aufstandes der Bewohner der

984 Galasso: Storia del Regno di Napoli. Il Mezzogiorno borbonico e napoleonico, S. 839.
985 Ebd., S. 792.

Abruzzenregion handelte es sich um den aus der Stadt Introdacqua stammenden Giuseppe Pronio, aus dessen Familie eine Reihe von Banditen kam, wie die in dieser Untersuchung genauer behandelten Personen Michelangiolo, Panfilo und Gaetano Pronio, die in den 1780er und dann besonders in den 1790er Jahren massiv von Seiten der der *Regia Udienza* von Aquila unterstehenden bewaffneten Einheiten verfolgt worden waren. Gerade diese Zeit der ephemeren Parthenopäischen Republik, die von aufständischen Bauern, ehemaligen Angehörigen der neapolitanischen Armee, nicht mehr in feste Befehlsstrukturen eingebundenen Milizionären und allerlei kriminellen Elementen, so auch zahlreichen Banditen, wie beispielsweise Michele Pezza alias „Fra Diavolo" und Gaetano Mammone in der Terra di Lavoro oder dem aus Kalabrien stammenden Nicola Gualtieri alias „Pandigrano"[986], auf das Heftigste bekämpft und schließlich durch das als „Armata Cristiana della Santa Fede in Nostro Signore Gesù Cristo" bezeichnete Volksheer des Kardinals Fabrizio Ruffo zu Fall gebracht wurde, bietet ein gutes Beispiel dafür, dass sich die Aktionen der nun noch weitaus zahlreicher erscheinenden Räuberbanden nicht nur ausschließlich darauf beschränken mussten, den unmittelbaren materiellen Bedürfnissen ihrer Mitglieder Genüge zu tun, sondern dass sie in Zeiten von Krisen und dadurch ausgelösten Insurrektionen durchaus auch eine politische Dimension annehmen konnten. Einige dieser Banditen, die für die Sache König Ferdinands IV. sowohl gegen die Franzosen als auch gegen die von ihnen ab Januar 1799 gestützte Revolutionsregierung in Neapel die Waffen ergriffen hatten und vorher noch aufgrund ihrer Delikte mit den Provinzbehörden in Konflikt geraten waren, konnten sich diese legitimistische Parteinahme für ihre eigene soziale Rehabilitation zunutze machen und wurden sogar in die Reihen des neapolitanischen Heeres übernommen. Andererseits gab es aber auch Banditen wie Angelo Paonessa alias „Panzanera", die sich die im Jahre 1799 in den Provinzen herrschende Anarchie zunutze machten, um in deren Windschatten zunächst relativ unbehelligt weiterhin ihre Beutezüge durchzuführen. Im Gegensatz zu Fra Diavolo oder Giuseppe Pronio, die nach der Zerschlagung der Republik in das neapolitanische Heer übernommen wurden und dort zum Dank für ihre Dienste den militärischen Rang eines Oberst bekleiden durften[987], konnten daher Angelo Paonessa und seine Gefolgsleute nicht auf das Wohlwollen des zurückgekehrten Bourbonenregimes zählen, sondern sahen sich stattdessen einer unerbittlichen Verfolgung von Seiten des

986 Ebd., S. 832.

987 Agnoli: 1799. La grande insorgenza, S. 273 und Coppa-Zuccari: L'invasione francese negli Abruzzi (1798–1810), S. 868.

Sonderbevollmächtigten und *uditore* der *Regia Udienza* von Catanzaro, Giovanni Battista de Micheli, ausgesetzt, welcher mit Angelo Paonessa alias „Panzanera" und einigen seiner Kumpanen auf deren Ergreifung folgend kurzen Prozess machen und diese nach einem zügig durchgeführten gerichtlichen Verfahren an der *Regia Udienza* von Catanzaro erhängen ließ.[988]

Aber auch nach dem Fall der Parthenopäischen Republik blieben die zahllosen Räuberbanden in den Provinzen des bis 1816 bestehenden Königreiches Neapel und dem festländischen Teil des darauffolgend gegründeten Königreiches Beider Sizilien weiterhin eine außerordentliche Plage, zu deren Bekämpfung und Eindämmung sowohl der mit der ersten bourbonischen Restauration auf den Thron Neapels zurückgekehrte Ferdinand IV. sowie die beiden zwischen 1806 und 1815 herrschenden napoleonischen Könige, Joseph Bonaparte und Joachim Murat, als auch nach der zweiten bourbonischen Restauration Ferdinand IV., ab 1816 Ferdinand I., König Beider Sizilien, Franz I., Ferdinand II. und schließlich Franz II. bis zum Ende des süditalienischen Königreiches zwar erhebliche, jedoch auf lange Sicht letzten Endes erfolglose Kraftanstrengungen unternahmen. Schon die kurz nach dem endgültigen Fall der Revolutionsregierung in Neapel von Seiten des zurückgekehrten Bourbonenregimes unternommenen Versuche, die öffentliche Ordnung und Sicherheit auf dem Gebiet des gesamten Königreiches nach den turbulenten Monaten des Bürgerkrieges wieder einigermaßen auf die Beine zu stellen, hatten sich für dieses als eine kaum zu bewältigende Herkulesaufgabe erwiesen. Obwohl die Kämpfe zwischen den Parteigängern des Bourbonenregimes und denen der Republik abgeklungen waren, herrschte nach wie vor in den Provinzen eine weitverbreitete Anarchie, in deren Windschatten zahllose Banden, denen auch noch eine große Anzahl von ehemaligen Soldaten des Ende des Jahres 1798 zerfallenen neapolitanischen Heeres angehörten, nicht nur weiterhin ihren Beutezügen ungesühnt nachgingen, sondern sich dabei in vielen Fällen sogar darauf beriefen, angeblich immer noch in den Diensten Ferdinands IV. zu stehen. Die Probleme, denen sich die neapolitanischen Behörden bei der Bekämpfung bzw. Entwaffnung dieser Banden ausgesetzt sahen, ergaben sich nicht nur aus deren großer Zahl, sondern auch aus dem absoluten Mangel an brauchbaren bewaffneten Kräften in den Provinzen, um diesen das Handwerk zu legen. Zudem kam es von Seiten der gegen die Banden eingesetzten Kräfte oftmals noch zu Ausschreitungen gegenüber der normalen Bevölkerung,

988 Zum Schicksal Angelo Paonessas und seiner Gefährten sowie deren Aktivitäten in der Zeit der ephemeren Parthenopäischen Republik siehe das diesbezügliche in dieser Untersuchung enthaltene Unterkapitel.

die sie eigentlich vor den Banden beschützen sollten. In Anbetracht des Mangels an brauchbaren eigenen Kräften, um den in den Provinzen noch weit verbreiteten anarchischen Zuständen Herr zu werden, schwankte die Politik des zurückgekehrten Bourbonenregimes gegenüber den Banden zwischen Versuchen, diese mit Waffengewalt niederzuhalten oder diese und ihre Anführer unter dem Versprechen der Verleihung von militärischen Rängen und der Gewährung von Pensionen in das noch zu reorganisierende neapolitanische Heer zu integrieren. In vielen Fällen wurde dann die unmittelbare Bekämpfung der zahlreichen Banden, die in der Zeit der ersten bourbonischen Restauration die Provinzen durchzogen, gerade solchen ehemaligen Banditen anvertraut, die sich angesichts der Versprechungen des Bourbonenregimes dazu bereit erklärt hatten, der neapolitanischen Armee beizutreten.[989]

Bei dieser von den Bourbonen in der Zeit der ersten Restauration gegenüber den zahllosen Banden praktizierten Politik, mit denen man nicht fertig wurde, handelte es sich aber keineswegs um ein Novum in der Geschichte der Bandenkriminalität in Süditalien. Auf dieses Mittel hatte man bereits sowohl in der Zeit der angevinischen als auch in derjenigen der spanischen Herrschaft zurückgegriffen. So hatte beispielsweise König Robert von Anjou im Jahre 1338 angesichts der kaum noch unter Kontrolle zu bekommenden Bandenkriminalität in den Provinzen seines Reiches verfügen lassen, dass diejenigen Banditen, die sich nach Neapel begeben würden und dort an Bord der Galeeren stiegen, die zum Zwecke der Rückeroberung gegen das aragonesisch beherrschte Sizilien aufbrächen, nach ihrer Rückkehr auf eine nachsichtigere Behandlung von Seiten der Justiz hoffen könnten.[990] Für die Zeit der spanischen Herrschaft über das Königreich Neapel wäre hier beispielsweise an die Rekrutierung einer großen Zahl von Banditen für den in Flandern wogenden Krieg in der zweiten Hälfte des 16. Jahrhunderts zu denken, die in der Hoffnung auf eine Begnadigung und damit einhergehenden gesellschaftlichen Reintegration sowie einer möglichen Bereicherung durch den Militärdienst in die Reihen des spanischen Heeres eingetreten waren.[991]

Besonders betroffen von den Aktionen der Räuberbanden waren in den Jahren, die auf die Rückkehr der Bourbonen auf den Thron Neapels folgten, die Provinzen Abruzzo Ultra II, Principato Ultra, Principato Citra, Terra di Lavoro, Basilikata sowie die apulischen Provinzen. Wie schon im Königreich Neapel der frühen Bourbonenzeit handelte es sich auch bei diesen Banden um relativ

989 Rao: La prima restaurazione borbonica, S. 549f.

990 De Frede: Da Carlo d'Angiò a Giovanna I 1263–1382, S. 198.

991 Gaudioso: Il banditismo nel Mezzogiorno moderno tra punizione e perdono, S. 99f.

kleine und sehr mobile Gruppierungen, die sich immer wieder schnell der Verfolgung durch die neapolitanischen Behörden zu entziehen vermochten. In ihrer Gesamtheit verliefen aber alle auf den Weg gebrachten Verfolgungsmaßnahmen ohne eine wirklich längerfristige Verbesserung der Lage in den Provinzen, die stattdessen bis in das letzte Jahr der ersten bourbonischen Restauration äußerst prekär blieb.[992]

Nachdem die Bandenkriminalität auch in der Zeit der kurzen ersten bourbonischen Restauration ungeachtet aller von Neapel getroffenen Maßnahmen weiterhin eine beständige Plage geblieben war, führte schließlich der abermalige Sturz Ferdinands IV. im Jahre 1806 und die Übernahme der Herrschaft über das Königreich Neapel durch Napoleons Bruder Joseph Bonaparte zu einer erneuten und vorher noch nicht gekannten Eskalation auf diesem Gebiet. Die Ausmaße, welche die Bandenkriminalität gerade im Zusammengehen mit probourbonischen Aufständischen schließlich in den Provinzen des süditalienischen Königreiches unter der Herrschaft der beiden napoleonischen Könige Joseph Bonaparte und Joachim Murat im sogenannten „Decennio francese" der Jahre zwischen 1806 und 1815 erreichte, spiegelte sich dann unmittelbar in der Art und Weise des Rückgriffs der Zentralregierung in Neapel auf vorher noch nie gekannte und umfassende Repressionsmaßnahmen wider.[993]

Überraschenderweise war allerdings die erneute französische Okkupation des Königreiches Neapel nach der wiederholten Flucht Ferdinands IV. nach Sizilien am 23. Januar des Jahres 1806 im Gegensatz zu derjenigen der Jahre 1798 und 1799 in den ersten sechs Monaten ihres Bestehens zunächst auf relativ geringen Widerstand von Seiten der Bewohnerschaft gestoßen. Dass es danach schließlich besonders in Kalabrien zu einer massiven Welle von Erhebungen kam, in denen auch wieder zuhauf Banditen mitmischten, hatte seine maßgebliche Ursache in einer von den Franzosen gegenüber den Engländern noch im Juli des Jahres 1806 in Maida erlittenen Niederlage und den ersten negativen Erfahrungen mit dem aus 40.000 Mann bestehenden französischen Okkupationsheer, dessen Angehörige sich in Ermangelung regelmäßiger Soldzahlungen genau dasjenige bei der Bevölkerung des Königreiches holten, was sie gerade brauchten. Diese Mitte des Jahres 1806 in Kalabrien begonnenen und schließlich auch auf die beiden

992 Pieri: Il Regno di Napoli dal luglio 1799 al marzo 1806, S. 227–234.

993 Sehr detailliert zu den Repressionsmaßnahmen der beiden napoleonischen Herrscher Joseph Bonaparte und Joachim Murat gegenüber der nicht mehr eindeutig voneinander zu trennenden proborbonischen Insurgenz und Bandendelinquenz in den Provinzen des Königreiches Neapel während des „Decennio francese" Gaudioso: Brigantaggio, repressione e pentitismo nel Mezzogiorno preunitario, S. 11–109.

Provinzen Basilikata und Principato Citra übergesprungenen Erhebungen, die zudem noch maßgeblich von den Engländern und dem in Palermo residierenden bourbonischen Königshof alimentiert wurden, und die gegen sie gerichteten Maßnahmen nahmen in der darauffolgenden Zeit schließlich solche Ausmaße an, dass man von einem regelrechten Kriegszustand im Inneren des napoleonisch beherrschten Königreiches Neapel sprechen kann.[994]

Insgesamt lässt sich aber im Hinblick auf diese mit Unterbrechungen bis tief in das Jahr 1810 hinein tobenden Aufstände, die schließlich im Jahre 1814 abermals ausbrechen sollten, wie schon im Hinblick auf die sanfedistische Expedition des Kardinals Fabrizio Ruffo des Jahres 1799, nur schwer, wenn nicht sogar noch schwerer, eine eindeutige Grenze zwischen den in zahlreichen Banden zusammengeschlossenen probourbonischen Aufständischen und den gemeinen mit ihnen paktierenden Banditen auf der anderen Seite ziehen. Auch wenn der von Seiten der italienischsprachigen Historiografie für die Banden von Aufständischen häufig benutzte und hinsichtlich seiner Bedeutung deutlich überstrapazierte Begriff „briganti" zunächst eine gewisse Uniformität im Hinblick auf die Zusammensetzung dieser bewaffneten Gruppierungen implizieren mag, stellte sich diese jedoch in Wirklichkeit als weitaus komplexer dar. Zweifellos gab es zwar in diesen Gruppierungen bewaffneter Aufständischer einen beachtlichen Anteil von Personen, die schon vorher in Räuberbanden aufgetreten waren, jedoch setzten sich diese Gruppierungen neben gewohnheitsmäßigen Banditen auch in erheblichem Maße aus ehemaligen Amtsträgern des gestürzten Bourbonenregimes, Soldaten der zerfallenen neapolitanischen Armee, lokalen Sicherheitskräften der Barone, niederen Klerikern, Schmugglern, Bauern, Tagelöhnern und Hirten zusammen.[995] Dementsprechend gab es bei den Gewaltakten dieser Aufständischen auch keine wirklich eindeutige und klare Trennlinie zwischen Taten, die in den allgemeinen Kontext der Insurrektion einzuordnen sind, und solchen, wie Plünderungen, Morden und Vergewaltigungen, die aus eher rein eigennützigen Motiven heraus begangen wurden. Abgesehen von diesen bewaffneten Gruppierungen der Aufständischen dürfte es auch zahlreiche Räuberbanden gegeben haben, wie es schon am Beispiel Angelo Paonessas und seiner Bande aus dem Jahre 1799 deutlich geworden ist, deren Aktivitäten sich eindeutig außerhalb der Ziele dieser Insurrektionen bewegten und die maßgeblich von der in den Provinzen des Königreiches herrschenden Ausnahmesituation zu profitieren vermochten.

994 Villani: Il decennio francese, S. 617ff.

995 Cingari: Il brigantaggio nella prima metà dell'Ottocento, S. 69f.

Die wohl bekannteste und von außerordentlicher Brutalität gekennzeichnete Kampagne gegen die miteinander kooperierenden probourbonischen Aufständischen und Banditen wurde ab September 1810 in der Region Kalabrien von dem im Solde Joachim Murats stehenden französischen General Charles Antoine Manhès durchgeführt, welcher sich bereits im selben Jahr bei Bekämpfung der in den drei abruzzesischen Provinzen und dem in der Provinz Principato Citra gelegenen Cilento-Gebirge operierenden bewaffneten Gruppierungen bewährt hatte. Um die von dem Heer gefangen gesetzten Mitglieder dieser Insurrektionsbewegung schnellstmöglichst abzuurteilen, wurden in den wichtigsten Orten Kalabriens zudem noch Militärkommissionen eingesetzt. Auch die Bewohnerschaft Kalabriens sollte nach dem Willen der Regierung in Neapel in die Bekämpfung der Banden miteingebunden werden. Zu diesem Zwecke ließ man in jeder Gemeinde eine Liste mit den Namen gesuchter Banditen veröffentlichen und forderte die Bewohner auf, sich aktiv an deren Tötung oder Gefangennahme zu beteiligen. Darüber hinaus versuchte man, einer möglichen verdeckten Zusammenarbeit zwischen den kalabrischen Kommunen und den Banden dadurch einen Riegel vorzuschieben, dass man diesen damit drohte, sie finanziell für alle Schäden an Personen, womit insbesondere auch die in den Diensten der neapolitanischen Regierung stehenden Soldaten gemeint waren, und Eigentum aufkommen zu lassen, welche diese bewaffneten Gruppierungen auf ihrem jeweiligen Territorium anrichteten.[996] Nach einer gewissen Zeit der Ruhe kam es dann noch einmal im Jahre 1814 zu schweren Erhebungen in den Provinzen, zu deren Niederschlagung einmal mehr der sich bereits bewährt habende und wiederum mit Sondervollmachten ausgestattete General Manhès ausgesandt wurde. Besonders gravierend waren die Zustände einmal mehr in der Region Kalabrien. Die Ursachen für diese erneuten Erhebungen lagen in der Unzufriedenheit von weiten Teilen der Bevölkerung der Provinzen mit der wirtschaftlichen Lage und den von Murat durchgeführten Zwangsrekrutierungen. Auch in diesem Fall gingen Insurrektion und gewöhnliche Bandenkriminalität in erheblicher Weise ineinander über.[997]

Aber auch in dem nach dem Ende der französischen Herrschaft über das Königreich Neapel im Jahre 1816 begründeten bourbonischen Königreich Beider Sizilien blieb das periodisch immer wieder aufflackernde Banditenunwesen weiterhin ein beständiges Sicherheitsrisiko, gegen welches die neapolitanische

---

996 Galasso: Storia del Regno di Napoli. Il Mezzogiorno borbonico e napoleonico, S. 1203–1206.

997 Papagna: Ordine pubblico e repressione del banditismo, S. 71.

Zentralregierung genauso wie schon Joseph Bonaparte und Joachim Murat in der Zeit ihrer beiden Königtümer vor allem auf die militärische Karte setzte und in aller Regelmäßigkeit Säuberungsaktionen in den Provinzen durchführen ließ. Die Art und Weise, in welcher die neapolitanischen Behörden nach der Rückkehr des Bourbonenregimes mit Banditen umgingen, die *in flagranti* gestellt werden konnten, unterschied sich dabei nicht sonderlich von der bereits in den Zeiten der spanischen, frühen bourbonischen und schließlich napoleonischen Herrschaft gewählten und heutzutage sehr archaisch anmutenden Vorgehensweise. So wurden diese Banditen üblicherweise, sofern dies nicht schon bei einem vorangegangenen Schusswechsel passiert war, kurz nach ihrer Festnahme getötet und ihre abgetrennten Köpfe zwecks Abschreckung der Bewohnerschaft der Provinzen öffentlich zur Schau gestellt. Daneben wurde aber auch denjenigen Banditen, die ihre Mitgefährten an die Behörden verrieten oder sogar töteten, die Option einer nachsichtigeren Behandlung von Seiten der königlichen Justiz eingeräumt.[998]

Obschon in der Zeit der napoleonischen Herrschaft über das Königreich Neapel die Bourbonen und die mit ihnen verbündeten Engländer vom Königreich Sizilien aus sowohl die Aufständischen auf dem Festland als auch die mit ihnen zusammenarbeitenden Banditen großzügig alimentiert hatten, sollte schließlich dort mit dem Beginn der zweiten bourbonischen Restauration keineswegs wieder eine relative Ruhe einkehren, denn schon kurz nach der erneuten Machtübernahme der Bourbonen im Königreich Neapel im Jahre 1815 kam es wieder zu beträchtlichen Auseinandersetzungen mit zahlreichen Räuberbanden, die weiterhin die Provinzen des Bourbonenstaates heimsuchten und deren Bekämpfung sich, wie im frühbourbonischen Königreich Neapel des 18. Jahrhunderts, über Jahrzehnte hinzog, ohne dass bis zum dritten und diesmal endgültigen Sturz des Bourbonenregimes durch Garibaldi und die Piemontesen jemals wirklich eine längerfristige Verbesserung an dieser innenpolitischen Front eintreten sollte. Die Massivität dieser Plage und gerade auch ihre Gefährlichkeit für die öffentliche Ordnung und Sicherheit in den Provinzen fand in den Jahrzehnten, die auf die zweite Restauration der Boubonenherrschaft folgten, immer wieder dadurch ihren unmittelbaren Ausdruck, dass man von Seiten Neapels gegen die Banden das reguläre Heer ins Felde rücken ließ.[999] Manifestationen des Banditenwesens

998 Franco: Borghesia rurale e delinquenza organizzata, S. 1114.

999 Einen sehr detaillierten Überblick dazu, wie sich die diesbezügliche Lage im festländischen Süditalien in der Zeit der zweiten bourbonischen Restauration darstellte, bietet Gaudioso: Brigantaggio, repressione e pentitismo nel Mezzogiorno preunitario, S. 113–205.

ließen sich im 19. Jahrhundert aber nicht nur im Königreich Beider Sizilien vorfinden, sondern auch in anderen Staaten auf der Apenninenhalbinsel, und dies besonders nach kriegerischen Auseinandersetzungen und revolutionären Umstürzen, nach denen sich diese Staaten erst einmal restabilisieren mussten. Dies betraf im Fall der nord- und mittelitalienischen Staatenwelt besonders die Jahre nach 1814–1816 und 1848–1850. Nachdem es aber den dortigen Herrschaftsträgern im Verlauf der 1850er Jahre gelungen war, das Gewaltmonopol fast vollständig an sich zu reißen, blieb das Banditenwesen im Wesentlichen ein Problem in schwach bevölkerten Gebieten und Grenzräumen, wie den versumpften Gebieten der Maremma im Süden des Großherzogtums Toskana und im Bereich der nördlichen Grenzen des Kirchenstaates.[1000]

Von diesen insgesamt positiven Entwicklungen in Nord- und Mittelitalien war jedoch das Königreich Beider Sizilien als flächenmäßig größter Staat auf der Apenninenhalbinsel auch im letzten Jahrzehnt seiner Existenz abgekoppelt. Bei den wohl bekanntesten Beispielen für Räuberbanden aus der Zeit des von 1816 bis 1860/61 bestehenden bourbonischen Königreiches Beider Sizilien handelt es sich *erstens* um dasjenige der in der Terra d'Otranto operierenden Bande des ehemaligen Priesters Ciro Annicchiarico, die schließlich von dem irischstämmigen Marschall Richard Church in den ersten beiden Monaten des Jahres 1818 zur Strecke gebracht werden konnte, *zweitens* dasjenige der ebenfalls im Jahre 1818 ausgeschalteten Bande Gaetano Meomartinos, *drittens* dasjenige der Bande der aus dem Cilento-Gebirge stammenden Brüder Donato, Domenico und Patrizio Capozzoli und *viertens* das Beispiel der Bande des kalabrischen Räubers Giosafatte Talarico in den 1840er Jahren.[1001]

Allen diesen vier Gruppierungen war zudem noch gemeinsam, dass sie über Kontakte zu den politischen Gegnern des neoabsolutistischen Bourbonenregimes verfügten. Während die ersten drei Banden mehr oder weniger enge Verbindungen zu solchen politischen Geheimbünden, wie denjenigen der Carbonari und der Filadelfi, besaßen, die in der Zeit der französischen Herrschaft über das Königreich Neapel entstanden waren, verfügte Talarico wiederum über Bekannte unter den bürgerlich-liberalen Kräften der Stadt Cosenza, die im März des Jahres

---

1000 Beales, Biagini: Il risorgimento e l'unificazione dell'Italia, S. 211.

1001 Sehr ausführlich zu den Taten und der Verfolgung der Banden Ciro Annicchiaricos und Gaetano Vardarellis Lucarelli: Il brigantaggio politico del Mezzogiorno d'Italia. Zur Bande der Capozzoli-Brüder siehe Autuori: Storia sociale della banda Capozzoli und Vozzi: La comitiva armata dei fratelli Capozzoli e la rivoluzione cilentana del 1828. Zu Talarico siehe Scirocco: Brigantaggio e politica in Calabria, S. 5–18 und Scirocco: Briganti e società nell'Ottocento. Il caso Calabria, S. 31–60.

1844 versuchten, diesen und seine Männer für eine Teilnahme an einem letztlich fehlgeschlagenen Aufstand gegen das Regime Ferdinands II. zu gewinnen. Ciro Annicchiarico, der erstgenannte Bandenführer, soll wiederum Mitglied des obskuren und der Carboneria nahestehenden Geheimbundes der „Decisi" gewesen sein[1002] und wiederholt an Treffen der Carbonari in der Terra d'Otranto teilgenommen haben.[1003] Sowohl Ciro Annichiarico als auch Gaetano Meomartino war zudem noch gemeinsam, dass sie zwar noch in der Zeit des „Decennio francese" die Waffen für die Sache Ferdinands IV. erhoben hatten[1004], aber dann wohl von dem auf den Thron Neapels zurückgekehrten Bourbonenregime relativ schnell enttäuscht waren. Wie schon das konkrete Verhalten Talaricos und seiner Männer im Jahre 1844 im Hinblick auf den von einigen cosentinischen Liberalen geplanten Aufstand zeigen sollte, kann davon ausgegangen werden, dass diese Banditen ungeachtet ihrer mehr oder auch weniger engen und im Großen und Ganzen undurchsichtig erscheinenden Kontakte zu oppositionellen Gruppen wie den Carbonari oder Filadelfi sich nicht wirklich kompromisslos den von den Mitgliedern dieser Geheimbünde so stark propagierten liberal-konstitutionellen Ideen verschrieben hatten.

Fast genauso undurchsichtig wie diese mehr oder auch weniger engen Bande zwischen den Vertretern einzelner Räuberbanden im Königreich Beider Sizilien und politischen Geheimbünden, wie demjenigen der Carbonari, erscheinen auf den ersten Blick auch die immer wieder diskutierten möglichen historischen Verbindungen zwischen dem Banditenwesen und den bereits im 19. Jahrhundert auf dem Festland entstandenen Verbrecherbünden der neapolitanischen Camorra und der kalabrischen 'Ndrangheta, deren genaue Anfänge, die stets genügend Raum für Spekulationen und allerlei Legenden geboten haben, wohl für immer im Dunkeln der Geschichte verbleiben werden. Während eine historische Verbindung zwischen der in der Unterschicht Neapels entstandenen Camorra und dem Banditenwesen vollkommen ausgeschlossen werden kann, so wäre eine solche Verbindung für die in Kalabrien in der zweiten Hälfte des 19. Jahrhunderts entstandene 'Ndrangheta, die sich innerhalb eines ländlichen, staatsfernen und von einer äußerst engen inter- und intrafamiliären Vernetzung vor Ort geprägten Ambientes entwickelte, wie es die in dieser Untersuchung behandelten Beispiele der Banden Nicodemo d'Agostinos aus Grotteria, Giovanni Cacozzas aus Gizzeria und der Gualtieri-Familie aus Nicastro in den 1770er und 1780er Jahren deutlich

1002 Lucarelli: Il brigantaggio politico del Mezzogiorno d'Italia, S. 129.

1003 Gaudioso: Brigantaggio, repressione e pentitismo nel Mezzogiorno preunitario, S. 133.

1004 Cingari: Il brigantaggio nella prima metà dell'Ottocento, S. 79.

gewahr werden lassen, zwar durchaus denkbar, lässt sich jedoch aufgrund der mangelhaften Quellenlage zu den Ursprüngen dieses heutzutage auch international auftretenden kalabrischen Verbrechernetzwerkes nicht mit Sicherheit klären und würde stets die Gefahr des Abgleitens in abwegige Spekulationen in sich bergen.[1005] Während sich im Fall der 'Ndrangheta eine historische Verbindung zum Banditenwesen zwar nicht mit Sicherheit belegen lässt, jedoch durchaus vorstellbar wäre, so kann eine solche, wenn auch nicht in einem direkten evolutionären Sinne, für die im 19. Jahrhunderts im Nordwesten Siziliens ebenfalls in einem ländlichen Ambiente allmählich entstandene Mafia als sicher angesehen werden. Ihren Ursprung hatte die sizilianische Mafia in dem komplexen, weite Personenkreise umfassenden Dickicht der Beziehungen, in dessen Zentrum die anfangs zumeist noch adeligen in Palermo residierenden Großgrundbesitzer und die für sie wirtschaftenden und dem aufstrebenden Landbürgertum entstammenden Pächter (*gabellotti*) sowie die ihnen zur Verfügung stehenden bewaffneten Gefolgschaften und die von ihnen protegierten Gruppen von Banditen standen, auf die sie unter Ausnutzung der Schwäche des Staates zur Durchsetzung ihrer spezifischen, auch familiären Interessen vor Ort sowie zur Sicherung und Erweiterung ihrer Einflussbereiche zurückgriffen. Die Übergänge zwischen den bewaffneten Gefolgschaften und den protegierten Räuberbanden lassen sich jedoch nicht eindeutig festmachen, da diese Privatmilizen sehr häufig aus Banditen und anderen Personen mit zweifelhaftem Leumund bestanden. Die *gabellotti*, die schließlich im Verlauf des 19. Jahrhunderts ihren politischen, sozialen und ökonomischen Einfluss im Nordwesten Siziliens auf Kosten des grundbesitzenden Adels immer weiter auszudehnen vermochten, stellten somit in diesem ländlichen Ambiente mitsamt ihren Gefolgsleuten und Beziehungen sowohl nach oben als auch nach unten den zentralen sozialen Dreh- und Angelpunkt dar und waren in Anbetracht der weitestgehenden Absenz der Staates und des geringen Vertrauens in dessen Handlungskompetenz bei Problemen jedweder Art auch im Sinne eines *do ut des* der bevorzugte Bezugspunkt für die Bewohnerschaft der ihrer Kontrolle unterliegenden Ländereien.[1006]

1005 Zur neapolitanischen Camorra und deren Entwicklung bis zum Ende der 1980er Jahre siehe Sales: La camorra le camorre und zur Geschichte der kalabrischen 'Ndrangheta bis zu Beginn der 1990er Jahre Ciconte: 'Ndrangheta dall'unità a oggi.

1006 Zu diesem komplexen und kaum zu durchschauenden Beziehungsgeflecht, das bis in die Hauptstadt Palermo, und somit auch in die dortigen politischen Kreise, hineinreichte und welches den diesbezüglichen Ausführungen Salvatore Lupos zufolge im Sinne einer „protomafia" die Keimzelle der sizilianischen Mafia bildete, siehe Lupo: Storia della Mafia, S. 49–73. Zur Geschichte der sizilianischen Mafia

Wie schon, um somit zu den vier erwähnten und über Kontakte zu den in Geheimbünden organisierten politischen Gegnern des Bourbonenregimes verfügenden Banden zurückzukehren, in der Ausschaltung der besagten Bande Ciro Annicchiaricos durch den von Neapel beauftragten irischstämmigen Marschall Richard Church, auf deren Taten und Schicksal an dieser Stelle nicht weiter eingegangen werden soll, so muss auch die fast zeitgleiche Zerschlagung der über enge Kontakte zum Geheimbund der Carbonari verfügenden Bande Gaetano Meomartinos im Jahre 1818 im Kontext des massiven Vorgehens des auf das Festland zurückgekehrten Bourbonenregimes gegen die zahlreichen Banden gesehen werden, die, obwohl sie zunächst noch zur Destabilisierung der Königtümer Joseph Bonapartes und Joachim Murats von Ferdinand IV. und den mit ihm verbündeten Engländern alimentiert worden waren, sich nicht wie das Heer Murats aufgelöst hatten, sondern nach wie vor die Bewohnerschaft der Provinzen in Angst und Schrecken versetzten, so dass ein konsequentes Einschreiten der Zentralregierung unausweichlich erschien. Um die Bewohner der besonders von den Aktionen dieser Banden betroffenen Provinzen von einer möglichen Zusammenarbeit mit diesen abzuhalten und wiederum die Banditen von diesen zu isolieren, ließ man die Verwandten von flüchtigen Banditen festnehmen, Masserien schließen und in massiver Weise auch die Feldarbeit einschränken, die für das Überleben der Bauern von zentraler Bedeutung war. Wie so viele andere Banden, so hatte auch diejenige Gaetano Meomartinos zunächst noch zu Beginn des „Decennio francese" für die Sache der nach Sizilien geflohenen Bourbonenfamilie zu den Waffen gegriffen. Nachdem Gaetano Meomartino durch seinen Widerstand gegen die Franzosen bereits ein beachtliches Renommee erworben hatte, floh er im Jahre 1810 nach Sizilien und wurde zum Dank mit dem Rang eines Sergeanten der königlichen Palastwache in Palermo belohnt. Mit dem Ende der Herrschaft Joachim Murats hatte Gaetano Meomartino dann aber mit einer großen und unter strenger Disziplin gehaltenen Bande seine früheren kriminellen Tätigkeiten im Gebiet der apulischen Provinzen, des Principato Ultra, der Provinz Molise und der Basilikata wieder aufgenommen. Da die von der Zentralregierung in Neapel ausgesandten bewaffneten Einheiten wiederholt der Bande nicht hatten beikommen können, versuchte man nun, diese dadurch zu beseitigen, dass man deren Mitgliedern im Juli 1817 im Falle einer Niederlegung ihrer Waffen versprach, ihnen ihre Taten nicht nur zu

in ihrer Gesamtheit siehe ferner Dickie: Cosa Nostra. A History of the Sicilian Mafia. Zur Rolle des sizilianischen Banditentums in den Auseinandersetzungen um politischen, sozialen und ökonomischen Einfluss auf lokaler Ebene im Sizilien der ersten Hälfte des 19. Jahrhunderts siehe Fiume: Bandits, Violence and Organisation of Power in Sicily in the Early Nineteenth Century, S. 70–91.

vergeben, sondern sie zudem noch in die Reihen der Provinzmilizen aufzunehmen. Dieses Angebot wurde dann von den Mitgliedern der Bande, die sich der wahren dahintersteckenden Intentionen nicht vollends bewusst waren, angenommen. Im April des darauffolgenden Jahres lockte man schließlich die ehemaligen Banditen, die nunmehr eigentlich loyal in den Diensten Ferdinands I. standen, in der molisanischen Ortschaft Ururi in einen Hinterhalt, in welchem Gaetano Meomartino, seine beiden Brüder Geremia und Giovanni sowie vier weitere Mitglieder der Bande von auf der Lauer liegenden Soldaten erschossen wurden. Die anderen Mitglieder der Bande, die den Ereignissen in Ururi noch durch eine überstürzte Flucht in die Wälder entgangen waren, wurden schließlich unter falschen Versprechungen am 27. April 1818 nach Foggia gelockt, wo auch sie den Behörden schließlich sowohl tot als auch lebendig in die Hände fielen und somit die für das Regime Ferdinands I. unrühmliche Affäre um die Bande Gaetano Meomartinos ihren endgültigen Abschluss fand. Diejenigen Gefährten Gaetano Meomartinos, die bei diesem erneuten Hinterhalt lebend festgenommen werden konnten, wurden in einem Schnellverfahren zum Tode durch Erschießen verurteilt.[1007]

So wie schon Gaetano Meomartino und seine Gefolgschaft allem Anschein nach über engere Kontakte zu dem Geheimbund der Carbonari verfügten, so besaßen auch die Mitglieder der bereits erwähnten Bande der Capozzoli-Brüder, auf deren Geschicke an dieser Stelle gleichfalls etwas genauer eingegangen werden soll, engere Kontakte zu den Vertretern eines weiteren derartigen politisch orientierten Geheimbundes, der besonders unter den bürgerlich-liberalen Kräften innerhalb der Bevölkerung des Cilento-Gebirges viele Anhänger für sich hatte gewinnen können. Die Rede ist hier vom Bund der sogenannten „filadelfi", der sich genauso wie derjenige der Carbonari liberal-konstitutionellen Zielsetzungen verschrieben hatte. Die Filadelfi gehörten wie die Carbonari zu denjenigen politisch orientierten Geheimbünden, die in der Zeit der etwa zehnjährigen französischen Herrschaft über das Königreich Neapel entstanden waren. Die Filadelfi verfügten dabei genauso wie der weitaus bekanntere Geheimbund der Carbonari über interne Rituale, die stark denjenigen eines anderen Geheimbundes ähnelten, welcher bereits im Jahrhundert davor entstanden war, und zwar demjenigen der Freimauerer, die überall in Europa eine große Zahl von Anhängern besaßen. Die Carbonari als bedeutendster dieser Geheimbünde in Süditalien konnten außerhalb der Hauptstadt Neapel besonders in den apulischen Provinzen, der Basilikata, dem Principato Citra und dem Principato Ultra auf eine größere Anhängerschaft

1007 Coniglio: I Borboni di Napoli, S. 315 und Scirocco: Dalla seconda restaurazione alla fine del Regno, S. 646.

zählen. Eines der zentralen innerhalb der sich in ihrer Gesamtheit als eher diffus darstellenden Ziele des Carbonari-Bundes, dessen Mitglieder aus allen Schichten des Königreiches Beider Sizilien kamen, darunter auch zahlreiche Militärs sowie Vertreter des städtischen und ländlichen Bürgertums, bestand darin, die liberale Verfassung von Cádiz, die dort im Jahre 1812 inmitten der Zeit des auf der Iberischen Halbinsel tobenden Guerilla-Krieges gegen das französische Okkupationsregime unter dem vormaligen König von Neapel und Bruder Kaiser Napoleons I., Joseph Bonaparte, von einer verfassungsgebenden Versammlung gebilligt worden war, in das neoabsolutistisch regierte Königreich Beider Sizilien Ferdinands I. einzuführen und dieses somit zu einem Verfassungsstaat zu machen. Allerdings sollten sich alle Versuche dieses Carbonari-Geheimbundes, diese Verfassung über den Weg eines Umsturzes dauerhaft auf das Königreich Beider Sizilien zu übertragen, wiederholt als Fehlschläge erweisen.[1008]

Eine ähnliche Erhebung mit dem Ziel der Durchsetzung einer konstitutionellen Verfassung für das Königreich Beider Sizilien versuchte nun im Sommer des Jahres 1828 auch der Geheimbund der Filadelfi in der Gebirgsregion des Cilento zu entfachen, in welcher er, wie bereits erwähnt, auf eine größere Anhängerschaft zählen konnte. Diese Erhebung sollte nach den Intentionen der Verschwörer dann die Initialzündung für ähnliche Erhebungen in den anderen Provinzen des Königreiches Beider Sizilien sein. Bei dieser geplanten Erhebung sollte schließlich die Bande der aus Monteforte stammenden Capozzoli-Brüder eine gewichtige Rolle spielen, die sich gerade aufgrund ihrer guten, dem Prinzip des *do ut des* verpflichteten Kontakte zum liberal gesinnten Landbürgertum des Cilento-Gebirges, dem maßgeblichen Träger des Aufstandes, und Vertretern der lokalen Verwaltung, wie beispielsweise dem Bürgermeister von Monteforte, dort schon seit etwas mehr als ein Jahrzehnt vor den Nachstellungen der Provinzbehörden hatte halten können. Aus diesem Schutz, den diese *galantuomini* den Banditen zukommen ließen, resultierte auch, dass diese beispielsweise bei der Austragung persönlicher Fehden auf die Unterstützung der Bande zählen konnten, sofern die Capozzoli-Brüder, die sich allerdings nicht für jedes derartige Ansinnen blind instrumentalisieren ließen, zustimmten.[1009]

Aufgrund dieser engen Bindungen zum Landbürgertum, das ihnen in der Vergangenheit seine Protektion hatte zuteil werden lassen und aus dessen Reihen

---

1008 Heydemann: Konstitution gegen Revolution, S. 76ff. und Scirocco: Dalla seconda restaurazione alla fine del Regno, S. 655 und S. 657.

1009 Vozzi: La comitiva armata dei fratelli Capozzoli e la rivoluzione cilentana del 1828, S. 1146 und 1148 sowie Autuori: Storia sociale della banda Capozzoli (1817–1827), S. 1138.

auch viele Anhänger der Filadelfi kamen, die den Capozzolis auch ihre politischen Vorstellungen näher gebracht haben dürften, nahmen die Brüder schließlich mit Engagement an dem Mitte des Jahres 1828 von diesem Geheimbund im abgelegenen Cilento-Gebirge entfachten Aufstand teil, dessen Hauptziel in der Wiedereinsetzung der liberalen Verfassung bestand, die Ferdinand I. auf Druck der Carbonari im Jahre 1820 gebilligt, aber dann mit der Waffenhilfe von Seiten der Österreicher wieder hatte aufheben lassen.[1010] Allerdings bedeutete der sehr schnelle Fehlschlag dieses lokal begrenzten Aufstandes auch den Anfang vom Ende der Capozzoli-Bande, deren Mitglieder nach einem kurzen Exilaufenthalt auf Korsika, von dem sie zum Zwecke der erneuten Teilnahme an einem Aufstand in das Königreich Beider Sizilien zurückkehrten, schließlich im darauffolgenden Jahr dem Bourbonenregime in die Hände fielen und nach einem kurzen Prozess zum Tode durch Erschießen verurteilt wurden.[1011]

Der Fall des kalabrischen Banditen Talarico und seiner Männer aus den 1840er Jahren bietet wiederum ein interessantes Beispiel dafür, dass solche Banden, auch wenn sie über Kontakte zu Gegnern des neoabsolutistischen Bourbonenregimes verfügten, sich nicht ohne Weiteres für die Verwirklichung von deren politischen Zielen instrumentalisieren ließen. Obwohl die cosentinischen Liberalen, die Mitte März des Jahres 1844 in der Provinz Calabria Citra einen Aufstand gegen das Regime Ferdinands II. anzetteln wollten, auch auf die Unterstützung Talaricos und seiner Männer gesetzt hatten, weigerte sich dieser, daran teilzunehmen. Die konkreten Ursachen für dieses Verhalten dürften zum einen in einem erheblichen Misstrauen gegenüber seinen liberalen Bekanntschaften und deren Ideen bestanden haben[1012] und zum anderen in dem Bewusstsein, dass die neapolitanischen Behörden gegenüber dieser kleinen Gruppe cosentinischer Liberaler am längeren Hebel saßen und dass ein Scheitern des Aufstandes automatisch gravierende Konsequenzen für sein eigenes sowie für das Wohl der ihm unterstehenden Männer hätte haben können. Denn in diesem Zusammenhang sollte nicht vergessen werden, dass bereits im Jahr zuvor zwei ähnlich gelagerte Aufstandsversuche, und zwar im August und Oktober, auf ganzer Linie gescheitert waren und deren Anstifter nach wie vor im Gefängnis von Cosenza einsaßen.[1013]

Zum weiteren Schicksal Talaricos und seiner Männer, auf deren langwierige Verfolgung durch die Behörden an dieser Stelle nicht *en détail* eingegangen

1010 Vozzi: La comitiva armata dei fratelli Capozzoli e la rivoluzione cilentana del 1828, S. 1151.

1011 Ebd., S. 1156f.

1012 Scirocco: Brigantaggio e politica in Calabria. Il caso Calabria, S. 7f.

1013 Ebd.

werden kann, lässt sich abschließend nur so viel sagen, dass sich dieser zu Beginn des Septembers 1845 schließlich freiwillig den Behörden stellte, nachdem diese den Druck auf die Bande und das auf sie ausgesetzte Kopfgeld immer weiter erhöht hatten. Diese definitive Aufgabe Talaricos kam letzten Endes maßgeblich auf Vermittlung des damaligen Intendenten der Provinz Calabria Citra, Vincenzo de Sangro, zu Stande, welcher über Unterhändler den Bandenführer und seine Gefährten von der Aussichtslosigkeit jeglichen weiteren Widerstandes zu überzeugen vermochte. Im Gegensatz zum Fall der Bande Gaetano Meomartinos hielt sich die Regierung an die Talarico und seinen Gefährten gemachten Versprechungen und gestand diesem nach dessen Aufgabe eine Begnadigung sowie eine Pension zu, deren regelmäßige Zahlung selbst noch nach dem Sturz des Bourbonenregimes von den Behörden des neuen italienischen Nationalstaates beibehalten wurde.[1014]

Gerade dieser bereits eingangs erwähnte neue Umstand, dass die Aktionen solcher Banden besonders in den Zeiten der kurzlebigen Parthenopäischen Republik, des napoleonisch beherrschten Königreiches Neapel und des postunitären Brigantenkrieges in den 1860er Jahren sowie vereinzelt, wie es das Beispiel der Capozzoli-Brüder gezeigt hat, auch in der Zeit der zweiten bourbonischen Restauration eine politische Dimension aufweisen konnten, würde einen bemerkenswerten Unterschied zum Charakter des Banditenwesens im Königreich Neapel der frühen Bourbonenzeit darstellen, für welches sich in den konsultierten Quellen für ein derartiges Verhalten keine wirklich stichhaltigen Beweise finden ließen. Die einzige Ausnahme könnten hierbei nur die Ereignisse des Krisenjahres 1744 gebildet haben, für die sich die diesbezügliche Quellenlage allerdings als außerordentlich dünn erweist. Zum einen könnten gemäß den letztendlich nicht beweisbaren Vorwürfen der *Giunta di Inconfidenza* gegenüber dem Fürsten von Bisignano[1015] Räuberbanden oder einzelne Banditen bei den Versuchen des philoösterreichisch gesinnten neapolitanischen Adels, in den Provinzen Erhebungen gegen die Herrschaft Karls von Bourbon zu entfachen, eine Rolle gespielt haben und zum anderen hatte der *Segretario di Stato di Grazia e Giustizia* Bernardo Tanucci in einem Brief vom 27. Juni 1744 im Hinblick auf den gescheiterten österreichischen Versuch, die Abruzzenregion zu erobern, von den Aktivitäten

1014 Ebd., S. 16f.

1015 Siehe hierzu Trifone: Le Giunte di Stato a Napoli nel secolo XVIII, S. 125f. und ein diesbezügliches auf den 12. Juli 1744 datiertes Schreiben aus dem Bestand der *Giunta di Inconfidenza*, das abgedruckt ist bei Carignani: Il partito austriaco nel Regno di Napoli al 1744, S. 55ff.

mutmaßlicher „fuorusciti papalini e regnicoli“[1016] gesprochen, die für die Sache der Erzherzogin Maria Theresia gekämpft hätten und die von den ihnen nachsetzenden Truppen sofort nach ihrer Festnahme aufgehängt werden sollten.

Allerdings sollte im Zusammenhang mit einem solchen Verhalten von Banditen, deren politischer Horizont in der Regel eher begrenzt gewesen sein dürfte, davon Abstand genommen werden, diese Teilnahme an politisch motivierten Insurrektionen im Sinne eines „brigantaggio politico“, von welchem oftmals von Seiten der italienischen Forschung gesprochen wird, in ihrer tatsächlichen Bedeutung überzubewerten und darin eine völlig neue Facette des süditalienischen Banditenwesens zu sehen. Denn es handelte sich hierbei keineswegs um ein Novum in der Geschichte der Bandendelinquenz in Süditalien, dass in Zeiten von politischen und sozioökonomischen Krisen das Banditenwesen und wie auch immer geartete Aufstände unter deutlicher Verwischung der Grenzen zwischen beiden Phänomenen auch ineinander übergehen konnten oder dass sich einzelne Banden für die Durchsetzung machtpolitischer Zielsetzungen immer wieder als nützliches Instrument anboten. Gerade das Verhalten Talaricos und seiner Gefährten gegenüber den cosentinischen Liberalen im Jahre 1844 bietet jedoch ein gutes Beispiel dafür, dass Versuche, die Kampfkraft solcher Banden für die Durchsetzung eigener politischen Zielvorstellungen zu instrumentalisieren, auch scheitern konnten. Selbst wenn in der Zeit der zweiten bourbonischen Restauration einzelne Banden Kontakte zu oppositionellen Gruppierungen wie den Carbonari oder Filadelfi besaßen und wie im Fall der Capozzoli-Bande sogar an einem der von diesen angestifteten Aufstände unmittelbar partizipierten, muss für die Zeit des bourbonischen Königreiches Beider Sizilien Alfonso Sciroccos impliziter Ablehnung des in diesem Zusammenhang verwendeten Begriffes des „brigantaggio politico“ zugestimmt werden, der zu dieser Problematik schrieb, dass „[c]on la Restaurazione l'equivoco finì, nel senso che restò esclusivamente un carattere delinquenziale nel pullulare delle bande, diffuse in quasi tutte le province, nonostante il ritorno del sovrano legittimo ed il ristabilimento della pace.“[1017]

Wie schon anhand der Lage im bourbonischen Königreich Neapel des 18. Jahrhunderts deutlich gemacht worden ist, sollte man die periodisch massiv zunehmende Bandenkriminalität in den Provinzen des Königreiches Neapel sowie des Königreiches Beider Sizilien von ihren konkreten Ursachen her jedoch nicht allein in den politischen Krisen dieses Jahrhunderts verankern, sondern ebenso

1016 Tanucci: Epistolario 1723–1746, Brief Nr. 508, Bernardo Tanucci an Bartolomeo Corsini, Neapel 27. Juni 1744, S. 738.

1017 Scirocco: Brigantaggio e politica in Calabria. Il caso Calabria, S. 5.

sozioökonomische Faktoren, wie die Armut, unter welcher noch ein Großteil der Landbevölkerung lebte, sowie periodisch auftretende Missernten und dadurch verursachte Hungersnöte, wie gerade in den Jahren zwischen 1815 und 1817, in dem in erster Linie noch von der Landwirtschaft geprägten Königreich Beider Sizilien des 19. Jahrhunderts mitberücksichtigen. Hinzu kamen schließlich auch noch Epidemien, wie beispielsweise das Wüten der Cholera in den Jahren 1836 und 1837, welcher mehr als 170.000 Bewohner des Königreiches zum Opfer fielen.[1018] Zudem ergaben sich auch im bourbonischen Königreich Beider Sizilien weiterhin erhebliche Differenzen zwischen den einzelnen Provinzen hinsichtlich der gewählten landwirtschaftlichen Produktionsformen und der damit einhergehenden Erträge sowie deren infrastruktureller Erschließung, die ungeachtet zahlreicher diesbezüglicher Bemühungen der Regierung in Neapel in ihrer Gesamtheit mangelhaft blieb.[1019]

Letzten Endes stellte das einen mehr oder weniger hohen Grad an innerer Organisation und territorialer Verbreitung aufweisende Banditenwesen auch im Königreich Beider Sizilien weiterhin eine außerordentliche Plage dar, welcher man selbst mit den neuen, in der Zeit der französischen Herrschaft eingeführten und danach beibehaltenen Herrschaftsinstanzen in den Provinzen nicht dauerhaft beizukommen vermochte. So beauftragte beispielsweise noch im Oktober des Jahres 1859 der neue und zugleich auch letzte König Beider Sizilien, Franz II., den General und Herzog von San Vito, Emanuele Caracciolo, damit, Kalabrien von zahllosen Banden zu säubern, die diese Region noch ein Jahr vor dem völlig unerwarteten Zusammenbruch des Bourbonenregimes in massiver Weise heimsuchten.[1020] In einer an die Bevölkerung Kalabriens gerichteten Proklamation dieses von König Franz II. beauftragten *Generale Commessario straordinario* Emanuele Caracciolo vom 27. Oktober 1859 hieß es auszugsweise wie folgt zu den Zielen, welche er mit seiner Mission verband:

> „Calabresi! Il brigantaggio a danno delle vostre sostanze, e cimentando, per volta, la vostra esistenza, rialza proterva la sua fronte in queste belle ed eroiche contrade. Il Re Signor Nostro che veglia, senza posa, per la interna ed esterna incolumnità dei popoli,

---

1018 Spagnoletti: Storia del Regno delle Due Sicilie, S. 232ff. S. 149–167. Zu der Agrarkrise zwischen den Jahren 1815 und 1817, in denen die Provinzen des festländischen Bourbonenstaates darüber hinaus besonders massiv von den Aktivitäten zahlreicher Räuberbanden, wie gerade auch denjenigen Ciro Annicchiaricos und Gaetano Vardarellis, heimgesucht wurden, siehe Palomba: La crisi agraria del 1815–1817, S. 149–167.

1019 Spagnoletti: Storia del Regno delle Due Sicilie, S. 238ff. und S. 245f.

1020 Scirocco: Briganti e società nell'Ottocento. Il caso Calabria, S. 80f.

che Iddio gli à confidato, mi manda fra voi, per fiaccare quei ribaldi, e per disperderne la mala semenza. La mia è dunque missione, ad un tempo, di repressione, e di prevenzione; mio scopo supremo l'ordine pubblico, e la sicurezza privata."[1021]

In der gleichen Weise wie bei den insurrektionellen Bewegungen gegen die Parthenopäische Republik und gegen die Herrschaft der beiden napoleonischen Könige Joseph Bonaparte und Joachim Murat muss schließlich auch zwischen dem sogenannten „gran brigantaggio“ der 1860er Jahre und dem schon seit Jahrhunderten in Süditalien bestehenden Banditenwesen eine eindeutige Trennlinie gezogen werden. Auch in dieser auf Deutsch üblicherweise als „Brigantenkrieg“ bezeichneten Auseinandersetzung zwischen Teilen der ländlichen Bevölkerung des festländischen Süditaliens und den neuen Herrschaftsträgern aus dem Königreich Sardinien-Piemont sollte auf keinen Fall eine reine Manifestation des süditalienischen Banditenwesens gesehen werden, sondern vielmehr ein Bürgerkrieg, in dem eine breit angelegte insurrektionelle Bewegung, deren politische Absichten sich letzten Endes jedoch als sehr diffus darstellten und in die, wie schon oftmals bei Aufständen in der Vergangenheit, auch die seit Jahrhunderten bestehende Plage des Banditenwesens und damit verbunden auch die gemeine Kriminalität mitübergingen. Bei diesen unter dem Oberbegriff „Briganten“ zusammengefassten Gruppierungen, welche die Konsolidierung der piemontesischen Herrschaft schon Ende des Jahres 1860 und darüber hinaus erschwerten, handelte es sich, obgleich der für sie benutzte Oberbegriff das Gegenteil implizieren mag, in Wirklichkeit nicht nur ausschließlich um Banditen, sondern um ein Konglomerat aus verschiedenen Interessengruppen, deren größter gemeinsamer Nenner die Ablehnung der Herrschaft Turins im Süden der Apenninenhalbinsel war und, damit verbunden, einstweilen noch das anfängliche Bekenntnis zum entthronten König Beider Sizilien, Franz II., der zwar auf der einen Seite von seinem Exil im päpstlichen Rom aus die Aktivitäten dieser Banden unterstützte, es aber auf der anderen Seite nicht vermochte, diese Gruppierungen und deren Operationen, die letztendlich erfolglose Mission des probourbonischen und in

---

1021 Zitiert nach ebd., S. 144. Bei seiner Mission in Kalabrien setzte der Herzog von San Vito, Emanuele Caracciolo, allerdings nicht auf die rein militärische Karte, sondern versprach denjenigen Banditen, die sich innerhalb eines Monats freiwillig stellten, eine Begnadigung oder zumindest eine Minderung bzw. Umwandlung ihrer Strafe. Nach dem Ablauf der von Emanuele Caracciolo gesetzten Frist sollten jedoch die nach wie vor noch auf freiem Fuß befindlichen Banditen die ganze Härte des Gesetzes zu spüren bekommen. Zu der Mission des Herzogs von San Vito und deren Resultaten siehe Gaudioso: Brigantaggio, repressione e pentitismo nel Mezzogiorno preunitario, S. 202–205.

den Diensten Franz' II. stehenden spanisch-katalanischen Generals José Borjes legt hierfür ein deutliches Zeugnis ab, seiner Kontrolle zu unterwerfen und über einen umfassenden probourbonischen Aufstand im Süden die Grundlage für eine mögliche Rückkehr auf den Thron Neapels zu schaffen. Diese zahlreichen, im festländischen Teil des ehemaligen Königreiches Beider Sizilien operierenden Banden von Aufständischen bestanden im Wesentlichen, wobei hier die Übergänge fließend waren, sowohl aus schon vorher als Banditen aufgetretenen Personen als auch aus Kleinbauern, Tagelöhnern, enttäuschten Garibaldinern und bourbonischen Loyalisten. Das militärische Rückgrat dieser Banden bildeten oftmals ehemalige Soldaten und Offiziere des neapolitanischen Heeres, die sich geweigert hatten, der nationalitalienischen Armee beizutreten. Dass sich gerade so viele Personen aus der ländlichen Bevölkerung diesen bewaffneten Gruppierungen anschlossen, war vor allem der Tatsache geschuldet, dass die zahlreichen Bauern und Tagelöhner, die anfangs noch Garibaldi unterstützt hatten, sich zum einen durch das Agieren der Regierung des im Frühjahr 1861 begründeten Königreiches Italien relativ schnell in ihrer Hoffnung nach einer Verbesserung ihrer schlechten sozioökonomischen Lage getäuscht sahen, die sich stattdessen, einhergehend mit einer von den durch die Einigungskriege hochverschuldeten Piemontesen äußerst rigoros betriebenen Fiskalpolitik, sogar noch weiter verschlechterte, und zum anderen die Herrschaft der neuen Herren aus dem Norden als noch weitaus repressiver wahrnahmen als diejenige des untergegangenen Bourbonenregimes, welches im Gegensatz zu den Piemontesen nie in solch massiver Art und Weise versucht hatte, in den ländlich geprägten Gebieten seines Herrschaftsbereiches das Machtmonopol an sich zu reißen.[1022]

1022 Beales, Biagini: Il risorgimento e l'unificazione dell'Italia, S. 209–216; Hausmann: Garibaldi, S. 152–156 und vor allem die Fußnotenanmerkung in Richter: Garibaldis "Zug der Tausend" in der Darstellung der deutschen Presse, S. 77f. Zu der gescheiterten Mission des spanisch-katalanischen Generals José Borjes, der von Soldaten der nationalitalienischen Armee am 8. Dezember 1861 bei Tagliacozzo in der Nähe des Kirchenstaates, in den er zu entkommen versuchte, gestellt und schließlich in Tagliacozzo selbst erschossen wurde. Molfese: Storia del Brigantaggio dopo l'Unità, S. 100–107. Alfonso Scirocco gibt zudem noch zu bedenken, dass im Gegensatz zu den Aufständen in den anderen festländischen Provinzen des ehemaligen Königreiches Beider Sizilien in denjenigen in der Region Kalabrien völlig dieses legitimistische Element fehlte und dieses insgesamt in deutlichem Gegensatz zu den Erhebungen in der Phase der Parthenopäischen Republik und des sogenannten „Decennio francese" im Rahmen des in den 1860er Jahren tobenden Brigantenkrieges eine weitaus geringere Rolle spielte. Siehe hierzu Scirocco: Briganti e società nell'Ottocento. Il caso Calabria, S. 83.

Wenngleich man davon Abstand nehmen sollte, zwischen der Erhebung von weiten Teilen der süditalienischen Bevölkerung gegen die neuen Machthaber aus Turin, bei deren bewaffneten Aktionen eine sehr große Anzahl von schon vorher als Banditen aufgetretenen Personen, wie der aus der Basilikata stammende Carmine Crocco, eine Schlüsselrolle innehatten, eine direkte Verbindungslinie zu den Manifestationen des endemischen Banditenwesens im Königreich Neapel der vergangenen Jahrhunderte zu ziehen, sollte den Piemontesen gegenüber den in zahllosen Banden organisierten Aufständischen gerade das gelingen, woran die Bourbonen in ihrer in etwa 115 Jahre andauernden Herrschaft über den festländischen Mezzogiorno sowohl im 18. Jahrhundert als auch im 19. Jahrhundert nicht nur wiederholt, sondern auch auf ganzer Linie gescheitert waren; nämlich das vormals weitverbreitete und in dieser Aufstandsbewegung zu erheblichen Teilen aufgegangene Banditenwesen mit einer vorher im Süden noch nie gekannten Brutalität, die unter den Bewohnern des Südens einen hohen Blutzoll forderte, auf Dauer weitestgehend zurückzudrängen. Allerdings bedeutete das spürbare Abebben dieser alten jahrhundertelangen Plage nicht automatisch auch das Ende des gesamten Phänomens der einen geringen oder auch hohen Grad an innerer Kohäsion aufweisenden organisierten und gesellschaftlich gut vernetzten Kriminalität im festländischen und insularen Süditalien, denn diese hat in der Form mafiöser Verbrechernetzwerke, wie der neapolitanischen Camorra, der kalabrischen 'Ndrangheta oder auch der sizilianischen Mafia, bis in die heutige Zeit hinein einen erheblichen Einfluss auf die politischen, sozialen und ökonomischen Geschicke des Mezzogiorno sowie die um sie geführten öffentlichen Diskurse zu verzeichnen.

Quellen- und Literaturverzeichnis

1. Benutzte Archivbestände

ARCHIVIO DI STATO DI L'AQUILA (ASA)

Regia Udienza di Aquila: *Fondo del Preside I*: 4/93, 9/211, 14/326, 15/341, 16/361, 16/362, 16/378, 16/380, 26/586, 27/595; *Fondo del Preside II*: 26/673; *Processi Penali*: 195/91.

Archivio Civico Aquilano: *Registrum, 1496–1499*, S-79; *Liber Reformationum, 1482–1485*, T-3.

ARCHIVIO DI STATO DI BARI/SEZIONE DI TRANI (ASB/ST)

Sacra Regia Udienza di Trani: *Carte Amministrative, Affari Diversi*: 6/41, 6/43, 6/46, 6/49.

ARCHIVIO DI STATO DI CHIETI (ASC)

Regia Udienza di Chieti: 102/3255, 106/3362, 217/6417, 225/6605.

ARCHIVIO DI STATO DI CAMPOBASSO (ASCB)

Miscellanea di Atti sul Brigantaggio e Processi Politici: 1–10.

ARCHIVIO DI STATO DI COSENZA (ASCO)

Regia Udienza di Cosenza: 27/223.

ARCHIVIO DI STATO DI FOGGIA/SEZIONE DI LUCERA (ASF/SL)

Regia Udienza di Lucera: *Processi Penali*: 23/271, 39/436.

ARCHIVIO DI STATO DI NAPOLI (ASN)

Ministero degli Affari Esteri: *Delinquenti*, 1570–1640; *Elezione e Spedizione di Vicarj in Queste Provincie all'Arrivo delle Armi Spagnole in Regno*, 4817; *Carteggio col Conte di Mahony e col Duca di Montemar*, 4876; *Terremoto della Calabria Ultra*, 4888–4890; *Volume delle Circolari*, 6911.

Processi Antichi/Da Riordinare/Processi Criminali: 4/149, 8/225, 10/0, 15/1–4, 28/1.

Real Camera di Santa Chiara: *Bozze di Consulta*: 49/42, 117/72, 199/14, 255/17, 306/27; *Consulte Italiane*: 3; *Processi Irresoluti*: 6/0.

Segreteria di Stato di Casa Reale: *Registri dei Dispacci della Prima Segreteria di Stato*: 1067–1089, 1096–1097; *Diversorum*: 730/200.

Segreteria di Stato di Grazia e Giustizia: *Dispacci e Fascicoli*: 22–30, 32–55, 38/235, 62–66, 111/471, 123–124, 125–126,160–191, 167, 201/47, 201/90.

Segreterie dei Viceré: *Registri dei Viglietti*: 27; *Viglietti Originali*: 866, 1367.

Tribunale Misto: *Volumi di Conti ed Immunità Locali*: 320–335.

ARCHIVIO DI STATO DI POTENZA (ASP)

Regia Udienza di Matera: *Registro degli Inquisiti della Regia Udienza Provinciale*: 8, *Registro dei Processi Criminali della Regia Udienza Provinciale*: 10.

ARCHIVIO DI STATO DI SALERNO (ASS)

Regia Udienza di Salerno: *Processi Penali*: 16/20.

ARCHIVIO DI STATO DI TERAMO (AST)

Regia Udienza di Teramo: *Registri dei Dispacci Reali*: 17–24; *Processi Criminali*: 1/1.

Presidenza di Abruzzo Ultra Primo: 50/796.

BIBLIOTECA NAZIONALE DI NAPOLI (BNN)

Sezione dei Manoscritti: *Dispacci Generali e Lettere Pervenute a Varie Udienze del Regno dal 1742 al 1776*, Ms. XI. A. 79; *Lettere intorno al Terremoto di Calabria del 1783*, Ms. Branc. II. A. 21.

BIBLIOTECA DELLA SOCIETÁ NAPOLETANA DI STORIA PATRIA (BSNSP)

Manoscritti: *Diario dei Fatti Avvenuti Specialmente nell'Abruzzo Teramano dal Maggio 1661 al Giugno 1678. Cronaca dei Banditi*, XX. D. 9; *Viceré Visconti, Documenti e Cifrarii, Notizie per il Governo del Regno di Napoli*, XXI. A. 7; *Dispacci Reali dal 1732 al 1772*, XXI. D. 12.

2. Gedruckte Quellen und Literatur des 18. und 19. Jahrhunderts

Bartels, Johann Heinrich: Briefe über Kalabrien und Sizilien. Erster Theil. Reise von Neapel bis Reggio in Kalabrien, Göttingen 1787.

Code Pénal précédé de la loi sur l'administration de la justice, et l'organisation des tribunaux, suivi d'une Table analytique et raisonnée des Matières, rédigée avec la plus grande précision, 2. Aufl., Paris 1810 (zit.: Code Pénal).

Codice per lo Regno delle Due Sicilie: Leggi Penali, Bd. 2, 2. Aufl., Neapel 1819 (zit.: Codice per lo Regno delle Due Sicilie: Leggi Penali).

Codices Gregorianus Hermogenianus Theodosianus, hg. v. Gustav Friedrich Haenel, Bonn 1842 (zit.: Codices Gregorianus Hermogenianus Theodosianus).

De Renzi, Salvatore: Napoli nell'anno 1764 ossia documenti della carestia e della epidemia che desolarono Napoli nel 1764 preceduti dalla storia di quelle sventure narrata da Salvatore De Renzi, Neapel 1868 (zit.: De Renzi: Napoli nell'anno 1764).

Dio, Cassius: Römische Geschichte: Epitome der Bücher 61–80, Bd. 5, übers. v. Otto Veh, Düsseldorf 2007 (zit.: Dio: Römische Geschichte).

Diurnali detti del Duca di Monteleone nella primitiva lezione da un testo a penna posseduto dalla Società Napoletana di Storia Patria, hg. v. Nunzio Federico Faraglia, Neapel 1895 (ND 1979) (zit.: Diurnali detti del Duca di Monteleone).

Fraggianni, Niccolò: Lettere a B. Corsini (1739–1746) (= Storia e Diritto. Testi, Bd. 7), hg. v. Elia del Curatolo, Neapel 1991 (zit.: Fraggianni: Lettere a B. Corsini (1739–1746)).

Galanti, Giuseppe Maria: Descrizione dello stato antico e attuale del Contado di Molise, Neapel 1781.

Galanti, Giuseppe Maria: Della descrizione geografica e politica delle Sicilie, Bd. 5, Neapel 1789 (zit.: Galanti: Della descrizione geografica e politica delle Sicilie).

Galanti, Giuseppe Maria: Testamento forense, Venedig 1806.

Galanti, Giuseppe Maria: La Terra di Bari nella seconda metà del secolo XVIII, Bari 1895.

Galanti, Giuseppe Maria: Relazioni sull'Italia Meridionale (= Universale Economica, Bd. 150), hg. v. Tommaso Fiore, Mailand 1952.

Galanti, Giuseppe Maria: Giornale di viaggio in Calabria, 1792: seguito dalle relazioni e memorie scritti nell'occasione (= Il pericentro, Bd. 3), hg. v. Augusto Placanica, Neapel 1981.

Galanti, Giuseppe Maria: Scritti sulla Calabria, hg. v. Augusto Placanica, Cava de' Tirreni 1993.

Gatta, Diego: Regali dispacci nelli quali si contengono le sovrane determinazioni de' punti generali o che servono di norma ad altri simili casi nel Regno di Napoli, Bd. 3, Tbd. 1–2, Neapel 1776 (zit.: Gatta: Regali dispacci).

Giustiniani, Lorenzo: Nuova collezione delle prammatiche del Regno di Napoli, 12 Bde., Neapel 1803–1808 (zit.: Giustiniani: Nuova collezione delle prammatiche del Regno di Napoli).

Gorani, Joseph: Mémoires sécrets et critiques des cours, des gouvernements et des mœurs des principaux états de l'Italie, Bd. 1, Paris 1793.

Grimaldi, Achille: La Cassa Sacra, ovvero La soppressione delle manimorte in Calabria nel secolo 18, Neapel 1863 (zit.: Grimaldi: La Cassa Sacra).

Gutiérrez de los Ríos y Rohan-Chabot, Carlos José: Vida de Carlos III (= Publicaciones de la Fundación Universitaria Española. Clásicos Olvidados, Bd. 11), hg. v. Alfred Paul Victor Morel-Fatio und Antonio Paz y Meliá, Madrid 1988 (zit.: Gutiérrez de los Ríos y Rohan-Chabot: Vida de Carlos III).

Iezzi, Giuseppe: Cronaca teramana dei banditi 1661–1683 (= Documenti per la Storia d'Abruzzo, Bd. 5), hg. v. Giorgio Morelli, L'Aquila 1983.

Die Konstitutionen Friedrichs II. für das Königreich Sizilien (= Monumenta Germaniae Historica: Leges, 5, Constitutiones et acta publica imperatorum et regum, Bd. 2, Supplementum), hg. v. Wolfgang Stürner, Hannover 1996 (zit.: Die Konstitutionen Friedrichs II. für das Königreich Sizilien).

Lettere di Bernardo Tanucci a Carlo III di Borbone (1759–1776), hg. v. Rosa Mincuzzi, Rom 1969 (zit.: Lettere di Bernardo Tanucci a Carlo III di Borbone (1759–1776)).

Il Mezzogiorno alla fine del'700, hg. v. Francesco di Battista, Bari, Rom 1992 (zit.: Il Mezzogiorno alla fine del'700).

Montuori, Salvatore: Due lettere inedite di Michele Sarconi sulle condizioni delle Calabrie nel 1783, in: Archivio Storico per le Province Napoletane 31(1906), S. 139–152 (zit.: Montuori: Due lettere inedite di Michele Sarconi).

Münter, Friedrich: Nachrichten von Neapel und Sicilien auf einer Reise in den Jahren 1785 und 1786 gesammelt von M. Friedrich Münter, Kopenhagen 1790.

Muratori, Ludovico Antonio: Annali d'Italia dal principio dell'era volgare sino all'anno 1749 compilati da Lodovico Antonio Muratori: Dall'anno 1701 dell'era volgare fino all'anno 1749, Bd. 12, Mailand 1749 (zit.: Muratori: Annali d'Italia).

Pallante, Giovanni: Memoria per la riforma del Regno. "Stanfone" 1735–1737 (= Fridericiana Historica S. R., Bd. 3), hg. v. Imma Ascione, Neapel 1996 (zit.: Pallante: Memoria per la riforma del Regno).

Petrarca, Francesco: Familiarum rerum libri (XI–XV)/Le familiari (libri XI–XV), Bd. 3, hg. und übers. v. Ugo Dotti, Turin 2007 (zit.: Petrarca: Familiarum rerum libri (XI–XV)/Le familiari (libri XI–XV)).

Le province pugliesi alla fine del XVIII secolo nelle relazioni del Galanti (= Scaffale Universitario, Bd. 2), hg. v. Tommaso Pedio, Soveria Mannelli 1983.

Riccio-Minieri, Camillo: Notizie storiche tratte da 62 registri angioini dell'Archivio di Stato di Napoli che fanno seguito agli studi storici fatti sopra 84 registri angioini, Neapel 1877 (zit.: Riccio-Minieri: Notizie storiche tratte da 62 registri angioini).

Spiriti, Giuseppe: Riflessioni economico-politiche di un cittadino relative alle due provincie di Calabria con un breve prospetto dello stato economico della città di Messina, Neapel 1793 (zit.: Spiriti: Riflessioni economico-politiche).

Strabons Geographika: Buch V–VIII: Text und Übersetzung, Bd. 2, hg. v. Stefan Radt, Göttingen 2003 (zit.: Strabons Geographika).

Il Sud nella storia d'Italia. Antologia della questione meridionale, hg. v. Rosario Villari, Bari 1961 (zit.: Il Sud nella storia d'Italia).

Tanucci, Bernardo: Epistolario 1723–1746, Bd. 1, hg. v. Romano Paolo Coppini, Lamberto del Bianco und Rolando Nieri, Rom 1980 (zit.: Tanucci: Epistolario 1723–1746).

Tanucci, Bernardo: Epistolario 1746–1752, Bd. 2, hg. v. Romano Paolo Coppini und Rolando Nieri, Rom 1990 (zit.: Tanucci: Epistolario 1746–1752).

Trattato di accomodamento tra la Santa Sede, e la Corte di Napoli, conchiuso in Roma tra i Plenipotenziarj della Santità di Nostro Signore PP. BENEDETTO XIV., e della Maestà di CARLO, Infante di Spagna, RE delle due Sicilie, di Gerusalemme, &c., Neapel 1753 (zit.: Trattato di accomodamento tra la Santa Sede e la Corte di Napoli).

Trifone, Romualdo: La legislazione angioina. Edizione critica (= Documenti per la storia dell'Italia meridionale, Bd. 1), Neapel 1921 (zit.: Trifone: La legislazione angioina).

Vulpius, Christian August: Rinaldo Rinaldini der Räuberhauptmann. Romantische Geschichte mit Illustrationen herausgegeben und mit einem Nachwort versehen von Karl Riha, Neuausg. der 5. Aufl. v. 1824, Frankfurt am Main 1980.

Zazo, Alfredo: Brigantaggio nel Principato Ultra e nel Molise nel XVIII secolo, in: Samnium 4 (1952), S. 195f. (zit.: Zazo: Brigantaggio nel Principato Ultra e nel Molise nel XVIII secolo).

Zazo, Alfredo: Le "comitive di malviventi" nel Principato Ultra e un real dispaccio di Ferdinando IV di Borbone (1797), in: Samnium 3–4 (1954), S. 219f. (zit.: Zazo: Le "comitive di malviventi" nel Principato Ultra e un real dispaccio di Ferdinando IV di Borbone (1797)).

3. Forschungsliteratur

Acton, Harold: I Borboni di Napoli 1734–1825, Mailand 1961 (zit.: Acton: I Borboni di Napoli).

Agnoli, Francesco Mario: 1799. La grande insorgenza. Lazzari e Sanfedisti contro l'oppressione giacobina, Neapel 1999 (zit.: Agnoli: 1799. La grande insorgenza).

Ajello, Raffaele: Il problema della riforma giudiziaria e legislativa nel Regno di Napoli durante la prima metà del secolo XVIII, Neapel 1961 (zit.: Ajello: Il problema della riforma giudiziaria e legislativa).

Ajello, Raffaele: La vita politica napoletana sotto Carlo di Borbone. "La fondazione ed il tempo eroico" della dinastia, in: Storia di Napoli, Bd. 7, hg. v. Giuseppe Galasso, Neapel 1972, S. 461–717 (zit.: Ajello: La vita politica napoletana sotto Carlo di Borbone).

Albanese, Angela: Crimini e criminalità in Terra di Bari nell'età della Restaurazione (1818–1835). Le comitive armate, in: Il Mezzogiorno preunitario. Economia, società e istituzioni, hg. v. Angelo Massafra, Bari 1988, S. 1055–1068.

Aliberti, Giovanni: Economia e società da Carlo III ai Napoleonidi (1734–1806), in: Storia di Napoli, Bd. 8, hg. v. Giuseppe Galasso, Neapel 1971, S. 77–164 (zit.: Aliberti: Economia e società da Carlo III ai Napoleonidi).

Alisio, Giancarlo: Sviluppo urbano e struttura della città, in: Storia di Napoli, Bd. 8, hg. v. Giuseppe Galasso, Neapel 1971, S. 313–366 (zit.: Alisio: Sviluppo urbano e struttura della città).

Allocati, Antonio: Il comune meridionale nel periodo borbonico, in: Clio 3 (1967), S. 153–169 (zit.: Allocati: Il comune meridionale nel periodo borbonico).

Allocati, Antonio: L'Archivio della Segreteria di Stato di Casa Reale dei Borboni di Napoli, in: Rassegna Storica del Risorgimento 54 (1967), S. 438–464 (zit.: Allocati: L'Archivio della Segreteria di Stato di Casa Reale dei Borboni di Napoli).

Ambron, Daniela: Il banditismo nel Regno di Napoli alla fine del XVII secolo tra istituzioni regie e protezioni baronali, in: Banditismi mediterranei. Secoli XVI–XVII (= Studi Storici Carocci, Bd. 46), hg. v. Francesco Manconi, Urbino 2003, S. 379–400 (zit.: Ambron: Il banditismo di Napoli alla fine del XVII secolo tra istituzioni regie e protezioni baronali).

Argiolas, Tommaso: Storia dell'esercito borbonico, Neapel 1970 (zit.: Argiolas: Storia dell'esercito borbonico).

D'Ascoli, Francesco: Nuovo Vocabolario Dialettale Napoletano: Repertorio completo delle voci – Approfondamenti etimologici – Fonti letterarie – Locuzioni tipiche, Neapel 1993 (zit.: D'Ascoli: Nuovo Vocabolario Dialettale Napoletano).

Astarita, Tommaso: Istituzioni e tradizioni militari, in: Storia del Mezzogiorno. Aspetti e problemi del medioevo e dell'età moderna, Bd. 9, hg. v. Giuseppe Galasso und Rosario Romeo, Neapel 1991, S. 123–156 (zit.: Astarita: Istituzioni e tradizioni militari).

Astarita, Tommaso: Village Justice. Community, Family and Popular Power in Early Modern Italy, Baltimore (= The John Hopkins University. Historical and Political Sciences, Bd. 117), London 1999 (zit.: Astarita: Village Justice).

Autuori, Margherita: Storia sociale della banda Capozzoli (1817–1827). Lotte municipali e brigantaggio, in: Il Mezzogiorno preunitario. Economia, società e istituzioni, hg. v. Angelo Massafra, Bari 1988, S. 1127–1141 (zit.: Autuori: Storia sociale della banda Capozzoli).

Barra, Francesco: Il brigantaggio abruzzese del decennio in una cronaca francese, in: Aprutium 1 (1993), S. 83–101.

Barra, Francesco: Il brigantaggio del decennio francese (1806–1815). Studi e ricerche (= Mezzogiorno tra passato e presente, Bd. 10), Salerno 2003.

Barreca, Luigi: El reino de Sicilia en los años 1734–1759 y Carlos de Borbón, in: El rey y la monarquía (= Sammlung von Beiträgen zur internationalen Konferenz über "Carlos III y la Ilustración"), Bd. 1, Madrid 1989, S. 451–466 (Barreca: El reino de Sicilia en los años 1734–1759).

Basaglia, Enrico: Il banditismo nei rapporti di Venezia con gli stati confinanti, in: Bande armate, banditi, banditismo e repressione di giustizia negli stati europei di antico regime (= Sammlung von Beiträgen zur gleichlautenden Konferenz in Venedig vom 3. bis zum 5. November 1985), hg. v. Gherardo Ortalli, Rom 1986, S. 423–440 (zit: Basaglia: Il banditismo nei rapporti di Venezia con gli stati confinanti).

Baviera Albanese, Adelaide: Diritto pubblico e istituzioni amministrative in Sicilia, in: Archivio Storico Siciliano 19 (1969), S. 391–563 (zit.: Baviera Albanese: Diritto pubblico e istituzioni amministrative in Sicilia).

Beales, Derek; Biagini, Eugenio F.: Il risorgimento e l'unificazione dell'Italia, Bologna 2005 (zit.: Beales, Biagini: Il risorgimento e l'unificazione dell'Italia).

Bellettini, Athos: Aspetti e problemi della ripresa demografica nell'Italia del settecento, in: Società e Storia 6 (1979), S. 817–838 (zit.: Bellettini: Aspetti e problemi della ripresa demografica nell'Italia del settecento).

Benadusi, Paola: Un bandito del'500: Marco Sciarra. Per uno studio del banditismo al tempo di Sisto V, in: Studi Romani 27 (1979), S. 176–188 (zit.: Benadusi: Marco Sciarra).

Beulke, Werner: Bande, in: Deutsches Rechtslexikon, Bd. 1, hg. v. Frank Arloth und Horst Tilch, 3. Aufl., München 2001, S. 509 (zit.: Beulke: Bande).

Bianco, Furio: Banditismo nobiliare e ribellismo contadino ai confini della Repubblica di Venezia tra Cinque e Seicento, in: Banditismi Mediterranei. Secoli XVI–XVII (= Studi Storici Carocci, Bd. 46), hg. v. Francesco Manconi, Urbino 2003, S. 53–65 (zit.: Bianco: Banditismo nobiliare e ribellismo contadino ai confini della Repubblica di Venezia tra Cinque e Seicento).

Bitossi, Carlo: Magnifici malfattori. Note sulla criminalità patrizia a Genova tra Cinque e Seicento, in: Banditismi Mediterranei. Secoli XVI–XVII (= Studi Storici Carocci, Bd. 46), hg. v. Francesco Manconi, Urbino 2003, S. 67–86 (zit.: Bitossi: Magnifici malfattori. Note sulla criminalità patrizia a Genova tra Cinque e Seicento).

Blok, Anton: The Peasant and the Brigand. Social Banditry Reconsidered, in: Comparative Studies in Society and History 16 (1972), S. 494–503 (zit.: Blok: The Peasant and the Brigand).

Boeri, Giancarlo; Crociani, Piero: L'esercito borbonico dal 1789 al 1815, Roma 1989 (zit.: Boeri, Crociani: L'esercito borbonico dal 1789 al 1815).

Bonanni, Ercole: La guerra civile nell'Abruzzo teramano 1860–1861, Teramo 1974.

Boschi, Enzo (Hrsg): Catalogo dei forti terremoti in Italia dal 461 a. C. al 1980, Rom 1995 (zit.: Boschi: Catalogo dei forti terremoti in Italia dal 461 a. C. al 1980).

Brancaccio, Giovanni: Trasporti e strade, in: Storia del Mezzogiorno. Aspetti e problemi del Medioevo e dell'età moderna, Bd. 8, hg. v. Giuseppe Galasso und Rosario Romano, Neapel 1991, S. 349–385 (zit.: Brancaccio: Trasporti e strade).

Braudel, Fernand: Misère et banditisme, in: Annales-Économies-Sociétés-Civilisations 2 (1947), S. 129–142 (zit.: Braudel: Misère et banditisme).

Brice, Catherine: Histoire de l'Italie, Paris 2003 (zit.: Brice: Histoire de l'Italie).

Brown, Richard Allen: Die Normannen, Düsseldorf 2004 (zit.: Brown: Die Normannen).

Buffardi, Giulia; Mola, Giorgio: Questioni di storia e istituzioni del Regno di Napoli secoli XV–XVIII (= I Quaderni di "Le Radici e il Futuro", Bd. 2), Neapel 2005 (zit.: Buffardi, Mola: Questioni di storia e istituzioni).

Bulgarelli Lukacs, Alessandra: Le "universitates" meridionali all'inizio del regno di Carlo di Borbone, in: Clio 17 (1981), S. 208–226 (zit.: Bulgarelli Lukacs: Le "universitates" meridionali all'inizio del Regno di Carlo di Borbone).

Burke, Peter: The Virgin of the Carmine and the Revolt of Masaniello, in: Past and Present 99 (1983), S. 3–21 (zit.: Burke: The Virgin of the Carmine and the Revolt of Masaniello).

Caggese, Romolo: Roberto d'Angiò e i suoi tempi, Bd. 1, Florenz 1922 (zit.: Caggese: Roberto d'Angiò e i suoi tempi).

Calzone, Nicolino: Briganti o Partigiani ? La rivolta contro l'unità d'Italia nel Sannio ed altre province del Sud (1860–1880), Benevent 2001.

Candeloro, Giorgio: Storia dell'Italia moderna. Le origini del Risorgimento, Bd. 1, Mailand 1990 (zit.: Candeloro: Le origini del Risorgimento).

Carella, Vincenzo: Il brigantaggio politico nel brindisino dopo l'unità, Fasano 1974.

Carignani, Giuseppe: Il partito austriaco nel Regno di Napoli al 1744, in: Archivio Storico per le Province Napoletane 6 (1881), S. 37–73 (zit.: Carignani: Il partito austriaco nel Regno di Napoli al 1744).

Cario, Armido; Orlando, Armando: La Calabria del Settecento, Soveria Mannelli 2007 (zit.: Cario, Orlando: La Calabria del Settecento).

Carpanetto, Dino; Ricuperati, Giuseppe: L'Italia del Settecento. Crisi, Trasformazioni, Lumi, Rom, Bari 1986 (zit.: Carpanetto, Ricuperati: L'Italia del Settecento).

Cassandro, Giovanni: Sulle origini del Sacro Regio Consiglio napoletano, in: Studi in onore di Riccardo Filangieri, Bd. 2, Neapel 1959, S. 1–17 (zit.: Cassandro: Sulle origini del Sacro Regio Consiglio napoletano), S. 1–17.

Castracane, Claudia Rita: Per una storia del brigantaggio in Abruzzo, in: Aprutium 2–3 (1993), S. 45–64 (zit.: Castracane: Per una storia del brigantaggio in Abruzzo).

Castracane, Claudia Rita: Fondi di Antico Regime, in: Archivio di Stato di Teramo (= Archivi Italiani, Bd. 9), hg. v. Ministero per i Beni e le Attività Culturali (Direzione Generali per gli Archivi), Rom 2001, S. 26–30 (zit.: Castracane: Archivio di Stato di Teramo).

Chalandon, Ferdinand: Histoire de la domination normande en Italie et en Sicile, Bd. 2, Paris 1907 (zit.: Chalandon: Histoire de la domination normande en Italie et en Sicile).

Chiosi, Elvira: Il regno dal 1734–1799, in: Storia del Mezzogiorno. Il regno dagli Angoini agli Aragonesi, Bd. 4, Tbd. 2, hg. v. Giuseppe Galasso und Rosario Romeo, Rom 1986, S. 373–467 (zit.: Chiosi: Il regno dal 1734–1799).

Chorley, Patrick: Oil, Silk and Enlightenment. Economic Problems in XVIIIth Century Naples (= Istituto Italiano per gli Studi Storici, Bd. 18), Neapel 1965 (zit.: Chorley: Oil, Silk and Enligthenment).

Ciasca, Raffaele: Brigantaggio, in: Enciclopedia Italiana, Bd. 7, hg. v. dem Istituto Giovanni Treccani, Rom 1930, S. 849–852 (zit.: Ciasca: Brigantaggio).

Ciconte, Enzo: 'Ndrangheta dall'unità a oggi, Bari 1992 (zit.: Ciconte: 'Ndrangheta dall'unità a oggi).

Cilento, Nicola: Le origini storiche e sociali del banditismo meridionale, in: Archivio Storico per la Calabria e la Lucania 42 (1975) (= Sammlung von Beiträgen zum Vierten "Convegno Nazionale di Storiografia Lucana" zu "Il fenomeno del brigantaggio nella storia del Mezzogiorno" in Pietragalla vom 26. bis zum 29. September 1974), S. 19–30 (zit.: Cilento: Le origini storiche e sociali del banditismo meridionale).

Cilento, Nicola: Aristocrazia cittadina e ceti popolari nel tardo Medioevo in Italia e Germania (= Annali dell'Istituto Storico Italo-Germanico, Bd. 13) Bologna 1984 (zit.: Cilento: Aristocrazia cittadina e ceti popolari nel tardo Medioevo in Italia e Germania).

Cingari, Gaetano: Giacobini e Sanfedisti in Calabria nel 1799 (= Pubblicazioni della Facoltà di Magistero, Bd. 1), Messina, Florenz 1957 (zit.: Cingari: Giacobini e Sanfedisti in Calabria nel 1799).

Cingari, Gaetano: Il brigantaggio nella prima metà dell'Ottocento, in: Archivio Storico per la Calabria e la Lucania 42 (1975) (= Sammlung von Beiträgen zum Vierten "Convegno Nazionale di Storiografia Lucana" zu "Il fenomeno del brigantaggio nella storia del Mezzogiorno" in Pietragalla vom 26. bis zum 29. September 1974), S. 51–97 (zit.: Cingari: Il brigantaggio nella prima metà dell'Ottocento).

Cingari, Gaetano: Brigantaggio, proprietari e contadini nel sud (1799–1900) (= Collana Mondo Moderno, Bd. 2), Reggio di Calabria 1976.

Colapietra, Raffaele: Il governo spagnolo nell'Italia meridionale (Napoli dal 1580 al 1648), in: Storia di Napoli, Bd. 5, Tbd. 1, hg. v. Giuseppe Galasso, Neapel 1972, S. 163–278 (zit.: Colapietra: Il governo spagnolo nell'Italia meridionale).

Colapietra, Raffaele: L'ercole glorioso: Realtà socio-ambientale e costruzione letteraria nel grande banditismo abruzzese del secondo Seicento, in: Bullettino della Deputazione Abruzzese di Storia Patria 107 (1995), S. 235–279 (zit.: Colapietra: Realtà socio-ambientale e costruzione letteraria nel grande banditismo abruzzese del secondo Seicento).

Colussi, Roberta: Diritto, istituzioni, amministrazione della giustizia nel Mezzogiorno vicereale. La struttura regalistica, in: Storia del Mezzogiorno: Aspetti e problemi del Medioevo e dell'età moderna, hg. v. Giuseppe Galasso und Rosario Romeo, Bd. 11, Neapel 1991, S. 19–98 (zit.: Colussi: Diritto, istituzioni, amministrazione della giustizia nel Mezzogiorno vicereale).

Coniglio, Giuseppe: I Borboni di Napoli, Mailand 1999 (zit.: Coniglio: I Borboni di Napoli).

Coppa-Zuccari, Luigi: L'invasione francese negli Abruzzi (1798–1810), Bd. 1, L'Aquila 1928 (zit.: Coppa-Zuccari: L'invasione francese negli Abruzzi (1798–1810)).

Corcione, Marco: Modelli processuali nell'antico regime: La giustizia penale nel tribunale di Campagna di Nevano (= Collana di Studi Storico-Giuridici, Bd. 2), Frattamaggiore 2002 (zit.: Corcione: Modelli processuali nell'antico regime).

Corona, Gabriella: Demani e individualismo agrario nel Regno di Napoli (1780–1806), Neapel 1994 (zit.: Corona: Demani e individualismo agrario nel Regno di Napoli (1780–1806)).

Croce, Benedetto: Angiolillo (Angelo Duca). Capo di banditi, in: La rivoluzione napoletana del 1799. Biografie, racconti, ricerche (= Scritti di Storia Letteraria e Politica, Bd. 2), 4. Aufl., Bari 1926, S. 427–457.

Croce, Benedetto: Il brigante Angiolillo (= Ricciardiana, Bd. 15), Venosa 1986.

Dandolo, Francesco; Sabatini, Gaetano: Lo Stato feudale dei Carrafa di Maddaloni. Genesi e amministrazione di un ducato nel Regno di Napoli (secc. XV–XVIII), Neapel 2009 (Dandolo, Sabatini: Lo Stato feudale dei Carafa di Maddaloni).

Dante, Umberto: Insorgenza e anarchia. Il Regno di Napoli e l'invasione francese, Salerno 1980.

Dante, Umberto: Abruzzo, in: Storia del Mezzogiorno. Regioni e Province nell'Unità d'Italia, Bd. 15, Tbd. 1, hg. v. Giuseppe Galasso und Rosario Romeo, Neapel 1990, S. 17–96.

Davidson, Nicholas S.: An Armed Band and the Local Community on the Venetian Terraferma in the Sixteenth Century, in: Bande armate, banditi, banditismo e repressione di giustizia negli stati europei di antico regime (= Sammlung von Beiträgen zur gleichlautenden Konferenz in Venedig vom 3. bis zum 5. November 1985), hg. v. Gherardo Ortalli, Rom 1986, S. 401–422 (zit.: Davidson: An Armed Band and the Local Community on the Venetian Terraferma in the Sixteenth Century).

Davis, John A.: Conflict and Control. Law and Order in Nineteenth Century Italy, Houndsmill, London 1988 (zit.: Davis: Conflict and Control).

Davis, John A.: The Santafede and the Crisis of the Ancient Régime in Southern Italy, in: Society and Politics in the Age of the Risorgimento. Essays in Honour of Denis Mack Smith, hg. v. John A. Davis und Paul Ginsborg, Cambridge 1991, S. 1–25 (zit.: Davis: The Santafede and the Crisis of the Ancient Régime in Southern Italy).

Deér, Josef: Papsttum und Normannen. Untersuchungen zu ihren lehensrechtlichen und kirchenpolitischen Beziehungen (= Schriften und Quellen zur Zeit Kaiser Friedrichs II., Bd. 1), Köln Wien 1972 (zit.: Deér: Papsttum und Normannen).

De Frede, Carlo: Da Carlo I d'Angiò a Giovanna I 1263–1382, in: Storia di Napoli, Bd. 3, hg. v. Giuseppe Galasso, Neapel 1972, S. 5–333 (zit.: De Frede: Da Carlo I d'Angiò a Giovanna I 1263–1382).

De Leo, Antonio: Carmine Crocco Donatelli. Un brigante guerrigliero, Cosenza 1983.

Delille, Gérard: Agricoltura e demografia nel Regno di Napoli nei secoli XVIII e XIX (= Storia. Saggi e Ricerche, Bd. 13), Neapel 1977 (zit.: Delille: Agricoltura e demografia nel Regno di Napoli nei secoli XVIII e XIX).

Demarco, Domenico: Introduzione. La vita e le opere di G. M. Galanti, in: Memorie storiche del mio tempo (= Università degli Studi di Napoli. Biblioteca degli "Annali di Storia Economica e Sociale", Nr. 16), hg. v. Domenico Demarco, Neapel 1970, S. 7–31 (zit.: Demarco: Introduzione).

Demarco, Domenico: Momenti della politica economica di Carlo e Ferdinando di Borbone, in: Civiltà del '700 a Napoli 1734–1799 (= Katalog zu der gleichlautenden Ausstellung Dezember 1979 bis Oktober 1980 in Neapel), Bd. 1, hg. v. Anna Maria Garafo u. a., Neapel 1979, S. 23–28 (zit.: Demarco: Momenti della politica economica di Carlo e Ferdinando di Borbone).

De Matteo, Giovanni: Brigantaggio e Risorgimento. Legittimisti e Briganti tra i Borbone e i Savoia, Neapel 2000.

De Robertis, Francesco M.: Prosperità e banditismo nella Puglia e nell'Italia meridionale durante il basso impero, in: Studi di Storia Pugliese in onore di Giuseppe Chiarelli, Bd. 1, hg.v. Michele Paone, Galatina 1972, S. 197–231 (zit.: De Robertis: Prosperità e banditismo nella Puglia e nell'Italia meridionale durante il basso impero).

Devoto, Giacomo; Oli, Gian Carlo: Il dizionario della lingua italiana, Florenz 1990 (zit.: Devoto, Oli: Il dizionario della lingua italiana).

Dickie, John: A World at War. The Italian Army and Brigandage, in: History Workshop Journal 33 (1992), S. 1–24.

Dickie, John: Cosa Nostra. A History of the Sicilian Mafia, London 2004 (zit.: Dickie: Cosa Nostra. A History of the Sicilian Mafia).

Donsì Gentile, Iolanda; Gentile, Amelia: Archivio di Stato di Napoli, in: Guida degli Archivi di Stato N-R, Bd. 3, Roma 1986, S. 1–161 (zit.: Donsì Gentile, Gentile: Archivio di Stato di Napoli).

Edelmayer, Friedrich: Die spanische Monarchie der Katholischen Könige und der Habsburger 1474–1700, in: Kleine Geschichte Spaniens, hg. v. Peer Schmidt, Stuttgart 2004, S. 123–208 (zit.: Edelmayer: Die spanische Monarchie der Katholischen Könige und der Habsburger 1474–1700).

Epifanio, Vincenzo: Gli Angioini di Napoli e la Sicilia. Dall'inizio del Regno di Giovanna I alla pace di Catania, Neapel 1936 (zit.: Epifanio: Gli Angioini di Napoli e la Sicilia).

Epifanio, Vincenzo: Le origini del Regno di Napoli, in: Archivio Storico per la Sicilia Orientale 2–3 (1936–1937), S. 51–107 (zit.: Epifanio: Le origini del Regno di Napoli).

Favarò, Valentina; Sabatini, Gaetano: Las fuerzas no profesionales en los reinos de Sicilia y Nápoles en los siglos XVI y XVII: La nuova milizia y la milizia del battaglione, in: Las milicias del rey de España en los siglos XVI y XVII: Sociedad, política e identidad en las monarquías ibéricas, hg. v. José Javier Ruiz Ibañez, Madrid, Mexico-City 2009, S. 223–243 (zit.: Favarò, Sabatini: La nuova milizia y la milizia del battaglione).

Felice, Costantino: Carestie, speculazione mercantile e sommosse popolari nell'Abruzzo del secondo Settecento, in: Bullettino della Deputazione Abruzzese di Storia Patria 73 (1983), S. 221–241 (zit.: Felice: Carestie, speculazione mercantile e sommosse popolari nell'Abruzzo del secondo Settecento).

Feola, Raffaele: Aspetti della giurisdizione delegata nel Regno di Napoli: Il Tribunale di Campagna, in: Archivio Storico per le Province Napoletane 91 (1973), S. 23–71 (zit.: Feola: Il Tribunale di Campagna).

Finley, Moses I.; Mack Smith, Dennis; Duggan, Christopher: Geschichte Siziliens und der Sizilianer, 2., durchges. u. bibliograph. überarb. Aufl., München 1998 (zit.: Finley, Mack Smith, Duggan: Geschichte Siziliens und der Sizilianer).

Di Fiore, Gigi: Controstoria dell'unità d'Italia. Fatti e misfatti del Risorgimento, 2. Aufl., Mailand 2008.

Fiorillo, Lucio: Il brigantaggio meridionale. Legittimisti, contadini, borghesia nella crisi dell'unificazione. Il caso del Matese (1860–1868) (= Il Pensiero della Città, Bd. 4), Lungro di Cosenza 1993.

Fiume, Giovanna: Bandits, Violence and Organisation of Power in Sicily in the Early Nineteenth Century, in: Society and Politics in the Age of the Risorgimento. Essays in Honour of Denis Mack Smith, hg. v. John A. Davis und Paul Ginsbourg, Cambridge 1991, S. 70–91 (zit.: Fiume: Bandits, Violence and Organisation of Power in Sicily in the Early Nineteenth Century).

Fleck, Udo: Diebe-Räuber-Mörder. Studien zur kollektiven Delinquenz rheinischer Räuberbanden an der Wende vom 18. zum 19. Jahrhundert, Diss., Trier 2003, http://ubt.opus.hbz-nrw.de/volltexte/2007/399/Raeuber_01_Text.pdf (zit.: Fleck: Diebe-Räuber-Mörder).

Floris, Maria D.: La repressione della criminalità organizzata nella Repubblica di Genova tra Cinque e Seicento. Aspetti e cronologia della prassi legislativa, in: Bande armate, banditi, banditismo e repressione di giustizia negli stati europei di antico regime (= Sammlung von Beiträgen zur gleichlautenden Konferenz in Venedig vom 3. bis zum 5. November 1985), hg. v. Gherardo Ortalli, Rom 1986, S. 87–106 (zit.: Floris: La repressione della criminalità organizzata nella repubblica di Genova tra Cinque e Seicento).

Fosi, Irene: Banditismo, nobiltà e comunità rurali nello Stato Ecclesiastico fra Cinque e Seicento, in: Banditismi mediterranei. Secoli XVI–XVII (= Studi Storici Carocci, Bd. 46), hg. v. Francesco Manconi, Urbino 2003, S. 23–34 (Fosi: Banditismo, nobiltà e comunità rurali nello Stato Ecclesiastico fra Cinque e Seicento).

Franco, Francesco: Il furto del procaccio: Borghesia rurale e delinquenza organizzata, in: Il Mezzogiorno preunitario. Economia, società e istituzioni, hg. v. Angelo Massafra, Bari 1988, S. 1103–1125 (zit.: Franco: Borghesia rurale e delinquenza organizzata).

Frenz, Thomas: Italien im Mittelalter 950–1454, in: Kleine italienische Geschichte, hg. v. Wolfgang Altgeld und Rudolf Lill, Stuttgart 2007, S. 15–121 (zit.: Frenz: Italien im Mittelalter 950–1454).

Fusco, Antonio Maria: Introduzione, in: Il Mezzogiorno alla fine del Settecento, hg. v. Francesco di Battista, Bari, Rom 1992, S. VII–XXVII (zit.: Fusco: Introduzione).

Galasso, Giuseppe: Premessa, in: Brigantaggio, lealismo, repressione nel Mezzogiorno 1860–1870 (= Sammlung von Beiträgen zur Ausstellung gleichen Titels organisiert von der "Sopraintendenza per i Beni Artistici e Storici di Napoli" in Zusammenarbeit mit dem Staatsarchiv, der Nationalbibliothek, der Universitätsbibliothek und der "Società Napoletana di Storia Patria" im Museum Diego Aragona Pignatelli vom 30. Juni bis zum 18. November 1984), hg. v. Gaetano Macchiaroli, Neapel 1984, S. 11–14 (zit.: Galasso: Premessa).

Galasso, Giuseppe (Hrsg.): Storia del Regno di Napoli. Il Mezzogiorno angioino e aragonese (1266–1494), Bd. 1, Turin 1992 (zit.: Galasso: Storia del Regno di Napoli. Il Mezzogiorno angioino e aragonese).

Galasso, Giuseppe (Hrsg.): Storia del Regno di Napoli. Il Mezzogiorno spagnolo (1494–1622), Bd. 2, Turin 2005 (zit.: Galasso: Storia del Regno di Napoli. Il Mezzogiorno spagnolo).

Galasso, Giuseppe (Hrsg.): Storia del Regno di Napoli. Il Mezzogiorno spagnolo e austriaco (1622–1734), Bd. 3, Turin 2006 (zit.: Galasso: Storia del Regno di Napoli. Il Mezzogiorno spagnolo e austriaco).

Galasso, Giuseppe (Hrsg.): Storia del Regno di Napoli. Il Mezzogiorno borbonico e napoleonico (1734–1816), Bd. 4, Turin 2007 (zit.: Galasso: Storia del Regno di Napoli. Il Mezzogiorno borbonico e napoleonico).

Galasso, Giuseppe (Hrsg.): Storia del Regno di Napoli. Società e cultura del Mezzogiorno moderno, Bd. 6, Turin 2011 (zit.: Storia del Regno di Napoli. Società e cultura del Mezzogiorno moderno).

Gasparinetti, Paola: La "Via degli Abruzzi" e l'attività commerciale di Aquila e Sulmona nei secoli XIII–XV, in: Bullettino della Deputazione Abruzzese di Storia Patria, 85–87 (1964–1966), S. 5–103 (zit.: Gasparinetti: La "Via degli Abruzzi" e l'attività commerciale di. Aquila e Sulmona nei secoli XIII–XV).

Gaudioso, Francesco: Calabria ribelle. Brigantaggio e sistemi repressivi nel cosentino (1860–1870) (= Storia, Bd. 83), Mailand 1996.

Gaudioso, Francesco: Brigantaggio, repressione e pentitismo nel Mezzogiorno preunitario (= Dipartimento di Studi Storici dal Medioevo all'Età Contemporanea, Bd. 48, 55), Galatina (Lecce) 2002 (zit.: Gaudioso: Brigantaggio, repressione e pentitismo nel Mezzogiorno preunitario).

Gaudioso, Francesco: Il banditismo nel Mezzogiorno moderno tra punizione e perdono (= Dipartimento di Studi Storici dal Medioevo all'Età Contemporanea, Bd. 46, 53), Galatina (Lecce) 2003 (zit.: Gaudioso: Il banditismo nel Mezzogiorno moderno tra punizione e perdono).

Gaudioso, Francesco: Una tragedia sismica nella Calabria del Settecento (= Dipartimento di Studi Storici dal Medioevo all'Età Contemporanea, Bd. 64, 71), Galatina (Lecce) 2005 (zit.: Gaudioso: Una tragedia sismica nella Calabria del Settecento).

Gaudioso, Francesco: Lotta al banditismo e responsabilità comunitaria nell'Italia moderna, in: Mediterranea. Ricerche Storiche 5 (2005), S. 419–438.

Gaudioso, Francesco: Il potere di punire e perdonare. Banditismo e politiche criminali nel Regno di Napoli in età moderna (= Mezzogiorno Ribelle, Bd. 1), Galatina (Lecce) 2006 (zit.: Gaudioso: Il potere di punire e perdonare).

Gaudioso, Francesco: Emergenza macrosismica. Controllo del territorio e tutela dell'ordine pubblico nella Calabria del Settecento, in: Mediterranea. Ricerche Storiche 14 (2008), S. 567–590 (zit.: Gaudioso: Emergenza macrosismica).

Gerdes, Claudia: Mexikanisches Banditentum (1821–1876) als sozialgeschichtliches Phänomen (= Forschungen zu Lateinamerika, Bd. 11), Saarbrücken, Fort Lauderdale 1987 (zit.: Gerdes: Mexikanisches Banditentum (1821–1876) als sozialgeschichtliches Phänomen).

Gernert, Angelica; Groblewski, Michael: Ein Überblick: Die italienischen Staaten zwischen 1559 und 1814, in: Kleine italienische Geschichte, hg. v. Wolfgang Altgeld und Rudolf Lill, Stuttgart 2007, S. 175–184 (zit.: Gernert, Groblewski: Die italienischen Staaten zwischen 1559 und 1814).

Ghelli, Maria Elena: Il Vicerè Marchese del Carpio (1683–1687), in: Archivio Storico per le Province Napoletane 58 (1933), S. 280–318 und 59 (1934), S. 257–282 (zit.: Ghelli: Il Vicerè Marchese del Carpio (1683–1687)).

Giardina, Camillo: L'istituto del vicerè di Sicilia (1415–1789), in: Archivio Storico Siciliano 51 (1931), S. 189–294 (zit.: Giardina: L'istituto del vicerè di Sicilia).

Giarrizzo, Giuseppe: Cultura e economia nella Sicilia del'700 (= Storia Economica di Sicilia N. S., Bd. 6), Caltanisetta 1992 (zit.: Giarrizzo: Cultura e economia nella Sicilia del'700).

Giura Longo, Raffaele: La Basilicata, in: Storia del Mezzogiorno. Regioni e Province nell'Unità d'Italia, Bd. 15, Tbd. 2, hg. v. Giuseppe Galasso und Rosario Romeo, Neapel 1990, S. 427–548.

Görich, Knut: Die Staufer. Herrscher und Reich, München 2006 (zit.: Görich: Die Staufer).

Goez, Werner: Geschichte Italiens in Mittelalter und Renaissance. Grundzüge, 3. gegenüber d. 2. unveränd. Aufl., Darmstadt 1988 (zit.: Goez: Geschichte Italiens in Mittelalter und Renaissance).

Grohmann, Alberto: Le fiere del Regno di Napoli in età aragonese (= Istituto Italiano per gli Studi Storici, Bd. 23), Neapel 1969 (zit.: Grohmann: Le fiere del Regno di Napoli in età aragonese).

Grubb, James S.: Catalysts for Organized Violence in the Early Venetian Territorial State, in: Bande armate, banditi, banditismo e repressione di giustizia negli stati europei di antico regime (= Sammlung von Beiträgen zur gleichlautenden

Konferenz in Venedig vom 3. bis zum 5. November 1985), hg. v. Gherardo Ortalli, Rom 1986, S. 383–400 (zit.: Grubb: Catalysts for Organized Violence in the Early Venetian Territorial State).

Grünewald, Thomas: Räuber, Rebellen, Rivalen, Rächer. Studien zu „latrones“ im Römischen Reich (= Forschungen zur antiken Sklaverei, Bd. 31), Stuttgart 1999 (zit.: Grünewald: Räuber, Rebellen, Rivalen, Rächer).

Hausmann, Friederike: Garibaldi. Die Geschichte eines Abenteurers, der Italien zur Einheit verhalf (= Wagenbachs Taschenbücherei, Bd. 335), Neuausg., Berlin 1999 (zit.: Hausmann: Garibaldi).

Hernando Sánchez, Carlos José: Castilla y Nápoles en el siglo XVI. El virrey Pedro de Toledo: Linaje, estado y cultura (1532–1553), Valladolid 1994 (zit.: Hernando Sánchez: El virrey Pedro de Toledo).

Heydemann, Günther: Konstitution gegen Revolution. Die britische Deutschland- und Italienpolitik 1815–1848 (= Veröffentlichungen des Deutschen Historischen Instituts London, Bd. 36), Göttingen, Zürich 1995 (zit.: Heydemann: Konstitution gegen Revolution).

Hobsbawm, Eric J.: Primitive Rebels. Studies in Archaic Forms of Social Movement in the 19th and 20th Centuries, 4. Aufl., Manchester 1974 (zit.: Hobsbawm: Primitive Rebels).

Hobsbawm: Bandits, 2. Aufl., Suffolk 1972 (zit.: Hobsbawm: Bandits).

Hollberg, Cecilie: Ein Kampf um Unteritalien. Normannen, Papsttum und Reich, in: Heiliges Römisches Reich 962 bis 1806. Von Otto dem Großen bis zum Ausgang des Mittelalters, hg. v. Claus-Peter Hasse, Matthias Puhle (= Essayband zur gleichnamigen Teilausstellung in Magdeburg), Dresden 2006, S. 249–261 (zit.: Hollberg: Normannen, Papsttum und Reich).

Houben, Hubert: Roger II. von Sizilien. Herrscher zwischen Orient und Okzident, 2. bibliogr. vollst. aktualisierte und erg. Aufl., Darmstadt 2010 (zit.: Houben: Roger II. von Sizilien).

Iannone, Damiana: Sacra Regia Udienza di Terra di Bari (Carte amministrative aa. 1592–1808), Piedimonte Matese 2006 (zit.: Iannone: Sacra Regia Udienza di Terra di Bari).

Küther, Carsten: Räuber und Gauner in Deutschland. Das organisierte Bandenwesen im 18. und frühen 19. Jahrhundert (= Kritische Studien zur Geschichtswissenschaft, Bd. 20), Göttingen 1976 (zit.: Küther: Räuber und Gauner in Deutschland).

Küther, Carsten: Menschen auf der Straße. Vagierende Unterschichten in Bayern, Franken und Schwaben in der zweiten Hälfte des 18. Jahrhunderts (= Kritische

Studien zur Geschichtswissenschaft, Bd. 56), Göttingen 1983 (zit.: Küther: Menschen auf der Straße).

Kufeke, Kay: Himmel und Hölle in Neapel. Mentalität und diskursive Praxis deutscher Neapelreisender um 1800 (= Italien in der Moderne, Bd. 5), Diss., Köln 1999 (zit.: Kufeke: Himmel und Hölle in Neapel).

Lacchè, Luigi: Latrocinium. Giustizia, scienza penale e repressione del banditismo in antico regime (= Pubblicazioni della Facoltà di Giurisprudenza, Bd. 55), Mailand 1988 (zit.: Lacchè: Latrocinium).

Lucarelli, Antonio: Il brigantaggio politico del Mezzogiorno d'Italia dopo la seconda restaurazione borbonica (1815–1818): Gaetano Vardarelli e Ciro Annicchiarico (= Storia, Bd. 7), Bari 1942 (zit.: Lucarelli: Il brigantaggio politico del Mezzogiorno d'Italia).

Lucarelli, Antonio: Il brigantaggio politico delle Puglie dopo il 1860. Il sergente Romano (= Biblioteca di Cultura Moderna, Bd. 406), 2. Aufl., Bari 1946.

Lumbroso, Enrico: Il brigantaggio politico e i Borboni di Napoli, in: Rassegna Storica del Risorgimento 24 (1937), S. 645–672.

Lupo, Salvatore: Storia della Mafia, 3. Aufl., Rom 2004 (zit.: Lupo: Storia della Mafia).

Macry, Paolo: Mercato e società nel Regno di Napoli. Commercio del grano e politica economica nel Settecento, Neapel 1974 (zit.: Macry: Mercato e società nel Regno di Napoli).

Maiorini, Maria Grazia: L'amministrazione periferica nel Regno di Napoli durante la reggenza borbonica: La Terra di Lavoro, in: Archivio Storico per le Province Napoletane 105 (1987), S. 455–492 (zit.: Maiorini: L'amministrazione periferica nel Regno di Napoli durante la reggenza borbonica).

Maiorini, Maria Grazia: L'Udienza di Principato Ultra nel secolo XVIII. Evoluzione delle funzioni e rapporti con la società, in: Archivio Storico del Sannio 1–2 (1991), S. 139–191 (zit.: Maiorini: L'Udienza di Principato Ultra nel secolo XVIII).

Maiorini, Maria Grazia: Nobiltà napoletana e cariche amministrative. I presidi provinciali nel Settecento, in: Signori, patrizi, cavalieri nell'età moderna (= Biblioteca di Cultura Moderna, Bd. 1022), hg. v. Maria Antonietta Visceglia, Bari 1992, S. 309–325 (zit.: Maiorini: Nobiltà napoletana e cariche amministrative).

Maiorini, Maria Grazia: Presidi e brigantaggio tra prassi giuridica e azione militare. La dialettica dei metodi di repressione nel Regno di Napoli durante il primo periodo borbonico, in: Frontiera d'Europa 2 (1997), S. 137–231 (zit.: Maiorini: Presidi e brigantaggio tra prassi giuridica e azione militare).

Maiorini, Maria Grazia: I presidi nel primo periodo borbonico. Dall'amministrazione della giustizia al governo delle province (= Quaderni della Facoltà di Scienze Politiche, Bd. 45), Neapel 1999 (zit.: Maiorini: I presidi nel primo periodo borbonico).

Marino, Adelmo: Il banditismo teramano e abruzzese nelle carte spagnole, in: Aprutium 1–3 (1994), S. 5–128 (zit.: Marino: Il banditismo teramano e abruzzese nelle carte spagnole).

Marino, John A.: Pastoral Economics in the Kingdom of Naples (= The John Hopkins University. Studies in Historical and Political Sciences, Bd. 106), Baltimore, London 1988 (zit.: Marino: Pastoral Economics in the Kingdom of Naples).

Marino, John A.: L'economia pastorale nel Regno di Napoli (= L'Altra Europa, Bd. 18), Neapel 1992 (zit.: Marino: L'economia pastorale nel Regno di Napoli).

Marino, Roberto: Nuova borghesia e amministrazione locale nelle cronache giuridiche del principato di Citra, in: Il Mezzogiorno preunitario. Economia, società e istituzioni, hg.v. Angelo Massafra, Bari 1988, S. 1087–1101.

Martini, Raffaele: La Sicilia sotto gli Austriaci (1719–1734), Palermo 1907 (zit.: Martini: La Sicilia sotto gli Austriaci).

Massara, Katia: I possedimenti dei cavalieri di Malta nella piana lametina in una platea del'600. Gabelle, rendite e censi in Sant'Eufemia, Nicastro e Castiglione e nel casale di Gizzeria, Soveria Mannelli 2005 (zit.: Massara: I possedimenti dei cavalieri di Malta nella piana lametina in una platea del'600).

Molfese, Franco: Il brigantaggio nel Mezzogiorno dopo l'unità d'Italia, in: Archivio Storico per la Calabria e la Lucania 42 (1975) (= Sammlung von Beiträgen zum Vierten "Convegno Nazionale di Storiografia Lucana" zu "Il fenomeno del brigantaggio nella storia del Mezzogiorno" in Pietragalla vom 26. bis zum 29. September 1974), S. 99–136.

Molfese, Franco: Storia del Brigantaggio dopo l'Unità, 4. Aufl., Madrid 1983 (zit.: Molfese: Storia del Brigantaggio dopo l'Unità).

Monti, Sebastiano: Regime fondario e aziende agricole, in: Storia del Mezzogiorno. Aspetti e problemi del Medioevo e dell'età moderna, Bd. 8, hg. v. Giuseppe Galasso und Rosario Romano, Neapel 1991, S. 51–175 (zit.: Monti: Regime fondario e aziende agricole).

Morelli, Giorgio: Contributi a una storia del brigantaggio durante il vicereame spagnolo. Marco Sciarra (1584–1593), in: Archivio Storico per le Province Napoletane 7–8 (1970), S. 293–328 (zit.: Morelli: Marco Sciarra).

Morelli, Giorgio: Contributi a una storia del brigantaggio durante il vicereame spagnolo. Curzietto, Pietro Mancino, l'abate Cesare Riccardi, in: Archivio Storico per le Province Napoletane 10 (1972), S. 289–306.

Morelli, Giorgio: Introduzione, in: Cronaca Teramana dei Banditi 1661–1683 di Giuseppe Iezzi (Documenti per la Storia d'Abruzzo, Bd. 5), hg. v. Giorgo Morelli, L'Aquila 1983, S. VII–XXIX (zit.: Morelli: Introduzione).

Musto, Dora: La Regia Dogana della Mena delle Pecore di Puglia (= Quaderni della Rassegna degli Archivi di Stato, Bd. 28), Rom 1964 (zit.: Musto: La Regia Dogana della Mena delle Pecore di Puglia).

Muzi, Paolo: La Regia Udienza di Aquila e il suo archivio, in: Rassegna degli Archivi di Stato, 56 (1996), S. 9–46 (zit.: Muzi: La Regia Udienza di Aquila e il suo archivio).

Napoli, Lucia: La trasgressione sociale nel Principato Citeriore in un sondaggio quantitativo (1818–1830), in: Il Mezzogiorno preunitario. Economia, società e istituzioni, hg. v. Angelo Massafra, Bari 1988, S. 1159–1169.

Nardecchia, Daniela: Crisi e trasformazione del vecchio brigantaggio. I di Pronio, in: Bullettino della Deputazione Abruzzese di Storia Patria 114 (2002), S. 121–187 (zit.: Nardecchia: I di Pronio).

Di Nicola, Andrea: Comunità, aristocratici e banditi sulla montagna d'Abruzzo fra Cinque e Seicento, in: Bullettino della Deputazione Abruzzese di Storia Patria 107 (1995), S. 159–234 (zit.: Di Nicola: Comunità, aristocratici e banditi sulla montagna d'Abruzzo fra Cinque e Seicento).

Norwich, John Julius: Il regno nel sole. I normanni nel Sud 1130–1194, Mailand 2004 (zit.: Norwich: I normanni nel Sud 1130–1194).

Ostrogorsky, Georg: Byzantinische Geschichte 324–1453, unveränd. Nachdr. der zuerst 1965 erschienenen Sonderausg., München 1996 (zit.: Ostrogorsky: Byzantinische Geschichte 324–1453).

Palmarini, Antonio: I presidi della provincia di Primo Abruzzo Ultra (Teramo), 1745–1805, in: Abruzzo 6 (1968), S. 247–284 (zit.: Palmarini: I presidi della provincia di Primo Abruzzo Ultra).

Palomba, Maria: La crisi agraria del 1815–1817, in: Il Mezzogiorno preunitario. Economia, società e istituzioni, hg. v. Angelo Massafra, Bari 1988, S. 149–167 (zit.: Palomba: La crisi agraria del 1815–1817).

Papagna, Elena: Ordine pubblico e repressione del banditismo nel Mezzogiorno d'Italia (XVI–XIX), in: Corpi armati e ordine pubblico in Italia (XVI–XIX) (= Stato, Esercito e Controllo del Territorio, Bd. 2), hg. v. Livio Antonielli und

Claudio Donati, S. 49–72 (zit.: Papagna: Ordine pubblico e repressione del banditismo).

Passerin d'Entrèves, Ettore: L'Italia nell'età delle riforme, in: Storia d'Italia. Dalla pace di Aquisgrana all'avvento di Camillo Cavour, Bd. 3, hg. v. Nino Valeri, Turin 1965, S. 3–238 (zit.: Passerin d'Entrèves: L'Italia nell'età delle riforme).

Pedio, Tommaso: Brigantaggio meridionale (1806–1863) (= Borbonici e Liberali, Bd. 2), Bari 1987.

Pescione, Raffaele: Corti di giustizia nell'Italia meridionale. Dal periodo normanno all'epoca moderna, Mailand, Rom, Neapel 1924 (zit.: Pescione: Corti di giustizia nell'Italia meridionale).

Pieri, Piero: Il Regno di Napoli dal luglio 1799 al marzo 1806, in: Archivio Storico per le Province Napoletane 51 (1926), S. 5–163 (zit.: Pieri: Il Regno di Napoli dal luglio 1799 al marzo 1806).

Pieri, Piero: Il Regno di Napoli dal luglio 1799 al marzo 1806, in: Archivio Storico per le Province Napoletane 52 (1927), S. 136–286 (zit.: Pieri: Il Regno di Napoli dal luglio 1799 al marzo 1806).

Pietschmann, Horst: Karl III. (1759–1788), in: Die spanischen Könige. 18 historische Porträts vom Mittelalter bis zur Gegenwart, hg. v. Walther Bernecker, Carlos Collado Seidel, Paul Hoser, München 1997, S. 159–180 (zit.: Pietschmann: Karl III. (1759–1788)).

Pilati, Renata: Delitti e ordine pubblico durante il decennio francese. Gli atti della Gran Corte Criminale di Napoli, in: Archivio Storico per le Province Napoletane 102 (1984), S. 389–419.

Placanica, Augusto: Il filosofo e la catastrofe. Un terremoto del Settecento (= Biblioteca di Cultura Storica, Bd. 155), Turin 1985 (zit.: Placanica: Il filosofo e la catastrofe).

Placanica, Augusto: Chiesa e società nel Settecento meridionale: vecchio e nuovo clero nel quadro della legislazione riformatrice, in: Ricerche di Storia Sociale e Religiosa 7–8 (1975), S. 121–189 (zit.: Placanica: Chiesa e società nel Settecento meridionale).

Placanica, Augusto: Cultura e pensiero politico nel Mezzogiorno settecentesco, in: Storia del Mezzogiorno. Aspetti e problemi del medioevo e dell'età moderna, Bd. 10, hg. v. Giuseppe Galasso und Rosario Romeo, Neapel 1991, S. 171–290 (zit.: Placanica: Cultura e pensiero politico nel Mezzogiorno settecentesco).

Platania, Margherita: Le classi pericolose nel Principato Citeriore in età borbonica. Comitive armate e scorridori di campagna (1815–1830), in: Rassegna Storica Salernitana 1–2 (1984), S. 61–78.

Platania, Margherita: Instabilità sociale e delinquenza, in: Il Mezzogiorno preunitario. Economia, società e istituzioni, hg.v. Angelo Massafra, Bari 1988, S. 1069–1085.

Polverini Fosi, Irene: Il banditismo nello Stato Pontificio nella seconda metà del Cinquecento, in: Bande armate, banditi, banditismo e repressione di giustizia negli stati europei di antico regime (= Sammlung von Beiträgen zur gleichlautenden Konferenz in Venedig vom 3. bis zum 5. November 1985), hg. v. Gherardo Ortalli, Rom 1986, S. 53–65 (zit.: Polverini Fosi: Il banditismo nello Stato Pontificio nella seconda metà del Cinquecento).

Pontieri, Ernesto: Il tramonto del baronaggio siciliano, in: Archivio Storico Siciliano 51 (1931), S. 1–187 (zit.: Pontieri: Il tramonto del baronaggio siciliano).

Povolo, Claudio: Nella spirale della violenza, Cronologia, intensità e diffusione del banditismo nella Terraferma veneta (1550–1610), in: Bande armate, banditi, banditismo e repressione di giustizia negli stati europei di antico regime (= Sammlung von Beiträgen zur gleichlautenden Konferenz in Venedig vom 3. bis zum 5. November 1985), hg. v. Gherardo Ortalli, Rom 1986, S. 21–51 (zit.: Povolo: Cronologia, intensità e diffusione del banditismo nella Terraferma veneta (1550–1610)).

Procacci, Giuliano: Storia degli Italiani, Bd. 1, Bari 1968 (zit.: Procacci: Storia degli Italiani).

Raggio, Osvaldo: Parentele, fazioni e banditi: La Val Fontanabuona tra Cinque e Seicento, in: Bande armate, banditi, banditismo e repressione di giustizia negli stati europei di antico regime (= Sammlung von Beiträgen zur gleichlautenden Konferenz in Venedig vom 3. bis zum 5. November 1985), hg. v. Gherardo Ortalli, Roma 1986, S. 233–275 (zit.: Raggio: Parentele, fazioni e banditi: La Val Fontanabuona tra Cinque e Seicento).

Raia, Ciro: Giovanna I d'Angiò. Regina di Napoli, 2. Aufl., Neapel 2001 (zit.: Raia: Giovanna I d'Angiò. Regina di Napoli).

Rambaud, Jacques: Naples sous Joseph Bonaparte 1806–1808, Paris 1911 (zit.: Rambaud: Naples sous Joseph Bonaparte 1806–1808).

Rao, Anna Maria: Galanti, Simonetti e la riforma della giustizia nel Regno di Napoli (1795), in: Archivio Storico per le Province Napoletane 102 (1984), S. 281–340 (zit.: Rao: Galanti, Simonetti e la riforma della giustizia).

Rao, Anna Maria: La prima restaurazione borbonica, in: Storia del Mezzogiorno. Il regno dagli Angioini ai Borboni, hg. v. Giuseppe Galasso und Rosario Romeo, Bd. 4, Tbd. 2, Rom 1986, S. 543–574 (zit.: Rao: La prima restaurazione borbonica).

Rao, Anna Maria: Esercito e società a Napoli nel secondo Settecento, in: Studi Storici 28 (1987), S. 623–677 (zit.: Rao: Esercito e società a Napoli nel secondo Settecento).

Rao, Anna Maria: Esercito e società a Napoli nelle riforme del secondo Settecento, in: Eserciti e carriere militari nell'Italia moderna (= Testi e Studi, Bd. 145), hg. v. Claudio Donati, Mailand 1998, S. 147–214 (zit: Rao: Esercito e società a Napoli nelle riforme del secondo Settecento).

Rao, Anna Maria: Il riformismo borbonico a Napoli, in: Storia della società italiana, Bd. 12, hg.v. Giovanni Cherubini, Franco Della Peruta u. a., S. 215–291 (zit: Rao: Il riformismo borbonico a Napoli).

Renda, Francesco: Bernardo Tanucci e la Sicilia, in: I Borbone di Napoli e i Borbone di Spagna (= Acta Neapolitana, Bd. 3), Bd. 1, hg. v. Mario di Pinto, Neapel 1985, S. 251–289 (zit.: Renda: Bernardo Tanucci e la Sicilia).

Rheinheimer, Martin: Arme, Bettler und Vaganten. Überleben in der Not 1450–1850, Frankfurt am Main 2000 (zit.: Rheinheimer: Arme, Bettler und Vaganten).

Richter, Ronald: Garibaldis „Zug der Tausend" in der Darstellung der deutschen Presse. Am Beispiel der „Preußischen Jahrbücher", der Augsburger „Allgemeinen Zeitung" und der „Neuen Preußischen Zeitung" (= Italien in Geschichte und Gegenwart, Bd. 32) Frankfurt am Main 2011 (zit.: Richter: Garibaldis „Zug der Tausend" in der Darstellung der deutschen Presse).

Riha, Karl: Nachwort, in: Christian August Vulpius. Rinaldo Rinaldini der Räuberhauptmann. Romantische Geschichte mit Illustrationen herausgegeben und mit einem Nachwort versehen von Karl Riha, Frankfurt am Main 1980, S. 541–552 (zit.: Riha: Nachwort).

Romano, Giorgio: L'origine della denominazione delle "Due Sicilie" e un'orazione inedita di L. Valla, in: Archivio Storico per le Provincie Napoletane 22 (1897), S. 371–403 (zit.: Romano: L'origine della denominazione delle "Due Sicilie").

Rudé, George: L'Europa del Settecento. Storia e cultura, Rom, Bari 1974 (zit.: Rudé: L'Europa del Settecento).

Runciman, Steven: The Sicilian Vespers. A History of the Mediterranean World in the Later Thirteenth Century, Cambridge 1958 (zit.: Runciman: The Sicilian Vespers).

Russo, Flavio: La difesa costiera dello Stato dei Presidi di Toscana dal XVI al XIX secolo, Rom 2002 (zit.: Russo: La difesa costiera dello Stato dei Presidi di Toscana dal XVI al XIX secolo).

Sabatini, Gaetano: Il controllo fiscale sul territorio nel Mezzogiorno spagnolo e il caso delle province abruzzesi (= Ricerche di Storia Economica, Bd. 8), Neapel 1997 (zit.: Sabatini: Il controllo fiscale sul territorio del Mezzogiorno spagnolo).

Sales, Isaia: La camorra le camorre, 2. Aufl., Rom 1993 (zit.: Sales: La camorra e le camorre).

Salvati, Catello: L'Azienda e le altre Segreterie di Stato durante il primo periodo borbonico (1734–1806) (= Quaderni degli Archivi di Stato, Bd. 14), Rom 1962 (zit.: Salvati: L'azienda e le altre Segreterie di Stato durante il primo periodo borbonico).

Sbriccoli, Mario: Brigantaggio e ribellismi nella criminalistica dei secoli XVI–XVIII, in: Bande armate, banditi, banditismo e repressione di giustizia negli stati europei di antico regime (= Sammlung von Beiträgen zur gleichlautenden Konferenz in Venedig vom 3. bis zum 5. November 1985), hg. v. Gherardo Ortalli, Rom 1986, S. 479–500 (zit.: Sbriccoli: Brigantaggio e ribellismo nella criminalistica dei secoli XVI–XVIII).

Schuhmann, Reinhold: Geschichte Italiens, Stuttgart, Berlin, Köln, Mainz 1983 (zit.: Schuhmann: Geschichte Italiens).

Scirocco, Alfonso: Dalla seconda restaurazione alla fine del Regno, in: Storia del Mezzogiorno. Il regno dagli Angioini ai Borboni, Bd. 4, Tbd. 2, hg. v. Giuseppe Galasso und Rosario Romeo, Rom 1986, S. 643–789 (zit.: Scirocco: Dalla seconda restaurazione alla fine del Regno).

Scirocco, Alfonso: Briganti e società nell'Ottocento. Il caso Calabria, Capone 1991 (zit.: Scirocco: Briganti e società nell'Ottocento. Il caso Calabria).

Scirocco, Alfonso: Ribellismo, brigantaggio, protesta sociale nell'Italia dell'Ottocento. Note in margine ad un convegno, in: Clio 18 (1992), S. 128–133.

Scirocco, Alfonso: Banditismo e repressione in Europa in età moderna, in: Tra storia e storiografia. Scritti in onore di Pasquale Villani, hg. v. Paolo Macry und Angelo Massafra, Bologna 1995, S. 413–424 (zit.: Scirocco: Banditismo e repressione in Europa in età moderna).

Scirocco, Alfonso: Brigantaggio e politica in Calabria dopo il moto cosentino del 15 marzo 1844. Talarico re della Sila, in: Rassegna Storica del Risorgimento 82 (1995), S. 5–18 (zit.: Scirocco: Brigantaggio e politica in Calabria).

Sciuti Russi, Vittorio: Banditismo e baronaggio nella Sicilia di Carlo V, in: Banditismi Mediterranei. Secoli XVI–XVII (= Studi Storici Carocci, Bd. 46), hg. v. Francesco Manconi, Urbino 2003, S. 319–327 (zit.: Sciuti Russi: Banditismo e baronaggio nella Sicilia di Carlo V).

Seidenspinner, Wolfgang: Wirtschaftliche Krisensituation und Bandenkriminalität. Das Beispiel der Spessart-Odenwald-Bande (1802–1811), in: Bande armate, banditi, banditismo e repressione di giustizia negli stati europei di antico regime (= Storia, Bd. 20), hg. v. Gherardo Ortalli, Rom 1986, S. 277–304 (zit.: Seidenspinner: Wirtschaftliche Krisensituation und Bandenkriminalität).

Seidenspinner, Wolfgang: Der Mythos vom Sozialrebellen, in: Geschichte in Wissenschaft und Unterricht 11 (1998), S. 687–701 (zit.: Seidenspinner: Der Mythos vom Sozialrebellen).

Siebenmorgen, Katharina: Lazzaroni, in: Neapel. Sechs Jahrhunderte Kulturgeschichte, hg. v. Salvatore Pisani, Katharina Siebenmorgen, Berlin 2009, S. 304–306 (zit.: Siebenmorgen: Lazzaroni).

Simioni, Attilio: L'esercito napoletano dalla minorità di Ferdinando IV alla repubblica del 1799, in: Archivio Storico per le Province Napoletane 45 (1920), S. 88–109 (zit.: Simioni: L'esercito napoletano).

Di Simone, Maria Rosa: Istituzioni e fonti normative in Italia dall'antico regime all'unità, Turin 1999 (zit.: Di Simone: Istituzioni e fonti normative in Italia).

Spadoni, Maria Giuseppina: Regia Udienza Provinciale. Serie Reali Dispacci, in: Archivio di Stato di Teramo (= Archivi Italiani, Bd. 9), hg. v. Ministero per i Beni e le Attività Culturali (Direzione Generali per gli Archivi), Rom 2001, S. 30f. (zit.: Spadoni: Archivio di Stato di Teramo).

Spagnoletti, Angelantonio: Le istituzioni statali e il potere locale nel Regno di Napoli 1730–1780, in: Archivio Storico per la Sicilia Orientale 84 (1988), S. 7–28 (zit.: Spagnoletti: Le istituzioni statali e il potere locale nel Regno di Napoli 1730–1780).

Spagnoletti, Angelantonio: Ufficiali, feudatari e notabili. Le forme dell'azione politica nelle università meridionali, in: Quaderni Storici 79 (1992), S. 231–261 (zit.: Spagnoletti: Ufficiali, feudatari e nobili).

Spagnoletti, Angelantonio: Reclutamento e carriere dei magistrati provinciali nel secolo XVIII, in: Rivista Storica del Sannio 1 (1994), S. 9–29 (zit.: Spagnoletti: Reclutamento e carriere dei magistrati provinciali nel secolo XVIII).

Spagnoletti, Angelantonio: Storia del Regno delle Due Sicilie (= Storia Paperbacks, Bd. 47), Bologna 1997 (zit.: Spagnoletti: Storia del Regno delle Due Sicilie).

Spedicato, Mario: L'ordre du roi. Brigantaggio e banditismo in Puglia durante il decennio francese (= Cultura e Storia, Bd. 7), Galatina (Lecce) 2004.

Sposato, Pasquale: Per la storia del brigantaggio nella Calabria del Settecento. Episodi di malvivenza a Nocera feudo ecclesiastico del baliaggio gerosolimitano di Sant'Eufemia, in: Archivio Storico per la Calabria e la Lucania 35 (1967), S. 157–211 (zit.: Sposato: Per la storia del brigantaggio nella Calabria del Settecento).

Takayama, Hiroshi: The Administration of the Norman Kingdom of Sicily (= The Medieval Mediterranean, Bd. 3), Leiden, New York, Köln 1993 (zit.: Takayama: The Administration of the Norman Kingdom of Sicily).

Themelly, Mario: Trasgressione, criminalità, comportamenti collettivi nelle province meridionali, in: Il Mezzogiorno preunitario. Economia, società e istituzioni, hg.v. Angelo Massafra, Bari 1988, S. 1039–1054.

Trifone, Romualdo: Le Giunte di Stato a Napoli nel secolo XVIII. Studi su documenti inediti tratti dall'Archivio di Stato di Napoli (= Pubblicazioni degli Istituti Giuridici della R. a Università di Napoli, Bd. 1), Neapel 1909 (zit.: Trifone: Le Giunte di Stato a Napoli nel secolo XVIII).

Trifone, Romualdo: Alcuni caratteri dell'antica legislazione del Regno delle Due Sicilie, Neapel 1909 (zit.: Trifone: Alcuni caratteri dell'antica legislazione del Regno delle Due Sicilie).

Vaiana, Salvatore: Una storia siciliana fra Ottocento e Novecento. Lotte politiche e sociali, brigantaggio e mafia, clero e massoneria a Barrafranca e dintorni, Barrafranca (Enna) 2000 (zit.: Vaiana: Una storia siciliana fra Ottocento e Novecento).

Valente, Gustavo: Nocera 1624. Dal cabreo del baliaggio di Sant'Eufemia del Sovrano Ordine di Malta, in: Rivista Storica Calabrese 4 (1983), S. 589–634 (zit.: Valente: Nocera 1624. Dal cabreo del baliaggio di Sant'Eufemia del Sovrano Ordine di Malta).

Vallone, Giancarlo: Evoluzione giuridica e istituzionale della feudalità, in: Storia del Mezzogiorno. Aspetti e problemi del Medioevo e dell'età moderna, Bd. 9, hg. v. Giuseppe Galasso und Rosario Romeo, Neapel 1991, S. 71–119 (zit.: Vallone: Evoluzione giuridica e istituzionale della feudalità).

Valsecchi, Franco: L'Italia nel Settecento dal 1714 al 1788, Storia d'Italia illustrata, Bd. 7, Mailand 1959 (zit.: Valsecchi: L'Italia nel Settecento dal 1714 al 1788).

Valsecchi, Franco: Il riformismo borbonico in Italia (= Storia e Politica. Saggi e Ricerche, Bd. 3), Rom 1990 (zit.: Valsecchi: Il riformismo borbonico in Italia).

Verrastro, Valeria: Tra criminalità e processi: le carte giustiziarie, in: Archivio di Stato di Potenza (= Archivi Italiani, Bd. 20), hg. v. Ministero per i Beni e le Attività Culturali (Dipartimento per i Beni Archivistici e Librari, Direzione Generale per gli Archivi) und Consiglio Regionale della Basilicata, Città di Castello 2004, S. 29–32 (zit: Verrastro: Archivio di Stato di Potenza).

Villani, Pasquale: Mezzogiorno tra riforme e rivoluzione, Bari 1973 (zit.: Villani: Mezzogiorno tra riforme e rivoluzione).

Villani, Pasquale: Il decennio francese, in: Storia del Mezzogiorno, Bd. 4, Tbd. 2, hg. v. Giuseppe Galasso und Rosario Romeo, Rom 1986, S. 577–639 (zit.: Villani: Il decennio francese).

Villari, Lucio: La Calabria nel Viceregno austriaco, in: Atti del Terzo Congresso Storico Calabrese, hg. v. der Deputazione di Storia Patria per la Calabria, Neapel 1964, S. 177–197 (zit.: Villari: La Calabria nel Viceregno austriaco).

Villari, Rosario: Il banditismo meridionale alla fine del Cinquecento, in: Archivio Storico per la Calabria e la Lucania 42 (1975) (= Sammlung von Beiträgen zum Vierten "Convegno Nazionale di Storiografia Lucana" zu "Il fenomeno del brigantaggio nella storia del Mezzogiorno" in Pietragalla vom 26. bis zum 29. September 1974), S. 31–42 (zit.: Villari: Il banditismo meridionale alla fine del Cinquecento).

Villari, Rosario: La rivolta antispagnola a Napoli. Le origini: 1585–1647 (= Universale Laterza, Bd. 337), zweite Aufl., Bari 1976 (zit.: Villari: La rivolta antispagnola).

Vinciguerra, Mario: La reggenza borbonica nella minorità di Ferdinando IV, in: Archivio Storico per le Province Napoletane 40 (1916), S. 493–515 (zit.: Vinciguerra: La reggenza borbonica nella minorità di Ferdinando IV).

Vitolo, Giovanni: Il Regno angioino, in: Storia del Mezzogiorno. Il Regno dagli Angioini ai Borboni, Bd. 4, Tbd. 1, hg. v. Giuseppe Galasso und Rosario Romeo, Rom 1986, S. 11–86 (zit.: Vitolo: Il Regno angioino).

Vozzi, Maria Pia: La comitiva armata dei fratelli Capozzoli e la rivoluzione cilentana del 1828. Lotta politica e brigantaggio, in: Il mezzogiorno preunitario. Economia, società e istituzioni, hg. v. Angelo Massafra, Bari 1988, S. 1143–1157 (zit.: Vozzi: La comitiva armata dei fratelli Capozzoli e la rivoluzione cilentana del 1828).

Weisser, Michael R.: Crime and Punishment in Early Modern Europe, Stanford Terrace, Hassocks 1979 (zit.: Weisser: Crime and Punishment in Early Modern Europe).

Woolf, Stuart J.: La storia politica e sociale, in: Storia d'Italia. Dal primo Settecento all'Unità, Bd. 3, hg. v. Ruggiero Romano und Corrado Vivanti, Turin 1973, S. 5–508 (zit.: Woolf: La storia politica e sociale).

Zeno, Riniero: Il procedimento di "bando" e "fuorgiudica" nel Regno di Napoli e Sicilia, in: Rivista Penale 72 (1910), S. 5–25 (zit.: Zeno: Il procedimento di "bando" e "fuorgiudica" nel Regno di Napoli e Sicilia).

Zilli, Ilaria: Carlo di Borbone e la rinascita del Regno di Napoli. Le finanze pubbliche (1734–1742) (= Collana di Ricerche in Storia Economica, Bd. 1), Neapel 1990 (zit.: Zilli: Carlo di Borbone e la rinascita del Regno di Napoli).

4. Verwendete Abkürzungen

ASA	Archivio di Stato di L'Aquila
ASB/ST	Archivio di Stato di Bari/Sezione di Trani
ASC	Archivio di Stato di Chieti
ASCB	Archivio di Stato di Campobasso
ASCO	Archivio di Stato di Cosenza
ASF/SL	Archivio di Stato di Foggia/Sezione di Lucera
ASN	Archivio di Stato di Napoli
ASP	Archivio di Stato di Potenza
ASS	Archivio di Stato di Salerno
AST	Archivio di Stato di Teramo
BNN	Biblioteca Nazionale di Napoli
BSNSP	Biblioteca della Società Napoletana di Storia Patria
fol.	folio/foliis
o. O.	ohne Ort
pag.	pagina/paginae
r.	recto
v.	verso

Karte zu den Provinzen des Königreiches Neapel im 18. Jahrhundert

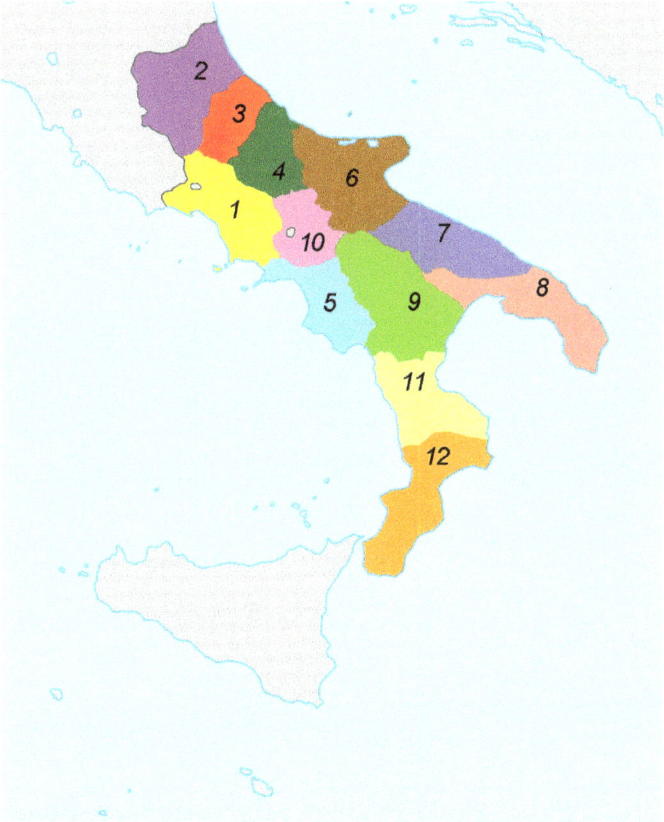

1) Terra di Lavoro	7) Terra di Bari
2) Abruzzo Ultra*	8) Terra d'Otranto
3) Abruzzo Citra	9) Basilicata
4) Contado di Molise	10) Principato Ultra
5) Principato Citra	11) Calabria Citra
6) Capitanata	12) Calabria Ultra

* Die Provinz *Abruzzo Ultra* wurde im Jahr 1684 vom spanischen Vizekönig del Carpio in die Provinzen *Abruzzo Ultra I* (östlicher Teil) und *Abruzzo Ultra II* (westlicher Teil) aufgegliedert.

Quelle: http://it.wikipedia.org/wiki/File:Province_napoletane_(1454).PNG (25. Mai 2013, Nachbearbeitung durch den Verfasser)

Potenza e impotenza di un governo centrale

I Borboni e il problema del banditismo nel Regno di Napoli del Settecento

(Riassunto)

Introduzione

L'argomento di questo studio, eseguito fra il gennaio del 2010 e il maggio del 2013, rientra nel campo della storia del banditismo o brigantaggio nell'Italia meridionale. Lo studio cerca di dare un contributo approfondito alla ricerca sullo sviluppo, sul carattere della delinquenza banditesca e sui provvedimenti dello stato contro di essa in un periodo in cui questo fenomeno sociale e criminologico non è mai stato trattato a sufficienza da parte della storiografia italiana: il Regno di Napoli del primo periodo borbonico.[1023]

1023 Nei contributi seguenti il banditismo nel Regno di Napoli del primo periodo borbonico è trattato in modo diretto oppure, più spesso, collocato in un più ampio contesto tematico. L. COPPA-ZUCCARI: L'invasione francese negli Abruzzi (1798–1810), vol. 1, L'Aquila 1928; B. CROCE: Angiolillo (Angelo Duca). Capo di banditi, in: La rivoluzione napoletana del 1799. Biografie, racconti, ricerche (= Scritti di Storia Letteraria e Politica, vol. 2), 4. ed., Bari 1926, pp. 427–457; IDEM: Il brigante Angiolillo (= Ricciardiana, vol. 15), Venosa 1986; F. GAUDIOSO: Il banditismo nel Mezzogiorno moderno tra punizione e perdono (= Dipartimento di Studi Storici dal Medioevo all'Età Contemporanea, vol. 46, 53), Galatina (Lecce) 2003; IDEM: Una tragedia sismica nella Calabria del Settecento (= Dipartimento di Studi Storici dal Medioevo all'Età Contemporanea, vol. 64, 71), Galatina (Lecce) 2005; IDEM: Il potere di punire e perdonare. Banditismo e politiche criminali nel Regno di Napoli in età moderna (= Mezzogiorno Ribelle, vol. 1), Galatina (Lecce) 2006; IDEM: Emergenza macrosismica. Controllo del territorio e tutela dell'ordine pubblico nella Calabria del Settecento, in: Mediterranea. Richerche Storiche 14 (2008), pp. 567–590; A. GRIMALDI: La Cassa Sacra, ovvero la soppressione delle manimorte in Calabria nel secolo 18, Napoli 1863; M. G. MAIORINI, Maria Grazia: L'Udienza di Principato Ultra nel secolo XVIII. Evoluzioni delle funzioni e rapporti con la società, in: Archivio Storico del Sannio 1–2 (1991), pp. 139–191; EADEM: Presidi e brigantaggio tra prassi giuridica e azione militare. La dialettica dei metodi di repressione nel Regno di Napoli durante il primo periodo borbonico, in: Frontieri d'Europa 2 (1997), pp. 137–231; EADEM: I presidi nel primo periodo borbonico. Dall'amministrazione della giustizia al governo delle province (= Quaderni della Facoltà di Scienze Politiche, vol. 45),

Questo studio, nel suo insieme, comprende *grosso modo* gli anni che vanno dalla presa del potere di Carlo di Borbone (re delle Due Sicilie 1735–1759) nel 1734 fino ai primi mesi dopo la caduta dell'effimera Repubblica Partenopea, fondata nel gennaio 1799. Dal momento che gli avvenimenti politici, sociali e militari, così come il ruolo di molti malfamati banditi nell'esercito sanfedista del cardinal Fabrizio Ruffo (1744–1825) sono già stati trattati a sufficienza da parte della storiografia italiana, si è deciso di rinunciare ad un ulteriore approfondimento di questo argomento, limitandosi a ciò che sembra più necessario.

Come sarà ben noto, in particolare grazie a diversi studi sulla delinquenza banditesca nel Regno di (Sicilia-) Napoli del periodo angioino (1266–1442, 1282 perdita della Sicilia) e spagnolo (1504–1707), nei secoli precedenti alla rinnovata assunzione del potere nel Regno di Napoli da parte dei Borboni spagnoli, avvenuta nell'anno 1734, il banditismo era ormai un palese problema dell'ordine pubblico e della sicurezza interna, che aveva colpito progressivamente quasi tutte le regioni del regno meridionale, e che sarebbe durato perfino oltre il 1861, anno di fondazione dello Stato nazionale italiano.

Poiché il banditismo meridionale nella storia della sua lunga esistenza non ha mai incontrato molto interesse da parte di storici fuori dall'Italia, non deve destare meraviglia che i contributi centrali in questo campo di ricerca provengano quasi esclusivamente da ricercatori italiani. Sebbene il banditismo sia un fenomeno sociale e criminologico che colpì il Mezzogiorno per tanti secoli, è evidente che esiste una vera sproporzione numerica riguardo agli studi eseguiti in questo vasto campo di ricerca. Questa sproporzione si rispecchia in maniera più evidente nel

---

Napoli 1999; D. NARDECCHIA: Crisi e trasformazione del vecchio brigantaggio. I di Pronio, in: Bullettino della Deputazione Abruzzese di Storia Patria 114 (2002), pp. 121–187; SPOSATO, Pasquale: Per la storia del brigantaggio nella Calabria del Settecento. Episodi di malvivenza a Nocera feudo ecclesiastico del baliaggio gerosolimitano di Sant'Eufemia, in: Archivio Storico per la Calabria e la Lucania 35 (1967), pp. 157–211. Prima di questo studio, il contributo più importante sull'argomento del banditismo nel Regno di Napoli si doveva al saggio di Maria Grazia Maiorini dal titolo "Presidi e brigantaggio tra prassi giuridica e azione militare. La dialettica dei metodi di repressione nel Regno di Napoli durante il primo periodo borbonico", pubblicato nel 1997, il quale comprendeva il periodo dalla *reconquista* spagnola del Regno di Napoli, avvenuta nel 1734, fino agli inizi degli anni Ottanta del Settecento. Per il saggio in merito, che si è rivelato di grande utilità per avere una prima impressione dei possibili sviluppi nell'area della delinquenza banditesca nelle province del Regno di Napoli del primo periodo borbonico, la studiosa napoletana aveva fatto anzitutto ricorso al sottofondo dei "Dispacci e Fascicoli" del fondo della Segreteria di Stato di Grazia e Giustizia, conservato nell'Archivio di Stato di Napoli.

fatto che, benché ci siano anche molti singoli studi sul banditismo/brigantaggio nel Regno di Napoli degli Angioini, degli Spagnoli, dei Napoleonici (1806–1815) e nel Regno delle Due Sicilie dell'Ottocento (1816–1861), la maggioranza dei saggi e delle monografie sul fenomeno del banditismo meridionale si concentra quasi esclusivamente sul cosiddetto "gran brigantaggio" degli anni Sessanta dell'Ottocento, sul quale non esiste soltanto una gran quantità di studi complessivi, ma anche una gran quantità di studi di carattere regionale nonchè, e questo non va dimenticato, anche di carattere apertamente divulgativo.

Mentre la ricerca, e perciò anche la letteratura scientifica sul cosiddetto "gran brigantaggio", ovvero quella sanguinosa guerra civile iniziata negli ultimi mesi del 1860 che non è da considerare soltanto una mera manifestazione del banditismo meridionale, risulta apparentemente sterminata, esiste ancora una lacuna molto estesa riguardo al banditismo nel Regno di Napoli del Settecento, in particolare per gli ultimi due decenni del dominio spagnolo (1687–1707) e per i successivi 27 anni del dominio austriaco (1707–1734). Tuttavia non è possibile stabilire con certezza se i documenti risalenti a questi due periodi permettano di eseguire studi approfonditi al riguardo. Con questo studio sul banditismo nel Regno di Napoli del primo periodo borbonico, dunque, ci si è proposti di tappare un buco piuttosto vasto nel campo della storia della delinquenza banditesca nell'Italia meridionale della prima età moderna.

La questione centrale di questo studio ruota attorno alla domanda fondamentale sul perché la dinastia borbonica, già nella prima fase del suo governo nel Regno di Napoli, aveva costantemente problemi a controllare in maniera efficace tutte le province del regno continentale e a placarvi la criminalità banditesca, disponendo con l'esercito regolare, con le forze di sicurezza nelle province, e soprattutto con l'apparato giudiziario, degli strumenti necessari per imporre l'esercizio del potere di fronte alle *élites* locali quali baroni e rappresentanti della Chiesa. Questi, infatti, godevano ancora degli ampi privilegi provenienti dal Medioevo e contestavano apertamente le pretese del governo centrale di controllare più direttamente le zone soggette alla loro giurisdizione. Nonostante i continui tentativi, e come prova inconfutabile di questi sforzi serva da esempio il ripetuto ricorso al mezzo della cosiddetta "delegazione straordinaria" nella prima fase del regno di Ferdinando IV, il governo napoletano non ce l'avrebbe mai fatta a liberare le province dalla piaga del banditismo, nemmeno alla vigilia della conquista del regno borbonico ad opera di Giuseppe Garibaldi (1807–1882) e dell'esercito piemontese nel 1860/61, e con la successiva fondazione dello stato unitario. Tuttavia per la fortuna del governo centrale nel Regno di Napoli del Settecento, il banditismo rimaneva una piaga limitata soprattutto alle zone rurali, montane e meno popolate del regno, e non assumeva mai dimensioni tali da poter minacciare direttamente la capitale Napoli e, con questa, la stabilità del regime borbonico. Malgrado ciò non c'è dubbio che, a lungo termine, il banditismo endemico e la permanente debolezza delle istanze di controllo territoriale nelle province del regno borbonico, vale a dire le Regie Udienze e il Tribunale di Campagna per la Terra di Lavoro e una parte della provincia di Principato Citra, come pure le più numerose corti locali, sia che si trovassero sotto il controllo dei baroni che dei rappresentanti del re, contribuissero a minare la confidenza della popolazione delle zone colpite nella capacità di intervento del governo reale.

Gli aspetti essenziali, dunque, sui quali si concentra questo studio nella sua parte prevalentemente analitica, che sfocia, infine, in un esteso capitolo conclusivo, sono: 1. gli sviluppi nel campo della delinquenza banditesca nel Regno di Napoli del primo periodo borbonico, cioè dalla presa di potere da parte dell'infante Carlo di Borbone nel 1734 fino agli avvenimenti politici, sociali e militari degli anni 1798 e 1799; questi ultimi, tuttavia, non sono trattati in profondità, considerata la vasta gamma di studi ormai esistenti al riguardo; 2. le cause strutturali della formazione di comitive di malviventi, della loro permanenza e della loro crescita massiccia nella prima fase del regno di Ferdinando IV; 3. il procedimento scelto da parte del governo centrale e delle autorità provinciali nella persecuzione ed eliminazione delle comitive di malviventi e le difficoltà da essi costantemente affrontate; 4. la cooperazione delle autorità napoletane e delle autorità pontificie nella persecuzione e nell'estradizione di membri di comitive armate fuori dei confini del Regno di Napoli e dello Stato della Chiesa; 5. il modo in cui si potevano svolgere i procedimenti legali contro membri delle bande arrestati, presi in esame sulla base di due esempi selezionati; 6. il problema dell'asilo ecclesiastico e le sue conseguenze per la persecuzione di membri di comitive di malviventi da parte delle autorità provinciali; e, infine, 7. i rapporti fra le comitive e i diversi rappresentanti della società provinciale del Regno di Napoli, alla quale appartenevano sia la popolazione, in larga parte quella contadina, che l'aristocrazia, il clero e i cosiddetti „galantuomini", cioè la crescente borghesia provinciale come nuovo ceto sociale, e le ripercussioni di questi rapporti sulla persecuzione delle bande.

Gli archivi in cui si sono svolti i lavori di ricerca per questo studio sono: l'Archivio di Stato di L'Aquila[1024], l'Archivio di Stato di Avellino[1025], la sezione di Trani

1024 Fondi consultati: Regia Udienza di Aquila: Processi Penali, Fondo del Preside I e Fondo del Preside II; Archivio Civico Aquilano.

1025 Il fondo della Regia Udienza di Montefusco, a causa delle perdite subite soprattutto nell'Ottocento, non conteneva più materiale documentario che riguardasse il banditismo in quella provincia.

dell'Archivio di Stato di Bari[1026], l'Archivio di Stato di Campobasso[1027], l'Archivio di Stato di Chieti[1028], l'Archivio di Stato di Foggia[1029], la sezione di Lucera dell'Archivio di Stato di Foggia[1030], l'Archivio di Stato di Napoli[1031], l'Archivio di Stato di Potenza[1032], l'Archivio di Stato di Salerno[1033], l'Archivio di Stato di Teramo[1034] e le sezioni dei manoscritti della Biblioteca della Società Napoletana di Storia Patria e della Biblioteca Nazionale di Napoli.[1035]

Per quanto riguarda le fonti, questo studio non si è limitato esclusivamente ai documenti delle diverse istituzioni che formavano l'apparato statale del Regno di Napoli dei primi due re Borboni, ma si è considerata anche l'estesa pubblicistica contemporanea (Gaetano Filangieri, Giuseppe Maria Galanti, Ferdinando Galiani, Gian Francesco Nardi, Giovanni Pallante, Giuseppe Spiriti), che era ben consapevole dei problemi del governo centrale nella lotta alla delinquenza rurale

1026 Fondi consultati: Sacra Regia Udienza di Trani: Processi Penali e Carte Amministrative. Il materiale del fondo dei processi penali, di maggiore interesse per microstudi che si occupano del banditismo nella provincia di Terra di Bari durante il Settecento borbonico, non è stato utilizzato per questo studio.

1027 Fondo consultato: Miscellanea di Atti sul Brigantaggio e Processi Politici.

1028 Fondo consultato: Regia Udienza di Chieti.

1029 Fondo consultato: Regia Dogana della Mena delle Pecore: Processi Criminali. Il materiale contenuto in questo fondo ancora abbastanza esteso, per quanto riguarda la prima fase del regno di Ferdinando IV, e comprendente gli anni 1765–1802 non è stato utilizzato per questo studio.

1030 Fondo consultato: Regia Udienza di Lucera: Processi Penali.

1031 Fondi consultati: Ministero degli Affari Esteri; Processi Antichi/Da Riordinare/Processi Criminali; Real Camera di Santa Chiara: Bozze di Consulta, Consulte Italiane, Processi Irresoluti, Processi Criminali; Segreteria di Stato di Casa Reale: Diversorum, Registri dei Dispacci della Prima Segreteria di Stato; Segreteria di Stato di Grazia e Giustizia: Dispacci e Fascicoli, Tribunale Misto: Volumi di Conti ed Immunità Locali e Segreterie dei Viceré: Viglietti Originali, Registri dei Viglietti.

1032 Fondo consultato: Regia Udienza di Matera.

1033 Fondo consultato: Regia Udienza di Salerno: Processi Penali.

1034 Fondi consultati: Regia Udienza di Teramo: Processi Criminali, Registro dei Dispacci Reali; Presidenza di Abruzzo Ultra Primo.

1035 Sebbene esistano ancora i fondi depauperati delle Regie Udienze di Lecce, Catanzaro e Cosenza, si è rinunciato alla loro consultazione per la quantità del materiale documentario trovato negli altri fondi consultati. Inoltre, per quanto riguarda il materiale contenuto nel fondo della Sacra Regia Udienza di Lecce, c'è da dire che in quello è sopravvissuta solamente la documentazione dei processi civili celebrati in questo tribunale provinciale fino alla sua abolizione definitiva nel 1808. Un ultimo archivio da considerare sarebbe stato quello del Tribunale di Campagna, il quale, purtroppo, non esiste più da lungo tempo.

e del suo imporsi sulle *élites* locali, più che riluttanti a rinunciare ai loro ampi privilegi, pretendendo un controllo più diretto delle province.

Prima parte: La politica del governo centrale nei confronti della delinquenza banditesca nelle province con riguardo speciale ai rapporti fra il Regno di Napoli e lo Stato della Chiesa nella lotta contro il banditismo fuori dei propri confini e il problema dell'asilo ecclesiastico e le sue conseguenze per la persecuzione di membri di comitive di malviventi da parte delle autorità provinciali

Per quanto riguarda lo sviluppo della criminalità banditesca nelle province del Regno di Napoli del primo periodo borbonico, risulta evidente che si trattava di un processo di costante recrudescenza di questa piaga, già esistita da secoli, che i Borboni ereditarono dai loro predecessori, quando, nel 1734 e nel 1735, si impossessarono di nuovo dei due Regni di Napoli e di Sicilia, e, infine, nell'ultimo terzo del Settecento, assunse nuovamente dimensioni tali da dover parlare, nei riguardi dello stato dell'ordine e della sicurezza pubblici, di una situazione di anarchia abbastanza diffusa nelle province del Regno di Napoli già prima degli avvenimenti politici, sociali e militari degli anni 1798 e 1799. Per questa ragione, considerazioni come quella ancora molto diffusa secondo la quale, dopo la fine delle campagne militari del viceré Gaspar de Haro y Guzmán (viceré 1683–1687), marchese del Carpio, nella prima metà degli anni Ottanta del Seicento e dopo una pace successiva durata quasi un secolo, la piaga del banditismo sarebbe risorta in maniera massiccia solo in concomitanza con gli avvenimenti rivoluzionari di questi due anni, sono da mettere in dubbio.[1036]

1036 Ad esempio Elena Papagna, nel suo saggio "Ordine pubblico e repressione del banditismo nel Mezzogiorno d'Italia (secoli XVI–XIX)", pubblicato nel 2003, ha affermato, in riferimento alle dimensioni della delinquenza banditesca nel Regno di Napoli del Settecento, che "[n]el Settecento il banditismo sarebbe diventato meno grave e non avrebbe postulato l'impiego di mezzi straordinari di prevenzione e repressione; solo i fatti del 1799 avrebbero nuovamente imposto all'attenzione il fenomeno che, legandosi ai moti legittimisti, avrebbe assunto una dimensione nuova, destinata a permanere negli anni della dominazione napoleonica". E. Papagna: Ordine pubblico e repressione del banditismo nel Mezzogiorno d'Italia (XVI–XIX) (= Stato, Esercito e Controllo del Territorio, vol. 2), in: Corpi armati e ordine pubblico in Italia (XVI–XIX), a cura di L. Antonielli e C. Donati, p. 63. Questa affermazione di Papagna, che può essere confutata sulla base dei documenti risalenti alla prima fase del regno di

Come si è già mostrato nel sottocapitolo „Ein Abriss zum Phänomen des Banditenwesens in der Geschichte des italienischen Mezzogiorno bis zum Machtantritt der Bourbonen im Jahr 1734“ (Un quadro del fenomeno del banditismo nella storia del Mezzogiorno fino alla presa del potere dei Borboni nell’anno 1734), la criminalità banditesca nel sud della Penisola Appenninica era stata un problema della sicurezza interna che perfino le autorità romane avevano dovuto affrontare ripetutamente. La prova di un provvedimento di carattere meramente preventivo preso contro questa piaga in epoca romana è fornita da un ordine dell’imperatore Valentiniano I (imperatore 364–375), il quale, di fronte ai gravi problemi con le bande che inquietavano la Puglia, limitò in maniera massiccia il possesso di cavalli nell’Italia meridionale per rendere più facile ed efficace la persecuzione delle bande, che si servivano molto spesso di cavalli per le loro scorrerie e per sfuggire all’inseguimento delle autorità provinciali.[1037]

Durante la dominazione della dinastia angioina e della monarchia spagnola sulla parte continentale del Mezzogiorno, in cui il Regno di Napoli fu travolto ripetutamente da crisi interne di fronte alle quali il governo centrale si rivelò spesso assai debole, le azioni quotidiane di comitive di malviventi divennero una piaga di dimensioni esorbitanti. In particolare nella seconda parte del Trecento, durante il lungo regno della nipote e succeditrice del re Roberto d’Angiò (re di Napoli 1309–1343), Giovanna I (regina di Napoli 1343–1382), marcato da guerre

---

Ferdinando IV, può nascere da una parte dal fatto che nel 2003 non esisteva ancora alcuno studio approfondito sul banditismo nel Regno di Napoli del primo periodo borbonico e dall’altra parte dal fatto che forse non è stato preso in considerazione l’importante saggio di Maria Grazia Maiorini „Presidi e brigantaggio tra prassi giuridica e azione militare. La dialettica dei metodi di repressione nel Regno di Napoli durante il primo periodo borbonico“, pubblicato nel 1997. La stessa impostazione nei riguardi delle dimensioni del banditismo nel Regno di Napoli dopo la morte del viceré del Carpio nel 1687 si trova anche in un saggio di Maria Elena Ghelli sulla politica del viceré spagnolo, pubblicato settanta anni prima di quello di Papagna e in cui, in riferimento agli avvenimenti politici, sociali e militari dell’anno 1799, si afferma ugualmente che „il grande brigantaggio che aveva devastato il Regno per tutto il periodo del Governo spagnuolo, totalmente sradicato dal vicerè del Carpio, non rimcomparve se non dopo oltre un secolo per effetto di commovimenti politici e sociali“. M. E. Ghelli: Il Vicerè Marchese del Carpio (1683–1687), in: Archivio Storico per le Province Napoletane 58 (1933), p. 318.

1037 Riguardo a questa politica dell’imperatore Valentiniano e i suoi risultati si veda F. M. De Robertis: Prosperità e banditismo nella Puglia e nell’Italia meridionale durante il basso impero, in: Studi di Storia Pugliese in onore di Giuseppe Chiarelli, vol. 1, a cura di M. Paone, Galatina (Lecce) 1972, pp. 197–231.

civili e lunghe lotte interne fra i rami della dinastia angioina, il governo napoletano sembrò del tutto paralizzato nei confronti delle innumerevoli comitive che infestavano le province del regno angioino.[1038]

Una preziosa testimonianza di questo quasi irrefrenabile dilagare del banditismo nel periodo del dominio angioino sul Regno di Napoli è fornita da una lettera del 1352[1039] del poeta Francesco Petrarca (1304–1374), indirizzata al prevosto di Saint Omer, Stefano Colonna († 1378). In questa lettera il poeta toscano fa riferimento al caos da cui è travolto il Mezzogiorno continentale nel primo decennio del regno di Giovanna I e si lamenta apertamente delle scorrerie delle tante comitive di malviventi che in quei tempi turbolenti infestavano quasi quotidianamente non solo la Terra di Lavoro, l'ormai scomparsa *Campania felix* dei Romani antichi, ma anche le altre regioni del Regno di Napoli che sotto Roberto d'Angiò, predecessore di Giovanna I, aveva vissuto ancora sotto un'epoca quantomeno dal massimo splendore culturale:

> „Pulcerrima illa Campania, in qua olim Plotinus ille vir maximus sedem preclaro otio delegit, qua Hernicos atque Algidum videt, non iam philosophicis apta secessibus sed vix viatoribus tuta est, vagis semper obsessa latrunculis; qua vero Capuam Neapolimque complectitur et omine nimium presago Terra Laboris dici cepit, comunem modo cum Apulis Brutiisque et Calabris totoque regno Sicilie sortem habet; intus enim atque extra concutitur ac laborat."[1040]

E anche durante i due secoli in cui il Regno di Napoli fungeva da *dépendance* diretta della monarchia spagnola ed era amministrato da un viceré nominato dalla corte reale di Madrid, la situazione interna del regno continentale si presentava di continuo molto instabile. Una prova chiara della lunga permanenza della piaga del banditismo e delle dimensioni incontrollabili che esso assunse, infine, anche nell'epoca della lunga dominazione spagnola è fornita dal vasto numero

---

1038 C. Raia: Giovanna I d'Angiò. Regina di Napoli, 2. ed., Napoli 2001, pp. 42–46.

1039 F. Petrarca: Familiarum rerum libri (XI–XV)/Le familiari (libri XI–XV), vol. 3, curato e tradotto da U. Dotti, Torino 2007, libro XV, lettera 7, pp. 2095–2111. Secondo Ugo Dotti, il curatore dell'edizione bilingue e commentata dei „Familiarum rerum libri", questa lettera senza data dovrebbe essere stata scritta prima del 24 aprile 1352, data stabilita per la lettera successiva. Riguardo a ciò si vedano le note di Ugo Dotti in ivi, p. 2095.

1040 Ivi, p. 2101. Plotino (204–270) era un filosofo romano che alla fine della sua vita si ritirò in Campania nel podere di un suo amico, dove successivamente si concluse la sua vita. Riguardo a ciò si vedano le note di Ugo Dotti in ivi, p. 2101.

delle prammatiche „De exulibus“[1041], emanate dai viceré spagnoli fra il 1561 e il 1707. Queste, insieme con le prammatiche intitolate „De persequendis malefactoribus seu delinquentibus etiam extra Regnum“[1042], il cui numero è notevolmente più limitato, formavano il fondamento legale centrale per la persecuzione ed eliminazione delle comitive di malviventi; ancora nel Regno di Napoli del primo periodo borbonico si fece ripetutamente ricorso a queste prammatiche e alle loro determinazioni per quanto riguardava il modo di perseguire le bande. Di importanza eccezionale per la persecuzione di banditi nel secolo successivo furono, in particolare, anche le ampie determinazioni contenute nella prammatica XXX che l'allora viceré Gaspar de Haro y Guzmán, marchese del Carpio, aveva emanato il 12 giugno 1684, cioè proprio nel momento di procedere in maniera massiccia contro il banditismo diffuso nelle province di Abruzzo Ultra e Abruzzo Citra.[1043]

Nonostante la mancanza di studi approfonditi sugli ultimi due decenni della dominazione spagnola e sulla successiva dominazione austriaca del Regno di Napoli, non esiste alcun dubbio che anche dopo la conclusione delle campagne militari del viceré del Carpio nella prima metà degli anni Ottanta del Seicento il problema del banditismo non sia scomparso del tutto, anzi abbia continuato a esistere in forma notevolmente ridimensionata.[1044]

Per questo stato di cose il nuovo regime di Carlo di Borbone, il quale nel 1734 aveva assunto il potere, non si vide ancora costretto ad assumere un indirizzo politico più determinato nei confronti della delinquenza banditesca. Siccome il regime non si era ancora stabilito in maniera sufficiente, all'interno come all'esterno, ed esistevano altri problemi che sembravano più importanti, come rendite

---

1041 Per tutte queste prammatiche "De exulibus" si veda L. Giustiniani: Nuova collezione delle prammatiche del Regno di Napoli, Napoli 1804, vol. 4, pp. 215–286.

1042 Per tutte queste prammatiche "De persequendis malefactoribus seu delinquentibus etiam extra Regnum" si veda ivi, vol. 12, pp. 189–196.

1043 Per quanto riguarda le varie disposizioni contenute nella prammatica XXX, rubricata nell'edizione di Lorenzo Giustiniani sotto il numero romano XXXII, si veda ivi, vol. 4, pp. 278–286.

1044 Riguardo a ciò si veda D. Ambron: Il banditismo nel Regno di Napoli alla fine del XVII secolo tra istituzioni regie e protezioni baronali, in: Banditismi meridionali. Secoli XVI–XVII (= Studi Storici Carocci, vol. 46), a cura di F. Manconi, Urbino 2003, pp. 379–400. Documenti che darebbero più luce a questa problematica sono contenuti nei sottofondi "Viglietti Originali" e "Registri dei Viglietti" del fondo "Segreterie dei Viceré", conservato nell'Archivio di Stato di Napoli, nel sottofondo "Partium" del fondo del Consiglio Collaterale conservato nello stesso archivio e nel sottofondo "Carte Amministrative" del fondo della Sacra Regia Udienza di Trani, conservato nella sezione di Trani dell'Archivio di Stato di Bari.

stabili per la corte reale o le correnti filoaustriache che seguitavano a esistere fra i diversi rappresentanti della nobiltà del Regno[1045], non dovrebbe dunque destare meraviglia che le attività delle comitive, ancora decisamente prive della virulenza che avevano avuto nel passato, in questi anni fossero considerate un problema di secondaria importanza da parte dei nuovi potentati ispano-borbonici.

Secondo la tesi proposta da Maria Grazia Maiorini nel suo importante contributo „Presidi e brigantaggio tra prassi giuridica e azione militare. La dialettica dei metodi di repressione nel Regno di Napoli durante il primo periodo borbonico", pubblicato nel 1997, il nuovo regime di Carlo di Borbone nei primi anni del sua esistenza avrebbe cercato di negare o meglio dissimulare la presenza delle comitive di malviventi sul territorio del Regno di Napoli, cioè nel senso di una politica „ufficiale", perché la permanenza di questa piaga sarebbe stata nociva al concetto dei potentati ispano-borbonici di un nuovo inizio politico[1046]; tuttavia non è stato possibile confermare questa tesi sulla base dei documenti consultati e risalenti ai primi anni del regno di Carlo di Borbone, conservati nei fondi della Segreteria di Stato di Casa Reale e della Segreteria di Stato di Grazia e Giustizia.[1047] In particolare, in base a quello che si è trovato nei documenti del fondo della Segreteria di Stato di Casa Reale, le azioni delle comitive armate nei primi anni del regno di Carlo di Borbone dovevano ancora essere di dimensioni apparentemente ridotte, il che fornirebbe anche una spiegazione credibile del poco interesse che il governo

1045 Riguardo a questi problemi del nuovo regime si veda G. Coniglio: I Borboni di Napoli, Milano 1999, pp. 31–35.

1046 M. G. Maiorini: Presidi e brigantaggio tra prassi giuridica e azione militare. La dialettica dei metodi di repressione nel Regno di Napoli durante il primo periodo borbonico, in: Frontiera d'Europa 2 (1997), p. 148.

1047 I rapporti che le autorità provinciali mandarono alla Segreteria di Stato di Grazia e Giustizia negli anni 1735–1742 si trovano in ASN, *Segreteria di Stato di Grazia e Giustizia, Dispacci e Fascicoli*, 22–30. Riguardo a questo fondo inoltre va detto che la documentazione per il primo decennio del regno di Carlo di Borbone si presenta assai scarsa e lacunosa. I dispacci che il diplomatico spagnolo e primo Segretario di Stato, José Joaquín Guzmán de Montealegre (1698–1771), marchese di Salas e, a partire dal 1741, duca di Salas, mandò alla autorità provinciali negli anni 1734–1742 si trovano in forma trascritta in ASN, *Segreteria di Stato di Casa Reale, Registri dei Dispacci della Prima Segreteria di Stato*, 1067–1089. I dispacci che il Montealegre mandò al Segretario di Stato di Grazia e Giustizia Bernardo Tanucci negli anni 1737–1742 e in cui egli si riferì anche ai problemi con le comitive di malviventi si trovano in forma trascritta in ASN, *Segreteria di Stato di Casa Reale, Registri dei Dispacci della Prima Segreteria di Stato*, 1096–1097.

centrale e le autorità provinciali mostrarono nei loro confronti fino alla seconda metà degli anni Quaranta.

Le regioni più coinvolte dalle attività di comitive di malviventi durante i primi anni del regime di Carlo di Borbone furono gli Abruzzi e la Calabria, le quali già a causa delle loro caratteristiche topografiche risultavano particolarmente difficili da tenere sotto controllo, e, in dimensioni più ridotte, la Basilicata e la Terra di Lavoro.[1048] Quest'ultima come le province abruzzesi, che fin dalla seconda metà del Seicento soffrivano di gravi problemi economici, in particolare nell'area della pastorizia[1049], aveva sempre rappresentato una zona di rifugio e raggruppamento per banditi e altri delinquenti fuggiti dalla persecuzione delle autorità dello Stato pontificio. Lo stesso valeva anche per i banditi e i delinquenti provenienti dal Napoletano, che utilizzavano i territori confinanti con lo Stato della Chiesa come zona di rifugio e raggruppamento.

Malgrado le dimensioni ridotte delle attività delle comitive armate nei primi anni del regno di Carlo di Borbone, alcuni abitanti del regno meridionale si aspettavano una politica più determinata da parte del governo centrale e da parte delle autorità provinciali nei confronti della delinquenza banditesca. Fra le voci di dissenso si annovera il giurista e filosofo Giovanni Pallante, che nella sua opera „Memoria per la riforma del Regno. ‚Stanfone' 1735–1737", redatta nella seconda metà degli anni Trenta del Settecento, criticava in maniera massiccia l'intervento troppo negligente delle autorità provinciali nei confronti della delinquenza nei territori fuori della capitale. Scrivendo di questi problemi, Pallante faceva ricorso anche alla sua propria esperienza accumulata negli anni 1734 e 1735 in qualità di governatore e giudice della città di Taverna nella provincia di Calabria Ultra, che già da secoli rappresentava un centro delle attività criminose di banditi. Benché dopo due brevi soggiorni nelle città calabresi di Amantea e Catanzaro nel 1732 e 1733 Giovanni Pallante fosse stato governatore e giudice di Taverna solo per un periodo di due anni, le esperienze accumulate in particolare in quella località gli

1048 Questa impressione la danno, nel loro complesso, i dispacci del primo Segretario di Stato Montealegre trascritti sia in ASN, *Segreteria di Stato di Casa Reale, Registri dei Dispacci della Prima Segreteria di Stato*, 1067–1089 che in ivi, 1096–1097. Comunque, in questi dispacci, i riferimenti alla delinquenza banditesca in senso stretto nelle province risultano abbastanza modesti. Un'altra forma di delinquenza comunitaria molto diffusa nelle province, e della quale il governo centrale sembrava più preoccupato, era invece quella del contrabbando.

1049 G. Sabatini: Il controllo fiscale sul territorio nel Mezzogiorno spagnolo e il caso delle province abruzzesi (= Ricerche di Storia Economica, vol. 8), Napoli 1997, pp. 108–109.

erano sembrate sufficienti per poter criticare il malgoverno nelle province del Regno di Napoli e l'insufficienza delle misure adottate da parte delle autorità reali nel campo della lotta alla delinquenza. Giovanni Pallante era dell'avviso che uno dei doveri centrali di ogni monarca dovesse consistere proprio nella protezione e nella garanzia della sicurezza dei suoi sudditi, e pretendeva nella „Memoria per la riforma del Regno" da parte di Carlo di Borbone, ma senza menzionare *expressis verbis* il nome del re delle Due Sicilie, che

> „[s]iccome la giustizia del Principe dà la sicurezza a' privati come privati, così la di lui protezione dà la sicurezza a' privati come universi, cioè al pubblico. Ed è il Principe obbligato di darla per dentro e per fuori del Regno, e non solamente far la guerra a' nemici dello Stato ed a' privati, ma anche a' scorridori di campagna e malviventi, e provvedere per i vagabondi e disutili".[1050]

Nei primi dieci anni della sua esistenza, dunque, il nuovo regime non aveva dimostrato un particolare interesse per il problema della delinquenza banditesca nelle province; tuttavia, secondo la tesi di Maiorini, questo indirizzo politico del governo centrale sarebbe cambiato in maniera durevole negli anni in seguito agli avvenimenti bellici dell'anno 1744, in concomitanza con la guerra di successione austriaca (1740–1748): questi avvenimenti avevano minacciato apertamente la stabilità e l'esistenza del regime di Carlo di Borbone per la prima e allo stesso tempo per l'ultima volta, dal momento che egli stesso, a causa dei provvedimenti da prendere contro una possibile invasione austriaca dei territori del regno, si era rivelato incapace di occuparsi in maniera sufficiente dell'ordine e della sicurezza pubblica nelle province[1051], un problema che si fece sentire soprattutto in Calabria e negli Abruzzi[1052], dove un'incursione dell'esercito austriaco in direzione di Teramo, Chieti e Aquila aveva parzialmente fatto crollare il regime di Carlo di

1050 G. Pallante: Memoria per la riforma del Regno. "Stanfone" 1735–1737 (= Fridericiana Historica S. R., vol. 3), a cura di I. Ascione, Napoli 1996, p. 171. Giovanni Pallante nacque a Bagnoli Irpino il 24 giugno 1705. Fra il 1719 e il 1728 egli studiò giurisprudenza a Napoli e dopo di ciò lavorò presso diversi tribunali, ad esempio ad Amantea nel 1732, a Catanzaro nel 1733 e a Taverna dal 1734 fino all'inizio del 1735. A quanto pare, in particolare il suo breve soggiorno a Taverna deve essere stato di straordinario influsso su di lui perché durante il suo lavoro come governatore e giudice di Taverna, non senza pericolo per il suo benessere personale, era entrato in conflitto con alcune persone molto influenti di quella località che non erano soddisfatte del modo in cui Pallante aveva curato le sue incombenze. Introduzione di Imma Ascione in ivi, pp. 11–14 e 17–18.

1051 M. G. Maiorini: Presidi e brigantaggio tra prassi giuridica e azione militare, cit., p. 153.

1052 Ibidem.

Borbone.[1053] Il fatto che non solo gli Abruzzi, ma anche la Calabria si trovassero in uno stato di emergenza era dovuto principalmente a tre motivi: (1) lo scoppio della peste nella provincia di Calabria Ultra, che era partita da Messina nel 1743 e minacciava progressivamente anche le altre province del regno continentale, (2) un terremoto avvenuto nel marzo del 1744 e (3) le pericolose attività cospirative di alcuni baroni filoaustriaci che speravano di poter istigare la popolazione alla ribellione contro il regime di Carlo di Borbone. Dunque, affinché l'epidemia, iniziata a Messina, non si propagasse nelle altre province, il governo centrale nominò un Vicario Generale delle Calabrie, il Conte Giacomo Giuseppe di Mahony, che doveva fare del suo meglio per impedire un peggioramento della situazione sanitaria.[1054]

In Calabria, invece, economicamente già molto arretrata, e ora messa sotto un cordone sanitario per impedire un ulteriore propagarsi dell'epidemia sia all'interno della regione che verso le altre province, lo scoppio della peste e le misure di arginazione prese contro di essa fecero sì che il commercio con prodotti agrari, fra cui anche il frumento, di enorme importanza per l'alimentazione e la sopravvivenza della popolazione, fosse turbato in maniera notevole.[1055] Questo turbamento interno del commercio in Calabria, prima o poi, dovette provocare inevitabilmente delle *impasses* alimentari, accompagnate da un aumento considerevole della criminalità, anche di tipo banditesco. Inoltre non va dimenticato che nel periodo 1742–1743 le raccolte nelle province del regno erano risultate molto sfavorevoli[1056] e perciò dovevano aver aggravato ulteriormente la situazione alimentare della popolazione calabrese.

Quindi il governo centrale, che prima degli avvenimenti bellici del 1744, nei quali furono trascinate anche le province abruzzesi, e prima della crisi scoppiata nelle province calabresi mostrava ancora scarso interesse nei confronti delle manifestazioni del banditismo, nella seconda fase del regno di Carlo di Borbone cominciò a prenderne più coscienza e occuparsene gradualmente di più nella politica interna. Il nuovo indirizzo politico sarebbe continuato ulteriormente nel momento in cui Carlo di Borbone sarebbe salito al trono del Regno di Spagna, come Carlo III (re di Spagna 1759–1788), e si sarebbe istituito un consiglio di

1053 R. Ajello: La vita politica napoletana sotto Carlo di Borbone. "La fondazione ed il tempo eroico" della dinastia, in: Storia di Napoli, vol. 7, a cura di G. Galasso, Napoli 1972, p. 685.

1054 Ivi, p. 680. e Carigani: Il partito austriaco nel Regno di Napoli al 1744, S. 54.

1055 Macry: Mercato e società nel Regno di Napoli. Commercio del grano e politica economica nel Settecento, Napoli 1974, p. 371.

1056 Ivi, p. 394.

reggenza sotto Bernardo Tanucci (1698–1783) per il figlio minorenne e successore, Ferdinando IV.[1057]

Proprio in questa seconda fase del regno di Carlo di Borbone emersero tendenze nella politica del governo centrale nei confronti dell'ormai più diffuso banditismo nelle province del regno, come ad esempio il ricorso al mezzo della cosiddetta "delegazione straordinaria", sia funzionari del regime provenienti dalla capitale che dalle province venivano provvisti per un determinato spazio di tempo di poteri straordinari, come quello di poter procedere *ad modum belli* e *per horas* contro banditi catturati, e così di poter eludere le consuete formalità processuali, che gli permetteva di agire al di sopra delle altre giurisdizioni e, in caso di necessità, fuori dei confini delle singole province del Regno. Questo ricorso al mezzo della "delegazione straordinaria" si sarebbe infine rafforzato in maniera considerevole nella prima fase del regno di Ferdinando IV. Una prova inconfutabile delle dimensioni preoccupanti che il banditismo aveva assunto nelle province napoletane all'inizio degli anni Cinquanta del Settecento è fornita dalle due delegazioni straordinarie del consigliere Carlo Onofrio Scassa e di un certo marchese Dullario negli anni 1750 e 1752[1058], che non comprendevano soltanto il territorio di una sola provincia infestata dalla piaga del banditismo, ma anche il territorio di varie province del regno borbonico, caratteristica, peraltro, delle missioni di altri delegati straordinari nella prima fase del regno di Ferdinando IV.

Così, in una lettera del Segretario di Stato di Grazia e Giustizia, Bernardo Tanucci, redatta nel 1750, ma senza data precisa, indirizzata allo stesso consigliere reale Carlo Onofrio Scassa, si può leggere quanto segue sull'ampliarsi della piaga nelle province di Principato Ultra, Principato Citra e Terra di Lavoro, le più vicine alla capitale del regno e i poteri affidati allo Scassa:

> "La provincia di Montefusco è invasa straordinariamente da uomini facinorosi discorrenti per le campagne e inquietatori delli innocenti sudditi del Re, che non possono liberamente attendere ai loro giusti commerci. L'indifferenza di chi ha ultimamente

---

1057 M. G. Maiorini: Presidi e brigantaggio tra prassi giuridica e azione militare, cit., p. 153.

1058 Le delegazioni straordinarie del consigliere Carlo Onofrio Scassa e del marchese Dullario negli anni 1750 e 1752 sono menzionate in una lettera del 3 luglio 1792 dell'allora Segretario di Stato degli Affari Esteri, di Guerra e di Marina, John Acton, alla Sacra Regia Udienza di Trani. ASB/ST, *Sacra Regia Udienza di Trani, Carte Amministrative, Affari Diversi*, 6/43, f. 1r. Per quanto riguarda il marchese Dullario, il cui nome appare solo in questo documento del fondo delle "Carte Amministrative" della Sacra Regia Udienza di Trani, non si è riusciti a rilevare ulteriori informazioni che avrebbero potuto dare più luce sulla sua persona e sulle province che egli aveva da disinfestare delle comitive di malviventi.

governata quella montuosa regione, ha reso necessaria una providenza straordinaria. Vostra Signoria in Calabria, in Sicilia, in Napoli, ha dato segni gloriosi della sua costanza, del suo zelo, della sua integrità e d'una singolare attività pel governo de' popoli e per sollievo delle afflitte popolazioni. Ha stimato il Re che sia molto da sperarsi qualora le concedesse un'amplissima potestà di preside, di commissario di campagna e di special delegato a perseguitare ed a punire li scorritori delle campagne della provincia di Montefusco e di quella di Terra di Lavoro e di Salerno che confina con quella provincia, e attualmente gliela concede pienissima sulle squadre dei soldati di campagna delle tre province, su' governatori, su' ministri e su tutte le persone, eccettuati gli ecclesiastici e militari, sicché possa Vostra Signoria prendere, giudicare, punire senza appello qualunque reo. Ordina a tal effetto la M.S. al commissario di campagna, al preside di Salerno, all'udienza di Montefusco, di assisterla. Ordina al commandante de' fucilieri di montagna lo stesso; e lo stesso ai commandanti militari che si troveranno colle lor truppe nelle terre, la cui purgazione se le commette e confida.[1059]

Il fatto che i risultati delle missioni dello Scasso e del Dullario negli anni 1750 e 1752 si erano rivelate a lungo termine tutt'altro che durevoli, è dimostrato *pars pro toto* per la provincia di Principato Ultra da due relazioni del 1753 e del 1754 che la Regia Udienza di Montefusco aveva inviato all'indirizzo del Segretario di Stato di Grazia e Giustizia, Bernardo Tanucci. In entrambe le relazioni ci si lamenta dei delitti commessi ogni giorno sul territorio di quella provincia, ai quali, a quanto pare, la Regia Udienza con le sue modeste forze armate non sapeva più porre un freno. Così nella prima relazione della Regia Udienza di Montefusco del 24 settembre 1753 ci si lagna degli „infiniti furti di strada publica, che sfacciatamente commettonsi di notte, e giorno senza verun freno, o timore, anche con omicidj per causa degli stessi furti accaduti"[1060], e nella seconda, del 9 aprile 1754, dei „tanti altri malviventi, che vi sono in questa Provincia, dove ogni giorno si sentono simili scelerati delitti“[1061].

Come sarà ben noto, nonostante la retorica propagandistica di una nuova era politica nella storia del Regno di Napoli e nella vita dei suoi abitanti[1062], in realtà

1059 B. Tanucci: Epistolario 1746–1752, vol. 2, a cura di R. P. Coppini e R. Nieri, Roma 1990, lettera 454, Bernardo Tanucci a Carlo Onofrio Scassa, senza indicazione del posto 1750, pp. 553–554.

1060 BSNSP, *Manoscritti, Dispacci Reali dal 1732 al 1772*, XXI. D. 12, Nr. CCCCLXXXXIV, rapporto della Regia Udienza di Montefusco alla Segreteria di Stato di Grazia e Giustizia, Montefusco 24 settembre 1753, p. 602.

1061 Ivi, Nr. CCCCLXXXXII, rapporto della Regia Udienza di Montefusco alla Segreteria di Stato di Grazia e Giustizia, Montefusco 9 aprile 1754, p. 599.

1062 Questo atteggiamento della corte reale di Carlo di Borbone si rispecchia in modo molto chiaro, sebbene decenni più tardi, anche nella biografia ufficiale su Carlo III, scritta da Carlos José Gutiérrez de los Ríos y Rohan-Chabot (1742–1795), Conte di

il regime di Carlo di Borbone non dimostrava un interesse costante per la soluzione dei gravi problemi sociali ed economici che ormai da secoli avevano dato la loro impronta alla storia del Regno e dei suoi abitanti. Tutto ciò che il governo centrale aveva cercato di mettere in atto per rafforzare la propria posizione debole nelle province e per ampliare la sua influenza era stato bloccato dalla resistenza delle *élites* locali rappresentate, anzitutto, dall'aristocrazia terriera coi suoi ampi privilegi giurisdizionali. Benché sotto il regno di Carlo di Borbone il governo centrale fosse già riuscito a ridurre in maniera considerevole l'influenza della chiesa, molte delle caratteristiche della vita nelle province del regno borbonico rimasero esattamente come prima, in particolare la miseria diffusa, che segnava la vita della maggior parte della popolazione provinciale, o la debolezza della posizione del governo centrale e delle sue istanze burocratico-amministrative, sprovviste dei mezzi necessari per mettere le province in maniera sufficiente sotto il loro controllo.

Considerando la limitatezza dei mezzi personali, finanziari e militari dei quali disponevano le Regie Udienze e il Tribunale di Campagna, le più alte istanze burocratico-amministrative del governo centrale nelle province, non dovrebbe

Fernán Núñez. In questa sua biografia il Conte di Fernán Núñez celebrava la vittoria spagnola sugli Austriaci e la presa del potere di Carlo di Borbone nel 1734 come una liberazione definitiva del Mezzogiorno dalla dominazione straniera durata per secoli, vedendo in essa una opera della provvidenza divina. Così il Conte di Fernán Núñez, pieno di entusiasmo, scrisse in riferimento alla presa del potere del giovane Carlo di Borbone celebrata come se si fosse trattato dell'inizio di un nuovo *sæculum aureum*: „[L]o cual (cioè la presa del potere di Carlo di Borbone-R. R.) llenó de gozo á un pueblo de los más hermosos y bien situados del mundo, que, teniendo las mejores proporciones para prosperar por sí, hacía doscientos y treinta años se veía reducido á la suerte, no de una provincia unida á los Estados del Soberano, pero de una colonia remota, de que, por lo común, sólo piensan en sacar el jugo mientras duran los Soberanos y sus Virreyes y dependientes. Tuvo, pues, el Rey Carlos la gloria de volver á dar el ser al reino más hermoso de Europa [...]. La Providencia quiso dar este consuelo (riguardo alla successione al trono del Regno di Spagna Carlo non aveva il primo posto e anche per questa ragione ricevette i due Regni di Napoli e di Sicilia come *apanage* da parte dei suoi genitori Filippo V (re di Spagna 1700–1724/1724–1746) ed Elisabetta Farnese (regina di Spagna 1714–1724/1724–1746)-R. R.) al hombre más digno de él, y cuyo corazón era el más capaz de sentirle y de hacer feliz al género humano." C. J. Gutiérrez de los Ríos y Rohan-Chabot: Vida de Carlos III (= Publicaciones de la Fundación Universitaria Española. Clásicos Olvidados, vol. 11), a cura di A. Morel-Fatio e A. Paz y Melia, Madrid 1988, p. 32. Riguardo all'autore della biografia e il suo *cursus honorum* si veda la sua autodescrizione in ivi, pp. 1–10.

destare meraviglia che il banditismo non scomparisse, ma addirittura continuasse a infestare le province come una delle espressioni più immediate di tutti i problemi sociali, economici e complessivamente strutturali esistenti nelle province del Regno di Napoli, crescendo in maniera massiccia nei decenni dopo la fine del regno di Carlo di Borbone nel 1759.

E mentre il regime di Carlo di Borbone, stabilitosi nel 1734, aveva affrontato l'antica piaga del banditismo senza grande impegno negli anni anteriori allo scoppio della guerra di successione austriaca, e solo dopo il fallimento austriaco di una grande invasione dei territori del regno si era trovato disposto ad avviare in modo graduale una politica più ferma nei confronti delle comitive di malviventi che inquietavano le province in numero crescente, la prima fase del regno di Ferdinando IV era marcata da continui tentativi da parte del governo centrale e delle autorità provinciali di venire a capo di questo problema.

Tuttavia, nonostante tutti questi sforzi che si rispecchiavano sia nel ripetuto ricorso a provvedimenti di repressione in diverse province, sia nell'inflizione di pene draconiane contro banditi arrestati, non si riusciva a impedire che molti degli abitanti delle province, che per la maggior parte vivevano in pessime condizioni socio-economiche, collaborassero con le comitive di malviventi, si unissero a quelle già esistenti o ne formassero nuove. Sebbene effettivamente quasi tutta la documentazione dei processi contro i membri delle comitive di malviventi, svoltisi sia nelle Regie Udienze che nel Tribunale di Campagna, sia andata perduta[1063], è da supporre che la maggior parte dei processi contro banditi avviati sia nell'epoca di Carlo di Borbone che in quella di Ferdinando IV finirono con una loro condanna a morte sulla forca. Dopo l'esecuzione dei condannati, e con lo scopo di intimorire gli abitanti delle province e di tenerli lontani da un simile comportamento, si tagliavano ai banditi uccisi le teste e le membra e le si esibivano nei

1063 Queste perdite nella prima metà dell'Ottocento sono dovute al fatto che l'allora re delle Due Sicilie, Francesco I (1825–1830), in un rescritto del 1 novembre 1829 emanò l'ordine che tutti gli atti dei processi penali che erano stati celebrati nelle Regie Udienze prima dell'anno 1789 e non erano finiti con una condanna a vita fossero da bruciare. In due altri rescritti, emanati dal successore di Francesco I, Ferdinando II, nel 7 dicembre 1831 e nell'8 novembre 1856, da una parte si precisarono le modalità delle distruzioni sistematiche di questi atti dei processi penali e dall'altra si dilatò la distruzione agli atti dei processi penali che erano stati celebrati fino al 1809. V. Verrastro: Tra criminalità e processi. Le carte giustiziarie, in: Archivio di Stato di Potenza (= Archivi Italiani, vol. 20), a cura del Ministero per i Beni e le Attività Culturali (Dipartimento per i Beni Archivistici e Librari, Direzione Generale per gli Archivi) e del Consiglio Regionale della Basilicata, Città di Castello 2004, pp. 29–30.

posti visibili per tutti, in cui i banditi avevano commessi i loro delitti più gravi. Qualora i membri di comitive di malviventi non fossero condannati a morire sulle forche, di solito, come si è rilevato dai pochi documenti riguardanti i processi penali rimasti delle Regie Udienze, dovevano pagare per i crimini commessi con il servizio nelle regie galere di Carlo di Borbone e di Ferdinando IV, il quale poteva durare sia solo alcuni anni che tutta la vita.

Questi interventi rigorosi contro i membri di comitive di malviventi, tuttavia, non portarono mai a un calo durevole della delinquenza banditesca nelle province. Anzi, nella prima fase del regno di Ferdinando IV, la situazione preoccupante dell'ordine e della sicurezza pubblica si rilevò sempre più acuta fino al primo rovesciamento della dinastia borbonica, avvenuta nel dicembre del 1798 con la fuga di Ferdinando IV verso la Sicilia. Gli avvenimenti politici, sociali e militari degli anni 1798 e 1799, nei quali si inserì la fuga della famiglia reale, marcarono, infine, il punto culminante del peggioramento della situazione dell'ordine e della sicurezza pubblica nella prima fase del regno di Ferdinando IV. Una ferocissima guerra civile portò ad un'anarchia mai conosciuta nelle province dell'ex-regno borbonico nei sei mesi dell'effimera esistenza della Repubblica Partenopea, in cui l'ordine e la sicurezza pubblica erano crollati pienamente. Già prima degli avvenimenti degli anni 1798 e 1799 il Regno di Napoli aveva dovuto affrontare due gravissime crisi che a lungo termine avevano contribuito ugualmente alla recrudescenza della piaga del banditismo: la grande carestia dell'anno 1764[1064] e una serie di gravissimi terremoti che ebbero inizio il 5 febbraio 1783 e devastarono in maniera disastrosa non solo la provincia di Calabria Ultra, ma anche la città di Messina e i suoi paraggi.[1065]

1064 In riferimento alle conseguenze della carestia del 1764 per la stabilità dell'ordine e della sicurezza pubblici nelle province si veda M. G. Maiorini: Presidi e brigantaggio tra prassi giuridica e azione militare, cit., p. 156. Molti documenti riguardanti la carestia sono elencati in S. De Renzi: Napoli nell'anno 1764 ossia documenti della carestia e della epidemia che desolarono Napoli nel 1764 preceduti dalla storia di quelle sventure narrata da Salvatore De Renzi, Napoli 1868. Riguardo alle tensioni sociali causate dalla carestia nelle province abruzzesi si veda C. Felice: Carestie, speculazione mercantile e sommosse popolari nell'Abruzzo del secondo Settecento, in: Bullettino della Deputazione Abruzzese di Storia Patria 73 (1983), pp. 221–241. Una impressione delle conseguenze della carestia nella provincia di Abruzzo Ultra I, sulla quale la Regia Udienza di Teramo aveva la più alta giurisdizione, è data da vari dispacci reali indirizzati a quel tribunale ed elencati in forma trascritta in AST, *Regia Udienza di Teramo, Registri dei Dispacci Reali*, 18/77.

1065 Per quanto riguarda le conseguenze dei terremoti del 1783, si vedano F. Gaudioso: Una tragedia sismica nella Calabria del Settecento (= Dipartimento di Studi Storici

La prova più ecclatante delle dimensioni allarmanti che le attività delle innumerevoli comitive di malviventi avevano assunto nuovamente in tutte le province nella prima fase del regno di Ferdinando IV, consiste sia nel ripetuto ricorso al mezzo dei cosiddetti "delegati straordinari" da parte del governo centrale, che nella mobilitazione di reparti del regolare esercito napoletano per debellare il banditismo. Sia i delegati straordinari che l'esercito napoletano venivano mandati nelle zone in cui, per diversi motivi, sia le autorità provinciali che le autorità locali, cioè anche i governatori baronali, non si erano più sentite all'altezza dei loro compiti. Tuttavia il mezzo della delegazione straordinaria non rappresentava affatto una misura di emergenza il cui uso fosse un *novum* nella storia del Regno di Napoli del primo periodo borbonico perché già nei due secoli in cui il regno meridionale aveva fatto parte della monarchia spagnola, rappresentata dalla persona di un viceré nominato dalla corte reale di Madrid, ci si era già serviti spesso di questa misura di emergenza per cercare di debellare il banditismo ripetutamente rifiorente.[1066] E lo stesso vale anche per la mobilitazione dell'esercito regolare, al quale si era già fatto ricorso durante il periodo del viceregno spagnolo. Per quanto riguarda invece la prassi del governo centrale di servirsi di reparti dell'esercito napoletano per procedere miratamente contro le comitive di malviventi o in generale contro la diffusa delinquenza durante il primo periodo borbonico, sembra che essa sia emersa principalmente sotto il regno di Ferdinando IV.[1067]

Esempi di questo procedimento nella prima fase del regno di Ferdinando IV sono forniti dalla missione di soldati del reggimento di granatieri valloni "Namur" contro le comitive delle famiglie Gualtieri e Cacozza nelle due province calabresi

---

dal Medioevo all'Età Contemporanea, vol. 64, 71), Galatina (Lecce) 2005; A. Grimaldi: La Cassa Sacra, ovvero La soppressione delle manimorte in Calabria nel secolo 18, Napoli 1863 e A. Placanica: Il filosofo e la catastrofe. Un terremoto del Settecento (= Biblioteca di Cultura Storica, vol. 155), Torino 1985. Documenti contemporanei che riguardano le conseguenze di quella catastrofe sismica e le successive azioni di soccorso del Vicario Generale delle Calabrie, il maresciallo Francesco Pignatelli (1734–1812), si trovano in ASN, *Ministero degli Affari Esteri*, 4888–4890, ASN, *Segreteria di Stato di Grazia e Giustizia, Dispacci a Fascicoli*, 125 e BNN, *Sezione dei Manoscritti, Lettere intorno al Terremoto di Calabria del 1783*, Ms. Branc. II. A 21.

1066 R. Colussi: Diritto, istituzioni, amministrazione della giustizia nel Mezzogiorno vicereale. La struttura regalistica, in: Storia del Mezzogiorno: Aspetti e problemi del Medioevo e dell'età moderna, a cura di G. Galasso e R. Romeo, vol. 11, Napoli 1991, pp. 67–68.

1067 M. G. Maiorini: Presidi e brigantaggio tra prassi giuridica e azione militare, cit., p. 205.

nella prima metà degli anni Settanta[1068]; dal ricorso ad una centinaia di granatieri del reggimento svizzero "Wirtz" contro alcune comitive di banditi e contrabbandieri fin dall'anno 1779 che provenivano dalle due località calabresi di Fuscaldo e Sanfili[1069]; e, infine, dal progettato disarmo nel 1781 degli abitanti della città di Nocera nella provincia di Calabria Citra, per cui il governo centrale volle mobilitare peraltro anche soldati dei due reggimenti "Jauch" e "Real Macedone".[1070]

Particolarmente emblematica dello stato di emergenza in cui effettivamente si trovavano l'ordine e la sicurezza pubblica in tutte le province del Regno di Napoli negli anni Novanta del Settecento, infine, è la nomina del governo centrale, il 28 giugno 1792, di complessivamente cinque delegati straordinari, i quali, muniti di speciali facoltà giurisdizionali, allo scopo di facilitare le loro missioni, erano stati incaricati di liberare le province del Regno dalla piaga del banditismo. Questi cinque delegati straordinari e le province assegnategli erano: (1) Tommaso Oliva, giudice della Gran Corte della Vicaria e responsabile delle province di Calabria Citra e Calabria Ultra; (2) Lelio Parisi, caporuota della Regia Udienza di Salerno e responsabile delle province di Principato Citra e Basilicata; (3) Andrea Leone, commissario di campagna e responsabile delle province di Terra di Lavoro, Principato Ultra e Contado di Molise; (4) Francesco de Cicco, uditore del tribunale della Regia Dogana della Mena delle Pecore di Foggia e responsabile delle tre province pugliesi di Capitanata, Terra di Bari e Terra d'Otranto; e infine (5) Giovanni Battista Salomone, avvocato fiscale presso la Gran Corte della Vicaria e responsabile delle tre province di Abruzzo Citra, Abruzzo Ultra I e Abruzzo Ultra II.[1071]

1068 Riguardo a ciò si veda la relazione dell'avvocato fiscale della Regia Udienza di Catanzaro, Saverio del Vecchio, del 16 settembre 1774 in ASN, *Real Camera di Santa Chiara*, *Processi Irresoluti*, 6/0.

1069 M. G. Maiorini: Presidi e brigantaggio tra prassi giuridica e azione militare, cit., p. 206.

1070 Riguardo a ciò si veda la lettera del Segretario di Stato John Acton del 21 marzo 1781 indirizzata alla Segreteria di Stato di Grazia e Giustizia e riprodotta in P. Sposato: Per la storia del brigantaggio nella Calabria del Settecento. Episodi di malvivenza a Nocera feudo ecclesiastico del baliaggio gerosolimitano di Sant'Eufemia, in: Archivio Storico per la Calabria e la Lucania 35 (1967), p. 211.

1071 ASB/ST, *Sacra Regia Udienza di Trani*, *Carte Amministrative*, *Affari Diversi*, 6/43, lettera del Segretario di Stato degli Affari Esteri, di Guerra e di Marina, John Acton, indirizzata al preside di Trani, Raimondo Blanch, Napoli 3 luglio 1792, f. 1v. Con questa lettera Acton informò il preside di Trani della nomina di quei cinque delegati straordinari che, per poter eseguire con successo il loro incarico, dipendevano in alto grado dalla collaborazione con le autorità provinciali e locali dei territori che gli erano stati assegnati. Tutte le corrispondenze contenute in questo fascicolo riguardano quella parte della missione dell'uditore del tribunale della Regia Dogana

Mentre per l'epoca di Ferdinando IV esistono vari esempi di delegazioni straordinarie, il cui scopo consisteva nello sradicamento del banditismo, per tutta l'epoca di Carlo di Borbone, per la quale la documentazione in merito al banditismo si rivela *de facto* molto frammentaria, si è potuto trovare solo due esempi, cioè le missioni già menzionate del consigliere reale Carlo Onofrio Scassa e del marchese Dullario negli anni 1750 e 1752. Tuttavia, considerata la notevole frammentarietà della documentazione sul problema del banditismo nell'epoca di Carlo di Borbone, non è del tutto da escludere che siano state avviate altre missioni di questo tipo, comprendenti, allo stesso modo, le diverse province del regno borbonico.

Nella prima fase del regno di Ferdinando IV si fece dunque ripetutamente ricorso al mezzo dei delegati straordinari, e le loro attività portarono certamente spesso a un miglioramento dell'ordine e della sicurezza pubblica a breve termine, ma malgrado ciò, proprio negli ultimi tre decenni del Settecento, in cui si sarebbe mostrata in tutta pienezza l'esuberante virulenza del problema del banditismo, il governo centrale e i suoi rappresentanti nelle province avrebbero ripetutamente fallito in ogni tentativo di porre un freno definitivo alle attività criminose delle comitive e della situazione sempre più precaria dell'ordine e della sicurezza pubblica. Ugualmente infruttuosi si rivelavano, a lunga scadenza, anche il ripetuto coinvolgimento delle forze armate a disposizione delle corti baronali nella persecuzione delle comitive, il reclutamento degli abitanti come miliziotti, cioè milizionari ausiliari, la cui affidabilità era sempre da mettere in dubbio, o in generale degli abitanti sia delle università baronali che di quelle demaniali come forze altrettanto ausiliari, e, infine, come già menzionato, di reparti del regolare esercito napoletano.

Così, ad esempio, in un dispaccio reale del 20 febbraio 1793 sulla situazione nelle due province di Principato Ultra e Contado di Molise, si può leggere per estratto quanto segue circa il fallimento dei tentativi di venire a capo delle delinquenza banditesca nelle province con il ricorso al mezzo dei delegati straordinari e circa la preoccupazione che questo stato di cose avrebbe suscitato nella persona di re Ferdinando IV:

> „Il Re sente con orrore che le carceri dei tribunali provinciali e delle corti regie e baronali, non siano sufficienti e capienti per i tanti ladroni e scorritori presi e che la spedizione dei delegati straordinari non ha impedito che altri ne sorgano da ogni parte, giacchè

della Mena delle Pecore e delegato straordinario, Francesco de Cicco, che si svolgeva soprattutto nella provincia pugliese di Terra di Bari, sulla quale la Sacra Regia Udienza di Trani aveva la più alta giurisdizione.

quasi ogni giorno fuggono i condannati dalle galere e immediatamente divengono scorritori di campagna e capi di ladroni."[1072]

Le cause principali del fallimento di tutti questi tentativi di porre un freno durevole alle attività criminose delle innumerevoli comitive di malviventi consistevano, in primo luogo, nel fatto che le Regie Udienze e il Tribunale di Campagna erano continuamente sprovvisti delle risorse finanziarie e personali necessarie a trasformare questi miglioramenti di solito poco duraturi in un miglioramento più durevole della situazione dell'ordine e della sicurezza pubblica; in secondo luogo nel fatto che sia nelle istanze burocratico-amministrative al livello provinciale che al livello locale, cioè le corti locali, esistevano problemi di incompetenza, corruttibilità e cattiva amministrazione; e, in terzo luogo, nel fatto che, con tutta regolarità, gli stessi soldati delle Regie Udienze o del Tribunale di Campagna o le stesse forze di sicurezza delle corti locali, cioè i cosiddetti "armigeri" o "bargelli", collaboravano con le comitive. Questa collaborazione poteva manifestarsi sia nello scambio di informazioni privilegiate su imminenti azioni di arresto da parte delle autorità provinciali o locali che, e questo non accadeva di rado, in un coinvolgimento diretto di quelle forze armate nelle attività criminose delle bande. Anche gli uomini reclutati come miliziotti erano molto spesso in modo diretto o indiretto coinvolti nelle attività delle comitive di malviventi e cercavano di sabotare la loro persecuzione ed eliminazione.

Nel trattamento del fenomeno del banditismo nel Regno di Napoli del primo periodo borbonico sembra inoltre indispensabile rivolgere l'attenzione anche a due campi che ugualmente esercitavano un influsso notevole sulla politica del governo napoletano nella lotta alla delinquenza banditesca, e che riguardavano direttamente i rapporti fra lo Stato napoletano e la Chiesa. Questi due campi di particolare importanza per i rapporti fra lo Stato napoletano e la Chiesa riguardavano da una parte la collaborazione fra il Regno di Napoli e lo Stato della Chiesa nella lotta alla delinquenza banditesca fuori dei propri confini, dall'altra il problema dell'asilo ecclesiastico, cioè il privilegio speciale della Chiesa di accordare una immunità locale a tutti coloro che, inseguiti dalle autorità napoletane, si erano rifugiati in luoghi che si trovavano sotto la diretta giurisdizione della Chiesa. Grazie a questo privilegio, infatti, i fuggiaschi potevano sottrarsi per ora al loro arresto perché senza l'esplicito permesso di un alto rappresentante della Chiesa non potevano essere portate via da questi luoghi sacri.

1072 Cit. secondo A. Zazo: Brigantaggio nel Principato Ultra e nel Molise nel XVIII secolo, in: Samnium 4 (1952), p. 195.

Come nei secoli precedenti alla nuova presa del potere dei Borboni spagnoli nel 1734, anche nel Regno di Napoli di Carlo di Borbone e di Ferdinando IV di continuo banditi e altri delinquenti cercavano di sottrarsi alla persecuzione da parte delle autorità napoletane e delle autorità pontificie, fuggendo o sul territorio dello Stato della Chiesa e delle sue due enclave di Benevento e Pontecorvo, situate direttamente nel Napoletano, o su quello del regno borbonico. Inoltre esistono varie testimonianze anche per il Regno di Napoli del primo periodo borbonico della netta collaborazione fra lo Stato napoletano e il *Patrimonium Petri* nella lotta al banditismo e nell'estradizione di banditi arrestati sul territorio di uno di questi due stati.

Ad esempio, in un dispaccio del 20 marzo 1741 l'allora primo Segretario di Stato José Joaquín Guzmán de Montealegre informò il Segretario di Stato di Grazia e Giustizia, Bernardo Tanucci, della richiesta del governatore di Roma, sostenuta anche dall'ambasciatore del Regno di Spagna presso la Curia pontificia, il cardinal Troiano Acquaviva (1696–1747), che in quei tempi rappresentava anche gli interessi del Regno di Napoli, che la Regia Udienza di Aquila inviasse alle autorità papali gli atti riguardanti i delitti di alcuni banditi che nell'anno precedente si erano introdotti dal territorio dello Stato della Chiesa nella provincia di Abruzzo Ultra II e avevano messo in notevole agitazione la popolazione di quella provincia.[1073] Da un'altra corrispondenza del primo Segretario di Stato Montealegre del 16 luglio 1735, indirizzata all'allora commissario di campagna Francesco Mastellone, il più alto rappresentante del regime borbonico in Terra di Lavoro, si evince che, poiché „en el Estado Ecc[lesiástico] que confina con esa Provincia se hallan muchos malvivientes que van cometiendo diversos robos, y otros excesos“[1074], il re aveva ordinato che si aumentasse il numero dei soldati che dovevano sorvegliare il confine fra la provincia di Terra di Lavoro e lo Stato della Chiesa. Per porre un freno alle scorrerie dei banditi, come scrisse il Montealegre, si era già dato l'incarico all'ambasciatore spagnolo presso la Curia pontificia, il già menzionato cardinal Troiano Acquaviva, di fare sì che „el tribunal de Frosinone entendiendosela con las dichas guardias“[1075], cioè i soldati di Carlo di Borbone che sorvegliavano il confine fra i due stati, „disponga la persecución, y arresto de los referidos malvivientes“[1076] presso la Curia stessa.

1073 ASN, *Segreteria di Stato di Casa Reale*, *Registri dei Dispacci della Prima Segreteria di Stato*, 1097, dispaccio del primo Segretario di Stato Montealegre al Segretario di Stato di Grazia e Giustizia Bernardo Tanucci, Napoli 20 marzo 1741.

1074 Ivi, 1080, dispaccio del primo Segretario di Stato Montealegre al commissario di campagna Francesco Mastellone, Napoli 16 luglio 1735.

1075 Ibidem.

1076 Ibidem.

Una gran quantità di esempi della collaborazione intensa fra le autorità napoletane e le autorità pontificie nella persecuzione e nell'estradizione di banditi e di altri delinquenti che, nel periodo dal 1796 al 1801, si erano rifugiati sul territorio dello Stato della Chiesa o sul quello del Regno di Napoli, incluse anche le due enclavi di Benevento e Pontecorvo, si trovano nel fondo del „Ministero degli Affari Esteri" conservato nell'Archivio di Stato di Napoli in una busta intitolata „Delinquenti".[1077] Altri esempi si trovano nel vasto fondo dei „Registri dei Dispacci Reali" della Regia Udienza di Teramo, la quale esercitava la più alta giurisdizione sulla provincia di Abruzzo Ultra I, la cui parte settentrionale confinava con il territorio dello Stato della Chiesa.[1078] In merito alla suddetta collaborazione si rinvia anche all'esempio, trattato in un singolo sottocapitolo, della persecuzione, dell'arresto e della successiva estradizione, nella prima metà degli anni Novanta del Settecento, di Gaetano Pronio e di Ferdinando Leone, due membri della banda della famiglia Pronio, proveniente da Introdacqua, località situata nella provincia di Abruzzo Ultra II.[1079]

Sebbene nel corso del Settecento i rapporti fra lo Stato napoletano e lo Stato della Chiesa non siano mai stati completamente privi di tensioni, in merito a ciò si pensi all'occupazione napoletana dell'enclave pontificia di Benevento che sarebbe durata fino al 1773 dopo che il papa Clemente XIII (pontificato 1758–1769) aveva scomunicato i responsabili della proibizione dell'ordine dei gesuiti nel 1767[1080], è da supporre che in particolare per motivi della sicurezza interna entrambe le parti, cioè lo Stato napoletano e lo Stato pontificio, abbiano avuto un interesse costante per una collaborazione fruttuosa nella lotta alla criminalità fuori dei propri confini.[1081]

1077 ASN, *Ministero degli Affari Esteri*, 1570.

1078 AST, *Regia Udienza di Teramo, Registri dei Dispacci Reali*, 17–24.

1079 ASA, *Regia Udienza di Aquila, Fondo del Preside I*, 14/326, 16/378 e 27/595.

1080 H. Acton: I Borboni di Napoli 1734–1825, Milano 1961, p. 133.

1081 Una prova di questo interesse dello Stato napoletano e dello Stato della Chiesa nella persecuzione di delinquenti fuori dei propri confini statali, anche negli ultimi anni del regno di Carlo di Borbone, è fornita da due dispacci del Segretario di Stato di Grazia e Giustizia, Bernardo Tanucci. Nel primo dispaccio di Bernardo Tanucci del 15 giugno 1756, indirizzato al preside di Montefusco, si legge in riferimento al da farsi nel caso in cui le autorità pontificie chiedessero l'arresto o l'estradizione di delinquenti provenienti dallo Stato della Chiesa: "Vuole il Ré N[ostro] S[igno]re, ch'essendo V[ostra] S[ignoria] Ill[ustrissi]ma ricercato da Ministri Pontifici di qualche carceraz[io]ne la faccia e tenga i carcerati a disposiz[io]ne della M[aestà] S[ua] perche intanto si assicurino li Rei. D'ordine sovrano significo a V[ostra] S[ignoria] Ill[ustrissi]ma questo sovrano comando perche si eseguisca." BSNSP, *Manoscritti, Dispacci Reali dal 1732 al 1772*,

Il secondo aspetto nei rapporti fra lo Stato napoletano e la Chiesa riguardava il problema dell'ormai menzionato asilo ecclesiastico che essa poteva accordare a coloro che, per evadere l'inseguimento da parte della giustizia napoletana, si erano rifugiati in luoghi, come chiese, monasteri, cimiteri ecc., i quali si trovavano sotto la diretta giurisdizione della Chiesa, e così si sottraevano all'immediato intervento di coloro che rappresentavano gli interessi dello Stato napoletano.[1082]

Esistono, inoltre, vari esempi del fatto che questi luoghi sacri, in particolare se essi non si trovavano amministrati bene da parte dei rappresentanti locali della Chiesa, non erano soltanto utilizzati come posti di rifugio per singole comitive di malviventi, ma anche come basi per le loro scorrerie nelle strade o nelle località nella vicinanza della chiesa, del monastero o del cimitero nei quali esse si erano annidate. Un problema molto grave in merito a questo fenomeno consisteva nel fatto che i chierici, sotto la cui sorveglianza si trovavano questi luoghi sacri, normalmente non disponevano dei mezzi necessari per rimuovere i gruppi di delinquenti, motivo per cui si vedevano spesso costretti a rivolgersi alle autorità provinciali che disponevano delle forze armate per lo sgombero delle chiese, dei monasteri o dei cimiteri occupati dai malviventi.[1083]

XXI. D. 12, Nr. DCCXXII, dispaccio di Bernardo Tanucci al preside di Montefusco, Portici 15 giugno 1756, p. 815. E infine nel secondo dispaccio di Tanucci del 26 novembre 1757, indirizzato di nuovo al preside di Montefusco, si legge quanto segue in riferimento alla collaborazione delle autorità napoletane e le autorità pontificie nella lotta alla delinquenza fuori dei confini dei due stati: „ Si è concordato il Ré N[ostro] S[igno]re colla Corte di Roma che possonosi i Ministri Papalini scrivere a Ministri di S[ua] M[aestà] per l'arresto de Delinquenti, che si rifugiano in Regno come i Ministri della M[aestà] S[ua] ai Papalini per la Carcerazione de Rei che fuggono in q[ue]llo Stato per poi passarsi dalle Resp[etti]ve Corti la solita is[tanz]a per la di loro consegna. Lo significo a V[ostra] S[ignoria] Ill[ustrissi]ma, e a cod[est]a Ud[ienz]a d'ord[in]e della M[aestà] S[ua] affinche a Richiesta de Ministri Pontifici carcerino i Rei di quello Stato che si rifugiano in cot[est]a Prov[inci]a, e avisino poi Napoli." Ivi, Nr. DCCXXI, dispaccio di Bernardo Tanucci al preside di Montefusco, Napoli 26 novembre 1757, p. 815. Vari esempi di questa collaborazione fra il Regno di Napoli e lo Stato della Chiesa risalenti all'anno 1784 si trovano inoltre in ASN, *Segreteria di Stato di Grazia e Giustizia, Dispacci e Fascicoli*, 126.

1082 Vari dispacci vicereali e reali dal periodo fra gli anni 1675 e 1774 riguardanti il privilegio dell'immunità locale e i problemi in merito sono elencati in D. Gatta: Regali dispacci nelli quali si contengono le sovrane determinazioni de' punti generali o che servono di norma ad altri simili casi nel Regno di Napoli, vol. 3 (1), Napoli 1776, pp. 318–398.

1083 Due esempi che mostrano bene che tali luoghi sacri potevano essere utilizzati anche come basi per scorrerie nel circondario più vicino si trovano nel „Fondo del Preside

Questo privilegio della Chiesa di poter accordare l'asilo, ossia una immunità locale, a tutti quanti si rifugiavano in posti sotto la sua giurisdizione, procedimento che minava considerevolmente l'autorità della giustizia reale, fu limitato in maniera massiccia con la stipulazione del concordato „Trattato di accomodamento tra la Santa Sede e la Corte di Napoli" avvenuta nel 1741. Le due disposizioni in merito al problema dell'asilo ecclesiastico, contenute in questo concordato, riguardavano da una parte i delitti e luoghi, per i quali l'immunità locale non

II" della Regia Udienza di Aquila, conservato nell'Archivio di Stato di L'Aquila, e in quello delle „Bozze di Consulta" della Real Camera di Santa Chiara, conservato nell'Archivio di Stato di Napoli. L'oggetto del primo esempio dell'anno 1788 proveniente dal territorio di giurisdizione della Regia Udienza di Aquila è una piccola chiesa rurale situata proprio sul confine delle tre università di Raiano, Goriano Sicoli e Castel di Ieri che nel passato era stata ripetutamente un punto di partenza per banditi che volevano aggredire persone di passaggio su una strada molto vicino alla chiesa. Per questa ragione, alla fine del maggio del 1788, la piccola chiesa abbandonata venne abbattuta su ordine della Regia Udienza di Aquila. ASA, *Regia Udienza di Aquila, Fondo del Preside II*, 26/673. L'oggetto del secondo esempio è una richiesta del preside di Cosenza dell'aprile del 1740 indirizzata alla Real Camera di Santa Chiara, la quale trattava dei problemi notevoli che si avevano con il progettato arresto di alcune comitive di malviventi che si erano annidate sia in chiese nel circondario della città di Cosenza, che sul territorio della bagliva di Pedace e da cui partivano continuamente per le loro scorrerie. Per questo il preside di Cosenza chiese di poter arrestare questi delinquenti anche in quei luoghi che si trovavano sotto la giurisdizione della Chiesa. Anche l'arcivescovo di Cosenza che non disponeva dei mezzi per far sgomberare le chiese che si trovavano sotto la sua sorveglianza, propendeva per una rapida soluzione del problema. In questo contesto deve essere sottolineato che si tratta di una richiesta effettuata prima della stipulazione del concordato fra la corte napoletana e la corte papale l'8 giugno 1741, con il quale si ridusse in maniera considerevole quel malvisto privilegio giurisdizionale della Chiesa. In una bozza di consulta del 18 marzo 1741 la Real Camera di Santa Chiara raccomandò che l'arcivescovo di Cosenza ordinasse l'arresto dei membri delle bande annidate in quelle chiese e che con il suo consenso si mandassero le forze di sicurezza della Regia Udienza di Cosenza in quei posti, per sgomberarli dai delinquenti. Nel caso che le forze di sicurezza a disposizione della Regia Udienza di Cosenza non fossero bastate per effettuare l'arresto dei delinquenti, la Real Camera di Santa Chiara raccomandò che il preside di Cosenza si rivolgesse ai presidi di Catanzaro e Matera affinché loro gli mandassero dei rinforzi. Per quanto riguarda l'ulteriore procedimento con i delinquenti arrestati, si raccomandò che questi fossero incarcerati in diverse fortezze perché non potessero più diventare di nuovo un pericolo per la stabilità dell'ordine e della sicurezza pubblici. ASN, *Real Camera di Santa Chiara, Bozze di Consulta*, 49/42, bozza di consulta della Real Camera di Santa Chiara, Napoli 18 marzo 1741.

poteva più essere accordata[1084], e dall'altra parte l'istituzione e le incombenze del Tribunale Misto, composto in maniera paritaria sia da rappresentanti dello Stato napoletano sia da rappresentanti della Chiesa.[1085] Questa nuova istituzione, cioè il Tribunale Misto, come ultima istanza giuridica in merito al problema dell'asilo ecclesiastico, doveva decidere sulla possibile sospensione dell'immunità locale in casi in cui erano sorti contrasti fra le autorità napoletane e i rappresentanti della Chiesa che, per qualunque motivo vi fosse stato, non avevano ancora sospeso l'immunità locale o che si erano rifiutati di decidere sulla sua sospensione.

Ma, nonostante la stipulazione del concordato nel 1741 e la limitazione massiccia delle possibilità della concessione dell'asilo ecclesiastico, anche dopo il 1741 continuò a esserci un gran numero di banditi e di altri delinquenti che cercarono di sottrarsi all'inseguimento delle autorità napoletane fuggendo in luoghi, che si trovavano sotto la giurisdizione della Chiesa, sperando di poter entrare in un durevole godimento dell'immunità locale. Una testimonianza della virulenza di questo problema, anche dopo la stipulazione del concordato, è data dai vari atti tratti dal sottofondo del fondo del Tribunale Misto intitolato „Volumi di Conti ed Immunità Locali", la cui documentazione è conservata nell'Archivio di Stato di Napoli e comprende molti casi dal periodo 1741–1779, nei quali i membri del Tribunale Misto dovevano decidere sulla possibile sospensione oppure continuata concessione dell'immunità locale.[1086]

Quando il Tribunale Misto, composto da due rappresentanti diretti dello Stato napoletano, due rappresentanti diretti della Chiesa e un presidente che era un rappresentante della Chiesa prima proposto dal re e poi accettato dal papa, doveva decidere sulla possibile sospensione dell'immunità locale, nella maggioranza dei casi, decideva a favore degli interessi dello Stato napoletano, il quale, dopo la sospensione, poteva avviare immediatamente il processo contro i delinquenti in questione. Anche se un rappresentante locale della Chiesa aveva dato il permesso alle autorità napoletane di allontanare momentaneamente i delinquenti dai luoghi sacri, essi, almeno in modo formale, rimanevano sotto la protezione della Chiesa e potevano essere processati solo dopo che l'immunità locale era stata sospesa definitivamente dai membri responsabili del Tribunale Misto.

1084 Riguardo a ciò si veda Trattato di accomodamento tra la Santa Sede, e la Corte di Napoli, conchiuso in Roma tra i Plenipotenziarj della Santità di Nostro Signore PP. BENEDETTO XIV., e della Maestà di CARLO, Infante di Spagna, RE delle due Sicilie, di Gerusalemme, &c., Napoli 1753, pp. 11–17.

1085 Riguardo alla composizione del Tribunale Misto e le sue incombenze si veda ivi, pp. 28–32.

1086 ASN, *Tribunale Misto*, *Volumi di Conti ed Immunità Locali*, 320–335.

Una soluzione definitiva al problema dell'asilo ecclesiastico, che per secoli aveva ostacolato la persecuzione di banditi e di altri delinquenti sul territorio del Regno di Napoli, venne posta tuttavia solo nel 1787, anno in cui questo privilegio giurisdizionale, ormai molto limitato dalle disposizioni in merito contenute nel „Trattato di accomodamento tra la Santa Sede e la Corte di Napoli" del 1741, giunse finalmente alla sua completa abolizione.[1087]

Seconda parte: Le cause strutturali della nascita della criminalità banditesca, la sua permanenza e la sua crescita massiccia nelle province del Regno di Napoli durante il primo periodo borbonico

Studi che si occupano della delinquenza banditesca negli Stati italiani della prima età moderna e della modernità non devono limitarsi a rispondere esclusivamente alla domanda su come, nei singoli stati, si cercasse di venire a capo di questa forma di delinquenza, ma devono approfondire anche le cause strutturali della nascita e della possibile permanenza di questo fenomeno diffuso in quasi tutti gli stati europei in diverse epoche della loro storia.

Per il Regno di Napoli del primo periodo borbonico ci sarebbero cinque cause principali da addurre che spiegherebbero abbastanza bene sia la nascita e la lunga permanenza di questa piaga già esistente da secoli sia le continue difficoltà che le autorità provinciali e locali avevano nella persecuzione e liquidazione del banditismo nelle province. Le cinque cause principali da considerare sono le seguenti: 1. la profonda miseria socio-economica nella quale viveva la maggior parte della popolazione nelle province del Regno di Napoli e la cui vita era ancora influenziata, in maniera massiccia, sia dall'agricoltura, come garanzia centrale della sua esistenza e sopravvivenza, che dai principi del feudalesimo; 2. il già menzionato problema della permanente debolezza del governo centrale e delle sue istanze di controllo territoriale nelle province, le quali avevano difficoltà a imporsi nelle aree rurali e periferiche dei loro territori di giurisdizione; 3. le condizioni topografiche, come montagne quasi inaccessibili, zone molto boscose oppure vaste pianure scarsamente popolate che potevano servire alle bande di malviventi, sia come area di operazione che come area di rifugio e raggruppamento; 4. una pessima infrastruttura che poteva rendere assai difficile sia la comunicazione e il traffico fra le diverse località e province, che la persecuzione e l'arresto di delinquenti

---

1087 G. Alisio: Sviluppo urbano e struttura della città, in: Storia di Napoli, vol. 8, a cura di G. Galasso, Napoli 1971, p. 323.

da parte delle forze di sicurezza e, di conseguenza, facilitare considerevolmente le scorrerie delle comitive di malviventi; e, infine, 5. la disponibilità, sia da parte della normale popolazione provinciale che da parte delle *élites* rappresentate dall'aristocrazia terriera, dal basso clero e dalla nuova e crescente borghesia provinciale, i cosiddetti "galantuomini", a collaborare, più o meno apertamente, con le bande o almeno di coprirle dalla persecuzione delle autorità provinciali o locali.

L'effetto di queste cinque cause sulla nascita del banditismo e sulla sua permanenza duratura sul territorio del Regno di Napoli del primo periodo borbonico si presentava *en détail* come segue:

(1) Contrariamente alla retorica dei nuovi potentati ispano-borbonici di un completo inizio nuovo le condizioni socio-economiche, nelle quali viveva la maggior parte dell'impoverita popolazione provinciale, rimasero essenzialmente le stesse dei periodi del viceregno spagnolo e austriaco. Una vera e durevole prosperità economica nelle varie province del Regno di Napoli e, insieme ad essa, un possibile miglioramento delle condizioni di vita della maggior parte della popolazione provinciale erano ostacolati in maniera massiccia da diversi fattori. A questi fattori appartenevano: 1. una agricoltura inefficiente, le cui rendite, molto spesso, non bastavano per un approvvigionamento sufficiente all'intera popolazione provinciale; 2. innumerevoli barriere doganali all'interno del regno e una pessima infrastruttura, le quali ostacolavano in maniera massiccia il commercio inter- e intraprovinciale; 3. il fatto che la maggior parte delle terre coltivabili non si trovavano sotto la giurisdizione dello Stato napoletano, ma in mano a privati, i quali, da una parte potevano approfittare in modo determinante delle rendite dei loro possedimenti, ma dall'altra mostravano scarso interesse per un miglioramento dei metodi di produzione agraria; e 4. una cattiva amministrazione sia sul piano provinciale che sul piano locale che disponeva solo di limitate risorse personali e finanziarie e aveva continuamente difficoltà a essere all'altezza delle sue sfere di competenza.[1088]

Considerati tutti questi problemi che ostacolavano in maniera considerevole un positivo e durevole sviluppo economico nelle province del Regno di Napoli non desta meraviglia che le condizioni socio-economiche nelle quali viveva la maggior parte della popolazione provinciale rimanessero particolarmente gravi e che essa non avesse grandi prospettive circa il possibile

1088 A. M. Fusco: Introduzione, in: Il Mezzogiorno alla fine del Settecento, a cura di F. Di Battista, Bari 1992, p. XVIII e S. Monti: Regime fondario e aziende agricole, in: Storia del Mezzogiorno. Aspetti e problemi del Medioevo e dell'età moderna, vol. 8, a cura di G. Galasso e R. Romano, Napoli 1991, p. 73.

miglioramento delle sue pessime condizioni di vita, alle quali era già avvezza da generazioni. Ma, malgrado questo ristagno in cui viveva la maggior parte della popolazione provinciale, era già cominciato un notevole sviluppo al suo interno che sarebbe giunto al culmine nella prima metà dell'Ottocento, modificando, in maniera massiccia, l'assetto sociale delle province del Regno delle Due Sicilie fondato da Ferdinando IV nel 1816, il quale a partire da quell'anno si fece chiamare Ferdinando I delle Due Sicilie. Questo sviluppo, incominciato nel Settecento, consisteva nella nascita del nuovo ceto dei cosiddetti „galantuomini" o „persone prepotenti", come loro venivano chiamati spesso nei documenti settecenteschi. Questi galantuomini erano arrampicatori sociali e si trattava molto spesso di contadini benestanti o persone che esercitavano professioni più tardì considerate borghesi, come quelle di farmacisti o avvocati che nel Regno di Napoli del Settecento avevano cominciato a competere con l'aristocrazia terriera, già presente per altro da secoli nelle province, sia per l'influenza politica che per quella sociale ed economica, ma non ancora in maniera tale da riuscire a sostituirla. Anche questi galantuomini, a condizione che disponessero di terre coltivabili, come i rappresentanti dell'aristocrazia terriera, si servivano per la coltivazione dei loro campi dell'aiuto delle migliaia di braccianti agricoli che vagavano per le province in cerca di lavoro.[1089]

A causa delle pessime condizioni socio-economiche certe parti della popolazione provinciale presero la decisione di formare bande o di unirsi alle bande già esistenti perché non riuscivano a vivere di quello che coltivavano sulle loro terre, oppure non avevano buone prospettive di guadagno come braccianti nelle altre province del regno, come per esempio nella provincia di Capitanata che con le sue estese aree piane era il centro della pastorizia e della transumanza. Tuttavia questa condotta, certamente molto diffusa, non può essere giudicata nel senso del concetto di Eric J. Hobsbawm del banditismo sociale (*social banditry*)[1090], secondo il quale questo fenomeno rappresenterebbe una forma di ribellione di alcuni esponenti della popolazione provinciale più povera contro l'aristocrazia terriera vista come oppressore; essa, al contrario, deve essere giudicata come un tentativo da parte di questi uomini

1089 G. Candeloro: Storia dell'Italia moderna. Le origini del Risorgimento, vol. 1, Milano 1990, pp. 141–142.

1090 Per questo concetto si vedano la prima pubblicazione in merito E. J. Hobsbawm: Primitive Rebels. Studies in Archaic Forms of Social Movement in the 19th and 20th Centuries, 4. ed., Manchester 1974 ed E. J. Hobsbawm: Bandits, 2. ed., Suffolk 1972.

di rendere possibile la propria sopravvivenza quotidiana mediante rapine e furti, le quali, malgrado le serie conseguenze nel caso del loro arresto dalle autorità provinciali o locali, sembravano un modo più facile di garantirsi la sopravvivenza piuttosto che vagare per le diverse province alla ricerca di una occupazione, magari come bracciante agricolo. Non va dimenticato però che queste bande non erano composte solo da contadini e briaccianti, ma anche da disertori provenienti dalle file dell'esercito napoletano o da quelle delle forze armate delle Regie Udienze e del Tribunale di Campagna per la Terra di Lavoro, cioè ex-fucilieri di montagna o ex-soldati di campagna, i quali potevano servirsi delle loro conoscenze militari, sia nella progettazione e nell'eseguimento delle rapine e furti, che negli scontri armati con le forze di sicurezza delle Regie Udienze, del Tribunale di Campagna, delle corti locali o con le milizie ausiliari reclutati dalle file della popolazione rurale.

Per quanto riguarda le vittime preferite delle bande, dalla lettura dei vari documenti consultati si è rilevato che esse, in genere, erano da una parte gli abitanti delle province che, per esempio in occasione di fiere, si muovevano fra le diverse località per vendere o acquistare prodotti, e dall'altra contadini, pastori o massari, che si guadagnavano da vivere con l'allevamento di bestiame. Anche il basso clero che, come si vedrà, aveva dei rapporti ambivalenti con le comitive di malviventi, non era del tutto risparmiato dalle loro scorrerie. Però, per quanto riguarda invece possibili assalti di banditi a singoli rappresentanti dell'aristocrazia provinciale, non si è mai trovato alcun esempio nei documenti consultati. Ciò nonostante, e considerando la lacunosità della documentazione dei due regni di Carlo di Borbone e Ferdinando IV, non è da escludere che anche esponenti dell'aristocrazia provinciale siano stati fra le vittime delle scorrerie delle comitive di malviventi.

Sebbene nella prima fase del regno di Ferdinando IV in quasi tutte le province del Regno di Napoli ci fossero problemi massicci con la delinquenza banditesca, va detto che questa piaga era particolarmente diffusa nelle province o regioni del regno borbonico, dove, soprattutto a causa delle condizioni topografiche, la coltivazione delle terre come centrale forma di garanzia per l'esistenza risultava più difficile. Questa problematica delle pochissime terre coltivabili riguardava in particolare le zone montagnose degli Abruzzi e delle Calabrie che insieme con la Basilicata e la Terra d'Otranto sia dal punto di vista economico sia dal punto di vista dell'estensione di forme di produzione agricola erano le regioni più arretrate del Regno di Napoli. Inoltre, per quanto riguarda per esempio la situazione nelle province abruzzesi, non va dimenticato che esse, fin dalla seconda metà del Seicento, soffrivano di gravi problemi economici che riguardavano soprattutto il mondo pastorale e avevano contribuito a un notevole aumento del disagio sociale e della criminalità.[1091]

Riguardo alle possibilità di stimolare una notevole crescita in quelle province o regioni più arretrate va addotto a giustificazione della condotta del governo centrale il fatto che esso non disponeva dei mezzi necessari per avviare un tale sviluppo. Un ottimo esempio di questo fatto è dato dalla condotta del governo centrale e dei suoi rappresentanti nella provincia di Calabria Ultra, completamente devastata nella prima metà del 1783 da una serie di terremoti disastrosi. Per la sua ricostruzione erano state stanziate considerevoli risorse finanziarie che, tuttavia, non riuscirono a far venir fuori la regione da uno stato di estrema arretratezza, e che anche negli ultimi due decenni del Settecento e nell'Ottocento sarebbe rimasta una delle più infestate dalla piaga del banditismo.[1092]

Un ultimo punto da considerare va collegato direttamente con la miseria della maggior parte della popolazione provinciale e con i problemi nel campo della produzione agraria che portarono ad una rinnovata recrudescenza del banditismo nel Regno di Napoli del primo periodo borbonico, la quale si rivelò ancora più massiccia negli ultimi tre decenni del Settecento. In questo contesto deve essere considerato che nei paesi europei e altrettanto nel Regno di Napoli del Settecento, in particolare nella seconda metà del Settecento, ci fu una accelerata crescita demografica, che, dopo la disastrosa carestia del 1764, si fece sentire proprio nella prima fase del regno di Ferdinando IV.[1093] Di conseguenza, né la produzione agraria né le possibilità di lavoro in questo settore riuscirono a tenere il passo di questa crescita.

Particolarmente sensibile negli anni fra il 1730 e il 1760, questo aumento demografico fu successivamente frenato dalla grande carestia del 1764 e varie epidemie che vennero dopo. Un riaumento particolarmente forte del numero degli abitanti del Regno borbonico avvenne proprio nel decennio

---

1091 G. Sabatini: Il controllo fiscale sul territorio nel Mezzogiorno spagnolo, cit., pp. 108–109.

1092 In questo contesto non va dimenticato che, anche dopo le scosse disastrose del 1783 fino alla fine del Settecento, la Calabria fu colpita da calamità naturali alle quali appartenevano anche alluvioni ed epidemie. Riguardo a ciò si veda A. Cario, A. Orlando: La Calabria del Settecento, Soveria Mannelli 2007, pp. 89–90.

1093 Si vedano le esposizioni di George Rudé nel capitolo „Paesi e popolazione" in G. Rudé: L'Europa del Settecento. Storia e cultura, Rom, Bari 1974, pp. 9–26. Di centrale importanza per l'argomento dello sviluppo dell'agricoltura nel Regno di Napoli del primo periodo borbonico è P. Macry: Mercato e società nel Regno di Napoli, cit.

fra il 1770 e il 1780. Però, riguardo all'aumento complessivo del numero degli abitanti, ci furono anche delle divergenze fra le diverse province. Mentre ci fu una crescita notevole nelle province di Terra di Lavoro, di Contado di Molise, di Capitanata e di Terra di Bari, lo stesso *trend* non si fece sentire nelle tre province abruzzesi e nelle due province calabresi nelle quali questo incremento risultò quasi assente.[1094]

Anche se sotto il regno del padre di Ferdinando IV, Carlo di Borbone, c'erano già stati problemi rilevanti con la delinquenza banditesca nelle province, va considerato che sotto di lui non era ancora esistita quella divergenza fra crescita demografica e produzione agraria. Anzi sotto Carlo di Borbone il Regno di Napoli aveva vissuto una forte crescita economica che era cominciata negli ultimi anni del dominio austriaco intorno al 1727, ed evidentemente era ancora riuscita a tenere il passo con l'aumento della popolazione.[1095] Inoltre, nonostante il positivo sviluppo economico sotto Carlo di Borbone e un equilibrio fra crescita demografica e produzione agraria, che, *grosso modo*, benché non privo di oscillazioni in anni di raccolti meno favorevoli, come nel biennio 1742–1743, poteva essere definito relativamente stabile, bisogna sottolineare che le disastrose condizioni socio-economiche sotto le quali viveva la maggior parte della popolazione provinciale non cambiarono affatto al meglio.

(2) La seconda causa che favoriva notevolmente lo sviluppo e la permanenza della delinquenza banditesca consisteva nell'ormai menzionata debolezza del governo centrale napoletano e delle sue istanze di controllo territoriale delle province, vale a dire a livello provinciale le Regie Udienze e il Tribunale di Campagna e, a livello locale, le corti locali di quelle università che facevano parte del demanio reale, le quali avevano problemi a rappresentare a sufficienza gli interessi della dinastia regnante nei confronti della popolazione autoctona e di profilarsi agli occhi degli abitanti come garanti attendibili della stabilità dell'ordine e della sicurezza pubblica nel modo in cui lo avrebbero dovuto fare

---

1094 A. Bellettini: Aspetti e problemi della ripresa demografica nell'Italia del settecento, in: Società e Storia 6 (1979), p. 831 e D. Carpanetto, G. Ricuperati: L'Italia del Settecento. Crisi, Trasformazioni, Lumi, Roma, Bari 1986, p. 8. Pasquale Villani menziona anche la Terra di Bari come una delle province nelle quali ci fu una notevole crescita demografica. Riguardo a ciò si veda Villani: Il Mezzogiorno tra riforme e rivoluzione, Bari 1973, p. 11.

1095 A. Spagnoletti: Storia del Regno delle Due Sicilie (= Storia Paperbacks, vol. 47), Bologna 1997, pp. 25 e P. Villani: Mezzogiorno tra riforme e rivoluzione, Bari 1973, p. 5.

con i mezzi più che modesti che avevano a disposizione. Nei secoli precedenti questa continua debolezza del governo centrale e delle sue istanze di controllo territoriale nelle province si era rispecchiata soprattutto negli Abruzzi, una regione molto montagnosa e per questo particolarmente difficile da controllare, e che, in certi periodi del dominio spagnolo, era riuscita a sottrarsi quasi completamente all'influsso e al controllo del governo vicereale residente a Napoli. Il fatto che la regione degli Abruzzi per poco tempo si sottrasse completamente al controllo del governo centrale, questo, accadde per esempio, sotto i due viceré Pedro Álvarez de Toledo y Zúñiga (viceré 1532–1553), marchese di Villafranca del Bierzo,[1096] e il già menzionato Gaspar de Haro y Guzmán, marchese del Carpio,[1097] i quali, infine, si videro costretti a fare ricorso all'esercito regolare sia per mettere di nuovo gli Abruzzi sotto il loro controllo diretto che per debellare i vari banditi che avevano approfittato dell'assenza del governo centrale per eseguire le loro scorrerie in quella regione quasi senza disturbo alcuno. Dunque, per quanto riguarda il Regno di Napoli del primo periodo borbonico, non si è trovato nessun accenno al possibile fatto che, a prescindere dal passeggero e parziale crollo del regime di Carlo di Borbone nelle province abruzzesi nel 1744, causato da un'incursione dell'esercito austriaco, la stessa cosa fosse successa in una delle province in tempi di pace.

La continua debolezza del governo centrale e delle sue istanze di controllo territoriale nelle province del Regno di Napoli del primo periodo borbonico si rispecchiava anche nella loro già menzionata scarsa capacità di imporsi nei confronti delle *élites* locali, rappresentate soprattutto dall'aristocrazia terriera. Essa disponeva di ampi privilegi giurisdizionali sia di carattere civile che di carattere penale e di continuo cercava di sottrarsi a interferenze da parte dei rappresentanti delle Regie Udienze o del Tribunale di Campagna. Lo stesso problema riguardava anche la Chiesa che, come l'aristocrazia, non disponeva solo di ampi possedimenti, ma anche di speciali privilegi giurisdizionali che sottraevano i loro membri, anche il basso clero, con cui c'erano spesso problemi, alla giustizia dello Stato napoletano.

1096 Riguardo alla politica del viceré Pedro de Toledo si vedano ad esempio i contributi di C. J. Hernando Sánchez: Castilla y Nápoles en el siglo XVI. El virrey Pedro de Toledo: Linaje, estado y cultura (1532–1553), Valladolid 1994 e G. Sabatini: Il controllo fiscale sul territorio nel Mezzogiorno spagnolo, cit.

1097 Per quanto riguarda il personaggio del viceré del Carpio e la sua politica, si vedano i contributi di M. E. Ghelli: Il Viceré Marchese del Carpio, cit.; E. Papagna: Ordine pubblico e repressione del banditismo, cit. e G. Sabatini: Il controllo fiscale sul territorio nel Mezzogiorno spagnolo, cit.

Questa scarsa capacità del governo centrale di imporsi nelle province da una parte, e i problemi socio-economici della popolazione provinciale del Regno di Napoli del primo periodo borbonico dall'altra creavano delle condizioni favorevoli sia allo sviluppo della delinquenza che allo sviluppo di corruzione nelle istanze di controllo territoriale nel piano provinciale e locale. Infine questo malgoverno molto diffuso nelle province del regno borbonico facilitava in maniera considerevole anche le attività criminose delle innumerevoli comitive di malviventi e inoltre, questo non va dimenticato, le attività di contrabbandieri che, ormai all'inizio del regno di Carlo di Borbone, si erano rivelate un problema particolarmente persistente.

Questi continui problemi di incompetenza, corruzione e malgoverno non solo caratterizzavano molto spesso le attività di quelle istanze di controllo territoriale che rappresentavano il governo centrale, sia sul piano provinciale che sul piano locale, ma anche le attività di quelle corti locali che si trovavano sotto il controllo di un feudatario proveniente dalle file dell'aristocrazia provinciale. Dal momento che la maggior parte delle università del Regno di Napoli si trovava sotto il controllo di diverse famiglie nobili, non dovrebbe destare meraviglia il fatto che il campo dell'amministrazione locale, nel suo intero, si presentasse come un vero mosaico delle più diverse giurisdizioni. Inoltre, riguardo a questioni di tipo giurisdizionale, potevano emergere frizioni non solo fra i rappresentanti del governo centrale e i baroni[1098], ma anche solo fra gli stessi baroni, soprattutto se esistevano dei dubbi circa la vera estensione dei singoli feudi o delle singole giurisdizioni. Anche queste corti baronali, così come le istanze di controllo territoriale del governo centrale, disponevano molto spesso solo di limitate risorse personali e finanziarie e per questo erano tutt'altro che all'altezza delle loro incombenze. Questa debolezza delle istanze di controllo territoriale dei baroni poteva portare, all'evenienza che, in caso di necessità quei governatori baronali, sprovvisti di un sufficiente numero di uomini armati per venire a capo delle comitive di malviventi che

1098 Due esempi interessanti di università pugliesi del Settecento, che non si trovavano sotto la giurisdizione reale, e i conflitti locali, fra l'altro anche con le istanze di controllo territoriale del governo centrale e i suoi rappresentanti, sono analizzati da Angelantonio Spagnoletti in A. Spagnoletti: Ufficiali, feudatari e nobili. Le forme dell'azione politica nelle università meridionali, in: Quaderni Storici 79 (1992), pp. 231–261. Questi due esempi scelti sono l'università di Putignano, un feudo dell'Ordine dei cavalieri di Malta, e l'università di Noci, un feudo della famiglia Acquaviva d'Aragona.

infestavano i loro territori di giurisdizione, si vedessero costretti a rivolgersi alle Regie Udienze per chiedere rinforzi.[1099]

(3) La terza causa che contribuiva in maniera considerevole al duraturo dilagare del banditismo in certe province e alle continue difficoltà che le autorità provinciali avevano nel suo debellamento, deve essere ancorata alle condizioni topografiche. Benché proprio nella prima fase del regno di Ferdinando IV il banditismo dilagasse effettivamente in tutte le province del Regno di Napoli, risulta inconfutabile che le tre province abruzzesi e le due province calabrese, la cui topografia era particolarmente caratterizzata da montagne alte fossero quelle province del regno borbonico dove le attività di banditi avevano la più alta diffusione.

(4) La quarta causa del dilagare del banditismo nelle province, e delle difficoltà che si avevano nel venirne a capo, deve essere vista parzialmente anche in correlazione diretta con le condizioni topografiche, dalle quali erano caratterizzate le singole province. Essa consisteva nella pessima infrastruttura che rendeva particolarmente difficile il commercio e la comunicazione fra le varie località e le varie regioni del Regno di Napoli del Settecento.[1100] Sebbene nel Regno di Napoli del primo periodo borbonico ci siano stati ripetutamente

---

1099 Un esempio di un tale comportamento di un singolo governatore baronale che, sprovvisto di un numero sufficiente di uomini armati per eseguire un arresto, si rivolse a una più alta istanza amministrativa, è fornito dal caso del capo di banda Benigno Calderone di Casalbordino, nella provincia di Abruzzo Citra, che, insieme con i suoi compagni, aveva messo sotto il suo controllo la località di Casalbordino e i suoi abitanti. Dopo aver commesso il primo omicidio nel dicembre del 1755, e dopo che il capo della banda, Benigno Calderone, aveva annunciato di voler ammazzare il governatore di Monteodorisio, Filippo di Dio, che curava i diritti giurisdizionali dei feudatari della famiglia d'Avalos e alla cui sfera di competenza apparteneva anche Casalbordino, questo governatore decise di porre fine alle attività della banda facendo arrestare il capo di banda e i suoi uomini. Tuttavia, siccome il numero dei suoi uomini non era sufficiente a sopraffare Calderone, Filippo di Dio si rivolse alla Regia Udienza di Chieti e chiese rinforzi. Ma dal momento che la Regia Udienza di Chieti non poteva mandare nessuno dei suoi soldati a Casalbordino, il governatore si vide costretto a eseguire l'arresto di Calderone con l'aiuto di alcuni abitanti affidabili di quella località nel gennaio del 1756. ASN, *Real Camera di Santa Chiara*, *Bozze di Consulta*, 255/17, bozza di consulta della Real Camera di Santa Chiara, Napoli 9 ottobre 1761.

1100 G. Brancaccio: Trasporti e strade, in: Storia del Mezzogiorno. Aspetti e problemi del Medioevo e dell'età moderna, vol. 8, a cura di G. Galasso e R. Romano, Napoli 1991, p. 380.

tentativi da parte del governo centrale di ridurre questi problemi mediante la costruzione di nuove strade, continuavano a esserci intere regioni la cui viabilità era molto limitata e che le isolava in maniera decisiva dagli scambi commerciali, possibili fonti di sviluppo economico di quelle regioni. Le regioni del regno borbonico più interessate da questo problema erano gli Abruzzi, il Molise, la Basilicata e la Calabria.[1101]

Di questa pessima infrastruttura che ostacolava continuamente gli scambi commerciali e la comunicazione fra le singole regioni e anche fra le località all'interno di esse erano ben consapevoli anche i pubblicisti riformistici del Settecento. Così uno di loro, Gian Francesco Nardi (1749–1813), scrisse nei suoi „Saggi sull'agricoltura, arti e commercio della provincia di Teramo", pubblicati a Teramo nel 1789, con speciale riferimento alla situazione dell'infrastruttura nella regione degli Abruzzi di quei tempi che:

> „[l]e nostre pessime vie sono di un principal ritardo al nostro commercio interiore. Le cattive strade, dice un filosofo, rendono tarda, difficile, e dispendiosa la circolazione de' generi. Una provincia non acquisterà mai un grado di popolazione e di ricchezza proporzionata al suo suolo, se non quando renderà praticabili e sicure le sue strade in tutti i mesi dell'anno. Non ve ne ha alcuna, in cui possa farsi uso sicuro della ruota. Egli è vero che furono dati da molti anni degli ordini per l'accomodo delle strade degli Apruzzi. Ma è anco vero che da quel tempo fino ad ora neppure si è lavorata la metà di quella che da Napoli a Chieti conduce. [...] Noi non bisogniamo del solo cammino che da Chieti ci porti a Teramo. Ci sono necessari quelli per andare a tutte le città e luoghi principali della provincia. Sarebbe di un'infinita utilità la strada da Teramo all'Aquila direttamente per la volta della montagna."[1102]

Una delle conseguenze concomitanti di questa considerevole mancanza di strade carrozzabili, importanti sia per gli scambi commerciali che per la comunicazione fra le diverse località e le diverse province del Regno di Napoli del Settecento, consisteva, infine, anche nelle continue difficoltà delle autorità provinciali nella persecuzione e nella localizzazione delle bande, la cui area di operazione poteva comprendere sia una che più province, il che rendeva

1101 Ivi, p. 375.

1102 Cit. secondo la raccolta di F. Di Battista: Il Mezzogiorno alla fine del' 700, Bari 1992, pp. 62–63. Gian Francesco Nardi nacque a Cervaro il 3 aprile 1749 e morì il 3 dicembre 1813. Insieme al suo contributo „Saggi sull'agricoltura, arti e commercio della provincia di Teramo" pubblicato per la prima volta a Teramo nel 1789 egli scrisse anche „Difesa per Giacinto Piccari" ed „Elogio di Marcello Pompetti". Ivi, p. 379.

ancora più difficile la loro eliminazione. Di conseguenza i persecutori avevano continuamente incertezze circa i luoghi di soggiorno delle comitive o dei loro singoli membri. Un ottimo esempio di queste incertezze da parte delle autorità provinciali impegnate nella persecuzione di membri di una comitiva di malviventi è il caso dell'inseguimento dei membri della comitiva della famiglia Pronio della città abruzzese di Introdacqua nell'estate del 1792, trattato in maniera dettagliata nel sottocapitolo „Das Banditenwesen als grenzüberschreitendes Problem: Die Verfolgung der Pronio-Bande in den Jahren 1791–93 auf dem Jurisdiktionsgebiet der *Regia Udienza* von Aquila und auf dem Territorium des Kirchenstaates" (Il banditismo come problema dentro e fuori dei confini: la persecuzione della comitiva della famiglia Pronio fra gli anni 1791 e 1793 sia sul territorio di giurisdizione della Regia Udienza di Aquila sia su quello dello Stato della Chiesa). Per quanto riguardava il luogo di permanenza dei membri di questa comitiva, ci furono considerevoli incertezze delle forze armate sotto il commando supremo del delegato straordinario Giovanni Battista Salomone, che inseguivano i banditi a partire dalla metà dell'anno 1792, se essi si trovassero ancora sul territorio della provincia di Abruzzo Ultra II o se si fossero già recati su quello dello Stato della Chiesa.[1103]

Un altro problema per i persecutori di banditi nelle province del regno caratterizzate da una pessima infrastruttura e montagne alte, come le tre province abruzzesi o le due province calabresi, erano quelle piccole località situate nelle montagne che per le forze di sicurezza delle Regie Udienze o delle corti locali erano quasi irraggiungibili e le quali per questo motivo formavano un eccellente luogo di rifugio e raggruppamento non solo per banditi, ma anche per contrabbandieri. Un tipico esempio di una località del genere è Grotteria, situata nella provincia di Calabria Ultra, da dove provenivano i membri della nota comitiva di Nicodemo d'Agostino. Alla fine del gennaio del 1787 le autorità napoletane, con il sostegno di circa 200 uomini armati, avevano dovuto assediare quella località per quasi tre giorni prima di riuscire a sopraffare la banda che, nell'aspra resistenza, era stata sostenuta anche dagli stessi abitanti di Grotteria.[1104]

(5) La quinta e allo stesso tempo l'ultima causa che poteva ostacolare in maniera massiccia la persecuzione e l'eliminazione delle bande deve essere cercata nel

---

1103 ASA, *Regia Udienza di Aquila, Fondo del Preside I*, 14/326, 16/378 e 27/595.

1104 Per quanto riguarda le faccende della banda di Nicodemo d'Agostino, si vedano F. Gaudioso: Una tragedia sismica nella Calabria del Settecento, cit., pp. 80–81 e A. Grimaldi: La Cassa Sacra, cit., pp. 99–101.

> campo dei rapporti fra i membri di queste comitive e i diversi rappresentanti della società provinciale, alla quale non appartenevano soltanto l'impoverita popolazione soprattutto contadina, ma anche l'aristocrazia terriera, il clero provinciale, in particolare il basso clero, e, come nuovo ceto sociale che si trovava ancora in crescita, i cosiddetti „galantuomini".

Dunque, per quanto riguarda i rapporti fra le comitive di malviventi e la popolazione provinciale, incluse le *élites*, si può affermare che l'impressione generale in merito si presenta abbastanza ambivalente. Infatti, considerando che anche le parti più povere della popolazione, come contadini o piccoli commercianti, erano regolarmente vittime delle scorrerie delle bande, c'era una parte degli abitanti delle zone rurali che era contraria alle loro attività criminose; questo non significa automaticamente che essi cercassero di sbarazzarsi dei banditi collaborando con le autorità provinciali, anzi c'era anche una parte della popolazione che era coinvolta nelle attività delle bande coprendo i banditi dai persecutori, fornendogli informazioni su progettate operazioni di arresto da parte delle autorità provinciali e locali, o prendendo direttamente parte alle scorrerie. Come è stato già accennato, dunque il rifiuto delle attività delle bande di una parte della popolazione delle province non doveva fare sì che essa collaborasse sempre e automaticamente con le autorità nelle indagini sui delitti perpetrati. Anzi, sembra più probabile che molti degli abitanti, in fondo contrari alle attività delle bande, accettassero *nolens volens* la loro presenza per paura di conseguenze negative per sé stessi e per le loro famiglie, e preferissero tacere in caso di indagini o di operazioni persecutorie eseguite delle autorità provinciali e locali.

Il primo gruppo sociale all'interno della popolazione delle province ad assumere un ruolo di particolare interesse è quello dell'aristocrazia terriera, la quale, ormai in epoca angioina e spagnola, aveva svolto un ruolo che si può definire altamente ambivalente. In merito a questo gruppo sociale, infatti, bisogna considerare che, nei secoli precedenti alla rinnovata presa del potere della dinastia borbonica nel Regno di Napoli, i diversi rappresentanti dell'aristocrazia provinciale avevano concesso alle bande la loro protezione, erano stati coinvolti nelle loro attività criminose e si erano serviti ripetutamente di esse nelle lotte per il potere con altre famiglie nobili. Tuttavia, a quanto pare, non sembra che questi legami, ancora abbastanza forti nel Seicento, continuassero ad avere la stessa virulenza e diffusione. Nonostante questo notevole cambiamento nei rapporti, anche durante il Regno di Napoli del primo periodo borbonico esistono vari esempi della protezione concessa ai membri di singole comitive da parte dell'aristocrazia residente nelle province. Un primo esempio è fornito dal comportamento della marchesa di Anoia e dei suoi amministratori nella provincia di

Calabria Ultra che, secondo un rapporto del 22 luglio 1774[1105] redatto dall'avvocato fiscale della Regia Udienza di Catanzaro, Saverio del Vecchio, e indirizzato alla Segreteria di Stato di Grazia e Giustizia, avrebbe protetto ripetutamente i due banditi Antonio Ciurlo detto „il Tonninaro" e Giuseppe Tedesco, così come i loro compagni, e che, così facendo, avrebbe fatto fallire tutti i tentativi delle Regia Udienza di Catanzaro di catturare i membri della comitiva. Questo aperto sostegno o magari l'aperta negligenza della marchesa e dei suoi amministratori nell'inseguimento dei membri della banda sono provati dal fatto che si ignoravano con ostinazione le lettere inviate della Regia Udienza che richiedevano alla marchesa e i suoi amministratori di arrestare i banditi. Con riferimento a questa faccenda l'avvocato fiscale Saverio del Vecchio menzionò nel suo rapporto del 22 luglio 1774 una lettera che, alcuni giorni prima, egli aveva inviato al governatore locale di Anoia, il quale, come scrisse del Vecchio, „ha stimato di non dovermi rispondere neppure."[1106]

Un secondo esempio della protezione di singoli rappresentanti dell'aristocrazia provinciale di membri di comitive di malviventi è fornito dal caso della condotta del marchese di Arena, residente nella provincia di Calabria Ultra, nei confronti dei due fratelli e noti banditi, Vincenzo e Ferdinando d'Agostino, reclutati dal marchese come bargelli per la località di Gioiosa, appartenente ai suoi possedimenti. Reclutando questi due uomini come bargelli, il marchese non sembra aver avuto alcuno scrupolo circa la loro nota carriera criminosa, sebbene Vincenzo e Ferdinando d'Agostino fossero stati accusati di gravi delitti, come scorrerie armate, incendio doloso, omicidio e stupro, e anche gli abitanti di Gioiosa fossero al corrente del passato di entrambi i fratelli. Tuttavia, pare che la protezione concessa dal marchese di Arena abbia trovato una fine abbastanza veloce, cioè quando il Vicario Generale delle Calabrie, il maresciallo Francesco Pignatelli, incaricato dal governo napoletano di provvedere alla ricostruzione della provincia di Calabria Ultra, devastata da una serie di terremoti nella prima metà del 1783, chiese al marchese di Arena di contribuire con le sue forze di sicurezza al ristabilimento dell'ordine e della sicurezza pubblica nella provincia. Il maresciallo Pignatelli, infatti, venuto a conoscenza del fatto che questi due noti ex-banditi lavoravano per il marchese di Arena, si rifiutò di collaborare con loro e ordinò che i due fratelli fossero arrestati e consegnati alle autorità. Per questa ragione Vincenzo e Ferdinando d'Agostino sospesero le loro attività come bargelli al servizio del marchese

1105 ASN, *Real Camera di Santa Chiara, Processi Irresoluti*, 6/0, rapporto dell'avvocato fiscale della Regia Udienza di Catanzaro, Saverio del Vecchio, Catanzaro 22 luglio 1774.
1106 Ibidem.

di Arena e ripresero le loro scorrerie del passato finché non furono arrestati dalle autorità napoletane dopo il già menzionato assedio del loro luogo natio Grotteria alla fine del gennaio del 1787, durato tre giorni.[1107]

Mentre nel caso del comportamento della marchesa di Anoia non si evince nulla dal rapporto dell'avvocato fiscale Saverio del Vecchio circa i motivi per cui erano stati coperti i due banditi Antonio Ciurlo detto „il Tonninaro", Giuseppe Tedesco e i loro compagni, e sul perché era stata rifiutata ogni collaborazione con la Regia Udienza di Catanzaro, la motivazione del marchese di Arena per aver reclutato Vincenzo e Ferdinando d'Agostino in qualità di bargelli baronali per la città di Gioiosa sembra abbastanza evidente: a quanto pare, il marchese di Arena aveva perseguito con la loro nomina lo scopo di intimidire gli abitanti di Gioiosa e tenerli meglio sotto il suo controllo, dal momento che nessuno degli abitanti avrebbe potuto dimenticare che, in passato, quella stessa banda aveva dato fuoco anche ad alcuni degli edifici di quella località.[1108] Così sapevano bene che era meglio non cercare di attaccare lite con i fratelli.

Come nell'epoca del viceregno spagnolo di Napoli, anche nel Regno di Napoli del primo periodo borbonico esistevano rappresentanti del clero provinciale che coprivano continuamente singoli banditi o intere bande, erano coinvolti in modo diretto nelle loro attività criminose o, in casi estremi, erano perfino capi di comitive di malviventi. Benché nell'ambito delle ricerche per questo studio si sia riusciti a rilevare molti esempi della collaborazione del basso clero provinciale con le bande, non si può dire lo stesso degli alti rappresentanti della Chiesa nelle province del Regno di Napoli, vale a dire dei vescovi o arcivescovi. L'unico riferimento a una possibile collaborazione di un alto rappresentante ecclesiastico con una banda che si è riusciti a trovare negli innumerevoli documenti consultati riguarda il comportamento oscuro del vescovo di Tropea nel contesto della persecuzione della banda di Giovanni Cacozza nelle due province calabresi nella prima metà degli anni Settanta. A giudicare da una lettera di questo vescovo del 17 novembre 1774 dal contenuto molto compromettente, che le forze armate della Regia Udienza di Cosenza si erano fatte consegnare da un messaggero e che è citata letteralmente in una lettera della Regia Udienza del 7 ottobre 1775[1109] alla Real Camera di Santa Chiara, il vescovo di Tropea, Felice Pau, si sarebbe dichiarato disposto a negoziare con il principe di Palazzolo circa una possibile sistemazione del capo di banda Giovanni Cacozza sul territorio di un feudo del

1107 F. Gaudioso: Una tragedia sismica nella Calabria del Settecento, cit., pp. 80–81.

1108 A. Grimaldi: La Cassa Sacra, cit., p. 99.

1109 ASN, *Real Camera di Santa Chiara*, *Processi Irresoluti*, 6/0, lettera della Regia Udienza di Cosenza alla Real Camera di Santa Chiara, Cosenza 7 ottobre 1775.

detto principe. Nonostante questa lettera provasse che potevano esistere contatti anche fra rappresentanti dell'alto clero e singole bande, non è stato possibile trovare una spiegazione convincente del comportamento, e soprattutto della motivazione, del vescovo di Tropea ad agire come intermediario fra il capo di banda Giovanni Cacozza e il principe di Palazzolo.

Per quanto riguarda, invece, la collaborazione di rappresentanti del basso clero provinciale con singole comitive di malviventi, nei documenti consultati si sono trovati molti esempi. Uno di questi è quello del sacerdote Eustachio Ferri di Introdacqua, località della provincia di Abruzzo Ultra II, durante il regno di Carlo di Borbone. Questo sacerdote aveva aiutato a fuggire nelle montagne situate intorno a Introdacqua alcuni banditi che, nell'anno 1746, si erano introdotti dal territorio dello Stato della Chiesa in quello della provincia di Abruzzo Ultra II ed erano inseguiti dalle forze armate della Regia Udienza di Aquila. Infine, per poter arrestare e processare questo chierico per il sostegno concesso ai banditi fuggiaschi, la Regia Udienza di Aquila si rivolse alla persona del vescovo di Sulmona, il quale, successivamente, ordinò al sacerdote Eustachio Ferri di lasciare il territorio di Introdacqua e di recarsi a Sulmona. Partendo da Sulmona, dunque, Ferri volle recarsi ad Aquila per costituirsi alle forze della Regia Udienza.[1110]

I seguenti tre esempi, tutti risalenti all'epoca di Ferdinando IV, dimostrano tra l'altro, *partes pro toto*, che singoli rappresentanti del basso clero provinciale non solo proteggevano comitive di malviventi, ma addirittura partecipavano attivamente alle scorrerie, talvolta perfino alla testa di singole comitive, come dimostra il secondo esempio.

Il primo esempio proviene dal fondo dei „Registri dei Dispacci Reali" della Regia Udienza di Teramo. Si tratta di un dispiaccio della Segreteria di Stato di Grazia e Giustizia del 18 aprile 1772[1111] in cui, in base alla petizione di un certo Pasquale di Ottavio di Settecerri, si ordinò alla Regia Udienza di provvedere all'arresto del sacerdote Felice Gaspari, parroco a Settecerri, che, insieme a una comitiva di malviventi, aveva commesso ripetutamente dei delitti sia sul territorio della provincia di Abruzzo Ultra I che su quello del confinante Stato della Chiesa. In riferimento a questo sacerdote e le misure da prendere in questo dispaccio si legge:

1110 ASN, *Real Camera di Santa Chiara, Bozze di Consulta*, 117/72, rapporto della Regia Udienza di Aquila alla Segreteria di Stato di Grazia e Giustizia, Aquila 4 giugno 1746.

1111 AST, *Regia Udienza di Teramo, Registri dei Dispacci Reali*, 19/79, dispaccio della Segreteria di Stato di Grazia e Giustizia alla Regia Udienza di Teramo, Napoli 18 aprile 1772, ff. 238v-239r.

„In vista dell'annesso ricorso di Pasquale di Ottavio di Settecerri relativam[en]te all'incorsioni con gente armata, che fà il Sacerdote D[on] Felice Gaspari Parroco di detta villa, ed altri luoghi, siti nello stato Pontificio dove fa residenza nella villa sud[dett]a Il Rè mi ha comandato dire al Trib[una]le, che trovando vero L'esposto, dia le conv[enevo] li provvidenze, perche non succedano dissord[in]i, con passare anco al Vescovo le debite Insinuaz[ion]i."[1112]

Il secondo esempio menzionato in questo contesto proviene dal fondo della Regia Udienza di Chieti e dimostra chiaramente che i rappresentanti del basso clero provinciale potevano essere perfino alla testa di singole bande. Si tratta della banda del sacerdote Eliseo che, insieme ai suoi compagni, turbava gli abitanti della provincia di Abruzzo Citra nei mesi di ottobre e novembre del 1763. Questo sacerdote fu arrestato sul territorio della confinante provincia di Abruzzo Ultra II e trasportato alla fortezza di Aquila già nella prima metà di novembre.[1113]

Il terzo e ultimo esempio proviene dal fondo dei „Processi Antichi/Da Riordinare/Processi Criminali" e si riferisce alla faccende del sacerdote Zaccaria Paolino, oriundo di Magliano Vetere nella provincia di Principato Citra, che era detenuto nelle carceri della corte del vescovo di Capaccio, situate a Novi, ed era imputato di diversi delitti. Il primo delitto che il sacerdote aveva commesso era successo a Magliano Vetere nel dicembre del 1764. Si trattava dell'omidicio di un altro sacerdote, Giuseppe Caruso, che aveva avuto una relazione amorosa con la moglie del fratello di Zaccaria Paolino ed era stato perciò da Paolino pugnalato. Dopo l'uccisione di Giuseppe Caruso, Zaccaria Paolino lasciò Magliano Vetere e diventò membro di una comitiva di malviventi, la quale, fra l'altro nel bosco di Trentinara, commise diversi assalti a persone che passavano per le aree di operazione della banda. Durante uno di questi assalti, oltretutto, fu ucciso un soldato della Regia Udienza di Salerno.[1114]

Come è già stato menzionato, le *élites* locali nelle province del Regno di Napoli del primo periodo borbonico, dunque, non erano composte solo da rappresentanti dell'aristocrazia terriera e della Chiesa, ma da rappresentanti del nuovo ceto sociale dei cosiddetti "galantuomini" che, già nel Settecento, avevano cominciato a competere con l'aristocrazia terriera, da secoli residente nelle province, per l'influsso economico, politico e sociale. Negli innumerevoli documenti consultati i rappresentanti di questo nuovo ceto sociale, ancora abbastanza ridotto, ma ciò nonostante in continua crescita, erano incolpati di essere presunti sostenitori di

1112 Ibidem.

1113 ASC, *Regia Udienza di Chieti*, 106/3362.

1114 Tutto il materiale, molto esteso, riguardante le faccende di questo sacerdote è contenuto in ASN, *Processi Antichi/Da Riordinare/Processi Criminali*, 15/1–4.

comitive di malviventi ancora più spesso di quanto lo fossero i rappresentanti dell'aristocrazia provinciale.

Un primo esempio delle attività criminose di questo nuovo gruppo sociale è fornito dal già menzionato caso del 1746 riguardante i banditi introdottisi dal territorio dello Stato della Chiesa nel territorio della provincia Abruzzo Ultra II ed erano stati aiutati dal sacerdote Eustachio Ferri; questi, tuttavia, non era stata l'unico abitante di Introdacqua ad aver sostenuto la comitiva. Secondo il rapporto redatto il 23 maggio 1746 da Antonio Mequinel, commandante delle forze armate della Regia Udienza di Aquila, che operava a Introdacqua e nel suo circondario, anche le „20 familias de los bien estantes"[1115] di Introdacqua avrebbero dato il loro appoggio ai banditi fuggiaschi.

Il secondo esempio risale all'anno 1780, e si riferisce alle presunte attività criminose dei galantuomini della città di Nocera nella provincia di Calabria Citra, un feudo dell'ordine dei cavalieri di Malta, che in quei tempi era talmente colpita dalla delinquenza che il governo centrale si era visto costretto a inviarvi un delegato speciale, Pasquale Perrelli. Questi, un giudice della Gran Corte della Vicaria, aveva l'incombenza di coordinare i primi provvedimenti affinché i problemi con la delinquenza, fra i quali rientravano da decenni anche le attività di banditi, si potessero ridurre nella lunga durata. Per quanto riguarda i responsabili di questi problemi sul territorio della città di Nocera e del suo circondario, da parte degli avvocati del cavaliere Giacinto Parisio, incolpato di essere stato troppo negligente nell'amministrazione della giustizia, si dava la colpa dell'elevata delinquenza sul territorio di questo feudo dell'ordine dei cavalieri di Malta anche ai galantuomini che ci vivevano e che sarebbero stati ripetutamente protettori delle comitive di malviventi che ormai infestavano la zona da decenni. Inoltre questi galantuomini erano accusati da uno dei rappresentanti legali del cavaliere Giacinto Parisio di essere stati coinvolti nell'uccisione del governatore di Nocera, Domenico Bonaccia, in merito alla quale si legge in una delle prese di posizione dell'avvocato Gennaro Manzi che „que' galantuomini, che sono la sorgiva de' mali di Nocera, [...] per quanto ne riporta la fama, [...] fecero ultimamente ammazzare"[1116].

Infine, per quanto riguarda la condotta della maggior parte della popolazione provinciale nei confronti delle comitive armate, essa poteva oscillare fra i due poli di una attiva collaborazione con i banditi e una partecipazione attiva alla loro eliminazione. E fra questi due poli si trovava anche una molto diffusa indifferenza e

1115 ASN, *Real Camera di Santa Chiara*, *Bozze di Consulta*, 117/72, rapporto di Antonio Mequinel al preside di Aquila Joseph de Litala, Introdacqua 23 maggio 1746.

1116 Cit. secondo l'appendice di P. Sposato: Per la storia del brigantaggio nella Calabria del Settecento, cit., p. 202.

passività nei confronti delle attività criminose dei malviventi, le quali molto spesso avevano la loro origine anche nella paura di possibili conseguenze negative di coloro che fondamentalmente erano contrari a quelle attività, ma preferivano tacere e non collaborare con le autorità provinciali nella persecuzione e soppressione delle bande. In questo contesto, inoltre, non va dimenticato che, molto spesso, sia gli uomini delle forze di sicurezza delle corti locali, che i soldati delle Regie Udienze erano sospettati di connivenza o attiva collaborazione con le comitive di malviventi e per questo potevano essere persone poco affidabili.

Un esempio dell'attiva collaborazione di parti della popolazione provinciale con le bande si trova in una delle bozze di consulta del fondo della Real Camera di Santa Chiara conservato nell'Archivio di Stato di Napoli. Questa bozza di consulta del 20 ottobre 1767[1117], basata su un rapporto dell'avvocato fiscale della Regia Udienza di Montefusco, Biagio Sanseverino, tratta dei continui problemi con la delinquenza banditesca sul territorio dell'università di Ariano, che si trovava sotto la giurisdizione reale e attraverso la quale passava una importante via di commercio, teatro di ripetuti assalti. Con questo rapporto, indirizzato alla Segreteria di Stato di Grazia e Giustizia, il quale è citato in quella bozza di consulta, l'avvocato fiscale Sanseverino metteva la Segreteria di Stato di Grazia e Giustizia a conoscenza del fatto che la popolazione di Ariano prendeva parte in maniera attiva alle scorrerie delle bande su quella via di commercio.[1118] E secondo il contenuto

1117 ASN, *Real Camera di Santa Chiara, Bozze di Consulta*, 306/27, bozza di consulta della Real Camera di Santa Chiara, Napoli 20 ottobre 1767.

1118 Inoltre sembra abbastanza palese che esisteva anche qualcosa come un "banditismo stagionale", vale a dire che in certi periodi dell'anno, in particolare in occasione di fiere celebrate nelle diverse province e durante le quali le strade erano particolarmente popolate di commercianti in transito, si accresceva automaticamente il numero delle comitive in una stessa provincia perché molti degli abitanti più poveri (contadini, braccianti, pastori ecc.), sia della provincia, in cui le fiere avevano luogo, che delle province confinanti, non volevano perdere quell'occasione assai facile per fare un buon bottino. E con questo scopo essi si univano alle comitive già esistenti o formavano nuove comitive che si dissolvevano subito dopo la fine delle fiere. Questo problema dell'accrescimento delle comitive di malviventi ossia questo fenomeno del banditismo stagionale, per esempio in occasione di fiere, si rispecchia abbastanza bene in vari documenti che trattano dei provvedimenti presi nelle due province di Terra di Bari e di Capitanata in occasione delle fiere di Gravina e Foggia fra gli anni 1765–1804, conservati in ASB/ST, *Sacra Regia Udienza di Trani, Carte Amministrative, Affari Diversi*, 6/41. Per quanto riguarda i provvedimenti presi da parte delle autorità provinciali in occasione delle fiere di Gravina e Foggia nell'anno 1796, si veda inoltre ivi, 6/46.

di quel rapporto, citato nella bozza di consulta, anche gli abitanti più benestanti di Ariano sarebbero stati coinvolti nelle attività criminose di quelle bande.

In aperto contrasto con questo esempio, tuttavia, si sono trovate anche prove dell'attiva collaborazione della popolazione nella persecuzione e eliminazione di singole bande o singoli banditi che infestavano il loro territorio con le loro scorrerie o lo avevano scelto come luogo di rifugio e raggruppamento. Un primo esempio di questo comportamento è fornito dalle faccende del capo di banda Riginaldo Staffieri, nativo di Montelongo nella provincia di Capitanata, che nel 1758 aveva scelto ripetutamente il suo luogo natio come rifugio per se stesso e per i suoi compagni, finché, nella seconda metà del giugno di quell'anno, alcuni abitanti di Montelongo, stanchi delle attività di Staffieri, informarono un reparto del reggimento dei dragoni "Regina", che si trovava nella vicina città di San Martino, della presenza di questo capo di banda e dei suoi uomini nel circondario di Montelongo. In seguito a ciò alcuni soldati del reggimento si recarono dunque a Montelongo, dove riuscirono a uccidere Riginaldo Staffieri e a sbaragliare la sua banda.[1119]

Inoltre, poteva succedere che gli abitanti di una località, a causa della carenza di un sufficiente numero di uomini armati delle autorità provinciali e locali, si decidessero a prendere le redini dell'arresto di singoli banditi. In questo modo procedettero, per esempio, all'inizio del gennaio del 1756 alcuni abitanti della località di Casalbordino, situata nella provincia di Abruzzo Citra, sulla quale la Regia Udienza di Chieti esercitava la più alta giurisdizione. In questo caso, infatti, i soli abitanti di Casalbordino, con il sostegno di due uomini del governatore locale Filippo di Dio, arrestarono Benigno Calderone, il quale, insieme ai suoi uomini, da qualche tempo aveva messo più o meno sotto il suo intero controllo la località di Casalbordino, commettendovi già sia diversi ricatti che diversi furti. Dopodichè, nel dicembre del 1755, i membri della comitiva ebbero commesso il loro primo omicidio e Calderone ebbe minacciato di ammazzare il governatore di Monteodorisio, Filippo di Dio, che amministrava anche Casalbordino, appartenente all'università di Monteodorisio, un feudo della famiglia d'Avalos, quel governatore prese la decisione di porre fine ai misfatti di Benigno Calderone e dei suoi compagni e, in mancanza di un sufficiente numero di uomini armati, si rivolse alla Regia Udienza di Chieti che, però, per il momento non disponeva di rinforzi da poter mandare a Casalbordino. Per questo motivo il governatore si decise ad affidare l'arresto ad alcuni abitanti di Casalbordino che godevano della sua fiducia. Questi uomini, insieme ad altri due messi a disposizione dal

---

1119 ASF/SL, *Regia Udienza di Lucera, Processi Penali*, 23/271.

governatore di Monteodorisio, riuscirono a sopraffare Calderone nella sacrestia della chiesa principale della parrocchia di Casalbordino. In seguito, una volta conseguito l'arresto, e regolate le formalità circa un possibile asilo ecclesiastico di Benigno Calderone, il capo della banda fu mandato nelle carceri della Regia Udienza di Chieti nelle quali dovette aspettare l'avvio del suo processo.[1120]

Un ultimo punto da chiarire nell'ampio complesso delle relazioni fra le bande e i diversi rappresentanti della società provinciale del Regno di Napoli del primo periodo borbonico consiste nella loro motivazione di cooperare con le comitive di malviventi. Il motivo essenziale, per una parte della popolazione, di collaborare con le bande consisteva senza dubbio alcuno nelle pessime condizioni socio-economiche sotto le quali si svolgeva la gran parte della vita quotidiana. Per questa ragione, mediante la collaborazione con le bande si sperava dunque di trarre profitto dalle loro scorrerie per attenuare la propria miseria. Che proprio la miseria molto diffuso della popolazione provinciale e anche le spesso limitate possibilità di coltivazione agraria costituissero lo *stimulus* decisivo per unirsi alle comitive già esistenti oppure per cominciare a commettere di propria iniziativa dei furti e delle rapine, non è quasi mai menzionato nei rapporti delle autorità provinciali.

Ma questo atteggiamento delle autorità provinciali non deve essere ricondotto a una totale incomprensione delle cause della delinquenza banditesca, bensì piuttosto al fatto che esse non sapevano né in che modo reagire alla diffusa miseria socio-economica della maggior parte della popolazione provinciale, né come magari poter migliorare durevolmente quelle condizioni disastrose, che ormai da secoli avevano lasciato la loro impronta sulla vita di generazioni di abitanti delle province. Uno dei pochi esempi del fatto che anche i rappresentanti del governo centrale nelle province potevano essere ben consapevoli delle cause fondamentali della nascita della criminalità di tipo banditesco si trova nella ormai menzionata bozza di consulta della Real Camera di Santa Chiara del 20 ottobre 1767[1121], in cui ci si riferisce a un rapporto dell'avvocato fiscale della Regia Udienza di Montefusco, Biagio Sanseverino. In quel rapporto, indirizzato alla Segreteria di Stato di Grazia e Giustizia, che trattava dell'elevata criminalità sul territorio dell'università regia di Ariano e le misure già prese o da prendere contro i tanti furti e le tante rapine sul Regio Cammino di Puglia che passava per il territorio di quell'università, l'avvocato fiscale Sanseverino si era riferito anche alle cause

1120 ASN, *Real Camera di Santa Chiara, Bozze di Consulta*, 255/17, bozza di consulta della Real Camera di Santa Chiara, Napoli 9 ottobre 1761.

1121 Ivi, 306/27, bozza di consulta della Real Camera di Santa Chiara, Napoli 20 ottobre 1767.

socio-economiche di questo stato di cose, riguardo al quale egli aveva scritto che „situandosi q[u]ella Città (cioè la città di Ariano-R. R.) in Territorio infertile, e non capace a sostenere la sua Popolaz[io]ne, debba p[er] indispensabbile il ceto povero trasportarsi al Ladroneccio, stimulato e dal bisogno, e dalla pronta occasione che se gli presenta dal continuo traffico sul Reg[i]o Camino"[1122].

Nonostante ci fossero dei rapporti stretti fra le bande, da una parte, e la normale popolazione provinciale dall'altra, nei documenti consultati per questo studio non si è trovata nessuna prova che quella popolazione avesse mai cercato di servirsi delle comitive di malviventi, nel senso di un *do ut des*, per imporre i propri interessi nei confronti delle *élites* locali nelle persone dei baroni o del nuovo ceto dei galantuomini, il che avrebbe potuto essere una conferma parziale della tesi di Eric J. Hobsbawm circa gli scopi del banditismo sociale.

Come è già stato menzionato, in analogia con i secoli precedenti alla nuova presa del potere da parte dei Borboni spagnoli nei due Regni di Napoli e di Sicilia, anche per il Regno di Napoli del primo periodo borbonico si è riusciti a trovare molti esempi della protezione delle *élites* provinciali di singole bande o di singoli banditi, i veri obiettivi della quale non si spiegano quasi mai nei documenti settecenteschi consultati nell'ambito dei lavori di ricerca per questo studio. Per quanto riguarda i due secoli della diretta dominazione spagnola, l'aristocrazia si era ancora servita spesso di comitive di malviventi per debellare famiglie nobili nemiche. Per quanto riguarda, invece, il carattere delle contese per il potere o meglio l'influsso sul piano locale nelle province del Regno di Napoli del primo periodo borbonico, non si trattava tanto di contese fra singole famiglie nobili, bensì piuttosto di contese fra i rappresentanti dell'aristocrazia provinciale e gli abitanti delle università, le quali si trovavano sotto il loro controllo. A questa popolazione apparteneva anche il nuovo ceto dei galantuomini. Queste contese fra i baroni da una parte e gli abitanti delle università dall'altra parte avrebbero raggiunto una particolare dimensione proprio negli ultimi due decenni del Settecento.[1123]

Questi conflitti, che non coinvolgevano solo i feudatari e gli abitanti delle università, ma anche gli abitanti di università confinanti, riguardavano spesso le possibilità di accesso a risorse naturali, come ad esempio terre coltivabili, pascoli e acqua, importanti sia per la produzione agraria che per l'allevamento di bestiame.[1124] Per risolvere questi conflitti non si impugnavano solo ricorsi legali, ma si

---

1122 Ibidem.

1123 Corona: Demani e individualismo agrario nel Regno di Napoli (1780–1806), Napoli 1994, p. 72.

1124 Ivi, p. 16.

ricorreva altrettanto alla mera forza. Proprio per quanto riguarda il ricorso alla forza per risolvere questi conflitti e intimidire i loro avversari, i baroni potevano servirsi delle forze di sicurezza, bargelli oppure armigeri, di cui disponevano le corti locali che si trovavano sotto il loro diretto controllo.[1125] Come è stato provato dal menzionato esempio di Vincenzo e Ferdinando d'Agostino, due noti banditi calabresi, si potevano trovare anche delle persone di dubbia provenienza nelle file di quelle forze di sicurezza locali; tuttavia non è possibile sapere con certezza la misura e la frequenza con cui i baroni facevano ricorso alle bande di malviventi per la tutela dei propri interessi nell'ambito dei conflitti che si svolgevano al livello locale.

Nel contesto di queste lotte per il potere sul piano locale, come è già stato menzionato, non solo i rappresentanti dell'aristocrazia si servivano delle bande per imporre i loro interessi, ma anche i galantuomini. Però questa strumentalizzazione delle bande non si limitava esclusivamente ai conflitti con i rappresentanti dell'aristocrazia terriera, bensì poteva includere anche conflitti fra gli stessi galantuomini e conflitti fra di loro e la popolazione contadina. Un ottimo esempio delle lotte per il potere al livello locale fra l'aristocrazia provinciale e il nuovo ceto della borghesia provinciale è dato dal menzionato caso delle contese fra i galantuomini della città calabrese di Nocera e la famiglia nobile dei Parisio che amministrava quel territorio in nome dei cavalieri di Malta. Questo conflitto raggiunse il suo punto di culmine proprio nell'assassinio del governatore di Nocera, Domenico Bonaccia, se le accuse dei rappresentanti legali dell'amministratore del baliaggio, il cavaliere Giacinto Parisio, contro i galantuomini di Nocera erano giustificate.[1126]

Infine, almeno al primo sguardo, la motivazione dei rappresentanti del basso clero provinciale a collaborare con le comitive di malviventi, si presenta assai oscura. Comunque la motivazione di questi chierici, la cui importante posizione sociale non necessariamente doveva rispecchiarsi nella loro situazione finanziaria, potrebbe essere ricondotta sia al loro desiderio di arricchirsi che al desiderio di ampliare il loro proprio influsso sociale al livello locale. Proprio riguardo all'ultimo punto sarebbe da pensare nuovamente al caso del sacerdote abruzzese Eustachio Ferri che nel 1746 si servì dei banditi protetti da lui per intimorire alcuni

1125 Ivi, p. 71.

1126 Riguardo alle accuse dei rappresentanti legali del cavaliere Giacinto Parisio, Gennaro Manzi e Gaetano Franco, in merito alla morte del governatore Domenico Bonaccia si vedano le loro lettere riportate in P. Sposato: Per la storia del brigantaggio nella Calabria del Settecento, cit., pp. 201–203 e pp. 205–207.

abitanti di Introdacqua che erano meno benintenzionati verso di lui oppure con i quali lo stesso Ferri aveva ancora alcuni vecchi conti da saldare.[1127]

Terza parte: Epilogo

Per concludere, con questo studio sul banditismo nel Regno di Napoli del primo periodo borbonico si è riusciti a confutare una tesi ancora diffusa in lavori scientifici che si dedicano al fenomeno del banditismo o brigantaggio nell'Italia meridionale della prima età moderna e della modernità. Questa tesi, nella sua essenza, consiste nell'affermare che, dopo il massiccio intervento del marchese del Carpio contro le numerose bande di malviventi che infestavano il Regno di Napoli nella prima metà degli anni Ottanta del Seicento, il banditismo, come serio problema nel campo dell'ordine pubblico e della sicurezza interna, sarebbe quasi scomparso del tutto dalla scena per più di un secolo e risorto in maniera massiccia solo in concomitanza con gli avvenimenti politici, sociali e militari dei due anni 1798 e 1799.

In base ai pochi documenti consultati del Regno di Napoli degli ultimi venti anni del dominio spagnolo e dei 27 anni del successivo dominio austriaco, si può affermare che il banditismo, come fenomeno sociale e criminologico, non era scomparso del tutto, anzi aveva continuato a esistere seppure in dimensioni notevolmente ridotte rispetto ai decenni prima del considerevole intervento dell'allora viceré spagnolo, il marchese del Carpio. Ciò nonostante i pochi documenti consultati relativi alle due epoche certamente non possono sostituire uno studio più approfondito sugli ultimi due decenni del dominio spagnolo e sul successivo dominio austriaco per confermare oppure confutare la tesi proposta nel contesto di questo studio.

E anche nei primi anni del nuovo regime di Carlo di Borbone il banditismo nelle province del Regno di Napoli non sembra ancora aver assunto dimensioni tali da preoccupare il governo centrale, presieduto dall'eminentissima figura del primo Segretario di Stato José Joaquín Guzmán de Montealegre, marchese di Salas. Inoltre, secondo Maria Grazia Maiorini, questo atteggiamento del governo centrale nei confronti del banditismo nelle province del Regno sarebbe cambiato gradualmente dopo la crisi del 1744, che si era fatta sentire soprattutto negli Abruzzi e nelle due Calabrie e dopo il congedo del Montealegre, con la cui uscita dalla scena politica del Regno di Napoli cominciò l'ascesa nell'apparato governativo del regime borbonico del Segretario di Stato di Grazia e Giustizia,

---

1127 ASN, *Real Camera di Santa Chiara, Bozze di Consulta*, 117/72, rapporto della Regia Udienza di Aquila alla Segreteria di Stato di Grazia e Giustizia, Aquila 8 giugno 1746.

Bernardo Tanucci, il quale avrebbe mostrato un maggior interesse per i problemi sociali ed economichi nelle province del Regno.[1128] Tuttavia, come già menzionato nella prima parte di questo riassunto, in base ai documenti consultati realtivi ai primi anni del regno di Carlo di Borbone, non è stato possibile confermare la tesi di Maiorini secondo cui l'atteggiamento iniziale dei rappresentanti del nuovo regime ispano-borbonico nei confronti delle manifestazioni della criminalità di tipo banditesco deve essere ricondotto, nel senso di una politica „ufficiale", a una intenzionale negazione o meglio dissimulazione dell'esistenza di comitive di malviventi nelle province del Regno, in quanto la protratta esistenza di questa forma di delinquenza comunitaria sarebbe stata nociva al concetto dei potentati ispano-borbonici di un nuovo inizio politico.[1129] In particolare, in base a quello che si è trovato nei documenti del fondo della Segreteria di Stato di Casa Reale, le azioni delle comitive armate nei primi anni del regno di Carlo di Borbone devono essere state di dimensioni apparentemente ridotte, il che fornirebbe anche una spiegazione credibile del poco interesse che il governo centrale e le autorità provinciali mostrarono nei loro confronti fino alla seconda metà degli anni Quaranta. Senza dubbio, nel secondo periodo del regno di Carlo di Borbone, iniziato dopo l'ultimo tentativo fallito degli Austriaci di impadronirsi di nuovo del Regno di Napoli, il banditismo assunse dimensioni molto maggiori rispetto ai primi dieci anni del regime dei nuovi potentati ispano-borbonici. Infine, il fenomeno aveva assunto dimensioni tali che, già nella prima metà degli anni Cinquanta il governo centrale fu costretto ad affidare a delegati straordinari l'incarico di cercare di estirpare le comitive di malviventi che minacciavano quotidianamente la sicurezza e la vita degli abitanti delle province interessate.

Poi, per quanto riguarda il successivo regno del figlio di Carlo di Borbone, Ferdinando IV, e le dimensioni che la delinquenza banditesca assunse in questo periodo, si può parlare di una vera *escalation* che, dopo un primo notevole aumento del banditismo durante e anzittutto dopo la crisi annonaria del 1764 all'inizio del regno di Ferdinando IV, incominciava nel corso degli anni Settanta. Questo massiccio aggravamento del problema del banditismo era presumbilmente dovuto soprattutto al fatto che nel decennio fra il 1770 e il 1780 ci fu una crescita demografica di carattere quasi eruttivo con la quale, a quanto pare, la produzione agraria e le possibilità di lavoro in questo settore ripetutamente non poterono tenere il passo. Oltre a questa ripetuta sproporzione a livello demografico ed economico

1128 Riguardo a ciò si veda M. G. Maiorini: Presidi e brigantaggio tra prassi giuridica e azione militare, cit., pp. 151 e 153.

1129 Ivi, p. 148.

nel Regno di Napoli dell'ultimo terzo del Settecento, ci furono due avvenimenti straordinari, uno di questi due già avvenuto prima del decennio 1770–1780, che diedero in maniera notevole nuova linfa alla criminalità banditesca nelle province. Il primo di questi due eventi fu la menzionata grande carestia dell'anno 1764, con la quale una crisi agraria, già avviatasi nel 1759, giunse al suo culmine; il secondo il terremoto del 1783 che, contrariamente alla grande carestia, riguardò solo la provincia di Calabria Ultra e la città di Messina e i suoi paraggi, ma i cui effetti disastrosi continuarono a farsi sentire ancora negli anni successivi sulla vita degli abitanti della Calabria meridionale e sulla delinquenza banditesca in quella zona. E nel contesto di questo squilibrio si inserì anche quell'elevato numero di contese fra i diversi ceti della società provinciale per l'accesso a risorse indispensabili per la produzione agraria e l'allevamento di bestiame, come acqua, pascoli e terre coltivabili, argomento trattato in modo approfondito nello studio di Gabriella Corona "Demani e individualismo agrario nel Regno di Napoli (1780–1806)" in relazione agli ultimi due decenni del Settecento. E, anche se nei documenti ufficiali consultati non vi si faceva quasi mai riferimento, in questi conflitti a livello locale fra la popolazione contadina, l'aristocrazia terriera e il nuovo ceto dei galantuomini, anche singole bande o singoli banditi potrebbero aver avuto una parte abbastanza rilevante nel far imporre gli interessi dei baroni o dei galantuomini.

A prescindere da questi movimenti sul piano socio-economico nella seconda metà del Settecento, devono essere considerate anche quelle cause che, nel corso dei secoli e così a lungo termine avevano contribuito ripetutamente sia alla nascita che alla lunga permanenza del banditismo, il cui impatto nel contesto di questo studio è stato spiegato *en détail* in riferimento al Regno di Napoli del primo periodo borbonico nella seconda parte di questo riassunto. Quelle cinque cause erano: 1. la miseria in cui viveva la maggior parte della popolazione provinciale del Regno di Napoli e che poteva aggravarsi ulteriormente a causa di sviluppi politici, sociali ed economici sfavorevoli, come ad esempio lo squilibrio fra uno scatto repentino della crescita demografica nella seconda metà del Settecento e la produzione agraria, oppure, non va dimenticato, a causa di calamità naturali ed epidemie; 2. la debolezza del governo centrale e delle sue istanze di controllo territoriale nelle province; 3. le condizioni topografiche, come montagne quasi inaccessibili, zone molto boscose oppure vaste pianure scarsamente popolate che potevano servire alle bande di malviventi sia come aree di operazione che come aree di rifugio e raggruppamento; 4. una pessima infrastruttura che poteva rendere assai difficile, sia la comunicazione e il traffico fra le diverse località e province, che la persecuzione e l'arresto di delinquenti da parte delle forze di sicurezza e di conseguenza facilitare considerevolmente le scorrerie delle comitive di malviventi; 5. la disponibilità sia da parte della normale popolazione rurale che da parte delle *élites* locali a collaborare o almeno coprire più o meno apertamente le bande dalla persecuzione delle autorità provinciali o locali.

Come si è già affermato all'inizio della prima parte di questo riassunto, per quanto riguarda lo sviluppo della criminalità banditesca nelle province del Regno di Napoli del primo periodo borbonico, risulta evidente che si trattava di un processo di costante recrudescenza di questa piaga, già esistente da secoli, che i Borboni ereditarono dai loro predecessori, quando nel 1734 e 1735 si impossessarono di nuovo dei due Regni di Napoli e di Sicilia, e che, infine, nell'ultimo terzo del Settecento, assunse nuovamente dimensioni tali che riguardo allo stato dell'ordine e della sicurezza pubblica sembra opportuno parlare di una situazione quasi anarchica nelle province del Regno di Napoli già prima degli avvenimenti politici, sociali e militari degli anni 1798 e 1799.

Tuttavia, per quanto riguarda le reali dimensioni delle comitive di malviventi nel Regno di Napoli del primo periodo borbonico, va detto che esse, di solito, erano più piccole e più mobili di quelle che avevano infestato le province del Regno prima delle campagne militari del viceré del Carpio, e che solo in casi estremi potevano contare molto più di cento membri. Una tipica comitiva di malviventi del Regno di Napoli del primo periodo borbonico, invece, che nei vari documenti consultati di quell'epoca poteva essere definita come "grossa", a quanto pare, poteva comprendere, inclusi i sostenitori, un numero di più o meno trenta individui, come nel caso della comitiva del disertore Michele Basso, che all'inizio della seconda metà degli anni Quaranta operava nei paraggi della città di Melfi nella provincia di Basilicata[1130], oppure come in quello della comitiva di Angelo Paonessa detto "Panzanera", che nella seconda metà degli anni Novanta terrorizzava gli abitanti della provincia di Calabria Ultra e infine venne debellata nell'agosto del 1799.[1131]

La risposta dello Stato napoletano al pullullare delle innumerevoli comitive di malviventi consisteva esclusivamente, come nei secoli precedenti, nel ricorso alla forza. Se le forze di sicurezza delle Regie Udienze e del Tribunale di Campagna, vale a dire le compagnie di campagna e i più professionali e più affidabili fucilieri di montagna, si rivelavano troppo deboli, il governo centrale nominava delegati

1130 Per quanto riguarda le faccende di questa banda, si rinvia alla documentazione conservata in ASN, *Tribunale Misto, Volumi di Conti e Immunità Locali*, 322/106 e alle brevi informazioni contenute in ASP, *Regia Udienza di Matera, Registro degli Inquisiti della Regia Udienza Provinciale*, 8, ff. 413v, 483v, 484r-v e 485r-v.

1131 Per quanto riguarda le faccende di questa banda, si rinvia alla documentazione conservata in ASN, *Processi Antichi/Da Riordinare/Processi Criminali*, 28/1 e in ASN, *Segreteria di Stato di Grazia e Giustizia, Dispacci e Fascicoli*, 201/47 e 201/90.

straordinari, che provenivano sia dalle magistrature nella capitale che da quelle nelle province e che, muniti di speciali facoltà per un certo periodo, cercavano di debellare il banditismo procedendo contro esso *ad modum belli* e *per horas*. Nei casi estremi, in cui le forze di sicurezza delle Regie Udienze e del Tribunale di Campagna non sembravano sufficienti per debellare le comitive di malviventi, ci si serviva anche di reparti del regolare esercito napoletano, che venivano mandati nelle province infestate. In questa lotta al banditismo nel Regno di Napoli del primo periodo borbonico, come era avvenuto altrettanto nei secoli precedenti, il governo centrale e le autorità provinciali cercavano di coinvolgere anche la popolazione delle province, incitandola a partecipare alla persecuzione e all'uccisione dei membri delle comitive. E, infine, anche le forze di sicurezza dei baroni, spesso sospetti sostenitori di banditi, erano chiamate a prendere parte alle persecuzioni. Qualora si fosse riusciti a catturare dei banditi, si procedeva di solito contro di loro con pene drastiche che potevano portare sia alla condanna a morte sulla forca che al servizio nelle regie galere.

Tuttavia, come è già stato accennato nella prima parte di questo riassunto, i successi conseguiti dai delegati straordinari si rivelavano effimeri; questo era dovuto soprattutto al fatto che le autorità provinciali e locali non disponevano dei mezzi necessari per trasformare questi miglioramenti dell'ordine e della sicurezza pubblica in una calma duratura nelle province. Per questa ragione le comitive di malviventi risorgevano entro pochi mesi e riprendevano velocemente le loro attività criminose. Una prova del ripetuto fallimento di tutti i tentativi di venire, a lungo termine, a capo del banditismo e della situazione apparentemente disperata in cui versavano le province del regno alla vigilia del primo rovesciamento della dinastia borbonica, avvenuta nel dicembre del 1798, è data *pars pro toto* da un dispaccio del 30 agosto 1796 del re Ferdinando IV, nel quale si può leggere, fra l'altro, quanto segue:

> „Le relazioni venute in questo mese di agosto dal Delegato straordinario nella provincia di *Montefusco*, fiscale Corabi, dalli presidi di Salerno e di Catanzaro: dalle udienze di Trani e di Lucera, ed anche dal presidente di Foggia, che descrivono le numerose comitive di ladroni e di malviventi le quali scorrendo da paese a paese e da provincia a provincia, portano il terrore e lo spavento da per tutto, commettendo omicidi, furti e ricatti, con aumentarsi sempre più dalli disertori e dai fuggitivi dalle pene di galera, ha fatto con dolore conoscere al Re che l'invio dispendioso di delegati straordinari, benchè avesse riparato all'urgenza, non fu sufficiente a togliere dalla radice il male, quantunque molte centinaia di tali scellerati si fussero sterminati e mandati alle forche ed altre asprissime pene."[1132]

1132 Testo del dispaccio riprodotto in A. Zazo: Brigantaggio nel Principato Ultra e nel Molise nel XVIII secolo, cit., pp. 195–196.

Tutti questi avvenimenti, descritti e analizzati nel corso di questo studio, già di per sé poco favorevoli all'ordine e alla sicurezza pubblica, avevano avuto origine già nell'epoca di Carlo di Borbone ma trovarono, senza dubbio, il loro punto di culmine negli avvenimenti politici, sociali e militari dei due anni 1798 e 1799 che videro anche una ferocissima guerra civile e uno stato di anarchia mai conosciute nel Regno di Napoli del primo periodo borbonico. Durante questa guerra civile, combattuta fra i Francesi e governo repubblicano da una parte, e l'esercito legittimistico del cardinal Fabrizio Ruffo, chiamato "Armata Cristiana della Santa Fede in Nostro Signore Gesù Cristo", e altri insorti[1133] dall'altra, si poté assistere per la prima volta a un fenomeno che, in queste dimensioni, non era ancora apparso nel Regno di Napoli del primo periodo borbonico: agli scopi legittimistici del movimento del cardinal Fabrizio Ruffo, infine, erano legate anche molte personalità prima perseguite dalle autorità provinciali e locali come banditi, come ad esempio Michele Pezza detto "Fra Diavolo" e Gaetano Mammone in Terra di Lavoro, Giuseppe Pronio nella regione degli Abruzzi oppure Nicola Gualtieri detto "Pandigrano", un bandito di origine calabrese.

Dunque il *novum* in questo comportamento consistette proprio nel fatto che, in un contesto di crisi e inquadrato in un più grande movimento insurrezionale con obiettivi legittimistici, il banditismo nel Regno di Napoli del Settecento poté assumere perfino una vera dimensione politica. Tuttavia, bisogna aggiungere che sembra esagerato vedere in questo comportamento, che si sarebbe ritrovato anche nel cosiddetto "Decennio francese" (1806–1815) e nella guerra civile degli anni Sessanta dell'Ottocento, comunemente chiamata il "gran brigantaggio", un vero e proprio "brigantaggio politico" in senso stretto, contrapposto al banditismo (brigantaggio) comune dal quale il Regno era infestato ormai da secoli.

Perciò, dopo il crollo dell'effimera Repubblica Partenopea, fondata nel gennaio del 1799 e continuamente dipendente dall'appoggio delle armi francesi, uno dei problemi più urgenti che il governo reale dovette affrontare consistette proprio nel ristabilimento dell'ordine e della sicurezza pubblica e nel disarmo delle varie comitive che avevano preso le armi a favore della *reconquista* del regno continentale, avviata dal cardinal Fabrizio Ruffo nel febbraio del 1799. Il governo centrale cercò di risolvere questo problema, in parte anche concedendo pensioni e ranghi

---

1133 Queste sollevazioni prima contro gli invasori francesi e poi anche contro la Repubblica Partenopea, fondata nel gennaio del 1799, non erano scoppiate solo con lo sbarco del cardinal Fabrizio Ruffo sulla costa calabrese ai primi del febbraio del 1799, bensì erano già cominciate nel dicembre del 1798 nella regione degli Abruzzi. F. M. Agnoli: 1799. La grande insorgenza. Lazzari e Sanfedisti contro l'oppressione giacobina, Napoli 1999, p. 29.

militari nell'esercito napoletano a molti di quei banditi che avevano lottato nelle file dell'esercito sanfedista. Tuttavia, malgrado ciò anche nel periodo successivo al ritorno del regime borbonico sul trono di Napoli, accompagnato da una violenta caccia ai rappresentanti e sostenitori della debellata Repubblica Partenopea sopravvissuti al suo rapido crollo nell'estate del 1799, la piaga del banditismo non si spense, come magari si era ancora sperato da parte della corte borbonica residente a Palermo durante gli avvenimenti tempestosi dell'anno 1799. Così, anche nella breve parentesi della prima restaurazione borbonica (1799–1806), ci si vide costretti più di una volta ad avviare delle campagne militari rivolte all'eliminazione della piaga della delinquenza banditesca nelle province, come prima molto diffusa, senza però riuscire a raggiungere un miglioramento notevole prima del ritorno dei Francesi nel Mezzogiorno.[1134]

Una massiccia recrudescenza di questo problema si ebbe poi durante il cosiddetto "Decennio francese", iniziato nel 1806 dopo la seconda fuga di Ferdinando IV verso la Sicilia, in cui il banditismo endemico, unitosi a una sollevazione filoborbonica molto estesa, sostenuta sia dalla corte borbonica residente a Palermo che dagli Inglesi, assunse dimensioni tali che i due re napoleonici, Giuseppe Bonaparte (re di Napoli 1806–1808) e Gioacchino Murat (re di Napoli 1808–1815), si videro costretti a fare ricorso a provvedimenti draconiani di repressione per pacificare le province in ribellione. Particolarmente emblematico di questa dura politica repressiva del governo napoletano nei confronti dei rivoltosi fu il modo in cui a partire dal settembre del 1810, il generale francese Charles Antoine Manhès (1777–1854) procedette contro i rivoltosi filoborbonici e i banditi unitisi a loro nelle province calabresi, le quali, proprio per la vicinanza con il Regno di Sicilia, rimasto sotto il controllo della dinastia borbonica, erano indubbiamente il più importante centro della resistenza legittimistica durante il Decennio francese.[1135]

E, infine, anche nel Regno delle Due Sicilie, fondato nel 1816 dopo la fine del regno di Gioacchino Murat, il banditismo rimase un grave e persistente problema dell'ordine pubblico e della sicurezza interna, del quale non si sarebbe venuti a capo nemmeno con l'aiuto delle nuove istanze di controllo territoriale introdotte dai Francesi. Nei più di cinquanta anni di esistenza dello stato unitario, composto dall'ex-Regno di Napoli e dall'ex-Regno di Sicilia, si avviarono regolarmente delle

---

1134 P. Pieri: Il Regno di Napoli dal luglio 1799 al marzo 1806, in: Archivio Storico per le Province Napoletane 52 (1927), pp. 227–234 e A. M. Rao: La prima Restaurazione borbonica, in: Storia del Mezzogiorno. Il Regno dagli Angioini ai Borboni, a cura di G. Galasso e R. Romeo, vol. 4 (2), Roma 1986, pp. 549–550.

1135 G. Galasso (a cura): Storia del Regno di Napoli. Il Mezzogiorno borbonico e napoleonico (1734–1816), vol. 4, Torino 2007, pp. 1203–1206.

campagne militari per liberare le province da questa piaga. Estremamente significativa per la sua lunga permanenza del banditismo anche nel Regno delle Due Sicilie dell'Ottocento, e del ripetuto fallimento di tutti i tentativi avviati dal governo centrale fin dall'epoca di Carlo di Borbone, rivolti a una possibile duratura eliminazione del problema del banditismo è la missione del generale Emanuele Caracciolo (1805–1860), duca di San Vito. Questi, nell'ottobre del 1859, cioè quasi un anno prima del sorprendente e del tutto inaspettato crollo del regime borbonico, venne nominato commissario straordinario dall'ultimo e ancora giovane re delle Due Sicilie, Francesco II (re delle Due Sicilie 1859–1861), con lo scopo di liberare le province calabresi dalle comitive che le infestavano.[1136] In un proclama del 27 ottobre 1859, rivolto direttamente agli abitanti della Calabria, e che, per quanto riguarda il suo tenore, deve far pensare immancabilmente anche a simili proclami emanati dal governo centrale e dai suoi rappresentanti nelle province nel Regno di Napoli del primo periodo borbonico, Emanuele Caracciolo, in qualità di "Generale Commessario straordinario" nominato da Francesco II, annunciò, per estratto, quanto segue in riferimento agli scopi che egli vedeva nella sua missione nella regione di Calabria che ormai da secoli, insieme agli Abruzzi, era sempre stata il più noto centro del banditismo meridionale:

> „Calabresi! Il brigantaggio a danno delle vostre sostanze, e cimentando, per volta, la vostra esistenza, rialza proterva la sua fronte in queste belle ed eroiche contrade. Il Re Signor Nostro che veglia, senza posa, per la interna ed esterna incolumnità dei popoli, che Iddio gli à confidato, mi manda fra voi, per fiaccare quei ribaldi, e per disperderne la mala semenza. La mia è dunque missione, ad un tempo, di repressione, e di prevenzione; mio scopo supremo l'ordine pubblico, e la sicurezza privata."[1137]

1136 A. Scirocco: Briganti e società nell'Ottocento. Il caso Calabria, Capone 1991, pp. 80–81.

1137 Cit. secondo ivi, p. 144.

Italien in Geschichte und Gegenwart

Herausgegeben von
Luigi Vittorio Ferraris, Günther Heydemann, Christian Jansen,
Erik Jayme, Günter Trautmann (†), Hartmut Ullrich

Band 1 Luigi Vittorio Graf Ferraris / Günter Trautmann / Hartmut Ullrich (Hrsg.): Italien auf dem Weg zur "zweiten Republik"? Die politische Entwicklung Italiens seit 1992. 1995.

Band 2 Friedemann Scriba: Augustus im Schwarzhemd? Die Mostra Augustea della Romanità in Rom 1937/38. 1995.

Band 3 Christian Vordemann: Deutschland – Italien 1949–1961. Die diplomatischen Beziehungen. 1994.

Band 4 Anne von Oswald: Die deutsche Industrie auf dem italienischen Markt 1882 bis 1945. Außenwirtschaftliche Strategien am Beispiel Mailands und Umgebung. 1996.

Band 5 Charis Pöthig: Die Reaktion der EG/EU auf den Umbruch in Mittel- und Osteuropa: Die Haltung Frankreichs und Italiens. 1996.

Band 6 Andrea Wolf: Telekratie oder Tele Morgana? Politik und Fernsehen in Italien. 1997.

Band 7 Paul W. Frey: Faschistische Fernostpolitik. Italien, China und die Entstehung des weltpolitischen Dreieckes Rom – Berlin – Tokio. 1997.

Band 8 Fabio Marri / Maria Lieber unter Mitwirkung von Christian Weyers: Lodovico Antonio Muratori und Deutschland. Studien zur Kultur- und Geistesgeschichte der Frühaufklärung. 1997.

Band 9 Eva Sabine Kuntz: Konstanz und Wandel von Stereotypen. Deutschlandbilder in der italienischen Presse nach dem Zweiten Weltkrieg. 1997.

Band 10 Andrea Hoffend: Zwischen Kultur-Achse und Kulturkampf. Die Beziehungen zwischen 'Drittem Reich' und faschistischem Italien in den Bereichen Medien, Kunst, Wissenschaft und Rassenfragen. 1998.

Band 11 Birgit Hanny: Italienische Reformen für die Europapolitik. Anpassungsversuche im europäischen Mehrebenensystem seit 1987. 1999.

Band 12 Ralf Magagnoli: Italien und die Europäische Verteidigungsgemeinschaft. Zwischen europäischem Credo und nationaler Machtpolitik. 1999.

Band 13 Richard Brütting / Sergio Sacco (Hrsg.): Dissens und Dialog / Dissenso e Dialogo. Italien, Deutschland und Rußland im interkulturellen Vergleich. Ergebnisse des 4. Internationalen Seminars 1997 / Italia, Germania, Russia: confronto interculturale. Atti del IV Seminario Internazionale, 1997. 1999.

Band 14 Fabio Marri / Maria Lieber (Hrsg.): Die Glückseligkeit des gemeinen Wesens. Wege der Ideen zwischen Italien und Deutschland im Zeitalter der Aufklärung. 1999.

Band 15 Charis Pöthig: Italien und die DDR. Die politischen, ökonomischen und kulturellen Beziehungen von 1949 bis 1980. 2000.

Band 16 Richard Brütting / Svetlana Kokoskina / Sergio Sacco (Hrsg.): Konflikt und Konsens / Conflitto e consenso. Deutschland, Italien und Russland auf dem Weg zum vereinten Europa. Ergebnisse des 5. Internationalen Seminars 1999 / La Germania, l'Italia e la Russia verso l'Europa unita. Atti del V Seminario Internazionale, 1999. 2001.

Band 17 Christine Scheib: Die italienische Diskussion über die deutsche Ost- und Entspannungspolitik (1966–1973). 2001.

Band 18 Hartmut Ullrich (Hrsg.): Verfassungsgebung, *partitocrazia* und Verfassungswandel in Italien vom Ende des II. Weltkrieges bis heute. 2001.

Band 19 Elia Morandi: Italiener in Hamburg. Migration, Arbeit und Alltagsleben vom Kaiserreich bis zur Gegenwart. 2004.

Band 20 Enrico Brissa: Die italienischen Streitkräfte und ihr internationales Engagement. Eine rechtliche, politikwissenschaftliche und historische Untersuchung. 2005.

Band 21 Werner Daum: Zeit der Drucker und Buchhändler. Die Produktion und Rezeption von Publizistik in der Verfassungsrevolution Neapel-Siziliens 1820/21. 2005.

Band 22 Damian Grasmück: Die *Forza Italia* Silvio Berlusconis. Geburt, Entwicklung, Regierungstätigkeit und Strukturen einer charismatischen Partei. 2005.

Band 23 Renato Cristin (cur./Hrsg.): Vie parallele / Parallele Wege. Italia e Germania 1944–2004 / Italien und Deutschland 1944–2004. 2005.

Band 24 Richard Brütting / Adrian La Salvia (Hrsg./cur.): Italien-Ansichten. Italien in Selbst- und Fremdwahrnehmung. Akten des 6. Internationalen Seminars. Belluno, 1.–5. Oktober 2001. Immaginario dell'Italia in patria e all'estero. Atti del VI Seminario Internazionale. Belluno, 1–5 ottobre 2001. 2005.

Band 25 Dagmar Reichardt (a cura di/Hrsg./ed.): L'Europa che comincia e finisce: la Sicilia. Approcci transculturali alla letteratura siciliana. Beiträge zur transkulturellen Annäherung an die Literatur Siziliens. Contributions to a Transcultural Approach to Sicilian Literature. In collaborazione con – Unter Mitarbeit von – With the collaboration of Anis Memon, Giovanni Nicoli, Ivana Paonessa. 2006.

Band 26 Yvonne zu Dohna: Canova und die Tradition. Kunstpolitik am päpstlichen Hof. 2006.

Band 27 Dörte Dinger: Zwischen Furcht und Bewunderung? Italienische Haltungen zur neuen deutschen Außenpolitik. 2006.

Band 28 Annette Jünemann / Emanuel Richter / Guido Thiemeyer (Hrsg.): Italien und Europa. Festschrift für Hartmut Ullrich zum 65. Geburtstag. 2008.

Band 29 Christian Blasberg: Die Liberale Linke und das Schicksal der Dritten Kraft im italienischen Zentrismus, 1947–1951. 2008.

Band 30 Camilla Weber: Camillo Cavour in den Schulbüchern des liberalen Italien. Nationale Selbstdarstellung im Geschichtsunterricht zwischen Risorgimento und Faschismus. 2010.

Band 31 Fabio Marri / Maria Lieber. Con la collaborazione di Daniela Gianaroli: La corrispondenza di Lodovico Antonio Muratori col Mondo germanofono. Carteggi inediti. 2010.

Band 32 Ronald Richter: Garibaldis "Zug der Tausend" in der Darstellung der deutschen Presse. Am Beispiel der *Preußischen Jahrbücher*, der Augsburger *Allgemeinen Zeitung* und der *Neuen Preußischen Zeitung*. 2011.

Band 33 Mustafa Soykut: Italian Perceptions of the Ottomans. Conflict and Politics through Pontifical and Venetian Sources. 2011.

Band 34 Tiziana Di Maio: Alcide De Gasperi und Konrad Adenauer. Zwischen Überwindung der Vergangenheit und europäischem Integrationsprozess (1945–1954). 2014.

Band 35 Margit Bansbach: Nationale und aristokratische Symbolik und Denkmalpolitik im 19. Jahrhundert. Ein deutsch-italienischer Vergleich. 2014.

Band 36 Ronald Richter: Macht und Ohnmacht einer Zentralregierung. Die Bourbonen und das Problem des Banditenwesens im Königreich Neapel des 18. Jahrhunderts. 2015.

www.peterlang.com

www.ingramcontent.com/pod-product-compliance
Ingram Content Group UK Ltd.
Pitfield, Milton Keynes, MK11 3LW, UK
UKHW062147290926
8980IPUK00008B/925

9 783631 663745